迪士尼传

想象力创造奇迹 WALT DISNEY

[美] 尼尔·加布勒（Neal Gabler） 著

成铨 译

天地出版社 | TIANDI PRESS

WALT DISNEY
THE TRIUMPH OF THE AMERICAN IMAGINATION

目 录

前　言·· 01

第一章　逃　离·· 001

第二章　初入动画界·· 062

第三章　迪士尼工作室初创··· 111

第四章　米老鼠诞生·· 162

第五章　创意如泉涌·· 247

第六章　创作巅峰——《白雪公主》·································· 319

第七章　持续探索·· 415

第八章　世界大战中的迪士尼……………………………… 527

第九章　随波逐流……………………………… 618

第十章　迪士尼乐园……………………………… 714

第十一章　朝着乌托邦的蹒跚跋涉……………………………… 832

前　言

　　他被冷冻起来了。至少这是在他死后不久就出现的谣言，并迅速被传成了传奇：沃尔特·迪士尼被低温冷冻保存起来，像睡美人一样，进入了深度睡眠状态。等待有朝一日科学足够发达，能够让他苏醒并治愈他的疾病。虽然我们不太可能确定这一谣言的确切源头，但是炮制这一谣言的很可能是一家名为《国家焦点》(National Spotlite)的八卦小报，其记者声称自己偷偷溜进迪士尼停止呼吸时住的圣约瑟夫医院，假装成一个值班护理员，想办法撬开了储藏室大门上的锁，结果发现迪士尼悬浮在一个金属圆筒内；1969年，这个故事也出现在法国刊物《这是巴黎》(Ici Paris)上。该刊物称，它的报道来源于与迪士尼关系密切的人士。不仅如此，美国的小报《国家揭秘者》(National Tattler)也重复报道了这个故事，并添油加醋地称迪士尼指示医生在1975年将他解冻；另一份八卦小报《子夜》(Midnight)采用了一个耸人听闻的标题："沃尔特·迪士尼仍然活着！他被深冻冷藏，保存在冷藏库中"。该报首先援引了一位迪士尼动画工作室图书管理员的话，说他记得迪士尼收集了数量极其庞大的关于低温学的拍摄素材，接着又援引了一个迪士尼的熟人的话，说迪士尼这位制片人对这些有关低温学的影片"非常着迷"。迪士尼赞助制作的电视节目《米老鼠俱乐部》中的一名作家似乎证实了图书管理员的记忆，他回忆说，迪士尼曾经问过他有关低温学的问题，随后他就要求工作室图书馆的工作人员研究这个主题。沃德·金博尔（Ward Kimball）是迪士尼工作室里一位喜欢搞恶作剧的动画制作师，他对这个谣言的传播感到有一丝丝自得。除此之外，迪士尼自己可能也给了这个谣言以假乱真的机会。一篇报道称，就在迪士尼去世几个星期后，迪士尼工作室的部门主管们受邀来到一个座位上挂着铭牌的放映室，然后观看了一部电影。影片当中，迪士尼坐在自己的办公桌旁，动作怪异，表情神秘，逐一指向他们中的每一个人，并就工作室未来的计划向他们作了安排和部署。最后，他意味深长地会心一笑，说他很快就会见到他们。

　　事实上，迪士尼最终的归宿是火，而不是冰。他的遗体被火化了，骨灰安葬在加利福尼亚州格兰岱尔市（Glendale）森林草坪公墓的一个偏远角落，离他的工作室不远。但冷冻这种谣言无论看起来多么荒诞不经，匪夷所思，却一直经久不衰。这种情况不仅仅从一个方面证明了迪士尼晚年与未来派科幻技术的关系密切，而且还表明了公众不愿意失去像他这样一位杰出天才的心理。公众对他的感情如此深厚，甚至到了这样一种程度：把他神化为一个不朽的人，一个超脱于自然力量的长生不老的人。可以说，没有任何一个人像沃尔特·迪士尼这样雄踞美国流行文化的顶端，引领美国流行文化的发展。据估计，仅在1966年他去世这一年，全世界就有2.4亿人观看了迪士尼出品的电影，每周有1亿观众观看迪士尼的电视节目。这一年有8000万人阅读迪士尼的书，5000万人听迪士尼的唱片，8000万人购买迪士尼的商品，1.5亿人阅读迪士尼的连载漫画，8000万人观看迪士尼的教育电影，近700万人参观迪士尼乐园。据另一项估计，在他有生之年，迪士尼真人实景电影的票房收入接近3亿美元，而长篇动画故事片的票房收入近 1 亿美元,这在当时都已经是天文数字了。除此之外,还有超过 6000 万人参观过迪士尼乐园。《星期六晚邮报》曾称他为"世界上最著名的表演艺术家,也可能是最有名的非政治公众人物"。《纽约时报》称赞他为"可能是唯一一个同时受到美国退伍军人协会和苏联赞扬的人"。

但是,沃尔特·迪士尼的影响力不能用数字或赞辞来衡量,只能通过他对美国文化和意识的彻底重塑和再造来衡量。迪士尼多才多艺,取得了令人目不暇接的成就。在 20 世纪 20 年代末,他开始重新创造动画片,逐渐把它从一个强调动作和线条弹性的新奇小玩意儿转变成一种强调人物、叙事和情感的艺术形式。在此过程中,他还通过引入柔和、圆润、大胆、多彩的形式,重塑了平面设计。几十年后,这些形式被一批优秀的艺术家采用和改编,得到了进一步的发扬光大。评论家罗伯特·休斯(Robert Hughes)称赞他创造了流行艺术本身,不仅因为他留给世人流行艺术的风格与表象,还因为他将高雅艺术和大众艺术巧妙地融合在了一起。休斯写道:"这种融合在《幻想曲》中体现得淋漓尽致,尤其是当这一幕出现的时候——米老鼠爬上了真正的乐队指控台,与真正的指挥家列奥波德·斯托科夫斯基(Leopold Stokowski)握手时,动画与艺术实现了结合。"

除了他的动画片,迪士尼还通过自己的迪士尼乐园及主题公园改变美国人的娱乐形式和方式。显然,在迪士尼乐园出现之前就已经有了游乐园,但它们只是各种游乐设施、游戏和表演的大杂烩。迪士尼将游乐园重新定义为一个充满想象力的体验地——一个主题公园,而不仅仅是一系列娱乐活动的聚集地,正如他的动画片改进了平面设计,他的公园最终改进了城市设计。批评者称这种效应为"迪士尼化",这意味着人造世界替代了真正的世界。但是,城市规划师詹姆斯·劳斯(James Rouse)称赞迪士尼乐园为"美国最大的城市设计艺术品",特别赞赏它一切都围绕"服务功能和满足客人需求"的设计理念和管理方式;建筑评论家彼得·布莱克（Peter Blake）写道:"从今往后,美国任何一所建筑学院都不会在没有预先要求一名学生去佛罗里达州奥兰多市进行实地考察的情况下让其毕业,没去过迪士尼乐园就获得毕业证似乎再也不可能了。"佛罗里达州奥兰多市是沃尔特·迪士尼世界度假区所在地,而沃尔特·迪士尼世界度假区则是迪士尼乐园在东海岸的续集。随着时间的推移,迪士尼乐园以其人造环境和人为操纵的体验,将成为一种全新的思想意识的隐喻。在这种思想意识中,无论好的坏的,虚构的比真实的更受欢迎,而且真实世界中的威胁全都可以被清除。正如罗伯特·休斯所说:"他的成就是实现了对非现实世界局限性的重大突破。"

除此之外,迪士尼的理念还以一种更为微妙、更让人难以觉察的方式渗透进美国人的头脑当中。在重塑动画和娱乐的同时,他也改变了美国人对自己国家的历史和价值观的看法。在真人实景电影《悠情伴我心》《老黄狗》和《波莉安娜》中,他开发并提炼了以"乡愁"为主题的蕴意丰富的电影创作素材宝库,这种弥漫着怀旧思乡情绪的影片足以被称为"迪士尼模式"影片;而在其他影片中,像《大卫·克罗克特》《马车向西!》以及《自由战士约翰尼·特里梅》（Johnny Tremain）中,他描绘了一幅由粗犷坚毅的英雄和英勇无畏的成就构成的美国旧日画卷。经过几代人的影响和传播,通过这些画卷,他成功地把严肃的历史用少年冒险记的形式演绎出来。在他生命的最后时刻,一提到迪士尼,人们自然而然就会想到那些充满柔情的价值观的怀旧电影、饱含坚定强烈的爱国主义的历史电影以及无数动画片。可以说,这三者已经成为他永恒的标签。正因如此,他与诺曼·洛克威尔（Norman Rockwell）一起成了来自乡村小镇、爱国主义情绪强烈的美国人群体的代表和化身。然而,与此同时,他颇具前瞻性的电视节目描绘了未来的图景，有助于塑造人们对技术变革的态度。美国宇航局承认，迪士尼早期为其项目所做的宣传，有助于激发公众对太空探索的支持。除此之外，正是迪士尼，在他的迪士尼乐园和主题公园里创造了"明日世界"景区，与孟山都公司[1]合作创建了"未来之家"景点；正是迪士尼，提出并研究了许多全新的概念和想法——单轨铁路、旅客捷运系统、发声机械动画人偶以及其他堪称奇迹的杰作；还是迪士尼，规划登峰造极，甚至设计了一个全新的完整的城市，把最新的技术和城市规划融为一体，如果真的能建造成功的话，它将成为未来城市的样板。上述种种，都鲜明地体现了迪士尼既留恋往日又渴望未来，既保守传统又富有远见的复杂个性。

他对自然和环境保护的影响也很大。通过动画片中各种拟人化的动物，迪士尼使得公众对环境问题更加敏感，提升了公众的环保意识。仅凭《小鹿斑比》，他就引发了一场关于狩猎的全国性辩论。后来，基本上是出于自己的好奇心，他委托了一个夫妻档的电影制作团队奔赴遥远的阿拉斯加岛进行拍摄，然后在1948年把这些镜头编辑成一个电影故事，讲述阿拉斯加岛上海豹的生活和繁衍。这就是有名的电影纪录片《海豹岛》。通过这个影片，他创建了一个新的电影类型，即野生动物纪录片。虽然因为在自然之中强行加入故事叙述以及把动物变成电影中的人物和角色，他遭到某些群体的严厉批评，但是，在教育公众保护生态环境和构建保护生态环境的民意基础方面，他的电影很可能发挥了比流行文化中其他任何元素都要大的作用。

迪士尼作为一名企业家取得的成绩，尽管与其他领域的成就相比稍显逊色，但他是第一个意识到电视拥有巨大潜力，可以作为电影

---

[1] 孟山都公司：美国的一家跨国农业公司。——编者注

的盟友而非对手的电影巨头。他为美国广播公司开辟了大屏幕和小屏幕之间的和解之路——帮助他们做出制作一部电视剧的决定。他也是第一个将电视节目、长集数动画片、真人实景电影、纪录片、主题公园、音乐、书籍、漫画、人物角色衍生商品和教育电影打包捆绑在一家公司名下的企业家。实际上，正如一位观察家所说，他创建了全球第一家"现代化多媒体企业"，并为随后出现的综合性传媒集团指明了发展方向。一位批评迪士尼的人士甚至指责他以塑造"精确、干净、平淡、机械的人物形象"的形式将社团主义生拉硬拽进美国人的日常生活，并建议，"每当你收到一封电子邮件时，你就甩给他一个飞吻"。

无论何时，只要有人像沃尔特·迪士尼那样，成功地将自己深深植入美国文化和美国精神中时，评论家自然就会寻找种种理由来解释和说明其原因。在迪士尼的案例中，他们给出的理由是：他的作品中蕴含着天真无邪、温柔抚慰和治愈，也有浓郁强烈的多愁善感情绪和平民主义，给人重返童年时光的感觉，对坚持和胜利保有纯真信仰，在他塑造的动画形象中，幸存下来的大多具有返祖特征。比如根据某种分析，米老鼠的圆形形象在潜意识当中象征着乳房、婴儿和水果。一位学者将迪士尼大受欢迎的原因归结为他跨越了大萧条时期的"多愁善感的平民主义"与冷战时期的"多愁善感的自由主义"之间的鸿沟。前者对当下的社会秩序提出了尖锐的批评，后者则开始接受和认可当下的社会秩序。迪士尼的支持者、小说家约翰·加德纳（John Gardner）采取了不同的策略。他在迪士尼的作品中发现了一种略微世俗化的基督教神学思想，即希望和慈善。根据这种思想，"上帝很好地掌控着一切"，而生活从根本上来说是美好的。从本质上说，正如加德纳看到的，迪士尼为大众文化重新诠释了基督教。

毋庸置疑，迪士尼的作品中当然包含了上述所有吸引人的元素，它能够广泛流行和大受欢迎无疑是多种因素综合作用的结果——事实上，这是迪士尼将许多迥然不同甚至互相矛盾的媒体娱乐种类以极其巧妙的方式融合在一起的结果。一方面，研究迪士尼的学者可以说沃尔特·迪士尼在以下两个方面发挥了重要的作用，做出了重大的贡献：一方面，他塑造了一个白人、中产阶级、新教徒的理想完美的童年世界，并通过这种方式把20世纪50年代出生的那批美国人变成了严格自律、勇于自我牺牲、勤俭节约、温顺、服从的消费者；另一方面，研究迪士尼的学者也可以援引在他电影中体现出的质疑权威、敌视富裕阶层、强调个人自由、热爱自然、倡导宽容等价值观，赞颂他为"反主流文化的首要创造者。在公众的想象中，他的作品主体想要传达给孩子们的价值观，与主流文化拥抱的价值观相对立"。

但是，如果说迪士尼神奇魔力的来源之一是他在过去和未来、保守传统和破旧立新、农村和城市、个人和集体之间，甚至是在保守主义与自由主义之间有游刃有余的游走能力的话，那么对于他广泛的吸引力以及最伟大的遗产而言，最强大、最有力的魔力来源则很可能是迪士尼比美国其他任何一位艺术家都更好地定义了什么是愿望、满足和梦想成真，更好地向大多数美国同胞并最终向整个世界展示了一个人如何才能通过幻想获得力量——更准确地说就是，一个人如何学会活在自己的幻想中，甚至按照自己的幻想来改造这个世界。《当你对着星星许愿》，这首迪士尼从《木偶奇遇记》中的匹诺曹那里为自己的电视节目借来的主题曲，也正是他的圣歌和指导原则。正如记者阿德拉·罗杰斯·圣约翰（Adela Rogers St. John）所言，他成功的关键在于两个方面：一方面他能"让梦想成真"，或者至少给人留下了这样的印象；另一方面，他重塑了一个世界，这个世界不仅更接近他的内心愿望，也更接近你我的内心愿望。迪士尼在很多方面都触及娱乐的根本和基础：给观众创造一个如我们所愿的完美世界的希望。

他之所以能做到这一点，部分原因在于，他几乎完全凭直觉挖掘、开发出了与不同年龄、不同时代和不同文化的人都能产生共鸣的原型和典型形象。他的天赋之一就是找到了他涉猎的几乎每一种娱乐形式的核心与本质——基因密码。在他的作品中，无论是童话故事、男孩历险、城堡，还是美国小镇主街、迪士尼乐园里的"马克·吐温号"河船，每一件每一桩似乎都经过了美化提炼，最终成了我们想象和记忆之中的童话故事，男孩历险、城堡、美国小镇主街和河船，映照着我们的内心世界的愿望。在一个所有的愿望几乎全部能实现的理想世界里，迪士尼一直持续不断地将愿望具体化，在此过程中为人们带来了将事物变得简单而且纯粹的乐趣，而且采用的方式符合人们的想象，或者说至少符合人们童年时期的想象。他头脑中有柏拉图式的模板。

其他人，几乎娱乐圈的所有人，都试图开发这一储备丰富的领域，但只有迪士尼从内心深处真正理解了什么是愿望被满足，这可能也是他能够将自己的愿望与观众的愿望如此紧密相连的原因。在物质和情感双重匮乏的童年时期（至少在他的记忆中情况确实如此），他们家频繁搬迁，他四处流浪，在这种情形下他开始画画，并退回到自己想象的世界之中。这就形成了一种模式。正是因为无法控制现实世界，所以他把自己的生活变成了一个心理学家所谓的"平行宇宙"——虚构世界，为之持续不断地努力设计。这是一个他可以控制的世界。从《米老鼠》到《白雪公主和七个小矮人》，再到迪士尼乐园，再到未来社区的实验原型（EPCOT），他一直试图按照自己的想象来重塑世界的形象，来证明他在那个世界中的力量和位置，并防止现实世界慢慢渗入，以找回他自己从来没有感受过或者说已经失去了很久的那种童年的感觉。

事实上，正是通过这种努力和尝试，就像他用来激励自己、鼓舞他人的童话故事一样，他用迪士尼动画片在成年后的自己和童年之间建立起了一种牢不可破的纽带，尽管他经常否认存在这种纽带，坚称自己的电影仅仅是为儿童制作的。无论在他的电影里还是在他的主题公园里，迪士尼总是为观众带来一种幻想能够实现的希望。在这个幻想中，一个人可以行使童年的特权——他在自己的生活中从未放弃过的特权。这种权力欲望也正好解释了为什么动画片是他一直偏爱的媒介。在动画片中，人们把无生命的东西拿过来，赋予其生命。或者说是生命产生的幻觉。在动画片中，一个人可以行使上帝的权力。

毫无疑问，因为他从事的行业被视为面向青少年的行业，还因为他的电影看起来都天真无邪、感情自然并且朴实无华，所以，年轻时的沃尔特·迪士尼在大多数圈子里都被认为是一位民间艺术家。20世纪30年代，当他几乎一夜成名时，知识分子经常把他与另一位颇受欢迎的艺术家查理·卓别林相提并论，而包括桑顿·怀尔德（Thornton Wilder）在内的一些人甚至说卓别林和迪士尼是从电影行业中走出来的真正的天才。尽管如此，迪士尼身上总有一些东西显著地表明他不仅仅是一个平民主义者，而且是一个独特的美国人。除此之外，尽管早期有一本他的传记采用的副标题是"一个典型的美国人"，但是，他的典型性在很多方面都体现出他不如真正典型的美国人。

他于世纪之交出生在美国最核心的中西部地区，当时这个国家正处于从垂暮的农业国向新兴的工业国发展的转折点。回望过去，它拥有的是田园和牧歌；展望未来，它渴望拥有技术和城市。而他，恰恰横跨了这两个阶段。他的童年甚至可以分为两个阶段：一个阶段在乡村度过，一个阶段在城市度过。作为一个普通的美国人，他拥有当时大多数美国人的生活经历，并且似乎将这种经历融合在了他的性格之中，表现出来的就是坚持不懈、具有理想主义、不拘小节、毫不做作，而或许最明显的体现是他突然从贫穷和默默无闻之中崛起，走向成功的顶峰。"他从人民的内心深处浮现出来，"一位仰慕者热情洋溢地说，"只有这样，他才有可能对我们微妙的情绪作出反应。"另一位评论道："在所有活跃在公共娱乐领域的明星人物中，沃尔特叔叔恰恰属于美国最主流的一个。"这种迪士尼与美国的同步性成了他的品牌。他的想象力与典型美国人的想象力形成了双螺旋结构，互相配合，互相促进。

显然，迪士尼的作品对人们具有普遍的吸引力。在把无限可能几乎当成宗教信仰一般的美国，他对愿望满足的激励与鼓动特别容易引起共鸣。无论是在迪士尼的想象中，还是在典型美国人的想象中，一个人都可以对世界表达自己的意愿；一个人可以通过他自己的力量，或者更准确地说，通过他与生俱来的美德的力量，获得成功。事实上，在典型的美国模式中，美德和意志才是最重要的。迪士尼最好的动画片——《白雪公主和七个小矮人》《匹诺曹》《小鹿斑比》和《小飞象》——都是这种观念的具体表达和典型体现。在很大程度上，它们描述的都是一个孩子向世界提出要求和表达意愿的过程，关于克服障碍成为他或她想要成为的模样的过程。同样，无论是在迪士尼的想象中，还是在典型美国人的想象中，"完美"都被视为一个可以实现的目标。在一个常常令人困惑、充满危险甚至是悲剧色彩的世界里，在一个似乎不受任何个人控制的世界里，迪士尼和美国都郑重承诺：他们不仅要主导这个世界，而且还要改善这个世界。迪士尼乐园只是清教徒理想中那座古老的"山巅闪光之城"的现代变体，正如迪士尼的"发声机械动画人偶"只是重塑自我的美国梦的变体。

在20世纪30年代全国人都深陷焦虑不安、忧心忡忡的美国经济大萧条时期，美国和迪士尼之间的这种双螺旋关系尤其紧密。当时他的电影似乎捕捉到了这种遍布全国的不安情绪，并想方设法对其进行了缓和与安抚。几乎每个人都把《三只小猪》解释成一个关于大萧条的寓言故事，还有很多人从米老鼠的勇敢中看到了一种英勇无畏的美国精神。但是，也有一些美国的批评者认为，纯朴天真的平民主义和令人厌烦的多愁善感之间的界线是很模糊的。第二次世界大战结束时，迪士尼的艺术声誉已经开始下降，几年前还为他的天真烂漫和朴实自然的艺术风格而痴狂的知识分子现在抱怨说，他已经失去了当年灵敏的触觉，变成了大众艺术家，而不是民间艺术家。在迪士尼生命的尽头，尽管他作为美国最受欢迎的大叔这一标志性地位可能比以往任何时候都更加不可动摇，但他的艺术地位已经一落千丈。曾经备受赞誉的对美国人脾气的准确感知和把握，现在却遭到了无情的批评。人们指责它已经扭曲变形，成了一种审美蛊惑，并且越来越庸俗化。正如一位心怀不满的动画师所言，"沃尔特·迪士尼有着美国民众与生俱来的粗俗品味"。

最终，他被广泛地认为是文化堕落的代表——正如评论家理查德·斯科尔（Richard Schickel）写的那样，他是"我们社会半文盲群体的聚集点"。除了那些不问青红皂白盲目热爱他作品的人群，几乎没有人再把他当回事了。人们几乎可以把这个国家分成两派，一派赞成迪士尼的想象力，另一派则反对迪士尼的想象力。"几年前，当你在一个体面的聚会上提到沃尔特·迪士尼时……标准的反应是摇头和叹息。"约翰·加德纳在1973年写道，"知识分子们谈论他如何屠杀经典人物——从匹诺曹到小熊维尼，他的野生动物图片如何残忍和做作，世界博览会上河马等动物的雕塑作品如何成为国家乃至国际社会的耻辱。"控告书确实很长，可以列出一个长长的清单。在向大众市场推广童话故事的过程中，他消除了童话故事中本应有的危险情景，从而使得文化进一步幼稚化，用小说家马克斯·阿普尔（Max Apple）的话说就是，迪士尼提供了"没有一丝一毫杂质和混乱的生活幻想"。在一个复杂的、现代的、往往是悲剧的世界里，他宣扬的是一种似乎不合时宜，甚至愚蠢到甜得发腻的价值观。这让他成了一个文化和政治上的井底之蛙。他以一种同质化的企业想象，篡夺了每个人的个体想象，导致了人们的随波逐流的心理。这促使一位评论家宣称："幻想的边界现在已经关闭。"他就像一个资本主义的迈达斯[1]，把他接触到的一切都商业化了。在另一个对手看来，他把这一切都变成了"令人作呕的廉价配方混合物，包装起来出售……我们可以感觉到我们的大众文化正沿着黑暗之河逆流而上，到达源头——那是黑暗中心。在那里，迪士尼先生为了金钱和象牙[2]而贩卖用淡雅柔和色调装饰的邪恶"。在他把自己的国家商业化的同时，他被批评者视为可能是美国文化帝国主义的首要代表，用自己的神话取代了本土文化的神话，就像他用自己的想象取代了观众的想象一样。

所有这一切的敌意针对的都是迪士尼作为其工作室负责人的这一身份，但是，在他晚年，特别是在他死后，他的个人形象，至少在知识分子中，经历了一个在某种程度上可以说更平缓的转变过程，即从真挚的天真幼稚之人转变为贪得无厌的企业主和普通的坏人。这种变化在很大程度上是受到政治因素的影响。自从 1941 年罢工的漫画家摧毁了迪士尼工作室并粉碎了其所有者的乌托邦理想以后，迪士尼变得越来越保守。他对反犹主义和种族主义的窃窃私语式的指控显然损害了他的形象，但他的许多批评之语也是受到了文化因素的影响。长期以来，他一直认同的是乡村小镇风格、循规蹈矩甚至因循守旧的美国，这也正是他受欢迎的原因之一。但是，在 20 世纪 60 年代，这种认同变成了一种负担。当时，美国本身越来越多地受到知识分子和政治活跃人士的攻击，同时，美国本身也越来越不认同让美国强大的力量，而是越来越认同美国社会存在的偏见。迪士尼成为美国在政治、文化和艺术上面临倒退的象征。

在对这种修正主义观点进行具体化、明确化以及引申阐发的过程

---

1 迈达斯，古希腊国王，具备点石成金的本领。
2 任何出现在中国市场的象牙制品，都是违法的。

中，最引人注目的重要焦点之一是理查德·斯科尔1968年的批判性研究《迪士尼版本》(*The Disney Version*)。该研究将迪士尼描绘成一个唯利是图和弄虚作假的人，他的整个人生"是一个巨大机器制造的幻觉"，以至于连他自己的签名（用作公司的标识）都不得不由别人代为制作。（事实上，迪士尼的个人签名远比修改后的公司版本的签名更加浮华夸张。）"迪士尼是一个冷酷无情的人，无视自然、艺术和文学固有的模式。"一位评论家在对斯科尔这本书的好评中写道。他发表的对这位好莱坞首席幻想家的看法迅速成了知识分子和学术界的标准结论。"他有一种点石成金的魔力，但只能把东西变成金子，而不是艺术品。他缺乏对真正创造性艺术的洞察力和敏感性，而且他强迫性的控制欲使他无法尊重他人作品的完整性。"另一位传记作家利用迪士尼现在在知识分子中引发的深深的敌意，对他进行了吹毛求疵、漫无边际的指责——说他是一个西班牙舞娘的私生子、一个酒鬼、一个偏执者，甚至是美国联邦调查局的线人，如此种种，不一而足。这本书的副书名是"好莱坞的黑暗王子"。

到20世纪50年代，迪士尼自己也很清楚地意识到，作为一个制片人，他已经逆流而上，进入了商业黑暗的中心，而作为一个人，他让自己迷失在了企业的阴霾之中。他创建了迪士尼工作室，后来，在他的授意、纵容和推动下，迪士尼工作室反过来又创造了他，使他既是一个人，同时又是一个商品——一个非常缺乏自信、和蔼可亲、直言不讳、不讨人喜欢、孩子气、充满热情的卡通人物，正是这个卡通人物创造了沃尔特·迪士尼的众多电影作品。对此，他心知肚明。从本质上说，他已经成了他自己的平行宇宙。尽管实际上他确实具备上述所有品质，但现在，就像他的签名一样，这些品质被简化成了一种形象和品牌。他告诉一位可能入职的员工，迪士尼工作室的主要业务就是销售"沃尔特·迪士尼"这个名字。他对另一位同事说："我不再是沃尔特·迪士尼了。沃尔特·迪士尼是一个东西。它已经成长为一个具有完全不同意义的东西，而不仅仅是一个人。"

尽管迪士尼绝对不是一个黑暗王子，但他也不完全笼罩在他身上的那种和蔼可亲的幻觉中。尽管他表面看起来善于交际，但同事们发现他极其内向、复杂多变、喜怒无常，最重要的是让人难以捉摸。似乎没有人真正了解他。"他是一个极其难以理解的人，"从20世纪20年代开始先后以各种身份为他工作并与他共事的本·沙普斯坦（Ben Sharpsteen）说，"他从来没有清楚地表达过自己的动机……当我总结与他在一起的长达三十年的协同合作时，我发现越到后面我对他的了解越少，到了最后，我几乎不了解他了。"比尔·皮特（Bill Peet）是另一位长期在迪士尼工作室工作的员工，他写道："我确实相信我对沃尔特的了解程度，不亚于任何一个员工对他的了解。"接着他又补充道，"即使他从来没有连续两天完全一样，没有变化。""我总是说，如果你把40个人聚在一个房间里，"沃尔特的侄子罗伊·爱德华·迪士尼（Roy Edward Disney）在接受采访时说，"让他们每个人写下沃尔特是什么样的人，你会得到40个不同的沃尔特。"

本书尝试通过对沃尔特·迪士尼的深入解读，对笼罩在他身上的神秘之处进行解码破译，从而理解影响他的种种心理、文化、经济因素和社会力量。正是这些因素和力量，对他产生了深刻的影响，从而成就了他的艺术王国和他的梦幻王国。迪士尼在美国人的心里和生活之中可以说根深蒂固、无处不在。正因如此，了解了他，就可能理解大众文化在塑造美国国家意识方面发挥的影响和作用，懂得追求可能性和完美主义作为美国理想所具有的力量，看清商业与艺术之间持续的相互作用以及美国想象力在20世纪的发展演变。简而言之，要了解沃尔特·迪士尼，这个美国最具象征意义的人物之一，就要了解他"生于斯，长于斯""影响之、改造之"的国家。

第一章
逃 离

1

　　伊利亚斯·迪士尼（Elias Disney）是一个勤劳而又严肃的人。他工作勤奋，生活俭朴谨慎，信仰虔诚专一。用他儿子的话说，他的信仰是"走一条笔直而又狭窄的路"。他本人也确实如此，生活中既不抽烟喝酒，也不诅天咒地乱发脾气，更不寻欢作乐贪图享受。作为一个年轻小伙子，他唯一的消遣是拉小提琴。即便如此，他也只敢偷偷地溜进树林里练习小提琴，从不敢在大庭广众之下坦然玩乐，主要原因是他孩提时代的成长环境实在过于严苛了。他说话时言辞谨慎，几乎字斟句酌。通常情况下，他都把自己的情绪包裹得严严实实，喜怒哀乐很少形于色，唯一的例外是他的怒火有时会突然爆发。他的长相也很严肃冷酷，身体精瘦干瘪，胳膊强壮有力。他蓝色的眼睛和古铜色的头发带来的亲和感被他严厉的面容——狭长的脸庞、憔悴的脸色、凹陷的脸颊和冷酷的嘴角——抵消殆尽。这是一张典型的拓荒者饱经风霜的脸，一张严肃坚毅、毫不拖泥带水的脸，典型的美国哥特式的脸。

但是，这也是一张被经年累月的沮丧失望深深雕刻侵蚀的脸——这种沮丧失望连同迪士尼家族那不屈不挠的韧性、野心勃勃的欲望和傲视一切的自负感，共同塑造了他那大名鼎鼎的儿子的生命，并给其带来了长久的阴影和影响。迪士尼家族声称自己的血统谱系可追溯到诺曼底的德伊西尼（d'Isignys）家族。当年他们跟随征服者威廉来到了英格兰，参加了黑斯廷斯战役。在17世纪后期的英国王政复辟时期，德伊西尼家族中信仰新教的一个分支迁移到爱尔兰，定居在了基尔肯尼郡（County Kilkenny）。伊利亚斯·迪士尼后来夸耀说，正是在那里，迪士尼家族中的一位成功人士"按照其当时所处时代和年龄的标准，迈进了知识分子行列和小康家庭阶层"。但是，迪士尼家族还充满野心，并且擅长投机取巧，总是孜孜不倦地寻找更好的生活。1834年7月，距离引发大规模移民潮的爱尔兰马铃薯大饥荒爆发还有整整10年的时间，伊利亚斯·迪士尼的祖父阿伦德尔·伊利亚斯·迪士尼卖掉了自己所有的财产，带着妻子和两个年幼的孩子来到了利物浦，与自己的哥哥罗伯特一家会合，并和罗伯特、罗伯特的妻子及他们的两个孩子一起乘船出发前往美国。

他们原本打算在美国安顿下来，但是阿伦德尔·伊利亚斯·迪士尼并没有在美国停留多长时间。第二年，他就搬迁到了加拿大安大略省西南部荒原之中的戈德里奇（Goderich）小镇，这个小镇位于休伦湖畔。在那里，他买了梅特兰河沿岸的149英亩[1]土地。在随后的岁月里，阿伦德尔·伊利亚斯抓住时机建了这个地区的第一家磨坊，开了一家锯木厂，精心耕种自己的土地，养育了16个孩子——八男八女。1858年，他的长子，当年随父母一起乘船远涉重洋，现在已经25岁的凯珀尔（Kepple）娶了一个也是爱尔兰移民的姑娘玛丽·理查森。

---

[1] 1英亩 ≈ 4047平方米。——编者注

第一章 逃 离

婚后凯珀尔一家搬到了戈德里奇小镇正北面的布鲁瓦尔（Bluevale），这个地方属于莫里斯（Morris）小镇。在那里，他买了100英亩土地，搭建了一所松木小屋。正是在这所小屋子里，他的第一个儿子伊利亚斯于1859年2月6日呱呱坠地。

尽管他把这块遍布石头的土地进行了清理和平整，种植了各种果树，建成了一个果园，但凯珀尔·迪士尼毕竟是姓迪士尼的，拥有勃勃的野心和梦想，可不是那种甘心长久躬耕于田亩之间的人。他身材高大，将近6英尺[1]，用他侄子的话说就是"所见过的最英俊的男人"。除此之外，作为一个虔诚的宗教徒，他还非常自负，热衷于蓄又长又黑的胡须，留乌黑发亮油光闪闪的头发。他喜欢不时地捻弄一下自己的胡须，把发型打理得一丝不乱。并且他总是躁动亢奋，不会安于现状——他将这一特点以及自尊自负的品性一起遗传给了他那声名显赫的后代。当所谓的油泉（Oil Springs）油田附近开采出石油之后，凯珀尔立即把自己的农场租借出去，把家人托付给自己的妻子的姐妹照顾，自己加入了一支钻井队。他抛家舍业长达两年，但在此期间这家公司没有开采出一滴石油。最后他不得已回到了布鲁瓦尔自己的农场，但他并没有重操旧业，而是又一次离家出走，这次是开采盐井。一年之后，他又回到家里，还是两手空空，一无所有。他在自己的土地上动手搭建了一所新的木屋，极不情愿但又无可奈何地重拾耕种旧业。

但是，这一情形并没有持续多久。在听说了加利福尼亚的淘金热潮之后，他和18岁的伊利亚斯以及二儿子罗伯特于1877年出发前往加利福尼亚。但是，他们最远也只是到了堪萨斯州，在那里凯珀尔改变主意，从美国联合太平洋铁路公司那里购买了300多英亩的土地。

---

[1] 1英尺 ≈ 0.31米。——编者注

当时美国联合太平洋铁路公司正铺设横穿堪萨斯州的铁路，所以想方设法怂恿人们在铁路沿线的各个分界点安置定居下来。（由于迪士尼一家并不是美国公民，根据美国《宅地法》的规定，他们不能购买美国的土地。）迪士尼一家购买的这块土地位于堪萨斯州西北部的埃利斯县（Ellis County），几乎横跨这个州的一半，属于边界地区，极其原始荒凉。在当地人的脑海里，印第安人大屠杀的阴影仍旧挥之不去，迪士尼一家不得不整日整夜在窗户上架设枪支以求自保，在忐忑不安中等待着"印第安人恐惧潮"的结束。除此之外，各种犯罪活动也特别猖獗。一名游客把埃利斯县政府所在地海斯（Hays）描绘成"大平原地区的所多玛（罪恶之地）"。

他们发现，这里的气候和当地的居民一样极不友好——干燥并且酷寒。有时候，天气和环境会变得特别恶劣，人们根本无法耕种，农场无法维持。这种情况下，男人们只好到铁路公司打工，而他们的妻子则在野外捡拾野牛骨头，清理干净之后再卖给肥料厂。这片土地盛产一种黄色的水牛草，漫山遍野的水牛草如波浪起伏，极其适合放牧，因此坚持待在这里的人大多数都从农业转向了畜牧业。在这里从事农业的人要么被摧残得体无完肤，要么被打磨得硬如磐石，伊利亚斯就变得像石头一样坚硬。但是，和他的祖先一样，他也热衷于"迪士尼"家族代代遗传的投机取巧，不愿意按部就班。对于农业和耕种，他和他的父亲一样兴趣不大。他渴望逃离。

父子俩这一次瞄向佛罗里达州。1885 到 1886 年的冬季，埃利斯县的天气特别糟糕，可以说是异常恶劣。凯珀尔最小的儿子威尔·迪士尼曾经回忆说，当年暴雪连天，积雪厚度达到了 10 到 12 英尺。那些乘坐货运列车向西部进发的定居者们被迫滞留于此，在学校教室里安营扎寨，直到 6 个星期之后天气有所好转才继续上路。积雪如此之厚，清理火车铁轨上的积雪变得困难重重。牵引雪犁的火车车头根本

第一章 逃 离

无法运转，直到人们为其装配了 6 台发动机才勉强启动。它对着厚厚的积雪发起一次又一次的冲击，一寸一寸向前挪动，几乎是进两步退一步。就这样，才一点一点地把路打通。凯珀尔厌倦了堪萨斯州这种恶劣的天气，决定和邻居一家一起去位于佛罗里达州中部地区的莱克县（Lake County）实地察看一下。他的邻居在当地有亲戚。伊利亚斯跟他一起去。

对伊利亚斯来说，除了温暖的天气和新的机遇，佛罗里达还有另一个吸引他的，那就是和他们一道去佛罗里达的邻居考尔（Call）一家。考尔有一个 16 岁的女儿，名叫弗洛拉（Flora）。和迪士尼一家一样，考尔一家也是拓荒者，他们也不愿意过艰苦贫瘠的农场生活。他们的祖先在 1636 年从英国来到美国，首先在波士顿的郊外定居，然后搬到远离市区的偏僻荒凉的纽约最北部地区。1825 年，据说是为了逃避敌对的印第安人和冰冷刺骨的严寒天气，弗洛拉的祖父希伯·考尔（Eber Call）带着妻子和 3 个孩子来到俄亥俄州休伦县（Huron County），在那里开垦了几英亩土地，并开始耕种。但是，就像凯珀尔·迪士尼一样，希伯·考尔也有更大的抱负。他的两个女儿成了教师，他的儿子查尔斯（Charles）于 1847 年以优异的成绩从欧柏林学院毕业。毕业之后，查尔斯先是前往加利福尼亚寻找金矿，然后在西部地区漂流了数年。之后，他在艾奥瓦州得梅因市郊外遇到了德国移民姑娘亨丽埃塔·格罗斯（Henrietta Gross）。他们于 1855 年 9 月 9 日结婚，婚后回到俄亥俄州他的父亲家中。查尔斯成了一名教师。

1879 年 1 月，查尔斯决定离开俄亥俄州。为什么他会在 56 岁"高龄"的情况下选择离开自己生活了将近 20 年并且养育了 10 个孩子的俄亥俄州呢？后来他的一个女儿道出其中原委：他有 8 个女儿，隔壁邻居一家有 8 个儿子；作为一个宗教信仰虔诚的老师，他觉得邻居的 8 个儿子没有一个是稳重可靠的，他担心自己的女儿可能会嫁到这个邻居家里，所以决定举家搬走，不过确切的原因至今仍然是一个谜。而他为什么会选择当一个农民同样是一个令人费解的谜，至于他为什么选择定居到堪萨斯州的埃利斯县则更是一个不可思议的谜。埃利斯县这个边陲之地粗糙荒凉，而他离开的俄亥俄州的那个村庄则宁静祥和。两个地方大相径庭，毫无相似之处。除了廉价的土地，埃利斯县几乎一无所有。

事实证明，考尔一家在埃利斯的境遇并没有比迪士尼一家当年在这里的遭遇好多少。不到一年，这家人就开始四散分离了。弗洛拉在几乎还不到10岁时就被送到埃尔斯沃斯（Ellsworth）的师范学校，接受教师技能培训。在学校里，很显然她是和伊利亚斯的妹妹——阿尔玻莎·迪士尼（Albertha Disney）——住在一起。不过很可能伊利亚斯在此之前早已经注意到她了，因为他们两家的农场挨得很近，只有两英里[1]的距离。

没过几年，考尔一家就见识到了埃利斯恶劣天气的厉害——可能是1886年1月下的那场超级暴风雪给了他们这样的认知。因此，他们和迪士尼家的伊利亚斯、凯珀尔一起乘火车去了佛罗里达州，这极有可能就发生在1887年的秋天。凯珀尔不久之后又回到了埃利斯。伊利亚斯则继续与考尔一家待在一起。他们定居的地方位于佛罗里达州中部，当时有一种说法形容这个地方：荒无人烟。即便如此，由于他们在堪萨斯的经历实在不堪回首，考尔一家还是觉得这里"非常美丽"，并且认为他们在这里的新生活"充满希望"。这个地方土地潮湿，高低起伏，到处长满了松林，几条河流环绕，把它与周边陆地隔离开来，所以通常被称为松林岛（Pine Island）。除此之外，还有一些新的居民点点缀其中。伊利亚斯住在阿克朗（Acron），那里只有7户

1　1英里≈1.6千米。——编者注

第一章 逃 离

人家；考尔一家定居在毗连的基什麦特（Kismet）。查尔斯清理了几英亩土地，打算用来种植橘树，然后又在邻近的诺利斯敦（Norristown）重执教鞭。弗洛拉也成了老师，第一年在阿克朗教书，第二年在佩斯利（Paisley）上课。在此期间，伊利亚斯当了邮差，驾驶一辆四轮马车递送邮件，并开始与弗洛拉约会，两人开始谈恋爱。

1888年元旦那天，在基什麦特，他们两人在考尔的家中举行了婚礼。他们的婚姻，把迪士尼家族勇敢无畏、坚决果断的品性和考尔家族较为柔和、理智的气质结合在一起——这是两种非常接地气的浪漫主义精神。这两种精神气质将在他们最小的儿子身上融合。这对夫妇甚至看上去就比较互补：伊利亚斯骨瘦如柴的体形与弗洛拉和蔼可亲的圆乎乎的身材形成了鲜明的对比。除此之外形成对照的还有他们的年龄——结婚的时候新郎已经快30岁了，已到壮年，而新娘仅仅19岁，正是青春年华。然而，婚姻并没有给他的命运带来转机。他买了一片橘子林，但一场不期而至的霜冻毁了他的大部分果实。他不得不重操旧业，又回去当邮差递送邮件。在此期间，查尔斯·考尔在清理松林地时发生了意外，从此以后一直没有完全康复，并于1890年年初撒手人寰。他的去世让迪士尼夫妇与佛罗里达州的联系变得松散。根据伊利亚斯的堂弟彼得·康特伦（Peter Cantelon）的观察："伊利亚斯与他父亲极其相似。无论在任何一个地方，只要待的时间一久，他就会产生不满，渴望逃离。"迪士尼家族的人天生流浪成癖。逃离的冲动将伊利亚斯送回了北方——这次他生活在芝加哥的一所有九个房间的大宅子里。

在伊利亚斯来到芝加哥之前，有一个人已经先他一步搬到了芝加哥。具有讽刺意味的是，如果说伊利亚斯有多倒霉，那么这个人就有多幸运。这个人就是伊利亚斯的弟弟罗伯特·迪士尼（Robert Disney），比伊利亚斯小两岁半，被全家视为成功人士。他高大帅气——身材魁梧、肩宽体阔、结实粗壮，而伊利亚斯身材矮小、精瘦纤细、干瘪无肉。除此之外，罗伯特性格豪爽、开朗健谈、热情洋溢，言谈举止与他的外貌相得益彰。他的侄子曾说过，他是"这个家里真正的花花公子"。但是，如果说罗伯特·迪士尼看起来特别像个有钱人的话，那么这个形象掩盖了这样一个事实：他实际上是一个很有天赋的策划者，擅长用甜言蜜语说服和哄骗别人，而这一点是伊利亚斯永远无法企及的。在伊利亚斯和弗洛拉结婚六个月之后，罗伯特娶了一位波士顿的富家小姐玛格丽特·罗杰斯（Margaret Rogers），开始了在房地产、石油，甚至金矿等领域的投机生涯——事实上他不会放过任何一个能从中牟利的行业。1889年，为了迎接将于1893年举办的纪念哥伦布发现美洲400周年的哥伦比亚世界博览会，他满怀期待地来到了芝加哥，并在那里开了一家旅馆。伊利亚斯也是冲着这个博览会而来的，希望能够找到一个工作的机会，但他的梦想要比罗伯特小得多。生活在弟弟的阴影之下，他的梦想不是成为一个大亨，而是作为一个木匠，找到一份合适的工作。很显然木匠手艺是他当年四处漂泊的时候在铁路上打工时学会的技能。

迪士尼一家于1890年暮春来到了芝加哥，当时查尔斯·考尔刚刚去世几个月，他们的小儿子赫伯特还在襁褓之中，而弗洛拉又怀孕了，挺着大肚子。伊利亚斯租了一间单层框架结构的村舍小屋。这是一间建于19世纪中期的旧农舍，位于芝加哥市南部城区的南弗农街道（South Vernon）第3515号，周围都是昂贵的豪华住宅。它如同鸡立鹤群，显得孤零零的。它的主要优势是距离博览会的展览场只有20个街区。弗洛拉于1890年12月生下了第二个儿子雷（Ray）。紧接着，博览会的场地建设于第二年年初开始动工。伊利亚斯当木匠虽然每天只能赚到一美元，但他勤劳节俭，很少花钱。到了当年秋天，他就攒够了钱，通过弟弟在房地产界的关系，花700美元买了一块宅基地。

第一章 逃 离

1892 年，他申请了在特里普大街（Tripp Avenue）1249 号[1]施工的建筑许可，为家人建造了一座上下两层的木屋。1893 年 6 月，他家又添了一个儿子——罗伊·O. 迪士尼（Roy O. Disney）。

1893 年春天，他们搬到了位于城市西北部的新家。新家所在位置虽然属于市区，但那里环境还是比较原始简陋。那里只有两条铺面道路，而且刚刚开始铺设施工，木匠恰好有了用武之地。从这方面来说，它对于伊利亚斯而言不失为一个好地方。伊利亚斯签了劳务合同，协助别人盖房子。据他的一个儿子回忆说，"弗洛拉有时也会去工地，和男人们一起使锤用锯，钉铁钉或锯木板"。不过，据他的妻子估算，伊利亚斯的收入平均下来每周只有 7 美元。但他毕竟出自迪士尼家族，从来没有放弃自己的梦想。利用罗伯特的人脉和关系，再加上通过抵押自己的房子申请到的贷款，他开始在小区里购买地皮，在弗洛拉的帮助下设计住宅，然后开工建造小木屋——供像他这样的工人居住的。到 19 世纪 90 年代末，他和合伙人在他住的那条街道上至少又盖了两套房子——其中一套他以 2500 美元的价格售出，另一套他和合伙人租赁出去赚取租金。实际上，在罗伯特的指导下，伊利亚斯已经成了房地产行业的行家里手，但是他非常谦虚低调，从不张扬。

这个时候他已经 40 多岁，进入不惑之年了。他开始把希望更多地寄托在信仰之上，而不是放在追求成功上面。迪士尼家族和考尔家族一直以来都笃信宗教。现在伊利亚斯和弗洛拉在芝加哥的社交生活都围绕着附近的公理会教堂转。他们居于那里最虔诚的教徒之列。当会众决定调整组织结构，然后投票决定在离迪士尼家两个街区远的地方建造一座新教堂时，伊利亚斯被大家推选为托管人，并且成了建筑委员会委员。1900 年 10 月这座新教堂即圣保罗教堂落成后，这家人

---

[1] 1909 年，芝加哥全市范围内所有地址都进行了重新编号。该地址变更为北特里普大街 2156 号。

不仅在周日参加礼拜，而且在工作日也参加教堂开展的各种宗教活动。偶尔牧师有事不在时，伊利亚斯甚至会上坛布道。"他是一个很好的传教士，"弗洛拉对此一直念念不忘，"你知道，他在家里就经常这样做。"

在迪士尼家族流传甚广的众多传说中，下面这个故事已经成了其中必不可少的部分，人们对此津津乐道。1901年12月5日，弗洛拉在他们位于特里普的家的二楼卧室里生了一个男婴。这个孩子的名字来自一份具有田园牧歌色彩的口头协议。故事的源起是，当年弗洛拉和新任年轻牧师沃尔特·帕尔（Walter Parr）的妻子同时有孕在身。伊利亚斯和帕尔约定，如果他们的妻子生的都是儿子，伊利亚斯将用牧师的名字作为自己儿子的名字，牧师也将以伊利亚斯的名字为自己儿子起名。据推测，这就是伊利亚斯和弗洛拉的新生婴儿取名为沃尔特·伊利亚斯·迪士尼的原因。然而，这个故事只是部分属实。迪士尼家的第二个儿子雷（Ray）原本可能叫沃尔特——这是他出生登记证上的名字——后来这家人重新考虑了这个名字，这表明迪士尼家之前就已经想到了这个名字。（这种混乱后来引发了一系列的猜想，如沃尔特是否真是迪士尼夫妇的亲生孩子，尤其是因为沃尔特没有出生证明，只有洗礼证书。[1]）除此之外，尽管帕尔太太和弗洛拉确实是同时有孕在身的，区别只是弗洛拉当时已经处于怀孕后期，而帕尔太太还处于怀孕初期阶段，但令人感到奇怪的是，帕尔太太在1902年7月顺利产下一名男婴，却没有用伊利亚斯的名字命名，而是取名为查

---

[1] 还有另一个流传甚广、经久不灭的谣言。这个谣言可追溯至西班牙的著名杂志《第一平面》（*Primer Plano*）。该杂志在一篇报道中声称，沃尔特实际上出生在西班牙的莫贾马尔（Mojacar），他的父母移民到了美国，在伊利亚斯手下工作。伊利亚斯后来收养了这个男孩。沃尔特后来说："我向你保证，当我听说我出生在西班牙这种说法的时候，我几乎快要惊掉下巴了，这种说法与实际情况相去十万八千里。"

尔斯·亚历山大（Charles Alexander）。直到两年半之后的1904年5月，帕尔夫妇的另一个儿子出生，他们似乎才履行了自己的承诺，给孩子取名为沃尔特·伊利亚斯·帕尔（Walter Elias Parr）。

年幼的沃尔特·伊利亚斯·迪士尼五官精致，一头金发，他喜欢温柔的考尔家甚于冷酷的迪士尼家。他对芝加哥的记忆并不深。1906年，当伊利亚斯又一次决定搬家时，沃尔特才4岁。不过这次搬家的动因倒不是钱，甚至也不是伊利亚斯一时兴起，更多的是出于道德因素的考虑。附近邻居家有两个男孩，年龄和赫伯特、雷一样大，都是来自同样信仰虔诚的圣保罗教堂教友家庭。他们曾试图抢劫一个车库，在与警察的枪战中打死了一名警察。由于害怕自己的孩子误入歧途，尤其是在附近的社区环境越来越恶劣的情况下，伊利亚斯开始寻找一个更有利于孩子们身心健康成长的环境。为此，他甚至还进行了几次短暂的实地考察和探寻，最后决定定居在密苏里州的一个偏远小镇上。他的弟弟罗伯特最近刚在那里购买了一些农田作为投资。当年2月，伊利亚斯以1800美元的价格卖掉了他们的房子，一个月后又卖掉了另一处房产。他、赫伯特、雷和他们在芝加哥买的两匹驮马，一起搭乘一辆货车，作为先头部队去了密苏里州，为在那里的农场进行耕种做先期准备，而弗洛拉、罗伊、沃尔特和他们刚出生的小妹妹露丝则随后跟着上了开往圣达菲（Santa Fe）的火车。"当我们即将离开的时候，那是一个非常重要的时刻。"沃尔特多年后回忆道。"搬去农场，这对我们所有人来说，"罗伊肯定地说，"听起来都很棒。"

2

沃尔特·迪士尼一定会记得密苏里州的马塞琳镇（Marceline）。这个地方是他童年记忆中最为清楚生动的部分，很有可能也是他一生中记忆最为清楚生动的部分。"马塞琳是沃尔特生命中最重要的一部分，"他的妻子表示，"他在那里没住多久。他在芝加哥和堪萨斯城住的时间更长。但是农场里的一些东西对他来说非常重要。"他记得全家人初到这儿的场景。"清楚地记得每一个细节。"他后来说。他记得自己如何下了火车，如何穿越一个大谷仓。谷仓旁边，一个名叫科夫曼（Coffman）的邻居正等候着他们。他记得自己如何爬上了科夫曼的四轮马车，大家驾车前往农场。农场距离小镇中心大约1英里，位于朱利普大路（Julep Road）和铁路轨道的北部。铁轨像一条对角线一样横穿过马塞琳镇的核心区域。他还记得他对这个地方的第一印象——它那令人眼花缭乱的、宽广阔大的前院，长满了茵茵绿草，像铺着绿色的地毯；挤满了青青垂柳，挥舞着柔软的枝条。

伊利亚斯的农场很小。罗伯特叔叔的农场，就在向西1英里的地方，面积将近500英亩，比伊利亚斯的这个小农场大10倍。1906年3月5日，伊利亚斯从一位内战老兵的孩子手里买了40英亩土地。这位老兵名叫克兰（Crane），最近刚刚去世。接着在4月份，他又从克兰的遗孀手里买了5英亩多一点儿的土地。伊利亚斯购买这些土地和房产总共花了3000美元，当时他并没有这么多钱，但他采取了分期付款的方式，利用出售他在芝加哥的房产所得偿还这些钱。尽管这个农场规模不大，但沃尔特总是通过儿童那像棱镜一样的好奇的视角回想起这个农场，总是认为它是一个人间天堂。游戏活动层出不穷，野生动物多种多样，有狐狸、兔子、松鼠、负鼠和浣熊，还有鸟。在迁徙期间，短颈水鸭会在农场的池塘里短暂停留休息。在这45英亩的土地中，有5英亩是果园，种了各种果树，有苹果树、桃树和李子树，还有葡萄藤和浆果植物。"我们种了你们听说过的所有种类的苹果，"沃尔特回忆说，"包括一种叫作狼河苹果的苹果。狼河苹果个头非常大。人们从几英里外赶来看我们的苹果。"还有一个猪圈，几只鸡，几头奶牛，4到6匹马。罗伊说："它是城里孩子的天堂。"而这恰恰是伊利亚斯想要实现的效果。

虽然这里并不是天堂，但因为这里是乡下，所以在孩子们看来一切都像是带着天堂的色彩。迪士尼一家住的那幢一层楼的木制农舍，用的建筑材料是刷过白灰的壁板和绿色的镶边饰板，看起来十分粗糙简陋。除此之外，房间里面十分狭窄，他们不得不把会客厅改成赫伯特和雷的卧室。但是，在柳树、山梅花树、银枫树、雪松、紫丁香和山茱萸的环绕下，用伊利亚斯的姑妈的话来说，这是一个"非常漂亮的地方"，有一个"像公园一样的前院"。她被深深地迷住了，以至于她在想自己是否还返回埃利斯县。

沃尔特·迪士尼对农场有着和他的老姑妈同样的梦幻感受。"与马塞琳有关的一切对我们来说都是一种令人激动的震颤。"他曾回忆道。离开了他描述的"拥挤不堪、烟雾缭绕"的芝加哥，来到了这宁静平和的乡村，他对农场的牲畜特别着迷。他声称在农场的那段时光让他对动物产生了一种永远不会消失的特殊感情。他经常讲自己放猪的趣事：他爬到猪的背上，骑着猪，把猪赶到池塘里去翻泥，找吃的东西；有时他骑的猪乱跑乱动，会把他掀落到泥水里——这一场景非常滑稽，伊利亚斯会邀请客人来观看这极其搞笑的一幕。其他时候，他和其他几个孩子会骑一匹名叫查理的老马。沃尔特说，查理"有自己的幽默感"。查理会故意朝果园走去，孩子们没有办法只好从它背上跳下来，不然的话他们就会碰到树枝。无论沃尔特走到哪里，他的第一只宠物——别人送给他的一只小小的马耳他狓犬——都紧随不舍。这只小狗形影不离地紧跟着他的脚后跟，撕破他的袜子。有一天，这只狗跟着罗伊进城，之后就再也没有回来。他一直认为这是自己孩提时代的一个"大悲剧"。

一直以来，沃尔特·迪士尼总是宣称这些日子是他的幸福时光。

他直到将近7岁才开始上学。据他所说原因之一是家里没有人接送，另一个原因是他的父母决定让他再等一年，然后和妹妹露丝（Ruth）一起上学。"事实上，我不得不和比我小两岁的妹妹一起开始上学，"他后来抱怨道，"这对任何一个人来说都是极其尴尬的事情。"但是，除了当作一个可以表演的舞台，学校对他似乎并没有太多的吸引力。对于在马塞琳镇的上学经历，他印象最深的一段记忆是一场汤姆·索亚式的恶作剧。当时他的老师要求孩子们带鞭子到学校，用来惩罚那些表现不好的学生。沃尔特却偷偷地把一块厚木桶板放在老师的讲桌上。当她问木板是谁带来的时候，沃尔特以为自己这一行为肯定会引得同学们哄堂大笑，于是就坦白承认了，但结果却是自己被老师用那块木板抽打了一顿。

当不在学校和农场的时候，在慵懒的下午，沃尔特经常和邻居的男孩们一起到黄溪边钓鲇鱼和弓头鱼，然后脱得一丝不挂跳进河里游泳，玩得不亦乐乎。冬天，他们会在结冰的河面上玩滑雪或滑冰，在溪岸边生起篝火取暖。有时，沃尔特会跟着一个名为埃拉斯图斯·泰勒（Erastus Taylor）的内战老兵，以游戏的方式重温他当年的战斗场面。（沃尔特后来说："我认为他在内战中没有参加过一场战斗，但他给人感觉好像参加了所有的战斗。"）由于马塞琳镇上没有公理会教堂，所以即使是在礼拜天，迪士尼一家的活动范围也不再局限于教堂和主日学校了。相反，他们经常去泰勒家玩，一玩就是整整一天。泰勒就住在路的另外一头。在那里，伊利亚斯会拿出他的小提琴和邻居们一起弹奏玩乐。

马塞琳镇丝毫不比农场逊色，拥有和农场一样的迷人魅力。为了逃离城市中的各种暴力和危险，伊利亚斯·迪士尼几乎找不到比马塞琳更好的地方了。尽管马塞琳只是一个边陲小镇，但一派宁静祥和的景象，甚至可以说是优雅宜人。马塞琳镇位于离第5号国道不远的蝗

第一章　逃　离

虫河（Locust River）的东侧。它和堪萨斯州埃利斯镇一样，也是铁路大发展的产物。具体而言，当年艾奇逊－托皮卡－圣达菲铁路公司计划修建"芝加哥延长线"，以实现芝加哥和西部地区的联通。这条铁路线要经过位于马塞琳镇西南方向距其125英里的堪萨斯城。该计划要求在铁路沿线每隔大约100英里就必须设立一个所谓的"站点"，以便为列车提供相关服务，并为铁路工人提供住所。马塞琳镇就是这个宏大计划的产物，成了其中的一个分站，于1888年3月6日注册成立并命名。"马塞琳"这个名字的来源众说纷纭，莫衷一是。有人说是以当年某位铁路主管的妻子或女儿的名字命名的，有人说是来自第一个在该镇定居的土木工程师的女儿的名字，还有人说是源自一个早期在此定居的法国移民的名字。在6个月的时间里，就有2500人定居在那里。这些人主要是为铁路提供服务。不到一年，一位名叫惠洛克（U. C. Wheelock）的勘探者便在这里发现了煤炭。这一发现导致小镇最终被探测到了5座煤矿，雇用了500多名工人开采煤炭。小镇的人口数量随着车站和煤矿的出现而急剧增加。当圣达菲市在1903年调整区划并分为东部地区和西部地区之后，马塞琳成了西部地区的首府。

年轻的沃尔特·迪士尼对这个小镇的外观印象深刻——它看起来各个方面都是一个小镇该有的样子。据当地报纸描述，当迪士尼一家搬到这里时，马塞琳已经从创建初期的"五花八门的帐篷与窝棚混杂的居民区"变成了一个"整洁庄严且功能完备"的小镇，大约有4500名居民，仅在前两年就新建了200所房子。迪士尼一家在这里定居几年后，一位倡导"市民振兴主义"的人士发自内心地表示："如果一个陌生人来到这里，面对数量如此众多的可爱的草坪和精美的住宅，一定会感到十分惊讶。在这个方面，美洲大陆上与它人口数量规模相当的城镇里，任何一个城市都无法与马塞琳相提并论。"在迪士尼一家刚迁来的时候，小镇的主街堪萨斯大街还没有铺设柏油路面，但街道两侧分布着众多出售各种商品的大小商店。沿着这条主干道走下去，接踵而来的是辛普森与米勒干货商店、海登与安德森肉类市场、梅里登乳品店、上下三层的纽约杂货店（这里面的一则广告吹嘘说，新娘在本店可以订购全套嫁妆，还可以为新家挑选各种式样的家具）、奥特客栈（由法官奥特经营，口号是"你肯定能找到一张好床——前提是房间没有住满"）、R. J. 达尔父子冰品公司、布朗家具五金公司、萨顿理发店、艾伦农机农具公司、齐歇尔珠宝店（转角处摆放着一台标志性的自立式时钟）、J. E. 艾丽思大百货商店，还有上下两层的用灰色花岗岩修建的艾伦酒店。在离堪萨斯大街不远的镇中心，是古朴小镇生活的另一些经典形象——里普利广场、一个有凉亭的树木繁茂的公园、一个狭长的池塘，还有一门大炮，安放在四边形的石膏底座上，旁边还有一堆炮弹。

但是，无论看起来多么像顽固守旧的美国农业社会的典型代表，马塞琳都不能被称为特别保守——凭借数量庞大的劳动力，它成了支持和拥护民主党派平民主义者威廉·詹宁斯·布赖恩（William Jennings Bryan）的温床——它为自己的进步主义感到骄傲和自豪。这一切，给年幼的沃尔特带来了全面的社会文化教育和熏陶。对此，他深有感触，后来他曾经感慨道："正是在马塞琳，我接触到了大量对我人生具有重要意义的东西和事情，可以说比我在此之前接触到的要多得多——甚至可以说比我在此之后接触到的都要多。"在马塞琳，沃尔特有生以来第一次看到了马戏表演，第一次参加了乔托夸（Chautauqua）巡回演出———种户外巡回演出，最显著的特点是汇集了当时特别有名的几位演说家。在马塞琳，他还打破自己的存钱罐，用积攒的零花钱买票，去看一家巡回演出公司里面著名演员莫德·亚当斯（Maude Adams）扮演的彼得·潘。受此启发，在一次学校演出中，他也扮演了这个角色。当时他的哥哥罗伊组装了一套能让沃尔特飞起来的升降装置和滑车，演出的时候这套装置突然失控，沃尔特直接"飞"到了满脸惊愕的观众面前。后来他回忆起这一幕时表示："从来没有哪个演员比我更贴近所扮演的角色了。"在马塞琳，他正等着加入当时名气如日中天的演员"野牛比尔"组织的观看"狂野西部秀"的游行队伍，这时"野牛比尔"本人在他面前停下了马车，邀请沃尔特上车和自己一起去。"这给我留下了难以磨灭的印象。"沃尔特后来写道。在马塞琳，有一天放学后，沃尔特连哄带骗说服了妹妹露丝，和她一同去看了他们人生中的第一部电影——《基督的生活》。露丝对此记忆尤其深刻。她还记得他们看完电影之后天已经黑了，"尽管沃尔特一直告诉我去看场电影不会有任何问题"。但回到家里时，他们还是受到了父母的责骂。

但是，沃尔特·迪士尼喜爱并铭记的不仅仅是马塞琳朴实无华的平凡外表，也不仅仅是他在那里受到的传统文化和礼教的熏陶，让他余生都铭记于心的还有这里浓厚的社区精神。在马塞琳，人们互相关心，互相包容；甚至一个与白人小混混们打架斗殴的黑人也被当地法官宣判无罪。"这一切都是在社区的帮助下完成的，"沃尔特回忆道，"一个农民会帮助另一个农民。他们会去帮助别人修理篱笆。他们和其他地方的人不一样，会帮助别人做各种各样的事情。"他特别欣赏和喜欢打谷脱粒季节当地人的互帮互助友爱之情。沃尔特总是深情地回想起下面这一场景：四轮马车后面搭载着一台巨大的蒸汽机，轰隆隆地驶过丰收的田野，邻居们聚在一起互相帮忙，累了就直接睡在迪士尼家的院子里。他们的妻子也会赶过来，女人们一起动手给男人们做饭。这幅场景让他终生难忘。

让他难以忘却的不仅仅是社区邻里的友爱互助，在沃尔特的一生中，住在马塞琳的那段时光是他第一次也是最后一次见证了迪士尼大家庭的天伦之乐。他显然很享受这种来自家人的关注，感觉特别温馨和美好。他的叔叔迈克·马丁是一个铁路工程师，负责维护保障在马塞琳和艾奥瓦州麦迪逊堡之间运行的火车。用沃尔特的话说，这个叔叔是"我生命中的一个骄傲"。他会时不时地来马塞琳看望他们，有时候步行，有时搭便车，从镇上的车站赶几英里的路来到他们家的农场。他每次来都会带着一个条纹布袋，里面装满了糖果，送给孩子们。迪士尼的奶奶，一个喜欢恶作剧的女人，在她年老的时候似乎很喜欢折磨她那不苟言笑、刻板固执的儿子。她也会从埃利斯赶过来看望他们，并留下来住一段时间。沃尔特经常陪奶奶散步。有一次在散步的时候，她让沃尔特从邻居的篱笆下爬进去，为她在别人的园子里偷拔萝卜。（伊利亚斯对这种犯罪行为感到羞耻，但沃尔特承认，他很喜欢这些颠覆性的冒险，毫无疑问，主要原因是这种行为确实能够激怒他的父亲。）

除此之外，沃尔特甚至对伊利亚斯的弟弟埃德蒙·迪士尼（Edmund Disney）叔叔的来访更感兴趣。埃德蒙智力发育迟钝，连自己的名字都不会写。但他是个和蔼可亲的人，无拘无束，自由自在，经常离开自己在堪萨斯州的家，离开和他住在一起的姐妹丽齐（Lizzie）和埃塞尔（Ethel），到处游荡。马塞琳是他常去的地方之一，他会出人意料地出现在迪士尼家门口，大声宣布："是我！"沃尔特曾说过，对一个8岁男孩来说，埃德蒙绝对是一个很好的玩伴，因为他的智力年龄差不多就是8岁。埃德蒙没有任何禁忌。"埃德蒙叔叔想干什么就干什么。"沃尔特表示，"他想进城，就会走到铁轨旁边，等火车开过来，他就举手示意，火车就会停下来。他会说，'我想搭车'。然后他就会爬上火车，到城里去。"他们还会到树林里去探险，埃德蒙知道树林里所有植物和鸟类的名字，并能辨别出各种鸟的叫声。通常情况下，他只在这里做短暂的停留。然后，他就会宣布他要去探望另一个亲戚，然后扬长而去。沃尔特特别欣赏和羡慕这种单纯稚嫩的自由自在——埃德蒙是现实生活中的彼得·潘——但他也爱他叔叔的快乐无忧，他认为埃德蒙是一个行为榜样。"对我来说，他代表着最简单、最纯粹的快乐。"

如果说埃德蒙的来访是以一种轻松愉快的方式表现了迪士尼家族的流浪癖好，那么罗伯特叔叔的频繁造访则用一种简单粗俗的方式充分暴露了迪士尼家族自命不凡的天性。罗伯特来的目的是查看自己的土地。他穿着亚麻外套，留着整齐的范戴克式胡子，走下火车时就好像自己是一位君主，这也正是他对待自己的哥哥的态度和方式。罗伯特在伊利亚斯的农场里放了一辆双轮单座轻便马车，伊利亚斯一直想让他带走，不愿替他保管。不管伊利亚斯是否怨恨罗伯特，至少他的一些邻居是怨恨的，他们轻蔑地称罗伯特为"金甲虫"，一方面是因为他盛气凌人的态度，另一方面是因为他买卖黄金股票。尽管如此，沃尔特还是很喜欢这位叔叔来自己家，因为罗伯特的妻子，也就是沃尔特口中的"玛格丽特婶婶"——据沃尔特说，这是他唯一的婶婶。他亲热地称她为"婶娘"——她通常会给他带来一份礼物，一个"大首领"牌的绘画板和几支铅笔。

对大多数孩子来说，这些礼物似乎有点儿敷衍了事。但对沃尔特而言，它们可以说代表着他在马塞琳的又一些极其重要的收获：一种朦胧的自我意识，以及对他才华的首次认可。沃尔特喜欢艺术，并声称"几乎从我拿起铅笔的那一刻起"就对画画产生了兴趣。但是，大家对此都视而不见，直到玛格丽特婶婶来访之后他才得到认可和鼓励。他说："她一直让我觉得自己真的是个神童！"但他也承认她"嘴巴上抹了蜜，专讲甜言蜜语"。玛格丽特婶婶对他的称赞得到了另一位导师的响应和赞同。这位导师是一位年纪较大的邻居，名叫舍伍德（Sherwood），是一位医生。当沃尔特遇到他的时候，舍伍德已经退休不再行医了，所以他有大把可自由支配的时间，并且他和他的妻子都没有子女，所以他花了很多时间和沃尔特在一起。在某种程度上，沃尔特几乎成了他的养子。舍伍德医生是个专横跋扈的人。他穿着一件双排扣长礼服大衣，夏天驾驶着一辆轻型四轮马车，冬天驾驶着一辆轻便的马拉雪橇，拉车的是一匹名叫鲁伯特（Rupert）的获奖种马。沃尔特经常陪着他，甚至陪他去杂货店，舍伍德医生在那里主持召开"闲聊会"。在路上的时候，沃尔特通常都喋喋不休，连珠炮似的向他提出各种问题。多年以后，他仍然对医生渊博的知识和不厌其烦的耐心惊叹不已。沃尔特总是爱刨根问底。舍伍德医生曾对他说，"不要害怕承认自己的无知"。沃尔特说"这一哲理让我受益终生"。但是沃尔特对于舍伍德医生印象最深的——他在此后一生中反复提及的一件事是：有一次，医生让他拿自己的蜡笔和画板为鲁伯特画张素描。那天不知什么原因那匹马心神不定，一惊一乍的。舍伍德医生不得不拉住缰绳，沃尔特很难捕捉到它的神态。"画完之后结果相当糟糕，"他回忆道，"但医生和他的妻子都对这幅画大加赞赏，这令我非常高兴。"在这个故事的第一个版本里，舍伍德医生给了沃尔特五分钱，买下了这幅画。一个邻居说这种举动与舍伍德吝啬小气的性格极不相符。而在另外一个版本中，这幅画被裱起来挂在了医生的房子里。无论哪个版本是真的，这幅画，用他哥哥罗伊夸张的口吻来说，成了"沃尔特生命中的一大亮点"。

多年后，迪士尼一家还经常回忆起沃尔特艺术生涯初期发生的另一段插曲，他们认为这证明了他对艺术的痴迷。有一年夏天，弗洛拉和伊利亚斯进城去了，把沃尔特和露丝留在了农场。正如露丝所说，他们开始观察研究房子周围承接雨水的木桶，发现了桶里面的焦油内衬。沃尔特对妹妹说软焦油可以当作涂料用，当露丝出于谨慎询问它是否容易脱落时，他向她保证它会脱落。于是两个人找了一些大树枝，把它们伸到木桶里蘸上焦油，开始在迪士尼家粉刷过的房子外墙边上乱涂乱抹。"当我过了一小会儿才意识到它——沥青——不会脱落下来的时候，"露丝说，"一种糟糕透顶的可怕感觉涌上心头，我现在对这种感觉都记忆犹新。"父母对他们的行为很不高兴。（30年后，弗洛拉仍然气冲冲地批评说："当时他已经长大了，应该懂事了。"）后来，当迪士尼一家搬走时，房子的一侧仍然粘着斑斑点点的焦油——这是对沃尔特·迪士尼艺术成就的第一次纪念。

　　马塞琳对迪士尼一家来说就像是一个乐园，他们的生活既安宁又幸福，唯一让人扫兴的事就是：伊利亚斯·迪士尼绝对没有务农的天赋。他曾经告诉一位邻居，他不相信给自己的土地施肥有什么用，因为这样做就像"给一个人喝威士忌——开始他会感觉好一点儿，但这种美好的感觉持续不了多久，过后感觉比喝酒以前更糟糕了"。他们家的庄稼由于缺水少肥一直长得不好，直到最后伊利亚斯终于良心发现，动了怜悯之心，庄稼长势才有所好转。另一个邻居记得，伊利亚斯命令他的儿子们在上午10点左右给马饮水，然后还疑惑为什么当时似乎没有其他人在给马饮水。他根本没有意识到给马饮水的正确时间是在早上、中午和晚上。尽管他有种种缺点，但他坚持不懈，不断尝试。有一年，他种了1英亩用来爆玉米花的玉米。还有一年，当时市场极不景气，他发动家里的每个人都提着篮子挨家挨户地推销自己种的苹果，而没有把苹果拿到批发商那里去卖。还有一次，他把自己家的苹果和邻居家出产的苹果集中到一起，绕过了中间商，自己把苹果运到堪萨斯州的市场上出售，然后和邻居平分了多得的利润。有一年秋天，收获季节过后，当时日子非常艰难，他又重操旧业去做木工活，帮助邻居改造和重新装修房子。尽管如此，钱总是很紧张，而伊利亚斯一直很节俭。迪士尼家的孩子们回忆说，弗洛拉不得不把黄油涂在面包底面，以免让他们的父亲看到。因为黄油是他们家的一项收入来源，伊利亚斯担心弗洛拉给孩子们吃黄油会导致家庭收入下降。

如果说伊利亚斯遭受的打击和折磨是金钱造成的，那么迪士尼家庭的分裂也是金钱造成的。1907年，赫伯特和雷兄弟俩与罗伯特叔叔约定好，租了他的土地种小麦。到了秋天，他们又雇邻居们一起收割。就这样，兄弟俩挣了一笔小钱。伊利亚斯问俩儿子打算如何处理他们的钱，其中一个说要给自己买一块怀表。伊利亚斯听了以后对儿子花钱大手大脚的想法勃然大怒。他坚持要把钱全部拿走，帮助还清自家农场欠的债务。"那是压垮骆驼的最后一根稻草。"一位邻居说。就在同一天，赫伯特和雷从银行取出了他们的钱，等到晚上，他们爬窗户逃出了家，跳上了开往芝加哥的火车。他们的不辞而别给迪士尼一家带来巨大的伤痛，这伤痛如此之深，以至于近100年过后，他们的家人仍然不愿意谈论这件事。到了1908年春天，他们俩搬到了堪萨斯城，罗伯特叔叔给他们找了一份银行职员的工作。1909年夏天，赫伯特当了邮局的邮递员。他们偶尔会去马塞琳看望父母，但他们与父母之间的裂痕从未完全愈合。当时，赫伯特和雷会把他们的旧衣服送回去，让弗洛拉略作改动，给罗伊和沃尔特穿。他们有时会在旧衣服口袋里塞上一小块烟草，故意惹伊利亚斯生气，因为他们知道这样做会激怒他们那喜欢道德说教的父亲。

没有赫伯特和雷的帮助，农场的活计变得更加繁重。伊利亚斯最大的优点就是特别勤劳、特别肯干。他把自己的辛苦归咎于迫使农民通过中间商和信托机构销售农产品的体制。他认为这种体制拿走了本应是农民该得的利润。在儿子们离家出走后不到一个月，伊利亚斯就和邻居M. A. 科夫曼（当年迪士尼一家第一次到马塞琳的时候正是他在火车站接的他们）组建了美国公平协会（American Society of Equity）在当地的分支机构。他们将其描述为一个农民联盟。该协会总部设在俄亥俄州代顿，希望最终能在全国范围内为农民提供谷仓、升降运输机、仓储式货栈和冷冻库，这样农民就能自己控制自己生产的农产品，自己调节农产品的供应，并自己制定农产品的价格。此举很受农民们的欢迎——有29人加入了他们的分会——但据一位邻居说，即使是在支持劳工和改革进步的马塞琳，伊利亚斯的积极活动仍然很快被贴上了"激进分子"的标签。当然，他肯定不会反对这个标签。"他对生活有很高的理想和追求，"他的女儿说，"就是在那个时候，他对社会主义思想产生了极大的兴趣——在他看来，这是一种公平的人类生活方式。"他甚至自称是一名社会主义者，声称自己投票给了社会党总统候选人尤金·V. 德布斯（Eugene V. Debs），并订阅了《理性的呼吁》（Appeal to Reason）。这是一本激进的宣传社会主义思想的杂志，由德布斯担任副主编。

但是，伊利亚斯的激进主义只是逃避现实的借口，而不是解决问题的有效措施。就像他在佛罗里达种植橘子林失败一样，农场最终还是让他一败涂地。他在农场的种种努力和挣扎最后还是以失败告终。全国各地农作物价格的下跌令他倍感压力，1910年夏天当地煤炭工人持续5个月的罢工加剧了这种压力。雪上加霜的是，那年[1]年初，他又得了伤寒或白喉，身体虚弱，无法工作。弗洛拉深信他的病是忧虑的结果，坚持要他卖掉农场。到了秋天，他无计可施只好这么做了。那年11月——罗伊记得那是一个寒冷的早晨——伊利亚斯举行了一场拍卖会，出售了他们养的牲畜和各种农具。罗伊和沃尔特在各个区域都用大头针钉上了售卖标识。那天下午晚些时候，在镇上，罗伊和沃尔特看到了一匹6个月大的小马。这匹小马正是他们已经驯过并驯服了的。它一看见他们就认出来了，抬头长啸，不停嘶鸣。他们走过去抱住它，为失去它而哭泣。田园牧歌生活就这样结束了。

---

[1] 本书多处出现"那年""那天""次年"等表述，种种原因，无法查证具体的时间。本着尊重原著的态度，我们都保留了原版书的表述。

迪士尼一家离开农村搬到城里，住在堪萨斯大街508号一栋小的四居室房子里。他之所以选择住在这里，是为了让孩子们在伊利亚斯康复期间继续完成学业。但是，他们现在生活的马塞琳与5年前他们初来乍到时的马塞琳相比，已经是一个完全不同的地方，有着完全不同的模样。这证实了一位研究迪士尼的学者写的一段话，这段话描述了沃尔特对这个小镇深深的依恋之情："迪士尼的美国乡村小镇，他黄金般珍贵美妙的记忆之源，实际上已经开始慢慢消失，而他则目睹、亲身经历了这一过程。"人口普查显示，自1900年以来，这里的人口膨胀了近50%，而这还不包括人口普查时罢工的矿工。马塞琳不再是一个道路没有经过铺砌的城镇，现在它拥有20多辆汽车。它有1所新学校、1座新发电厂、1座新自来水厂以及有600个座位的新卡特剧院（New Cater Theater）。这个剧院既可以放映电影，也可供演出使用，歌舞杂耍表演是它的主打特色项目。1911年夏天，迪士尼一家搬迁到堪萨斯城。据《马塞琳镜报》（The Marceline Mirror）报道，在迪士尼一家动身前一个月，"在城市公园里聚集了有史以来规模最大的人群"，为马塞琳第一个路灯的点亮而欢呼和庆祝，这是使用马塞琳自有发电厂生产的电点亮的第一个路灯。

然而，这个马塞琳并不是沃尔特·迪士尼记忆中的那个马塞琳。在他的记忆中，那是一个更为乡土化的地方，并且随着岁月流逝，他印象中的马塞琳乡村特色日益加深。他把马塞琳理想化了。他后来说："他为那些一辈子都生活在城市里的人感到遗憾，并且……他们没有一个可供思念的故乡小镇。而我有。"他的妻子曾经说过，在他乘火车横穿美国的旅途中，当经过马塞琳时，他甚至会在半夜把乘客强行叫醒，只为指给他们看自己的出生地。他的同事们说，他对镇上发生的事情和动物几乎全都记得清清楚楚，回想起来一切仿佛历历在目。

为了证明马塞琳对迪士尼的深刻影响，研究迪士尼的学者援引的例子数不胜数：迪士尼乐园里有着浓郁美国乡村小镇风格的大街、迪士尼乐园中的汤姆·索亚岛、像《悠情伴我心》和《波莉安娜》这样的真人实景电影（里面处处可见小镇的生活场景，颂扬的也是小镇人民的美德），甚至迪士尼早期的动画片关注的也是农场生活和动物。这些都反映了马塞琳对迪士尼的影响是多么深远，迪士尼自己也承认这一点。这给人的感觉就好像马塞琳是美好生活的模板和典范，而他则努力试图重现这个典范。毫无疑问，在这个过程中，他试图找回马塞琳所代表的那种幸福、自由和友爱的感觉；本质上，他想要重温那段被他称为最幸福时光的童年岁月。马塞琳永远是他的珍视的事物和价值的试金石。从他对火车和动物的迷恋，到他对绘画的热爱，再到他对团队精神的坚持，这一切都可以追溯到他在那里度过的美好岁月。而马塞琳既是试金石，也是沙漠中的绿洲——沃尔特·迪士尼自己的逃离向往之地。这正是迪士尼家族长期以来一直苦苦追寻但收效甚微的那种逃离向往之地。多年以后，沃尔特在一次会议上畅谈乡村生活，谈到他想在《幻想曲》的"田园曲"部分表达的心情。沃尔特说："那种心情就是，与生活在那里的动物和人物和谐相处、自由自在的心情。那种心情就是当你到了乡下时体验到的心情。你逃离了庸常的世界——处处充满矛盾冲突、人人钩心斗角。你走进了一个到处都是自由、一切都很美丽的地方。"

此后余生，他一直想方设法试图重温那种感觉。

3

对伊利亚斯·迪士尼来说，搬到堪萨斯城意味着又一次承认自己的失败。他当年离开芝加哥是为了逃避城市生活的恶劣影响，远离吵闹、喧嚣和犯罪。但是，他没有想到，在《堪萨斯城星报》(*Kansas*

City Star）编辑威廉·洛克希尔·纳尔逊（William Rockhill Nelson）倡导的"市民振兴主义"的刺激下，堪萨斯城在他们到来时正在迅速发展。在纳尔逊的积极推动下，该市启动了一个耗资 4000 万美元的林荫大道建设项目，计划修建道路宽阔、树木成排的林荫大道，并且计划在市中心新建一个火车站，也已经开始施工。这些项目在很大程度上要归功于纳尔逊。在不到 10 年的时间里，该市的基础设施建设投资和工业品生产总值几乎翻了一番。在 20 世纪头 20 年里，这个城市的人口数量也翻了一番——从 16.3 万人增加到 32.4 万人。然而，尽管它迅速发展、急剧扩张，给人的感觉也是正处于重塑和更新自己的发展过程中，但是，它仍然是一座城市。"这座城市并不可爱，"一位观察人士指出，"但它继承了西部生机勃勃的传统，充满了活力。"

如果说堪萨斯城与马塞琳相比是一种降级的话，那么他们在堪萨斯住的房子也是一种降级。他们住在第 31 大街东 2706 号，一个工薪阶层小区。房子是如此小，每当有亲戚来的时候，罗伊和沃尔特就不得不搬到后院里的一个小棚屋里去住，也就是他们所谓的"牲口棚"。而且房间距离道路特别近，为避免路人看到屋子里的一举一动，他们不得不整天把窗帘拉上。与拥有广阔牧场的马塞琳农家院相比，这幢位于第 31 大街的房子只有一小块菜地，并且也没有室内管道。露丝记得，对孩子们来说，它唯一的优点是靠近费尔蒙特游乐园，那是"一个你进不去的仙境"。由于没钱买票进入，她和沃尔特只好站在大门外面，全神贯注地盯着那些通体白色的建筑。

如果说生活的城市和居住的房子都降级了的话，伊利亚斯的工作就更是降级到了丢人现眼的地步。他在《堪萨斯城姓名地址录》里把自己的职业登记为"职员"。事实上，他把马塞琳农场以 5175 美元的价格卖给了当地的一户人家，自己在堪萨斯城买下了一条配送报纸的路线。给这条路线配送报纸的报酬是每个客户 3 美元，一共有大约

650个客户。但是，他把18岁的罗伊登记为这条送报路线名义上的所有者，这样做不知道是因为他对送报这一工作感到丢人，还是因为他能得到一些商业好处，现在我们已经无从考证。这条路线位于迪士尼家所在小区附近，涉及20个街区，以送报纸的标准来看，应该是相当有利可图。这个叫作圣达菲的小区很富裕，《堪萨斯城星报》本身也很受欢迎，正如沃尔特后来说的，"路线图上会列出那些不接受这份报纸的人"——这些人是狂热的民主党人，他们憎恨这份报纸的亲共和党编辑立场。人们每周花45美分即可订阅一共13版的晨报《堪萨斯城时报》和晚报《堪萨斯城星报》。其中伊利亚斯可挣21美分——合计一星期大约可以挣31美元。这些钱，罗伊能够得到3美元；在罗伊的记忆中，沃尔特也能得到"一点点小钱"，但在沃尔特的记忆中，自己没有分到过一分钱，什么也没有。

这条送报路线不仅仅是谋生的手段，而且成了迪士尼一家的一种生活方式。一切都得服从于报纸的递送，即使他们一家搬家以后仍然如此。在1914年夏天或秋天的某个时候，他们搬到了贝勒方丹3028号一栋不起眼的两层平房里，平房位于一条安静的林荫大道上，两旁都是同样不起眼的平房。但为了送报方便，他们不得不住在离送报路线不远的地方，所以这次搬家也只是穿过了第31大街，并没有彻底远离。除此之外，正如他们的住所是由送报路线决定的，他们的时间也同样如此。与其他送报人不同，伊利亚斯既不买马也不买马车。据一位订报的客户说，他用手推车来代替马车。他家的手推车形状像罗马战车，两个侧边都是向下倾斜的。每天早上，有时甚至提早到凌晨3点半，伊利亚斯、沃尔特和罗伊都会推着手推车来到配送点，装上报纸，然后各自再推着手推车返回圣达菲开始挨家挨户送报。到了星期天，由于报纸太厚，手推车一次装不下所有的报纸，迪士尼一家就得先送一车，然后回来再装再送第二车。这么来回折腾的结果就是，沃尔特和罗伊根本没有时间和机会去堪萨斯城的任何教堂做礼拜，尽管露丝坚持说她每周都会被父母逼着去主日学校。

尽管年龄只有9岁，沃尔特还是被死死地拴在了这条路上。在工作日，天还没亮他就得早早起床，去配送点拿到分配给他的50份报纸，然后把它们一一递送出去——第一年步行，第二年骑自行车。送完之后，他5点半或6点回到家，打个小盹，然后醒来吃早饭。他的父亲让他义务劳动，不给他一分钱的报酬。他的零花钱都是他送报时顺便帮助药店沿途送药挣的。时间一久，他也无法忍受了，最终说服他的父亲，同意他多拿50份报纸自己去有轨电车站售卖，挣的钱归他自己所有。当然，其他报童们肯定不欢迎他来抢生意，他们驱赶他，不让他在路边卖报。最后没办法，他只好到有轨电车上去卖报。每天，只有在有轨电车上卖完报纸之后，他才抓紧时间赶到学校去上课。尽管如此，他从来没能够坚持到放学时间，原因是他不得不提前半小时离开去拿下午要送的报纸。第二天凌晨3点半，这项日复一日的工作又要重新开始了。星期六，除了送报纸，他还得收取订报费。到了星期天，他的负担更是加倍，因为报纸的版面增加导致重量加大，他得重复跑两趟。

一开始，沃尔特对送报这一任务感觉很兴奋很激动。他说，自己很高兴看到每天早上负责点燃街灯的灯夫在他送报纸的时候把煤气灯关掉，然后在下午的时候再把它打开。但是他的热情很快就消退了。《堪萨斯城星报》报社在把送报路线给伊利亚斯的时候很勉强，也很不情愿，因为他们担心他太老了，怕出什么问题，所以伊利亚斯有点急于证明自己，不想让报社的人失望。出于这种考虑，他坚持要求沃尔特不能把报纸随便扔在订户的门廊上，而必须把报纸压在砖头下面，这样它们就不会被风吹走；冬天的时候，必须把报纸放到订户家的防风门里。所以沃尔特必须走进每个客户家里的走廊，偷不得一点儿懒。有时候，客户没有发现放在两个门之间的报纸，伊利亚斯就会让沃尔特再跑一次重新投递。除此之外，更为糟糕的是，沃尔特还接过了他的哥哥负责的那部分送报路线，因为罗伊高中毕业后不再送报，而是进入银行成了一名银行职员。伊利亚斯还雇了其他几个男孩，但他们往往不太可靠。沃尔特不得不一次又一次地被派去把报纸送到那些男孩们漏送的人家。正因为如此，他才找到理由说服父亲给自己买了一辆自行车。在此之前，伊利亚斯一直让他跑着给那些漏送的人家去补送报纸。

当然，最糟糕的是在冬天，寒风刺骨，积雪成冰，沃尔特不得不在寒冷的雪地里负重跋涉，步履艰难，跌跌撞撞，在结冰的台阶上一不小心就会滑倒。据他所说，自己常常因为无法忍受像刀割一样的严寒而在冷风中哭泣。他跋涉穿过的雪堆非常深，有的差不多埋到他的脖子。送报途中，有时寒冷和疲劳还会一起袭来，沃尔特累得蜷缩在一大袋厚重的报纸里面，或在他送报的公寓楼的温暖的门厅里不知不觉沉沉睡去。醒来之后往往天已经亮了，他不得不和时间赛跑，一路奔跑着把剩下的报纸送完。沃尔特承担的这个苦差和所处的这个场景非常像狄更斯笔下描述的悲惨画面。更为糟糕的是，伊利亚斯还把沃尔特在有轨电车上出售自己额外领取的报纸所挣到的钱全部拿走，并且把这些钱全部用于投资。因此，除了为药店递送药品赚钱，沃尔特开始在学校课间休息时为糖果店打工赚钱，以便在伊利亚斯不知情的情况下有钱买更多的报纸去出售。"所以结果就是我一直在工作，"他在接受采访时说，"我的意思是，我从来没有真正的玩耍时间。"他只能在送报途中偷偷地玩耍一小会儿。据他所说，如果在客户的门廊上发现玩具，他就会在没人发现的时候玩一会儿，然后再把它们丝毫不差地放回原位，恢复原来的样子。在长达6年的送报时间里，他只错过了5个星期——有两次是因为他得了严重的感冒；还有一次是在1913年他去看望住在堪萨斯州海华沙（Hiawatha）的姨妈乔西（Josie）。（"这次行程我印象特别深刻，"他在写给他的姨妈的信中说道，"因为这是我和父母亲一起度过的为数不多的假期之一。"）另外两次是在1916年，当时他穿着自己刚刚得到的圣诞节礼物——一双渴望已久的新靴子，边走边踢地上的一块冰，结果踢到了冰块中隐藏的一枚大铁钉，铁钉穿透了靴子，扎进了他的脚里。（他大声呼救，但20分钟之后才等到一个送货员。送货员停了下来，把冰块打碎，把他的脚从冰块里解救出来，然后带他去看医生。医生用钳子把钉子拔了出来，给他打了一针破伤风疫苗。）即便是在养伤恢复期间，他也不得不帮助伊利亚斯搭建房屋。伊利亚斯在贝勒方丹的房子边上又增建了一间新厨房、一间卧室和一间终于取代了室外厕所的浴室。

几十年后，在修正主义的迷雾中，沃尔特也会违心地说，当年配送报纸的经历有助于他的品格养成和锻炼，帮助他"形成了合理看待和利用自己业余时间的正确态度，极大地促进了他的兴趣爱好的养成和发展"。但是在其他许多场合，当他谈到当年的这段经历的时候，他谈得更多的是这条送报路线及其对他造成的影响——日复一日的重复劳动、平淡乏味的程序、让人寸步难行的大雪、筋疲力尽般的劳累、不慎丢失的报纸——如何让他的心理饱受创伤，如何像噩梦一样一直纠缠困扰着他。40年后，他仍然还会因为梦见那条路线而满身大汗地从睡梦中惊醒，梦中还觉得惊慌失措——他遗漏了一些客户，不得不匆匆忙忙地赶回去，因为伊利亚斯会在拐角处等着，可能会发现他的疏忽大意。而且，他还记得自己一生中有多少时间是耗费在这条路上的，自己多么辛苦努力地干活却只得到那么一点点报酬。正因为如此，他的哥哥罗伊说，沃尔特甚至从来没有像其他男孩那样学会接球。

沿着这条路线几年如一日地取报送报，本来就已经让人心情压抑不堪重负了，更何况配送报纸几乎挣不到多少钱，至少在一开始的时候送报所得根本不足以维持家用，迪士尼一家不得不想别的办法来增加收入。这一情况导致的窘迫和耻辱，加重了这条路线给他们带来的压迫感和沉重感。为了挣钱补贴家用，沃尔特会在送报途中派发剧院广告和海报，夏天的时候还会沿途售卖冰激凌。而伊利亚斯则设法从马塞琳的麦卡利斯特乳品店（McAllister Creamery）批发黄油和鸡蛋，由乳品店负责运送到堪萨斯城，然后他再沿途兜售给他的订报客户。当伊利亚斯由于生病无法亲自递送这些东西时，他就会不让沃尔特上学，让他留在家里，以便陪弗洛拉替他送货。即便如此，迪士尼一家也不得不精打细算省吃俭用。过圣诞节的时候，弗洛拉会把装饰用的蔓越莓从树上摘下来做成蔓越莓酱。而且，据沃尔特说，他最难忘的圣诞礼物不是任何一种玩具，而是一双带着金属鞋外包头的新皮靴。有了这双新靴子，他终于可以把自己送报时穿的那双早已破旧不堪的鞋子扔掉了。他说，当自己在圣诞树下发现它们时，他感觉"就像美梦成真一样！现在我终于可以自豪地在我的年轻朋友们中间昂首阔步了"。

露丝·迪士尼声称，她的父亲并不像沃尔特所描述的那样严酷，孩子们从来不缺乏"生活中的舒适、美好的事物，甚至是一些奢侈的东西"。但即使在家族内部，伊利亚斯也以近乎病态的节俭而闻名。沃尔特说他的父亲无论去哪里都靠步行——"他走得很快"——目的是节省有轨电车的票钱，因为他实在舍不得花钱买票。还有一种说法是，几年后，他的侄子邀请他到加利福尼亚州格兰岱尔市来帮忙盖房子。伊利亚斯在那里住了3个月，但只花了1美元。这还是因为当地房地产经纪人为了吸引人们看房子而为看房人提供的免费午餐，他为了占这个便宜才花了1美元。他总是用现金支付账单，从来不欠任何人的钱。他试图对他的孩子们实施同样的财政紧缩政策。沃尔特很显然对不得不把自己的钱交给父亲这种要求充满怨恨。有一次，他捡到一张20美元的钞票，一个和他在一起的报童威胁要把这件事告诉伊利亚斯，他只得想办法贿赂了这个报童。当然，罗伊说伊利亚斯把孩子们挣的钱收走仅仅是因为他"不放心让孩子保管钱，担心他们乱花钱。'我来替你保管——我会把它收起来，给你存起来，留着给你以后用'"。

勤俭节约、严于自律、沉默寡言和求全责备一直是伊利亚斯·迪士尼性格的组成部分。这个没有任何娱乐消遣的人，这个从来不喝酒、从来不诅咒的人，这个虽然现在很少去教会但在餐桌上总是说要感恩上帝的人，对自己长期坚守道德观念的行为感到非常自豪。他把对上帝的敬畏强加给自己的孩子，而且从来不允许任何人怀疑他一家之主的地位，迪士尼一家其他任何人都必须绝对服从他。沃尔特觉得他是那么难以接近，那么冷酷无情。沃尔特说，他几乎不怎么和他的父亲说话。正如沃尔特儿时的一位好友所说："在我看来，迪士尼一家所有的人似乎都很冷漠自闭、顽固执拗。"

但在堪萨斯城，伊利亚斯变得更加郁郁寡欢和冷漠无情——一个原本就冷酷无情的人变得更加冷酷无情了。用沃尔特的话来说，他"变得非常保守……当年他也曾雄心勃勃，立志干一番事业。这就好比一个司机，年轻的时候无所畏惧积极向上。但是当他到了一定的年龄，也就像开始走下坡路的司机，变得小心翼翼、畏首畏尾"。55岁的伊利亚斯正以极快的速度沿着下坡路下滑。人们可以从他的政治观点变化中看出这一点。这个曾经在芝加哥追赶平民主义者威廉·詹宁斯·布赖恩的马车只为和他握一下手的人，这个曾经在马塞琳公开吹嘘自己的社会主义立场的人，尽管还没有放弃自己对阶级斗争的信仰，但是已经转变成为一名共和党派支持者。从他忧郁的心情就可以看出这一变化。他甚至放弃了拉小提琴，这可是他唯一的嗜好。当他的手被绳子割伤后，他再也无法拨弄小提琴了。但最重要的是，人们可以从他越来越大的脾气中看出这一点。他的脾气一直像火山一样冲动易怒。即使后来搬家回到芝加哥，当罗伊不守规矩或犯了错误的时候，伊利亚斯还会把他关进自己的房间，然后朝后院的苹果树走去，砍下一根树枝做鞭子，然后对着那个可怜的男孩大打出手。"你还必须得把裤子脱下来让他鞭打。"罗伊说，"这就是我们的爸爸。他动不动就会把我们狠狠地揍一顿。"沃尔特则形容伊利亚斯的脾气"非常暴躁"，并且说，只要你一和他争辩或争论，他立马火冒三丈，孩子们根本没办法和他心平气和地交流。即使总是为父亲辩护的露丝也承认，"他确实有脾气"，但她又补充说，"他用其他方式弥补了这一点。"

　　然而，不管伊利亚斯在搬到堪萨斯城之前脾气多么暴躁，在搬家之后，在又一次失望之后，他似乎更加暴躁易怒了。沃尔特，至少在他自己看来，成了他父亲发泄怒火的主要目标——部分原因是他和他的父亲实在太不一样了。的确，随着他逐渐长大，沃尔特·迪士尼站在了与伊利亚斯·迪士尼截然相反的对立面，看起来几乎就像是他有意为之，把与父亲针锋相对作为一种反叛的方式。当然，在很大程度上他真是这样想的，也是这样做的。在伊利亚斯面临困难闷闷不乐的时候，沃尔特尽管也心有戚戚，也很想怨天尤人，但却总是表现得无忧无虑，非常快乐。"他总是插科打诨，玩笑胡闹，"罗伊回忆道，"他每时每刻都很开心，心情一直很愉快，充满了乐趣和欢笑。"他喜欢搞恶作剧，尤其是对他的父亲。有一次，他邮购了一个橡胶制作的球内气囊，把它偷偷放在父亲的餐盘下面，又找了一个球形物体，和这个气囊连上，把它藏到父亲看不到的地方，然后让弗洛拉挤压这个球形物体。当盘子随着气囊一起一落时，迪士尼家里的其他人都笑得前仰后合，膝盖发软，瘫在地上，但伊利亚斯却继续喝着汤，一点儿也没有意识到。（沃尔特说，尽管他的父亲"对笑话或恶作剧的反应非常迟钝",但是当他反应过来以后,"他会笑到眼泪在眼睛里打转"。）除此之外,沃尔特还喜欢伪装。他的一个表兄记得当年自己去堪萨斯城时,沃尔特"最大的乐趣就是穿上奇奇怪怪的衣服,乔装打扮吓唬我的兄弟姐妹"。还有一次,弗洛拉听到有人敲门,打开门后发现是一个高个子女人,那人问了她"许多愚蠢的问题"。过了一会儿,弗洛拉才认出那个"女人"穿着弗洛拉自己最好的衣服之一。沃尔特甚至还借了一顶假发和帽子,化了妆,伪装得惟妙惟肖,极为成功。

沃尔特的顽皮淘气与他父亲的严厉刻板形成了鲜明的对比。但是他们两人之间的差异远不止于此,伊利亚斯总是一副忧心忡忡、郁郁寡欢的样子,而沃尔特却总是热情四射——"对一切都充满热情,"他的一位朋友说。就连伊利亚斯也承认沃尔特"想做什么就做什么,随心所欲,从来没有想过有什么后果,会带来什么伤害。不管自己有没有办法实现,他总是坚持自己的每个想法,从来不放弃自己的追求"。大多数人都觉得他很有魅力,非常迷人。沃尔特也意识到自己的影响力——他性格外向,喜欢社交,风流倜傥,引人注目——虽然他天性如此,但他其实也很努力往这方面发展。罗伊说,他和别人说话的时候总是聚精会神,关注的重点始终是谈话对象本人,他"给人的印象是,他对人非常感兴趣"。在家里,只有他总是记得每个人的生日,并且提前准备一份生日礼物。他知道,这样做能够化解恶意,消除敌意,让人际关系更加和谐。至少,在沃尔特年纪还小并且赫伯特和雷还住在家里的时候,在罗伊的记忆中,父亲的怒火大都撒在了年龄较大的孩子身上,无论打骂他们都是首当其冲。沃尔特,和哥哥们不一样,会在自己和伊利亚斯之间摆一张椅子,"跟爸爸争辩到底,把爸爸辩得无话可说。爸爸虽然气得快要冒烟,但却抓不住他"。最后,伊利亚斯只好屈服让步。

然而,到了他们住在堪萨斯城的时候,这种伎俩对伊利亚斯已经不起作用了。"有一次我跟我父亲说了实话，结果我被打了一顿，"沃尔特说，"这标志着我们的关系到了一个拐点。"伊利亚斯也对沃尔特不耐烦了。当时，他们正在建造贝勒方丹增建的那几间房子，如果沃尔特犯了一个错误，伊利亚斯就会用锯子的宽边打他，或者用锤子的柄打他。通常情况下，沃尔特会跑去找他妈妈，直到伊利亚斯冷静下来。但是，沃尔特14岁时，伊利亚斯有一次训斥他太傲慢无礼，并且命令他到地下室准备挨打。这一次，标志着算总账的时刻到来了，总清算的时刻就要到了。罗伊把沃尔特拉到一边，叫他抵抗。沃尔特不敢不听父亲的话，还是下楼到地下室去了。伊利亚斯跟在后面，大喊大叫，抓起一把锤子就要打他。但这一次，沃尔特在冲动的情况下听从了哥哥的话，抓住父亲的手，夺走了锤子。"他举起了另一只胳膊，又被我抓住，我抓住了他的两只手，"沃尔特后来回忆道，"我只是紧紧地抓住他的手，不让他动。我比他强壮。我只是抓着不动。他无法挣脱，最后他哭了。"他说，从那以后，他父亲再也没有打过他。工作本来已经把伊利亚斯打击得灰头土脸、身心俱疲了，现在他在家里又被自己的儿子打败了。

　　幸好还有弗洛拉，正是她在迪士尼家里发挥了压舱石的作用，充当着迪士尼父子之间的缓冲带——正是她为伊利亚斯管钱理财，为孩子们做衣服（孩子们的绝大多数衣服都是她一针一线亲手缝制的），为他们缝被子，给他们做饭，鼓励他们读书，纵容孩子们偶尔不规矩，并且总是保持克制，一直都脾气平和。正是因为这点点滴滴，她得到了孩子们发自内心的爱，成了他们生命中最温暖的回忆。除此之外，也只有弗洛拉才能把她的丈夫从孩子们所说的"暴躁脾气"中解脱出来，平息他的狂风暴雨。她做得很小心很巧妙，不正面对抗他，不直接反对他。沃尔特说他不敢向她吐露自己的秘密，因为"如果我告诉她，她肯定会告诉爸爸，她做不到对爸爸保密"。尽管如此，他仍然认为她像圣徒一般圣洁高尚。

但是，如果说弗洛拉是这个家庭的调解员和事佬的话，那么罗伊·O.迪士尼就是这个家庭的保护者——或者说至少是沃尔特的保护者。他的两个哥哥赫伯特、雷都住在堪萨斯城，不过他们多年前就离家出走了，虽然沃尔特也住在堪萨斯城，但从来没有和他们亲近过。沃尔特称他们为"我一辈子的陌生人"。事实上，赫伯特娶了一个当地的女孩，并有了自己的女儿。罗伊和沃尔特的共同点似乎并不比他的哥哥们多，只是他一直住在家里。他比沃尔特大 8 岁，几乎算不上是战友和伙伴。他也没有沃尔特的气质。虽然他远不像他的父亲那样郁郁寡欢（尽管他和父亲无论是相貌还是身材都长得很像），但他也不像沃尔特那样近乎狂热和爱开玩笑，更不像沃尔特那样性格外向，而且他几乎没有像沃尔特那样的吸引力。但罗伊和沃尔特之间的关系非常亲密，亲密到沃尔特似乎不把他当兄弟，而是把他当作自己的代理父亲，极其信任他。而他永远也不会像这样信任自己真正的父亲伊利亚斯。他们可能会争论，可能会吵架，但当夜幕降临时，他们会一起爬上床，互相给对方讲故事。

人们很容易就能看出沃尔特从这种联盟中得到了什么——支持。但罗伊心甘情愿地担当起父亲的角色，和沃尔特亲密无间。他和沃尔特一样，对两人之间的关系深有同感。他会用自己在银行当职员的收入给沃尔特和露丝买玩具，或者给他们带糖果，或者带他们去看电影。他会和他们一起玩掷马蹄铁套桩游戏或皮纳克尔纸牌游戏。罗伊从来没有解释过他为什么要如此保护他的弟弟，只是说他觉得沃尔特太坦率、太轻信他人、太天真，需要有人照看——实际上，他想说的是他觉得沃尔特根本没有一点儿常识。多年以后，罗伊讲述了电视发明家李·德·弗雷斯特老了以后的故事。李·德·弗雷斯特受人欺骗，自己应得的一切都被骗走了，在垂暮之年被迫向一位在迪士尼电影制片厂工作的朋友乞讨借钱。"我真的相信，"罗伊说，"沃尔特会因为受人欺骗而陷入困境……他头脑简单，很容易上当受骗，肯定会有人设计诱骗他，骗走他的一切，就像他们骗李·德·弗雷斯特一样。而这就是我能给他的——保护。"但是，他们两人的关系并不全是罗伊在自我牺牲，他也有收获。沃尔特提供了罗伊没有并且也不可能自己创造的东西。罗伊从沃尔特的饱满的活力、轻松的心情以及可谓不计后果的鲁莽中汲取了许多营养。沃尔特是罗伊这个谨小慎微、谨言慎行的年轻人释放情绪的替代途径。沃尔特是罗伊自己的逃离、向往之地。

与此同时，沃尔特也找到了在自己家外面释放情绪的途径，那就是和他的家在同一条街道上仅两门之隔的帕非弗（Pfeiffer）家。沃尔特·帕非弗说，帕非弗家才是沃尔特"真正的家"，他们的房子就是沃尔特后来以雷默斯叔叔的名字命名的他的"欢笑空间"。沃尔特曾在给一位记者的信中表达了自己长久以来对更有生气、更有活力的家庭环境的渴望。"我自己的家人个个都是不苟言笑、非常严肃、一味埋头苦干的人，"他在信中写道，"他们没有什么不开心的——只是他们不习惯寻欢作乐，不知道如何寻找生活的乐趣。"但帕非弗一家却不是这样。恰恰相反，无论他们做什么，他们都觉得这是人生最美好的时光，并且他们一家人总是在一起。沃尔特·帕非弗则更为直接："老伊利亚斯不喜欢任何与娱乐有关的东西。他有点儿像我们当时所说的'铁杆信徒'……他宁愿去读《圣经》。"

实际上，帕非弗一家相当于收养了沃尔特。他逃离自己的家并逃进了他们的家。在迪士尼一家搬到贝勒方丹、帕非弗一家住在同一个街区之前，沃尔特就已经认识了帕非弗一家，具体时间是在他上五年级时，他在本顿学校认识了沃尔特·帕非弗。起初他们只是泛泛之交，但后来因为一件事他们的关系变得越来越铁。当时沃尔特·帕非弗得了腮腺炎在家卧床休息，沃尔特·迪士尼不顾帕非弗太太的警告，声称自己已经得过腮腺炎了，不怕传染，径直走进帕非弗的卧室和卧床不起的帕非弗做伴，教他画画。两人很快就形影不离，一起画画，一起和帕非弗家的狗布朗尼玩耍。

然而，他们之间关系日益加深的原因不是住的距离近，而是两人都有喜欢出风头的表演欲。正如他此前的伪装行为表明的那样，沃尔特·迪士尼喜欢表演，他的朋友沃尔特·帕非弗也是如此。沃尔特·帕非弗是一个圆脸男孩，和他的朋友一样外向。事实上，帕非弗一家人可以说都喜欢表演。帕非弗先生是当地皮革工人联合会（United Leather Workers Union）的财务主管，但他真正热爱的是娱乐行业，他的儿子叫他"蹩脚演员"。在迪士尼家，伊利亚斯认为沃尔特可能会成为一名音乐家，所以坚持让沃尔特上小提琴课，如果他的手肘伸得不正确，伊利亚斯就会扇他一巴掌。（沃尔特称自己"听觉不灵、五音不全"，几个月后，小提琴课程以父子二人"相互厌恶"告终。）但是，在迪士尼家里让孩子们如坐针毡的事情，在帕非弗家却变得让孩子们如沐春风。沃尔特·帕非弗的姐姐基蒂（Kitty）会弹钢琴。在其他人唱歌时，或者在弟弟和沃尔特表演喜剧小品时，她会为他们伴奏。沃尔特·迪士尼非常喜欢这些活动，晚上他会偷偷爬窗溜出家门——因为父亲命令他9点必须上床睡觉，以确保他第二天能够早早起床去配送报纸——然后去找帕非弗一家玩，再偷偷溜回来。"我上床睡觉的时候已经累得不行了，"他说，"但我知道过去一个半小时是我一天中最美好的时光。"

沃尔特已经开始在学校表演节目了。他说："我愿意做任何事情来吸引别人的注意力。"五年级时，他用硬纸板做了一顶烟囱帽，用鞋油把它涂黑，在面颊上抹了一颗疣子，裹上一条大围巾，然后扮成亚伯拉罕·林肯来上课。他甚至记住并背诵了《葛底斯堡演说》。沃尔特的老师对此很高兴，说他将来会成为一名演员——"因为他在背诵某些段落时模仿林肯眯起了眼睛"——然后把校长叫了进来，校长领着沃尔特去各个教室进行巡回表演。沃尔特还和同学们一起表演舞台戏剧。他说："我总是能找到办法就地取材吸引到 50 个孩子来参加，因为孩子们总是喜欢嘲笑其他孩子。我通过这种方法获得了笑声。"

不久，帕非弗和迪士尼自称"两个坏蛋沃尔特"，然后开始在学校经常表演节目。在帕非弗先生的指导和排练下，他们开始参加当地艾格尼丝剧院（Agnes Theater）举办的才艺比赛。根据沃尔特在不同场合的不同讲述，他们要么赢了许多场次，要么两人平分了 25 美分的五等奖。（帕非弗说，沃尔特为了参加这些比赛还是不得不像以前那样从卧室窗户爬出去，以免让伊利亚斯知道，"因为我们都有点儿怕他"。）有时，他们也表演一种他们称之为"荷兰人"的短剧，两人分别扮演汉斯和迈克。沃尔特·迪士尼穿着伊利亚斯在教堂当执事时穿的那件旧外套，沃尔特·帕非弗则用他的父亲在各类会议上收集的各种徽章和奖章来装饰他的外套。他们会唱歌，还会讲笑话："我的妹妹是一个公主。""你怎么知道你的妹妹是公主？""因为她穿着公主裙！""我的哥哥穿着工作服，却没有工作；我的哥哥穿着单位制服，却不属于任何一个单位！"后来他们迷上了电影喜剧演员查理·卓别林，当时他的人气正在飙升。他们认真观看卓别林的每一部电影，不是看一遍，而是反复看好几遍，仔细研究，然后讨论他的表演技巧。受此影响，他们表演的节目发生了变化。沃尔特·迪士尼现在扮演卓别林。他"能够做到完美"，一个儿时的熟人回忆道，甚至回忆起了沃尔特模仿卓别林的标志性动作之——"把香烟踢到身后"的场景。沃尔特·帕非弗则扮演卓别林的死对头——伯爵。沃尔特说："我们模仿的卓别林总是比别人得到更多的掌声，因为我们更年轻，并且我们是一个团队。"

他们收获的掌声也不仅是对他们天赋的赞赏，还有对年轻人的努力的肯定，但是沃尔特·迪士尼还是发现自己对表演上瘾了，迷上了表演——迷上了人们对他表演才华的认可，就像他在马塞琳迷上了人们对他绘画才能的认可一样。他说，这些表演"之于我就像血的味道之于狮子。换句话说，我喜欢演戏！喜欢掌声，喜欢我们得到的现金奖励，喜欢舞台幕后那不可思议的味道和更加不可思议的景象"。他甚至开始考虑把演戏作为自己的职业。去娱乐圈，沃尔特·迪士尼找到了另外一条逃离之路。

甚至在他开始考虑从事演艺行业之前，上学就已经被抛在脑后，成了一种可有可无的备选。和在马塞琳一样，他和妹妹被安排在同一个班级。并且由于堪萨斯城学校体制的变化，两人都被迫重读二年级，这意味着他比大多数同学年龄都大，并且大得远远不止一岁。配送报纸的任务更是对学习无补。沃尔特经常在课堂上打瞌睡，老师们后来形容他"彬彬有礼"，但也"昏昏欲睡""心不在焉"，"对'读、写、算三项基本技能'相关的有趣事情不冷不热，很少有感兴趣的时候"。一位老师把他放在教室里"第二笨"的位置。显然实际情况并非如此，沃尔特机智灵敏，头脑敏捷。他把自己的漫不经心归因于他的创造性，而不是不感兴趣，并称自己是一个"梦想家"。一位同学说他总是在胡思乱想。沃尔特也承认："我人坐在教室里，心却早已离开。"

除此之外，他还有点儿叛逆，喜欢标新立异，不喜欢受传统束缚，即便有时这样做只是为了博人眼球。有一次，他抓到一只田鼠，用绳子拴着，带进教室里，带到课堂上。他的一个同学发现后吓得连连尖叫，老师冲到他的书桌前，打了他一耳光。然而，沃尔特却一点儿也不怨恨老师。多年后，他在给老师的信中写道："我因此更爱您了。"这显示了当时的他注意饥渴症多么严重。在他上七年级的时候，班上的其他男孩选修的都是手工艺课，只有沃尔特一个人特立独行选择了家政课，基本上就是做家务。全班只有他一个男孩和一帮女孩子一起上这个课。他随身带着一个蓝色的小包，装着上课要用的东西。就连沃尔特·帕非弗也觉得这很不寻常。"他背着这个包走来走去，孩子们以前常常拿这个取笑他。"帕非弗回忆道。"这说明他有点儿与众不同。"露丝却说。沃尔特并没有觉得这是对自己的惩罚，他只是喜欢出风头，做班里独一无二的男孩。露丝说："他过去常常一回家后就给我讲那里发生的种种趣事以及他在那里获得的所有乐趣。"

这可能是一个明显的迹象，表明沃尔特多么渴望一种集体感，一种归属感，尤其在他失去在马塞琳时感受到的支持和鼓励之后，他对认同感的渴望变得更为强烈。这种渴望如此强烈，以至于他在多年以后还会反复深情地回顾自己在本顿学校度过的时光——不是因为他所受到的教育，而是因为他在那里感受到的温暖。他忘不了校长詹姆斯·科廷厄姆（James Cottingham），这位校长常常随便走进一间教室，打断老师讲课，开始给学生讲故事，关键是他并不认为这有什么不妥。他忘不了自己的老师们——特别是黛西·贝克（Daisy Beck）小姐，当年正是她因为他把田鼠带进教室而打了他一耳光——对自己的关心和爱护，尽管沃尔特把自己描述成"后进生"。（他会继续与他们中的一些人通信，直到他们去世。）特别是在谈到黛西·贝克时，他特别提到了她给予他的"极大的耐心、理解和难以置信的信任"。因为要天天配送报纸，沃尔特无法参加课后活动，但他经常回忆起贝克老师如何在课间休息时劝他去试一试。贝克老师曾与科廷厄姆一起担任学校田径队的教练，带领学生参加运动会。沃尔特最终在 60 磅[1] 级别的接力赛中赢得了一枚奖牌。可能是因为他从来都不是一个优秀的

---

[1] 1 磅 ≈ 0.45 千克。——编者注

运动员，他总是特别珍惜那段与贝克老师共度的时光。每当他谈起他在本顿学校的日子时，他总是会想起这些事和这些人。

然而，大多数时候，年轻的沃尔特·迪士尼都沉浸在自己的世界里——抛开配送报纸，忽视伊利亚斯，不顾老师同学，暂时忘却一切烦心事。帕非弗一家和表演为他提供了抛却烦恼的一个途径。绘画也成为他抛却烦恼的一种途径，并且是更有效、更强大的一个。他从未停止画画。在学校里，上课的时候他把书竖起来作掩护，自己躲在书后面画画。他会花几个小时把教科书每一页的空白边缘都画上图片和装饰，然后以极快的速度翻动书页，画中的人物仿佛会动起来。同学们看到这些仿佛动起来的图片时都感觉特别有意思。一位同学回忆说，沃尔特·迪士尼走到黑板前，用粉笔画了一幅完美的泰迪·罗斯福（Teddy Roosevelt）的画像；而一位老师则记得，他在一次美术作业中画了一些花，并让它们"动"了起来。黛西·贝克总是鼓励他，让他为学校的各种活动绘制宣传海报。沃尔特·帕非弗则回忆说，他开始在艾格尼丝剧院的玻璃幻灯片上为他们画卡通广告。放学后，送完报纸之后，当大多数男孩在校园里操场上打篮球时，他、沃尔特·帕非弗和另外两个对艺术感兴趣的男孩会坐在石墙上画画。附近的一群男孩子建了一个俱乐部，沃尔特用自己画的画装饰这个俱乐部。在家里，他把父亲订阅的《理性的呼吁》拿过来，对照杂志头版有关资本家和劳工的漫画，练习，模仿，重新绘制，直到"我把它们都记得滚瓜烂熟了"。

而这正是他在本顿学校的同学们对他印象最深的事：沃尔特·迪士尼在画画。他一直在画画。尽管当时社会主流观点并不太接受画画这件事，他仍然坚持画画。"一个人画画给人感觉有点儿娘娘腔"，沃尔特·帕非弗承认，但这并没有阻止沃尔特·迪士尼，更没有让他打消画画的念头。他一直画啊画啊，对于他这个年龄的孩子来说，他当

第一章 逃 离

时的绘画水平已经非常好了。他坚持画下去,直到绘画成为他在本顿学校的主要身份标签:沃尔特·迪士尼,美术家。一位同学回忆道:"即使是在我们年龄最大的七年级里,在贝克小姐的班里,我们都知道你将来会成为一个非常有天赋的美术家……有一次我听别人说你不会画画,我就立刻纠正了他们的错误。因为你在七年级的时候,就已经画了大量的画,可以说是一个出色的美术家了。"

沃尔特·迪士尼因美术天分,不仅在本顿学校吸引了人们的注意,还引起他送报途经的理发店老板的注意。他沿着自己送报纸的路线在第31大街的一家理发店周围闲逛,无所事事地画着漫画。这家理发店就在他家附近的拐角处,老板伯特·哈德逊(Bert Hudson)对此印象深刻,他让沃尔特免费理发,以换取沃尔特为理发店画画。后来,当沃尔特不需要理发时,他就给他10美分或15美分来买他的画。对沃尔特来说,更为重要的是,哈德逊把他的画装在一个特殊的框里挂在理发店的橱窗上,就像舍伍德医生当年把他给鲁伯特的画挂在自己家里的墙上一样。"知道我的努力得到了赞赏,这对我来说是一种巨大的激励,"30多年后,沃尔特给哈德逊写信说,"天哪,我多么期待在你们店里展示那一周的漫画——或者是一个月的漫画。"一位熟人记得这家店里"贴满了漫画"。一位邻居说,他经常看到沃尔特坐在店外在黑板上画漫画。就连伊利亚斯也承认,这些画成了吸引人关注的东西:"邻居们会去理发店看看年轻的迪士尼这周又画了什么。"

由于对绘画的痴迷以及因画画而获得关注的鼓励,在伊利亚斯要去取报纸或洽谈业务的时候,沃尔特会陪着他的父亲一起去《堪萨斯城星报》报社办公室。到了那里,他会去美术部或版画室观看报社的漫画家工作,甚至偶尔会得到美术总监伍德先生的指点。有一次,他甚至鼓起勇气去报社求职,想要得到一份绘画的工作,但他被告知报社当时正在裁员,没有职位空缺。"相信我,那是悲伤的一天",沃尔特回忆道。与此同时，沃尔特开始第一次寻求正式的培训和学习。尽管伊利亚斯无论如何也无法理解沃尔特对美术的热爱，无法对美术产生一点点认同感和亲切感，但当沃尔特14岁时，他却破天荒地允许沃尔特报名参加堪萨斯城艺术学院每星期六在市中心基督教青年会大楼开设的儿童周末美术班。在那里，沃尔特不仅学习绘画，还学习了雕刻和铸造的基本知识及基础原理。

正如当他因为自己的表演而受到赞誉时，他曾想过要成为一名演员，现在他也开始考虑成为一名报纸漫画家，因为他的绘画才能也得到了赞美和表扬。他承认，当他从本顿学校毕业时——那所学校最高只有七年级——除了画画和表演，他对其他一切都失去了兴趣，并且"读完七年级是我有限的求学生涯中最艰难的考验之一"。1917年6月，在毕业季，科廷厄姆作为校长会对每一位毕业生进行简短而幽默的点评。1917年6月，当沃尔特拿到毕业证时，科廷厄姆校长点评沃尔特时说，"如果你愿意，他会把你画出来。"可见美术在很大程度上已经成了沃尔特的身份标签。（沃尔特甚至还在他的妹妹的毕业纪念册中画了两幅戴着宽边帽的女孩的照片，画风与著名插画家查尔斯·达纳·吉布森〔Charles Dana Gibson〕相似。）除了毕业证书，科廷厄姆还为沃尔特画的漫画人物颁发了7美元的奖金。"我至今仍为自己当年挣到的7美元感到骄傲，这份骄傲超过了我以后挣到的任何一笔钱。"将近20年后，沃尔特对《堪萨斯城邮报》的记者说，"我真的认为，这就是我成为艺术家的开始。"

接着，伊利亚斯·迪士尼又要开始逃离之旅了。几年来，他一直把自己的钱——还有沃尔特挣的钱——用于投资芝加哥一家名为奥泽尔（O-Zell）的生产果冻和果汁的公司。当年3月份，他出售了自己的报纸配送路线——根据某一记录显示，这笔交易他赚了1.6万美元——购买了奥泽尔果汁果冻公司更多的股票。他之所以这么做是因

第一章 逃离

为他打算搬迁回芝加哥，担任建设和维护奥泽尔果汁果冻公司在当地新建工厂的负责人。很显然，他觉得这一次他可能会最终找到渴望已久的成功。现年57岁的他几乎可以肯定，这是他最后一次与弟弟竞争的机会。当伊利亚斯和弗洛拉离开的时候，沃尔特留了下来，帮助处理善后事宜，主要是帮助买下这条报纸配送路线的人熟悉路线启动工作。沃尔特和他的哥哥赫伯特住在一起。赫伯特和妻子、1岁的女儿当时已经搬到了贝勒方丹的房子里。报纸配送路线转让完成后，沃尔特没有去找父母，而是在罗伊或赫伯特的建议下，与范·诺伊斯州际新闻公司签约，在夏季剩余的时间里，当上了列车售货员。他负责在堪萨斯城和俄克拉何马州斯皮罗之间运行的圣达菲列车线路上向乘客出售报纸、糖果、苏打水和烟草。罗伊为他的兄弟提供了15美元的保证金，他自己也曾在某个夏天当过列车售货员。他认为这一工作会对沃尔特有"教育意义"。

事实证明，确实如此。沃尔特确实很喜欢在火车上的感觉——有时他会用一大块口嚼烟草饼贿赂列车工程师，这样他就可以坐在煤车上。有些时候，他会坐在院子里，盯着发动机，梦想着把它们发动起来，开着火车满世界跑。他去了科罗拉多州和俄克拉何马州，并且顶替其他售货员冒险到了遥远的东部，最远去了密西西比州。他特别喜欢卧铺车厢，卧铺车厢让他大为震惊，给他留下了极其深刻的印象。据为他工作的一位编剧说，多年后，他仍然会回忆起"第一次瞥见的这个由天鹅绒组成的豪华、舒适、优雅的世界"。除此之外，他也在粗糙混乱的商界接受了短暂的教育。有一次，他卖苏打水给一群士兵，他们拒绝把他赚钱的瓶子还给他。（沃尔特不得不让列车员强迫他们付钱。）还有一次，火车在密苏里州的李山顶（Lee's Summit）站暂停期间，沃尔特下车给他的篮子补充货物，回来时却发现那节车厢在车站已经与发动机分离，连同他的瓶子一起被带走了。除此之外，他还声称火车上有人"欺骗"他，因为他的售货篮子里有腐烂的水果。但罗伊把这些损失归咎于沃尔特自己粗心大意。"他在火车上上上下下，本应锁上他的储物柜，但是他却没有锁，当他回来时发现……许多空可乐瓶和一些糖果不见了。"沃尔特承认他花光了所有的利润，一分钱都没有挣到。两个月后他辞职了。

那时罗伊已经走了。那年春天，美国参加了第一次世界大战，沃尔特毕业后仅仅14天，罗伊就加入了海军。夏末，沃尔特也走了，到芝加哥与父母团聚。他总是说，尽管他出生在芝加哥，但脾气性格方面却更像是密苏里州人，他经常把自己在马塞琳的童年作为人生的基础，但在堪萨斯城的6年也同样塑造了他的性格。如果马塞琳是沃尔特·迪士尼塑造自己想象力的地方，那么堪萨斯城就是他塑造个人神话的地方——一位研究迪士尼的学者将其称为"美国式成功故事的开篇章节，在这个故事中，善良战胜了邪恶，顺境战胜了逆境"。虽然有人特别是露丝会反驳她哥哥关于迪士尼家庭生活充满忧郁气氛的描述，虽然罗伊本人证明沃尔特对父亲与家人疏远冷淡且脾气暴躁的描写所言非虚，但他仍然宣称迪士尼一家的家庭生活"精彩美妙"，并对沃尔特受到虐待或忽视的说法不屑一顾，但是，沃尔特，一位对自我毫不掩饰的剧作家，念念不忘自己幼年时在堪萨斯城受到的伤害与剥夺——报纸配送路线上的风霜雨雪、父亲的冷酷顽固、需要在舞台上或画板上释放自我时的被迫、无奈。无论是对是错，他都用狄更斯式的语言来描述自己的早年生活，用帕非弗一家、黛西·贝克小姐或伯特·哈德逊等人的善意来缓解阴郁。对沃尔特·迪士尼来说，马塞琳是难以忘怀的地方——承载幸福欢乐，他终其一生都渴望回归和重温，但堪萨斯城则是必须记住的地方——他咬紧牙关抗争生活中的艰难困苦，这是展现他奋起拼搏力争向上的地方。在堪萨斯城，沃尔特·迪士尼不仅仅开始梳理并汇聚他的逃离之路，而且开始创造沃尔特·迪士尼的理念———一个勇于战胜贫穷、困难和被忽视的理念。

4

尽管他的孩子们都说他很节俭，但伊利亚斯·迪士尼并没有把他所有的钱都存起来。相反，很可能是在他弟弟罗伯特的监督下，他一直坚持进行投资和投机，希望自己即使到了老年，仍能抓住机会发大财。虽然奥泽尔果汁果冻公司在堪萨斯城确实设有一个办事处，并且在那里还有一个存放设备的仓库，但他是如何把钱投到这家公司的目前还不清楚。这家公司是在亚利桑那州注册成立的，总部设在芝加哥。但不管他是如何注意到这家公司的，他刚到堪萨斯城不久就开始投资了，而且投资金额很大。1912年4月，弗洛拉购买了100股股票，几周后，伊利亚斯又买了2000股。1915年5月，他又购买了1054股，同年9月又购买了3700股。第二年，他用沃尔特的储蓄又购买了50股，后来又自行购买了275股———价格都是每股1美元。1916年12月，由于奥泽尔果汁果冻公司的管理人员抱怨业务开展"困难重重"，而且面临着货运禁令、资金匮乏等境况，伊利亚斯同意再投资3000美元，并且搬到芝加哥到该工厂工作，条件是"稍晚一点儿"沃尔特将被列入公司的工资发放人员名单之中。

沃尔特在夏末从堪萨斯城途经马塞琳来到芝加哥。到了芝加哥后，他在芝加哥西区的威廉·麦金利高中上了高中一年级。这所高中离迪士尼一家住的奥格登大道不远。但是他在麦金利和在本顿一样，学校引不起他的一点儿兴趣。而画画则恰恰相反，他感兴趣的还是画画，他就像在堪萨斯城一样快乐地投入其中。他在麦金利上学还不到一个月，学校的杂志《麦金利之声》(*The Mckinley Voice*)就宣布："沃尔特·迪士尼虽然是刚入学的新生，但已经表现出了不同寻常的美术天赋,现在已经成了《麦金利之声》的御用漫画家。"该杂志的发行经理说,他总是要一而再,再而三地写许可证,这样沃尔特就可以不用去上课而专心画画了。这位经理后来在给他的一封信中写道:"它早已经成为你一生的挚爱!"在这一学年,沃尔特似乎把大部分时间都用于为《麦金利之声》杂志画漫画了,其中许多漫画都带有政治倾向,对正在进行的战争进行评论:一幅漫画灵感来自马克·安东尼给尤利乌斯·恺撒写的悼词,图中一群穿着艳丽的市民守卫着德国皇帝威廉二世的尸体;另一幅漫画攻击偷懒的人,其中一名男子戴着一顶平顶硬草帽,另一名男子戴着一顶圆顶礼帽,两人正在挖苦一个受伤的步兵战士。下面配着一行字:"你的暑假。工作或战斗。你会选择做其中之一吗?"一位同班同学还记得他一直在画漫画:"即使老师认为我们都应该做些类似写作业这样的正常功课的时候,他仍然在画画。"而另一位同学则记得他的桌子上画满了漂亮的跳舞女孩的图画。他的妹妹说,在学校每周四下午举行的联谊活动中,他都会站起来画画。而另一名学生回忆说,沃尔特在一张大纸上画了一个男人的头像,然后把它倒过来,露出了一张不同的脸,以此来娱乐同学。沃尔特非常擅长插画,当他的美术老师给他布置了一份画人体素描的家庭作业时,沃尔特提交了一份完美的透视图,老师以为他抄袭了别人的作品,要求他在全班面前再画一份。《麦金利之声》经常用一个或两个词来形容自己学校的学生,对沃尔特,它简单地称他为"美术家"。

即使不画画的时候,他也在思考画画。偶尔他也会逃学,去艺术学院参观或在报社附近闲逛,"大张着嘴,看着(至少对我来说)正在发生的有趣的事情,希望有朝一日我自己也能成为一家大报社的职员"。他崇拜《芝加哥论坛报》的漫画家凯里·奥尔(Carey Orr),后者创作了一组名为《小部落》(*The Tiny Trib*)的系列漫

第一章 逃离

画,通过有讽刺意味的插图总结概括当天的新闻。沃尔特受此启发,开始画一组名为《小声音》(The Tiny Voice)的模仿之作。到了冬天,在《麦金利之声》一位编辑的鼓励下,沃尔特开始每周去市中心威洛比大厦的芝加哥美术学院上三次夜校培训课程。奥尔负责给他们授课,并且设法说服他的父亲,让他相信这些培训课程很有教育价值,从而同意支付学费。这是沃尔特第一次与真人模特合作,他被这个过程迷住了,甚至连厕所都舍不得上。尽管学习了这些课程,沃尔特还是意识到他永远不会成为一名优秀的艺术家,他的天赋在于漫画。他在学院真正感到兴奋的是上了一门勒罗伊·戈塞特(LeRoy Gossett)的漫画课,戈塞特在《芝加哥先驱报》(Chicago Herald)任职。最后,他在芝加哥美术学院只上了很短一段时间课——很可能直到1918年春天——但他后来称这段时间"无疑是我整个职业生涯的转折点"。

不过,或许是意识到在报社找到一份工作的机会不大,他并没有完全放弃从事演艺事业的想法。在他抓住每一个机会画画的同时,他还邮购了一些关于魔术的书,想在舞台上表演魔术。与此同时,他和一个名叫拉塞尔·马亚斯(Russell Maas)的麦金利高中的新生(《麦金利之声》给他起的绰号是"小",肯定是为了调侃和讽刺,因为根据沃尔特的描述马亚斯身高体壮)组成一对搭档,表演荷兰风格的喜剧节目,就像沃尔特当年和帕非弗一起表演一样。但是,在某个星期六的晚上,他们在一个乌烟瘴气的剧院参加了一场选拔赛,结果被当场宣布淘汰出局。沃尔特承认他很伤心。他甚至开始考虑将摄影作为另一条备选职业道路。

事实上,作为一个没有什么朋友和社会关系的芝加哥新人,他在堪萨斯城时的外向性格已经有所收敛,这可能也是他在舞台上失败的原因。尽管堪萨斯城的一个熟人称他是"一个'自以为是、自作聪明

049

的小屁孩'，有时候可能表现得有点儿小势利"，但在《麦金利之声》编辑的眼睛里，他"非常害羞和矜持"。这位编辑怀疑可能是因为他比他的同学们年纪都要大。她说当沃尔特提交绘画作品时，他"几乎是逃离现场"。面对女孩子，他通常都是非常害羞的。虽然他的妹妹露丝将他描述为"一个很有女人缘的男人"，声称自己曾经亲眼看见他和一个女孩手挽着手，但是这很可能只是表明他对她们的吸引力有多大——他当时是一位英俊少年——而无法说明和她们在一起时他的感觉有多好。当时《麦金利之声》有一位编辑，她有一个女性朋友偷偷爱上了沃尔特，但是两人在一起的时候他总是特别紧张，而她也没有办法让他放松下来，最后只能不了了之。当他终于有了自己的女朋友，即他的同班同学比阿特丽斯·科诺菲尔（Beatrice Conover）之后，他发现他们在一起时，两个人的关系似乎更像是社交联谊，而不是浪漫恋爱。两人相互给对方讲鬼故事，或者在洪堡公园嬉闹玩耍。尽管她认为他就像是"无忧无虑的沃利"，但是她也描述了他有咬牙切齿的习惯，这表明他不再像以前那么无忧无虑了。

科诺菲尔坚信沃尔特总有一天会声名显赫，并告诉他，自己对他充满信心。但是当学校暑假结束后，他既没有从事绘画工作，也没有从事演艺事业。相反，他在奥泽尔果汁果冻公司的工厂找到了一份工作，工作内容繁杂，有时要制作盒子，有时负责把苹果压碎制成果胶（果冻的一种成分），有时操作玻璃瓶封口机和清洗机。偶尔，他甚至还担任夜班看守。这是一份枯燥无味的工作，难以令人兴奋，但奥泽尔果汁果冻公司总裁年轻的妻子萨拉·斯克罗金（Sarah Scrogin）看到了他的画，并一直鼓励他，甚至还自掏腰包买了一些。除此之外，她还指派沃尔特为公司一年一度的野餐活动画海报，并允许他在上班期间抽出时间来画。多年以后，她还记得自己和弗洛拉坐在一起，讨论沃尔特作为一名艺术家的潜力。

第一章 逃 离

即便如此，7月，他还是离开了奥泽尔果汁果冻公司，到邮局找了一份替补邮递员的工作。（他对自己在邮局的求职经历一直津津乐道，一开始他被邮局工作人员拒绝了，因为他看上去太年轻了，让人感觉可能无法胜任这份工作。然后他回到家，换了一身衣服，自己给自己画了胡子，把鸭舌帽换成了圆顶礼帽，然后回到邮局，找到同一个工作人员，得到了这份工作。）上班后，他每天早上7点到达市中心的邮局，把邮件分类并投递出去，然后在下午3点或4点前回来。那时他本来可以回家了，但他常常还会再去送特快专递邮件，或者赶着双轮单座轻便马车，或者坐着白色的福特卡车，从邮箱里收取邮件。每逢星期天，他就拿一个大邮件袋子，乘地铁到格兰德大道码头去收集明信片。通过收集、派送明信片，他每小时可以赚40美分。他将其形容为"我的淘金热"。有些日子，当他投送完所有的邮件，如果没有更多额外的工作，他就会乘坐高架火车到第35大街的终点站，穿上制服，担任门卫，负责往汽车上运装行李和货物，还负责关门——通常总共需要工作12到13个小时。"当时坐上高架火车便感到兴奋。"他后来说。

但是，在那令人兴奋的夏天，有一个突发事件差点儿要了他的命。9月3日，沃尔特刚刚跑完他的邮件之旅，正穿过芝加哥联邦大厦的邮局时，他听到了他后来描述为"呼呼呼！"的声音——一阵震耳欲聋的爆炸声震撼了大地。芝加哥联邦大厦的大厅里尘土飞扬。警方立即封锁了大楼。调查结果显示，有人预先在大楼里埋藏了一枚炸弹，最终造成30人受伤，4人死亡，其中包括一名和沃尔特在同一办公室工作仅相隔两张办公桌的男子。行凶者到底是谁并无定论，有人说是希望逼迫政府释放左翼"世界产业工人联合会"工会领袖威廉·海伍德（William Haywood）的激进分子，有人说是无政府主义者，还有人说是试图把怀疑的矛头引向"世界产业工人联合会"的德国间谍。当局就此展开了辩论,但却没有得出任何结论。海伍德当时被关押在八楼的监狱里。[1]

1918年夏天,德国人成为每个美国人脑海中挥之不去的阴影,当时美国与德国处于战争状态,美国驻扎在欧洲的军队正与德国军队交战。沃尔特也一直在关注德国和这场战争。随着时间流逝,夏天临近结束,但他并没有重返学校的计划。后来,他写信给科廷厄姆校长,说自己对在麦金利高中的这一年感到"厌烦",但是他也没有其他打算,不知道自己接下来该干什么。有一天,沃尔特和比娅·科诺菲尔(Bea Conover)一起沿着海滩散步。沃尔特问她,他应该用自己在邮局工作攒下来的积蓄买一个电影摄像机,还是买一艘独木舟。当她说应该买一艘独木舟时,他感到非常失望,最后还是用分期付款的方式买了一台电影摄像机。他开始在父母家后面的小巷子里拍摄小电影,他自己扮演卓别林,他的朋友拉塞尔·马亚斯大概也参与其中了,然后他制订了一个制作儿童电影的计划。但在实施这个项目之前,电影摄像机就因他无钱还贷被银行收回了。

然而,就在他涉足娱乐业的同时,他也迷上了战争。他的两个哥哥已经在服役:雷很早以前就已经应征入伍,罗伊则成了一名刚刚入伍的新兵,当时正在芝加哥郊外的五大湖区海军基地服役。沃尔特后来说,那年初夏,罗伊探亲结束返回部队,他在芝加哥的火车站为罗伊送行时,一名军官误认为他也是一名军人,命令他赶紧集合,他的爱国主义激情溢于言表,难以遏制。当他读到罗伊的信时,这种感觉更加强烈了。"他们吹着号角,这更像是你所说的爱国主义,"他回忆道,"我必须加入,我一定要参军。"虽然沃尔特还未成年,仅仅16岁,但他承认,当其他人奔赴战场时,他却待在家里,对此他有一种

---

[1] 几个月之后,一名女子指证她已经分居的丈夫——一个黑手党组织犯罪团伙的成员,安排他的兄弟通过邮件发送了炸弹,最终引发了爆炸事故。

强烈的羞耻感；他告诉露丝，他绝对不希望以后他的孙子孙女问他为什么不去打仗。并且，我们绝对不能低估制服本身对青少年无可置疑的吸引力。沃尔特曾多次穿着制服，例如当他是麦金利中学的一名高一新生时，当他是邮递员、门卫和列车售货员时，他都会穿制服。特别是当列车售货员时，他穿着列车制服，黄铜扣子金光闪闪，十分耀眼。他特别喜欢穿制服。正如他谈到罗伊时所说，"他穿着水手服，看上去棒极了"。

甚至在他去邮局工作之前，沃尔特和马亚斯就曾试图入伍加入海军，但因为年龄太小被拒绝了。接下来，他们又试图加入加拿大军队，但是戴眼镜的马亚斯因为视力不好而被拒绝了，沃尔特不愿意在没有他的情况下独自参军。受此打击，他们俩都有点儿垂头丧气，没别的办法，他们两人只好都向邮局提出了工作申请。每天中午，他们都会发现自己被外面大街上一支军乐队弄得心神不安。军乐队吹吹打打，号召人们参军入伍。马亚斯首先萌生了加入红十字会救护队的想法，因为红十字会不像武装部队那样要求严格和挑剔，而且加入红十字会的合格年龄是17岁，而不像正规部队那样必须到18岁。（沃尔特说，红十字会吸引了那些对正规部队来说太年轻、太年老或能力太差的人。）因为他们只有16岁，他们假借圣·约翰兄弟的名字来申请报名，但这个办法没有奏效。他们仍然需要父母的签字来证明他们的年龄。无论如何，马亚斯的母亲还是发现了他偷偷准备的旅行包，并且在包里发现了一双袜子，她怀疑发生了什么事，就通知了弗洛拉。沃尔特坦白了一切，但伊利亚斯还是拒绝在证明上签字。"如果我这么做了，"他说，"我签署的可能会是你的死刑执行令。"弗洛拉和她的丈夫一样，也不想把自己最小的儿子送上战场，但沃尔特反复恳求她，她终于心软了，背着丈夫签了自己和伊利亚斯的名字。她说如果她不这么做，沃尔特很可能会偷偷离家出走。弗洛拉很显然不知道

16岁的沃尔特对于救护队来说年纪还是太小，所以他在母亲将签字证书公证之后，私下把1901年的最后一个数字，也就是他的出生年份，改成了0。9月16日，他终于应征入伍了。

到了红十字会，他认为自己参加的不是一场战争，而是一场冒险。他被分配到斯科特营地，这是红十字会在芝加哥南区靠近芝加哥大学的一个新训练基地，之所以选择这里作为训练基地，是因为这里曾经是一个游乐园和溜冰场。此次培训要求学员们在一周内学习驾驶救护车和卡车，另一周在修理厂学习如何拆卸和组装汽车，接下来再进行两个星期的军事训练，然后再乘船出发前往法国。沃尔特刚到营地，就写信给比阿特丽斯的朋友弗吉尼亚·贝克（Virginia Baker），说他"在这里玩得很开心"，遇见了"许多老朋友，并交了好多新朋友"，但几天之后，他就染上了流感。这种流行病很快就会席卷全球，最终将导致至少2000万人死亡。由于红十字会的相关人员认为医院不太安全，沃尔特被救护车送到家里休养。3个星期之后，当他完全康复时，他的伙伴们已经启航前往法国了。沃尔特于11月4日回到斯科特营地，随后却被火车送到康涅狄格南海滩的金营地。在那里，他作为汽车与机械分队A连队的一员，等待着前往法国的命令。他在金营地期间，和大部队在一个空无一人的避暑胜地——老格林威治酒店宿营。在此期间，他收到了一个令他极为失望的消息：停战协定已经签署，战争结束了。"我从来没有见过比我们这群人更失落的人。"他后来回忆道。他说："每个人都在庆祝战争结束，但是我们只知道我们错过了一件大事。"沃尔特简单地以为他现在将会被送回家，但有一天凌晨3点，连队全体人员都被叫醒。他们被告知，要在他们当中抽调50人去法国协助处理占领事务，他们终究还是有机会去法国的。沃尔特总是说，他的名字排在50人名单的最后一个，当时他以为自己肯定不会被选中。他因为不能去法国而绝望地回到房间继续睡觉，后来他的同伴们把他叫醒，告诉他被选中去法国的消息。

第二天早上，这50人乘坐一艘改装过的运牛船"沃宾号"前往法国，船上装满了军火弹药。这些新入伍的士兵们一个个都非常兴奋，开玩笑说自己可能会被炸死。他们于11月30日抵达瑟堡，发现港口已经被一艘沉没的船只堵塞，于是又重新起航，继续乘坐冒着滚滚浓烟的蒸汽机船前往勒阿弗尔，到了勒阿弗尔后，他们下船上岸，然后集体坐上了开往巴黎的火车，到了巴黎之后又换乘卡车前往位于凡尔赛附近圣西尔的红十字会前哨站。这对他们的法国之行来说可不是一个好兆头。一开始，他们在法国的境遇可说不上有多好。这里的食物糟糕透顶。夜里天气很冷，他们临时宿营的城堡里没有暖气。沃尔特必须先用报纸把自己裹起来，然后再用毯子把自己裹起来。圣西尔也好不到哪里，同样也很危险：一群被遣散的阿尔及利亚士兵在附近被人组织起来，加入了一个劳工团伙，每天成群结队到处寻衅滋事，偶尔还会有持刀伤人等暴力犯罪事件发生。但是尽管有这么多不尽如人意的情况，沃尔特，这个年纪不大，还长着一张娃娃脸，并且看起来比实际年龄还年轻的新兵，来了之后不久就度过了他的17岁生日。为了庆祝这个生日，在生日当天他向自己的同伴们敬了一圈酒，给比自己还年轻的士兵敬的是石榴汁，而给比他年纪大的士兵敬的则是法国白兰地。为了准备这些酒水饮料，他不得不典当了自己的一双鞋，才凑够了钱。而且，在接下来的一个星期，他们连人带装备全部乘坐卡车转移到巴黎，旨在庆祝总统伍德罗·威尔逊出席和平会议。沃尔特爬上了一棵树，不顾风吹树晃，只为了看总统一眼。

法国正在从战争破坏和死亡中逐渐恢复。沃尔特，在被征召入伍之前从来没有过比科罗拉多更西或比密西西比更东的地方，他似乎把在红十字会的服役看作是另一种逃离。在圣希尔接受训练和教育之后，他被调到位于巴黎罗浮宫附近的雷吉娜酒店，然后没多久又被调到第五后方急救医院。第五后方急救医院设在欧特伊（Auteuil）的隆尚赛马场。那里原本是内部赛场，赛场的草地上布满了临时营房，供伤员短暂停留。伤员会在这里被分类，有的将被送回美国，有的将被送回英国，有的将被送到法国海岸沿线的后方医院。他只在那里待了很短的时间，就被调回到巴黎的车辆调配场。在那里，他打扑克、当司机，为红十字会的工作人员和军官开车。这项工作使他有机会近距离观察巴黎这座城市。然后，他又被调到位于巴黎郊区的纳伊。没过多久，到了次年2月初的时候他又一次被调动。这一次他被调到位于纽夫夏特（Neufchâteau）的第102号医院。第102号医院坐落在巴黎以东大约150英里的丘陵地区，位于一个典型的法式建筑风格的小村庄里。村庄的街道是狭窄的石板路，两边是风格古雅的装有百叶窗的商店、成组成群的房屋以及一座教堂。教堂的尖顶俯瞰着美丽的天际线。

尽管红十字会在那里设立医院并负责运营，配备了70到80张床位，主要用于隔离传染病患者，防止病毒在美军内部传播，但是沃尔特却很少与病人接触。他大部分时间都在为医院的福利社跑腿打杂，这家福利社的服务对象主要是乘坐火车前往德国的部队补充兵员，途经纽夫夏特时他们会下车补给。他除了在福利社帮忙，有时还驾驶福利社的汽车接送在福利社工作的女孩子们，负责她们在福利社和宿舍之间的交通往返；有时他还得去军需物资供应处领取供应的补给品，有时他去附近的农场收购鸡蛋，甚至有时偶尔还得组织野餐会，尤其是当高官显要来这里参观访问的时候，他常常得驾车陪同。（他成了一名非常熟练、非常能干的导游，很快就变得大受欢迎。）福利社的女老板，同时也是沃尔特名义上的上级，是一位来自内布拉斯加、戴着眼镜的肥胖中年护士爱丽丝·豪厄尔（Alice Howell），她的主要职责是每天为经过这里的部队制作600个甜甜圈，然后手持两根长棍，把做好的甜甜圈分发给士兵。沃尔特非常喜欢豪厄尔。她成了

第一章 逃离

他在法国的替身母亲，也是他在法国最美好的回忆的来源。豪厄尔碰巧是美国远征军首领约翰·约瑟夫·潘兴将军的密友。潘兴在马塞琳附近长大，是沃尔特心目中的英雄。他驻守设在查蒙特附近的美国远征军总部。由于与沃尔特是同乡加之与豪厄尔的关系，有一天下午，这位将军把他10岁的儿子送到她的福利社参加野餐会。虽然这个小男孩是坐着豪华轿车来的，但他坚持要坐沃尔特的旧福特车去多穆雷米（Domrémy），那里是圣女贞德的诞生地。他们在圣女贞德神龛前的草坪上吃了炸鸡。沃尔特一直非常珍视和潘兴的儿子在一起的那一天，也感谢豪厄尔让这一天成了可能。就像他对待本顿学校的老师们那样，他会一直和爱丽丝·豪厄尔通信，直到她去世，而爱丽丝·豪厄尔作为回报，把曾经飘扬在福利社上空的国旗送给了他。

多年以后，在给豪厄尔的信中，沃尔特回忆起在纽夫夏特的这几个月，"夹杂着喜悦和悲伤，悲喜交加"，但我们发现悲伤似乎很少见。他发现法国人很热情很友好，直到和平会议开始对他们不利，他们对美国人的敌意也越来越大。有一次，一个法国女孩抓住他的帽子，把它扔了；还有一次，他陷入了一场混战。至于德国人，他与他们唯一的接触是在他负责处理一件关于战俘的毫无意义的事件的时候：他们发现自己受到了法国人的攻击，一群法国孩子向他们扔石头。除此之外，他还在寄给家里的一张明信片上开玩笑说，他正在"做一件我很少做的事——'工作'"。

在他执行的各项任务中，最一波三折的是把满满一卡车的白糖和豆子运到苏瓦松（Soissons）。那次执行运输任务时，途中一直下雪，并且卡车的一个轴承被烧坏了。他派了一个助手去寻求帮助，然后他自己在接下来的两天里一直待在一个铁路看守人的窝棚里等待救援。两天之后，他的助手还是没能回来。沃尔特只好步行到镇上去吃了顿饭，好好睡了一觉，回来以后却发现卡车不见了。原来他的助手确实去了巴黎，但却因为喝酒而醉倒了，直到酒醒之后他才向上级报告了汽车抛锚这一事故。当救援人员最终到达时，沃尔特恰好去吃饭了。救援人员找不到人，就把卡车开走了。沃尔特因此面临着调查委员会的调查和指控，但多亏了一位通情达理的中士，替他申诉，为他辩护。最后，这件事以他因为擅离职守而受到训斥了结。

　　当他不开车也不需要跑腿的时候，他就会做他一直在做的事情。他坚持绘画——画菜单，他设计了一个美军步兵的卡通形象，以此为特点，为福利社画菜单素描图；画宣传海报，画面向部队士兵做热巧克力和浴室的广告；画各种图案，在救护车的帆布侧帘上绘制图案；画人物漫画，为他的士兵同伴画肖像画，供他们寄给自己的女朋友和家人，当然沃尔特会收取一定的费用；画社论性漫画，为《麦金利之声》和还在家乡的朋友画政治性漫画，表达一种原始朴素的情感，例如一位美国远征军士兵把德国皇帝踢下悬崖，嘴里喊着"滚开！滚远！"甚至还画连环画。他随时随地都在画。他在自己营区宿舍的窗户下支了一个画架，他在宿舍里画，在卡车里画，在救护车里画。他记得："我发现救护车的里外都是画画的好地方。"他向战友们征求意见，开始拿自己的漫画作品向当时最受欢迎的幽默杂志《生活与判断》（Life and Judge）投稿，但只收到黄色的退稿单。后来，他的运气有所好转。一名退伍的法国士兵被派去维护他们的兵营，他参照这名士兵衣服上的法国十字勋章，在自己的防风皮夹克上也画了一个法国十字勋章的图案。他的本意是想开个玩笑，但没想到军营中的许多战友对此印象深刻，纷纷表示也想在自己的夹克上画上一个十字勋章。沃尔特每画一件能够挣十到十五法郎。当他遇到一名来自佐治亚州的战友以后，他赚的钱更多了。这个绰号是"爆竹"的战友发现，途经纽夫夏特的补充兵员愿意花钱购买纪念品。发现这个商机后，他

第一章 逃 离

从城外的垃圾堆里捡回来许多德军头盔，然后和沃尔特一起在头盔上涂上伪装漆。然后，"爆竹"把它们扔进泥土里尽量磨损做旧，再用枪在头盔上打个洞。最后，"爆竹"再把经过这样处理的头盔作为真正的"战利品"卖给那些途经这里的士兵。他会把所挣到的钱分给沃尔特一些。

尽管沃尔特似乎在法国玩得很开心，有很多快乐的事，但他还是越来越想家。"法国是一个有趣的地方，"他在给《麦金利之声》的信中写道，"但我同样也想——"他在信中插入了一幅漫画，画中的男人大喊："哦！我想回家找我的妈妈。"在这幅画里面，他签的是"你们的老美术家"。这时，雷和罗伊已经离开了部队，退伍回到了堪萨斯城。尽管沃尔特很想家，但他仍在考虑重新加入红十字会，并调往阿尔巴尼亚。那里的工资是每月150美元——几乎是他在法国工资的3倍。7月，他又被调往巴黎。多年后，他说，那年9月初，他看着潘兴的部队撤出巴黎返回祖国时，一种深深的寂寞和孤独油然而生，于是立即提出了退役申请。但那是另一个有迪士尼戏剧色彩的故事。真实情况是，在潘兴离开之前，沃尔特就已经在8月7日提交了退役申请："希望尽快被送回家，越快越好。"

在巴黎等待期间，他与同样被派往那里的拉塞尔·马亚斯重逢。这两个十几岁的少年商量决定，当他们回到家的时候，他们要把自己的钱凑在一起买一艘大平底船，像哈克贝利·费恩那样沿着密西西比河顺流而下，到处探险。与此同时，他们每人买了一只品种是德国牧羊犬的小狗。沃尔特把它放在他的野战背包里，无论到哪里都带着它。1919年9月3日，就在潘兴准备率部开拔离开巴黎的那个下午，沃尔特也踏上了从巴黎去马赛的行程，到了马赛后再启程返回美国。（马亚斯已经提前带着两只小狗离开了。）这不是一段轻松的旅程。码头工人罢工使他不能按计划起航。在接下来的23天里，他一直等着罢工结束。在此期间，他去了尼斯，那里的住宿更便宜，工人们也更友好。为了打发时间，他每天早上乘坐有轨电车前往蒙特卡洛，下午再返回。最后，他和一群从和平会议回来的护士、医生和记者一起登上了一艘"加拿大"号轮船。轮船航行速度非常缓慢。由于罢工，"加拿大"号轮船上面既没有运载货物，也没有多少燃料。直到来到亚速尔群岛，它才有机会停航补给，装上了用作燃料的煤。这艘船起航不久就遭到一场猛烈的暴风雨的袭击。10月9日，"加拿大"号轮船终于艰难地驶入纽约港。沃尔特第二天就被批准退役，第三天就回到了芝加哥。

　　在离开将近一年之后，他兴致勃勃地回来了，兴高采烈，情绪高涨。但这种高昂的情绪很快就土崩瓦解、烟消云散了。为了找回他的小狗，他费了好大周折才找到了马亚斯，却发现自己的小狗已经在回国途中横渡大海时死于蠕虫病毒或犬瘟热。至于他们的密西西比河之旅，马亚斯遇到了一个女孩，找到了一份工作，放弃了他的冒险计划。沃尔特对比阿特丽斯感到更加失望。他在法国的时候，她曾忠实地给他写信，一直和他保持联系，他也一直保存着这些信。当准备离开巴黎时，他给她买了香水和女式衬衫。但是，据他后来所说，当他到达芝加哥时，却听说她已经结婚了，他很震惊。（事实上，尽管沃尔特总是坚持说这个女孩背叛了他，但比阿特丽斯当时确实还没有结婚。她直到次年4月份才结的婚。）这个消息让他伤心欲绝，他甚至没有去见她，而是把礼物留给了他在堪萨斯城的嫂子，并宣称自己"彻底摆脱了女人"。

　　除了所有这些令人失望的事情，还有一件更让人失望的事。沃尔特靠他在法国的收入积攒了将近600美元，其中300美元是他在纽夫夏特玩赌博游戏时赢来的。此前，他已经把这些钱中的绝大部分寄回了家，让家人帮他存在银行里，等他回来后使用。现在，他考虑取出这笔钱，为自己的梦想再赌上一把——他想找一份美术家工作。伊利亚斯被他的儿子这种不切实际的想法惊得目瞪口呆。"他从来没有理解过我，"沃尔特后来说，"他认为我是个败家子。对他来说画画简直是胡闹！"伊利亚斯说："沃尔特，你要把它作为你的事业，是吗？"伊利亚斯对他的儿子的工作另有安排。他为沃尔特在奥泽尔果汁果冻公司找到了一份每周 25 美元的工作，他一点儿也想不明白为什么沃尔特会为了充满不确定性的艺术而放弃板上钉钉的果冻厂工作。

但是沃尔特·迪士尼从法国回来时，他像是变了一个人。他的身体发生了变化。他离开芝加哥时身高只有 5 英尺 8 英寸，并且骨瘦如柴。他回来的时候体重 165 磅，大量的体力劳动让他变得强壮起来，肩膀宽阔肥厚，双手粗大有力。他甚至在法国的时候就开始吸烟，这一习惯令他的父亲深恶痛绝。更重要的是，他在情感上发生了变化。他说，在法国，"一生的经历浓缩在一个包裹里"。尽管他还在恶作剧耍孩子气——当他回来的时候，带着一个盒子，盒子底部有一个洞，他把自己"流血的"拇指从洞口伸了进去——但他已经成熟了，变得更加独立，更加自主。"我安定下来了，"这是他后来的说法，"我……能够认真思考并聚焦于某一个目标了。确定目标后，我就会为了实现它而一往无前奋力拼搏。"

他知道自己肯定不会去果冻厂工作。长期以来，他一直怀有两种不同的理想——当演员或美术家。他也一直在这两种选择当中挣扎。最后，他觉得"当美术家似乎更容易找到工作"。因此，17 岁的沃尔特·迪士尼，在刚刚拥有了坚定的自信心之后，下定决心不再重蹈他的父亲的覆辙，不过那种没有丝毫乐趣并且持续遭受失望打击的生活，而是要做迪士尼家族一直在做的事情。他要抓住机会追寻梦想。他要逃离。

第二章
初入动画界

1

现在,沃尔特·迪士尼需要一份工作,而且他也全身心地投入到了找工作之中。他从法国回来时,身上洋溢着一种活力四射、生机勃勃的朝气,一方面这是他作为年轻人特有的朝气,另一方面也体现了时代的朝气。尽管这场战争彻底摧毁了欧洲大陆,留下了薇拉·凯瑟(Willa Cather)所说的"一个破碎的世界",但它在美国却引发了近乎狂妄的乐观情绪。在美国,经济高速发展迈向繁荣,全球实力如今无可匹敌。正如一位历史学家对这个国家的好运的评价:"在第一次世界大战结束时,美国就像是一个奇迹般地穿着最漂亮的衣服参加舞会的灰姑娘,而她甚至没有获得参加舞会的邀请;没有付出多少代价却获得巨大收益似乎是美国的命运。"这不仅仅是一种情绪,而且它转化为一种新的民族精神,即满怀希望和为所欲为,进而催生了一种似乎体现了战后这种充满希望的为所欲为的精神的全新民族类型:说做就做。20世纪20年代的电影喜剧演员哈罗德·劳埃德(Harold Lloyd)或许是这种人的最佳写照和漫画表现。他鼻子上架着一副圆圆的眼镜，头上戴着一顶平顶草帽，脸上一副自以为是、写着"我能行"而又漫不经心的神情。他年纪轻轻、孩子气十足、充满热情、镇定自若、不知疲倦、无忧无虑、意气风发，最重要的是，他意志坚定。就像他的国家一样，他从不怀疑自己实现梦想的意志和力量，也不怀疑这种追求梦想的天生正义感。"勇气和美德是相辅相成的，"评论家沃尔特·科尔（Walter Kerr）这样评价劳埃德。

"勇气和美德"还可以用来描述勇敢、天真、年轻的沃尔特·迪士尼，他于1919年秋天来到了堪萨斯城，下定决心要取得成功，几乎他所有的熟人都在议论他坚定的决心和对自己的绝对信心，这两者与其说在他身上表现为皱紧眉头咬紧牙关的苦苦坚持，不如说表现为阳光灿烂兴高采烈的精神状态。凭借在本顿学校、麦金利高中和法国得到的关注和赞誉，他浑身上下洋溢着一种自信，但这种自信既没有特别坚实的基础，也没有特别明确的方向，因为他来的时候头脑中并没有什么计划。他是个说做就做的人，只是现在还不知道自己要做什么，只知道自己应该会有所成就。

几乎一回到堪萨斯城，沃尔特就在《堪萨斯城星报》上看到了这家报社招聘办公室文员的一则广告。长期以来他一直梦想在这家报社工作。他特意穿上当年的红十字会制服，因为他觉得这样会让他看起来更有责任感，然后满怀信心去了《堪萨斯城星报》报社大楼应聘。但是，由于在法国期间身体变得高大粗壮，他看上去特别成熟，外形上不再适合当办公室文员了，所以他被拒绝了。另外一个原因是，尽管他声称自己只有17岁，但招聘人员不相信，觉得他年龄太大了。经理建议他到运输部去碰碰运气，因为他一直在开救护车，说不定有机会。他照做了，但是运输部没有空位置。他灰心丧气，寻求安慰，向罗伊求助——每当他遇到困难遭遇挫折的时候，他总是去找罗伊。罗伊当时在第一国民银行做出纳员。罗伊的一位同事提到，他的两个朋

063

友经营着一家商业美术设计店，正在寻找一名学徒。沃尔特很快返回家里，拿了一些他在法国期间创作的绘画样品，当天下午就去申请了这份工作。他被当场录用，条件是他的工资要在一周的试用期过后再确定。

这家店的职员只有两位年轻的商业艺术家，路易斯·佩斯曼（Louis Pesmen）和威廉·鲁宾（William Rubin）。他们的总部设在堪萨斯市中心一栋砖砌的两层大楼里面，大楼名为"格雷广告大厦"。第一个星期，沃尔特非常渴望证明自己，感觉就像上美术课一样。他一步都不想离开画板，甚至连一分钟也舍不得休息，直到要吃午饭了才不得不暂时放松一下。周五，试用期的最后一天，鲁宾找到他，沉思了一会儿，提出每月给他50美元的工资。沃尔特后来承认，他本来预想自己的工资会比这个低得多，并且他也做好了接受的准备。听到这一消息，他非常感激，说："我激动得几乎想要给他一个吻！"他的第一个冲动是把这个消息告诉他的婶婶玛格丽特。玛格丽特婶婶现在和罗伯特叔叔住在附近的一家酒店里，沃尔特仍然相信，正是玛格丽特婶婶在马塞琳给他带来的那些画板和铅笔，开启了他的艺术生涯。"婶婶，看，他们付钱让我画画。他们付钱让我画画！"他滔滔不绝地说。但是，玛格丽特婶婶的反应让他失望，沃尔特称之为"一种令人心碎的感觉"，因为玛格丽特婶婶年事已高，身体虚弱，行动不便，对他的成就没有表现出多大的热情。

但是，沃尔特自己几乎无法抑制他的喜悦。他现在只有17岁，就成了一名职业美术家，用他后来的话说，他觉得自己正在"取得巨大的成功"。他的工作是为广告和商品目录配插图，他承认这项工作不是很有创意，因为他只是在老板们把广告设计出来之后，才"粗略"地勾勒出广告绘图的轮廓。事实上，他的大部分作品都是由鲁宾或佩斯曼重新绘制的，以至于沃尔特本人在这些图印刷出来后常常认不出来是自己画的。尽管如此，这仍然是一种宝贵的经历。沃尔特在艺术学校接受过短暂的训练，从那时起，他的目标就是提高自己的绘画技巧，使自己的绘画更精美。在佩斯曼-鲁宾广告公司，他学会了如何使用权宜之计快速完成工作——如何剪切、粘贴、用刀片刮擦、使用缩放仪复制图画，以及其他任何可以快速完成工作的方法。他不遗余力地工作着。佩斯曼记得，有一次他让沃尔特绘制一家甜甜圈店在《纽曼戏剧》杂志上做的封面广告，当他结束一天的工作走近沃尔特时，这个男孩咧着嘴笑了。沃尔特不仅绘制了封面广告，还主动绘制了封底的广告，甚至还增加了一些细节，而这些细节是佩斯曼原来的设计草图中所没有的。

他的快乐没有能够持续多久。在 11 月底或 12 月初，圣诞节广告热潮结束之后，沃尔特就被友好地解雇了。他哥哥赫伯特在邮局工作，假期沃尔特在那里当了一名雇员。他一直在邮局投递邮件，直到年底。然后，他又失业了，和赫伯特的家人以及罗伊一起住在贝勒方丹的房子里，他在自己卧室里坚持画画。他仍然抱着希望，希望自己能得到一份连环画或政治漫画家的工作。（在他那个月画的一幅漫画中，一个婴儿披着一条肩带，上面写着"1920 年的新年"，站在一扇写着"世界"的门外，门正承受着巨大的压力，一副即将被挤破的样子，门里"世界产业工人组织""暴民私刑""和平条约""罢工""动乱""食糖短缺"和"红色"纷纷挤在门口，想要破门而出。）他一连画了好几幅分期连载的连环画，取名为"乔治先生的妻子"（*Mr. George's Wife*），讲述的是一个丈夫被他那泼妇似的伴侣恐吓，天天担惊受怕的故事。除此之外，他还创作了其他一系列的漫画，分别取名为《运气不错》（*As Luck Would Have It*）和《这是参议院需要回答的问题》（*It's a Question for the Senate*）。那个月，当联邦人口普查人员来到他们住的地方时，沃尔特首先宣布自己是一名"商业美术家"，然后，他显而易见地改变了主意,让调查人员把他重新划归为一名"漫画家",这明显更符合他的抱负。

对于一个几乎没有受过培训或没有工作经验的人来说,对于一个刚刚失业的人来说,他显得有点儿过于自信——他在佩斯曼-鲁宾广告公司只待了6周之后,就口出狂言:"我觉得自己完全有资格……"他现在还在等待一个画连环画或在报社工作的职位,但他已经在考虑开一家自己的美术设计店了,这听起来很荒谬。但来年1月初,这个计划出现了意想不到的转机。一位在佩斯曼-鲁宾广告公司的前同事来拜访沃尔特。沃尔特对他的称呼是"乡巴佬",他真正的名字可能是厄布·埃沃克斯(Ubbe Iwwerks),但是也不太确定。埃沃克斯通常沉默寡言,感情很少外露。而这一次,谁都能看出来他非常心烦意乱,焦躁不安。原来他也被解雇了。他向沃尔特抱怨说,他现在既没有钱也没有前途,而且还不得不养活他的母亲,这尤其让他感到绝望。埃沃克斯坐在沃尔特的房间里,愁眉苦脸,痛苦万分。这时,沃尔特突然心血来潮,蹦出这样一个念头:他们俩一起合伙开店卖画。埃沃克斯是一个勤奋实干的人,而不是一个说做就做的人,他对沃尔特的想法感到犹豫困惑,有点儿迟疑不决,但沃尔特告诉他赶紧收集他的绘画作品样本,这样沃尔特就可以开始为他们的商店招揽客户了。

沃尔特和埃沃克斯有两点相似之处:都是高中辍学,都没有工作但却自认为是美术家。除此之外,这两位未来的合作伙伴是如此的不同,简直是大相径庭,有着天渊之别。沃尔特有着迪士尼家族标志性的雄心壮志,有着远大的梦想和"特大号"的抱负。而埃沃克斯则只能想到不久的将来。沃尔特很合群,很外向,他的举止引人注目,他的头发随意地向后梳到脑后,但总是有一缕长长的发丝不可避免地垂在前额上;埃沃克斯则极度害羞,甚至沉默寡言、孤僻内敛、孤苦寂寞，他很少说话，头发被小心地梳得高高的，几乎有点儿滑稽的效果。他们对待美术的态度也不同。对沃尔特来说，画画既是对他的父亲强硬独断的实用主义的一种逃离，也是对外界关注的一种渴求。对于擅长刻字和设计字体而不是绘制漫画的埃沃克斯来说，美术几乎是一种通过专注于画板而避免社交的方式。在佩斯曼－鲁宾广告公司的时候，埃沃克斯比沃尔特晚入职一个月左右，他们更多是熟人，而不是朋友。埃沃克斯似乎对沃尔特一心只想学习绘画技巧和进行工作实践感到不满。他曾经说过，当他和其他美术家在休息时间玩扑克时，沃尔特只会坐在他的画板前，设计各种不同的字体，练习自己的签名。

但是，如果说沃尔特是张开双臂热情拥抱这个世界，埃沃克斯则似乎是躲躲闪闪、畏缩不前，其实他缺乏自信的羞涩胆怯是可以理解的。他的一个儿子曾说："他只是没有一个快乐的童年，他的童年没有任何值得高兴的事。"他于1901年3月24日出生在堪萨斯城，母亲也是当地人，父亲艾弗特·埃沃克斯（Evert Iwwerks）是一位57岁的荷兰移民，以理发为生。这是他的父亲的第三次婚姻，厄布·埃沃克斯是他的第四个孩子，其他三个孩子都已经被他遗弃了，在埃沃克斯上高中时，艾弗特·埃沃克斯同样也离开了埃沃克斯的母亲，这迫使埃沃克斯结束学业，在联合银行票据公司（Union Bank Note Co.）找到了一份制作平版版画的工作，以此来赡养自己的母亲。（埃沃克斯从来不会主动提起自己的父亲，也坚决拒绝任何有关他的谈话；当艾弗特·埃沃克斯去世之后，埃沃克斯被问及打算如何处理父亲的遗体时，据传闻，他冷冷地回答说："扔进沟里。"）他曾经短时间离开堪萨斯城，去阿肯色州干农活，然后在1919年底又返回堪萨斯城，在佩斯曼－鲁宾广告公司找到了工作。但是，他的性格一直都很孤僻，也一直生活在别人的庇护之下，很少能独当一面。因此，他的母亲曾经责怪路易斯·佩斯曼把她的儿子介绍给可口可乐公司。

然而,埃沃克斯孤僻冷漠的性格,再加上不善交际和笨嘴拙舌,使他与沃尔特·迪士尼完美互补,这毫无疑问正是埃沃克斯找到沃尔特的原因。埃沃克斯工作勤奋努力,一丝不苟,绘画笔法极其娴熟。当埃沃克斯聚精会神地在画板上画画的时候,沃尔特就可以接待顾客,介绍产品,争取业务。在沃尔特讲述的故事的第一个版本中,他直接去了印刷厂,很快就揽到了设计带有信头的信笺和剧院广告的活计。在这个故事的另一个版本中,他首先和《餐馆消息报》(The Restaurant News)达成了合作协议。《餐馆消息报》是由"全国餐馆协会堪萨斯城分会"出版的一份免费报纸,而"全国餐馆协会"是由一些地方性的餐馆为了应对后来新开餐馆的冲击而组建的松散组织演变而来的。然而,即便如此,这项协议也不能完全归功于沃尔特的说服力或魅力,尽管不用说,这些都发挥了重要作用。

另外一个重要原因是协会会长阿尔·卡德(Al Carder)的兄弟克莱姆·卡德(Clem Carder)也住在贝勒方丹,是迪士尼家的邻居。正因为如此,沃尔特才有可能接近阿尔·卡德,寻找工作的机会。当阿尔·卡德诉苦说他负担不起一个美术部门时,沃尔特给了他一个建议:让"埃沃克斯—迪士尼商业美术公司"(这是两人为他们联合创办的公司取的名字,据沃尔特说,他之所以把埃沃克斯的名字排在前面,是因为如果把迪士尼排在前面的话可能听起来更像一家光学公司)为该报纸的广告商做广告插图和字体设计,作为交换,他们将在《餐馆消息报》位于第13大街和橡树街的办公室获得免费的办公空间;插图的价格是每页10美元,这个价格相当于卡德现在付给印刷厂的价格,而印刷厂只是重复使用相同的旧插图,没有绘制新的。阿尔·卡德同意了这个建议。

现在沃尔特有了办公空间,但他还需要一些基本的办公设备——

办公桌、绘图板、气笔和驱动气笔的压缩机。他在法国挣到的钱仍然存放在芝加哥,他要求父母把钱取出来寄给他,这样他就可以买东西了。但沃尔特又一次因为父亲的节俭面临着碰壁的窘境。在同意给他这些钱之前,他的父母想明确知道他到底会把这些钱花在什么地方。他愤怒地回答说,这是他的钱,他想怎么花就怎么花。接下来又是一连串的信件,来来回回,反反复复,最后伊利亚斯和弗洛拉妥协了,勉强同意把沃尔特一半的积蓄寄给他——这一次让步进一步放松了父母权威对他的束缚。

设备问题解决了,合作伙伴们也都安排妥当了,大家开始在《餐馆消息报》的办公室里工作了。随着这些问题的一一解决,沃尔特又开始出门推销产品了。去年秋天,当他刚到堪萨斯城的时候,他就已经和沃尔特·帕非弗重新取得了联系。现在,帕非弗说服了他的父亲,让埃沃克斯—迪士尼商业美术公司为《皮革工人联合会杂志》(*United Leather Workers Journal*)设计美术字和信头。他们上紧发条,开足马力,紧张而又兴奋地为 2 月份的刊物设计封面,同时还制作了一幅包含马鞍、马具和格莱斯顿式旅行提包的蚀刻版画。与此同时,沃尔特继续拜访那些印刷厂,提议由埃沃克斯—迪士尼商业美术公司担任他们的专设商业美术部,负责他们的美术设计工作。其中一些印刷厂同意了他的提议。(他印象最深刻的是有一次接到一个任务,需要画一口喷涌大量美元的油井。沃尔特怀着满腔的热情开始了创作。他说,他画了那么多美元,以至于整个页面都是钱。)到了月底,他和埃沃克斯已经大获成功,搬进了他们自己的办公室,新的办公室在铁路大厦里面。据沃尔特说,他们第一个月的收入就达到了 125 美元到 135 美元之间,超过了他们两人在佩斯曼-鲁宾广告公司的总收入。

然而,尽管埃沃克斯—迪士尼商业美术公司有了一个良好的开端,但两位合伙人似乎都不认为运营这个公司是一个长久之计。沃尔特仍然焦躁不安，无法满足，而埃沃克斯则是对经营自己的公司存在的不确定性感到不安。就沃尔特而言，他并没有放弃自己画卡通漫画的梦想。怀着打动未来可能雇主的希望，他带着他之前已经画好的漫画展示给印刷厂的负责人看。他把这些漫画进行裁剪处理，插入客户委托制作的整页插图的空白之处，然后用报纸专用纸张把这些漫画打印出来，并在这些图片周围配上新闻报道和故事，让它看起来好像已经出版了一样。这一年1月底，埃沃克斯在《堪萨斯城星报》上看到一则招聘广告，要为堪萨斯城幻灯片公司招聘一名美术家，他建议沃尔特去应聘这个工作岗位。此举表明了这两位合作伙伴对自己公司摇摆不定的态度。沃尔特以为，因为堪萨斯城幻灯片公司主要负责制作影片上映前在影院播放的宣传幻灯片，因此他们可能会考虑雇用埃沃克斯—迪士尼商业美术公司作为分包商，但是当他带着样品去找幻灯片公司并提出建议时，却被告知他们想招一名全职员工。后来，埃沃克斯建议沃尔特接受这个职位，因为公司明确需要的是一位广告漫画家，并且这个职位的薪水是每周35美元。他们一致同意由埃沃克斯继续经营他们的公司。

沃尔特于那年2月初加入堪萨斯城幻灯片公司，公司位于中央大街1015号，实际位置几乎就在他的铁路大厦办公室的拐角处，位于一栋狭窄的两层半高的普通砖混建筑物里，两边有高高的铰链窗，为艺术家们提供光照。沃尔特刚进入公司的时候，员工还不到20人，但该公司已经是美国最大的邮购幻灯片公司了，而且还在迅速扩张。据沃尔特说，它一年的业务额达到了100万美元。

该公司的总裁，同时也是雇用沃尔特的面试官，叫阿瑟·凡尔纳·科格（Arthur Verne Cauger），尽管大多数人只是简单地叫他"阿凡"。科格宣称自己是"电影行业的先驱之一"，在某种程度上，在某个小范围内，可以说的确如此。1878年，他出生于印第安纳州，学习

第二章 初入动画界

工程学，但对机械学的兴趣显然把他吸引到了电影行业。1907年，他在伊利诺伊州格拉尼特市（Granite City）开设了一家剧院。但是，一位竞争对手采取以同样的票价提供更长时间演出的策略，把他赶出了格拉尼特市。随后，他在伊利诺伊州卡莱尔（Carlyle）开设了另一家剧院。在此之后，他又在密苏里州尼欧肖（Neosho）开设了一家剧院。由于尼欧肖市政不允许科格剧院在下午从其公有发电厂取电，他开始在业余时间制作幻灯片。最终，他卖掉了剧院，搬到了堪萨斯城，全职从事幻灯片制作业务，亲自拍摄幻灯片需要的照片，然后辗转穿越中西部，把它们卖给电影放映商。当竞争对手开始制作电影广告时，科格也进入了这个行业，适时把自己的业务几乎完全转向了电影。

沃尔特现在绘制的正是电影广告，这些广告使他着迷。其中许多是真人实景表演，但他受雇制作的都是动画图片。无论以何种标准来衡量，堪萨斯城幻灯片公司的动画制作水平都很粗糙，与其说是为了艺术性，不如说更多是为了经济性。基本流程就是，美术家先画好一幅画，然后把可动部件裁剪下来，再用大头针把它们钉在木板上，轻轻地移动它们，然后将图像拍摄下来，再次轻轻地移动它们，又再次拍摄，一遍又一遍地重复这个过程。这样，当电影播放的时候，这些逐步递增的运动片段就会串联在一起，然后它们就会给人以持续运动的印象。尽管这是一种非常原始的技术，但对沃尔特来说并没有什么不同。他不会受此影响，因为他只是想获得一些经验。"我在堪萨斯城找到了一份好工作，"他在加入堪萨斯城幻灯片公司几个月后给一位当年红十字会老战友的信中自豪地写道，"我要坚持下去。我为电影绘制漫画——广告电影……这项工作很有趣。"

虽然沃尔特曾打算继续经营埃沃克斯—迪士尼商业美术公司，以补充他的收入，并为他的职业生涯提供一些灵活性，但该公司在他离开后并没有维持多长时间。埃沃克斯根本不具备在没有沃尔特的情况下开展业务的气质和性情。正如沃尔特后来解释的那样："我仅有的几个客户会去公司找他——但他只会坐在那里，什么都说不出来，因为他实在不会讲那些老套的推销辞令。"一方面由于他无法招揽到业务，另一方面因为想要寻求常规职位的安全感，埃沃克斯询问沃尔特堪萨斯城幻灯片公司是否有空缺的职位。因此，在营业了不到两个月之后，这对合作伙伴选择关闭了这家公司。3月，埃沃克斯也开始在科格手下工作，与沃尔特和其他的美术家一起，坐在公司长长的桌子旁，绘制幻灯片和动画片。

沃尔特对大多数事情都很乐观，所以他似乎并不为自己小公司的倒闭而感到非常难过。他已经在自己的文具上印刷了他本人的滑稽漫画像，作为进一步宣传推广自己的手段，包括在他的绘图画板和信纸上印，并宣称自己可以提供"卡通漫画、插画插图、图案设计和橱窗图卡制作、全套用于广告的美术事务等方面的服务"。尽管如此，实际上他已经开始将他的注意力从商业美术甚至从成为报纸卡通漫画家的梦想中调整转向，这完全要归因于他在堪萨斯城幻灯片公司的工作，虽然他来这里的时间还不是很长。事实上，还有一种说法是，在那年春天，他终于收到了长久以来梦寐以求的工作邀请——在《堪萨斯城星报》或《堪萨斯城邮报》报社做漫画家——但他拒绝了，目的只是留在堪萨斯城幻灯片公司。他之所以这么做是因为，沃尔特·迪士尼——一个似乎总是满怀激情、痴迷于自己酷爱事物的年轻人——找到了新的爱好：他已经深深地陶醉于动画制作之中了，就像当初在本顿学校时陶醉于画画那样，如痴如醉。多年后，他在接受采访时说："让各种东西在胶卷上动起来的技术让我着迷。"

沃尔特显然很喜欢这种绘画和技术结合的产物。他一直喜欢修修补补。在去芝加哥之前的最后一个春天，他在堪萨斯城买了一些零部

第二章 初入动画界

件来制造汽车底盘，计划利用罗伊的旧摩托车发动机，把它装进汽车的发动机罩，组装一辆汽车。但不巧的是，罗伊加入海军时，卖掉了摩托车，无意间打乱了这个计划。但是，对于沃尔特这个说做就做、身上潜藏着的迪士尼家族的特性的人来说，动画还有另外一种吸引力：这是他成名的一种方式，与报纸上的卡通漫画不同，沃尔特认为在动画领域他可能做得比任何人都好，主要原因是当时很少有人从事这个行业，也很少有人在这方面有任何专长，而成为最好、最受关注的人的想法显然对他很有吸引力。

沃尔特·迪士尼做事很少走马观花，浅尝辄止。每一个认识他的人都会对他的高度专注力表示惊叹；当某件事引起他的兴趣时，他就会把注意力完全集中在这件事上，好像这是唯一重要的事情。现在最重要的就是动画。那年春天，他开始以堪萨斯城幻灯片公司为学校，在媒体方面进行密集的自我教育。这里本来似乎不太可能录取像他这样的一个学生。阿瑟·凡尔纳·科格个子高大，体格魁梧，脸颊瘦长，下巴突出，给人一种威风凛凛的感觉；他声音粗哑，举止粗鲁，这更加重了他给人带来的压迫感。一名员工回忆说，科格会在喷泉式饮水机旁一边吐痰一边向下属下达指令或命令。但对那些了解他的人来说，他的举止与其说是让人受惊恐惧，不如说是不拘礼节。他经营自己的店铺时多少都有点儿民主作风。这对于沃尔特这样一个18岁的孩子来说，意味着拥有非同寻常的自由度和裁量权。他绘制幻灯片和动画片的时间不长，后来没过多久，他就说服了科格，为了节约成本，让他自己撰写和拍摄广告，而不再依赖于文案部门。（沃尔特有一种讲俏皮话的天赋，经常妙语连珠。在为一家专做汽车帆布顶篷翻新业务的公司制作广告时，他让一名男子对一辆翻新过的汽车的车主说："嗨，旧顶篷，新车？不，新顶篷，旧车。"）没过多久，沃尔特就说服科格借给他一台旧红木相机，那是他在办公室书架上找到的，尽管科格一开始不同意借给他。科格认为，公司可能会在紧急情况下需要使用这台照相机。但沃尔特承诺，如果真的出现这种情况，他会立即把照相机拿过来归还公司。

但是，如果说堪萨斯城幻灯片公司是他的学校，他仍然需要一个工作室来练习如何制作动画。他在自己家的后院发现了一个合适的地点。同年春天，伊利亚斯和弗洛拉从芝加哥又回到贝勒方丹的家，伊利亚斯又一次失败了。奥泽尔果汁果冻公司已经破产了——关于破产的原因，有一种说法是公司高级管理人员财务欺诈，他们已经被送进了朱利叶市（Joliet）联邦监狱。但是，这种说法听起来不太可能，因为迪士尼一家在之后的几年里一直与奥泽尔果汁果冻公司的总裁厄尔·斯科鲁根（Earl Scrogin）保持着友好的关系。沃尔特显然是想给家人留下深刻的印象，而且他一直都喜欢搞这种大排场和大阵势。他租了一辆游览车，到联合车站去接自己的爸爸、妈妈和妹妹。他的父母没有自己的汽车，但在他们到了堪萨斯城后不久，伊利亚斯就决定在贝勒方丹房子后面的院子里建一个车库。他打算通过出租车库来赚些额外的钱。但是，他刚开始动工修建，沃尔特就告诉父亲他要租这个车库，租金每月给5美元。后来罗伊说，沃尔特从来没有付过一分钱。

这个车库面积大约有15平方英尺，占据着小院子的大部分地方。它成了沃尔特的第一个工作室。在里面，他和罗伊把科格的相机安装在顶部配着一个白炽灯的相机架上。据路易斯·佩斯曼说，沃尔特在佩斯曼-鲁宾公司工作的短短时间里，就借了一个在工作室里找到的玻璃底片照相机，然后开始在佩斯曼姐姐的车库里用拍摄的照片做实验。佩斯曼推测说，当时沃尔特很可能在制作自己的幻灯片。（佩斯曼说，他的姐姐对沃尔特留下的烂摊子不怎么感兴趣，也不太关心他在干什么。）沃尔特现在把其他一切事情都抛在脑后，一心扑在动画上。他的侄女多萝西（Dorothy）当时住在贝勒方丹的房子里。她说："沃尔特从小就是一个专注的人。"每天下班之后，他经常直接去车库，吃晚饭的时候才在家里露个面，饭后又马上回到照相机前。"当他回家时，其他人都早已上床睡觉了，"罗伊回忆道，"沃尔特还在车库里面，动动相机，动动镜头，鼓捣这个，鼓捣那个，一刻也不停歇，做实验，做这个做那个，画画等。""他每一秒钟都很忙。"多萝西说，尽管家里没有一个人特别关注他在做什么，"我们认为这没什么大不了的。"但对沃尔特来说，晚上回去鼓捣照相机做动画片可是一件大事，这意味着他的理想发生了翻天覆地的变化。他的家人似乎没有注意到的是，多年来一直立志要成为报纸漫画家的沃尔特·迪士尼，现在却突然下定决心，要做一种对大多数局外人来说更加不切实际的东西，一种他没有受过真正训练的东西，一种甚至不可能存在工作机会的东西。他的决心如此之大，正如当年他想成为一名漫画家，现在他想成为一名动画师。

2

他没有太多的课需要补，要想追赶动画技术的前沿并不太难。1920年，当他开始在自己的车库里鼓捣动画时，动画片的历史还不到20年。并且在那个时候，动画还没有太大的发展，部分原因是，移动图画的想法仍然非常新颖，只需要能够移动就可以实现娱乐观众的目的，除此之外几乎不需要别的什么。最早的那一批动画师，比如法国的埃米尔·科尔（Émile Cohl）和英国的斯图尔特·布莱克顿（Stuart Blackton），借鉴了戏剧舞台上传统的"快速素描师"的表演。"快速素描师"是指站在画架前一边说一边画的表演者，他们画得非常快，一边说一边不停地变换自己的图画。动画的先驱者们利用动画的固有特性，将一系列静态图像通过连续的动作取得了动态的效果，从而把快速素描做得更好。他们的动画经常自我反射式地展示漫画家手绘的画像，之后展示的画像才如魔法般动起来，由此吸引人们注意技术上的神奇或者说是花招。他们这样做，似乎把动画变成了一种骗人的伎俩。实际上，这些最初的动画只是围绕着动画本身的震颤罢了，除此之外别无他物。

直到 1910 年，温莎·麦凯（Winsor McCay）发明了一种歌舞杂耍表演形式的节目，即表演者（在舞台上）与他的动画人物（在屏幕上）互动，这个时候动画的质量才有了显著的提高，动画的身份和地位才得以确立，它成了一门独立的、真实的、完整的艺术，而不是一个骗人的戏法。在供职《纽约先驱报》和《晚间电报》（Evening Telegram）之前，麦凯曾先后在《辛辛那提商业论坛报》（Cincinnati Commercial Tribune）和《国家询问报》（Enquirer）担任插画家和漫画家。在《纽约先驱报》和《晚间电报》供职期间，他创作了几部连环画，其中最著名的是《小尼莫梦乡历险记》，这部连环画让他变得举国上下尽人皆知，并为他赢得了一份歌舞杂耍表演的合同。后来发生了一个偶然的事件：他儿子带回家一本"翻页书"，当快速翻动书页的时候，书中所绘的人物就会给人一种动起来的感觉。受此启发，他把《小尼莫梦乡历险记》改编成了一个动画短片，在他的舞台表演中进行展示。1912 年，他制作完成自己的第二部动画电影——《蚊子是如何生活的》，这时候，他对动画片有了更深入的认识。他宣称，动画是"一种将彻底改变整个传媒领域的新艺术流派，是传媒领域的一场革命"。两年后，他又绘制了动画片《恐龙葛蒂》，当然另一方面他也是为了供自己的杂耍表演使用。但是，这部动画片，用一位动画历史学家的话来说，奠定了"人物角色动画的基础，使动画成了一门通过独特的动作风格描绘和展示人物角色个性化性格特征的艺术"，从而推动加速了这场革命。

在麦凯的引领下,许多插画家和漫画家开始效仿。在他们的努力和推动下,动画逐渐成为一种强调人物和角色而非魔术戏法的全新电影类型。在1914年年末或1915年年初,一位名叫拉乌尔·巴尔(Raoul Barré)的法裔加拿大插画家和一位名叫约翰·伦道夫·布雷(John Randolph Bray)的长期在杂志和报纸供职的资深美术家,联手在纽约办了第一家动画工作室。在几年的时间内,他们在纽约至少面临着十几家竞争对手的竞争,大家都希望从这一新兴的行业中分一杯羹。对这些先驱者来说,他们面临的主要挑战不是艺术,而是技术。麦凯虽然只拍了两分钟的动画电影,但却需要大约4000张图片。这些图片都是他一张一张亲手画出来的。他把每张图片都画在一张单独的纸上,其中包括人物和背景,然后再把每张图片都拍下来。(他唯一快速高效的地方就是描摹背景图。)但是,如果想要制作一定长度和一定数量的动画片,这种方法将是非常耗时的,几乎令人绝望。为了压缩时间和节省开支,最有效的方式是将前景中需要不断重新绘制的移动人物与不需要移动的背景分开,因为背景不移动,所以只需要绘制一次即可。为了这个目标,很多人进行了各种尝试:布雷设计了一个替代麦凯式制作方法的系统,他打印了多份背景图,然后删除那些可能会被人物和动作遮挡的部分,要么擦掉,要么直接剪掉;巴尔则意识到,背景和人物动作并不一定要放在同一张纸上,因为相机可以把它们组合成一帧画面,于是发明了后来被称为"划开和撕破"的动画方法,即把背景图放在一张纸上,然后在上面撕开一些小洞,然后把第二张纸放在第一张纸下面,在第二张纸上展示动作;不过,解决这个问题最为成功的是另一位从报纸漫画家转型为动画师的老画家厄尔·赫德(Earl Hurd),他把移动的人物角色画在半透明的纸上,后来又把半透明的纸换成透明的赛璐珞胶片,然后把它们放在另一张绘有背景的纸上，这样就不需要撕洞开缝了。[1] 这样，就产生了"赛璐珞动画"这个术语，指的是带有动画图纸的单个的赛璐珞胶片。这套动画技术系统非常方便高效，以至于在接下来80多年的时间里，它一直是最基本的动画技术，直到20世纪后期计算机生成图像技术兴起之后才开始没落。

但是，如果我们以为赛璐珞动画制作技术让动画制作变得更容易的话，那我们就错了。它并没有让动画制作变得更容易，事实证明它让动画具有了更多的艺术性。当时，动画片无论是图画还是动作都还处于很初级的水平，部分原因是动画师必须沿着一条尚未开辟的道路摸索着前进。他们中的大多数人都是像沃尔特这样热切的年轻平面漫画家，没有受过有关动画人物方面的任何训练；他们最多也就是看看书，研究研究书里面记载的相关东西——第一次世界大战后相关的书籍也是屈指可数——这些书籍更多是在解释如何让图片动起来。"当时可用的动画师可以说寥寥无几，"早期的漫画家格里姆·纳特威克（Grim Natwick）回忆说，"没有人告诉他们怎么做。没有人知道怎么做。他们拿着一大把削尖了的铅笔，在画板前坐下来，然后开始做动画。"

绘画面临的处境有多么窘迫，这些图画讲述的故事面临的处境就有多么窘迫，二者可以说是难兄难弟，不分伯仲。早期的动画主要是根据人们熟悉的连环漫画改编而成的，它们的叙事效果并不比一天一集的连环漫画更好——不是发自内心地想要讲一个故事，没有真正的故事情节，更不用说创造角色的弧度了。当动画师开始画画时，他们

---

[1] 赫德于1915年6月为他的发明申请了专利。同年，当赫德开始在布雷开的公司工作时，他最终将自己的专利与布雷的专利合二为一。随后，两人与竞争对手发起了一场持续数年的专利之争。在此期间，法院试图判定赫德和布雷是否对赛璐珞动画技术拥有垄断专属权。

甚至没有任何总体叙事计划可以遵循。1916年，曾在巴尔的工作室工作过的动画师迪克·休默（Dick Huemer）说："方案可能就写在一张纸上，没有任何模型、草图或其他任何东西；动画师可以说是随心所欲的，想到哪里就画到哪里，画到哪里就编到哪里，只要能自圆其说就行。"虽然动画问世已经有约20年的时间了，但吸引人的仍然主要是它的新奇感，尽管这种吸引力正在减弱。"我们得到的笑声很少，观众很少有人笑，"休默补充说，"我现在还记得有一次我带着家人去看了一些我特别引以为傲的动画，就在动画播放过程中，坐在我身后的一个人说：'哦，我讨厌这些东西。'"

但是，即使包含的视觉或叙事技巧微乎其微，动画也包含着一种强有力的潜台词，这种潜台词会慢慢浮现出来，至少会在潜意识里与公众产生共鸣，但最初的动画师可能连他们自己都没有意识到这种潜台词的存在。大多数人都把动画当儿戏来看待——这是利用电影大繁荣赚钱的一种典型方式。正如一位著名的动画历史学家对这些动画的先驱者们所作的描述那样，他们的独特特征是具有"新闻从业背景、素描速写强迫症、'工作狂'倾向，以及良好成熟而又独具特色的幽默感"。除了没有他曾经苦苦追求、渴望很久的新闻工作经历，沃尔特·迪士尼无疑完全符合上述特征描述。但是，沃尔特对动画越来越强烈的喜爱，除了从印刷业到电影业的惯性（这种惯性表面上激励了许多其他动画师），似乎是由其他某种力量推动的。这种力量可能是赚钱的预期，可能是传媒技术的吸引力，可能是成功的可能性，甚至可能是它能让他获得别人的关注——所有这些可能都是动画电影对他最初的诱惑。但是，除此之外，沃尔特·迪士尼还与动画有着心理上的关联，这种关联是他的童年经历造成的。

动画是一个赋予生命的过程，按照字面意思来说，就是把无生命的东西变成有生命的东西。这个过程，从根本上说，是一个人充分显示傲慢自大的过程。在这个过程中，动画师像上帝一般对他的素材拥有并行使绝对的控制权，这也是为什么动画片会给观众被控制的感觉。具体到了沃尔特·迪士尼这里，这种赋权的波涛如此汹涌，力量如此之大，以至于人们甚至可以得出这样一个结论：动画取代了他的宗教信仰，因为在他成年以后，他对正式的宗教就兴趣不大或者说根本不感兴趣了，他也从未去过教堂。事实上，这位年轻的动画师创造了一个他自己的世界——他想象中的另一个世界。在这个世界里，物理和逻辑的法则可以被暂停甚至被超越。尽管沃尔特·迪士尼永远无法完全清晰准确地解释他为什么会被动画吸引，总是只能用含混不清、泛泛而谈的论调来说明。但无论怎样，有两方面是极其重要而且明确无误的，正是这两点诱惑深深吸引着他：对于一个长期生活在严厉父亲的阴影下的、充满道德说教的、缺乏快乐的世界里并对此感到非常恼怒的年轻人来说，动画提供了一种逃避途径；而对于一个总是被父亲压制征服的人来说，动画提供了一种绝对的控制权。在动画领域，沃尔特·迪士尼拥有了一个他自己的世界。在动画领域，沃尔特·迪士尼拥有了至高无上的力量。

到春天即将过去的时候，他仍然下定决心要掌握动画，所以他全身心投入其中。他从堪萨斯城图书馆里借出了一本书——图书馆里只有这一本关于动画的书——如饥似渴地一口气全部读完。这本书就是埃德温·乔治·卢茨（Edwin G. Lutz）所著的《动画片：它们是如何制作的，它们的起源和发展》(Animated Cartoons: How They Are Made, Their Origin and Development)。这本书刚刚出版不久，但用一位动画历史学家的话说，它立即成为"现代工业动画的圣经"。通过这本书，卢茨实际上把纽约最新的动画技术介绍到了像堪萨斯城这样的美国腹地内陆地区。他详细描述了如何在一张赛璐珞胶片上绘制背景，然后将其置于动画动作图片之上。他还建议把人物角色的静态部分也绘制在赛璐珞胶片上，并将需要移动的部分画在一张纸上，然后把这张纸放置于赛璐珞胶片下面，从而实现动画化。除此之外，他还解释了假定一个动画师，使用一个顶部有两个钉子的灯箱来固定纸张——如果连续的图片纸张没有对齐，图像就会闪烁摇摆——是如何来快速绘制一个动作的极端情况的，然后让他所说的"追踪器"——一种绘图工具——在这两种极端情况之间填充图片（动画师称之为"极端工作"），就像大多数纽约的专业人士所做的那样。卢茨甚至描述了最有可能在动画领域取得成功的人：有"形式观念"的人、"不知疲倦、勇敢工作"的人，以及"具备管理技能"的人。

尽管沃尔特后来对卢茨的书不屑一顾，认为它"不是很深奥"，"只是那个家伙为了赚钱而东拼西凑起来的东西"，但他的同事们说，他们都仔细研究过这本书，它对他们的影响几乎可以说是一种神示。在堪萨斯城幻灯片公司，他一直在研究部署可以动的基本动画剪辑系统。现在他开始试验赛璐珞动画——真正的动画。他还开始向堪萨斯城幻灯片公司的前动画师——外号"伤疤脚"的麦考利（McCory）请教。麦考利已经离开了堪萨斯城幻灯片公司，现在在纽约经营一家动画学校，但偶尔会回到堪萨斯城。除此之外，他还可能上过纽约著名动画师比尔·诺兰（Bill Nolan）开设的函授课程。为了提高工作质量，沃尔特不仅学习技术，还参与实践。埃沃克斯从图书馆借出来一本埃德沃德·迈布里奇（Eadweard Muybridge）编写的书，内容是他拍摄的动物运动照片的复印件，目的是从这些照片中找到灰狗的步态，完成一项分配给他的广告任务。沃尔特看到这些照片之后非常感兴趣，最后还制作了一本这本书的影印本作为自己的收藏保存了起来。关于灰狗的广告，埃沃克斯后来说这是"我做过的最好的动画场景，无论在此之前还是在此之后"。在此之后，沃尔特又和埃沃克斯以及堪萨斯城幻灯片公司的其他同事一起开始在堪萨斯城艺术学院上夜校，学习动画制作的相关知识。

沃尔特每天在堪萨斯城幻灯片公司上班，花几个小时绘画，下班之后在自家后院的车库里，花几个小时画画以及用相机拍摄，学习卢茨和迈布里奇的书以及诺兰和艺术学院夜校的课程又要花一些时间，每天都安排得非常充实饱满。尽管如此，对他来说还是不够，他已经彻底被动画迷住了。他想要学习更多的东西，做更多的事情。到了这年夏天，堪萨斯城幻灯片公司搬到了夏洛特街2449号一幢更宽敞的新大楼里。新办公大楼位于原总部西南方向，距离1英里多一点儿，所在地区是所谓的医院聚集区。除此之外，公司名称变更为堪萨斯城电影广告公司，以反映公司主要业务从幻灯片转向了电影。怀着转变带来的激情，沃尔特试图劝诱科格尝试一下赛璐珞动画，但科格是一个传统主义者，因循守旧，对新东西并不感兴趣。遭到拒绝之后，沃尔特决定独自开展这项工作。那年夏末秋初，他聘请了自己在堪萨斯城电影广告公司的同事休·哈曼（Hugh Harman）的兄弟弗雷德·哈曼（Fred Harman）与他合作，两人一起绘制创作了一部名为《小美术家》（The Little Artist）的动画片。在这部动画片里，一位美术家的画架获得了生命，成为栩栩如生的动画人物。

这只是一次小小的学习性的练习，但如果说沃尔特别沉迷于此的话，那他同样也很有野心。卢茨在他的书中建议，未来的动画师应该围绕主题进行深入思考："人们发现，对于新闻图片汇编来说，与讽刺当下流行话题的漫画结合在一起是明智的，这既是出于商业原因，也是出于多样化的考虑。"沃尔特和哈曼制作了一部真人实景电影，取名为《堪萨斯城日报银幕评论》。很显然，他们是想让《堪萨斯城日报》对创办电影副刊产生兴趣。虽然此举并没有得到任何回应，但沃尔特并不气馁。毫无疑问他应该是受到了卢茨建议的启发，决定尝试做一个简短的动画片，看看是否可以卖给纽曼名下的三家连锁影院，

在佩斯曼 – 鲁宾公司工作期间他曾为这些影院提供过电影节目插图服务。现在，我们已经无法确定去找纽曼是谁的主意了。路易斯·佩斯曼后来回想起来，沃尔特曾经邀请他去看这个卡通漫画片。漫画片幽默地评论了堪萨斯城有轨电车极其缓慢的服务。其中一张图片的内容是，一名女子正在等有轨电车，她的袜子上一朵雏菊正在生长，当有轨电车来了的时候，她已经被淹没在盛开的鲜花里了；另一幅图片描绘的是一个年轻男子在等车，等有轨电车到达时，他长出了大胡子。佩斯曼说他看了之后捧腹大笑，根本停不下来，然后他建议沃尔特把这些图片拿给他们的老客户弗兰克·L.纽曼（Frank L. Newman）看看。

根据伊利亚斯·迪士尼所述，纽曼当时是堪萨斯城演艺界的大佬。而且他看上去也很符合他的那个身份，身材高大魁梧，结实健壮，一头黑发油光发亮，梳向脑后，大大的鼻子向前突出，方方的下巴显得很凶。如果说纽曼看起来像堪萨斯城的演艺行业之王，那么他的纽曼剧院，也就是他前一年在"主街"上开张的纽曼剧院，看起来十分像他的王宫。纽曼剧院设有 1000 个座位，从舞台到入口跨度超过 100 英尺，天花板高达 75 英尺，建筑和装修设计采用了意大利文艺复兴时期的风格，根据《纽曼戏剧》杂志的描述：每一平方英尺的建筑面积……要么是水磨石，要么是白色大理石。剧院摒弃了自己应有的主题，甚至修建了一个路易十五式的卫生间。剧院夸口说，这个卫生间"毫无疑问是有史以来建造的同类房间中最漂亮的"。

1921 年年初，沃尔特·迪士尼带着自己制作的时长一分钟的卡通片来到了这座华丽的大厦。对于这个即将向纽曼展示的卡通片，他已经颇有心机地命名为《纽曼小欢乐》。就像他经常做的那样，对于接下来发生的事情，后来沃尔特的讲述还是有两个版本——第一个版本平淡无奇，但可能更接近真实情况；另一个版本则有点儿粉饰夸大，听起来更引人入胜。在不那么跌宕起伏的那个版本中，他把这部片子给纽曼手下的剧院经理弥尔顿·菲尔德（Milton Feld）看了一遍，看完之后菲尔德随即下了订单。菲尔德后来成了一名好莱坞制片人和马戏团推广人。（多年以后，沃尔特给纽曼写信说："当然，我们之间当时所有的联系都是通过弥尔顿·菲尔德来进行的，所以我没怎么见过你。"）在另一个更为激动人心的版本中，沃尔特讲述说，他和纽曼在剧院一起观看这个卡通片，他坐在纽曼本人后面。当卡通片播放的时候，他紧张得像一只热锅上的蚂蚁。当播放结束时，纽曼迅速转过身来，说他非常喜欢刚才看的卡通片，并询问制作成本是否会很高。沃尔特脱口而出，说他可以以每英尺30美分的价格来做这些东西。纽曼和沃尔特当场成交，达成了购买卡通片的协议。纽曼说，像《小欢乐》这样的卡通片，沃尔特能画多少，他就要多少。沃尔特说他离开时感觉飘飘然。直到一个小时后，他才意识到他给纽曼的报价是成本，根本没有一点儿利润。

现在，在他相对短暂的学徒生涯过后，他成了一名动画师。他的样片于1921年3月20日在纽曼剧院进行了首映。但制作这些《小欢乐》系列短片非常耗时，尤其是沃尔特还得在堪萨斯城电影广告公司全职上班，所以，在接下来的几个月里，《小欢乐》的制作并不规律，上映更是如此。在这种情况下，沃尔特意识到自己需要同事和学徒的帮助，于是他在报纸上刊登了一则招聘广告，招聘有抱负、有追求的漫画家，但没有报酬，因为他没有钱给他们发工资，他能给他们的是经验。一个名叫鲁迪·伊辛（Rudy Ising）的高中生说："我对动画的想法很感兴趣。"看到广告之后伊辛应聘加入，开始在贝勒方丹的车库里协助沃尔特制作动画。在制作《小欢乐》卡通片时，沃尔特采用了"快速素描"的传统绘画方法。根据卢茨的另一个建议，他先用浅蓝色铅笔画一幅图像，这不会在他使用的正色胶片上显示。然后伊辛再给线条部分着墨上色，在每一个增量变化之后，插入一张沃尔特的手的照片（真实的手太厚了，无法放在相机和图画之间）。在这个过程当中，需要反复不断地暂停和拍摄，这样，当电影胶片持续播放的时候，图像看起来就像是用手以超乎寻常的速度绘制出来的。

对于一个19岁的动画新人，正如人们预料的那样，《小欢乐》系列卡通片虽然绘画技术合格，甚至可以说画得很好，但内容却很生涩，很简单，一点儿也不成熟。他们不仅评论有轨电车服务，还评论坑坑洼洼的路面、最新的流行时尚，以及有关警察的一个丑闻。沃尔特采用了一种原始笨拙的方式来讽刺警察，他在动画片中展示的是，一群警察列队进入警察局，然后穿着囚服列队离开。但是，弥尔顿·菲尔德对这些动画片却非常满意。他委托沃尔特为即将到来的旅游景点宣传推广演出和周年纪念演出制作专用的动画片。除此之外，他还要求沃尔特制作在正式节目开始前暖场的广告动画片，主题是建议观众要注意剧场礼仪。在其中一幅漫画中，一位教授告诫电影观众不要大声朗读字幕，否则可能会被大槌击打头部。

《小欢乐》系列卡通片尽管内容浅显直白，制作简单粗糙，但是在堪萨斯城最大、最豪华的剧院里放映之后，还是引起了人们的关注。而沃尔特尽管没有从这些卡通片上赚到什么钱，但他似乎得到了比金钱更令他津津乐道的东西——他得到了社会的关注。他说："我在这方面开始小有名气了。"就像当年他因为在伯特·哈德逊的理发店里画画而出名一样，本顿学校的老同学们现在也以《小欢乐》系列卡通片绘制人的身份来看待他。即使是在堪萨斯城电影广告公司，阿瑟·凡尔纳·科格现在也会把他介绍给客户，说他是绘制《小欢乐》系列卡通片的美术家，还会借沃尔特的卡通片播映给他们欣赏，让他们看看堪萨斯城电影广告公司能做些什么。科格甚至还把他的工资提高到了每周60美元。

除了得到社会的认可，他还获得了鼓励，决心要去做更多的事情。那年春天晚些时候，尽管他仍然痴迷于动画，但他和哈曼开始尝试真人实景。毫无疑问，这是因为真人实景比动画更容易制作，成本也更低。他们的成果绝大多数都是所谓的少年之作，看起来很幼稚，没有多大意义，更没有什么艺术性和风格可言——例如，某一场景是沃尔特走进一扇门，门上张贴着"招聘漫画家"的字样，后面跟着一群年轻人，当一位绅士出现并撕掉了"招聘漫画家"的字条之后，这群年轻人都跑走了；一个女人和她的小女儿先在一起玩拍手游戏，然后这个女人和小女孩开始在一辆童车里玩洋娃娃；沃尔特的侄女多萝西打碎了一个奶瓶，然后沃尔特开始向后跑去，而奶瓶碎片似乎重新组装起来了；许多沃尔特和一群朋友在堪萨斯城斯沃普公园扮鬼脸做怪相抢镜头的场景；一个女孩慢慢脱下她的长筒袜子，把她的脚浸在水里。上述动画短片之中，沃尔特担任主演的时候，他通常都穿着戏服；在许多短片之中，演员突然出现，然后立即消失，这是因为沃尔特发挥了相机的特技效用。哈曼和迪士尼甚至为他们的小公司起了个名字："凯·西工作室"。

对沃尔特来说，虽然拥有自己的工作室这个想法确实有点儿理想主义，但也并不完全是白日做梦、痴心妄想，就像拥有他自己的商业美术工作室的想法一样，总有一天他会实现。随着《小欢乐》系列卡通片的流行，他开始考虑制作六七分钟长的动画片，因为《小欢乐》系列每个卡通片时长只有一两分钟。一开始，他希望科格能够对这个项目感兴趣，打算争取堪萨斯城电影广告公司的赞助来制作这些动画片，但科格拒绝了他的提议，因为到现在为止，科格仍然对赛璐珞动画不太感兴趣，并且他的广告业务已经为他创造了非常可观的利润。然而，阿瑟·凡尔纳·科格确实订购了100张赛璐珞胶片——沃尔特说，都是废弃的——供沃尔特实验使用，并给他租了一座乱土岗上的一所空房子，作为他的一个小画室。科格记得这个小工作室有 18 级台阶，紧挨着堪萨斯城电影广告公司。现在，沃尔特每天下班之后以及有空的时候都会来这里画画，有点儿离群索居的感觉。

但是，他并不仅仅局限于画画。他除了是一名艺术家，还是一个机会主义者，他已经开始考虑朝新的方向拓展，利用他在堪萨斯城电影广告公司的工作来促进他的计划，为自己拓展业务。到了秋天，他用自己积攒的 300 美元，买了一台通用照相机和一个三脚架。然后，他又开始打广告招聘未来的动画师，他给他们的报酬和他给伊辛的报酬一样，都是只有经验没有钱。除此之外，他还承诺如果这个项目最后获得成功，他将在他的新工作室给他们提供工作机会。有几个人加入了这个项目，开始晚上到他租的小房子里来画画。与此同时，为了赚更多的钱，沃尔特和弗雷德·哈曼共同出钱买了一辆二手 T 型小汽车，拉着沃尔特的通用照相机，四处寻找拍摄新闻镜头的工作。当时，弗雷德·哈曼也已经进入堪萨斯城电影广告公司工作，成为他的兄弟休和沃尔特的同事。哈曼说："我们的目标是追求长远的金钱和名誉。"那年 10 月底到 11 月初，百代电影公司委托他们做一项任务，即拍摄美国退伍军人协会大型会议——沃尔特一个朋友的父亲在街对面有一间办公室，沃尔特可以在那里拍摄——然而，快要拍摄的时候，在一个突发灵感的刺激下，他们租了一架飞机，从空中拍摄了大会，但沃尔特拍照的时候胶卷感光不足，结果胶卷全都变黑了。"我们快速致富的希望破灭了。"哈曼哀叹道。

但是，沃尔特并没有一蹶不振，更没有彻底放弃。不管他的财务梦想是什么，所有这些努力和尝试充其量都只是业余活动，主要是为他将于秋季开展的真实项目提供支持和演练。这个项目比简短的动画和新闻短片更宏大。当时纽约漫画家保罗·特里（Paul Terry）出于恶搞《伊索寓言》的目的，拍摄制作了一部动画片，取名为《特里寓言》，并于当年6月首播。受此启发，沃尔特决定，他的动画也要恶搞一些经典的童话故事，把这些故事置于现代背景中，给予它们一种当代性的解读。他提议拍摄《小红帽》，不过目前还不清楚他是先制作动画片《小红帽》，还是先制作恶搞格林兄弟的童话故事《不来梅镇的音乐家》的动画片。[1]与此同时，他还试着拍摄了一系列笑话和评论短片，有点儿类似于《小欢乐》系列卡通片，他称之为"让我们欢笑吧"（Lafflets），这可能也是他训练自己手下员工的一种方式。由于他本人只能在业余时间从事这边的工作，而且他新招的那些人都又年轻又缺乏经验，所以他花了整整6个月的时间，直到1922年春天，才完成了这个童话动画片。完成之后，沃尔特立即试着推销它——一位在当地电影发行公司工作的朋友帮他物色制片人——但与此同时，他还开着T型汽车前往密苏里州和堪萨斯州的偏远影院，向放映商提供服务，帮他们制作像科格那样的广告，目的是挣钱让他期待已久的工作室继续运营。"那就是沃尔特，"罗伊·迪士尼回忆道，"一直都是马不停蹄夜以继日地工作，几乎要把自己逼得发疯，每日每夜，没黑没白。"

罗伊认为，科格开始怀疑沃尔特可能会成为自己的竞争对手，而沃尔特似乎也拐弯抹角地想这么做，但陪同沃尔特四处推销这些动画片的弗雷德·哈曼说："我们就是无法扭转局面，挽回局势。"最终他们贷款购买的福特汽车被收回了。即便如此，沃尔特也远远没有被打败。相反，他似乎出奇地高兴，有点儿兴高采烈，确信他的童话故事电影会找到发行商，他很快就会全职经营自己的工作室。于是，他开

---

[1] 虽然沃尔特·迪士尼后来声称《小红帽》是他童话故事系列动画片中的第一部，而且动画历史学家罗素·梅里特（Russell Merritt）和J.B.考夫曼（J. B. Kaufman）也声称这是他的第一部动画片作品，但是，很有可能动画片《不来梅的四个音乐家》——恶搞《不来梅镇的音乐家》的作品——才是他真正的处女作，因为在1922年5月被列入沃尔特资产表的是这部电影，而不是《小红帽》。

始认真考虑离开堪萨斯城电影广告公司，尽管他没有明确的前景，也没有具体的计划，更多的只是出于他的一厢情愿。他的父亲，一生经历了很多经济上的挫折，长期遭受失败的折磨和困扰，劝他不要自己经商，警告说他有可能会破产。然而，沃尔特从罗伊那里得到了很多的鼓励，无论如何他还是想要辞职离开。他性格开朗，充满自信，甚至有点儿装腔作势——在堪萨斯城电影广告公司，他开始装模作样，戴着眼罩，抽着烟斗——即使只有20岁，但他的思想已经非常独立了，不想受约束了，他认为自己不会长久地给别人当雇员，他要成立自己的公司。5月18日，沃尔特起草了公司章程，5天后，密苏里州政府秘书长签发了一份公司注册证书。沃尔特根据他为纽曼制作的系列卡通短片的名字为公司取名为"欢笑电影公司"。根据公司章程，沃尔特担任公司总裁，尽管他刚刚成年，还是一个毛头小伙，根据法律规定他还太年轻不能担任公司高管。正如公司章程所述，欢笑电影公司的宗旨是"拥有、制作、生产、购买、租赁、出租、销售、发布、分发和经营各种类型和风格的影片、工业和商业广告以及动画片"，除此之外，公司还出租相关设备，并经营一个摄影实验室。沃尔特·迪士尼在这一行做了不到两年的时间，现在已经拥有了自己的动画工作室，并且担任负责人。那个说做就做的人似乎已经说到做到了。

除了对动画的执着追求，以及确信会从中获得的声誉和利润，沃尔特·迪士尼创办工作室还有另一个动机。在这一段时间里，从他在佩斯曼-鲁宾公司短暂工作到他在堪萨斯城电影广告公司工作一年半的时间里，沃尔特一直和他的兄弟罗伊、赫伯特、赫伯特的妻子露易丝、他们的女儿多萝西，以及后来回来的弗洛拉、伊利亚斯和露丝一起，住在他童年时代的老房子里。房子位于贝勒方丹街3028号，有两层，两旁绿树成荫。一大家人住在一起当然是令人欣慰的，但这种情形无法持续太久。从海军退役之后，罗伊一直饱受病痛的困扰，咳嗽起来没完没了。医生建议他摘除扁桃体，赫伯特还推荐了一位医生，这位医生主动提出在罗伊午休时为他做手术，这样就不会耽误他的工作了。然而，这个医生原来是个江湖骗子。手术做完之后，罗伊还没走回家就在街上大出血，他的同事立即把他送回家，然后送到了医院。在医院里，医生给他拍了X光片，显示他肺部有一个斑点，被诊断为肺结核。经过多方面调查，最后得出结论他很可能是在部队服役期间感染上了这种疾病，这是唯一可能的原因。有鉴于此，1920年10月，退伍军人管理局将他送往新墨西哥州圣达菲市的一家疗养院休养。然而，他发现那里的天气过于寒冷，所以退伍军人管理局又将他送往亚利桑那州图森市的另一家疗养院。后来，考虑到自己的时间所剩无几，他还是决定离开亚利桑那州，去加利福尼亚度过余生。

在他的支持者、保护者和知己罗伊去了西部之后，沃尔特还失去了他其余的家人。赫伯特向邮局申请转到俄勒冈州的波特兰市就医，他说家庭保健医生建议他为了"温和的气候"搬家，搬到一个气候更宜人的地方。（伊利亚斯的妹妹约瑟芬已经和她的家人搬到了那里，这可能就是赫伯特选择这个地方的原因。）1921年7月，他、露易丝和多萝西离开了堪萨斯城。到了秋天，伊利亚斯、弗洛拉和露丝又一次厌倦了堪萨斯城的冬天，决定加入他们的行列。11月6日恰好是一个星期天，他们在这一天搬了家。沃尔特在车站为他们送行。"我从来不太了解沃尔特的情绪，"露丝说，"但他突然无法不露声色地绷着脸了。他转过身，离开了。很显然他感到非常沮丧。他知道接下来他要一个人待着面对孤独了。"

对于像沃尔特·迪士尼这样性格外向、喜欢社交的人来说，孤独是一种诅咒，他愿意做任何事情来避免孤独。他搬出了贝勒方丹的房子——这房子是在伊利亚斯和弗洛拉搬家时卖掉的——在其他像他这样漂泊不定的年轻人所住的各式各样的寄宿公寓之间换来换去。有一段时间，他和科格的侄子马里恩（Marion）一起住在一所公寓的一间带家具的阁楼里，马里恩是来堪萨斯城电影广告公司为他叔叔工作的。但是，这既不能满足沃尔特对友谊的需求，也不能填补他的家人离开后留下的空虚。1920年5月，甚至在罗伊离开之前，沃尔特就加入了共济会性质的组织"德莫雷会"。德莫雷会，以最后一位圣殿骑士团成员的名字命名，是一个年轻人的互助会，由28岁的餐馆老板兼共济会重要人物弗兰克·兰德（Frank Land）于1919年在堪萨斯城创办。沃尔特将加入德莫雷会描述为"我年轻时最重要的事情之一，也是最快乐的事情之一"。不可忽视的一点是通过加入德莫雷会，他也为自己的绘画找到了一条出路，因为他担任了德莫雷会杂志的美术编辑。他毫无疑问非常喜欢德莫雷成员穿的轻歌剧戏服式的制服，而最重要的是，他得到了友情。

除此之外，在他的家人离开后，他还抓住了另一个安全感的源头：罗伊的女友，埃德娜·弗朗西斯（Edna Francis）一家。罗伊与埃德娜相识缘于她的哥哥米奇建议罗伊带她去跳舞。米奇是罗伊在第一国民银行的同事，也是罗伊扁桃体手术失败之后送他回家的那个人。埃德娜是个相貌平平、不讨人喜欢的女人，比罗伊大4岁（他们相遇时她大概29岁），并且多少有点儿落魄。她的父亲是一名铁路工人，喜欢到处流浪，他带着自己家的6个孩子从匹兹堡搬到了堪萨斯州，然后又搬到了堪萨斯城，最后又抛弃了他们。她母亲几乎全聋了。对罗伊来说，他似乎很喜欢担任守护神和保卫者这样的角色，并且和她一样谦逊羞怯、纯朴自然，所以他认为埃德娜·弗朗西斯是自己理想的伴侣，他们的爱情经过了罗伊在部队服兵役和在此之后因肺结核而在疗养院休养这些事情的考验。在他去新墨西哥州之前，他们已经决定,如果他能活下来,他们就结婚。罗伊说:"问题的关键是我的身体要慢慢好起来,再有足够的钱。"

虽然他走了,但弗朗西斯一家还会请沃尔特吃饭。有时他接受了邀请,然后全身心地投入工作中,直到晚上10点或11点他才记起来吃饭这回事。另外一些时候,他按时到了弗朗西斯家,根据埃德娜的说法:"他滔滔不绝,几乎能说到半夜。他身上有一种努力奋斗的感觉。当他饿了的时候,他就会过来,我们会请他共享美餐,然后他就会不停地说话。我一直是个很好的倾听者。"但真正能治愈他的孤独,他真正的归属感,并不是弗朗西斯家或是德莫雷会,而是工作。如果说沃尔特成立工作室的一个目的是继续从事他热爱的动画事业并靠此成名的话,那么他还有另外一个目的,那就是减轻家人离去带来的痛苦和孤独感。正像德莫雷会那样,"欢笑电影公司"也会成为一种类似互助会的企业——在这种情况下,渴望学习动画的自由自在的年轻人可以在这里开展合作。这既是一个工作的地方,也是一个娱乐的地方,一个集体或团队几乎和动画同等重要的地方,一个长大成熟的需求可以被抑制的地方。而沃尔特·迪士尼,从他在马塞琳的少年时代起就为集体的团结和纽带而欢欣鼓舞,他将成为这个小巧玲珑且生机勃勃的乌托邦的创造者和经营者,在这里,一个人永远不需要长大。"欢笑电影公司"将是他的第一个梦幻岛,而且绝不会是他的最后一个。

3

这不是一个多么好的工作室。它的主要资产是《让我们欢笑吧》系列动画片和《不来梅的四个音乐家》(一部沃尔特估价3000美元的童话动画片),以及他估价不到1500美元的设备。他原本打算用自己的钱和从自己手下的实习生那里连哄带骗借来的贷款来维持公司的运营——伊辛借给他1000美元——但他后来意识到,自己可以通过股份制来筹集更多的资金,最终他选择给伊辛公司股份,而不是偿还他的借款。"欢笑电影公司"进行了资本化改造,公司的估值为1.5万美元,其中约一半是现金和设备,分为300股,每股价值50美元。沃尔特自己占有70股,并且分给了几个朋友和他年轻的同事们少量股票。尽管如此,他还是要把剩下的钱拿到手,也就是经过经纪人大幅削减后所剩下的几千美元,用来租一间办公室和一间画室,支付员工工资,以及购买原材料。

对一个如此年轻并且名下只有"欢笑电影公司"一家公司的人来说,最大的挑战在于如何吸引投资者。沃尔特·迪士尼当然很有说服力,鲁迪·伊辛说:"他是一个很好的推销员。"他带着几分孩子气,热情奔放,喋喋不休,当他描述他的计划时,总能使人也像他一样热血沸腾。他擅长这样,在弗朗西斯家多次讲到半夜已经证明了他有这种能力。他必须有说服力,因为他为之筹集资金的这家企业,是由一个没有管理经验的年轻人经营的,而且他手下都是一些比他更年轻的人,甚至经验比他还少。这样一个企业,从任何角度看,都不太可能成功。罗伊给了他一些钱——并且还从伤残补助金里时不时地拿出30美元补这里那里的窟窿——但对于沃尔特·迪士尼经营"欢笑电影公司"来说,真正的天使是堪萨斯城一位人脉很广的医生,名叫约翰·V.考尔斯(John V. Cowles)。

沃尔特很可能是通过另一个派头十足、趾高气扬的投机者——他的叔叔罗伯特——认识考尔斯的。考尔斯极有可能与罗伯特共同参与了一个炼油厂的项目,而且当时考尔斯本人正在为这个项目寻找投资者。考尔斯身材高大,体格魁梧,浓密的头发随着年龄的增长变成了雪白的颜色,由于在西点军校短暂服役期间发生的一次骑马事故，他明显有些跛。在堪萨斯城，考尔斯是一位喜欢招摇、惹人注目的人物，同时也是一位名噪一时的重要人物。他出生在那里，先后就读于密苏里州大学和密苏里州大学医学院。大学毕业之后他回到家乡，开了一家利润可观的诊所，当了一名全职的外科医生/全科医生；堪萨斯城声名狼藉的民主党政治机器的负责人托马斯·彭德加斯特（Thomas Pendergast）以及后来成为美国参议员和总统的哈里·杜鲁门（Harry Truman）都是他的病人和朋友。他的办公室在市中心"主街银行"大楼上面，既阔大又豪华，他在第34大街的住宅富丽堂皇，这一切把他的成功彰显得淋漓尽致。

但是，约翰·考尔斯在堪萨斯城之所以为人所熟知，其根本原因并不是他的执业医师的身份，而是作为居中调停、解决问题的政治掮客的角色。从他与彭德加斯特的交往中，他认识了很多人，人们也都知道他有政治关系，这就是他们向他寻求帮助的原因。除此之外，他还因其敏锐的金融嗅觉受到高度评价，甚至为美国的第一国民银行提供投资咨询。他总是在寻找新的投资计划，密切关注着新的投资项目，这无疑就是他与罗伯特·迪士尼结交的原因。沃尔特从未说过他是如何说服考尔斯对他进行投资的，但罗伯特叔叔的求情应该发挥了一定作用，对他获得投资有所帮助。考尔斯的儿子声称，他的父亲有时候对求助者非常慷慨："我的爸爸总是帮助别人摆脱困境。"在最初的几个月里，这位医生以他妻子的名义为沃尔特提供了2500美元。

沃尔特意识到自己没有足够的钱来拖延，所以他雷厉风行，迅速行动起来。他在位于第31大街的麦克纳希大楼的顶层租了两间面积很小而且很简陋的房间，这个大楼也只有两层，与他在贝勒方丹的老房子只隔着几条街。过了几个星期，他就在著名的电影行业报纸《电影新闻》（*Motion Picture News*）上发布消息，宣布他的公司成立并开始运营。《电影新闻》的宣传稿宣称："他们将制作欢乐幽默的卡通喜剧,由沃尔特·伊利亚斯·迪士尼亲自操刀创作。"除此之外,宣传稿还声称,沃尔特已经在纽曼剧院专门从事电影制作两年,而且已经制作完成了六部电影——但这两点没有一个是真的。就在这个月,他又买了一个新的三脚架。7月,他在《电影新闻》上刊登了第一个广告,宣称计划拍摄12部系列电影,预计都是童话故事动画片。

与此同时,他也在招兵买马雇用人手。弗雷德的兄弟休·哈曼加入了沃尔特的公司,成为一名动画师。长期跟着沃尔特的实习生鲁迪·伊辛和另外两个人也一起加入了公司。一个是大专学生卡门·麦克斯韦尔(Carmen Maxwell),他经过沃尔特办公室时在窗户上看到了欢笑电影公司的标识,于是申请加入公司工作并获得聘用;另一个是名叫洛里·塔格(Lorey Tague)的年轻人。威廉·"瑞德"·里昂(William "Red" Lyon)原来是堪萨斯城电影广告公司的摄像师,现在成了欢笑电影公司的摄像师。后来,动画师奥托·沃利曼(Otto Walliman)也加入了他们。除此之外,沃尔特还聘用了一位业务经理阿道夫·克洛珀(Adolph Kloepper)和一位销售人员莱斯利·梅斯(Leslie Mace)。几个月后,他的老朋友沃尔特·帕非弗成了"欢笑电影公司"的剧本编辑。他承认,这意味着他又得订阅大量的报纸,在报纸上搜寻笑话。高中毕业后,帕非弗在芝加哥的艺术学院继续接受艺术培训,后来回到堪萨斯城。

现在,迪士尼有了专业的员工,但他没有动画片制作合约。当他在《电影新闻》上发布广告时,手里只有一份动画片制作合约。尽管沃尔特一如既往地确信自己一定会成功,但他当时似乎没有意识到漫画市场普遍疲软的情况。没有人会去电影院看动画片,发行商也不觉得有必要为动画片额外支付高额费用。在20世纪10年代末和20年代初的剧院建设大发展期间,随着剧院的座位数量不断增加,剧院票价也不断上涨。在此期间,卡通片基本上只是附加节目,用来填充剧院长达两个小时的节目中间的空隙。这种节目通常包括一部故事片、一部长度为一卷胶片或两卷胶片的真人情景喜剧、一部新闻片或一部连续剧，有的还包括一部旅行纪录片、一部戏剧短片，但这两类不太常见，有的甚至还包括一场现场歌舞杂剧表演。1922 年的一项调查显示，73% 的影院使用两卷胶片长度的真人情景喜剧，59% 的影院使用新闻片，35% 的影院使用连续剧，但只有 23% 的影院使用卡通片，这意味着沃尔特并没有进入最赚钱的领域。

他自己很快就发现了这一点。他在《电影新闻》上发布的广告只得到不温不火的回应。在此之后，沃尔特在 8 月中旬派遣梅斯去纽约开拓市场，寻找发行商。梅斯曾经担任派拉蒙影业公司在当地的销售代表。梅斯和考尔斯医生一同出发前往纽约，考尔斯医生到那里去是推销他的石油项目。但梅斯本人推销的结果并不比广告好多少，同样乏善可陈。正如业务经理阿道夫·克洛珀后来所说的那样，梅斯当时住在纽约的麦卡尔平酒店，"账单的金额超过了我们在银行里的钱"。沃尔特已经承认失败并下令让梅斯赶紧返回。但是，很明显在最后一刻，这位销售经理与威廉·R. 凯利（William R. Kelley）达成了协议。凯利是画报俱乐部公司（Pictorial Clubs, Inc.）田纳西州分公司的代表，主要向教堂和学校等团体单位发行电影。

但是，这一协议并不是真的能起死回生、化险为夷。画报俱乐部公司在田纳西州的分公司就像它的名字听起来的那样无足轻重，而梅斯与他们达成的协议就像画报俱乐部公司本身一样无足轻重。而且，协议本身也是不公平的。虽然合同规定画报俱乐部公司支付 11,100 美元购买欢笑电影公司的 6 部动画片，动画片交付时间是 1924 年 1 月 1 日之前，但它也规定画报俱乐部在签署协议时只需支付 100 美元订金，而剩余的 11000 美元直到交付日期才支付，而现在距离交付日期还有近 18 个月的时间。实际上，这意味着，欢笑电影公司只得到对方可能会按时付款的前景，但却面临一无所获的风险。（梅斯可能意识到了他给欢笑电影公司挖的这个大坑，所以他几乎是一回到堪萨斯城，就立即辞职离开了欢笑电影公司。）但是，沃尔特无计可施，不得不利用这一预期的前景来偿还旧债，并筹集新的资金。所以，9月16日签约后，他立即将合同分派给了弗雷德·施梅尔茨（Fred Schmeltz）。施梅尔茨是当地一家五金店的老板，已经为沃尔特预先提供了资金和设备。沃尔特以部分合同作为给施梅尔茨的偿还，并且让施梅尔茨以受托人的身份，偿还了欢笑电影公司已经欠考尔斯太太的2500美元，除此之外还补发了公司欠员工的少量薪金。

早在那年9月初，甚至在和画报俱乐部的交易敲定之前，沃尔特就已经在《堪萨斯城日报》和《堪萨斯城邮报》上刊登了广告，招聘一位剧本作家（他在男性和女性版面都登了广告），以及"具有装裱图片和绘制漫画等美术能力"的女孩。而现在，他手上已经有了一份合同，野心更大了。所以，同年11月，他还说服埃沃克斯离开堪萨斯城电影广告公司，加入他的队伍，为电影标题和一些动画制作艺术字体。为了表示自己足够自信，他慷慨地提出每周给埃沃克斯50美元的工资。

这一切在很大程度上更像是沃尔特头脑发热一时冲动的产物，虽然令人目不暇接，但却如梦似幻，并不真实。综合他们所有人的学习研究和实践经验，在欢笑电影公司没有一个人真正了解动画，真正懂得多少动画知识，至少对于让他们运营一个工作室来说还远远不够。"我们唯一的教材是卢茨的书，"休·哈曼说，"加上保罗·特里的电影……我们以前在交易所买的，通过一个在那里工作的女孩买的……然后用剪刀裁减，剪下来大概50或75英尺长的胶片来仔细观察……我们从特里那里学到了很多。"与此类似，沃尔特·帕菲弗说，他会把一部新出品的《疯狂猫》（*Krazy Kat*）动画片，带到工作室里，让动画师们明白纽约的专业人士是怎么做的。雪上加霜的是，他们缺乏的不仅仅是动画技术，还有基本的绘画技巧。有一段时间，沃尔特甚至开办了一场美术培训课程，因为，据鲁迪·伊辛说："沃尔特有一个想法，他觉得也许我们应该学一学如何才能画得更好一点儿。"

他们一边工作，一边摸索，一边学习，有时甚至还自己动手制作拍摄所用的设备。照相机支架是由4块4英寸厚、4英寸宽的木条围成的一个正方形，上面放一块大小合适的木板，再把沃尔特的通用照相机安装在木板上面。一根链条把照相机和一个曲柄连接起来；曲柄转动一圈意味着照相机拍摄了一个镜头。为了保证角色人物前后的一致性，角色人物都用统一的模型样片来拍摄，但这些模型样片需要对应全镜头、中镜头和特写镜头，所以这反过来也限制了拍摄的灵活性。除此之外，虽然沃尔特使用了赛璐珞板，但是直到制作第三部动画片时，伊辛才建议他们直接在赛璐珞上画画，而不是在上面粘贴画好的图画。然而，这种摸索有时也会真的带来改进。在纽约的工作室里，把纸固定住的钉子放置在绘画板的顶端，远离动画师的手。沃尔特把它们放在绘画板的底部，这样动画师就可以更容易地翻页，更好地看情节了。

然而，有一个领域，沃尔特·迪士尼并没有采用临时拼凑、即兴创作的方式来对付。他意识到，如果说他还无法挑战那些纽约动画师成熟的绘画技能的话，那么他至少可以挑战他们在叙事上的不足之处，于是他做了纽约动画师几乎从未做过的事情：他把自己的剧本写得细致入微，就像写真人实景剧本一样。他编写的灰姑娘的故事是这样开始的："快速切换成特写镜头，一个胖女人躺在吊床上读着'吃，还要变瘦'——另一个瘦骨嶙峋的女孩坐在椅子上——她们开始吃饭，全都吃光——苗条的女孩放下书——她长着一双斗鸡眼——她开始和

第二章 初入动画界

胖女孩说话——胖女孩回答。"在边缘空白处，用蓝色铅笔写着负责每个场景的动画师名字的首字母：D代表沃尔特本人，H代表哈曼，R代表伊辛，U代表埃沃克斯。

虽然想方设法尽快完成动画制作任务的压力很大——因为他们没有钱——但沃尔特不允许财务紧张的压力破坏他的另一个目的：建立一个团队或集体来代替他失去的家庭。在欢笑电影公司，只有一名员工洛里·塔格（Lorey Tague）已经结婚了。其他人既没有家庭责任需要承担，也没有感情纠葛需要处理，他们组成了一个朝气蓬勃的团队，略带孩子气，大家都喜欢搞恶作剧，喜欢进行一些夸张拙劣的表演。当时有个朋友去沃尔特的办公室看他。现场问他开公司是否能赚钱。"他笑着说，没赚到钱，但他觉得很开心，乐在其中。我又一次想到，他还会长大吗？"沃尔特·帕非弗说，他们这些人每天早上9点就到了办公室，然后一直待到半夜三更才走。"在这里，工作比赚钱更有趣，"他回忆道，"他没有把它当成工作。"阿道夫·克洛珀谈到了"虽然压力很大，但快乐的精神仍然存在，我们仍然可以开怀大笑，欣赏精彩的笑料。除此之外，我也还清楚地记得，当我们讨论一个故事或材料时，我们每次都会有很多捧腹大笑的时刻，因为沃尔特常常会灵光一闪，讲一些极其搞笑的笑话，并把它们融入故事之中。"有时候，他们会爬到楼顶，对着镜头摆姿势，或者去附近的特罗斯特湖集体自拍。每到周末，他们就会拿着沃尔特的那台通用照相机，在街道上巡视，寻找故事素材。如果他们没有找到，通常会设法人为安排一个场景来拍摄。有一次，他们觉得沃尔特的通用相机不够好看，无法吸引更多的人来围观，就把两个大罐子装在一个盒子里，伪装成一台专业摄像机，在街道上四处走动，假装在拍摄。"人们会走上前来，装模作样地摆姿势，问我们：'你们从哪里来的？'"鲁迪·伊辛说，"而我们就会说：'纽约。'"

欢笑电影公司长期面临着资金不足的困境，不得不东拼西凑四处寻找资金，而这种行动对于缺钱的状况既是一种补偿，也是一种解脱。工作室是一个很棒的俱乐部，但是沃尔特是个贫穷的经理，而且，据他自己承认，他在钱的问题上一贯粗枝大叶。（在谈到父亲的节俭时，沃尔特说："我一点儿也没有继承他节俭的品性。"）摄影师"瑞德"·里昂（"Red" Lyon）在那年10月给母亲的信中写道："另外还需要5000美元才能渡过目前的难关，明年春天还要再花5万到10万美元才能建成一个真正的动画片制造工厂。我们最初的资金只够我们做出计划中的系列动画影片中的前四部。现在，我们的第五部影片也快完成了。"尽管面临着重重压力和资金短缺的困境，里昂还是说："我要坚持下去，坚持我的理想和追求。我现在拥有我平生最大最好的机会，我已经做好了一切准备，除了我的假牙。"接下来的一个月，考尔斯又借给沃尔特2500美元，但这笔钱只够他们暂时渡过难关，并没有彻底解决问题。"沃尔特支票簿上的数字一直在上下大幅跳动，"伊辛回忆道，"我们所有人最终都白干了。"甚至法院的一个传票送达员已经到他们办公室登门送传票了，每次都要求见"迪尼士先生"。好几次，沃尔特都坚持说"迪尼士先生"不在这里，让他赶紧离开。直到有一次沃尔特·帕非弗叫到沃尔特的名字，传票送达员当时碰巧也在办公室，沃尔特才承认："是的，我是沃尔特·迪士尼，但是我的名字是迪士尼，不是迪尼士！"里昂给他母亲写信说他"已经做好了一切准备"，过了两个星期之后，他又给母亲写信说，现在公司的状况"比破产还糟糕"，负债2000美元，每周还损失4000美元，他说："我打算尝试一下，把我的股票卖掉——然后把卖得的钱再借给公司，但也可能会辞职，做点儿更有把握的事情。"尽管如此，他还说，他们一直在"制作一些真正的动画片"。这些动画片都是曲解搞笑的童话故事卡通片。《穿靴子的猫》讲述的是一只猫让一位年轻的求婚者相信，通过模仿鲁道夫·瓦塞里诺和打赢一场斗牛比赛，他就可以赢得公主的芳心，这里的鲁道夫·瓦塞里诺是对当时默片中的当红巨星万人迷鲁道夫·瓦伦蒂诺（Rudolph Valentino）的开玩笑性质的模仿和讽刺；还有《小红帽》，讲述的是当小红帽的外婆离开家去看电影的时候，小红帽被一个开着一辆廉价破旧小汽车的年轻人追逐。

尽管公司的财务状况几乎从成立之初就很糟糕，沃尔特仍然保持着他特有的自信心和坚强不屈的毅力。"他有一千万个男人的干劲和野心"，一个正在和对面一位摄影师约会的秘书说，当时这个秘书为沃尔特做一些行政事务工作。当年10月底，他出乎意料地又在报纸上投放了一则广告。这既显示了他垂死挣扎的绝望，也显示了他聪明过人的才智。广告宣称，"欢笑电影公司除了常规的动画制作业务，已经新增了为婴幼儿拍摄照片和影片的常规业务，并为顾客提供放映影片的服务"，实际上，沃尔特是想通过为婴儿拍摄照片挣钱来让欢笑电影公司继续维持下去。

随着公司的继续衰落，还出现了更多节外生枝的事情。一个月后，很可能是在考尔斯医生的介绍与促成下，堪萨斯城迪纳（Deaner）牙科研究所的一位名叫托马斯·B.麦克拉姆（Thomas B. McCrum）的牙医找到了沃尔特。麦克拉姆将从当地商人那里得到500美元的赠款，用于资助拍摄有关牙齿卫生的教育影片。他询问欢笑电影公司是否有兴趣制作一部这样的影片。影片名字是《汤米·塔克的牙齿》（*Tommy Tucker's Tooth*）——讲述的是两个男孩吉米·琼斯和汤米·塔克的故事，吉米·琼斯因为没有好好护理自己的牙齿，结果求职失败，没找到工作，而汤米·塔克则一直讲究牙齿卫生，坚持保护牙齿健康，结果得到了这份工作。沃尔特很快就同意了，但是当麦克拉姆要求沃尔特到牙科研究所来敲定这笔交易时，沃尔特不得不表示反对。因为他把自己仅有的一双鞋抵押在鞋匠店里,把鞋赎回来需要1.5美元,但他当时连这点儿钱也没有。麦克拉姆住在离沃尔特不远的那条街上,他主动提出付钱给鞋匠,然后接上沃尔特去确定了这项交易。

沃尔特从包括本顿学校在内的当地学校招募了演员,并在那年12月每周在上课时间拍摄一到两次。(电影中有一个简短的动画片段,展示了细菌用鹤嘴锄劈砍牙齿的情景。)"沃尔特·迪士尼在每一次拍摄的时候都清清楚楚地知道他想让我们做什么,以及我们该怎么做。"扮演吉米·琼斯的约翰·雷科兹(John Records)回忆说。"我们都立刻喜欢上了他。"雷科兹告诉另一位采访者说,很明显,沃尔特喜欢孩子,并且知道如何对待他们。拍摄结束后,他把孩子们带到了办公室,动画师们正趴在桌上制作童话故事动画片。他给了孩子们5美元到10美元不等的钞票作为奖励。

但是,据沃尔特所说,他最终从这部电影中赚到了五六十美元,但这点儿钱几乎没有给他带来一点儿喘息的机会,尤其是当画报俱乐部公司田纳西州分公司与欢笑电影公司达成交易仅仅几个月后就宣布破产了,公司情况雪上加霜。画报俱乐部公司位于纽约的母公司接管了画报俱乐部公司田纳西州分公司的资产,但没有承担该公司的任何债务,这引发了一场旷日持久的后续处理过程,因为欢笑电影公司还想继续执行这份它已经做了大量工作、付出大量成本并担负重大债务的合同。到了1923年1月初,随着公司财务状况的进一步恶化,沃尔特因为没有钱支付办公室租金而被房东狠狠地羞辱了一顿,直到考尔斯医生再次慷慨解囊,伸出援手,欢笑电影公司才最终还清了房租、水电费和电话费,以及拖欠已经离职的莱斯利·梅斯的薪水。然而,即使有考尔斯和五金店经理弗雷德·施梅尔茨的贷款,公司也没有一点儿多余的资金,可以说是一文不名。克洛珀回忆说,那个星期五，考尔斯为他们付清借款之后，他和沃尔特拿着支付清单一起离开了考尔斯的办公室，走在路上忽然看到排水沟里有一张1美元的钞票。"我想我们俩都不由自主地伸手去抢那张钞票了，"克洛珀说，"我捡到了那张钞票。我把它举起来说，'沃尔特，我们有钱吃午饭了'。然后我们就去吃午饭了，用的就是那张从排水沟里捡到的钞票。"

但是沃尔特，这个说做就做的人，仍然没有放弃成功的希望。由于没有来自画报俱乐部公司或其他来源的资金，他在那年2月提出了一项新计划。他宣布推出一系列集动画片和辛辣笑话于一体的短片。事实上，在《让我们欢笑吧》系列短片中他已经这样做了。现在，他只是简单地雇了一个女人把它们从童话故事动画片的开头部分分离出来，重新进行编辑之后再分发出去。就在那个月，他开始联系纽约的发行商，其中包括环球影业公司。他甚至还给另一位潜在买家写信，说环球影业公司正在考虑购买《让我们欢笑吧》系列短片，这明显是在打擦边球。然而，这些努力同样也没有结果。环球影业公司总经理H. A.鲍施伊（H.A.Boushey）在4月4日给克洛珀回了一封信，信中说："我们看过你们的产品，觉得你们做的动画片非常好，但是在目前这个阶段，我们还不知道应该如何把它放到我们的发行计划中。"另一位发行商回应说："我们认为我们不会有任何困难，但你们其实完全可以把你们的《让我们欢笑吧》系列短片给一个更好的分发商，获得更多的利润分成。"就像所有美丽的肥皂泡一样，这一个最后也破裂了，什么效果也没有。

推销《让我们欢笑吧》系列短片的策略失败之后，沃尔特又想出了另一个充满理想主义色彩而且有点儿虚张声势的冒险计划。他说，纽约动画师马克斯（Max）和戴夫·弗莱舍（Dave Fleischer）创作了一系列名为《逃出墨水池》（*Out of the Inkwell*）的动画片，其中卡通人物进入了真实的世界，受此启发和鼓舞，他这几个月一直在思考如何实现真人实景与动画更好的结合；他给一位假定的动画师写了一封信，信中说这样做是非常费力的，而且费用极其昂贵，并且到现在还无法证明是有利可图的，尽管如此，他还是想要尝试一下。当年3月，资金再次告罄，公司的钱又一次用光了，也找不到其他筹钱的途径了，他决定无视这些困难和障碍，尝试另一个系列动画片。他认为这套动画片，用他的话来说，"很可能打开市场"，拯救公司。"我们刚刚发现了一些全新的、更好的制作动画片的技术和方式！"他热情洋溢地给一些发行商写信，把自己的创新描述为《逃出墨水池》系列动画片的发展和提高版，"但性质完全不同，我们使用的是一群真人儿童演员，他们在卡通场景中扮演卡通人物"。他预计，自己可以每两周或每月发行一部时长约为7分钟的此类动画片。

具体来说，这个系列动画片的主角是一个名叫爱丽丝的小女孩，就像《爱丽丝梦游仙境》里的爱丽丝一样，她进入了一个卡通世界，与卡通人物互动。他选择了早熟的金发4岁女孩弗吉尼亚·戴维斯（Virginia Davis）担任主角。她是一名童星，他在堪萨斯城电影广告公司为"沃恩内科尔面包店"制作的广告中见过她。（戴维斯后来说，在那个广告中，她吃了一片涂满果酱的面包，很开心地咧嘴大笑，还咂了咂嘴。）他没有向她支付任何劳务费用——他也没有什么东西可以给她——但是他答应给她父母自己从这部电影中获得的所有报酬的5%作为片酬。他把这个电影的片名定为《爱丽丝的仙境》（*Alice's Wonderland*）。这笔交易显然还包括使用戴维斯家的房子作为拍摄场地和背景地。

虽然沃尔特在5月份向发行商保证《爱丽丝的仙境》将"很快"完成，但这只是一种极其一厢情愿的想法。除了必须四处求爷爷告奶奶地筹措资金，就在他们开始拍摄的那个月，他们被赶出了麦克纳希大楼，被迫搬进了同一条街道附近的威尔斯曼大楼二楼的新办公地

第二章　初入动画界

点，在伊希斯（Isis）剧院的上方。到了当年6月份，沃尔特在写给一位发行商的信中就已经声称由于"多次出现的延误和倒退（挫折）"，他未能按计划完成这部电影，但他有很大的把握预计7月份会带着一部制作完成的动画片前往纽约。可是，到了7月份，许多断断续续只领了少量工资的职员，包括埃沃克斯在内，都已经离开了公司，而且帕菲弗也回到了芝加哥。

最后，他甚至连去纽约的钱都不够。除了完成《爱丽丝的仙境》，公司已经没有任何多余的钱来做任何事情。而且，由于所有的人都离他而去了，实际情况是沃尔特自己完成了所有的动画。鲁迪·伊辛说："因为付不起房租，我们有两次不得不在晚上连夜搬家。"甚至没有足够的钱买食物。卡门·麦克斯韦尔回忆说："我们从来没有一天吃上三顿像样的饭。"她说："我妈妈会时不时地给我们寄蛋糕，那真是帮了大忙，顶了大事。"沃尔特和其他人都在麦克纳希大楼一层的"森林旅店咖啡馆"用餐，餐厅的老板杰里·拉格戈斯（Jerry Raggos）和路易斯·卡迪西斯（Louis Katsis）允许他们欠账，延长他们的还款期限。当信用额度都用完后，正在和欢笑电影公司对面的摄影师巴伦·米萨基安（Baron Missakian）谈恋爱的秘书纳丁·辛普森（Nadine Simpson）只好为餐厅打印菜单，以此换取他们的餐饭。沃尔特则通过为拉格戈斯的孩子拍照来支付自己的账单。"当我的信用卡透支完了之后，我真的特别想去餐厅吃饭，点餐，然后告诉他们我付不起钱，"沃尔特回忆道，"我差点儿就抵制不住这种诱惑了，但是我没有足够的勇气。我当时实在是太饿了。"没办法，他只好完全依靠米萨基安留下的残羹剩饭过活（米萨基安也是通过给别人拍照挣点儿小钱），直到拉格戈斯发现他在垃圾中捡拾东西吃，才决定再次给他贷款，提高他的可欠款额度，他才勉强有了口饭吃。

如果说没有钱吃饭已经够惨的了，那么更惨的是没有钱支付房

105

租，吃住全都成了问题。在他制作《爱丽丝的仙境》的时候，他住在夏洛特街3415号的一幢两层的木屋里，房主是格特鲁德·麦克布莱德（Gertrude McBride）夫人。虽然他已经拖欠了25美元的租金——10年之后他最终偿还了这笔钱——她还是慷慨地让沃尔特继续住了下去。但是，最后他还是不好意思地离开了，睡在办公室里的帆布和靠垫上。"他为了省钱，在那里睡了很长一段时间。"克洛珀回忆道。他靠吃一个罐头里残留的冷豆子来维持生命。（沃尔特变得如此消瘦，以至于麦克布莱德太太确信他和他哥哥一样患上了肺结核。）他每周在联合车站洗一次澡，在那里他只需要花一分钱就可以享受这种特权了。既没有工作人员，也没有一点儿资金，欢笑电影公司现在只是个空壳。公司名下一贫如洗，什么都没有，甚至连它唯一的资产——《爱丽丝的仙境》都已经不归它所有了，因为弗雷德·施梅尔茨为了提前收回他给沃尔特的定期贷款，其中包括威尔斯曼大楼的租金，已经于当年7月把欢笑电影公司几乎所有的设备和产品都作了动产抵押，作了他的贷款担保，其中就包括那部新动画片。因此，尽管股东们在3月份决定以5万美元的价格进行资本重组，尽管该计划在7月份获得了政府的批准，但这只是一场徒有其表的金融喧嚣。欢笑电影公司变得一无所有，它也不可能制作更多的动画片了。沃尔特进行了最后的绝望的挣扎，不顾一切地尝试了又一个计划，企图拯救公司。他试图说服《堪萨斯城邮报》投资制作每周一期的新闻短片，但这个计划也失败了。"这似乎毁掉了我在堪萨斯城的所有前途，我感觉自己好像掉进了万丈深渊。"他说。

一切都结束了。罗伯特叔叔劝他，现在唯一的出路就是离开堪萨斯城，而罗伊也告诉他"你应该离开那里，我认为在这种情况下你已经无能为力了"。虽然沃尔特说，他可以采取技术性措施，即声称自己在公司成立时还是未成年人，从而避免承担相关责任，但他最后还是选择了宣告破产。无论如何，似乎没有人会因为欢笑电影公司的倒闭而责怪沃尔特。"从来没有人提出过索赔，"纳丁·辛普森说——她的话并不完全准确，"因为我们都知道，这不是一个人的错，尤其不是沃尔特的错。"罗伊将问题归咎于沃尔特的合作伙伴，他指的是画报俱乐部公司和施梅尔茨。每当提起这家公司或这个人，他就会说沃尔特陷入了骗子设下的陷阱里。鲁迪·伊辛则认为问题出在其他方面。他将公司的失败归因于地理位置："我们的想法很好，但我们身处错误的地方。堪萨斯城根本不是做这种工作的地方。"

但是，随着他建立动画工作室的宏伟计划泡汤，沃尔特再次展现了与众不同的一面，他没有哭爹喊娘，而是表现得出人意料地愉快。在创业失败的整个过程中，面对着接二连三的挫折和打击——制作童话故事《让我们欢笑吧》和《爱丽丝的仙境》等动画片都没有取得理想的结果——面对着接踵而至的生活和物质上的困境和考验，白天没有饭吃，晚上睡不好觉，面对着持续而来的经济和财务压力，不停地向考尔斯、施梅尔茨甚至罗伊近乎乞讨一般地筹集资金，在这些艰难困苦的时期，自始至终，沃尔特·迪士尼似乎从未失去信心。"我从来没有听沃尔特说过任何听起来像是失败的话，"克洛珀回忆道，"他总是很乐观……对他自己的能力，对他自己的想法的价值，对卡通在娱乐领域的可能性。除了下定决心，勇往直前，我一次也没有听他说过其他什么丧气的话。"负责处理欢笑电影公司破产案的律师菲尼亚斯·罗森博格（Phineas Rosenberg）表示完全同意克洛珀的话。"大多数申请破产的人都会变得烦躁不安或痛苦万分，"他说，"沃尔特不是。"他的自信似乎超出了任何逻辑上的解释，仿佛他天生就该如此。看起来似乎没什么能使他泄气。在后来的岁月里，他说，他天生就是一个沉着冷静的人，处事泰然自若，对自己的能力从不怀疑，并且保持快乐——永远快乐。"我不记得在我的生活中有过不快乐的时刻，"

他曾经说，"我一直都很开心。我很激动兴奋。我一直在做事。"但这里面也不乏作秀的成分。虽然在通常情况下沃尔特确实拥有一种勇敢的信念，一种孩子气的信念，相信事情终将会好转，这也正是他近乎固执和缺乏远见的原因。但是在欢笑电影公司破产的时候，在他仅仅还只有21岁的时候，他遭受的打击和影响并不像他看起来或表现出来的那样轻描淡写，也不像他希望别人认为的那样风轻云淡。他后来承认，他自己当时"崩溃了，心碎了"——为自己的失败而崩溃，为让那么多信任他的人失望而心碎，为辜负他们的信任让他们赔钱而心碎："这是我人生第一次面临如此重大的挫折，我被完全击倒了，彻底垮了。"他发誓他会东山再起，还清债务，赔偿债权人。与此同时，他说，欢笑电影公司的破产让他变得更加坚强，更有决心，并对失败习以为常。

现在他只想离开堪萨斯城，离开这场失败。他考虑去纽约或好莱坞，最后决定去好莱坞，因为罗伊现在正在那里养病，罗伯特叔叔也搬到了那里。他需要离开。他去了联合车站，"站在那里，眼里噙着泪水，看着火车缓缓开出……我独自一人。我感到非常孤独"。他仍然身无分文——他现在住在埃沃克斯家，或者和考尔斯一家住在一起——但他确实有一个联络人：卡尔·斯托林（Carl Stalling），伊希斯剧院的管风琴手，欢笑电影公司倒闭之前搬到了伊希斯剧院所在的大楼，所以沃尔特认识了斯托林。通过斯托林，沃尔特设法从詹金斯音乐公司（Jenkins Music Co.）获得了一份合同，制作他所谓的"歌曲影片"，这是一部真人实景电影，在字幕卡片上贴上歌词，观众可以随着音乐伴奏一起唱歌。沃尔特根据乔·L. 桑德斯（Joe L. Sanders）的一首歌创作了《马大：仅仅是一个普通的古老的名字》（*Martha：Just a Plain Old-Fashioned Name*）这部影片。通过这部歌曲影片，他赚到了一点儿钱，刚好够买一台试用过的二手动画摄像机。（为了削

第二章 初入动画界

减成本，他自己冲洗底片。）在接下来的两个星期里，就像欢笑电影公司刚刚开始运营的那些日子一样，他去堪萨斯城一个富裕的住宅区，挨家挨户地寻找那些可能想要给孩子拍照片录像的父母。这一次，他又是自己冲洗底片，自己冲印胶片。每拍一家能挣 10 到 15 美元，这样他就能付清买照相机的钱，并且攒下足够的钱买一张去洛杉矶的火车票。当一个影迷决定自己拍电影时，沃尔特就把自己的相机以高于原价两倍的价格卖给了他，这样他出门在外的时候就又多了一些钱。[1]

这是一个苦乐参半的离别。在他离开之前，他拜访了自己的债主，告诉他们他已经决定去西部，并偿还了一小部分借款。他将自己的大部分私人物品交给哈曼兄弟，并要求他们将其出售，所得收益分配给包括杰里·拉格戈斯在内的债权人。在处置欢笑电影公司剩余的资产时，休·哈曼、鲁迪·伊辛和卡门·麦克斯韦尔从施梅尔茨那里得到一张 302 美元的票据，允许他们购买欢笑电影公司的大部分动画设备，随后他们成立了自己的动画工作室——阿拉伯骑士动画：一千零一笑——但并没有维持多长时间。据沃尔特说，其他债权人都祝他一切顺利，并告诉他，他前往加利福尼亚也需要用钱，所以不用急着还钱，而且慷慨地表示，他可以在获得成功之后再还钱给他们。[2]

---

[1] 多年后，凯瑟琳·维利（Kathleen Viley）夫人声称，她和丈夫利兰德·维利（Leland Viley）医生曾于沃尔特在欢笑电影公司期间为他提供了 6000 美元的资助，并且在此之后，在那一年 7 月，因为沃尔特给他们 6 个月大的女儿拍了照，他们又给了他 3000 美元，让他去加利福尼亚的时候使用。沃尔特承认维利家的孩子拍摄过，并且确实从中挣了足够的钱去加利福尼亚，但没有任何证据表明维利家还以任何其他方式资助过沃尔特。

[2] 即便如此，沃尔特还是留下了一个烂摊子，让那个倒霉的埃沃克斯以及其他人来处理后续问题。埃沃克斯很可能是在沃尔特的要求下，向法院提交了破产申请书。破产申请于 10 月份获得了批准，但要想解决所有的索赔问题还需要长达数年的时间——在这段时间里，他们最终成功地迫使画报俱乐部公司支付了合同中剩余的 1.1 万美元，外加 1000 美元的赔偿金。在这段时间里，施梅尔茨的动产抵押优先权受到了挑战，法院裁决以大约 45% 的折合价来处置欢笑电影公司的资产。

109

他在堪萨斯城度过的最后一晚,是与埃德娜·弗朗西斯共进晚餐的,并抱怨自己生意上的不走运。第二天,他的哥哥赫伯特的妻子露易丝·拉斯特(Louise Rast)的母亲为他准备了三袋食物,让他在去西部的火车上吃,还把自己儿子的一套衣服借给了他。沃尔特没有一套自己的衣服,只有一条很花哨的黑白格子裤子,一件格纹夹克上衣,一件华达呢雨衣和一件旧的棕色开襟羊毛衫。他的手提箱是用硬纸板做的,已经严重磨损了,其中一半不是装着衣服,而是装着动画设备。他唯一的奢侈品是用卖相机的钱买的一双5美元的休闲鞋。露易丝的兄弟的一个朋友开车送他去了联合车站。据威廉·拉斯特(William Rast)后来说,露易丝的兄弟的这位朋友以后一生中最引以为荣的事就是:"当年沃尔特·迪士尼去好莱坞时,是我把他送到火车站的。"沃尔特说,没有一个人来为他送行。但是鲁迪·伊辛后来回忆说,他和其他一些欢笑电影公司的老员工当时就在站台上,拍摄他离去的画面。

沃尔特还不到22岁的生命时光里,其中有10年是在堪萨斯城度过的。他说,他在那里学会了"变化对我自己的意义,学会了利用机会,学会了每个美国孩子都必须学会的东西——既要能够接受好运的眷顾,又要能够承受沉重的打击"。堪萨斯城给一个本质上无忧无虑的年轻人上了残酷的一课。但他带着完好如初的希望离开了。"那是一个重要的日子,我登上了圣达菲—加利福尼亚铁路有限公司的火车的那一天",他回忆道,他"自由而快乐"。除此之外,他还记得另一种感觉,一种更强烈的感觉,"仿佛他的内心被白炽灯照亮了"。虽然在堪萨斯城的经历让人失望,虽然他被打击得鼻青脸肿灰头土脸,可即便是现在这种时刻,沃尔特·迪士尼仍然确信自己会成功。他现在正朝着成功的方向前进,这个说做就做的人要去好莱坞了。

第三章
迪士尼工作室初创

1

虽然在后来的岁月里，沃尔特·迪士尼经常提到他的中西部出身，称自己是密苏里州人，但是，他是为好莱坞而生的。他喜欢乔装打扮，喜欢想象，喜欢喧闹，性格外向，喜欢自夸，喜欢演戏，渴望得到关注。好莱坞是他的精神归宿。20世纪20年代初，即使对普通大众来说，好莱坞也不仅仅是娱乐的提供者。有一类人，每周都会去看电影，数量有大约4000万人，也就是美国人口的三分之一。好莱坞是想象力之都，是象征着尽情释放和无所顾虑的梦幻中心，而且正如英国观察家阿利斯泰尔·库克（Alistair Cooke）后来所说的，"是自古希腊时代以来最繁荣的通俗神话制造工厂"。好莱坞是一个人奔赴那里实现梦想的地方，这就是沃尔特的祖辈父辈们都要奔向加利福尼亚的原因，只是他们在中途临时改变了方向，走向了别的地方；这也是沃尔特自己现在也去了那里的原因。当他的青春活力与战后的民族精神融合并被其强化时，在好莱坞，迪士尼家族世代遗传的逃离之梦——以及沃尔特自己对漂泊的渴望，在马塞琳的农场孕育萌发并发展壮大，然后被通过绘画和动画表达出来——与全国性的渴望推陈出新的替代主义融合起来，在他身上迸发出了强大的力量。在好莱坞，他如鱼得水，仿佛回到了自己的老家。

但是，如果说沃尔特·迪士尼是为好莱坞而生的话，那么他自己也怀疑好莱坞是否为他而生。他看起来一点儿也不像电影明星。1923年8月初，他穿着一身借来的衣服来到了这里，除了满腔的勇气和他特有的自信，赤手空拳，一无所有。（尽管他一贫如洗，但据他的妻子后来说，他在火车上坐的是一等座，因为他总是追求最好的方式。）而他自己的衣服，如果他穿上的话，就会显得衣衫褴褛、粗陋低级，因为前面几个月在堪萨斯城近似忍饥挨饿、缺吃少穿的日子，使他在法国增加的体重又掉回去了，他现在变得脸色苍白，有气无力。"他看起来像个魔鬼，"罗伊回忆道，"我记得他常常干咳，我那时候常常对他说，'看在上帝的分儿上，你可千万别得了肺结核！'"

尽管表面上显得很自信，但他内心深处对自己在好莱坞的前途其实非常担心。虽然他随身携带着《爱丽丝的仙境》的影片胶卷和自己的绘画工具，但他对自己在动画制作方面的前途并不抱多大的希望。现在，他觉得自己进入这个行业太迟了，而且这个行业太狭隘了，他可能无法真正闯出一条生路进入动画制作的大时代。无论如何，这一时期的动画制作是以纽约为中心的。"我已经收起了我的画板，"多年后，他告诉一位采访者，"我想做的仅仅是在工作室里找份工作——任何工作室，做任何事情。"尽管事实上他的抱负更为远大，更富于幻想。现在，他希望能在某个地方找到一份真人实景导演的工作。

他喜欢动画电影工作室——真正的幻想之源。来到好莱坞的第一个星期，在一个清晨，他乘公共汽车去了圣费尔南多谷的环球影城。他快速出示了自己以前的《环球新闻》(Universal News)记者证，设法弄到了一张通行证。他此前曾经当过负责拍摄新闻短片的特约记者，为《环球新闻》提供稿件，所以当时获得了记者证，一直保留至今。进入环球影城之后，他在片场闲逛，穿过摄影棚，直到那天深夜才离开。他把这一冒险之行称为"我最激动人心的时刻之一"。不久之后，他和从中西部过来看望他们的表妹爱丽丝·艾伦（Alice Allen）参观了维塔格拉夫制片厂。他还去了派拉蒙影业公司，在那里遇到了堪萨斯城的一位老熟人。他正在找一份临时工作，鼓励沃尔特去一个拍摄西部片的剧组找一份扮演骑马人的工作；沃尔特去了并得到了这个角色，但拍摄因下雨而中断，当重新开始拍摄的时候，沃尔特被人顶替了。除此之外，他还花时间去米特罗电影公司探索了一番，想碰碰运气找找机会。

罗伊曾是一名销售员，从事挨家挨户上门推销真空吸尘器的工作，后来肺结核复发，只好回到位于萨维特尔（Sawtelle）的退伍军人医院治疗养病。那里后来变成了洛杉矶的韦斯特伍德区。他认为沃尔特的问题是懒惰，并且对于自己的就业前景过于自信，典型的自负之人（罗伊称之为一种"传染病"）。他觉得沃尔特只是在假装找工作，以便在别人的工作室里逗留闲逛。"他对所有问题的答案永远都是明天，"罗伊说，"他在镇上闲逛，我一直对他说，'你为什么不找份工作？'并且他本来是可以找到一份工作的，我敢肯定他不想要一份工作。"但与罗伊的印象相反，沃尔特并不只是在工作室里如同梦游似的闲逛。在一开始的两个月里，他一直在四处试探，寻找机会，试图说服别人雇用他，甚至还大胆地向制片人寻求建议。与此同时，他带着自己的《爱丽丝的仙境》影片在洛杉矶四处奔波，希望能找到发行商来发行，但却没有成功。有人建议他把这个影片带到纽约，那里的发行商可能更容易接受这种动画片。由于沃尔特没有钱自己去东部游说推销，所以他把这部影片寄给了一个人脉广泛的中间人杰克·阿利科亚特（Jack Alicoate），他是劳合社电影存储公司（Lloyd's Film

113

Storage Corp.）的代表。在欢笑电影公司与画报俱乐部公司因为合同的事闹得满城风雨的时候，这部电影就被临时保管在了这家公司。阿利科亚特，一个慷慨大方的人，为沃尔特的这部动画片在圈子内进行了推销宣传。沃尔特抓住一切机会，在《爱丽丝的仙境》在各地发行商手中传阅的时候，在等待发行商决定是否要发行该片期间，沃尔特重拾旧业，开始绘制连环漫画《乔治先生的妻子》，并四处推销这些漫画。但让他失望的是，这些漫画并没有取得比他的电影更大的成功，结果都如同泥牛入海。他甚至还置办了新的办公文具，上面印着："沃尔特·迪士尼，漫画家。"

到了9月，他已经对找到一份导演的工作感到绝望，而且也没有看到《爱丽丝的仙境》有什么希望，于是他又改回了老本行。到达洛杉矶后，他做的第一件事就是在彼得森的照相机交易所买了一台百代照相机——"照相机对他的影响就像酒精对嗜酒者的影响一样"，他的女儿黛安娜后来写道——并给照相机装上了一台二手马达。现在，在走投无路的情况下，他拜访了剧院经理亚历山大·潘塔格斯（Alexander Pantages），他是一位著名的杂耍推广人，在洛杉矶拥有几家较大的电影公司。沃尔特没有见到潘塔格斯本人。相反，他在潘塔格斯的办公室外遇到了一位事务总管，沃尔特向他推荐了一个"特别的小笑话短片"，讲述了自己的制作大纲，就像《纽曼小欢乐》一样，但增加了内容："银幕上布满了潘塔格斯的名字，一闪一闪的，以增加潘塔格斯的知名度，并让潘塔格斯的名字持续出现在剧院的观众面前。"那人把沃尔特打发走了，说他们不感兴趣，但潘塔格斯碰巧听到了他们的谈话，从他隐秘的办公室里走出来，说想看一下样片。沃尔特立即回到罗伯特叔叔的家，他住在那里，并开始绘制一个样本。

然而，还有另外一丝希望的曙光隐约闪现。在他离开堪萨斯城之前，沃尔特就已经写了几十封信，为《爱丽丝的仙境》征求发行商，在信中他承诺已经"刚刚发现了动画片中一些新的、巧妙的东西"。写了这么多信，也不能说毫无回应，但是如果说他收到一些回应的话，那也都是礼貌地拒绝。写这些信的时候，他还在堪萨斯城拼命挣扎为避免破产而努力。但是，在收到他的推销信的发行商当中，有一位名叫玛格丽特·温克勒（Margaret winkler）的不同寻常的发行商——她之所以不同寻常，是因为她是美国第一个也是当时唯一一个女性电影发行商。温克勒是来自匈牙利布达佩斯的移民，身材娇小，一张圆脸，相貌平平，看上去很讨人喜欢，还很年轻——她28岁——但她的外表掩盖了她的真实性格，也就是她儿子所说的精力极其旺盛，思维敏捷，脾气暴躁。她曾是华纳兄弟影业公司驻纽约代表哈利·华纳（Harry Warner）的秘书，不过她有足够的野心，利用自己的职位去参加西海岸的电影大会，为自己建立人脉。根据某一种说法，《菲利克斯猫》的创作者帕特·沙利文（Pat Sullivan）曾在1921年联系过哈利·华纳，希望发行他的《菲利克斯猫》卡通系列片。最近，派拉蒙影业刚刚决定放弃发行《菲利克斯猫》卡通系列片。华纳对此也表示反对，但他鼓励他的秘书考虑一下这个提议。去年12月，她和沙利文签订了一份合同。签约之后没多久，她就对《放映商先驱报》（*Exhibitor's Herald*）说："我认为这个行业对于一个有抱负的女性来说充满了各种各样美好的可能性，女性没有理由不能像男性那样在这个行业一显身手。"

玛格丽特·温克勒确实说到做到了。1923年5月，沃尔特联系她的时候，她也是马克斯和戴夫·弗莱舍设计的《逃出墨水池》系列动画片的代理。在这个系列中，小丑科科逃离了自己所在的墨水池，进入一个真实的世界，也就是摄影的世界。通过代理《菲利克斯猫》和《逃出墨水池》，温克勒已经成为美国领先的动画片发行商之一。但在沃尔特·迪士尼给她写信的时候，麻烦正在一步一步地逼近温克勒。弗莱舍兄弟威胁要离开，和她解约；而且，她和帕特·沙利文也发生了一场激烈的争论，围绕《菲利克斯猫》后续影片的优先续签问题，两人陷入了激烈的争执。帕特·沙利文严重酗酒，导致脾气古怪，非常难以相处，而且天天处于半醉半醒状态，头脑混乱。据说他曾在派拉蒙影业总裁阿道夫·祖科尔（Adolph Zukor）的桌子上撒尿，以迫使对方做出让步。对于沃尔特来说，这个时机简直是好得不能再好了。这毫无疑问就是温克勒在收到他的第一封来信后几乎立即就给他这个默默无闻的动画新人写了回信的原因。信中她说非常乐意让他给她寄送一份《爱丽丝的仙境》的冲印胶片，而且"如果确实如你所说，我将有兴趣签订合同负责发行《爱丽丝的仙境》系列影片"。但是，无论沃尔特受此鼓舞有多么激动，他在堪萨斯城的时候都没有把冲印胶片寄出去，因为《爱丽丝的仙境》当时归欢笑电影公司的债权人弗雷德·施梅尔茨所有。他继续与温克勒通信，为迟迟没有寄样片道歉，同时拒绝承认他没有《爱丽丝的仙境》的所有权，或者他必须向施梅尔茨提出抗议才能对外展示它；当他到达洛杉矶的时候，温克勒已经对他的拖延感到不耐烦了。因此，她在9月初给他写信时略带讽刺地说，"他们之间所有的通信差不多都是围绕它的，但现在仍然没有见到"。但是，一方面她自己对于《菲利克斯猫》和《逃出墨水池》面临的威胁感到深深的绝望，另一方面她没有意识到沃尔特目前只有一部《爱丽丝的仙境》，所以，她提了一个不合实际的要求，她问沃尔特："你能否挑出几个时间足够长的片子发给我，让我先看一下，看看它们到底是什么，请立刻发给我。"

很可能是在10月的第一个星期，通过阿利科亚特，温克勒终于在纽约上映了《爱丽丝的仙境》，并一鸣惊人，一炮走红。10月15日，她给沃尔特发电报写道，"我相信《爱丽丝的仙境》后续系列可以开始制作了"。她同时强调，拍摄爱丽丝的时候必须聚焦得更精确，而且相机要控制得更平稳。为了限制沃尔特的财务预算，她还提醒说，"这款产品由于是全新的影片，所以必须在制作开发和广告宣传上投入大量资金，因此需要你的配合和理解"。她为前6部电影的底片提供了每部1500美元的价格，为后6部电影提供了每部1800美元的价格。为了显示她的"良好的诚意"，她说，对于前6部影片，她会在收到每一部影片的时候就立即全额支付1500美元，而不是等到有了预订或收到定金之后才付款。很显然，沃尔特对于收到任何报价都欣喜若狂，他立即回信表示完全接受。与此同时，他放弃了潘塔格斯的项目。

就在第二天，温克勒寄出了合同，其中包括她的财务条款，并要求在1924年1月2日前交付《爱丽丝的仙境》系列动画片的第一部。除此之外，合同条款还规定，她拥有分别将于1925年和1926年拍摄的另外12部系列动画电影的优先购买权；并且她还将获得合同期内沃尔特创作的所有电影的全部权利。就在同一天，显然是想加快行动，她要求沃尔特提供那位扮演爱丽丝的女演员以及沃尔特本人的任意照片，以及两人的简要介绍。很可能是为了给沃尔特留下深刻印象，她在同一天又给沃尔特发了电报，建议他给哈利·华纳写信，后者能够证明她的能力。沃尔特也确实联系了华纳，华纳后来回信说，"温克勒一直都做得很好"，"她对她承担的任何事情都高度负责，尽心尽力"。但是，当沃尔特收到华纳的回信时，他已经和温克勒一样迫不及待地签署了合同，罗伯特叔叔作为他的证人。在返还这些文件的时候，他写信给温克勒说，第一部电影《爱丽丝海上之日》（*Alice's Day at Sea*）已经在制作之中，最早将于12月15日交付。一星期之后，她给沃尔特写了回信，信中略带夸张地说："我不明白为什么这些影片没成为近年来最重要、最优秀的电影。"

但是，尽管他苦苦等了好几个月才等到这个消息，尽管他承诺将尽快推出一部新电影，对于再成立一家动画工作室，沃尔特还是没有做好充分的准备。10月15日，当他收到温克勒的第一封电报时，他前往退伍军人医院找了罗伊，当时罗伊正在那里接受结核病的康复治疗。正如他后来所说的那样（为了达到吸引人的效果，他又一次戏剧化地表述），他到了之后已经很晚了，大约午夜时分，病人们都在睡觉；他蹑手蹑脚地走过纱窗门廊，把罗伊摇醒，告诉他这个合同和报价，然后一起庆祝。但是，他的热情很快变成了恐慌："我现在该怎么办？"他问罗伊，恳求哥哥离开医院，帮助他重新开始。罗伊同意第二天上午在罗伯特叔叔家与沃尔特会面，商量后续策略和工作方法。罗伊第二天离开了医院——他声称检查表明他已经痊愈——再也没有回来。

与此同时，沃尔特还有一个迫在眉睫的问题需要解决。温克勒的合同有一个前提是让弗吉尼亚·戴维斯扮演爱丽丝，但是弗吉尼亚已经回到了堪萨斯城。就在他收到温克勒的合同的那一天，就在他在罗伯特叔叔家和罗伊见面的那一天，沃尔特给弗吉尼亚的母亲写了封紧急的信，告诉她他终于找到了一个发行商，他已经在好莱坞上映了《爱丽丝的仙境》，"每个人都觉得弗吉尼亚很可爱，觉得她有无限的可能，如果弗吉尼亚能够继续出演这个系列动画片的话"，"这对她来说将是一个巨大的机会，我将以一种特别的方式把她推介给这个行业，而这种方式没有几个孩子能够享受到"。他向戴维斯夫人施压，要求她尽快做出决定，因为他希望在15天到20天内开始制作这部剧。在信的结尾，他描绘了一幅相当宏大美妙的远景，与温克勒写给他的信如出一辙，用相当浮夸的口吻写道，"用不了多长时间，这部系列影片将火遍全球"。

事实上，在那年夏天早些时候，戴维斯夫人曾经带着弗吉尼亚去一个电影剧组试镜。但她发现，许多妈妈和她做着同样的努力，也都带着孩子在试镜，结果许多电影工作室都拒绝给她们任何机会。所以，当她收到沃尔特的信息时，她已经回到了堪萨斯城，并计划在11月再次去好莱坞，寻找机会。在发出第一封信的4天之后，沃尔特再次给戴维斯夫人写信，这次他提出了给弗吉尼亚的具体条件：开始两个月每个月片酬100美元，以后每两个月片酬增加25美元，直至达到200美元，从第九个月至十二个月片酬都是200美元；还包括动画片下一季的优先续约权，片酬每月250美元。他自己也承认一开始给别人的工资确实不高，但正如温克勒向他指出的那样，他也对此进行了辩护，指出了原因在于一开始需要支付较高的广告费用和宣传成本。

虽然沃尔特不可能事先知道，其实戴维斯一家并不需要太多的激励。弗吉尼亚的父亲是个四处奔波的家具推销员，大部分时间都在路上。她的母亲是一位痴迷于舞台戏剧的家庭主妇，在女儿才两岁半的时候，她就给弗吉尼亚在舞蹈学校报了名，似乎下定决心要让女儿从事电影行业。除此之外，弗吉尼亚患有双侧肺炎，医生告诉戴维斯夫妇，加利福尼亚州干燥的气候更有利于她的健康。戴维斯太太说服她的丈夫，在加利福尼亚州他可以像在中西部一样轻松地卖家具，而且弗吉尼亚也会有自己的事业。最后，实际情况是就连罗伊也感到震惊，他没想到一个男人会为了每月100美元的承诺而放弃在堪萨斯城30年的生活。戴维斯夫人于10月28日发电报给沃尔特说她接受他提出的条件。

现在，他有了自己的发行合同和电影明星，但是，他既没有公司，也没有员工，更重要的是，他没有任何启动资金来开展业务。10月16日，在好莱坞一个安静的住宅区，在位于金斯韦尔大道的罗伯特叔叔家，沃尔特见到了罗伊，除了商量动画片的相关事宜，还有一个计划就是向他们富有的叔叔借钱。由于罗伯特一直鼓励沃尔特到洛杉矶来，所以兄弟俩想当然地认为拿到这笔钱只需要走一下过程就可以了。但是，他们的叔叔犹豫了。这个时候，沃尔特深爱的玛格丽特婶婶，他坚定的支持者，已经由于肺炎去世多年了。罗伯特又娶了一个年轻得多的女人——据露丝·迪士尼说，母亲生前，罗伯特和那个年轻女人以及她的母亲都约会过，他一直在这两个女人之间摇摆不定，拿不定主意和谁结婚——沃尔特提出借钱时，罗伯特叔叔的新婚妻子已经怀孕了，这似乎让罗伯特叔叔变得不那么慷慨大方了。更糟糕的是，沃尔特和他的叔叔（他和伊利亚斯一样倔强固执和喜欢辩论）就沃尔特来西部时乘坐的火车是否经过托皮卡（Topeka）这个问题，陷入了一场愚蠢的争论。罗伯特叔叔坚持说火车经过了托皮卡，或者他坚持说火车没有经过托皮卡，反正沃尔特坚持与他相反的意见。即使在罗伯特的新婚妻子夏洛特打电话给铁路公司，证明沃尔特是对的之后，罗伯特还是怒不可遏。沃尔特说："他要求我给予他足够的尊重，但他认为我没有尊重他。"

最后，还有一件麻烦事，就是沃尔特一直欠他的哥哥雷一笔60美元借款。沃尔特到上一年的圣诞节时还欠着这笔钱。当时罗伊从加利福尼亚写信给他，建议兄弟几人一起出资给他们的母亲买一台真空吸尘器，并且提议如果沃尔特愿意承担哥哥雷应出资的部分的话，他赞成免除沃尔特自己应承担的部分，因为当时他已经破产了。但是雷拒绝出钱，说沃尔特应该用他所欠的钱来支付这笔费用。当沃尔特到达洛杉矶时，罗伯特叔叔听说沃尔特已经债台高筑，无力偿还，所以认为自己的这个侄子信用风险很大。但是，沃尔特不想因为家庭琐事和口角而失去和温克勒合作的机会，也不想像他父亲那样被别人认为是个失败者。而且，他一直是一个坚持不懈的人，一个善于讨好逢迎的人，所以，到了11月20日，罗伯特叔叔被他软化了，在月中借给沃尔特200美元，10天后又借给他150美元，12月初又借给他75美元，12月14日又借给他75美元。尽管这些借款利息高达8%，总额为500美元，但在1月初，沃尔特收到温克勒的第二笔付款的当天，他就全部还清了。除此之外，迪士尼兄弟也向他们的朋友和其他亲戚请求借贷。甚至在收到温克勒的合同报价之前，沃尔特就已经从堪萨斯城伊希斯剧院的管风琴手卡尔·斯托林那里借了75美元，并在签约后又从他那里拿到了200美元；从罗伯特·伊里翁（Robert Irion）那里借了50美元，他娶了沃尔特的姑妈；罗伊的女友埃德娜·弗朗西斯借给他25美元，甚至连弗吉尼亚·戴维斯的母亲也借给他200美元。

尽管罗伊帮助筹集了这些资金——除了埃德娜给的钱，沃尔特要求不要让罗伊知道——但是罗伊从来没有打算加入弟弟的公司，而且不管怎么说他在娱乐业方面也没有任何经验。"我只是在帮助他，就像你在帮助弟弟一样。"他后来说。罗伊无法拒绝他的这个弟弟。他声称沃尔特是如此热情和天真，"会赢得你的心，你会想要帮助他，真的"。他承认，他也担心如果没有他的保护，他的"炽热的保护"，沃尔特会被人利用。为了防止这种情况发生，罗伊公开宣称出于对沃尔特的爱，同意担任沃尔特的经理，并且像他在沃尔特的生活中担任的角色一样，做沃尔特在商业上的守护天使。11月下旬，沃尔特搬出了罗伯特叔叔的房子，搬到了橄榄山公寓的一个房间里，罗伊和他一起住在那里。12月，沃尔特在金丝韦尔4409号公寓楼里找到了一个更便宜的房间，每月15美元，几乎就在他叔叔家的街对面，罗伊又和他一起搬到了那里。这两个人为了省钱甚至在自助食堂吃饭，因为在那里他们可以分享各自的饭菜，罗伊买一份肉菜，沃尔特就买一份蔬菜，然后两人分着吃。

这个房间距离位于金丝韦尔4651号的一个奶油色单层砖砌商店只有两个街区，那里有一扇大橱窗。在那年10月，沃尔特要么是出于对与温克勒合作的期待，要么是想把它用作潘塔格斯拍摄短片的工作场所，在这座大楼的后面部分租了一间狭小的办公室，就在霍利—佛蒙特房地产公司的后面，这家公司占据着大楼的前面部分。（房租每月只有10美元，12月涨到了15美元。）到了12月，随着与温克勒的合同签订，兄弟俩还在好莱坞大道附近租了一块摄影场地，用于户外拍摄。他们买了一台新相机、一些旧家具和各种工具，还买了一块帘子把自己和房地产经纪人隔开，还买了一盒雪茄，作为送给罗伯特叔叔的感谢礼物。除此之外，他们还为工作室起了个名字：迪士尼兄弟工作室。

就这样，他们开始了。通常情况下，沃尔特会把弗吉尼亚带到空旷的拍摄场地，在那里的一块广告牌上搭上一块白色的防水布作为背景，然后大声地给她下达各种指令，让她做出各种表情和动作："看上去吓坏了"，或者"坐下，假装你疯了"。弗吉尼亚说，沃尔特最喜欢的指令是：让我们假装吧。因为沃尔特没有足够的胶片来重拍或补拍，所以他们的拍摄从来没有真正排练过，也没有超过一个镜头的，全都是一次性拍摄。"当时的拍摄非常不正式，"弗吉尼亚·戴维斯回忆说，"在那些静默的日子里，我们会吸引很多孩子和邻居好奇地过来围观，看看发生了什么事。"绝大多数情况下，他们的拍摄都是处于一种能拍到什么算什么的状态，无论什么时间，无论什么地点，只要条件具备，沃尔特就拍摄。有一次，沃尔特正在格里菲斯公园拍摄，一名警察把他拦住，要求看他的拍摄许可证。沃尔特没有，所以只好收拾好自己的东西假装离开，然后再从另一个入口偷偷溜回来。那天下午，每当他看到一个警察，就会停止拍摄，重新收拾东西，然后转移，换地方接着拍摄。

在拍摄爱丽丝的真人镜头时，沃尔特会在相机上配一个外罩，会在脑海里追踪与女孩互动的卡通人物的位置。然后，回到在金斯韦尔的办公室，他会逐帧播放拍摄的镜头，这样他就可以在爱丽丝周围的白色空间里给这些人物赋予动画效果——因为背景是一块白色的防水布，爱丽丝周围的空间都是白色。然后，把相机固定在支架上，他就可以拍摄卡通人物的动画部分了。最后，在显影阶段，他会把爱丽丝的镜头和卡通人物的动画结合在一起，让它们看起来像是在同一个地方——真实的女孩和她的卡通玩伴。

尽管他一直是独自一人在制作这部动画片——实际上《爱丽丝的仙境》系列卡通片前六部都是他自己独自制作完成的——但是，他还是比合同约定日期提前完成了《爱丽丝海上之日》，并于12月26日交付给温克勒，然后收到了他的第一张1500美元的支票。他知道这部电影不是特别好，而一直对影片成功抱有巨大期望和乐观预测的温克勒也表示完全同意他的意见。她说这部影片还只是符合要求，认为还有改进的余地，但她用更平缓的言辞表达了自己的批评意见。她告诉沃尔特，"我在电影行业取得的所有的进步，都是因为我知道我的观众想要什么"。她说她的要求就是本着这种精神提出的。两个星期之后，她又写了一封信，要求沃尔特"尽你所能地为下一部卡通片注入幽默因素"，并补充说，"幽默是诸如《菲利克斯猫》《逃出墨水池》和《爱丽丝的仙境》等动画卡通短片的第一要素"。当他在1月底交付他的《爱丽丝的仙境》系列动画片第二部《爱丽丝非洲之猎》（*Alice Hunting in Africa*）时，他坚称自己已经取得了很大的进步，并有点儿可怜巴巴地向温克勒保证："我会特别注意这一点，即在未来的影片中尽可能多地加入有趣的笑料和搞笑的场景。"她在回信中说，她觉得这部影片喜剧性仍有不足之处，并警告说，"未来的影片必须比我们已经看过的作品有更高的水准"。最终，她以无法发行为由拒绝了这部电影，并要求沃尔特重新制作。

如果说这使沃尔特灰心丧气的话，那么他一点儿也没有表现出来，就像他在堪萨斯城面对失败时所表现的一样。他似乎无动于衷，不受影响，继续向前稳步迈进。到 2 月初，他已经把自己的工作室搬到了隔壁一栋几乎一模一样的大楼里，这次占据了整层楼。现在，任何走近的人都能在大楼巨大的前窗上看到用金箔书写的"迪士尼兄弟工作室"的大招牌。窗户后面是罗伊的办公室，实际上只是一个凹进去的角落，他的办公桌在正前方，中间是一张公用大桌子，他和沃尔特在赛璐珞板上打了几个眼，好把它们固定在相机支架上。左边是一排桌子，供描线和上色工人以及画家使用——这些人负责把沃尔特的画用墨水描在赛璐珞板上，然后把它们涂成黑色、灰色或白色，然后再把它们送去拍摄。在楼层的后半部分，穿过一个长长的入口，是拍摄卡通片和储存电影胶片的摄影室，在摄影室的右边，前厅的正后面是动画室，那里靠着最右边的墙是排成一排的桌子。

到现在为止，沃尔特还没有找到人坐在那些桌子旁。迪士尼兄弟工作室现在基本上还是"二人转"的模式。沃尔特构思故事，导演现场拍摄，绘制动画，定时曝光以保证动作的流畅性。罗伊管理账簿，偶尔也会摆弄一下相机，有时甚至还会把赛璐珞板洗一洗，这样它们就可以被重复使用了。不过，他还是很容易就累了，下午常常需要回到公寓休息。（他们已经邀请雷和赫伯特加入，但这兄弟俩都拒绝了。）这年 1 月，他们雇用了 3 名女士，负责用墨水在赛璐珞板上描出图片的轮廓，并为其上色。另外还有两名男士，他们可能负责帮助沃尔特操作摄像机拍摄动画，以及协助完成其他工作。接下来的那个月，他们聘请了自己的第一位动画师，罗林·汉密尔顿（Rollin Hamilton），外号"蹩脚演员"。

但是，沃尔特没有什么管理方面的才能或爱好，他从来不像改进自己的作品那样对发展业务或经营企业感兴趣，这不仅是为了满足温克勒的要求，尽管这显然是一种考虑，更多的是出于一种个人自尊和心理的需要。他真诚地想要制作出好的动画，真诚地想要在他从事的行业中凭借手艺名列前茅。事实上，温克勒似乎对《爱丽丝的仙境》系列动画片的另一部《爱丽丝鬼屋历险记》（*Alice's spooky Adventure*）感到很欣慰，称它是"你制作的最好的一部"，并告诉沃尔特，凭借这部剧，她就可以在全国大范围地推销发行这部系列动画片，从新泽西州南部到哥伦比亚特区，全部覆盖。但沃尔特仍在为自己的动画片的质量道歉，坚称自己可以把它们做得更好。他说，他已经邀请了专业的影评人来观看他的试映，他想要"与低俗的闹剧的通常路子略微有所不同，让它们作为电影更具有喜剧的尊严，而不仅仅是庸俗的打闹或搞笑"。在收到他的第四部电影《爱丽丝的狂野西部秀》（*Alice's Wild West Show*）时，温克勒给他发电报称："如果以后的影片都能保证与这一部同样的水准，我们将拥有电影市场上最好的单一短片电影。"

　　温克勒对此甚为满意，以至于在 6 月初，当她第一次从纽约来到迪士尼兄弟工作室拜访时，她就开始讨论把电影制作档期缩短到每月两部。沃尔特这时已经在"威逼"厄布·埃沃克斯离开堪萨斯城电影广告公司，到好莱坞来帮助他。在那里，他每周仍然只能挣到 45 美元，而且还抱怨与科格的亲戚多次发生口角。但由于新增的工作迫在眉睫，邀请变得有些紧迫，因为沃尔特目前仍然只有汉密尔顿在帮助他制作动画。就在温克勒到达加利福尼亚的时候，埃沃克斯终于同意了沃尔特的提议。"伙计，你永远不会后悔的，"沃尔特急切地给他写信，用加利福尼亚作为一个诱惑，"这个地方真的适合你——一个真正的工作和娱乐的王国。"埃沃克斯在母亲的陪同下，花了 7 天时间从堪萨斯城来到洛杉矶——沃尔特安排他驾驶着弗吉尼亚·戴维斯父亲的大跑车赶过来，这是戴维斯先生留在家里的——并恰好在 7 月 1 日之前到达，当时他的工资是每周 40 美元——为了离开科格，他愿意削减自己的工资。

自从 5 年前沃尔特第一次见到他以来，埃沃克斯除了名字稍有变化（他把自己的名字进行了英语化处理，从"Ubbe Iwwerks"变成了"Ub Iwerks"，但是除了埃沃克斯本人没有人认为这个变化有什么意义），他仍然性格温顺、沉默寡言、面无表情、说话简短、惜字如金。一位同事曾经这样评价他："当两个字都不足以表达清楚的时候，他却只用一个。"但他还是有一个变化的，而且这个变化很重要。在堪萨斯城接受的训练使他成了一名敏捷熟练且快速高效的动画师，在接下来的几个月里，那个夏天他承担了沃尔特越来越多的工作量，而沃尔特已经开始怀疑自己的美术技巧。"我从来没有画过一幅自己满意的画。"几年以后他告诉一名记者。

埃沃克斯自身的变化导致了动画片的变化。在一定程度上，由于聘请了埃沃克斯，《爱丽丝的仙境》系列动画片的重点从爱丽丝转移到了她的卡通玩伴身上了。到了当年夏末，温克勒甚至建议沃尔特完全取消片头和片尾的真人实景部分，尽管这将会增加这部电影的制作难度和成本，但温克勒并不介意。与此同时，沃尔特和埃沃克斯开始尝试改进真人实景部分和动画部分的组合方法，他们使用了一种叫作"遮罩"（matte）的东西，一种盖在相机镜头上的影像形板，可以把动画人物所在的区域隔开或遮挡住，这样给爱丽丝拍摄的时候就可以不用白色防水布作背景了。到了 8 月，沃尔特已经向温克勒保证，他们正在努力让"这个女孩在与卡通人物一起表演时，显得更加突出和独特"，而且在未来的制作中，这些拍摄将是"即使不能说达到完美，也会很好"。他补充说，他们将尽最大努力"制作让人笑得前仰后合停不下来的动画片"。

但是，尽管沃尔特不断保证会有所改进，尽管他真心希望拍出优秀的电影，即使有了埃沃克斯的努力和贡献，《爱丽丝的仙境》系列动画片也只是比一般的好一点点。一位动画师回忆道："沃尔特对真人实景拍摄的理念与普通盒装相机爱好者差不多，而埃沃克斯的动画与迪克·休默（弗莱舍兄弟的主要动画师）笔下动画人物科科这样的成熟、复杂画作根本无法相提并论。"这些电影的缺点不仅仅是摄影技术和绘画的表现比较粗糙简陋，而且还在于它们大都是简单模仿，缺乏独特的想象力。这在多大程度上归因于沃尔特缺乏经验或缺乏想象力，结果还很难说。温克勒不断强调要增加更多的笑料而牺牲了故事情节或人物个性。除此之外，她还不断敦促沃尔特去观看其他动画片，尽管沃尔特倾向于尝试一些与众不同的东西，比那些千篇一律的、看了让人想要撞头的影片更精致的东西，就像他在2月份写给温克勒的信中所说的那样。由于迪士尼兄弟工作室负担不起放映室的费用，每次节目改档有新的影片上映时，包括罗伊在内的全体工作人员都会跳进车里，直奔希尔街剧院，只为看保罗·特里最新的《伊索寓言》系列动画片，以便从中学习借鉴。"我雄心勃勃，想要拍出更好的影片，"沃尔特说，"但是我的眼界的广度和宽度是受下列现实情况所局限的：迟至1930年，我的理想还只是希望能够制作出像《伊索寓言》系列动画片一样好的卡通电影。"他每两个星期就得制作出一部电影，没有时间做得特别有创意——用他自己的话说，当时工作的目标就是"一个20美元的笑话，而不是一个1美元的笑话"。虽然仍像在堪萨斯城时那样，他把情节和场景都写出来，但基本上都是一串简单列举的"笑料和情景"，比如"第一幕猫在疯狂地套索"，或者"猫为了下陡坡，从马背上跳下来急剧下滑。"

至于表演这些滑稽动作的那只猫，就是在《爱丽丝鬼屋历险记》中，突然出现的那只胖嘟嘟的黑猫，长着尖尖的耳朵，瞪着大大的眼睛，拖着一条粗粗的尾巴，这很可能是在温克勒的教唆之下创作出来的。毫无疑问，这是故意模仿更为成功的《菲利克斯猫》系列动画片；又或许，一些动画历史学家推测，他们甚至是故意要激怒帕特·沙利文，因为温克勒一直在和他争吵。沃尔特在他的欢笑电影公司制作童话故事动画片时，或多或少对猫有些研究。《不来梅的四个音乐家》中有一只猫，显然《穿靴子的猫》里面还有一只更有名的猫。但是，《爱丽丝》系列动画片中多次出现的这只猫，却是沃尔特第一次连续使用的一个卡通形象，这在很大程度上是一种冒险。后来他给这只猫取名为朱利叶斯。不久之后，他——几乎和玛格丽特·温克勒一样——将动画片的重点越来越倾向于猫而不是小女孩，小女孩的屏幕时间随着朱利叶斯时长的增加而不断缩短。虽然爱丽丝仍然是最受欢迎的主角，但现在朱利叶斯凭借着机灵狡猾、勇猛顽强、沉着冷静的特点，成了动画故事的发起人——正是朱利叶斯，穿上公牛的皮，使得爱丽丝能在一场斗牛赛中打败牛，赢得了1万美元（《爱丽丝之斗牛士》）（Alice the Toreador）；正是朱利叶斯，用它的尾巴做了一个独轮脚踏车，从一群凶恶的老鼠中救出爱丽丝（《爱丽丝炒杂烩》）（Alice Chops the Suey）；正是朱利叶斯，抓住一个烟圈翻过一座监狱的墙，然后把它的尾巴变成梯子去接爱丽丝（《爱丽丝之监狱里的鸟》）（Alice the Jail Bird）；还是朱利叶斯，它把在它头顶上翻滚的"意念"热气球绑在一只腊肠犬的一头，把腊肠犬自己的"意念"热气球绑在另一头，让这只狗成为一艘飞船（《爱丽丝的热气球比赛》）（Alice Balloon Race）。在发行商温克勒的坚持下，其中许多的搞笑情节——尤其是朱利叶斯的足智多谋、它那可拆卸的尾巴、它焦虑时来回踱步，以及当它沉思时浮现在头上的大问号——都是直接从《菲利克斯猫》系列动画片中抄袭的。这么做本质上是用一种近似于赤裸裸的方式把《爱丽丝》系列喜剧变成了《菲利克斯猫》系列动画片。在某些片段当中，朱利叶斯和菲利克斯的相似之处如此之多，以至于沃尔特警告他的员工，他们正游走在侵犯版权的边界上。

然而，尽管它们都是衍生出来的，缺乏独创性，尽管沃尔特迫于温克勒的压力做出的让步使他的创新本能受到严重的压制,但是《爱丽丝》系列喜剧还是表达出了沃尔特·迪士尼的一个基本愿景。在《逃出墨水池》中,科科在冷酷无情而又坚硬如石的摄影创造的现实中欢腾嬉戏。与之不同的是,在《爱丽丝》系列中,一个真实的女孩进入了自己设计的幻想世界———一个柔韧的世界,在这个世界里,无论女孩经历了什么不幸,最终的结果总是符合她的期望和朱利叶斯充满阴谋诡计色彩的计划;在这个世界里,所有的混乱最终都会变得可控。通过他的动画,沃尔特在创造这种情景的同时,也创造了一种对解放和权力的隐喻。如果说弗莱舍夫妇暗示了物理世界的冷漠无情,沃尔特则暗示了一个人的心理世界的可塑性,即人人都可以像爱丽丝一样逃离现实世界进入心理世界。在沃尔特的世界里,人们总是试图逃避外界的捕获,总是试图阻止现实的入侵。在这个世界里,尽管他们也经常被围困,经常受困于某种力量,但沃尔特世界的居民仍然是自由的、全能的———只要他们留在这个世界上,只要这个世界保持完整,只要他们把自己与现实世界隔离开来。

然而,对沃尔特来说,不幸的是,最终也是灾难性的是,现实确实侵入了迪士尼兄弟工作室,并且是以一个名叫查尔斯·明茨(Charles Mintz)的人的名义不断侵入。明茨和沃尔特·迪士尼相遇时34岁,即使对那些声称认识他的人来说,明茨也是一个谜。他出生在宾夕法尼亚州的约克市,父母都是德国人,毕业于布鲁克林法学院,但他毕业后所从事的行业与所学专业简直是风马牛不相及。一方面,他进入了珠宝行业;另一方面,他以制片人的身份进入电影业。大家一致认为,他这个人冷酷、严厉、无情——用他手下一名员工的话说,"他是一个面无表情的人,一双冰冷的眼睛在夹鼻眼镜片后面闪着寒光,从来不和员工说话。他看着我们,就像一位海军上将在审视一排没有生命的立柱"。他是一个大摇大摆、趾高气扬、烟不离口的暴君，他喜欢象征权力的服饰。他最珍贵的财产是收集的一大批警察徽章。

这些对沃尔特·迪士尼来说都无关紧要，关键是在他与玛格丽特·温克勒签订合同仅仅一个月后，温克勒嫁给了明茨，明茨进入了她的公司，在她怀孕后，明茨实际上控制了公司。温克勒一直很宽容很克制，她会温和地批评，也会给予鼓励。相反，明茨则持续不断地给沃尔特施加压力，简单粗暴地要求他改进动画影片——批评它们画面太跳跃，曝光太不均匀——甚至临时派他的小舅子，也就是玛格丽特的弟弟乔治，去好莱坞监督沃尔特他们制作电影。但是，到了1924年夏天，沃尔特开始抱怨说，尽管他想按照明茨的要求制作出更好的动画片，但他根本没有资源这么做。那年8月，他在给明茨的信中写道，这些漫画的制作成本几乎和他得到的报酬一样高，迪士尼兄弟工作室发现自己处于财务非常紧张的境地。如果明茨不能预支他们下一部影片的900美元预付款的话——沃尔特提出额外再加40美元的附加费——他们甚至无法完成现在手头的这部影片，无法把最后一张照片从冲印胶卷的实验室里拿出来。同一个月，他被迫给戴维斯一家一张支付弗吉尼亚片酬的期票。"我们需要钱，"沃尔特在两周后又写了一封信，显然感觉很绝望，"我完全愿意牺牲这部电影的利润，只为能够推出一些好东西，但我希望你能通过为我们提供帮助来表达一下你的感激之情。"沃尔特想要下一部电影的全部应付款，金额是1800美元，减去他所说的"公平折扣"，但明茨也没有这么多钱，而是建议沃尔特要有耐心。

但是，耐心来之不易。1924年，从年头到年尾，迪士尼兄弟都被迫不断地向罗伯特叔叔借钱，以支付员工的工资，有时借100美元，有时借150美元，有时借175美元，在罗伯特叔叔最初不情愿的情况下，沃尔特向他借钱一定特别困难。他们自己也没什么钱。沃尔特和罗伊按需从公司拿钱，有时5美元，有时10美元，尽量节约，以免耗尽公司可怜的财务流水。对于未来的电影巨子来说，他们现在过的生活实在有点儿寒酸简朴；他们公寓的租金每月只有30美元，不过，总是把目光放在更炫的东西之上的沃尔特，确实也有挥霍的时候。他买了一辆二手的深灰色月亮牌跑车，挥霍了不少钱，但是这让他感到特别自豪。直到1924年12月，也就是工作室成立一年多以后，兄弟俩才开始领工资，每周50美元，即使那时他们也只能不定期地领到工资。

然而，尽管困难重重，但耐心似乎得到了回报。12月8日，乔治·温克勒（George Winkler）离开纽约前往洛杉矶。他与沃尔特签了一份新合同，并预测说："虽然事情并非百分百乐观，但总体而言仍有很多积极的因素在向好的方向发展。"根据该合同，温克勒继续购买另外26部《爱丽丝》系列动画片，每部的价格是1500美元，其中底片交付时支付900美元，底片交付后90天内支付600美元——这些条款实际上比第一份合同的条款更糟糕，因为第一份合同约定最后6部影片支付的价格是每部1800美元。新合同对迪士尼唯一的好处是，他可以分享影片发行后的收益，具体是每部影片的收入达到4000美元之后，迪士尼兄弟工作室可先得到新产生的收入的350美元，在此之后的收入由双方平均分配。尽管在当时看来，这些电影实际上不太可能产生足够的利润让迪士尼兄弟分享。

除此之外，合同条款还作了另一项修改，而这将带来另一股现实入侵的力量。随着合同协定的影片数量从12部增加到26部，温克勒要求迪士尼兄弟从1925年3月1日开始，前13部影片每隔3周交付一部，后13部每隔2周交付一部。即使按照目前的安排，每四周拍一部电影，能够按时交付，沃尔特已经非常吃力了，更不用说从中获利了。雪上加霜的是，温克勒和明茨还不停地下达指令要求修改这里修改那里，要求把影片做得更好——实际上他真的不需要这些指令和要求，但他依然以极其认真的态度对待它们，简直是奉为圣旨。他也持续不断地向明茨报告自己的改进进度——给卡通片添加了更多的笑料，给摄像机装了一个新的马达驱动装置，使卡通片的摄影效果更加鲜明，还添置了一个新的"摇摆稳定"三脚架，防止爱丽丝在屏幕上晃动——他似乎很乐意告诉明茨。他认为这些电影将会受到非常热烈的欢迎。持续进取是他的座右铭，是通向成功的唯一道路，是他渴望获得别人认可的唯一的方法，是为自己创造一个充满幻想的世界的唯一途径。沃尔特现在承认，他开始创立工作室时有点儿过于自信，关于制作电影，他还有很多东西需要学习，甚至从世纪影业公司雇用了一名摄影师。虽然这很显然是应乔治·温克勒的要求，但另一方面也是因为他承认自己对于如何操作摄像机还有很多不知道的地方。当年2月，他试图招募他之前在欢笑电影公司的两个老同事休·哈曼和鲁迪·伊辛来为自己工作，因为现在他需要扩大员工的规模，以适应新的进度更快的制作计划。他的主要"卖点"是："你们在那里待着没有多少机会做大事，做大项目"，而加利福尼亚能提供许多这样的机会；并且还说，如果希望在动画领域取得成功，他们还有很多东西需要学习——"这些东西只能通过与经验丰富的人一起工作共同实践来学习"。正如他在堪萨斯城所做的那样，沃尔特承诺将为他们提供培训。他补充道："当你游览了洛杉矶、好莱坞和周边地区之后，你会为自己没有早一点儿来而感到羞愧。"

到了4月底，在工资问题上反复讨价还价之后，哈曼和伊辛都决定加入迪士尼兄弟工作室。他们的加入使得工作室的员工人数增至9人，这还不包括沃尔特和罗伊。有一种说法是，那年夏天他们的到来产生了立竿见影的效果，这种效果如果说不是对动画片的样貌的影响，那就是对动画师样貌的影响。所有的动画师，包括沃尔特在内，都达成友好协定，大家都留胡子。"沃尔特想把它剃掉，"他的妻子后来回忆道，"但我们没有让他这么做。"但是，事实上沃尔特和埃沃克斯早在哈曼和伊辛到来之前就留起了胡子，至少早在4月份就开始了。很显然，沃尔特喜欢乔装打扮，他这么多年来一直想留胡子，他在给一位法国朋友的照片题词中打趣道："好吧，这就是我，但没有胡子。"罗伊说，留胡子不是闹着玩的结果，而是一种对沃尔特年轻外表的掩盖；他需要留胡子，这样看起来会比他23岁这一实际年龄要成熟一些，而且他就能更好地与商业伙伴和员工讨价还价了，因为他们中的许多人都比他年长。"有一段时间，他确实有一种让自己看起来更老的情结，"罗伊说，"因为他太年轻了。"

小小的形似牙刷的卫生胡将成为他脸上长期不变的固定特征（埃沃克斯也是如此），特别是在公众熟悉了他之后，这种身体特征就成为沃尔特·迪士尼的固有形象，人们一想起沃尔特·迪士尼，脑海中就会出现他留着卫生胡的形象。但是，除了胡子，在那个春天，沃尔特的生活发生了另一个变化，这种变化对他来说同样是永久性的，而且意义要重大得多。沃尔特·迪士尼坠入了爱河。

2

到目前为止，他对女人出奇地不感兴趣。虽然他的母亲一度认为他在高中期间是一个好色的浪荡子，虽然他可能很敏感，甚至很温柔——他经常用"爱"这个字作为从法国写给他在麦金利高中时的同学、比娅·科诺菲尔的朋友弗吉尼亚·贝克的信的收尾——但他没有追求过女人，也没有和她们有过特别亲密的关系。他似乎更喜欢和男人交朋友。"他有点儿不一样，"沃尔特·帕非弗回忆道，"我的意思是，他那时对女孩子还没有审美能力。甚至当他参军入伍并在战后前往法国时……当他回来的时候,也并没有把女孩子看得太重。事实上,据我所知,他从来没有过一个女朋友。"我很正常,"沃尔特多年后解释说,"但女孩们让我厌烦。"他说,她们没有和他一样的兴趣。

产生这种感觉的部分原因可能是比娅·科诺菲尔抛弃他之后给他带来的情感幻灭和失望。部分原因可能是年轻人希望避免那些会使情况复杂化的东西和任何自己无法控制的事情。在堪萨斯城,当他还是一个孤独自立的年轻人的时候,他的注意力就专注于动画和欢笑电影公司,而不是浪漫的爱情,尽管他偶尔也会和赞助人考尔斯医生年轻的小姨子多萝西·温特(Dorothy Wendt)约会,带她去阿拉莫剧院(Alamo Theatre)或电子公园(Electric Park)的舞蹈馆。在离开堪萨斯城去了加利福尼亚之后,他还继续给她写信。除此之外,还有一个叫彼得森(Peterson)的姑娘,他很少见到她,但也和她保持着通信联系。尽管如此,他仍然把婚姻看成是一个陷阱。他说,当他在堪萨斯城电影广告公司上班时,看到已婚同事们愁眉苦脸地上班,闷闷不乐地被工作束缚时,他已经下定决心,要到至少25岁,攒下1万美元以后,他才会结婚。

似乎并非只有沃尔特不屑于浪漫。罗伊,现在已经31岁了。在因患肺结核住院养病康复期间,他推迟了与埃德娜·弗朗西斯的婚礼,当然还有一个原因是为了攒到足够的钱,但是一推迟就推迟了许多年——事实上,一直拖到了1925年春天的一个晚上。正如罗伊所说,大多数情况下,他会在下午回到兄弟俩合住的公寓打个盹,恢复体力,然后再回到工作室,工作几个小时,再离开,回家准备晚餐。在那个命中注定的夜晚,沃尔特对他哥哥辛苦做出的饭菜不满意,怒气冲冲地出去吃饭了。罗伊说他被这顿小脾气激怒了,所以最终决定叫来埃德娜。尽管他们在1920年就订婚了,他还是在电报中正式向埃德娜求的婚。埃德娜当时已经35岁了,是弗朗西斯家6个孩子中最后一个结婚的，4月7日，她和母亲一起来到了洛杉矶——"你知道，一切都是命中注定的。"她后来对一位采访者说——四天后，她和罗伊在金斯韦尔大街罗伯特叔叔家的房子里举行了婚礼。沃尔特给他的哥哥当伴郎，伴娘是一个叫莉莲·邦兹（Lillian Bounds）的女孩。在家庭的婚礼录像中，可以看到沃尔特紧紧地拥抱着这个女孩，热情地亲吻她。

莉莲是迪士尼兄弟工作室的一名上色工，也是工作室的首批员工之一。1923年年末，她从爱达荷州来到洛杉矶看望姐姐黑兹尔·休厄尔（Hazel Sewell）。休厄尔与丈夫和7岁的女儿住在好莱坞的佛蒙特大道上，离迪士尼兄弟的工作室不远。莉莲姐姐的一个朋友在迪士尼兄弟公司找到了一份给赛璐珞描线和上色的工作。迪士尼兄弟问这个女孩是否认识其他可能有兴趣在那里工作的人。据莉莲后来所说，这个年轻女子告诉莉莲，她会推荐莉莲，条件是"你不要去勾引老板"。"我根本没想过要去勾引他。"莉莲回忆道，并且当时她似乎对沃尔特并没有太深的印象。她第一次见到他时，他穿着他那件旧的棕色开襟羊毛衫和一件雨衣，正在抱怨自己没有小汽车。（他要到那一年晚些时候才会购买他的月亮牌跑车。）她说，她之所以接受这份工作，只是因为它离她姐姐的家距离很近，步行就能到，不需要她付公交车费。1924年1月19日，她开始在迪士尼兄弟工作室上班，每周15美元的薪水。

莉莲快要过26岁生日了，比沃尔特大了将近4岁，她是当代城市女性的典型代表。她个子不高，身材苗条，优雅漂亮，笑容灿烂，乌黑的头发剪成时髦的波浪形。但与沃尔特和罗伊一样，她实际上是拓荒者的后代，性格稳重，不太活泼。她的祖父詹姆斯·L.邦兹（James L. Bounds）是西北边疆地区（后来成为俄勒冈州）的首批定居者之一，在退休后前往爱达荷州之前，在加利福尼亚淘金热中赚了一笔小钱。詹姆斯的儿子，即莉莲的父亲，威拉德·邦兹（Willard Bounds）有各种各样的身份：印第安侦察兵、铁匠、联邦法警副警长。1895年，威拉德·邦兹驾驶着一辆"出租马车"从爱达荷州的刘易斯顿出发前往斯伯丁，载着满满一车面值20美元的金币，总价值62.6万美元。这笔钱是美国联邦政府支付给印第安保留区内兹佩尔塞（Nez Percé）郡印第安人的，用于购买他们的土地。莉莲于三年之后出生，在拉普瓦伊边区（Lapwai）的印第安人中间长大。拉普瓦伊边区位于爱达荷州北部的印第安保留区内兹佩尔塞郡一个狭窄的山谷里，印第安事务所和印第安学校也在这里。每年牧民们都会赶着他们的牲畜穿过这里，翻过没有围栏的田野，前往拉普瓦伊边区北部的牧场。这是一个与世隔绝的地方——尽管刘易斯顿距离这儿只有12英里远，但除了坐渡船渡过清水河，人们是没有别的途径进入这个地方的——这个地方适合粗犷而且强壮的人生存。如果说迪士尼的祖先们看上去像一贫如洗的农民，身体瘦削且苦行寡欲，那么邦兹一家则看上去令人敬畏——威拉德身宽体胖，块头很大，留着超大号的胡子，而他的妻子珍妮特（Jeanette），也就是人们所说的妮蒂，则又矮又壮，身材短粗壮实，体重超过200磅。他们都是体格结实强壮的人。

但是，就像迪士尼一家一样，他们最终还是无法适应周围的环境，没能过上好一点儿的日子。威拉德和妮蒂一共生了10个孩子，莉莲是最小的一个，全家都在持续不断地奋斗。邦兹家族从淘金热中获得的财富，无论是什么，无论有多少，都早已荡然无存、一去不返了。除此之外，已经成为政府铁匠的威拉德多年来一直饱受肠道疾病的折磨，身体变得日益虚弱，并最终在1916年因肠道疾病去世。"他们从来都不知道明天是否有足够的食物，"妮蒂的女儿说，"妈妈甚至从来没有穿过一双大小合脚的鞋子。"威拉德去世之后，莉莲和母亲搬到了刘易斯顿，莉莲在那里上了商学院，在她决定去洛杉矶之前她一直住在那里。

第三章 迪士尼工作室初创

那年1月，当她遇见沃尔特·迪士尼时，两人都没有发现对方有什么吸引人的地方，更不用说产生浪漫的一见钟情的感觉了。最多，即使她住的地方离工作室很近，步行即可走到，但沃尔特还是会开车送她和另一个同事回家。然而，莉莲注意到他总是先送另一个女孩到家，然后才在莉莲姐姐家附近停下来，但从来没有停在她的姐姐家门口——因为，莉莲想，他可能怕莉莲姐姐一家看到自己衣衫褴褛的样子感到尴尬吧。莉莲承认，尽管他衣衫褴褛，但正是在回家的路上，"我开始把他当成一个大人物来看待了"。沃尔特也开始注意她了。一天晚上，当他把她送到家，她正要下车的时候，他问她，如果他买一套新的衣服，是否可以到她的家里拜访她，约她一起参加社交活动。莉莲同意了，于是他和罗伊去了福尔曼克拉克商店，这是一家位于市中心的男性服装店，给他们每人买了一套配有两条裤子的西装，这对他们来说是一笔不小的开支。（罗伊定了35美元的限额，但沃尔特还是超过了。）当沃尔特开着车来接她去约会时——他已经买好了《不，不，纳内特》的票——他站起来，自豪地展示他那套灰绿色、双排扣的新衣服，一点儿也不难为情地问她的姐姐、姐夫和侄女他们喜欢不喜欢他的新西装。他的天真憨厚，莉莲说，把他们全都迷住了。尽管沃尔特有迷人的魅力和诱人的吸引力，但莉莲还是成功地让人觉得他们似乎是因为别无选择才开始约会的。"我没有其他的约会对象，"她说，"而且他也没有。"

即使在他们开始定期约会之后，两人之间的关系似乎也更像一种伙伴之间的友谊，而不是恋人之间的爱情。沃尔特经常去看望莉莲。莉莲的外甥女玛乔里（Marjorie）回忆说："似乎是突然之间，沃尔特来我们家的次数一下子变得很多。"然而，就连休厄尔一家也搞不清楚沃尔特来这里到底是因为莉莲，还是因为黑兹尔有一手出色的厨艺。沃尔特有时候夜里去他们家，把睡在沙发上的玛乔里叫醒，把她送到莉莲的房间，这样他和莉莲就可以有自己的隐私空间了。然后，在他离开之前，他会把玛乔里抱回到沙发上，轻轻地给她掖好被子。在他买了一辆车灯安装在散热器上的月亮牌跑车之后——他之前一直借用弗吉尼亚·戴维斯父亲的福特车作为回家的交通工具——他和莉莲会开车在外面转悠很长时间，穿过橘树林，向东远到波莫纳市和里弗赛德市，甚至向北远到圣巴巴拉市。其他时候，他们会去好莱坞的茶室吃晚饭。他们经常去看电影。在这些驾车远游的途中，在这些约会的时间里，沃尔特会一直不停地讲话，但他谈论的更多的不是他们的未来，而是他的——关于他的工作和计划，以及他希望在动画方面实现什么目标。"我认为，他从来不会想什么事。"埃德娜·弗朗西斯·迪士尼回忆道，她的回忆比莉莲本人的回忆更丰富，"除了他的工作和莉莲……他只想着她和他的工作。"

在经历了至少一年时间的恋爱之后，结婚的决定，就像约会的决定一样，似乎也是一种别无选择之举——履行义务。甚至在几十年后，虽然沃尔特对订婚也不再那么多愁善感了，还是会和女儿探讨有关婚姻的问题："你怎么知道这不仅仅是一种对友谊的需要？"罗伊怀疑沃尔特欣赏的是莉莲温和顺从的天性。"沃尔特是个专横霸道的人。而她是那种百依百顺的人，一直顺着他这个人和他所做的所有的事，"他后来说，"她崇拜他，他想做什么她都不会反对。"沃尔特本人也认为莉莲是个"很好的倾听者。我会告诉她我希望做什么，而她会听从我说的一切"。当他开始考虑向她求婚的时候，莉莲已经从给赛璐珞板描线和上色的工人变成了帮罗伊管理工作室事务的办公室秘书，甚至后来她还开玩笑说，她在做记录的时候犯了很多错误，沃尔特说他必须把她娶回家来解除她对工作室的侵害。但是，还有一次她说，沃尔特决定娶她，是因为他欠她的钱，欠她的工资。他要求她不要在工作室的钱柜空了的时候要求领取薪水。而沃尔特则有另一种说法，他说他采取了迂回战术，没有直接求婚——他要求莉莲在他们一起出钱买一辆新车或一个戒指之间做选择，就像他曾经问比娅·科诺菲尔他应该买一艘独木舟还是一架照相机一样。莉莲选择了买戒指，于是罗伊和沃尔特找到了一个钻石批发商人，他以 75 美元的价格将一枚 3/4 克拉的钻石卖给了他们，钻石镶嵌在一个细细的铂金带上，四周镶嵌着蓝色的宝石。"在我看来，它就像一个火车头大灯。"沃尔特说。

这对夫妇原本的计划是等待一段时间之后再结婚，但在罗伊结婚并搬离沃尔特所住的公寓后，莉莲说他们把计划提前了，因为"沃尔特不喜欢一个人待着"。那年 7 月初，他们乘蒸汽轮船去了西雅图，然后乘火车去了刘易斯顿——为了准备这趟出行，沃尔特从工作室拿走了 150 美元现金，并且单方面把他的周薪提高到了 75 美元，比罗伊高出 25 美元。1925 年 7 月 13 日，他们在莉莲的哥哥家举行了一场小型婚礼。婚礼上，莉莲穿着淡紫色的礼服，全程都在紧张地傻笑着。他们的蜜月行程是先去雷尼尔山国家公园，再去西雅图市及其周边地区，然后在回家的路上在波特兰稍作停留，以便去看望未能参加他们婚礼的伊利亚斯和弗洛拉。但是，正如沃尔特记得的那样，即使是他的新婚之夜，与他的求婚如出一辙，一点儿也不浪漫，这可能是因为他太胆小太害羞了，不擅长搞得特别浪漫。他说他牙疼得睡不着觉，整个晚上都在帮门房擦鞋。

一直到第二天早上天亮了，他去找了牙医，把疼的那颗牙齿拔掉了。

3

当沃尔特 8 月度完蜜月回到工作室时，他进入了天时地利人和俱备的状态，工作室的业务乘风破浪，突飞猛进。当年夏天和秋天，业界对《爱丽丝》系列喜剧的评价都很积极正面，有时甚至近乎狂热："这是一部聪明的新颖的动画片……并且可以为您的节目提供观众认可的多样性"（《电影日报》）；"《爱丽丝》系列喜剧为首都娱乐提供了锦上添花的效果，其中展示了创作者的大量新发明"（《电影新闻》）；"每一部沃尔特·迪士尼的动画片……似乎都比前一部更有想象力、更有智慧"（《电影世界》[Motion Picture World]）。弗吉尼亚·戴维斯已经开始参加一些公开娱乐活动，这毫无疑问是《爱丽丝》系列大获成功的一个标志。乔治·温克勒告诉沃尔特，他正在与出版商讨论，计划出版一本与《爱丽丝》系列有关的书，供圣诞节期间与其他东西搭配销售。事实上，迪士尼兄弟也对未来充满了信心，在沃尔特和莉莲举行婚礼的前一周，兄弟俩在洛杉矶以东银湖区的格里菲斯公园附近的赫伯里恩大道上投下了 400 美元的定金，买下了一块带有办公大楼的地皮，这里距离金斯韦尔也很近——沃尔特让罗伊在这块地皮和韦斯特伍德的地皮之间作出选择——他们打算在那里建一个比金斯韦尔临街办公室更大的工作室。

但是，如果说沃尔特在那个夏天开始觉得事业走上了正轨，自己终于找到安全感了，那么这种感觉并没有持续多久，到了秋天，他和明茨的关系又重新紧张起来。表面上，主要问题还是钱。根据1月份新签订的合同，明茨加快了影片发行计划，但是沃尔特非常想要以更快的速度从明茨那里拿到钱，特别是现在，因为他已经结婚成家了，而且正在考虑建一个新的工作室，所以他交付电影的速度比合同规定的更快，从每3个星期一部提速到每16天一部。明茨也同样想要把钱留在自己手里，所以命令沃尔特停止如此频繁地交付。沃尔特回答说，只要影片交付的间隔时间不超过3个星期，他就可以随心所欲地按自己的意愿把影片寄出去，并威胁说，如果明茨不能把到期的应付款汇过来，他就会另外寻找发行商。这一威胁，虽然几乎可以肯定是一种虚张声势的表达，但还是让明茨大为光火。他在10月份发出了一封愤怒的长信，谴责沃尔特的忘恩负义（"你拍摄的前七部动画片，把其中任何一部送给全世界其他任何一个发行商……他们都会毫不犹豫地给你扔出去，连一眼都不看。"）、他的笨拙无能（"你今天还能拍电影的唯一原因，是我们派乔治·温克勒前往你们公司，教会你拍摄现在你正在拍摄的这种类型电影所必须知道的知识，而且他的相关费用还是我们承担的"），和他的贪得无厌（"到现在为止，我们还没有从你交付给我们的任何一部影片中获得1美元的收益，每部影片都赔钱了。"）。

　　从技术上讲，沃尔特是对的。他可以按照自己的喜好来交付，只要不超出合同规定的期限之外，他高兴什么时候交付就什么时候交付，但作为一个年仅23岁的动画片领域的新人，他还没有足够的影响力来挑战他的发行商。而且，无论如何，在他和明茨就费用细节反复拉锯的同时，明茨还在与一家大型的全国性发行商——美国电影票预售公司——就一笔交易进行谈判。谈判内容是将明茨手中的全部作品——明茨自己制作的取代《菲利克斯猫》的《疯狂猫》系列动画片和《爱丽丝》系列动画片——全部打包出售给美国电影票预售公司。这使得他与沃尔特之间的这场争论变得更加复杂。明茨此前一直在所谓的"州权"的基础上发行自己的电影，这意味着他会将这些电影一个州一个州地卖给当地的影院线路。但随着情况的变化，现在独立发行正迅速让位于更大的机构在更大的范围内发行。明茨很显然知道沃尔特雄心勃勃，他希望把全国发行看作他事业发展的一个新机会，因此建议他们先把分歧放在一边，按照老合同的条款签订一份新合同——每部电影1500美元，底片交付时支付900美元，底片交付后90天内支付600美元，所有超过3000美元的收入双方平均分配——并建议沃尔特尽快来纽约签署协议，完成交易。"我打算让你们的作品成为全世界同类产品中的领先者和佼佼者。"明茨在信中的语气明显带有和解的意味，呼应了他的妻子早些时候的承诺。

一如既往，沃尔特需要钱来维持工作室的正常运营，尽管他相信《爱丽丝》系列动画片会越来越受欢迎，但是他几乎很难做到收支平衡。不过，这一次，钱又一次不是他唯一的考虑，甚至可能不是他考虑最多的。沃尔特内心深处有两种经常互相冲突的冲动：一种是为了追求成功而说做就做的冲动，这可以通过金钱和认可来证明；另一种是更深层次的心理冲动，即对控制的追求，他只有在不受干扰的情况下完全按照自己想要的方式拍摄电影，才能满足这种冲动。最后，沃尔特敦促明茨略微放宽合同条款——除了每部影片 1500 美元的片酬，沃尔特现在要求每部影片如果总票房超过 4000 美元的话他将额外获得 350 美元的片酬，之后的收益如当前合同规定的那样，双方各分得一半——同时，他又增加了一条自己的新条款，表明他对明茨的审美要求和批评意见有多么不满，同时也显示明茨与沃尔特之间的冲突可能一直都与权力有关。这个新增的条款就是："关于喜剧的制作，一切都由我来决定。"沃尔特要钱的时候可能一直都是在虚张声势，试图强迫明茨接受他的要求、提供更多的资金，但是，在对控制权的追求过程中，他并没有虚张声势，而是发自内心地想要自己控制局面。如果一个人没有按照自己的意愿来塑造和控制这个梦幻世界，那么创造可供逃避的另一个世界就没有什么意义了。当明茨带着嘲笑意味拒绝了这个要求时，沃尔特中断了他们的谈判，并对他们的合作关系即将结束表示遗憾。

与此同时，沃尔特发现自己陷入了另一场争吵——这次是和戴维斯一家。为了削减开支，那年夏天，沃尔特提议他只为弗吉尼亚的实际工作时间支付酬金——每天 25 美元。由于她前一年只工作了大约 18 天，这对迪士尼兄弟工作室来说是一笔巨大的节省款，对戴维斯一家来说则是一笔巨大的损失。可以理解的是，戴维斯夫妇听到这个建议勃然大怒，他们指责沃尔特，对他破口大骂，并指责乔治·温克勒为了能签下自己朋友的女儿，一直在想方设法要把弗吉尼亚赶走。沃尔特不想抛弃弗吉尼亚，因为现在她与这部系列动画片的关系如此密切，已经成了这部动画片的代表。但是，人们越来越多地关注动画，而不是爱丽丝，经济压力和来自明茨的压力迫使他签下了另一个女孩道恩·奥黛（Dawn O'Day），她只出演了一部电影，然后又签了 4 岁的玛吉·盖伊（Margie Gay），两人的片酬都是每天 25 美元。盖伊有一头短短的黑色内卷发，而弗吉尼亚是长长的金色卷发；盖伊长着一张圆圆的娃娃脸，而弗吉尼亚的脸异常成熟。她们两人如此不同，给这个系列动画片带来了不同的品质。一位动画历史学家写道："弗吉尼亚·戴维斯有几分像后维多利亚时代的形象——她的魅力就像一个年轻版的莉莲·吉什（Lillian Gish），而玛吉·盖伊更像一个时髦的年轻女性。"但弗吉尼亚·戴维斯对她与盖伊之间的区别有不同的解释。后来她冷言冷语地抨击说："玛吉小小的克拉·鲍（英国女演员 Clara Bow）式发型很可爱，但她真正需要做的只是拍拍她的手，把她的手放在她的臀部上，跳上跳下。"不管戴维斯是否承认，爱丽丝已经含蓄地承认，她在讲述她自己的故事的电影中已经成为配角。

在与明茨和戴维斯一家如暴风骤雨一般的争吵中，沃尔特找到了一个喘息的机会：当年 2 月，迪士尼兄弟把工作室从金斯韦尔的两个房间搬到了赫伯里恩大道上的新办公室。这不是一个特别引人注目的地方，坐落在野生燕麦之间，毗邻一个管风琴厂和一个加油站。一位员工描述它的大小和杂货店差不多——只有一间 1600 平方英尺的灰泥平房，迪士尼兄弟花了 3000 美元对其进行装修。沃尔特后来把它描述为"一幢小巧的、绿白相间的建筑物，屋顶覆盖着红色的瓦片，前面有一小块漂亮的草坪，我们一出门就能见到一片绿意"。尽管如此，它不仅代表了迪士尼兄弟公司的成长和抱负，也代表了沃尔特在面对自己取得一点点成功时的自我膨胀，甚至是一种自我炫耀。这就是他现在的工作室。"一天晚上，我和沃尔特在讨论搬迁的事，"罗伊曾对一位同事说，"沃尔特对我说，'罗伊，当我们搬到赫伯里恩时，我要竖立起一个巨大的霓虹灯招牌，上面写着'沃尔特·迪士尼工作室'……他看着我，好像在期待一场争论。我说，'如果这是你想要的样子，我随便。'沃尔特说，'这正是我想要的样子，未来将是这种样子！'事情就是这样。"迪士尼兄弟工作室最终变成了沃尔特·迪士尼工作室。

对于一个已经与发行商陷入僵局、合同即将结束的人来说，这在很大程度上是一种虚张声势的冒险。但是，沃尔特可不会对明茨不战而降。他是一个想法较多的人。就在搬到赫伯里恩之前，很明显是为了打破僵局，他曾直接写信给美国电影票预售公司主任约瑟夫·施尼策尔（Joseph Schnitzer），向他抱怨明茨。施尼策尔把这一情况通知了明茨，明茨火冒三丈，马上给沃尔特写了一封信，说他对沃尔特非常失望。当施尼策尔提出调解时，明茨拒绝了，说他本人拥有《爱丽丝》系列动画片的所有权利，根本不需要沃尔特。现在沃尔特转念一想，改变了主意。他在2月8日给明茨发去了另一套付款条件：影片上映后，除了最初的4000美元毛收入，接下来的500美元归迪士尼公司，然后接下来的500美元归明茨，后续收入双方平分。除此之外，沃尔特还要求保留这些电影的版权。明茨尽管原则上同意了，但他仍在讨价还价，甚至亲自来到洛杉矶讨论合同问题。当谈判结束最终签订合同之后，沃尔特才意识到，预付款额度的下降可能会危及影片正常的拍摄和制作，损害影片的质量。"我希望你明白这一点，几乎不可能把每部影片都打造成热门和爆款，这不符合自然规律。"沃尔特在谈判的最后阶段给明茨的信中写道。对于一个如此渴望出类拔萃的人来说，这肯定是一个艰难的让步，一个痛苦的过程。"我只希望你能公正地告诉我,哪部影片我拍得非常好,以及哪部影片拍得不好,好让我有一个客观的判断和后续改进。"至于影片的版权,还是被明茨保留了。

沃尔特就这样解决了和明茨的危机,但他并没有解决更深层次的金融危机或身份地位危机。虽然有了新合同,他仍然在为钱而四处奔波,想方设法来提高他在《爱丽丝》系列动画电影上的微薄收入。在加利福尼亚的这段时间里,他一直在向麦克拉姆医生寻求帮助,希望他给自己一些制作动画片的工作,尽管沃尔特知道从中获得的利润几乎微不足道。麦克拉姆医生是他在堪萨斯城期间委托他制作动画片《汤米·塔克的牙齿》的牙医。沃尔特还主动提出为卡尔·斯托林制作歌曲电影,他曾为后者制作过《玛莎》(*Martha*)。与此同时,他还承接了另一家公司转包的任务,为一个系列电影制作字幕。1926年夏天,他终于获得了麦克拉姆医生的新项目,被委托制作一部新的牙齿卫生保健电影《克拉拉清洁她的牙齿》(*Clara clean Her Teeth*)。在这部电影中,沃尔特让莉莲的外甥女玛乔里·休厄尔(Marjorie Sewell)出演。她饰演一个衣衫褴褛的流浪儿童,因为牙齿被蛀坏而遭到其他孩子的排斥。

在与明茨摊牌之后,沃尔特又不得不拍一部关于牙齿卫生保健的小儿科电影,这很显然是一件令人感到羞耻的事,尤其是在他如此豪气万丈地试图维持自己虚幻的成功表象的时候。而且,他不仅仅要在合作对象的面前保持成功的样子,在自己的员工面前也是如此。他的一名员工在写给家人的信中这样描述他们在赫伯里恩的新办公室:"沃尔特的办公室看起来就像银行行长的会客室,超级豪华阔大。"但在整个1926年,这位拥有超大办公室的男人制作的《爱丽丝》系列动画片每部利润都不超过300美元,而且在临近年尾和合同即将到期的时候,他的利润下滑至每部100美元,而在该系列的最后一部电影中,他的利润进一步下滑，简直是断崖式下跌，亏损了 61.25 美元。后来，明茨要求他出一部分资金，大家联合对抗约翰·伦道夫·布雷，因为后者指控动画师侵犯了他的版权。沃尔特婉言谢绝了明茨的这一要求，请求他免除自己应承担的份额，他说他实在负担不起："我已经透支了自己的能力，早已经处于勉为其难的状况了，能把手头现有的事情办好已经竭尽全力了。"

如果说在工作室里扮演年轻的大亨已经困难重重了，那么在家里就更是不可能轻松了。他和莉莲度完蜜月回到了墨尔本大道的一间面积狭小的公寓里，离金斯韦尔的工作室不远。这间公寓面对一条小巷。"我记得我很不开心，因为我从来没有住过公寓，"莉莲说，"我习惯了在爱达荷州的家，在那里我走出家门，就可以走到开阔的户外。"尽管沃尔特每月都能从公司拿到汽车补贴，但直到第二年，夫妻俩搬到了南边隔着几个街区的一套公寓里，才有能力购买自己的家具。这套公寓位于离日落大道不远的联邦大道上。

如果说这种羞辱和节衣缩食还不够的话，那么另一种新的紧张关系又袭来了——它的问题甚至比明茨带来的问题更为严重，尽管这些问题直接源于明茨一手造成的那些困难。沃尔特一方面因财务问题而苦苦挣扎，另一方面还得和明茨针锋相对地斗争，这个时候，他也第一次开始和他的员工们进行斗争。1926 年，包括看门人在内，他的员工总数自始至终还不到 10 人。长久以来，沃尔特一直都是一个喜欢玩乐、乐于合作、不拘小节的人——一个大孩子。据一名员工说，工作室的员工会聚集在办公室或沃尔特的公寓里，大谈特谈，插科打诨。"沃尔特会想出一个点子，"他回忆道，"——好吧，我们让爱丽丝在这部电影里当消防员吧，或者我们让爱丽丝去钓鱼吧，或者别的什么。然后我们就会根据他的想法延伸各种各样的点子，构思情节，补充有关消防或是钓鱼的笑料。然后沃尔特会把它们串联在一起，编成一个完整的故事。他会努力想出一个连贯的线索，保证故事的连续性和流畅性。"在制作动画时，他们会集中在一个房间里，像一群战友一样并排坐在一起，由沃尔特负责导演和计时，共同完成场景设置和动画拍摄。下班后，工作室的这群人也经常聚在一起。在1926年新年那一天，他们开着沃尔特的月亮牌跑车和罗伊的奥克兰汽车一起驱车前往提华纳，一起欢度新年。

但那年冬天，工作室里的气氛突然变得严肃起来，变得尴尬起来。明茨的责难压力，财务上的捉襟见肘，以及沃尔特自己对改进动画质量的痴迷甚至偏执，使他从一个粗枝大叶的年轻人变成了一个马丁内特式的人（要求严格执行纪律的人），他向员工不停地施压，刺激他们，鞭策他们，甚至变得骂骂咧咧。长期以来，他总是委曲求全对明茨作出让步，现在又把这种压力转移到了员工身上，让员工对他作出让步。每个人似乎都注意到了他性情的变化——从天性快活乐观变得神经紧张、脾气暴躁。一些人提到了"性格的冲突"。"我犯了一些错误，"外号"卷毛"的伊萨多·弗雷伦（Isadore Freleng）回忆道，"而沃尔特——尽管在我加入他（的公司）之前，他在给我的信中表达了足够的耐心，但现在他没有表现出任何耐心。他变得口无遮拦，对我恶言相向，不停地抱怨辱骂我。"弗雷伦原本是堪萨斯城电影广告公司的一名老员工了，1927年年初在沃尔特的劝诱下加入了迪士尼公司。（他接替了已经离开的"蹩脚演员"汉密尔顿，弗雷伦说，因为汉密尔顿"无法忍受沃尔特对他暴风骤雨一般的辱骂"。）"沃尔特会对我说侮辱性的话，"弗雷伦说，然后弗雷伦会回击。另一位迪士尼公司早期的员工说："当沃尔特想要你感觉不舒服的时候，他会让你真的感觉很糟糕。""他就是那样，"休·哈曼表示同意，"除非你百分之百地支持沃尔特，除非你在全心全意地为他做事，为他工作，否则他会认为你在欺骗他，背叛他。"

事实上，哈曼就是在背叛他。因为实在无法忍受沃尔特的大声训斥和无礼辱骂，他和伊辛一起合谋，想引诱包括埃沃克斯在内的其他动画师离开沃尔特，加入他们的行列，一起创办自己的工作室，成为沃尔特的竞争对手。他们已经和制片人杰西·拉斯基（Jesse Lasky）进行了讨论。1926年8月，伊辛得意忘形地给欢笑电影公司的一位老同事卡门·麦克斯韦尔写信说道："这将让沃尔特陷入一种一败涂地的状态，但商业就是商业。"[1] 但是，在他们开始实施计划之前，沃尔特就因为伊辛手还在动画摄像机的按钮上，人就睡着了，把他解雇了。同时，他发现弗雷伦在本应上班的时间却在外面的一辆双层巴士上，于是也解雇了他。弗雷伦说，他第二天来到工作室，发现他的桌子被清理干净了。在他离开之前，伊辛将工作室描述为诱发冲突和产生烦恼的巢穴。埃沃克斯则一如既往地平静地忍受着沃尔特的不断翻新的虐待，并劝告其他人也像他这样做。他形容工作室是"诡异孵化所"和"花花公子的豪宅"。但是，怨恨的情绪如果不能及时化解，就会长期酝酿和积累；而且这种情绪酝酿积累的时间越久，爆发的时候破坏力就越大。事实上，这种情绪一直在弥漫和积累，直到最后把工作室彻底摧毁。

4

　　现在，迪士尼工作室弥漫着一种危机感。前一年6月，沃尔特给他的员工设定了每两周半完成一部电影的工作计划，甚至给员工发奖金，以加快电影的制作速度，达到了每两周交付一部的水准。但

---

[1] 在一次采访中，哈曼说，沃尔特当初为了让他们离开原来的公司加入自己的工作室，曾经答应给他和伊辛一部分迪士尼工作室的股份，后来却食言了。在那之后，他就开始对沃尔特心怀不满。

是，在沃尔特的粗暴行为引发了一系列的人事变动之后，以及在那年1月埃沃克斯结婚和度蜜月等其他一些波折之后，要按照这个时间表来交付影片变得越来越困难。尽管沃尔特不断向工作人员施压，要求他们改进动画，尽管《爱丽丝》系列电影确实展现出了更复杂、更成熟的视觉效果，但是就连沃尔特也意识到，这个系列动画片正在走下坡路。"我觉得，在影片的故事情节和笑料的总体结构和方式方法上，我们有点儿墨守成规，千篇一律。"1927年2月，他在给明茨的信中写道，"我尝试了所有可能的方法来找出其中的不足，现在我相信我已经找到'它'了。"虽然沃尔特没有说"它"是什么，但他要求明茨特别注意那些新式电影，并告诉明茨他对这些新式电影的看法。尽管如此，这恰恰从另一个方面表明，真人实景版电影给人的新鲜感正变得越来越淡，虽然明茨为了节省开支，正在敦促沃尔特在电影中增加更便宜的真人实景版镜头，而此前他一直坚持要减少这些镜头。1927年年初，乔治·温克勒用另一个女孩露易丝·哈德威克（Lois Hardwick）取代了玛吉·盖伊。沃尔特热情地说，露易丝"充满活力和表现力"，是"迄今为止最好的"。明茨一开始不情愿，最后勉强同意使用她，但在此之前他还是嘟囔道："她的腿好像有点儿粗。"

他们现在需要做点儿什么了，需要采取行动了。当时，显然明茨自己也认为《爱丽丝》系列动画片正处于垂死挣扎之中，所以已经开始与环球影业公司进行谈判，计划制作另一部系列卡通剧，创造一个新的卡通人物。他要求沃尔特提供一些绘制的图片。"他们似乎认为市场上的猫太多了，"明茨给沃尔特下指示说，"只要他们愿意购买，我们自然就必须设法把他们想要的东西卖给他们。"沃尔特给了他一些兔子形象的素描。6周后，1927年3月4日，明茨与环球影业公司签署了一项协议，制作26部以幸运兔奥斯华为主角的卡通短片。凭借这一举措，环球影业公司在缺席10年之后又重新进入了动画领域。

明茨在同一周前往加利福尼亚，大概是去见沃尔特，不过《电影世界》报道说，乔治·温克勒也正在紧锣密鼓四处活动，打算"建立一个专门制作奥斯华喜剧短片的工作室"。这对沃尔特来说，是一个不好的兆头。沃尔特完成了《爱丽丝》系列动画片的最后一部，这部动画片一共拍摄了56部。

现在，突然出现了一个全新的挑战——不仅要创造一个新的角色，还需要迅速制作电影，向环球影业公司证明沃尔特的效率。明茨敦促沃尔特尽快拍摄第一部影片。沃尔特也马上动手，甚至在乔治·温克勒到来之前，就立即开始制作《奥斯华》系列动画片，并在那年4月初，只用了两星期多一点儿的时间就完成了该系列的第一部——《可怜的爸爸》(*Poor Papa*)。毫无疑问，沃尔特肯定认识到，现在他面临的是一个多么重要的机会——为一个重要的发行商制作一部重要的动画系列——如果成功的话这将在多大程度上推进他的事业。但是，明茨和环球影业公司对第一部影片都不太满意，环球影业公司还采取了极端的措施，拒绝发行这部影片。明茨认为，影片中有太多相互竞争的角色，奥斯华的形象应该是"看起来既年轻又时髦，生机勃勃，戴着单片眼镜"，而不是像沃尔特让埃沃克斯画的那样，长着一副笨重的圆形躯干、瘦长的手臂、短小的腿和超大的脚。除此之外，环球影业公司显然还抱怨说，影片中没有完整的故事，只有一连串的笑料。

沃尔特回答说，他自己也很失望，已经开始重新构思这个角色——"忘掉单片眼镜"——让他变得更轻盈、下半身变得不那么肥胖，整体感觉更有活力和动感。但是，他也为自己的构想和策略进行了辩护。他不希望奥斯华只是一个"兔子形象的动画人物，展现出来给人的感觉和大家熟知的卡通猫的形象一样"。他说，这意味着他不希望奥斯华只是一个插科打诨的搞笑角色——明茨一直在推动他往搞笑的方向努力，而环球影业公司现在已经明确拒绝了这个思路。相反，他想把奥斯华塑造成一个与众不同的个性鲜明的人物，"让奥斯华变得独特而典型，成为真正的'奥斯华'"。与此同时，他还反驳了关于叙事不足的批评，称"我们最糟糕的影片一直是那些我们深入故事细节追求叙事完整的影片"，并断言，如果不放弃对源源不断的笑声的追求，动画片就不可能真正"像制作故事片那样制作出来"。

他所主张的是一种全新的东西：奥斯华身上没有生硬的插科打诨，幽默或滑稽的效果是奥斯华自然而然出现的——从"他是谁"即人物的本来面目中体现，而不是像大多数卡通片那样，把笑料生硬地强加、涂抹、粉刷在人物身上。即使是在制作《爱丽丝》系列动画片时期，创造个性化的人物就一直是沃尔特长久而且坚定的奋斗目标。弗雷伦有一次给一只小猫做动画，场景是小猫正在被人清洗身体，弗雷伦让它紧紧贴着洗衣盆的边缘，沃尔特笑容满面地说，弗雷伦让小猫表现得像个孩子。"这就是我想在影片中看到的，"他告诉工作人员，"我想让角色成为真正的人物。我不希望它仅仅是一幅画。"沃尔特在创造奥斯华这个卡通形象时是否真的融入了人物特性，赋予其人格化的特征，对此人们可能持不同的意见。在该系列动画片的第二部也是第一部上映的影片《电车的麻烦》（*Trolley Troubles*）中，奥斯华饰演了一位饱受困扰的有轨电车售票员，它必须应对各种各样的状况，从一头倔强的奶牛挡住了轨道，到一头脾气暴躁的山羊用头撞电车，把它撞出了轨道。这个时候，观众的反应已经有所变化。"我是幸运兔，"环球影业公司在宣传材料中高调宣布，"我是新一代动画人物。环球影业公司为了寻找疯狂卡通的风云人物，经过两年的反复实验和精心准备才发现了我。我将扛起动画行业的大旗，引领动画行业的潮流与发展。"虽然这是吹牛——沃尔特开始创作《奥斯华》也只有大约两周的时间，根本没用两年——但考虑到动画行业媒体对这个系列电影最初极高的热情,这也不算太夸张。《电影日报》说:"《奥斯华》看起来是一个真正的竞争者。"《电影新闻》也表达了同样的意见:"有趣的是,动画领域的美术家们以前从来没有碰过兔子这一形象。长着一双长耳朵的奥斯华有机会为动画行业创造许多新的喜剧笑料,并充分利用这些笑料。""这部系列影片注定会大受欢迎,得到观众的追捧和热爱。"《电影世界》直接点出了沃尔特的名字,称他的创作模拟了人类的手势和表情,"整部影片刻画得很清晰,人物形象完成得很好,情节设计得很饱满,幽默场景安排得很丰富"。在该系列动画片的第三部《哎呀,老师!》(Oh, Teacher)上映后,《电影世界》又说:"它包含了我们在动画片中见过的一些最好的笑料和幽默。"

在很大程度上,这种赞美与其说反映了沃尔特的创造力,不如说反映了20世纪20年代中期动画制作水平相当低下的状况。当时,即使粗制滥造的笑料和信笔涂鸦的人物形象,也似乎能与大多数漫画中那些不知所云的笑料和胡涂乱画的人物形象形成鲜明对比,脱颖而出,显得好像独具一格,出类拔萃。然而,一些动画历史学家确实认为,《奥斯华》在许多方面实质性地超越了同时代的卡通形象。有人将这只兔子比作无声电影时代的喜剧演员巴斯特·基顿(Buster Keaton),因为他们都具有这种能力,即"把现代世界荒谬的机械环境转变成有用的、人道的东西",还列举出了许多象征阳物崇拜意象的例子——比如奥斯华既能竖直又能塌陷的耳朵——证明了它性欲旺盛好色的天性,这在以前的动画中从未出现过。另外两位历史学家将奥斯华与它的前辈——那只名为朱利叶斯的猫——区分开来。他们指出,奥斯华对自己的身体比朱利叶斯更有意识,更能享受快乐和忍受痛苦,而且它的身体比朱利叶斯的更有可塑性、可伸缩性、可挤压性和可弯曲性,从而创造出了更富有想象力的情境。即使在20世纪20年代,也有一些动画师,虽然是沃尔特的竞争对手,但将《奥斯华》视为行业标准。

迪克·休默当时在弗莱舍兄弟公司工作，他本人也一度是该行业的标准。他说，他和弗莱舍兄弟公司的同事会研究这些动画片，因为"尽管它们今天看起来很糟糕"（休默在1969年写道），"但它们比我们的产品优秀得多"。

沃尔特似乎又一次摆脱了审美趣味和经济财务的双重危机，工作室突然又兴旺发达起来了。为了准备制作《奥斯华》系列动画片，沃尔特在1926年的冬季和1927年的春季陆续新招聘了许多员工，其中有一个名叫莱斯·克拉克（Les Clark）的人，来自迪士尼原来在金斯韦尔的工作室附近街道拐角处的一家糖果店，他原本是一名冷饮售货员，很快成为沃尔特最信任的员工之一。沃尔特自己的大姨子黑兹尔·休厄尔则负责管理一个扩大了的描线和上色部门。到这一年年底，沃尔特手下员工人数已增至22人，这是对《奥斯华》系列动画片成功的证明与肯定。毫无疑问，由于埃沃克斯的作品获得了认可，沃尔特也面临着竞争的压力，他把这位寡言少语的动画师的工资从刚开始画奥斯华时的每周70美元在两个月后提高到了120美元。沃尔特在给明茨的信中写道，他是"一个经验丰富的人，我相信他与当今卡通界的任何一个动画师相比都毫不逊色"。

当时沃尔特本人每周的工资也只有100美元，罗伊更少，只有65美元，但是现在他们通过《奥斯华》系列卡通片有了稳定的收入，每部影片可以赚大约500美元，公司的年终利润由兄弟俩按照四六比例分成——1927年沃尔特分到了5361美元，罗伊分到了3574美元。沃尔特从来不是一个把钱抓在手里舍不得用的人，他在10月和11月买了10英亩的沙漠荒原土地，很可能是听了罗伯特叔叔的建议，因为迪士尼兄弟也投资了罗伯特叔叔和约翰·考尔斯的石油钻探公司的股票。更为重要的是，6月，沃尔特和罗伊分别为购买利里克大道（Lyric Avenue）的两个相邻的地块支付了200美元的订金，利里克大道位于洛斯费利兹山脚下的银湖区，离他们的新工作室不远。他们在那年8月开始在那里建造住宅。与他们希望跻身其中的好莱坞大亨们的豪宅相比，他们的这些住宅并不大；他们每个人的家只有1100平方英尺，有两间卧室，一间餐厅，一间客厅；客厅长20英尺，宽13英尺，是房子里最大的空间；还有一间厨房——所有房间的风格都可以被称为是模仿英国都铎王朝的风格。这些房间都是预先在别处预制好再现场组装的，也就是说它们是预制安装的。据一位记者的观察，它们属于"好莱坞最常见的中产阶级住宅类型"。根据罗伊的说法，这两套住宅的总成本只有1.6万美元，在当时不算小数目，但也不算多么奢侈，甚至这个估计数字也可能是被高估的。尽管如此，这些仍然是迪士尼家的第一批自有房子。沃尔特的外甥女玛乔里说，这是她见过的最好的房子。

　　莉莲现在的问题是，沃尔特总是在工作，很少能够在家享受生活。他从一开始就不是特别喜欢待在家里过居家日子。可能是为了让人陪伴莉莲，在当年12月他们搬进新家后不久，沃尔特就让她的母亲搬过来和他们一起住。"沃尔特对我的外祖母很好。"玛乔里·休厄尔回忆道。"他待她就像对待女王一样。"（沃尔特总是说，他喜欢听母亲讲邦兹家族在爱达荷州边境地区当拓荒者时的生活故事。）沃尔特很同情莉莲遭受的孤独。一天晚上，他一直待在工作室里，全神贯注地看卡通片，忘记了时间，而莉莲则在家里提心吊胆地等着他。当他意识到这一情况的时候，内心的内疚感如此强烈，以至于他决定在搬到利里克大道的第一个圣诞节时送她一个特别的礼物，为她找一个特殊的伴侣。莉莲一直不喜欢狗，但是，有一天沃尔特问她，如果她必须做出选择，她想要一只什么样的狗。莉莲说她曾经在什么地方读到过，中国松狮犬身上没有什么气味，所以如果必须选的话她愿意选择中国松狮犬。于是沃尔特去了一家养狗场，挑了一只小狗，在圣诞前的平安夜把它从养狗场接过来，把它放在隔壁的罗伊家。直到圣诞节早上，他把它放在一个装帽子的盒子里，盒子顶上系了一根丝带，然后让玛乔里把盒子拿过来——这一幕后来将会出现在影片《小姐与流浪汉》中。当莉莲收到盒子时，她很生气，因为沃尔特未经她同意就给她选了一顶帽子，但当她打开盒子，看到里面的小狗时，她的心立刻就快要融化了。"我从来没有见过有人对动物如此着迷。"沃尔特说，尽管他也像莉莲一样完全被这只狗迷住了。他们给它取名为松尼。莉莲从不让那只狗离开她的视线。它睡在他们的房间里。当沃尔特周末带着莉莲、她的母亲和小玛乔里开车出去兜风时，他总是在回家的路上停下来买冰激凌，他特意给狗买了一个冰激凌，站在路边喂它吃冰激凌。一天晚上，他们找不到它了，沃尔特在暴风雨中走遍了整个街区，但还是没有找到。他哄着莉莲上床睡觉时，已经是凌晨两点钟了。"我从来没有见过有人这么难过。"第二天早上，他在罗伊的车库里发现了这只狗。显然，罗伊下班回家时，它被锁在了车库里。这样，他们的生活才恢复了平静。

5

然后，在1928年年初，正当一切似乎都进展得顺风顺水的时候，沃尔特·迪士尼人生发生了最具毁灭性的一段插曲，这段插曲将在他的整个职业生涯中像噩梦一样萦绕不去。随着《奥斯华》系列动画片的大获成功，明茨已经厌倦了沃尔特在财务上讨价还价，厌倦了他对控制权的追求，尤其自从沃尔特彻底放弃亲自动手画画，明茨的这种感觉越来越强烈，因为在他看来，沃尔特现在似乎有点儿多余。于是，明茨指示乔治·温克勒根据去年7月份约定的计划去找休·哈曼，商量接管工作室，解除沃尔特的职务。乔治·温克勒已经到了加利福尼亚。"我马上就有了兴趣，"哈曼说，"因为我对沃尔特非常失望，早就想离开他了。"沃尔特完全没有注意到这些阴谋诡计，直到1月份，埃沃克斯告诉他，温克勒怀着与环球影业公司续签《奥斯华》合同的期待，已经私下秘密地与公司的几位动画师签约，并邀请埃沃克斯也加入他们——埃沃克斯拒绝了这个提议，他仍然不敢相信。沃尔特没有意识到明茨对他的重要性产生了这么大的怀疑，也不知道他的员工已经这么不喜欢他，所以他不相信温克勒会试图欺骗他，也不相信他的员工会真的密谋离开他，于是他立刻故意忽略了这个事件隐含的重要信息，不愿意直面这个可怕的阴谋，反而有意无意地伤害了埃沃克斯，因为他认为这似乎是埃沃克斯在攻击他的名誉。

与此同时，1928年2月2日，明茨如期与环球影业公司签署了一份新的三年协议，继续提供《奥斯华》系列动画片。《电影日报》在报道签约仪式时写道，《奥斯华》系列动画片是环球影业公司旗下"最畅销的系列短篇作品之一"，并补充说，"查尔斯·明茨的公司一直在持续制作和交付影片，情况就是这样。"沃尔特仍然拒绝相信明茨的背叛行为，事实上，他还满怀信心地准备前往纽约与明茨商谈新合同，并计划将片酬从目前的每部2250美元提高到2500美元。他相信肯定会有一个美好的结果，如果明茨不接受他的要求的话，他就会放弃和明茨的合作，重新找一个发行商。看起来一切尽在掌握之中，所以他让莉莲陪他一起去纽约，去度他们所谓的"第二次蜜月"。

他们在2月的第三个星期来到了纽约这个滴水成冰、寒风凛冽的城市，发现那里对他们的接待也像天气一样冷冷清清。沃尔特一只胳膊下夹着两本关于《奥斯华》的印刷版画，另一只胳膊下夹着一本报道《奥斯华》的剪报，去米高梅影业公司拜访弗雷德·昆比（Fred Quimby），希望至少能得到一个有竞争力的出价，以便借此向明茨施压。但昆比告诉他，"动画片日益衰落"，并表示他不感兴趣。（沃尔特

第三章　迪士尼工作室初创

对他们之间的谈话进行了最理想的解释，他告诉罗伊，昆比现在只是故意表现出一副强硬的态度，并表示他会在几天内继续跟进。）沃尔特遭到了出乎意料的拒绝，所以从米高梅影业公司出来之后他就径直前往明茨的办公室继续谈判，但明茨也表现出了一副强硬的态度。他不仅没有提出增加预付款，甚至提出他现在只承担负片的成本，他估计大约每部影片 1400 美元，并且坚持这个报价，一点儿也不松口；影片的利润双方对半分成，并为沃尔特提供"可观的薪水"，这暗示沃尔特本人并不是拥有自主权力的工作室的所有者，而只是明茨的分包商。沃尔特对这些条款感到非常不满，担心这些条款会迫使他再次在影片质量上妥协，并且放弃更多的控制权。他立即联系了他的老导师杰克·阿利科亚特。用沃尔特的话说，杰克·阿利科亚特是一位保守矜持而又威严高贵的绅士，他曾帮助促成沃尔特与玛格丽特·温克勒最初为制作发行《爱丽丝》系列动画片所做的交易，现在担任电影行业报纸《电影日报》的编辑。阿利科亚特建议沃尔特继续与明茨谈判，但是为了预防意外，增加后路，他又为沃尔特安排了与米高梅影业公司的第二次会面以及与福克斯公司的一次会面。

"与明茨决裂不可避免，迫在眉睫。"沃尔特当天晚些时候给罗伊拍了一封电报。然而，在任何决裂消息宣布之前，为了阻止明茨，他自己也耍了一些小花招。他让罗伊聘请一位律师为他的员工起草了一份为期一年的"铁板钉钉"的合同，合同规定迪士尼工作室有两年的优先续约权。"因此，所有的合同都必须由我亲自来签署，在合同完成之前，只有我的签字才有效，这样才能确保我们受到完全保护且没有任何责任需要承担。"沃尔特警告说，应该随时准备好合同，以便他一声令下罗伊就可以立即操办。最后他安慰罗伊说："不要惊慌，一切都好。"

当然，其实一切都不好。第二天，也就是 3 月 2 日，星期五，作为明茨和玛格丽特·温克勒的客人，沃尔特夫妇与明茨夫妇在阿斯特酒店共进午餐，明茨拒绝在餐桌上讨论生意上的事，但沃尔特在给罗伊的信中写道："从他流露的只言片语中，我看得出他背后有什么不可告人的秘密。"明茨建议他们第二天上午在他的办公室见面。听到这个建议之后，沃尔特立马心急火燎地给罗伊拍了电报，要他立即拿到与员工签好的合同，以免明茨或乔治·温克勒听到风声，私下向员工提出他们自己的合同。"一定要让他们在下班离开之前在合同上签字，或者让他们知道原因。"沃尔特给罗伊发了个电报，言语之间流露出一种新的专横霸道，正是这种专横霸道的作风让员工都疏远了他。当罗伊回电说工作人员拒绝签署合同时，埃沃克斯对沃尔特的警告才终于得到了证实，事实证明埃沃克斯所言不虚：由于当时动画师的工作机会很少，这些人原本应该欣然接受沃尔特的提议，欢呼雀跃地在合同上签字。现在他们拒绝签合同，沃尔特才终于意识到明茨和乔治·温克勒确实在背后与自己公司的员工签订了合同。事实上，沃尔特后来得知，明茨一直在与一位动画师联系沟通——毫无疑问是指与哈曼的谈话——以便在乔治·温克勒的监督下接管公司的业务。沃尔特遭受了两记沉重的打击。一方面是他成了自己一手创办的公司的牺牲品，另一方面是自己的员工背叛了他。

　　沃尔特假装很乐观，满怀希望。"我们遇到很多好人。"那天上午晚些时候，在参观了制作《疯狂猫》系列动画片的工作室之后，他满怀信心地给罗伊发了一封电报。用他的话说，在那里他得到了工作室员工"热烈而尊贵的接待"。接下来的一整天，他都在与比尔·诺兰进行漫长而极度激动甚至有点儿狂乱的会谈。诺兰是为明茨制作《疯狂猫》系列动画片的主要动画师之一，沃尔特以前在纽约多次与他见面，试图把他劝诱到加利福尼亚。他与米高梅影业公司管理人员会面，后者再次告诉他，公司决定今年不发行任何动画片；他也与福克斯公司管理人员会面，后者表示，公司不会发行任何非自己制作的动画片；他还与他的顾问阿利科亚特会面，后者告诉他，整个行业现在发生着"翻天覆地"的变化，事情要再过一年才会尘埃落定，这话着实令人沮丧。最后，他再次与明茨会谈，虚张声势地说他已经收到了两份主动提出的收购要约，但他更愿意与他的老伙伴达成交易。然而，明茨却根本不为所动，他只将自己的出价略微提高到每部动画片1750美元，外加50%的利润。沃尔特非常害怕和绝望，他说如果明茨能立即拿出合同，他就接受这个提议。明茨说他不会立即拿出合同的，并狡诈地告诉沃尔特，沃尔特应该接受他以前提出的多个更好协议中的一个，那些协议都有帮助和建议。在沃尔特离开的时候，明茨咆哮着吼道："回家去吧，去找你的妻子吧，明天再来看我吧，到时我们再开始谈正事吧。"

但是沃尔特没有返回旅馆。相反，他又去找了阿利科亚特，并且提出了一个新的计划：他将接触环球影业公司，并承诺自己将直接为环球影业公司制作《奥斯华》系列动画片，而不需要中间人。巧的是，阿利科亚特最近刚刚和环球影业公司的高管曼尼·戈德斯坦（Manny Goldstein）一起观看了一场拳击比赛。戈德斯坦告诉阿利科亚特，他们付给明茨的酬金是每部影片3000美元，他有兴趣和沃尔特见面。就在同一天，正如沃尔特对罗伊描述的那样，沃尔特在"某个大人物的办公室"见到了戈德斯坦。戈德斯坦告诉他，由于新签的合同，环球影业公司不得不在今年余下的时间里继续与明茨打交道。但他表示，他们很乐意在接下来的一年里直接与沃尔特打交道，因为他们"想要好的影片"，而且"他们不会容忍明茨以任何可能降低影片质量标准的方式来压缩成本"。与此同时，戈德斯坦主动提出，如果沃尔特找不到与明茨和解的办法，他愿意出面为他们进行调和。然而，他要求沃尔特不要把他们见面的事告诉明茨。那天晚上很晚的时候，沃尔特给罗伊拍了电报，说确信"我们一切都会好起来的，虽然我们的幻想破灭了，但主要原因是我们有点儿好高骛远了。"他不无满意地补充道，休·哈曼和哈姆·汉密尔顿[1]这两个叛徒很可能将会发现自己"被打入冷宫"，因为环球影业公司不太可能从一个全新的制作团队那里购买动画片的。

但沃尔特低估了明茨，高估了环球影业公司。在与发行商的交易中，明茨没有赋予沃尔特对自己创造的卡通人物拥有任何权利，因此沃尔特对《奥斯华》系列动画片没有追索权。那个星期六，明茨在他的办公室向沃尔特提出了最终的合同条款。他将把每部影片的片酬从1750美元提高到1800美元，再加上环球影业公司支付的50%的利润，但同时他提出了一个令人吃惊的新规定：明茨将接管迪士尼公司，沃尔特和罗伊将成为公司员工。作为员工，他每周给沃尔特和罗伊每人额外支付200美元的工资。震惊之余，沃尔特怒火中烧而又六神无主，他当场拒绝了明茨的这一要求，转身又直接去找环球影业公司。环球影业公司提出要和明茨谈谈。他急忙给罗伊发了一封电报，请他弄清其他员工的真正意图，并请他寄来一张100美元的支票，作为额外开支之用。莉莲后来回忆说，他回到了酒店，气得七窍生烟，对自己失业感到异常愤怒，但同时又说他很高兴，因为他再也不会为任何人打工了。

"嗯，我们还在这个鬼地方无所事事地逗留，等着什么奇迹会出现，"3月7日，在与明茨会面三天后，沃尔特在给罗伊的信中悲伤地写道，"我已经拼尽全力了——我必须尽力而为。但我将在这条线上战斗到底，即使要用掉整个夏天的时间和我们所有的财产也在所不惜。（事实上，这次旅行的花费超过了1000美元。）事实证明，只需要再花一周时间就可以了。这一周的大部分时间里，他都在继续劝说诺兰加盟自己的工作室，并寻找潜在的客户。诺兰以绘画速度快、能力强而

---

[1] 1926年12月，汉密尔顿因与沃尔特发生争执而离开迪士尼工作室，1927年5月又回到了迪士尼工作室。

闻名。但诺兰最终还是加入了制作《奥斯华》的新团队，沃尔特连一个潜在的客户也没有找到。沃尔特别无选择，只能等待这一年结束，寄希望于环球影业公司能够履行其虚无缥缈的承诺，抛弃明茨，和沃尔特合作。当沃尔特3月13日离开这座城市前往洛杉矶时，他一无所有——没有诺兰，没有角色，没有合同（除了原来签订的还在有效期内的制作《奥斯华》系列动画片的合同，根据他与明茨的协议，他有义务继续拍摄剩余的几部动画片），没有员工（除了少数几个像埃沃克斯一样忠诚的人），没有计划，也许最重要的是，没有卡通乐园，没有能为他提供一个远离现实世界的避风港。

在后来的岁月里，沃尔特常常提到这件事，把这段插曲说成是一种背叛，说他曾警告过明茨，那些背叛自己的人总有一天也会背叛他。事实也确实如此，他们最终又一次背叛了明茨。"他讲这段往事的时候，所有的情节就像他后来编制的那些动画故事一样，好人终将获胜，坏人终将会被打败。"一位长久以来一直在他手下工作的动画师回忆道："他喜欢讲这段往事，因为它是如此地诗情画意，结局又是如此地公正合理。"他说，你必须小心你信任的那些人；他学到了——必须牢牢控制拥有的东西，否则它会被人从身边夺走；他见识到了商业世界是多么地尔虞我诈、人性叵测。他说，他得到了所有这些教训，永远也不会忘记。但是，当他和莉莲乘坐纽约中央铁路公司的特快列车返回洛杉矶时，除了这些惨痛的教训和他写给家里的用来振奋罗伊精神的积极向上的陈词滥调，这位永远乐观的沃尔特·迪士尼，这位经受了一次又一次危机考验的人，心头浮现出一个想法，这个想法让他也感到了恐惧：他将不得不从头再来。

第四章
米老鼠诞生

1

如果这个故事是可信的——它将在接下来的数年里被不断地重复,直到很少有人怀疑其真实性——这将是流行文化历史上最为重要的旅程之一。旅程一开始,沃尔特就非常生气。"在回家的火车上,他就像一头愤怒的狮子,"莉莲回忆道,"他只会一遍又一遍地反复说,只要他还活着,就再也不为任何人打工了,他要成为自己的老板。"莉莲承认,当时她还有另一种反应——不是愤怒,而是恐惧。她处于"震惊的状态,吓得要死",因为他们现在没有了收入来源,也不知道未来会怎样。甚至在离开纽约之前,沃尔特就说他已经开始设计一个全新的角色来代替奥斯华,但没有成功。在旅途中,当不再发泄对明茨和背叛自己的员工的不满时,他把大部分时间都用在了在火车提供的纸张上写生,画素描,绘草图。他后来说,在芝加哥和洛杉矶之间的某个地方,他为一部新的动画片构思了情节,编写了剧本,他把这部新动画片命名为《疯狂的飞机》。这部动画片讲的是一只老鼠的故事,这只老鼠受查尔斯·林德伯格 1927 年单人驾驶飞机横越大西洋

第四章　米老鼠诞生

的启发，自己制作了一架飞机，目的是吸引一只母老鼠的注意，博得她的好感。沃尔特把这个故事读给莉莲听，但莉莲说她根本无法集中注意力，因为沃尔特给他的角色起了个名字：莫蒂默。她对这个名字特别反感。"当时我唯一想明白的，"她后来告诉一位采访者，"就是那个可怕的名字，莫蒂默……我为此和他当众大闹了一场。""太娘娘腔了。"她说。当她平静下来后，沃尔特问她对米奇这个名字怎么看，一个爱尔兰人的名字，一个局外人的名字。"我说这听起来比莫蒂默好多了，米奇就是这样诞生的。"

就像传说中的那样，沃尔特在堪萨斯城的经历启发他选择了一只老鼠作为新的动画角色。这种传说有各种各样的版本：有一次，他坐在公园的长椅上，一只老鼠从旁边惊惶疾速地跑过；或者，在为堪萨斯城电影广告公司工作的期间，他曾在自己的废纸篓里捉到过几只老鼠，当时这群老鼠正贪婪地吃着残羹剩饭，也就是办公室女职员吃剩下扔掉的午餐，然后他为它们做了一个盒子，把它们当宠物养着，并给其中一只起名为莫蒂默；或者，当他在欢笑电影公司的办公室里打地铺睡觉的时候，他听到一只老鼠在跑来跑去；或者，在某个不确定的时间，他发现一只老鼠在抓挠他的窗沿，试图逃跑，于是他抓住这只老鼠并把它放进了一个咖啡罐里——这是传说中他捕获的众多老鼠中的第一只。在这些描述中，沃尔特有时训练老鼠，当一只老鼠跑过他的画板顶端时，他轻轻敲打这只老鼠的鼻子，让它改变前进的方向。或者，他会用手指夹着食物喂老鼠，然后画出它们不同的姿势。他回忆说："我永远不会忘记那一幕，有一天，一个女孩走进办公室，发现一只小老鼠栖息在我的画板上，而我正在给它画素描。她发出了尖锐刺耳的惊叫声，我永远也忘不了那种声音。"在他讲述的另一个故事中，当他离开堪萨斯城前往洛杉矶时，他带着他的宠物老鼠（注意这里只有一只），来到野外的田地里，把它放生。"我转身离开，走

163

出一段距离之后,当我回头看时,它还坐在那里,坐在田野里,用悲伤失望的眼神看着我。"

这都是传说,真实情况可能要平淡无奇得多。多年以后,莉莲说,当他们回到洛杉矶时,罗伊在火车站接他们,发现沃尔特没有能够找到任何关系,有些沮丧。在这种情况下,罗伊似乎对沃尔特所说的"奇妙的想法"不感兴趣,或者说对这个"奇妙的想法"印象不深。沃尔特所谓的"奇妙的想法"大概指的就是米奇。

厄布·埃沃克斯的说法有些不同。他说沃尔特自己也灰心丧气了,似乎感到前景一片灰暗,而对于一个刚刚创造了一个全新的角色并且对这个角色充满自信的人来说,这种心境几乎是不可能的。埃沃克斯称这是"沃尔特一生中最低潮的时刻之一。通常情况下,无论发生什么事,沃尔特都是一副非常热情、欢快活泼和活力四射的模样。但是这一次他在东部遇到了一堵石墙,撞得鼻青脸肿,头破血流"。事实上,在埃沃克斯对事件的描述中,与他后来嘲笑的"极其夸张的宣传材料"相反,沃尔特一回来,他、沃尔特和罗伊就开始每天见面,翻看杂志,讨论各种想法,试图想出一个新角色。

关于米老鼠的灵感,莉莲自己后来也承认关于沃尔特和老鼠在堪萨斯城交朋友的故事是杜撰的。"我们只是觉得这只老鼠会成为一个可爱的动画角色。"她说。沃尔特自称非常欣赏的《伊索寓言》中经常出现老鼠。在《爱丽丝》系列动画片中,老鼠在好几部喜剧中也扮演了重要的角色——在《爱丽丝被老鼠吓坏了》(Alice Rattled by Rats)中,那只名叫朱利叶斯的猫被一屋子的老鼠围攻;在《爱丽丝解谜》(Alice Solves the Puzzle)当中,老鼠在她的洗衣盆里玩拼图游戏;在《爱丽丝之捕鲸者》(Alice the Whaler)当中,一只老鼠在帆船上的厨房里表演喜剧;在《爱丽丝的小马驹》(Alice's Tin Pony)里,一群老鼠试图抢劫一列火车。当初,沃尔特搬进赫伯里恩的工作室,想要一张新的宣传海报时，他让休·哈曼在房子前面围绕着他的一张照片画卡通人物，包括老鼠。（"有几只老鼠看起来像米奇，"埃沃克斯观察到，"唯一的区别是鼻子的形状。"）后来，沃尔特在制作《奥斯华》系列动画片时，剧场的宣传海报上通常都画着一只讨厌的长耳老鼠，总是想抢风头。为了抢戏，它会做出各种恶作剧，比如割断奥斯华和女友坐的系在大梁上的绳子（《摩天大楼》*Sky Scrappers*），从飞机上跳伞而下（《海洋之跃》*The Ocean Hop*），或者举着印有花哨字体的电影名字的广告牌（《了不起的枪支！》*Great Guns!*）。

沃尔特的好几位助手（包括埃沃克斯）都认为，围绕这只老鼠创作动画的真正灵感，以及这只老鼠的设计草图的模型都来自克利夫顿·米克（Clifton Meek）的画作，他的作品定期出现在流行的幽默杂志《生活与审判》上，沃尔特、罗伊和埃沃克斯当时正在翻阅这些杂志。"我是看着这些画长大的，"沃尔特在接受采访时说，"它们和我们不一样——但是它们有可爱的耳朵。"还是埃沃克斯绘制的版本成了米老鼠的标准形象，其本质上是耳朵更短的奥斯华——正如埃沃克斯后来对它的描述，"梨形的身体，球形的脑袋，两条细腿。你把它的耳朵拉长，它就是一只兔子；你把它的耳朵缩短，它就是一只猫；你把它的耳朵耷拉下来，它就是一只狗……把它的鼻子拉长，它就变成了一只老鼠"。正如一位动画历史学家所说，"米老鼠的设计初衷就是为了最大限度地简化动画，让动画变得更容易"，因为"圆形更容易制作动画，动画效果也更好"。"一开始是沃尔特先设计了一只老鼠，"动画师奥托·梅斯默说，"但它一点儿也不好。它看起来又长又瘦。"埃沃克斯对它进行了重新设计。

正如埃沃克斯所说，在选定这只老鼠之后，他、沃尔特和罗伊在工作室里讨论了如何制作老鼠动画片。三个人灵感突发，偶然想到了林德伯格的事迹，并根据他的事迹设定了情节大纲。至于米老鼠的名字,尽管埃沃克斯一度认为是莉莲想出了"米奇"这个名字,但后来他又收回了这一说法。沃尔特在20世纪30年代中期口述了一篇自传体小品,回忆道,"在尝试了各种各样的名字并征求了我的朋友们的意见之后,我决定叫它'米老鼠'"。这种说法无疑否定了莉莲的贡献。长期担任迪士尼档案保管员的大卫·史密斯(David Smith)说,莉莲本人也对自己给这个角色起名字的说法含糊其词,甚至对沃尔特曾称它为莫蒂默的这种说法也不太确定。1932年,也就是米奇诞生仅仅四年之后,麦考尔撰写的《迪士尼档案》中有一篇关于迪士尼的简介,其中说道,莫蒂默这个名字之所以被弃用,是因为米奇这个名字更短,而不是因为莉莲的反对。

夜间活动的老鼠在沃尔特的画板上跑来跑去,沃尔特驯养老鼠的神奇的训练课程,他在堪萨斯城与老鼠离别的悲伤场景,甚至他在穿越平原前往加利福尼亚的圣达菲火车上突然迸发的灵感,以及莉莲的愤怒,都很可能是添枝加叶的修饰与传说。相反,米老鼠是沉陷绝望和精确算计的产物——绝望源于沃尔特·迪士尼重建动画避难所的需要,算计则源于对市场接受程度的把握和预测。

现在,他们必须制作米老鼠的动画片了,即使他们还没有拿到愿意发行它的合同,即使他们仍然有义务按照与明茨的合同制作剩下的三部《奥斯华》系列动画片。压力不仅是巨大的,而且是双重的,因为已经背叛沃尔特的动画师仍然还得在工作室工作一段时间,以履行与明茨签订的合同,完成剩余的三部动画片。在他的高级职员中,只有埃沃克斯、来自金斯韦尔附近街区的冷饮售货员莱斯·克拉克和一位名叫约翰尼·坎农(Johnny Cannon)的动画师仍然对沃尔特忠心耿耿。几周之后,沃尔特又聘请了另一位年轻的美术家威尔弗雷德·杰克逊(Wilfred Jackson)——他更愿意被称为"杰克森"——他没有什么经验,但一直缠着沃尔特给他一个星期的试用期。结果试用期一直被反复延长。沃尔特让他去帮助清洁工清洗赛璐珞板,然后他又去了描线与上色部,在那里,他是一屋子女人中唯一的男人。

杰克逊当时可能只有22岁,并且还是个初来乍到的新人,但是他敏锐地感觉到工作室出了什么问题。在那个4月他的第一周试用期结束时,他注意到动画师们在下班离开的时候不仅要拿走他们的帽子和外套,还拿走他们的钢笔、铅笔,甚至他们的椅子坐垫。杰克逊还注意到,工作室的气氛像冬天一样冷淡,主要的原因是沃尔特的支持者和叛逃者之间相互不信任。当叛逃者在制作奥斯华的动画片时,埃沃克斯在私下偷偷地做米奇的动画片——私下偷偷地,因为他和沃尔特不想让任何人知道他们的计划,也不想让任何人窃取他们的想法,这一情况进一步加剧了人们之间的不信任。埃沃克斯形容自己是一个"被排斥的弃儿",说他独自一人在赫伯里恩工作室里一个反锁着的房间里绘制《疯狂的飞机》,还把其他卡通图片放在桌子上。这样,万一有人进入房间,他就能迅速地盖住有关米奇的画。他经常在别人下班离开后工作。休·哈曼回忆说,忠于沃尔特的动画师们在高高的黑色幕布或遮盖幕后面工作,防止他和其他人看到正在发生的重大秘密。

除此之外,他们还在工作室外工作,这样叛逃者们就无法观察到他们在做什么了。"第一个米老鼠是由12个人在车库工作了好几个小时后做出来的。"沃尔特写道——他在利里克大道上的车库。然而,在这12个人当中,会制作动画片的只有1个人:埃沃克斯。埃沃克斯此前听说,沃尔特在旅途中试图招募的比尔·诺兰一天能画多达600张画。所以,埃沃克斯满怀个人自豪感地承认,他这一次"真正地扩展了"自己,因为他一天画了700张画。埃沃克斯完成画作之后,沃尔特搬了几把长椅放在车库里,莉莲、埃德娜和他的大姨子黑兹尔·休厄尔在赛璐珞板上描线、上色、涂颜料,而他的长期雇员迈克·马库斯（Mike Marcus）则在晚上打开动画摄像机进行拍摄——之所以在晚上开工，是因为这样其他动画师就不会怀疑他把时间转移到沃尔特的秘密项目上了。

他们必须以尽可能快的速度把动画片《疯狂的飞机》制作出来，好让沃尔特找到一家发行商，以便把他的公司维持下去。考虑到这种巨大的压力，这真是一项艰巨的任务，一项让人精疲力竭的工作。（迪士尼工作室公司账簿上有关这部电影的第一笔费用支出记录是4月30日，也就是"叛逃者"完成最后一部《奥斯华》系列动画片并离开迪士尼工作室的前一周。这部电影5月15日完成，成本为1772美元。）由于沃尔特这次电影制作纯粹是一种投机或赌博的举动，所以之前没有发行合同，也没有任何片酬。"我们夜以继日地工作，"莉莲回忆说，"我们吃的是大杂烩和蔬菜炖肉块，幸运的是，在那个年代它们都很便宜。我们一下子跌落到谷底，预算出现了重大危机。我在车库的楼梯上绊了一下，把我的最后一双丝袜给撕破了。"

虽然莱斯·克拉克后来将动画片的真正发展期追溯到米老鼠的诞生及其系列动画片的开拍，但是，制作第一部完整的动画片（即米老鼠）的原本意图是拯救陷入危机的迪士尼工作室，其本身的水平也无法提供任何证据证明克拉克的观点。即使沃尔特自己的孩子们，多年以后看到《疯狂的飞机》，也会对它看起来如此原始而感到惊讶。米奇的形象被画得特别简单粗糙，一些线条从它的圆形躯干中伸了出来，代表它的腿和手臂。情节也一样简单粗糙，他们只是对《奥斯华》系列动画片，比如《电车的麻烦》，进行了轻微的改编，唯一的区别就是电车换成了飞机。而这架飞机还是由一辆廉价的小汽车经过偷工减料的改造草草制成的。米奇驾驶着这架飞机全速前进，直到飞机失控。至于米奇的品质性格，它的主要特点是一种原始粗野的机灵劲和稍有虐待狂倾向的坚强决心；它从一只火鸡身上扯下它尾巴上的长翎羽，当作它飞机的后拉杆，然后抓住一头奶牛的乳房使劲晃荡，试图把自己弹回驾驶舱。另一方面，虽然表现得不那么突出，但它也表现出了争强好斗和大男子主义的一面。它拽着它的女朋友母老鼠米妮，要和米妮接吻。以考尔斯医生的妻子米妮·考尔斯（Minnie Cowles）的名字给米奇女友取了这么个名字，据说沃尔特也承认这一点。为了躲避米奇的追求，米妮被迫跳下飞机，在此之后飞机开始螺旋式前进并最终坠毁。但米奇仍然不知收敛，不思悔改，当看到米妮用它的灯笼裤当降落伞降落到地面时，米奇哈哈大笑，嘲笑米妮的窘态百出。当米奇举起米妮给它的马蹄铁时，它得到了报应，马蹄铁就像回力镖一样击中了它的头部。

但是，尽管它缺乏创新没有灵气，沃尔特还是迅速行动起来，到处推销它，因为他不得不这么做。最终，影片一拍完，他就和米高梅影业公司的菲利克斯·费斯特（Felix Feist）、霍华德·迪茨（Howard Dietz）约定在洛杉矶会面。除此之外，他还带着影片在城里四处转悠，寻找发行商和影剧院，希望能赚取一点儿人气，受到大家的欢迎。格兰岱尔市的一位放映商回忆说，沃尔特亲自带着胶片盒来到剧院，说服他放映这部动画片，他被说动了，同意放映。在放映的时候，沃尔特希望观众如果喜欢就鼓鼓掌。（这位放映商在25年后对当时的情形仍然记忆犹新，他回忆说："这部动画片比故事片更受欢迎。"）据埃沃克斯说，沃尔特还在好莱坞的一家剧院试映了这部卡通片，并且现场指导管风琴手为影片提供合适的伴奏。与此同时，他在5月21日与纽约的代理商丹尼森（Denison）达成了一项初步的协议，由丹尼森代理《疯狂的飞机》在东部地区的发行。当费斯特和迪茨看完这部动画片后，他们告诉沃尔特，他们非常喜欢这部影片，所以把它拿给了米高梅影业公司的总裁尼古拉斯·申克（Nicholas Schenck）和副总裁罗伯特·鲁宾（Robert Rubin）看。沃尔特对此感觉很兴奋，已经开始期待着能达成一笔交易。他要求每部电影的底片预付3000美元，并在给丹尼森的一封电报中说，他打算"让'米老鼠'这个名字和市场上的任何卡通形象一样出名"。但一周过后，沃尔特的希望再次破灭了。米高梅影业公司决定暂不购买米老鼠的动画片。

由于没有其他的备用计划，沃尔特别无选择，只能一鼓作气，继续前进，制作新的米老鼠动画片，继续消耗他原来积攒的资金。但是，就在他收到米高梅影业公司拒绝发行米老鼠的消息的那一周，他又通过另一场头脑风暴，集体研讨获得了一项重大的突破。这项突破性成果本身就和米奇这个卡通形象的发明一样具有里程碑意义。莉莲回忆说，这件事发生在罗伊和沃尔特的一次谈话中。当时罗伊又一次对米奇虚无缥缈、成功希望渺茫的未来感到沮丧，沃尔特突然脱口而出："我们可以尝试添加声音，用声音来把它们改造好。"罗伊的说法则是另一个不同的版本。他说，他们观看了阿尔·乔尔森（Al Jolson）主演的电影《爵士歌手》，随后放映了一部卡通片。这部电影被认为是第一部语音和图像同步播放的电影。据说在放映卡通片的时候，沃尔特语出惊人："就是这样！就是这样！这看起来很真实，卡通片也会变得很真实。这就是我们要做的。终结所有这些无声的画面。"正如威尔弗雷德·杰克逊记得的那样，沃尔特第一次向他的员工提出这个可能性，时间是在1928年5月29日，地点是在沃尔特的家里，当时他们正在举行《米老鼠》系列第二部动画片的笑料筹备会。听到这个计划后，每个人都立刻像打了鸡血一样充满了能量，这很可能是沃尔特计划的一部分，通过这个美妙的前景来保持他的员工的精神不会萎靡不振。杰克逊说，一想到有声动画片这个美妙的点子，他就非常兴奋，以至于那天晚上根本无法入睡。

然而，沃尔特并不是唯一一个思考和关注声音的动画师。毕竟，《爵士歌手》这部影片已经于去年10月进行了首次公演，被誉为开创了电影的有声时代，标志着电影进入了新纪元。而且，弗莱舍夫妇已经在研制一套名为"德福雷斯特有声电影"（DeForest Phonofilm）的声音系统，而保罗·特里则已经开始制作一部实现了图像和声音同步播放的电影，他使用的是美国无线电公司（RCA）的光线电话机声音处理程序。甚至明茨和温克勒也在计划实施一个有声电影的项目。但是，运用声音并不仅仅是把声带强加在无声的动画片上，尽管这恰恰就是沃尔特后来在《疯狂的飞机》中采用的做法。

首先，关于有声动画片这一概念，最先需要克服的是人们普遍存在的一些心理障碍。虽然观众希望听到影片中的人说话或唱歌，但他们一开始并不习惯听到动画中的人物发出声音。"绘画是没有声音的。"威尔弗雷德·杰克逊说，"为什么卡通人物会发出声音？"动画师担心这会显得不自然、古怪、令人反感，这也正是沃尔特坚持声音必须真实的原因之一——用杰克逊的话来说，"就好像声音来自角色正在做的事情，是自然而然的"。

其次，令人望而生畏的技术问题是如何使图像与声音同步——在这个领域，没有人——包括沃尔特·迪士尼在内——有任何专业知识和经验。"该死，我知道电影的节奏有多快，"有一天杰克逊无意中听到沃尔特抱怨道，"但是音乐的节奏有多快呢？"杰克逊虽然仍然是迪士尼公司级别最低的员工之一，但他将头探进了门，说他的母亲是一名钢琴教师，并建议沃尔特用节拍器来确定每个音乐节拍的动画帧数。杰克逊在很短时间内就设计出了一份"拍摄时间表"，后来被称为"音乐节拍表"。这份节拍表显示了音乐伴奏中每个小节的节拍数。然后动画师可以根据节拍表将卡通动作与音乐联系起来。"我们可以分解声音效果，这样每 8 帧就有一个重音，或者每 16 帧，或者每 12 帧，"莱斯·克拉克说，"比如说，在第 12 幅图像中，我们会用重音来强调发生的任何事情——撞击头部、走路或其他任何事情，以使声音效果与音乐同步。"

现在激励员工继续奋力工作的是制作有声动画片的预期——做一些此前从来没人做过的事情的美好前景。他们制作完成了第二部《米老鼠》系列动画片——《飞奔的高乔人》。这部影片在沃尔特策划他的有声计划时已经在制作，仍然是一部无声动画片。在此之后，他们就急切地转移到第三部动画片——有声动画片。就像沃尔特在《疯狂的飞机》里滑稽地模仿林德伯格，在《飞奔的高乔人》里滑稽地模仿虚张声势的道格拉斯·费尔班克斯一样，这一次他决定向喜剧演员巴斯特·基顿的《汽船小比尔号》致敬，来制作自己的《蒸汽船威利号》。大家都急于测试有声动画片的效果，所以工作人员再一次迅速行动起来。埃沃克斯说，他们只用了一个晚上就解决了故事情节设置的问题，并且在几个星期之内，他们就制作完成了米奇/威利坐在汽船的机轮旁边，吹着笛子和口哨的动画，这个片段将用于增加音乐测试声音效果。为了看看声音能否像他预想的那样增强动画效果，沃尔特甚至在动画的其他部分完成之前就已经给这个场景涂上了墨水，涂上了颜料，并完成了拍摄，然后请来了杰克逊。他是迪士尼团队中唯一一位有音乐天赋的工作人员。杰克逊用口琴演奏了他自己最喜欢的曲子之一《稻草中的火鸡》和沃尔特选择的《汽船小比尔号》。

一天晚上，大概是在 6 月的下旬，大约 8 点钟，沃尔特在工作室平房后面的院子里安装了一台放映机，这样机器的嗡嗡声就不会与伴奏声互相干扰了。[1] 这幅影像是被从窗户"扔"出去的，被扔到一张床单上，床单挂在沃尔特办公室外的一个大房间里，背景是画在床单上的。他让杰克逊带着他的口琴，和能够用嘴发出各种声音效果的动

---

[1] 现在很难确定这次放映是在什么时候举行的，无法确定它的准确时间。据埃沃克斯的说法，时间是在 6 月初，但是迪士尼工作室的普通费用账户的一项记录显示，当年 7 月 29 日有一个未详细说明的"试映"，这极有可能是《蒸汽船威利号》的第一次展示。

画师约翰尼·坎农以及其他几名工作人员站在他办公室的门后，门上有一扇窗户，他们可以看到床单的背面。当罗伊启动放映机时，杰克逊演奏他的音乐，坎农用嘴发出各种声音，其他人用铅笔敲打充当锣的痰盂——所有这些都与米奇的动作同步。他们反复表演，以便每个参与者都能亲眼看见自己演奏的效果。由于大家都深深地认识到这一事件的重要性——迪士尼工作室的命运取决于这次试验的结果——还有几个观众在观看他们的试验。沃尔特邀请了莉莲、埃德娜、埃沃克斯的妻子米尔德丽德、黑兹尔·休厄尔以及杰克逊的女友（后来的妻子）简·艾姆斯，一起来观看他们的试验。他希望这将成为一个历史性的时刻，希望大家都来见证这一时刻。

"我平生从未在观众中看到过这样的反应。"一向沉默寡言的埃沃克斯回忆道——他这句话后来被反复引用，"这个方案非常成功，堪称完美。声音给人一种直接从银幕上发出来的错觉。"沃尔特欣喜若狂。他不停地说："就是它了，就是它了！我们找到它了！"当演出最后结束时，已经凌晨两点了，观众们听到杰克逊一次又一次演奏他的两首曲子，听到工作人员一遍又一遍地敲打痰盂，早已经感到厌烦无聊，她们都躲进了走廊里开始各聊各的。她们的表现惹恼了沃尔特。据说，他抱怨道："你们在这里谈论婴儿，而我们在这里创造历史。"埃沃克斯说，他从来没有如此兴奋激动过。多年以后他还说，"从那以后，再也没有什么能与之相比了。"这是一种"真正的陶醉"。就像沃尔特一样，他也说，他知道他们正走在正确的道路上，事实证明他们的努力是正确的。沃尔特说："真的太可怕了，但也真的太神奇了！"他对这部动画片的质量并不满意，但非常欣赏这次表演的重要意义。"重要的是，这是一种全新的东西！"这当然是这家陷入困境的工作室的主要关注点。工作人员也非常高兴，他们早上 6 点在工作室重新集合，距离他们离开也就不到几个小时，大家齐心协力，抓紧时间一起完成这部卡通片。

又过了4周，这部动画片才最终制作完成。在此期间，为了筹集资金，沃尔特和罗伊把他们在赫伯里恩的工作室进行了抵押，申请了贷款。7月14日，沃尔特申请了活页乐谱使用权，到了月底，他们举办了像第一次那样的第二次试映，只是这次试映的是整部卡通片。与此同时，沃尔特几乎把声音视为自己的救世主。他重新印制了自己的名片。现在印的介绍语是"有声动画片"。至于《蒸汽船威利号》，因为它产生的效果和带来的影响，著名的动画历史学家约翰·卡内梅克（John Canemaker）称它为"动画片中的《爵士歌手》"。在失去奥斯华和他的大部分员工之后，沃尔特在短短几个月内改造了他的工作室，改造了他的思想，还改造了动画片本身。现在，他所要做的就是找到一种方法，把声音和音乐整合到电影上，这样他就能在他的钱花光之前找到发行商发行这些卡通片。

2

比赛开始了。甚至就在他制作《蒸汽船威利号》的时候，沃尔特还在拼命地为他的两部无声的《米老鼠》系列动画片寻找发行商。这种情形仿佛令他又回到了在欢笑电影公司时拼命推销童话故事动画片的那段岁月，又或者就像他带着《爱丽丝的仙境》来到洛杉矶时一样。但是他没有取得一点儿成功。他在写给一家潜在的发行公司的信中说道，找到一家新的发行商的问题在于，他自己是如此积极地追求把声音添加到动画片之中，同时却卖力地推销无声动画片，这种矛盾的心理真是令人奇怪。他抱怨道："当他们发现有声动画的创意现在已经发展到这个程度时，他们都害怕与无声动画片扯上关系。"但是，他们对有声动画片也持同样谨慎的态度。他觉得只要是明智而审慎地使用，有声动画片的创意听起来是一个"好东西"，但是现在的情况是它往往没有得到明智而审慎的使用，有点儿被滥用的趋势。尽管如此，他仍然认为"事情不久就会恢复正常，发行商将更多地考虑无声动画片的产品质量，而不是像疯了一样追求在动画片中插入很多无用的、烦人的噪声"。当然，沃尔特这样说更多的是出于一种自我保护的考虑，因为他还没有制作完成自己的有声卡通电影，尽管他就是那些像疯了一样追求在动画片中插入"噪声"的人之一。而且，他已经计划好要在劳动节之后去纽约，此行目的非常明确，就是与音响公司会面，确定如何用最好的方式为《蒸汽船威利号》配上一个声带。

他于9月4日抵达纽约，到了之后立即联系了他以前的良师益友兼为他牵线搭桥的人——《电影日报》的编辑杰克·阿利科亚特。阿利科亚特为沃尔特安排了与多家音响公司的会谈——这些会谈的结果只是让他头脑更为混乱，对各家公司的报价和技术差异感到困惑不解。在经过几轮会谈之后，在拒绝了同步化录音磁盘的主意之后，沃尔特差一点儿就决定要把自己的命运全部交给帕特·A.鲍尔斯（Pat A. Powers）了。鲍尔斯当时正在为一种名为"电影电话"（Cinephone）的胶片上的声音系统申请专利许可，该系统通过印在胶片边缘的光学脉冲产生声音，然后由放映机上的一个声音头来读取。但沃尔特显然进入了一个未知的领域，他自己也知道这一点。"我希望我没有犯错。"他在给罗伊和埃沃克斯的信中不确定地写道。最后，他以自己典型的鼓舞士气的口吻写道："当我告诉你们，我认为我们得到了一些好的东西时，你们所有人都要坚持自己的立场，保持对我的信任。"

在许多方面，沃尔特仍然是一个天真幼稚的人，他把自己的信任和命运交到了鲍尔斯的手中。事实证明，即使是比这位年轻的动画师更冷酷无情的人都无法抗拒鲍尔斯的和蔼可亲。鲍尔斯拥有一个爱尔兰警察的标准形象，而这正是他多年前所从事的职业。他现在岁，高高的个子，宽阔的肩膀，方方的下巴使头部呈现出凹字型，阔大的鼻子，一眨一眨的眼睛，浓密的眉毛，一头蓬松凌乱的头发，一双热情的手，脸上带着令人舒适的微笑。沃尔特称他为"一个魁梧、可爱、友好的爱尔兰人"，并且说："你会情不自禁地喜欢上他。"在写给罗伊和埃沃克斯的信中，他写道，鲍尔斯是一个"脾气很好的家伙"，他"总是心情很好"。但是，鲍尔斯的这种和蔼可亲是虚伪的表象，实质上可以说他是一个笑里藏刀的人。尽管外表给人一种和蔼可亲的感觉，但鲍尔斯可以说是整个电影行业发展史上最臭名昭著的好斗派人物之一。他出生在纽约的布法罗，曾当过警察、铸造厂工人和工会组织者，后来签约承包了纽约郊区留声机的销售业务，最后在20世纪初电影行业刚进入繁荣发展阶段时，成立了一家小型电影制片厂，制作电影。环球影业公司成立后，鲍尔斯成为合伙人，他采取阴谋诡计很快就把另外两名合伙人排挤走了，然后与环球影业公司的负责人卡尔·莱姆勒（Carl Laemmle）大吵一场，彻底闹翻了。他翻脸不认人，有一次甚至在莱姆勒的环球电影公司旗下一部电影正在拍摄制作时，雇了一群打手把道具强行搬走。"当鲍尔斯怀疑别人时，"一位当代电影历史学家写道，"他就会发动攻击。"有一次，在位于纽约百老汇1600号的环球影业公司总部召开的年会上，鲍尔斯当场抓起公司的账簿扔出了窗外，扔给了楼下自己的同伙。这一事件后来成为与早期电影相关的各种趣闻逸事中的一个传奇。

  当沃尔特遇见鲍尔斯的时候，鲍尔斯当年激战四方的硝烟早已尘埃落定，一切都随风散去，但这位年纪已经不小的电影老手的贪婪的本性丝毫未减，他能通过蛛丝马迹看出哪个人是他的猎物，然后牢牢地盯上他。当时年仅26岁的沃尔特·迪士尼，似乎总是在寻找一个父亲般的人物，他希望从这个人物身上获得认可，并把自己的命运寄托在这个人物身上。沃尔特耳根子很软，很容易轻信别人，很容易上当受骗，他显然是被鲍尔斯的表面冲昏了头脑，陷入了对他的盲目信任。在抵达纽约后不久，他花了将近一整天的时间和这个"脾气很好的家伙"待在一起。他给罗伊写信说，鲍尔斯盛情接待了他，给他讲述了自己与以完美主义和夸张场面著称的导演兼演员埃里希·冯·斯特罗海姆（Erich von Stroheim）在环球影业公司的各种艰苦奋斗的故事和经历，然后又把他介绍给了蒂凡尼·斯塔尔电影制作公司（Tiffany-Stahl Productions）的总经理，后者碰巧路过，这显然给沃尔特留下了深刻的印象。几天后，沃尔特再次拜访鲍尔斯时，演员乔治·沃尔什（George Walsh）正好也在鲍尔斯的办公室里，他和沃尔特谈天说地，两人一起谈论了马球。除此之外，奢华的国会剧院的乐队指挥卡尔·埃德尔德（Carl Edouarde）也是如此。沃尔特说，埃德尔德"对这部动画片的可能性非常感兴趣"。"有很多重要的人物都是他的朋友。"沃尔特在给罗伊的信中这样热情洋溢地描写鲍尔斯。

到了这个时候，沃尔特几乎已经一步步掉进陷阱里面了。他访问了美国无线电公司，这家公司试图阻止或拖延他就使用哪家公司的音响系统做出决定，并让他看了一部样片——《伊索寓言》。沃尔特看了之后觉得很可怕，说："除了大量的吵闹声，别无其他。"他在给罗伊的信中写道："在这些方面，我们没有什么好担心的。"这一展示显然让他下定了决心。当天下午，他回到鲍尔斯的办公室，敲定了使用"电影电话"音响系统为《蒸汽船威利号》配音的交易。鲍尔斯只收取50美元的技术专利费，就让沃尔特使用他的麦克风，而沃尔特将承担音乐师和负责音效的人员的费用。尽管如此，鲍尔斯还愿意提供帮助，以较低的价格为沃尔特寻找一个小乐队，并且预计整个录音时间也就三四个小时。沃尔特估计全部费用需要1000美元，包括所有印刷品每英尺一美分的版税。"我的想法是给这部电影配上音乐，然后在百老汇的剧院里举行预演，征求评论家的意见，最后尽快敲定一个好的发行协议",在与鲍尔斯达成协议后,他在给罗伊的信中写道。

4天后,当沃尔特给鲍尔斯一张500美元的支票做保证金时——"一定要保证账户里有足够的钱来支付这张支票",沃尔特警告罗伊,这证明了他们岌岌可危的财务状况——合同条款突然从原来支付给鲍尔斯50美元的固定费用变成每英尺影片需要支付1美元的专利税。即便如此,沃尔特仍然相信"我们最好的选择是鲍尔斯",他紧张地为定于9月15日清晨开始的极为重要的录音场次做着准备。沃尔特此前在鲍尔斯的办公室里遇到过一位面色红润、头发花白的指挥家埃德尔德。鲍尔斯已经安排他来指挥这个乐队。这个乐队由17名音乐家组成。沃尔特按捺不住自己的兴奋得意地说,他们得到了"城里最好的打鼓手和特效师"中的三人的支持。这个乐队的费用标准是每人每小时10美元。所有这些人都挤进了一间超级小的录音室里。

就其对迪士尼工作室的重要性而言,9月15日这一天几乎可以与那年夏天早些时候的《蒸汽船威利号》实验相提并论。然而,从一开始,各种迹象就不乐观。第一个到达的音乐师是一个贝斯手,他的箱子里装着一瓶威士忌,每次他演奏的时候都会吹掉录音设备里的真空管,最后工程师没办法只好把他赶出录音室。后来,沃尔特开始与埃德尔德争论,因为后者似乎认为喜剧音乐比较低级,有失他的身份,于是加入了"太多的交响效果"。但更糟糕的还在后头——要糟糕很多。为了帮助埃德尔德,沃尔特提供了一个空白的胶片,上面用印度墨水做标记作为节拍,但是当这个胶片被投射出来的时候,乐队指挥也就是埃德尔德却始终无法让乐队踩准节拍跟上节奏,最后他说服沃尔特让他以自己的方式来尝试一下。然而,随着时间的推移和成本的增加,埃德尔德仍然无法让管弦乐队与影片实现同步。到了最后,沃尔特自己也搞砸了,他在为一只鹦鹉配音的时候忍不住对着麦克风咳嗽了几声。同时,音乐和声音仍然没有与动画相呼应。沃尔特已经花了1000多美元，工作室几乎负担不起了，更糟糕的是他们花了这么多钱却什么也没有得到，一无所获。

　　沃尔特逐渐意识到这场灾难的严重性了。甚至在开始录音之前，他就已经处于焦虑不安、心烦意乱的状态了。他讨厌纽约；讨厌离开家；讨厌不得不与几乎不认识的人攀谈，尽管多年来他一直乐在其中，但现在却一点儿也不愿意；讨厌没有人给他出主意；讨厌寂寞的夜晚；甚至讨厌《蒸汽船威利号》，他现在已经看腻了，觉得它的制作很糟糕。他太忙了，常常忘了吃饭，体重减了10磅。他太焦虑了，每天凌晨两三点之前都无法入睡。更糟糕的是，他当时穿着一双新鞋，每天都得在城里东奔西跑，走个不停，以至于他的大脚趾上长了一个脓肿，令他疼痛难忍。医生诊断之后给他开了药，要求他每小时进行一次湿敷。所有这些身心的折磨、肉体的痛苦、精神的焦虑已经压得他喘不过气来，但随之而来的就是灾难性的录音环节。"如果你们像我一样了解整个情况，"他在给罗伊和埃沃克斯的信中一反常态地流露出忧郁的心情，沮丧地写道，"我确信你们将无法入睡或吃饭……我就不能。"

　　现在他们需要再进行一次配音。鲍尔斯很显然希望沃尔特能够卖掉他的系列动画片，并且继续使用"电影电话"音响系统，以便自己能够获得长期的回报。有鉴于此，他同意承担配音的相关技术费用和支出，埃德尔德大概是感到尴尬，提出可以再试一次，但前提是沃尔特仍然需要继续为这些乐师付钱。不幸的是，他实际上已经耗尽了工作室所有的资金，这迫使他不得不威吓罗伊做一些工作室此前一直避免做的事情：申请银行贷款。"获得尽可能多的贷款，"沃尔特在第一次配音失败一周之后给罗伊发了一封电报，"不要认为三五十美元或三五百美元就足够了，我们还得再试几次。我们的未来取决于第一部影片，所以我会不惜一切代价把它做好。"两天后，沃尔特再次恢复了啦啦队队长的本色，又开始不停地催讨钱款，他写信给罗伊，说这是"机会老人在敲我们的门"，并敦促他"把我们所有的一切东西都作为抵押，申请尽可能多的贷款，让我们以正确的方式去做这件事吧"。

这个临时配音小组于9月30日上午10时进行了第二次集合。然而，这一次，沃尔特设计了一个新的系统来解决同步化的问题，这个问题不仅困扰着迪士尼兄弟，也困扰着所有的动画制作人。他把一个圆球印在声带和电影胶片上，并使之随着节拍的重音一起上下起伏，产生一种视觉信号和一种柔和的声响。埃德尔德要做的就是看着银幕上的圆球，当圆球的节奏改变时，指挥改变管弦乐队的节奏。"它就像钟表一样工作，"当天晚些时候，沃尔特在给工作室员工的信中兴奋地写道，"它拯救了这部影片。"凭借着圆球系统的应用，整个录音过程只用了三个小时，所有的东西都实现了近乎完美的同步。"这向我证明了一件事，"他补充道，"'音画同步完全可以完美地做到'，这是他们都遇到过的一个难题，他们都没办法解决。"第二天，他又给工作室写了一封信，在信的结尾他写道："现在大家都在一起——'我们都无精打采垂头丧气吗？'才不会呢，恰恰相反。"

沃尔特似乎又一次避免了一场灾难。但是，尽管他对全新的《蒸汽船威利号》配音之后达到的效果感到非常兴奋和激动，但是，在他能够通过这部电影创造收益为工作室带来迫切需要的收入之前，还有一个巨大的障碍需要跨越。这个障碍并不新鲜，而是一个已经困扰他多年的障碍：他必须找到一个发行商。他从低落沮丧中重新振作起来，觉得他们在《蒸汽船威利号》上所投入的一点一滴、他们四处拼凑起来的一毫一厘，这些钱都花得很值，因为他坚持认为，他们现在拥有了一部质量极高、出类拔萃的动画片。而且，他坚定地相信，就像当年他坚定地相信《爱丽丝》系列动画片那样，"我们可以用出众的

第四章　米老鼠诞生

'质量'把他们全部打败，一扫而光"。甚至在《蒸汽船威利号》制作完成之前，他就已经通过一个中间人开始接触环球影业公司，他知道环球影业公司很欣赏他之前的影片。除此之外，尽管在米高梅影业公司不断地受到拒绝和打击，他还是继续保持着与米高梅影业公司的联络和关系。当这些努力都没有获得成功时，他接受了另一个热心的乐善好施的"好心人"主动递过来的"橄榄枝"：帕特·鲍尔斯。如果说沃尔特对鲍尔斯的看法在第一次配音失败之后有什么变化的话，那就是对他的钦佩之情更为加深。"难道我们还能找到比帕特·鲍尔斯更好的推销员吗？"他在给罗伊和埃沃克斯的信中写道。沃尔特认为鲍尔斯强大的影响力能够让那些"大人物们"——也就是最顶尖的高管们——去看这部电影。"我会在不落入他的掌控的情况下，尽可能地接近他。"他说。很显然，他已经开始意识到鲍尔斯有多么阴险狡诈。

但是，沃尔特已经落入鲍尔斯的掌控了。到10月中旬，鲍尔斯已经安排沃尔特去见环球影业公司总裁罗伯特·科克伦（Robert Cochrane）和环球影业公司的其他高管，为他们放映《蒸汽船威利号》，结果收到了热烈的反响。"这就是原汁原味的奥斯华。"一个人不停地重复念叨着，而其他人则对它的巧妙机灵和完美的音画同步大加赞赏。"我从未见过一群一贯冷酷无情的电影公司高管们笑得这么开心。"沃尔特当晚在给莉莲的信中写道。第二天早上，沃尔特的第一件事就是获得环球影业公司的邀请后，去他们的办公室讨论交易协议。他立刻急匆匆地赶到鲍尔斯的办公室，告诉了他这个消息。一时冲动之下，他在没有和罗伊商量的情况下，做了一件让他事后想起深感后悔的事：当天下午，他与鲍尔斯签署了一项协议，授权这位电影大亨担任迪士尼工作室的销售代理，时间为两年，作为回报，他将获得沃尔特所获得的全部收入的10%。

181

第二天，沃尔特来到环球影业公司的办公室。他很显然满心欢喜，志得意满，准备好好地讨价还价一番。纯粹出于巧合，他发现查尔斯·明茨正耐心地坐在等候室里，他让沃尔特想起了沃尔特即将征服的一切。虽然明茨有点儿不好意思，这是可以理解的，但沃尔特还是特意亲切地和他打了招呼——这是沃尔特现在能够慨然给出的一种宽宏大量的姿态。沃尔特知道消息在动画界传播得有多快，所以他确信明茨已经听说了环球影业公司即将与自己达成的协议。但是，当沃尔特与环球影业公司一位名叫梅茨格（Metzger）的高管会面时，他发现环球影业公司并不想发行《米老鼠》系列动画片，至少现在还不想发行。相反，他们在没有向沃尔特支付任何报酬的情况下，就想把《蒸汽船威利号》和环球影业公司旗下的电影《爱的旋律》纳入宣传海报，一起在奢华的柯罗尼剧院（Colony Theater）放映，看看观众和影评人的反应。然后，如果观众和影评人有积极的反应，他们将与沃尔特签署合同，在1928年购买发行26部《米老鼠》系列动画片，1929年购买发行52部该系列动画片。沃尔特对此可能感到失望，但他一直善于接受，所以没有当场明确拒绝，而且环球影业公司还准备了一份优先购买续约协议。"我想这意味着明茨出局了。"他在给莉莲的信中带着一丝报复性的幸灾乐祸。沃尔特在离开的时候，注意到明茨还在等候室里枯坐冷板凳，苦苦地等着。

然而，第二天，沃尔特突然改变了主意。因为他突然想到，如果环球影业公司把《蒸汽船威利号》放映之后却不跟他达成协议呢？这难道不会削弱他与其他发行商谈判时的筹码和地位吗？当沃尔特向环球影业公司表示他突然改变了主意的时候，梅茨格大为光火。尽管梅茨格火冒三丈，沃尔特只是抓起他的帽子离开了梅茨格的办公室，但是当沃尔特等待环球影业公司财务主管归还他的期权协议时，梅茨格又出现了，并试图安抚他。沃尔特没有签合同就离开了环球影业公司，但给人留下了他已经重新考虑过的印象。第二天早上，他去鲍尔斯的办公室寻求建议。鲍尔斯告诉沃尔特，环球影业公司试图"耍点儿花招，搞点儿小动作"，并建议他假装正在与另一家发行商谈判，希望这能迫使环球影业公司做出让步。很明显，沃尔特这是在跟鲍尔斯鹦鹉学舌，他在给莉莲的信中写道，"如果我向他们下跪，这笔交易对我们来说会糟糕得多"。他不会让环球影业公司"胁迫"他的阴谋得逞。"他们都是一群阴谋家，"沃尔特总结道，"他们满脑子都是欺骗新手的把戏。"他意识到自己就是这样的新手。他说，他很幸运，有像鲍尔斯这样的朋友和顾问。

双方的拉锯扯皮又持续了一个星期。环球影业公司表示，在提出购买要约之前，他们还需要进行更多的测算，而沃尔特表示，他不能再等了，尽管私下里他确信环球影业公司最终会妥协，而且他每天都在与鲍尔斯开会，制定下一步的谈判战略。"在这场比赛中，最有耐心的人似乎才会赢。"沃尔特在给罗伊的信中写道。与此同时，沃尔特还向派拉蒙影业公司的高管们展示了这部电影，这些高管们"感到眼前一亮，很吃惊"；而且他还向"美国电影票务办公室"公司的高管们展示了这部电影，这些高管们"变得非常热情，热烈地讨论这部影片"。然而，到了10月底，派拉蒙影业公司和"美国电影票务办公室"都没有提出购买要约，而环球影业公司最终决定，由于他们与明茨的合同禁止他们发行任何其他动画片，他们也不会与沃尔特达成任何协议。沃尔特仿佛挨了当头一棒，被彻底击垮了——他原本高昂的情绪再次低落下来，整个人都垂头丧气，无精打采的。

因为极度缺钱，沃尔特一直在半鼓励半逼迫埃沃克斯尽快完成《米老鼠》系列动画片的第四部《谷仓之舞》，主要是为了在他回家之前，为《谷仓之舞》《疯狂的飞机》和《飞奔的高乔人》这三部影片一起配乐并完成录制配音工作。"如果你此前曾经拼命工作过，那么现在就再来一次吧。"他写道。除了《谷仓之舞》，所有卡通片的音乐都是由沃尔特以前的音乐家同事卡尔·斯托林创作完成的。在前往纽约的火车上，沃尔特在堪萨斯城作了短暂的停留，劝说斯托林不要再为有声电影的未来着急或怀疑了，然后他留下了《疯狂的飞机》和《飞奔的高乔人》，让他给谱写配乐，而沃尔特则继续寻找并安排给《蒸汽船威利号》录音和配音的人。斯托林在环球影业公司做出最后决定的前一天早上抵达纽约，他和沃尔特一起躲在酒店的房间里，一直聊到深夜，一边工作一边聊天。3天后，《谷仓之舞》的拍摄胶片寄来了，他们准备先录下乐谱。鲍尔斯同意支付录音的费用，前提是沃尔特需要支付其他的费用。沃尔特把鲍尔斯此举看作像救命恩人一样的行为。"我没有告诉他我们有多么需要他的帮助。"他给莉莲写道。

又一次，他陷入了可怕的财务困境。沃尔特估计，这次录音和配音，仅支付音乐师的费用和斯托林的薪水，他就还需要1200美元到1500美元。而在此之前，他已经为这趟纽约之行花费了将近6000美元。几个星期前，迪士尼兄弟俩还以他们在利里克大道的房子作抵押申请了第二笔贷款，这又给公司注入了4000美元，但现在大部分贷款都用完了。沃尔特敦促莉莲让罗伊以他们的财产为抵押再申请一笔贷款，并"尽其所能地挖出多余的现金"。沃尔特最后指示罗伊卖掉自己那辆心爱的月亮牌跑车，那辆车有红色和绿色的行车灯，车顶是可折叠的——沃尔特曾在这辆车里追求过莉莲。这充分显示了他们的财务状况已经紧张到了什么程度，沃尔特几乎是孤注一掷，垂死挣扎。

在纽约待了将近两个月之后，在离开工作室，离开他的家和莉莲两个月之后，在使出浑身解数历尽所有的财务紧张状况之后，甚至在获得帕特·鲍尔斯的认可之后，沃尔特终于拥有了四部《米老鼠》系列有声动画片。但是，沃尔特却仍然没有找到一家公司愿意发行它们。他几乎耗尽了所有的钱，几乎耗尽了所有的时间，几乎耗尽了所

第四章　米老鼠诞生

有的耐心，他甚至开始要耗尽原本充足的信心了。

后来，哈里·莱辛巴赫（Harry Reichenbach）出现了。44岁的莱辛巴赫在遇见沃尔特的时候过早地长了满头银发，看上去像个外交官，这掩盖了他实际上是一个自命不凡而且喜欢自吹自擂的艺术家并以此为荣的事实。莱辛巴赫出生于马里兰州的弗罗斯特堡，在阿勒格尼山脉的山脚下长大。在那里，他从小就浸淫在"粗制滥造"的惊悚影片（nickel thrillers）中，心怀对更广阔世界的梦想。小时候，他参加了一场狂欢节，在那里参加了一场表演，成了一名演员，从此以后一直担任一位魔术师的助理，直到最后离开舞台，进入了新生的媒体代理行业。凭借着厚颜无耻、奸诈狡猾的两面派作风，他很快就成了一个传奇人物。正如他曾经吹嘘的那样，他常常对自己当年的壮举引以为豪。他说："我找了一个愿意穿有褶裤子的年轻人，在3周内就让他成了美国最受女观众喜爱的男偶像演员；我通过直接投票把密歇根大道改名为梦想大街；我在纽约塔利镇组织食人族部落为一部影片做广告；我通过让一头狮子在一家一流酒店停留，把一次失败案例变成了一次全国性的成功案例；甚至把鲁道夫·瓦伦蒂诺的心脏安放在加利福尼亚博物馆里接受观众的瞻仰。"

沃尔特在纽约遇到莱辛巴赫的时候，莱辛巴赫这么多年来已经代理了众多的电影公司，凭借在此过程中展现出来的堪称绝技的宣传推广能力，已经成为百老汇柯罗尼剧院的经理。在与沃尔特的谈判破裂之前，环球影业公司曾希望先在百老汇试着放映电影《蒸汽船威利号》，他们选定的放映地恰恰就是柯罗尼剧院。甚至从录音配音一开始，沃尔特就一直不停地把《蒸汽船威利号》拿给发行商看，从一个发行商到另一个发行商。当影片播放的时候，他坐在放映室里，透过舷窗关注高管们的反应，结果每次都只是被告知如果他们感兴趣，就会联系他。莱辛巴赫碰巧参加了其中一个放映会，对沃尔特的印象非常深刻。所以他主动接触沃尔特，询问是否可以让《蒸汽船威利号》在他的剧院里放映两个星期。沃尔特略带不安地向莱辛巴赫表示，这样做可能会影响他获得发行商的机会，就像当初他向环球影业公司表达的担心一样。莱辛巴赫听了他的话之后，直截了当地告诉他，在听到公众和媒体的反应之前，发行商永远不会知道一部电影是好还是坏。他向沃尔特保证，"他们肯定会喜欢它的"。莱辛巴赫为了放映这部影片向他出价 500 美元。沃尔特自己也承认，他当时有点儿不知天高地厚地提出了 1000 美元的价格——"这是当时百老汇动画电影的最高价格"——而莱辛巴赫显然看到了《蒸汽船威利号》本身拥有的潜力，所以他表示同意。

  1928 年 11 月 18 日，《蒸汽船威利号》在柯罗尼剧院首次亮相，之后是由奥利弗·波登（Olive Borden）、埃迪·格里本（Eddie Gribbon）和杰克·皮克福德（Jack Pickford）主演的电影《黑帮战争》上映。[1] 因为迪士尼工作室的未来现在完全寄托在观众的反应上了，所以沃尔特和斯托林两人紧张地坐在剧院后面。正如斯托林后来回忆的那样，"我们听到了周围的爆笑声和窃笑声，笑声包围了我们"。（沃尔特在那两个星期参加了每一场放映。）事实上，观众的反应出乎意料地惊人。甚至在两个星期的放映结束之前，沃尔特就收到了行业媒体的赞扬，以及接到了一些此前拒绝他的发行商打来的电话。"这并不是第一部实现动画与音效同步的动画片，但却是第一部吸引关注获得好评的动画片。"《综艺》（*Variety*）杂志热情地评论道，"这是一部具有高度的独创性、巧妙地结合了声音效果的卡通片，代表了卡通片

---

[1] 这个日子以后将成为迪士尼工作室历史上极其重要的一天，但是沃尔特似乎很难准确地记住它。在以后的岁月里，他给《蒸汽船威利号》的首映式确定了好几个不同的时期。一会儿说是 7 月 19 日，这一天可能是迪士尼工作室进行配音试验的日子，一会儿又说是 9 月 19 日或 9 月 28 日。

的最新水准。动画与声音的联合带来了数不胜数的欢笑。咯咯的笑声一阵接着一阵,传遍了柯罗尼剧院,可以说是一波未平,一波又起。"《放映商先驱报》的评论员说,它"让我笑得从座位上掉了下来"。甚至连《纽约时报》也注意到了这一现象,称《蒸汽船威利号》是"一部充满乐趣的有独创性的巧妙作品。它厉声咆哮、呜呜哀鸣、吱吱尖叫,还会发出其他各种各样的声音,这都增强了它的快乐品质,使得喜剧效果更加出色"。

《蒸汽船威利号》这部影片似乎与其受到的如此热情的欢迎和热烈的赞美不太相称,更不适合作为一部里程碑式的电影,尽管它后来确实成了电影史上的里程碑。它的长度不到6分钟,没有什么叙事性——本质是米奇面临着音乐激情带来的痛苦煎熬,在蒸汽船上进行的一场音乐狂欢。米奇把它看到的一切都变成了乐器:山羊变成了手摇风琴,垃圾桶变成了鼓,一套平底锅变成了编钟,牛的牙齿变成了木琴。带着一点儿随意的施虐倾向,它还猛地拉拽猫的尾巴来制造哀嚎声,用一只倒霉的鹅当长号,还通过按压母猪的乳头,把它变成了一架会发出类似音符的呜呜声的钢琴。少得可怜的情节元素是船长的一只笨重的猫,它恐吓米奇——现实的入侵,米奇通过自己的音乐逃脱了猫的严厉恐吓;还有母老鼠米妮,当米奇用一个吊货钩把它吊到船上后,米妮加入了米奇的独奏会。但它与此前的动画片以及竞争对手的不同之处在于,沃尔特把它完全设计成一个有声卡通,其中的音乐和效果与动作密不可分,这是真正的音乐卡通片,而不是带音乐的卡通片。威尔弗雷德·杰克逊后来分析了迪士尼的音乐技巧,他说:"我不认为把音乐当作一回事、把动画当作另一回事这种想法值得考虑。我相信我们应该把它们想象成我们试图融合的一个全新的东西所需要的元素,而不仅仅是简单的运动加上声音。"据两位迪士尼资深动画师说,工作室对米老鼠的步伐也进行了音乐概念化的设置和处理。它会随着节拍有一个跳动。

就像一年前《爵士歌手》在整个电影行业掀起了一场轩然大波一样，作为竞争对手的其他动画工作室立刻意识到《蒸汽船威利号》在他们的艺术领域掀起了一场革命。"这成了一股风潮。"一位制片人写道，"每个人都在谈论它，并对这个老鼠角色的滑稽动作赞不绝口。"其他电影公司也竞相追赶，但迪士尼现在已经领先一步，而且他的特殊的音画同步系统也很先进，而竞争对手要制作出自己的像《蒸汽船威利号》这样实现动画和音乐完美融合的卡通片还需要一年的时间。而且有些人是永远也赶不上了。《菲利克斯猫》的动画师哈尔·沃克（Hal Walker）哀叹说："迪士尼用他的声音让我们破产了。"

现在，沃尔特，或者更准确地说，鲍尔斯，正在答复蜂拥而来的报价和合约，但是预想中的胜利的喜悦未到来，却再次以苦涩的失望而告终。现在的问题是，所有的发行商都想买下沃尔特的工作室，而不仅仅想买他的动画片。在经历了与明茨的合作后，沃尔特下定决心坚持不出售工作室、不交出控制权，无论他多么迫切地需要收入，因为他不想成为又一个动画制作人，他想成为动画之王。"我知道，如果那样做的话，我将会被迫限制和约束自己在动画片上的投入，"他在几年之后写道，"来顺应他们对卡通片成本应该是多少的看法。"沃尔特一如既往地热切地认为，质量是他唯一真正的优势，他决心在自己的动画片上投入的钱，要和其他制片人在一部单卷胶片的真人实景喜剧上投入的钱一样多。因此，沃尔特最后没有卖掉自己的工作室。很显然受到了《蒸汽船威利号》获得的热烈追捧的鼓舞，他告诉发行商，他坚持发行商要先给每部影片预付5000美元，而不是在发行商收回预付款和各项费用后，收益由双方按四六分成，即使他可以拿到六成。每一个经销商都拒绝了他的这种条件。沃尔特似乎又被打败了，这时候鲍尔斯主动提出他要介入。他现在已经是沃尔特的销售代理了，还将在各州授权的基础上发行这部电影，本质上是将这部电影特许给各州和地区发行商，而他从各州和地区发行商那里获得总票房的10%。沃尔特又一次被帕特·鲍尔斯救了。或者说至少他这样认为。

所以，直至12月中旬，在他到达纽约3个多月之后，在度过了孤独寂寞而又饱受折磨的3个月之后，沃尔特终于可以带着影片发行的承诺返回加利福尼亚了——幸运的是，这个承诺几周后就开始兑现了。就在圣诞节前夕，鲍尔斯的得力助手查尔斯·吉格里奇（Charles Giegerich）与包括纽约著名的斯特兰德剧院（Strand Theatre）在内的所有的斯坦利－法比安－华纳剧院（Stanley-Fabian-Warner Theatres）连锁影院达成协议，以每部3000美元的价格发行米老鼠系列动画片。"有了这个协议，"吉格里奇在给沃尔特的信中写道，"从现在开始，一切都应该开始迎风起飞了。"到了这个月的月底，吉格里奇已经敲定了几个州的授权协议，包括纽约州北部，价格是4200美元。几周后，他卖掉了米老鼠系列动画片的海外版权，一个月后，他拿下了西部的宾夕法尼亚州、密歇根州、威斯康星州和克利夫兰市，并准备与明尼苏达州和伊利诺伊州签订合同。到了5月，鲍尔斯的加利福尼亚代表已经和整个西海岸签署了协议。"我们把东西给他们，我们就不用太担心了。我们需要关心的只有影片本身。"沃尔特满怀信心地给他的伙伴们写信，却没有注意到他已经处于鲍尔斯的掌控之下这一事实，而鲍尔斯，根据他以往的表现和行径，是不值得信任的。

3

他并没有在家待多久。由于鲍尔斯在加利福尼亚没有录音的能力，到1月底，沃尔特又踏上了前往纽约的路，他要为另外两部《米老鼠》系列动画片配音配乐,并推广其他项目。在奥斯华被别人从自己手中夺走之后,沃尔特已经开始担心自己会过于依赖米奇了,如果他不分散投资,进行多样化创作,就会再一次把自己和工作室置于危险之中。在回到纽约之前,他已经开始考虑拍摄一系列真人版单卷胶片的谈话喜剧,并写信给他的老投资者约翰·考尔斯,询问他是否有兴趣为这部电影投资或融资。(在去纽约的路上,他甚至在堪萨斯城作了短暂的停留,与考尔斯会面商量此事。)与此同时,他还在着手制作另一套动画系列。这套系列动画片中没有设置一个单一核心人物,他之所以这样做是希望这部动画片能与《米老鼠》系列动画片有足够的差异,能够在影院上映,从而与放映《米老鼠》系列动画片的影院形成竞争,给他创造另一个收入渠道。

这个新系列动画片的创意源于卡尔·斯托林,上一年9月份沃尔特在去纽约的路上拜访他时他就提出了这一想法,并且沃尔特在纽约逗留期间很显然已经把这个想法透露给了发行商。斯托林提出的是一种音乐奇幻片——以音乐为开端,以动作为动画、动作配合音乐的卡通片,并且他已经为第一部这种类型的卡通片设定了主题。当他还是个孩子的时候,斯托林在《美国男孩》杂志上看到一则出售跳舞骷髅的广告,便缠着父亲给他25美分通过邮寄买了一个。跳舞骷髅的形象一直萦绕在他的脑海中,他建议沃尔特创作一部这样的动画片,让一群骷髅随着音乐起舞,音乐采用斯托林自己创作的一首曲子。这首曲子中包含爱德华·格里格(Edvard Grieg)的《小矮人进行曲》中的部分段落,跳舞骷髅的形象也一直萦绕在沃尔特的脑海中,让他难以忘怀。早在9月份,他就写信给罗伊说:"卡尔提出的创作一部'骷髅舞'的'音乐奇幻片'的想法在我心中日夜滋长。"他还提到了卡尔所称的"极好的可能性",显然把这种可能性传达给了鲍尔斯,鲍尔斯表示对此有兴趣。1月1日,迪士尼工作室开始为这部电影制作动画。两个星期后，就在他再次来到纽约之前，沃尔特给吉格里奇写了一封信，说他有一些"不同寻常的东西"，尽管埃沃克斯还没有完成足够的绘制工作，沃尔特还没有任何东西可供展示。

与此同时，沃尔特正在纽约为新的《米老鼠》系列动画片录制音乐和配音，并对已经发行的《米老鼠》系列动画片受到的热情追捧进行了兴奋热烈的讨论。看到斯特兰德剧院正在上映《谷仓之舞》，他自豪地给莉莲写信说，剧院大厅里有一张大纸板制作的米奇的剪影，他还随信附上了剧院的节目单，作为米奇越来越受欢迎的证据。"他就是大家熟知的'热门人物'。"他略微有点儿夸张地宣称。他得意扬扬地说，发行商们"对他们的聪明才智大加赞赏"。他承认，他希望证明首批《米老鼠》系列动画片的高质量"并非偶然，而是始终如一的标准"。他补充说，其中一个卖点是厄布·埃沃克斯——不仅仅是他的画作，而且还有他的名字。沃尔特说，他的动画不仅让"纽约的动画师们脱帽致敬"，而且他的名字让"人们看了还会再看一遍"。

当沃尔特在录制米奇的音乐并获得如潮的好评时，他在纽约还有另一个更重要的使命——一个有关个人的使命。在他的第一次纽约之行中，当他到处推销《米老鼠》系列动画片并到处碰壁的时候，一位发行商拿起了一包"救生员"牌糖果。"公众知道救生员，"他告诉沃尔特，"但他们不知道你，不知道你的老鼠。"这给沃尔特留下了深刻的印象。多年后，当他回忆起这件事时，他对自己说："从现在开始，如果他们喜欢这部影片——他们就会知道他（制片人）叫什么名字。"因此，在这次纽约之行中，他决定向动画产业发起全方位的进攻，把"沃尔特·迪士尼"塑造成无可争议的领导者——动画界的"救生员"。当时的时机恰到好处。在他逗留纽约期间，他了解到查尔斯·明茨已经不再与环球影业公司合作，这显然让沃尔特很高兴，而且弗莱舍夫妇也失去了他们的合同，这就大大缩小了竞争范围，给他留下了一个不可抗拒的机会。"现在这个时候是我们掌控这个行业的最佳时机，"他敦促罗伊和埃沃克斯，"所以让我们充分利用这种局面抓住这个机会吧。"

他的策略之一是在录音领域牢牢地站稳脚跟。在通过声音获救之后，沃尔特现在决定在加利福尼亚为其他独立制片人开设一家录音工作室。关于这个录音工作室，沃尔特曾给他的合作伙伴写道："我们应该能够赚到一笔可观的钱。"同时，这也意味着沃尔特不需要在美国东部待那么长的时间了，在过去的6个月里，他有5个月都待在东部——其间都是独自一人，没有莉莲的陪伴。早在去年10月，在他最后一次来纽约的时候，他就安排在工作室负责摄像的吉米·劳尔雷（Jimmy Lowerre）来到纽约，学习如何录音，并成为迪士尼工作室的常驻音响工程师。

在这一努力过程中，沃尔特受到帕特·鲍尔斯很多鼓励，这是有充分理由的。鲍尔斯将负责提供录音设备，甚至还在谈判租赁位于格兰岱尔大道（Glendale Avenue）上的马歇尔·奈兰（Marshall Neilan）工作室，沃尔特不仅计划在那里建立录音室，还打算以经过讨价还价后每月100美元的租金，将他的整个公司迁到这个地方。鲍尔斯还安排把他自己的音响专家威廉·加里蒂（William Garity）借给沃尔特，为期6个月，周薪150美元。沃尔特如此热情兴奋——或者说鲍尔斯让他如此热情兴奋——以至于他甚至谈到要从鲍尔斯那里再购买至少两套录音设备，一套放置在西海岸，一套放置在中西部。但是，要从像鲍尔斯这样阴险狡诈的人手里买这些东西，那可别想以便宜的价格获取。除了要收取《米老鼠》系列动画片10%的发行费，鲍尔斯还要求收取每英尺成品底片25美分的版税，再加上——这是一项合同中的附加条款——每年1.3万美元，这在1928年是一笔非常可观的数目，为期10年。在此期间，无论沃尔特是否使用"电影电话"录音系统,无论其他任何制片人是否使用"电影电话"录音系统,无论"电影电话"录音系统后来是否被证明过时,沃尔特每年都要向鲍尔斯支付1.3万美元。除此之外,鲍尔斯还要求支付5000美元的签约费——5000美元,这可不是个小数字,沃尔特当时没有这么多钱。简而言之,鲍尔斯实际上是在逐渐收紧他已经诱骗沃尔特·迪士尼上钩的那条线。

合同中的这些条款都很苛刻,但是,沃尔特从来都是一个说做就做的人,一个积极狂热的人,而不是一个实用主义者,他绝对不会让金钱阻止他成为一个动画音效专家,因为他现在确信自己面临一个绝佳的机会,他不会轻易让这个机会从自己身边白白溜走。他写信给罗伊,拼命地要求他继续找考尔斯或科格或斯托林,甚至找斯托林的岳父,找他们借钱,寻求他们投资,以工作室作为担保申请第二笔抵押贷款,总之找所有能找的人,想方设法、不惜一切代价筹措资金。"我们必须尽最大可能筹钱。"他坚持说。事实上,斯托林确实贷给了他们2000美元。为了弥补剩余的资金缺口,沃尔特做了一件对他来说一定异常困难的事情:向伊利亚斯寻求帮助。当时,伊利亚斯和弗洛拉已经定居在俄勒冈州的波特兰市,他们拥有几套小户型的公寓。当年2月,伊利亚斯很可能以其中一套公寓作为担保申请了第二笔抵押贷款,从而为沃尔特提供了一笔2500美元的贷款——沃尔特说服他的父亲帮他贷款的理由是:建录音棚"不是赌博,而是一个机会"。就在他收到贷款的那天,也就是2月14日,他又一次在没有和罗伊商量的情况下就和鲍尔斯签了合同,尽管他此前已经这样做过一次,但这一次罗伊特别愤怒。当月晚些时候,当沃尔特回到加利福尼亚时,罗伊冲他怒吼道:"你认真看过合同全文了吗?""我当然没有了,"沃尔特回答说,"不管怎么样!我就是想要这些设备!"正是那个星期,这些设备从纽约发出,被运往加利福尼亚。

沃尔特·迪士尼一直远离自己工作室的运营和财务事务，一直依靠罗伊来筹集所需资金。现在，他不仅是一位动画制作人，还是一名录音企业家。回到加利福尼亚一个月后，他和罗伊在好莱坞梅尔罗斯大道租下了泰克艺术工作室（Tec Art Studios），用于开展音响业务，不过动画业务仍在赫伯里恩。（鲍尔斯牵线的与奈兰工作室的交易在最后一刻告吹。）与此同时，吉米·劳尔雷则受公司指派去了纽约，学习如何使用这套系统。当年4月，鲍尔斯的音响师威廉·加里蒂来到了迪士尼工作室，监督指导设备的使用。"建成后，"罗伊在给一位潜在客户的信中写道，"这个录音棚将能够与迄今为止建造的任何一个录音棚相媲美，将给我们一个全新的舞台。"为了提供全面的音响服务，迪士尼工作室开始改装两辆旧卡车，在上面配备了拍摄外景的录音设备，不过他们这样做的代价是欠了鲍尔斯更多的债务。

虽然沃尔特精心设计和安排自己向动画行业进军的一些重要事务，处心积虑地使自己成了动画界不可或缺的人物，但是，他受斯托林的灵感启发计划创作的新的系列动画片则没有取得理想的成功。他称这一系列动画片为《糊涂交响曲》。沃尔特曾经逼着埃沃克斯尽快绘制完成《骷髅之舞》的动画，这样他就可以开始录制斯托林为之谱写的配乐，并向未来的发行商展示这部动画片。鲍尔斯已经在谈论要制作一共12部该系列的动画片了，但是沃尔特承认他对自己看到的成品感到失望。在影片制作完成后，他在3月初把它寄回了纽约，并让鲍尔斯找发行商试映，但发行商发现片中那些舞动的幽灵非常古怪，甚至令人毛骨悚然，鲍尔斯无法找到一个买家。沃尔特试图找一个放映商在洛杉矶放映，但却得到了同样的回应。然而，尽管如此，他仍然对《糊涂交响曲》保持着坚决不动摇的、出自本能的信心。"很难解释我们对这个系列动画片到底有什么想法，"沃尔特向吉格里奇坦白道，"但我自己觉得，这将是一部不同寻常的影片，应该会有广泛的吸引力。"几个月后，沃尔特为了让弗雷德·米勒（Fred Miller）看一下这部电影，就像当初让哈里·莱辛巴赫看一下《蒸汽船威利号》一样，他拐弯抹角找到一个朋友，这个朋友认识一个电影推销员，而这个电影推销员认识米勒。米勒当时担任洛杉矶闻名遐迩的好莱坞卡塞弧形剧院的总经理。沃尔特勉强说服这位朋友介绍自己认识那个推销员。沃尔特在台球厅找到了那个推销员。他同意看一看《骷髅之舞》，看完之后觉得很喜欢，然后就把它拿给米勒看，米勒看了后也很喜欢，同意临时在卡塞弧形剧院播放这部动画片。《骷髅之舞》成了卡塞弧形剧院放映的第一部动画片。观众的反应很积极，但是和埃沃克斯一起参加放映活动的沃尔特对此并不确定。"他们是在嘲笑我们，还是和我们在同一个频道？"他问道。

　　吉格里奇对沃尔特的这些努力并不满意，他认为在卡塞弧形剧院的放映会影响他在全国范围内销售《糊涂交响曲》的积极性，但沃尔特反驳说，这部动画片"大受欢迎"，"吸引了不同寻常的大量关注"，包括《洛杉矶时报》的一篇好评，所有这些都只会帮助这个系列动画片拥有长远的市场前景。当弗雷德·米勒要求预订这套动画片并延长这部动画片的放映时间时，沃尔特在给鲍尔斯的信中写道："福克斯的官员们在听到观众在首映之夜的反应后，将会百分之一百地同意发行这部动画片。"沃尔特是对的。当放映方还在对这部卡通片令人毛骨悚然的冒险行为犹豫不决之时，观众和评论家们似乎都已经从一开始的惊讶变为深深地迷醉了。"这是有史以来在屏幕上展示的最新颖的卡通主题之一。"《电影日报》评论道。纽约极其豪华的罗克西剧院的经理塞缪尔·"罗克西"·罗塔弗尔（Samuel "Roxy" Rothapfel）预订了这部电影，然后写信给沃尔特说，这部电影"毫无例外地是我见过的最聪明的作品之一，正如你也知道的那样，观众们享受着它的每一刻"。一位年轻有为、理想远大的动画师，名叫约瑟夫·巴贝拉（Joseph Barbera），坐在罗克西剧院的三楼包厢里，"距离屏幕大约 70 英里，"看着《骷髅之舞》，他说，"尽管如此，它对我的冲击还是巨大的。我看到这些骷髅排成一排，步调一致，翩翩起舞，我内心不停地问自己：你会做这种动画片吗？你怎么样才能做出这样的动画片呢？"

作为他进军动画界的另一个突破口，沃尔特在疾风骤雨般近乎疯狂地推销他的新音效系统和《糊涂交响曲》的同时，也在给他的工作室补充一流的动画师，因为他预期将很可能同时制作《米老鼠》系列和新系列的动画片——这意味着一年要制作数量多达 36 部新卡通片。这一年 2 月，沃尔特再次来到纽约。在此期间，在鲍尔斯的鼓励下（鲍尔斯似乎想尽快得到《米老鼠》系列动画片），沃尔特面试了一些潜在的动画师人选，并最终聘用了伯特·吉列特（Burt Gillett）。吉列特是一名资深动画师，拥有十分丰富的经验，此前一直在帕特·沙利文的工作室里任职，主要负责画《菲利克斯猫》的卡通。（他说菲利克斯并不是特别好，很一般。）沃尔特说他是一个"聪明绝顶的家伙"。吉列特又向沃尔特推荐了本·沙普斯坦，他曾在几年前在吉列特手下工作，为《马特和杰夫》（Mutt and Jeff）系列制作动画。沃尔特从纽约回来后，给沙普斯坦写了一封信，邀请他出山来自己的工作室，当时沙普斯坦在旧金山做自由撰稿人。在与沃尔特会面之前，沙普斯坦与比尔·诺兰和另一位动画师瓦尔特·兰茨（Walter Lantz）共进晚餐，两人都建议他不要加入迪士尼工作室，因为有声动画太受限制，无法在这个领域取得成功。但是当沙普斯坦见到沃尔特时——他从有轨电车站走了 1 英里来到了赫伯里恩，沃尔特对声音是如此的兴奋和激动，他抓起几部《米老鼠》系列动画片，开车带着沙普斯坦去了市中心的一家剧院，向他展示这些动画片。（迪士尼工作室当时仍然没有自己的放映室。）沙普斯坦对影片的质量印象深刻，并在 3 月底加盟了迪士尼工作室，每周薪水 125 美元，他的工资是沃尔特本人当时工资的两倍多。

在接下来的几个月里，沃尔特又吸引杰克·金（Jack King）和诺曼·弗格森（Norman Ferguson）加入了迪士尼工作室。杰克·金是一位备受尊敬的纽约动画师，诺曼·弗格森是另一位纽约人，他就是沃尔特非常欣赏的《伊索寓言》系列动画片的创作人。沃尔特还试图招募创作《菲利克斯猫》系列动画片的主要动画师——阿尔·尤格斯特（Al Eugster）和奥托·梅斯默（Otto Messmer）。"这是压力！"梅斯默回忆道，"他三顾茅庐，好说歹说，反复恳求。"但梅斯默已经在纽约定居下来，并且他觉得无论如何《菲利克斯猫》系列动画片会永远持续下去。后来，到了 1929 年夏天，罗伊去了纽约，继续想方设法招募动画师，甚至试图说服经验丰富的动画师迪克·休默跳槽到迪士尼工作室创作拟议中的米老鼠的连环画，但没有成功。即便如此，到了 8 月份，沃尔特已经招募了 8 位动画师——8 位业内顶尖的动画师，员工总数达到了 20 人。

新加入的动画师来到了迪士尼工作室。工作室坐落在洛杉矶银湖区的腹地，属于穷乡僻壤的偏远地区，一名游客形容这里是"那种无边无际的郊区环境之一，星星点点地散布着巴塞罗那式的平房、粉红色的玫瑰和红色的加油站"。尽管工作室搬到这里已经 3 年了，但外观上看起来仍然毫不起眼，一眼看过去不会给人留下任何特别的印象。它包括一座灰泥建筑，也就是原来的小平房，其中有罗伊和沃尔特的办公室，还有一个大的房间，大房间从中间用隔板隔开——一边是描线与上色工作区，另一边是动画工作区。这座主建筑旁边有一个小棚子，里面存放着成罐成罐的胶卷和旧图画，后面是沃尔特拍摄最后几部《爱丽丝》系列动画片的舞台。到了 1929 年春天，随着空间需求的增加，沃尔特开始做一些小的扩建。其中就包括沙普斯坦所说的"玉蜀黍发育不良的穗",指的是一间摄像机房,用来保护动画师不受摄像机噪声的干扰,尽管隔壁的一家风铃厂曾经有一天从早到晚都在测试风铃,几乎把创作动画片的艺术家们逼疯。另外还有一个大约14平方英尺的附加建筑,沃尔特把它叫作"音乐室",因为他在那里放了一架钢琴,以供斯托林使用。不久之后,他又增加了一个更大的附加建筑,以便提供更多的办公室。总之,这些后来的建筑使原来的空间扩大了三倍。

但是,如果说办公室的修建和增加是草率和随意的,那么里面的业务工作就完全不同了——至少与动画行业其他工作室低下的标准相比是这样。那天下午,沙普斯坦在赫伯里恩与沃尔特会面时,沃尔特热情洋溢地表达了他长期以来坚持的信念:"他的信仰就是制作出一种质量领先、出类拔萃的产品,具有强大的辨识度,公众能够一眼认出它,并把它当作最好的娱乐产品。这样,他们或多或少都会要求观看迪士尼的电影。"从他自己在动画方面的经验来看,一切似乎都是在忙忙碌碌中仓促完成的,所以沙普斯坦认为沃尔特过于野心勃勃了。但是,他很快就意识到,迪士尼工作室与他在纽约接触到的那些动画工作室"完全相反"。在迪士尼工作室,环境和气氛可能很随意,但到了具体工作的时候,一切都是经过精心策划和周密准备的。每一张卡通片都有一张曝光图,上面精确地勾勒出每一个场景、每一个动作和每一幅单独的图画。一开始,沃尔特要求所有的动画师都要花一部分时间做版面设计——布置背景并确定人物在背景上的精确位置,但他很快就设置了自己的早期分工方案之一,即聘请了单独的版面设计师卡洛斯·曼列克斯(Carlos Manríquez)来完成这项任务。随着工作人员数量的增加,埃沃克斯也不再亲自绘制所有的基本动画了,而是负责绘制一些关键的草图,后续其他动画师就可以根据这些草图进行补充和完善。晚上他还主持动画绘制教学课,培训那些新来的动画师。到了1929年的年底，埃沃克斯专门负责绘制基本原图和曝光图，并担任创作《糊涂交响曲》系列动画片的部门负责人，而伯特·吉列特则担任创作《米老鼠》系列动画片的部门负责人。

然而，迪士尼工作室和纽约的那些动画工作室之间最大的区别不是准备工作充分与否或专业化程度的高低，而是对产品质量的预期和要求。沃尔特·迪士尼要求一切都必须是最好的。就像他当年对待《爱丽丝》和《奥斯华》系列动画片一样，尽管结果并不理想，沃尔特还是坚持追求卓越。沙普斯坦承认，当意识到沃尔特的标准有多高时，他很快就对加入迪士尼工作室产生了一些顾虑。在一部早期的《米老鼠》动画片中，他被分配绘制一个他认为很普通的场景，但他发现沃尔特并不这样认为，沃尔特对每一个场景都非常重视。他说："在沃尔特看来，为了取得更好的结果，无论我们要做的是什么东西，我们都必须对行动策略和方案进行反复思考，思考如何才能达到最佳的效果。"这些人在自己此前的职业生涯中一直认为动画只是一种一次性的东西，所以要让他们相信自己能够而且必须创作出更好的东西，这可能是一场不可避免的斗争。"为了让我的新员工适应我们的工作方式，我遇到了很多困难，"沃尔特在那年4月向吉格里奇抱怨说，"但现在一切都在好转，看起来从现在开始我们将能够顺利起航，向着我们的目标前进。"

沃尔特的部分秘诀在于，他坚持把对质量的要求落实到每个人头上，而这些人有很多以前从未被这样要求过。通过这种方式，他激发出了他们的奉献精神和工作热情。"我们晚上都不愿意回家，简直憎恶要回家的想法。"埃沃克斯回忆说，"每天早上，我们都迫不及待地想要尽可能早地去办公室。我们全身充满了活力和激情，我们必须通过工作来释放这种如火的热情。"虽然就在不久之前，工作室的气氛还很沉闷低落，但《米老鼠》系列动画片的成功大大地提升了他们的士气，鼓舞了他们的精神。现在，动画师们会互相开玩笑，彼此搞恶作剧——当有人要坐在椅子上时，他们会把水倒在椅子上，或者把奶酪放在其他同事的动画板下面的灯泡上面，或者在同事烟斗的烟叶丝里放上特软胶橡皮屑。"但是所有这些恶作剧和开玩笑，"埃沃克斯说，"从来没有妨碍过我们的工作。我们都热爱自己所做的事情，而且我们的这种热情也体现在了银幕之上。"的确，当一位记者热情洋溢地描述赫伯里恩迪士尼工作室这种无忧无虑的工作氛围时，沃尔特实际上是有点儿生气了，他对吉格里奇抱怨道："人们会认为我们不过是一群逍遥自在的家伙，没有任何规章制度或组织体系来约束我们，而我所做的只是屁股坐在办公室的椅子上，把支票发给那些家伙。"

除此之外，还有一些其他的东西也给了迪士尼工作室一种蓬勃向上的朝气和友爱互助的感觉：沃尔特本人的不拘礼节，轻松随意。现在，沃尔特已经从与明茨合作期间面临的持续不断的挑剔苛求以及财务紧张中解脱出来，他已今非昔比。他为自己能够与这些人共同工作而感到自豪，为成为这个集体当中的一员而感到骄傲，甚至还努力树立这种形象，让别人都感受到他的这种感觉。"我们当中没有任何总裁或其他官员。"他自豪地告诉一位来访的记者，"事实上，我们甚至还不是一家真正意义上的公司。我想你不能叫我们什么公司。我们只是表达我们的意见，有时我们也会有一些良性的、老派的争论甚至是争吵，但最终所有问题都会解决，事情都会朝好的方向发展，我们有了一些我们都引以为傲的东西。"大多数员工甚至都有工作室前门的钥匙。沃尔特可能仍然会很苛刻，甚至有时候有点儿刻薄，尤其是对像埃沃克斯这样的长期合作伙伴。但是，从自己与那些憎恨他的叛变者的工作经历中，他已经吸取了足够的教训。现在，他会随意地走近工作室的动画师们，在他们的办公桌前停下脚步，和他们轻松地聊天，不仅谈论他们的工作，还谈论他们的兴趣，还给他们提建议，而且表现得平易近人，而不是显得专横跋扈。"人们都很喜欢他的这种方式，"埃沃克斯说，"他们都做出了良好的回应。"

不过，尽管沃尔特的新公司运行得非常顺利，但他对卓越品质的追求最终还是让他遇到了一个极其棘手的现实问题：钱。这个难以逾越的问题似乎总是困扰着他。优异的质量必然是以昂贵的代价换来的，而且他似乎从来没有足够的钱来支持自己对优质的追求。早期的《米老鼠》系列动画片的制作成本每一部在 4180 美元（《米奇干的傻事》）到 5357 美元（《快乐的小羊》）(*The Karnival Kid*) 之间，这还不包括支付给鲍尔斯的"电影电话系统"的版权费，也不包括沉重的每年 1.3 万美元的费用，还不包括录制《蒸汽船威利号》配音时所欠的债务，迪士尼兄弟在近一年后仍然没有还清这些债务。到 1929 年 5 月，沃尔特已经从鲍尔斯那里收到了近 4 万美元的各项费用和租金，但他必须支付发行费用和开支，还必须偿还贷款，他自己几乎什么都没有留下，尤其是在他扩大了员工规模，而且付给新动画师不菲报酬的情况下。"这些钱一直以相当快的速度和规模在进出。"罗伊在那年夏天晚些时候断定。他说，仅《蒸汽船威利号》一部影片就已经赚了 1.5 万美元，而且最终收入可能会达到 2.5 万美元，"收入不是问题，问题是支出——显而易见，支出太高了"。与此同时，沃尔特还得承担录音棚的费用支出，尽管他做出了乐观的预测，但录音棚到现在为止还没有实现赢利，而且一直耗钱。事实上，他曾试图向鲍尔斯借 2500 美元来维持录音棚的运营。

为了摆脱财务困境，沃尔特想到了一种他曾经用过的老旧的补救方法——加快制作《米老鼠》系列动画片的速度，每两周制作一部，每个月制作一部《糊涂交响曲》系列动画片，每年总共创作 38 或 39 部动画片——但他需要再注入 1 万美元才能做到这一点，鲍尔斯拒绝了，坚持最初的每年制作 26 部动画短片的计划。别无他法的情况下，他只好尝试了另一种方法，让一个朋友制作新闻片卖给鲍尔斯，但吉格里奇和鲍尔斯的另一个同事埃德·史密斯（Ed Smith）"破坏了这一计划"。那年 6 月，沃尔特甚至拍摄了一部电影明星参加电影首映式的有声电影短片——其中的明星包括阿尔·乔尔森、小道格拉斯·费尔班克斯（Douglas Fairbanks, Jr.）和琼·克劳福德（Joan Crawford）；以及威尔·罗杰斯（Will Rogers）发表的一次非正式的晚宴演讲短片。沃尔特称这一系列节目为《好莱坞银幕明星新闻》，并把它展示给哥伦比亚影业公司的高管们看，但他们都表示不感兴趣。

随着时间的推移，沃尔特越来越绝望，他只好带着他的动画片再一次去拜访那些大型电影公司，希望能够说服其中一家从鲍尔斯那里购买自己动画片的版权。作家弗朗西斯·马里昂（Frances Marion）声称，米高梅影业公司的两名编辑看过迪士尼的动画片之后，把它们推荐给了马里昂和米高梅影业公司的董事乔治·希尔（George Hill）和维克多·弗莱明（Victor Fleming）。马里昂记得，站在放映室里的沃尔特是一个"身材高大、羞涩腼腆的年轻人，穿着一套破旧的西装，满脸忧虑地看着我们，他的眼神清清楚楚地表露出过去遭受的许多失望"。他甚至为这些动画粗制滥造的质量而道歉。但米高梅影业公司的整个团队都被米奇迷住了；弗莱明更是如此，他那"长长的手臂在空中挥舞着"，大声叫道："伙计，你说对了！这绝对是我看过的最棒的动画片！"马里昂说，沃尔特还随身携带了另外一部卡通片——《糊涂交响曲》，在她的描述中，这部卡通片听起来像《春日时光》（Springtime），但是这不太可能，因为当时《糊涂交响曲》还没有开始绘制。马里昂还说，这群人对他也充满了同样的热情，以至于马里昂立刻去了米高梅影业公司总裁路易斯·B. 梅尔（Louis B. Mayer）的办公室，把他拖到了放映室。

然而，梅尔并没有被打动。看《糊涂交响曲》时，他按下一个停止按钮，关掉了放映机，说这部卡通片"荒谬可笑"，并抱怨说，虽然男人和女人在一起跳舞，男孩和女孩在一起跳舞，但花儿不会一起跳舞。梅尔起身准备离开时，弗莱明让他放松一下，把他按回椅子上，劝他去看看《米老鼠》。然而，《米老鼠》电影刚开始播放，梅尔就大喊大叫，要求立即停止播放这部卡通片。他用拳头猛击自己的腹部，宣称孕妇会去看米高梅影业公司的电影，而女性则害怕老鼠，尤其是电影屏幕上10英尺高的老鼠。梅尔怒气冲冲地走出放映室，砰的一声重重地关上门，而沃尔特只能尴尬地站在那里，呆若木鸡。

最后正是哥伦比亚影业公司给了他喘息的机会。弗兰克·卡普拉（Frank Capra）是西西里移民，曾为无声喜剧制作人麦克·森内特（Mack Sennett）写过笑话，后来一路升迁，成了哥伦比亚影业公司的主要导演。一天晚上，卡普拉在审查观看了自己制作的电影的样片之后，被哥伦比亚影业公司工作室的技术人员说服去看了一部卡通片。卡普拉当时非常疲惫，对于动画片的发展前景也并不乐观。当实验室的技术人员把他介绍给沃尔特时，他甚至表现得没有那么热情——沃尔特是"一个瘦骨嶙峋、不伦不类、满脸饥容的年轻人，蓄了两天的胡子，头戴一顶耷拉着的帽子"。但当这部动画片出现在屏幕上时，卡普拉被迷住了，坚持要哥伦比亚影业公司的一把手哈利·科恩（Harry Cohn）来观看它。科恩也曾对不得不去看一部卡通片表示抱怨，结果他也同样被打动了。哥伦比亚影业公司不是一个大的电影制片厂，但却是一个非常有抱负的制片公司，它愿意发行动画片。

鲍尔斯对此是完全赞同的，因为他将获得其中的大部分收入。那年8月，在成功地在卡塞弧形剧院和罗克西剧院放映了《骷髅之舞》之后，吉格里奇与哥伦比亚影业公司达成了一项发行协议——每个月发行一部《糊涂交响曲》系列动画片，每部预付款为5000美元。（哥伦比亚影业公司在没有见到其他《糊涂交响曲》系列影片的情况下就提出了收购要约,这一方面证明了《骷髅之舞》是多么成功,另一方面也证明了迪士尼工作室的名气越来越大。当然,主要的原因是当时也没有别的《糊涂交响曲》系列动画片可看,因为还没有制作出来。)由于鲍尔斯已经以每部卡通片3500美元的价格出售了海外版权,迪士尼工作室每部动画片将获得8500美元的收入,当然,还需要扣除鲍尔斯10%的佣金,以及底片、广告和声音版权费等其他费用。除此之外,该协议还要求,在所有成本都得到偿还之前,每部动画片的利润按65%：35%的比例分成,其中鲍尔斯获得65%;在此之后的利润双方平分。罗伊计算得出,扣除所有费用后,迪士尼工作室的实际收入约为每部动画片6000美元,他承认这个收入水平并不超常,但这个收入是长期固定的。他认为:"即使是6000美元的净收益——每隔几周就会有一笔,这样持续一年下来,肯定会对打牢公司发展基础,让我们在行业内站稳脚跟有很大的帮助。"

但年轻的沃尔特·迪士尼并不仅仅满足于自己的公司能够生存下去,他脑海中思考的根本就不是生存问题。在经历了自己的"欢笑电影公司"从创建到倒闭的过程以及和明茨之间的种种问题之后,他想要的是控制权——确保他的地位无懈可击的控制权。那年秋天,随着与哥伦比亚影业公司协议的签订,稳定的现金流得到了保证,在他的大多数竞争对手依然步履蹒跚之际,他把精力集中在一个新的目标上,那就是全力以赴争取成为动画界的霸主：他决心让米老鼠取代菲利克斯猫。菲利克斯猫是一只胖胖的黑猫,长着椭圆形的眼睛、尖尖的耳朵和富有表现力的尾巴,长期以来一直是美国乃至全世界的卡通明星。围绕它的产品数不胜数：有一首关于菲利克斯的歌,一部关于菲利克斯的连环漫画,有许多关于菲利克斯的书、玩偶、铅笔和小雕像,甚至还有菲利克斯雪茄。当美国无线电公司在1928年夏天展示它的新电视系统时,传输的第一个图像就是一个用混凝纸做的12英寸的菲利克斯的形象。然而，对它受欢迎程度的最好的证明可能是下列事实：多年来市场上至少出现了6个模仿它的卡通人物，其中包括明茨的"疯狂猫"和沃尔特自己的"朱利叶斯猫"。

但是，菲利克斯的创造者帕特·沙利文一贯作风随意，行事不可预知，他既没有沃尔特·迪士尼的那种说做就做的干劲，也没有深谋远虑的先见之明。米奇一炮走红之后，他的发行商向他施压，要求他把《菲利克斯》系列做成有声动画片，但沙利文一拖再拖，最终失去了合同。当他决定要为他的动画添加声音的时候，他采取的方式恰恰就是——将声音添加到先前的动画当中，而不是像沃尔特那样，从声音的角度去构思它们。"到1930年，菲利克斯注定要完蛋了，"他的一位动画师说，"因为它是一个无声的哑剧角色。我们试过音效，但彻底失败了。"

菲利克斯的突然没落为沃尔特·迪士尼提供了将米老鼠打造成超级明星的机会。起初，为了让米老鼠一跃成为超级巨星，沃尔特绞尽脑汁，想了种种办法，采取了种种手段，可以说是无所不用其极。沃尔特甚至会让他的朋友打电话给影院，问他们米老鼠动画片什么时候上映，如果电影院回答说没有米老鼠动画片，沃尔特就会让他们问电影院为什么没有米老鼠动画片。沃尔特更激进的做法是，与市中心的一家剧院合作，计划制作一部关于米奇的动画片，内容是米奇领导和指挥这家剧院的现场管弦乐队，然后遭到了乐队乐师的攻击。作为交换，剧院预定了另一部米奇的卡通片，并把片名打在了剧院门口的遮阳篷上，沃尔特可以在那里为它拍摄宣传照。到了8月，他开始在电影行业的报纸上刊登整版广告，宣称米老鼠系列是"令人惊讶的聪明，令人尖叫的滑稽，音效与动画完美同步的卡通片"。

但是，除了声音本身，使米老鼠成为超级明星最大的推动力量，不是沃尔特的宣传，而是哈利·伍丁的推广。沃尔特的这种宣传更多是一种漫无目标的、东一榔头西一棒槌的零散行为,而哈利·伍丁,这位在洛杉矶的郊区海洋公园福克斯圆顶剧院担任经理的年轻人,采取的宣传推广措施则截然不同。那年夏末,伍丁发起并成立了一个米老鼠俱乐部,定期组织活动。每周六下午,他的剧院里都挤满了孩子,他们都是自愿加入米老鼠俱乐部的小朋友。他们在一个即兴组建的米老鼠乐队中表演,然后观看关于米老鼠的动画片。伍丁曾经邀请沃尔特去看了一场俱乐部午后场的活动,沃尔特说他"看到大约1000名孩子为米老鼠欢呼雀跃,感到极大的振奋"。但是,伍丁本人,就像沃尔特·迪士尼一样,有着更远大的抱负。他使沃尔特相信,他在当地所做的事情也可以在全国范围内推广。沃尔特感觉深受鼓舞。"我确信,采取像这样的方式方法,再加上连环画以及各种围绕米老鼠制作的玩具和新奇小玩意,"沃尔特在给吉格里奇的信中急切地写道,"将有助于我们把《米老鼠》这个系列动画片塑造成有史以来最伟大的作品之一。"

到了1月份,在迪士尼工作室的支持下,伍丁发起了一场全国性的米老鼠俱乐部运动。各地剧院以25美元的价格从迪士尼工作室购买一份特许令,这样他们就有资格经营专门的米老鼠俱乐部,并举办各种各样的午后场活动,从吃馅饼比赛到弹珠锦标赛,再到无处不在的米老鼠乐队。然后,迪士尼工作室再把这笔钱汇集转交给向各个剧院兜售米老鼠纽扣、横幅和其他米老鼠道具的销售人员;沃尔特建议,剧院购买这些东西的话可以得到当地商人的补贴。伍丁甚至设计了一个米老鼠信条——"米老鼠不骂人、不抽烟、不骗人、不说谎"——在每次聚会活动上都由孩子们一起背诵,还创作了一首由斯托林谱曲的米老鼠之歌——《米妮的问候》(Minnie's Yoo Hoo),在每次聚会前大家都会一起唱:

我就是他们口里叫的小米老鼠

在鸡舍有一个甜蜜情人

她既不胖也不瘦

她可以发出马的嘶鸣

她就是我的小老鼠米妮

…………

这首歌最突出的特点就是里面有各种动物的特有声音的大合唱，结尾是："当我听到我的小米妮向我打招呼时，所有的奶牛和小鸡，它们的声音都像魔鬼的声音一样。"

这些俱乐部在推动米奇成长为超级明星方面发挥了多大的作用，而米奇在推动这些俱乐部迅速传播、快速发展方面又发挥了多大的作用，这都很难确定。但是，这一宣传推广活动的模式很快就在全国范围内传播开来，而且还在持续增长。通过俱乐部这种模式，影院从周六的日场活动中获得了可观的收入；父母们从孩子们那里得到了3个小时的喘息时间；电影业获得了一个有益儿童身心健康的发展方向和坐标，可以借此转移评论家的注意力，缓解面临的压力；而沃尔特·迪士尼则获得了宣传他的作品和他本人的强有力的途径和手段。各地的米老鼠俱乐部全都人满为患：在迈阿密的比尔特莫尔剧院，俱乐部报名人数达到了1200名；在纽约州锡拉丘兹市的福克斯埃克尔剧院，俱乐部成员有1300人；位于俄勒冈州尤金市的福克斯麦克唐纳剧院，有1500名会员，还得经常拒绝数百名前来观看演出的非会员观众。在一家剧院，孩子们从早上9点就开始在人行道上聚集排队，准备参加11点的日场聚会活动。在密尔沃基，3000名米老鼠俱乐部的成员举行了游行，成了米老鼠俱乐部聚会的一大亮点。罗伊估计，在米老鼠俱乐部的鼎盛时期，全国一共有800多个分部。据另一项估计，米老鼠俱乐部的会员总数超过100万——据《电影先驱报》（Motion Picture Herald）报道，这个数字比美国女童子军和男童子军的会员总数还要多。米老鼠俱乐部已经成为一场遍及全国声势浩大的运动。

在把米奇打造为一个全国性的超级明星卡通人物的过程中，沃尔特也在寻求报纸的帮助，就像帕特·沙利文通过连环漫画来打造菲利克斯猫一样。至少从1929年6月起，当埃沃克斯收到来自《金氏特稿》（King Features）报纸J.V.康纳利的一封信，信中称赞了米老鼠动画片，并建议是否有可能推出米老鼠连载漫画时，沃尔特就一直在积极地向鲍尔斯和吉格里奇推销这个想法，这种方式与其说是开始利用米奇，不如说是为了进一步推广它。到8月初，《金氏特稿》公司已经提出了一个确定的报价——罗伊当时正试图招募迪克·休默来绘制这些连载漫画，1930年1月13日，米老鼠连载漫画首次亮相。沃尔特设定了故事情节，埃沃克斯绘制了漫画，另一位名叫温·史密斯（Win Smith）的美术家负责为这些画上色。4个月过后，史密斯突然辞职，沃尔特就把一个名叫弗洛伊德·戈特弗莱德森（Floyd Gottfredson）的年轻动画师临时调到了这个岗位上。最后，沃尔特由于被其他事务分散注意力，一直没有抽出时间和精力来找到一个替代者，所以戈特弗莱德森就一直负责绘制米老鼠的连载漫画，直到1975年退休为止。

就像米老鼠俱乐部一样，米老鼠连载漫画一经推出就大获成功，同时也极大地提高了米奇的知名度——也许在米老鼠形象的传播方面，米老鼠连载漫画就像米老鼠动画本身一样强大有效。到了夏天，米老鼠连载漫画已经在多达22个国家的40家报纸上同时联合发行，迪士尼工作室每个月可以从中得到1500美元的收入，其中800美元用于支付工资和其他费用。当时，作为一种促销手段，为了宣传米老鼠连载漫画，报社推出了订10份报纸可获得1张米老鼠照片的活动，他们收到了来自读者的两万份请求，这证明了米老鼠连载漫画的吸引力。

在这几个月里，沃尔特竭尽全力推进米老鼠俱乐部和米老鼠连载漫画等形式的宣传推广活动，但与此同时，他也一直在敦促吉格里奇与他达成一项生产米老鼠附属商品的协议，计划向吉格里奇提供利润的10%——这个提议最终被吉格里奇拒绝了。沃尔特之所以急于生产米老鼠附属商品，一方面几乎可以肯定是受帕特·沙利文和乔治·博格菲尔德公司之间合作的启发，后者生产了菲利克斯玩具，包括广受欢迎的菲利克斯猫玩偶，据报道，这为沙利文创造了可观的版税收入；另一方面，毫无疑问，他也考虑到市场上已经出现了盗版的米奇商品，而他却没有从中获利——虽然这是米奇大受欢迎的另一个标志。正如沃尔特后来说的那样，1930年年初，当时他和莉莲在纽约，在他住的旅馆里一个人向他走过来，挥了挥手中的300美元。这个人出价300美元是为了获得他的授权，希望把米老鼠形象印刷在供小学生们使用的廉价的便笺本的纸张上。沃尔特说他需要钱，所以他接过了钱，这是他许可的第一个米老鼠附属产品。

但是，这更像是一场突发的意外事件，而不是预先有计划的努力结果。几个月来，沃尔特一直在敦促吉格里奇与博格菲尔德取得联系。当吉格里奇因不愿意这样做而没有采取任何行动时，沃尔特在那次纽约之行中亲自与博格菲尔德取得了联系，并于1月29日与博格菲尔德达成了生产米老鼠玩具和纪念品的协议。到4月初，迪士尼工作室的机械车间已经制作出了米老鼠玩偶模型，并且准备送给博格菲尔德，不过沃尔特对这些模型很不满意，他对附属商品的要求正如他对动画片的要求，一直持挑剔的态度，所以他要求把它们从市场上撤下。与此同时，罗伊正在征集出版商，计划出版一本以米奇为主题的动物故事书；而且还与一家公司讨论，计划印刷一本有关米奇的漫画书；此外他们还试图激发各个糖果公司的兴趣，生产印有米老鼠图案的单独包装的块状糖果，其中包括柯蒂斯公司和玛氏公司这样的大型糖果公司。

米老鼠俱乐部、米老鼠连载漫画以及米老鼠附属商品都迅速地取得了成功，有了理想的结果。"对我们来说，事情发生得太快了，"罗伊在那年1月份写给父母的信中写道，"一切都太快了，以至于让我们感到头晕目眩。"他又补充说道，在沃尔特推广米奇的各种宣传活动都取得可喜的成功的同时，他们也在寻找新的发行商——"试图决定哪个地方是最好的，因为我们已经收到了包括二十世纪福克斯电影公司、派拉蒙影业公司和华纳兄弟影业公司在内的电影界几乎所有发行商的示好。这听起来怎么样？"当然，在未来的一段时间里，根据他们签署的协议，米老鼠的发行权仍然属于鲍尔斯，他们仍有义务继续向他提供米奇系列动画片。但是，一方面这并没有阻止他们在鲍尔斯不知情的情况下悄悄接触其他发行商，并接受他们提出的报价；另一方面，也没有阻止鲍尔斯的得力助手查尔斯·吉格里奇主动接触他们，提出直接担任他们的发行商，逼走鲍尔斯，把他挤出这个圈子。就连一向专注于连续剧的吉祥物影业公司（Mascot Pictures）也向他们伸出了橄榄枝，该公司的总裁纳特·莱文（Nat Levine）长期担任迪士尼工作室的顾问，他提出预付5万美元，让他们与吉祥物影业公司签订一份协议。与此同时，沃尔特正在与米高梅影业公司商谈，希望他们能拿出一份合同草案，而资历更老的范·伯伦动画工作室则提出想把他们全部直接收购。罗伊已经于1月份去了纽约，听取这些公司的报价，他向沃尔特保证，"如果它们（这些动画片）不好，而且发行它们无法赚到很多钱的话，他们（发行商）就不会展开如此激烈的竞争，努力想要从我们手中获得这些动画片的发行权。我们以前从来没有像现在这样处于与他们谈判的有利地位"。

迪士尼兄弟之所以要进行秘密谈判是有原因的。原因就是沃尔特曾经的救星、外观和蔼可亲的帕特·鲍尔斯总是想要一些阴谋诡计。早在上一年的秋天，因鲍尔斯汇给沃尔特的动画片版税金额问题，沃尔特和鲍尔斯之间就开始出现关系紧张的局面。哥伦比亚影业公司的杰克·科恩（Jack Cohn）甚至命令沃尔特到他的办公室去讨论这件事。他认为，两人之间的这场争论或许可以解释为什么他看到的第二部《糊涂交响曲》系列动画片的品质比较低劣。沃尔特坚持认为两人的关系依旧很好，任何相反的暗示都是"荒谬的"，尽管他后来抱怨说，哥伦比亚影业公司在推广《糊涂交响曲》系列动画片时显得很懒散，很随意，没有用尽全力。这反过来又促使鲍尔斯像明茨曾经做过的那样，给杰克·科恩写了一封言辞晦涩阴暗的信，说沃尔特把他置于一种尴尬的境地，并表现出了忘恩负义的态度，现在沃尔特已经忘了当年"在这一行业里的所有发行商都拒绝以任何能够让我们收回产品成本的条件来发行该影片"。鲍尔斯说，事实上，他不知道"他们在什么情况下会接受或认真考虑发行这部影片"。

如果说这些恶语中伤还不够的话，当鲍尔斯一再拒绝向迪士尼工作室全额支付应付给他们的钱时，紧张局势就大大加剧了。罗伊知道这关系到很大一笔钱，一不小心他们就会永远拿不到这些钱，所以他亲自去了一趟纽约，当面抗议并规劝鲍尔斯，但鲍尔斯仍然拒绝付款，他回到工作室，告诉沃尔特鲍尔斯是个"骗子"。[1] 沃尔特虽然

---

[1] 还有另外一种说法。这种说法更倾向于同情鲍尔斯，开脱了他在这一事变中所有的责任和罪过。根据这种说法，鲍尔斯之所以要这样做是因为他发现更大的发行商已将他逼出了某些地区的市场，迫使他将《米老鼠》系列动画片转租给哥伦比亚影业公司，他是被迫退出的。除此之外，根据这个版本的说法，鲍尔斯之所以拒绝给迪士尼兄弟提供账目记录，是因为他想要签订一份正式的合法的合同，而不是用他和迪士尼工作室现在赖以合作的协议书继续合作。

也很怀疑鲍尔斯在账务上做手脚，但他并不完全相信罗伊所说的话（"你知道，我最大的缺点是我判断识别人的能力很糟糕。"他曾经说过），他说罗伊是个"麻烦制造者"。与此同时，鲍尔斯意识到迪士尼兄弟很可能在试图寻找一个新的发行商来取代他，所以他极不耐烦地给沃尔特发了一封电报，说他们显然已经决定要终止双方的协议，他希望得到礼貌的对待，给他一个明确的通知，这样他就可以去寻找其他动画师，并与他们签署协议。在收到应得的钱之前，罗伊采取任何行动都很谨慎，所以他建议沃尔特亲自到纽约去和鲍尔斯直接对质，把账务的问题彻底搞清楚。1930年1月17日，沃尔特和莉莲一道离开了加利福尼亚前往纽约。

沃尔特抵达纽约时，双方之间的这场小冲突已经升级为全面"战争"。这一情形不由得让人回想起沃尔特两年前与查尔斯·明茨的那次一决胜负的最终摊牌，那一幕令人毛骨悚然，后背发凉。这一次同样如此，战争一直持续到沃尔特最亲密的伙伴之一背叛了他。1月21日上午，厄布·埃沃克斯去了罗伊的办公室，毫无征兆地突然宣布他想尽快离开迪士尼工作室，并要求解除他与迪士尼工作室的工作合同和合作伙伴关系。罗伊被震惊得目瞪口呆，内心受到深深的伤害，随后他拿出5000美元购买了埃沃克斯拥有的工作室20%的股份。罗伊当时并不知道，直到那天晚些时候才从沃尔特的电报中得知——沃尔特是在鲍尔斯办公室与他会面时才得知这一消息，鲍尔斯当时得意忘形，出其不意地把这个消息透露给他，他才知道——埃沃克斯是被鲍尔斯本人引诱走的。尽管埃沃克斯最初否认他与鲍尔斯之间已经签有合同，但在准备离开迪士尼工作室时，他在与罗伊的一次长谈中羞怯地承认，吉格里奇早在去年9月就联系过他——这个时间正是吉格里奇联系迪士尼兄弟计划出卖鲍尔斯的时间——商量关于成立埃沃克斯自己的工作室的事。

事实上，埃沃克斯并没有多大的野心，而且他也从来没有表现出任何经营工作室的意愿或才能，但他承认，这个提议让他感觉很享受，所以他接受了这个提议，因为他长期以来一直在默默忍受沃尔特蛮横霸道的指挥和控制，内心的怒火简直让他快要爆炸了。当沃尔特在晚上恰好看到埃沃克斯拟定的动画制作表时，他就会动手重新排列曝光表上的图画制作顺序，这让埃沃克斯勃然大怒，因为他已经安排好了制作它们的时间和进度。当他为《骷髅之舞》勾勒出一个场景草图后，沃尔特坚持让一个负责描线与上色的初级动画员或新手动画师来完成后续工作，因为他认为埃沃克斯的时间太宝贵了，不能让他亲自绘制动画中所有的东西，这也让他怒火中烧。事实上，大多数动画师当时的工作方式都是所谓的"极端"动画制作法，即动画师只绘制关键或极端的部分和姿势，让助手来完成剩下的动作绘制工作。然而，埃沃克斯认为，当全部动画都由他绘制时，动画的效果才是最好的，而且他不想改变自己的这种想法，不愿放弃亲自绘制所有动画的意愿。

最后，或许也是最重要的一点是，埃沃克斯越来越觉得自己一直生活在沃尔特的阴影之下，他对自己没有从动画片中得到他认为自己应该得到的荣誉感到不满，因为这些动画片的标题卡上都写着"沃尔特·迪士尼出品的动画片，创作者厄布·埃沃克斯"。埃沃克斯的妻子回忆说，有一次他们参加一个聚会，一个男孩拿着纸和笔走近沃尔特，问他能否给自己画一张米奇的图画。沃尔特立即把那张纸交给埃沃克斯，命令他来画这幅画，并说自己会在上面签名。一向保持沉着冷静的埃沃克斯厉声说："画你自己的米奇吧。"然后转身离开了。事实上，埃沃克斯对自己被剥夺了的荣誉感到非常不满，在他离开迪士尼工作室之后，很明显是在鲍尔斯的鼓动下，他威胁要以侵犯米老鼠的版权为由起诉迪士尼工作室。"如果埃沃克斯的这种行为传到了工作室其他工作人员耳朵里,"沃尔特从纽约给罗伊写信说道,"建议你对此当众付之一笑,嘲笑他愚蠢到被鲍尔斯当枪使,傻到当鲍尔斯的走狗,他可能永远拍不出任何影片了。"

在辞职 3 天后,埃沃克斯去了罗伊的办公室,对自己的行为进行了解释,他坚称自己直到几天前收到吉格里奇发来的合同之后,才知道吉格里奇实际上代表的是鲍尔斯。[1]这让罗伊的怒火稍微平静了一些——"我们都知道埃沃克斯是多么容易轻信别人,多么容易上当受骗,我们也深深地知道查尔斯·吉格里奇和帕特·鲍尔斯是多么地两面三刀",他在给沃尔特的信中写道——但他仍然表达了自己对埃沃克斯的背叛感到"深深的震惊和伤害",并撤回了原来提出的 5000 美元收购埃沃克斯股份的提议。现在,鲍尔斯已经卷入其中,他给埃沃克斯的报价只有区区 2920 美元,并且是一年之内付清,埃沃克斯无奈之下只好接受了这一报价,把他自己所有的股份及相关权属全部打包卖给了鲍尔斯。罗伊警告说,另一种选择是解散他们的合作关系,这将迫使鲍尔斯不得不公开他的账簿,这无疑会激起他对埃沃克斯的愤怒之情。当埃沃克斯离开罗伊的办公室时,他表达了自己对此事的遗憾,并说他打算给沃尔特写信解释一下,因为,他告诉罗伊,他不想让沃尔特对他产生强烈的反感——如果他之前稍稍知道事情会变成现在这样,他永远也不会卷入其中。对沃尔特而言,尽管他和埃沃克斯从未有过亲密的私人关系,但据一位熟人说,他"显然很喜欢那个家伙"。在埃沃克斯离开的那个星期,一位年轻的动画师应聘来到迪士尼工作室,见到了沃尔特。他发现,沃尔特还没有从受伤和愤怒

---

[1] 事实上,很难确切地说出吉格里奇在这次交易中到底在为谁服务。尽管他为鲍尔斯工作,但他还是早就联系了范·伯伦的工作室,向他们提供了埃沃克斯和卡尔·斯托林的合同,尽管这两人甚至还没有和他签约。他告诉范·伯伦关于《米老鼠》和《糊涂交响曲》的大部分公开宣传……都是以厄布·埃沃克斯的名义进行的,几乎没有提到沃尔特·迪士尼。

中摆脱出来，仍然对埃沃克斯的不忠耿耿于怀，嘴里一直念叨着这件事，除此之外很少谈论其他事情。

无论如何，失去埃沃克斯对迪士尼工作室都是一个沉重的打击，但他并不是那个星期唯一的叛逃者。埃沃克斯的离开让卡尔·斯托林越来越感到不安，并且他对沃尔特的霸道作风越来越反感。卡尔·斯托林自从堪萨斯城时代起就认识沃尔特，他认为沃尔特是一个专横的人。就在埃沃克斯辞职的第二天早晨，斯托林给了罗伊一个措手不及，他开始抱怨自己在录音棚里承担的责任太多，并提出《米妮的问候》发行获利后他期待获得相应的版税。斯托林的说法是有一定根据的。沃尔特的律师此前已经建议要以沃尔特的名义给这首歌申请版权保护，因为罗伊在给沃尔特的信中写道，"我们不应该让他（斯托林）参与太多的事情，给他太多的权利——至少在他采取百分之百的合作态度之前"。罗伊提出买下斯托林在录音室的股份，这似乎安抚了他，平息了他的抱怨。但是，第二天早上他又回来对罗伊说，他感觉不开心，无法继续和沃尔特相处了，觉得自己应该像埃沃克斯一样，马上离开。罗伊认为斯托林已经变得令人讨厌，当这位作曲家要求罗伊支付欠薪，并挥舞着他自己写的法院通知函时，罗伊让会计部门给他开了一张支票，把他打发走了。

斯托林和埃沃克斯的不忠伤害了沃尔特，因为这两个人实际上从创业一开始就和沃尔特在一起，而埃沃克斯甚至能够被人诱骗背叛自己的事实更是深深地伤害了沃尔特。目前还不清楚真相是像鲍尔斯本人告诉沃尔特的那样，他是为了迫使沃尔特续签米老鼠的合同而与埃沃克斯签约的，还是也像当年的明茨那样，鲍尔斯认为沃尔特是多余的，而埃沃克斯才是米奇背后真正的动画天才。无论如何，不管哪种说法更接近于事实真相，沃尔特似乎被埃沃克斯比他更受业界的尊重这一想法刺痛了。对他来说，这个工作室就是沃尔特·迪士尼的工作室。罗伊特意告诉他，尽管工作室的工作人员对埃沃克斯和斯托林的突然离开表示震惊，但他们已经团结在沃尔特的身后。本·沙普斯坦告诉罗伊："像我们这些在这个行业摸爬滚打这么久的人，心里都很清楚地知道谁是这个组织的'核心'……我们知道这些动画片之所以比其他平均水平的动画片更为出色，本质原因无非是这些动画片具有沃尔特的个性色彩……没有人能欺骗自己说情况并非如此。"罗伊自己也向沃尔特保证说："到了明年他们就会知道谁才是真正的打造米老鼠这一卡通形象的人。"

当沃尔特与鲍尔斯的"战争"还在如火如荼地进行的时候——迪士尼工作室还没有切断他们之间的联系，也没有和新的发行商签约——鲍尔斯已经开始为他自己的工作室招兵买马，四处出击了。他突然"袭击"了环球影业公司，从那里撬走了哈姆·汉密尔顿，又从明茨那里挖走了休·哈曼，并试图从沃尔特那里挖走音响工程师威廉·加里蒂；沃尔特和罗伊也没有白白浪费任何时间，他们也想方设法到处招人，进一步增强自己的人员实力。就在斯托林辞职的当天，罗伊面试了曾经在洛杉矶市中心的百万美元剧院担任管风琴手的奥利·华莱士（Ollie Wallace），他是米老鼠俱乐部的经理人哈利·伍丁推荐的可能接替斯托林的人选。当罗伊告诉华莱士迪士尼工作室愿意为他提供每星期150美元的薪水时，华莱士轻蔑地笑了笑，但罗伊继续说，如果华莱士对工作室有了突出贡献，他将得到极其丰厚的回报。在沃尔特的坚持下，罗伊还与汤姆·帕尔默（Tom Palmer）签下了一份合同，把比尔·科特雷尔（Bill Cottrell）提拔为动画制作员。帕尔默曾在环球影业公司担任制片人瓦尔特·兰茨的工作助手，而科特雷尔一年前刚刚加入迪士尼工作室，一直在描线和上色部门工作。就在同一个星期，罗伊还聘请了动画师戴夫·汉德（Dave Hand）。汉德曾在沃尔特就读过的芝加哥美术学院接受过培训，后来在布雷工作室（Bray studio）工作。几乎所有新入职的员工都挣得比沃尔特多，他们的工资水平介于每周 125 美元到 150 美元之间，具体金额取决于工作室当时的财务状况。

与此同时，沃尔特正在为和鲍尔斯最后的摊牌和决战做准备。他和罗伊一致决定要全力争取哥伦比亚影业公司的支持。他们向哥伦比亚影业公司抱怨说，鲍尔斯引诱埃沃克斯离开迪士尼工作室，严重扰乱了他们的公司，耽误了他们的动画制作进度，造成了严重的后果，这不仅给迪士尼工作室带来了损失，也让哥伦比亚影业公司付出了代价。罗伊甚至建议沃尔特以鲍尔斯为借口暂时停止《糊涂交响曲》系列动画片的制作，或者故意创作一些质量较差的作品来证明他们的说法。（事实上，沃尔特建议罗伊暂时停止生产仍由鲍尔斯发行的《米老鼠》系列动画片，转而集中精力制作由哥伦比亚影业公司发行的《糊涂交响曲》系列动画片。）为了维护他们的权利和主张，迪士尼兄弟俩从加利福尼亚聘请了一位名叫冈瑟·莱辛（Gunther Lessing）的年轻律师。莱辛前往纽约帮助沃尔特处理与鲍尔斯的诸多问题。沃尔特给罗伊发电报说："如果不能做出令人满意的调整，律师提出的积极的合同很容易被放弃。"沃尔特又补充说，他和莱辛正试图与鲍尔斯达成一项和解协议。事实上，尽管他们之间存在着种种敌对和恶意，鲍尔斯也没有完全放弃留住沃尔特的希望。他告诉莱辛，如果沃尔特能履行目前的合同，并在下一年签署另一份允许鲍尔斯发行《米老鼠》系列动画片的合同的话，他愿意给沃尔特支付每周 2000 美元的薪水，这在 1930 年是一笔惊人的数目。而且更重要的是，这比给埃沃克斯的工资要高得多。

虽然看起来像是有点儿讽刺的意味，但沃尔特仍然没有完全关上与鲍尔斯和解的大门——罗伊担心鲍尔斯会采用甜言蜜语以某种方式说服沃尔特签署另一份合同——但是，鲍尔斯不愿意彻底清算利润，而且他诱骗走了埃沃克斯，这两个举措让沃尔特的幻想彻底破灭了。他认为自己现在已经到了破釜沉舟、背水一战的境地，一切动作都是万不得已之举。既然米老鼠已经如此成功，沃尔特现在就指望着一个新的发行商来对付鲍尔斯。"鲍尔斯就是个坏蛋、恶棍，"莉莲在给罗伊和埃德娜的信中写道，这无疑是在呼应沃尔特的想法，"所以我不知道结果会怎样。"与此同时，沃尔特收到了华纳兄弟影业公司的直接收购要约。而且，他再次与米高梅影业公司的销售经理菲利克斯·费斯特接洽，商谈接手发行《米老鼠》系列动画的事宜。在此期间，他还与哥伦比亚影业公司直接进行了类似的谈判。

这次与鲍尔斯对峙和上次他与明茨对峙的不同之处在于，沃尔特现在似乎占了上风——毕竟，《米老鼠》系列动画片现在是大受欢迎的——但鲍尔斯的奸诈狡猾和不可救药与明茨的恃强凌弱如出一辙，十分顽固。尽管米高梅影业公司已经准备和沃尔特达成协议了，但鲍尔斯威胁要提起法律诉讼，把他们吓跑了。沃尔特担心鲍尔斯和哥伦比亚影业公司可能会串通一气，迫使迪士尼工作室与他再次签约。除此之外，罗伊还担心，如果他们与鲍尔斯分道扬镳，彻底撕破脸皮，鲍尔斯可能会成立另一家电影电话公司，与他们的公司展开竞争，如果这样的话他们将永远无法满足他们的专利权担保要求。似乎还嫌鲍尔斯的威胁不够，就在同一个星期，动画界的先驱约翰·伦道夫·布雷要求与沃尔特会面。在会面的时候，布雷告诉他，他将加强对自己专利权的保护，并限制允许进入市场的动画片数量。"天哪，他们朝沃尔特四处开火，集体围攻，"莉莲在给罗伊和埃德娜的信中写道，"他现在极其地想要回去拍电影，神经变得极其紧张。"

实际上，一向沉着冷静的沃尔特，已经变得狂乱起来，因为他确信鲍尔斯会像威胁米高梅影业公司那样恐吓其他想和他合作的公司，并担心鲍尔斯可能会对他提起违反合同的诉讼，使他们深陷法庭诉讼审理程序的纠缠和混乱之中。他一直不停歇地四处奔波，寻找解决办法。他在一场接一场的会面中疲于奔命，与律师会面，与发行商会面，与鲍尔斯会面，以至于他已经在纽约待了将近两周以后才找到机会与莉莲一起共进午餐或陪她观看一场百老汇的演出。在与动画师迪克·休默共进午餐时，沃尔特一反常态地心不在焉、闷闷不乐、沉默寡言、惜字如金。"吃饭的时候，"休默回忆道，"我觉得沃尔特对我说的话没有超过5个字。"这让休默开始思考沃尔特·迪士尼是一个多么奇怪的家伙，尤其是对于一个正在招聘人才的人来说。

经过一个星期的神经高度紧张以及与鲍尔斯明争暗斗的较量，鲍尔斯仍然坚决拒绝公开他的账簿，沃尔特别无选择终于和他决裂了，命令罗伊停止制作米奇系列动画片。然后，他准备好了应对不可避免的法律诉讼。然而，当它真的来临的时候，却引发了一场滑稽可笑的捉迷藏游戏。莱辛打电话给住在阿尔冈昆酒店的沃尔特，说鲍尔斯要给他送一些文件。听到这个消息，沃尔特和莉莲急忙把衣服扔进一个箱子里，叫了一个行李员，付了酒店的账，叫了一辆出租车，告诉司机去哪儿都可以。他们最终找到了一家名为皮卡迪利的小旅馆，并以沃尔特·E.考尔（Walter E. Call）夫妇的名字登记入住，这是弗洛拉·迪士尼的娘家姓。又过了一个星期，他们离开纽约前往加利福尼亚。

在纽约这个城市停留期间，无论什么时候，沃尔特一直给罗伊传递着愉快的信息。沃尔特一再向他保证，最后一切都会取得圆满的结果。"当他真的要打碎牙齿往肚子里咽的时候，当他彻底被逼出局之后，"罗伊后来回忆起与鲍尔斯的决裂，"在回家的路上，他告诉我，'一切都很好。当我回来的时候，我们将有一个良好的开端。'……但是实际上他真的一无所有了。然后在火车上，他会绞尽脑汁制订出一些计划。这就是典型的沃尔特·迪士尼。"罗伊可能还会补充说，这次不过是与查尔斯·明茨合作破裂事件的重演罢了，都是老调重弹。

即使有了米老鼠，他们似乎又回到了刚开始的时候——为了制作他们的动画片而不得不奋力拼搏。

但是，2月份的情况并不像罗伊或者沃尔特想象的那么糟糕。首先，他们的录音棚已经开始赢利，并且赢利还不少，以至于工作室会不时地向它借钱来支付员工工资，并且在那年的联邦人口普查中，沃尔特登记自己的职业是"制片人"，罗伊登记自己的职业是"录音师"。其次，另一个更重要的原因是，哥伦比亚影业公司出人意料地决定介入沃尔特和鲍尔斯的合同纠纷，与沃尔特站在一起共同对付鲍尔斯。哥伦比亚影业公司态度突变的主要原因是该公司通过前十三部《糊涂交响曲》系列动画片创造的票房收入将近40万美元，很显然他们意识到如果把《米老鼠》系列动画片的发行权争取过来的话，能赚多少钱。在沃尔特返回加利福尼亚之后的几个星期内，他的律师与哥伦比亚影业公司签了一项协议，然后成功地与鲍尔斯达成了和解，尽管一名律师承认和解文件"极其复杂"，但这仍然只是一种保守的说法。据罗伊估计，鲍尔斯在发行《米老鼠》系列动画片的两年时间里赚了10万美元，但这个"老流氓"不会轻易放过沃尔特。他要求得到5万美元的赔偿，哥伦比亚影业公司做出让步，同意由他们来以每月分期付款的方式支付这笔钱，分10次支付完毕，条件是以迪士尼工作室从任何来源获得的盈利作为担保。除此之外，鲍尔斯还要求保留他截至现在在米老鼠身上获得的所有权属。罗伊后来通过反复讨价还价，把这个要求降到了如下水平：对于已经从鲍尔斯手中租赁了《米老鼠》系列动画片放映权的放映商，鲍尔斯拥有40%的租金收益，对于已经从鲍尔斯手中购买了《米老鼠》系列动画片发行权的特许经销商，鲍尔斯拥有25%的租金收益，但这还需要减去大约15万美元的底片和音响设备费用。此外，鲍尔斯还将获得沃尔特从电影电话系统赚取的最高6.2万美元的净利润。哥伦比亚影业公司将放弃其对前

15部《米老鼠》系列动画片和前6部《糊涂交响曲》系列动画片拥有的权属，因为前15部《米老鼠》系列动画片现在刚刚授权第二次发行，而迪士尼工作室将从鲍尔斯已经预订发行但尚未收取租金的剩余几部动画片中获得80%的利润。这些条款对迪士尼工作室并不是特别有利，光是律师费就花了他们5万美元。但鲍尔斯让他们别无选择。"我们不得不作出牺牲和让步，这让我很愤怒，"冈瑟·莱辛给罗伊拍电报说，"但我相信，从长远来看，快刀斩乱麻是目前最好的方式，势在必行，而且成本更低。"

即使这样，事情也还没有彻底结束。尽管沃尔特、哥伦比亚影业公司和鲍尔斯一致同意了这些条款，但是难以对付的鲍尔斯，还是横生枝节，在一些细枝末节的问题上反复纠缠。这充分地暴露了他丑恶的本性。直到4月初罗伊去纽约解决了这些争议之后，这笔交易才最终敲定。4月22日，经过8个小时的谈判，罗伊、鲍尔斯、哥伦比亚影业公司的高管们和所有的律师——"一支正规军"，罗伊说——不得不在第二天上午11点再次召开8个小时的会议。"针对每一个单一的问题，即使这个人没有提出异议，"罗伊在当天晚些时候给沃尔特的信中写道，"那么也会有其他人提出异议。"自始至终，鲍尔斯都很开心，一直把"米老鼠"叫作"米老虱"。最后，在那天晚上，除了电影电话系统的协议——罗伊后来通过谈判把使用费从每年1.3万美元降到了8500美元——迪士尼工作室一劳永逸地摆脱了帕特·鲍尔斯，从此与他没有任何关系。

现在，轮到罗伊发送充满乐观信息的信函了。经过3周的讨价还价，罗伊终于要离开纽约了。尘埃落定之后，启程离开之前，他给沃尔特发电报说："老实说，我对各个方面都感到很满意，"他又补充道，"最终的解决方案会很好，未来非常光明。"沃尔特终于挣脱了鲍尔斯的控制，他简直是欣喜若狂。最近刚刚加入迪士尼工作室在业务办公室工作的乔治·莫里斯（George Morris）表示，这笔交易"卸下了沃尔特肩上的重担，扫去了他心中忧虑的阴霾"，使他在经历了数月的心烦意乱无法专心工作之后，能够重返电影制作的轨道，集中全部精力来创作更好的动画片。

根据与哥伦比亚影业公司的新合同，沃尔特除了可以获得一定比例的利润，还将获得每部动画片7000美元的预付款。但是，在商业上，他又一次被背叛了——这又一次提醒了沃尔特，在他的卡通世界之外，存在着一个危险的现实世界——迪士尼兄弟几乎没有把哥伦比亚影业公司看作帮助他们摆脱狡猾奸诈的对手和艰难险阻的境遇的救星。在与鲍尔斯和哥伦比亚影业公司谈判的过程中，罗伊得知，哥伦比亚影业公司已经秘密地与他们的宿敌接洽，提出以6万美元的价格收购他拥有的《米老鼠》系列动画片的所有权利，或者出3万美元加入他们，以后从这些权利中获得20%的利润，并告诉鲍尔斯，用罗伊的话说，他们会"与我们决一死战"。罗伊立即见了哥伦比亚影业公司的高管乔·勃兰特（Joe Brandt）和杰克·科恩，但两人都对与鲍尔斯私下签约打了退堂鼓。尽管如此，罗伊仍然不信任他的新合作伙伴，坚持在合同当中加了一条，规定迪士尼工作室有权定期检查哥伦比亚影业公司的账簿，因为他完全预料到自己有朝一日终将与哥伦比亚影业公司摊牌。但是，在那一天到来之前，沃尔特可以退回到《米老鼠》系列动画片和《糊涂交响曲》系列动画片的世界之中。在那一天到来之前，他是自由的。

4

哥伦比亚影业公司之所以愿意花5万美元把沃尔特从帕特·鲍尔斯手中解救出来，而一些规模更大、知名度更高的发行商之所以在鲍

第四章　米老鼠诞生

尔斯劝阻之前就积极追逐沃尔特，原因是米老鼠正在成为一种现象级作品。那一年12月，哥伦比亚影业公司在《电影日报》上刊登了一则整版广告，宣称米奇是"电影界最受欢迎的角色"，这或许离他们的目标不远了。甚至在与哥伦比亚影业公司达成协议之前，就有评论人士指出，"'米老鼠'是为数不多的几位'卡通明星'之一，它的名字在影院中与电影中的吸引力几乎相当"。那年秋天，《星期六晚邮报》（*The Saturday Evening Post*）刊登了一幅漫画，画的是一个戴着夹鼻眼镜并且手拿拐杖的富人站在剧院售票处的橱窗前，从口袋里掏出电影票，问售票员："我现在观看《米老鼠》是不是太晚了？"《文学文摘》（*Literary Digest*）上的一篇文章将米老鼠与查理·卓别林、爵士乐队指挥保罗·怀特曼（Paul Whiteman）和侦探小说进行了比较，文章称，与其他流行文化的代表人物一样，知识分子也发现了米老鼠。据报道，卓别林要求在他的新片《城市之光》中播放米老鼠的卡通形象，而杜莎夫人蜡像馆则要求允许制作米老鼠蜡像以使米老鼠永世不朽。在仅仅三个星期的时间里，米老鼠就收到了3万封粉丝来信，据估计，在20世纪30年代初，每年有100万不同的观众观看米老鼠动画片。

它如此大受欢迎并不局限于美国。《影戏》（*Photoplay*）称米奇是"所有欧洲国家最受欢迎的动画明星"，并指出，英国的放映商经常用灯光打出闪闪发亮的米奇的名字，字体"比知名明星的名字大四倍"。德国传记作家勒内·福洛普 – 米勒（Rene Fulop-Miller）称米奇是"当今银幕上杰出的人物，也是唯一一位在作品和技巧上体现了有声电影纯粹形式的'艺术家'"。从审美谱系的一端到另一端，法国评论家无论持有什么样的审美倾向和观点，全都不约而同地对米老鼠大加赞赏，而一位奥地利评论家则抱怨说，它现在比莫扎特更受欢迎。

也许最能说明米老鼠受欢迎程度的是，沃尔特的竞争对手中有很多人已经在模仿米老鼠了,就像他们曾经模仿菲利克斯猫一样。迪士尼兄弟起诉了帕特和范·伯伦,因为他们创作了一些长得像米奇的动画形象,并警告了明茨,因为明茨也创作了一个长得像米奇的卡通人物。与此同时,哈曼和伊辛创造了一个名叫博斯科的新角色,也长得很像米奇。迪克·休默告诉沃尔特,派拉蒙影业公司的动画师和那些为明茨画疯狂猫的人想办法拿到迪士尼出品的每一部动画片,然后一遍又一遍地反复播放,以便自己抄袭其中的经典片段和形象。沃尔特对此颇为自得。他得意扬扬地说:"我们的作品就是这里关注的焦点——纽约所有的艺术家都在试图与它们竞争。"

到了 20 世纪 30 年代初期,对于到底是什么让一只圆圆的、活泼的小老鼠拥有如此大的吸引力,人们进行了大量的分析,试图找到真正的原因。当有人要求沃尔特解释其中的原因时,在早期,他的回答令人惊讶地充满例行公事的味道并停留在肤浅的表面。他把原因归结为米老鼠卡通片中持续不断的动作,尖锐犀利的笑料和简短精练的插科打诨,以及基于人类普遍经验且每个人都很熟悉的情绪的巧妙夸张的表现。他告诉另一位采访者,米奇的身材容易引发人们的同情心,当他获胜时,"小个子战胜了大个子",观众们会感同身受,和他一起欢呼。在另一个场合,在一场庆祝米奇 25 岁生日的活动上,他将自己作品的吸引力归功于简单:"米奇是如此简单,一点儿也不复杂,如此容易理解,所以你会情不自禁地喜欢他。"还有一次,在另一个场合,当英国作家奥尔德斯·赫胥黎(Aldous Huxley)问沃尔特,他在创作米奇的过程中采用了什么理论时,沃尔特举起双手说:"我们只是绘制了一个米奇,做了一个动画片而已,然后教授们就跑过来告诉我们,我们得到了什么理论,获得了什么成果。"

不过,教授们也无法就米奇吸引力的来源达成一致意见。一些人认为它的魅力来自 20 世纪 30 年代的文化潮流。动画历史学家约

第四章 米老鼠诞生

翰·卡尔汉（John Culhane）认为，米奇特有的不同寻常的圆形设计，象征着坚不可摧，是"它象征的生存的完美表达"。在大萧条的早期，米奇声名大盛，它的这种象征意义对一个本身正在经历苦难、拼命努力并希望生存下去的国家来说，是一种强大的吸引力。更尖锐的是，作家兼制片人威廉·德·米勒（William de Mille）在米奇身上看到了一种富兰克林·罗斯福式的理想主义和利他主义，它的一生都在暗示着"自己像是深受众人热爱的堂吉诃德，母老鼠米妮则是美丽的杜尔西尼娅（Dulcinea），而善良的老布鲁托（米奇的狗）则履行着桑丘·潘沙（Sancho Panza）的职责"。除此之外，还有一个学者认为米老鼠代表着一个全新的、紧张不安的机器时代，在这个时代，它的急促而不流畅的运动节奏，不断出现的碰撞、爆炸以及弹射等现象，都象征着紧张不安的现代人，这些人的生活受控于一种高速旋转的机械力量形成的旋涡之中，这种力量把人的每一个身体动作都放大到了成百上千倍，人的紧张不安也随之增强。自然而然地，任何一个受制于同样力量的人——其实所有人都是如此——都和米奇有同样的情感，都与米奇有共鸣。除此之外，还有一些人，看到了当时极权主义正在欧洲崛起这一现象，认为米奇是"独裁者和暴君的时代"的制衡物和解毒剂，这些独裁者和暴君像巨人一样在全世界横行霸道——实际上，这意味着米老鼠成了每个人逃避现实的寄托，就像成了自己的创造者逃避现实的寄托一样。

米老鼠与当时时代之间的关系是如此紧密，文化历史学家沃伦·苏斯曼（Warren Susman）在米老鼠首次亮相近40年后写道，尽管政治历史学家可能会把20世纪30年代称为富兰克林·D.罗斯福的时代，但文化历史学家会把它视为米老鼠的时代，一方面是因为米老鼠似乎在对抗当时那个时代的各种紊乱错位以及人们承受的极大的痛苦，另一方面是因为它似乎在暗示一种补救措施。"迪士尼的世界是一个无序的世界：所有的传统模式似乎都失灵了，不起作用了，"苏斯曼说，"然而，最终这个世界并不是一个充满遗憾和恐惧的噩梦般的世界，一个悲剧的世界，而是一个充满乐趣和幻想的世界，在这个世界里最终一切愿望都会如愿以偿，传统模式和传统价值观最终都得到了强化。"他写道："不管世界看起来多么混乱，迪士尼和他的米老鼠——他的任何一个男英雄或女英雄——都可以通过遵守公开发布的游戏规则找到通往幸福和成功的道路。"

与此同时，一些心理学方面的研究认为米奇是一种不同寻常的深层次的精神寄托。这些分析人士发现，米奇的视觉形象让人心灵放松、心情舒缓（"圆形从来不会给任何人带来任何麻烦。"迪士尼的长期合作伙伴约翰·亨奇（John Hench）说，他将米奇的形状与乳房、婴儿和臀部进行了比较和对照，但是人们"对尖锐的东西有不好的体验"）；或者说这种视觉形象让人联想到人类自身，因为米奇的脸和人类的脸一样扁平；又或者说，这种视觉形象是一个富有表现力的整体，正如埃沃克斯曾经解释的那样，米奇的脸是一个"圆片和圆形符号的三位一体"，把不可调和的东西统一起来，他的这种观点与荣格（Jung）的理论不谋而合。古生物学家斯蒂芬·杰伊·古尔德（Stephen Jay Gould）认为米奇恰好验证了人类学家康拉德·洛伦兹的观点，洛伦兹认为，某些青春期的幼稚特征——"相对较大的头部、脑容量大的优势特征、大大的眼睛和低垂的说谎的眼神、凸出的脸颊、短而粗的四肢、有弹性的灵活的连贯性和笨拙的动作"——会引发人类与生俱来的情感反应，因此，构建具备所有这些特征的米老鼠形象的本质是为了引发观众心中潜藏的爱。

儿童作家莫里斯·森达克（Maurice Sendak）认为米奇的魅力在于他的可塑性。森达克认为在早期的米奇动画片中，其显著特点就是"踢屁股、揪耳朵、捏鼻子、扭脖子"这些动作，这是一种"对身体的充满热情的探索"。在森达克看来,"最突出的是触觉",就像一个婴儿一样,米奇终于给了观众"触摸的许可"。《纽约时报》影评人、后来成为编剧的弗兰克·纽金特(Frank Nugent)对可塑性这个观点持不同的意见。他认为米老鼠"偷窃"了屏幕上放映的真人版的滑稽戏,然后又把它加长,因为它的弹性超过了真人版演员,而正是滑稽戏让这些卡通片变得更有吸引力。

其他观察人士将米奇的魅力追溯到了它唤起观众童年记忆的方式,哈佛大学教授罗伯特·D. 菲尔德(Robert D. Feild)写道:"以漫画的形式滑稽地表现了所有那些我们通常应该怀着敬畏和崇敬之情看待的英雄人物,这种方式是人类身上潜藏着的孩童精神喜闻乐见的。"A.A. 布里尔(A. A. Brill)博士在1934年写道,米老鼠通过把成年观众带回到童年时光来"麻醉"他们,那时候"一切都可以通过幻想获得",就像米老鼠获得东西的方式一样。另一位博士借用弗洛伊德的理论,称米奇是一个"理想自我"的人,它将自己诉诸童年那段快乐的时光。

最流行最普遍的分析脉络之一是米奇被当作自由的代表,而自由是动画媒体本身固有的属性。"它可以打破所有的自然法则(但它从不违反道德法则),而且总是赢家。"1933年《时代》周刊评论道,"它活在当下,没有什么禁忌。"但是,从这种自由状态到不可救药的失控状态,并没有太大的距离——用理查德·施克尔的话来说,米奇"敏捷、自大、残忍,在最好的情况下也只是一个活泼、淘气的孩子,而在最坏的情况下就是一个身材矮小、虐待成性的怪物"。或者用 E. M. 福斯特(E.M. Forster)的话来说,它身上有一种"出人意料的暧昧因素,其中绝大多数让人平静放松"。的确,有些人觉得米奇的暗示性太强了。俄亥俄州的一个审查委员会拒绝了一部米奇动画片上映——在这部动画片中,一头奶牛正在阅读埃莉诺·格林(Elinor

Glyn）的暧昧小说《三个星期》(Three Weeks)。而中西部地区的巴拉班和卡茨连锁影院反对在《快乐的小羊》中出现米奇挤牛奶的镜头。沃尔特对此表示抗议，称"从内心来说我们从来没有打算插入任何与色情相关的内容"，他写道，"我还是看不出来有谁会对我们动画片里的任何东西感到反感"。即便如此，莫里斯·桑达克还是在米奇的笑容中发现了一种"无政府状态"和"贪婪"，那是"性自由的快乐光芒"。他说，当他为《野兽出没的地方》(Where the Wild Things Are)这本书设计出现在书中的野兽时，他的绘画都是基于这个好色的米奇。

这种好色的性格将米老鼠与另一位电影偶像联系在一起：查理·卓别林。在早期对米奇的分析中，几乎每一个评论家都提到了卓别林，并引证了两者之间的相关性——他们色眯眯的眼神、他们的攻击性、他们的放肆无礼、他们的恣意放纵，尤其是电影历史学家特里·拉姆塞耶（Terry Ramsaye）当时所说的"弱者的全面胜利，温顺者的力量"，这是两者具有的共性。沃尔特自己当然也意识到了这两者的相似之处，因为他一直有意识地以卓别林为榜样，他曾称卓别林为"所有演员中最伟大的"。在设计米老鼠时，他说："我们想要一些吸引人的东西，想到了一只老鼠，但我们只想到了一小部分，它会或多或少地具有卓别林的那种混合着渴望、伤感和沉思的东西——一个尽己所能努力做到最好的小家伙。"本·沙普斯坦说，沃尔特一直在不停地放映卓别林的电影，试图准确定位卓别林的基本魅力是什么。另一位动画师沃德·金博尔回忆说，沃尔特"总是在向我们展示卓别林是如何做某件事的"。"他就是无法让自己摆脱卓别林的体系。"迪克·休默谈到沃尔特对卓别林的痴迷时说，"沃尔特一直保持着这种滑稽可笑的、悲情可怜的小人物的感觉，他总是被人挑剔、捉弄和批评。但不管怎样，他最后还是通过自己的聪明占据了上风。"当爱德

第四章　米老鼠诞生

华·史泰钦（Edward Steichen）为《名利场》杂志拍摄沃尔特的照片时，沃尔特送给他一张米奇模仿卓别林的素描。

但是，如果沃尔特·迪士尼认为米老鼠是查理·卓别林的动画替身的话，那么米奇的另一位父亲厄布·埃沃克斯对他的看法就完全不同了——他认为米老鼠更像是道格拉斯·费尔班克斯（Douglas Fairbanks）。"他是那个时代的超级英雄，"埃沃克斯在谈到费尔班克斯时说，"他总是赢，获得胜利，勇敢无畏，神气活现。"至于米奇，"我们从来没有想过要把它塑造成为一个娘娘腔的胆小鬼。他一直是个爱冒险的人……我让它自然而然地做道格拉斯·费尔班克斯会做的那些事"。因此，米老鼠的诞生是两种理念的产物，介于两种设定之间——卓别林与费尔班克斯之间，流浪汉与冒险家之间，感同身受与间接替代之间，通过计谋转化为权力的自哀自怜与权力本身表现出来的无所畏惧之间。从一开始，从创造之初，米老鼠的人物形象就极不稳定，经常从一个极端转向另一个极端，在这一部动画片里是这样的，到下一部动画片里又变成另外一副模样，从《疯狂的飞机》到《蒸汽船威利号》等都是如此，这意味着它可以满足人们方方面面各种各样的需求，但也总是处于自我毁灭的边缘。这就是为什么早期的米奇看起来如此胡乱随意和没有根基。与其说它是一个角色，不如说它是一个视觉图标。它不知道它是谁。

最后，虽然米老鼠是在模仿卓别林和费尔班克斯的基础上被构建的，但是它会在其他地方找到自己真正的身份。米奇会发现自己是沃尔特本人的投影。沃尔特强烈地、几乎是充满激情地认同自己创作的这一人物，仿佛米奇不仅是他的创意，他的脑力劳动的产物，而且是他自己的延伸。"沃尔特和米奇是如此和谐兼容，融为一体，"莉莲说，"他们看起来几乎拥有完全相同的身份。"剧作家、电影评论家、后来的总统演讲稿撰写人罗伯特·舍伍德（Robert Sherwood）曾

229

在1931年与沃尔特会过面。他写道:"无论何时,每当他提到米老鼠,他的声音里就明显流露出一种极其虔诚的敬畏感。"他爱那只不可思议的小动物,就像任何一位母亲爱她心爱的孩子一样。动画师莱斯·克拉克说:"沃尔特就是米奇,米奇就是沃尔特。"他注意到,就连米奇的动作、手势、姿态和表情也是直接复制沃尔特在故事情节讨论会上表演米奇时的一系列动作和表情,而沃尔特最常使用的针对某一故事情节的评论就是,"我认为米奇不会那样做"。多年以后,在表达他与米奇的联系是多么紧密的时候,沃尔特仍然坚持认为,"只要还有一个迪士尼工作室,就会有米老鼠动画片",因为"我不能没有它"。

从某种意义上说,28岁的沃尔特·迪士尼在米老鼠身上找到了自己的声音,而在米老鼠之前的动画片中他提供的只是一个离散的世界,而不是一种态度和观点。米奇无所畏惧的乐观精神,它的胆识和勇气,它那常常使它陷入困境的幼稚和天真,它那通常使它摆脱困境的果断和决心,甚至它的自尊自爱,无一例外全都打上了沃尔特的另一个自我的烙印——沃尔特·迪士尼的最完全最充分的表达。这既是米老鼠系列动画电影的真正主题,也是米老鼠真正的个性和特点。当米奇沉浸在幻想的气泡之中,结果却被现实刺穿时,就像他的动画片中经常发生的那样,它其实是表演和宣泄着沃尔特·迪士尼本人生活中的中心张力。如果说沃尔特在米老鼠身上找到了自己的声音,米老鼠也确实在沃尔特·迪士尼身上找到了自己的声音。在1929年7月发行的第九部《米老鼠》系列动画片《快乐的小羊》当中,米奇第一次在影片当中开口说话——它说的第一个词是"热狗,热狗"。沃尔特告诉他的发行商,从此以后,《米老鼠》系列动画片通常都会包含唱歌和说话。但是沃尔特对米奇的声音不满意,当时给米奇配的声音低沉、平淡,没有抑扬顿挫的变化(可能是卡尔·斯托林给配的声音),

他承诺要找一个声音更适合米奇性格的人,他甚至花了一星期的时间来评估候选人,为此不得不推迟了下一部《米老鼠》系列动画片的音画同步录制工作。有一种说法是,一位名叫海伦·林德(Helen Lind)的女性临时给米奇配过音。但是,当沃尔特继续搜索合适人选的时候,有一天,他演示了他认为米奇应该如何发音,当时他使用的是假声。一名工作人员问他为什么不自己给米奇配音,沃尔特同意了,并开玩笑说:"我知道我会一直在迪士尼工作室的员工名册上,所以就由我来做吧。"沃尔特常常为自己给米奇配音而感到尴尬,后来他承认,虽然其他人也能做好这一工作,但是,他说自己的声音是最好的,因为"我的声音里有更多的感染力"。

虽然米奇是沃尔特个人神话中关于尝试和胜利的一种表达,但是另一方面米奇也为它的创造者自己的想象提供了一种自我反思性的评述,而这一点,就像文化上的共鸣,童年的召唤,或者性暗示一样,可能解释了米奇受到广泛且持久的欢迎的原因。无论它可能是其他什么东西——它有许多东西的特征,尽管这些特征都隐隐约约、模模糊糊的——米老鼠都被自己的想象转化能力束缚。无论是把汽车变成飞机,还是把牛变成木琴,米老鼠,像卓别林一样,像沃尔特·迪士尼本人一样,总是处于通过想象重新塑造现实的过程之中,这是它与观众最原始的、最主要的、同感式的联系——而观众是它力量的源泉。它能看到和听到别人看不到和听不到的东西。它让世界成为属于它的世界。

米奇带着声音和音乐来到人间并非偶然,因为音乐成了它内心灵感之源的隐喻,也是它存在的必要条件。在它早期的动画片中,有一些是时事讽刺歌舞音乐剧,它完全是一个音乐创造的产物——就像弗雷德·阿斯泰尔(Fred Astaire)和查理·卓别林一样。米奇一听到音乐,就会情不自禁地跳起舞来,唱起歌来,开始自己创作音乐,把它看到的一切变成一种乐器,把现实变得快乐。甚至它和母老鼠米妮的关系也受到了音乐的启发和鼓舞;它们真的是毫不夸张地在共同创造美妙的音乐,为通常充满威胁和混乱的环境带来了欢乐与和谐,甚至带来了流畅和优美。这也正是为什么不管米奇此前遇到了什么事,有什么遭遇,动画片的结局通常都是它喜笑颜开或哈哈大笑,一副精神爽朗、喜气洋洋的样子。尽管米奇的外形、大小和性暗示都有潜意识的吸引力,但是,它的吸引力之所以显而易见,而且并没有局限于大萧条时期的美国,其核心秘诀在于,它总能做出正确的决定——就像"逃离"艺术家沃尔特·迪士尼所能做到的那样。总而言之,米老鼠代表着快乐的唯我主义的永恒希望。

5

随着米老鼠人气飙升,以及与哥伦比亚影业公司签订了潜在利润丰厚的新合同,沃尔特·迪士尼的避难所,即位于赫伯里恩大道的工作室自身正在经历又一次转型。再一次,就像以前一切顺利时他所做的那样,沃尔特又开始招聘人员——精挑细选最好的人才。1930年冬天,他把弗莱舍工作室的动画师兼笑料编剧泰德·西尔斯(Ted Sears)请了过来,据说弗莱舍工作室的一些最有趣的素材就是由他创作的。西尔斯曾"半答应"弗莱舍,他会留下来继续在弗莱舍工作室工作。但是,作为迪士尼工作室日益专业化的一个信号,沃尔特向他抛出了橄榄枝,许诺让他担任迪士尼工作室的首席故事创作人,并提出了让他帮助沃尔特制作真人实景喜剧的可能性——这个想法一直在沃尔特的脑海中不断盘旋。西尔斯经不住这些诱惑,最终离开弗莱舍加盟了迪士尼工作室。另一位动画师哈利·里夫斯(Harry Reeves)也签约加入了迪士尼工作室,他曾为帕特·沙利文制作《菲利克斯》

系列动画，他放弃菲利克斯而选择了米奇，这一举动表明动画行业的形势已经发生了逆转。他是如此渴望加入迪士尼，以至于他提出自己支付自己的差旅费。几乎是在同一时间，沃尔特与弗莱舍的另一位老将、弗莱舍工作室出品的卡通角色贝蒂娃娃（Betty Boop）的设计师格里姆·纳特威克进行了接触，讨论了来西部地区加盟迪士尼工作室的可能性，尽管环球影业公司的瓦尔特·兰茨也向纳特威克伸出了橄榄枝。最后，纳特威克决定留在纽约，但他显然受到了迪士尼的诱惑，因为西尔斯曾告诉罗伊，纳特威克"对纽约的'艺术'思考了很多，他只想和最优秀的人在一起工作"。（几年后，他确实加入了这家工作室。）

除此之外，工作室本身的物理环境也发生了变化，从内到外进行了一系列临时扩建和改造，以安置更多的新员工，适应他们的需要。1930年年初，在与哥伦比亚影业公司达成协议后不久，沃尔特把办公室的墙壁向人行道外移了6英尺，以提供更多的空间，不过办公空间仍然很拥挤，只有一间稍微舒适一点儿的平房和几间面积更小的茅草屋。1931年1月，如果有游客到此游玩，会发现这里有一座安静的小房子，只有一层。当沿着赫伯里恩大道行驶时，你几乎不会注意到这个地方。这座小房子又被分隔成几间更为狭小的房间，包括一间人满为患的办公室，一间有一张大桌子和一架钢琴的会议室。然后你会看到一排狭长的过道一般的房间，每一间房间里都坐着一排排的男男女女，他们之间的距离不超过肘部，每个人都弯着腰坐在一张桌子前，桌子的中央有时会有一组电灯——总共大约有50个人。一切都是安静的。一切都表明这里的工作是明确而且有序的。

在上一年的夏天，罗伊和沃尔特已经买下了毗邻工作室的一块地，即原来的钟表厂的旧址，并计划建造一座长80英尺宽50英尺的两层灰泥新西班牙风格的营业/动画综合大楼，一个两层的混凝土录音室，建成后录音业务将从"泰克艺术"（Tec Art）中心转移到这里，还要建一个一层楼高的音乐谱曲室——所有这些都是在1931年夏初修建完成的，造价共计约4.5万美元（不包括采购新设备的费用）。在新建的动画大楼顶上，沃尔特设置了几个异常显眼的标识牌：一个两英尺高的用蓝色霓虹灯制作的"沃尔特·迪士尼"的大字招牌，一个用红色霓虹灯制作的"米老鼠"和"糊涂交响曲"的大字招牌，还用蓝色、红色和金色的灯管系统制作了一个五英尺高的巨幅米奇像，以此来宣告他的新身份。曾经不伦不类毫无特色的工作室现在已经脱胎换骨、旧貌换新颜了。

然而，在工作室里面，尽管员工的数量不断增长、厂房与设备不断增加，但是原来的那种团结友爱互相帮助的精神仍然极其盛行。在20世纪30年代，好莱坞的许多人到政治团体之中寻求慰藉，但迪士尼的员工在艺术圣地赫伯里恩找到了他们的集体。一位动画师显然对迪士尼成为最佳动画工作室的新名声感到非常自豪，他说，在那里工作让他们都觉得"我们就像是西点军校的同班同学"。另一些人回忆起兄弟般友好亲密的气氛——故事情节讨论会经常持续到深夜，讨论的时候沃尔特会扮演米奇或《糊涂交响曲》中的一些角色，开一些无伤大雅的玩笑，举行周末野餐聚会，在公园里做游戏。"天哪，日子过得真快！"一个笑料编剧饱含深情地说。而这一切都是在沃尔特的主导之下——正如威尔弗雷德·杰克逊所说，"整天，每天，沃尔特都在和我们谈论我们所做的每一件事，具体到每一个环节，每一个步骤"。

此时的他29岁，瘦削的身材和一头一如既往乱蓬蓬的棕色头发使他棱角分明的年轻的五官看上去更加鲜明突出。他的外貌看上去一点儿也不像是一位电影制片厂的老板，也不像动画片之王，他的穿着也不像。现在身处洛杉矶的他和当年在堪萨斯城时一样不注重时尚，不追求新潮，他通常穿着灯笼短裤和长羊毛袜子，"衣服非常鲜艳，色彩极其丰富，"他当时的秘书说，"衣料上有很多图案。"他几乎总是穿运动衫，而不是夹克。后来成为动画师和笑料编剧的罗伊·威廉姆斯（Roy Williams）第一次应聘工作室的岗位时，在沃尔特的办公室里等着面试——"那时候办公室里除了一堆垃圾什么都没有"，和一个他以为是邮递员的人聊天。最后，威廉姆斯实在等不下去了，他说他改天再来，因为迪士尼先生显然太忙了，没有时间见他，这时他才发现这位"邮递员"就是沃尔特·迪士尼。不过，尽管沃尔特年纪轻轻，不拘小节，却散发出一种权威和坚定的气质。"沃尔特给我的印象是他对自己非常有信心。"本·沙普斯坦说，"他对自己将要做的事情持积极的态度。他给我的印象是虽然'年轻'——尽管他比我小几岁，而且在这一行干的时间比我少几年——但他却有能力判断出制作更好的影片需要哪些条件，这给我留下了非常深刻的印象。"随着他的自信，一种精神渗透到了整个工作室，并支配着工作室的运转：用格里姆·纳特威克的话来说，"无论我们做什么，都必须比其他人做得更好，即使你因此要付出更多的努力和辛苦。比如我曾经有一次画一张动画图片，前前后后画了九次，才达到他的要求"。

即使有了更有经验的新员工，要达到高质量标准仍然极其困难。早在1930年11月，沃尔特就很难满足哥伦比亚影业公司的动画片发行时间表，他试图找到一种方法，在不牺牲为他赢得广泛赞誉的影片质量的前提下加快制作速度，但他也意识到，要想更快地拍出高质量的影片需要投入更多的金钱，这几乎耗光了哥伦比亚影业公司的预付款。到了1931年3月，影片制作的延误情况变得如此严重，以至于哥伦比亚影业公司副总裁乔·勃兰特专程来了一趟迪士尼工作室，罗伊称这是一场"摊牌"。但是，最后之所以避免了更坏局面的出现，只是因为沃尔特突然制定了一套新的制度，他将自己的员工分成三组，他们将同时制作三部不同的动画片。罗伊希望通过这一举措能将每部动画片的制作时间从三周或更长缩短到两周或更短。

如果说新制度加快了影片的交付速度，但它对迪士尼工作室的收入和利润几乎没有一点儿帮助。他们与哥伦比亚影业公司的合同是所谓的"60/40，40/60"分成合同，这意味着他们收取预付款，而哥伦比亚影业公司则获得预付款的40%作为发行费，剩下的60%用于偿还迪士尼工作室的预付款以及电影胶片和广告费用。只有这些成本被收回之后，迪士尼工作室才能获得剩余60%的利润，哥伦比亚公司获得剩余40%的利润。实际上，哥伦比亚影业公司用它收到的第一笔钱来确保自己的利润，而迪士尼工作室则既受到市场的影响，同时还要受哥伦比亚影业公司的支配。哥伦比亚影业公司不仅搜刮影片发行赚的钱，还可能在账目上做手脚。"这招奏效了，"罗伊抱怨道，"让我们陷入了非常不公平的境地。"

从他们携手合作之初，在经历了与明茨和鲍尔斯的合作之后，特别是在后者和哥伦比亚影业公司阴谋勾结失败之后，沃尔特就对他的发行商产生了深深的怀疑。他对罗伊在他们与哥伦比亚影业公司达成协议的那一个星期做出的评估深有同感，即必须对哥伦比亚影业公司保持警惕，因为"他们不会有太多的'善意'"。几个月后，沃尔特觉得，哥伦比亚影业公司似乎满足于他们在《米老鼠》系列动画片和《糊涂交响曲》系列动画片上赚到的利润，以及通过供其发行的其他短片获得的数额可观的收入，因此他们在推广迪士尼工作室的动画片上所做的努力和投入在逐渐减少，更不用说故意在自己收到钱后在账目上做手脚，成心少付给迪士尼工作室应得的钱。但这一次沃尔特决心不忍气吞声。相反，他开始策划进行一次先发制人的打击。

那年秋天，沃尔特的熟人，长久以来一直担任放映商和发行商的索尔·莱塞（Sol Lesser）把沃尔特介绍给了约瑟夫·申克（Joseph

第四章 米老鼠诞生

Schenck）。申克是电影行业的领军人物，他本人此前曾是制片人，现在是联美电影公司的总裁。沃尔特承认他对申克感到很敬畏。哥伦比亚影业公司只是一家很小的工作室，位于好莱坞所谓的"贫困街"。而联美电影公司是由4位电影界最杰出最闪亮的明星人物共同组建成立的：导演大卫·沃克·格里菲斯（D. W. Griffith）、道格拉斯·费尔班克斯、费尔班克斯的妻子玛丽·皮克福德（Mary Pickford）和沃尔特的偶像查理·卓别林。沃尔特想方设法让别人把自己引荐给申克的目的很简单：他想让联美电影公司在他与哥伦比亚影业公司的合同于明年4月份到期之后，发行他的动画片。11月中旬，沃尔特和冈瑟·莱辛已经去过了联美电影公司所在地，想要讨论这种可能性，结果却白白等了一整天。为了照顾自己的自尊心，沃尔特找了个借口，说联美电影公司的高管们一定有一个重要的会议。当他和莱辛在那个星期晚些时候又一次去联美电影公司拜访的时候，在莱塞的穿针引线和大力促成之下，联美电影公司向迪士尼提供了报价，据他所说，具体条款是每部影片5万美元的保证金，合同期限是两年——据罗伊手下的新任业务经理乔治·莫里斯说，这笔交易将"使你目前的收入增加一倍以上"。[1] 在联美电影公司和高管们开了三个小时的会后，沃尔特表示同意这一协议，"如果我们目前的销售渠道做不到这一点，或者无法做得更好，……改变一下可能会更好"。因此，这个对明茨与迪士尼工作室反叛的动画师之间私下达成秘密协议感到深恶痛绝的人，在那年12月达成了自己的秘密协议。年轻的沃尔特·迪士尼现在隶属于声名显赫的联美电影公司了。

---

[1] 最终的协议要求联美电影公司从一开始的票房收入中收取40%的发行费，票房总收入达到6万美元之后，可额外获得1000美元的利润，总收入达到7.5万美元之后，可额外获得2500美元的利润。票房总收入超过6万美元之后，所得利润由双方按四六分成，迪士尼工作室获得六成。正如罗伊所解释的那样："在这份协议中，我们的想法是让我们的利润和收入摆脱较低等级水平，尽快拿到钱，越快越好。"

237

迪士尼兄弟还不能让哥伦比亚影业公司知道这个协议,以免他们进一步缩减对发行《米老鼠》系列动画片和《糊涂交响曲》系列动画片的投入,特别是在哥伦比亚影业公司接替鲍尔斯发行《米老鼠》系列动画片的合同和他们自己发行《糊涂交响曲》系列动画片的合同期间,在联美电影公司接手之前还有25部动画片要发行。事实上,罗伊继续与哥伦比亚影业公司谈判,就好像与哥伦比亚影业公司签订一份新的合同仍然是可能的,为了掩盖这种策略的真实意图,他甚至会见了环球影业总裁卡尔·莱姆勒(Carl Laemmle),意图制造一种仍然存在竞争对手的假象,因为莱姆勒一直在争取让他们来发行这些动画片。1931年4月初,当哥伦比亚影业公司的高管们最终得知迪士尼工作室与联美电影公司已经达成了协议时,他们非常愤怒。哥伦比亚影业公司副总裁亚伯·施耐德(Abe Schneider)表示,他还在与罗伊进行谈判,简直就是个乳臭未干的"傻瓜"。而哥伦比亚影业公司总裁杰克·科恩则发出了不祥的警告:"这笔交易将会让你们损失惨重。"这意味着,哥伦比亚影业公司可能不会像过去那样积极地宣传迪士尼的动画片了,也不会像现在这样不折不扣地承担自己应该承担的责任,按时支付应该给迪士尼工作室的款项了,因为根据合同安排和时间计划表,还有一些动画片由他们负责发行。尽管如此,迪士尼兄弟似乎并不后悔,也并不想屈服,而且他们对自己的新合作伙伴感到很兴奋——他们觉得这是一种回报,回报自己此前所遭受的一切不公平对待。4月13日,迪士尼工作室正式宣布与联美电影公司签约之后,乔·申克(Joe Schenck)表示:"我们经常被问到有关发行短片的问题,但迄今为止,我们坚持的原则是,联美电影公司只是为大牌明星服务的。然而,米老鼠却完全不同。迪士尼创造了一个在电影史上独一无二的角色。"

这本该是一个胜利的时刻,在很多方面也确实如此,但是,即便动画片取得了成功,即便与联美电影公司的新合同有望带来更多的收入,迪士尼兄弟长久以来一直面临着的普遍问题也让这种喜悦打了一点儿折扣:他们在继续向哥伦比亚影业公司交付剩余的动画片以及偿还其贷款并等待新合同生效的这一年里,仍然难以实现收支平衡。"非常坦率地说,我们的业务增长如此之快,并向两个或三个方向扩张,所以我们的资金仍然与以往一样紧张",罗伊在联美电影公司宣布这一消息后不久在给父母的信中写道,他还提到了动画片制作成本的飙升——沃尔特现在把每部动画片的预算增加到了 1.35 万美元——以及工作室本身扩建和增加人员所带来的支出。早在 5 月份,罗伊就已经从美国银行申请并收到了一笔 2.5 万美元的贷款,这笔贷款将由哥伦比亚影业公司的超额支付的款项来偿还,他希望通过这一举措既能给资金紧张的迪士尼工作室注入新的资金,又能迫使同样由美国银行资助的哥伦比亚影业公司"在对他们使阴谋诡计的时候有所顾忌",因为"如果美国银行在必要的时候给哥伦比亚影业公司打电话,(乔)勃兰特在背后做手脚之前会犹豫一下"。罗伊同意不告诉沃尔特关于这笔贷款的"太多"详细情况,因为他担心他的这位弟弟会很快烧光这笔新资金。

这种放松和宽慰的感觉并没有持续多久。到了 6 月底,哥伦比亚影业公司的汇款减少了,正如科恩所预测的那样,这让迪士尼工作室面临无法支付工资的危险,尽管申克本人一直在敦促发行商要公平对待迪士尼工作室。罗伊试图巧妙地处理这个问题,就像迪士尼兄弟当年对明茨和鲍尔斯时所采取的措施那样,他用了一种简单的方式,即比哥伦比亚影业公司希望的时间要提前一点儿来交付动画片,从而可以更早地结束他们之间的合同,但哥伦比亚影业公司拒绝提前接收。到了 6 月份,迪士尼工作室每个月需要支付 2.7 万美元的薪水,而他们每个月只能收到哥伦比亚影业公司为两部动画片汇来的 1.4 万美元预付款，这一数额距离 2.7 万美元还有较大的缺口。除此之外，他们每个月还能收到哥伦比亚影业公司汇来的 9000 美元的超额支付款项，但这笔钱被迪士尼工作室直接转给美国银行用于偿还贷款。"除非我们立即做出大幅削减工资的承诺，"乔治·莫里斯提醒沃尔特，"否则我们将发现，我们将面临一种充满复杂因素的局面，其严重程度将影响我们公司的整个结构……如果我们想要继续生存下去的话。"

莫里斯不是在空喊"狼来了"。罗伊已经在与乔·申克就一笔 2.5 万美元的个人贷款进行谈判，但这笔钱要到 8 月份才会到位，而且无论如何，1.4 万美元将用于偿付之前承诺的员工工资。当时的形势如此令人绝望，以至于莫里斯和莱辛甚至提出了一个不可思议的建议：出售该工作室的股权。莱辛在给罗伊的信中写道："现在公司规模太大了，业务扩张太快了，以至于沃尔特也无法坚持自己的信念，即'罗伊肯定会以某种方式筹集到必要的资金'。""像沃尔特期望的那样，建立一个理想的组织，生产出类拔萃的产品，实现大规模发行的希望，这是一个美丽的想法；但是什么事情都是过犹不及，这种期望也要适可而止……你们现在降价出售产品是绝对必要的。"

但是，如果莱辛认为沃尔特会默许他的产品降价，那么只能说明他对沃尔特·迪士尼真的想要什么，以及为什么沃尔特·迪士尼一开始就涉足动画行业，知之甚少了。在沃尔特的眼里，他的工作室是不受现实世界压力控制的，这是他躲避现实世界压力的避难所——一个神圣的地方。并且，他的动画片在质量方面是不能妥协的；他们必须比其他任何人的作品都要优秀，否则他就无法在这一行业中生存下去；并且如果那样的话他也不想坚持下去。卓越不仅仅是沃尔特的商业战略，也是他经营工作室的原因，还是保持他个人世界完整的力量。"如果你想知道沃尔特获得成功的真正秘诀，"长期从事动画创作的沃德·金博尔说，"那就是他从来没有想过要努力赚钱。他总是想做一些

第四章 米老鼠诞生

他能从中得到乐趣或引以为傲的东西。"不出所料，沃尔特把莫里斯叫到他的办公室，坚称他不能引入外部投资者，也不能要求他的员工降薪、加快影片制作速度或进行裁员，因为"这将意味着降低影片的质量，进而降低公众对迪士尼产品的兴趣"。相反，沃尔特建议——莫里斯认为这是不现实的——他们以未来的利润作抵押向联美电影公司申请一笔贷款，而莫里斯则考虑向申克寻求另一笔个人贷款。最后，沃尔特对莱辛和莫里斯大发雷霆，说在业务方面每个人都"相当糟糕"，然后他说，将尝试每两个月制作五部动画片，而不是四部，工作室就这样稀里糊涂地勉强熬到了秋天。

持续不断的压力都聚集在沃尔特身上，但即使没有经济上的压力，他也会全身心地投入工作之中，他一直为他的工作室而活。比尔·科特雷尔经常晚上在工作室的摄影棚工作，他说沃尔特从来没有在下午5点或5点半离开工作室，尽管其他大部分工作人员都是在下午5点或5点半下班离开的。他会一直待到六七点，然后才下班回家，经常和莉莲一起走回去。沃尔特自己也承认，他喜欢晚上在工作室里转悠，看看动画桌，或者看看场景的布局设计，加上或减去某幅图。即使人不在演播室，他的心也离它不远。本·沙普斯坦记得沃尔特有一次在上班的路上收到了一张交通罚单。那天早上，当他把这件事告诉他的员工时，沃尔特原本一点儿也不高兴。但是，当他重新上演他和警察的对话时——沃尔特总是喜欢把他的故事表演出来——他开始看到了其中蕴含的幽默，沙普斯坦说，沃尔特的"态度改变了"。这段插曲很快成为米老鼠动画片之《交通问题》的创作基础。还有一次，沃尔特和莉莲走进一家餐馆时，恰好碰到沙普斯坦，当时沙普斯坦正准备出门。沃尔特立刻把门堵上了，根本没有注意到其他顾客想要进去或离开，他开始讲一个故事，这个故事是他刚刚为一部新动画片构思的，讲的是谷仓院子里上演的一场滑稽戏，观众是一群猫。沃

241

尔特一直在讲，而莉莲不得不一直等着，最后实在等得不耐烦了，当沃尔特讲到故事的结局时——群猫跳上了一个隐秘的屋顶，然后屋顶就塌了——她嘲笑说她不想看那部卡通片，但沃尔特似乎听不见也不在乎。乔治·莫里斯对一位记者描述沃尔特："那一刻，沃尔特还没有意识到自己身在何处或要做其他任何事情；他只知道他想把他构思的故事讲出来。他的爱好就是他的工作，因为他把自己的每一分钟都花在了工作上。"

但沃尔特这种对工作的痴迷甚至是偏执给莉莲带来的伤害远远不止于她不得不等待丈夫或听他讲故事。她是孤独的。在接受《时代》周刊记者采访时，她称自己是"米老鼠寡妇"，并开玩笑说，她觉得丈夫的谈话"很有意思"，因为"谈话内容完全是围绕米老鼠的"。他们几乎没有时间做别的事了。迪士尼夫妇的社交活动也很有限，通常是在星期天去罗伊家烧烤和玩槌球游戏，他们几乎没有什么特别亲密的朋友。沃尔特说，他最好的朋友是莉莲以及他的狗，名叫松尼，一直在他们身后紧紧跟随。他的大部分空闲时间都是和莉莲、莉莲的母亲以及松尼一起度过的，他们会开着车从一个剧院到另一个剧院去看动画片——"他知道这些动画片准确的放映时间。"莉莲说——而他的随行人员则在车里等着。当他不四处寻找剧院看卡通片时，他就会和莉莲出去兜风。无一例外，沃尔特每次都会说他想起了一些事情，他现在得去工作室把这些事情做完。"我们没有一个晚上不是在工作室度过的。"莉莲回忆说。所以，她会蜷缩在他办公室里的坐卧两用的长沙发上睡觉，而沃尔特则在一边忙工作。莉莲会时不时地醒来问他，现在多晚了，不管什么时候，沃尔特都是回答："哦，不晚。"多年以后，沃尔特承认他会趁莉莲睡觉时把办公室的时钟拨回去，这样莉莲就永远不会知道他工作到多晚。莉莲说，即使躺在床上，他通常也会辗转反侧，想着工作室的问题，然后第二天早早起床，大声宣布：

第四章　米老鼠诞生

"我想我已经找到解决方法了。"

沃尔特对工作的过度执着和工作室的财务短缺已经让这对夫妇倍感压力，那年夏天，他们又遭遇了另一场个人悲剧。尽管沃尔特自己还是个孩子，但他一直希望拥有自己的孩子。"我想要10个孩子，"他有一次对妹妹露丝说，"他们想做什么就让他们做什么。"这是一种极其明显的对他自己童年时期遭受的苦难的补偿心理。尽管莉莲对他们家的狗松尼有一种母爱的感觉，但作为自己娘家10个孩子中最小的一个，她却对要孩子更加谨慎和保守。她说，看到自己的母亲和姐姐们不得不一边工作一边照顾孩子，生活得特别辛苦，她就对要孩子感到灰心丧气。而当沃尔特和莉莲还在考虑如何抚养孩子的问题时，罗伊和埃德娜也一直在努力要一个孩子——甚至有人说，为了生孩子，他们甚至同意在医生的办公室里做爱，以便让医生在一旁监督他们，指导他们。最后，在1930年1月10日，就在迪士尼兄弟与鲍尔斯发生对抗、埃沃克斯和斯托林离开之前不久，埃德娜生下了罗伊·爱德华·迪士尼。"沃尔特和莉莲都为他疯狂，被孩子完全迷住了，"罗伊在那年夏天晚些时候给母亲写信说，"他似乎有点儿害怕沃尔特，但却和莉莲特别亲。沃尔特只是还不知道怎么和他玩。"

莉莲和罗伊·爱德华在一起的那段时间，也许已经打消了她对要自己的孩子的顾虑和犹豫。而就在同一年，莉莲的姐姐黑兹尔提出离婚，随后黑兹尔和她的13岁的女儿玛乔里搬进迪士尼夫妇位于利里克大道的房子，和他们一起生活。沃尔特在要孩子方面得到了进一步的鼓励。沃尔特接受了代理父亲的角色，对玛乔里宠爱有加。"他过去常常等我回家，"玛乔里回忆说，"我晚上回来的时候，他会在楼梯顶上等我，尤其当我很晚才回家的时候。"后来，她上了寄宿学校，只有周末才能回家。这个时候，每次她准备要离家去上学时，沃尔特就会很生气，问她："你为什么要费心回家？如果你不打算来这里，又

243

何必费心呢？"

1931年春天，在罗伊·爱德华出生一年多一点儿之后，在沃尔特担任玛乔里的监护人一年之后，莉莲怀孕了。沃尔特喜出望外。他马上开始寻找新的房子——要一到三英亩，他豪气冲天地告诉房地产经纪人，但6月10日，莉莲不幸流产了。这对夫妇悲痛欲绝。"他们极其伤心。"玛乔里回忆道。沃尔特在给表妹莉娜（Lena）的信中酸溜溜地写道："我结婚了，但是到目前为止，我能夸耀的只有一个可爱的小妻子和一条漂亮的松狮狗。"尽管工作室的业务显然很紧张，财务状况也很糟糕，但罗伊还是建议沃尔特和莉莲出去旅行几周，可能的话去火奴鲁鲁转转，好好放松一下。

如果说罗伊·爱德华的出生减轻了1930年迪士尼兄弟与鲍尔斯之战期间他们肩头的负担，那么莉莲的流产则为他们在那个夏天挣扎求生的过程蒙上了一层阴影。沃尔特并没有像罗伊建议的那样马上去度假。他待在那里，让自己沉浸在工作中——如果可能的话，甚至更加一心一意地专注于工作，而且变得越来越神经紧张和冲动易怒。他从不满足于迪士尼工作室制作出来的影片的质量——"不管我们制作的影片有多好，当我看到最终成品的时候，我总能找到需要改善的地方和改进的方法。"他后来说——他现在甚至比平时更加不满意了。他变得心烦意乱，丢三落四，疏忽健忘。甚至连他的健康状况也开始恶化。那年6月底，就在莉莲流产两个星期之后，他被紧急送往医院，做了一个手术，摘除了发炎的扁桃体。"坦率地说，我现在担心沃尔特，"罗伊在给莱辛和莫里斯的信中写道，"他需要好好地度个假，好好地休息一下。很长一段时间以来，我们俩在工作方面都太投入了，太用力了。"他还表示支持引入一位新的投资者和商业伙伴的想法，这显然指的是申克，引入合作伙伴来解救他们面临的困难，减轻他们的负担。"当然，在任何情况下，我们都不会放弃控制权，但这将是一种分担责任的方法，把责任稍稍分解一下，而不仅仅是由我们两人承担。如果没有其他原因，只是为了保护沃尔特的健康、力量、热情和才能，我强烈支持这个想法。"

虽然沃尔特永远不会同意与别人分担责任，但他也逐渐意识到，他的工作强度越来越大，但是他的工作热情却在逐渐减弱，而且他本人在某一方面出现了严重的问题。"我想我是因为工作得太辛苦了，过度焦虑。"他后来说，"我对自己工作室的美术家的期望比他们呈现给我的要高，我整天就做一件事，敲打、敲打、敲打。成本在持续上升，我们完成的每一部新动画片的制作成本都比我们预计的利润要高。"他无情地催促逼迫员工，又开始变得暴躁易怒起来，就像当年他与明茨斗争的那段极其糟糕的日子一样。但是，他的情绪却又变得很脆弱。有时候在打电话时，他会突然发现自己在莫名其妙地哭泣。晚上他睡不着，整夜整夜无法入睡。在工作室里，他看着自己最新制作的卡通片，身体都会有不舒服的感觉。除了影片的缺陷和不足，他什么也看不见。他说他已经看腻了——彻底看腻了，再也不想看了。他非常担心自己的这种状况，最后去看了医生，医生告诉他必须放下手中的工作，离开这个地方。充满讽刺意味的是，他不得不离开这个曾经为他提供庇护的地方。正如沃尔特自己描述的那样："我当时神经紧张，情绪焦虑。"

但这不仅仅是一种神经紧张情绪焦虑的表现了。这么多年来屡败屡战，斗争，失败，然后又不得不反击；这么多年来面对失败和背叛，不得不像米老鼠一样保持一副勇敢的样子；这么多年来他一方面承受着制作出优秀的动画片以确保迪士尼工作室在这个行业的地位无懈可击的沉重压力，另一方面还得与几乎让他们无法生存下去的，甚至到现在都没有丝毫缓解的、难以忍受的、无休无止的财务制约因素作斗争；再加上他在一直深切渴望的家庭生活方面遭遇的挫折：所有这些都在日积月累，直到沃尔特——通常如此任性固执地快乐、无忧愁和自信满满——身心彻底崩溃了。他再一次无法将现实世界拒之门外，也无法保护他的想象世界不受现实世界的侵蚀。沃尔特·迪士尼，这位新任的动画片之王、米老鼠之父，遭遇了一场严重的崩溃。

第五章
创意如泉涌

1

在 1929 年 10 月股市崩盘之后，经济萧条慢慢降临，随后美国经济陷入了困境——经济萧条使四分之一的劳动力流落街头，造成了难以言喻的痛苦，但沃尔特·迪士尼基本上没有受到经济萧条的影响。尽管人们可能认为电影院是摆脱痛苦的避难所，但电影业也很难幸免于经济衰退。然而，迪士尼工作室恰恰成了少数幸运者之一。当其他电影公司眼睁睁地看着他们的收入断崖式下降时——不是因为观众减少了，虽然观众确实减少了，而是因为这些电影公司在 20 世纪 20 年代疯狂的剧院购买狂潮中自身过度扩张，房地产崩溃了。迪士尼兄弟没有剧院，也没有太多的个人投资——除了在罗伯特叔叔想要快速致富的石油项目中持有的股份和一些房地产的地皮，所以他们安然无恙地度过了国家遭受严重创伤的时期。尽管他们也遭受了经济上的创伤，但大多数都是他们自己造成的，这是沃尔特不愿降低电影质量的结果。他不但没有削减成本，而且还不断提高成本。即使一贯比较保守的罗伊也觉得，他和沃尔特一直在对自己的工作室进行再投资，而不是投资股市，这在某种程度上让他们侥幸躲过了大萧条。1932 年，他在给父母的信中写道："我们把攒下的所有的钱都投入了我们的事业中。""我们一直在和自己进行赌博，赌注是我们工作室的未来。过去的三年对普通民众来说是一个很好的教训。"这显然意味着其他人也必须学会投资自己。

但是，如果说经济大萧条没有给沃尔特带来经济上的影响，那么它在很多其他方面都体现出了对他情绪上的影响，造成了他的情绪大萧条。正如国家无法逃脱经济衰退的反复而又猛烈的冲击一样，沃尔特也无法保证他的幻想世界能一直免受现实世界的攻击。事实上，他无法使它足够完美或坚不可摧，这导致了他的情绪崩溃。当他的医生告诉他必须离开工作室时，他的第一个计划是乘船去西雅图，然后去波特兰看望他的父母和莉莲在爱达荷州的亲戚；他的第二个计划是坐船去夏威夷，他为自己和莉莲订了两张游轮的船票。然而，在这次活动中，他和莉莲冲动行事，临时取消了夏威夷之行，买了另一条航线的票，改上了一条从哈瓦那出发经过巴拿马运河的船，然后拿起旅行支票，跳上了一辆开往圣路易斯的火车，他们希望在那里赶上一艘内河客轮，沿密西西比河顺流而下，就像沃尔特 1919 年从法国回来时和他的老朋友拉塞尔·马亚斯打算做的那样。他们计划从登岸点出发，到达基韦斯特，与前往古巴的船只会合。结果，他们到了之后才发现密西西比河上再也没有内河客轮了，只有驳船，于是这对夫妇又临时凑合，搭火车去了华盛顿特区，在五月花酒店住了 3 天，参观了纪念碑，在各大公园里漫无目的地闲逛，或者只是坐在长椅上喂鸽子。然后他们又乘坐火车到了基韦斯特，赶上了前往哈瓦那的拖船。接下来的一周，他们在哈瓦那的古巴国宾馆（Hotel Nacional）休息，消磨时间，到乡间远足，然后按计划经由运河回家。他们的两次纽约之行都以灾难的结果而告终，这是他们结婚 6 年来第一次真正度假。

沃尔特说，他和莉莲度过了"一生中最美好的时光"，因为他已经到了"我一点儿也不在乎"的地步。他觉得自己从完美主义的负担中解放了出来。

据乔治·莫里斯说，沃尔特回到工作室时"恢复得很好"，但他对莫里斯说，他感觉"仍然很紧张，肯定还想再出去玩几个星期"。但实际情况恰恰相反，他开始采取一种新的养生方式——在工作室之外。他说，这种崩溃的感觉"让我意识到这样一个事实：生活是甜蜜的，工作不是一切"。因此，他开始从事体育运动，这真是破天荒第一次，因为即使在还是个孩子的时候，他也从来没有时间去滑冰、游泳、骑马和拳击。他甚至加入了好莱坞的运动俱乐部，每周在那里练习两到三次摔跤，不过他承认，他不喜欢但却不得不"穿着别人穿过的短裤和汗水湿透的旧运动衫在地上翻滚"。有一段时间，他开始打高尔夫球，每天早上4点起床，这样他就可以在5点半之前到达球场，而且不会耽误到工作室上班的时间。到了之后先打五洞，然后吃一顿丰盛的早餐，用他自己的话说，再"充满活力"地朝工作室走去。莉莲陪他参加了许多这样的活动，在俱乐部游泳，在格里菲斯公园骑马，甚至早早起床和他一起打高尔夫球。"沃尔特一旦出现失误，没有击中，情绪就会特别激动，会大发雷霆，"莉莲说，"我只能眼睁睁地看着他绝望得歇斯底里。"沃尔特声称，所有这些活动都让他放松身心，让他能够更好地集中注意力和处理各种问题。

不过，尽管他严格遵守和执行自己的新体育锻炼方案，并以"一名新人"的身份回到了工作室，但他仍然感到焦虑不安和无法满意。他回到工作室才几个星期，就和莉莲又一次离开了。这次是去堪萨斯城，沃尔特在那里接受了国际青年领袖俱乐部德莫莱（DeMolay）授予的一个奖项，并在他们的大会上发表了演说。后来，他第一次以游客的身份而不是业务洽谈者的身份来到纽约。"沃尔特感觉他现在的状况比度假前好多了,"沃尔特从纽约回来后不久,罗伊在给伊利亚斯和弗洛拉的信中写道,"但是还没有完全恢复到原来的他自己。私下里,我有点儿担心沃尔特的健康,感觉肯定是出了什么问题。"沃尔特仍然疲惫不堪,无精打采。他继续去看医生,希望能找到他的病因,其中一名医生认为是肠道寄生虫一类的东西在搞破坏,这种寄生虫似乎在侵蚀病人的体力。让罗伊感到欣慰的是,沃尔特在工作室全身心地工作了多年之后,终于开始意识到要照顾自己了。罗伊现在认为,在工作室里,一切都很顺利,所有工作都井井有条。"对他来说,工作比以前轻松多了,少了很多让他神经紧张的事务。"

罗伊说得对,迪士尼工作室面临的财务压力已经减轻了一些。1932年1月,他与联美电影公司签订了一份经过修订的协议,在合同中增加了五部新的《糊涂交响曲》,每部预付1.5万美元,并收取30%的发行费。更重要的是,罗伊通过谈判获得了一笔随时可以动用的19.5万美元的贷款,沃尔特认为这笔钱很合适。罗伊称这是"我们的第一份好合同"。唯一的问题是,现在迪士尼工作室在交付《米老鼠》系列动画片方面落后于原定计划了,为了赶上进度,他们不得不让动画师在接下来6个月的时间里先把《糊涂交响曲》放一边,集中力量制作《米老鼠》系列动画片。

所有这一切本应使沃尔特感到高兴,但是如果说他现在不再受财务问题的困扰的话,他仍然被自己对卓越的痴迷追求控制,这使他对新制作的影片像强迫症一样不由自主地感到不满,而且现在他还有了一个新的心理负担——期望带来的负担。每个人似乎都认识到,迪士尼工作室不仅一直在制作最好的动画,而且已经开始重新创造动画了。他正在把动画片从一种原始的、幼稚的新奇事物转变成一种接近纯真艺术的东西。的确,这是迪士尼工作室一项全新的事业,一场真正的革命:想一切办法尽一切努力将动画片提升为一种艺术形式。"实际上，我们今天使用的所有动画制作工具都起源于迪士尼工作室。"华纳兄弟影业公司的著名动画师兼制片人查克·琼斯（Chuck Jones）后来说，他把迪士尼比作伟大的真人实景影片导演 D. W. 格里菲斯，正是他将艺术融入了无声电影，并因此受到类似的赞扬。迪士尼工作室自己的动画师对于他们成为动画影片界的先驱者也非常自得。莱斯·克拉克声称，动画影片的发展"得益于沃尔特的坚持和指导"，动画师弗兰克·托马斯（Frank Thomas）和奥利·约翰斯顿（Ollie Johnston）写道："突破障碍进入新领域的巨大喜悦是我们任何人都无法抗拒的。"

沃尔特·迪士尼的动画片与他的前辈和竞争对手的动画片最显著的不同之处，与其说是创新，不如说是抱负——迪士尼要求一个人要竭尽全力做到最好，好到不能再好的地步，并且是一如既往地坚持这样做。迪士尼的一名员工写道："沃尔特从来不会——重复一下，是从来不会——对任何不符合标准的动画片说好，而这一标准是如此之高。"实际上，这意味着对每一个人做的每一件事都必须进行分析，无休无止地分析，以确保它切实有效，确保它符合标准，确保它再也没有改进的余地。正如动画师迪克·休默所说，迪士尼工作室里的每个人都发现自己在"分析，再分析……重新分析，抛弃，再重新开始"。这与竞争对手的动画工作室的惯例截然不同，差异巨大。正如另一位动画师所说："在别的工作室，你每周只需要粗制滥造 30 或 35 英尺动画片就可以拿到工资，其中有好的，也有坏的，但唯一重要的是把镜头拍完，这就足够了。"

对分析的重视和强调必然会导致新技术的发展，而这又将推动从业者做更深入的分析，所以分析很快成为动画片制作的标准操作程序。在早期，迪士尼工作室的动画师们会为自己改进动画质量做所谓的"铅笔测试"——用便宜的底片拍摄他们绘制的草图，这样他们就可以在动画最终定稿前看到结果。有一种说法是，汤姆·帕尔默可能早在1931年初就做了一个简短的铅笔测试，当时他使用的是电影声画剪辑机，这是一种带有小屏幕的设备，可以让人观看连续镜头，他使用这种装置来编辑影片。沃尔特碰巧经过，问帕尔默在做什么。预览动画草图具有重大的作用和价值，这给他留下了深刻的印象，他把它作为一项政策和制度在工作室推行。

没过多久，沃尔特就在一个狭促窄小、压抑沉闷、没有窗户的小房间里安装了一台电影声画剪辑机，这个小房间很快就被员工戏称为"禁闭室"。沃尔特和动画师们弯着腰，盯着这个不超过4英寸长4英寸宽的小屏幕，一小时接一小时地观察和分析动画动作，一遍又一遍，一次又一次，试图确定怎么样才能让动作更准确，更有趣。"据我所知，我们是第一批在动画片正式上映之前有机会研究自己的作品并纠正其中的错误的动画师。我认为这一点令人震惊，"沃尔特几年后说道，"在我们位于赫伯里恩大街上的小工作室里，每一张动画草稿都会被投影到屏幕上进行分析，每一张动画草稿都被反复修改多次绘制，直到我们可以说，'这是我们能做到的最好的了'。"最后，威尔弗雷德·杰克逊开始把铅笔测试和尚未动画化的场景的静态素描串在一起，形成他所说的"徕卡胶卷"。这是一个更长的动画序列，之所以取这个名字是因为这些都是用徕卡相机拍摄的。通过这种方式，动画师就能看到彼此相关的场景。沃尔特还鼓励他们添加声音。最后的结果就是，实际上，沃尔特和四五个挤进"禁闭室"的动画师就可以在图纸被清理干净以及在赛璐珞板上描线与上色之前预览整部动画片。这进一步加强了他对动画片制作流程的控制，这种被强化的控制似乎给沃尔特带来了活力，他喜欢仔细研究徕卡胶卷。但即便如此，这个过程也并非万无一失。在动画制作完成并试映之后，沃尔特经常命令员工回到"禁闭室"中进行修改完善。

第五章　创意如泉涌

　　铅笔测试和徕卡胶卷的效果不仅提升了迪士尼出品的动画片的质量，而且还彻底改变了动画电影的本质。在铅笔测试开始使用之前，动画师专注于制作干净的图画和紧凑的中间帧部分动画，这些几乎不需要修改，导致动画片在一定程度上丧失了灵活性，变得僵硬刻板。"以前的老式动画片是一个姿势接着一个姿势，不需要太多的思考。"迪克·休默曾表示，"这导致动画片看起来几乎就像一个平面设计。没有任何重量。"在那些动画片中，一个角色"会完全停下来，然后他就会僵在那里，像凝固了一样。虽然他还会有一些动作，例如他的眼睛可能会眨，或者他的头发可能会竖起来等。或者如果他的头真的转动了，他身体的其他部分就会僵硬地卡在那里。"就像沃尔特评价此类动画片时所说的那样："你的角色是死的，没有生命，看起来就像一张图画。"

　　厄布·埃沃克斯对动画技术有着基本的掌握，并且能绘制出各种动作，但他从来不能赋予他的角色一种质感或流畅的运动感。尽管如此，埃沃克斯一直是迪士尼工作室里绘画的典范，而且沃尔特自己也承认："最难的工作是让这些家伙停止摆弄这些单独的图画，而是要把一组画想象成一个动作。"现在埃沃克斯离去，他不再是指路明灯了，有了铅笔测试的帮助，动画师们可以自由地进行实验，他们也确实这样做了。1930年，当诺曼·弗格森（Norm Ferguson）为卡通片《群鱼乱舞》制作动画时，沃尔特要求其他动画师对它进行研究，因为弗格森确保了动作的连续性和流畅性。另一位动画师回忆道："很快，所有人的画法都变得不再僵硬了。"他接着说道，"这给他们打开了更多的自由行动空间。"到了1931年，迪士尼动画片中的人物已经不再生硬地从一个姿势切换到另一个姿势。他们平稳流畅地在各个姿势之间转换和移动，创造了所谓的重叠动作法，各个动作在其中顺畅地流动。"重叠动作是迪士尼的发明，"迪克·休默说，"这就是迪士尼的动画看起来如此与众不同的原因。"

迪士尼的动画片在故事叙述方面也有所不同。所有的卡通片都是基于笑料——一个视觉上的笑话或简短的滑稽场景。笑料是神圣且不可侵犯的，这也是动画片存在的根本原因和立身之本。大多数动画片工作室处理笑料的方式都很随意，只是胡乱地把各种笑料拼凑在一起。而迪士尼工作室则不会这样，沃尔特会给员工发一份大纲，然后让他们往其中填充笑料："所以，让我们一起动手干起来吧，争取在周二晚上之前准备好一些让人开怀大笑的好笑料。"这是沃尔特的一个典型要求。然后，沃尔特会对他采用的笑料进行现金奖励——通常情况下是1到2美元，在30年代早期有时高达3.5美元，不过奖金额度很快就标准化了，具体是每个笑料2.5美元。在迪士尼工作室，笑料也是基本的叙事元素。它是漫画成功或失败的基础和决定因素。"你必须提高自己的能力，准确地抓住笑料的本质，不要把修饰的配料错当成动作的核心重点。"沃尔特曾教导迪克·休默，同时警告另一名员工，他似乎缺乏"对恰当地描绘和表现笑料的理解"。

在其他工作室，动画师要么选择一个基本场景，要么被分配一个基本场景，然后就开始按照自己的意愿制作动画，从来不用考虑这个动画师的笑料是否真的与另一个动画师的笑料相关或无关，大家都各自为战，互不相干。好笑料就是一切。迪士尼的笑料可能并不比他的竞争对手好多少，但正如动画师弗兰克·托马斯和奥利·约翰斯顿所说："他们舞台效果更好，更用心地营造和铺设情境。他们更关注细节，更关注营造喜剧效果，更关注如何让笑料取得成功。""我们的错误在于，我们一开始没有营造任何场景或做任何铺垫，"迪克·休默在谈到自己在加入迪士尼工作室之前是如何处理笑料和制作动画时这样说，"我们没有任何前期的酝酿和铺垫，直接把笑料推出去，显得很突兀，很生硬，笑料的效果其实并不太好……而迪士尼总是精心策划每个步骤和环节，这样每个环节都是自然而然衔接的，观众也很容易理解，一件事接着一件事合乎逻辑地发生。"一位动画历史学家将迪士尼早期的动画片和1931年的动画片之间的差异称为"密度"问题。后者每一个单独的笑料都更加复杂，而且笑料不断积累，每一个笑料都建立在前一个笑料的基础之上，这样环环相扣，层层推进，喜剧的效果就特别好。

然而，沃尔特并没有满足于此。在加强分析并且随之修改完善笑料的同时，他也在逐渐改变他的动画片的基本叙事单元。他开始不仅从笑料的角度思考问题，而且开始从故事的角度思考问题，他所说的故事是指笑料所属的故事。这很可能将是动画领域中的一个革命性进步，就像他的"重叠动作法"一样。（事实上，"故事"恰恰是沃尔特在为明茨工作时所鄙视的东西。）1930年，当他雇用泰德·西尔斯时——一位同事这样形容这位弗莱舍工作室的老动画师：穿着高领衣服，头发像膏药一样贴在头上，说话时喜欢撇着一边的嘴角，看起来像个"被免职的牧师"——沃尔特任命他为一个新设的部门即故事部门的负责人，这在其他动画工作室是闻所未闻的。这个部门成员还包括比尔·科特雷尔、韦伯·史密斯（Webb Smith）和平托·科尔维格（Pinto Colvig）。科特雷尔一开始是一名描线与上色工，后来转行做了摄影师，再后来又转行成了动画师。史密斯此前是一名新闻工作者，科尔维格后来成了给卡通人物"高飞"配音的配音师。这些人到了故事部门，最初的职责是帮助设计更好的笑料，而不用承担把它们制成动画的责任。沃尔特会抛给他们一个情景——比如，米奇的宠物狗布鲁托被粘在了粘蝇纸上——然后让他们继续编撰演绎。"我两天后就回来了，"沃尔特回忆起曾给韦伯·史密斯下过这样的指示，"整面墙上绘制的都是如果那只狗和粘蝇纸粘在一起可能会出现什么情况，会发生什么事，明白吗？那么接下来的程序就是大家坐下来一起讨论，采用其中的一些想法，如果可能的话，复制它们，把它们变成某种具有常规性和连续性的笑料和动作。"

在沃尔特的支持之下，故事部门的员工们现在开始全神贯注于故事情节的连贯性。沃尔特希望故事和笑料能像动画本身一样经过反复打磨变得比较精美。为了提升故事部门的地位，沃尔特不是让这些笑料作者带着他们的想法和创意一个一个地去寻找动画师征求意见，而是让他们稳稳地待在他们自己的办公室里，然后在那里召开动画片启动会，所有的工作人员都会聚集在那里，一起讨论故事情节和笑料。导演们随后也会在那里修复、补充、完善故事内容，并将其转化为视觉图形。与此同时，故事部门中的一个人——有些人认为是韦伯·史密斯，另一些人相信是泰德·西尔斯——想出了一个主意，把全部卡通场景一个接一个地画在一系列粗略的草图中，其绘图方式相当于铅笔测试，然后把它们钉在一个4英尺宽8英尺长的大软木公告板上——这块板被他们称为"故事板"，这样，故事部门的人、动画师和沃尔特就能对电影的叙事流程有一个大致的了解。[1]现在，沃尔特甚至可以在进行铅笔测试之前就研究整部动画片。就像一位动画师说的那样："你会有一种感觉，动画片的每一帧都经过了反复修改，直到完美为止！"

无论什么时候，每当一种要素发生变化时，必然就会引起连锁反应。迪士尼工作室新近出现的这种对故事情节的重点关注要求对动画人物也得采取一种新的表现方法。只要卡通还只是简单地把低俗闹剧和笑料拼凑在一起，人物角色就只不过是陪衬。甚至早期的米老鼠也只是一种适应喜剧情境的设置——当环境需要斜视时，它就会开始

---

[1] 据动画师沙莫斯·卡尔汉说，西尔斯实际上是在1930年5月辞职前不久，为弗莱舍工作室设计了故事板，以帮助年轻的动画师们更好地把握故事的先后顺序，因为弗莱舍工作室里大多数优秀的动画师都辞职投奔了西海岸和迪士尼。

斜视；当需要恐惧时，它会表现出害怕；当需要勇气时，它会虚张声势、张牙舞爪；当需要欢乐时，它会表现出愉悦快乐。现在，在沃尔特的要求下，西尔斯领导的故事部门开始制作更精细的故事。但是，更精细的故事需要更精细的角色——演员，而不是模拟者。"动画片早期的主要问题是没有真实的故事和有个性的人物角色，但是没有人记得这一主要原因，"一位动画师说，"这就是为什么每个人都认为是沃尔特·迪士尼发明了动画。"

沃尔特有一次曾对弗兰克·托马斯说，像菲利克斯猫这样的动画角色"从上到下全身没有一点儿个性"。虽然沃尔特自己当年也曾试图为兔子奥斯华和后来的米老鼠塑造出一些独特的个性，但他觉得自己塑造的这些个性还远远不够。沃尔特一直试图推动动画片接近卓别林或基顿拍摄的真人实景电影，因为他明白观众需要参与进来。他们需要关心屏幕上的角色，而不仅仅是从角色那里获得乐趣，所以他开始向动画师们强调创造能够引起观众情感反应的角色的重要性。"这是最重要的事情，"威尔弗雷德·杰克逊回忆起这段时期时表示，"这一切都是因为沃尔特想让卡通人物在观众眼里变得真实可信。从一开始，他就不希望它们只是在屏幕上移动，做一些有趣的事情。""我们的角色必须是那种能让人产生共鸣的角色。"埃里克·拉尔森（Eric Larson）表示赞同。沃尔特本人后来对他自己的这一美学观点作了一个简洁的表述："任何一种美的艺术，其最重要的目的都是得到观看者的纯粹的情感回应。"

沃尔特认为，能引起这种反应的唯一方法，就是通过角色的个性——一组该角色特有的、独特的性格特征——的组合来定义这个角色本身。在迪士尼工作室，沃尔特下达了一项指令，要求动画人物不再仅仅是笑料的辅助，不再仅仅是为了简单搞笑，它们必须血肉丰满，或者像一位动画师描述的那样，"在动作和情感上让人感觉真实可信"。除了对卓越的总体追求，在沃尔特·迪士尼遗留给动画片的无数贡献和创新中，这极有可能是最重要的一项，因为它彻底改变了动画，不管是从动画的外观呈现或者是动画的叙事丰富程度等方面，还是从动画与观众的根本关系这一方面，而这也正是迪士尼的动画片与它的前辈们最为显著的区别：所有的角色都必须被视为不仅仅是会动的图画，而且是活生生的人物——这种表现方法后来被称为"个性动画"。"他的动画里的一切都必须有个性。"动画师沃德·金博尔说，"他坚持认为，如果一棵树害羞，它必须表现得像害羞的样子。如果它是一棵邪恶的树，它必须表现得像一个恶棍。他总是要求动画师完整地描绘人物。"有一次，在故事讨论会上，沃尔特问："如果米奇用太重的力敲击钢琴，钢琴会有什么感觉？"

对沃尔特来说，个性不是一个人可以强加于一个角色的身体或物理行为的职能，甚至也不是情感反应。动画的魔力，迪士尼动画的魔力，在于它的角色的个性似乎是从图画中浮现出来的，仿佛已经被内化了。"你不仅要描绘出这个角色在动，"沃尔特曾说，"而且要描绘出它实际上是活的，而且在思考。"卡通人物是一个有思想、有感情的角色，是一个有心理和情感反应的角色，这个想法甚至在迪士尼工作室超乎了大家想象，因为就在几年前，人们还在担心观众是否会接受动画角色发出的声音。1934年，诺曼·弗格森在《顽皮的布鲁托》中为韦伯·史密斯设计的一组布鲁托大战粘蝇纸的故事情节创作了动画，这组动画对迪士尼工作室的影响可以说是电光石火一般让人震惊——威尔弗雷德·杰克逊称之为"一个巨大的影响"。"这是一部轰动一时的电影，因为你可以看到在这个角色的脑袋里轮子在转动。"沃德·金博尔回忆说，"因为我们都只是刚刚从那个蹦蹦跳跳、跳舞摇摆、充满音乐的迪士尼短片时代走了出来，或多或少地摆脱了原有的影响。在那个时代，我们所有的角色脸上都带着灿烂的笑容，随时准备随着音乐摇摆起舞或演奏乐器。而现在这个新的时代出现的角色是一个身处某一特定情境并不断发展变化的角色,就像巴斯特·基顿、哈罗德·劳埃德或卓别林饰演的人物的一组连续镜头。"弗格森的动画,在此之前已经凭借其流畅性赢得了沃尔特的赞赏,现在又因为他描绘出的心理活动和思想深度而赢得了进一步的赞赏。"弗格森,你是一个伟大的演员。"一天,沃尔特当着所有工作人员的面宣布。尽管弗格森听了这话只能尴尬地傻笑着,一句话也不好意思说,但沃尔特继续说道,"是的,你就是。这就是为什么你的动画这么好,因为你用心去感觉了。你能感受到这些角色的感受。"

沃尔特·迪士尼为动画带来了更多的真实感,融入了更多的现实主义,这一点值得肯定和赞扬,但是也经常因此受到批评。他几乎是单枪匹马地打破了他自己曾经赞同的、长期以来的传统,人们从中可以看到动画师的手,倾向于追求一种新的审美特质。在这种美学特质中,卡通世界是作为独立自主的世界被呈现的。但是,他所提倡的视觉现实主义实际上是他所要求的心理和情感双重现实主义的产物,而不是这两者的源泉。沃尔特想为自己那些更为可信的动画角色打造一个可信的视觉世界,以便与观众建立情感纽带。他称之为"貌似真实的不可能的"动画世界,通过这个世界,在不完全打破自然规律的前提下,对自然规律进行延伸。

由于这一新的要求,以及通过铅笔测试来进行场景分析这一方法的应用,迪士尼的动画师们开始摒弃流行的、经过反复试验觉得可靠的动画风格,这种风格被戏称为"橡皮管"。它摒弃了现实主义,也放弃了现实主义给绘画带来的难度。在"橡皮管"动画中,当一个图形或物体的形状发生变化时,它的体积也会发生变化,就好像它是由橡胶制成的一样。在这种动画片中,动画师从来没有考虑过重力或重量。这个问题也困扰着沃尔特。他觉得现实主义的缺乏损害了人物和角色的心理和情感现实，破坏了角色与观众之间的情感纽带。"当沃尔特开始加倍努力让他的角色变得更为可信时，"杰克逊说，"所有这些（橡皮管）都必须消失。"现在，重力有史以来第一次进入了卡通世界。"次级动作"，也就是头发、衣服和树叶等物体对重力的反应也有史以来第一次进入了卡通世界。迪克·休默回忆说，在迪士尼之前，"没有人想过角色穿衣服时的跟随动作，快速掠过，几帧画面之后垂落下来，这才是自然的穿衣服的画面。"在迪士尼工作室，每个人都开始思考这些事情，地心引力成了迪士尼工作人员的一种痴迷，甚至成了一种强迫症。在动画师墙上挂着的众多指示牌中，有一条是这样写的："你的画有重量、深度和平衡感吗？"

然而，有时候根本原因是动画师本身水平还不够好。为了达到追求现实主义的新标准，他们知道必须提高自己的绘画技能。沃尔特曾建议："我绝对认为，除非我们首先了解真实世界，否则我们无法根据真实世界来做那些想象世界的事情。"他们需要培训。早在1929年，沃尔特就曾开车载着他的几位动画师到洛杉矶市中心的乔纳德艺术学院（Chouinard Art Institute）参加周五的夜校，然后自己去工作室工作，等他们下课后再回来接他们。1931年的某个时候，他与乔纳德艺术学院签约，每个星期为十几位美术家提供一个晚上的培训课程。其中一位美术家，阿特·巴比特（Art Babbitt）决定，让美术家们聚集在他位于好莱坞露天剧场（Hollywood Bowl）附近的家中，进行非正式的绘画研讨和交流，再加上现场模特，会更有效率。1932年的夏末秋初，他开始组织此类聚会。第一个星期，他邀请了8位美术家，结果来了14位。接下来的一个星期，他邀请了14位美术家，结果来了22位。几个星期过后，沃尔特把巴比特叫到了他的办公室。"假设一下，如果报纸上登出来说有一群迪士尼工作室的美术家在一个私人住宅里画裸体女人，"他说，"这样，听起来就让人不太舒服。"相反，显然是希望吸引更多的工作人员参与进来，沃尔特为他们提供了录音室的音乐舞台和免费材料。在沃尔特提议之后，另一位年轻的动画师，此前也参加了在巴比特家举办的研讨会，哈迪·格拉马特基（Hardie Gramatky），建议他们正式邀请唐纳德·格雷厄姆（Donald Graham）担任他们的老师。格雷厄姆在迪士尼工作室与乔纳德艺术学院联合举办的培训课上就曾经担任过老师。巴比特联系了格雷厄姆，11月15日，格雷厄姆在他称之为"伟大的迪士尼艺术学校"，上了这个学校的第一堂课。

起初，这个小组每个星期只有两个晚上在录音棚上课，每次有二三十个人参加。不到一个月，参加人数就开始激增，格雷厄姆不得不叫来另一位老师菲尔·戴克（Phil Dike），把全班分成两组。在接下来的两年里，每节课平均每周的出勤都超过了50人，格雷厄姆有时不得不请第三位老师来帮忙上课，提供辅导。很快，他们每个星期都要上五个晚上的培训课，尽管一开始上培训课并不是强制性的，但就像巴比特说的那样："你最好去！"

格雷厄姆出生在加拿大，在斯坦福大学接受过工程师方面的培训，之后在乔纳德艺术学院接受了培训并投身于艺术。他接管这一职位时年龄只有29岁——还是一位长相英俊、身材矮小、结实强壮的年轻男子，一头乌黑的卷发，一个四方下巴，眼窝很深，目光深邃，手臂粗壮有力，还长有艺术家的长长的手指。他站在过于宽敞的录音室前面，手里拿着一支点燃的香烟，一边讲着课，一边不停地把香烟从一只手传到另一只手，当烟灰慢慢靠近他的手指时，所有人都紧张地盯着。他的课讲得非常精彩，吸引了全班同学的注意力。用一个学生的话来说，他给自己设定的任务"必然是不可能完成的"。他自己没有接受过动画方面的任何培训，但沃尔特并不希望他教大家制作动画。相反，他教的内容是具象绘画艺术，教的对象是一群脾气暴躁的纽约动画师、报纸前漫画家，有时还有艺术专业的学生，以及一些有才华的业余人士。一位动画师说，授课的时候，他不会把任何一种风格强加给他们。他做的工作是帮他们打好基础，教他们如何画画，真正地绘画。这意味着，正如一位动画师逐渐意识到的那样，"他在单枪匹马地攻击传统的动画概念，即把动画当作简单的会移动的连环画"，并把它换成了现实主义。现在是格雷厄姆煞费苦心地向他们展示重力对质量的影响，以及身体和肌肉如何运动，以及次要效果的作用。阿特·巴比特说，正是格雷厄姆教会了他如何分析，并且还让他明白，"在一个人的动作当中，只要有一点点不寻常的元素，就能让他成为一个截然不同的角色"。另一位动画师沙莫斯·卡尔汉（Shamus Culhane）甚至说，唐纳德·格雷厄姆是在沃尔特·迪士尼本人之后"对传媒哲学理论产生了最大影响的人，（通过努力）培养了一群受过古典绘画大师、现代艺术和表演的理论以及运动科学原理教育的成熟电影创作人"。

在这样一个追求卓越的工作室里，格雷厄姆成了一个英雄，因为他鼓励动画师们追求美的艺术。当学生们开始画画时，格雷厄姆在他们中间走来走去，越过他们的肩膀盯着他们的便笺本，看他们如何画画。对于他们的作品，他只有两种评价。要么他问："有问题吗？"或者他说："看起来你找到乐趣了。"据一位动画师说，第二种评价，是"最高的箴言，最高的颂词，再没有比这更高的赞美了。因为找到乐趣意味着某种东西进入了你的内心，沉淀下来了；这些培训课程非常有效，开始开花结果。我宁愿听到唐纳德·格雷厄姆说，'找到乐趣了'"。这位动画师说，"那种感觉比获得了奥斯卡金像奖还要好。"

在适当的时候，格雷厄姆也会成为迪士尼工作室的全职员工，每个星期讲授三天两晚的课程，而迪士尼工作室的学校上课时间扩充到每个星期五个晚上，听课的一共有150名学生。据估计，这项工作每年投入的费用为 10 万美元。与此同时，沃尔特还对格雷厄姆的指导和授课进行了一系列的补充：首先是委托他们开展慢动作摄影研究，他说，要观察像"玻璃破碎的过程，气泡形成和爆裂的过程，水滴落入浴缸的过程"等此类的慢动作，甚至还要观察烟雾盘旋的动作——他要求动画师对此进行分析和研究；其次建立了一个迪士尼工作室图书馆，最终图书保有量增加到了 2000 册，有 3 个工作人员专门负责为动画师提供图纸和照片；再次是将人体运动的直接复印照片调整到适合动画板的大小，以便动画师能够根据这些照片绘制图片并自行发现动作的基础要素；最后迪士尼甚至让某些动画师去上表演课。其他工作室的动画师会抱怨说，如果给他们迪士尼动画师那样的时间，他们也能做出同样好的作品，但实际上他们之间的区别是心态不同，而不是时间差异。在加入迪士尼工作室之前，威廉·泰特拉（William Tytla）曾在纽约为保罗·特里工作。泰特拉说，当他建议特里雇一个模特来帮助他们提高绘画技术时，他被告知要雇就自己出钱去找一个模特，而且特里还拒绝了他提出的聘请格雷厄姆这样的老师的想法。最后，泰特拉放弃了努力，抱怨道："嘿，他们说上艺术学校的人都是些同性恋。"沙莫斯·卡尔汉当初在弗莱舍工作室也有类似的经历。"他们永远无法接受这样一个事实：时间不是问题的关键；问题的关键是教育，"他写道，"弗莱舍工作室的人是在凭本能行事的，他们蔑视甚至拒绝承认写作和动画原理与原则的存在。"

现在，现实主义已经成了迪士尼动画快速发展的基础，这为观众提供了一种与动画角色联系的纽带，而这是更原始的动画片无法提供的。除此之外，现实主义还允许观众在迪士尼动画片的角色中发现自我，就像他们在真人明星或文学人物身上发现自我一样，沃尔特·迪士尼从事的是创造生命的事业。"大多数人认为'动画'这个词的意思是运动，"迪士尼的动画师肯·彼得森（Ken Peterson）曾解释说，

"但事实并非如此。它来自'阿尼玛斯'（animus），意为'生活'或'活着'。""让它动起来不是动画，而仅仅是它的运行机制。"沃尔特在谈到他的动画创作时告诉记者，"我们赋予了它们生命。"

迪士尼的动画是有生命的，但它们不仅仅有生命，而有更多更丰富的内容。沃尔特所追求的并不是对现实生活的模仿，因为真人实景电影其实比动画能更好地表现现实生活。他追求的是可以被夸张或夸大的生活——沃尔特称之为"对生活的夸张的描述，生活的漫画"。这种生活根植于现实主义，但又在其基础上有所扩展和延伸。沃尔特卡通片中的动画现实不仅可以比现实生活更宏大，而且还可以更简单、更清晰、更尖锐，最终可以比现实更好。"我们的演员一定要比你和我更有趣，更与众不同。"20世纪30年代该工作室最优秀的动画师之一哈姆·卢斯克（Ham Luske）在给员工的一句格言中建议，"他们的思维过程必须比我们的快，他们从一种情形到另一种情形这种无趣的发展过程必须省略跳过。"这可能是沃尔特·迪士尼面临的核心问题。尽管动画现实主义具有几乎全部的潜在商业利益，但对一个从年轻起就一直在努力创造另一种可供替代的现实以补偿自认为曾遭受过的伤害的人来说，它却有着深刻的个人利益：动画现实主义让他进一步简化和完善了自己的世界，并强化了他对这个世界的控制。现实主义让他创造了一个看似不可能的美好世界。

但是，没有颜色的现实主义又怎么能被称为现实主义呢？甚至在沃尔特·迪士尼开始探索为动画片添加声音之前，他就已经被彩色动画的理念吸引了。他非常渴望改善动画的视觉形象，所以早在1930年1月，迪士尼工作室就开始使用更敏感的正片而不是负片，尽管每部卡通片因此要多花1000美元。不久之后，沃尔特指派当时在摄影部门的比尔·科特雷尔为《糊涂交响曲》系列卡通片中一部名为《夜晚》（Night）的具有独特氛围的动画片开展实验。在沃尔特的指示下，科特雷尔把硝酸银涂在胶片上,看看能取得什么效果,然后把这张卡通片印在蓝色的正片上,给它注入了一种近似夜空颜色的墨色色调。把一个火的系列镜头印在红色的正片上,把一个水下场景印在绿色的正片上。科特雷尔后来说:"我猜想他是希望我们能想出点儿什么办法,做出一幅彩色的动画来。"

尽管技术发展有点儿滞后,但是沃尔特非常想继续探索。"我一直相信,好的颜色,不太刺眼的颜色,对卡通主题来说是有价值的,"沃尔特在给一个有潜力的色彩实验室的信中写道,"然而,迄今为止我见过的所有彩色印刷的样本,都只会降低卡通片的价值,而不会给卡通增添任何东西。"尽管如此,沃尔特还是不停地寻找。1932年初,一家致力于制作彩色电影的公司——特艺集团(Technicolor)——宣布成功地开发出了三色处理技术,保证能更忠实地再现种种色调。据说沃尔特获知此消息后,满心激动地宣布:"终于等到这一天了!我们可以在屏幕上显示彩虹了。"

然而,是否要在屏幕上显示彩虹一直是他和罗伊争论的焦点。沃尔特承认,彩色动画片的成本高得令人望而却步——在实验室,其成本是黑白动画的三倍,在实际制作中,其成本是黑白动画的四倍——短期内收回这些成本的可能性很小,特别是他们和联美电影公司的合同中并没有要求制作彩色动画,或者说如果沃尔特决定制作彩色动画,联美电影公司会在合同中做出一些调整。罗伊坚决反对沃尔特的这种想法,并要求其他人都来劝阻沃尔特,但沃尔特却一意孤行,无法被劝阻。他争辩说彩色漫画比黑白漫画的寿命更长。"我发现对于那些整天和数字打交道的人来说,这是一种惯例,即他们关注的永远是事后析误,永远不会提前或领先一步,关心的总是已经发生的事。"沃尔特不屑一顾地指责罗伊的反对意见,"嗯,在我的职业生涯中,我总是走在前面,领先别人。"环球影城的瓦尔特·兰茨已经采用特艺集团的技术为保罗·怀特曼主演的《爵士之王》制作了一组彩色镜头。现在沃尔特感觉轮到他自己了。

就其本身而言，特艺集团其实更急于为沃尔特提供帮助，因为它很难说服真人实景电影工作室承担彩色影片的巨大成本。1932年，该公司亏损了23.5万美元。沃尔特已经开始创作《糊涂交响曲》系列动画片的下一部，采用的还是黑白的方式，讲述了两棵树相爱的故事——两棵树陷入了爱河，但是却发现它们的爱情遭到了一棵喜欢嫉妒的、粗糙多瘤的树的威胁。现在，在特艺集团的合作下，他决定中途将其转换成彩色动画片。于是他让描线与上色部冲洗掉赛璐珞板背面的黑白图案，也就是有白色和灰色阴影的那一边，只留下绘有黑色轮廓的另一边。然后他让人在赛璐珞板背面重新涂上彩色的图案。沃尔特对新绘制的彩色动画片非常兴奋，他邀请朋友、作家、人脉广泛的好莱坞明星罗布·瓦格纳（Rob Wagner）来观看电影中的场景。瓦格纳是一个讲究美食、追求生活享受的人。瓦格纳反过来建议，这部电影应该放映给洛杉矶首屈一指的剧院经理人、格劳曼中国剧院的负责人希德·格劳曼（Sid Grauman）看。格劳曼也像沃尔特和瓦格纳一样被彩色动画片的绝佳效果彻底打动和倾倒，当场拍板预定于那年7月在格劳曼中国剧院放映这部影片，并且是与米高梅影业公司出品的《奇异的插曲》一起上映。《奇异的插曲》是一部重量级的影片，与这种影片同时上映将确保沃尔特的彩色动画片《花与树》得到广泛的关注。"每个人都认为它会引起巨大的轰动。"乔治·莫里斯在迪士尼工作室内部放映这部动画片之后给罗伊的一封信中写道。格劳曼称其为"天才的创造，标志着电影发展的一个新的里程碑"。沃尔特后来声称，格劳曼剧院的演出大获成功，为迪士尼工作室带来了大批客户，"大量的订单和预订单像雪片一样蜂拥而来"。《花与树》后来还获得了奥斯卡最佳动画短片奖。

现在沃尔特深深地迷上了彩色动画,就像他当年在制作《蒸汽船威利号》时迷上了有声动画一样。黑白动画现在突然显得过时且程式化,与其说它是有生命力的艺术,不如说是绘画。"一部黑白动画片与彩色的《花与树》相比,会显得特别单调乏味,就像彩虹旁的灰色天空。"他后来写道,"我们可以用彩色做其他事情!我们可以用彩色做很多其他媒介做不到的事情。"然而,事情进展的速度并不像他想的那样易如反掌,彩色动画的概念推广的速度很慢。将近一年后,沃尔特仍然在公司内部游说,想说服别人同意将整个节目都转换成彩色,无论联美电影公司是否同意修改合同以提供补偿,无论工作室是否必须承担全部费用。"沃尔特对彩色动画很感兴趣,"冈瑟·莱辛在给当时身处纽约的罗伊的信中写道,"他想制作彩色动画。"莱辛无法表达的是沃尔特是多么渴望得到它。他的决心如此之大,以至于在还没有可能从联美电影公司得到任何额外补偿的情况下,他就已经开始与特艺集团谈判,以获得他们技术的独家使用权;他希望在特艺集团负责人赫伯特·卡尔莫斯(Herbert Kalmus)与董事会会面时敲定这笔交易,并担心自己如果不尽快达成交易,一些竞争对手的动画工作室就会抢先一步这么做。罗伊认为沃尔特根本没有必要紧张,因为大家都知道迪士尼工作室在彩色动画方面的进展并不比黑白动画快多少,但罗伊还是再一次屈从于沃尔特的意愿,与卡尔莫斯会面,讨论相关条款。

罗伊是对的,似乎还没有其他工作室主动联系特艺集团寻求合作,相反特艺集团甚至比沃尔特更渴望达成协议,因为迪士尼工作室的动画片是他们展示自己彩色技术和流程的一种方式。事实上,特艺集团甚至提出贷款给迪士尼工作室,以帮助抵销额外增加的成本——完全转换成彩色版额外需要 19.5 万美元——并曾一度提议由他们承担转换所需的全部费用,以换取工作室 50% 的权益,但沃尔特婉拒了这一提议。（莱辛就没那么客气了。）相反，沃尔特同意制作13部彩色的《糊涂交响曲》系列动画片，以获得特艺集团的三色技术在动画领域的独家使用权，期限是两年。这足以让他大大领先于竞争对手，但他拒绝了该公司提供的任何财务援助。

　　罗伊对于将来可能新增加的开支已经感到紧张不安了，他甚至在音乐棚召集工作人员开会，告诫他们："我们必须停止在这些电影上投入更多的钱，否则我们就要破产了。"与此同时，他在写给父母的信中抱怨说，沃尔特"总是持续不断地（毫不松懈地，没有片刻停止地）追求一些从来没有人做过的事情。当然，这种策略总是要付出高昂的代价的"。和往常一样，这次还是由罗伊负责筹集资金。罗伊为满足沃尔特的野心四处找钱。由于联美电影公司不愿意为彩色动画片支付更多的钱，罗伊显然急于想要安抚沃尔特，所以他找到了一位纽约的投资银行家，名叫罗森鲍姆（Rosenbaum），想要获得贷款。罗森鲍姆和罗伊是由一位两人共同的朋友介绍认识的。但是罗森鲍姆提供的贷款是高利贷，并且据说他所在的银行做事不择手段，肆无忌惮，所以罗伊终止了与他的谈判。甚至有媒体报道称，如果罗伊借了罗森鲍姆提供的高利贷，他将被迫将公司上市，对于这一点迪士尼兄弟斩钉截铁般表示了拒绝。

　　让罗伊的任务变得复杂化的是，就在他想方设法试图为彩色动画片争取融资的非常时刻，联美电影公司根据修订后的合同向工作室预先提供的19.5万美元贷款的剩余部分出现了问题，根据合同的规定，如果联美电影公司决定收回这笔贷款，那么这笔贷款就会到期。罗伊和沃尔特都想和联美电影公司重新谈判，希望能得到两年的贷款延期，这样他们就有足够的资源把黑白动画片改成彩色动画片了。罗伊在5月的时候去了纽约，和联美电影公司讨论相关合同条款。但是，联美电影公司——用罗伊的话说是，"意志消沉，萎靡不振"。联美电影公司并不倾向于延期，部分原因是它怀疑沃尔特能否继续提供如此高质量的动画片。"他们似乎认为一定会有一个转折点，"罗伊在给沃尔特的信中写道，"或者你会变得陈旧过时，或者你会去好莱坞发展，或者去其他地方，但不会继续拍出好的电影。"由于罗伊已经开始着手帮助推动他弟弟的事业，并且认为他们"过去从未因为我们把赌注押在我们自己和我们的产品上而错失良机"，所以他建议他们不要再想争取与联美电影公司的延期协议，而应该到别的地方去寻找资金。他离开纽约时，又从联美电影公司得到了一笔小额贷款——5月10日至6月27日期间交付的电影，每部电影将获得1.2万美元的贷款，当时是上一笔贷款最末期、大笔还清到期的时候——他决心寻找另一位资助者来支持沃尔特新的爱好和兴趣。[1]

　　事情进展的结果是，资助者主动找上门来，找到了他们。意大利移民之子阿蒂利奥·贾尼尼（Attilio Giannini）主动提出要为他们提供资金。贾尼尼的外号是"医生"，因为他在进入哥哥阿马德奥（Amadeo）位于加利福尼亚的银行——美国银行——工作之前，已经获得了医学学位。多年来，在洛杉矶，贾尼尼医生坚持根据借贷人的为人处世和性格特点而不是所提供的抵押品来决定是否贷款，他也因此成为业界的传奇人物。他在电影行业尤其受人尊敬，他是第一批在别人都不愿意的情况下为新兴的电影公司提供资金的人之一。迪士尼工作室此前已经从美国银行获得了几笔小额贷款，当罗伊在纽约的时候，乔治·莫里斯也正在和美国银行讨论，寻求他们的财务建议。（听说联美电影公司不愿贷款延期，贾尼尼告诉莫里斯，联美电影公司需要迪士尼工作室比迪士尼工作室需要联美电影公司更甚，莫里斯

---

[1] 帕特·鲍尔斯听到了迪士尼工作室遇到财务困难的传言，表现出了他一如既往地无可救药、屡教不改，他给沃尔特写信表示——"毫无疑问，这封信会让你大吃一惊。但是，不要吓破你的胆——我愿意提供帮助。"

应该"告诉那些人见鬼去吧!")5月下旬,在莫里斯与美国银行一位名叫诺曼利(Normanly)的官员举行的一次会议上,贾尼尼医生突然出现了,他握了握莫里斯的手,突然问莫里斯:"如果我们离开他们,联美电影公司会不会很生气?"并暗示美国银行愿意偿还联美电影公司借给迪士尼工作室的贷款。莫里斯说,他认为,如果能偿还这笔贷款——其中还有11.2万美元的贷款没有偿还,他们实际上会大大地松一口气,背负的压力会缓解很多。于是诺曼利和贾尼尼去了贾尼尼的办公室,两人商量了一会儿。当诺曼利回来后,他告诉莫里斯,美国银行现在愿意承担联美电影公司借给迪士尼工作室的全部债务。莫里斯兴奋地写信给罗伊,说这"绝对切断了联美电影公司对我们的任何控制",但是,与他告诉贾尼尼的相反,他实在想不明白为什么联美电影公司会同意这一方案。然而,联美电影公司确实同意了。美国银行不仅承担了这笔将在6个月内清算的贷款,还同意按照合同的规定,向迪士尼工作室提供每部动画片1.2万美元的贷款。一个星期之后,罗伊与贾尼尼医生会面,就签订一般无附带条件贷款合同进行谈判,即无论影片的交付情况如何,都不作为贷款的限制条件。这将使迪士尼工作室第一次可以随心所欲地借款了。

现在迪士尼工作室终于有了制作彩色动画片或其他他们想做的东西所需要的资源了。尽管联美电影公司不再为迪士尼工作室提供资金,但联美电影公司仍在发行该工作室的电影。根据与联美电影公司的协议,在可预见的未来,《米老鼠》系列动画片仍将继续保持黑白两色不变——罗伊认为更改已经定型的协议没有任何好处——但从此以后,《糊涂交响曲》系列动画片将都是彩色版本。最后,尽管罗伊仍然心存疑虑和担忧,但沃尔特·迪士尼还是像往常一样得到了他想要的东西。

第五章　创意如泉涌

2

等到沃尔特获得特艺集团彩色技术独家使用权的时候,《糊涂交响曲》系列动画片的影响力已经开始与《米老鼠》系列动画片旗鼓相当,虽然在名气和大众流行方面二者还没有平起平坐,但至少评论界已经把二者相提并论了。1932年6月,评论家吉尔伯特·塞尔德斯（Gilbert Seldes）在《新共和国周刊》杂志上发表文章,宣称《糊涂交响曲》系列动画片是"堪称完美的电影,电影行业的完美代表",他接着说,这一系列卡通片已经"达到了拍摄的画面和戏剧性的动态画面互相融合、互相促进的完美程度,在这一点上,就像无声电影一样,动作已经把一切可能表现的都表现出来了,作为对照的声音,更多是用于辅助和说明动作的"。1933年5月,就在沃尔特与特艺集团达成协议的同一个星期,迪士尼工作室发行了该工作室有史以来最非凡、最出色的动画片之一。这标志着针对迪士尼彩色动画片,评论界的赞美和大众流行之间的界限被画上一个坚定果断的句号。

这个项目,即关于小猪三兄弟被贪婪的狼恐吓的故事,显然来源于安德鲁·朗格（Andrew Lang）的《绿色童话》（*Green Fairy Book*）中的一个故事。这个故事蓝本在去年12月开始在迪士尼工作室里流传,已经有了一个大纲和一个篇幅很长的评论文章,很可能是沃尔特写的。他指出"这些小猪角色看起来很可爱,会很讨人喜欢",并补充说,作为迪士尼工作室的新的工作重点,"我们应该能够在它们身上开发出相当多的个性"。当《三只小猪》的故事脚本出现在迪士尼工作室的情节串联图板上面时——有一种说法是,这是第一部完全享受这种待遇的动画片——沃尔特表现出了特别大的兴趣。本·沙普斯坦回忆道:"当导演伯特·吉列特在制作这部电影时,沃尔特实际上几乎就住在了音乐室里……他想象出了整个画面,他花在这部影片上面的时间比之前花在任何其他影片上的时间都要多。"在某种程度上,这部电影的动画制作与之前的电影也有些不同,主要由诺曼·弗格森和迪克·伦迪(Dick Lundy)组成的小团队,在阿特·巴比特和弗雷迪·摩尔(Fred Moore)的协助下完成,而不像往常那样由更大的团队共同制作完成,其中每个人都负责一个场景或一个笑料。

在上述四个人当中,年龄最小的摩尔表现最为突出,最后脱颖而出。摩尔于1930年8月加入迪士尼工作室,那时他还没有过19岁生日。他个子矮小,衣着邋遢,显得傻里傻气的,鼻子圆鼓鼓的——事实上,他自己看上去就像一个卡通人物。但是,尽管外表如此,他却是一个优雅的男人,一个天生的运动员,他几乎一拿起球棍就学会了打马球;在绘画方面,他也同样充满了天赋,是一个天生的画家。"动画对他来说太容易了,"摩尔最初为之担任助手的莱斯·克拉克说,"他不需要付出任何真正的努力。"摩尔对铅笔的使用极其熟练,这使他在弗格森引入迪士尼工作室的更为宽松的新创作风格中如鱼得水。一位著名的动画历史学家认为,在迪士尼工作室用更成熟复杂的"挤压和拉伸"的动画方法取代陈旧的"橡皮管"动画方法方面,他做出的贡献最大,为此他获得了最高的赞誉。

然而,摩尔真正的特长并不是现实主义。他真正的特长是创造角色魅力。他有一种创造极具吸引力的角色的技巧,这些角色都温和柔软、形象圆润、天真无邪,似乎都散发着沃尔特迫切想要的那些个性。在动画片《三只小猪》的创作过程中,虽然弗格森绘制了狼,伦迪绘制了大部分的舞步,巴比特画了两个动作场景,但摩尔设计和创作的小猪们的动画形象才是这部电影的核心。影片上映之后的事实也证明这些形象是如此引人注目,令人难以忘却,对迪士尼工作室来说，这些形象则是标志性的。摩尔绘制的猪是描绘动画角色的个性的基准，就像弗格森绘制的布鲁托是描绘动画角色心理活动的基准一样。动画师奥利·约翰斯顿这样评价摩尔："在他的影响下，迪士尼动画的绘画风格发生了明显的变化，有了显著的改善。"另一位动画师马克·戴维斯则对摩尔更为推崇，评价更高。"当人们想到迪士尼时，"他说，"就会想到这幅画，而这幅画的灵感来自弗雷迪·摩尔。"也就是说，他在《三只小猪》中展现出来的绘画风格，很快就成了迪士尼工作室的风格。在《三只小猪》产生了巨大的影响力并成为迪士尼工作室的主导标准之后，就连沃尔特有时候也会去摩尔的办公室现场看他绘制动画。

然而，尽管摩尔笔下的小猪有着显著的吸引力，但另一个因素对这部漫画的成功也起到了同样重要的作用。在一次故事情节串联图板研讨会上，沃尔特非常仔细地研究了故事情节的连续性，然后建议插入一首小曲。弗兰克·丘吉尔（Frank Churchill），现在是迪士尼工作室的作曲家，立即开始在钢琴上敲出一首曲子。泰德·西尔斯提供了韵脚，当他的歌词写完之后，故事创作人兼配音艺术家平托·科尔维格即兴吹了一曲口哨，完成了这段音乐。后来，沃尔特雇用了两个自由歌手，用一天的时间录制演唱了这首歌曲，报酬是每人10美元。就这样，这首著名的歌曲——《谁害怕大坏狼》——开始了它在音乐史上的征程。

众所周知，沃尔特一直以来对迪士尼工作室制作的任何东西都感到不满意，但是这一次，他说自己对《三只小猪》很满意，"我们终于在影片整体上实现了真正的人物或角色个性！"据说，他在看过这部动画片之后给罗伊写了封信。罗伊当时正在纽约与联美电影公司就续约事宜进行谈判，他把沃尔特的这一热情转达给了发行商的销售人员。但是，当这些销售人员预先观看这部电影时，抱怨说这部动画片是一个"骗子",这意味着迪士尼工作室欺骗了他们,因为与之前的《糊涂交响曲》系列动画片之《诺亚方舟》相比,《三只小猪》里的角色数量要少一些。最后,联美电影公司的公关代表哈尔·霍恩(Hal Horne)不得不站出来为这部电影辩护,称它是"沃尔特做过的最伟大的事情"。

观众们似乎更赞同霍恩的观点。迪克·伦迪回忆说,甚至在第一次预演时,观众们在放映结束离开时就吹着口哨,唱着《谁害怕大坏狼》这首歌。在这部电影上映不久之后,这首歌就开始席卷全国——它不仅仅成了一种音乐现象,而且成了一种文化现象,到处都在持续不断地播放这首歌曲。"你根本躲避不开它。"《纽约先驱论坛报》影评人小理查德·沃茨(Richard Watts, Jr.)抱怨道。这首歌曲简直是无处不在,几乎每个电影院都在反复播放这首歌;收音机里也在不停地播放这首歌;如果想摆脱它,你可能会去一个地下酒吧,本来以为会清静一下,结果不幸的是一些酒鬼开始对着你唱这首歌;你拿起一份报纸来放松一下,你会发现在社论版的漫画里仍然有这首歌的影子。在茶话会上,原本规矩无害的男男女女会突然唱起这首歌,或害羞或坚决地唱出它那没完没了的旋律或忸怩作态的歌词。即使到了剧院,你会发现幕间休息时管弦乐队演奏的也是这首歌曲,而观众当中城市里的衣着华丽的男男女女则兴高采烈地加入其中,开始一起哼唱起那熟悉的旋律,只是为了向你展示他们是多么时髦浪漫,多么成熟世故。

为《纽约每日镜报》(*New York Daily Mirror*)撰稿的 J. P. 麦克沃伊(J. P. McEvoy)表示完全同意。"就我个人而言,我很想把你弄到一个角落里,问问你是否看过《三只小猪》这个动画片,我还想继续问你大约 150 次,"他抱怨道,"这会让你对我上个月的经历有一些切身的感受和了解,那就是每时每刻都能听到《谁害怕大坏狼》这首歌。"

联美电影公司发现市场对于这部动画片的放映需求过于旺盛，而他们的影片拷贝又不太多，直接导致这部动画片的放映拷贝出现了供不应求的现象，在一些社区，他们不得不让人骑着自行车在各个影院之间穿梭，运送影片放映拷贝。他们甚至开始放映法语和西班牙语版本——他们当下能找到的任何版本。纽约的一家剧院连续好几个星期放映这部动画片，最后他们在剧院外的一张《三只小猪》的海报上给小猪贴上了胡子，并随着放映周期的延续而每天加长小猪的胡子。那年秋天，报业巨头威廉·伦道夫·赫斯特（William Randolph Hearst）亲自建议沃尔特出版一套名为《三只小猪》的连载漫画。对于这个建议，沃尔特回应说只有《三只小猪》在连载漫画版面占满一整页时才会考虑这个想法。电影业也注意到了这部动画片的连续热映。凭借《米老鼠》系列动画片，沃尔特在好莱坞已经成为一个二流的民间英雄了，但《三只小猪》上映后不久，他就获得了作家俱乐部的盛情款待。在作家俱乐部的庆典活动上，很少在公共场合表演的卓别林，登上一个小型舞台，表演了一场哑剧，以此向沃尔特致敬。主持人鲁珀特·休斯（Rupert Hughes）宣布他将为沃尔特朗读一首诗。他从口袋里掏出一沓纸，抿了一口水，清了清嗓子，然后简短地说道："沃尔特·迪士尼……好吧，难道不是吗？"好像没有什么可说的了。第二年，《三只小猪》又为沃尔特赢得了又一座奥斯卡奖杯。

说来也真是奇怪，在电影的成本（乔治·莫里斯估计为1.5568万美元）和冲印胶片的成本（接近1.4万美元）之间，莫里斯担心迪士尼工作室可能无法在这部动画片上实现盈亏平衡。而当联美电影公司利用市场旺盛的需求，开始向放映商收取和它旗下一些真人实景故事长片一样多的费用时，沃尔特觉得有必要在《好莱坞记者报》上发一封道歉信，向放映商表示道歉，称他到目前为止还未能收回制作这部动画片的成本，所以他需要这笔钱，他这样做也是不得已而为之。[1]但是，不管是否赢利，《三只小猪》就像之前的《蒸汽船威利号》一样，被广泛认为是动画领域的一项标志性成就。"我意识到发生了一些以前从未发生过的事情，"动画师查克·琼斯在谈到《三只小猪》的影响时说，"它表明，决定一个角色个性的不是它的长相，而是它的行动方式。在《三只小猪》上映后，我们所有动画师意识到要认真对待和处理的就是表演。"琼斯甚至认为，个性动画真正的源头是从《三只小猪》开始的。

沃尔特自己也相信《三只小猪》打破了动画片发展面临的许多障碍。"它给我们带来了来自世界各地的荣誉和认可，成功地吸引了年轻艺术家和杰出的老艺术家的注意，让他们更多地关注我们所从事的动画行业，并把它作为施展他们才华的一个有价值的途径和领域。"他写道。这些艺术家当中，许多人经过长途跋涉来到赫伯里恩，加入了这项事业。除此之外，《三只小猪》还对迪士尼工作室整体账务状况产生了连锁反应；第二年，很大程度上是由于市场和公众对《三只小猪》的关注和追捧，《财富》杂志估计迪士尼工作室的年度净利润为60万美元。但是，这部动画片真正的影响是对动画的整体地位，特别是对迪士尼工作室的地位的影响。正如沃尔特多年之后所言："《三只小猪》的最主要的成就是在一定程度上让动画获得了业界和公众的认可，让他们都认识到，动画片可能不仅仅是一只跳来跳去的老鼠或其他诸如此类的东西。"它们也可能是艺术。

《三只小猪》和迪士尼早期绝大多数里程碑式的动画片的不同之处在于，它不仅是动画领域中的一项重大成就，而且是文化领域中的一项重大成就，就像其中的那首歌一样。这当然是它如此大受欢迎到

---

[1] 最后，沃尔特宣称这部电影的总租金收入为12.5万美元，而迪士尼工作室的利润为4000美元。

了令人震惊的程度的原因之一。它上映之后，影评人士都立即承认，它准确地刺中了国民意识，既反映出对大萧条的焦虑，也在某种程度上缓解了这种焦虑。当然，沃尔特还是像往常一样，以"无知"为借口，说无论是他还是他的创作团队在制作这部电影时都没有想那么多。事实上，在经历了近4年的国家经济动荡之后，沃尔特对这一情况仍然表现出了惊人的漫不经心和毫不在意，甚至有一次对他的员工说，如果没有大萧条，他不会招聘到现有的任何一位顶尖动画师。即便如此，迪士尼一家也并非完全不受影响。居住在波特兰的弗洛拉和伊利亚斯就正在承受大萧条的折磨；他们的房客付不起房租，虽然不管怎么说，房租只有经济崩溃前的一半；当罗伊建议他的父亲与房客"交换"租金，换回油漆和刷子来翻新他们拥有的房子时，伊利亚斯说，他应收的租金可是高达100美元啊。"当然，对于任何一个拥有'米老鼠'工作室或类似工作室的人来说，这点儿钱并不算什么，"伊利亚斯在给儿子雷蒙德的信中不无讽刺地揶揄道，"但这对我们来说是一笔巨款。"他们说，他们把希望寄托在新总统的选举上了。

1933年3月，富兰克林·罗斯福就任美国总统，并在同一周宣布银行放假，以帮助遏制可能发生的金融机构挤兑风险。罗伊被震惊了，因为他实在不知道自己的工作室将如何在资产冻结的情况下支付员工工资。他去银行提出抗议，银行为他提供了10美元的金币，即为工作室的每个员工发一个10美元的金币，作为个人账户的代金券。但是，在这周结束之前，金币已被宣布为非法货币。现在罗伊的状态，用他自己的话说，就如同热锅上的蚂蚁，焦躁不安。沃尔特则无动于衷，他一直以来就对政治不感兴趣，他对钱的主要兴趣是把能找到的钱再投资到他的动画中去。"别担心，"他耸了耸肩，"人们不会因为银行关门就停止生活。管他呢，大不了我们有什么就用什么——用土豆做交换的媒介——我们用土豆来支付每个人的工资。"

碰巧的是，5月27日，《三只小猪》动画片公开上映了，就在总统就职典礼和银行假日之后两个月多一点点的时间，而事实证明这个时机真是太幸运了。在大萧条的沉重压迫下，在新任总统的支持鼓舞下，这个国家似乎把这部描绘两只无忧无虑但目光短浅的小猪和它们勤劳勇敢且有远见卓识的弟弟的动画片，变成了一个关于苦难（狼象征着经济困境）和胜利（勤劳的小猪是罗斯福总统承诺实施国家救助的新政的化身）的寓言，这正是当时众多政治漫画描绘的场景。电影历史学家刘易斯·雅各布斯（Lewis Jacobs）说，这部电影"由于当时环境和时代的力量……变成了对一个身处困境的国家及其人民的鼓舞人心的号召"。一些观察人士甚至认为，这部动画片不仅反映了大萧条，而且有助于战胜大萧条。"没有人知道它在多大程度上帮助我们从大萧条中解脱出来，"哈佛大学教授罗伯特·D.菲尔德在这部动画片上映几年后写道，"但是毫无疑问，这部动画片中对大坏狼的充满愉悦的嘲讽，极大地鼓舞了人们的斗志，振奋了他们的精神，激发了他们对恶劣环境的反抗。"美国电影制片人暨发行人协会总裁威尔·海斯（Will Hays）在他的年度报告中说："未来的历史学家不会忽视这样一个有趣而重要的事实，那就是电影通过动画片《三只小猪》中的主角，运用幽默的方式，在观众哈哈大笑的时候，把象征大萧条的大坏狼带来的忧愁沮丧从公众的脑海中一扫而光。"无论这部动画片对民众当时低落的士气有什么影响，《谁害怕大坏狼》这首歌曲毫无疑问成了这个国家的新国歌，它欢快的节奏是对艰难时期发出的激越的呐喊。

在《三只小猪》大获成功对迪士尼工作室带来的诸多影响中，有一个影响是工作室的规模得到了进一步扩张。到1933年底，迪士尼工作室的员工数量已接近200人。沃尔特不无得意地说，赫伯里恩正逐渐变得像一个"福特工厂","两者之间的区别只不过是我们的活动部件比齿轮更复杂——人类,并且每个人都有自己的脾气性情和价值观,我们必须充分考虑每个人的特点,权衡轻重,把他们放在合适的位置上"。沃尔特一直关注动画制作的流程,就像关注动画本身一样。在把他的工作室比作工厂的一条生产线时,他也承认自己面临着简化动画制作流程的新压力。一方面,他一直以来就不得不忍受罗伊反复的唠叨,现在又不得不忍受乔治·莫里斯的反复唠叨,即想让他找到一种节省开支的方法,使工作室能够赢利。另一方面,他一直在不停地寻找方法来优化和完善工作室员工的才能,不仅在动画片的产量方面,而且在动画片的质量方面,通过双管齐下来提高员工的能力和素质。正是因为他不想牺牲自己作为最好的动画制作者的地位,他才被迫寻找一种更好的方式来制作动画,即尝试如何有效地大规模地制作优秀的动画。

于是又开始了另一场革命。正如他一直在重新创造动画,并试图通过新的技术来完善动画一样,沃尔特现在开始重新创造,并试图完善动画制作体系。这使他处于一种不同寻常的境地:他试图通过设计一种更理性的制作体系,来重新为一个在一定程度上由于过度理性而不再抱有幻想的现代世界注入幻想能力。即使沃尔特还想要这样做,但是很明显,工作室不能再像一个大型兄弟会那样运作——每个人的角色界定不清,每个人都参与到每一件事件当中。在制作《三只小猪》之前,沃尔特已经组建了包括西尔斯和史密斯在内的故事创作部门。到了1932年后期,这个部门进一步和动画师彻底分开。除此之外,1932年到1933年期间,沃尔特进一步把动画师分成三类:关键动画师,主要负责绘制重要的姿势或极端动作;中间帧动画师,主要负责绘制介于极端动作之间的动作;助理动画师,主要负责整理和清理所有的动画图纸,并做好将它们在赛璐珞板上描线与上色的准备——这种分类方式还有一个额外的好处,那就是允许年轻的动画师向更有经验的动画师学习。现在不但出现了新的角色,甚至出现了更为专业化的分工,这就大大减少了动画制作的随意性和偶然性。

这个过程总是从故事开始。在早期,故事通常起源于沃尔特,他会将这些故事讲述给他的动画师,让他们在头脑风暴会议期间用笑料充实这些故事。到了20世纪20年代末,沃尔特开始将动画故事指派给导演们完成——要么是埃沃克斯,要么是杰克逊。埃沃克斯离开后,就是伯特·吉列特——沃尔特让他们画出分镜头剧本的连续粗略草图,然后他再对这些草图进行审核、批准或改进。威尔弗雷德·杰克逊说:"沃尔特追求的画面在他的脑海里,而不是在纸上。"虽然故事的孵化过程仍然是动画制作中最不正式的阶段,但由于新成立的故事部门的努力,这种非正式性逐渐发生了变化。沃尔特可能还会向他的团队提出一种场景或情形,让他们反复思考,或者在工作室扩大后,可能会向大家分发新构思的动画片的油印大纲,向全体工作人员征求笑料,然后在摄影棚里召开的大型笑料会议上反复讨论、研究、打磨。[1](到了1934年,沃尔特要求把这些笑料画出来,而不是写下来:"这将是一种展示你的故事的理想方式,因为它展示了直观形象化的种种可能性,而不是用很多文字来解释说明……因为很可能最后的结果是证明把这些笑料制作成动画是不可能的。")但在20世纪30年代初期,沃尔特也创造了一个新的职位,即素描美术家。素描美术家与故事创作者一起工作,制作故事情节串联图板。在笑料讨论会后,故事创作者和素描美术家将和导演会面,共同探讨分镜头剧本,确保故事的连续性。当故事创作者和素描美术家感觉准备好了以后,他们会

---

[1] 正如沃尔特后来对这一流程的描述:"我们所做的是……所有的人,也就是说导演、故事创作者和所有与故事有关的人,共同选择要制作成短主题片的材料,然后我再审核批准他们的选择。"

把巨大的故事情节串联图板拖到录音室,给沃尔特做一个现场演示。无论迪士尼工作室如何扩张,这一环节始终没有改变:沃尔特永远是最终的权威,每个人都必须取悦的权威。

故事创作人站在故事情节串联图板前,面对观众讲述整个故事情节,读出图画下面配有的对话。观众中有导演,可能还有分配给该短片的动画师,还有沃尔特(他总是坐在中间)。这不仅仅是一次信息交流会,故事创作人不得不努力把他的项目"卖"给沃尔特。作为一个优秀的故事创作人,不仅意味着要设计情节和笑料,还要让沃尔特相信它们的价值。导演杰克·金尼(Jack Kinney)回忆说:"最优秀的故事创作人可以掀起一场表演风暴,使人们对他们最得意的笑料开怀大笑,并且在用一个木制教鞭强调主要元素的同时,还能做到声音比所有人都响。"罗伊·威廉姆斯就是一个故事创作人,他在讲述故事的时候会变得非常激动,忘乎所以,以至于会用教鞭直接砸穿故事情节串联图板。

在这些会议召开期间,沃尔特常常是面无表情地坐着,除非他看到了什么能激发他灵感的东西,然后他就会一跃而起,跳着脚,一个接一个地提出新的想法,有时甚至推翻自己先前的想法,然后提出另一个,然后又推翻,又提出,循环往复。一位与会者回忆说,当他没有被激发出灵感的时候,"一条眉毛会翘起来,他就会开始咳嗽,或者用手重重地拍打椅子的扶手"——扬起的眉毛、反复的咳嗽和不停敲打的手指,尤其是在沃尔特的手指因持续吸烟而钙化之后敲打声音更响了。这三种泄露内情的姿势会让任何一个故事创作人内心感到深深的恐惧。在演示结束时,沃尔特"就像在角斗场上的罗马皇帝一样",正如一位工作人员描述的那样,他通常会安静地坐着。在这个短暂的安静时刻,故事创作人和素描美术家会不由自主地颤抖。在这个引人注目的停顿之后,沃尔特就会开始他的分析,最后的结论可能是需要修改，可能是直接放弃，或者是令人梦寐以求的继续推进。然而，即使在那个时候，故事流程仍然还没有完全结束。到了20世纪30年代中期，沃尔特开始就故事情节串联图板上展示的故事进行问卷调查。在问卷中，工作室的工作人员会被问及他们喜欢什么，不喜欢什么，并邀请他们提出建议。对于他们的建议，沃尔特会提供奖励，就像他以前为笑料提供的奖励一样。

起初，故事创作人基本上是可以互换的，但是他们很快就开始发展出各自的专长。有的可能擅长故事总体结构，有的可能擅长角色创造发展，有的可能擅长循环利用旧的笑料，还有的可能擅长寻找视觉可能性，沃尔特会像确定演员阵容一样在他们当中"选角"，这取决于具体的动画片最需要什么样的人才。到目前为止，沃尔特已经在故事创作过程中加入了另一种专业化的角色——笑料创作人，他的工作是确保故事情节的连续性和一贯性，并用笑料进一步把它充实和丰富。有时，这项工作会发生在他们与故事创作人和导演共同参加的笑料研讨会上。其他时候，沃尔特会带着几个笑料创作人在工作室里四处转悠，进入录音室，在他的监督下添加一些笑料。但是，现在即使是笑料也已经实现了标准化和程序化。大概就在笑料创作人出现的同一时期，迪士尼工作室已经开始和联美电影公司的公关经理哈尔·霍恩就其大量的笑料文件进行谈判。到20世纪30年代末期，迪士尼工作室已经有了一排笑料文件柜，其中有150万个笑话，分为124个类型。

在最初的日子里，一旦故事编创完成并添加补充了笑料，沃尔特就会亲自监督动画制作过程，他基本上既是制作人又是导演。到了20世纪20年代末，在同时制作两部系列动画片——《米老鼠》系列动画片和《糊涂交响曲》系列动画片——的压力下，他不得不放弃了导演的角色。导演实质上是一个协调者，需要把动画图片、背景设置与音轨声带等和故事情节融合起来。最终是导演拍板确定"灰色"终稿，即一沓灰色的纸，上面列出了所有的对话和声音。然后再由导演画出一帧一帧并排列出声音和图像的条形图。除此之外，导演还负责录制声音，给动画师分配场景，准备让沃尔特审阅的铅笔测试，监督电影胶片的上色和涂墨工作，对镜头进行编辑、剪辑和组合等。也许导演最重要的任务是，把沃尔特的指示传达给项目中的每一个人，以便让沃尔特的愿景得以实现——这是一项根本不值得羡慕的任务，因为沃尔特事前常常不会非常准确地表达自己想要什么，事后通常又会斥责导演没有理解他的想法。正如本·沙普斯坦所说，"沃尔特可以说是导演的敌人。对于一张糟糕的图片，他不会接受任何借口，而且他往往会把图片的缺点归咎于导演"。埃沃克斯和杰克森（威尔弗雷德·杰克逊）是沃尔特放弃亲力亲为的主导权之后的第一批导演。后来，为了加快制作速度，沃尔特不得不把动画制作工作分解到各个部门，他指派杰克森、吉列特和沙普斯坦担任各个部门的负责人。在《三只小猪》大获成功之后，范·伯伦把吉列特挖走了。吉列特跳槽之后，一位名叫戴夫·汉德的动画师接管了他负责的部门，他在埃沃克斯离开两天后加入了迪士尼工作室。

现在，沃尔特又在这个流程中插入了两个位置，这似乎又是以牺牲效率为代价来提高质量。他聘请了曾在纽约巴尔工作室工作、风格倾向于欧洲插画的艺术家阿尔伯特·赫特尔（Albert Hurter），为他提供所谓的"鼓舞人心的画作"——这些画作旨在营造一种氛围，或者展示出一种外观，即既能指导又能启发实际负责制作这部动画的人，让他们更好地完成动画制作任务。这是一种其他动画工作室显然负担不起的奢侈。"阿尔伯特·赫特尔有一个很大的办公室和一张很大的桌子，并且他喜欢做什么就做什么，"格里姆·纳特威克回忆道，"沃尔特会说，'好吧，我们要绘制一张动物图片，它会被放置在某个地方等如此这般。看看你能不能想出一些有趣的小姿势和小动作'。阿尔伯特就会试着用各种不同的方式来摆放这张图片，直到找到最佳的位置和方案。"

几乎与此同时，沃尔特还扩大了背景艺术家的责任，他们本身就是动画制作初期工作的专家，现在沃尔特要求他们在动画制作之前就把整部动画进行视觉化处理，他们因此得名布局艺术家。正如动画历史学家约翰·卡尔汉所说："导演从时间的角度锯开故事，而布局艺术家则从空间的角度锯开故事。"后者与导演密切合作，不仅要像过去那样设计背景，而且还要设计人物和场景展现，甚至还要指挥确定拍摄的角度和后续剪辑。这样一来，以前主要根据素描艺术家的图纸工作的动画师，现在有了明确的指示要遵循。

在导演和布局艺术家确定了他们的制作方法之后，导演会分配动画制作任务，这个程序叫作"分发材料"，然后关键动画师会根据要求画出主要的动作和姿势。沃尔特将动画师分为首席动画师、中间帧动画师和助理动画师的这种劳动分工方式，在一定程度上是出于节约成本的考虑。不过，这种方式把不那么重要的任务留给经验较少的动画师，确实节省了关键动画师的时间，可以让他们全神贯注地做重要的事情，尤其是每部动画片无论如何都需要6000到7000张图画。而且让助理动画师清理动画还带来了一个好处，那就是让一个关键动画师和另一个关键动画师的工作保持一致。但是，沃尔特的这一想法背后还有另一个不那么唯利是图的动机，这个动机与他所鼓励的动画技术相吻合。沃尔特认为，如果让主要的动画师只负责绘制特殊的图画，与让他们自己绘制更干净的图画以供上色和涂颜料之用相比，他能得到更轻松、更活跃、更强大的动画效果。在早期，沃尔特坚持让他最好的动画师只绘制粗略的草图，然后由助理动画师负责清理图画，用埃里克·拉尔森的话来说，实际上"会让它比当初画的更好"。通过上述方式，这种流程就会帮助设计师创造出清晰刚劲、大胆创新、引人注目的作品。(托马斯和约翰斯顿说，这种二次绘制法有助于解释当时的动画片为什么都那么美。)有些人很难适应这种方式。一位名叫杰克·金的动画师非常抗拒沃尔特的这一要求，以至于他让助手们把他画的干净的图画进行粗糙化处理，直到被沃尔特当场抓住。沃尔特特别生气，几乎要爆炸了。

关键动画师一旦拿到他们的分发材料，就会开始画种种姿势。(最终，他们开始进行姿势测试，把这些姿势拍摄下来，这样动画师就可以看到这些姿势在屏幕上是如何显示的。)这些粗略的动画随后需要进行铅笔测试，在此之后动画师将修改他们绘制的图画，修改结束之后就进入了与沃尔特一起工作的"禁闭室"会议阶段，这相当于动画师的故事情节串联板会议，并且是同样地令人筋疲力尽。"一个禁闭室会议可以决定一个人在组织中的命运；一个好的会议可能会给动画师带来名声和财富，一个坏的会议可能会让动画师卷铺盖走人。"杰克·金尼写道，"他同时担任动画师和导演两个角色，结果，随着会议的进行，'禁闭室'里的空气开始变得很热，然后变得越来越潮湿，甚至由于汗水、一氧化碳以及在黑暗中漂浮的破碎的希望等所有这一切，'禁闭室'里会产生一种复杂的异味。"即使把"禁闭室"从楼梯井下的凹室搬到装有空调的放映室，这种情况也没有任何改变。在这些会议之后，接下来就是进行各种各样的修改和完善，然后拍摄一个徕卡胶卷，最后组合成一部粗糙的动画片。但是现在这部动画片既没有被清理干净，也没有被涂上色彩油墨。

现在，进入了另一个质量控制环节。沃尔特会在正午时分在录音棚向工作人员放映每个动画模块，进行粗略测试，并分发调查问卷征求意见，就像他在故事情节串联板审查期间所做的那样。他还会把观众的反应记录在醋酸盐磁盘上，这样他就能准确地听到什么是有效的，什么是无效的。随后，再根据观众的反应对动画片进行修改和完善。只有这样，只有到了这个时候，他才会开始对动画片进行清理、上色、涂墨和拍摄。拍摄使用的是一台摄像机，其中的压缩空气使得镜头紧紧地压在赛璐珞板上，同时操作者按下一个按钮来启动快门。在此之后，在胶片都处理完毕后，最终完成的动画片将在附近的一家影院进行预演，时间通常会选在一个全院满座的晚上。动画师们都被要求出席，并与沃尔特一道站在门厅或剧院外的人行道上检验动画效果，观察观众的反馈——如果观众的反应并不是特别热情，那这个过程又将是一场可怕的折磨。曾经有一次，一个尴尬的导演偷偷溜出去想避开沃尔特，结果他跑到停车场，却发现沃尔特正在那里生气。沙普斯坦回忆道："即使站在停车场阻塞了交通，沃尔特还是坚持站在那里，让导演知道他对这部影片有多么不满意！"

这一完整的流程，一部动画片从开始启动到试映，可能只需要3个月的时间。3个月实际上是一个典型卡通创作周期。当然，这个时间也可能长达2年，但时间对沃尔特来说从来都不重要，仅仅是一个让他有点儿烦恼的因素。对他来说，唯一重要的是，他要在自己能力范围内尽一切努力把动画片拍得尽可能完美和出色。

3

这是一种沉重的负担。即便沃尔特本人已经不再像以前那样是一个工作狂了，但各方面的需求仍是极其庞杂的，不仅在制作动画方面，而且在重新教育动画师和重新发明整个流程方面，都将面临巨大的需求。为了避免再次崩溃，他努力坚持自己的新锻炼计划，继续和莉莲一起骑马，偶尔提前从工作室回来以便有时间锻炼身体，还继续坚持游泳和滑冰。有一段时间，他甚至和莉莲一起去上舞蹈课（"虽

第五章 创意如泉涌

然你付出了那么多的努力,做了那么多的指导,但我仍然是个差劲的舞者。"多年后,他在给教练的信中自谦地写道。)还有一段时间,他还去上拳击课。然而,这些都是他为了保持精力而勉为其难地做出的让步,他内心其实极其不愿意。他曾经非常喜欢热闹,性格外向,乐于结识别人,但是现在他把自己的热情更多地投入工作室里,而在工作室之外,他几乎是孤僻的,沉默寡言,独来独往。他的社交活动甚至比以前更少了,声称这"花费了一个人太多的精力",他说他更喜欢"晚上睡个好觉,因为这会让我第二天早上的状态更好,可以更好地继续工作"。有时候,他会邀请几位动画师——弗雷迪·摩尔、哈姆·卢斯克和诺曼·弗格森——到自己位于利里克大道的家里,几个人一起在后院打羽毛球,但这样的活动很少,而且慢慢地彻底没了。一位参与者说,这是因为沃尔特变得太重要了,已经不方便与自己的员工随便进行社交活动了。沃尔特则声称,这是因为莉莲更喜欢保持隐私,"房子是属于那个女人的"。莉莲说,沃尔特甚至不再参加工作室举办的派对,因为动画师的妻子们有时会喝醉,喝醉之后就会因为自己猜想的沃尔特对自己丈夫的轻视而责备他。"这是我不想看到的她们身上的一面。"沃尔特说。1933年7月,他又一次出差去了纽约。在返程途中,他在芝加哥停留了几天,参观了芝加哥世博会——世纪进步博览会。在此次出行的最后一段旅程,他乘坐飞机从盐湖城飞往洛杉矶,这是他第一次坐飞机。尽管如此,实际上他也很少去旅行,他承认自己宁愿待在家里度假,不愿意外出。

但是,他确实有了一种新的娱乐爱好,一种能让他离开工作室的活动,一种似乎让他兴奋不已的户外运动:马球。令人奇怪的是,马球运动20世纪30年代在好莱坞风行一时,被认为是那些以前被边缘化的人(其中很多是犹太移民)模仿出身富裕的人的举止,以提高自己身份地位的一种方式。"从波兰到马球。"这是对好莱坞大亨的一句讽刺。沃尔特说，1932年春天的某个时候，幽默作家威尔·罗杰斯和电影总监达瑞尔·F. 扎纳克（Darryl F. Zanuck）建议他改打马球，恰好当时他已经对早上的高尔夫球运动感到厌烦。罗杰斯和扎纳克两人都是马球爱好者。在他们的邀请下看了几场马球比赛后，沃尔特断定"这是骑马打高尔夫球"，于是他买了几匹小马。当然，在沃尔特·迪士尼的天性中，做任何事都不能随随便便。他立即开始从工作室招募人员一起打马球，包括罗伊，并聘请了一位名叫吉尔·普洛克特（Gil Proctor）的马球冠军，在工作室的会议室里举办讲座，向他们讲解马球运动的精彩之处。在整个春季和夏季，每天早上6点，8名球员都会聚集在圣费尔南多山谷的杜布鲁克马术学院，在那里他们会分组练习。后来，沃尔特在工作室安装了一个马球笼，这样玩家们就可以在午休时间练习打球了。他还在后院放了一匹仿真马，甚至在去杜布鲁克马术学院之前，每天早上都要坐在那里打几下球。星期天早上，他们这些打球的人经常聚集在威尔·罗杰斯的牧场，进行即兴比赛。在打球的时候，罗杰斯会拿沃尔特开玩笑，称他为"米奇"或"米老鼠"。

到了1933年的春天，沃尔特身着斜纹软呢夹克、马裤和高筒靴，准备在位于时髦而又奢侈的布伦特伍德的里维埃拉乡村俱乐部里参加马球比赛。里维埃拉乡村俱乐部里面的马球比赛比一般比赛更为严格，也更为缜密，许多电影明星和像扎纳克这样的电影公司高管都在那里打球——这表明了沃尔特现在的身份和地位，如果不是他的马球技术提高了的话。他们自称为米老鼠队，沃尔特加入了这支由罗伊和工作室其他人员，如诺曼·弗格森、迪克·伦迪和冈瑟·莱辛等人组成的球队。但是，他也和其他人一起打球，例如威尔·罗杰斯、制片人沃尔特尔·万格（Walter Wanger）、演员约翰尼·麦克·布朗（Johnny Mack Brown）、詹姆斯·格里森（James Gleason）、莱斯利·霍华德（Leslie Howard）和斯宾塞·特雷西（Spencer Tracy）等。据同为马球选手的比尔·科特雷尔说，特雷西是"被邀请到过迪士尼家里的为数不多的非直系亲属"之一。科特雷尔当时正在追求莉莲离婚后单身的姐姐黑兹尔，因此几乎可以说是迪士尼大家庭的一员。科特雷尔认为特雷西"在一段时间内被沃尔特认为是他最好的朋友"，尽管他基本上只是一个打马球的朋友，这也从另一方面证明了沃尔特没有几个真正的亲朋好友。

现在，大多数的星期天，沃尔特和莉莲都会开车去里维埃拉，途中会停下来买一大袋爆米花，莉莲一边看比赛一边嚼着爆米花。到当年年底，尽管按球技来说沃尔特只是一名中等水平的球员——他最好的成绩是在原本很可能 10∶0 获胜的情况下以 1 球获胜，结果是 1∶0——但他已经开始招募替补球员和他一起打球，并开始在加利福尼亚甚至墨西哥州四处征战参加比赛。那时，他自己养了 6 匹小马，不久之后就又给罗伊买了 4 匹马，并且最终为那些买不起马匹的人提供比赛用马。"这是我唯一的罪过。"那年 12 月，他在给母亲的信中写道。他说："我既不赌博，也不出去把自己的钱花在别人的妻子身上，或者做其他坏事，因此我认为这没有什么不妥。再说无论如何，我妻子是赞成的。"

沃尔特突然对马球变得如此热情，以及他坚持锻炼的运动养生法，不仅仅是让他保持心情愉快和身体健康的一种方式，医生们曾建议沃尔特和莉莲，如果他们更积极地锻炼身体，怀上孩子的机会会更大，这是一个强有力的激励。令人高兴的是，这些举措似乎达到了预期的效果。1932 年夏天，莉莲又怀孕了，这引发了又一波兴奋和狂喜。沃尔特立刻买下了位于沃金路（Woking Way）上一块面积一英亩半的土地，开始在那里建造一座耗资 5 万美元、拥有 12 个房间的法国诺曼风格的住宅。沃金路是一条狭窄、安静的街道，靠近位于洛杉矶市洛斯费利兹区（Los Feliz）的迪士尼工作室。它蜿蜒曲折，通向好莱坞的山峦地区。"我们一直住在一个小地方，我都没办法转身，"沃尔特告诉一位采访者，"所以我让建筑师把住宅里的每个房间都加大了三到四码。"沃尔特承认这是一项仓促开始的工程，从开始到结束大约只用了两个月的时间——很显然是在和孩子的出生赛跑。

但是莉莲又流产了。1933年春末，随着迪士尼一家住进了宽敞的新家，他们得知莉莲又一次怀孕了。这个时候他们的心情十分复杂，做什么都变得小心谨慎起来。夏天慢慢地过去了，莉莲的情况一直很稳定，只有到了这个时候他们才感到高兴起来。"莉莲一直感觉很好，没有一点儿问题，"沃尔特在那年9月给母亲的信中写道，"事实上，她非常健康，这反而让她一直很担心。"莉莲想要一个女孩，沃尔特说，因为"她似乎觉得，给小女孩穿衣打扮比给小男孩更能让她感到快乐。就我个人而言，我不在乎是男是女，只要不要再让我们失望就行"。随着12月份预产期的逐渐临近，沃尔特也做好了迎接新生命的各种准备。他已经布置好了一个很大的育儿室，里面有摇篮，还有粉红色和蓝色的装饰物，他管这些东西叫"小不点"，还预先为孩子买了一匹马，满怀期待地等着他的到来。"真的，这对我来说是一种很奇怪的气氛，"他又给弗洛拉写信说道，"我无法设想任何属于我们的东西。对别人来说，有那些东西在身边似乎没有任何关系，但我们却不行。我想我会习惯的，我想我会像其他人一样成为一个坏家长。我曾经发过很多誓说我的孩子不会被宠坏，但是现在我对此有点儿怀疑——他可能会是这个国家最受宠溺的孩子。"

在一年前，飞行员查尔斯·林德伯格（Charles Lindbergh）的幼子被绑架和谋杀。有鉴于此，沃尔特希望尽可能地让自己孩子的出生保持低调和平静。但事实并非如此。12月18日，他在迪士尼工作室举办的午宴上，当着75位媒体人士的面，准备接受《父母》（*Parents*）

杂志因为《米老鼠》系列动画片颁发给他的奖项,正在这个时候,有人打断了这一活动,在他耳边小声对他说了几句话。"谢谢,"他对该杂志的代表说,"这是我一生中最重要的时刻。请原谅,我希望你们能原谅我的匆忙离开,我要把这个美丽的奖项展示给我的妻子和……"这句话还没有说完,沃尔特就抓起他的外套,冲了出去。现场其他人都目瞪口呆,颁奖活动主持人、南加利福尼亚大学(University of Southern California)校长鲁弗斯·冯·克莱因斯米德(Rufus von KleinSmid)博士向困惑的来宾解释说:"恐怕我得亲自替迪士尼先生领这个奖。因为他的妻子将给他颁发另一种奖。他即将为人父,因此他也将成为今天授予他荣誉的《父母》杂志的完全合格的读者。"沃尔特在莉莲分娩前赶到了医院。莉莲说,当她听到他那独特的干咳声时,就知道他已经到了。他给罗伊发了封电报:"女儿出生,幸为人父,莉莲和孩子一切安好。"罗伊刚刚在纽约就一桩侵犯版权的诉讼打了一场官司,当时正在乘坐火车返程回家的途中。迪士尼家现在有了一个重8磅2盎司的女儿:黛安娜·玛丽·迪士尼。

至于沃尔特的动画后代米老鼠,即使沃尔特的注意力已经转移到《糊涂交响曲》系列动画片之上,米老鼠也仍然"欣欣向荣"。沃尔特承认,三只小猪盖过了米奇的风头。他对一位记者说,他对此很失望,但他补充说,"我会想出一个办法,让米奇再次回归大众视线,并且他会比以往任何时候都更强大"。事实上,尽管《三只小猪》已经风靡全国,但在接下来的两年里,米奇的受欢迎程度堪比卓别林全盛时期。米老鼠俱乐部蓬勃发展,沃尔特曾极其夸张地吹嘘说,截至1933年秋天,会员人数已经快速增长到了5000万。不那么夸张的是,《文学文摘》报道称,到1935年,已经有近5亿付费观众观看过《米老鼠》系列动画片。他也继续收到几乎来自每个地区的赞誉。吉尔伯特·塞尔德斯在《时尚先生》杂志上发表文章,长篇大论地评价《米老鼠》系列的第一部彩色卡通片《米老鼠的音乐会》，称之为"在美国所有其他艺术领域同时创作的几十部作品中，没有一部能与这部相提并论"。除此之外，《国家杂志》还盛赞米奇是"动画电影领域最高的艺术成就"。甚至连当时的美国第一夫人埃莉诺·罗斯福（Eleanor Roosevelt）也曾说，她的丈夫"喜欢米老鼠，以至于他总是要求白宫里面必须有那部卡通片"。不过，或许对米奇最高的赞美是来自纽约市一家疗养院的一位病人。他在看米老鼠电影时深深地沉迷了，以至于电影结束之后他忘记了自己的拐杖，在没有拄拐的情况下自行走出了剧院。

米老鼠在海外受到的欢迎和赞誉与国内相比也毫不逊色。《财富》杂志指出，他是"一位国际英雄，比罗斯福或希特勒更广为人知，是世界民间传说的一部分"。有一种说法是，英国女王玛丽曾经有一次下午茶迟到了，原因是为了不错过慈善机构放映的《米奇的噩梦》的最后一场。管弦乐队指挥阿图罗·托斯卡尼尼（Arturo Toscanini）观看了六次《米老鼠的音乐会》，被迷得神魂颠倒，于是他向沃尔特发出邀请，邀请他去意大利访问。影片讲述的是米奇指挥着一个乐队，但却带来了灾难性的后果。《纽约时报》报道称，当以米奇以及糊涂交响曲为主打的迪士尼动画片在莫斯科上映时，"自从食物短缺以来，这是莫斯科街头第一次出现排着长队买票等待观看美国电影的人"。俄罗斯导演谢尔盖·爱森斯坦（Sergei Eisenstein）请求迪士尼允许他将其中几个场景出版成书。

到这个时候，蓬勃发展的米奇附属产品家庭手工业已经开始让其在银幕上的成功有点儿黯然失色了。1930年晚些时候，迪士尼工作室与乔治·博格菲尔德（George Borgfeldt）续签了一份合同，授权乔治·博格菲尔德生产和销售米老鼠相关的附属产品，但是迪士尼工作室决定将其授权范围限制在玩具上。与此同时，一位名叫夏洛特·克拉克（Charlotte Clark）的女裁缝缝制了一个米老鼠玩偶，罗伊看到之后要求她抓紧时间加快生产，争取在圣诞节期间推出销售。尽管该公司紧张的财务状况限制了米老鼠玩偶的制作速度，尽管每一个米老鼠玩偶都是手工制作的，但该工作室在短短五周的时间内就卖出了超过25个玩偶。一年前，罗伊还在费力地游说出版商出版一本有关米老鼠的书，但是现在情况出现逆转，这几个月里，他几乎被各种报价和申请包围了。他效仿沃尔特，坚持要求出版一本"真正高质量的一流的书"。那年春天，博格菲尔德向罗伊吹嘘说，"我们正在与许多领先的经销商一起建立一个庞大的米老鼠附属商品业务网"。与此同时，迪士尼工作室在纽约开设了一个办事处，专门负责处理博格菲尔德没有获得授权代理的商品。

但是，沃尔特和罗伊当时正试图为颜色转换筹集资金，所以他们对此既不耐烦又不满意。罗伊说，博格菲尔德提交的1930年的版税清单"像一群农民用手写的一样"，回报仅为63美元，而罗伊亲自负责的夏洛特·克拉克玩偶为工作室净赚了350美元。他抱怨博格菲尔德说："这帮人能说会道，夸夸其谈，讲起来没完没了。"除此之外，博格菲尔德对产品质量的控制也很糟糕——迪士尼的附属产品常常都是粗制滥造的，这惹怒了沃尔特和罗伊——而且从产品的概念构思到市场推广之间的时间间隔常常特别漫长，感觉无穷无尽。博格菲尔德的公司没有充分开发利用米老鼠这个角色，但现在迪士尼工作室本身却又被限定在合同中，所以迪士尼兄弟对此几乎感到绝望。在这种情况下，他们甚至聘请了米老鼠俱乐部的哈里·伍丁和制片人索尔·莱塞的弟弟欧文·莱塞（Irving Lesser），来寻找博格菲尔德似乎不愿意寻找的市场营销机会，以进一步扩大附属产品的销售和推广。

然后，赫尔曼·卡门（Herman Kamen）大踏步地走进了这片沼泽地，介入了迪士尼工作室面临的这一困境。似乎每个人都认识他——

卡门似乎也认识每个人——叫他"凯伊"。一位熟人说，卡门是"我见过的最普通最平常的人之一"。他身材高大，但体形不太匀称，显得丑陋难看，长着一个像刀片一样扁平的鼻子，戴着一副厚厚的啤酒瓶底眼镜。他把自己黑色的头发从中间分开，显得很不合时宜。他整体给人一种朴实的、缺乏社交经验的印象，中分的发型更是加深了这种印象。然而，他这种形象在一定程度上是故意设计的。一位合伙人说，卡门为自己朴素的相貌感到骄傲，并以此来讨好迎合他的顾客，毕竟从事这一行业是他自己的选择。而他在这一行业堪称大师级别的人物。凯伊·卡门生来就是销售员，拥有绝佳的销售天赋。

凯伊·卡门出生于巴尔的摩市（Baltimore）的一个犹太家庭，辍学后成了一名帽子销售员，多年来一直走街串巷推销帽子。在此期间，他成了一名专业的皮纳克尔扑克牌玩家。之后他加入了堪萨斯城的一家百货公司下属的销售公司。在此之后，他和当时的一个同事，一个名叫斯特里特·布莱尔（Streeter Blair）的广告人，离开销售公司成立了自己的公司——卡门-布莱尔公司，总部也设在堪萨斯城。就像他们离职的那家公司一样，这家公司专门为百货公司做展示和广告宣传。1932年年初，他们在洛杉矶为一家商店举办了一系列的展示活动。这些活动吸引了沃尔特·迪士尼的注意，当时他对博格菲尔德的失职行为感到非常生气和恼火，于是他给卡门打了电话，询问他是否有兴趣推广米老鼠附属商品。卡门当时正在纽约出差，接到电话之后就立即动身去了加利福尼亚。

当卡门到达迪士尼工作室时，正如罗伊回忆的那样，他走进罗伊的办公室，直截了当地说："我不知道你们现在做的有多少业务，但我向你保证，如果让我来做的话，业务量肯定不会减少，并且我会给你一半的利润。"这不仅体现了他的推销技巧，也体现了该公司相当"随意"的经营方式。那年7月，在和博格菲尔德的协议到期后，迪士尼工作室与他签订了一份合同。根据该合同，迪士尼工作室将从最初的 10 万美元版税中获得 60% 的分成，之后的收入双方各占一半。卡门将承担所有的成本支出，包括他的员工、纽约办事处以及芝加哥的一个展厅和酒店套房所涉费用。

卡门现在着手为迪士尼工作室新设立的商品部门——沃尔特·迪士尼企业工作，就像沃尔特本人为迪士尼工作室的电影制作部门——沃尔特·迪士尼制片（Walt Disney Productions）工作一样。他打算对它进行彻底改造——把它转变成一个井然有序的、质量可控的、能产生收入的公司。假以时日，它还会产生增值效应，让米老鼠这个品牌比他作为电影明星时更受欢迎。卡门认为迪士尼应该只与最好的制造商合作，于是他很快取消了与不那么知名、不那么进取的公司的合同，转而与规模更大、质量更好的公司签约，这些公司包括美国国家乳制品公司、德国英格索尔手表公司、通用食品公司（通用食品不久将支付 100 万美元，以获得让米老鼠和它的朋友们登上宝氏［Post Toasties］麦片包装盒的权利），甚至还有卡地亚珠宝公司，后者很快就推出了一款米老鼠钻石手镯。卡门像是一股猛烈的旋风。不到一年，特许经营米老鼠产品的公司就达到了 40 家。在此之后的一年，也就是 1934 年，卡门仅在纽约一地就有 15 名员工。在他的精心策划和安排下，迪士尼商品的销售额在美国就达到了 3500 万美元，而且海外的销售额也不相上下。他在欧洲，甚至在澳大利亚都开设了分支机构。

米老鼠的形象现在变得无处不在，无法不注意到，这在很大程度上要归功于卡门的努力。《纽约时报》在报道这一市场营销现象时赞扬道："购物者们带着印有米老鼠图案的背包和公文包，里面装满了米老鼠香皂、糖果、扑克牌、打桥牌时的小礼品、梳子、瓷器、闹钟和热水瓶，这些东西都包在米老鼠包装纸里，用米老鼠丝带扎着，用米

295

老鼠钱包里的钱来支付,而钱又储蓄在了米老鼠银行里。"它继续写道,孩子们生活在一个全新的米老鼠世界里:

他们戴着米老鼠的帽子、系着米老鼠的腰带、穿着米老鼠的袜子、鞋子、拖鞋、吊袜带、内衣,戴着米老鼠的手套、围裙、围兜,披着米老鼠的雨披,打着米老鼠伞。他们去上学,在学校里,米老鼠的课桌用具把课程变得富有乐趣。

他们玩米老鼠的脚踏车、足球、棒球、弹跳球、球棒、接球手套、拳击手套、玩偶屋、玩偶餐具、陀螺、积木、鼓、拼图以及其他各种游戏。

此外,还有涂刷工具套装、缝纫工具套装、绘画工具套装、图章工具套装、插座工具套装、泡沫工具套装、拖拉玩具、推压玩具、动画玩具、帐篷、野营器材、沙桶、面具、黑板和气球。

虽然我们列出了这么长的名单,但是这只是种类繁多、数量庞大的米老鼠附属商品的冰山一角。

就像米老鼠在电影中被认为是治疗大萧条的滋补良药一样,米老鼠在商品上的形象也是如此。圆圆的、色彩斑斓的、吸引人的米老鼠,成了不屈不挠、追求幸福的形象代表,即使人们面对的是全国性的令人绝望的情况。"无论它蹦到哪里,国内还是海外,"《时代》周刊评论道,"繁荣的阳光总会冲破乌云。"当英格索尔手表公司发布一款米老鼠手表时,这款手表受到了市场极大的欢迎。一推出就销售一空,供不应求,以至于该公司不得不取消针对这款手表的广告宣传活动,因为在未来几个月里,它的工厂存量都已经全部预售完毕。(就连罗伊也买了一打给自己用。)莱昂内尔公司(Lionel Corporation)是一家玩具电动火车制造商,于1934年获得了生产带有米奇和米妮图案的铁路轨道车的许可,当时该公司已经进入了破产保护程序。结果该公司在圣诞节期间售出了25.3万辆这款轨道车。这让该公司再次实现了赢利,并获允解除破产保护。这位破产法官评论道:"我记得没有哪个案例比这个案例获得了更大的成功。"

卡门作为米老鼠的商人,米老鼠对他本人和他的工作室均产生了影响。在卡门接手的头4年里,授权费提高了100倍,每年的版税近20万美元。早在1934年,沃尔特就声称他从米老鼠的附属版权中赚的钱比从米老鼠的动画片中赚的钱还多。因此,迪士尼成了第一个认识到这在40年后将成为好莱坞的一种标准商业行为的工作室——人们可以从电影相关的玩具、游戏、服装和其他产品中获得巨大的利润。事实上,正如《文学文摘》所报道的那样:"毫不夸张地说,沃尔特·迪士尼企业已经喧宾夺主,成了摇动这只老鼠的尾巴。"

除了米奇的视觉吸引力,米老鼠商品似乎比米老鼠卡通更受欢迎还有一个原因,那就是:在银幕上,米奇的地位已经开始动摇了,如果说不是在对观众的吸引力方面,那么至少在影评人那里确实如此,甚至在工作室里也是如此。由于它那一半卓别林一半费尔班克斯的个性导致的性格分裂,米奇在不到5岁的时候就开始遭受不可避免的身份危机。意识到这个问题后,当时的动画师杰克·汉纳(Jack Hannah)回忆道:"我们开始进入了很难为米奇定义故事的艰难阶段……它一开始是一个捣蛋鬼,但它很快就变成了一个小英雄,你不能让人把它打得太狠了。"动画历史学家迈克尔·巴瑞尔(Michael Barrier)认为,不同的媒体对米奇有不同的看法,卡通片中的米奇原本是带着一种欢快的顽皮、无政府主义的特质出现的,但它现在越来越像连环漫画中的米奇了,被投身到危险的境地之中并被要求表现得英勇无畏——基本上是牺牲了它个性中卓别林的那一半,成全了费尔班克斯的那一半。米奇现在总是要从虐待狂独腿皮特的魔爪下把米妮救出来。

米奇身上所代表的这两种个性出现了激烈的矛盾和冲突,这本来已经让迪士尼工作室焦头烂额了，但是米奇同时还被另一些几乎是形而上的问题困扰：米老鼠到底是什么？它是一只具有老鼠般的特性并利用这些特性打败它的对手的老鼠，还是一个以老鼠的外形出现的人？更重要的是，它是个老鼠外形的小男孩吗？这些问题也困扰着沃尔特和他的动画师们，甚至一些评论家猜测，是否会像《戏剧艺术月刊》(*Theatre Arts Monthly*)所说的那样，米奇会"逐渐被放弃，工作室会转向《糊涂交响曲》"，或者它的创作者会"把它从动物世界中分离出来，让它与人类结合"。退回到1928年，那个时候，米老鼠似乎已经被定义为一只带有人类情感的老鼠，但是到了1932年，它又变得像一个快乐的，有时甚至有点儿倒霉的孩子，这可能使米老鼠成为迪士尼工作室日益痴迷于现实主义的第一个受害者。

　　早期放肆无礼、大胆鲁莽的米老鼠似乎属于这样一个世界，这个世界与动画片画家乔治·赫尔曼（George Herriman）为他的疯狂的猫创造的世界并没有什么不同——一个干燥抽象的平面世界，在那里"橡皮管"方法比"挤压和拉伸"方法更合适。"在30年代初，"动画师埃里克·拉尔森承认，"米奇几乎可以做任何事情：伸展它的手臂，使用它的身体。到了30年代后期，它就不能再像那样做了。"这两个米奇之间发生的事情显示出沃尔特更强调现实主义了。从现实主义的角度来说，早期的米奇并不像三只小猪那样真实，也就是说没有达到完全的现实化。事实上，它仅仅是一个角色。由于它有像橡皮管那样的动作，所以它也有众多的像橡皮管那样的情绪，这让它可以适应任何情况，而不是像后来那样拥有了一个核心人格和个性，正如在"挤压和拉伸"动画绘制法阶段那样，这种个性可以改变，但却必须保留其基本特点，不能天马行空、随心所欲。当沃尔特引入现实主义并把它作为发展角色个性的一种手段，以便引起更强烈的观众反应时，米奇被剥夺了随意变化的可能，开始陷入了迷失状态。沃尔特"意识到，当我们进入可信的故事时，故事的动机、人物和个性都应该是可信的"。动画师沃德·金博尔说："你打开了一个无限可能的世界，而米老鼠却是受限的。"

由于沃尔特不能容忍他的另一个自我被遗忘，他试图对米奇进行适当的改造以使其适应新的环境。整个1932年和1933年，米奇逐渐变得更圆、更短、更厚、肌肉更少——它的老鼠特征随着它的人类特征——它的手、头和脚——的增长而萎缩和软化，它的老鼠般的特征在向更温和、更人性化的特征让步。到了1936年，莱斯·克拉克向一群即将成为动画师的人描述米奇时，形容它"有一种可爱幼稚和男孩子气的感觉"。他又接着说："人们通常把它当作一个小男孩来看待和对待。"刚开始的时候，它的脚步轻快，行动敏捷，现在它的脚步却变得很沉重——克拉克建议说："它的脚应该至少有身体的一半那么大。"——这确实给了它一种从未有过的重力感。除此之外，它也不再总是穿着它标志性的短裤。早在1932年，它就开始穿着其他衣服，住在一所房子里，还有它的宠物狗布鲁托陪着它。沃尔特甚至一度坚称米奇和米妮在现实生活中已经结婚了，尽管它们在银幕上一直扮演的是男女朋友。

但是，为了提升米奇的"人性化"色彩而对它的形象进行重新概念化和教化的改变过程，实际上是通过钝化它仅有的几个锋利的棱角来对它的形象进行中和。米奇失去了它的棱角，同时也失去了它的大胆鲁莽和厚脸皮。在这种情况下，沃尔特曾经把它比作屡教不改、无可救药的卓别林，但现在却把它比作急欲讨好、取悦他人的哈罗德·劳埃德。米奇甚至失去了以自我为中心、对周围一切都漠不关心的特性，而恰恰正是这种特性使它成为大萧条时期极其应时应景的一个角色形象。"对我来说，30年代米老鼠的形象有一种完美的感觉，"儿童读物作家简·沃尔（Jan Wahl）曾表示，"可是当他们给它穿上阻

299

特装并让它成为加利福尼亚郊区的一员时,我便不再注意它了。就是在它进入到我们这个平凡的世界的时候——正是这个时候,我觉得它失去了光彩。"

但是,如果说米老鼠是个性与环境"和解"的受害者,那么它也是自己大受欢迎的名气的受害者:成功的悲剧。它以一种顽童式的颠覆性和破坏性赢得了那种声望和名气;沃尔特觉得,米奇只有变得不那么咄咄逼人,变得温和有礼,才能保持这种声望和名气。这只从诞生以来一出场就把米妮从飞机上推了出去,然后充满恶意地捏着猪的乳房来演奏音乐的啮齿动物,现在已经发生了一百八十度的大转变,举止变得彬彬有礼,无可挑剔。1933年,沃尔特写道:"如果我们的团队把米奇置于一个稍微有点儿不那么阳光健康的环境,那么米奇就会拉着米妮的手,搬到其他工作室去。"事实上,沃尔特继续写道:"它从来都不卑鄙,也不丑陋。它从不说谎、欺骗或偷窃。它是一个干净、快乐、热爱生活和人民的小家伙。它从不占弱者的便宜,我们要确保,任何事情都不会改变它对一只米老鼠具有的超然态度的信念,也不会改变它认为世界只是一个大苹果派的信念……它是年轻的、伟大的、未经雕饰的、未受玷污的。"《国家杂志》对此抱怨道,米奇已经变成了一个"国际上的讨厌鬼"。

随着米奇作为一种审美力量开始褪色和衰落,迪士尼工作室需要一个新的明星,一个根据米奇失去的傲慢无礼的个性构想出来并内化了这一个性的角色——一个能像米奇现在不能的那样制造笑料的角色,一个不受强加于米奇身上的礼貌端庄这一期望影响的角色。事实上,这个演化出来的新角色将会成为米奇的陪衬——一个是肆无忌惮的本我,另一个是循规蹈矩的自我。对于一个已经对自己的明星感到烦恼的工作室来说,它是一个反米奇的角色,或者更确切地说,它是曾经的米奇,甚至有过之而无不及。

第五章 创意如泉涌

但酝酿和孕育这个角色是一个漫长的过程。米奇一开始先拥有了视觉上的生命，然后又具有了声音，所以在它成为一个角色之前，它只是一个外观设计，这也是它的问题之一。但是它的陪衬却恰恰相反，其生命始于声音，然后才是必须找到物理外形，这是它成功的一部分。这个陪衬的声音来自克拉伦斯·纳什（Clarence Nash）。他是一个身材矮小、脸颊红润、来自俄克拉何马州的29岁的送奶工。他9岁时举家迁往密苏里州农村的一所学校，在那里，他很早就发现了自己拥有模仿各种动物声音的天赋。后来他充分利用自己的这种天赋，参加雷德帕思学园和乔托夸巡回演讲场所的演出，在其中演奏曼陀林，模仿鸟类的叫声。结婚之后，他向18岁的新娘承诺，他将离开演艺圈，去找一个更稳定的工作。于是，纳什一家搬到了加利福尼亚，在那里他在阿多黑尔乳品公司找到了一份工作。他每天赶着一辆由几匹小矮马拉着的牛奶车去学校送奶，模仿各种动物的叫声来逗学校里面的孩子们开心。除此之外，他还定期在当地的广播节目中表演。1933年末，在一次广播节目中，沃尔特——当时正在收听节目以便找到能在卡通片中使用的声音——说他听到了纳什的声音，随后邀请他来迪士尼工作室。对于这一情况，纳什有一个不同的版本。他说，是他自己主动去了迪士尼工作室，并且还接受了杰克逊的面试，还模仿一只咩咩叫的山羊的声音演唱了《玛丽有一只小羊羔》这首歌曲。当纳什演唱的时候，杰克逊偷偷地打开了对讲机，接通了沃尔特的办公室。沃尔特听到后冲了进来，大声喊道："这就是我们要找的会说话的鸭子！"沃尔特当时还不知道该怎么安排和使用纳什，但他还是签下了一份聘书并预付了聘金。

直到1934年，在签约一年以后——签约后的一年里，纳什又回到乳品公司工作——沃尔特才把他叫来（纳什曾经说过，这是因为他告诉沃尔特，埃沃克斯工作室想用他的声音为一只鸭子配音），让他

301

为《聪明的小母鸡》中一只脾气暴躁、自私自利、屁股肥大、长喙扁嘴、长脖长颈的鸭子配音。每次在小母鸡靠近时，这只鸭子都假装肚子痛，以免小母鸡开口让它帮忙种植和收获玉米。尽管迪士尼工作室在此之后很快就为这个角色申请了专利版权，但这个角色并没有一夜成名。迪士尼工作室给它穿上蓝色的水手服，戴上水手帽，沃尔特后来说，因为"它是一只鸭子，应该喜欢水。水手就应该和水在一起"。迪士尼工作室决定让它和米老鼠在《孤儿的福利》中配对，即让反米老鼠的角色和米老鼠配对。帮助制作这部动画的沃德·金博尔说，这对迪士尼工作室和个性动画片的进一步发展都是一个转折点。在这部动画片中，米奇扮演的是一个为老鼠孤儿举办福利活动的主持人，对唐老鸭（名唐纳德）进行了介绍。唐老鸭计划要背诵《玛丽有一只小羊羔》，当它开始念"小男孩布鲁"时，观众们发出了一阵嘲讽的笑声，这让它的怒气突然爆发。在这部卡通片的最后，年幼的小老鼠们用砖头和拳击手套像连珠炮似的打它砸它，唐纳德变得勃然大怒，气愤异常。"嗯，来自全国各地的观众们反应非常强烈，对它的反馈如潮水一般涌进了迪士尼工作室。"金博尔回忆说，"剧院里观看这部动画片的孩子们有的喜欢唐老鸭，有的讨厌唐老鸭，有的则对它发出起哄的嘘声。"

到了1935年初，当唐老鸭在《米老鼠的音乐会》这部动画片中骚扰米奇时，这只鸭子已经开始超越片中的名义明星米奇。《米老鼠的音乐会》被许多人认为是米老鼠系列动画片中最好的一部。"有迹象表明，这只老鼠身上的厚脸皮和骄傲自大的个性正在减少，米奇变得越来越彬彬有礼了。"吉尔伯特·塞尔德斯在《纽约日报》上撰文写道，"在《米老鼠的音乐会》中，鸭子接管了一切。这是一只坏鸭子，一只邪恶的鸭子，一只恶毒的、淘气的鸭子，一只与坏男孩和坏女孩所有令人发狂的吸引力相对应的鸭子——一个极好的超级角色。"

在某些方面，唐老鸭似乎同时为观众提供了两种精神食粮：一种是替代性的解放，让观众从自己实际生活中必须遵守的传统行为和道德中解放出来，唐老鸭显然违背了这些传统和道德；一种是替代性的报复，由于唐老鸭通常会得到应有的惩罚，在整个世界似乎都处在愤怒、暴力和动荡不安之际，唐老鸭受到惩罚是对那些自命不凡、毫无吸引力、脾气暴躁的人进行替代性报复。米奇变成了一个微笑的密码，而这只胖胖的鸭子却脾气暴躁、爱慕虚荣、自大自负、喜欢吹牛、喜欢炫耀、粗鲁无礼、猜忌多疑、自鸣得意、任性放纵——几乎囊括了所有的不端行为和令人不快的唐突举止。观众很快就把它和罗斯福总统手下直言不讳、脾气暴躁的内政部长哈罗德·伊克斯（Harold Ickes）联系在一起，伊克斯是众所周知的"暴脾气鬼"。沃尔特说："有时候观众很难分辨出是伊克斯在模仿唐老鸭，还是唐老鸭在模仿伊克斯。"

不管脾气乖戾的唐纳德是否解放了观众，他肯定把工作室里的故事创作人和动画师从米奇的枷锁中解放了出来。"每次我们让它耍花招，发脾气，开玩笑时，"一位编写《米老鼠》系列动画片脚本的作家说，"成千上万的人会写下流肮脏的信件来骂我们。这就是创作唐老鸭动画片如此容易的原因。它是我们的出路……每个人都知道它很坏，所以大家根本不在乎。这样我们就能在为米老鼠编一个故事的时间里快速编出三个唐老鸭的故事。"沃尔特自己也同意，他说米奇只有在环境很有趣的时候才会搞笑，而放纵无度的唐老鸭天生就很搞笑。"鸭子可以大发雷霆，制造混乱。"沃尔特曾对一位采访者说。而米奇则不可以。

纳什配的嘎嘎鸭声激发了动画师对这个角色的灵感，纳什认为正是沃尔特建议自己尝试用鸭子的声音表达生气或大笑，而提高了唐纳德的角色丰富度，并把它变成了一个有个性的角色。后来执导了许多唐老鸭动画片的杰克·汉纳说："唐老鸭可以千变万化，它可以是任何人。它拥有人类的所有情感。它可以是可爱的，调皮的，随时随地可以从热情的变为冷酷的。你可以部分毁灭它，它照样可以完整无缺地再次回归。它制造麻烦，煽动动乱。它并不刻薄，但它总能找到机会以他人为代价取乐。"简而言之，唐纳德是沃尔特用动画讽刺现实的典型代表，也是第一个从这种审美角度成长成熟起来的迪士尼明星。

现在，阿特·巴比特和迪克·休默为《聪明的小母鸡》设计的这只瘦长难看的鸭子，正开始从重要的配角逐渐变成主角。动画师弗雷德·斯宾塞对它进行了缩短、软化和修圆等一系列的改造处理，让它变得更可爱、更具表现力，就像当初改造米奇一样。到了1935年，它成了讲述它的故事的系列丛书的主角和亮点；到那年秋天，尽管唐纳德还没有在自己的动画片中担任主角，但沃尔特已经开始担心纳什可能会试图要挟他们，虽然他们已经为他提供了一份为期三年的合同，周薪为55美元。"如果我们开始大量使用鸭子这个角色，"沃尔特悄悄提醒罗伊道，"我们可不想让纳什对他在这里的重要性有任何不切实际的想法。"然后，他试图打消自己的顾虑，想着如果纳什离开迪士尼工作室，到别的地方去为另一只鸭子配音，迪士尼工作室可以起诉他。最后，纳什签了那份合同，唐老鸭也终于在接下来的一年中在动画片《唐纳德和布鲁托》中获得了主演的角色，之后它又有了自己的完整系列的动画片。但是，甚至在此之前，《综艺》杂志已经观察到唐老鸭出现在了另一部米老鼠动画片之中，并对此表示道："这再次证明了唐老鸭的流行速度有多快。这只喋喋不休、脾气暴躁的公鸭，极有希望与米老鼠平起平坐，成为迪士尼创作的最受大众喜爱的卡通形象。"而对大多数美国人来说，唐纳德已经做到了。

第五章 创意如泉涌

4

唐老鸭并不是迪士尼工作室在 20 世纪 30 年代中期创造的唯一一个成为明星的角色。授予沃尔特本人的奖项和认可也源源不断，接踵而来。芝加哥艺术学院展出了 100 幅迪士尼工作室的画作，该学院的院长说，这些画作"几乎涵盖了所有的艺术种类和领域"。洛杉矶作家俱乐部在威尔·罗杰斯和卓别林（Chaplin）出席的晚宴上款待了沃尔特；美国艺术品经销商协会授予他该组织颁发的四枚金牌中的一枚；成员包括乔治·萧伯纳（George Bernard Shaw）在内的英国艺术工作者行会（Art Workers Guild of England）授予沃尔特荣誉会员身份——这是该行业有史以来第一次表彰电影制作人。美国青年商会将他评为年度杰出人物，和他竞争这一荣誉的有纽约州地方检察官托马斯·E. 杜威（Thomas E. Dewey）。杜威很快就成了纽约州州长，后来成为共和党总统候选人。法国荣誉军团授予他红丝带勋章，他还在威尼斯电影节上获得了一枚金牌。现在评论家们经常称他为天才。

各界名流争先恐后地来参观迪士尼工作室，并与沃尔特会面——其中包括道格拉斯·费尔班克斯和玛丽·皮克福德、赫伯特·乔治·威尔斯（H. G. Wells）和卓别林、女演员玛德琳·卡罗尔（Madeleine Carroll），导演恩斯特·卢比奇（Ernst Lubitsch），幽默作家罗伯特·本特利（Robert Benchley），评论家亚历山大·伍尔科特（Alexander Woollcott）和俄罗斯导演谢尔盖·爱森斯坦。艾森斯坦曾经写道，他在看迪士尼的电影时有时会感到害怕——"害怕是因为他所创作的某些作品具有绝对的完美性"，也因为迪士尼似乎知道"人类所有最私密的思想、想象、想法、感情的打开密码"。后来，建筑师弗兰克·劳埃德·赖特（Frank Lloyd Wright）、小说家奥尔德斯·赫胥黎和作曲家伊戈尔·斯特拉文斯基（Igor Stravinsky）也先后到访。当然，除了上述这些人，还有一大批著名人士也曾经参观访问过迪士尼工作室。迪克·休默回忆道："世界上的每一个人都曾奔向沃尔特的大门。"除此之外，还有各路媒体的宣传报道——《时代》周刊1933年刊登了沃尔特的一篇个人简介，《纽约时报》杂志1934年刊发了一篇描述沃尔特的文章，《名利场》用整幅版面刊登了一张沃尔特的特写照片，这张照片由爱德华·史泰钦拍摄，照片中米奇和米妮站在沃尔特身后。此外，还有许多报纸的采访报道。他那张蓄着浓密大胡须的窄小的脸现在已经是传媒界的熟脸了，几乎没有人不认识他，这使得他还不到35岁就成了名人。"有时候我觉得我应该掐自己一下，确保我不是在做梦。"沃尔特对堪萨斯城一家报纸的记者羞愧地表示。

如果说他获得了盛名，那么他也树立了自己的形象。他喜欢讲述自己年轻时遇到的艰辛和克服的逆境，这些个人神话的元素现在成了他的公众故事的一部分。记者们称他为"电影界的霍雷肖·阿尔杰（Horatio Alger）"，赞颂他通过长期以来的艰苦努力才获得今天的声名鹊起，但是他们通常都忽略了真正让他获得今天这样名气的粗暴性格。他们还发现他谦逊低调、脚踏实地，绝不像好莱坞的那些花花公子。当被问及成为名人是什么感觉时，沃尔特提出了异议，他说这虽然有助于他在观看橄榄球比赛时获得更好的座位，但是当他不得不应付那些寻求签名的人时，出名就变成了一件很麻烦的事。接着，他补充说："在我的记忆中，成为名人从来没有帮助我拍出好影片，或者让我在马球比赛中打出好球，或者让我的女儿服从我的命令，或者给我的妻子留下深刻的印象。它甚至不能赶走我们家狗身上的跳蚤。"

剧作家罗伯特·舍伍德第一次见到迪士尼时，原本以为他是个专横傲慢、粗野无礼的人，结果却发现恰恰相反。他报道说，沃尔特看起来"害羞得几乎有点儿让人心疼，而且特别谦虚谨慎，甚至有点儿缺乏自信"。除此之外，他还喜欢自我贬低。当一位仰慕者告诉他，他很有个性时，他还自嘲道："米老鼠才有这种个性。"几乎每个人都对他的不拘小节——对他穿着休闲服，对要求他的员工称他为"沃尔特"的规定——发表了评论。他的办公室面积不大，简朴无华，只有一张朴素的、深色的、油漆斑驳的办公桌，墙上挂着几幅镶了框的奖状。他不受各种表扬的影响。评论家奥蒂斯·弗格森（Otis Ferguson）在《新共和国周刊》上发表文章写道，一旦虚伪媚俗的赞美之风刮了过去，"空气变得清新了，他就变成了最初的自己：普通而平常，不是难以接近的，不是故意讲外语的，不是被压制的，不是受赞助的，也不是其他任何东西。就是迪士尼自己"。这使他成为出自乡土、朴实无华、谦虚低调、努力勤奋的美国艺术家的典型范例。沃尔特进一步强调了这一想法，说他很少读书，和艺术也根本搭不上边。一位记者因此写道："迪士尼和艾尔·史密斯（Al Smith，声音沙哑的纽约州前州长）一样，不受书本知识的污染；没有人比他更清楚老于世故带来的诅咒。"

为了完成这幅画像，沃尔特总是被描绘成除了他的作品之外对一切都漠不关心的样子。在大萧条时期，成百上千陷入绝望的人向他请愿，问他是否能为他们提供一份工作，或者能否从他的财富中省出一些钱来分给需要的人。他几乎总在拒绝，甚至拒绝了他的老恩人考尔斯医生的求助。考尔斯医生现在陷入了财务困境。沃尔特声称自己没有钱，因为他把赚来的钱全部都投入了公司，以维持产品的质量。一份早期的介绍资料显示，沃尔特不是一个商人，除了把钱作为实现目标的手段，他对钱毫不在乎。一篇又一篇的文章都在宣扬沃尔特唯一的抱负是制作伟大的卡通片，而不是创造巨大的财富。

所有这些事情或多或少都是真的。沃尔特确实相信他已经克服了童年的困难。他确实不拘礼节。尽管他对马球很痴迷，但他确实也避开了好莱坞的浮华和名流。他不是知识分子，也从不假装自己是知识分子。他确实把大部分钱都重新投资到了公司。他一心发愤要创作伟大的动画片，这既是一个商业主张，也是一个心理主张。尽管如此，沃尔特也深刻意识到公开宣传和展示这些东西的价值，即便只是在他个人露面的时候，他也尽力展现自己这些方面。在工作室里，他可能常常都很直率，甚至显得唐突无礼。在公共场合，他通常平易近人、慷慨大方，无论是对一位称赞他的卡通片的粉丝，还是对一个为他服务的服务员。杰克·金尼认为沃尔特肯定研究过威尔·罗杰斯，并刻意模仿他具有美国南方特征的乡土风格。为了掩饰这一事实，金尼说："他能像个士兵一样骂人，而且他的自尊心很强。"沃德·金博尔也有同感，认为沃尔特在塑造自己的形象时肯定是经过一番深思熟虑的。他说，沃尔特"扮演了一个在公众面前感到局促不安的羞涩腼腆的企业大亨"，但是"他对自己在做什么始终清清楚楚"。实际上，沃尔特·迪士尼正在扮演他自己。在他的余生里，他都要扮演这个角色，尽管这个角色会有所变化和调整。

然而，尽管沃尔特·迪士尼已经成了国际知名人物、米老鼠之父，如今又成了唐纳德之父，但他在自己的工作室里究竟做了些什么，却仍然让人感到困惑。工作室之外的许多人（如果不是绝大多数人的话）都认为他是在从事实际的绘画工作——他很少澄清这一印象或阻止别人产生这一印象。但事实上，尽管沃尔特把工作室的作品都归功于自己并要求别人也这样想，他却再也没有亲自画过任何东西。毫无疑问，部分原因是当年查尔斯·明茨和帕特·鲍尔斯攻击他的那些粗鲁无礼的言行让他受到了极大的伤害并至今仍未痊愈，他们似乎认为他无足轻重，把他贬低为一个被拔高了的监工。"我们这里只卖一样东西，"当年轻的动画师肯·安德森（Ken Anderson）加入迪士尼工作室时，他对安德森说，"那就是'沃尔特·迪士尼'这个名字。如果你能接受这一点，并乐意为之工作的话，你就是我的人了。但如

第五章　创意如泉涌

果你有任何推销'肯·安德森'这个名字的想法的话，最好现在就离开。"对迪士尼工作室的员工而言，他们期望能够分享荣誉。在一次表彰沃尔特的晚宴上，当平托·科尔维格被介绍为《谁害怕大坏狼》这首歌曲的歌词作者时，沃尔特立即站了起来，赞扬了其他人。"他很清楚，"科尔维格在给一位同事的信中谈到自己时说，"这样一种违反'迪士尼道德准则'的行为，将永远给他原本完美无瑕的品质蒙上一个肮脏的污点。"

沃尔特不仅不再亲自绘制动画了，他有很长一段时间没有亲自写剧本，没有亲自导演动画片，也没有完成现在分配给他的众多员工的任何一项任务了。1933年，伯特·吉列特在《三只小猪》大获成功之后投奔了范·伯伦的工作室，沃尔特对此非常愤怒，他决定亲自来导演下一部卡通片，显然是为了显示吉列特是多么可有可无。这部电影是《糊涂交响曲》系列动画片之一，名字为《点石成金》(The Golden Touch)，讲述了迈达斯（Midas）国王的故事。杰克·金尼回忆道："这是一次非常保密的行动，只有两位动画师（诺曼·弗格森和弗雷迪·摩尔）参与其中，并且他们被要求发誓保密。"项目启动一年后，这部卡通片在格兰岱尔市的亚历山大剧院举行试映，结果观众反应平平。沃尔特遭受了失败，并且失败的消息很快传遍了整个迪士尼工作室。这件事成了沃尔特长久的隐痛，成为刺痛他的一根针，每当工作室有员工受了委屈愤愤不平想要打击自己的老板让其泄气时，他们就会拿起这根针刺向沃尔特。在一次与杰克逊的争论中，《点石成金》被扔到了沃尔特的脸上，沃尔特气冲冲地走了，然后又折回来，警告说："永远，永远不要再提那部动画片了。"

然而，尽管沃尔特既不绘制动画，也不编写剧本，更不亲自导演，但他却是迪士尼工作室里无可争议的权威，不仅仅因为他是老板，更重要的是，他的感受力和敏感性支配着迪士尼工作室生产制作的一切。乍一看，他并不像一个独裁者。他很年轻，尽管他的许多雇员甚至更年轻。他看起来并不讨人喜欢。一位动画师说："他看起来就是一个年轻好看的美国男人，外表很漂亮，但是那种健康的漂亮而不是英俊的漂亮。"另一位动画师形容他瘦得异常——他身高5英尺10英寸，体重却只有150磅——"长着一张老鼠脸"。他并不具有天生的权势或魅力，但他似乎并不介意。与其他电影大亨不同的是，他从来不会为了让自己显得强大而把权力都揽入自己手中。有时，他会回忆起童年时发生在马塞琳的一个事故，这个事故一直萦绕在他心头，令他难以忘怀。当时他抓住了一只猫头鹰，当它反抗他时，他莫名其妙地把它扔到地上，摔死了它，他也说不清楚自己为什么要这样做——他说，这事让他噩梦连连。这一事故似乎表明他对自己控制冲动情绪的矛盾心理。

尽管如此，迪士尼工作室还是完全服从于他的意愿，而且是他一个人的意愿。他的情绪自从崩溃之后变得更加无常多变，况且现在他承受着越来越大的压力，所以他的情绪决定着赫伯里恩的情绪。一些员工开玩笑说，沃尔特每天早上都会在地下室停下来换上当天的"情绪服装"，其他人则建议，必须打电话给门口的保安，看看沃尔特是穿着什么衣服来的。如果沃尔特穿着他的"熊装"，就像员工们形容他的恶劣情绪那样，在这种情况下他可能会很严厉很残忍——"很容易毫无理由地把故事板撕成两段。"弗兰克·托马斯和奥利·约翰斯顿写道。同样，整个工作室都必须与他的想法和愿望相协调，这就强迫他的每一个雇员都要把确定什么是沃尔特真正想要的作为首要目标。

问题是，尽管动画的制作流程实现了理性化，但沃尔特几乎完全是靠直觉和本能来指挥工作室的运作——让这个问题变得更为复杂的是，有一段时间他很难把自己本能感受到的东西表达出来，特别是因为他的画技不高，已经无法给自己的动画师做示范了，而且由于他严重依赖自己的本能和直觉，他改变主意的次数和他改变情绪的次数一样多。"我职业生涯的很大一部分是判断沃尔特什么时候是认真的，什么时候不是，"杰克逊说，"通常我会给沃尔特发一份备忘录，把我的想法告诉他。我会在备忘录中告诉他我打算怎样花他的钱。我会在下午把备忘录发给他，他通常晚上在家看。当我第二天走进办公室的时候，如果电话铃响了，我知道这会是件好事，他同意了我的想法。"另一些人则表示，搞清楚沃尔特·迪士尼的真正想法是一件需要慢慢琢磨的事。你要在故事会议、"禁闭室"会议和预演时一直密切观察他，努力猜测他在想什么，只有这样，你才能知道他的真实想法。

尽管偶尔会有人抱怨和记恨沃尔特表现出来的专横傲慢、反复无常、忘恩负义、难以取悦，尽管所有这些毛病他都或多或少地有，但迪士尼工作室里没有人怀疑他为工作室做出了最重要的贡献，特别是这种贡献的重要意义和价值，尽管每个人似乎对他的贡献具体是什么都有不同的看法。有一件事是每个人都同意的，那就是沃尔特是一个超级出色的故事创作人，沃尔特自己似乎也认为这是他的主要特点和强项。"在我做过的所有事情中，"他曾经对一位采访者说，"我希望人们记住我是一个故事创作家。"从最开始，他在编制笑料方面就有独到的诀窍和本领。迪克·休默认为沃尔特拥有"我遇到过的最好的笑料意识和头脑"。随着动画片中的故事变得越来越精细，把这些笑料有机地联系起来，并将它们巧妙地融入角色特有的性格之中，变得越来越困难，但是沃尔特在这方面做得真的很出色。多年后与沃尔特合作的资深导演肯·安纳金（Ken Annakin）说："在我共事过的所有工作室的负责人中，我从未见过像沃尔特这样在故事讨论会上表现得如此出色的人。你和他一起去参加故事讨论会，会上他会提出许多绝妙的想法和主意，他会挠挠鼻子说：'这只是我的想法，但我认为我们应该这样做,这样做……'每次听完他的建议,感觉都像听一个全新的童话故事。他讲完之后,我们会高兴地结束这个会议,并惊讶地发现,此前你的故事面临的种种问题,在他的引导之下解决方案是如此简单和与众不同。"

虽然这些故事不再起源于沃尔特,但每一个故事最终都要经过他的批准才能进入拍摄制作阶段。故事创作人"会编制一个粗略的大纲,并把自己的构思发送给沃尔特……他审阅之后要么说,'继续做吧',要么说,'不,你们这些家伙忘了那件事吧,去做点儿别的吧。我认为它有更多的可能性'"。沃德·金博尔回忆道。在他初步同意了这个故事创意之后,故事创作者们会为他提供一个粗略的故事情节串联图板供他审阅评议,然后再根据他的意见进行修改,将他的修改意见整合到最终的故事情节串联图板之中。但是,即使是在这种情况下,在那些通常都比较冗长的故事讨论会上,沃尔特还是会再一次回到故事情节和笑料上来,寻找进一步改善它们的方法。"在所有这些故事讨论会上,他都会成为主导者。"金博尔证实。事实上,有些人甚至说沃尔特才是真正编写出所有对白的那个人。

当然,别人讲的时候,沃尔特就聚精会神地听着,目不转睛地盯着,一副高深莫测的样子;别人讲完之后,这个时候,全场首先会出现一阵可怕的寂静。"在故事讨论会上,沃尔特总是极其投入,全神贯注,为故事和角色想出新点子,"奥利·约翰斯顿回忆道,"他会扬起一侧眉毛,露出那种专注的表情。有时候,他的目光会落在你身上,你会觉得他在准备着什么。他会突然开口发难,针对你刚才说过的话提出质疑。事实上,这是他集中全部注意力于工作之中的巨大专注力的表现,我怀疑他在大多数时间里都不知道自己在看谁。"埃里克·拉尔森则声称沃尔特根本没有认真听——当故事创作人开始讲述故事情节的时候,他已经在看最后的草稿了。拉尔森解释说,这意味着沃尔特前一天晚上去了工作室,自己偷偷翻看了剧本,以便做好充分准备。(一些故事创作人信誓旦旦地说,他们在自己的烟灰缸里发现了沃尔特抽过的切斯特菲尔德牌香烟的烟头。)至于沃尔特的分析,那不是建议,而是指示。"他可能会很残忍,"动画师、后来成为导演的杰克·汉纳说,"他开始构思一系列的笑料,听完他的想法之后,我们会说,'太棒了,沃尔特!'但是,突然之间,他的整个情绪都变了,他会回答,'不,我们不打算那样做'。"有一次,一个名叫霍默·布莱曼(Homer Brightman)的故事创作人在故事情节串联图板上展示自己创作的唐老鸭卡通的情节,他是一个感情丰富情绪外露的人,他的表演让整个房间的人都笑了起来。布莱曼讲完后,沃尔特简单地转过头,转向在场的速记员,问她是因为布莱曼的表演而发笑还是因为这个故事本身而发笑。"因为霍默。"她说,然后沃尔特开始了长篇大论的批评。

但是,与其说是沃尔特的分析和批评深深烙印在了动画片之上,不如说是他拥有一种不可思议的能力,即让自己和角色合体并融入动画情境之中的能力。沃尔特能够像米奇、唐纳德或布鲁托一样思考。"沃尔特对我说,'米奇不会这么想'。"故事创作人利奥·索尔金(Leo Salkin)说,"可是谁又知道米奇会怎么想?但在沃尔特的脑海里,这就是米奇的想法或感受,这是正确的。"布局艺术家约翰·亨奇说:"沃尔特听别人陈述和演示时,会进入一种'恍惚状态'。在他的脑海里,他能非常清楚地看出整个故事的情节和走向,不知不觉地向前弯着身子,变得像一只弯腰驼背的老猫头鹰——缩成一团,他的嘴会发出轻微的咔嗒咔嗒的声音。当他从这种状态当中出来的时候,他会说,'你知道我们应该做的是……'然后他会跳起来,开始用全新的对话和动作来表演刚才展示的场景。"

迪士尼工作室里的每一个人都对他的表演感到十分惊奇并且大为

赞叹——沃尔特现在通常是相当保守的，这样一个保守的人怎么会在故事讨论会上站起来，进入恍惚状态，然后又突然不可抑制地把自己变成米奇、唐纳德、猫头鹰或一只老猎犬？沃尔特回忆起他童年时在马塞琳养过的一只狗，他对大家说："你们知道吧，这个老家伙会像真空吸尘器一样一边走一边用鼻子到处嗅闻，地面上到处都是它的口鼻的痕迹。"然后他会把自己变成那只狗。"随着沃尔特的表演，它变得越来越有趣。"弗兰克·托马斯和奥利·约翰斯顿写道。然后，当他的观众们开始有所回应时，沃尔特会更深入地研究这个角色，寻找更多的喜剧可能性。"他会模仿狗的表情，从一边向另一边看过去，先抬起一边的（眼睛）眉毛，然后再抬起另一边的眉毛，好像要把事情弄清楚。"用托马斯和约翰斯顿的话来说，通过这样做，他向会议室里的故事创作人和动画师们展示了"这个角色本身的有趣之处"，激励动画师们画出沃尔特刚才为他们表演的东西。这成为他传达自己想法的主要方式，也是迪士尼工作室动画制作的基础。"你会有一种整体感，对整个故事有一个完整的把握，"迪克·休默说，"你会确切地知道他想要什么。"

沃尔特作为一个故事创作人为迪士尼工作室做出了巨大的贡献，人们对此没有异议。但是，对于他拥有的其他极其重要的才能和天赋的优先顺序如何排列，人们却产生了分歧。沃德·金博尔认为沃尔特是一个"超级推销员"，他非常虔诚地相信自己的工作室及其制作的动画片，以至于他能说服任何人，包括最古板守旧的银行家，使他们相信它们的价值。埃里克·拉尔森称赞他对公众需求有着独特的敏感性。阿特·巴比特则赞赏他无与伦比的判断力："他常常不知道自己在追求什么，但他能敏锐地发现一部作品中存在的错误。"他的直觉如此敏锐，以至于有一次，沃尔特在动画师办公场所的中间摆了一张桌子，让动画师把他们的画拿给他，然后简要地告诉他们什么管用，什么没用。沙普斯坦相信沃尔特的"长处是对他的事业的监督——方方面面，事无巨细——以及对完成的每一项工作和完成的每一幅画都有强烈的感觉和深厚的感情，这些全都是他指导的结果"。当然，并不是所有人都对沃尔特持赞赏的态度。有人认为沃尔特对工作室的全身心投入具有一种偏执狂的色彩，这种过分执着的气氛影响着在那里工作的每一个人。"因此，和我在迪士尼一起工作的很多同事都无法忍受他。"作家莫里斯·拉普夫（Maurice Rapf）说，"他什么都爱管，什么事情都要插手。"

除此之外，还有一些人对沃尔特对细节的把握感到震撼和惊叹。杰克森说，"沃尔特会注意到一些差之毫厘、谬以千里的小细节和小事情"。厄尔·科尔格罗夫（Earl Colgrove）是一名摄影师，他记得沃尔特为了《糊涂交响曲》系列动画片中的《乡下老鼠》（The Country Mouse），把他紧急叫到一个令人汗流浃背的后续制作会议现场，让他查看其中一些场景，包括一只老鼠在一盘"杰里奥"牌果冻中看到自己的倒影这一幕。沃尔特问科尔格罗夫是否注意到这个场景有什么不同之处，当科尔格罗夫回答说"看起来很不错"时，沃尔特让这个场景再次运行，然后停在一帧模糊不清的画面上，这一帧动画显然是放置在向后的摄像机下拍摄的。"在短暂的沉默之后，沃尔特把灯打开，然后说：'在这里，我们要为我们所做的每一件事感到骄傲。'"科尔格罗夫说。还有一次，沃尔特注意到在连环漫画中米奇的尾巴不见了，于是赶紧命令把它修复好。"人们没有意识到他深入细节——决定一个角色应该向左看，还是向右看，还是翻白眼——的重要性。"沃德·金博尔说，"沃尔特是每一个该死场景的最终编辑。"

有些人则认为沃尔特是一个善于鼓舞人心的人物，他设定标准，期待完美，激发热情，鼓舞精神。"我认为沃尔特最突出的一点就是，"杰克森说，"他有能力让人们觉得，他想做的事情是一件非常重要的事情，值得人们全身心地投入和完成。"另一个人说沃尔特的"最伟大的天赋"是他拥有一种神奇的本领，即"最大限度地挖掘别人的潜力，让你表现出你自己都不知道自己具有的能力，激发你完成自己发誓不可能做到的东西"。除此之外，沃尔特也是一位伟大的啦啦队队长，鼓励他的员工们大胆思考。"我想要的不仅仅是又一张照片，"他会告诉他们，"它必须是一种新的体验，一种新的戏剧体验。"当他像往常一样充满热情时，别人也会因此充满热情。"他对自己所做的每件事都非常兴奋。"约翰·亨奇观察到。他称赞的是沃尔特从小就具有的一种品质。"他赋予它生机和活力，给人耳目一新的感觉，最后它感染了你。"

最后，或许也是最重要的一点，沃尔特不仅有能力监督，而且有能力协调整个工作室所有人员和设备有效运转。沃尔特把卡通片比作交响乐，他作为指挥，带领所有的员工——故事创作人、动画师、作曲家和音乐师、声音艺术家、上色的女孩——让他们共同"创作出一件美丽的东西"。在接受另一场采访时，他故意在酒店的房间里冲来冲去，模仿一只蜜蜂，以此来展示自己在工作室里做了些什么。"我必须知道某个想法是否传达到了这里"，他一边说，一边把"花粉"倒在椅子上，"还是传达到了这里"，他跑向采访者，把看不见的"花粉"倒在那个人的膝盖上。沃尔特在工作室里，要么是通过指挥他的员工，要么就是通过在他们中间穿梭，把他们凝聚成一个强有力的整体。对于这一点，几乎工作室里的每一个人都很钦佩他。"我们都有自我价值感，有自信甚至有点儿自负，"埃里克·拉尔森承认，"但沃尔特有办法统领这些有自我价值感的人，把他们组合到一起，塑造成一个团队。""他用'我们'这个词来代替'我'，从而解除人们的戒心，拉近与他人的距离。"本·沙普斯坦说，"很显然，迪士尼工作室的一切工作都是基于沃尔特·迪士尼的所作所为、所思所想以及他的期望做的，但他总是说'我们'。"当时在摄像部门工作的鲍勃·布劳顿（Bob Broughton）说："我认为这就是沃尔特的主要才华所在……他让你觉得自己是大家庭的一员。"沃尔特似乎也同意这一点。尽管他曾说过，他希望人们记住他是一个故事创作人，但他对女儿黛安娜说："在我做过的所有事情中，最重要的是协调那些为我们工作的人，并把他们的努力方向定在一个特定的目标上。"[1]

所有这些品质汇聚在一个人身上，一个年轻人的身上，这在沃尔特的员工中引发了对这位拥有这些品质的年轻人的无限崇拜。包括沃尔特在内的许多人都曾注意到动画师和上帝之间的相似之处。在迪士尼工作室，这种相似性在员工对他们的领导者的态度上表现得淋漓尽致，他们用准宗教的语言谈论这位领导。"当他走进你的办公室时，你脖子后面的头发就会象征性地一根根竖起来。"迪克·休默回忆道，"他会对你产生那种特别的影响。你会感觉到他的存在。这是令人毛骨悚然的感觉。"导演杰克·汉纳声称，沃尔特会引起别人的"敬畏感。如果他和你在同一栋楼里，你会感觉得到。我知道这听起来很奇怪，但我却从来没能克服对他的敬畏"。动画师乔·格兰特（Joe Grant）说："他拥有压倒一切人的力量，他拥有先知的声音。你总是觉得他知道你要说什么，而且他似乎在某件事情发生之前就知道了这件事情，你总是无法摆脱这种感觉。那种无所不能的感觉对你有一种强大的心理控制。"笑料作者罗伊·威廉姆斯的妻子的姐姐嫁给了一位牧师，有一次当威廉姆斯虔诚地谈到沃尔特时，她责备他："你说话的口气就好像他是上帝一样。"威廉姆斯厉声回答说："他就是。"

如果说这是一种有意为之的策略，目的是凝聚和团结他的员工，

---

[1] 莫里斯·拉普夫后来在迪士尼工作室担任作家。他认为，沃尔特在自己保留协调权力的同时，也把责任分给了员工，这样他就能保持自己的权威地位，而不用担心心怀不满或野心勃勃的下属取代自己。

那这种策略简直不能更成功了。迪士尼工作室里几乎每个人都极度渴望取悦沃尔特·迪士尼。"我无法理解，"工作室里一位心怀不满的作家承认，"但是你愿意做任何事来得到他的认可。你愿意像狗一样地工作，就像一个小孩说：'嘿，看着我。我在做一些很棒的事情。'为了他的一个微笑，你愿意做任何事，即使第二天你就可能被解雇。"有些人承认，每个人都不得不取悦他，每个人都必须取悦他，这种紧张的感觉几乎让人无法忍受。其结果是，迪士尼工作室的运作不同于好莱坞的任何其他工作室，在其他工作室，可能是一个专横的老板对一群心怀不满的员工颐指气使，员工们则抱怨自己受到了挫折。事实上，迪士尼工作室的运作模式根本不像一个商业机构。在那些商业机构，产品和利润永远占据着议题的主导地位。到了20世纪30年代中期，迪士尼工作室像一个"邪教组织"一样运作，一个救世主般的人物激励着一群充满献身精神的、忠贞不贰的、有时疯狂的信徒。在赫伯里恩，员工们不仅仅通过制作动画片来娱乐大众或转移他们的注意力。他们是"传教"活动中虔诚的追随者。

而这一"传教"活动即将发生变化。

第六章
创作巅峰——《白雪公主》

1

即使他全身心投入工作当中——他总是全身心投入工作当中——沃尔特·迪士尼也仍然焦躁不安，原因也许是他在受制于查尔斯·明茨和帕特·鲍尔斯期间遭受了下属的背叛。从那以后，他就开始时时留意和警惕，担心哪怕最轻微的一点儿自满也可能导致挫折和退步。1933年中期的某个时候，正当他享受《三只小猪》带来的巨大成功和喜悦时，正是在这个非常时刻，他决定为迪士尼工作室设定一个新的航向——一个宏大而富有戏剧性的航向。多年来，他一直苦于制作动画短片这一业务的不确定性，以及它们产生的利润相对微薄——随着他对动画质量的预期越来越高以及由此导致制作成本支出的增加，利润变得越来越微薄。尽管现在《糊涂交响曲》系列动画片的租金比竞争对手的卡通片高出50%，但它们的制作成本也要高得多。到20世纪30年代中期，每部动画片的制作成本高达3万美元，这意味着，考虑到日常开支和成本费用，它们带来的总收入必须达到10万美元左右才能赢利。即使在最好的情况下，这也不是件容易的事。但是，影院老板们在大萧条时期为了吸引经济拮据的观众，推出了双倍票价看两部故事长片的两场连映方案，这样一来既减少了放映短片的时间，也减少了租赁短片需支付的租金。这使得制作动画片的工作室实现赢利变得尤其困难，简直是雪上加霜。

就迪士尼工作室而言，从动画片租金到附属商品的版税，1934年该工作室赚了大约60万美元，这在大萧条时期当然不算差。"第一个10年是在爬行——相当于培根煎鸡蛋中只有鸡蛋没有咸肉。"罗伊后来谈到工作室早年时的境况说，"然后，在第二个10年，当整个国家都处于大萧条期时，我们相对繁荣，但是我们仍然处于小规模发展时代……挣的都是小数目的钱，我们可以支付所有的账单，支付所有人的薪水，但甚至到那时为止，我们两人都从未拿过固定工资。"但是沃尔特意识到，如果他希望继续发展工作室，进一步扩大工作室业务，光靠动画短片几乎没有未来。"这种简短的动画片只能充当其他任何节目的一种补充，"多年以后他轻蔑地回忆道，"所以我觉得我必须使我的业务多样化，进入其他领域，做一些其他事，这将给我创造更好的机会。"甚至连他自己的同事都对他当时正在考虑的"其他事情"感到惊讶。他已经决定制作一部完整的动画长片。

虽然动画短片确实不能产生足够的利润，但对沃尔特·迪士尼来说，经济方面的考虑只是他改变策略和工作室发展方向的部分原因。他还想直面美学上的挑战——保持动画制作方面的领先地位，保持比其他人更好的地位，现在这对他而言是一个巨大的骄傲之源。就他个人而言，他进入自己绘制的幻想世界越深入，就越充分地意识到这是必需的。就像他以前创作的爱丽丝这个角色一样，他需要建立一个更好的想象世界来逃避现实。

"我认为沃尔特对动画受到的限制已经越来越不耐烦了，"当时的艺术总监肯·安德森说，"他努力在作品中表现出越来越多的现实主义

第六章　创作巅峰——《白雪公主》

和自然主义。"安德森记得自己有一个笔记本，里面记录了他看过的真人实景电影的镜头角度，沃尔特对此印象非常深刻，他命令其他人也做类似的笔记。安德森说："他一直致力于超越媒体的限制。"沃尔特自己也承认这一点："我们意识到，我们已经在动画短片这一领域走到了我们所能走的最远的地方，而没有让自己陷入窠臼。"他在1941年写道："我们需要这种新的冒险，来刺激释放一些新的热情和灵感。"实际上，沃尔特想用一场大动荡大地震来冲击和震动迪士尼工作室。

他曾经说过，制作一部动画故事长片的想法是他在欧洲时第一次进入脑海中的，当时他看到观众连续看了五六部《米老鼠》系列动画片。这个说法的问题在于，在他访问欧洲前的整整三年，他就已经开始在为制作动画故事长片做准备了，甚至向媒体发出了种种暗示。早在1932年6月，罗伊就开始询问《爱丽丝梦游仙境》的版权问题。据他所知，《爱丽丝梦游仙境》的版权属于公共领域，不受专利限制。由于爱丽丝项目进展缓慢，西蒙与舒斯特尔出版社的M.林肯·舒斯特尔（M. Lincoln Schuster）敦促沃尔特把菲利克斯·萨尔滕（Felix Salten）的一部小说拍成长篇电影。这部小说于1923年在欧洲首次出版，1928年在美国发行，书名为《小鹿斑比：林中生活》(Bambi: A Life in the Woods)，讲述了一只鹿从出生到死亡的生命历程。西德尼·富兰克林（Sidney Franklin）是米高梅影业公司最受尊敬的导演之一，在沃尔特犹豫不决的时候，他抢先获得了这部小说的版权。尽管如此，联美电影公司的约瑟夫·申克跃跃欲试，主动提出要促成迪士尼和富兰克林联合制作这部影片。"申克谈论这件事的言辞显示好像他们愿意为这部影片的发行提供资金并分享利润。"罗伊当时在纽约，他在给沃尔特的信中热切地写道，"我当然希望看到你尝试制作一部动画长片，我相信由处理我们其他产品的同一个发行商来处理该动画长片是非常可取的。"罗伊敦促沃尔特联系富兰克林，富兰克林很显然愿意与他们合作。罗伊开始启动前期工作，着手准备在1934年秋季发行这部动画长片。尽管后来这个项目被搁置了，但是很明显，沃尔特肯定和富兰克林谈过合作事宜，搁置的原因很可能是沃尔特担心迪士尼工作室还不具备把一个如此真实的故事变成动画的艺术能力。

与此同时，大家纷纷就沃尔特可以制作的动画长片项目提出建议，沃尔特几乎要被这些建议淹没了。年纪已经很老的默片导演兼演员霍巴特·博斯沃思（Hobart Bosworth）特意给沃尔特写信，说道："你无法把鸟类等动物，还有经过动画处理的树、花等角色带得更远"，他认为沃尔特应该试试"在你的作品中，把所有地方的所有的民间传说中所有的小精灵、小妖精、仙子、小仙女等精灵鬼怪的故事用动画表现出来"。动画片画家詹姆斯·瑟伯（James Thurber）建议沃尔特把荷马的《伊利亚特》或《奥德赛》搬上银幕。道格拉斯·费尔班克斯和沃尔特讨论过两人合作拍摄《格列佛游记》的可能性。早在1933年4月，费尔班克斯的妻子、女演员玛丽·皮克福德就多次恳切地请求沃尔特制作半真人实景半动画版本的《爱丽丝梦游仙境》。皮克福德甚至提出保证预先支付相当于沃尔特七部动画片预付款的钱，并承担制作成本，但沃尔特还是犹豫不决，他写道，自己担心"如果项目失败，会带来巨大的失望"。当派拉蒙影业公司决定制作真人实景版的《爱丽丝梦游仙境》电影时，沃尔特放弃了与皮克福德的合作计划。这一结果对她打击很大，她哀叹道："你在我们上次见面时就明显缺乏热情，再加上你似乎预想的许多困难和障碍，这给了我魂牵梦绕的希望一个毁灭性的打击。"

实际上，1933年5月，就在沃尔特与皮克福德交换信件的同一个星期，恰好是《三只小猪》上映的那一个星期，他已经选定了自己的动画长片主题，并且显然已经指示联美电影公司的艾尔·利希特曼（Al Lichtman）注册电影名称:《白雪公主》。沃尔特后来说，他选择这一素材的原因是基于它的美学潜力。"它不是一个众所周知的故事，我知道我可以用七个'古怪的'小矮人做点儿文章。"他说。又一次，他列举了这个故事的基本要素，说道:"我有几个富有同情心的小矮人，你明白吗？我有严肃的人物，我有王子。我还有女孩，有浪漫爱情元素。"除此之外，这个故事还具有一种回忆的诱惑。沃尔特说，他还记得小时候看过一部关于白雪公主的戏剧，但实际上他指的可能是自己想起了电影版的《白雪公主》，这部电影由玛格丽特·克拉克（Marguerite Clark）主演，于1917年1月27日和28日在堪萨斯城会议厅放映。堪萨斯城会议厅极其宏大宽阔，拥有1.2万个座位。沃尔特当时15岁。《堪萨斯城星报》出钱赞助了5场放映会，作为对其报童的奖励，一共有6.7万人到场观看影片。为了方便观众观看，这部电影同时在影院的4个屏幕上放映，4个屏幕的位置在影院的4个方向，以互成直角的位置排列，像一个盒子的4面。由于放映机是手摇的，而且放映员无法保持完美的同步，沃尔特恰好坐在影院走廊的最高处，所以他说他能在一个屏幕上看到相邻屏幕上将要上映的画面，这让这部电影在某种程度上显得更加神奇。在写给弗兰克·纽曼的信中，沃尔特说:"这部电影给我留下了深深的印象，多年来，这种感觉一直伴随着我，我知道它在我选择《白雪公主》作为我的第一部动画故事长片时发挥了重要作用。"当年，沃尔特在堪萨斯城时曾为弗兰克·纽曼制作过《纽曼小欢乐》的喜剧短片。

但是，尽管他把《白雪公主》的美学元素和自从童年时代就对他产生的吸引力说成是选择《白雪公主》作为第一部动画长片的理由，其实他这样做很可能有深层次的心理原因。白雪公主几乎具备了所有的叙事特征——专横的父母、苦役的惩罚、童年时期乌托邦的希望——并融入了他年轻的生命中几乎所有的重要主题。从根本上说，

《白雪公主》讲述了为了证明自己的成熟必须征服上一代人，表达了努力工作会有回报、轻信他人会有危险。或许最重要的是，它作为对冷漠现实的一种补救，可以让沃尔特躲到幻想世界中去逃避现实。（在讨论童话故事的惯例和范式时，心理学家布鲁诺·贝特尔海姆［Bruno Bettelheim］引用了这样的表述："这些故事讲述的都是年迈的父母认为让新一代接管权力的时候到了，决定把权力交给下一代。但是，在移交权力之前，继任者必须证明自己具有承担这份职责的能力和价值。"——这一场景或多或少符合白雪公主和沃尔特·迪士尼的生活，唯一的区别只是父母不愿交权。）尽管一些分析人士会采用弗洛伊德式的解释——其中一些人认为白雪公主拥有"肛门期滞留型人格强迫症的残余"，她必须克服这种残余的影响才能达到性成熟，并将小矮人描述为去性化无性能力的儿童——另一些人则采用了一种文化视角的解释，根据这种解释，这部电影宣扬了大萧条时期的价值观，即努力工作和社区集体主义。但是，这部卡通长片从本质上而言还是一部沃尔特·迪士尼自己年轻生活的寓言。他就是白雪公主，受到父母的嫉妒和反复无常的权力带来的威胁，被迫进入自己的世界，即动画的世界，在那里他最终找到了滋养、爱、独立和权威。《白雪公主》实质上讲述的是沃尔特·迪士尼个人成长的故事，讲述的是他当年必须克服的那些艰难险阻和现在已经取得的成就的故事。

现在他需要一个适合银幕的《白雪公主》版本。最初的版本，即格林兄弟重新编撰过的版本，太简单了，只有最基本的情节，那些小矮人甚至连名字都没有。玛格丽特·克拉克主演的电影版本可能有一些更生动的元素——当沃尔特决定拍摄他的动画长片时，这部电影已经找不到了，他只能依靠自己的记忆——沃尔特确实参考了温斯洛普·艾姆斯（Winthrop Ames）的剧本，玛格丽特·克拉克主演的电影就是改编自这一剧本。沃尔特甚至最终购买了这一剧本的版权，因

第六章 创作巅峰——《白雪公主》

为他担心可能会因侵权而被起诉。尽管如此,沃尔特最终拍摄的版本和这一剧本之间的相似之处还是很少。沃尔特还研究过另一个版本的《白雪公主》剧本,这是一个叫杰西·布拉汉姆·怀特(Jessie Braham White)的女人在1913年创作的剧本,尽管他几乎没有借鉴里面的多少东西,但他确实借用了一些情节和手法:白雪公主在小矮人去工作的路上和他们吻别,而王后则想杀死白雪公主,以证明自己是这个王国最美丽的女人,所以她伪装成一个卖东西的小贩来接近这个天真无邪的女孩。

但是,不管沃尔特·迪士尼借鉴和使用的是哪里的素材,到了1933年春天,他已经在脑海中对这些素材进行了整合,并创造出了一些全新的东西——他开始利用每一个机会来讲述这个故事,努力将其内化于心。"我们今天开了个业务会议,虽然这个会议没有什么特别好的由头,"5月份一位同事给当时在纽约的罗伊写信说,"然而,会议非常有趣,因为除了其他一些事情,沃尔特还向我们讲述了他构思和推进《白雪公主》这个故事的想法。说实话,这个男孩讲故事的方式几乎是旁若无人,没有一个人能像他这样讲得如此绘声绘色。在他讲述的某些时候,我真的几乎要感动哭了。当我还是个孩子的时候,我读过很多次这个故事,但都没有觉得特别感动。如果影片拍摄出来的效果能够像他讲述的那样好,哪怕只有十分之一,也一定会让人惊叹不已。"动画师迪克·休默声称,当他第一次到迪士尼上班的时候,就在那一年,他们两人坐在沃尔特的办公室里,沃尔特开始详细阐述《白雪公主》的故事。"沃尔特是一个如此出色的演员,我的喉咙开始发紧,眼睛开始湿润,"休默回忆道,"他讲述这个故事的方式太棒了。"沃尔特在拜访他的老朋友沃尔特·帕菲弗期间,当他们在菲尔德自然历史博物馆参观游览的时候,沃尔特开始表演《白雪公主》的故事。帕菲弗当时住在芝加哥,在一家广告公司工作。当沃尔特表演到秃鹫扑向试图逃跑的女商贩这一情节的时候，他表演得非常形象逼真，以至于博物馆的一名保安以为帕菲弗遭到了袭击，于是两个沃尔特不得不偷偷地溜之大吉了。

也许早在1934年冬天[1]，沃尔特就觉得自己已经做好了首次公开陈述和演示的准备。据肯恩·安德森回忆，有一天下午晚些时候，沃尔特走近一群员工，给了他们每人50美分，让他们到街对面吃顿晚饭，然后回到摄影棚。没有人知道沃尔特脑子里在想什么。晚上他们回到了摄影棚，一共大约有50个人，时间大约7点半，大家在摄影棚后面的木架子上坐了下来。这个时候，沃尔特已经站在了舞台前面，在黑暗的空间里只有一盏聚光灯照着他。他宣布他将推出一部动画长片，然后他讲述了白雪公主的故事。他不仅仅给大家讲述了这个故事，还把它表演了出来，设想了人物的言谈举止，模仿了他们的声音，让他的观众准确地想象出他们在屏幕上将会看到什么东西。他先后化身为白雪公主、邪恶的王后、王子和每个小矮人，把每个角色都表演得活灵活现。安德森说，沃尔特的表演持续了3个多小时。"他是一个引人入胜的演说家和表演艺术家。"动画师乔·格兰特回忆道。表演结束后，所有人都一方面被迷得如痴如醉，另一方面又被激发得热情高涨。"我们完全被迷住了，完全进入了忘乎所以的状态。"安德森说，"我们从来没有要做任何其他事情的概念，也没想过要做任何其他事情。我们只想做他刚才告诉我们的事！""那场表演在我们脑海中持续了整整3年。"另一位动画师说，"无论什么时候我们遇到困难了，我们都会想起沃尔特那天晚上是怎么表演的，他是怎么处理的。"

---

[1] 马丁·克劳斯（Martin Krause）和琳达·维特科夫斯基（Linda Witkowski）对这个日期提出了异议，因为动画师马克·戴维斯和奥利·约翰斯顿声称他们参加了这个会议，但是他们是在此日期之后才加入迪士尼工作室的。但是由于沃尔特在很多场合把这个故事复述了很多遍，所以安德森很可能是对的。总之，无论如何，这个时间范围应该是可信的。

第六章 创作巅峰——《白雪公主》

沃尔特以开创一项全新任务这一想法激励他的员工，但是，尽管如此，迪士尼工作室里仍有疑虑和不安的声音。"我们一开始认为这是沃尔特的愚蠢和荒唐之举。"乔·格兰特说。甚至就连沃尔特本人有时也很想知道，是否有人愿意坐那么长时间看完一部长篇动画片。尽管如此，一方面他在到处讲述《白雪公主》的故事，另一方面他和罗伊也在劝放映商不要连续放映迪士尼动画片，原因正如罗伊在给其中一位放映商的信中所写的那样，他们害怕这样做"可能会削弱动画长片这个创意的优势，让人们觉得卡通故事长片只是几个相互关联的主题的大杂烩"。除此之外，还有一个问题，仅仅几年前沃尔特还担心观众们可能无法接受从图画中发出的声音，那么现在他担心的是他们能否会对这些图画投入自己的情感——他认为，这种投入是维持一部动画长片的必要条件。在迪士尼工作室内部，人们也有种种担心，有人担心沃尔特原本已经承担如此多的责任，是否能够集中全部精力于这样一部动画长片的制作上，因为他说制作完成这部动画长片需要1年到18个月的时间，而其他人则在争论他的管理风格，即不断激发新想法然后又不断改变自己的想法，是否与制作动画长片要求的稳定性和确定性相容相配。尽管沃尔特对《白雪公主》充满热情，但1934年，就在他下定决心拍摄《白雪公主》之后不久，他对一位记者说，他必须确保迪士尼工作室能够胜任这个任务，否则"我们将会彻底毁了它"。

最后，还有一个更实际的问题：他们将如何筹措拍摄这部电影所需要的资金？迪士尼兄弟自己事实上几乎没有一点儿钱，因为他们把自己挣到的所有的钱又投资到迪士尼工作室之中了。说实话，他们的动画短片发行商联美电影公司并没有义务资助或发行一部动画故事长片。不过，与后来的说法相反，联美电影公司实际上并不反对发行一部动画故事长片。联美电影公司的一名高管对冈瑟·莱辛说："外国许多国家都极度渴望看到一部动画长片，所以我们很容易就能在全世界毫不费力地赚到175万美元。"这在当时是一笔非同寻常的回报。尽管如此，考虑到制作这部电影所需要的时间以及成本的不确定性，联美电影公司似乎并不想提供高额预付款。1933年11月，罗伊与先锋影业公司（Pioneer Pictures）的负责人、美国最富有的人之一乔克·惠特尼（Jock Whitney）会面，商讨了为这部影片融资的事宜。除此之外，他还与二十世纪影业公司的制片主任达瑞尔·扎努克以及他们的老盟友约瑟夫·申克讨论了出资事宜。罗伊认为他们想要分得的利润份额都太大了，但他在给沃尔特的信中写道："他们似乎都特别坚定地相信，至少第一部动画长片会大获成功。"尽管预先估计的预算不断上升，从25万美元增加到了40万美元，但申克最后还是让步了。他是迪士尼兄弟信任的少数高管之一，决定承担全部成本，以换取三分之一的利润。但是，当他后来遭遇突发财务问题不得不退出这一投资计划时，迪士尼兄弟被迫东拼西凑，临时先把他们当时所能找到的钱都拼凑在一起，把筹措剩下的资金的计划推迟到开始实际制作影片之后。当时，有唱反调的人说罗伊在《白雪公主》中投入了工作室这么多的利润，是在给自己买一张彩票时，罗伊说："我们已经买下了所有该死的彩票。"

与此同时，到了1934年春天，沃尔特已经启动了这个项目第一阶段的工作：打磨故事情节和编写电影剧本。在真人实景电影公司，高管们通常会给编剧分配一个故事，然后由编剧撰写草稿。沃尔特采取了不同的流程。他成立了一个小组，成员主要包括他的几个动画片故事创作人——迪克·克里登（Dick Creedon）、拉里·莫里（Larry Morey）、哈利·贝利（Harry Bailey），然后开始给他们灌输各种版本的《白雪公主》童话故事。这些版本之间有各种各样的差异，其中有被王后囚禁的王子、三次试图杀死白雪公主的王后，还有穿着被烧红

第六章　创作巅峰——《白雪公主》

的鞋子跳舞死去的王后。然而，当这个团队在那个夏天开始制作故事大纲时，沃尔特自己讲述的版本似乎已经占了上风。这个脚本经过了一连串的论述、调整、修改和备注，如果有谁可以说是这个剧本的作者，那就是沃尔特·迪士尼自己。1933年10月，故事创作小组第一次与沃尔特见面，重新审视脚本处理方式时，沃尔特已经在对收集到的素材进行再加工和精炼，并提出了详细的建议："鸟儿打扰正在工作的小矮人——'王后！'哇！越过岩石——穿过树林——在藤蔓上荡秋千——"泰山"向救援者奔去——滑下横跨溪流的原木——跳下悬崖——越过沙堤——看到王后正在打它。"或者在白雪公主被小贩/皇后骗吃了一口有毒的苹果后："小矮人回到家里——'太晚了。'脱下帽子——一个人带头祈祷——抽泣声穿透了寂静——所有人都在哭泣和呜咽。"虽然这些场景似乎直接来自沃尔特的想象，但却与最终在电影中呈现的场景非常接近。

　　米老鼠和唐老鸭现在都已经被沃尔特置于脑后了，因为他正尽可能地把制作短片的责任下放，让别人尽可能分担更多的责任，这样他就能把注意力全部集中于《白雪公主》这部动画长片上了。最初的故事大纲提交之后，他就开始每周与编剧们会面几次，这一状况持续了整个10月份和11月份，并且常常以马拉松式的会议进行。在他和工作人员确定了故事情节的基本轮廓之后，他的第一件事就是给小矮人们命名。最初的名字备选清单包括：好斗鬼、暴躁鬼、肮脏鬼、讨厌鬼、多嘴鬼、小傻瓜、傻乎乎、软绵绵、快活鬼、比格伊格、大胸鬼、跳跳鬼、小秃子、打嗝精（总是在错误的时刻打嗝）、饶舌鬼、矮冬瓜、俏皮鬼、气喘鬼、鼻塞鬼、打嗝鬼、懒惰鬼、浮肿鬼、小头晕、小古板、矮胖鬼，以及暴躁鬼、开心果、万事通、害羞鬼、迷糊鬼。在进行更多更详尽的审查前，这些都将进入最终的筛选名单。当他们思考这些名字的时候——他们可能会思考几个月——沃尔特决定把这个故事分解成各个叙事块，就像他把动画分解成各个场景一样，从小矮人向白雪公主介绍他们自己开始。到了10月底，"现在比起花太多的精力和时间去制作第一个但并不那么重要的场景，"迪士尼工作室的一份指导这样写道，"沃尔特更倾向于从白雪公主发现七个小矮人居住的小屋这一场景开始。从这一点开始，我们的基本情节发展就相当清楚和明确了。到那时为止发生了什么仍然相当模糊。"第一场对话的创作时间是10月19日，很可能是迪克·克里登从沃尔特的讲述中摘抄出来的。克里登在三天后提交了该场景完整的草稿。

接下来的一个星期，沃尔特在摄影棚召开了一个长达三小时的会议，全面细致地讨论了更多的具体情节和细节，并把角色分配给了各个动画师，以便于他们可以尝试自己对角色进行诠释，这显示出沃尔特对迪士尼工作室的动员是多么积极、强烈和全面，他要让工作室里的所有人都参与到这个项目中来。（除此之外，沃尔特还没有决定王后的造型，是带有喜剧元素的"胖胖的卡通型"造型，还是"高领——庄严美丽型"造型。）与此同时，故事编撰部门正在撰写场景和对话，沃尔特让音乐部门负责为这部电影作曲，并让大家传阅了另一个大纲，以激发工作室里每个人都来构思和提供笑料。这个大纲由故事编撰部门负责人泰德·西尔斯撰写。"大家要努力确保在所有的连续镜头中，每一组单独的镜头中都至少有一个好的笑点，"他在指导"序幕场景"时敦促道，"整部影片当中，有许多穿插笑料的可能和好机会。"在每个场景提交给他之后，每隔几天，他就会提出类似的要求。结果，他收到了几大盒的笑料建议，这再次表明迪士尼工作室的员工对这个新项目有多么高的热情。

虽然沃尔特多年来一直在逐渐远离简单的笑料，转而倾向于使用更宏大的叙事模块，以激发观众做出更复杂的反应，但是，现在为了这部动画长片，他觉得还得重新依靠笑料，毕竟他一直把笑料视为一

330

种安全的表现形式。笑料是迪士尼工作室最得心应手的素材。动画师弗兰克·托马斯回忆道："刚开始制作《白雪公主》时，一切都是笑料，笑料，笑料。"但是，进入1934年的秋天和冬天之后，随着剧本编写工作取得新的进展，用托马斯的话说，沃尔特"看到了一些新的东西，发现他可以用动画做更多的事情。布局设计师给他提供新的图纸，每个人都有新的想法冒出来，于是沃尔特就不停地发问：'我在这里有什么收获？'他就像一个拼尽全力演奏的风琴手。"从本质上讲，沃尔特的视野随着这部电影在他脑海中逐步概念化而不断拓宽，他的愿景也不断扩大。

整个冬天，他不断与故事编撰小组的人见面，不仅在白天见，偶尔也会在晚上见，反复检查和修改序幕场景中的每句台词、每句笑话、每一个故事要点，不是一次两次，而是一遍又一遍，开一个又一个会议讨论，然后才极不情愿地进入后面的场景，即王后问魔镜谁是世界上最美丽的人。王后诱骗白雪公主吃苹果，王后派猎人带着白雪公主进入森林意图杀死她。但是，尽管迪士尼工作室的人对这个故事已经倾注了大量的注意力，尽管工作室所有天才都被要求参与编写制作这个故事，沃尔特仍然特别谨慎，他还是一个场景接一个场景、一行接一行，甚至一个字接一个字地反复推敲，以至于到1935年春天，他还没有给所有的小矮人想好名字，确定他们的性格，更不用说最后定稿了。如果某一场景存在任何其他可能性，他似乎下定决心决不能忽视这种可能性。他们不会因为赶时间而仓促拍摄《白雪公主》，即使这意味着无视原定计划。这部动画长片需要酝酿多长时间，剧本筹备工作就需要多长时间，多长时间都在所不惜。

从那年冬天到来年春天，除了沃尔特的完美主义，还有一个拖累这个进程的因素：沃尔特的身体不太好。他早就感到不舒服了，一直在接受药物注射，因为医生诊断他患有"甲状腺功能缺陷"，但罗伊发现，这种治疗似乎让沃尔特更加紧张了，神经更加过敏了。他自己也感觉劳累过度，有点儿筋疲力尽了。几个月来，他一直在孜孜不倦地筹备《白雪公主》的拍摄和制作——他上一次度假还是去年夏天，乘船去了火奴鲁鲁，进行了为期3个星期的巡航游览——同时他还要监督和审查所有动画短片的生产制作。很显然，罗伊已经意识到，整个迪士尼工作室多么依赖身体健康的沃尔特，所以他建议他们兄弟俩带着妻子去欧洲进行一次远途旅行，以庆祝他们的结婚十周年纪念日——这将是第一次世界大战之后沃尔特第一次访问欧洲大陆。沃尔特内心极其不愿意离开工作室，但是在罗伊和家人的劝说下，他还是于1935年6月2日离开工作室前往纽约，不知道他当时的表现是不情愿还是情愿。6月7日，他们一行登上了"诺曼底"号邮轮，前往英国普利茅斯。这是该轮船的处女航行，5天之后，他们抵达了目的地。考虑到有大量的前期工作需要完成，他要求工作室的员工"不要把工作都堆在那里等我回来处理，一切都按计划进行，不要因为我休假而影响工作进度"，并指定由泰德·西尔斯替他负责这一项目。

　　航行途中，虽然沃尔特满腹心事忧心忡忡，但船上的生活却是令人眼花缭乱目不暇接。"船上的每个人几乎都是'大人物'或记者。"罗伊在轮船停靠洛杉矶时给他的员工写信说道，"天哪，都是一群傲慢自大的家伙。"埃德娜·迪士尼回忆说："我们没有把自己当作什么名流巨星，所以我们玩得很开心。我们就像从乡下来的农民一样。"一天晚上，正在吃晚饭的时候，他们发现坐在自己旁边的是来自罗斯柴尔德家族的一个人，他请求沃尔特在菜单上画一幅米奇的画，准备把它送给法国总统。但是，如果说迪士尼一家感觉自己在这些大款富豪和社会精英面前像一群乡巴佬的话，那只能说明他们低估了自己的名气。当他们乘坐港口接驳列车到达伦敦帕丁顿火车站时，等待迎接他们的人非常多，以至于警察不得不出面护送迪士尼一家去旅馆。有一

第六章　创作巅峰——《白雪公主》

种说法是，当他们在下榻的格罗夫纳酒店（Grosvenor House）安顿下来时，100名新闻记者对迪士尼穷追不舍，跟着迪士尼从一个房间走到另一个房间，甚至尾随他进了浴室。从那时起，在整个旅途中，莉莲一直在责备沃尔特，称他为"大人物"。

在接下来的6个星期里，迪士尼一家游览了欧洲。他们驱车向北到了苏格兰和沃尔特喜爱的英格兰北部的湖区，然后又去了巴黎，在那里他们受到了国际联盟的盛情款待。沃尔特和罗伊认为这种场合比较正式，所以他们专门定做了晨礼服。"结果我们发现，"沃尔特后来回忆道，"那里的每个人都想给好莱坞的男孩们宾至如归的感觉，所以他们都穿着休闲装来了！"沃尔特后来再也没有穿过那套晨礼服。在法国逗留的两个星期里，他们漫无目的地驾车穿越法国乡村，参观了沃尔特在战争期间临时露营的地方；然后他们又驶进德国，在巴登-巴登和慕尼黑做了短暂的停留，然后越过阿尔卑斯山，来到瑞士，乘火车从威尼斯去了罗马。到了罗马之后，沃尔特在车站再次受到了一群喜欢他、感激他的民众的热烈欢迎。在那里他还见到了教皇皮乌斯十一世和贝尼托·墨索里尼，他们向沃尔特夸耀说，意大利的火车现在已经非常安全了，再也没有强盗袭击了。

这次旅行似乎取得了预期的疗养和恢复效果。7月25日，迪士尼一家乘坐意大利豪华邮轮"雷克思"号从热那亚出发返回家乡，他们说自己"很累，但很开心"。当然，他们此行受到的欢迎让他们感到振奋。《洛杉矶时报》援引英国《笨拙》（*Punch*）杂志上的一幅漫画称，沃尔特和莉莲"受到了欧洲近年来没有几个美国人受到过的热烈欢迎"。在漫画中，代表英国人形象的约翰·布尔（John Bull）热情地迎接沃尔特，并称他为"头号公共慈善家"。罗伊对此高兴地表示同意。"沃尔特到处都受到皇室般的欢迎，"他在给父母的信中写道，"你们有充分的理由为沃尔特感到骄傲。他表现得非常出色。除了他

333

是否应该得到所有这些已经授予给他的荣誉这个问题，他一直保持着冷静，仍然是你们知道的那个男孩。"至于他的身体状况，沃尔特觉得自己完全恢复了活力。当医生的接线员打电话给他，建议他到办公室继续注射甲状腺药物时，沃尔特咆哮道："你告诉医生，我这辈子从来没有感觉这么好过。从今以后，他可以把这些东西注射到他自己的屁股里了。"

他说，通过这次旅行他学到了不少东西，他回来的时候，已经对整个世界当前的情况以及他的动画在其中的地位有了一些基本的把握。当被问及对阿道夫·希特勒在德国崛起后欧洲政治局势的紧张有何看法时，沃尔特说他并不担心。"当一份来自芝加哥的报道称有'150人出现中暑'时，听起来感觉整个中西部地区都热得像在燃烧，"他对一名记者说，"但当你发现这150人当中，有一个人是在哥伦布市，有一个人在奥马哈市，等等以此类推的情况，而其他数百万人照常工作照常生活时，情况似乎并没有那么糟糕，尽管这个报道相当真实。"至于他自己的事业，沃尔特说，他现在认为应该把对话减少到最低限度。"我发现全世界的人都喜欢笑，"他一回来就对专栏作家卢埃拉·帕森斯（Louella Parsons）说，"但你没有办法把美国俚语和美国幽默翻译成任何其他语言，所以我会尽量把我的喜剧保持在哑剧的状态里，尽可能地减少语言。"

他也回归到了对《白雪公主》的痴迷状态。他决定，与其每天把注意力分散在动画长片和动画短片上（这显然让他无法集中注意力），还不如每隔几周交换一下，如前两周集中注意力于长片，后几周集中注意力于短片。但这样坚持了没多久他就违反了自己的规则。《白雪公主》是唯一重要的，需要他全神贯注。1935年12月，沃尔特写信给罗伊，称这部动画长片是"我们获得真正认可的唯一机会，带着这种想法，我将全神贯注于这部动画长片，哪怕要付出牺牲动画短片的代价，这样我就能确保从现在起一年之后推出它"。整个秋天和冬天，他都在马不停蹄地与《白雪公主》的编剧们反复会面，白天进行长时间的会面，开漫长的会议，有时在晚上与动画师会面，征求他们的笑料，甚至在周六上午也会有几个小时的会面，会面期间，他会反复表演那些场景（当前仍然专注于白雪公主清理小屋，然后与小矮人会面这一场景），并口述故事的分镜头剧本。这几个月来，在与似乎无法摆脱的严重感冒作斗争的同时，他不断地在脑子里构思这个故事，将整个场景在脑海中反复演练，构想修改确定那些最细微的细节——"白雪公主抓住松鼠，让松鼠清扫地毯下面的东西——此处需要修改"或"让一些鸟飞到橡子上，走来走去，它们的尾巴上结满蜘蛛网"——他甚至在分镜头剧本的背面用自己潦草的笔迹写下对话内容。其实他写的大部分对话已经打印在上面了，只是在这里或那里加或减一个字，让白雪公主变得更讨喜一点儿，他似乎通过手吸收了故事内容，就像他通过自己的表演吸收了故事内容一样。这几个月来，他一直在思考和反思：应该有更多的笑料，还是应该更强调个性？他们的目标应该是展现角色的聪明可爱，还是更深刻的感受？到了12月初，经过一年多的注意力高度集中构思和紧张筹备，他觉得自己至少对整个故事的框架和风格做到了心中有数——如果说不是所有的细节的话。1935年12月，他在给西德尼·富兰克林的信中解释了自己为什么没能在《小鹿斑比》上取得进展："那些分镜头剧本像一堆意大利面一样缠绕着我的脖子，把我搞得焦头烂额。虽然现在我计划拍摄的故事还没有完全编完，但我相信我们会有一些好的东西。"他告诉富兰克林，现在他希望在来年春天之前能把这个故事的剧本编写完成，把整部电影在一年内拍摄完成，到那时他们就可以把《小鹿斑比》拍成动画片了。与此同时，沃尔特急切地盼望为富兰克林表演一下《白雪公主》，并听取他的评价和意见。

但是，尽管沃尔特已经要求他的顶级动画师们开始从视觉效果的角度构思各个场景——他甚至把分镜头剧本发给了动画师比尔·泰特拉（Bill Tytla），当时泰特拉正因为打马球时出现的意外事故而在医院养伤——但他仍低估了自己的完美主义，进度安排也出现了严重的差错。《白雪公主》距离最终完成还有很长、很长的路要走——距离他想要达到的效果和需要达到的效果都还有很长、很长的路要走。

2

沃尔特需要更多的员工。甚至在他开始为拍摄制作《白雪公主》做准备之前，他就得同时制作两部完整的系列动画片——《米老鼠》和《糊涂交响曲》——而且由于他现在可是大名鼎鼎的沃尔特·迪士尼，这两部动画片可是由迪士尼工作室出品的，所以制作这些动画片的标准越来越高，难度越来越大。所有这一切都要求他雇用更多的动画师。沃尔特一直在四处搜罗和寻找人才，只要能够改进产品，提高影片的质量，他总是想方设法给他的团队增加动画师。一些新加入工作室的员工实际上都是动画制作的老手了，他们离开原来的公司加入迪士尼是因为他们希望能在这个杰出的动画工作室一显身手。卡门·麦克斯韦尔是沃尔特在堪萨斯城的老朋友之一，当时他正在为哈曼—伊辛工作室辛苦地工作。他给沃尔特写信说道："我在那里再也无法满足了，因为他们缺乏基本的成熟的发展理念，没有这些理念，他们永远无法拍出真正一流的动画片。"他又补充说："信不信由你，但是如果我知道自己努力是为了拍摄精心策划、制作得当的电影，我宁愿更努力地工作，挣更少的工资，一切牺牲都在所不惜。"

怀着同样的心情和期望，1932年、1933年和1934年，先后有好几位动画师离开自己原来工作的地方加入了迪士尼工作室，而沃尔特显然是怀着制作《白雪公主》这一动画长片的想法对他们的加入表示欢迎。阿特·巴比特就是其中之一。他从小在内布拉斯州加利福尼亚和艾奥瓦州长大，他父亲一贫如洗，穷困潦倒，家里一共有八个孩子，他是其中之一。十几岁的时候，阿特·巴比特来到了纽约，打算以半工半读的形式，一边打工挣钱养活自己，一边在哥伦比亚大学学习，最终成为一名精神病学家。但是，计划赶不上变化。一开始，他睡在一个教堂的楼梯间，从垃圾桶里捡拾食物果腹。这样坚持了六个星期之后，他在一家广告公司找到了一份工作，成为一名自由职业的艺术家，并最终在保罗·特里动画工作室安顿下来，成了一名专职动画师。当他看到迪士尼制作的动画片《骷髅之舞》时，他获得了一个启示："我知道那里才是我想要工作的地方。"他离开了特里工作室，去了加利福尼亚，直接去了迪士尼工作室。当他无法和沃尔特约到见面时间时，他就给沃尔特绘制了一封巨幅信件——20×24英尺——在信中他表达了自己的诉求，希望见沃尔特一面，并派人以特快专递的方式把它送到沃尔特手中。沃尔特投降了，给了他一个机会，见了他一面，几天后雇用了他。

许多对原来工作场所心怀不满的动画师都渴望加入迪士尼工作室。这促使赫伯里恩具备了一种类似"逃亡圣地"的感觉，众多优秀的动画师纷纷来到赫伯里恩加入迪士尼工作室。迪克·休默可以说是他们当中的代表。他当年从高中辍学，进入纽约艺术学生联盟（Art Students League）学习，后来又从纽约艺术学生联盟辍学，在动画片开始发展的初期，加入了拉乌尔·巴尔（Raoul Barré）的动画工作室。当时他正在查尔斯·明茨手下工作，明茨提出要给他减薪。休默立即前往加利福尼亚，并于1933年加入了迪士尼工作室，尽管他在这里的收入只有在明茨手下工作时的一半左右。格里姆·纳特威克则是另一个例子。当年，罗伊和沃尔特曾劝诱他加入迪士尼工作室，因为沃尔特看到了纳特威克创作的一个场景，是他为弗莱舍兄弟工作室出品的《贝蒂娃娃》系列动画片画的一幅画，画的是贝蒂娃娃爬上了一辆正在行驶的火车，沃尔特看了之后特别喜欢，多次邀请他加入自己的工作室。纳特威克拒绝了他的邀请，最终在1931年去了厄布·埃沃克斯的新工作室工作，"因为在东海岸地区一直有传言说迪士尼工作室里真正的天才是埃沃克斯"。三年后，像许多动画师一样，他也向迪士尼示好，想要加入迪士尼工作室。不过据说沃尔特永远不会聘用任何曾经拒绝过他的人。然而，纳特威克的朋友泰德·西尔斯介入了，在沃尔特亲自带领下，纳特威克在迪士尼工作室参观了两个小时之后，他获得了一份合同。

在这些新加入的资深动画师中，最重要的一位新成员也许是那个出生在纽约扬克斯的人，他像一头大熊，他的父亲是乌克兰人，母亲是波兰人。他就是弗拉基米尔·"比尔"·泰特拉（Vladimir "Bill" Tytla），他有着浓密的胡子，浓浓的眉毛，不羁的头发，他看起来就像独裁者。在派对上，他会一只手捶着自己的胸膛，另一只手举起一瓶伏特加，大声呼喊："我是哥萨克人！"这不仅仅是一种姿态——也是一种工作态度。格里姆·纳特威克说，泰特拉"在他的画板周围盘旋，像一只巨大的秃鹰在保护着一个装满金蛋的鸟巢。他是个精力充沛的工作者——热切、紧张、专注"。有时候，泰特拉画得如此专注和热情，以至于会用铅笔把画纸戳开许多小洞。泰特拉的特别之处在于，他把自己的这种"凶猛残暴"的力量转移到了银幕之上。他在保罗·特里工作室绘制的作品如此与众不同，独具特色，以至于沃尔特都能辨认出哪些场景是泰特拉画的。1933年5月，罗伊到纽约出差时，请泰特拉吃晚饭，希望能把他带到西部。"他表达了一个强烈的愿望，即希望有机会做'更好的工作'"，罗伊在给沃尔特的信中写道，"但如果没有一个有吸引力的薪水报价"，他不会离

第六章 创作巅峰——《白雪公主》

开特里工作室。

虽然泰特拉对于加入迪士尼工作室表现得很强硬，但迪士尼工作室对于聘用他也表现得毫不逊色。迪士尼工作室负责人员招聘和培训的本·沙普斯坦 12 月份在给泰特拉的信中写道，该工作室在向来自其他工作室的动画师灌输迪士尼的风格和理念时有一些困难，并且"把一个陌生人带进来，却不像对其他人那样，对他的能力进行评估和打分，这对我们自己的动画师和工作人员来说是不公平的"。他提出给泰特拉每周 100 美元的工资，这一工资标准对于像泰特拉这样级别的动画师来说，显然是不可接受的。尽管如此，当《白雪公主》以蜗牛般的推进速度快要进入实际拍摄阶段的时候，罗伊在接下来的一年里一直在劝诱他改换门庭。罗伊每次去纽约的时候，都会请泰特拉吃饭，与他谈论这事。泰特拉形容这是一段"断断续续分分合合的浪漫爱情"。双方的谈判一直持续到沃尔特和罗伊最终说服他飞到加利福尼亚去看看他们工作室的设施。直到 1934 年 11 月，经过 18 个小时的飞行和参观迪士尼工作室之旅，他最终接受了迪士尼兄弟的盛情邀请。随着他的到来，一种新的动画形式横空出世，这种形式被迪士尼工作室的常驻艺术指导唐·格雷厄姆称为开创了一个新的动画流派，即"力量与形态"派，主要基于泰特拉通过动画中可动部分的冲刺推挤来传递力量这一事实。他是如此受人尊敬和崇拜，以至于当他下班离开工作室后，年轻的动画师们会急急忙忙地跑到他的办公室，从废纸篓里把他扔掉的画抢救出来。

在签下许多拥有丰富经验的动画界"老兵"的同时，沃尔特也带着他迫切的人力需求，收集了一批可塑造的年轻"枪炮"，这些"枪炮"要么是有人推荐给他的，要么就是自己坚持不懈地反复自荐，他最后实在招架不住而同意聘用的。随着时间的推移，他们将成为迪士尼风格的主要倡导者和迪士尼工作室的支柱力量。正如动画师哈姆·卢斯克所说，沃尔特引进了这些纽约的动画师，"这个想法就像一封连锁信——每个动画师都需要十个助手和几十个中间帧动画人"。于是他们络绎不绝地来了。沃尔夫冈·雷瑟曼（Wolfgang Reitherman）就是其中之一。他出生在德国，又名"伍利"（Woolie），是家里七个孩子中最小的一个。他的父亲是一家瓶装水厂的老板，当年为了躲避所谓的"政治动荡"，带着家人来到了堪萨斯城。然后因为气候，他的一个女儿患上了肺结核，他又带着他们全家搬到了加利福尼亚的马德雷山脉地区。雷瑟曼先是上了两年大专，然后涉猎艺术领域，最后在道格拉斯飞行器公司找到工作。他身材高挑，体形瘦长，相貌英俊，长得有点儿像林德伯格，他的梦想是成为一名飞行员。当他的这一梦想破灭后，他突然决定去乔纳德艺术学院进修，追求新的梦想。在那里，他的导师之一菲尔·戴克，当时正在迪士尼工作室里协助唐纳德·格雷厄姆为动画人员授课和指导。戴克建议当时24岁的雷瑟曼申请一份在迪士尼工作室上班的工作。他于1933年6月开始在迪士尼工作室里工作，很快就得到了赞扬，声誉渐盛，这种声誉，用沃尔特的话说就是："他是这样一种人，你交给他一项艰巨的任务，他会笑眯眯地接过来……他有一种完成急难险重任务的能力——能够承受巨大的、沉重的压力。"

埃里克·拉尔森是一对定居在犹他州的丹麦移民夫妇的儿子。拉尔森就读于犹他州大学，主修新闻学，直到一次恶作剧——一些同学闯进了他在大学幽默杂志社的办公室，其中一人意外从天窗坠落身亡——让他在洛杉矶一家设计年鉴的公司找到了一份工作。他在那里待了6年，最后几年担任艺术总监。1933年结婚之后，为了增加收入，他决定为KHJ电台写一篇广播剧本。该电台把他介绍给自己前雇员迪克·克里登，让克里登帮助他，为他提供一些如何修改广播剧本的建议。克里登当时正在迪士尼工作室任职，建议拉尔森申请到迪士尼工作室工作，因为沃尔特为了筹备制作《白雪公主》，正在大肆扩充员工。当时28岁的拉尔森在不太情愿的情况下勉强应聘了迪士尼工作室动画师的职位，两天后被聘为助理动画师。

沃德·金博尔也是这群新入职人员当中的一位。1934年4月，他来到迪士尼工作室上班的时候，刚满20岁。雷瑟曼和拉尔森两人都脾气随和，和蔼可亲，而金博尔则脾气急躁，不愿意遵循那些陈旧的条条框框，喜欢打破传统标新立异。金博尔长着一张圆圆的、神情狂躁的、油腻腻的脸，高高的额头，饱满的双颊，一笑就咧开一张大大的嘴。金博尔的父亲曾是一名流动售货员，他带着全家从一个城镇流浪到另一个城镇，一直居无定所——金博尔说他前前后后上过22所学校——直到沃德十几岁时全家才最终定居在加利福尼亚。当他还是个孩子的时候，他的父母把他送到明尼阿波利斯市，他和他寡居的祖母生活在一起，那里是他第一次开始画画的地方。后来他们全家搬到西部后，他参加了艺术函授课程的学习，并随后进入圣芭芭拉艺术学院学习。在此期间，他半工半读，一边在学院读书学习，一边课余在当地一家剧院打工，以勉强度日。正是在剧院参加米老鼠俱乐部的乐队演出时，他观看了动画片《三只小猪》。"我被震惊了！"他说一位指导老师鼓励他去迪士尼工作室申请一份工作，沃德的母亲提出开车把他从圣芭芭拉送到迪士尼工作室参加面试。正如金博尔所说，他是带着自己的作品选辑来的，很显然此前没有人这样做过。当前台接待人员要求他留下作品选辑时，他非常老实地说，他负担不起再开车回来拿这个作品选辑的油钱。所以接待员赶紧把它交给了沃尔特，金博尔在接下来的那个星期就开始在迪士尼工作室上班了。当他从助理升为动画师时，金博尔已经以打破常规而闻名。他的同事、同为动画师的弗兰克·托马斯和奥利·约翰斯顿这样描述他："他从来没有做过人们期望他做的事。"

据沙普斯坦说，这也正是为什么沃尔特最终要"寻找一个聘用金博尔的机会，让他去做一些不需要和别人配合的事情，他可以自己单独完成不必考虑遵从他人意见的事"。

金博尔开始工作一个月后，当时25岁、住在加利福尼亚北部的米尔特·卡尔（Milt Kahl），在哈姆·卢斯克的建议下，前往迪士尼工作室寻找工作机会。卢斯克是卡尔的老朋友，当时已经是沃尔特手下最优秀的动画师之一了。卡尔有一个艰难的童年。卡尔的父亲是德国移民，他抛弃了家庭，他的母亲改嫁了他人。母亲再婚后，卡尔与继父发生了争执，被迫辍学挣钱。和沃尔特一样，他也在艺术中找到了逃避之所。16岁时，他开始在旧金山湾区各个报纸的艺术部打工。他做的是一连串的工作——他就是在其中一家报社遇到了卢斯克——然后又为西海岸的一家连锁影院绘制广告，随后开始从事自由职业，直到卢斯克提出自己的建议，让他到迪士尼工作室试试。卡尔被聘用了。

弗兰克·托马斯从小就开始画画，因为他性格孤僻，没有朋友。他在加利福尼亚弗雷斯诺读的高中，后来上了大学，先是在弗雷斯诺州立大学学习——他的父亲是该校校长，后来又在斯坦福大学学习。在读书求学期间，他一直坚持画画的爱好。毕业后，托马斯戴着眼镜，一副学者派头，离开学校前往洛杉矶，进入了乔纳德学院继续学习。他在斯坦福大学的一位朋友，同时也是艺术家的吉姆·阿尔加（Jim Algar）也去了洛杉矶，并引起了迪士尼的注意。他建议托马斯也申请迪士尼工作室的职位。托马斯通过了为期一周的试训，于1934年9月开始工作。与此同时，托马斯在斯坦福大学的另一位朋友，奥利·约翰斯顿，当时担任斯坦福大学橄榄球队的经理，正在洛杉矶参加"玫瑰碗"比赛，他自己决定报名进入乔纳德学院学习。约翰斯顿和托马斯住在一起，唐纳德·格雷厄姆邀请他到工作室试训。三个星期后,他被录用了。一年多后,他取代托马斯成为弗雷迪·摩尔的助手。

在这些优秀的新入职人员当中,约翰·朗斯贝里(John Lounsbery)也是佼佼者。他13岁时,父亲去世,他爱上了绘画这门艺术。然后他在铁路公司短暂工作一段时间,之后他进入了丹佛艺术学校学习。接着,他又继续在洛杉矶的艺术中心学习。正是在那里求学期间,具体时间是1935年夏天,他的一位导师把他介绍到迪士尼工作室。在他加入迪士尼工作室之后,马克·戴维斯(Marc Davis)紧接着也来到了迪士尼工作室。戴维斯是后来迪士尼动画大师团队的最后一位成员。戴维斯的先祖拥有俄罗斯血统,他的父亲是一个出生在美国的犹太人,是第一代美国人。他会读心术,曾在美国各地游历,最终选择定居在俄勒冈州克拉马斯福尔斯市(Klamath Falls)。和沃德·金博尔一样,戴维斯也上过20多所学校,这给他带来了一个孤独寂寞、四处游荡的童年,这种经历对于那些以画画为乐的动画师来说,似乎是必不可少的。搬到加利福尼亚北部后,戴维斯开始绘制剧院的海报和报纸上的广告。正是在这个时候,尤巴市的一位剧院老板建议他到迪士尼工作室找个职位。当他父亲去世后,戴维斯和母亲搬到了洛杉矶。他参观了迪士尼工作室,并在那年12月被聘为助理动画师。"我们不分昼夜地上课和培训,"他这样描述自己到了迪士尼工作室后受到的关于迪士尼动画的教育和灌输,"我们加班加点,拿到了饭票,我们很高兴能在那里工作。"

虽然新加盟的人可能是偶然来到迪士尼工作室的,但他们当中的许多人是在沃尔特1934年6月发起的一场招募活动中被雇用的。该活动是为了吸引年轻的动画师来参加《白雪公主》的拍摄和制作工作,尽管他们当时并不知道这家工作室正在开展这样一个项目。本·沙普斯坦起草了一封招聘信,寄往全国各地的艺术学校,信中写道："我们要求的资质包括具备良好的绘画能力，具有创造性，加上一定的想象力，这将有助于学习戏剧和表演，因为动画师必须掌握戏剧表演技术。"招聘广告发出之后，立马就有成千上万的人积极响应——据统计显示，仅乔纳德一个地方就有1300人应聘，到这个10年结束的时候，总共有3万人应聘。

尽管迪士尼工作室变得如此大受欢迎，但是吸引这么多人积极应聘的不仅仅是迪士尼的魅力，当时任何一个工作岗位都有诱惑力。多年以后，马克·戴维斯表示，就像沃尔特本人曾经说过的那样，"大萧条是沃尔特经历过的最伟大的事情"，因为如果没有大萧条，沃尔特是绝对不可能网罗到这么多天才动画师的。戴维斯很可能是对的。"在大萧条最严重的时候，迪士尼工作室看起来像一个真正的乌托邦。"约翰·朗斯贝里表示赞同。在数千名通过提交样品或作品集来回应招聘广告或艺术学校传单的人当中，经过初步筛选，大约1500人被挑选出来，其中大约75人在工作室里进行了为期一周的试用。其中约20人进入了下一阶段的培训。

真正的考验现在才开始。沃尔特雇用这些人并不是让他们来制作动画的——起码现在还不是，当然也不是让他们来承担主要任务的。事实上，根据一位动画师的说法，一个实习生要想从一个负责画中间帧的绘画工人变成一名动画大师，需要近十年的学徒期。他雇用他们并培训他们主要是为了让他们承担制作《白雪公主》面临的大量需要由中间帧动画师和助理动画师完成的艰巨任务。尽管如此，沃尔特仍然抱怨说，当他雇用资深动画师时，他不得不忍受他们"此前在制作廉价的动画片时养成的该死的糟糕的工作习惯"。他认为，从零开始培养年轻的艺术学生，并向他们灌输迪士尼的动画体系，要容易得多。实际上，沃尔特把这些人送进了一个艺术新兵训练营。

培训的日程安排得非常紧密，但是，另一方面沃尔特又特别希望《白雪公主》能够做到尽量完美。受训人员整个上午都得上课，然后吃午餐，短暂休息之后，又得上一下午的课——每天总共8个小时，课程是由唐纳德·格雷厄姆讲授的写生课。几个星期之后，他们被分配给动画师，作为他们的中间帧动画师，工资是每个星期18美元。然而，即使到了这个时候，他们也只被允许每天有三分之一时间或半天时间不用上课。而且，从1935年2月开始，他们被要求每周三个晚上在迪士尼工作室的摄影棚上夜校。格雷厄姆将他的课程描述为"关于角色构建、动画、布局、背景、机制和方向的密集讲座，旨在将迪士尼工作室的知识灌输给最年轻的新人"。

但是，现在上课的不只是那些新入职的受训人员了。到了1935年秋天，随着《白雪公主》剧本的逐步修改完善，以及这部电影动画制作阶段的临近，沃尔特重新开始为整个工作室的美术人员在每周二晚上讲授动画必修课。此前，面对繁重的工作量，沃尔特暂停了这些课程。会议间隙会穿插动作分析和放映最近的真人实景电影。沃尔特宣布，这些电影"在某种程度上与我们目前正在制作的东西有关……我们要怀着这样的想法，从现在开始为未来做好准备"。他这样说，指的是动画长片《白雪公主》。此外，据弗兰克·托马斯和奥利·约翰斯顿说：动画师们每周也要上两到三次课，课堂上格雷厄姆会分析一些电影片段，前前后后反复播放；他的讲课内容也会被录下来，抄写成文字，油印出来，然后再分发到整个工作室，让大家都好好学习。除了分析真人实景电影的拍摄手法，格雷厄姆还会分析米老鼠和唐老鸭的动作，这样做不仅仅是为了提高这些角色的动画效果，也是为了提高这些即将制作《白雪公主》的动画师们的技能。"简而言之，"格雷厄姆说，"这就意味着：绘画原则就是绘画原则。如果它在鲁本斯（Rubens）身上有效，那么在唐老鸭身上也一定有效。如果它在鸭子身上起作用，那么在白雪公主身上也一定起作用。"

当他们慢慢腾腾，终于临近开始制作《白雪公主》的动画部分时——鉴于沃尔特不愿意在没有做好充分准备的情况下开始，他们总是反复修改、反复推敲，所以进展速度一直极其缓慢——沃尔特加强了对工作人员的培训。除了夜校上课、放映电影片段，以及格雷厄姆和菲尔·戴克领导的动作分析研讨会，沃尔特还招募了一批年长的动画师来指导年轻的动画师。沃尔特说："和他们讨论获得特定效果的时机和方法……通过这种方式，我希望在这群人当中激起一种热情，营造一种学习的氛围，使他们知道如何才能取得能推动他们迅速前进和成长的成果。"（沃尔特后来在给格雷厄姆的信中写道："在年长动画师和他们交流之后不久，我就注意到他们创作的动画马上就发生了巨大的变化。"）除此之外，他还请专门从事漫画创作的年轻艺术家乔·格兰特来给大家讲授一门"漫画课"。在这门课上，动画师不仅接受指导，还要分享他们的想法。沃尔特还把课程内容进行了扩展，不仅仅局限于动画方面的课，还邀请其他领域的艺术家来授课：让·夏洛蒂（Jean Charlot）讲授作曲，里科·勒布伦（Rico Lebrun）讲授如何画动物，费伯·比伦（Faber Birren）讲授色彩理论。他还邀请了一些客座讲师到工作室给大家上课，其中包括许多像建筑师弗兰克·劳埃德·赖特这样的著名人士。他扩大了自己的视觉素材库，这样动画师如果想要看到各种运动中的动物或物体，就可以在审片室中播放相关影片，反复仔细地观看和研究。他甚至让格雷厄姆每个月都带动画师去动物园实地观察各种动物。那年12月，沃尔特在给格雷厄姆的一份长长的备忘录中写道："我相信，这个行业有一套科学的方法。我认为，我们不应该放弃，直到我们尽我们所能找到如何把这套方法教授给这些年轻人的途径和措施。"当时在迪士尼工作室工作的I. 克莱因（I. Klein）回忆说："当时一种创造性的结构正在逐步构建成型，这是一种具备分析性、教育性和艺术性的功能'传送带'，主要用来制作动画电影。这种动画片可以与真人实景影片相竞争,它超越了真人演员存在的各种局限。"动画师约翰·赫伯利(John Hubley)总结得更为简洁:迪士尼工作室"就像一个文艺复兴时期的极其了不起的工艺厅"。

当然,沃尔特引进的教学内容也不局限于图形和视觉效果。沃尔特相信,在叙事和情节方面,他也可以采取同样的科学方法,进行同样的科学处理。因此,1935年5月,他聘请南加利福尼亚大学电影艺术系主任鲍里斯·莫科文博士来指导和授课,对笑料进行详细的解剖和分析,并对其进行深入细致的条分缕析和科学研究,就像格雷厄姆剖析动画动作一样。正如莫科文所说:"沃尔特的想法是,他必须让自己手下这些年轻的艺术家做好准备,就像南加利福尼亚大学橄榄球队那样做好一切准备,确保万无一失。"莫科文声称,他已经把200多个笑料分成了31种基本类型,尽管所有的笑料都遵循一个基本的原则:"出乎意料是笑料的灵魂……我们可以看到,当两件意想不到的事情形成碰撞和对比时,它们会使观众的神经受到猛烈的刺激和震动,从而引起极度的欢笑。"因此,他建议听他授课的人,"必须训练自己的想象力,让自己真正有能力创造出互不相关、对比鲜明的笑料,要把这种能力融入自己的血液之中"。同时,他通过下列措施把自己研究的科学又向前推进了一步,即他深入研究了一些动画片,检查这些动画片中笑料的持续时间,以确定笑料在其中所占的比例是否恰当,不管这意味着什么。

沃尔特一心沉迷于动画制作的系统化,现在对莫科文如此着迷和崇拜,甚至让莫科文分析动画片的故事大纲,就像他现在让格雷厄姆在审片室里审查粗拍的还没有后续加工处理的动画片一样。后来,当莫科文开始发布评论动画片的新闻简报时,沃尔特产生了在电影放映之后在工作室分发问卷的想法。沃尔特认为,这将是"促进每个人自由讨论的理想方式"。但是沃尔特对这位教授的热情并没有得到广泛的认同。

莫科文，灰白的头发整齐地梳向脑后，厚厚的发胶像头上涂了一层漆，发型一丝不乱，戴着眼镜。大多数员工发现这位教授本人和他的名字一样华而不实，认为他的演讲近乎滑稽——一种对自命不凡的学者派头的拙劣模仿。"每星期在泰德·西尔斯的指导下工作一个小时，要比连续四天忙于应付不断变化的、不完善的、令人困惑的分类体系要好得多。"一名员工在上完莫科文的课程后抱怨道。多年来，在他离开迪士尼工作室后很久，莫科文仍然是大家口中的一个笑话——在沃尔特旨在为他的员工带来启迪的众多努力和尝试之中，这是为数不多的以失败告终的一次尝试。

然而，沃尔特组织开展这些培训活动的目的不仅仅是教育员工，还在培养他们对动画的痴迷和热爱。一如既往，沃尔特希望工作室的员工像他一样，为优秀卓越的理念所吸引和痴迷。他想要员工进入痴迷状态，在格雷厄姆的课程的鼓励下，他做到了。格雷厄姆曾说过，"思考动画角色成了一种特性"。在沃尔特的引领下，沃德·金博尔和另一名动画师拉里·克莱蒙斯正是如此，他们会在炎热的夏季周五晚上去海洋公园，嚼着花生饼干和爆米花，观察路人，沉思冥想，寻找灵感，分析人们行为的动机，并深入分析这些人的心理状态。这成为金博尔和克莱蒙斯磨炼自己动画才能的一种方式。弗兰克·托马斯是一位颇有造诣的钢琴演奏家，他说他会在表演时研究观众："你看看这些人，就知道你已经找到了适合某一张动画的一个角色。"

他们不仅研究人和运动，还研究无生命物体的行为。"我们最后到了这样一种程度，即我们会把砖块扔进平板玻璃窗里，"埃里克·拉尔森回忆说，"以观察这一运动的详细具体的过程。我们会用慢镜头把整个过程拍摄下来。"为了理解涟漪，动画师们会把石头扔进水里，但特效部门的乔什·米多尔（Josh Meador）并不满意，所以他用不同大小的石头和不同的液体做了实验，以更好地理解密度的效果。他们甚至砰的一声关上门，观察木头撞击门框时的反应。哈姆·卢斯克会在乘船前往卡塔琳娜岛（Catalina Island）的航行途中摘下领带，把它挂起来，只是为了看看风是怎么吹动领带的，或者他会模仿一位高尔夫球手的推杆动作，以表现出"期待"的神情。"哈姆每时每刻都在研究动画，"埃里克·拉尔森说，"这就是他的全部生活。"但是，不仅仅是哈姆·卢斯克，迪士尼工作室里几乎每个人的生活都围绕着创造更好的动画和更优秀的作品运转。"我们看了所有的芭蕾舞剧，我们看了所有的电影，"马克·戴维斯回忆道，"如果一部电影拍得好，我们会去看五遍……任何可能让我们成长的东西，任何可能刺激我们灵感的东西——场景的剪辑、舞台的设置，一组场景是如何组合在一起的——我们都不放过。每个人都在持续不断地学习。"他还说，这是"许多东西在同一个轨道上汇聚融合在一起的完美时刻"，他补充说，"沃尔特就是那个充满吸引力的磁石"。

现在他们似乎准备好了。时间已经到了1935年11月下旬，距离沃尔特第一次表演《白雪公主》已经过了两年半的时间了，他当时制定了一个时间表，基本上从喜剧场景开始，过渡到恐怖的场景，最后过渡到悲伤的场景。沃尔特之所以这样安排，很显然是希望随着项目的推进，他的工作人员能变得更加成熟老练。现在这一天终于到了，于是他开始分配动画任务。哈姆·卢斯克将是"第一个'吃螃蟹'的人"，并被明确挑选出来担任主要动画师。12月中旬，沃尔特指示卢斯克从白雪公主发现小矮人的小屋开始，逐步进入小矮人发现白雪公主在他们的卧室里睡觉、洗碗、喝汤的片段，然后进入白雪公主送小矮人进矿井工作，白雪公主遇到了卖苹果的女小贩，吃了她的苹果，最后进入白雪公主在树林里遇见小鸟的片段。"凭借卢斯克目前拥有的工作经验，再加上他与生俱来的聪明才智和能力，"沃尔特在给迪士尼工作室人事部门主管保罗·霍普金斯（Paul Hopkins）的信中写道，"他完全有能力处理好动画长片《白雪公主》的所有拍摄和制作工作，除了小矮人在晚上招待白雪公主的那一段，这一段我希望由莱斯·克拉克来处理。"

正如乔·格兰特所见，沃尔特从动画师中为各个角色"选角"，他选派动画师的方式就像真人实景电影选角导演挑选演员一样。"例如他把'暴脾气'这个角色给了泰特拉——泰特拉本人就有着脾气暴躁的性格；无论是谁，负责'开心果'的人本身肯定是一个非常快乐的人。所有这一切，都是沃尔特自己选出来的。"弗雷迪·摩尔曾经绘制过《三只小猪》里的小猪，当时他正在创作《三只小猪》的续集《三只小狼》。他看上去傲慢自负，喜欢自吹自擂，即将加入卢斯克的团队，负责创作和绘制小矮人发现了白雪公主到白雪公主喝汤的片段。除此之外，他还负责绘制小矮人们动身出发去矿井，在树林里相遇，开始在河床上干活儿，送给白雪公主一个礼物等系列场景。热情洋溢的迪克·伦迪则负责画小矮人逗白雪公主玩的部分。性格严肃的比尔·泰特拉，当时还在医院里养伤，正从打马球时受的伤中逐渐恢复。他负责绘制小矮人们在矿井里的情景——小矮人们往自己家走去，发现他们的房子里亮着一盏灯以及小矮人们在他们的房子里探寻的片段。约翰尼·罗伯茨要画的是小矮人们铺床的场景，以及此后一直到王后跳舞跳向死亡的片段。绘制动画角色"布鲁托"的专家、心理学大师诺曼·弗格森负责画王后伪装成小贩，做毒苹果，王后把王子囚禁到地牢里并去地牢探访王子（沃尔特很快就会把这一幕删掉），王后动身前往小矮人的小屋这些情景。除此之外，他还得绘制王后的大部分场景，直到她最后去世。莱斯·克拉克将亲自绘制娱乐片段中的白雪公主。而负责设计王后这个角色的阿特·巴比特则会画出所有与王后接触的物件、臣民和动物，还包括她的魔镜、她的猎人和她的乌鸦，在此过程中摸索、观察和体验，直到最后确定她的模样。与此相似的是，甚至在《白雪公主》的动画制作已经开始之后，格里姆·纳特威克，这位绘制"贝蒂娃娃"的老专家，还在继续与卢斯克和克拉克一起努力工作，为白雪公主寻找最合适的形象设计。（纳特威克后来说："在他们要求我为这部动画中的任何一个场景绘制动画之前，我得到了两个月的动画实验时间。"）与此同时，沃尔特指派他工作室内部的作曲家弗兰克·丘吉尔负责音乐和作曲。而且他还把故事编写部门分成六个小组，每个小组负责一个单独的场景，或者一组场景，由他们与动画师一起继续修改和完善所负责的场景。

在他开始布置任务的时候，沃尔特已经选定了四个监理动画师——卢斯克、摩尔、泰特拉和弗格森，他们将负责主要的场景和拍摄，其他动画师将向他们汇报工作。但是，除此之外，他还需要一个总监兼剪辑导演来协调各个监理动画师，以确保拍摄制作的电影是一个有机的整体，而不是一系列风格迥异的场景的组合。起初，他任命了一位年纪较大的人，从动画师转型为故事创作人的哈利·贝利来担任这一职务。之所以选择贝利，据迪克·休默猜测，主要原因是贝利高大英俊，沃尔特对他的英俊的外表印象深刻。当贝利对这一任务表示犹豫时，沃尔特找到了比尔·科特雷尔，科特雷尔是迪士尼工作室的资深雇员，当时正在追求莉莲的姐姐黑兹尔。科特雷尔承认，当时主要负责导演动画短片的戴夫·汉德是一个强硬的政治斗士，他想要这个任务，所以沃尔特找了汉德。（科特雷尔很失望，他说，如果沃尔特真的想让他来执导，他就应该拒绝汉德。）汉德说："所有的关键动画师都被认为是冰激凌圣代，而我被描述成独特的冰激凌圣代，我这个冰激凌圣代跟其他人相比多了一个樱桃。"尽管如此，他还是很谦虚地强调："老实说，我从来没有意识到其他同事和我之间存在着嫉妒之心——我们之间一直以来只有相互合作。"作为一种安慰，也因为一个人无法导演这么多东西，沃尔特把32个场景，包括片名，分给了科特雷尔，本·沙普斯坦，杰克逊——一个名字可能叫佩尔斯·皮尔斯（Perce Pearce）的满嘴格言警句、抽着烟斗的故事创作人，以及卢斯克。卢斯克现在身兼两职，既是动画师，又是场景导演。

但即使所有的人才都到位了，一个巨大的逻辑漏洞仍然存在。在制作动画短片的过程中，动画师们从来没有感到在绘制场景和在其中绘制角色之间有任何混淆和困惑，因为一个场景中通常只包含很少的角色，一个人就可以完成大部分工作。但是，在给《白雪公主》分配任务时，沃尔特把某些动画师和某些角色搭配起来，形成固定组合（例如，摩尔和小矮人、巴比特和王后、纳特威克和白雪公主），不过与此同时他也委派一些动画师绘制某些场景，由于很多角色很明显出现在不止一个场景中，所以这两种安排就产生了冲突。你可以让不同的动画师在不同的场景中绘制相同的角色，并希望他们能够保持连续性和一致性；或者你可以让同一个动画师在每个场景中绘制相同的角色，并希望场景本身能够保持其完整性，各个绘图之间能够相互关联。奇怪的是，虽然这是一个很重要的问题，但沃尔特从来没有找到一个令人满意的解决方案，从而导致了比层次结构所蕴含的更多的混淆和混乱。因为一些动画师试图跟随他们的角色从一个场景到另一个场景，而其他人则在整个场景中都有工作任务。

就在他们1936年初开始制作《白雪公主》动画长片的时候，又出现了另外一场危机，让原本已经混乱的局面更加混乱。尽管前期做了大量的人员招聘和培训工作，但是在所有这些招聘和培训中，迪士尼工作室却忽略了一个方面，那就是他们根本没有足够的动画师来做繁重、枯燥、乏味的中间帧动画以及清理工作，更不用说做次要动画了。他们需要动画师，而且是迫切需要。据说，沃尔特在这种情况下打电话给唐纳德·格雷厄姆，急切地说："我需要300名美术师——快帮我找一下。"此时，沙普斯坦由于要承担一部分《白雪公主》的动画制作任务，已经被解除了此前监管培训项目的职权。（后来他特别强调，沃尔特从来没有对他所做的一切表示过感谢。）接替他的是一个叫乔治·德雷克（George Drake）的人，这个人喜欢大喊大叫，长得尖嘴猴腮，脸颊瘦削，五官尖细，严格执行各项规章制度，为人古板。他是由沙普斯坦带进迪士尼工作室的，原本担任中间帧动画师，后来沙普斯坦又指派他监督正在接受培训的中间帧动画师，而沙普斯坦自己则去培训新入职人员去了。（德雷克被大家普遍认为是沙普斯坦的妻子的弟弟，他因此获得权威，但实际上他只是沙普斯坦的远亲，并且没有真正的朋友。）

德雷克和格雷厄姆带着看似不可能完成的任务，于1936年3月离开加利福尼亚前往纽约，在雷电华电影公司大楼的一个有7个房间的套间里住下来。这个套间是雷电华电影公司董事长M. H. 艾尔斯沃思（M. H. Aylesworth）为他们安排的。通过在纽约的报纸上刊登广告，他们吸引了一些想要成为动画师的人来参加一个相当于试训课的面试。但是德雷克和格雷厄姆非常挑剔，以至于在最初的700名申请者当中，他们只选中了32名，导致他们的试训课程参加人数不足。沃尔特给他们回信，建议他们不要妥协，不要降低自己的标准——沃尔特绝不会建议这么做，同时建议他们在纽约待得更久一些。他们确实这么做了。到了7月1日，这项任务结束时，迪士尼工作室为此一共花了1.5万美元，而且被选中的人数要比沃尔特想要的几百人少了很多，这在已经在迪士尼工作室工作的年轻动画师中引起了一些不满。

很难确定这项任务的收益和效果，尤其是沃尔特要求把有前途的候选人立即送到工作室协助开展工作，最终，德雷克和格雷厄姆通过招聘试训派往加利福尼亚的只有22人——这是从2000多名有希望的候选人中挑选出来的。

即使到了这个时候，这些新招聘的人员的职位也并非安全无忧的。早期的几位后起之秀——雷瑟曼、拉尔森、金博尔、卡尔、托马斯、约翰斯顿、劳恩斯伯里和戴维斯——都接受过格雷厄姆的教导和灌输，后来又受到了沃尔特手下第一代动画大师如哈姆·卢斯克、弗雷迪·摩尔、诺曼·弗格森和格里姆·纳特威克等的指导，这样才逐渐成长为动画领域的行家里手。而现在这一批见习生则交由乔治·德雷克全权负责，他曾被称为迪士尼工作室最招人恨的人。在为期一个月的试用期中，德雷克一直将这些见习生置于自己的掌控之下，而整个试用期他们需要完成的工作主要是动画测试任务。"乔治有一双巨大的耳朵，又大又红，还在扭动，"他的一名学员肯·安德森回忆说，"当他一边大喊大叫一边上蹿下跳时，耳朵就会像灯泡一样亮起来。"德雷克让他们感到恐怖，但他们还必须取悦他，尽管他自己的作品并不出众。"在那一个月的时间里，德雷克不停地在大厅里踱步，偶尔来看看我们，这让我们很紧张。"另一名实习生比尔·皮特写道，"每隔几天，就会有一两个人被解雇，而到了最后一个星期，我们都在想，德雷克会不会炒掉我们所有人。"

这是一个令人极度痛苦难以忍受的折磨过程，但那些成功跨越这个阶段幸存下来的人则会转到格雷厄姆的课堂，接受他的培训和指导，并享受迪士尼工作室向员工提供的其他福利。那些成功跨越这个阶段幸存下来的人可以说是攀上了动画界的顶峰，进入了动画界极其荣耀的幸运区域。

3

20世纪30年代中期，当沃尔特·迪士尼工作室开始制作卡通长片《白雪公主》时，旗下大约有500名员工。能够成为其中之一，是一件让人欣喜若狂、喜不自胜的事。一位观察人士说，迪士尼工作室"远远领先于时代，成了动画界的一个朝圣之地，不仅仅对米奇的粉丝来说如此，而且对任何对当代艺术和娱乐实验的发展感兴趣的人来说都是如此"。格里姆·纳特威克称迪士尼工作室为"其他工作室环绕的神秘太阳"。"每一部新动画片都有惊人的激动人心的改进，"托马斯和约翰斯顿写道，"动画的效果更好，动画更有生命力，整个工作室都有一种上升的势头。这种感觉就好像在一个总是获胜的球队里打球一样！对我们来说，这一切都是纯粹的魔法。"还有人把这些动画师比作米开朗琪罗的门徒："我们是一项可能会永远持续下去的事业的一部分。"迪士尼工作室的员工之间几乎没有抱怨，没有实质意义上的竞争，只有伙伴情谊。工作就是快乐。"当时的情况是并非说你必须做这些事情，"马克·戴维斯说，"而是你自己想这么做。你感到非常骄傲和自豪。工作室获得的每一篇评论和捧场文章，每个人都会走出去拿过来阅读。作为一个团队中的一员，很少有人经历过这种兴奋和激动的情形。"

这种精神的力量是如此强大，以至于它几乎无法被局限在工作室里，好像它在推动着赫伯里恩的物理边界不断扩张一样，在某种意义上事实也确实如此。背景艺术家莫里斯·诺布尔（Maurice Noble）说，怀着对《白雪公主》的期待，"整个工作室都在多维度快速发展壮大"。1931年，迪士尼兄弟建起了一座两层楼高的动画大楼，楼顶上挂着霓虹灯招牌。随后，他们又买下了赫伯里恩大道沿线的许多地块，还买下了格里菲斯公园大道上的其他大片大片的地块。格里菲斯公园大道向北延伸可与赫伯里恩大道连通，两条道路之间形成了一个小夹角。毗邻的风琴编钟工厂位于格里菲斯公园大道和郝伯里恩大道的交会处，长久以来它产生的各种噪声一直让动画师们心烦意乱，忍无可忍。现在这些厂房要么被夷为平地，要么被改造成罗伊的新办公室、餐厅和会议室，以及会计部门。1934年春夏之际，在《白雪公主》开拍后不久，迪士尼工作室的工作人员的规模超过了第一幢动画大楼的可容纳量，另一栋两层楼高、占地11200平方英尺的大楼，也就是整个工作室的核心建筑，直接建在了它的后面。动画师被安置在一楼，放映室被设置在二楼，取代了被称为"禁闭室"的审片室，但是名字没有变化，继续被称为"禁闭室"。1935年春，他们在摄影棚以外的地方建起了一幢"描线与上色"建筑，第二年秋天，在街对面又建起了一幢供见习动画师使用的建筑，它被称为"附楼"或"孵化箱"——因为它的屋顶让沃尔特想起了小时候住在马塞琳期间家里的鸡笼——它有各种各样不同的名字。乔治·德雷克正是在这里侃侃而谈，滔滔不绝。而那些新招聘的中间帧动画师——他们此前一直在被戏称为"牛棚"的动画大楼闷热的地下室里挥汗如雨地辛勤劳作——现在也在这里近似拼命地干活。为了容纳不断增多的员工，在格里菲斯公园大道的地块后面，又建起了两座低矮的临时木结构建筑，被大家称为"货车车厢"。尽管如此，仍然没有足够的空间来容纳制作《白雪公主》的大军，所以，迪士尼工作室的办公区域沿着街道随意蔓延，穿过社区，进入公寓楼、写字楼和平房——"附近任何可以容纳艺术家和故事创作人的建筑。"据托马斯和约翰斯顿说。故事创作部被搬到了停车场对面的格里菲斯公园大道上的一栋两层灰泥公寓楼里，据该部门中的一人说，这些作家"占据了所有的客厅、卧室、餐厅和小厨房"。到扩建完成时，迪士尼工作室已经拥有12栋建筑，占地 5 英亩，总重置价值 18.7 万美元。

然而，尽管迪士尼工作室看上去杂乱无章，乱七八糟，但大多数游客还是觉得它就像比尔·泰特拉热情洋溢地描述的那样，是一座美丽的工厂。在赫伯里恩大道旁边，它有一个小院子，里面绿草如茵，一边是一张乒乓球桌，另一边是一个小车库，车库里有供米奇和米妮使用的微型汽车，还有一条通往新动画大楼的石板人行道。一位观察者说，它看起来像一个"小型的市政幼儿园，有绿色的草地，可以把孩子们与外界隔离开来，屋顶上有一个巨大的、夺目的米奇塑像，这是向外界展示他们的最好方式"。另一位游客这样描述这些建筑："离奇古怪的、温馨舒适的外观，很适合一家制造乐趣和幻想的公司。"

室内设计同样充满梦幻色彩，与外部相比毫不逊色，至少在新动画大楼建成后如此。"首先，所有的东西都被涂上了明亮的覆盆子色、浅蓝色和闪闪发光的白色，不像其他工作室那样采用惯例化的墨绿色或令人作呕的棕色。"当时还很年轻的动画师沙莫斯·卡尔汉回忆说。在纽约的动画工作室里，配备的家具看起来就像"是从救世军那里偷来的"，而在迪士尼工作室里，"每个动画团队都有自己单独的办公室，里面有三张设计精美的桌子、带坐垫的椅子、用来存放正在制作过程中的作品的橱柜，最令人惊奇的是……每个房间都配备一台电影音像剪辑机"。"我们的办公桌和办公设备真是了不起！"沃德·金博尔表示同意。他说："他们决定使用西班牙主题，因为在建造赫伯里恩的第一座建筑时采用了西班牙风格的屋瓦，所以这种屋瓦在整个工作室的各个建筑上都很流行。"为了与这种风格保持一致，办公室里的动画桌被漆成了白色，饰以深红色。"然后他们在书架和角落里喷了一种暗淡的琥珀色混合物，给人一种年代久远或古色古香的感觉。这就是早期的西班牙风格的赫伯里恩！"

然而，当大多数人回忆起自己曾经付出辛劳和汗水的迪士尼工作室时，他们普遍的感觉是：它并不是一所幼儿园或大庄园，而是一所大学校园——"可能是常春藤盟校的校园，"一名员工说，"因为有一种排他性的感觉。"虽然面临着按时完成工作并要把工作做好的巨大压力，而且繁重而累人的工作要求一个人一连几小时弓着背坐在燥热的画板前——事实上是因为压力，但是，还是大学校园里那种轻松随意诙谐乐观的古老精神在工作室里占了上风，毫无疑问，工作人员年纪相对较轻这一点实际上又进一步强化了这种氛围。根据一份报告，20世纪30年代中期，迪士尼工作室的员工的平均年龄为25岁。沃尔特的秘书卡罗琳·谢弗（Carolyn Schaefer）每个月都会发布一份油印简报，名为《米老鼠手风琴》（Mickey Mouse Melodeon），主要是传播工作室里的八卦传闻和小道消息。在沃尔特的支持下，平托·科尔维格，一位故事创作人兼声音艺术家，组建了一支由25人组成的工作室乐队。午餐时间，工作人员可能会穿过街道，来到附楼，一起打排球，因为沃尔特曾在那里为了一场比赛而建了一个排球场。或者，他们可能会匆匆赶到摄影棚旁边的空地上去打棒球。后来，这块空地被占用之后，他们又改去赫伯里恩的空地上打棒球。通常都是已婚男子组成一队对抗单身男子组成的队。沃尔特也经常打球，他总是能上垒，这要感谢他的员工们的慷慨，因为他实际上仍然是个笨拙的运动员。"如果他被判出局，他会很愤怒。"一名参与打球的员工回忆道。

随着动画长片《白雪公主》制作的推进，员工感觉自己承受的工作压力像老虎钳一样越夹越紧，在这种情况下，那种学生时代常见的幼稚的恶作剧变得越来越频繁和精细，大家都煞费苦心，精心设计。弗雷迪·摩尔精通把图钉扔到故事板上的技术，图钉原本用于将绘制好的图纸固定在故事板上，但现在他会双手各拿两个图钉，朝天花板扔去，这样天花板上就会点缀着图钉；沃德·金博尔和自己的同事动画师沃尔特·凯利会在走廊里踢足球，金博尔会穿着大猩猩的服装去上班；米尔特·卡尔会走到从厕所通往中间帧动画师们所在的牛棚的通风口去放屁；其他一些恶作剧者会把一条金鱼放在阿特·巴比特的饮水机里。一个在工作室养了一只小宠物龟的故事创作人不明白为什么这只乌龟长得这么快，也不明白为什么它又那么快地缩小了。原来是他的同事们用好几只别的海龟代替了这只宠物。一位来访的记者将迪士尼工作室描述为"精神病学家的天堂"和"精神病院"。一位新入职的艺术家在给朋友的信中写道："如果这不是一个疯人院，那么我不知道什么是疯人院。"沃尔特没有过多地干涉员工的这些恶作剧行为，虽然他确实抱怨了天花板上的图钉，而且他被迫颁布了一项纪律规定，禁止"过多地从一个房间到另一个房间串门……我的意思并不是说，为了让你们认真做事，你们必须每时每刻都待在绘图板前面，除了工作什么也不能干；但是如果你想要站起来放松一下，不要影响或打扰别人，不要牺牲别人的利益"。但是更常见的情况是，在恶作剧发生之后，他通常会说："你们为什么不把这些恶作剧绘到动画片里呢？"

除了恶作剧，动画师和故事创作者还找到了另外两种缓解压力寻求安慰的途径——饮酒和性。通常情况下，动画师们都喜欢大量饮酒，一方面是为了缓解自身的紧张，另一方面也是为了缓解外界带来的压力；酗酒实际上是动画界的一种职业病，尽管它也可能与这样一个事实有关：那些被动画吸引的男性很可能情绪发育不良，孤独不合群，喜欢沉浸在自己的世界里，迷失在自己的想象当中。每天下午4点钟，一个流动小贩会给这些动画师们送来啤酒，下班之后他们经常去迪士尼工作室附近的莱斯利酒吧放松休息。"我们经常三五成群地去最喜欢的酒吧寻找液体灵感，与酒精催生的灵感相比，也许更多的想法被酒精扼杀了。"杰克·金尼回忆道，"但不知怎的，第二天我们就会像酒吧调酒师前一天晚上倒酒一样，滔滔不绝地说些新点子。"

他们不仅嗜酒如命，同时也很好色。偶尔会有人将供男性观看的色情电影带到工作室，动画师们就会被集体吸引过去，大家一起如痴如醉地观看。其他时候，为了缓解工作压力，他们会花几个小时画以迪士尼动画片中的角色为主角的色情卡通画。虽然迪士尼工作室有一项非正式的规定，禁止男性和女性员工交往（一大群年轻女性在附近的描线和上色部门工作），但动画师们从不缺少女性伙伴——杰克·金尼称之为"拿自己的笔蘸用公司的墨水"。（据金尼说，动画师们带姑娘们去酒店的时候，经常在登记簿上签上"本·沙普斯坦"的名字——用的是他们曾经的上司，也就是他们现在对手的名字。）一名员工说，他知道迪士尼工作室里至少有35对情侣，"丘比特的箭频繁而且又狠又准地射中了他们"。他们中的许多人最终都结了婚，成了夫妻，不过更有可能的结果是发生随意性行为。米尔特·卡尔在填写一份调查问卷时，在自己的爱好一栏中写的是"性交"，阿特·巴比特因为花心在同事中出名。

迪士尼工作室每天都充满了欢乐，这种不拘礼节的轻松和随意从来都不是偶然出现或间或有之的，它是迪士尼工作室固有的氛围。这种氛围对沃尔特·迪士尼来说是至关重要的——特别是现在他们正在制作《白雪公主》，这种氛围变得更加重要了。如果说这部电影是通过"白雪公主"这个角色来追溯沃尔特自己的成长历程，那么它也描绘了沃尔特自己在家庭中的不安全感，以及他对一个集体或替代家庭的不断探索和寻找。他可以从中找到归属感，他可以从中获得情感上的支持——就像白雪公主在小矮人们那里找到的那个家庭。所以，沃尔特·迪士尼不仅仅是在制作一部卡通片。在工作室的组织结构和动画片的制作手段等方面，他正在努力创造一个环境，创造这个环境对他来说就是一个使命，这个环境的建立对他来说就像动画片本身一样重要。简而言之，迪士尼工作室将在内部复制这部

第六章　创作巅峰——《白雪公主》

动画片的故事。

从"红十字会"到"德莫雷会"到"欢笑电影公司",再到他在洛杉矶金斯韦尔大街的第一个工作室,沃尔特一直热爱社会组织,总是喜欢把人们聚集在一起塑造成一个快乐的单元——"沃尔特的快乐大家庭。"一位记者这样描述位于赫伯里恩的迪士尼工作室。有些人认为这是家长式作风,当然他的管理风格当中肯定或多或少包含这种元素。"爸爸想照顾好每一个人。"他的女儿黛安娜说,"他想知道员工是生病了还是需要什么。他知道每个人的私生活。"出于同样的冲动,他要确保迪士尼工作室的工作条件和环境达到堪称典范的水准。正如动画长片《白雪公主》制作任务的随意安排所示,迪士尼工作室没有正式的组织结构图,只有沃尔特的直觉。它也没有上下班打卡的规定,因为沃尔特不喜欢当年在堪萨斯城电影广告公司天天打卡的那种体验。每个员工都可以在任何一个星期请三天病假,并享受全额工资,不会有任何人去调查情况是否属实。而且,如果能找到充分合理的借口和理由,病假结束之后的康复期他们也能拿到工资。在计划拍摄制作《白雪公主》之前,沃尔特通常会在8月中旬关闭工作室,给他的员工放一个很长的假期,一些被选定的员工甚至有更长的休息时间。"我希望你能充分利用这段假期,最大限度地享受这段时光,"他在给比尔·加里蒂(Bill Garity)的信中写道,"出去走走,去一些地方——世界博览会还在举行——然后是夏威夷、古巴、纽约、阿拉斯加和许多许多其他有趣的地方——总之做一些你喜欢的事情,回到工作室时会感觉很棒,可以充满激情地工作。"甚至就在他们已经开始为《白雪公主》的拍摄和制作做准备的时候,截至1935年7月1日,任何在工作室工作满一年的人都享有两周的假期。

而且,沃尔特给大家发放的特殊待遇还不仅如此。工作室每个员工的收入也不错。普通动画师的周薪一般在100美元到125美元之间,

361

这在大萧条时期是一笔名副其实的财富，而像阿特·巴比特这样的顶级动画师，每年的收入高达1.5万美元，足以让他支付购买三辆小汽车和雇用两个仆人的费用。尽管罗伊一再警告要密切监视工作室的资金情况，但沃尔特还是拒绝降低员工的工资。而且，他还一直在寻找任何他认为工资可能过低的员工，然后他会指示财务和出纳部门及时进行工资调整。一位记者写道："他的抱负是，给员工支付足够的薪水，让他们既能为养老存钱，同时还能享受现在的生活。"

但是，如果说这是一种家长式的作风，那么这也是一种为更高原则服务的家长式作风——不仅是为了效率、幸福、公共关系，甚至也不是为了沃尔特制作的动画一直受人推崇的优良品质，它是一种新的商业组织，它追求建立一种新型的社会关系，这种关系可以追溯到伊利亚斯·迪士尼当年追求的古老的美国权益平等协会：沃尔特·迪士尼希望像他在动画中所做的那样，在地球上创造一个避难所。他想要创建一个人人大公无私、快乐幸福的组织。乔·格兰特记得，有一个周日，他正在办公桌前工作，沃尔特走近了他。"'你知道，乔，'他说，怀着对工作室各项工作的进展感到自豪的心情，'整个工作室的运行机制和状态都在某种程度上像耶稣基督式的共产主义。'"毫无疑问，他没有意识到自己就是基督。尽管如此，沃尔特说的是对的。迪士尼工作室与其他工作室的运作方式都不一样，具体而言，迪士尼工作室与其他公司都不一样的地方是员工的责任感和奉献精神，而他并不是唯一一个认识到这一点的人。左翼观察家特别称赞他所持有的对艺术的集体主义态度。《新共和国周刊》影评人奥蒂斯·弗格森称迪士尼"在很多方面都是先驱人物，而不仅仅是在动画的概念构思以及动画制作领域孜孜不倦的实验这两个方面"。他援引迪士尼的"会议讨论式方法"说，通过这种方法，艺术家们无私地贡献他们的个人才能，最后汇聚集体的智慧来制作一部电影。另一位评论家称赞迪士尼动画作品为"沃尔特·迪士尼的社群主义艺术";第三位评论家在左派倾向的《新剧院》(New Theatre)杂志上撰文,称赞迪士尼电影中体现了"集体合作所产生的非凡的创造性的价值"。尽管事实上,迪士尼工作室仍然是一个类似宗教团体的组织,个人的贡献总是被纳入沃尔特·迪士尼的愿景之中,通常也被归属在他的名下,但是,沃尔特已经把迪士尼工作室看作一个艺术家团体或社区,大家为了一个目标团结在一起。对于一个长期以来一直在艺术中寻求逃避的人来说,工作室本身已经变成了另一个世界——一个近乎完美的世界。

尽管如此,组织工作并不比动画制作简单。创造性和商业之间的紧张关系,确保工作做好和确保工作有利可图之间的紧张关系,这些矛盾是永恒的。尽管迪士尼工作室的资源大部分都已经转移到《白雪公主》上面了,但是它现在仍然有《米老鼠》和《糊涂交响曲》两个系列动画片的制作任务,必须每两个星期制作完成一部卡通片,这意味着每天必须制作大约75英尺的电影。为了满足这一预定的时间安排,中间帧动画师们开始夜间也坚持工作。但现在他们发现自己,正如人事部门主管保罗·霍普金斯在给沃尔特的信中所写的那样,在白天"身体无法承受工作",他们现在感到"因为夜间会议而精疲力竭"。即使工作人员都很投入和积极奉献,都在全力以赴地完成工作,即使沃尔特尽其所能地减轻时间和进度方面的压力,但是考虑到影片拍摄进度的要求、影片质量方面的要求以及员工自我强加的想要做伟大作品的欲望,工作室的情况还是很紧张,员工们都压力重重。托马斯和约翰斯顿说,动画师们觉得他们提交的影片片段只有经过反复修改和完善的最后一稿才是好的,对自己的要求总是很高,所以他们总是担心因为自己的松懈而导致质量下滑。艺术家里科·勒布伦在迪士尼工作室教授艺术课程,他说:"在我的生活中,我从来没有发现过比

363

他们对自己更苛刻的人。"一位疲惫不堪的动画师请求辞职去另一家工作室，他对沃尔特的放行表示感谢，说："我相信这将在一定程度上帮助我恢复健康。"

作为一个乌托邦式的理想主义者，沃尔特不喜欢当监工的工头；他宁愿当缪斯女神。当员工的自律不足以让他们按预定时间完成任务时，他任命本·沙普斯坦来执行一些流于形式的表面纪律。沙普斯坦的妻子这样评价自己的丈夫："本意识到他没有特别的天赋，他无法和别人竞争。在进入迪士尼工作室之前，他做过的所有的工作最后都以他被解雇而结束。"沙普斯坦早早秃顶，秃头像电灯泡一样亮，留着一撮小胡子。他先后从动画制作人变成了培训项目的负责人，然后又成了动画短片的主要导演，而且在沃尔特全神专注于《白雪公主》的时候，他实际上成了动画短片的制片总监。他看起来像个懦弱的胆小鬼，但他会给其他导演施加压力，而其他导演又会给动画师们施加压力。除了乔治·德雷克，他可能是迪士尼工作室里最不受欢迎的人。比尔·皮特说："他人不错。他只是有点儿不怀好意。"另一位不那么圆滑的下属叫他"狗娘养的"，但接着又补充说："我是他最好的朋友之一。"沃德·金博尔认为沙普斯坦是虐待狂，尤其是对年轻的动画师，因为他对自己绘画技艺不高很敏感。但他也认为，沙普斯坦的这种施虐成性是对他遭受沃尔特训斥和痛骂的一种发泄和报复。金博尔回忆说："我知道他（因为我和他的妻子谈过这个话题）遭受过多么沉重的言语攻击，经历了多少个不眠之夜，这是他为了让自己的名字出现在银幕上面而付出的沉重代价。"沙普斯坦自己也这样说过："我经常被要求代表他做出决定。好的决定很少受到表扬，但是错误的决定却常常让我遭到粗暴的对待。"

鉴于《白雪公主》的进度严重滞后，为了消除沃尔特长久以来面临的烦恼之源，即在创新和成本之间保持平衡，沃尔特和罗伊想出了

第六章　创作巅峰——《白雪公主》

一个大胆的新计划，以加快《白雪公主》的制作速度。当年埃沃克斯辞职离开迪士尼工作室时，他们从他手中买下了公司20%的股份。现在他们计划拿出这些股份给员工，并以信托基金的方式替员工持有这些股份，向最优秀、最高效的员工发放奖金。不过，在这一计划得以完全实施之前，罗伊建议对之进行修订，以便让员工获得的奖金继续留在公司，作为经费资助《白雪公主》的拍摄和制作，然后在这部长篇影片制作完成并付清所有成本费用后，这些奖金将返还给参与其中的人。简而言之，如果这部电影获得市场好评和热卖，工作人员将得到丰厚的回报。

从1934年开始，沃尔特根据自己的判断，在那一年发放了3.2万美元的奖金。"如果可能的话，我一直在想方设法补偿我的员工，我既是在为他们也是在为我自己建设这个组织。"他后来表示，这表明他并不完全是为了自己而努力。但是在1936年初，随着工作室的发展和加快影片制作速度的需求越来越高，压力越来越大，沃尔特觉得他再也没有能力决定谁应该得到多少奖金了。有关激励的决定必须在客观甚至科学的基础上才能做出。在新的奖金制度下，每个动画师的工资都要记入一个单独的账户。由动画师和导演共同来决定他的工作量，即他要画多少。一旦卡通片——以白雪公主中的场景为例——绘制完成后，将由一个监督小组对其质量进行评级：动画的价格以每英尺多少钱为标准，随着等级的降低而逐渐递减，浮动范围从A级动画的每英尺8美元，到C级动画的每英尺4美元。为了确定动画师的奖金（如果有的话），要以等级系数乘以根据他绘制的图片拍摄的影片长度。所有超过工资的部分都将以奖金的形式支付给个人，并且任何人，如果持续超过他的工资标准，那么将在下一年对其工资标准进行永久调整。

但是，并不是所有人都喜欢这套新奖金制度。"没有人真正喜欢它,"沙普斯坦略带夸张地说,"除了少数几个精明的善于玩小花招的人,不知道怎么回事,他们总有办法把它搞得对自己有利,让自己从中获得好处。"速度较慢的动画师显然处于不利地位,而这正是问题的关键。一些人抱怨说,较好的动画师被迫重做较差的动画师的工作,但却没有报酬或补偿。此外,那些负责制作动画长片的动画师觉得他们更难评级,他们的工作更难评分,因为他们的工作本身比制作动画短片难度更大。所以,这种评级制度并不像它所宣称的那样客观准确。沃尔特仍然要仔细检查每一部电影,并会插手做一些特别的临时的调整。他相信如果想让动画师全力以赴做好自己的工作,他们必须得到充分的奖励。正如沃德·金博尔后来所回忆的那样:"某种魔力之光会照耀整个工作室……突然间你可能会获得出乎意料的加薪。"尽管这套奖金制度后来会产生一些毁灭性的后果,尽管存在种种缺陷,但在短期内,它还是达到了预期的效果。尤其是在动画短片方面,它似乎加快了影片的制作速度,并且没有牺牲影片的质量,而这在以前几乎是一个必然的代价。它似乎控制住了成本。这似乎给了动画师在迪士尼工作室享有更多经济利益的机会。最重要的是,它似乎创造了一种更深层次的忠诚和奉献精神。正如一名员工在拿到奖金后对沃尔特说的那样,"我肯定会尽我所能来维护我对你和公司肩负的职责"。

沃尔特将来需要的正是这种精神。

4

最后,在1936年2月——经过近3年的连续不断地修改,经过一系列的培训课程,持续进行的人员招聘,工作室的扩张,奖金制度的建立——《白雪公主》的动画制作进入了预演式的前期阶段。但即使工作人员画好了草图,继续进行动画实验,沃尔特的受难曲仍没有结束。他仍然在不停地处理制作方面的事情，仍然在极度痛苦中挣扎，仍然在和他的工作人员一场一场地审阅剧本，每周几次，每次三个小时或更多的时间，甚至在周末也不休息——这些场景他已经苦思冥想了许多年，反复调整修改了许多遍。他似乎无法放手，可能是因为他知道，自己没办法亲自画，一旦动画制作开始，他就会被迫放弃对这部电影的绝对控制权。弗兰克·托马斯说沃尔特和《白雪公主》"夜以继日地在一起。沃尔特事无巨细亲自参与了这部电影的每一个制作环节"。米尔特·卡尔表示同意："当时那是他的挚爱。"

那年冬天一直到来年秋天这段时间里，每个星期都会有来自故事编写部门的经过修订的分镜头剧本，这些分镜头剧本基本上都是沃尔特口述的。而且每个星期沃尔特都会重新审阅它们，提出修改的建议。"以跳舞开始——快乐地演奏管风琴，不同的小矮人演奏不同的乐器，"他在一个典型的故事研讨会上建议，当时讨论的是小矮人为白雪公主表演一个娱乐节目这个片段，"结束它——民间舞蹈的想法——专注于适合这个场景的小玩意——每个小矮人都自己写专长——得到各种小玩意——白雪公主想听点儿别的东西——月亮上的女人（一首歌）——当他们结束的时候——他们想让她做点儿什么，她给他们讲了一个爱情故事——很久以前——非常戏剧化——我们没有触及可能改进的余地。"在长达三个星期的时间内，一个单一场景可能要经历多达五次冗长的会议才能最终确定下来。

而且，就像他多年来一直做的那样，他总是会把这个故事背诵给任何愿意听的人听，也会背诵给许多已经听过的人听——从简短的版本到完整的长达3小时的表演。直到1936年12月，在大部分动画初步制作完成，有些已经审核通过被允许进行清理之后，沃尔特仍然在一次会议上完整地讲述了这个故事——每一次剪辑切换画面、每一次淡出、每一句对白。"他一直在讲述这个影片，"埃里克·拉尔森回忆道,"他会坐下来和我们当中的任何人谈论这部影片,他可能会在5分钟内讲完整个故事。每次谈论这个故事,他都会变得非常兴奋。"乔·格兰特说他快把员工们逼疯了:"每次他走进一个有故事板的房间,他都会再一次把整部电影的故事讲一遍,从头到尾讲一遍,以确保没有人弄错哪怕一点点细节。"格兰特还说,他最起码看过三到四次这样的表演,但每次都略有不同。每次沃尔特都会从分镜头剧本中吸收一些新的东西,比如一些作者或动画师可能已经添加的小的细节和变化,所以他不断地修改和完善自己讲述的版本。正如沙普斯坦描述的那样:"无论他全部采用了这一想法,还是对其进行了重大的修改,这个想法都必须成为他的一部分。"

他对这部影片的贡献,其中一些是概念性的。如沃尔特决定让白雪公主逃进去的树林是有生命的,而且对未来发生的事情是有预感的:"如果她(白雪公主)被困在灌木丛中,灌木丛中露出这些奇形怪状的手,然后是风以及所有让她害怕的东西,这对她(白雪公主)是有好处的。要让她觉得这些东西是有生命的,但与此同时观众应该有一种感觉,即这一切都在她的脑海里……就像荆棘从手又变回了荆棘。"有些贡献是戏剧性的。在下列场景当中,即在王后派出的猎人即将杀死白雪公主之前,白雪公主的天真无邪让他感到羞愧,并使他改变了信仰,沃尔特建议白雪公主弯下腰去照顾一只生病的幼鸟。"她弯着腰,给了你一个绝佳的位置,让你很容易把刀子从她背后插进去。"他建议道,"她吻了吻那只鸟,那只鸟就振作起来然后振翅飞走了,这个时候就让危险的气氛降临吧——它与猎人之间有一种联系,可以使猎人心软下来。"其他一些贡献则是心理上的。他一直在思考的不仅仅是屏幕上呈现的效果,而且还有角色的感受。沃尔特断定,当小矮人们发现白雪公主吃了有毒的苹果昏迷不醒时,失声痛哭的那个小矮人一定是"暴脾气",而其他小矮人的反应只是眼睛湿润,泪水模糊了双眼。沃尔特表示："让他马上崩溃吧。外表强硬，内心柔软。"除此之外，他还有一些贡献是细节性的，其中一些陷入了无休止的争论。比如，当小矮人们回到他们的小屋，意识到可能有人潜伏在里面的这个场景当中时，一双有青蛙跳进去的空鞋子是应该追赶"迷糊鬼"，还是从他身边跑过去，还是跟他步调一致亦步亦趋？（在最终版本中，这个场景没有被采用。）即便如此，沃尔特宣称："我喜欢好的喜剧素材，但我认为我们将不得不以不同的方式来系鞋带……这部电影作为一个整体，我们的各个分镜头剧本的连续性比某一个笑料更重要。"而且，就算某个镜头制作完成了，但是只要发现问题，即使是再细小的问题也要纠正，重新制作。在被戏称为"禁闭室"的审片室里，沃尔特看着埃里克·拉尔森制作的一个早期的动画场景，他注意到一个小矮人，特别提出"他的屁股在后半段场景中抬得太高了"，以及"让蜂鸟做 4 辆小货车，而不是 6 辆"。即使是他随意发表的评论也能在电影中找到用武之地，就像沃尔特对于小矮人进入矿井这一场景的建议那样，"'迷糊鬼'可以走进来，然后看到两块石头和小丑。把它们都放进他的眼睛里"。他把整部电影都在他脑海里形象化了，一个镜头接一个镜头，一个笑料接一个笑料，一个细节接一个细节，就像他脑袋里有一台放映机。

这就是为什么，在所有关于合作的讨论中，迪士尼工作室里没有人怀疑这份工作与其说是为了展示动画师本人的才华，不如说是为了在银幕上实现沃尔特在脑海中想象的东西。事实上，每一次故事研讨会上都有一名速记员，这样沃尔特的建议就可以像圣旨一样分发和解释。当沃尔特清楚描述的时候，这件事很简单，但是当他开展头脑风暴，一个接一个地抛出不同的想法时，就很可能引发问题。迪士尼工作室里最常听到的抱怨之一是，人们常常不知道沃尔特到底想要什么，因为沃尔特无法做到每次都把它清楚地表达出来，除非他把它表演出来。在拍摄制作《白雪公主》时，这种情况尤其突出，对工作人员来说尤其痛苦。托马斯和约翰斯顿写道："我们通常很难准确地知道沃尔特在某一片段中看到了什么，每次会议之后，他说的话都会在大家中引起一些分歧，至于大家理解的他想要表达的意思，会更加混乱和混淆。"这种情况下，通常都是由哈姆·卢斯克来澄清的。有人说沃尔特想要这样。哈姆会说："不，他不是那个意思。这才是他的意思。"沃尔特的意思就是指导原则和前进指南。

"在处理与沃尔特的关系时，我们要把握的原则就是根据他的理解并按照他的要求来制作这部动画电影。"《白雪公主》的总监戴夫·汉德对工作人员说，"我们必须完全相信他一个人的判断，否则我们就拍不出好的动画和电影。"在后来的几年里，迪士尼的竞争对手、动画师约瑟夫·巴贝拉会拿他遇到的老迪士尼动画师开玩笑说："所有曾经与沃尔特·迪士尼共过事的人，要么参与创作了《三只小猪》，要么参与创作了《白雪公主》。"尽管存在这种有僭越意味的说法，但是威尔弗雷德·杰克逊认为动画师真的无关紧要，沃尔特是唯一真正重要的人。"我的观点是，"他告诉托马斯和约翰斯顿，"如果沃尔特在相同的时间，但却是不同的地方，和一群不同的人开始拍摄制作这部动画片，结果可能会有或多或少的差异，但总体而言不会有多大区别，最多是大同小异。"所以说，《白雪公主》属于沃尔特·迪士尼，正如沃尔特·迪士尼属于《白雪公主》一样。

经过长达几个月的预演式的前期动画制作、情节草拟、动作粗加工和铅笔测试，迪士尼工作室的艺术家们终于在1936年夏天[1]正式拉

---

[1] 很难准确地说《白雪公主》的动画制作是从什么时候开始的。沃尔特在1935年底就开始分配任务，早于1936年2月就开始进行动画草图审核和情节动作实验工作，但是直到1936年9月28日，各个角色的最终模型图才完成定稿，这个时间可以被视为《白雪公主》真正的或最终的动画制作开始日期。

第六章 创作巅峰——《白雪公主》

开了制作动画长片《白雪公主》的序幕。这一刻，他们百感交集，有兴奋，有惶恐，有激动，有忧虑，这种复杂的心情几乎和沃尔特在最终批准拍摄制作这个故事时他们表现出的情绪如出一辙。比尔·泰特拉说，对于这部动画片，动画师们"都是小心翼翼地踮着脚参与其中。我们不知道接下来会发生什么。我们充满了各种各样的情绪"。每个人都意识到，他们正在着手做一些新的、重要的事情。"有很多东西，可能你在制作动画短片时能轻松应付，但在制作动画长片时你就无法应付了。"那年12月，泰特拉在一节动作分析课上说，"而且沃尔特不会让不好的东西蒙混过关的……他曾提到，审片室里的某些片段和做法虽然对动画短片绝对有效，但对动画长片却没有一点儿效果和好处。"泰特拉说，动画短片的图都是根据像球这样简单的形状绘制的，只要用墨水描一下，就会产生一条"坚硬的、锋利的线条"，而在动画长片当中，需要画出纹理——"肉体的纹理，小矮人的下颚，眼睛的光彩，嘴巴的细微特征，头发和旧衣服的纹理。"泰特拉甚至建议他们试着从小矮人的手的纹理中寻找个性。他略带威胁意味地补充说："他们对我要求很严格，一定要达到他们的要求，得到他们想要的东西——我们必须朝着这个目标全力以赴，不能有丝毫懈怠。"泰德·西尔斯在一份备忘录中对故事情节也表达了类似的担忧。动画长片需要表现微妙之处，但又始终存在表现得太过于精细微妙的危险，西尔斯说："我认为他们担心这种恰到好处的微妙在卡通人物和角色身上无法完全体现出来。"与此同时，哈姆·卢斯克警告那些被认定为中间帧动画师和助理动画师的人说，如果他们带着太多的敬意和保守去完成这部动画长片的工作的话，反而会让它受到损害，最终的效果就会大打折扣。"我不希望你们抱有这样的想法，认为这是一部动画长片，因此必须非常小心仔细地绘制每一幅图，比绘制动画短片的图要更加小心更加仔细，"卢斯克建议道，"我们想要好的作品，但不是那种会损害动画效果的细如发丝的东西。"

由于《白雪公主》的动画制作工作正是在这种紧张和焦虑的状态下开始的，所以迪士尼工作室里很快就浮现出竞争的氛围，而仅仅几个月前，这个工作室还为自己那类似大学校园的友好协作氛围而自豪——这种竞争与其说是为了获得沃尔特的欢心，不如说是为了证明谁更擅长实现他的想法。一些故事编制人员提出反对意见说，动画师们没有最大限度地表现出他们提供的材料，故事创作部门还贴了一个标语："它离开这里的时候充满趣味！"而在动画师中间，也出现了派别和内讧，这导致了相互攻击。沙普斯坦说，新入职的员工都认为自己是"热爱艺术"的，其他人则认为他们是"附庸风雅"，而老前辈们，尤其是等级较低的动画师和助理动画师，则"致力于获得笑声"。第一组认为第二组不能满足《白雪公主》的情感需求，而第二组认为第一组不懂娱乐。"我不知道他们还在这附近找什么。"此前辞职现在又回到迪士尼工作室的伯特·吉列特抱怨道。"经验似乎无关紧要，一点儿用也没了。这里有一群聪明的孩子，你不应该对他们指手画脚说三道四。"动画师比尔·罗伯茨（Bill Roberts）称这所艺术学校的毕业生是"一群灰姑娘"。

在动画师们因为制作这部动画长片的总体策略划分为不同的阵营后，他们在白雪公主这个角色身上又出现了新的分歧。迪士尼工作室里的每个人都意识到，制作这部动画长片面临的最大视觉挑战是如何绘制真实的人类。1933年，迪士尼工作室曾尝试在《花衣魔笛手》中塑造人类角色，但沃尔特对这一尝试的结果很失望。那年秋天，艾·克莱因提交了一个包含人类角色的故事情节板，泰德·西尔斯在给他的信中写道："我们已经得出这样的结论，我们最好的银幕价值在于可爱的小动物角色，我们还没有发展到拥有足够的能力来恰当地处理人类角色，让他们表现得足够好能够与真正的演员竞争，我

第六章 创作巅峰——《白雪公主》

们还达不到这种水平。"第二年，显然是考虑到《白雪公主》，迪士尼工作室又尝试制作了动画片《春之女神》，影片的主角是珀尔塞福涅（Persephone），讲述的是她被魔鬼俘虏的故事。这一次，动画效果还是让人无法满意，人类角色太僵硬，太呆板。莱斯·克拉克觉得自己有必要向沃尔特道歉，沃尔特只是说："我想我们下次可以做得更好。"

没过多久，沃尔特就把设计白雪公主形象的重任交给了哈姆·卢斯克。到这个时候，他还聘请了格里姆·纳特威克。纳特威克早在1935年初就展现了自己在绘制更像人类的动画形象方面的能力。他在一部名为《甜饼狂欢节》的《糊涂交响曲》系列动画片中，把饼干女孩变成了饼干女王。尽管有人抱怨他反应迟钝、没有条理、技术能力不足，但他还是被指派了一项任务，制作白雪公主的场景动画，人物形象想必是取自卢斯克的模型图。两人之间的这种合作从一开始就很不愉快。卢斯克认为白雪公主年纪幼小，天真无邪，本质上还是一个孩子，因此他画的白雪公主有着略微卡通化的身材比例和柔软的、圆圆的、超大的五官，目的是传达上述这些特质。但是，纳特威克对白雪公主的想法截然不同。作为以制造了性感女神贝蒂娃娃这一动画形象而闻名的男人，他自然而然地认为白雪公主应该是一个成熟而又有女人味的女子。他把卢斯克的模型图统统都抛到一边，抱怨她们没有展示出一点儿解剖学的感觉——用他的话说就是，没有脊柱。

这两种构想竞争了好几个月，动画师们纷纷选边站队，有的支持卢斯克，有的支持纳特威克。这一情况只不过是迪士尼工作室在动画长片领域摸索着前进的另一个例子，他们一边探索一边学习。白雪公主应该是一个完全想象出来的传统意义上的卡通人物，还是一个更前卫、更现实的人物？沃尔特又一次不得不在极不情愿的情况下拍板做决定，他最终站在了卢斯克一边，部分原因是沃尔特自己一直把白雪公主当作一个女孩来谈论，还有一部分原因是卢斯克笔下的白雪公主画起来更容易。但是，即使最终选择了与卢斯克站在一边，在此之后，他还是放弃了卢斯克绘制的大部分尝试性动画草图，让纳特威克和后来担任卢斯克助手的杰克·坎贝尔（Jack Campbell）重新绘制白雪公主，让她身形更精瘦，轮廓更清晰，不那么卡通化，更接近真实。纳特威克照办了，后来又完全相反地宣称："白雪公主是一个可爱并且优雅的小女孩，我们只是尽量不要把她画丑。"尽管如此，纳特威克还是不确定沃尔特真正想要的是什么，据他自己估计，在展示给沃尔特看之前，他已经制作了26个白雪公主的动画场景。

但是，尽管卢斯克和纳特威克因为白雪公主的形象发生了激烈的冲突，白雪公主在某种程度上已经成为沃尔特最不关心的问题了，更令他担忧的是小矮人们。沃尔特花了近两年的时间从备选姓名列表中挑选合适的名字，但是直到1935年11月，当他已经在为各个模型和草图分配动画任务时，他还没有最终确定小矮人们的名字和他们的个性。直到那个月的晚些时候，沃尔特似乎才决定让"迷糊鬼"成为哑巴（万事通："那个是'迷糊鬼'！他不会说话！"）；除此之外，直到1936年1月的某个时候，一个名叫"小聋子"的小矮人，最终被抛弃，替换为"喷嚏精"。"小聋子"一直被描述为一个"快乐的家伙"，然而却经常因为自己耳聋把别人的话误解成是对他的批评而生气，一直用来和"迷糊鬼"互换。

随着最后期限的迫近，沃尔特知道他需要帮助定下来小矮人们的个性和特点，以便让动画师们在创作的时候有所依托。早在1935年夏天，他就曾向声音粗哑的性格演员詹姆斯·格里森——沃尔特的马球球友之一——征求过意见，问他是否愿意推荐一些喜剧演员，来迪士尼工作室充当模特，帮助塑造小矮人们的形象。1936年1月，显然

第六章 创作巅峰——《白雪公主》

是在沃德·金博尔的建议下，一个名叫艾迪·柯林斯（Eddie Collins）的滑稽讽刺短喜剧演员来到迪士尼工作室，扮演小矮人之一哑巴"迷糊鬼"，表演了一场哑剧，希望能激发动画师的灵感。"他用舌头表演了这些所有给人灵感的动作，"金博尔回忆道，"这对喝汤这一场景的创作有很大帮助。"沃尔特还派其他动画师去观看《乔·杰克逊和他的自行车》，以寻找灵感，了解小矮人可能会如何移动。就在同一个月，他还组织演员们参加了给小矮人配音的试音工作。2月份，弗雷迪·摩尔和比尔·泰特拉制作了一个模型表，这是一个供动画师们使用的模板。（沃尔特总是怀着一种恶毒的快乐来让相互对立的两人配对搭档工作，就像他让脾气暴躁的泰特拉和沉着冷静的摩尔组成搭档那样，希望两个人能碰撞出火花。）但是直到11月份，也就是距离这部动画长片计划上映时间只有一年多一点儿的时候，沃尔特才意识到时间已经不多了，而他仍然没有解决这个问题，于是召集他的工作人员再次讨论关于小矮人的问题。

迪士尼工作室现在很明显有了一种紧迫感。整个11月和12月，在从沃尔特的办公室走到走廊尽头的第4号放映室里，一群故事创作人和动画师晚上定期开会，每次开会都持续好几个小时，沃尔特也经常参加。就像戴夫·汉德告诉他们的那样，他们的目的很明确，就是研究小矮人的个性特征。"一共有7个小矮人，"他警告说，"确实，每一个的个性特征都很难找到。"像往常一样，沃尔特会在这些会议上表演每个小矮人，他那么投入，以至于托马斯和约翰斯顿说："他忘记了我们的存在。"但是，尽管沃尔特的表演很精彩，尽管他反复描述小矮人的故事，但动画师们却仍然感觉摸不着头脑。因为一方面要让每个小矮人在情感和心理上都独一无二，另一方面还得让他们看起来基本一样，这实在是有点儿难度。"经过这么长时间的工作，动画师们自己还是不知道怎么画这些小矮人。"泰特拉当时在一次课堂上承认，此前泰特拉一直在和摩尔一起设计小矮人。

　　随着时间的流逝，动画师们越来越绝望。绝望之下，他们想要给每个小矮人身上设置一些怪癖，赋予他们独特的个性——"我们必须为每个小矮人设置一些独有的特点，这样我们才能把握和掌控他们。以后每次我们遇到那个家伙，我们就会在他身上施加那个特点。"戴夫·汉德在一次会议上说——经过几周毫无结果的争论之后，他们聘请了一个名叫马霍尔·乔治（Major George）的真实的小矮人以及两个名叫厄尼（Erny）和汤姆（Tom）的侏儒表演电影中的场景，展示一些动作和姿势，争取给动画师一些启发和灵感。但沃尔特不为所动。"对我来说，厄尼、汤姆和马霍尔·乔治都不太可爱，"沃尔特在给他那些陷入困境、无计可施的员工的信中写道，"我不禁为他们感到难过。我相信，当然，我们应该从这些人身上吸收借鉴一些小矮人的特征，但一定要有所取舍，不能全盘接受。只有这样，才能确保这些小矮人的动作和行为不是因身体畸形而引起。"至于在他自己心目中对小矮人有什么设想，他说："我不禁觉得这些小矮人都是虚构的。他们是想象力的产物。"当动画师们努力寻找标志性的行为和动作时，阿特·巴比特建议他们避免"肤浅表面的矫饰手法"。"你必须再深入一些，"他说，听起来很像沃尔特的表述，"你必须走进他的内心，了解他的感受。"沃尔特同意他的这种说法。他一直想要的正是个性驱动的动画。沃尔特现在建议动画师："我认为，在你们画这些家伙之前，你们必须完全了解他们。"

　　但是，为小矮人找到独特的个性并不比发明一些小习惯或像痉挛抽搐这样的病态行为更简单。为了深入角色内心从里向外开展工作，动画师们开始想象真实生活中的类似人物，这些人物似乎帮助动画师捕捉到了小矮人的一些个性特点：演员罗伊·阿特韦尔（Roy Atwell）和小矮人之一"万事通"有点儿像，迪士尼工作室已经选定他来为电影中的这个角色配音（"他就像'万事通'一样，是一个喜欢啰里啰唆的人，"沃尔特写道，"他喜欢谈论过去那些美好的日子，当……的时候……"）；奥蒂斯·哈兰（Otis Harlan）像"开心果"（"哈兰有一个特点，就是倾听别人说话时总是充满热情和期待。当有人和他说话时，他的脸似乎会一下子变得很空虚茫然……与之形成对比的是，他一记起刚才说的话，脸上就会焕发出明亮的光彩。"）；黑人喜剧演员斯特平·费切特（Stepin Fetchit）像"喷嚏精"；威尔·罗杰斯像"害羞鬼"；沃尔特认为长着娃娃脸的无声电影喜剧演员哈利·兰登（Harry Langdon）像"迷糊鬼"。为了打破僵局，那年12月份，在一次会议上，弗雷迪·摩尔站了起来，根据佩尔斯·皮尔斯记录下的与沃尔特的对话记录，开始勾画每一个小矮人的姿势，他认为这些姿势可以表现他们的核心自我，同时又在很大程度上根据他们承载自己重心的方式微妙地将他们区分开。

万事通："是个浮夸自大的家伙。虽然他比较大，但他必须保持体形。"开心果："比其他人都要胖，让他的重心滑动然后摔倒，而万事通则要一直保持重心在上。"暴躁鬼："是一个胸脯很大、屁股也很大的小个子男人，喜欢挺着胸脯——还是个罗圈腿。他是一个非常好斗的人。"害羞鬼："正如沃尔特喜欢的那样，有一双短腿，圆滚滚的身体。他总是低着头，下巴贴在胸前，用余光往外看。"瞌睡虫："有一个长长的身体，向前倾着，似乎随时要失去平衡一样……他的头看起来是向上倾斜的，但是当他处于一种耷拉着的姿势时，他的头就会垂下来。"喷嚏精："头应该画成有点儿类似长方形的形状，鼻子的形状要或多或少画得好看一些，向上翘着，伸向空中，上嘴唇很长。"最后一个是迷糊鬼："他的袖子垂下来遮住了双手……他有孩子般的性格，一个小鼻子和一双相当大的眼睛，有点儿向外倾斜，让它们有一种顽皮的精灵般的感觉。"

不管其他小矮人创作起来有多么困难，最具挑战性的还是"迷糊鬼"，因为正如沃尔特所说，他是"我们依赖的那个能让我们捧腹大笑的人"。他甚至对"迷糊鬼"这个名字本身也有一些疑虑。有些反对意见认为这个词太俚语化、太时髦了，或者可能像沃尔特所说的，让人联想到"吸毒鬼"，不过沃尔特没有理会这些批评意见，他说莎士比亚曾经用过这个词，不想过分考虑这个词包含的使用毒品这一隐含意思，因为"这不是我的思维方式"。说到刻画角色的个性特征，每个人都在继续寻找每个小矮人固有的并且是独有的属性。"迷糊鬼身上有一些哈波·马克思（Harpo Marx）的影子。"在一次会议上，佩尔斯·皮尔斯引用了沃尔特本人在此前4月份说过的原话，这样宣称，"沃尔特说，他是由哈利·兰登、一点点巴斯特·基顿以及一丝丝的卓别林组成的。我想说的是，迷糊鬼身上什么人的特点都有一些。"这种特征描述的问题在于，在什么东西都有一点点和一无所有之间只有一线之隔。

"小伙子们似乎根本找不到他（的特性），没有一点儿感觉，"沃尔特多年后说，"他们的想法是要把他弄得太低能、太愚笨，这不是我们想要的，和我们脑海中的形象相去甚远。"尽管沃尔特自己也有意无意地促成了这种思路和想法。"他和斯坦·劳莱（Stan Laurel）一样，遇到事情反应比较慢，搞不清楚事情的来龙去脉，"沃尔特在那年12月的一次关于迷糊鬼的深入讨论中说，"迷糊鬼连勺子都拿不对。他拿勺子的方式是这样的，当他把勺子放到汤里准备舀汤的时候，勺子是反过来的，他把它拿起来的时候，一点儿汤都舀不到。"沃尔特又一次提到了哈利·兰登，想起了他主演的一个场景，这个喜剧演员受邀和一群同事一起去工厂参观，他很高兴能够和他们在一起，所以他一直跑在他们前面，回头看着他们，脸上洋溢着笑容。但是，如果说沃尔特把迷糊鬼描述为为人热情、糊里糊涂，像他的老叔叔艾德一样，那么他也会坚持说迷糊鬼还应该是很可爱的。他在一次会议上说："我认为最能准确描述迷糊鬼特点的是他没有长大——有点儿孩子气。"但是，这种说法似乎对动画师们没有多少帮助。而戴夫·汉德则又一次表现得像抓住了救命稻草，示意他们再次邀请艾迪·柯林斯来迪士尼工作室，扮演迷糊鬼这个角色，再次给大家表演一场，希望他能激发动画师的灵感。此举是他们陷入困境苦苦挣扎的又一体现。

正如沃尔特所描述的那样，当他们决定不把迷糊鬼看作一个精灵、一个天真无知的人或一个孩子，而是把他看作一个"有狗的习性和智力水平的人"时，他们取得了突破。因此，可以说他们又回到了沃尔特此前的想法上面了。沃尔特在一年前发给他的员工的一张便条中，提出了这个想法，他在信中描述迷糊鬼为"某种程度上与布鲁托类似"。"你知道一只狗是如何全神贯注地沿着一条路不停地嗅着，以至于他看不到兔子就在他的正前方，"沃尔特说，"——而当兔子因受惊而急促地跑开时，狗再想去抓已经迟了。那就是迷糊鬼的样子。我们要让他能够单独移动一只耳朵，而另一只耳朵不受影响，就像狗摆脱苍蝇一样。当迷糊鬼做梦的时候，他用手抓挠的姿势就像狗睡觉时抓挠一样。"做了这个决定以后，小矮人们的问题终于得到了解决，尽管只是暂时的，因为有关《白雪公主》的一切东西都是暂时的。1937年1月8日，沃尔特终于能够发布一份酝酿已久的备忘录："关于小矮人们的具体细节，沃尔特已同意。"现在，将这一美好的想象带到屏幕上的实际工作终于可以开始了。

5

在沃尔特和工作人员对剧本进行微调、反复思考有关小矮人的问题的这几个月里，他们还有其他同样紧迫的任务要完成，因为他们要确保这部影片为1937年12月预定的首映做好准备。首先，因为动画师们要把画面画到音轨上面，所以在他们把任何包含角色说话的场景制成动画之前，必须先选定配音演员，然后录制声音和对话。早在1936年初，好几位曾经扮演过小矮人、被视为其原型的演员已经被选定为配音演员——阿特韦尔给万事通配音，哈兰为开心果配音，而曾为泰特拉拍摄过真人版暴脾气片段的平托·科尔维格为两个小矮人暴脾气和瞌睡虫配音；为喷嚏精配音的则是资深电影喜剧演员比利·吉尔伯特，他有一个标志性的打喷嚏动作；长期在电影中扮演小角色的演员斯科特·马特劳为害羞鬼配音。

迪士尼工作室为了寻找给王后配音的人，前前后后面试了数十名女演员。据比尔·科特雷尔说，其中大多数人都受到了一个发出刺耳笑声的女巫的致命影响，这个女巫是一个颇受欢迎的广播节目中的角色。当在戴维·O. 塞尔兹尼克（David O. Selznick）拍摄的《双城记》中扮演复仇女神的露西尔·拉·凡尔纳（Lucille La Verne）试镜时，科特雷尔给她提供了故事板供她仔细阅读，但她拒绝了。"她直接读了台词，"科特雷尔回忆说，"你们本来可以把它录下来，用她第一次朗读的配音，她太棒了。当她读到王后化身为小贩的时候，她以一种恐怖到令人毛骨悚然的狂笑作为结束，狂野的笑声响彻了整个摄影棚。"（据乔·格兰特说，拉·凡尔纳在为假扮成小贩的王后配音时，拿掉了自己的假牙。）她马上就被录用了。

至于白雪公主，有一种说法是，有150名女孩接受了为这个角色配音的测试，传说其中包括迪安娜·窦萍（Deanna Durbin），她后来成为环球影业公司广受欢迎、备受好评的童星，但沃尔特拒绝了她，因为他觉得她的声音听起来像一个30岁的女人。弗吉尼亚·戴维斯曾在10年前的《爱丽丝的仙境》系列喜剧中饰演爱丽丝，她说自己已经为白雪公主这个角色做了一些初步的现场表演和准备工作。

第六章 创作巅峰——《白雪公主》

本来已经定下来由她为这个角色配音，但她却拒绝了，理由是无法接受迪士尼工作室提供的合同。最后，一位有抱负有追求的姑娘脱颖而出，成功获得了这个角色，她就是18岁的阿德里亚娜·卡塞洛蒂（Adriana Caselotti）。她总是会讲这样一个故事：她的父亲是一名声乐教师。一次，她的父亲在与迪士尼工作室的一名人才探子通电话时，她通过电话分机无意中听到了他们的对话，于是她推荐了自己，来做这项工作。正如沃尔特所说的那样，他的人才探子会把候选人带到迪士尼工作室，当面试人员认为这个人有可能适合的时候，他就会呼叫沃尔特。然后沃尔特就会去他的靠近摄影棚的办公室，通过扬声器来偷听候选人说话，这样候选人的外表就不会影响他的判断。当他听到卡塞洛蒂的声音时，他说："在我听来，她就像一个14岁的女孩。"这正是他一直在努力寻找的声音。1936年1月20日，她以象征性的费用签约，并录制了她的第一首单曲。

大约在挑选配音演员的同时，沃尔特也在筹划《白雪公主》的音乐配制工作，尽管和其他项目一样，这个过程也拖拖拉拉持续了很长时间，远远超过了一年。沃尔特一直都是从音乐的角度来考虑《白雪公主》这部动画片的，甚至用诗意的语言描述理想的对白应该是什么样的。"对白既不需要押韵，也不需要有明确的韵律，"他在一次故事研讨会上讲道，"但应该有节拍，在正确的时间与音乐协调配合，所以所有的对话都要有音乐形态……要根据情绪对语言进行适当的分节和组合，以避免直白的对话。"最直接的问题是——这也是大家争论不休的另一个原因——什么样的音乐最适合这部电影，沃尔特对现代流行音乐持怀疑态度。"我不喜欢卡布·卡洛维（Cab Calloway）的那种风格，也不太喜欢有太多的'OH DE OH DO'之类的东西。"在讨论小矮人们招待白雪公主的那一个片段时，他解释道，"观众们听到了很多热烈火辣艳俗的东西。如果我们能够保持配乐的古雅色彩，那么它将比那些热门的东西更有吸引力。"

根据沃尔特的指示，当工作人员努力在配乐的古雅与活泼之间寻求平衡的时候，他们在乐器配置方面也遇到了种种困难。在一次会议上，故事创作人兼作词人拉里·莫里演唱了《心不老，永不老》(You're Never Too Old to Be Young)这首歌，与会人员围绕小矮人将如何演唱这首歌以及他们应用哪种乐器演奏展开了长时间的讨论——沃尔特现场给大家表演了一段瑞士舞蹈，拍打着他的屁股来展示他想象中的节奏和旋律——后来，这首歌被从电影中删除了。正如弗兰克·托马斯和奥利·约翰斯顿所记得的那样，为了录制小矮人们招待白雪公主这一片段的实验性曲目，大约30名员工聚集在一起，"吹着瓶子、水壶和奇形怪状的自制乐器"。沃尔特听了之后很高兴。"是啊！那是一首快乐的歌……一群快乐的人！"他说，并补充说，唯一缺少的是约德尔调，即用真假嗓音交替歌唱的唱法。音效师吉姆·麦克唐纳（Jim Macdonald）做到了，创造了电影中一个令人难忘的时刻，一个值得纪念的时刻。

工作人员从1936年1月开始录制这些歌曲，一直持续到1937年。但是，沃尔特尽管参加了许多这样的会议，对这些音乐却像对动画一样不太满意。直到1937年春天，尽管当时这部电影离最终完成日期还不到6个月，他还在指导他的工作人员该让小矮人们如何唱歌（"害羞鬼能边说边唱，半说半唱。你们可以把他们的个性融进音乐里"），还在抱怨其中一首歌缺乏节奏感，还在为《小矮人的糊涂歌》(The Silly Song)创作新的歌词。事实上，有一天下午，他给员工们播放了一些歌词样本，让他们投票选出他们最喜欢的六首。（沃尔特甚至还强迫莉莲也来投票。）尽管他不断地修改和反复拖延，希望能有新的突破，但仍然对这些歌曲没有完全融入电影感到失望。"这是他们多年来一直在做的音乐剧给他们造成的影响，"沃尔特在审核完一个片

第六章 创作巅峰——《白雪公主》

段后抱怨道,"真的,我们应该建立一个新的模式。我希望我们能在《小鹿斑比》中做到这一点……一种使用音乐的新方法;把它巧妙地编织进故事里,这样就不会让人产生怎么突然就有人开始唱歌了的突兀感觉。"

这一直是一个强制性的指令。它必须是与众不同的,在所有方面都要更为出色。当沃尔特在寻找一种方法使《白雪公主》在音乐上与众不同的时候,他也在尽最大努力使它在视觉上与众不同,不仅在动画风格上,而且在色彩调配上。沃尔特多年来一直致力于改进他的卡通片色彩。虽然经过多次试验和多次犯错后,他使用的是由 F. R. 米勒颜料公司生产的水性不透明颜料,但描线工和上色工抱怨说,这些颜料有霉变、留痕、发黏、强度不足、易成块状、使用范围受限和染色等缺陷。沃尔特试图想出一个解决办法。最终,迪士尼工作室开发出了自己的黏合剂。这种黏合剂可以把颜料粘在一起,以阿拉伯树胶作为基本成分,甚至可以重新润湿,这样画家就可以纠正错误。除此之外,迪士尼工作室还用一套圆盘磨粉机研磨自己所有的颜料,这些磨粉机曾被用来研磨食物。迪士尼工作室还安装了一个分光光度色度计,当时全世界也只有 20 个这种仪器,用来精确测量颜色。据统计,迪士尼上色部门有 1200 种不同的颜料。沃尔特知道特艺集团无法准确地复制和再现这些颜料,于是在工作室的墙上挂了一张六七英尺高的大图表,展示这些颜色在屏幕上显示出来的效果。

自从《花与树》问世以来,色彩就一直是沃尔特关注的焦点。一些评论家认为,他是第一个将色彩用于表达而非写实的电影艺术家。这通常意味着他运用了人们在自然界中找不到的明亮的突出单色。这对于动画短片来说可能是完全可以接受的,但是对于《白雪公主》,他有一些别的想法。谈到他最近看到的一部哈曼—伊辛工作室制作的卡通片,沃尔特对他的布局设计师说,他正在努力创造一种更具艺

383

性的效果。"他们搞得到处都是色彩,"他说,"而且看起来很廉价,没有一点儿精细微妙的处理和搭配。看起来就像广告海报。很多人认为这就是卡通片应该有的样子。我认为我们在这部动画片中正在努力实现一些不同的东西。我们不追求通过色彩来增加或补充动画片的喜剧效果,我们必须争取和努力实现的是一定的深度和现实主义。"他指示说,如果把动画短片的色彩用在动画长片之中,这种色彩会"让你慢慢感觉疲惫不堪"。相反,他需要一个更柔和的色彩搭配,更多的大地色系,以及一些可以让眼睛休息的更暗的片段。他甚至认为在《白雪公主》中色彩的运用必须与动画短片中的不同:在短片当中使用的色彩通常都是鲜明醒目的,未经调配的,要求上色女孩简单地把颜色填充到轮廓之中即可;而《白雪公主》要求一种柔和的、模式化的、明暗对比搭配的效果,这极大地打破了动画一贯的传统,需要更多的审慎思考和用心调配。它是画家式的绘画艺术。

为了达到他想要的"深度和现实主义",沃尔特还必须依赖于他的布局设计人员提供的丰富、精细的背景。"对于《白雪公主》,他们有绘图员与不同的故事创作人一起工作,每个笑料创作人也都有自己的绘图员。他们为最简单的笑料绘制出了极其漂亮、详尽细微的图画。"艺术家卡尔·巴克斯(Carl Barks)在接受采访时表示,"虽然那看起来只不过是一张迷糊鬼在扭动着鼻子的图,但实际上那是一幅价值2000美元的油画。"负责构思这些画作的主要人物是长期在迪士尼工作室里作画的素描艺术家阿尔伯特·赫特尔,他曾经画了三只小猪的最初素描图,并由弗雷迪·摩尔最后塑造成为动画片中的小猪角色。在赫伯里恩的古怪人物当中,瑞士出生的赫特尔是年纪最大的员工之一,50岁多一点点,他因那特立独行的怪癖为人所知。"他不干别的,就是整天坐着乱涂乱画,"埃里克·拉尔森回忆说,"他不想参与详细的布局设计,也不想参与这个或那个的细节,但他想成为一个灵感的源泉。"据记载,赫特尔每天创作 50 到 100 幅素描——从白雪公主本人到小矮人的小屋,再到小屋内的家具,再到森林。他痴迷于画画,像把自己绑在画板上一样,每天早上 8 点钟准时赶到迪士尼工作室,近乎疯狂地画画,一根又一根地抽雪茄,每天下午一直待到 5 点钟,从不与其他员工交往,也没有明显的工作之外的业余生活。有些人认为这是因为他患有严重的心脏病,必须保存体力和精力。但在周末的郊外远足中,拉尔森和他的妻子偶尔却会遇到赫特尔,赫特尔狂暴地驾车穿越沙漠,但似乎没有目的地。

但是沃尔特很重视他,并在早期把电影中的几乎所有的东西都委托他来设计,甚至让他提供人物和角色的初步草图。"我清楚地记得(沃尔特)看着(赫特尔此前画的)一些陈旧古老的东西,"埃里克·拉尔森说,"他兴奋不已,简直高兴得发疯,给了赫特尔更多的东西让他去绘制,给了他更多的任务。"这让赫特尔成为《白雪公主》创作过程中最接近视觉效果设计大师的角色——他将欧洲插画和油画技巧融入动画,设计了这部电影整体的德国式视觉风格。实际上,他担任布景设计师、布景装饰师和服装设计师。虽然戴夫·汉德担任总监,给了布局设计部门的负责人萨姆·阿姆斯特朗(Sam Armstrong)名义上决定"所有道具的颜色、背景、形状和位置等"的权力,但赫特尔有特定的权力来审核批准每一个场景每一个片段的风格和特点,并确保它们前后一致。正如汉德有一次在赫特尔还没有许可的情况下在背景中放置一些石头时,沃尔特反对说:"赫特尔比任何人都更了解这个场景的特点。"

但是,如果说赫特尔是这部影片的策划设计大师,那他也是一个团队的一员。这个团队致力于实现沃尔特那更复杂更精细的视野所追求的视觉想象。另一位欧洲出生的艺术家,匈牙利人费迪南德·霍瓦特(Ferdinand Horvath)提供了初步的设计图和相关的绘画作品。到

1936年《白雪公主》的动画制作开始启动时，声名显赫备受尊敬的瑞典出生的插画家古斯塔夫·腾格伦（Gustaf Tenggren）也已经加入了赫特尔和霍瓦特的行列，他帮助构思和设计了白雪公主在森林里飞行和小矮人追逐女小贩的概念和场景。因为这些艺术家们绘制的效果图比动画短片的背景图要复杂详细具体得多，所以迪士尼工作室不得不引入一种新尺寸的动画纸——从9.5×12英寸到12.5×12英寸——来适应它们。因为它们具有更多画家式的风格和特点，所以迪士尼工作室创造了一种新的做法，即先把纸张润湿，然后挤出多余的水分，然后再使用水彩颜料，刷上一层薄涂料。

无论柔和的色彩搭配和复杂详细的布局在多大程度上促进了现实主义，无论它们在多大程度上暗示了影片的深度，当沃尔特谈到后者时，他不仅仅是在比喻，他的意思还包括"深度"的字面意思——对于一个总是寻求按照自己的标准塑造环境的人来说，这是另一种塑造一个更能充分实现目标的环境的方法。当然，他也在考虑观众的感受，他们已经习惯了真人实景电影的深度。[1] "他担心80分钟的平面的、一维的动画会让公众难以接受，无法习惯。"他的女儿黛安娜写道，并重申了沃尔特关于需要更精细更微妙的色彩的观点。比起动画短片，观看动画长片时，观众需要更多的视觉变化。

传统动画的问题在于，如果不能持续不断地调整与动画人物相关的背景图片的大小尺寸，那么就几乎不可能复制现实生活中不断变化的视角——这是一项代价极其高昂的任务。肯恩·安德森记得，早在1935年讨论《白雪公主》的相关创作问题时，沃尔特就已经在努力寻

---

[1] 在这里，迪士尼期待着的是导演奥森·威尔斯（Orson Welles）在《公民凯恩》中使用的深焦摄影技术，即通过空间关系创造一种心理效果，这一摄影技术的效果非常令人满意。虽然沃尔特显然在寻找一种更强烈的物理现实主义，但除此之外，尽管是下意识地，他也在寻找一种更强烈的心理现实主义，而这正是深焦摄影技术能提供的效果。

第六章　创作巅峰——《白雪公主》

找更好的方法来创造有深度的视觉效果了。那一年，他让安德森为一部名为《三只小孤儿猫》——《糊涂交响曲》系列动画片之一——的动画片画某一场景中的人物和背景，显然是为了看看一个更加真实、不断变化的视角会是什么效果。为了进一步推动《白雪公主》的视觉效果提升，沃尔特指派安德森与特效动画师杨左陶（Cy Young）、舞台灯光专家哈尔·哈尔文斯顿（Hal Halvenston）和工程师比尔·加里蒂合作，创建了一个真实的动作图层集合作为测试，内容是女小贩在森林中的那一片段——这个图层集合能够传达单一背景上的赛璐珞板不能传达的实际深度和视角。正如安德森回忆的那样，他们用黏土制作了前景中的树的模型，然后画出三排后退到框架里的动画树，把它们放在大玻璃板上。这些树、玻璃板和摄影机被安装在锯木架上，供摄制组进行距离实验测试距离效果时使用。沃尔特对这个结果很满意，下令再做一次测试——这次使用的场景是小矮人的小屋和白雪公主。然而，真正展示是在1937年早期，沃尔特决定将《糊涂交响曲》系列动画片之一，当时正在制作的一部名为《老磨坊》的动画片从传统的二维的、以赛璐珞板为背景板的短片转化为像上述测试中那样的配置多个动作图层的影片。这让人不由自主地回想起当年他下定决心把《花与树》从黑白卡通转换为彩色卡通的壮举。

　　用静态摄影机在背景上拍摄一层赛璐珞板已经够困难的了。从前景到中景再到背景，连续拍摄几层赛璐珞板，而摄像机似乎在它们之间移动，这可能是迄今为止动画制作领域最令人印象深刻的壮举。同样是为了模拟三维空间，厄布·埃沃克斯已经在他自己的工作室里用旧的雪佛兰零件制作了一个"多平面"摄影机，但是由于使用时面临技术上的巨大困难，他很少使用它。沃尔特没那么容易被困难所阻止。动画片《老磨坊》本质上是一首关于暴风雨来临时动物们在废弃的磨坊里筑巢垒窝的交响诗剧。为了拍摄《老磨坊》，沃尔特用自己的机械车间制造了多平面摄影机。这种所谓的多平面摄影机是一个巨大的、沉重的、垂直的盒子状奇妙精巧的装置,高近12英尺,有4根金属支柱作支撑,顶部有1层可以放摄影机,下面有4层可以放4层动画。它需要至少4个人来操作——尽管根据拍摄难度的不同,可能有多达8个人在它上面爬来爬去,每个人都把自己所在的那一层通过曲柄向前移动百分之一英寸,模拟移动拍摄,或者左右移动模拟摇摄。因为每一个平面层都必须分开打灯照明——用8个500瓦的灯泡——而且多平面摄影机必须放置在一个封闭的黑暗的房间里,所以热得让人无法忍受。除此之外,由于工作人员没有使用这种摄影机的经验,所以《老磨坊》的拍摄进展非常缓慢,慢得让人感到痛苦——这种情况对沃尔特来说尤为如此,因为他想尽快看到结果,这样他就可以用这种摄影机拍摄《白雪公主》了,而《白雪公主》已经进入了动画制作的最后阶段。

尽管如此,沃尔特还是很推崇他的多平面摄影机,把它视为终极"玩具"——既是进入他十分渴望的现实主义的一把钥匙,也是彰显他个人成功的一座丰碑。他在《白雪公主》上映的那一个星期和《时代》周刊的记者开玩笑说:"拥有一台很棒的摄影机一直是我苦苦追求的理想和抱负,现在,该死的,我终于有了一台。看着小伙子们操作它,我就感到一阵兴奋,获得了极大的乐趣,就会想起我以前是怎样用打包铁丝自己拼凑组装摄影机的。"多平面摄影机的表现无疑给他留下了深刻的印象。当多平面摄影机似乎在图层间移动拍摄或在某一图层上摇动拍摄时,动画第一次获得了真实的透视感和三维立体感,这一效果如此令人震惊,以至于托马斯和约翰斯顿在谈到基本没有什么情节的《老磨坊》时表示,它证明了"观众可以被纯粹的细微之处所吸引,深深融入一部动画电影之中"。埃里克·拉尔森一说起这部动画片来就口若悬河,滔滔不绝——这是多平面摄影机与"向你展示风之美"的效果相结合的方式,或者表现雨滴"让人感觉它们没有生硬的轮廓感,而是真实的雨"的方式,或者表现云彩"轻柔并且飘动以及……根据它们的密度,以一种如此微妙的方式,从真正的厚厚的阴云变成了轻云,再变成蓝天"的方式。一位观察人士担心,这种多平面摄影机可能会被证明威力太大,功能太强,使其喧宾夺主,由手段成了目的。"即使在迪士尼工作室的眼里,"他写道,"它也被认为是一种充满艺术炸药的仪器,如果处理不当,它可能会让动画音效画面完全偏离轨道。"

但是,这并不是沃尔特·迪士尼担心的问题。对他来说,多平面摄影机推动着《白雪公主》沿着它的既定轨道高速前进。它的目的地已经超越了动画,可以挑战甚至超越真人实景电影。对他来说,多平面摄影机让《白雪公主》更接近现实主义,更接近他自己完全实现的世界。

6

有句话变成了迪士尼工作室的口头禅:时间不多了。1936年冬天快要结束的时候,沃尔特和罗伊与雷电华电影公司达成了一项新的发行协议。雷电华电影公司的规模比联美电影公司要大得多,在市场上的影响力也更大,这正是迪士尼需要的。"那些拥有自己卡通片的大电影公司实际上是把他们的卡通片作为电影长片的添头,免费让观众观看,"在与雷电华电影公司签约后不久,罗伊在给父母的信中写道,"我们必须独立自主,我们的动画片与任何其他产品没有任何关联和配合。"沃尔特对联美电影公司心存不满已有一段时间了,他抱怨称,该公司在海外发行迪士尼工作室影片所获收入中分走的份额过大,并坚称,尽管"具有竞争力的动画片正迅速被边缘化",但迪士尼动画片的"受众价值正稳步上升"。当罗伊一再恳求沃尔特再给联美电影公司一个机会时,沃尔特很不高兴地回信说:"如果你能从联美电影公司辞职,到迪士尼工作室来工作一段时间,我们也许能取得一些进展……为了表示歉意,我建议你把工厂车间、我们的商标、专利和版权都给他们,然后为他们工作挣一份薪水——或者如果他们对此不满意,我可以去找明茨到他那里找份工作,你也可以卖吸尘器,重操旧业。"最后,在联美电影公司艺术家的祝福下——卓别林特意在给莱辛的信中写道:"我不想靠沃尔特赚什么钱,我愿意为他做任何我能做的事"——迪士尼工作室离开了。与联美电影公司终止合作关系的一个公开理由是:该公司曾希望保留迪士尼工作室动画片的电视转播权,但沃尔特早已对电视产生了浓厚的兴趣,所以拒绝出让电视转播权。不过,更有可能的原因是沃尔特以及罗伊最终也想获得雷电华电影公司的力量推动《白雪公主》的发行。雷电华电影公司董事长 M. H. 艾尔斯沃思在宣布与迪士尼工作室达成协议时说:"就我个人而言,我已经看了他的第一部长篇动画片《白雪公主》当中足够多的镜头,我已经意识到它将成为动画领域有史以来最不同寻常的影片之一。"

当然,艾尔斯沃思那时还不太可能看到太多《白雪公主》的镜头,因为当时迪士尼工作室几乎没有什么可以展示的。但沃尔特急于取悦他的新经销商,这显然是他开始拍摄制作《老磨坊》的原因之一——一炮打响,创造引人注目的轰动效果。沃尔特在履行完与联美电影公司的合同义务后,根据他与雷电华电影公司签订的合约,在接下来一年他将为之提供 6 部《糊涂交响曲》系列动画片和 12 部《米老鼠》系列动画片(其中包括《唐老鸭》系列动画片)。他打算"运用融为一体的音乐和充满幻想色彩的材料,让至少一半的《糊涂交响曲》系列动画片达到非常漂亮、极其迷人的制作效果",并敦促雷电华电影公司将它们作为一个整体打包出售。此举将"使得我们能够制作以我们拥有灵感并且很感兴趣的东西为主题的品质优良的影片",而不仅仅是拍摄一些低俗的闹剧或喜剧。但是,一方面沃尔特下定决心要给雷电华电影公司留下深刻的印象,另一方面,雷电华电影公司也下定决心要得到《白雪公主》。沃尔特已经承诺在1937年11月提供影片的印刷版,以供圣诞节期间做宣传使用。现在他面临着巨大的交付压力。

经过长达数年的深思熟虑和反复调整,经过无数次旷日持久的一拖再拖,时间已经到了1937年冬天,他终于完成了电影的大部分工作,只剩下动画制作这一个环节了,而现在距离预定交付日期只剩下不到10个月的时间了。事实上,尽管这部电影的动画制作工作在1936年就已经开始了,但直到1937年1月4日,第一个赛璐珞板才被送去描线和上色,直到3月13日才送到摄影部。"许多人觉得在1937年圣诞节前制作完成这部影片并正式上映是不可能的,"戴夫·汉德后来承认,"但我们这些负责人对这一想法从未动摇过。"整个春天,沃尔特要么连续数小时在审片室审查拍摄的毛片——通常即使整个场景还没有全部完成,只要动画师完成了足够长度的胶片,就会及时拿给他让他先审着;要么与故事创作人召开长时间的会议,修改完善尚未进入动画制作阶段的场景片段,一如既往地逐字逐句,一行接一行,一个关键点接一个关键点地讨论。"小矮人们走进他们的小屋,以为里面被幽灵占据,幽灵居住在里面。"这是早被讨论的一批场景中的一个,也是历经几十次会议来讨论的一个场景。尽管如此,从1937年1月初到9月底,他们又开了20次会议来讨论这个场景,其中很多会议是在晚上召开的,而这些还只是沃尔特参加过的会议,他没有出席的会议更是数不胜数。到了7月,沃尔特整天都待在审片室里,日复一日地审核着刚刚拍摄完成还没有加工处理的毛片。

没有一个细节，没有一个点头、一个眨眼、一个加重语气，或者一个姿势不是经过反复分析、论证、修改之后才最终确定的。

奥利·约翰斯顿说，动画师们感到了"巨大沉重的像山一样的压力"，情绪开始失控，脾气开始爆发。担任总监制的戴夫·汉德更是如此，已经到了无法与动画师交谈只能大喊大叫的地步。当莱斯·克拉克在某一个场景中遇到麻烦，试图向他解释自己面临的问题时，汉德暴跳如雷，把画板一拳打到空中，大声吼道："我们必须把这张图画出来！"汉德意识到自己正成为动画师们愤怒和仇视的目标，于是抗议道："我的批评完全是对事不对人，我会毫不犹豫地批评工作室里的任何人，除了沃尔特。"但是随着气氛越来越紧张，空气中弥漫着一种火药味，汉德确实连沃尔特都开始批评了。有一场计划拍摄的戏，汉德曾表示反对，说这个场景时间太长了。当沃尔特提出他来表演一下这出戏，以证明它并不太长时，汉德偷偷地在口袋里放了一块秒表，然后在沃尔特表演结束之后把表拿出来，以显示沃尔特超出了规定的时间。汉德自己也承认，沃尔特"怒火中烧，气得发疯"，怒气冲冲地走出了房间。

为了避免这些冲突，2月初被任命为该公司第一副导演的哈尔·阿德奎斯特（Hal Adelquist）建议他的员工，除非万不得已，否则不要把问题交给汉德或沃尔特。他说："我们必须避免占用那些赚更多钱的人的时间，因为他们的时间更有价值。"但是，这样又产生了另外一个问题。员工们怀疑他们收到的指令是否真的来自沃尔特，这促使一位部门主管要求沃尔特来给员工们讲讲话，打打气，鼓舞一下士气。作为回应，沃尔特提出请他们吃顿饭，这样做既是为了维护自己的权威，也是为了缓解大家的紧张情绪，因为一顿饭"可能会让他们更容易接受，精神更放松，让这个夜晚对他们更有益处"。这并不是沃尔特唯一一次需要提振员工萎靡不振的精神的时候。许多动画师现在都对能否圆满完成这个项目感到绝望,沃尔特抱怨说,一旦某一场景制作完成并准备好进行清理,动画师们似乎就失去了确保一切都为后续拍摄做好准备的积极性和主动性。"这部影片是一项巨大的工程,一项非常了不起的事业。"阿德奎斯特告诉助理导演们,并传达了沃尔特的指示,"你认为你永远不会完成。晚上你下班离开的时候,办公桌上的工作量似乎是早上来的时候的两倍,但如果你坚持查漏补缺,我相信你会发现一切都会好起来的。"

迪士尼工作室又一次面临这样的情况:需要更多的中间帧动画师来加快《白雪公主》的动画制作速度,推动《白雪公主》动画制作工作的完成。迪士尼工作室又一次开始大规模招募实习生,在杂志上刊登广告,或者在艺术学校招募新人——乔治·德雷克亲自去乔纳德艺术学院招募艺术家——并通过一个速成培训项目来培训这些可能的动画工作者们,同时不断地向他们强调,他们的任务对于帮助《白雪公主》这部影片摆脱困境是多么重要。但是,一方面全力强调要加快速度,另一方面也反复强调要保证质量,速度和质量的要求是一对始终存在的矛盾。在1937年6月的一堂课上,比尔·泰特拉向学生们灌输着迪士尼的方法。他告诉他们:"现在正在计划的工作,以及他们将继续在这里做的工作,都需要那种能画出令人眼前一亮的优秀画作的人,这种人不仅仅是传统意义上的天才画家,而且是对自己想做的事情拥有绝对控制权的人。如果你们能够顺利通过这次培训,那么你们将会意识到这一点。"他接着说,"今天,我们真的处在一个全新事物的边缘。它需要很多真实的绘画,不是投机取巧的、华而不实的、表面好看的东西,而是真实的、经得起检验的、精细的绘画,只有这样才能达到这些效果。"

随着夏天的临近和最后期限的逼近,汉德采取了更为极端的行动。一年多来,动画师们一直在观看《白雪公主》相关的真人实景电影片段，不仅是关于小矮人的片段，还包括女巫的电影片段，以及白雪公主的电影片段。女巫先后由多人扮演，一开始是由舞台演员内斯特·帕维亚（Nestor Pavia）饰演，后来又由为"魔镜"配音的男星莫罗尼·奥尔森（Moroni Olsen）饰演，他穿着女装表演女巫。白雪公主由当地一个舞蹈教练的十几岁的女儿玛乔里·贝尔彻（Marjorie Belcher）饰演。（她后来嫁给了舞蹈演员兼编舞家高尔·钱皮恩［Gower Champion］，并在20世纪50年代与他组建了一支颇受欢迎的舞蹈队。）沃尔特甚至试图将贝尔彻的现场表演镜头与阿尔伯特·赫特尔设计的小矮人的小屋模型组合在一起。这些电影旨在为动画师们提供灵感或角色运动和行为等方面的启发。弗雷迪·摩尔在一次会议上说："我认为你们可以运用这个真人实景表演来把握角色的人格以及其他各种要素，你们一定会吸收这些想法和理念，把它们渗透到你们的工作之中。"但是，阿特·巴比特认为这样已经让动画师们过分关注机械力学了，导致他们的视野变得过于狭隘。他声称："我们现在得到的东西本来是需要我们付出连续多年的时间才能获得的。"到了当年2月份，小矮人们的所有重要动作都是先要现场拍摄的，动画师们实际上是亲自到现场指导实景拍摄的——平托·科尔维格戴着大鼻子，扮演"暴脾气"或"喷嚏精"，艾迪·柯林斯扮演"迷糊鬼"，戴夫·汉德或佩尔斯·皮尔斯扮演其他小矮人，对话则由录音机来播放。然后动画师通过取景器观看冲洗好的胶片，并选择他喜欢的姿势。沃尔特担心动画师们最终会采取简单复制真人实景动作的方式——所以他"一遍又一遍地强调，在根据模特儿绘制动画图画时，要感受模特儿背后的东西，而不是简单地复制它们"。巴比特在一次会议上转述沃尔特的观点时表示——然后他明确规定，据沙普斯坦回忆说，"他不希望任何动画师跟踪那个角色，然后根据跟踪的结果把它描摹显示在屏幕上；他们只能把它当作向导"。

但是，在越来越大的压力之下，沃尔特的命令还是被违背了。为了按时完成影片制作工作，工作人员不得不对现场拍摄的真人动作进行跟踪——也就是所谓的"动态遮罩/影像描摹"或转描技术。汉德在2月中旬的一次午餐会上宣布："真人表演将为影片锦上添花。"尽管哈姆·卢斯克一直建议引入儿童演员来扮演侏儒，以达到身形大小比例更为相似的目的，而且白雪公主和王后尤其需要如此——事实证明，人类角色仍然很难实现很好地动画化。早在3月，佩尔斯·皮尔斯就建议对白雪公主进行更多的影像描摹——"白雪公主有很多动画镜头都需要用影像描摹技术来处理"。到6月时，王后走下楼梯的影印照片就被提供给了中间帧动画师来追踪和描摹。当然，迪士尼工作室对于不得不这样做也有一些顾虑，因为这样做给人的感觉简直就是在欺骗观众——尽管真人实拍的动作经常暴露出动画师们在捕捉现实方面还有很远的路要走。"你看那些真人表演，"多年后埃里克·拉尔森承认，"在某些情况下，在许多情况下，它实际上比我们最终搬上银幕的动画要更生动，更活灵活现。"尽管如此，沃尔特还是毫不动摇地坚持要对公众隐瞒这种影像描摹做法。在准备公共宣传活动时，他口头要求不得组织或展示任何真人现场表演。"我希望这一点被完全彻底地忽略，因为人们会对它产生错误的印象。"沃尔特在给广告宣传部负责人罗伊·斯科特的信中写道："我们唯一可以说的是，我们使用真人模型是为了研究动作，等等，但我们不会拍摄真人动作，也不会用同样的模型来放大我们的图画。"——但是，事实上，这正是他们的所作所为。

剩余时间如此之短，现在需要采取更多措施来满足最后期限要求，并压缩《白雪公主》影片本身内容。各个场景必须"加快拍摄速度，尽快完成"，沃尔特说："保留所有好的内容，但要尽快拍摄完成，去掉多余的对话。"这种"加快速度尽快完成"的要求甚至扩展到了场景剪辑。早在 1936 年 11 月,故事创作人迪克·克里登就提出了砍掉两个场景的可能性——一个是小矮人聚在一起讨论应该让白雪公主留下来,还是因为害怕王后的报复而让她离开;另一个是小矮人已经决定让她留下来,所以决定给她做一张床,这样她就不会想要离开了。克里登断言:"我不认为现在它们在故事中有任何作用和意义,在我们应该开始建立悬念节奏的时候,它们只会转移我们的注意力。"沃尔特听了不为所动,还继续推动进度想着把这一场景无论如何也要做成动画。在另一个场景中,小矮人们在白雪公主责备的目光下喝着汤,白雪公主试图教他们礼仪。这个场景沃尔特也不想放弃,但他警告说:"把多余的东西都拿出来。"直到 1937 年 6 月,这些场景都还在电影当中——直到 4 月才最终确定了它们的命运——但是沃尔特和克里登一样,最终决定它们必须删除,因为它们打乱了故事的叙述进程。沃德·金博尔一直在负责喝汤这个场景的动画制作工作,现在几乎要被这个结果搞得精神崩溃了——他花了将近一年半的时间从事这个场景部分的工作。

随着沃尔特的削减切割,反复催促和施压紧逼,动画师开始在压力下屈服。由于他们的进度远远落后于计划,所以有传言称美国银行将很快接管迪士尼工作室——动画师沙莫斯·卡尔汉写道,这一前景"在工作室里制造了一种紧张的感觉,几乎空气都要爆炸了"。然而,即使有人不停地敦促他们加快速度,他们也害怕制作出任何可能会让沃尔特失望的东西,害怕让其他人来清理画板,甚至可能会破坏他们绘制的图画的效果,所以他们在最终清理的过程中保留了自己的镜头,甚至在它被批准之后,他们也不想放弃亲自参与清理过程的机会。这导致了在本来各项工作都应该加速的时候却出现了工作进度大规模放缓的情况。"你们这些家伙都想把自己的作品画得尽可能完美,"戴夫·汉德得知他们平均每张画要花两个小时后,不无遗憾地

第六章　创作巅峰——《白雪公主》

告诉他们,"我们对此表示同情,但我们并不同情这样一个事实:你们如此仔细地关注和检查每一个细节,以至于无法让它尽快进入下一个环节。"在一个人人都知道沃尔特本人会仔细观察每个细节的工作室里,这是一个令人奇怪的警告。到了7月,动画师们被要求不要清理他们绘制的场景,而是"绘制完成粗略的、大致的细节即可,因为这对于完成这一快速动作的描线工作来说已经足够了"。这是一种日益绝望不顾一切拼命挣扎的迹象。到了这个时候,一些动画师已经麻木了,他们通过画"被小矮人们包围着的裸体的白雪公主"的素描图来释放压力——沃德·金博尔认为,这是一种表达反抗的方式,旨在挑战沃尔特·迪士尼世界里那种令人窒息的对完美主义的追求。

随着时间进入了秋季,迪士尼工作室的员工开始了一天24小时、每人8小时轮班制的工作模式,其中许多人在星期六和星期日也不休息,而是在加班工作,这进一步证明了他们对迪士尼像宗教信徒一般的忠诚和奉献,因为他们没有得到一分钱的加班费。由于长时间连续作业,动画制作灯板变得非常热,以至于艺术家们一不小心就被烧伤胳膊和手。还有那么多的赛璐珞片需要拍摄,所以摄像部的员工分为两班,每班都是从8点到8点——不过一个是早上8点,另一个是晚上8点——12个小时轮班。特效专家杨左陶需要做手术,但他推迟了手术,因为他正在追求"理想的成就"。当一名动画师因为要支持两个兄弟和他们的家庭而且觉得自己每天的工作千篇一律、一成不变的"老一套"而请求休假时,沃尔特厉声说道:"我建议你认真做事,忘掉其他一切杂七杂八的事,充分利用你在这里拥有的各种机会。"为了完成数量庞大的描线和上色工作,沃尔特向哈曼—伊辛工作室借了几个女孩。哈曼—伊辛工作室的老板是他在堪萨斯城的两位老同事,他们最近刚刚失去了一份为米高梅影业公司制作动画片的合同。至于动画短片,罗伊准备把部分工作临时外包给哈曼—伊辛工作室,因为现在迪士尼工作室的全部人员都投入《白雪公主》的拍摄制作工作之中了。他认为这样做雷电华电影公司不会反对，不应该采取任何行动，因为沃尔特仍是这些动画短片名义上的监制。"有了这些外界的帮助和额外的助力，"罗伊在给冈瑟·莱辛的信中写道，"我们在圣诞节前把《白雪公主》搬上银幕的可能性进一步增加了。"最终结果就是，迪士尼工作室完全停止了动画短片的拍摄制作工作，直到《白雪公主》这部动画长片拍摄制作工作结束为止。

但是，无论沃尔特·迪士尼的员工们承受了多么大的压力，最多的压力、最大的压力都落在了他自己身上。虽然 5 月中旬他去纽约出差了两周，部分原因是为了和雷电华电影公司一起制订为《白雪公主》做宣传的广告计划，但是，其余时间他实际上是躲在工作室里全身心地投入《白雪公主》影片上了，躲避一切社交活动。那年 7 月，他给一位熟人发了一份电报，请求取消一场社交活动。电报中说："意想不到的事情发生了，需要我周六一整天都待在工作室里。""我正在拼命工作，努力完成这部动画长片。"他给电影制片人哈尔·罗奇（Hal Roach）发电报，为自己无法参加另一项社交活动寻找理由："工作量超级大的《白雪公主》把我牢牢捆绑起来了，我们整个工作室都在连夜工作，争取圣诞节前拍摄完成这部影片。"与此同时，沃尔特不仅在努力完成《白雪公主》的拍摄制作工作，当年 8 月，他已经和故事创作人会面，为《小鹿斑比》的第一部分设定了框架结构。11 月，他每天早晨都要花很多时间来审查一部动画短片，这部短片改编自门罗·利夫（Munro Leaf）的小说《费迪南德》（Ferdinand），讲述的是一头害羞、虚弱，不想参加斗牛比赛的公牛。

除了这些工作上的压力，还有一个非常熟悉的压力：钱。一开始，沃尔特告诉罗伊，《白雪公主》的成本可能在 25 万美元左右，因为到 20 世纪 30 年代，他们每 3 部《糊涂交响曲》系列动画片的成本

398

大约是这个数字。但他后来承认,他的估算大错特错了。尽管如此,当罗伊在1935年8月向美国银行申请贷款时,他已经意识到《白雪公主》所有的资金都必须来自迪士尼工作室之外,也只向美国银行申请了这么多额度的贷款。"我相信,我们获得这笔资金的唯一困难,"他在给沃尔特的信中自信地写道,"将是制作这部电影的时间长度,而不是我们的业务状况。"

但随着《白雪公主》制作时间的一再延长,预算也像气球一样不停地膨胀。1936年5月,他们被迫从美国银行申请获得了另一笔高达63万美元的贷款,1937年3月又申请获得了另一笔65万美元的贷款。这些贷款都是以迪士尼工作室的动画短片的剩余价值作为担保。(沃尔特对一位记者说,"为了拍《白雪公主》,我不得不抵押我拥有的一切,包括米老鼠、唐老鸭和其他所有的东西"。他所指的就是这个意思。)现在,他与罗伊的紧张关系浮出水面。"罗伊一直是非常勇敢、有男子汉气概的,直到花费超过了100万美元,"沃尔特几年后说,"他当时还不习惯计算超过100万的数字。巨大的数字把他难住了。当成本超过150万美元时,罗伊连眼都没眨一下。他不能眨眼了,他被震惊得神经瘫痪了。"事实上,罗伊尽其所能向沃尔特施加压力,要求他削减预算,甚至邀请了他们在美国银行的联络人乔·罗森博格(Joe Rosenberg)到迪士尼工作室与沃尔特谈话。这是罗伊在无奈之下采取的终极策略,因为沃尔特从来没有与投资方打过交道。

耶鲁大学毕业的罗森博格对好莱坞来说应该算是初来乍到,尽管他算不上涉世不深的新手。年轻的时候,他曾经骑马从内华达州赶到亚利桑那州,行程320英里,涉水通过科罗拉多河,为的是得到一份朋友答应给他的工作。在转换职业进入银行业之前,他曾在一家墨西哥铁路公司做过测量员,也做过采矿工程师。当美国银行行长贾尼尼医生分派罗森博格负责与迪士尼工作室的业务以及《白雪公主》的贷款事务时，罗森博格马上开始给好莱坞的名人们打电话，征求他们的意见。一些人警告他不要参与这个项目，但沃尔特的马球密友、制片人沃尔特尔·万格告诉他："乔，如果迪士尼真的能把这件事做得像我知道的那样好，那么将有数百万人喜欢它。"罗森博格后来说，他只需要听到这些就足够了。但现在沃尔特对财务紧张状况感到很恼火。罗森博格后来回忆道，1937年初，当他来到迪士尼工作室与沃尔特就贷款事项据理力争时，沃尔特抱怨说，银行家都是"一群××养的杂种"。沃尔特则否认他说过这些话，坚称他只是叫他们"该死的银行家"。

不幸的是，随着《白雪公主》拍摄制作工作一点儿一点儿慢慢向前推进，沃尔特每周都要花出去2万美元，他需要那些"该死的银行家"。尽管罗伊在获得3月份的贷款之后曾写信给沃尔特说："我们非常相信，这笔钱足以满足我们的目标，至少，可以支撑到今年年底。"但是，到了9月，迪士尼工作室就把这笔钱用光了，迫切需要另一笔资金注入。那个月，在迪士尼兄弟又申请了一笔贷款之后（这一次申请了32.7万美元），罗森博格在一个紧张的星期六下午来到了迪士尼工作室，观看还只是经过粗略剪辑的《白雪公主》。沃尔特内心虽然很不情愿，但还是勉强陪他一起观看了。罗森博格静静地坐着看完了整部影片的放映，沃尔特则在一边紧张地向他解释，某些场景现在还只是用铅笔素描出来的，随后将被描上线条和颜色，效果会比现在更好。即使在放映结束之后，当他们前往停车场时，罗森博格也没有就这部电影发表一个字的评论，这进一步加剧了原本的紧张气氛。当罗森博格走到他的汽车旁，坐进车里，说了声再见后，才面无表情地说："那玩意儿会让你赚一大笔钱。"然后他开车走了。

至少这是多年以后沃尔特回忆此事时讲述的版本，作为他不屈不挠的毅力和富有远见的另一个范例。事实上，尽管他公开表示不

第六章　创作巅峰——《白雪公主》

愿意让任何人在《白雪公主》全部完成之前观看这部电影，但在9月的一个傍晚，他还是在迪士尼工作室的全体工作人员面前放映了这部长篇电影的彩色样片。（据弗兰克·托马斯说，沃尔特还是那么"天真烂漫和不谙世事"，他催促莉莲赶紧从家里赶过来，生怕她到时候没有座位。）这是一个胜利的夜晚，一个狂欢的夜晚，一个令人得意扬扬的夜晚。沃尔特后来在给雷电华电影公司总裁内德·德皮内特（Ned Depinet）的信中写道："尽管在过去的两年半时间里，大部分观众都亲自参与了《白雪公主》的拍摄和制作工作——但是他们的反应预计应该是其他任何观众都会有的反应。"沃尔特发放了一个调查问卷——自从莫科文在迪士尼工作室工作以来，沃尔特就经常在工作室的放映场里发放调查问卷——询问是否有些部分太长了，是否有什么片段是让人讨厌的，或者是否有角色的性格在整部影片放映过程中前后不一致，以及要求他们对每个场景进行分析。在359名受访者中，只有一个人表示不喜欢这部电影。"坚持拍摄动画短片吧！"[1]这位持不同意见者显然在他的卡片上这样写道。从此之后，沃尔特动不动就会用这句话来讽刺任何判断错误的人。"如果你想推销一个想法，却在会议上没有得到大家的认可或顺利通过的话，"托马斯和约翰斯顿回忆道，"突然就会有一阵巨大的声音传来，'啊哈哈哈！'沃尔特的手指会向你伸出来，他得意扬扬地说道，'你一定就是那个说"坚持拍摄动画短片吧！"的人。'那么在接下来一整天里，你就是那个人了，所有人都会一直看着你，心里充满好奇和疑惑。"

然而，对于《白雪公主》，持批评意见或不满意的人可以说是寥寥无几。当时还不到4岁的黛安娜·迪士尼，在摄影棚的内部试映会上观看了这部电影。她一直都不敢睁开眼睛全部观看，只敢从手指缝

---

[1] 长期在迪士尼工作室工作的约翰·亨奇后来说罗伊是真正的罪魁祸首，但看起来似乎不太可能，因为罗伊从一开始就支持这个项目。

里偷偷地看几眼。就这样，当王后变成了一个又老又丑的干瘪老太婆时，她被吓得开始号啕大哭。这个孩子很快就被大人护送出了放映室。"很显然，我的反应并没有阻止我的父亲制作他预想中的电影。"她后来说。其他人几乎都为他们看到的感到欢欣鼓舞，心花怒放——甚至连一贯小心谨慎的罗伊也不例外。"我很高兴看到你对《白雪公主》的最终结果表现出如此高的热情，"迪士尼工作室的销售部门负责人凯伊·卡门（Kay Kamen）在给罗伊的信中写道，"我也非常兴奋和激动——这真的是一部划时代的作品，一件破天荒的大事。"

9月14日，星期六下午，沃尔特为乔·罗森博格、内德·德皮内特和其他几位雷电华电影公司的高管放映了胶片长达1000英尺的《白雪公主》，他们似乎同样热情高涨，激动兴奋。德皮内特对沃尔特拍摄的这部影片以及他敢于拍摄这种长片的勇气表示了祝贺，并说这将会"赚很多的钱"，然后给雷电华电影公司主席 M. H. 艾尔斯沃思发了一封电报，对这部电影大加赞赏。"内德说，你的投资将会得到许多倍的回报。"艾尔斯沃思在给沃尔特的信中写道。事实上，据参加了放映活动的冈瑟·莱辛说，罗森博格是唯一一个对这部影片似乎不那么热情洋溢的人。他跟着莱辛来到他的办公室，宣称自己对这部电影感到"满意"，然后又去和沃尔特见面，警告他在《白雪公主》完成之前不要在《小鹿斑比》上面再投入哪怕一分钱。他还表达了自己对这部电影能不能在圣诞节前完成的担忧。如果说他认为这部电影会赚"一大笔钱"，他似乎没有当场告诉莱辛或沃尔特，尽管沃尔特后来回忆说记得他曾经这样说过。

对沃尔特来说，钱只是一种工具，是他拍电影的一种工具。这一事实解释了为什么他经常与罗伊发生冲突，因为罗伊负责提供这些钱。"他冲我不停地大喊大叫，抱怨我在《白雪公主》上面花了太多钱，"有一天，沃尔特向他的工作人员抱怨说，"但我不能被有限的预算所束缚。"在其他工作室里，通常都是投资人占据上风，沃尔特这种做法早就被限制死了。正是因为他自己拥有这家工作室，而且正是他的哥哥掌握着金库的钥匙，他才没有受到太多的约束，被允许花钱。除此之外，尽管面临着经济上的困难，沃尔特还坚持要求让员工能够得到良好的报酬，这既是为了让他们在《白雪公主》的最后冲刺阶段做出更好的动画，创造更好的业绩，也是为了实现他打造快乐艺术家协会的梦想。那年2月份，他废止了沙普斯坦原来的合同，给了他一份为期三年的新合同，工资标准是每周200美元。到那年4月，他已经开始分发《白雪公主》的片酬：弗雷迪·摩尔获得了2500美元，戴夫·汉德和沙普斯坦获得了3900美元，哈姆·卢斯克获得了5200美元。其中大部分都是作为工资的额外增长部分支付的，不过沃尔特有时也会给某一动画师发放大笔现金，就像当年4月他给比尔·泰特拉发放的那样。如果他认为某位员工的工资过低，他会给他一笔现金；如果有人确实需要，他也会给他一笔预付款。

然而，沃尔特在金钱方面的慷慨大方似乎并没有为《白雪公主》的最后冲刺过程注入多少活力，动画师们仍然无法加快速度，似乎只能一瘸一拐步履蹒跚地向终点走去。虽然如果要在圣诞节这一最后期限前完成这部影片，平均每周拍摄并获得批准进入清理阶段的镜头长度应该是50英尺，但是直到8月底，动画师们的平均制作长度才只有这个数字的一半。迪士尼工作室对每个动画师每天制作多少镜头进行了详细的分解和分析，结果发现他们的效率低得惊人，其中泰特拉1分10秒、巴比特2分2秒、弗格森4分7秒、摩尔2分1秒、托马斯3分1秒。（泰特拉和摩尔在这部动画长片上工作的时间最长，他们在这部影片中的最终镜头长度分别是944英尺和974英尺。）除此之外，庞大笨重且操作复杂的多平面摄影机进一步减缓了拍摄的进度。甚至直到9月底，很多工作人员虽然不情愿但内心都承认，这部电影可能无法在圣诞节前制作完成并做好上映准备。动画师们一直不停地画啊画啊，从 10 月一直画到 11 月初，都在努力按预定计划完成工作。最后动画直到 11 月 11 日才完成，最后的赛璐珞板描线和上色工作直到 11 月 27 日才完成，最后的摄影工作直到 12 月 1 日才完成。这一时间距离预定的第一次内部试映只有 6 天的时间了，刚好赶上了正式发行和公开上映的时间。"很多影院都在按预定日期准备放映这部影片，他们根本就没有准备如果这部影片无法按时上映的应急方案和替代影片，"动画师比尔·皮特回忆说，"我们都吓得要死。"

最后的场景——白雪公主咬了一口有毒的苹果后死了，她静静地躺在棺材上，小矮人们在她周围放了一圈鲜花，她被惊醒了，和王子一起骑马走了——被保留到最后来制作。之所以这样做，很大程度上是因为沃尔特认为这是整部电影中最难的部分。在这些场景中，观众会被引诱和小矮人们一起哭泣，这是动画之前从来没有进入过的情感领域。这些场景将成为对这部电影最终效果的主要检验标准，尽管此时沃尔特已经毫不怀疑他们会取得成功。"人们会对这些小家伙深表同情。"他在那年 7 月的一次故事研讨会上说，"如果我们想的话，我们可以通过加入一点儿眼泪和一点儿哭泣来撕裂观众的心。"弗兰克·托马斯，此前一度担任弗雷迪·摩尔的助手，被分配了一项任务，即根据阿尔伯特·赫特尔的画来制作表现小矮人悲痛欲绝的动画场景。他最终采取的动画方式是尽可能地减少角色移动，最好一动不动——基本上摆出小矮人们脸颊上满是泪水的姿势，就像沃尔特在一次故事研讨会上说的那样，"镜头要集中在'暴脾气'身上，特别是当他崩溃然后开始哭泣的时候"，这就一举打破了他坚忍冷漠的外在表象。和对待每一个场景一样，沃尔特在清理之前对这个场景进行了调整和修改——"小矮人们的行动太突然了。""就像现在'暴脾气'有两种不同的站位，这似乎不符合他的性格，然后他突然崩溃了。""让动物们的眼睛眨动交错进行，而不是让他们同时眨眼。"——然后他说完了，做完了。不管他喜不喜欢，愿不愿意，为了按时交付这部电影，他现在都不得不完结了。

但是沃尔特不喜欢这样做。当动画师们在当年春末拼命赶时间绘制动画的时候，戴夫·汉德说，"某些东西你们都知道他的本意是应该继续修改完善，以达到更好的效果，但由于时间所迫，他不得不放行现有版本。这个时候，他内心的感觉真的是撕心裂肺，痛不欲生"。然后沃尔特在内心深处为自己辩解说："为了推动这部影片的拍摄和制作，我已经在尽最大努力了。"有一次，沃尔特在审片室里开会时充满遗憾地哀叹说，小矮人们的行为就好像他们在按照一张曝光纸上的指示行事，而不是"好像他们心里知道自己要做什么"。另一次，他一边叹息一边抱怨说魔镜似乎太用力了，说出来的话不像是他应该说的话。在另一个场合，他批评王后看起来好像"拎着一大堆要洗的衣服"，还突然毫无预兆地移动，以及眉毛画得太过夸张。他对给小矮人做动画的弗雷迪·摩尔尤其粗暴。弗雷迪·摩尔和他一起坐在审片室里，反复地检查和审视着他制作的那些场景，一遍又一遍地检查"暴脾气"的一根手指的大小。这是摩尔一直或有意或无意拒绝纠正的地方，直到沃尔特下令他必须修改。沃尔特甚至抱怨说，他发现阿德里亚娜·卡塞洛蒂的歌声太刺耳了。沃尔特对工作人员说："当有人唱歌时，要么唱得好，要么就根本不应该唱。"一直以来，他早就意识到，虽然他一直在事无巨细地亲自指导和管理这个他心爱的项目，但他对这个项目构成的真正危险是：它会因为反复不断的修改而失去自然而然发生的那种自发性。"要注意，不要让它听起来像是经过精心排练的。"在一次故事研讨会结束时，他警告说，"我们想要的是在它当中有一种自然而然的感觉。"

最后，即使在所有最后的修饰和润色都完成之后，沃尔特，这个永远的完美主义者，还是感到失望。"我们如此努力地工作，花了很多很多钱，结果到现在我们感到有点厌倦了，"他在影片最终完工后不久对一名记者承认，"我看过太多次《白雪公主》了，所以我只知道哪些地方还可以再改进。你看，自从我们开始做这件事以来，我们学到了很多东西！我真希望我能把它拉回来，全部重新做一遍。"甚至在十多年以后，沃尔特还在为这部电影的缺陷而叹息连连。"《白雪公主》里有一些东西让我现在看到都想爬起来修改。"他说，"白雪公主的鼻梁在她脸上到处飘浮，位置一直不对。而王子紧张得像瘫痪了，陷入了麻痹状态。"后者尤其让他感到焦虑不安，他的忧虑之情如此强烈，以至于罗伊甚至建议重新制作这一场景的动画，以消除白雪公主鼻梁飘浮不定的问题。沃尔特一跃而起，欣然接受了这一提议，称这样做的话还需要25万至30万美元。正如罗伊所说："我说算了吧，忘了它吧。"《白雪公主》将带着飘浮不定的鼻梁公开上映。

如果说，迪士尼工作室的员工制作《白雪公主》这部动画长片的时候在盲人摸象，摸不着头脑，那么他们在推广和发行这部长片的时候也是瞎子摸鱼，东捞西摸。他们有宣传推广动画短片的经验，但没有宣传推广动画长片的经验。尽管如此，由于这部电影在迪士尼工作室试映之后获得了观众热烈的反应，所以沃尔特对于影片能够成功还是充满了信心——几乎是太过自信了。他喜欢讲述这样一个故事，在《白雪公主》上映之前，许多业内人士和媒体都对这部电影嗤之以鼻，称它是"迪士尼的蠢事"（有一家报纸确实这么说过）。但是，这很可能只是沃尔特为了清除另一个传说中的障碍而故意为之的自嘲和自我戏剧化。因为几乎从这部电影一开始启动，如果说人们对它有什么看法的话，那就是对这部电影抱有极大的期待。事实上，5月份在纽约沃尔特与雷电华电影公司的营销宣传人员举行的会议上，他已经告诫他们不要仅仅因为这是一部新奇的动画电影长片就认为它理所当然会畅销。"我希望我们每个人都要认识到这一点，这样他们就不会低估或高估这部影片本身的力量，"他将自己的计划告诉了罗伊，"我认为我们将不得不向媒体做大量的间接推广和销售。"他的意思是要在报纸和杂志上刊登特写和专题报道。

然而，无论他们对雷电华电影公司未来的宣传推广工作抱有多大的怀疑，迪士尼兄弟与他们的新发行商之间都存在着一个更大更严重的问题——一个他们几乎不敢提起的问题。这听起来可能有点儿天真幼稚，有点儿不可思议，但却是实实在在的事实：迪士尼兄弟在电影行业摸爬滚打了 15 年之后，仍然不知道他们该向放映方收取多少费用，也不知道雷电华电影公司会给他们带来什么样的回报。现在他们完全意识到，这很容易让他们受到雷电华电影公司阴谋诡计的损害。大型电影公司在发行影片的时候通常都是成片打包销售，所以他们的建议对只有一部电影长片可卖的电影工作室并没有特别的帮助。迪士尼兄弟需要的是一个独立制片人来指导他们，而当时好莱坞很少有这样的制片人。事实证明，赶来拯救他们的骑士是沃尔特的老偶像查理·卓别林。卓别林提出要把他所有的"记录和经验"都给迪士尼兄弟，最重要的是他自己的电影《摩登时代》发行时的分类总账簿。这使罗伊得以对雷电华电影公司说"你们可以出去问问卓别林，看看他当年的价格"，并在国外市场获得与卓别林一样的待遇。在《白雪公主》上映后，沃尔特专门写信感谢卓别林，称他为他们提供的东西是"宝贵的、无价的帮助"，并写道："你的记录是我们的'圣经'——如果没有它们，我们就像是掉进狼窝里的羊。"

随着财务问题最终解决，整个迪士尼工作室多年来一直指向的日子——1937 年 12 月 21 日——终于要到来了。11 月的最后一个星期，沃尔特亲自上阵，亲自出镜参与拍摄了《白雪公主》的预告片。接下来的一个星期，迪士尼工作室全体前往洛杉矶以东一个小时车程的波莫纳（Pomona），进行《白雪公主》这部电影的首次内部试映——第一次面向非电影公司、非电影行业的观众。正如本·沙普斯坦记得的那样，当时该工作室的大多数员工对这一情况都不知情，而那些提前知情的人，也就是最高级别的人员，则是集体乘坐一辆公共汽车随随便便来到剧院的。观众们完全被惊呆了，被震撼得目瞪口呆，说不出话来，全程只有少数几个人中途走了出去，这对于内部试映来说显然是非常罕见的。迪士尼工作室的员工们离开剧院时，都感到了一种混杂着兴高采烈、得意扬扬、卸下重负、摆脱压力、充满期待、热切期盼的复杂感觉。随着首映式的日益临近，动画师们都非常热情，跃跃欲试，他们拿起工作室里的宣传海报，把它们贴满了洛杉矶的大街小巷，四面八方。

举办首映式的场地是卡塞弧形剧院，这是一栋可容纳1500人的文艺复兴风格的大剧院，坐落在洛杉矶汉考克公园附近的圣文森特大道，1929年沃尔特正是在这里首次展示了动画片《骷髅之舞》。卡塞弧形剧院是一座华丽的宫殿，探照灯在各个入口华丽地闪烁，照亮了天空。《白雪公主》的首映式是一项盛大的活动，看台上挤满了粉丝，还有数十位好莱坞明星大腕出席——这既证明了人们对这部电影的期待，也证明了年仅36岁的沃尔特·迪士尼作为美国偶像的地位。每当回想起那天晚上的盛况，沃尔特就会不由自主地想起他第一次前往洛杉矶时在火车站台上发生的一件事。他当时正在等车，和旁边一个人闲聊。那个人问沃尔特做什么工作。当沃尔特说他从事电影行业时，这个人说他认识电影行业的人，并问沃尔特具体是做什么影片的。"我做的是动画片。"沃尔特对他说，结果遭到了对方坚硬如钢铁阴冷如寒冰般的蔑视，沃尔特永远不会忘记那种不屑的神情。而正是这一幕，让他暗暗下定决心，总有一天，他的动画片会得到和真人实景长片一样的尊重、一样的认可。现在这一部正是如此。

第六章 创作巅峰——《白雪公主》

"我确信我们所有美好的希望都将在今晚实现。"卓别林那天在给沃尔特的电报中说。尽管已经拥有了积极正面的试映，令人鼓舞的反馈，以及沃尔特自己快要溢出的自信，但他仍然感到一种无法逃避的焦虑，尤其观众将如何看待小矮人们在白雪公主棺材旁边的反应——这是一种由来已久的对于人们是否能够以及是否愿意被动画人物打动的担心和焦虑。沃尔特怀着复杂的心情走进了剧院，一方面是兴高采烈的，另一方面是忐忑不安的。"嗯，拍这部电影很有意思，很有趣。"沃尔特在接受巴迪·特威斯特（Buddy Twist）采访时对全国的广播听众说，很明显缺乏一点儿诚实的味道，"我们很高兴，非常高兴今晚在这里举行盛大的首映式，所有人都来了，要好好看一下这部电影。我希望他们不会失望。"当被问及他是否会亲自观看这部电影时，他打趣道："是的，还会让我妻子牵着我的手。"

但是，这么多年来大胆勇敢的想象、反复怀疑的审视、不计其数的复述、持续不断的纠结、想方设法的动员和不遗余力的推动，以及迪士尼工作室在这个过程中欠下的100多万美元的巨额债务，慢慢积累起来一种难以言说的紧张情绪。所幸这种七上八下的情绪很快就烟消云散了。"我相信第一批观看《白雪公主》的观众都能预测到这部电影将会获得巨大成功，"通常情况下一直闷闷不乐的动画师比尔·皮特写道，"他们从一开始就被这部动画片牢牢地吸引住了，随着情节的进行，每个人都热情洋溢，情绪激动，不时爆发出自发的掌声。"影片的艺术总监肯·奥康纳（Ken O'connor）在谈到观众的反应时说："当屏幕上没有动画播放时，他们甚至为背景和布局而鼓掌。"奥康纳当时坐在演员约翰·巴里摩尔（John Barrymore）旁边，当王后用篙杆撑着船穿过迷雾靠近城堡的时候，当王后的城堡的镜头出现在银幕上时，奥康纳兴奋地在座位上跳上跳下。

正如沃德·金博尔所说的，真正的亮点是白雪公主躺在棺材上的那一幕场景。"克拉克·盖博（Clark Gable）和卡罗尔·伦巴德（Carole Lombard）坐得离我很近，当白雪公主中毒死去之后，遗体躺在那块棺材板上，这个时候他们开始擤鼻子。我能听到它——哭泣的声音——那真是个极大的惊喜。我们一直担心那些严肃的场景，担心观众是否会对这个女孩有感觉。当他们真的有感觉的时候，我知道一切都在预料之中了，我们稳操胜券了。"剧院里的每个人似乎都在哭泣，还在轻轻地擦拭眼泪。最后，影片结束的时候，观众们爆发出了一位在场者所说的"雷鸣般的掌声"。甚至连动画师似乎也对这一成就感到不可思议。"我不知道我们是怎么做到的，"格里姆·纳特威克多年以后告诉一位采访者说，"我认为不会有人真的知道其中的原因。"

制片人亨特·斯特隆伯格（Hunt Stromberg）在《白雪公主》首映之后给沃尔特的信中写道："我已经和别人打赌说这部电影的票房总收入将会接近历史最高纪录，现在我打算用我打赌赢的钱买一匹阿根廷小马。"哈曼和伊辛向沃尔特表达了他们"深切的钦佩"，他们在发给沃尔特的电报中说："肯定地说，我们对这部伟大作品的自豪之情并不亚于你，我们深深感谢你实现了我们许多人长期以来对这个行业怀有的一个理想。"制片人纳特·莱文认为《白雪公主》可以与第一部有声电影相媲美，并表示，在出席首映式时，"我情不自禁地感到自己置身于电影的历史之中"。导演塞西尔·B. 德米尔（Cecil B. DeMille）发了一封电报说："我希望我也能拍像《白雪公主》那样的电影。"甚至连在9月内部试映时显得不情不愿犹豫不决的乔·罗森博格也在给沃尔特的信中写道："现在谈论'票房'可能还为时过早，但不管票房结果如何，我都会说，你和你的团队所做的是一份真正伟大的工作——很多人会因此而更开心。"

评论家们同样对这部影片欣喜若狂，意醉神迷。《白雪公主》在

第六章 创作巅峰——《白雪公主》

纽约的首映式举办地选在了无线电城音乐厅。在这家影院首次亮相之后，弗兰克·纽金特在《纽约时报》上撰文，对《白雪公主》大书特书，大加赞赏。他写道："让你那颗担忧的心立刻平静下来吧：迪士尼先生和他令人称奇的技术团队已经超越了他们自己。这部影片比预期的要好得多，远远超过预期的效果。这是一部经典之作，在电影史上的重要性不亚于影片《一个国家的诞生》或米老鼠的诞生。"《时代》周刊则立即宣称："这是一部真正意义上的杰作，在当下这群好莱坞明星、编剧和导演们集体沉睡，连王子之吻都不能把他们唤醒的时刻，这部影片横空出世，将在影院上映，将会深受新一代观众的喜爱。"沃尔特在他的办公桌上把玩小矮人模型的彩色照片登上了《时代》周刊的封面。《新共和国周刊》的影评家奥蒂斯·弗格森甚至更进一步，把它誉为"这个国家真正的艺术成就之一"；专栏作家韦斯特布鲁克·佩格勒（Westbrook Pegler）将它称为"停战协议签署以来最快乐的事件"；评论家吉尔伯特·塞尔德斯长期以来一直是迪士尼的崇拜者和拥护者，他获得了私下观看试映的机会，看完之后离场的时候他表示："只要你们继续拍长篇电影，米高梅影业公司就会关闭他们的工作室。"甚至连共产主义倾向的《工人日报》（Daily Worker）也对这部电影大加赞赏，认为小矮人们组成了一个"微型共产主义社会"，而攻击王后的秃鹫则是"托洛茨基派"。

这些评论性的意见和论断将会得到观众的热烈支持和积极响应，而《白雪公主》作为有史以来最受欢迎的电影之一的地位将会得到进一步的巩固，直到坚不可摧，牢不可破。然而，对于人们为什么喜欢这部电影，观察者们意见不一。在它一开始发行的时候，许多评论家把它的吸引力归因于对世界动荡不安的逃避，一种逃避现实的空想主义，就像他们对《米老鼠》系列动画片所持有的那种态度。1938年1月，弗兰克·纽金特重温了这部电影，他在《纽约时报》上写道："当这部电影的画面徐徐展开的时候，战争正在如火如荼地进行，犯罪正在悄无声息地发生，仇恨正在被四处煽动，暴乱正在酝酿之中。但是，当迪士尼开始编织他的神奇咒语，而且这种魔法施展出诱人魅力的时候，那个可怕的现实世界就消失了。"另一些人则提到了这项纯粹的技术成就展现出的惊人力量：近600名员工密切合作，他们总共完成了25万张图画的绘制、描线和上色工作。工作量总计相当于200年的工时。虽然从来没有一部动画片看起来像《白雪公主》那样神奇美妙，而且肯定也没有一部动画片像《白雪公主》那样充满情感冲击力，但同样真实的是，没有一部动画片像《白雪公主》那样投入了多到让人不可思议的时间、精力和奉献精神。在某些方面，它就像电影中的哥特式大教堂——区别只是在这种情况下，所有的工时都花在了为一个人的愿景服务上，而不是为上帝的荣耀服务上。

除了治愈20世纪30年代政治造成的精神创伤和电影本身技术成就带来的新奇感，《白雪公主》还有更多潜意识的吸引力。这种力量虽然看起来不明显，却同样强大。王后对白雪公主的青春年少和性感魅力的嫉妒提供了一种性方面的潜台词——一代人的性欲减退和下一代人的性觉醒之间的斗争，后者在白雪公主从王子那里得到让她复活之吻时被淋漓尽致地真实呈现了出来。从这个意义上看，白雪公主和小矮人扮演了一种青春期的仪式，一种不被承认的渴望，一种迈向成熟的演练，直到王子到来，把她的激情推向了顶点，通过性把她带入了成年。虽然大多数观众，尤其是年轻观众显然不会意识到这些公然传播的元素，但性确实也是他们最可能理解的隐喻。正如儿童心理学家布鲁诺·贝特尔海姆描述的所有童话故事的基本主题那样，《白雪公主》的主题同样也是关于在自然秩序中找到并占据自己的位置，本质上是关于成长、承担责任（就像白雪公主为小矮人们所做的，以及小矮人们为白雪公主所做的那样）和接管权力。[1] 这个故事不仅是沃尔特·迪士尼对自己承接权力的表达——小矮人代表他的动画短片，王子代表长篇动画本身怀有的更大野心，而且是对每个已经长大的成人或打算长大的人承接权力的表达。它将成为迪士尼所有伟大的动画片的母体。在这些动画片中，一个孩子克服成人世界的各种障碍和背信弃义，然后在其中找到自己的权威位置。

在这种获得控制权的主题思想下，《白雪公主》这部电影的主题和技术颇为巧妙地融为一体。不管《白雪公主》还涉及了其他什么，这部电影史上最精心制作的电影都传达了一种控制感，一种完全出自虚构的世界的感觉。对于经历过大萧条时期的观众，尤其是那些在接下来的几十年里要看这部电影的观众来说，《白雪公主》的影响与其说是它的逃避主义（正如它刚刚上映时各种评论所说的那样），不如说是它暗示了一种替代性的力量——通过这种力量，孩子们可以控制自己的生活，成年人可以控制现实世界，因为无论是自己的生活还是现实世界往往都是他们无法控制的。《白雪公主》中蕴含的个人故事——沃尔特·迪士尼的承接权力的故事，被转化成每个人承接权力的故事——可能会让观众产生共鸣，但同样让观众产生共鸣的，还有它那令人惊叹的绝对纪律性。在白手起家创造自己的世界的过程中，沃尔特·迪士尼在他的作品中比以往任何时候都更充分、更有力地展示了人类潜在的掌控力，而这一直是动画与生俱来的固有隐喻。这才是真正的力量。

除此之外，至少就动画制作而言，《白雪公主》开创了一个新时

---

[1] 贝特尔海姆谈到童话故事在帮助儿童解决复杂问题方面的力量时说："它们以儿童没有意识到但却能够理解的方式讲述他（儿童）面临的严峻而且沉重的内心压力，而且——在不贬低成长过程中必然会涉及的最严重的内心斗争的情况下——为解决各种迫在眉睫的困难提供了暂时的和永久的解决方案和范例。"

代。在《白雪公主》之后，人们再也不能回到米老鼠和唐老鸭的时代了。大家都必须前进。正如沃尔特在这部影片上映后不久对前来迪士尼工作室参观的一位访问者所说的那样："我们逐渐开始意识到，正如我们此前所知道的那样，动画片的时代已经结束了。"现在，一切都不一样了。

第七章

持续探索

1

《白雪公主》上映后的 9 个月很可能是沃尔特·迪士尼成年生活中最美好的几个月。这部影片获得了令人震惊的成功。在卡赛弧形剧院上映的第一个星期，该片就获得了 1.9 万美元的票房，第二个星期则获得了 2 万美元的票房成绩。在纽约的无线电城音乐厅，人们常常沿着街道排着长长的队伍，等着买票，这里的总票房最终超过了 50 万美元。该片于 1938 年 2 月在全世界全面上映，沃尔特将片中犹豫不定的王子这一角色重新进行了动画制作。在此之后，《白雪公主》仅在美国和加拿大就获得了 350 万美元的票房收入，给迪士尼工作室带来了逾 100 万美元的回报。到 1939 年 5 月，这部影片以 670 万美元的票房成为当时美国票房最高的电影，最终票房超过了此前的纪录保持者——阿尔·乔尔森主演的《唱歌的傻瓜》(*The Singing Fool*)——近 200 万美元。由于当时的电影票价很低，而且儿童是这部影片观众的主力军，他们的票价更低，所以沃尔特一直坚称，《白雪公主》在美国的观影人数比其他任何一部电影都要多。

欧洲对待《白雪公主》的态度也同样让人欣喜若狂。这部电影在伦敦上映了28周，仅在一家影院就获得了50多万美元的票房。那年夏天，当这部电影在海边小镇上映时，当地影院被迫提前3周开始预订座位，最终不得不安排了特别的早间放映，以满足观众的需求。"数以百计的人来到这里，"《纽约时报》报道称，"有拿着小铲子和小提桶的小女孩，有穿着游泳裤的小男孩，有带着全家一起购物的妈妈，有头发随风吹拂自然飘扬、皮肤晒成最新色调的年轻时尚达人。"这部电影在巴黎的首轮放映中，仅在一家影院就获得了15.5万美元的票房，第二轮放映结束之后，在巴黎收获的总票房超过了100万美元。在澳大利亚悉尼的一家剧院，这部电影在21个星期内获得了13.2万美元的票房。当荷兰的审查人员禁止14岁以下的孩子观看这部电影，因为他们认为某些场景太可怕时，这些孩子们在全国范围内即兴开展了抵制一种荷兰生产的"白雪公主"牌巧克力棒的运动，审查人员的态度被迫软化下来。到1939年放映结束时，它已经在49个国家上映，并被翻译成了10种语言。

但是，这种全民疯狂热捧的现象并没有局限在剧院里面。据统计，共有2183种不同的《白雪公主》附属产品推出，仅带有白雪公主图案的饮用玻璃杯就售出了多达1650万个。沃尔特推出了《白雪公主》的连环漫画，并委托制作一部根据这部电影改编的戏剧，不过考虑到电影院的业主可能会反对这种竞争，所以最终还是决定把这部戏剧叫停。一定程度上由于《白雪公主》的成功，迪士尼工作室在1月份启动了一个全国性的电台广播节目，但很快就取消了，因为沃尔特说："如果我收听这个节目，发现事情不对劲，我就会感到不安和担心。"沃尔特甚至通过在旧金山的库瓦西耶美术馆出售这部电影的原版赛璐珞画片，获得了1.5万美元。早在1938年5月，凯伊·卡门就报道说，已经售出了价值200万美元的白雪公主玩具，另外还有价值

第七章 持续探索

200万美元的《白雪公主》手帕也已经销售一空时,《纽约时报》高兴地发表社论称,动画或许是摆脱大萧条的一条出路。

然后表扬与赞美铺天盖地而来。早在1938年1月,沃尔特就在调查《白雪公主》是否有资格获得奥斯卡金像奖,结果被告知,"评审委员会正在考虑授予它奥斯卡特别奖,现在这种可能性是相当大的,几乎是八九不离十了"。除此之外,《白雪公主》已经被美国国家评论协会评为年度最佳影片之一,并获得了纽约影评人协会的特别嘉奖。在1939年2月举行的奥斯卡颁奖典礼上,沃尔特确实因为他的成就获得了特别的认可:一座较大的奥斯卡金像和七个稍小的小金人。当时年仅10岁的女演员秀兰·邓波儿在颁奖时奶声奶气地说道:"难道它不是明晃晃、亮闪闪的吗?"沃尔特回答说:"哦,真漂亮!"她接着问道:"难道你不感到自豪吗?"沃尔特笑容满面地说:"我太自豪了,我想我会膨胀到炸裂。"邓波儿以为他要把小金人炸裂,赶紧回答道:"哦,别这样,迪士尼先生!"一位与会嘉宾说,两人你来我往,这场对话"赢得了满堂喝彩"。

欢庆的气氛席卷迪士尼全家,整个迪士尼家族都洋溢着喜悦之情。就在《白雪公主》在洛杉矶举行首映式之后的两个星期,迪士尼家族全体人员——除了当时留在波特兰的露丝——聚集在好莱坞的伊瓦尔豪斯餐厅,一起庆祝伊利亚斯和弗洛拉结婚50周年,这对夫妇和过去十年来的艰难岁月告别了。尽管罗伊和沃尔特的地位一直在稳步上升,但他们的父母的生活并没有随之改善。大萧条时期不是当房东的绝佳时机,而伊利亚斯和弗洛拉正是通过出租房屋来谋生的。"对我们来说,情况并没有任何改善,"伊利亚斯在1933年末写给沃尔特的一封信中哀叹道,"事实上,情况更糟了,价格也更糟了。我们的房子没有租出去多少,也没有多少人想租房子。"由于罗伊和沃尔特把自己赚来的钱又投入迪士尼工作室当中,所以他们也没能为缓解父母的困境做出多少贡献，他们主要给父母订阅杂志、让他们定期去洛杉矶度假和游玩、给他们买了一台新的西尔斯牌"冷点"电冰箱，1934年还让他们取道堪萨斯城和芝加哥去佛罗里达看望朋友和亲戚。考虑到迪士尼兄弟如今已是全国知名人物，这样对待父母似乎有些小气，但伊利亚斯并不这么认为。他在给雷的信中写道："罗伊非常慷慨，有时我会觉得他太慷慨了，但他似乎并没有因此失去任何东西。"但伊利亚斯没有对沃尔特的慷慨做出这样的声明。有一次，有人请求沃尔特为"德索托"牌汽车做广告代言，报酬是给他一辆汽车。沃尔特一开始并不同意，说他并没有驾驶过"德索托"汽车，也不打算在广告里假惺惺地说自己曾经驾乘过"德索托"汽车。但是，当弗洛拉建议他把这辆汽车送给他们时，沃尔特态度开始软化，承接了这个广告，装模作样摆了个姿势，然后把那辆"德索托"汽车送给了自己的父母。

  伊利亚斯和弗洛拉老两口儿除了经济困难，还有一些健康问题。弗洛拉连续出现轻度中风症状，而且医生命令她每天下午休息90分钟，以降低她的高血压。伊利亚斯的健康也每况愈下，到1937年，他几乎失明。他的医生建议罗伊和沃尔特向他们的父亲提供2000美元的贷款来支付他的医药费，但罗伊拒绝了。他写道："我们工作室有巨大的财务负担需要承担，我们需要集中我们全部的资源和力量。"他援引了一段插曲，他在6个月前与一位朋友共同签署了一张支票，最后这位朋友却违约了。

  除了上述问题，弗洛拉和伊利亚斯还很孤独。他们很少收到罗伊的来信，沃尔特则每年只给他们写一封信。赫伯特和他的妻子露易丝，还有他们的女儿多萝西，每个星期天都会去看望他们，并一起吃晚饭。伊利亚斯和弗洛拉正是跟随他们来到了波特兰。但是，1930年7月，赫伯特请求调动工作地点并又一次得到了邮电局的批准，这次他要去的地方是洛杉矶，因为他觉得那里的气候对多萝西持续不愈的支气管炎更好一些。露丝嫁给了波特兰当地一个名叫特德·比彻（Ted Beecher）的承包商，搬进了赫伯特留下来的老房子里，留下伊利亚斯和弗洛拉自己生活。他们的房子里装饰着迪士尼工作室的各种相关道具——一幅米老鼠的图画，旁边是一张沃尔特弹奏钢琴的照片，弗洛拉还保存着一本关于沃尔特成功事迹的剪贴簿——但这只会提醒他们多么想念儿子。"我们希望能卖掉这里的房子，搬到洛杉矶，这样我们全家就能在一起了。"早在1931年，弗洛拉在给一个侄女的信中就这样写道，"可是只有等这场大萧条结束之后，我们才能有机会这样做。"

现在，多亏了《白雪公主》这部影片，大萧条对迪士尼一家来说已经结束了。这对兄弟凑钱给他们的父母在加利福尼亚买了一所父母自己选定的房子作为父母结婚50周年的纪念礼物。"我认为这是我生命中最美好的一天，"伊利亚斯在给他的堂弟彼得·康特伦的信中写道，"我不敢奢望还会有这样一天。"

《白雪公主》对沃尔特的直系亲属也产生了有益的影响。多年来迪士尼对这部电影的深度痴迷、日日夜夜和周末都在迪士尼工作室度过的那些时光，给他与莉莲的关系带来了负面影响，造成了一定的伤害。莉莲从一开始就对沃尔特的作品不是特别感兴趣，她曾自称是她丈夫"最严厉的批评者"，因为"我总是往坏处想"。（她是为数不多的在沃尔特的核心圈内却未能充分意识和预计到《白雪公主》美好前景的人。她说："一看到小矮人，我就受不了，实在无法忍受。"她还说："我预言没有人会花钱来看小矮人的电影，哪怕是一分钱。"）当沃尔特在工作室时（他大多数时候都待在工作室），他们夫妻二人很少沟通，尽管莉莲说她肯定会在每天下午5点钟或5点半待在家里，因为这个时候是沃尔特的晚餐时间，她要侍候他吃饭。"他对身边的每个人都提出了很多要求,并且要求很高,"她在解释自己的日程安排时说,"他总是让每个人都陷入混乱之中。"对于这种混乱,莉莲并不总是抱有理解的态度。有一种说法是,在《白雪公主》拍摄期间,这对夫妇甚至讨论过离婚。

沃尔特和莉莲之间存在的一个问题是,就像沃尔特毫无疑问会专注于工作室事务一样,莉莲也毫无疑问会专注于她的家庭。"他和莉莲非常亲密,直到黛安娜出生之后,"多年之后,沃尔特的秘书德洛丽丝·沃特(Dolores Voght)在接受采访时表示,"黛安娜出生以后,莉莲对她越来越重视,所以莉莲从工作室的事务中抽离出来,把注意力集中到自己的家里。"毫无疑问,这是她在沃尔特专注于《白雪公主》时找到自我的方式。莉莲很显然对丈夫全神贯注于工作以及获得的铺天盖地的关注感到不满,但她并不是一个甘愿沉默的、长期受苦的、委曲求全的伴侣。莉莲会爆发。黛安娜记得有一天早上下楼吃早饭时看到墙上有一块很大的棕色污渍。后来她才知道是妈妈把一杯咖啡泼向了沃尔特。"母亲是一个很有涵养、泰然自若的人,她从来不会对我们这些孩子发脾气,"黛安娜说,"但她也不会让自己受到欺侮。她会坚决捍卫自己的权利。"

虽然沃尔特似乎把自己最深切的爱都给了他的女儿、他的工作室和他的宠物——他的松狮犬松尼,以及一只名叫曼克西的黑猫,黑猫曼克西曾经在去他家园丁的车里睡觉时突然就不见了,然后又突然从车流中跳了出来——但在莉莲第三次流产后,情况似乎有所好转。在沃尔特的鼓励下,这对夫妇决定收养一个孩子。1936年12月31日,正当《白雪公主》的拍摄工作进入最紧张最忙碌的阶段时,沃尔特和莉莲迎来了他们刚出生6周的"女儿"莎伦·梅,尽管她随后因肺炎发作又被送回医院休养了一个月。无论是父亲还是母亲,都很爱她。他们并没有把她和黛安娜区别对待。沃尔特只要一听到有人说她是收养的，就会当场勃然大怒。事实上，沃尔特和莉莲对收养一事守口如瓶，甚至莎伦出院的时候，他都是让他的园丁、黛安娜的保姆和玛乔里·休厄尔去医院接的她，以免有人认出迪士尼一家。将近20年后，《展望》(Look)杂志在一篇对沃尔特的简介中不小心引用了莎伦是收养的这一事实，结果沃尔特对此异常愤怒，他在给编辑的信中气愤地写道："我不在乎你怎么说我，但我对你提到我女儿莎伦是收养的这件事深恶痛绝。"(《展望》杂志紧急停止了当期杂志的发行，删掉了那行字。) 无论如何，沃尔特和莉莲两人对莎伦共同的爱似乎促进了他们夫妻之间的和解，在《白雪公主》上映之后不久，他们可能开始考虑再收养一个孩子，但不知出于什么原因，这次收养没有结果。

对沃尔特来说，随着他的社交活动不断减少，他的家庭变得越来越重要。在《白雪公主》漫长的制作过程中，沃尔特一直处于紧张状态，并且经常生病，即使在欧洲之行暂时让他恢复了活力之后也是如此。各种科室的医生每个星期都会到他的工作室来几次，有时甚至每天都来，为他提供各种各样的治疗，从治疗脱发（尽管他的头发一直都很茂密，并且异常蓬乱），到用脊椎按摩疗法治疗他打马球时受的伤。这个伤会在他的余生中一直困扰着他，迫使他在坐着的时候只能弓着背以减轻疼痛，晚上阵阵刺痛让他夜不能寐。尽管在制作《白雪公主》期间，他继续抽时间去打马球——这也减少了他陪莉莲的时间，但自从1935年10月28日在里维埃拉乡村俱乐部打马球发生意外之后，他对马球的兴趣就减退了。在米高梅影业公司与迪士尼工作室的一场马球比赛中，米高梅影业公司一名31岁的合同球员戈登·韦斯科特(Gordon Westcott)的马显然与沃尔特的马相撞，韦斯科特从马上摔了下来。有一种说法是，沃尔特的马随后倒在了这个年轻人身上。韦斯科特一直没有恢复知觉，3天之后死了。1个月后，罗伊通知沃尔特，他已经决定要彻底退出马球队，现在正在处理他的那几匹小马。沃尔特也减少了他的打球时间，直到1938年5月，他在给里维埃拉俱乐部的信中写道："工作室占用了我太多的时间，我将不得不完全放弃打马球。"他要求俱乐部为他的12匹小马中的10匹开出报价——其中有2匹他已经带到格里菲斯公园，供他和莉莲在那里骑乘使用——但最后没能成交，他说他要把它们赶出去放牧。从那时起，他的主要体育活动就成了打羽毛球。

打马球的时间减少了，意味着陪莉莲的时间增多了。在通知里维埃拉他要卖掉自己的小马1个月后，沃尔特就和莉莲一起去纽约度假了。但打马球的终结也意味着他通过马球建立的社交关系的终结，这是他维持的为数不多的友谊之一。他从来没有享受过太多的社交生活——他从来没有时间去社交——他仅有的一点儿社交生活也被《白雪公主》毁得一干二净了。在迪士尼工作室创立的早期，沃尔特主要与他的员工相处，他们的关系处得像兄弟和家人一样，他的工作生活和社交生活通常是融合在一起的。但是，当他开始制作《白雪公主》时，从社交意义上他已经远离了工作室的员工们。正如动画师马克·戴维斯所说："当工作室开始真正有所成就时，其中一些员工的成长速度跟不上他。所以很快，他的大部分交往对象都是工作室之外的人了，他的私人生活也脱离了工作室。这些员工中的许多人永远也不会明白，沃尔特已经成长了，不再适合和他们混在一起了——他已经变了。"

然而，即使说沃尔特脱离了与员工的社交活动，他也没有一头扎进好莱坞的圈子里。尽管他和莉莲在整个20世纪30年代都与斯宾塞·特蕾西一家保持交往，邀请他们到自己位于沃金路的新房子里去游泳和打羽毛球，但这些邀请都是偶尔发出的，而且是通过电报或信件发出的，并不是通过电话。与此类似，虽然沃尔特成功地把儿时的

第七章 持续探索

朋友沃尔特·帕非弗吸引到迪士尼工作室的故事编制部门工作，但两人还是出奇地疏远，一直保持正式而冷淡的关系——雇主和雇员，而不是朋友。他的大多数同事都觉得他与任何人都不亲近。"沃尔特是一个很难接近的人，"动画师沃德·金博尔说，"他是个工作狂。他的事业就是他生活的全部。我想我是他曾经最好的朋友。"另一名员工形容沃尔特"很友好，但他似乎不接受亲密的友谊"。莉莲对此表示同意。当被采访者问及谁是沃尔特最亲密的朋友时，她说："他真的没有时间交朋友……沃尔特有太多的事要做。他必须为第二天的工作保持清醒的头脑。"没有人能进入他的内心，甚至莉莲也不行。他完全专注于自己的事情，完全沉浸在自己的思想和想法里。他偶尔出来也只是为了分享这些思想和想法，并把它们付诸实施。

沃尔特似乎意识到，他已经无可救药地沉迷于工作了，付出了牺牲家人和朋友的代价。这么多年来，他和莉莲一直想买一个大牧场，他可以暂时逃离忙乱的城市生活，去那里休息放松。他们一直在寻找机会，寻找合适的农场，但直到最后，结果正如他在写给一位潜在卖家的信中所说，迪士尼工作室的工作让他"几乎没有时间进行真正的娱乐活动"。从1938年5月开始，他为数不多的业余活动之一，就是每年一次为期一周的骑马旅行，地点在圣巴巴拉市附近的加利福尼亚内陆地区，参加的是一个由专业商务人士组成的俱乐部，这伙人自称为"喜欢四处溜达的大牧场主"。但是，这个俱乐部的另一位成员、迪士尼工作室的制片人戴夫·汉德说，这些大牧场主们"最好还是带上桌子和椅子"，因为"沃尔特会越来越多地谈论他的新想法，最后总是问我，根据这些想法，在我们回到'文明社会'之后，会有哪些新的或不同的业务受到影响，会不会有工人被调整岗位，会不会修改日程安排"。"他别的什么也不知道，"汉德说，"除了迪士尼工作室，他什么也不会谈论，什么也说不出来。"

在《白雪公主》上映后的几个月里，在沃尔特短暂的工作间歇期里，虽然迪士尼工作室仍然是他首要关注的重中之重，但他已经开始重新关注自己的家庭。部分原因是，只有和他的家人在一起，他才不必成为"沃尔特·迪士尼"，因为在他的动画长片获得成功后，"沃尔特·迪士尼"变成了一项更加繁重的任务，一个极其沉重的负担。沃尔特喜欢聚光灯下的生活，但他讨厌自己被迫扮演的公众人物角色，而且由于他在中西部朴实无华的成长经历，他讨厌那种社会赋予名人的过分夸大的重要感，而他现在肯定也是名人之一。如果说他不是一个没有自我意识的人的话，那么他认为自己是一个没有架子的人，他确实是这样。虽然这栋位于沃金路4053号的两层楼的大宅子非常引人注目，而且比他们当初所住的利里克大道上由预制板组合建造的硬纸盒一样的房子要宽敞得多，有三间卧室，一个兼具图书馆、投影室和镶板酒吧三种功能的复合间，一个带专属凉亭的游泳池，还有一块宽阔的草坪，一直延伸到山脚下，但是它绝不是人们想象中的沃尔特·迪士尼居住的那种极其宽敞奢华的豪宅。除此之外，他在其他方面也过着俭朴的生活。在20世纪40年代初买了第一辆凯迪拉克轿车之前，他一直开的都是普利茅斯牌汽车和派卡德牌汽车，他的衣服都是从商店里买的现成的衣服。他喜欢家常的普通食物，他最喜欢吃罐装豆子。他也没有让自己陷入名人虚饰的包围之中。他告诉一位采访者，他特意不让迪士尼产品出现在他的家里，因为"我已经和它们一起生活了太长时间了，我只是不想在家里继续和它们一起生活"。

尽管他还是全神贯注于工作当中，但是当涉及黛安娜和莎伦时，他是一个溺爱孩子的父亲，保护孩子不受自己名声的影响。他喜欢讲述6岁的黛安娜问他是不是沃尔特·迪士尼的趣事。"你知道我是。"他回答说。"是沃尔特·迪士尼吗？"她追问道。当他得意地笑着说

第七章 持续探索

"他是"之后,她就会要他的签名。他会在房子周围追逐自己家里的女孩们,像《白雪公主》里面的巫婆一样咯咯地笑;或者他会无休止地缠着她们,跟着她们的脚后跟跑,"好几个小时,好几个小时",黛安娜说,或者他会站在游泳池里,让她们爬到他的肩膀上。"我认为我的父亲是世界上最强壮、最有趣的人。"黛安娜回忆说。晚上,他会给她们读书。每逢周末,他从教堂把孩子们接上之后,就把她们带到格里菲斯公园去骑旋转木马;或者带到工作室去,当他在工作室里四处溜达的时候,她们就跟着他;或者当他在工作的时候,她们就骑着自行车去附近空旷的场地上兜风。"那时候她们都喜欢和我一起出去,"沃尔特回忆道,"那是我一生中最快乐的日子,最快乐的时光之一。她们和她们的父亲就像陷入了恋爱一样。"

随着《白雪公主》的大获成功,连一向愁眉苦脸的罗伊也激动不已。那年4月,随着这部电影的周票房达到了20万美元,他前往欧洲开拓海外市场,进行发行协议谈判,并为未来的动画长片大举收购著作版权。迪士尼兄弟已经获得了 A. A. 米尔恩(A.A. Milne)的经典作品《小熊维尼》(黛安娜上床睡觉时总是抱着破旧的小熊维尼玩偶)和肯尼斯·格雷厄姆(Kenneth Grahame)的《柳林风声》的版权。除此之外,他们还在为购买唐纳德·马奎斯(Don Marquis)的《阿尔奇和梅希塔贝尔》(Archy and Mehitabel)的版权进行谈判。这本书的内容是关于一只早慧的蟑螂和一只猫的故事。在英国期间,罗伊与约翰·坦尼尔爵士(Sir John Tenniel)就《爱丽丝梦游仙境》中的画作达成了一项版权协议,并与大奥蒙德街医院(Great Ormond Street Hospital)就《小飞侠彼得·潘》达成了一项奇怪的协议,因为詹姆斯·巴里爵士(Sir James Barrie)1937年去世前夕立下遗嘱,将其所有剧本的版权赠给了这家医院。这家医院曾为迪士尼兄弟创造了与派拉蒙影业公司达成协议的机会,派拉蒙影业公司此前已经获得了《小

425

飞侠彼得·潘》的真人实景版影片的拍摄权，但迪士尼和派拉蒙影业公司未能如愿达成协议。在这种情况下，医院同意将《小飞侠彼得·潘》的动画版权卖给他们，从而彻底斩断了弗莱舍兄弟工作室获得这一版本的希望，当时他们正着手制作他们自己的动画长片。即便如此，当罗伊从欧洲扫货胜利归来时，一位记者评论说，他"仍然带着一副不十分确定是否该停止担忧的表情"。

确有此事。尽管《白雪公主》整部影片耗资惊人（仅故事编制开发一项就超过10万美元，动画制作一项就接近30万美元，总投资超过100万美元），尽管迪士尼工作室为了筹措这些资金而负债累累（在1936年5月至1938年5月期间，迪士尼兄弟从美国银行总共借了230万美元），但这部电影的成功给他们带来的回报则要大得多。1938年5月20日，就在《白雪公主》首映刚刚5个月后，他们就偿还了所有的债务，证明了沃尔特对这部电影的信心。"罗伊带着贾尼尼先生来找我，我们开了一个会，他们催我快点儿完成《白雪公主》的相关工作，"在会议结束之后的午餐时间，沃尔特对一群动画师得意扬扬地说，"相反，我打动了贾尼尼先生，他对我们的下一个项目《匹诺曹》非常感兴趣，他如此兴奋，以至于他又给了我们一大笔钱……这次我打败了罗伊。"除此之外，迪士尼工作室还实际上第一次提前制作完成了计划中的动画短片。发行商雷电华电影公司提出设立一个超过100万美元的循环基金，如果迪士尼续签合同，他就可以用这笔资金筹备接下来的两部影片的拍摄制作工作。在向罗伊报告雷电华电影公司愿意满足他们的任何要求时，冈瑟·莱辛开玩笑说："我们已经拿走了最后一滴血，所以如果再提取肝脏、心脏和胃可能就不太公平了。不过，无论我们怎么做，沃尔特都会破口大骂，嘀嘀咕咕，想要一个更有利的协议。"他最后说："在我看来，毫无疑问，所有与雷电华电影公司有关的人都认为迪士尼是雷电华电影公司最重要、最优秀的伙伴。我们对他们来说绝对是必不可少的。"

当沃尔特豪情万丈地就《白雪公主》的大获成功夸夸其谈时，他也想着要兑现他当初的承诺，即迪士尼工作室的每个人都会从中受益。那年5月，他冲进乔治·莫里斯的办公室，要求现在支付《白雪公主》的奖金。（最初的奖金金额为11.5万美元，不过在6月份，他宣布每位员工将获得相当于3个月薪水的奖金，最终迪士尼工作室为此支付了大约75万美元。）"这是他们应得的，"沃尔特告诉专栏作家埃德·沙利文（Ed Sullivan），"正是他们的努力才使这部影片上映成为可能，难道不是吗？"多年来，迪士尼工作室的工作时间都是到每周六中午，对此他决定在那个夏天让工作室实行五天工作制。最后，为了表达自己的感激之情，他宣布，从6月4日开始，他将在棕榈泉附近的纳尔科尼亚（Narconian）湖酒店和俱乐部举办周末静休疗养活动，所有员工和他们的家人都可以参加。

事实证明，这次静休疗养活动简直是一场灾难。众人因制作《白雪公主》而被压抑多年的能量全都喷涌而出。酒水敞开供应，大家开怀畅饮。男人和女人公开成双配对，追求一夜浪漫。一名工作室的警卫保安人员把自己的妻子扔进游泳池，然后跑到旅馆的屋顶，高高跳下水冲去救她。另一名员工骑马闯进酒店大堂。喝醉酒的弗雷迪·摩尔从二楼的窗户掉了下来，但却落在了一丛灌木上，毫发未伤地离开了。这些失礼的事情让沃尔特感到非常尴尬和失望。

这场有失体统的闹剧与沃尔特现在所获得的像潮水一样从四面八方涌过来的溢美之词简直有着天壤之别，极不相符。除了他是这个国家最伟大的艺术家之一这个赞誉，他还在6月份获得了南加利福尼亚大学的荣誉学位，这是他第一次获得这样的荣誉学位。但此前他在2月就已经接到通知，耶鲁大学将在6月份的毕业典礼上授予他一个学位，哈佛大学也紧随其后——这是该校授予电影界人士的第一个荣誉学位。事实上，耶鲁大学和哈佛大学的荣誉学位相当于是连续授予他的，因为授予日期分别是6月22日和23日。沃尔特在哈佛的典礼仪式上得到了持续很长时间的掌声。这些荣誉还促成了沃尔特和莉莲的东部之行。在那里，他还受到了许多知名人士在纽约市音乐厅的盛情款待，包括美国无线电公司首席执行官戴维·萨尔诺夫（David Sarnoff）和出版商奥格登·里德（Ogden Reid）。当他返回他在赫伯里恩的办公室后，他安装了奖杯陈列柜来存放他所获得的无数奖项——《纽约时报》的评论家弗兰克·纽金特在参观后列举了这些奖项："来自俄罗斯的由水晶和银制成的奖杯，来自数量众多的初级商会的纪念杯，来自法国、巴西和其他国家的奖牌和奖章，来自美国电影艺术与科学学院的荣誉卷轴。"当然，还有他的荣誉学位。

不可避免的是，尽管在纳尔科尼亚湖上演了有失体统的恶作剧，但是一种新的尊严感开始在迪士尼工作室里升腾弥漫——以及一种新的压力也在加大。《白雪公主》已经证明了动画片潜在的力量，同时它为迪士尼工作室提供了财政缓冲。但是，它也再次提高了未来拍摄动画长片的风险赌注，增加了动画领域的竞争性，特别是迪士尼的竞争对手弗莱舍兄弟和沃尔特·兰茨现在也准备拍摄动画长片。在《白雪公主》突如其来大获成功之后，沃尔特现在又开始担心起来。"我们必须向公众证明，《白雪公主》和长篇卡通并非昙花一现的新鲜事物，"他在那年5月份写给自己的主要支持者之一、纽约无线电城音乐厅总经理格斯·范·施莫斯（Gus Van Schmus）的信中说道，"这是一种艺术形式，它们在娱乐界有着非常明确的地位，而且会一直存在下去。"他向一位记者承认，在《白雪公主》之后，他"担心自己无法创造出能与之匹敌的新的作品"——这位记者观察到，这种态度"完全违背了好莱坞的哲学，即在一部成功的电影上尽可能地拖延时间，最大程度地延续已经成功的模式"。在那年7月的一次审片会议

第七章 持续探索

上,他已经开始哀叹他手下的导演们没有创造性的思考,而只会"逐字逐句地照搬照抄,把里面的所有东西都原封不动地抄上来……只是呆板机械地执行——只是照猫画虎,按部就班,因循守旧,而不是一直想着创新、创造和改进"。他鼓励他们要开始"提升自己的价值观"。

鉴于现在动画长片突然受到了各方的重视,人们自然而然会认为《白雪公主》标志着迪士尼工作室开始进入了一个新的时代,一个卡通的黄金时代。在这个时代,动画的价值得到了提升,工作室真的变成了沃尔特梦寐以求的公社协会。但实际情况发展证明,结果并非如此。《白雪公主》与其说标志着一个时代的开始,不如说标志着一个时代的终结——对传统的卡通制作方式和工作室运营模式的终结。首先,随着这部电影的成功,迪士尼工作室的员工队伍得到了大幅扩充,因为沃尔特要为接下来要拍摄制作的新电影做准备。在《白雪公主》上映之后的两年时间里,有近800名员工加入了迪士尼工作室,成为工资名单中的一员。但是,由于沃尔特在等待《白雪公主》的最终票房结果,迟迟没有启动推进新的动画长片的制作,最终造成了工作人员供过于求、人浮于事的局面。1938年的大部分时间里,许多新员工只是无所事事地坐着,没有任何工作可做。沙普斯坦不想和这些新员工一起工作,因为他们没有足够的经验。哈姆·卢斯克试图给他们分配任务,找点儿事做,但在他记忆里那是一笔"可怕的交易"。

由于有这么多的新员工,而且迪士尼工作室几乎一夜之间就从一个专门制作6或7分钟长的卡通短片的工作室,变成了一个专门制作70或80分钟长的动画长片的工作室,开始出现混乱。《白雪公主》的创作过程经历了漫长的、深思熟虑的试错之路,但它的这种方式只能说是独树一帜自成一格;它无法为按照进度计划定时定点制作动画长片方面提供多少有用的指导，而这正是迪士尼工作室现在需要做的。沃尔特自己也承认，《白雪公主》之后的两年是"混乱丛生、迅速扩张、整顿重组的两年"。他形容对新员工的培训"就好像突然被安装到一台制造娱乐产品的机器上，但这台机器已经变得复杂得令人困惑"——而这与当初《白雪公主》创作人员那令人陶醉、略显混乱、东倒西歪的合作情形相距甚远。正如他后来告诉手下工作人员的那样："在这个领域获得主导地位的唯一方式是建立一个组织，这样才能确保车间里不会出现不可靠的人和不合格的产品。"但是，尽管沃尔特早期也断断续续地进行了一些将动画制作过程程序化的尝试，而且动画制作的专业化程度确实也在不断提高，但是，迪士尼工作室从来就不是一台真正的机器。现在他不得不努力让它成为一个机器。

这一转变也反映在当年迪士尼工作室名称的拟议变更上面。罗伊决定将迪士尼名下的各个实体——工作室、商品部门和一个房地产投资公司——全部都整合到"沃尔特·迪士尼企业"的旗帜下。这个房地产投资公司是迪士尼兄弟俩在20世纪30年代初成立的房地产投资公司，名称是"莉埃德房地产公司"（Liled Realty）——以他们两人的妻子莉莲（Lillian）和埃德娜（Edna）的名字来命名的。虽然"沃尔特·迪士尼企业"听起来可能比"沃尔特·迪士尼制片"更正式、更大气，但它却在迪士尼工作室内部引发了一场抗议大风暴。用罗伊的话来说，持批评意见的人指责拟议中的新名字与"沃尔特·迪士尼制片"相比，"听起来更像一个价值10亿美元的项目——拥有大量资金和实力的全球性企业"，而且"沃尔特·迪士尼企业"可能会给公众留下错误的印象，即或许迪士尼工作室已经变成了企业化的公司。最后罗伊认输了，但这一事件却指明了迪士尼工作室未来的新基调和新方向。

那年5月，迪士尼工作室见证了一个更直接、更戏剧性的例子，

第七章 持续探索

显示出其日益膨胀的地位和公司化的倾向。当沃尔特和新招聘的员工一起，准备开始一项雄心勃勃的动画长片制作项目时，他意识到他需要新的设备和设施。起初，他决定在赫伯里恩为动画短片部门建一座新大楼，就在主工作室对面，与主楼仅一街之隔。但是在一个周末，当他仔细考虑这个想法，并和首席工程师比尔·加里蒂以及一位名叫弗兰克·克鲁霍斯特（Frank Crowhurst）的承包商一起研究这个计划时，他突然改变了主意。现在，几乎没有经过任何深思熟虑，他就决定建造一个全新的工作室，并立即要求营业部的乔治·莫里斯制订一个融资计划。莫里斯抗议说，他需要知道新工作室的成本是多少。沃尔特带着他一贯对钱不屑的态度，耸了耸肩，说道："好吧，那就先按50万美元算吧，剩下的我们以后再谈。"

没过多久，沃尔特就对这个建造新工作室的想法产生了强烈的兴趣，他近乎疯狂地投入其中。当时罗伊还在欧洲，即便如此，他也开始四处物色地产，莫里斯无奈之下给这位不在家的哥哥发了一份备忘录："看起来我们的新工作室项目已经上马了。"的确，沃尔特现在对这一项目充满了热情，非常渴望继续推进下去，以至于冈瑟·莱辛也和罗伊取得了联系，敦促他在事态失控之前赶紧回来。尽管《洛杉矶时报》在那年6月报道称，沃尔特正考虑在洛杉矶韦斯特伍德区和洛杉矶北部伯班克（Burbank）荒芜的郊区选址，但就在他做出建造工作室的决定后3个星期内，他已经选定了伯班克社区内的一块51英亩的孤立偏远的土地。这块土地曾是黑狐军事学院（Black Fox Military Academy）的马球场，他已经开始与拥有这处地产的水电局谈判。对方要价10万美元。

"你们知道我是怎么弄到这个工作室的，难道不是吗？"沃尔特曾在一次员工会议上说道，"他们认为如果《白雪公主》的票房能达到300万美元，就会非常高兴，所以当票房超过这个数字时，我说：让我拥有这个吧——我想建一个新的工作室……这就是我们得到新工作室的方式。"事实上,事情远没有那么简单。《白雪公主》的大部分利润都用来偿还债务,所以沃尔特派莫里斯和加里蒂去咨询美国银行的乔·罗森博格关于贷款的事。罗森博格很乐意帮忙,但在派了一名估价师去评估了伯班克的地产后,他认为它定价过高,说只能给迪士尼兄弟预付3万美元,并建议沃尔特去看看其他房产。沃尔特不为所动,很快就与水电局达成了协议,并于当年7月份宣布新工作室将在几周内开始施工。像往常一样,罗伊会给他筹措这笔钱。

沃尔特得到了他想要的那块土地。在好莱坞山的映衬下,这块土地四处蔓延,显得非常广阔。这次,他不打算再建造一个像赫伯里恩那样草率随意的工作室了,就像他再也不打算制作草率随意的动画一样。一切都从零开始精心规划,新的工作室将会是完美的,从物理上实现他长期以来的梦想,即建造一个动画乌托邦。为了做好设计工作,他聘请的不是一位传统的建筑师,而是一位长相阴郁的德国籍工业设计师,名叫凯姆·韦伯(Kem Weber)。韦伯在建筑风格方面的主要经验是为派拉蒙影业公司绘制布景,偶尔也会制订建筑规划。在20世纪20年代中期的一次重返欧洲之旅中,韦伯经历了艺术风格上的转变,成了现代主义风格的代表人物。现代主义风格试图通过建筑的形式——干净、光滑、流线型,就像一架飞机,没有华丽的装饰——来表达技术的时代精神。对于一个将艺术与技术结合在一起的行业来说,这似乎是一种合适的风格,更不用说目标客户是一位认为自己很有远见的工作室负责人。沃尔特显然希望这种风格能对员工产生积极的心理影响,因为,正如韦伯后来所记录的沃尔特的指示那样,"在你工作的地方,心灵的舒适和快乐不仅取决于纯粹的、实用的、功能性的解决方案,还取决于它们的外表"。

对韦伯来说,迪士尼项目是他迄今为止获得的最大委托项目,他

第七章 持续探索

被称为工作室的"监理设计师",但沃尔特不打算让任何人的愿景取代他自己的愿景。就像《白雪公主》一样,这也是他的梦想,并且这个梦想丝毫不比《白雪公主》逊色。"沃尔特计划得非常仔细,非常周到,"本·沙普斯坦回忆道,"他规划设计了主体建筑,并根据旧工作室制作了各个单元的地面模型,并邀请了任何想要贡献想法的人提供建议……他在这方面做的工作和他在影片创新方面做得一样多。"因为他希望这里成为员工的天堂,所以他不仅征求员工的意见,而且还积极地把他们带入并参加到这个过程中来。弗兰克·托马斯记得沃尔特曾给员工们打电话,让他们参加在赫伯里恩召开的夜间会议。在会上,沃尔特展示了自己设计的新工作室的布局图和建筑模型。"他说,'如果我们把剧院放在这里,动画大楼放在那里,餐馆放在这里,摄影棚放在那里,管弦乐队舞台放在这里,摄影部放在那里,描线和上色部门放在这里,剪辑部在那里,胶片冲印实验室在这里,所有这些部门都放在这些位置,你们觉得怎么样?'我们会把所有的模型反复搬来搬去,调整位置,然后有人问,'下雨天你们会做什么?'"然后沃尔特会计算可能会有多少下雨天,然后大家开始头脑风暴,最后决定在动画大楼和描线上色大楼之间挖地下通道。"沃尔特真的是做到了深思熟虑,反复思考,直到自己彻底想清楚为止,并且让我们一直全程参与其中。"

一如既往,沃尔特又开始陷入痴迷状态。一位员工记得,他一次走进沃尔特的办公室,就发现他正在拆卸一把椅子,以便确定如何制造出一把对动画师来说更舒服的椅子。另一位员工回忆道,沃尔特委托弗兰克·托马斯为一种新式动画桌设计原型,韦伯随后制作了这种动画桌。新办公桌将配备旋转圆盘、荧光灯和尺寸更大的动画纸——比原来大30%,更便于绘图。在动画大楼里,会有专门设计的开槽遮阳篷,让光线进入而不让眩光进入。狭窄拥挤的审片室被彻底改造,

433

取而代之的是两个宽敞的放映室，其中一个就在沃尔特的办公室旁边。（然而，"禁闭室"这个名字仍然保留着，就像当初在赫伯里恩的放映室建好之后一样。）当初，在赫伯里恩，中间帧动画师在被戏称为"牛棚"的工作室和动画工作室中工作，闷热的空气让他们透不过气来。从此之后，他们的工作室里将会有湿度控制器、温度调节器，以及一台空调，可以输送25万立方英尺的冷空气。沃尔特为构建他的梦幻世界，方方面面，事无巨细，做到了滴水不漏，面面俱到。

2

时间到了1938年秋天，沃尔特正在筹划建设新工作室的时候，《白雪公主》上映之后那种休闲散漫且又无忧无虑的短暂幸福的休息时光已经结束了，他又回到了赫伯里恩，开始指导《小鹿斑比》。从1935年初开始，他就一直断断续续地参与这个项目，当时他遇到了制片人兼导演西德尼·富兰克林，后者拥有《小鹿斑比》的版权，渴望将这部电影拍摄出来。由于当时完全沉浸在《白雪公主》当中，沃尔特一直在拖延，富兰克林则一直在催促施压，甚至通知迪士尼兄弟，说他正在考虑接受米高梅影业公司提出的购买这部电影素材的报价。米高梅影业公司是富兰克林签约的制片公司，罗伊认为他只是在虚张声势，只是为了让这个项目继续进行下去。到了1937年春天，这个项目终于启动了。比安卡·玛乔里（Bianca Majolie）提交了一份剧情梗概，她在整个夏天都在不断完善这个大纲。她是沃尔特在芝加哥麦金利高中时的同学，后来她向沃尔特申请想找一份工作，最后进入了迪士尼工作室的故事编制部门。8月，随着《白雪公主》的拍摄和制作进入最后冲刺阶段，沃尔特与拉里·莫里和多萝西·安·布兰克（Dorothy Ann Blank）见了一面，他们正试图把玛乔里的剧情大纲改编成脚本。到月底的时候，沃尔特已经开始组织员工调配人员来准备这部影片，但是他仍不愿把任何人马上从《白雪公主》剧组抽调出来，直到《白雪公主》全部彻底完成。

沃尔特于9月4日为《小鹿斑比》召开了第一次正式的故事研讨会，戴夫·汉德宣布了时间安排：动画制作工作将于12月1日开始，发行时间定在一年之后。非常明显，这一次情况发生了巨大的变化，这部动画片的制作流程将与《白雪公主》大不相同，在《白雪公主》筹备过程中，故事情节经历了数年而不是几个月的严格审查，反复推敲和持续修改。沃尔特的态度也发生了巨大的变化。"员工们全都满怀希望地看着沃尔特，"弗兰克·托马斯和奥利·约翰斯顿后来写道，"但这一次他没有像以往那样发挥强有力的领导作用。"据故事创作人员所说，沃尔特似乎被这部影片的整体想法和总体思路所困扰，不知道该怎么做，不确定该采取什么方式。导致这一问题的部分原因是，沃尔特知道富兰克林多年来一直在试图改写剧本，却一直没有成功；沃尔特自己也承认，他喜欢菲利克斯·萨尔滕的小说里讲述的一系列单个事件，而不是萨尔滕讲述的整个故事，他喜欢的是"与动物打交道的可能性"，而不是"按照原著的写作方式和叙事风格来拍摄动画的可能性"。另一部分原因是沃尔特急于利用《白雪公主》创造的良好势头。拉里·莫雷建议他们先画出小鹿斑比和他妈妈在树林里散步的场景，就像他们开始创作《白雪公主》时，先绘制出小矮人们发现白雪公主的场景一样。沃尔特反驳说，他们应该同时开始配音。"让我们开始大胆行动起来吧，反正就是这些事，动手干吧，不要拖得太久。"他建议。他现在不想浪费时间来设计角色。他说，他们应该先选定角色，为他们写故事，构建影片的前半部分，然后录下对话和音乐，然后再绘制草图。"如果我们先把音乐、动作、对话和歌曲放在一开始的4000英尺的胶片上，"他对工作人员说，"你们应该不用草图就能把它视觉形象化。"他甚至建议卢斯克用他们录下的声音作为灵感，画出角色的模型图，但他警告说："通过几个角色来构建是最明智的方式。"简而言之，这部动画片的制作流程他几乎完全是先从听觉再到视觉，而且他试图快速完成。

各部门员工们的工作确实都推进得很快。在故事研讨会结束后的两个星期内，作为制片人的佩尔斯·皮尔斯为影片的第一部分构建了一个粗略的分镜头剧本：从小鹿斑比出生到他第一次在树林里漫步；把各个场景分配给了故事编制部门的各个成员；然后再把声音录制完成。一个月后，故事编制组与富兰克林会面，听取他的意见。富兰克林此前已经构思出来一只滑稽的兔子，他一直坚持并反复讲述他的这个构思：在整部电影当中，这只兔子都试图告诉小鹿斑比一个故事，但总是受到一只狐狸不断地骚扰和打断，导致他总是无法把故事讲完。最后，他被一个猎人射杀了，他在生命垂危时最后一次试图讲完他的故事，奄奄一息地喘着气说："这根本不是一个非常有趣的故事。这个故事没有任何意义。"虽然这一幕从未出现在最终的剧本当中，但它确实产生了效果。根据约翰斯顿和托马斯的说法，"它向我们展示了动画一个可能的新维度：真正的戏剧性场面，传达一种能打动观众的思想"。根据他拍摄真人实景电影的经验，富兰克林向他们展示了如何超越《白雪公主》，进入更加深刻和戏剧性的领域。

富兰克林似乎也激发了沃尔特的灵感。12月15日，也就是《白雪公主》首映的前一周，他们在一起召开了一个长时间的故事研讨会。沃尔特不知出于什么考虑，突然又一次开始讨论素材问题了。他描述了影片开头应该采用的蒙太奇拍摄手法，时间正处于从冬天到春天的转换阶段，一个镜头一个镜头拼接起来，就像他在《白雪公主》中所做的那样，同时在下面场景——一场毁灭性的森林大火——中也采用相同的拍摄手法。沃尔特对这种镜头处理方法的敏感性给富兰克林留下了深刻的印象。"你用这种方式一下子就抓住了故事的核心，"他对沃尔特说，"这个故事的核心是小鹿斑比。没有什么比小鹿斑比更出彩的了。他是一切的核心。"但在某种程度上，富兰克林的热情只是突显了沃尔特在拍摄《小鹿斑比》方面面临的问题。这部影片需要太多的敏感性的设置情节，需要极其灵巧的手来绘图。它还没有准备好，迪士尼工作室也没有准备好。就在他与富兰克林会面的当天，沃尔特向媒体宣布，他将推迟拍摄这部电影，转而拍摄动画片《木偶奇遇记》。

大家本来认为《木偶奇遇记》应该是比较容易的，而且无论如何，沃尔特在《小鹿斑比》上面纠缠挣扎的同时，在那年秋天也一直在抓紧时间快速推进这个项目，部分原因也是出于对这部动画片的小心谨慎的态度。动画师诺曼·弗格森声称，正是他把意大利作家卡洛·科洛迪（Carlo Collodi）的这本著名的小说翻译给了沃尔特。这部小说讲述了一个粗鲁无礼的木偶变成一个真正的男孩的冒险故事。他还声称，读完这本书后，沃尔特"充满热情地鼓起了勇气，决心拍摄这部动画片"。大概是想把它作为自己的第三部动画长片，沃尔特指示莱辛在那年9月购买这本书的改编版权。到了秋天，他获得了版权，并指派玛乔里为这本书编写大纲和概要，不过沃尔特认为她的大纲太忠于原著了。"我认为，我们要做的是把书中的情境抽离出来，围绕那些我们可以做点儿文章的地方来构建故事，不要太受书的束缚而不敢施展手脚。"沃尔特在一次派遣员工去拍摄单个场景之前召开的故事研讨会上建议道。当时，故事编制人员认为他们会有好几个月的时间来构思情节编写故事。但事实证明他们没有这么多时间。一天，沃尔特走进录音室，宣布《小鹿斑比》制作日程被推迟，由《木偶奇遇记》来接替，并指派沙普斯坦担任新动画片的监制，杰克·金尼担任动画导演。现在，速度突然变得至关重要。正如金尼所说："'尽快把它弄出来'变成了我们的一句口头禅,我们也是这么做的。"

那年冬天,怀着在接下来的12月上映《木偶奇遇记》的希望,沃尔特和故事编制小组的人员连续开了好几个小时的会。沃尔特在这些会议上的表现,常常让人想起在《白雪公主》故事研讨会上的沃尔特·迪士尼,他会构思可视化场景,定义角色,表演情节,为笑料"添油加醋"。通常,这群人都会聚集在第4号放映室,然后肯尼、韦伯·史密斯或者另一个故事创作人奥托·英格兰德(Otto Englander),或者沃尔特自己开始给大家朗读分镜头剧本,几乎针对每一个故事点、每一行、每一个笑料都会进行类似编撰《塔木德经》式的反复讨论和详尽解释——就像当年他们研讨《白雪公主》时那样。除此之外,正如在筹备《白雪公主》的时候,在这个过程中,沃尔特会不断地重温各个场景,反复重复台词或一些情节上的小细节,一次又一次,不停地重复,不停地反复,直到把这部电影内化于心,因为他是工作室里唯一的一个——就像F. 斯科特·菲茨杰拉德(F. Scott Fitzgerald)在《最后的大亨》中描述的那位好莱坞少有的高管那样——"能够把整部电影的情节和画面"都记在脑子里的人。罗伊的小儿子,罗伊·E. 迪士尼,甚至记得当年沃尔特和莉莲去看望他父母时的样子:他因为得了水痘而卧床不起,沃尔特进来看他,然后坐在他的床边,像过去讲《白雪公主》的故事一样讲起了《木偶奇遇记》的故事。

但是,无论《木偶奇遇记》的制作过程看起来多么像《白雪公主》,但它紧张的时间进度表却注定它与《白雪公主》不可能完全一样。沃尔特需要让故事创作持续进行下去,没有时间去做连续数月不计其数的修改,也没有时间去为每一帧画面而苦恼折腾。甚至在一个场景完全概念化之前,他就想把它发送给笑料创作人;一旦似乎准备好为某个单独的片段制作动画了,他就想把它发送给动画师,而根本

第七章　持续探索

无暇考虑电影的其余部分是否已经制作好。即使在他们仔细研究剧本推敲脚本的时候，考虑到新的时间压力，这个过程也比《白雪公主》要马虎得多，眉毛胡子一把抓，抓到什么算什么：各个场景快速地确定下来，然后又很快被丢弃。素描艺术家比尔·皮特还记得工作人员被召集参加《木偶奇遇记》的一个会议，动画师们抱着大量故事板，密密麻麻地挤在4号放映室沃尔特的扶手椅周围，据他估计至少有70个故事板。沃尔特的心情在上午会议开始的时候本来还是愉快的，但随着时间的流逝逐渐暗淡下来。"这里的东西太多了，素材太多了。"他咆哮道。据皮特回忆，他时不时地站起来，从画板上撕下一整排素描，大刀阔斧地缩短了影片的长度。风暴之中唯一平静的时刻是涉及老实的约翰·福尔费罗这个角色时，沃尔特现场亲自扮演这个反面角色，把这一幕表演出来。老实的约翰·福尔费罗是一只狡猾的狐狸，设陷伏击了匹诺曹。在为期两天的会议结束时，沃尔特已经淘汰了一半的故事板，不过当他离开时，"他带着满意的微笑转向我们，说，'这是一个非常棒的会议'"。针对这句话，皮特后来写道，"这让我想知道一个糟糕的会议会是什么样的。"

糟糕的会议马上就来了。从1月到6月，各个场景的动画师们同时拍摄并制作动画，而沃尔特则继续与故事编制团队和素描美术师见面讨论，或前或后但基本上是按照时间顺序来修改完善剧本，没有像在《白雪公主》中那样按照重要顺序首先完成关键场景：木偶制作者盖比特（Geppetto）雕刻制作了木偶匹诺曹，然后意识到他的新木偶会移动（但避免了场景中的多愁善感和感情泛滥的因素，因为沃尔特觉得《白雪公主》当中有太多感情泛滥多愁善感的场面）；匹诺曹被老实约翰伏击；匹诺曹被送到婴儿乐园（后来改为欢乐岛），在那里他可以放纵自己的欲望，结果变成了一头驴子；他逃离了婴儿乐园；以及他试图营救被鲸鱼怪兽吞到肚子里的盖比特。沃尔特偶尔会一个

439

场景接一个场景地讲述场景设置，具体到非常详细的细节。另一些时候，他会确定场景大致的主题和意义，然后让故事编制人来写具体的脚本，然后他再来对脚本进行微调。和往常一样，他关注的重点不是叙述和故事，而是场景的情感和心理。"在我们开始动工创作之前，我想先感受一下。"他谈到匹诺曹寻找盖比特这个场景时说。

迪士尼工作室的员工在制作《木偶奇遇记》的时候，内心有一种假设，即这是一个沃尔特确实有感觉有把握的故事。在《小鹿斑比》陷入僵局后，他决定转而拍摄《木偶奇遇记》。这样做的原因正如一个故事创作人所说："沃尔特知道如何制作《木偶奇遇记》这部动画片，而《小鹿斑比》仍然让他困惑不解。"其他员工也有同感。由于《白雪公主》的成功，他们拥有了巨大的勇气，满怀信心地来创作《木偶奇遇记》，尽管外界对他们的期望已经被《白雪公主》吊得很高。"我们经历了《白雪公主》创作过程中的各种艰辛和成功之后，变得非常自信，甚至有点儿骄傲自大，"沃德·金博尔后来承认，"我们想当然地认为我们可以坐下来制作另一部动画长片。我们深陷其中而不自知。"事实上，沃尔特曾满怀信心地预测，迪士尼工作室将每6个月推出一部新动画长片。但是，就在沃尔特试图加快《木偶奇遇记》的制作速度时，他开始遇到一些问题。有些是小问题——必须重新录制匹诺曹和盖比特的声音，或者精简沃尔特认为动作太慢的场景。然而，事实证明，其他问题就像他在制作《小鹿斑比》时遇到的一样难以解决。肯·安德森觉得从一开始就有一个问题——一个精神上的问题。当《小鹿斑比》因故推迟之后，鼓励沃尔特转向制作《木偶奇遇记》的那个人是本·沙普斯坦，在许多工作人员看来，是沙普斯坦而不是沃尔特扮演了关键人物的角色。正因为如此，安德森觉得"它变得更像是一项技术成就，而不是……用心和有感情的成就"。而《白雪公主》则明显是沃尔特用心和投入感情的结果。沙普斯坦对

《木偶奇遇记》的进展不顺利有自己的分析：有太多的导演在同时工作，但却没有沃尔特强有力的协调之手，而正是沃尔特的这种强力协调才推动了《白雪公主》的拍摄制作。相反，这次是由沙普斯坦负责监管指导这些部门，只有在出现严重问题或这些部门需要支援时，才会召唤沃尔特出面协调。这样导致的结果就是局面混乱。

沃尔特则持另外一种观点。他抱怨说，《小鹿斑比》被推迟之后，为了让他那数量不断增多的员工保持忙碌的状态，他在没有充分计划的情况下仓促地投入了制作，以免动画师们终日无所事事。"我们一直试图照顾好《木偶奇遇记》的整个剧组，但就是在那里，我们遇到了麻烦。"几个月后，他在《小鹿斑比》剧组的一次会议上说，"没有做好任何准备，没有一件事情是提前准备好的。在我们还没有彻底搞清楚之前就试图编个故事出来。"还有一次，他抱怨道："我们审查通过了《木偶奇遇记》，却没有制订任何值得一提的音乐创作计划，我们根本没有计划在动作之间插入音乐和对话。"

缺乏准备的主要表现是工作人员未能充分理解并适当处理"匹诺曹"这个主要角色。沃尔特在一开始就直言不讳地说："'匹诺曹'面临的一个难题是，人们知道这个故事，但他们不喜欢这个角色。"在原著当中，这个角色往往表现得很残忍很无情。沃尔特建议他们丰富蓝仙女的角色并扩大她的戏份，让她以不同的面貌出现；还要充实蓝蟋蟀的角色和作用，让他们都来帮助指导匹诺曹，让他走正道别走上邪路。所有这些建议都表明了他对这个角色的不满。但这只是权宜之计。沃尔特显然对匹诺曹没有任何把握和掌控，他一度把匹诺曹形容为"新生"，就像腹语演员埃德加·卑尔根（Edgar Bergen）饰演的讲话风趣幽默聪明伶俐的木偶查理·麦卡锡（Charlie McCarthy）一样，或者像哈波·马克思那样精力充沛一样，每当仙女出现时，他就会抓住她。他甚至不确定匹诺曹应该表现得像个木偶还是像个小男孩，不确定他应该表现得僵硬呆板还是活灵活现。那年2月初，弗兰克·托马斯、米尔特·卡尔和奥利·约翰斯顿采取了之前的策略，制作了150英尺长的木偶动画，但沃尔特对此很不高兴。

据传闻所说，包括迪士尼工作室的官方记录所载，在看到托马斯的动画之后不久，沃尔特就决定从2月份到9月份暂停《木偶奇遇记》的拍摄工作，工作人员重新编写剧本。事实上，沃尔特自己一直在不断地思索考虑、调整修改，甚至整个7月份还在审片室一直审查各个场景设置，他知道自己这次遇到了瓶颈。哈姆·卢斯克声称，在看了匹诺曹吓唬盖比特那只名叫费加罗的猫的故事板后，他向沃尔特建议，除非匹诺曹有办法分辨是非，否则观众会失去对这个木偶的同情心。卢斯克说，正是这句话促使沃尔特开始重新构思这部电影。正如沃德·金博尔所说："6到8个月之后，沃尔特看着它，然后说，'它不太对路'。所以他把它扔了出去，所有人都得重新开始。"这一次，他抓住了在科洛迪小说中只是一个微不足道的小配角的角色——一只被匹诺曹踩死的蟋蟀。在那年6月的一份修改过的故事梗概中，一只正在壁炉上唱歌的小蟋蟀首次亮相。然而，这一次，仙女任命它为匹诺曹的良心。现在，故事创作人不得不重新编写整个剧本，把这只蟋蟀融入其中。正如沃尔特后来解释的那样："我们说，'这是一个我们必须让它在影片当中从头到尾都出现的家伙'，所以我们从头再来，修改剧本，让影片所有的部分都有它的身影。"

也许《木偶奇遇记》面临的真正问题，在某种意义上也正是《小鹿斑比》存在的问题。针对这些问题，沃尔特没能像他在《白雪公主》中那样，找到处理问题摆脱困境的解决方案。这些问题的出现以及没能找到解决方案的主要原因是，他的业务战线拉得太长，过度扩张，自己超负荷运转，导致严重透支。这也正是他为什么不得不把一部分权力委托下放给汉德和沙普斯坦的原因。他不仅要参与修改《小鹿斑比》和《木偶奇遇记》的剧本，还得在投影室检查审核场景设置，设计新工作室，监督动画短片的制作，还计划推出另一部电影，这是他迄今为止最雄心勃勃的一部电影，暂定名为《专题音乐会》(the Concert Feature)。按照沃尔特最初的计划，这部电影将在《小鹿斑比》和《木偶奇遇记》之后上映。事实上，沃尔特的日程安排得太满。在一个典型的2月里的一天，他的工作安排如下：讨论《木偶奇遇记》中的一个场景——匹诺曹学习如何祈祷；听《专题音乐会》的录音；观看为《木偶奇遇记》拍摄的现场表演；参加一个关于动画短片的故事研讨会。除了所有这些复杂困难的工作事务，沃尔特还得重新承担起对家庭的责任和义务，更多地回归家庭，尽管当工作室有需要的时候，他的家庭总是首先被牺牲掉。

甚至在《小鹿斑比》和《木偶奇遇记》被暂时搁置之前，《专题音乐会》这部动画片就已经在沃尔特的脑海中浮现出来。在某种程度上，这部影片是为了满足愿望，实现梦想。自从《骷髅之舞》之后，沃尔特就一直怀揣着制作长片《糊涂交响曲》的梦想，正如他在接受采访时所说的那样，在这部影片当中，"纯粹的幻想以一种音乐的形式展开和呈现"，而不受"现实错觉"的限制——简而言之，这是抽象的电影。由于此前一直全神贯注于《白雪公主》而无法分身，他一直没有时间去实施这个想法，直到1937年夏天的某个时候，当他独自一人在洛杉矶的查森（Chasen）餐厅用餐时，他发现了气势像狮子一般在波兰出生的交响乐指挥家列奥波德·斯托科夫斯基，他邀请斯托科夫斯基一起用餐。斯托科夫斯基也是独自一人用餐。沃尔特此前已经认识斯托科夫斯基了。他是高雅文化圈子里最知名的人物之一，留着一头又长又乱的头发，八卦小报上常常出现他的风流韵事；1934年，他参观了迪士尼工作室，并与沃尔特保持着偶一为之的通信联系。就像斯托科夫斯基后来说的那样，那天晚上吃饭时，沃尔特和他讨论了他正在考虑的一个项目：一部音乐短片，模仿保罗·杜卡斯（Paul Dukas）的交响乐滑稽剧《魔法师的学徒》，讲的是一个魔力强大的巫师，有一次趁他不在的时候，一个好奇的学生使用了巫师的魔法帽和权杖，却导致了不幸的结果。有一种说法是，斯托科夫斯基主动提出免费指挥这场音乐会。另一种说法则是，他开始详细阐述自己的一个梦想：为古典音乐制作一部动画长片。无论哪种说法是真的，两人之间的合作开始了。

在那个时候，随着《白雪公主》的拍摄制作工作逐渐进入尾声，《魔法师的学徒》似乎触动了沃尔特的神经，击中了他的情感要害。如果说《白雪公主》象征着沃尔特青春年少时的故事，那么《魔法师的学徒》则象征着他获得的新权力以及他与新权力之间错综复杂的关系的故事。比尔·泰特拉用沃尔特那著名的上翘的眉毛来画魔法师的形象，并把魔法师命名为尼·士迪（Yen Sid），即把"迪士尼"倒着写，旨在把魔法师无所不能的神奇魔力和沃尔特的权力联系起来。在动画世界中，沃尔特·迪士尼确实控制着所有的元素，就像卡通片中的尼·士迪控制着魔法元素一样。他是掌控一切的大师，是唯一一个脑子里拥有"完整的方程式"的人，而他的下属们只是他的徒弟，如果没有他，他们就会变得无能为力。但是，另一种解释说，可能是沃尔特在等待观众对《白雪公主》的反应时，他自己的脑海中出现了这样一个念头：他不是那个神奇的魔法师，而是那个不幸的学徒，他戴上了魔法师的帽子，召唤出各种神奇的元素和力量，却发现它们把他淹没和压倒了。正如《魔法师的学徒》的某一个分镜头剧本所描述的那样："这部电影刻画了一个典型的小人物的形象，讲述了一旦他可以完全控制地球及其元素，他会做什么。"从这个角度来说，《魔法师的学徒》就是迪士尼工作室的象征。（随着战争在欧洲和亚洲酝酿，它也可能成为世界总体形势的一个象征。）在《白雪公主》完成

第七章 持续探索

之后，沃尔特一定马上就意识到情况发生了变化，不再是迪士尼工作室为沃尔特·迪士尼服务了，相反，越来越多的情况下是沃尔特·迪士尼为迪士尼工作室服务了，他越来越无法控制由自己亲手释放出来的力量。实际上，这部卡通片本身就是傲慢自大的一种表现，它很可能被视为沃尔特自己的噩梦。在这场噩梦中，他被自己的傲慢自大打败了。

但是，如果说沃尔特通过《魔法师的学徒》来表达自己内心的担忧，那么他拍摄这部动画短片还有另一个更加平庸乏味的动机：他对自己最忠实的拥护者之一的奉献。女演员海伦·海耶斯（Helen Hayes）回忆起自己 1937 年参观迪士尼工作室时，沃尔特给她看了一部新的米老鼠卡通片。"当然，你肯定知道唐纳德现在非常火，"沃尔特对她说，"但它不会持续太久。米奇才是永恒的。米奇会有待在阴影里的时候，但它总会走出阴影再一次出现在明亮的灯光下。"事实上，如果有什么区别的话，那就是米老鼠所在的阴影区变得更黑更暗了。正如约翰·厄普代克（John Updike）所描述的那样，早期的米老鼠曾是"美国的象征，就像它自己的感觉那样——勇敢无畏、受人欺侮、被人利用、独出心裁、富有创造力、坚韧有弹性、天性和蔼善良、有冒险精神"。但是，随着它变得越来越家庭生活化，它也变得越来越像一个难解的密码。"我们面临的困境变成了如何为米奇寻找新的、合乎逻辑的素材，如果你愿意那样说的话，也可以是更成熟、更复杂的素材，"沃德·金博尔反思道，"随着我们在其他卡通片中加入更多的个性和角色，如何处理米奇这个角色就变得越来越困难……米奇真的是一个非常抽象的概念。它所依据的根本不是真实的东西，没有一点儿真实的东西。"动画师弗里兹·弗雷伦格（Friz Freleng）表示同意："米老鼠真的是一个无足轻重的角色，什么也不是。当动画的新鲜感结束之后，除了一幅黑白的图画，什么也不会留下。你真的一点儿也不会把自己和那个角色联系起来。"导演和动画师开始称它为"童子军",意思是它缺乏棱角和尖刺——它太温和了。

沃尔特可不愿意这么轻易地放弃米奇。他要求杰克·金尼从故事本身的角度重新塑造米奇,让它更充实更丰富,而不仅仅是给唐老鸭当配角,并指派弗雷迪·摩尔和沃德·金博尔重新设计米奇的形象,让它看起来更有吸引力(也有一种说法称,摩尔是自己主动这么做的),这正是摩尔的惯用手段和擅长之处。正如托马斯和约翰斯顿所说的那样,沃尔特在审片室观看为摩尔重新设计的米奇拍摄的录像,要求反复播放,直到他终于按下了停止键,转向摩尔说:"现在,我希望从现在开始,按照这种方式来绘制米奇,这正是我想要的!"摩尔让米奇变得更加柔和。以前,米老鼠的形象一直都是根据一系列的圆圈来构建的,这使它便于绘制,很容易画出来。而现在,摩尔建议"把身体画得有点儿像梨形,要尽量短而饱满",这样米奇就有了更多的曲线,更少的刚性,不像以前那么僵硬[1]。除此之外,他还进一步增大了米奇的头部,缩小了米奇的身体。他在一节动作分析课上说:"把米奇的肩膀画得小一点儿会让它显得更可爱,让人隐约联想到肚子和屁股,而且我喜欢它内八字的造型。"

米奇获得了质量和重量——用金博尔的话来说,就是"反运动,反冲刺"。它的脸颊开始随着它的嘴动了起来,金博尔自己把米奇的眼睛从没有表情的大黑瞳孔改成了椭圆形环绕周围的瞳孔。所有这些变化使得米奇变得更加像个小孩子了,而不再那么像啮齿动物。无论如何,这一直是它进化的方向。正常情况下,随着年龄的增长,孩子

---

[1] 尽管厄布·埃沃克斯此前曾将米奇最初的形状描述为"梨形",但他这样说并不完全准确。米奇是圆形的——部分原因是圆形的结构使得美术家很容易就能画出米奇。有时,美术家们只是简单地拿一些25美分的硬币,然后通过映描勾画就可以画出米奇的基本组成部分。

们的头部与身体的比例会明显变小。尽管如此，进化生物学家斯蒂芬·杰伊·古尔德观察到，米奇"走了一条与之相反的个体发育之路"：动画师们增大了米奇的头，降低了米奇的裤腰线，通过遮盖缩短了米奇的腿，加厚了米奇的嘴和鼻子，把米奇的耳朵后移到脑袋上部，让米奇的前额变得更大更圆，通过这些措施，米奇的外形和相貌更加婴儿化。

正如摩尔所说，改造后的新版米奇毫无疑问比原来的米奇更可爱，而可爱似乎是当时的流行趋势。"我想人们会认为米奇是一个可爱的角色，"沃尔特在重新设计米奇形象之后的一个故事研讨会上说，"它是一个可爱的角色——所以它做的每件事都应该更讨人喜欢。"但在让米奇变得更加可爱、更像个孩子的过程中，动画师们去掉了它个性中粗鲁无礼和粗野精神的最后一点儿残余——用厄普代克的话来说，就是"它的生机活力、它的机敏警觉、它对冒险的好奇和热爱，原有的卓别林式的鲁莽粗野、不计后果的胡闹劲儿被完全清除了"。（事实上，卓别林也失去了他大部分的鲁莽粗野、不计后果的胡闹劲儿。）如果说米奇变得更加富有表现力的话，那么同时它也没有那么多需要表现的东西了。正如厄普代克写的那样，虽然他特别提到米奇的新眼睛，但他的话同样也适用于整个的形象重设："它让米奇变得不那么抽象，不那么图标化，而仅仅是更加可爱和小巧。"

虽然沃尔特已经批准了这个重新设计的方案，但是他明白，这并没有解决米奇的问题。（多年后，在谈到米奇的终结时，他这样说道："我们疲倦了，而且我们有了新的角色玩。"）米奇要想继续生存，需要更多的东西。它需要一个载体。本·沙普斯坦否认了这种说法，即沃尔特之所以决定拍摄《魔法师的学徒》，是因为他认为这是重新帮助米奇或他恢复活力的一种方式。他说，最开始考虑的不是米奇，而是"迷糊鬼"。尽管如此，很明显，在《魔法师的学徒》筹备初期，故事创作人切斯特·S.科布（Chester S. Cobb）就被指派调研米奇担任这部电影主角的可能性。他通过调研得出的结论是："要创造一个有趣的学徒角色是很难的——一个孩子无法带来足够的滑稽效果。"但是，科布接着说："在一个良好的想象氛围中，由米奇或笨瓜（指的是一个附属角色）来担任学徒这个角色，可能会比我们能够创造的任何一个交响乐类型的角色有多得多的观众价值。"但斯托科夫斯基没有被这种说法说服。"你觉得为这部电影创造一个全新的人物形象而不是继续用米奇怎么样？"1937年11月，他在写给沃尔特的信中说，"创造一个可以代表'你和我'的个性人物——换句话说，创造一个可以代表每个看电影的人的思想、内心以及他们的性格的人，这样他们就会以最为投入的方式将自己代入电影的所有戏剧冲突和情感变化之中。"沃尔特没有理会斯托科夫斯基的建议，这是他少数几次无视斯托科夫斯基的建议之一。沃尔特确实认为米老鼠就是"你和我"，在这个最后一搏的拯救行动中，他已经明确《魔法师的学徒》将是他的另一个自我。

无论《魔法师的学徒》对他有什么吸引力，一向深思熟虑的沃尔特这一次却一反常态地异常迅速地行动起来，很可能是因为他需要有一些东西来推动自己和工作室前进。1937年7月，他获得了交响乐滑稽剧《魔法师的学徒》的版权，到了8月底，故事创作人奥托·英格兰德提交了一份故事梗概。针对此次改编应坚持的原则，沃尔特表示："我们应该尽可能地遵循和体现这首乐曲的理念和思想，不做任何不必要的改动。"当斯托科夫斯基进入拍摄现场后，沃尔特非常兴奋，热情十足，正如他在给格里高利·迪克森（Gregory Dickson）的一封信中说的那样，"所有人都非常激动，大家热火朝天地干起来了"。迪克森是雷电华电影公司的一位公关宣传主管，他有一次碰巧在火车上遇见了斯托科夫斯基，并与他讨论了这个项目。"我们都非常希望能

第七章 持续探索

有机会和他一起拍摄这部影片，如果可能的话，我们希望马上就开始拍。"沃尔特继续说道，并表示愿意把"工作室最优秀的人，从上色工人到动画师，都安排进《魔法师的学徒》剧组"。最后，他说："我对这个想法非常感兴趣，我相信如果把斯托科夫斯基和他的音乐结合起来，再加上我们拥有的最好的传媒手段，这种方式一定会取得巨大的成功，并将引领一种新的电影呈现方式。"他再次要求迪克森看看是否能说服斯托科夫斯基尽快开始拍摄这部电影。在接下来的一个星期，斯托科夫斯基给沃尔特写了一封信，在信中同样激动地说："你在这个世界上没有比我更热情的崇拜者了，我是最崇拜你的人。"他说，他将在几天后对这首乐曲进行初步录音。

斯托科夫斯基在费城指挥费城交响乐团录制这首乐曲。与此同时，沃尔特则催促着自己的故事编制小组加紧完成剧本创作，并开始征求工作人员的意见，不过他建议他们要注意"避免低俗的闹剧和庸俗的笑料"。"我一生中对任何事情都从未像现在这样充满热情。"沃尔特在11月中旬给斯托科夫斯基的信中写道。他告诉斯托科夫斯基："在焦急地等待你的到来并开启这部电影的创作之旅之际，我们正在集中力量准备剧本，希望这个剧本能得到你的批准。"1938年1月2日，斯托科夫斯基声势浩大地来到洛杉矶——沃尔特毫不掩饰地暗示迪克森利用斯托科夫斯基最近发生的离婚事件以及他与女演员葛丽泰·嘉宝（Greta Garbo）尽人皆知的风流韵事来作宣传——来审核剧本并录制最后的乐章。赫伯里恩的录音棚太小了，根本无法容纳斯托科夫斯基亲自挑选的85名音乐家。沃尔特租用了塞尔兹尼克（Selznick）工作室。1月9日，恰好是个星期天，这天午夜，斯托科夫斯基指挥录制了杜卡斯创作的交响乐滑稽剧《魔法师的学徒》的最后一个乐章。（他说，他之所以选择晚上录制，是因为音乐家们必须喝咖啡才能保持清醒，他觉得这会让他们对音乐更加敏感、更加机警。）这位乐队

449

指挥在现场指挥的时候是如此激情澎湃，引人入胜。在斯托科夫斯基的坚持下，全场音乐被录制在6条不同的音轨磁道上，全场录制只持续了3个小时。据一位观察人士回忆说，当乐曲录制结束的时候，斯托科夫斯基汗流浃背地从指挥台上走下来，全身衣服都湿透了。他用了两条浴巾才把全身的汗水擦干。

但是，这只是沃尔特和斯托科夫斯基合作的开始。这一次，斯托科夫斯基来到洛杉矶的时候，据他的一位合作伙伴后来所说，携带着"他的全部剧目中数量相当可观的一部分"。他显然是想游说沃尔特不要只做《魔法师的学徒》，还可以做更多的东西。此次乐曲录制结束后的几个星期内，沃尔特就做出了一个决定：现在《魔法师的学徒》只是一部长篇动画的一部分，这部动画长片将是一部以古典音乐为背景的动画片。据传说，这正是斯托科夫斯基当初在查森饭店向沃尔特描述的自己的愿景。这一决定毫无疑问是沃尔特和斯托科夫斯基在1938年1月底持续会面讨论的结果。沃尔特再次迅速行动起来，也许是担心斯托科夫斯基的热情可能会消退。到2月，迪士尼工作室就已经取消了此前与斯托科夫斯基达成的拍摄《魔法师的学徒》的合同，该合同规定斯托科夫斯基可以获得影片总收入的10%。双方重新起草了一份新的合同，规定迪士尼工作室支付斯托科夫斯基12.5万美元，而斯托科夫斯基则需要担任迪士尼工作室的新动画片《专题音乐会》的配乐指导，并在其中亲自亮相出演。

当时，沃尔特手中已经有了好几部动画片，《小鹿斑比》和《木偶奇遇记》已经进入拍摄制作阶段，《小飞侠彼得·潘》和《爱丽丝梦游仙境》也已经开始了前期筹备工作。在这种情况下，沃尔特为什么还要如此急切地再推出一部新电影呢？关于这个问题，可能连迪士尼工作室内部的人也不清楚确切的原因是什么。沙普斯坦说这是出于经济考虑的权宜之计。简单来说，《魔法师的学徒》篇幅太长，成本太

第七章 持续探索

高，无论是在戏剧上还是在经济上都无法作为一部动画短片来处理，而斯托科夫斯基提出的汇编多部乐曲的动画长片则为此提供了一条出路。沙普斯坦可能是对的，经济问题是一个考虑因素——沃尔特说他需要制作另一部具有挑战性的动画长片，否则他的动画师可能会感到空虚无聊和浮躁不安，并决定辞职离开——但这似乎不是主要因素。沃尔特一直想创作更富有诗情画意、更倾向于音乐剧、音乐色彩更浓厚的动画短片。在1935年、1936年和1937年期间，他一直在反复构思《糊涂交响曲》系列动画片之一，他为这部动画片取名为《花之芭蕾》（*Flower Ballet*）。针对这部动画片，他明确提出不要搞紧凑的故事情节，而要做一些有色调、有音调的东西。即使当时《白雪公主》正处于最忙碌最紧张的阶段，沃尔特似乎也不愿撒手不管，更不想彻底放弃。

  沃尔特对传统叙事方式的敌意不断增长，对这种有艺术内涵的动画的偏爱不断增加，只不过是证明他一直追求卓越持续奋斗的另一个例子：他持续不断地需要挑战，他需要确保自己没有停滞不前，仍然是动画领域顶尖的、最好的；他需要扩大自己的创作世界，抵御假冒者对他宝座的侵犯。"我不能墨守成规故步自封，也不能让我的小伙子们墨守成规故步自封，"他告诉记者，"如果我们停止在精神上和艺术上的成长，我们就会开始死亡。"在为《专题音乐会》做准备的过程中，沃尔特一次又一次地重复这个思想，就像他在整个职业生涯中所做的那样：他们需要持续成长，他们需要超越自己，他们需要继续"保持领先"。当一个故事创作人问沃尔特是否觉得他们在充分利用卡通媒介时，他机敏地反驳道："这不是卡通媒介。它不应该被仅仅局限于卡通片。在这个领域，我们有更多的未知需要去征服……在这个媒介领域中，我们的所做所得已经不仅仅是逗人发笑了。"那些原本在他的动画短片中不可或缺的笑料，那些曾经似乎让整个迪士尼工

451

作室都视若中心的笑料，现在却让他大怒，让他大为生气。他对自己的员工抱怨道："为了摆脱通过拍打某人的屁股或者让某人大口吞下东西来搞笑的境地，我们在这里付出了持续不断的努力和奋斗。"他接着说："我们要想达到下面这种境界还需要很长时间，即通过我们创作的东西达到真正的启人深思的幽默效果，而不仅仅是让大家捧腹一笑转瞬即忘；要让观众从中获得美的体验，而不仅仅是得到一张华丽的明信片。"还有一次，在谈到《专题音乐会》时，他告诫员工说："我们不是在拍一部普通的卡通片，我觉得我们在这方面有错误的倾向。"然后，他又直截了当地补充道："我不相信这种插科打诨庸俗搞笑的东西。"而这种说法几年前在迪士尼工作室还会被认为是异端邪说。

他立志追求的东西远远不是低俗的笑料，不是《白雪公主》和《木偶奇遇记》中的多愁善感和伤感幻想，也不是《小鹿斑比》中的现实主义。在向沃尔特伸出合作之手的时候，斯托科夫斯基小心翼翼地塑造了一个浪漫的长发艺术家形象，以供大众消费。他之所以要这样做，是试图在古典音乐和大众流行音乐之间建立一种联结，构建一个连通双方的桥梁。他打算通过这种方式，一方面推广古典音乐，另一方面推广他自己，并且后者绝对不是偶然之举或顺便为之，而是更为重要的目的。沃尔特也在为建立同样的联结而努力，只不过他是从另一方面推进的。这一次，沃尔特非常明确地表示要与高雅艺术联手，从卡通在流行文化中的本源之处发掘并提升这部动画片。他觉得，如果还是仅仅满足于在流行文化中的定位，这部动画片注定是粗糙和幼稚的，是登不了大雅之堂的。沃尔特永远不会称自己为艺术家——他对文化的态度一直是太过怀疑，对自己的这一态度也太直言不讳——但他确实想创造艺术，哪怕只是因为这是他自然进化的结果。而《专题音乐会》这部动画片，他认为是货真价实的艺术。"他们担心的是这种高品位的视角。"在与雷电华电影公司的法律顾问尼尔·斯皮兹（Neil Spitz）共进午餐后，沃尔特在一个故事研讨会上抱怨道，"而我唯一担心的是，它可能有点儿太低俗了……如果你把'迷糊鬼'放进去，他们会说棒极了。"

和斯托科夫斯基一样，沃尔特似乎也为自己在古典作曲家和并不为之所动的美国听众之间充当了沟通桥梁而感到自豪。他认为，古典音乐被弄得似乎很高雅，远离常人的生活，曲高和寡，难以接近。在《专题音乐会》中，他和斯托科夫斯基将通过视觉化形象化的方式来揭开音乐的神秘面纱。"我一点儿也不担心那些穿着板正笔挺的衬衫的人，虽然这些音乐原本是为他们创作的，他们本应该是这种音乐的目标听众，"沃尔特在一次会议上回忆起他最近看歌剧的一次经历时对他的故事创作人说，"如果不用像看某些东西——比如说歌剧——那样衣冠整齐，正襟危坐，耐着性子，挺到结束的话，很多人都会欣赏和喜欢这种音乐。他们想要的是刺激和兴奋。"在另一次会议上，在谈到创作《专题音乐会》的原因时，他提到了巴赫的《D小调托卡塔曲和赋格曲》（Toccata and Fugue in D Minor），这是他正在考虑的曲目之一。"在这首乐曲当中，有一些东西是普通大众在屏幕上看到代表这首乐曲的东西之前所无法理解的。"他说，他认为音乐有一种视觉上的对等物或类似物，看到视觉化形象后"他们会感受到音乐当中蕴含的深层次的东西。我们的目标是那些因为不理解《D小调托卡塔曲和赋格曲》而选择放弃并走出音乐演奏厅的人。我就是这些人当中的一个，但是，当我真正理解了它的时候，我也真正喜欢它"。

对沃尔特来说，这又是一次比商业冒险更重要的使命，他不会让商业因素影响到这一使命。在一次讨论可能选取什么乐曲的会议上，罗伊问他们为什么不能选一些"像我这样的普通人都能喜欢的"音乐，沃尔特冷冰冰地瞪了他一眼，命令他离开房间，告诉他："回自己的办公室记账去吧。"这首乐曲的重要性在于教育观众,拓展媒体。"即使最后这个尝试失败了,"他告诉他的员工,"我们也会对如何将动画与音乐结合起来有一个全面彻底的认识和了解。"

但是,尽管他对《专题音乐会》充满了如此大的热情——在《小鹿斑比》和《木偶奇遇记》经历了巨大的困难让他有点儿萎靡不振之后,这似乎给他重新注入了活力——当《魔法师的学徒》中的音乐录制完毕之后,斯托科夫斯基也离开了迪士尼工作室重新回去当管弦乐队的指挥时,他还必须得小心翼翼前进。"《木偶奇遇记》已经让我忙得不可开交了,"沃尔特在给音乐评论家迪姆斯·泰勒(Deems Taylor)的信中写道——当时泰勒正在为这个新项目提供咨询服务,"鉴于《小鹿斑比》才刚刚起步,新工作室正在建设当中,我相信我不会有太多时间来投入我在纽约和你讨论过的这部音乐动画长片上面。"

事实上,沃尔特一从东部接受大学授予他的荣誉学位回来,就又投入停滞不前的动画长片制作中去了,如果说他仍然是管理意义上的精神领袖的话,还亲自审查剧本,审批初稿和草图,那么他已经不再是日常主持工作意义上的精神领袖了。那年10月,由于赫伯里恩工作室办公空间有限,无法容纳所有的制作团队和工作人员同时开展工作,《小鹿斑比》的制作团队先被转移到街对面工作,然后被转移到好莱坞苏厄德大街一栋建筑物里,迪士尼工作室租用了其中一个像兔子窝一样的大杂院以及一些狭小拥挤的房间,哈曼—伊辛工作室就在这里办公。(马克·戴维斯记得,对面街道上有一家色情电影制片厂,他享受着这种几家不同类型的电影工作室共处一条街道的不协调的感觉。)根据托马斯和约翰斯顿的说法,员工最初对临时搬迁感到不满,因为这使得他们远离了迪士尼工作室的那种令人兴奋的气氛。但没过多久,他们就意识到自己不在赫伯里恩有一个独特的优势:没

第七章 持续探索

有人会来打扰他们的创作和工作。据马克·戴维斯猜测，沃尔特可能只来过三五次。相反，整天叼着烟斗的佩尔斯·皮尔斯主持了故事研讨会，指导了动画制作。当然他在很大程度上是本着沃尔特的精神开展这些工作的。他与故事编制小组一起模拟表演场景，并详细阐述了各个分镜头剧本。值得注意的是，沃尔特没有参加这些会议中的任何一场。

对于一个迫切需要新动画长片的工作室来说，这种逐步的渐进式的进展是令人痛苦甚至难以忍受的。为《白雪公主》谱写过音乐的弗兰克·丘吉尔，尽管是一个极度忧郁的、根本靠不住的酒鬼，但还是被签约为《小鹿斑比》配乐谱曲。除此之外，由负责《小鹿斑比》制作的故事创作人拉里·莫雷来监管弗兰克·丘吉尔的工作进展，用冈瑟·莱辛的话说，这简直是"放羊"。迪士尼工作室还引进了一些动物供动画师观察研究，同时还派其他动画师去野生动物保护区近距离观察鹿。与此同时，中国出生的年轻艺术家黄齐耀主动将自己为《小鹿斑比》设计的画作提交给了沃尔特，尽管他原本是被聘用为《木偶奇遇记》绘制中间帧动画和插画的。他的画作得到了沃尔特的认可，很快就成了《小鹿斑比》这部动画电影长片的基础风格。就像阿尔伯特·赫特尔那鼓舞人心的画作为《白雪公主》设定了风格一样，黄齐耀的画作奠定了《小鹿斑比》的风格。黄齐耀的艺术风格更为写意，而不是高度写实，他的这种设计给艺术家们带来了视觉上的突破。

但是，即使《小鹿斑比》的剧组人员取得一定突破能够继续前进，在此过程中他们仍然跟跟跄跄，步履蹒跚，面临着各种困难——在《白雪公主》紧凑的、高度浓缩的叙事节奏和《专题音乐会》松散的、清淡的诗意之间挣扎徘徊；在他们已经掌握的、极尽夸张的卡通创作方法和黄齐耀更为写意、更为抽象的绘画效果之间挣扎徘徊，而很显然要想达到黄齐耀的这种抽象写意效果要难得多。尽管如此，沃

455

尔特还是对进展很失望,在《小鹿斑比》的剧本修改期间,他曾一度重新指派哈姆·卢斯克去制作动画短片。与此同时,其他的工作人员,虽然一开始很高兴摆脱了沃尔特的注视,躲到了他的视线之外,但现在对现状也越来越不满。托马斯和约翰斯顿说,他们从来没有信心能够成功地捕捉到这个故事的情感力量,最终他们甚至开始怀疑这部电影是否会被制作完成——用他们自己的话说:"沃尔特从来没有来过。"这一事实进一步加剧了他们的这种担心和恐惧。

现在,迪士尼工作室正在不辞辛劳艰苦执着地投身于制作《小鹿斑比》《木偶奇遇记》和《专题音乐会》等几部动画片,这些影片就像一场艰苦的劳动任务,迫使沃尔特结束了原本就十分短暂的喘息休养时间。但是,没想到的是,正是在这个时候,一个将彻底结束沃尔特·迪士尼欢乐时光的事情就要来了。

自从伊利亚斯和弗洛拉·迪士尼在他们结婚五十周年纪念日庆祝活动上得到了为他们找新房子的承诺后,他们就一直住在联邦大街一所租来的公寓里。在此期间,他们和罗伊都在积极寻找合适的房子。他们终于在那年9月找到了一处住宅——一套全新的房产,位于北好莱坞隐秘村庄地区的佩雷斯迪亚4605号,占地面积75×125英尺。它的主人突然去世,把这套房子留给了他的遗孀。他的遗孀想以8300美元的价格把它处理掉。它有三间卧室、两间浴室、一个客厅和一个双位车库。但是,正如罗伊写的那样,"更重要的是它有一个良好的供暖系统"——一个强制循环的中央燃气加热器。兄弟俩拿出2300美元,花了2500到3000美元把这所房子进行了重新装修。不久之后,他们的父母就搬进来了。

但是,当伊利亚斯和弗洛拉搬进新房子的时候,这个备受吹捧的供暖系统就开始故障频发了。"我们最好把这个炉子赶紧修好,否则哪天早上我们醒来就会发现自己已经死了。"据说弗洛拉曾对她的管家阿尔玛·史密斯（Alma Smith）这样说过。罗伊和沃尔特从工作室派了一个工人来修理它。1938年11月26日早晨，弗洛拉走进自己卧室旁边的浴室。她一直没有出来，伊利亚斯起身去查看，发现她倒在浴室的地板上。他感到自己也有点儿煤气中毒的感觉，于是跟跟跄跄地走到走廊里，昏了过去。在楼下的院子里，阿尔玛·史密斯正在倾倒一簸箕麦片粥，那是她刚刚打翻的，她感到自己头晕眼花，浑身无力。她意识到肯定是房子哪里出问题了。她拼尽力气冲回屋里，跑上楼梯，发现伊利亚斯倒在地板上，马上呼叫邻居来帮忙，然后又给罗伊打了电话。与此同时，她试图打开窗户，但窗户卡住了无法打开。然后，她和闻讯赶来的邻居把弗洛拉和伊利亚斯拖下楼梯，拖到房子外面，邻居给他们俩进行了人工呼吸。伊利亚斯恢复了呼吸，弗洛拉则没有。她死了，死于加热器发生故障导致的一氧化碳中毒；加热器进气口上的盖子滑了下来，把废气重新吹进了屋里。

这可能是沃尔特·迪士尼一生中最震惊意外、心碎欲裂、肝肠寸断、悲痛欲绝的时刻。尽管他很少在工作室之外流露感情，但他这种伤心欲绝却是无法释怀、无法被宽慰的——毫无疑问，母亲弗洛拉死在了儿子沃尔特给她的新房子里，而且死于他自己的工人的过错，这一事实更加深了他的痛苦。（罗伊要求对父母房子里的炉子进行彻底调查。调查报告明确指出，"该炉子的实际安装情况表明，安装工人要么完全不了解炉子的安装要求和条件，要么知道，却明目张胆地无视这些条件"。）当年，他的父母刚到洛杉矶的时候，他们唯一的愿望就是想去看看那广阔无垠的"森林草坪公墓"，所以沃尔特那天早上开车把他们送到公墓门口，当天晚些时候又去把他们接了回来。现在，沃尔特和罗伊决定把他们的母亲葬在那里。"你应该看看那两兄弟。"格伦·普德（Glenn Puder）牧师回忆道——他是赫伯特女儿多萝西的丈夫，也是弗洛拉葬礼仪式的主持人。在接下来的几个月里，他们经常去母亲的墓地，但沃尔特从此之后再也没有向任何人提起过她的死亡事件。多年以后，当莎伦问他她的祖父母葬在哪里时，沃尔特厉声说："我不想谈这个。"

3

他没有时间因沉重的悲伤而让工作停滞不前。那年秋天，随着《小鹿斑比》剧组在苏厄德大街上缓慢推进这部影片的制作进程，沃尔特开始重新关注《木偶奇遇记》——再次分析场景、分配动画任务、录制声音、审核徕卡胶卷拍摄的初稿，最重要的是，构建一个新的、完整的故事。为了解决匹诺曹的道德指向不明确的问题，关注的重点和身份明确问题已经转移到蟋蟀身上——"吉米尼"，蟋蟀现在的名字——由它来担任匹诺曹的道德代理人和良心。在那个春夏之交，吉米尼的角色得到了极大的扩展，而且迪士尼聘请了歌手兼喜剧演员克利夫·爱德华兹（Cliff Edwards）为他配音。[1] 与《小鹿斑比》不同的是，沃尔特通常都会参加《木偶奇遇记》的故事研讨会，并提出各种建议——从最适合海底场景的音乐类型（"颤音竖琴，音调柔和的木鱼"），到匹诺曹对自己变成驴子的反应（"当他试验的时候，他的轻声嬉笑声变成了驴子那样的嘶嘶叫声，他做了个吞咽动作。就是他！"），再到蟋蟀吉米尼在接受担任匹诺曹的良心这一任务时应该表

---

[1] 在《白雪公主》获得成功之后，沃尔特对待配音的看法与之前有些不同了。他想找一个名叫弗兰基·达罗（Frankie Darro）的人气童星来扮演匹诺曹放荡不羁的伙伴兰普维克（Lampwick），并自信地预言他肯定愿意这么做。他说："当像伯吉斯·梅雷迪思（Burgess Meredith）这样的人都想要为我们的动画角色配音时，有些演员就想要为我们的角色配音，因为他们看待配音的方式和以前不一样了。"他现在建议把银幕上的功劳归于这些演员们："这样做，会在某种程度上增加这部电影的重要性，也会在一定程度上增加这部电影的美誉。因为我们需要那些优秀的演员。"

现得一本正经，非常严肃。到了 12 月份，沃尔特宣布他对进展感到很高兴。"现在我觉得这个故事的整个大纲还不错，"他告诉故事编制部的工作人员，"换句话说，我认为我们可以放心地推进了，可以进入下一流程了。我们已经尝试了各种方法，我觉得很安全，应该不会再出什么问题了。"事实上，考虑到日程安排和对动画长片的需求，他目前别无选择，只能批准使用这些材料。

然后，沃尔特做了最后一个补救。那年 1 月，他会见了比尔·科特雷尔、杰克逊、泰德·西尔斯、多萝西·布兰克和故事编制部的迪克·克里登，讨论了小蟋蟀吉米尼不仅作为这部电影的道德中心，而且还要作为这部电影的叙述者的可能性。"我有点儿喜欢他在这个小小的序幕情景里开始讲故事的样子。"沃尔特说，然后继续描述吉米尼的初次出场的情形：镜头穿过村庄，进入盖比特的窗户，吉米尼唱着《当你对着星星许愿》这首歌曲，镜头对准了他，他停止唱歌，开始讲他的故事。在最终上映的影片当中，这一追踪场景将成为多平面动画摄影机最引人注目的应用之一，最终仅这一场景的成本就接近 5 万美元。

通过这种方式，将小蟋蟀吉米尼打造成这部电影的中心，并将整部电影的故事和情节都围绕他来展开，似乎解决了这部电影面临的主要问题，但这样做也产生了另一个问题。虽然这只蟋蟀现在从动画叙事的角度而言已经被彻底概念化了，但似乎没有人知道他应该长什么样。哈姆·卢斯克建议沃尔特和沃德·金博尔谈谈。自从沃尔特把《白雪公主》里他拍摄的镜头剪掉后，金博尔一直很苦闷很忧愁，他已经决定要辞职了。当沃尔特开始向他推销自己的那一套说辞时，他正在沃尔特的办公室里准备递交辞职信。沃尔特谈到了吉米尼，以及吉米尼如何让他想起自己深爱的、头脑混乱的叔叔埃德。"上帝，他干得太棒了，他太会鼓动人心了，"金博尔回忆道，

"我高兴地从他办公室走出来,说:这是一个多么棒的地方啊!"金博尔开始设计一种"半人半虫的东西",眼睛鼓起向外凸出,戴着大礼帽,长着牙齿、触须、手臂,细长的身躯,粗壮的腿。沃尔特却不为所动:"我们不能有类似这样的角色。它一定要很可爱。"他说道,发布了和他在设计新米老鼠时用过的同样的禁令。沃尔特补充说:"这太恶心了。"于是金博尔重新回到他的画板前,把他修改成了一个小个子男人,有一个特别大的脑袋。虽然吉米尼现在一点儿也不像蟋蟀,沃尔特还是很高兴。正如金博尔所说:"他就是一只蟋蟀,因为我们叫他蟋蟀。"

现在,悬而未决的还剩下匹诺曹,关于他是木偶还是小男孩的争论还在继续。木偶的概念很有意思——他是一个木偶,后来变成了一个男孩——但是沃尔特已经看过了弗雷迪·摩尔制作的动画,正如奥利·约翰斯顿所记得的,"觉得这个角色需要更有吸引力",就像吉米尼一样。米尔特·卡尔一直对这个角色持批评态度,认为他的动作不太好,所以此前已经为吉米尼推荐了金博尔的卢斯克这次又推荐由卡尔自己来尝试一下,把匹诺曹改成一个拥有木头关节的真正男孩。卡尔接受了这个挑战,把匹诺曹在海底敲打牡蛎壳的场景做成了动画,然后展示给沃尔特看。据约翰斯顿说,沃尔特看到后"怦然心动了"。就连弗雷迪·摩尔也被打动了,尽管重新设计匹诺曹会让他从迪士尼工作室里最受欢迎的动画师的位置上掉下来。从那时起,就由卡尔负责制作匹诺曹的动画,由弗兰克·托马斯和奥利·约翰斯顿提供协助,摩尔则专门负责制作兰普维克的动画。兰普维克是匹诺曹在快乐岛的向导,性格放荡不羁,这个角色和摩尔本人的相似之处那可不是一点点。

但是,即使解决了叙事问题,选定了吉米尼来担当串联情节的重任,确定了匹诺曹的本质更像一个男孩,沃尔特还是很担心。他知

第七章 持续探索

道《木偶奇遇记》比《小鹿斑比》或《专题音乐会》更为传统；这正是他觉得可以加快它的创作速度尽快进入制作阶段的原因。但是，他不希望它仅仅是另一部卡通片——《白雪公主》的仿制品。它必须更阔大，更宏伟，动画效果更逼真，否则就没有任何美学上的理由去创作这部动画片。事实上，沃尔特下定决心一定要拍摄水下镜头的原因之一，正如他写给奥托·英格兰德的那样："这一切都给了我们一个机会，去做一些非常奇妙的事情。"事实上，尽管整部电影实际上已经在为后期"转描"开始进行现场拍摄，沃尔特还是征求了漫画家乔·格兰特的意见，询问他们该如何改进自己的技术。格兰特是一名出色的漫画家。格兰特建议设立一个模特部门，在那里他们可以制造动画角色和人物的小雕像，这样动画师就可以从不同的角度研究他们。（事实上，他曾经为《白雪公主》中"干瘪丑陋的老太婆"制造了这样一个雕像。）沃尔特同意了，然后让格兰特负责此事。最终，他们不仅制作了角色的模型，还制作了一些无生命物体的模型，比如匹诺曹被扔进去的笼子，然后拍下笼子摆动的画面，这样他们就可以追踪这些直接影印的照片了。除此之外，沃尔特还想让《木偶奇遇记》中的背景和人物比《白雪公主》中的拥有更多的立体感，所以他设计了另一种叫作"掺合"的上色应用系统，它结合了干刷法和气笔整修法，来创造逼真的圆形效果，尤其是应用于脸颊之上。这是一个极其昂贵的上色流程——某种说法是，仅在气笔整修部就有 20 名女工——沃尔特建议她们采用这种上色方法的时候注意节约（"我们必须避免在这部影片上破产"）。尽管如此，他坚持认为这是一种可以改善白雪公主面容的方法。仅小蟋蟀吉米尼就分为 27 个部分，有 27 种不同的颜色。正如弗兰克·托马斯后来在接受采访时所说，"这是一个他希望一切都成真的时代。他希望它是圆圆的，立体的，达到完美的境界"。

461

但是，《木偶奇遇记》现在变成了一件困难烦琐无趣的苦差事，变成了一个需要硬着头皮做的任务，让人厌烦却又不得不做。沃尔特现在真正痴迷的是《专题音乐会》。他告诉动画师，正如奥利·约翰斯顿所说的那样，《专题音乐会》将"改变电影的历史"。《专题音乐会》将完全不同于他此前所创作的任何一部影片。"我认为它不会是一部普通的一般的影片，"他告诉他的员工，"我们一直想做这样的事情，拍这样的动画片，但却不能拿它来冒险——在新闻影片和动画长片之间。"现在，因为《白雪公主》已经给了他这么做的审美资本，他们可以这么做了。那年整个夏天，甚至在他努力创作《木偶奇遇记》的时候，他还在忧心忡忡、焦躁不安地等待着斯托科夫斯基从欧洲回来。在那里，这位指挥家正在拜访众多著名作曲家的亲戚——包括德彪西（Debussy）的遗孀和拉威尔（Ravel）的弟弟——为可能采用的音乐选辑来争取发行版权。他甚至用密码给沃尔特写信，因为他担心自己的信件会被人识破并被扣留。1938年9月，当斯托科夫斯基和评论家迪姆斯·泰勒一起回到洛杉矶时，沃尔特迫不及待地开始聆听和选择音乐。他们三个人几乎在232号房间里待了整整一个月，听着几十首经典曲目的唱片，思考着可能的视觉形象化：帕格尼尼（Paganini）的《常动曲》或莫索洛夫（Mosolov）的《铸钢厂》（"我们可以用机器做点儿好东西。"沃尔特说）；斯特拉文斯基（Stravinsky）的《火鸟》《狐狸》《彼得卢什卡》；普罗科菲耶夫（Prokofiev）的《三个橘子的爱情》；古诺（Gounod）的《一个牵线木偶的葬礼进行曲》；穆索尔斯基（Mussorgsky）的《跳蚤之歌》（歌剧明星劳伦斯·蒂贝特［Lawrence Tibbett］在表演中擦伤了自己）；柏辽兹的《罗马狂欢节》；德彪西的一部作品，沃尔特称之为《命运》；瓦格纳的《尼伯龙根的指环》（一位工作人员建议，这首乐曲可被用于约翰·罗纳德·瑞尔·托尔金［J. R. R. Tolkien］的一部新的儿童小说《霍比特人》；甚至还有儿歌《砰！去追黄鼠狼》的交响乐版。他们讨论了是否要为每一首乐曲邀请一位钢琴家来演奏（沃尔特想邀请拉赫曼尼诺夫［Rachmaninoff］，他想到了设置一个俄罗斯风格的场景：雪花飘落，变成了晶体），以及是否包含美国的乐曲。（沃尔特认为："如果你把美国音乐排除在外，美国人不会觉得受到了侮辱。"而斯托科夫斯基则宣称："迪士尼是一个天才，他一直在探索新的事物，创造新的东西。如果再找回《斯旺尼河》这首曲子以及那些多愁善感的东西，我认为这样做并不适合这部影片。"尽管对每一首乐曲都要进行深思熟虑、紧张密集、认真细致的审查，沃尔特还是无法抑制自己的热情。经历了在《小鹿斑比》和《木偶奇遇记》上的艰难跋涉之后，克服了一个又一个的障碍之后，他告诉斯托科夫斯基，他打算指派几个部门专门负责《专题音乐会》，并觉得一旦他们确定了具体的乐曲，他就能在两到三周内写出一个大致故事。这样，当斯托科夫斯基1月份再次来到迪士尼工作室时，他们就可以真正开始编曲，并在春天之前开始录制音乐。

　　他们组成了一个奇特的搭配——一个是古典艺术家的典型代表，另一个是商业艺术家的典型代表——这可能既有双方个人魅力互相吸引的原因，也有双方是艺术上的合作伙伴关系的原因。斯托科夫斯基似乎很喜欢迪士尼工作室的自由精神。沃尔特似乎很喜欢斯托科夫斯基所展现的高雅艺术曲高和寡的合理性和正当性。有时他们会坐在一起，通常迪姆斯·泰勒也会加入，一起听几个小时的音乐。另外一些时候，就像一位动画师描述的那样，斯托科夫斯基会"在迪士尼和一群作家、故事速写员的陪同下，在大厅里飞奔，所有人都在奋力跟上他的步伐"。在会议上，沃尔特对他的这位合作伙伴毕恭毕敬。尽管沃尔特一贯都很随便，不拘小节，但他总是称呼他的合伙人为"斯托科夫斯基先生"，从来不称呼他的昵称"列奥波德"或"斯托基"。他总是支持或赞同斯托科夫斯基的意见，很少反驳他。

但是，尽管沃尔特和斯托科夫斯基之间相互谦让守礼，而且双方有着真正的友谊，但有时他们之间还是会发生文化冲突。有一次，在一个会议上，沃尔特不停地在音乐轻柔舒缓的时候把音量调大，在音乐嘈杂的时候把音量调低，让斯托科夫斯基勃然大怒："音乐声音大音量就应该大，音乐声音小音量就应该小！"如果斯托科夫斯基训斥沃尔特，沃尔特也会毫不留情地取笑这位他很尊敬的合作伙伴。在一次录音过程中，他对一位同事说，斯托科夫斯基留着长发，看起来像喜剧演员哈波·马克思。不过，尽管两人在文化星座上占据着不同的位置，但他们都有一种喜欢娱乐和夸夸其谈的感觉。

在讨论一段特别吵闹喧哗的音乐时，沃尔特把它形容为"能把大山从顶上炸开"，还说，"斯托科夫斯基就喜欢这样的音乐。用这段音乐，他会把喇叭都炸裂了"。沃尔特、斯托科夫斯基和泰勒花了两个月的时间对这些作品进行了筛选，最后选出了十几首乐曲。1938年9月29日的晚上，沃尔特召集了50到60位工作室的艺术家，在录音棚里举办了一场时长两个半小时的钢琴音乐会，并对观众将在这部动画长片中看到的内容进行了连续的简要介绍和评论。他还向他们展示了一部《魔法师的学徒》未经加工剪辑的原始影片，据一位观众说，这部电影让他们不停地欢呼和鼓掌，"直到所有人的手都拍红了"。正如这位观众看到的，"看起来沃尔特和他的小伙子们似乎真的跨过了一个门槛，进入了一种全新的艺术形式和领域之中"。显然受到了现场观众热烈反应的鼓舞，沃尔特、斯托科夫斯基和泰勒在第二天早上的事后分析活动中，迅速地把原来的序曲即钢琴独奏曲《常动曲》进行了削减缩短处理，并以惊人的自信选择了最终的乐曲选集，其中包括巴赫的《D小调托卡塔曲和赋格曲》、皮尔奈（Pierne）的《西达利斯》和《山羊脚》（*Goat-Foot*）、柴可夫斯基的《胡桃夹

第七章 持续探索

子组曲》、穆索尔斯基的《荒山之夜》、舒伯特的《圣母颂》、蓬基耶利（Ponchielli）的《时间之舞》、德彪西的《月光曲》、斯特拉文斯基的《春之祭》，以及必然会入选的杜卡斯的《魔法师的学徒》。这些乐曲的总演奏时间超过了两个小时。"这些应该值回票钱了吧，我不知道观众还想要什么，你知道吗？"沃尔特微笑着对他的合作者们说。这个月末，他已经开始就每一个片段安排工作人员开展拍摄制作工作了，这很可能是他一生中最多产的一个月。

沃尔特很开心。那年秋天，针对《专题音乐会》的故事研讨会比《小鹿斑比》或《木偶奇遇记》的故事研讨会规模要小得多，也更有趣，更无拘无束。在某种程度上，是因为这一次沃尔特没有承担全部的责任；由于他对音乐的了解显然不如他的合作伙伴多，所以他让斯托科夫斯基和泰勒分担了一部分的责任。另一个原因是沃尔特觉得他不必把整部电影都记在脑子里，由于这不是一部情节紧凑的电影，他可以进行头脑风暴和实验。"我们在这里寻找新的方法，试图摆脱那种不管什么情况直接套用的、预先准备好的、千篇一律、一成不变的处理方式，"他带着一种似乎如释重负的感觉对他的故事创作团队说，"要想实现这个目标，唯一的办法就是让事情保持开放的状态，直到我们彻底探索和研究了每一个细节。"

事实上，沃尔特关心的与其说是美学，不如说是文化。尽管后来有人指控他对乐曲进行了删改，但实际上沃尔特对这些经典乐曲的态度几乎是毕恭毕敬的，他害怕做任何删减，担心如果偏离了作曲家在某一段标题音乐中所表达的思想时，观众会有不好的反应。斯托科夫斯基向他保证，对乐曲进行删减是完全可以接受的（"这就像修剪一棵树。它有时会因为修剪而长得更强壮"），而且如果音乐的精神与我们同在，那么能够提出自己对音乐的视觉解读是非常好的。

但沃尔特对这部名为《专题音乐会》的影片如此热情的主要原因

465

是，他觉得自己又有了新的突破，开辟了一条新的道路，为了自由解放。此前他已经表达了自己对低俗笑料的反感，现在又表达了自己对叙事理念本身的反感。他告诉他的故事创作人，并不是每件事都必须联系起来，并不是所有的事情都必须以故事的形式来表现。"我知道每个人都有讲故事的倾向，"他在一次关于《专题音乐会》的会议上说，"但是我一直告诉自己，这次是不一样的——我们在展示音乐。"这意味着影片中的音乐不仅仅是为了修饰和美化视觉效果，而且其地位与视觉效果是绝对平等的。"我想让这个东西自己编织在一起，自己来完成，而不是通过情节。"在另一次会议上，他以钦佩的口吻描述了该工作室最近推出的一组短片集，其中包括八部互不相关的动画短片，这些短片是当年9月为《专题音乐会》试播而制作的。他告诉他的故事创作团队："故事让人烦。"

但是，沃尔特并不仅仅是从尽量远离叙事的角度来思考《专题音乐会》。他认为《专题音乐会》应该是一种全新的戏剧体验。在观看皮特·史密斯拍摄的短片《奥迪斯寇皮克斯》时，沃尔特按照要求戴上了一副特殊的眼镜，来观看三维效果。受此启发，他产生了在自己电影的某一片段中采用类似效果的想法，并把这种眼镜放置在节目一开始的地方，然后他让自己工作室的一名特效师来研究和完成这个任务。他还与斯托科夫斯基讨论了在影片放映到出现鲜花的场景时向剧院吹送香水的可能性。"我对吹送香水的想法是认真的，"他告诉斯托科夫斯基，"你只能在特定的时间让香水吹送进来。"最重要的是，他还反复研究和探讨了为这部电影设计一套新的音响还原系统的想法。这套系统是在影院的正中间和前面各放置一个扬声器，左右两侧再放置一些扬声器，这样可以传达出一种完美的管弦乐队现场演奏的感觉。"如果你能在屏幕上展现出这种立体的效果，并把喇叭的音响效果和它完美地配合起来，那将给人一种极其奇妙的感觉，将会是一件相当轰动的事。"沃尔特说,"声音和图像环绕在你的周围。"他称之为"幻想声"。

那年秋天,沃尔特在构思新的电影呈现方式和表现形式的同时,开始用同样的决心和热情来提升视觉效果,就像他在电影音乐上所投入的那样。针对《D小调托卡塔曲和赋格曲》,他决定把光声道的振动展示在屏幕上,并且不做任何具象性的描述。但是,他警告特效师杨左陶:"我们不想仅仅在理论上抽象地追随其他人的做法。"针对《荒山之夜》,沃尔特有个特别的主意,即让魔鬼一边拉着小提琴或演奏着管风琴,一边从火山深处缓缓升起——"一个疯狂的音乐家,沾沾自喜于自己的音乐对鬼神精灵的作用和影响。"后来——事实上,在迪士尼工作室举办内部音乐会的那天下午,在一次长达三个半小时的会议上——他又详细地阐述了这个想法,并稍加调整,改成了"村子里出现了一个巨大的格列佛,披着斗篷,随风飘扬,所有这些鬼神精灵都围绕着这些房子乱舞"。由于采用了新的音响系统,这一场景出现的时候,伴随而来的是剧院里出现一阵风吹过的声音。针对《西达利斯》,沃尔特的设想是:半人马和农牧神在极乐世界的乐土上游乐嬉戏,一个年老的农牧神正在一所神话音乐学校上课,他不得不一直不停地责骂一个自作聪明的年轻农牧神。然后,沃尔特决定增加一个女半人马的场景,以及农牧神追逐女半人马的最后乐章。但他对农牧神心存疑虑——"如果你把它们按照可爱的模式来处理,你就不能对它们太残忍"——考虑到半人马也能起到同样的作用,他又开始怀疑这段音乐本身是否符合他心中的这些角色的形象。当迪克·休默建议他们聘请斯特拉文斯基来写点儿乐曲时,沃尔特表示反对。他说:"那些家伙不是那样工作的。"不过,他对自己的努力非常有信心,以至于他告诉休默,他可以预见到未来作曲家们会像为舞台创作音乐一样,为动画创作音乐。

针对《时间之舞》，沃尔特引用了海因里希·克利（Heinrich Kley）的插图，想象了一场动物芭蕾舞会，每一组动物代表一天之中不同的时间——鸵鸟（黎明）、河马（白天）、大象（傍晚）和短吻鳄（夜晚）——但他反对给动物们添加任何"明显的低俗闹剧类型的东西"。"我认为我们必须牢牢记在脑海里的最重要的事情是，动物都是严肃认真的，"沃尔特告诉他的故事创作团队，"他们不是来插科打诨的小丑。"他想要真正的个性。"可能某个胖乎乎的大个子想要跳芭蕾舞，这就是我们要追求的东西，我们会有能给我们这些东西的动画师。"到了11月份，沃尔特邀请年轻的玛乔里·贝尔彻表演电影中的场景，以便为动画师们提供启发和建议。贝尔彻此前曾为他们担任现场模特，扮演白雪公主。观看了她的表演以后，沃尔特本人似乎也受到了启发，他还是像创作《白雪公主》时那样，怀着同样的兴奋和激动，具体详细地一口气抛出了自己的想法。他想象着河马和短吻鳄联手跳舞的画面，说道："我想最后那个家伙还是会让她掉下去，砰的一声，把背景中的一切都弹了起来……你看她脸上的表情——毫无表情，而且她马上又摆出刚才跳舞时的那种姿势。"

《胡桃夹子组曲》比较难，部分原因是它分为好几个部分。一开始，沃尔特有个想法，即将场景从斯托科夫斯基指挥着他的管弦乐队演奏，逐渐过渡到他指挥着昆虫组成的管弦乐队演奏，再以淡入的方式进入序幕和序曲。接下来是一首《进行曲》，然后是露珠跳的《糖果仙子之舞》，随后是乌龟跳的《俄罗斯舞蹈》，接着无间断切换到了《中国舞蹈》，这段舞蹈的亮点是"一群蜥蜴头上戴着像中国式帽子一样的花环"在一只中国青蛙面前表演，表演《阿拉伯舞蹈》的则是一群"小巧可爱的小动物"。终场将是一首《花之芭蕾舞曲》，紧接着就是各种鲜花随四季变化而渐次盛开。正如沃尔特所描述的那样，接下来"一个芭蕾舞女演员出场了——一个优雅、美丽的女孩子——她在这些该死的东西里加入了一点点的性感……当她旋转起来的时候，你会看到她的内裤和她的小屁股——这将会是极其有趣的一幕！如果你能让观众感受到花的性感，他们会为之疯狂"。最后，当花儿们自己都精疲力竭的时候，叶子会翩翩飘落在舞者身上。随着树叶持续飘落，镜头将返回到管弦乐队身上，他们现在处于阴影之中。

但是，在《专题音乐会》当中，没有什么是板上钉钉一成不变的。到了11月份，沃尔特已经有了别的想法，他重新思考了整部影片，然后重新调整组合了相关素材，最后完全放弃了原定的序幕。（"你的意思是这样可以？"沃尔特怀疑地问他的工作人员——但是在创作《白雪公主》的时候，他从来不会问这样的问题，"我还期待着发生争论呢。"）用蓟取代了《俄罗斯舞蹈》中的乌龟，并删除了《阿拉伯舞蹈》中的各种小动物，取而代之的是海洋植物和鱼，他称之为"包含了各种海洋植物和美丽鱼类的水下盛典"。现在，唯一让他感到困扰的是《中国舞蹈》。他觉得他们还没有找到确切的视觉关联物。但是，他确实抓住了一个他喜欢的元素。"在这些看起来像中国汉字的小蘑菇里有一些非常有价值的东西，"沃尔特在故事研讨会上说，"以小蘑菇为例——那里有一些东西会很可爱，人们会记住它的——在此之后，每当他们看见蘑菇的时候，他们就会试图看到那些汉字。"到了1939年1月份，《进行曲》已经成了序曲，蜥蜴和中国青蛙也没有了，蘑菇成了这一片段的主角和明星。

然而，真正激发沃尔特想象力的片段是斯特拉文斯基的《春之祭》。1938年4月，沃尔特已经与斯特拉文斯基联系过，讨论在《专题音乐会》中使用《火鸟》的可能性，不过这个计划最终被取消了。但是，斯特拉文斯基的名字在9月份再次出现，当时沃尔特、泰勒和斯托科夫斯基正在仔细地研究各个乐曲，沃尔特突然问他们是否有一段音乐可以用来表现"某种史前主题的东西——用史前动物来演奏"。

泰勒立刻回答说:"《春之祭》。"[1] 沃尔特听了之后毫不迟疑地开始设想:"恐龙、会飞的蜥蜴和史前怪兽身上一定有一些可怕的东西。"当斯托科夫斯基播放这首曲子时,沃尔特欣喜若狂:"这真是了不起,太不可思议了!"并再次描述了史前动物和穴居人的场景。"这个史前的东西将与我们以前所做的完全不同。它将具有奇异的风格,充满夸张的效果。"

现在,沃尔特简直是在展翅高飞。如果说《专题音乐会》让他从之前的作品中摆脱出来找到了一个新的方向,那么《春之祭》则让他从《专题音乐会》中的其他一切素材中摆脱出来找到了一个新的方向。当一些参加过迪士尼工作室举办的音乐会的人抱怨这首曲子太长、太悲观时,沃尔特驳回了他们的抱怨——"又一个幸福的结局!"——然后无比兴奋地说道:"我觉得我们有很多东西很久以前就想做,却一直没有机会或借口去做,但当你拿着这样的音乐时,你真的有理由做我们想做的东西。"沃尔特想要做的是追溯地球的历史,即从创世造物开始,一直到人类利用自己的智慧战胜周围环境结束——不仅将动画作为一种创世造物行为,而且将动画作为"创世造物主"本身。他告诉一位动画师说,应该是这样的,"就好像迪士尼工作室派了一支探险队回到600万年前的地球一样"。在这种背景下,在乔·格兰特的建议下,他决定请受人尊敬的科幻小说作家赫伯特·乔治·威尔斯担任顾问,确保影片的科学性和准确性。尽管沃尔特后来放弃了拍摄人类进化以及最后取得了胜利的想法——一位同事说他不想引起基督教原教旨主义者的反对和敌意——但他从未放弃过宇宙大劫难的基本观点,这场灾难将考验动画的边界。"这就是我在

---

[1] 迪克·休默后来暗示沃尔特对古典音乐一无所知,以至于当他听到"sacre"(神圣)这个词时,他问道:"sock?"(袜子)但是,这次会议的记录显示,沃尔特并没有这样做。事实上,他几乎没有停顿。

第七章 持续探索

后半部分看到的,"他说,"接连不断的火山爆发——大海波浪滔天,海水汹涌翻滚。让火山、熔岩、大海和其他一切灾难都一起袭来——动物们拼命想要逃跑。最后以某个地方出现的大爆炸结束。什么东西发生了剧烈的爆炸,宣告了这部乐章第四节的结束。"实际上,沃尔特是在扮演"魔法师的学徒",协调大自然的力量。

当然,这是沃尔特对音乐的个人诠释。斯特拉文斯基写的《春之祭》并不是对创世造物或人类进化的音乐再现,而是对异教斯拉夫宗教仪式的颂扬。尽管沃尔特试图为自己辩解说,斯特拉文斯基曾承认他在探索性地创作远古的原始主题,但就连沃尔特自己工作室的一些工作人员也认为,以这种方式重新解读和构思这段乐曲,对这段音乐是不公平的。另一些人则反对,没有人会以严肃认真的态度来对待恐龙,这个部分可能会受到嘲笑。沃尔特认真考虑了一下这个反对意见,有一段时间他考虑把整个片段都改成喜剧风格。"这样会更安全,我们做起来也会更有趣,我想我们会做出一些好东西来。"他突然一百八十度大转向,对他的故事编制部门改口,然后开始模仿恐龙走路的样子,弯着膝盖撅着屁股在房间里一瘸一拐步履蹒跚地走着。然而,不到一个星期,沃尔特就恢复了理智,无拘无束地回到了音乐本身,展开了自由的联想:"一些持续发出'哇哇呼呼噗噗'之类声音的东西,我觉得就像火山一样——但是,它在陆地上。对了,我是在陆地上听到了'呜呜哈哈哇哇呼呼噗噗'之类的声音,但是,在这之前我们可以朝水面上张望,看到水面上喷射起来的水柱。"最后,他说,"这里中间应该有一种停顿……像一台老蒸汽机一样有规律地脉动……咔嚓!咔嚓!哧……嘶……"他听着听着,抑制不住自己兴奋的心情,激动得脱口而出:"斯特拉文斯基会说:'天哪,我不知道我写过这种音乐。'"

到这个时候,沃尔特的母亲已经去世了,斯托科夫斯基也已经离

471

开迪士尼工作室去做其他一些工作了，但是他告诉沃尔特，如果沃尔特需要他，他随时可以在几小时内赶到，而这部电影也处于暂时的不确定状态。1939年1月，当斯托科夫斯基回到工作室时，沃尔特已经准备好了。在接下来的两个月里，他们一起评估审核了选定的乐曲，重新检查了分镜头脚本，看了初步拍摄的徕卡胶卷样片，并排列整理了各个场景和镜头，使得整部电影具备了较强的节奏感。他们甚至决定去掉《西达利斯》，换成贝多芬的《第六交响曲（田园）》中的一段，作为农牧神和半人马这一部分的配乐。"如果你选了贝多芬的其他交响曲，"泰勒在给迪士尼工作室负责处理音乐版权事务的斯图尔特·布坎南的信中写道，"我会说不。太危险了，你不能拿大师的作品来开玩笑。"但他觉得，《第六交响曲（田园）》听起来轻松愉快，足以让人在某种程度上自由地处理和使用，除此之外，还有一个理由，那就是"贝多芬本人就是个十足的异教徒，如果能见到一群农牧神和女半人马，他肯定会欣喜若狂，高兴得不知所措"。

到了3月份，斯托科夫斯基又一次离开了迪士尼工作室，这次他回到费城录制这部电影的配乐声带。几个星期之后，沃尔特和他会合，一起参加了在音乐学院举办的研讨会。尽管斯托科夫斯基这位音乐大师对录制过程中的一些限制条件感到很恼火——为了更好地再现音乐，他不得不把管弦乐队的各个乐器组安排在不同的分区，相互之间用隔板隔开，而且为了保持与动画节奏的同步，在指挥的时候他还不得不听着"节拍音轨"发出的提示声——但斯图尔特·布坎南在给沃尔特的信中写道："斯托科夫斯基先生有时偶尔也会有点儿难对付，但我认为我们很好地处理了与他的分歧。没有问题了。"事实上，至少有一种说法是，斯托科夫斯基对这次录制过程的满意程度超过了迪士尼工作室的工程师比尔·加里蒂和音乐总监利·哈林（Leigh Harline）。无论如何，在4月底，沃尔特带着录制好的配乐录音回到

第七章　持续探索

了迪士尼工作室。现在，他们要做的就是为这部电影做动画。

但是，沃尔特还得抽出时间来继续处理《木偶奇遇记》面临的各种问题，他得赶在因耽搁时间过于漫长，迪士尼工作室失去继续创作的动力之前把它完成。仅仅在6个多月的时间里，他就成功地制作完成了《专题音乐会》这部影片。但与之相比，《木偶奇遇记》一直都是一个难度大得多的议题，甚至在关键动画开始制作之前，这部电影的支出就已经大大超出了预算。那年夏天和初秋的大部分时间里，他都待在工作室的审片室里，审核一个个场景，并于当年9月份，在工作室的摄影棚里向他的员工们展示了这部影片的毛片，只是一些简单拼凑起来的粗糙的画面。尽管沃尔特对大部分批评都不予理会，但人们的反应远远谈不上热情。"有些人会给你写这么长的信……他们会挑剔地对每个方面都提出批评，"沃尔特尖刻地反击道，尽管他一直都代表迪士尼工作室里最挑剔的声音，"我认识一些声称追求艺术的人，他们自己甚至不知道艺术到底是什么。"无论如何，几天后他和莉莲一起去夏威夷度了三个星期的假。当他度假归来，他对这些批评意见就不会那么不屑一顾了。10月26日，他向美国银行的乔·罗森博格、雷电华电影公司的内德·德皮内特和乔治·谢弗展示了自己制作的这部电影的毛片。"这些人是在非常特殊和极其不同寻常的情况下来研究这部电影的。"公关宣传人员威廉·利维（William Levy）在那个星期的晚些时候给沃尔特的信中写道，显然是想让沃尔特从明显不那么令人满意的试映结果中振作起来。他在信的结尾部分写道："我认为这部电影的票房能够而且应该在所有正常市场上以相当大的幅度超过《白雪公主》。"

但是，沃尔特自己并没有这么确定的信心。他向《小鹿斑比》的摄制组吹嘘说，在他们不得不重新构思这部电影的时候，在《木偶奇遇记》中被迫投入的额外的时间实际上已经得到了回报。因为

473

动画师们在真人实景和对话录音的帮助下，现在对这部电影中的角色有了更确切的把握——甚至比他们当初对《白雪公主》中的角色的理解和把握还要深入。《木偶奇遇记》的导演们并没有像当初拍摄《白雪公主》时那样，采取非常松散的安排和设置，导致动画师们常常不得不在需要他们的地方来回穿梭奔波，而是以小组为单位，每个小组负责一个角色，导演们和动画师们一起制作单个角色，甚至自己进行审核，这样就永远不需要像拍摄《白雪公主》时，动不动就得请弗雷迪·摩尔来解释这些角色了。沃尔特对导演和动画师这种将角色内化的方式非常满意，以至于他认为从现在开始，每一部动画长片拍摄时都应该采取这种方式来组织：一个导演和一个负责具体角色的首席动画师，再加上动画师自己指定的审核检查人员、中间帧动画师和清理人员。

然而，沃尔特清楚地知道，这个系统听起来很好，但实际情况没有这么好，也没有这么有效。他承认，因为一些动画师只能画匹诺曹，而其他人只能画蟋蟀，所以有些场景"融合得不太好"。更糟糕的是，由于导演和动画师们都只专注于自己负责的片段，彼此之间没有太多的协调，他们对影片的其余部分全都视而不见，不管不顾，尤其是在沃尔特无法像在拍摄《白雪公主》时为他们提供这种协调的时候——因为他当时正全神贯注于《专题音乐会》之中，情况就变得更加严重了。"这个该死的事情整个过程都是一次混乱无比的操作。"动画师米尔特·卡尔后来说，"他们安排了好几个导演……一共有要么四个导演组，要么五个导演组。然后每个人都倾向于……我不知道，他负责的片段变成了整部电影中最重要的部分……如果让你按照导演想要的长度拍摄所有的镜头，这部电影的长度可能会达到6个小时。"艺术导演肯·奥康纳也认为这部电影有点儿混乱："你让大家互相竞争，导致大家都试图超越彼此……我一直觉得很奇怪的是，尽管如此这些片段还能很好地结合在一起。"

随着《木偶奇遇记》的上映时间预定为1939年的圣诞节，迪士尼工作室发现自己又一次不得不全速前进，和时间赛跑，争取按时制作完成。负责上色的画师简·帕特森（Jane Patterson）回忆道："在圣诞节来临之前的几个月里，我们每天晚上都在加班工作，我们都非常疲惫。"虽然后来上映日期被重新安排到来年2月份，但工作人员仍然不能放松，即使在平安夜也得工作。但是那天晚上大概9点半左右，描线和上色部门的门突然开了，沃尔特走了进来，头上戴着一顶叠层平顶帽，默默地推着一辆洗衣车。洗衣车里是给女孩们的圣诞礼物——小粉盒和烟盒，每个都"包装得特别漂亮"。"沃尔特没有祝任何人圣诞快乐，"简·帕特森回忆道，"他没有和任何人说话……他只是把礼物分发给所有的女孩，然后就离开了。"尽管如此，她说，他这个举动还是大大提高了她们的士气。最后，尽管员工们昼夜不停地连轴转，迪士尼工作室还是比原定的圣诞节上映目标晚了一个多月。沃尔特既疲惫不堪又灰心沮丧。正如他对无线电城音乐厅的格斯·范·施莫斯所哀叹的那样，"这是我们的动画师们所做过的最艰难的工作，我希望我再也不用经历另外一份这样的工作了"。

当《木偶奇遇记》朝着终点高速奔跑即将完工的时候，沃尔特把注意力聚焦在了他当时真正充满激情和热爱的影片《专题音乐会》上。现在，由于斯托科夫斯基的缺席，迪士尼工作室面临着一项紧迫的任务：为这部电影找一个合适的名字。自从开始构思创作以来，它一直被称为《专题音乐会》或《音乐专题》，但随着拍摄制作工作的进行，雷电华电影公司的公关宣传人员哈尔·霍恩积极地推动一个更悦耳动听的名字——他希望取一个他们可以为之申请版权的名字，这样就可以阻止其他动画工作室使用它了。他自己的建议是取名为《电影和声音乐会》，但斯图尔特·布坎南决定在迪士尼工作室举行有奖

475

征集活动，寻找其他可能的名字。259 名员工提交了近 1800 个名字，包括斯托科夫斯基的《巴赫致斯特拉文斯基》《巴赫与海布罗夫斯基》。尽管如此，在那些指导、监督、管理这部电影的人当中，最受欢迎的仍然是非常早期的一个暂定名称——《幻想曲》。到有奖征集名字的时候，连霍恩都对这个名字产生了兴趣。"征集的不仅仅是这个词，而是我们从中领悟到的意义。"他在 1939 年 5 月写给布坎南的信中写道。罗伊表示了赞同意见，他在同一封信的末尾写道："《幻想曲》这个名字在我们心中的地位越来越高，现在它看起来似乎非常合适，听起来很好听，并且也很有吸引力。"只有斯托科夫斯基似乎不认可，仍然心存疑虑。那年 10 月，他建议他和沃尔特两人找时间详细讨论一下标题："通过这部影片和它的名字我们想让公众明白我们想要表达的东西。"依据这个来确定影片的标题。不管他们是否真的这样做了，《幻想曲》这个名字没有变化。从此之后，这部电影的名字就被称为《幻想曲》。

到这个时候，《幻想曲》这部电影的动画制作工作已经进行得很顺利了。尽管《木偶奇遇记》和《小鹿斑比》还时不时地遇到困难和麻烦，但沃尔特还是全身心地投入《幻想曲》的动画制作之中了。他的目标是创造伟大的作品。为了《D 小调托卡塔曲和赋格曲》，他聘请了一位名叫奥斯卡·费辛格（Oskar Fischinger）的德国动画师，他以抽象的画风著称于动画界。虽然沃尔特很喜欢费辛格的作品，但他对费辛格这个人并没有什么好感——他是个身材高大、傲慢自大的人，穿着一身黑色衣服——费辛格也回敬了他的赞美，抱怨迪士尼工作室里"没有艺术家"，"只有漫画家"。另一位曾参与《幻想曲》创作的优秀艺术家朱尔斯·恩格尔（Jules Engel）说，他曾得到警告，不要在迪士尼工作室里使用"抽象"这个词，因为有人告诉他："如果这样的话会让人以特别的眼光看待你，觉得你是个奇怪的角色。"

第七章 持续探索

事实上，虽然沃尔特建议动画师们避开他所说的"狂野抽象"，但他对这部分的具象动画更加小心谨慎，保持警惕。"你把票房数字搞上去，它就会变得很普通了。"他在那年 8 月召开的一次故事研讨会上说，"我们要把这个东西卖到 500 万美元，不会减价，也不会为了一些小钱而轻易出手。"尽管费辛格和恩格尔抱怨沃尔特不愿放弃描绘和表现，但事实恰恰相反。在《D 小调托卡塔曲和赋格曲》中，沃尔特并没有采取像在《白雪公主》和《木偶奇遇记》中那样的处理手法，而是试图实现他的意识视觉，他想探询自己的内心世界。"这或多或少是在为你描绘潜意识里的东西，"在描述完音乐是如何"穿透皮肤"进入他的脑海之后，他对员工说，"它是一道穿透场景的彩色闪电，或者是许多模糊事物的运动。这是我能想到的最接近抽象事物的理由。"

沃尔特对《胡桃夹子组曲》采取了同样的手法。他在寻找一种做梦的感觉。"它就像你半闭着眼睛看到的东西，"他对员工说着，言语间充满了诗意，"你几乎可以想象它们。叶子开始看起来像在翩翩起舞，水面上漂浮的花朵开始看起来像穿着裙子跳芭蕾舞的女孩。"有时候，在故事研讨会上，他会播放相关音乐，让员工们听，以便他们能够感知音乐在他们心中唤起了什么印象。他总是想要更多的想象。他从来不害怕这种动画对观众来说太过艺术巧妙或深奥难懂。他害怕的是，在《幻想曲》里他决心要呈现的东西有那么多，会不会淹没他们。"我所依据的理论是，观众总是对新事物感到兴奋，"他在一个故事研讨会上说，"但如果向他们灌输太多新事物他们就会变得无所适从。"在另一次会议上，他建议"事情一定要大，要让人印象深刻，但要简单。里面不能有太多的东西"。

在《幻想曲》里，因为沃尔特可以随心所欲地做任何他喜欢做的事，而不用担心叙事性或现实描绘性的绘画，所以这部电影在 1939 年的春夏两个季节似乎都进展得很顺利，没有遇到任何障碍，不像他在《小鹿斑比》和《木偶奇遇记》中那样遇到很多困难——除了其中一个片段。当沃尔特放弃了《西达利斯》而选择贝多芬的《田园交响曲》时，他在音乐中融入了一种先入为主的概念。他受希腊神话的启发设想了一个片段，这个片段的主角是来自奥林匹斯山上的众神和山脚下的神话生物——那些半人马和农牧神。那年8月，当他的故事创作人开始充实这个片段时，他对他们说："我们不要太认真，因为我不觉得有什么需要特别认真的。"但他警告他们说，"我们不是要把它弄成低俗的闹剧，整件事情要有一定的精致文雅之处。"沃尔特如此渴望把这部影片继续推进下去，以至于他承诺要让整个工作室都来制作这个场景。

斯托科夫斯基在那年的初春和夏末，分别参加了迪士尼工作室召开的很多故事研讨会。到目前为止，他已经大体上支持沃尔特的想法了，甚至鼓励他忽视预期中的古典音乐爱好者们的批评。但涉及贝多芬的《田园交响曲》的时候，斯托科夫斯基画了条红线。"我不想走出我自己的领域——我只是一个音乐家，"斯托科夫斯基在7月的一次故事研讨会上假惺惺地说，"但是我认为，你所持有的伟大神话的理念，并不完全符合我对这首交响乐的理解。这是一首大自然的交响曲——它的名字叫作'田园交响曲'。"几个星期之后，当有人建议彻底消除这个片段中的自然形态时，他又重申了自己的反对意见。"如果你要省略了树木和自然形态，"他说，"那你就是要把它彻底省略了。"当沃尔特似乎对他的抱怨置之不理时，斯托科夫斯基说，他希望能够"忠诚地面对你和这部电影"。虽然如此，他还是非常激烈地解释说，贝多芬可是受到了众人的"顶礼膜拜"，如果他们过分偏离了贝多芬的本意，那么他们就是从感觉被冒犯了的音乐爱好者那里自找麻烦，自找苦吃。

在这一点上，沃尔特坚持他的立场，不向斯托科夫斯基妥协。他反驳说，他不想把自然搬上银幕，因为他认为表现田园风光的场景太过传统了。"我敢说，没有人敢出去射杀半人马或制造风暴的神灵，"他说，"这就是我们的媒介，这就是我对这个问题的感受。"因此，他有意无意地表示，这部电影真正的主题是权力——他的权力。除此之外，他还坚称，无论如何，他获得的自由是微不足道的。这个片段反映的不是贝多芬本意想要的维也纳郊外的树林，而是关于乐土的场景；不是乡村舞蹈，而是酒神巴克斯。"他带着所有的男半人马和女半人马来参加他的同性恋派对，他们正在享受一段快乐的时光。"他发表了一个声明："我认为这个东西会造就贝多芬。"评论家们后来用这个声明来严厉地抨击和斥责所谓他的庸俗和文化帝国主义。

当沃尔特全力以赴完成《幻想曲》的拍摄和制作时，《小鹿斑比》面临的问题仍然需要他去解决。春天，他已经开始敦促《小鹿斑比》剧组成员加快制作和生产。他希望他们能在5月之前把小鹿斑比的妈妈死亡这一场景初步制作成动画毛片，8月之前完成整部电影。问题是，在沃尔特专心创作《木偶奇遇记》和《幻想曲》的时候，苏厄德大街上负责《小鹿斑比》的工作人员基本上都是由他们自己安排工作进度的，他们还没有想好如何继续进行下去。沃尔特花了将近一年半的时间告诉他们在制作动画之前要仔细思考角色，现在他不得不指导他们尽快开始动画制作工作，先用徕卡胶片拍摄好初稿，然后检查审核，调整修改。只有到那时，他们才会请来关键的动画师，用佩尔斯·皮尔斯的话说，就是"我们工作室里最好的动物动画师"，让各个角色动起来。皮尔斯在那年4月的一次故事研讨会上描述了这个过程，徕卡胶片给了他们一个试验的机会，让他们可以抛弃那些没用的东西。"这些都没有固定的公式。"他说，本质上是承认他们还没有彻底掌控这个项目，还有一大堆的问题需要解决，"现在还只是在试错阶段。"

沃尔特说，他再也不想参加长篇大论的故事研讨会了。到8月底，他已经看完了《小鹿斑比》的第一批前四卷徕卡胶片，他很不高兴，很不满意。其中有些动作太慢了，当人类进入森林的时候，场面没有太大的紧张感，声音也不合适。尽管如此，他还是指示《小鹿斑比》剧组开始制作动画，他抱的希望是这些角色能在动画制作阶段得到进一步的明确和巩固。"我们在《木偶奇遇记》中发现了这一点，"他对工作人员说——这与制作《白雪公主》时采用的方法以及他此前一直对《小鹿斑比》剧组说的话正好相反，"在你开始尝试对这些角色制作相关动画之前，你是无法找到你对角色的确切感觉的。"但如何制作动画的问题依然悬而未决。是像在《木偶奇遇记》中那样，在整部电影中从头到尾给一个角色固定分配一个动画师，还是给一个动画师分配一个场景，让他绘制完成所有的角色？是把整部电影分成相互独立的片段，每个片段配置专门的故事创作组和动画制作组，还是让一个故事创作组和动画制作组来完成整部电影？

1939年9月1日，沃尔特和《小鹿斑比》剧组在"禁闭室"即审片室里开了一整天的会，会上对上述问题给出了答案。而这一天，恰恰也是德国入侵波兰的那一天——这一事件似乎对迪士尼工作室没有任何影响。米尔特·卡尔此前抗议说，他已经厌倦了只做匹诺曹的动画。所以，沃尔特按照米尔特·卡尔的建议，决定打破这个僵局，把卡尔、弗雷迪·摩尔和弗兰克·托马斯组成一个团队分配到这个项目中，因为"他们有一个非常善于分析的头脑"，尽管卡尔和托马斯仍然要全神专注于《木偶奇遇记》，而且在接下来的两个月里都不会出现在《小鹿斑比》剧组。一个星期之后，拉尔森取代了摩尔，但是原定的想法没有变化，既不像沃尔特曾经在制作《白雪公主》和《木偶奇遇记》时那样，也不像他现在正在制作的《幻想曲》那样，把动画制作任务打包分配给个人，而是由这三个动画师联手协作，共同

第七章 持续探索

管控这部电影的所有动画工作——进行角色概念化处理，勾勒动作的大致轮廓，然后监督其他动画师完成项目需要的任务。没过多久，他又一次改变了方向，调整了策略。他建议他们像当初制作《白雪公主》时那样，开始阶段先专注于一个场景，即小鹿斑比学习走路的场景，然后制作这一场景的母版，并把它作为后来动画师的指引和向导。

这是一个更为漫长的过程——只是让动画师们画画、绘制动画，直到他们对角色有了感觉——但是沃尔特已经承认，《小鹿斑比》不会很快准备好，不可能按原计划上映。所以他决定在《木偶奇遇记》之后先发行《幻想曲》，接下来他会发行他所谓的"专题短片"，也就是把三部稍长一些的卡通片打包成一部动画长片，然后制作另一部动画长片，再接下来，"也许，"他说，才是《小鹿斑比》。"他对工作人员说："如果我们从一开始就把所有人都集中到这部影片上，那将是一场灾难。"当卡尔问沃尔特，《小鹿斑比》的实际制作大概什么时候开始，沃尔特回答说，无论什么时候，只要卡尔和他的团队觉得他们做好了开始的准备，它就会开始。他从始至终都在鼓励和推动他们。"从容易的地方开始，这是明智的做法，"他说，并援引了他在《木偶奇遇记》中的经验，"要让每个人都有机会感受自己在做什么。"

迪士尼工作室的动画师们专门花了一些时间来研究鹿。在《白雪公主》里面，埃里克·拉尔森评论说，小鹿简直就像是"一袋袋小麦"，因为当时工作人员还没有掌握正确绘制它们的技巧。等到拍摄《小鹿斑比》的时候，动画师们花了三四个月的时间专注于练习画鹿。沃尔特收集了数千英尺的关于鹿的拍摄资料和胶片，有的是从其他工作室借来的。除此之外，他还指派自己的摄影师莫里斯·戴（Maurice Day）去缅因州拍摄相关的资料，进行深入的研究，包括观察一只小鹿的出生过程——用沃尔特的话说，"研究各种各样鹿的东西，无所不

481

包的有关鹿的素材"。为了给动画师们提供更多的指导，戴甚至送了两只母鹿到迪士尼工作室，把它们关在了动画大楼外面的围栏里。这导致了一场有冒险色彩的事故：一只发情的公鹿突然出现在围栏里，这个时候，一个助理导演不得不用套索把它套住，然后这三只鹿一起逃到了山里，动画师们都被派出去，走遍整个山野去寻找它们。与此同时，艺术家里科·勒布伦开始在每天下午晚些时候给大家上课，分析鹿的解剖结构。他从森林保护员那里弄到了一具新鲜的鹿的尸体。每次课上，他都会现场解剖，剥下一层皮肤或肌肉，直到最后解剖到骨头部位——到这个时候，埃里克·拉尔森是所有员工中唯一一个还能忍受尸体恶臭的人，所以拉尔森绘了一些图纸，分发给大家。拉尔森在谈到勒布伦的课程时表示："他只是不断地给我们培训，反复训练我们，让我们明白鹿的解剖结构是什么样的，骨骼结构是什么样的……当鹿的一条腿抬起来的时候，会出现什么情况，当身体的重量都压在那条腿上的时候，又会发生什么情况。"

在此期间，大部分的时间里，沃尔特很少关注《小鹿斑比》。但名义上的总监佩尔斯·皮尔斯显然是受了沃尔特的影响和暗示，行动迟缓，推进无力，专注于一些细枝末节的东西。他的这种做法开始让剧组的工作人员感到沮丧。沃尔特指派当初协调《白雪公主》拍摄制作工作的戴夫·汉德来监督皮尔斯。汉德后来说，一些重大决定是在沃尔特没有参与的情况下做出的，他是对的。例如，在9月的一次会议上，哈姆·卢斯克建议他们把故事情节集中于其中一只兔子身上，让它作为整部电影故事情节的串联者，就像小蟋蟀吉米尼在《木偶奇遇记》中做的那样。这给了小鹿斑比的朋友桑普一个更大更丰富的角色，也改变了小鹿斑比对森林的认识。正如托马斯和约翰斯顿后来所描述的那样，"现在，影片的第一部分开始讲述的是那些碰巧成为动物的可爱的孩子们，他们天真无邪，对自己未来会面临的真实情况懵懂无知"。

但是，与汉德相反的是，沃尔特确实在11月和12月花了相当多的时间来研究《小鹿斑比》各个场景的连续性。而且，虽然他不像在《白雪公主》和《木偶奇遇记》中那样积极地参与到各个环节中来，但他仍然是艺术感受能力和识别能力最强的人，极为敏感，他可以在突然爆发的灵感中构思出一个完整的片段。在一次会议中途，沃尔特突然插话，讲述了他说的"我脑海中一瞬间闪过的一幕"，开始描述这部电影的新开场镜头："比如我们以森林里的早晨作为开场，万事万物都从睡梦中醒来准备起床。然后你的镜头到了'老猫头鹰'这里，它正准备睡觉了。然后我们介绍'松鼠'和'花栗鼠'。我们要在那天早上把我们想要介绍的所有角色都介绍一下。"然后，随着小鹿斑比的出生，"这种噪声打破了散漫的气氛，正是在这里——碰巧在这里——它们开始四处乱飞，随后整个该死的树林开始陷入忙乱的状态，各种动物都蜂拥而至，去看小鹿斑比"。最终上映的版本和沃尔特在会上描述的非常相似。几个星期之后，在思考"冬天"这个片段应该如何制作时，他冒出来这样一种想法，即让小鹿斑比到结冰的湖面上行走。"他以前从来没有到过冰面上。这就像让布鲁托穿着冰鞋然后把他放在冰面上让他行走。他就是站不起来。他玩得很开心。"这一幕也出现在了最终上映的电影版本中。

4

12月，在沃尔特·迪士尼七拼八凑地对《小鹿斑比》进行小修小补的同时，还有一项更艰巨更棘手的任务摆在他的面前：他还得监督从赫伯里恩旧工作室到伯班克的新工作室的搬迁工作。在制作《木偶奇遇记》《幻想曲》和《小鹿斑比》的这段时间里，他参加了不计其数的会议以及在"禁闭室"即审片室里进行的审核会。除此之外，他还抽出时间和精力参与了伯班克新工作室的规划和建设工作，通常每个星期咨询工程师和建筑师三次，以反复试验不停试错的方式推进工程项目建设，这种情形就像《小鹿斑比》的拍摄和制作进程一样。"当时一切都很模糊，什么都不明确，"总承包商弗兰克·克鲁赫斯特谈到当时的情况时说，他们考虑了各种各样的方案，"我们希望它能奏效"。1939年2月下旬，他们破土动工开始修建动画大楼，打算在10月之前完成除了行政大楼的所有工程。时间再一次成为关键因素。由于有这么多电影处于制作过程中，迪士尼工作室负担不起工程延期和推迟搬迁。罗伊在给克鲁赫斯特和负责技术细节的比尔·加里蒂的信中写道："如果我们能让所有这些建筑的修建工程和装修工作尽快完工并做好投入使用的准备，并确保修建和装修能够在近似相同的时间点结束，并且确保在搬迁过程中尽可能减少时间浪费以及避免造成混乱，那么这将为我们的工作室节省大量资金。"罗伊之所以这样说是因为他觉得如果他们能够在室内完成大部分工作，他们就可以加快建造的速度了。

　　如果说时间是最重要的因素，那么钱也是如此。甚至在动工之前，罗伊就在讨论，为了削减成本，他们是否可以把行政办公室设在动画大楼里，或者是否要砍掉动画大楼的一个侧翼，或者他们是否真的需要一个大的摄影棚和剧院。[1] 在此之前，培训项目已经被临时安置在苏厄德大街，所以他们还讨论了是否应该把培训项目一直保留在苏厄德大街，因为新工作室的办公场所会很昂贵，而且他们以后很多年也不会有资源来建造任何新的东西。最后，出人意料的是他们并没有削减多少，基本上保留了原定的建筑方案，尽管他们面临的实际情

1　最后的结果是，他们砍掉了行政办公大楼，并且把营业部放置在了动画大楼里。

第七章　持续探索

况是，随着动画电影制作的推迟，资金不再像《白雪公主》上映之后那样大量流入迪士尼工作室。相反，在乔·罗森博格的敦促下，在美国银行的贾尼尼医生的干预下，罗伊于1939年6月向政府申请了"重建融资贷款"，并于当月晚些时候亲自前往华盛顿，为自己的申请进行辩护说明。"所有的问题和讨论似乎都指向这样一个事实——他们试图找到向董事会提交发放这笔贷款建议书的理由和借口。"罗伊在会后给乔治·莫里斯的信中这样写道。

当罗伊绞尽脑汁筹集资金的时候，沃尔特却似乎津津有味地享受着建筑施工的过程，就像他当初津津有味地享受制订规划的过程那样。他经常去施工现场，有时还带着黛安娜和莎伦，她们喜欢站在像洞穴一般空旷的房间里大喊大叫，常常会招来沃尔特的训斥。（沃尔特向《小鹿斑比》的故事创作团队里面的一个成员推荐了他训诫孩子们的话，建议他们把这段话用于展示猫头鹰的行为上面。）他还把他的父亲带到那里，希望能把他从抑郁中解救出来，自从弗洛拉死后他便深陷郁郁寡欢的状态之中了。沃尔特后来说："我原以为他会为这件大事感到兴奋。"或许，沃尔特此举还有这样的含义：对于这样一位经常否定他的父亲来说，新工作室是对他的成功和权力的又一次展示。但伊利亚斯不为所动。"还有其他什么用呢？"他问道。沃尔特无奈之下被迫告诉他，如果迪士尼工作室倒闭了，所有建筑和设施还可以被改造成一所医院。

新的工作室于12月份竣工，比计划时间晚了3个月。它和后来上映的《幻想曲》一样，给沃尔特带来了巨大的满足感和成就感。现在，沃尔特拥有了他的物质意义上的乌托邦。他说他根本没有拘泥于美学上的细节和审美的考虑，声称他的设计原则主要是出于功能方面的考虑。"给我好好地规划一下，把各种功能都巧妙地安排设计好，"他命令克鲁赫斯特，"然后其他的我不管，无论你干什么，只要不破坏

485

这些功能就行。"但对沃尔特来说，功能的定义很宽泛，这意味着美学是一个占比很大的考虑因素。他希望新的工作室有一种舒适感，甚至兴奋感，这样员工们就可以快乐地工作，而不是背着沉重的责任和义务。为了避免单调和千篇一律，提供一个节奏上的变化，他指示把侧翼和地板涂上不同的颜色——明亮醒目和鲜艳夺目的颜色，这是设计师凯姆·韦伯此前从来没有做过的。为了减轻那种沉闷乏味的工业车间的感觉，他批准使用不同色调的砖，主色调为加利福尼亚自然风光色系，其中融入了沙漠黄，以对冲和抵消其中的红色。赫伯里恩常被记者描述为拥有大学校园的氛围，沃尔特决定，新的工作室也应该有校园的外观。在伯班克的新工作室里，没有什么建筑过于高大显得很突兀。所有的建筑都低矮，而且在同一水平位置上，给人的感觉是内敛包容，而不是雄伟壮观。遍布其间的小路都很宽阔，草坪绿油油的，杂种着橡树，周围静谧安详，非常祥和宁静，空气中弥漫着刚刚割下的青草的清香。甚至还有鹌鹑、鸽子、兔子，偶尔还有鹿，在院子里出没活动，人们经常可以看到沃尔特静静地站在一棵树下深情地看着它们。这是沃尔特自己专属的马塞琳。

然而，它却以自己的方式给人留下了深刻的印象。"直到你来到占地50英亩的新工作室，置身其中，你才能意识到这是一个多么大的工作室。"比尔·科特雷尔说。新工作室估计成本略低于200万美元，其中近一半费用于投资动画大楼。新动画大楼面积为15.2万平方英尺，是赫伯里恩动画大楼的3倍多。描线和上色区域的面积也比赫伯里恩的简陋棚屋大了3倍，而摄影棚的面积几乎是旧工作室摄影棚的五倍。总之，伯班克的新工作室比赫伯里恩的旧工作室大了四倍。

但是，这不仅仅是面积和规模的问题。虽然赫伯里恩的旧工作室曾经也充满了吸引力，但它却摇摇欲坠破烂不堪。而伯班克的新工作室则干净整洁，会使人工作更加高效，正如新的动画制作流程期望的那样。新的工作室里，动画大楼有三层，中间是一条长长的走廊，两侧各有 8 个大大的侧厅，像鸟的翅膀一样从走廊伸出去，形成了两个并排的 H 形。如此设计的初衷是，动画电影制作流程将会从三楼开始，顺利向下进行，沃尔特的办公室在 H 形的侧厅里，紧挨着故事编制部，所有的动画电影都从这里启动和开始；然后到了二楼，导演和布局设置人员将动画长片分成不同的片段，设计各个场景的背景布置，最终拍摄的毛片就是在同样位于这里的"禁闭室"即审片室进行试映审核；接下来是第一层，大约有 200 到 300 名动画师被分成不同的小组，在每一个侧厅里在主管动画师的指导下进行实际的绘图工作；然后到了地下室，测试用摄像机就放置在这里，毛片也是在这里拍摄的。每个侧厅都有一个小单位——3 个专门制作长片，1 个专门制作短片。

在这个传说中的所谓全新高效的工作室里，沃尔特在娱乐设施和便利设施方面的投入也毫不吝啬，没有采取任何限制。这里不仅有一个精心设计的大食堂，罗伊和沃尔特都在那里和大家一起吃饭，充分体现了民主和亲民的作风，而且在动画大楼的一层还有一个快餐店，阁楼上还有一个类似小卖部的自助餐厅。任何人如果想吃三明治或喝奶昔等饮料都可以直接下单点一份，然后一名送货员会直接把餐食或饮料送到办公室。还有一个理发店，任何人都可以来理发。沃尔特还在顶层为大家提供了一个健身房，由瑞典健身教练卡尔·约翰逊（Carl Johnson）负责带领和指导大家锻炼身体，顶层公共露台还设置了日光浴区，动画师们可以在这里进行裸体日光浴，许多动画师也确实来这里做了裸体日光浴。每天中午，迪士尼工作室的剧院里都会播放 30 分钟的动画片、新闻短片和其他动画长片中截取的某一场景。事实上，尽管这个新的工作室是仿照大学校园建造的，而且仍然经常被描述为校园，但它有如此多的装饰和辅助设施，以至于沃尔特现在把它比作"精品酒店"。他觉得，就差为员工提供住所了，这样他们就再也不用离开工作室了。他在考虑该怎么做才能解决这个问题。这是他由来已久的社群主义共有团体梦想的最后一个要素。

有些人觉得沃尔特从赫伯里恩那里带来了人与人之间充满了志同道合之情和朋友之谊的氛围。"这里的整体氛围让你很容易就能感受到你在迪士尼电影中发现的那种无忧无虑、自由自在和轻松愉快的感觉，"随笔专栏作家海达·霍珀（Hedda Hopper）在迪士尼工作室搬迁后不久高兴地大声说道，"午餐之后，你会发现高管们会和员工们一起娱乐健身，从玩垒球到打乒乓球等各种游戏项目不一而足。"她引用了一个经常被重复的事实，那就是每个人都对他们的老板直呼其名——"沃尔特"。那年晚些时候，《纽约时报》的一名记者访问了迪士尼工作室，他以类似的口吻写道："中午在草坪上散步感觉就像周日在中央公园散步一样。员工们悠闲地坐在或斜靠在草地上，他们纷纷和沃尔特打招呼，说的都是，'你好，沃尔特……嗨，沃尔特……沃尔特……沃尔特'。迪士尼挥手回应，也向他们打招呼。"——这种和谐融洽的关系也明确无误地体现在这样一个事实上——迪士尼工作室内部的街道都是以迪士尼动画片中的角色命名的：'迷糊鬼'路和米奇大道。另一些人则描述这里拥有和在赫伯里恩一样的那种由来已久的无伤大雅的恶作剧和玩笑，同样的团队合作意识，同样的无私奉献精神，同样的强烈的使命感。迪士尼工作室的一名员工对《大西洋月刊》的一位正在撰写迪士尼新工作室专稿的作家说："你会不由自主地感到，你将会抓住那个该死的'圣杯'。"一位曾为《时间之舞》进行过一些现场表演的舞者在给沃尔特的信中表示感谢，声称"每个人似乎都很开心和满足"，并把这归功于沃尔特的"幽默十足、善良友好和彬彬有礼"。

但是，有些东西确实已经改变了——一些无法形容但极其重要

第七章 持续探索

的东西，这些东西破坏了原来那种幸福快乐和心满意足的感觉。在最初给予强烈的赞赏之后，一些员工开始觉得这个新工作室有点儿太好了，太完美了。一名员工抱怨说："那种大学校园的氛围变得几乎令人窒息般难以忍受"。另一位回忆道："一切看起来都那么美好，我几乎想要打条领带。"在迪士尼工作室搬到伯班克之前，银行家乔·罗森博格就曾隐晦地警告沃尔特，新工厂将会非常好，"如此之好你会引起别人的不满！"他是对的。有些人将其归咎于一种全新的缺乏人情味的感觉，因为现在的工作室更大了，也更标准化了。奥利·约翰斯顿说，如果你想和其他动画师交谈，你现在必须走过秘书办公室，或上楼或下楼才能找到他们。就连沃尔特现在也有两间相邻的办公室——一间他称之为正式会见客人的办公室，另一间是开展工作的办公室——沿着一条长长的走廊走到尽头，由两名秘书把守着。这两名秘书实际上把他和迪士尼工作室的其他人和部门彻底隔开了。另一名迪士尼的员工认为，旨在提高工作效率的各种举措和努力尽管通常情况下都没有什么明显的作用，但却一直在新工作室占据着主导地位，这进一步削弱了赫伯里恩旧工作室原有的那种不拘小节、即兴随意的创作氛围和昂扬进取、积极向上的奋斗精神。迪士尼动画不再是这位员工所说的"即兴创作的艺术形式"，而变成了"高效的业务"。至少有一位动画师将这一变化归因于沃尔特自身的变化，现在他与员工的关系更加疏远，沟通交流和信息传递也比以前少了。"当迪士尼开始构思伯班克的新工作室的时候，"这位动画师说，"他变成了一个不同的人。他从一个与他的下属和工人们紧密合作、团结协作的人变成了老板。"他甚至把伯班克的沃尔特描述成一个专制的独裁者。

无论到底发生了什么，迪士尼工作室的很多员工最终都认为，搬到伯班克，用其中一个人的话说，就是一条"美好感觉时代的分界线"和"士气丧失的起点"。而沃尔特直到一年后才发现,这条分界线有多粗。

沃尔特自己也注意到了某些东西正在发生变化。一年前,在动画电影制作纷纷推迟期间,他就曾担心员工出现士气低落的情况,于是催促罗伊尽快租赁一家剧院,这样他就可以向全体员工发表讲话,并宣布随着时间的推移将有一波新的奖金发放给大家。"这是他的想法,"乔治·莫里斯对罗伊说,"他想保持这个团队积极向上的奋斗精神,以便在他最需要那些参与各个项目的人携手合作共同努力时,他能从现在宣布的这个奖金发放计划以及后续实际支付行动中充分受益,取得最好的效果。"但是,这一切并没有发生。直到1940年1月30日,在搬到伯班克新工作室后,随着《木偶奇遇记》终于要上映了,沃尔特在动画大楼的3C12房间召集了一些他选定的员工开会。在接下来的两个小时45分钟里,他发表了滔滔不绝的长篇讲话,这可能是他一生中最热情洋溢、活力四射、披肝沥胆、敞开心扉的一次表演,他言谈举止之间充满了自信。他说,工作室现在已经足够大了,他们可以做任何他们想做的事情——任何他们想做的事情——他还描述了从此以后他们将如何让三个小单位同时处理三部动画长片。"这个工厂,这间工作室,它不只是一件普普通通的东西,"他饱含感情地说,"这里弥漫着一种特别的精神。我能从在这里工作的那些家伙身上看到这种精神。他们有一种感觉,这不是一个非法勾当。"但是,随着动画大楼里新的部门的出现,随着制作不同动画长片的工作人员之间似乎出现了竞争,他可能已经开始意识到,他正在失去的是:一种协同合作精神。而这正是他真正想要的,他内心渴望的。"我不觉得《小鹿斑比》是我们的作品之一。"沃尔特承认。他想改变这种状况。"我希望一群伙计们聚在一起,讨论他们遇到的问题,而我们会认真考虑他们提出的建议,"他宣布,"我们想知道他们怎么想的……

第七章 持续探索

我想从他们那里得到第一手的资料。"他呼吁在讨论想法时"一定要不拘礼节"。他接着说道:"我想让故事创作小组聚在一起。我想让他们详细坦诚地好好谈谈他们的工作……我想让导演们聚在一起,我想让布局和背景设置员聚在一起……我们必须找到最有效的方法来把这个工厂的所有人统一成一个整体。我想把它统一起来,使每个人都能与别人携手合作一起工作。"他想要找回曾经拥有的乐趣。

但是,这并不仅仅是一次旨在振奋大家精神的鼓舞士气的讲话,也不仅仅是召唤他们重拾在赫伯里恩制作《白雪公主》期间所拥有的那种精神和状态。沃尔特说,他希望同时创建一个财务团队和一个艺术团体。他告诉大家,根据新的动画评分系统,他预计《木偶奇遇记》的薪酬调整额度为15万美元,他希望像当初《白雪公主》上映之后他做的那样,由他来以奖金的形式把这笔钱发放给大家。但是,这也并不是他要讲的重点。沃尔特说,他已经投入了一段时间,正在制订一个更大的方案。根据这个方案,迪士尼工作室的每个员工都将根据他对工作室的贡献和价值、他在工作室的任职年限、他的合作情况和理想追求来评级打分,然后依据分数给大家分配相应的利润份额。沃尔特告诉他的员工,这是确保迪士尼工作室保持强大并继续制作高质量电影的唯一途径。他甚至表示,这是确保公司在"万一我被干掉了"的情况下生存下来的唯一办法。"我们现在必须解决这个问题,以免我们的业务崩溃……我担心,这个行业会被扔进好莱坞的那种墨守成规不思进取的常规俗套里,他们将开始向公众狂轰滥炸般地投放那些质量不高的动画影片,"他说,"也许是因为我有太多不好的经历。不过,我认识那帮喜欢这样做的人。他们脑子里想的只是能从中得到多少钱。"而在迪士尼,情况就不一样了。每个人都将与公司的持续成功息息相关。保持较高质量对每个人都有好处,沃尔特一直认为质量是成功的关键。他现在还不确定如何分配这笔钱——是发行优先股（他对这种方式一直抱有犹豫的态度），还是设立一个员工基金（这种方式他也不喜欢），还是其他什么机制——但是，他确信他会坚持做。如果说这是沃尔特·迪士尼的乌托邦，那么工作室里的每个人都将成为其中的一部分。

这种讨论之所以成为可能，是因为沃尔特预计《木偶奇遇记》会有一些回报——他不确定会有多少回报——特别是在《木偶奇遇记》遭遇了似乎没完没了的问题和拖延之后。在此次会议结束一个星期之后，《木偶奇遇记》于1940年2月7日在纽约举行了首映，比原定上映日期晚了18个月。（沃尔特以刚刚搬迁到新工作室杂事太多为借口，逃避参加《木偶奇遇记》的首映仪式。）但上映时间推迟如此之久并没有减弱批评的声音。虽然在影评人的眼里，《木偶奇遇记》没有《白雪公主》那样的感情和思想，也没有《白雪公主》那样紧凑的情节叙事，但是他们都一致认识到，这部电影确实有更大的宽度和广度，动画效果也要好得多，有时甚至令人叹为观止。《洛杉矶时报》评论家阿瑟·米勒（Arthur Miller）写道："《木偶奇遇记》超过了我看过的所有动画片。"弗兰克·纽金特在《纽约时报》上撰文声称，这是"战争爆发以来最让人快乐的事件"，而且"除了口碑得分，它在所有方面都超过了《白雪公主》"。尽管口碑得分要低于《白雪公主》，他最后的结论依然是：《木偶奇遇记》是"有史以来最好的动画片"。奥蒂斯·弗格森在《新共和国周刊》上发表评论文章写道，他发现这虽然是一部由许多松散片段组成的影片，但他认为"它把卡通片提升到了卡通这个词所无法企及的完美水平。我们终于解决了没有熟悉的旧词来描述新事物的问题，即我们可以说，它是一个迪士尼"。《纽约先驱论坛报》的霍华德·巴恩斯走得更远，他称迪士尼"绝对正确"。《木偶奇遇记》首映活动结束后，迪士尼工作室的选角导演兼音乐总监斯图亚特·布坎南向沃尔特表示祝贺。他

第七章 持续探索

说,如果沃尔特当时在场的话,"你曾经可能对《木偶奇遇记》的成功抱有的任何担忧都会烟消云散。这些评论已经说明了一切,结果不言自明,但我从未见过比这更有欣赏力的观众"。他坦言自己"为成为迪士尼这一团队当中的一员而感到自豪"。就连罗伊似乎也非常高兴,他在发给沃尔特的电报中表示:"从我的观点来看,一切都进展顺利,方方面面都堪称完美。"当时罗伊正在去纽约的途中,他去纽约找人咨询和讨论向员工发行股票的问题。

但是,沃尔特确实很担心——最后事实证明他的担心不无道理。尽管有热情洋溢的赞誉性评论,但是《木偶奇遇记》的上座率远远低于《白雪公主》。到了4月份,乔治·莫里斯已经警告说,预计《木偶奇遇记》带来的收入将不得不减少100万美元。这意味着沃尔特原定的奖金计划将不得不取消,而且还产生了其他一系列后果。莫里斯现在预测这部电影将会出现严重亏损。肯定是哪里出了什么问题。本·沙普斯坦将观众对这部影片失望的态度归因于《木偶奇遇记》只对儿童有吸引力,而《白雪公主》对成年人更有吸引力。"它在纽约无线电音乐厅里的票房表现是,日场以儿童折扣价出售的票卖得非常火。"沙普斯坦多年后在接受采访时表示,"但是,我的上帝,在晚上夜场的时候,你可以在过道上发射大炮而不会伤到任何人!"而另外一些人的感觉则恰恰相反:《木偶奇遇记》作为一部电影而言对孩子们来说太黑暗、太令人不安,而且用一位迪士尼学者的话说,它是"所有迪士尼影片中最阴郁的一部"。事实上,《木偶奇遇记》以严肃冷静的态度描绘了迪士尼影片的核心主题——变成熟要承担的责任和一个人为了长大而必须做出的牺牲和付出的代价。在这个方面,它比《白雪公主》更深刻,也更出色。因此,如果说《白雪公主》为这个饱受大萧条折磨的世界提供了巨大的慰藉,那么《木偶奇遇记》则似乎在提醒人们,不要遗忘大萧条和欧洲正在进行的战争所带来的各种

493

痛苦。而具体到沃尔特本人，虽然他对任何暗示《木偶奇遇记》拍得不好的言论都很恼火，但他对此有一个更简单的解释。他将《木偶奇遇记》的票房表现不佳归咎于几周前刚刚上映的引起巨大轰动的大片《乱世佳人》带来的竞争以及战争带来的影响。这些因素导致了《木偶奇遇记》的利润大幅下降。由于战争，这部电影只被翻译成了西班牙语和葡萄牙语两种外语版本，而且只有 45% 的票房收入来自美国和加拿大以外的国家，这个比例远远低于《白雪公主》。仅以英国为例，《白雪公主》当年的票房收入达到了 200 万美元，而《木偶奇遇记》在英国的票房收入只有 20 万美元。最终，当一切都尘埃落定，《木偶奇遇记》这部动画片获得了约 200 万美元的票房收入，其中迪士尼工作室获得了 120 万美元，而它的总投资是 270 万美元。即便如此，许多人还是认为《木偶奇遇记》是沃尔特·迪士尼的一部杰作，是动画艺术的巅峰之作。沃尔特极其勉强地表示不同意这种说法。"匹诺曹缺少一种无形的东西。"他最后终于还是向一个记者坦白道。

现在，随着《木偶奇遇记》的失败，沃尔特的信心暂时受到了打击，工作重点又回到了《小鹿斑比》这部动画片上——这部他像推着一个沉重的磨盘一样拖了两年多的长片。《小鹿斑比》的故事创作组是首批搬到伯班克的工作人员之一，他们的办公室位于动画大楼 3B 号侧厅。随着搬迁工作的结束和《木偶奇遇记》的完成，沃尔特对《小鹿斑比》的参与也越来越多。有一种说法是，无论何时，每当沃尔特走近他们的办公室时，佩尔斯·皮尔斯就会大喊："有人进入森林里了！"——这是《小鹿斑比》中的一句台词，预示着猎人的威胁。在《小鹿斑比》经历了所有的起起落落断断续续之后，在沃尔特很长一段时间没有出现在苏厄德街之后，他现在正在宣传这样一种理念：工作人员应与他密切合作，他们不必害怕在会议上直抒己见，这很显然是因为他意识到他们可能已经被他吓到了。关于这一点，考虑到他

第七章　持续探索

们多年来一直在创作编写剧本，皮尔斯做出了一个引人注目的入场许可表态："我们想把你拉进来，让你理解和认同我们的这种想法，即我们没有必要非得把这个事情搞得完全彻底地有意义。"

很显然，沃尔特明白《小鹿斑比》的制作难度很大，面临着种种困难。他知道，与其说这是一个引人入胜的故事，不如说它表现了生命的轮回，而且需要精妙的构思和入微的细节刻画。影片中的角色不能画得太多太泛，否则电影就会失去其成为伟大作品所需的诗意基调，而创作伟大的作品才是沃尔特的目标，但现在《木偶奇遇记》似乎没有达到这种目标和人们的期望。沃尔特一直在犹豫，是让故事创作组投入更多的时间来加强故事情节的连续性，还是敦促他们加快节奏。虽然他有点儿摇摆不定，但他最后总是倾向于给他们分配更多的时间，甚至建议他们考虑把影片拍得更长一些，并把它作为"巡回演出"的影片来放映。他所谓的"巡回演出"模式指的是放映的时候要为影院专门配备他那著名的"立体声"多音响系统，或许还得配备一种特殊的宽屏投影仪，而且放映次数有限，影院的座位需要预订。"这些画面代表着大量的辛苦工作和大量的用心思考，"他告诉《小鹿斑比》的工作人员，"它们不是来自好莱坞的那种没有特色的平庸无奇的制作……它们要脱颖而出。"因为要努力把事情做好，因为必须把事情做好，沃尔特在2月的大部分时间里都在开会，分析一个又一个场景，分析一次后再反复分析，就像他拍摄制作《白雪公主》时所做的那样。到了2月底，他得出结论，这部电影至少还需要15个月的时间才能制作完成——单单制作特效就需要两个半月。

沃尔特觉得《小鹿斑比》的场景必须很宏大。在《幻想曲》的创作过程中，沃尔特迷上了呈现的理念。但是，这还不足以让一部电影变得伟大。它必须配备这样的放映方式，即电影的呈现效果也是伟大的，才能真正成为一部伟大的作品。"我想要一种特别的展现方式。"

495

他后来这样阐明自己的这种想法。这也是他坚持为《幻想曲》定制专用音响系统的部分原因。1939年5月，在费城录音结束一个月后，沃尔特联系了美国无线电公司的负责人戴维·萨尔诺夫，提议由美国无线电公司来制造这套新系统。沃尔特在给他的信中写道，通过这套系统，会给观众"造成一种幻觉，好像真正的交响乐团正在剧院里演奏"。萨尔诺夫对这个想法犹豫不决，说，虽然这种系统在技术上可行，但在商业上存在问题，不过沃尔特和罗伊坚持要这么做。那年春天，他们两人分别去纽约拜访了美国无线电公司，到了7月份，罗伊与美国无线电公司达成了一项协议。据美国无线电公司的工程师估计，这套系统的成本为20万美元。根据协议，只要他们能够将成本控制在这个范围内，美国无线电公司就可以制造这些设备。最后，沃尔特终于拥有了他梦寐以求的六轨立体声音响系统。

鉴于立体声音响系统只能在少数几家特定的影院使用，所以它是一个非常昂贵的计划。但是，从另一方面来说，新的工作室和《幻想曲》本身也同样一点儿都不便宜，还有《小鹿斑比》以及未来的《小飞侠彼得·潘》和《爱丽丝梦游仙境》都是需要投入大量成本的——所有这些都开始像套索一样紧紧缠住了沃尔特，尤其随着海外收入的减少和《木偶奇遇记》前景的黯淡，更是如此。沃尔特没有和他的员工讨论这种新出现的经济紧张状况，他能顶住财务的压力，能庇护他的员工，能保护他的电影，这一直是他的荣誉所在。无论何时，他总是对金钱表现出一副不屑一顾的态度。戴夫·汉德回忆起在一次会议上，罗伊像往常一样抱怨说，这些影片都太贵了。"会场一片寂静，"汉德讲述说，"接着，沃尔特那松弛的眉毛以异常锐利的角度翘了起来，毫不妥协且面无表情地转过身来，以就事论事的口吻直截了当地对罗伊说：'罗伊，我们来拍电影，你来拿钱。'事实就是这样。"

甚至在《白雪公主》大获成功之前，沃尔特本人就已经拥有了非

第七章 持续探索

常丰厚的薪水——在电影行业名列前茅。在《白雪公主》上映之后，他的基本工资是 10.8298 万美元，这还不包括迪士尼工作室的海外公司提供的另外 2.5605 万美元。1940 年 3 月 11 日，他与迪士尼工作室签订了一份为期 7 年的合同，工资标准是每周 2000 美元，同样不包括他持有的股票的收入。相比之下，罗伊的收入才 7.2 万美元，冈瑟·莱辛还不到 1.5 万美元。虽然沃尔特一直在积极塑造自己的艺术家形象，至少是艺匠的形象，而不是企业家形象，但他还是非常诚实地说，钱是工作带来的令人快乐的副产品，而不是工作的动机和目标。"我可以在佛罗里达州买个大房子，在里面塞满昂贵的油画和其他古董垃圾，"当一位记者问他将如何处理自己的财富时，他这样表示，"但这有什么意义呢？这是给那些活得无聊的人或者想在邻居面前炫耀财富的人准备的，只有他们才会干这样的事。"

除此之外，沃尔特还很诚实地表示，他一直持续不断地把自己大部分的收益和利润重新投资到迪士尼工作室里面。钱不是用来放纵自己的。钱是为了更好的生活质量，钱是为了独立。"我属于这个工作室，是在这里成长起来的，"他曾经表示，"我的钱都花在这里了。"回到 1923 年，当这个工作室初创的时候，它是沃尔特和罗伊联合经营的合伙企业，后来当厄布·埃沃克斯在加利福尼亚加入了他们之后，它又变成了沃尔特、罗伊和厄布三人合伙经营的合作企业。1929 年，埃沃克斯离开之后，沃尔特·迪士尼制片公司成立，将公司资产分成了 1 万股股份——沃尔特和莉莲每人拥有 3000 股，罗伊拥有 4000 股。1938 年，沃尔特·迪士尼制片公司进行了重组，整合了房地产、商品销售和制片部门，组建了新的法人。新实体的股份一共分为 15 万股，沃尔特和莉莲分别拥有 4.5 万股，罗伊和埃德娜分别获得 3 万股。除了迪士尼家族的人和少数他愿意授予部分股份的员工，其他人不持有这家公司的任何股份。这正是沃尔特想要的结果。早在

497

1928年，当他让发行人哈里·莱辛巴赫在柯罗尼剧院发行《蒸汽船威利号》时，沃尔特就表示，他明白永远不应该出售电影的版权。在经历了与查尔斯·明茨和帕特·鲍尔斯的合作之后，他对整个公司也持有同样的理念，即不出售任何股份。"我们不需要对任何人负责。"沃尔特在《白雪公主》上映之后自豪地说，尽管这种说法显然随随便便就忽略了他必须对美国银行负责的事实。"我们不需要为任何股东创造利润。纽约的投资者无权决定我们的行为，他们无权告诉我们，他们希望我们拍出什么样的影片，或者他们想阻止我们拍摄什么样的电影。"

但是，这种情况只有在迪士尼工作室持续赢利的条件下才可能是真的。在《木偶奇遇记》票房遇冷之后，随之而来的就是迪士尼工作室突然出现的新的金融危机。当初，当迪士尼工作室等待《白雪公主》的市场结果时，对于新的动画长片，无论是哪一部，他们都在犹豫是否要开始投入全面制作。这种选择在当时可能是明智的，但这也意味着，当《白雪公主》被证明是成功的时候，迪士尼工作室根本没有办法立即充分利用这个成功的机会，顺势一鼓作气推出新的动画长片——由于出现了意想不到的问题和《木偶奇遇记》《小鹿斑比》的延期，这一情况变得更加糟糕。雪上加霜的是，欧洲爆发的战争和《木偶奇遇记》令人失望的回报使得情况更加恶化。与此同时，伯班克的新工作室在一切就绪之后，花费了近300万美元，比预期多了100万美元，而《幻想曲》的花费远远超过200万美元——这意味着工作室有近800万美元的未偿还投资。1939财政年度，迪士尼工作室获得125万美元的盈利，而到了1940财政年度，则出现了26万美元的亏损。除此之外，在用《白雪公主》的利润偿还贷款后不久，该公司又重新负债，现在欠美国银行450万美元。由于入账的资金如此之少，罗伊被召到美国银行旧金山总部，讨论当时工作室面临的这种财务状况。罗伊形容会议室当时的气氛是"真正的冷酷",直到贾尼尼医生再次出面为迪士尼兄弟辩护,问他的员工们看过多少部迪士尼的影片。当他们都结结巴巴地说不出话来时,他说他已经看了将近100部,然后宣布:"我建议我们再给这些小伙子们一个机会。这场战争不会永远持续下去的。"

但是,这并不像说起来那么容易。迪士尼工作室除了在动画长片上亏损了一大笔钱,从动画短片当中获得的利润也在逐渐枯竭。根据合同,该公司仍有责任继续制作动画短片。尽管沃尔特已经把制作短片的大部分责任委托下放给了他的员工,但他仍然还得与故事创作组开会讨论情节,审批动画剧本,检查故事板。这些动画短片确实给他们带来了100多万美元的租赁收入,但租赁收入根本跟不上制作成本的增长——沃尔特估计他在一部典型的动画短片上需要投入4.5万美元,这还不包括冲印、市场营销、发行的费用,或罗伊所说的"行政运营费用"——净收入几乎没有超过附属商品、漫画和专利许可的收入。除此之外,沃尔特对必须制作这些动画短片越来越反感和厌烦,不仅因为短片的投资回报如此之少,还因为他觉得自己已经长大成熟了,根本不屑于再制作那种小儿科的东西了。虽然这个时候,《小鹿斑比》还在准备开拍,《小飞侠彼得·潘》和《爱丽丝梦游仙境》还在编写剧本,很多动画师都闲得无所事事,但沃尔特还是向乔治·莫里斯抱怨说,他再也不会把动画师从动画长片重新分配到动画短片制作上了,因为"你花了很多很多钱,太多太多的钱,可是你得到了什么?"。

又一次,迪士尼兄弟面临迫切需要钱的窘境。早在1939年2月,罗伊就到纽约去调查发行长期公司债券的可能性。长期公司债券是由一般信用而不是特定资产担保的贷款凭证。罗伊显然觉得,这样一来迪士尼工作室就不必像从美国银行获得融资那样,向出资方分配这些动画长片未来可能创造的利润。

到了1940年2月份,有传言流出,说迪士尼工作室正在考虑做一件沃尔特一直坚称不会做的事情,即向公众发行股票。罗伊又一次去了纽约,与投资银行公司基德尔－皮博迪(Kidder Peabody)进行磋商。这是一场艰难的谈判,但迪士尼兄弟几乎没有什么讨价还价的筹码。最终,迪士尼工作室安排发行15.5万股的优先股,价值387.5万美元,利率为6%,当优先股每股价格达到普通股每股价格的30.4%时,即可转换为普通股。[1](因为迪士尼家族拥有所有的普通股,并且不想稀释他们的股份,所以罗伊认为30.4%这个比例太低了,但基德尔公司丝毫不让步。)除此之外,基德尔公司还坚持让自己的高管乔纳森·贝尔·拉夫莱斯(Jonathan Bell Lovelace)进入迪士尼工作室的董事会。而且它还要求迪士尼工作室为沃尔特购买一份价值150万美元的人寿保险。根据这份保险,如果沃尔特在1944年4月1日之前去世,也就是如果迪士尼在股票发行当日起的4年之后去世,保险公司的赔偿金将以信托的形式支付给股东,如果他在1944年4月1日之后去世,则保险公司的赔偿金将以信托的形式支付给迪士尼工作室。实际上,基德尔公司此举是在保护股东免受迪士尼工作室最大资产出现问题导致的损失:沃尔特·迪士尼本人。

在迪士尼工作室发行股票后不久,《纽约时报》在一篇社论中评论道:"如果某天你用手指头点着财经版的专栏从上往下看,就会看到'米奇有限公司'(或者'沃尔特·迪士尼制片公司',如果你坚持要用正式名称的话)的股价像温度计一样忽上忽下,感觉似乎有一点儿奇怪。"确实有一种不协调的感觉。但是,这种不协调的感觉,在很大程度上不是因为米老鼠,而是因为沃尔特从来没有按照标准的商

---

[1] 为了履行对员工的承诺,沃尔特为他的高级员工保留了5000股优先股,其中包括最优秀的35位动画师。

业程序运作自己的工作室，而且他一直认为华尔街是一个令人厌恶的地方。商业是创新和创造力的阻碍因素。弗雷迪·摩尔（注意此弗雷迪·摩尔非彼弗雷迪·摩尔，这个人不是动画师，而是基德尔公司的高管），在迪士尼工作室股票发行的前一周，拜访了正在棕榈泉度假的沃尔特。他发现沃尔特更感兴趣的是谈论在"糖碗"（Sugar Bowl）度假村滑雪的事，而不是股票交易。沃尔特努力不让自己去想股票那些事情。沃尔特显然对把自己的工作室交给变幻莫测的华尔街和利欲熏心的股票市场心存疑虑。在迪士尼工作室的股票发行三天后，他冲动地决定去纽约卡内基音乐厅听一场立体声音响播放系统的演示会，并且用花言巧语哄骗莉莲和沙普斯坦以及沙普斯坦的妻子和他一起去。在返回途中，他们在密歇根州迪尔伯恩市作了短暂的停留，沃尔特参观了福特汽车厂和格林菲尔德村（Greenfield Village）。格林菲尔德村是亨利·福特建立的一个历史公园。在为沃尔特举行的欢迎午宴结束时，福特本人，沃尔特心目中的英雄之一，出人意料地出现了。在闲聊中，沃尔特碰巧提到了最近发行股票的事。福特一贯直言不讳。他警告说："如果你卖掉其中的任何一部分，你就应该把它全部卖掉。"沃尔特承认，他的话"有点儿出乎意料，让我琢磨和思考了一会儿"。思考他是否已经跨过了一座桥，再也回不去了，思考他是否已经放弃了对迪士尼工作室的最终的控制权。

5

现在，迪士尼兄弟一方面迫切需要资金注入，另一方面他们也迫切需要在《幻想曲》之后迅速推出一部新的动画长片来创造利润。虽然沃尔特已经赶着在1941年复活节上映由米老鼠扮演杰克的《杰克与魔豆》，虽然他乐观地认为《小鹿斑比》可能在那年秋天做好上映准备，但与此同时，他又不失时机地迅速启动了另一个项目。他曾读过一本名为《小飞象》的薄薄的新近出版的儿童读物，书中讲述了一只马戏团里的小象，因为耳朵太大而受到其他动物的嘲笑，结果却发现那能够扇动的耳朵可以充当翅膀。沃尔特喜欢这个动画项目的原因是——在《小鹿斑比》《木偶奇遇记》甚至他心爱的《幻想曲》上面绞尽脑汁苦苦挣扎、搞得心力交瘁之后——小飞象是如此简单。"它就在那里，"他在一次《小鹿斑比》的故事研讨会上说，"我的意思是我马上就能看出里面角色的个性。"还有一个便利的条件是，诺曼·弗格森的团队刚刚完成了《幻想曲》当中的一个片段《时间之舞》中河马和大象的动画制作，这样他们就可以直接切换到《小飞象》剧组开始绘制了，而不用再花几个月的时间来学习如何绘制角色。除此之外，沃尔特还认为，迪士尼工作室里还有其他一些动画师，他们可能不太适合《小鹿斑比》要求的写实和细腻的绘画风格，但可以画《小飞象》当中那些更粗犷更简单的角色。更妙的是，从沃尔特的角度来看，《小飞象》不需要任何像《木偶奇遇记》《小鹿斑比》和《幻想曲》当中需要的那些减缓制作速度、增加预算开支的特效。"《小飞象》很明显是一部简单直接的卡通片，"沃尔特宣称，"我会故意把它做成这样。它就是适合这样做的一种类型。它从头到尾都是漫画。"

这样做是为了避免编制故事情节带来的那种令人身心俱疲的痛苦折磨，因为编制故事这个环节已经严重阻挠和拖累了其他动画长片的制作进程，导致了数月又数月的反复修改和越来越高的成本支出。"他让我非常清楚明确地知道，这部动画片的制作成本必须控制在35万美元之内。"本·沙普斯坦说，他被分派去制作这部电影。他意识到虽然沃尔特不可能严格执行这个预算，把他的费用严格限制在这个范围内，但是沃尔特这次是认真的，他必须以经济节约的方式来开展

第七章 持续探索

工作了，并且还不能制作出粗制滥造的劣质作品。沃尔特把改编这本书的任务交给了模型部门的负责人乔·格兰特和迪克·休默。他们于那年1月份提交了一份102页的故事初稿。"我们能够以很低的成本来制作它的原因，"乔·格兰特说，"是因为这部动画可以用很快的速度来制作完成，并且可以把错误控制在最小范围内。这个故事对参与这个项目的每个人来说都是清晰且严密的。我们没有出现由于故事情节的失误而做太多修补工作的情况。没有任何一个片段像《木偶奇遇记》那样先开始，然后又搁置。沃尔特很清楚自己想要什么，全体剧组成员都有与他类似的信心。从最初绘画，一直到最后制作完成，《小飞象》几乎没有什么地方需要调整和更改。"沃德·金博尔记得有一天他在停车场被沃尔特拦住，被告知要开始拍摄一部关于马戏团的动画片，他需要为之制作动画的场景是一群乌鸦唱着一首歌，歌词场景是看到一只大象飞翔。然后沃尔特在五分钟内向他复述了整个故事。"听着他讲述这个故事"，金博尔说，他清楚地意识到沃尔特讲这个故事的时间对他来说是创纪录的——从来没有这么短过，"我可以看出来，这部动画片一定会成功。因为一切听起来都很对。它的故事情节很棒。"

迪士尼工作室能够如此迅速地制作《小飞象》还有另外一个原因：沃尔特第一次卸下了期待完美动画的重担。这意味着动画师们也可以像故事编制组那样不必再经历反复调整和修改的痛苦折磨。事实上，沃尔特指派了许多新人参与创作这部影片。"我就是那群'贫穷的小伙子们'当中的一个，"动画师比尔·皮特回忆道，"他们让所有'富有'的小伙子们，也就是那些拿着高薪的顶级动画师，去制作《小鹿斑比》。他们想把它做成一块动画领域中的宝石。"但是这种说法并不完全正确。比尔·泰特拉无疑是顶尖的动画师之一，他曾为《幻想曲》中的一个片段《荒山之夜》制作过其中的角色"魔鬼"的

503

动画。比尔·泰特拉负责给幼年小飞象制作动画，但就连他自己也承认："这部电影的本质特点就是拍摄和制作的速度非常快，要尽快把它推出去。"为了加快动画的制作速度，沃尔特采用了直接复印故事素描和草图的"影印"方式，而不是像其他动画长片那样使用完整的布局图版。他还指派了手下一些较优秀的动画师去监督那些参与这部影片制作的较为年轻、经验较少的动画师。一位动画师说，他甚至没有画关键的姿势，而是"直接一步到位"制作动画，就像从前动画片刚刚起步发展的时候那样。

虽然《小飞象》的拍摄制作在以极快的速度推进，它仍然无法及时为迪士尼工作室带来当时所需的收入。沃尔特必须找到另一种应急方案，制作一些他可以更快地做好准备的东西。那一年早些时候，他邀请幽默作家罗伯特·本奇利到迪士尼工作室，讨论本奇利为一部名为《如何骑马》(*How to Ride a Horse*)的卡通片提供旁白和解说的可能性。这部卡通片的主角是一只名叫高飞的狗，这条狗体形高大，耷拉着耳朵，头脑有点儿迟钝。它此前曾出演过米老鼠系列的动画短片。在那次会面之后，沃尔特萌生了让本奇利在一部真人实景和动画相结合的电影短片当中出镜表演的想法，形式是它参观迪士尼的新工作室。到了5月初，沃尔特就具体的内容提出了自己的想法——用他自己的话说就是"想办法解决一些问题"。因为迪士尼工作室目前面临的财务情况，他对他的员工很坦率，甚至开始支持几个月前他还会嘲笑的事情。但是，现在他的这种支持态度传达出了他们当前面临的处境有多严峻：他不仅仅要像拍摄制作《小飞象》那样以极快的速度推出一些影片；而且他还要单纯以营利为目的拍摄制作一些电影。他认为他之所以采取这种方式是为了保护优秀的动画长片的质量。"我认为解决金融危机的办法是，推出一些我们称之为'速成'的东西，这些东西的预算很低，但却是非常好的娱乐活动。"本奇利的这

第七章 持续探索

部电影就是其中之一。

尽管沃尔特和故事编制人员讨论了各种各样的想法，但他最终选定了他说的最简单、最直接的情节：本奇利来到迪士尼工作室，想要游说他们制作一部名为《为我奏乐》的动画片。在试图找到沃尔特的过程中，它发现自己从一个部门跳到另一个部门，每次都恰好错过了沃尔特，但本质却是让观众看到了整个迪士尼工作室的情况，观看了动画制作的全过程。最后，当它终于遇到沃尔特时，它发现《为我奏乐》这部动画片已经被迪士尼工作室制作完成了。

沃尔特认为，这样做的好处不仅仅是这类型的电影允许他们偷工减料——因为制作带有一点儿动画的真人实景电影比制作动画长片要容易和快速得多，而且他还认为这是为迪士尼工作室做的一种广告，并建议里面要有推荐《小鹿斑比》和《小飞象》的内容，以此作为这两部动画片的"广告传单"。当一名工作人员表示，这部电影如果作为一部专门介绍如何制作动画的电影可能会更好时，沃尔特表示坚决反对。"我认为你不应该介绍其他任何一个卡通工作室，"他厉声说道，"我觉得它里面出现的应该只有这个工作室。这个工作室闻名于世，全球有名……如果你能恰当地展示这个工作室的运作情况，它就能吸引观众。"在制作这部电影时，他还有另一个动机。就在迪士尼工作室的员工士气开始低落、不满之声四起的时候，沃尔特，这位曾经的社会工程师，想向全世界展示他创造的集体社区是多么幸福。"我们应该在整部影片当中强调的是，"他向编写这个电影故事的阿尔·帕金斯（Al Perkins）提醒道，"这帮家伙通常都过得很开心。"

虽然这显然不是沃尔特第一次试图加快电影制作速度和拍摄节奏，虽然他的这种努力经常是半心半意的，但这却是第一次奏效了——部分原因是他没有足够深入地参与其中，所以没有吹毛求疵的挑剔，也没有因之而来的被迫放慢速度。尽管他确实参加了主要的故

505

事研讨环节，并提出了重要的意见，但负责这部电影的真人实景电影导演阿尔弗雷德·沃克尔（Alfred Werker）说："沃尔特彻底放手，让我完全自由地拍摄这部电影。"但是这部真人实景电影也和动画片一样，经过了完整的故事板展示审核环节。沃克尔是从二十世纪福克斯电影公司借来的。这部影片的制作进展如此之快，以至于本奇利在10月中旬就来到迪士尼工作室拍摄他的镜头和场景。而到了这个月月底，沃尔特已经在审阅一个经过粗略剪辑的样片了。他甚至认为这部电影有可能在圣诞节前上映。

但是，并不是迪士尼工作室里的每个人都喜欢这种想法和这种做法。有些人觉得，这部电影的制作过程如此仓促，再加上他们在动画制作上走了偷工减料的捷径，所以他们制作的这部展示新的迪士尼工作室的电影显然是"非迪士尼风格的"。沃德·金博尔参与了这部电影的动画片段制作工作，他称这部电影是"极具革命性的迪士尼卡通片类型"，因为它是极简主义风格的，没有一点儿极多主义的色彩，把所有能省略的全都省略，其中一些镜头真的只是配有声音的素描草图，没有一点儿现实主义的伪装。金博尔说，迪士尼工作室里的一些"伟大的头脑"警告他，沃尔特最终看到它时会勃然大怒，怒气冲天。但是，他们都错了。据金博尔说："我们在迪士尼工作室试映这部影片的第一个晚上，所有人都为之迷醉倾倒了。这是一个里程碑……你无法想象当画面播放出来的时候，这种类型的影片和我们正在做的影片所形成的巨大反差和对比。"事实上，金博尔记得，"沃尔特觉得它很棒，于是让其他人都进去看看"。

1940年夏天，尽管沃尔特和他的工作人员在整个6月都在连续不停地开会讨论，并最后确定了《小鹿斑比》的分镜头脚本，但由于《小鹿斑比》制作进程的持续拖沓和延迟，尽快推出《为我奏乐》这部动画片的需求变得越来越迫切。《小鹿斑比》所有剩余的片段现在都已经进入了积极地构思和塑造故事情节的阶段,"佩尔斯·皮尔斯于这个月初向沃尔特报告说,"包括这部动画电影的最后一个片段——结尾部分。"这部电影的最后一个叙事"症结"是如何表现和刻画人类,以及如何呈现小鹿斑比母亲死于猎人之手的那个场景。沃尔特觉得他们必须强调和突显人类的威胁,"它们对人类的恐惧",并淡化它们所面临的自然困境。它们面临的真正的敌人是人类。他也敏锐地意识到小鹿斑比母亲的死会给观众带来怎样的影响,并在故事研讨会上不断地提到这个话题。你看到它被击中了吗?它在保护小鹿斑比的时候被击中的吗?小鹿斑比看到母亲倒下的身体了吗?沃尔特最终决定把场景设定为:小鹿斑比的母亲在跳过一根木头时被人类开枪击中,但观众不会看到它被击中的画面,在此之后也不会看到它的尸体。他认为,如果采取更血腥更刺激的画面将会超过观众的承受范围——"简直是往他们的心上插刀。"他说。相反,他选择了更为轻描淡写的方式。"它在到处寻找它的母亲,但它一直没有找到母亲,"沃尔特在一次会议上描述了这一场景,"而它的爸爸雄鹿只是告诉它……它只是若有所思地四处徘徊。你最后看到的它们,只是漫天暴风雪背景下一些模糊的鹿的轮廓,很快它们就消失了,彻底地消失了,除了雪花落下,什么也没有了。"然后又一次,通过充实放大他的故事创作人描摹的场景,他提供了电影史上最著名和最有影响力的场景之一。

虽然在将近3年之后,他们终于克服了叙事问题塑造了大自然中生命循环生生不息的情节,一个主要的问题仍然存在,那就是采用一种符合这部影片基调和情绪的动画风格。他们在试图找到这种风格时不断遇到各种各样的问题,一直没能找到合适的突破口。这也正是《小鹿斑比》从一开始就那么棘手的原因。奥利·约翰斯顿和弗兰克·托马斯写道:"沃尔特想要从他以前从未想象过的图像中获得充满诗意又氛围感十足的感觉。他不再追求额外的角色、滑稽的情景和有趣的态度，而是追求我们每个人在去森林深处游玩时获得的那种整体感觉和细微感受。"约翰斯顿和托马斯说，一些动画师感觉非常受挫和沮丧，他们甚至请求退出这个项目。现在的目标是取得平衡。沃尔特想要现实主义——这是他推进动画制作的方式——但他也需要用夸张的漫画手法来塑造有吸引力的人物。（在去年9月的徕卡胶卷展示放映会上，得到好评最多的角色是猫头鹰和马克·戴维斯设计的臭鼬，这两个角色都采用了夸张粗犷的绘制方式。）"我希望我们能找到一些东西，你知道，让我们远离自然主义的东西，不要只有自然主义——这些东西有一定的幻想色彩。"直至1940年2月，他才在一次会议上这么说，表明他略微改变了《小鹿斑比》的制作方向。他终于意识到，现实主义的东西太多了会让人感到单调乏味。

米尔特·卡尔和弗兰克·托马斯仍然在努力寻找一种将现实主义和漫画手法结合起来的风格，并从戴维斯的绘画中汲取灵感，他们各自制作了这部电影的100英尺动画。1940年3月1日，他们在3C13房间向沃尔特展示了他们拍摄的镜头。约翰斯顿和托马斯写道，这一天"可能是这部电影历史上最重要的一天"。他们说，沃尔特看了这段录像，然后转向他们，眼里含着泪水——对沃尔特这样一个人来说这是一个非同寻常的举动，这个男人平时除了大发脾气很少表现出自己的情绪。"拍得太棒了——不是开玩笑。"他告诉他们。约翰斯顿和托马斯继续写道，他热情地补充说："这是你们的影片。你们这些家伙对这部影片有感觉了。你们属于这部影片。"这无疑是他当初对《白雪公主》《木偶奇遇记》和《幻想曲》的感觉。他离开会议室时说，他相信可以由动画师们自己审核自己拍摄的片段了，甚至可以由他们制定自己的时间表，他不需要再插手了。他非常满意，以至于他说现在可以去旅行了。

事实证明，1940年3月1日不仅对《小鹿斑比》来说是历史性的

第七章 持续探索

一天，对整个迪士尼工作室来说也是一个历史性的日子：交接换岗的开始。沃尔特通过《小鹿斑比》《小飞象》《幻想曲》《为我奏乐》等动画影片的制作过程逐渐意识到，不可能再有所谓的迪士尼的风格了，因为没有任何一种单一风格可以涵盖沃尔特脑海中想要做的所有各不相同的项目。多年来，沃尔特一直在训练他的艺术家们采用一种不断接近现实主义的绘画方法进行创作，并且他一直试图把这种技巧和目标强加于每个人。是否接受这些标准已经成为能否在迪士尼工作室工作的一个条件。他一直觉得动画必须不断发展，而在《小鹿斑比》中，沃尔特显然觉得他终于找到了一些不同的东西，一些令人兴奋的东西，尽管他不能确切地说出来这是一种什么东西。"这部影片代表着我们打开了一些新的领域，"他热情地对《小鹿斑比》的动画师们说，"这是一种新的风格。"他说他会为这种风格指派最好的动画师，比如戴维斯、托马斯、卡尔和拉尔森。"我认为这将是我们向前迈出的极大极大的一步。"他告诉他们。

与此同时，沃尔特也渐渐明白了，像《小飞象》这样的电影以及动画短片，制作起来当然也不需要像《小鹿斑比》那样精妙细微；如果非要这么做的话，不仅成本支出高昂，而且效果会适得其反。经验较少的动画师和没有什么进步的动画师以及那些技术不那么完善的动画师可以被分配到这些影片中去。要引入不同风格的创作理念而不是故步自封于工作室的某种风格。沃尔特不仅在监管动画师和其他工作人员之间，而且在第一层监管动画师和第二层监管动画师之间创造了一个等级顺序。头脑聪明且年轻有为的动画师将成为工作室的先锋力量。而包括诺曼·弗格森和弗雷迪·摩尔在内的一些老资格动画师则被降低到次要等级，因为他们无法掌握《小鹿斑比》的这种风格。这些老资格动画师仅仅几年前还是沃尔特·迪士尼制片公司的明星人物，当时迪士尼工作室刚刚开始转向现实主义的风格。沃尔特现在这样评价弗格森，这个几乎可以说是创造了动画片中心理状态表现法的人，"他需要更广泛的东西"。

随着故事编制组逐步确定了故事情节和叙事，而且动画师也逐步确定了风格，沃尔特对在那年6月底向美国银行的高管们展示一卷《小鹿斑比》的胶片拥有了足够的信心。7月6日，恰好是星期六，乔·罗森博格来到迪士尼工作室查看他们拍摄的《小鹿斑比》录像。罗伊和沃尔特之所以再次向罗森博格示好，是因为他们决定再向美国银行申请一笔贷款。（发行股票帮助他们还清了债务，但那不是他们可以持续提取的资金。）"他们对我们绝对有信心，"罗伊在罗森博格到访的前一天在给沃尔特的信中写道，"他们非常依赖我们告诉他们的每件事，这种依赖达到了一种不可思议的程度。但他们对美国之外的世界非常悲观，他们不相信自己有理由基于涉及海外国家因素的预期来放贷，无论这些国家在哪里。"最后，美国银行愿意以25万美元的缓冲存款为担保再借给迪士尼工作室200万美元，但罗伊警告沃尔特，美国银行已经被告知沃尔特将要节约开支、裁减员工和降薪减薪。"我特别坚信，"罗伊最后说，"我们要做的不是和他们过不去，甚至不要和他们争论太多，而是要和他们站在一起，顺着他们。"

6

如果说迪士尼工作室不顾一切地拼命筹集更多资金这一状况从未改变的话，那么该工作室的另一种情况也从未改变——不顾一切地疯狂地追赶发行日期。经过反复的时间排定、调整、推迟、重新安排，迪士尼工作室最终决定在1940年11月发行《幻想曲》，而不是急着先发行《小鹿斑比》或《小飞象》，后者已经在以令人喘不过气来的惊人速度快速赶制。迪姆斯·泰勒在 8 月中旬来到迪士尼工作室拍摄旁白，而斯托科夫斯基则带着沃尔特的保证去了南美洲旅行。沃尔特向他保证："我们正在用我们最好的判断力确保画面和音乐像它们应该融的那样融合在一起。我们力争做到水乳交融，天衣无缝。"就像此前制作《白雪公主》和《木偶奇遇记》一样，那年从夏天到秋天，工作人员都要轮班，一天 24 小时都有人在赶制《幻想曲》。一位摄影师说，他在《幻想曲》上花了整整一年的时间，每天工作 12 个小时，因为影片中的特效太奢侈了；一个在屏幕上可能只持续 3 秒的场景或许需要 12 次曝光。（沃尔特特别喜欢用特效来唤起人们的敬畏和赞叹。）不像《小鹿斑比》和《小飞象》，沃尔特对《幻想曲》采取了监督一切的方式。每天下午 3 点，他都会从他的办公室里走出来，沿着走廊来到 3E 房间，观看前一天拍的供导演审查的样片，也就是电影《幻想曲》的毛片。与此同时，动画师们也在像他一样拼命地工作。多年以后，当大学生们观看《幻想曲》，体验那种狂野迷幻的效果时，阿特·巴比特会被大家问到，他在制作这些动画场景时是否服用了毒品（药物）。"是的，是真的，"他回答道，"我自己对'黄酚酞巧克力咀嚼片剂'和'芬纳敏特'上瘾。"他说的是两种泻药。

　　沃尔特又一次把最困难的场景留到了最后。他决定，《圣母颂》这一片段的镜头应该追随《荒山之夜》，在一定程度上可以充当后者的一种解毒剂："我们描绘的是善良和邪恶。"正如沃尔特设想的那样，《圣母颂》里面的教堂钟声会从剧院后面的扬声器中向前席卷而来，在银幕之外追逐《荒山之夜》中的恶魔。他认为，这样才能创造这部电影结尾所需要的那种缓慢、阴郁的基调——那种他在《白雪公主》结尾时就想要但却没有实现的优雅基调，对此他一直引以为憾。他认为从白雪公主沉睡到她被唤醒这一段推进得太快，应该更慢一些，好好地铺设和酝酿情绪。除此之外，他还认为这一场景也将具有较强的商业价值。"尽管有一些非基督教国家,但世界上仍然有很多基督徒,"他在一次故事研讨会上说,"从这个角度来看,这将是一件极具吸引力的事情。"沃尔特建议,如果在非基督教国家播放,他们可以把这一场景直接剪掉。

沃尔特这样做相当于给自己和工作人员布置了一项艰巨的任务。就像他希望在《小鹿斑比》中创造出置身于大森林中的感觉一样,沃尔特希望在《圣母颂》中的效果是"置身于大教堂之中,却看不到任何可以被认出是大教堂的东西"。并且这必须是一个重大的顶点,重要的高潮环节。"一定要像舞台上的一场奇观。"沃尔特命令道,那种效果给人的感觉几乎就像具有催眠作用的咒语。但沃尔特并不只提出一般性想法,让工作人员执行或实施。他给导演威尔弗雷德·杰克逊下达了详细的指示,告诉导演他想要的是什么,甚至具体到镜头淡入淡出的效果。

但是,事情远不止于此,沃尔特还为这个片段想出了另外一个主意。他认为这个主意会让观众产生必要的敬畏之情,尽管距离最后期限已经没有几天了,时间非常紧张。他决定要对这座哥特式大教堂进行 220 英尺的跟踪拍摄。为了得到这组镜头,他关闭了一个完整的摄影棚,因为他需要一个足够大的空间来让摄像机穿过组成各个平面的玻璃窗格进入教堂内部。有一种说法是,摄制组花了 6 天时间,每天 24 小时不停歇地工作,摄影师 12 小时轮班一次,最后才完成拍摄。有一段时间,全体摄制组成员连续工作 48 小时,中间没有任何休息时间。当沃尔特听说由于其中一位摄影师即将结婚,电影制作工作将不得不暂时停止时,他向这位摄影师提出,如果他和他的新娘愿意在迪士尼工作室的摄影棚里举行婚礼,进行宣誓,并确保这部电影的制作工作能够继续进行的话,他愿意为他们邀请斯托科夫斯基和费城交响乐团在婚礼仪式上演奏。然而,经过了这一切的努力之后，当沃尔特看到冲洗出来的胶片时，他认为这次拍摄的胶片不能使用，因为影像有抖动的现象。"这是一份糟糕的作业，"他告诉他们，并命令重新拍摄。在重新拍摄的过程中，发生了一次小型地震，场景再次被破坏，他们不得不又一次重新拍摄。当他们终于交出满意的胶片的时候，已经是纽约首映时间的前一天了。后来成为迪士尼工作室音响部门主管的赫伯·泰勒（Herb Taylor）记得，当时有一辆摩托车停在门口，发动机处于低速运转状态，随时准备把胶卷送到机场，这样它就能及时飞到纽约，然后拼接到最后一个胶卷里。泰勒直到第二天早上8点才离开工作室。《幻想曲》首映两天后，斯托科夫斯基在写给沃尔特的信中称赞这部电影"将吸引世界各地所有阶层男男女女的注意力"。但他觉得，需要给《圣母颂》重新配音，"让它更具吸引力"。沃尔特拒绝了这个提议。他已经修改得够多了。

现在，《幻想曲》这部电影已经完全交给公众任由他们点评了。沃尔特很早以前就已经意识到，尽管《幻想曲》将成为一个美学上的里程碑，是动画领域一个全新的起点，但它也将是一部"赚钱非常缓慢的影片，但从长远来看，它将是一部大赚特赚的影片"。这并不是他的发行商雷电华电影公司喜欢听的话，这种说法也不会让雷电华电影公司更喜欢他。由于这部电影几乎不可能立即让他们得到回报，他们似乎对它没什么兴趣，尤其是为了提高它的美誉度和口碑，沃尔特坚持把它作为一个巡回演出的放映项目，只在少数几家配备有昂贵的"立体声"系统的影院里放映，并且需要预订座位才能观看。早在1940年2月，罗伊就提议迪士尼工作室寻找自己的投资方，然后自己发行这部电影。他建议，像洛克菲勒家族石油财富的继承人、优美艺术的坚定支持者纳尔逊·洛克菲勒（Nelson Rockefeller）这样的人或许想成为一家合资企业的投资方。他认为洛克菲勒这个名字也有助于这部电影在市场上的宣传和推广。最后，洛克菲勒并没有参与进来。迪士尼兄弟通过申请普通贷款来为这部电影筹措资金。尽管如此，他们还是聘请了一位年轻的电影推销员欧文·路德维希（Irving Ludwig）来安排这部影片第一轮在 11 个城市的首次放映。

然而，迪士尼兄弟与雷电华电影公司的这些问题只是接下来即将发生的一系列事情的预兆。就在他们与雷电华电影公司就发行《幻想曲》发生争执的同时，罗伊和沃尔特也在与雷电华电影公司就一份新合同进行谈判。1939 年 12 月，雷电华电影公司高管 M. H. 艾尔斯沃思曾给沃尔特写过一封信，承诺为他提供一份"高质量的融资计划"，并开玩笑说，只要沃尔特继续工作，"罗伊和冈尼（莱辛）就能维持生计，但如果你停止工作了，天知道我们中的任何一个人将会怎么活"。然而，到了夏天，双方仍在谈判，还没有达成协议。联美电影公司、华纳兄弟影业公司、派拉蒙影业公司和米高梅影业公司都向迪士尼兄弟伸出了橄榄枝。尽管雷电华电影公司对《幻想曲》心存疑虑——直到 7 月份，雷电华电影公司的公关人员哈尔·霍恩还在考虑"幻想曲"这个名字是否过于阳春白雪——但他们希望保持与迪士尼兄弟的合作关系，于是提出了下列一些条款，即允许雷电华电影公司从最初的收益中扣除冲印、广告宣传和推广促销的成本，却不允许迪士尼兄弟收取发行费，这部分的份额在美国和英国的比例为 22.5%，在世界其他地区为 27.5%。直到迪士尼兄弟收回了拍摄这些电影的所有成本，才能收取发行费。这一条款是为了给雷电华电影公司进一步宣传这部影片的动力和奖励。罗伊勉强同意了这些条款。他说，虽然他不相信任何一家发行商，但与其他发行公司相比，他更信任雷电华电影公司。但是，即使在他与雷电华电影公司达成协议的时候，他也已经开始考虑由他们自己来发行他们的电影，就像他们在《幻想曲》第一轮上映时所做的那样。

第七章 持续探索

为了放映《幻想曲》,迪士尼兄弟已经租赁了位于纽约第 53 号大街的百老汇剧院,租约为期一年。这家剧院有 2000 个座位。12 年前,《米老鼠》就是在这里举行的首次公演,当时它的名字还是柯罗尼剧院。他们让迪士尼工作室的工程师威廉·加里蒂(William Garity)对这家剧院进行了重新整修,以便安装"立体声"系统。(这套设备重达 7000 多磅,工作人员花了一周多的时间,昼夜不停地工作,才把它安装好。这完全符合迪士尼的风格。)沃尔特本人因严重感冒住院两天之后,于 11 月 1 日与莉莲、哈姆·卢斯克和比尔·科特雷尔一起,前往纽约参加《幻想曲》的首映式。他们途中绕道新奥尔良和亚特兰大,沃尔特说,他在那里感受到了一种南方特有的气氛,激发了他拍摄一部电影的冲动。他说可能拍摄一部根据南方寓言作家乔尔·钱德勒·哈里斯(Joel Chandler Harris)的小说改编的动画长片。哈里斯也被称为"雷穆斯大叔"(Uncle Remus)。沃尔特在纽约的日程安排包括向一家女子俱乐部发表演讲,他开玩笑说:"这只是为了展示《幻想曲》在我身上产生了什么影响!"不过,他在纽约的大部分时间都是在百老汇进行排练,并接受媒体采访。"我不知道这部影片会赚多少钱,也不知道会赔多少钱,"他对一名记者说——同时两面下注,"但我和小伙子们获得了一些价值不可估量的经验。"他承认,在没有外国市场的情况下,他这样做面临着巨大的风险,但他觉得自己是在"探索扩张、开拓新的领域",即与商业同等重要的美学领域。他说,这相当于把利润重新投入公司。在另一位记者看来,他没有那么理直气壮,而是更加急躁不安。他把腿搭在百老汇剧院的一张椅子上,紧张地用手捋着头发,宣称:"我们卖的就是娱乐消遣,这也正是我希望《幻想曲》能够做到的一点——娱乐消遣。我正在希望,非常希望,一直希望。"

11 月 13 日《幻想曲》举行首映。当天纽约全天大雨倾盆。在过去的一年里，沃尔特完全沉浸在自己的工作当中，几乎没有意识到外部世界的动荡不安。当时欧洲正在进行战争，而他的作品在某种程度上成了人们暂时摆脱动荡的一种庇护所。令人奇怪的是，正是这样一个两耳不闻窗外事的人，把这个首映式作为一项慈善活动来举办，所有收益都将捐赠给英国战争救济会（British War Relief）。这项活动的女性赞助人包括化工巨头杜邦的妻子亨利·F.杜邦夫人，杂志出版商鲁斯的妻子亨利·鲁斯（Henry Luce）夫人、报业巨头赫斯特的妻子威廉·鲁道夫·赫斯特夫人、美国无线电公司负责人萨尔诺夫的妻子戴维·萨尔诺夫夫人、慈善家范德比尔特的妻子威廉·K.范德比尔特夫人、投资银行家华宝的妻子保罗·菲利克斯·华宝夫人，还有前总统儿子罗斯福的妻子柯密特·罗斯福夫人——这进一步表明，从米老鼠诞生之初到现在，沃尔特和动画片本身已经走了多远。就连沃尔特也对如此众多的社会名流出席这项活动印象深刻，他在写给自己年迈的老师黛西·贝克（Daisy Beck）的信中，详细介绍了有关这场"盛大的首映礼"的情况以及出席的"社交名流"，口吻就像一个被明星迷倒的粉丝。

无论以什么标准来衡量，这都是一个胜利的夜晚，一个成功的夜晚。观众们为这部电影欣喜若狂、心潮澎湃，他们为这段经历而欣喜若狂、心潮澎湃；多亏了"立体声"音响系统，当激昂的音乐响起时，座椅会震动。《纽约时报》的博斯利·克劳瑟（Bosley Crowther）也参加了首映式，他在第二天早上的评论中几乎无法克制自己的兴奋和激动之情。他写道，"昨天晚上在百老汇剧院创造了新的电影历史"，并称《幻想曲》"精彩绝伦，可以与有史以来任何一部影片相媲美"。他在文章的结尾向正在进行的战争致意："这是这些天的一种巨大的祝福。"《纽约时报》的社论版还赞扬这部电影"融合了音乐、戏剧和绘画艺术"，并且像克劳瑟所说的那样，它也说沃尔特·迪士尼通过把

第七章 持续探索

它们融合在一起创造了新的历史。

但是，如果说当天晚上以及上映初期观众对这部影片的反应证明《幻想曲》是胜利的，是成功的，那么接下来的评论以及观众反应则为它的胜利和成功蒙上了一层阴影。[1]虽然电影评论人绝大多数都对这部电影非常着迷，但一些音乐评论家抱怨说，这部电影损害了经典音乐。（正如斯托科夫斯基之前预测的那样，他们中的许多人对沃尔特对《田园交响曲》的诠释感到反感和愤怒。）《纽约时报》的奥林·唐斯（Olin Downes）大肆赞扬了该片的音效再现技术，但却表示影片本身可以说一团糟，想要做的事太多，想要表达的东西太多太乱。"很明显，"他在首映几天后经过星期天的认真考虑后准确地写道，"在很多情况下，迪士尼先生高贵而极具挑衅性的实验，把各个艺术领域的特定爱好者分隔开了，而不是把他们团结在了一起。"另一些人则认为，迪士尼并没有破坏艺术，而是最终屈服于艺术。《新共和国周刊》的奥蒂斯·弗格森此前一直是沃尔特最狂热的崇拜者之一，他称《幻想曲》是"他的第一个错误"，因为它虚荣做作，带有自命不凡的色彩。"卓别林第一个学会了阶级斗争，"弗格森写道——这里指的是卓别林的《摩登时代》，"现在迪士尼遇到了'善于表演的波兰人'。"他指的是斯托科夫斯基。

然而，最严厉最尖锐的批评来自政治方面。《工人日报》的哈里·雷蒙德（Harry Raymond）抱怨称，即便是左翼评论家也被《幻想曲》的技术成就迷惑，以至于他们没有意识到这部电影实际上多么反动，尤其是在当下的国际危机时期。"邪恶的力量并不是作为剥

---

[1] 在对来自电影界和音乐界两方面的评论家的评论意见进行深入分析后，研究迪士尼的学者保罗·安德森（Paul Anderson）发现，对待这部影片，33%的人持非常肯定的态度，22%的人持肯定态度，22%的人态度介于肯定与否定之间，还有16%的人持否定态度。这意味着总体反应仍然是非常好的。

517

削者和战争制造者出现的,"他说,"而是作为一个神话中的恶魔出现在山顶上,人类的力量对它无能为力。"简而言之,沃尔特放弃了对于所谓的"神学"的个人责任和社会责任,雷蒙德在这里显然想到了《荒山之夜》和《圣母颂》。向全国多家报刊同时供稿的专栏作家多萝西·汤普森(Dorothy Thompson)的反应则要尖锐得多。她异常愤怒地表示,她离开剧院时的状态是"精神几近崩溃",感觉自己仿佛受到了"攻击"——"在这场非同寻常的噩梦中,她的情感受到了残酷的摧残。"汤普森的抱怨是,迪士尼和斯托科夫斯基似乎是在以牺牲人类为代价来颂扬大自然的野蛮。(汤普森没有注意到的是,沃尔特歌颂的与其说是自然,不如说是他在银幕上再现了大自然野性的这种能力。)在汤普森看来,迪士尼影片当中描绘的自然是如此势不可当,压倒一切,以至于人类别无选择,只能屈服。和雷蒙德一样,她认为这是一种对责任的放弃。她拐弯抹角地将其与欧洲的纳粹恐怖主义联系在了一起。她总结说,这部电影和迪士尼近期的其他作品一样,都是"残忍无情的""野蛮的和野蛮化的",而且是一种"对西方世界衰落的讽刺"。

沃尔特声称自己对这种争论很感兴趣。《幻想曲》首映两个星期之后,他给一位朋友写信说,这场争吵"再甜蜜不过了",因为它为这部电影带来了如此多的宣传。"公众的反应是在售票处排起了长队,结果我们的预售情况非常棒。几乎每天场场爆满,星期六和星期天的票至少提前一个月就卖光了。"他说他离开纽约时感觉"飘飘然"。当他乘坐"二十世纪号"轮船前往洛杉矶参加西海岸首映式时,他写信给斯托科夫斯基,轻描淡写地驳斥了对《圣母颂》的批评,并宣布他打算集中精力为这部电影增加一些新片段。

如果说有什么不同的话,那就是1941年1月29日在洛杉矶卡赛弧形剧院——由于租赁剧院的合同问题,《幻想曲》在洛杉矶的首映

第七章 持续探索

上映日期被推迟了——这里的观众甚至比纽约的观众更热情,尽管出席的社会名流要少一些。"首映式的观众毫无疑问为这部电影的整体效果欣喜若狂,"《洛杉矶时报》的电影记者埃德温·沙雷特(Edwin Schallert)在一篇名为《〈幻想曲〉——广受赞扬被誉为影坛杰作》的文章中写道,"在大部分的幕间休息时间,观众都报以极其热烈的掌声,甚至在放映过程中也不时爆发出热烈的掌声。"他说,这部电影"勇敢得令人难以置信"。同样为《洛杉矶时报》撰稿的阿瑟·米勒称,这是"电影史上的一次地震"。导演塞西尔·B. 德米尔曾被《白雪公主》深深吸引,他说:"在我们地球上的想象之物当中,没有什么能与迪士尼的成就相提并论,更不用说超越它了。"

沃尔特本人似乎仍然兴高采烈。在《幻想曲》上映之前,他曾将其称为自己人生中的"重大经历"。影片上映后,他声称这是动画的巅峰之作,并怀疑它是否能被复制,因为已经因战争失去海外市场,再试图制作任何一部像《幻想曲》这样成本高昂、雄心勃勃的影片都像是"自杀"。然而,尽管他一直说自己为这部电影感到骄傲,但他也深受批评的伤害,并开始对这部电影产生怀疑。罗伊后来说《幻想曲》让沃尔特"失望"。罗伊说:"他在其中看到的东西——种种可能性——比他从其中得到的东西更多。"因为沃尔特手下"没有真正的艺术家"。据乔·格兰特说,尽管沃尔特在公开场合表现得很自信,但是,在从纽约首映式回来的路上,他已经变得很沮丧了。"他就'所有艰苦努力的工作和所有大张旗鼓的宣传'带来的效果说了几句,"格兰特回忆说,"他意识到自己的《幻想曲》超出了公众的理解力,也让他们失望了,因为这部电影并不是他们所期望的那种迪士尼的影片。"多年以后,沃尔特自己说:"每次我犯错误的时候,都是我走到了一条我实际上对事情并没有感觉的道路上。并且我这个人确实有点儿喜欢卖弄和自作聪明。"

519

也许最让人感到刺痛的批评来自伊戈尔·斯特拉文斯基。在众多音乐评论家纷纷批评指责这部电影之后，斯特拉文斯基可能想与这部电影保持距离和撇清关系。沃尔特回忆起 1939 年 12 月，斯特拉文斯基和舞蹈编剧乔治·巴兰钦（George Balanchine）一起参观了迪士尼工作室，当时他向他们展示了《魔法师的学徒》的样片和《春之祭》的故事板。据沃尔特说，这是一次愉快而平静的会面。斯特拉文斯基则有不同的记忆。他说，他收到了迪士尼工作室的一份请求，请求允许他们使用《春之祭》这首乐曲，"同时还被温和地警告说，如果得不到许可，这首乐曲无论如何还是会被使用"，因为这首乐曲在美国不受版权保护。沃尔特提议为这首乐曲的海外版权支付 5000 美元，但斯特拉文斯基声称，在谈判期间，这一报价被削减了。据他回忆，在他访问迪士尼工作室期间，有人给了他一个乐谱，当他说他有自己的乐谱时，别人告诉他乐曲已经被修改过了。"事实确实如此。"斯特拉文斯基轻蔑地写道。演奏的乐器不一样，乐曲的顺序被重新排列过，难度大的段落被直接删除了。至于视听效果，斯特拉文斯基说："我不想批评一种无可救药的愚蠢。"

然而，斯特拉文斯基尽管声称自己当时提出了种种反对意见，但还是在 1940 年 10 月 12 日回到了迪士尼工作室，观看了最后的剪辑。据他说，看完之后他怒气冲天拂袖而去。而迪士尼工作室对此又有不同的版本。伍利·雷瑟曼（Woolie Reitherman）记得，沃尔特建议斯特拉文斯基去拜访动画师们，斯特拉文斯基来了之后，他们在电影控制器回放《春之祭》的录音时在音乐声中一起大笑，互相开玩笑。斯特拉文斯基甚至还打趣道："倒着听，听起来也不错。"10 月 23 日，斯特拉文斯基再次回到迪士尼工作室，讨论让迪士尼工作室为他的一首老作品《狐狸》制作动画的可能性，并最终把《烟花》和《火鸟》的版权出售给了迪士尼工作室。"听起来他好像不是很痛苦呀，对吗?"沃尔特对《洛杉矶时报》挖苦说。[1]

尽管人们对《幻想曲》的自命不凡、对音乐的误解以及法西斯式的残酷无情颇有怨言,但罗伊对《幻想曲》最初的票房成绩还是相当满意的。"到本周结束,我将得到 2.7 万美元。"《幻想曲》上映后的第二个星期,罗伊从纽约给沃尔特发了一封电报,在电报中说:"所有夜场的票都卖光了,周一周二周三的日场大约卖出了 80% 的票。"在每周开销 1.1 万美元的情况下,罗伊认为前景"非常可靠,令人鼓舞"。在百老汇放映播出的头 16 个星期,观众一票难求,剧院不得不增加 8 名接线员来处理订票电话,并租用了毗邻的一家商店,以便进行站票预售事务处理。《幻想曲》在百老汇的票房总收入超过了 30 万美元。它在波士顿的美琪剧院和卡赛弧形剧院上映的最初 10 个星期当中,每个星期的票房都超过了 2 万美元,而在旧金山的吉尔里剧院上映仅五周后,票房就几乎达到了同样的水平。与此同时,罗伊正在敦促美国无线电公司向其他首轮上映影院提供"立体声"音响系统,这样他们就可以扩大发行范围。"我认为没有理由不让我们在 1941 年底之前收回全部的拍摄成本,"罗伊在给沃尔特的信中高兴地写道,"我们还可以做得更好。"

沃尔特甚至在知道《幻想曲》的票房结果之前,已经在计划拍摄续集了。早在 1940 年 5 月,他就与斯托科夫斯基会面,讨论了拍摄续集的事情。在那个时候,两人都很狂热,甚至因为过于热情地投入而有点儿眼花缭乱了。他们仔细研究了理查德·施特劳斯的《蒂尔的

---

[1] 除此之外,与斯特拉文斯基传说中的愤怒反应相矛盾的是,1942 年 9 月,沃尔特派迪士尼工作室的高管唐·奈尔斯去斯特拉文斯基家讨论续签优先购买他的音乐版权的协议。斯特拉文斯基非常热情地接待了唐·奈尔斯。奈尔斯向沃尔特报告说,斯特拉文斯基"非常乐意就新的音乐版权购买协议进行谈判",尽管他认为战争已经导致没有这样做的必要性了,而且斯特拉文斯基表示,一旦战争结束,"他将非常愿意以适当的费用为我们提供服务"。

恶作剧》、勃拉姆斯的《第一交响曲》、莱斯比基的《罗马的松树》、霍尔斯特的《行星》，甚至格什温的爵士交响乐《蓝色狂想曲》。当斯托科夫斯基建议使用德沃夏克的《新世界交响曲》，但需要对它进行必要的剪辑时，沃尔特反驳说，他认为不应该对它进行剪辑，觉得《幻想曲》中的一些乐曲被剪辑得太多了。"我们很害怕"，他承认。当斯托科夫斯基提起德彪西的《大海》，说它很难理解时，沃尔特对他的反对意见置之不理。"你说过《春之祭》很难理解，记得吗？"他告诉斯托科夫斯基，"也许我们应该开诚布公，把这些作品原汁原味地呈现出来，而不是在我们的媒体或公众面前故作谦虚，故意给他们一些简单的东西。要知道，那恰恰正是我们想要的，一个挑战。"

在考虑拍摄续集的同时，沃尔特还考虑在《幻想曲》原来的电影中加入个别片段，这样做的好处是做起来更容易，而且可以在动画师需要的时候为他们提供可持续进行的工作任务，这一直是沃尔特的主要考虑之一。除此之外，它还有一个好处，那就是让沃尔特有机会继续为它添彩——让电影变得更好。沃尔特一向讨厌一部电影上映后就彻底放弃不管不顾的做法。每当一部影片上映时，沃尔特谈起这部影片，就好像一家歌剧院或芭蕾舞团谈论自己的保留剧目或轮演剧目一样。他在接受《好莱坞公民新闻》(Hollywood Citizen news)采访时表示："以后观众如果想要看《幻想曲》的话，可以提前咨询电影的放映安排，并根据自己对音乐数量和电影角色的偏好来决定自己观看《幻想曲》的时间。"他甚至说，这部电影的内容可能会因影院而异，因时间而异，每个星期的内容都不一样，甚至每天的内容都不完全相同。还有一次，在另一个场合，他说他正在考虑每年重新制作这部电影。斯托科夫斯基在《幻想曲》首映式一个多月后仍天天在现场观看，并检查影院的音响设施。他由衷认为，《幻想曲》应该是一个有机的机制。"从我在纽约内外听到的关于《幻想曲》的所有议论中判断，

第七章 持续探索

我认为如果我们在其中加入一首新的乐曲，几乎所有人都会再次观看整部影片。"他在给沃尔特的信中写道。

沃尔特参加完在纽约举行的盛大的《幻想曲》首映式之后，回到了迪士尼工作室，立即投入新片段的制作当中。在《幻想曲》的最初版本中没有做到的，无论是什么，现在都可以在后续补充片段中实现。沃尔特特别渴望纳入瓦格纳的《女武神的骑行》这首乐曲，因为他告诉他的故事创作团队，这将"搅动音乐界的一池春水"。他还对将谢尔盖·普罗科菲耶夫（Sergei Prokofiev）的《彼得与狼》制作成动画会有什么效果感兴趣。正如沃尔特后来讲述的那样，几年前普罗科菲耶夫参观过迪士尼工作室，在一名翻译的解说下，为沃尔特演奏了这首曲子，并告诉他，他写这首曲子有一个很明确的目的就是让迪士尼把它拍成动画。现在沃尔特打算这么做了。

但是，早在那年1月份，由于《幻想曲》受到了一些批评和谴责，沃尔特初期的热情可能有所挫伤，他已经开始提出成本的问题了。尽管他很想制作《女武神的骑行》，但他告诉自己的员工们，这取决于他们能否在预算之内完成。"如果我们不能在一个固定的预算之内做成这件事，"他说，"那么我们最好忘掉它。"同样，在讨论西贝柳斯（Sibelius）的《图内拉的天鹅》时，沃尔特建议他们拍摄一只天鹅并以之为模型，制作水面涟漪的动画。"我们没有必要把那只天鹅的每一幅画都制作成动画——那要花很多钱的。"他对剧组人员说，这听起来一点儿也不像原来的他。在讨论柴可夫斯基的《诙谐曲》中的一个乐章时（这个乐章以《胡桃夹子》片段中的蘑菇为主角），他建议动画师重复循环动作，以节省成本，并且让6个蘑菇中的3个蘑菇重复其他3个的动作，这样动画师就只需要勾勒描画一组动作就可以了，而不用从头开始对所有6个蘑菇进行动画制作和处理了。

到这个时候，预想中的对《幻想曲》票房回报的令人陶醉的兴奋之情也开始消退了。事实证明,沃尔特所坚持的这种"立体声"音响系统的成本高得惊人。正是这套系统,导致迪士尼工作室超出了美国银行给予的贷款上限,阻止了这部电影更广泛地放映并获得更多的收入。"我的意见是,我们绝对不能再继续使用'立体声'音响系统了。"罗伊在那年4月给沃尔特的信中写道,他一定意识到这对沃尔特来说将是一个毁灭性的打击。他说:"我不认为美国还有其他地方能够承担这些成本。"与此同时,罗伊自己也遭遇了失败的打击,当时他正在与雷电华电影公司的负责人乔治·谢弗会面,讨论雷电华电影公司接手该片的总体发行事宜。不过他坚持要求,这部影片必须继续保持预订座位巡回演出的放映模式:"延伸到最小的城镇,只要它们能够接受这种放映模式并承受得住相关的成本费用。"

那年春天,雷电华电影公司继续以巡回演出的放映模式发行《幻想曲》,而美国无线电公司的工程师甚至设计了一种改良版的音响系统。这种音响系统比"立体声"音响系统更便宜,因此可以安装在更多的影院。但这却是一个不祥之兆,预示着《幻想曲》的前景并不美妙。为了以非巡回演出的放映模式在更广泛的范围内发行这部电影,雷电华电影公司现在坚持必须对这部影片的内容进行删减。罗伊让沃尔特把这一消息告诉斯托科夫斯基,因为根据合同规定,如果要对影片进行任何调整或修改,迪士尼工作室有义务正式通知斯托科夫斯基。但是,后来还是音乐人兼作曲家爱德华·普拉姆(Ed Plumb),而不是沃尔特,给斯托科夫斯基传递的消息。"对大多数人来说,"普拉姆在给斯托科夫斯基的信中写道,"观看《幻想曲》太累了,全程看下来,很难避免让他们感觉不疲劳。"对于这个结果,斯托科夫斯基不会心平气和地坦然接受,但是沃尔特同样感到痛苦沮丧,感到特别无助。"坦白地说,我不知道该怎么处理这件事。"沃尔特在给罗伊的信中写道。他还说,罗伊可能想亲自和斯托科夫斯基谈一谈这个事。

第七章 持续探索

如果说沃尔特不想和斯托科夫斯基说这个事的话，那么他更不会参与这部影片的重新剪辑和删减工作。爱德华·普拉姆和本·沙普斯坦在没有收到任何来自沃尔特的意见和建议的情况下对这部影片进行了剪辑，将电影从最初的 2 小时 5 分钟的播放时长缩减到 1 小时 40 分钟，然后又缩减到 1 小时 24 分钟，主要是通过压缩和裁减迪姆斯·泰勒的旁白和介绍来实现。沃尔特感到极其沮丧和失望。"我们必须记住，有很多人已经看过这部电影了，"他警告罗伊说，"他们现在会来到影院再次观看《幻想曲》，我们不想只是为了向那些高中水平的人多卖出几张电影票而破坏这部电影，这样做会让那些能够欣赏更高雅更美好事物的人失望。"但他们确实这么做了。甚至在这么做了之后，罗伊还是有些担心："我担心采取了普通发行模式之后它的票房表现还是没有起色。"大约在同一时间，斯托科夫斯基宣布自己准备回到迪士尼工作室，为后续附加片段的录制工作做准备。但是制作续集的想法早已经被放弃了——"这些片段现在将被作为'单独的特别节目'"，迪士尼工作室生产控制经理赫伯·兰姆（Herb Lamb）告诉工作室的员工，甚至连'单独的特别节目'也都岌岌可危。如果这部电影采取普通放映方式能够获得成功，沃尔特在给斯托科夫斯基的信中沮丧地写道："我确信，我将获准继续拍摄去年春天我们选定的那些乐曲。但是在那之前，我将不得不暂时搁置一切，等待最后的结果。"在接受《纽约客》采访时，他甚至没有那么乐观了——如果说他还可能有点儿乐观的话，谈到《胡桃夹子组曲》以及把它制作成为动画的困难时，"那个该死的东西花了 20 万美元，"他咬牙切齿地说，"我们又回到了直线加平面的动画时代，只能制作一些像《米老鼠和唐老鸭》和《三只小猪》这样的东西了。"对于一个多年来一直在吹嘘和夸耀《幻想曲》将开辟动画新视野的人来说，这是一种令人悲哀的后退。

当他周围的世界在发生翻天覆地的变化时，沃尔特却把自己封闭在迪士尼工作室里，像往常一样，他希望把自己与现实隔绝开来。有一次，当他摆弄代表新工作室大楼的建筑模型时，有人问他，现在发生的战争会带来什么影响。据说沃尔特厉声问道："什么战争？"这就是他实现愿望的力量，也是他作品的主要吸引力之一：与多萝西·汤普森的解释相反，沃尔特·迪士尼的动画片持续展示了人类构建自己现实的能力。这就是为什么观众们仍然会对他们看到的迪士尼的作品惊叹不已，肃然起敬。但是，如果说沃尔特在《木偶奇遇记》和《幻想曲》中变得比在《米老鼠》系列动画片或《白雪公主》中更为严肃、幻想色彩没那么浓厚的话，那么，他周围的社会环境和政治环境也确实发生了巨大的变化。就像对责任这个概念的理解一样，向一个希望战胜大萧条的国家传递力量是一回事，而向一个希望避免卷入欧洲战争的国家讲述故事则是另一回事。这可能是观众对《木偶奇遇记》和《幻想曲》比对《白雪公主》更冷淡的另一个原因。实际上，尽管这些电影常常被视为对一个陷入困境的国家的抚慰，但沃尔特无法保护它们免受社会因素的影响。他也不能保护他的工作室。事实上，早在1941年，现实世界就会入侵伯班克的"极乐世界"。而当外部世界真的侵入时，沃尔特·迪士尼所信仰的一切都将被摧毁殆尽，他所有的幻想都将灰飞烟灭。

第八章
世界大战中的迪士尼

1

风暴云至少从迪士尼工作室搬到伯班克之后就一直在积聚，甚至可能在搬到伯班克之前就已经开始积聚了。当时迪士尼工作室因为预计自己将无法获得足够的利润，所以一直在大力推进各个动画长片的拍摄制作工作。在拍摄制作《幻想曲》期间，罗伊已经下令工作室要勒紧裤腰带，禁止任何新员工的招聘，禁止任何新材料的申请，禁止在没有得到行政管理办公室批准的情况下开始任何新电影的拍摄制作——这是他第一次直接挑战沃尔特的权力。在《幻想曲》发行后不久，沃尔特请求罗伊恢复部分绩效加薪，以再次提振迪士尼工作室萎靡不振的士气。但是，过去一直都忍气吞声默默屈服的罗伊，这次却没有心情去迁就他的弟弟。结果，显然是在罗伊不知道的情况下，沃尔特建议生产控制部门经理赫伯·兰姆在较长一段时间内逐步提高大家的工资，以免被罗伊发现。

沃尔特不得不暗中偷偷摸摸地给员工发奖金奖励他们。但是，他担心美国银行会发现这一情况，并"和我们大吵大闹"。尽管迪士尼工作室在1941—1942财年的前四个月实现了税前利润14万美元，但是它实际上向员工发放的奖金就达到了14.9万美元，其中大部分是以优先股的形式，所以美国银行再次为该公司的财务前景而担忧，尤其是在战争持续侵蚀海外收入的情况下。凭借1940年4月发行的股票，该公司成功地还清了修建新工作室所申请的所有房地产贷款和大部分的电影制片贷款。但是，到了8月，由于《木偶奇遇记》亏损，迪士尼工作室被迫申请提高自己的信用额度，并寻求更多的资金。该工作室乐观地认为，这些资金将随着《幻想曲》的赢利而全部偿清。没想到《幻想曲》的赢利状况也令人失望，而工作室的债务悄悄逼近了300万美元。2月24日，美国银行把沃尔特召集到旧金山总部，要求他制定一些削减成本的措施。这不是一次愉快的会面。当一位商业伙伴问他是否赢得了这场战斗时，沃尔特厉声说道："你永远赢不了银行家。"接下来的一个月，乔·罗森博格去了迪士尼工作室，继续重申他的那套要严格履行财务责任的说辞，结果和沃尔特在记者面前发生了争执。罗森博格坚称，迪士尼工作室必须保持警惕，严守底线，而沃尔特则坚称商界应扩大视野，放眼长远，而不是目光狭隘地只盯着即时回报。正如那位在场的记者所言："两者之间有一道鸿沟，其深度不亚于人类的心灵。"

"我知道美国银行现在对我们的债务有点儿紧张和担心，"罗伊在3月初给沃尔特的一份备忘录中写道，"他们只能极不情愿地继续提高对我们的放贷额，因为他们已经骑虎难下，陷入了困境，除此之外别无他法。"但是罗伊也意识到迪士尼工作室现在是"如履薄冰，命悬一线"。他建议削减20%的开支，部分措施是撤销除了计划明年上映的动画短片和长篇电影——《小鹿斑比》和《小飞象》之外的所有项目。除此之外，他还建议他们关闭胶片冲洗加工处理实验室和沃尔特珍视的艺术学校，并缩减员工名单，解雇任何"可

第八章　世界大战中的迪士尼

能在不影响正在进行的紧要工作的情况下可以解聘"的人。由于不知道沃尔特偷偷地给员工加薪了，他要求每个员工都得减薪。罗伊承认，这些措施无疑会破坏沃尔特为把自己的工作室打造成员工天堂福地所做的一切努力，但他表示，除此之外唯一的选择是通过特许经营以极其不利的条件出售自己制作的电影，只能获得微不足道的利润，或者被迫接受破产管理或直接宣布破产。情况如此糟糕，以至于当一个电影剪辑师要求配备一台接片机时，沃尔特不得不拒绝这一要求。

甚至在新的财务压力出现之前，沃尔特和员工之间就已经开始出现关系紧张的苗头。部分原因是规模增大产生的副作用。在短短5年的时间里，迪士尼工作室从300名员工发展到1200名员工。沃尔特曾经知道他雇用的每一个人的名字，也和他们中的许多人有过直接的接触，但是，现在他不可能做到这一点。事实上，在伯班克，他不仅与一楼的动画师在空间上是分开的——他的办公室在三楼侧厅3H单元——而且任何想去他办公室的人都必须上两层楼梯，穿过走廊，经过两间办公室、一间接待室和一间秘书室。（沃尔特此前已经意识到了这种隔离。搬到伯班克的前一天晚上，他告诉乔·格兰特，他做了一个梦，梦见自己在空荡荡的大厅里游荡。）部分原因还在于他亲力亲为关注重点工作和进行必要的授权之间存在的竞争和矛盾。威尔弗雷德·杰克逊回忆说："在《木偶奇遇记》之后，沃尔特开始从动画制作中解脱出来，不再亲自参与动画具体事宜了。"显然，他忘记了《幻想曲》。他继续说道："一直到《木偶奇遇记》之前，他参与了工作室大大小小所有的事。没有他的参与，什么事也不可能做成。所有的彩色模特都要经过他的审查才能获得核准和通过。所有刚拍摄好的动画毛片都要经过他的亲自检查审核。任何东西在进入清理阶段之前，我们都要在他面前播放试映，供他审核，还有描线和上色

529

之前也要经过他的审查。但是在后来的几年里，沃尔特逐渐放弃了对每个部门的所有工作和细节都进行密切细致的参与、指导和检查，他开始越来越多地让动画师来评判，越来越多地让导演来评判，越来越多地让故事编制部门来评判。而他则在更广泛的基础上控制一切事务。"

但是，令迪士尼工作室的许多员工感到惊慌失措的是，如果说沃尔特现在不那么容易见到，也不那么亲力亲为参与具体的工作，那么这实际上既是一种主动为之的选择，也是一种不可避免的必然。尽管他喜欢当年那种集体感——先在马塞琳，然后在堪萨斯城，后来则在赫伯里恩，但他现在没有时间开玩笑或取悦他人，无论如何，一旦他成为"沃尔特·迪士尼"，他对人际关系就更加不信任了——更加怀疑人们是想从他身上得到什么。一位制片经理表示，沃尔特"似乎很难与员工建立真正亲密的关系。他时刻保持警惕，与员工保持一定的距离，而且更加敏感易怒"。动画师兼故事创作人迪克·休默回忆说，沃尔特现在很少参与员工的闲聊，他周围的气氛总是很紧张。动画师米尔特·卡尔说，在伯班克从来没有人会闯进沃尔特的办公室，也没有人会和他一起娱乐玩耍，尽管这正是动画师们曾经做过的事情。令人惊讶的是，反倒是严厉苛刻的罗伊更容易接近，更可能和大家称兄道弟打成一片。"你可以把你的手臂搭在罗伊的肩膀上，而且许多人都这样做了，"弗兰克·托马斯说，"和沃尔特则根本不可能。"尽管他和蔼可亲，坚持要别人叫他"沃尔特"，但他现在已经和大家疏远了——即使不像一位员工所说的那样是一个暴君，但至少也是他们的"老板"。

只有那些在他成名之前就认识他的人——他的家人、儿时的朋友，甚至他最早的员工——才会觉得他亲切忠诚，他们显然在不必要忠诚的时候对他忠诚。[1]这无疑是他把沃尔特·帕非弗吸引到工作室的原因之一，即使他无法胜任自己的工作，沃尔特还会不断给他布置新的任务，这也是他在麦金利高中的老同学比安卡·玛乔里在故事编制部门工作的原因之一。迪士尼工作室有一名负责在前门巡逻的保安，尽管这个男子经常喝得醉醺醺的，但沃尔特还是把他从赫伯里恩带到了伯班克，原因是——据一名员工猜测，"他在迪士尼的某些困难时期一直与迪士尼在一起，沃尔特永远不会解雇他。"

　　沃尔特当年的惨痛经历，至今在他心中阴魂不散。也许最能体现他对待那些往事的态度的，是他对当年背叛他的人之一——他的老伙伴厄布·埃沃克斯——的态度。在沃尔特的心目中，埃沃克斯的背叛对他伤害最深，最让他无法容忍。1930年，在帕特·鲍尔斯的甜言蜜语的诱惑下，埃沃克斯突然离开了迪士尼工作室。现在，埃沃克斯陷入了困境。他自己的工作室已经宣告失败了，他被迫转包其他工作室的项目，（例如华纳兄弟影业公司和哥伦比亚影业公司）接这些公司的小活勉强维持。但是，这些小项目最终也终止了，他无活可干了。"他是第一批——如果不是第一个的话——赋予他的角色以深度和圆滑度的动画师之一，"动画师查克·琼斯解释道，"但他没有一点儿编制故事的能力，我认为他不太懂幽默；他一点儿也不搞笑，他根本就不是一个有趣的人。"1940年，埃沃克斯在当地一所职业学校教动画

---

[1] 尽管沃尔特被各种找他要钱、请求他施舍的人包围和困扰着，有些完全是陌生人，有些是他的朋友和熟人，尽管他经常解释说自己也没有多余的钱，但他偶尔也会报答那些过去为他提供过帮助的人。他给了堪萨斯城一位老朋友的姐姐200美元，让她可以还清抵押贷款；又给了堪萨斯城的一位朋友200多美元，这位朋友当时正在寻找新工作，需要支付生活费用；还给过红十字会的朋友一些钱；借给卡尔·斯托林一笔钱，这位作曲家在1930年年初大摇大摆地走出迪士尼工作室，背叛了沃尔特，扬长而去；还给了杰里·拉格戈斯1000多美元，这位堪萨斯城咖啡馆的老板在沃尔特当年运气不好的时候给他提供过食物，有了这笔钱，拉格戈斯就可以在凤凰城开一家餐馆。他甚至还为乔治·温克勒写了一封推荐信，温克勒当年曾帮助明茨策划了把他驱逐出去的行动。

制作课，那年7月，他鼓起勇气给沃尔特写了一封信，表达了想开办一所自己的学校的想法，就这一可能性征询沃尔特的意见。他大概是想帮助迪士尼工作室培训动画师。沃尔特把这封信转交给负责人事工作的弗恩·考德威尔（Vern Caldwell），考德威尔拒绝了这一建议。在此期间，本·沙普斯坦听说了埃沃克斯的困境后给他打了电话，说开办一所学校实在是有点儿"贬低"他，并给他提供了一份检查动画样片的工作，埃沃克斯非常感激地接受了这份工作。沙普斯坦显然是想修复埃沃克斯和沃尔特之间的关系，让他们重归于好。当他告诉沃尔特，他已经要求埃沃克斯回来时，沃尔特说，雇用任何他喜欢的人是沙普斯坦的特权。8月9日，沃尔特和埃沃克斯在迪士尼工作室一起吃午饭。埃沃克斯后来说，在午餐期间，沃尔特问他，他真正想在工作室里做什么。埃沃克斯一直对技术比对动画更感兴趣，他说自己当时的回答是"四处转悠。"沃尔特忽略了他们过去的争执，指派他帮助开发一种新的光学特效摄像机。这一方面表明了沃尔特无论个人情感如何，但对任何能对他的工作室有帮助的人和事情，他都愿意做出自我牺牲来投入和奉献；另一方面，也表明了他对自己的老同事们的依恋和感情，尽管现在他领导着一个越来越没有人情味的官僚机构。

但是，对于后来的新员工，他没有表现出丝毫的感情，尤其是在他的乌托邦梦想在经济现实刺眼的强光下逐渐褪色之际。沃尔特纯粹从工具的角度来看待他们：他们能为实现他的愿景做出什么贡献？即使像本·沙普斯坦这样的资深员工也会说："我一直都知道，他和我的亲密关系，只是出于一个他认为值得的目的。"沃尔特不在意解雇一个他觉得已经不再有用的人，他称之为"淘汰边缘人"或除掉"无用的朽木"。没有人是安全的，连他自己的家人也不安全。他的大姨子黑兹尔·休厄尔在迪士尼工作室工作了11年，最终当上了描线和上

第八章　世界大战中的迪士尼

色部门的主管。当休厄尔患了神经衰弱的病，他扣掉了她的工资。休厄尔气愤之下递交了辞呈，并辩称她在工作中为迪士尼工作室节省了数万美元。对此，沃尔特直截了当地说："就我个人而言，你这种毫无根据的态度令我大为震惊。而且，如果我处在你的位置，以你对我工作的公司的看法，我可能也会这么做。"另一位在迪士尼工作室服务很长时间的老员工抱怨说，他从未得到过提拔。"你没有被任命为所在部门主管的原因，"沃尔特在给他的信中冷冷地写道，"是我们认为你没有能力按照我们的要求完成工作，你的工作水平达不到我们要求必须达到的标准……如果你考虑一下你的工作质量，我相信你会明白为什么你没有取得更大的进步。"当唐老鸭的配音演员克拉伦斯·纳什要求加薪时，沃尔特和他谈了谈，以极其严厉的口吻把他狠狠教训了一顿，让他明白自己到底有几斤几两。当为高飞和两个小矮人配音的平托·科尔维格抱怨自己的工资太低时，沃尔特命令直接解雇他。"他只是一个小丑，根本不是保证我们制片工作正常进行所需要的那种人，"沃尔特在给罗伊的信中写道，"他自从来到我们这里，就一直对我又哭又闹，吵着要增加工资。"一个故事创作人甚至在一次会议上被当场解雇，当时沃尔特宣布现在已经到中午了，他们应该休息一下去吃午饭。

尽管沃尔特与大家日益疏远，态度冷淡，不以为意，甚至有点儿不屑一顾，但许多员工仍然尊敬他。1941年，沃尔特虽然只有39岁，但比他的许多动画师年龄要大得多，当时迪士尼工作室的动画师平均年龄是27岁，而沃尔特已经成了美国最著名的文化偶像之一。但是，在多年来像奴隶般地服从他的命令，像信徒欣然接受教主一般服从他狂热的领导之后，一些人也开始对他心生不满。导演杰克·金尼发现，迪士尼工作室员工中继续崇拜他和不再崇拜他的人之间的分歧越来越大。

许多"叛教者"开始质疑他们眼中沃尔特的所谓家长式作风，他

533

们认为，这种作风表现在，每当沃尔特提起他的员工时，他都习惯性地称他们为"我的孩子们"。一些人在沃尔特的奖金发放中也看到了家长式作风，对此不满的动画师认为这些奖金是随意发放的。他们觉得自己被操纵了，不仅是被奖金操纵，还被沃尔特对他们的总体态度操纵。（沃尔特自豪地承认，他读过一本心理学图书，并试图把书里的原则应用到他与员工的关系上。）另一些人则开始对这样一个事实感到恼火：尽管口口声声都在谈论合作，但沃尔特却是一个独裁者，他的话语是唯一正确的真理。"通常我们每个人都会想，'我为什么没想到呢？'"弗兰克·托马斯和奥利·约翰斯顿在谈到大家对沃尔特想法的尊重时这样写道——但他们同时也承认一种新的反叛意识正在暗流涌动，"但我们时常会暗自感叹，'我的方法更好！'"他们都知道沃尔特只乐意接受那些与他的想法一致的想法。"如果你接受了他的想法，结果把事情引向错误的方向，那只有上帝能帮助你，"该工作室的一位编剧评论道，"如果你真的这样做了，沃尔特会很生气，他一边的眉毛竖起来，另一边的垂下来。他会说，'你似乎没有明白我的意思'。"当比尔·科特雷尔提议在《木偶奇遇记》中拍摄某一个场景却被沃尔特否决时，科特雷尔表示反对，抗议道："但是如果我们不按照我的方式来尝试一下，我们永远不知道它是否会成功。"沃尔特回答说："不，我们不尝试。"沃德·金博尔特别提出："我们很早就学会了永远不要和他争论，也不要和他唱反调。"的确，在"禁闭室"即审片室审核影片期间，每个人都会安静而紧张地坐着，而沃尔特则在一旁观看、思考，并发表自己的裁决性意见。只有到了那个时候，其他人才会表达他们的观点——总是重复沃尔特的观点。正如一名员工所说："每个有理智的人都在迎合沃尔特。"

除了抱怨日益疏远的距离和蛮横霸道的专制作风，员工们现在开始表达另一种质朴但强烈的不满：沃尔特从未给过他们应得的功劳和赞誉。"没有一个人能把一部电影的成功完全归功于自己,"他曾经说过,"这完全是团队的努力。"然而,沃尔特总是让自己的名字是演职人员名单表中最突出的,即使他声称这本质上是出于营销广告的需要。据戴夫·汉德说,这是迪士尼工作室里的一条不成文的规定:"除了那个人,不要提任何人,那个人就是沃尔特。"在动画短片当中,故事创作人和动画师很少在意自己的名字是否出现在片头或片尾的演职人员名单表中。但是,对于他们中的许多多年来一直在为动画长片努力工作的人来说,则是另外一回事了。没有得到功劳和赞誉造成了严重的伤害,引起了这些人深深的敌意。"被排除在演职员名单之外让我意识到,我仍然只是一个素描工作人员,只是一群普通人中的一员,在此之后的几个星期我都很沮丧。"比尔·皮特在观看完《木偶奇遇记》的预演时表示,因为他没有在屏幕上看到自己的名字。当一位动画师向沃尔特提出颁发最佳动画奖的想法时,沃尔特对他说:"如果要颁发任何奖项,获奖的都会是我。"事实上,沃尔特经常对他的动画师们表示不满,因为他认为他们傲慢自大、自视甚高,称他们为"含羞草(别碰我)"和"印度圣牛(不能触碰)"。作为回报,有一次他们曾经赞扬沃尔特组织了这么一个伟大的团队,但其中一人后来抱怨说:"他是利用别的天才的天才。"

而且,这种裂痕不仅仅存在于沃尔特和他的员工之间,也存在于员工内部,因为沃尔特现在不在现场帮助他们转移不满情绪,而且迪士尼工作室的经济困境正在损害员工原有的使命感。那些中间帧动画师和清理清洁画板的员工,大部分人的周薪不到20美元,他们开始憎恨动画师,因为他们的周薪从75美元(唐·卢斯克和约翰·朗斯贝里)到300美元(诺曼·弗格森和弗雷迪·摩尔)不等。这些薪酬过低的员工中有许多人一开始是以试用的名义在迪士尼工作室工作了几个月,但是在试用结束之后并没有获得应有的提拔和晋升,一直在从事原来的工作，挣原来的工资。用本·沙普斯坦的话来说就是，他们成了"牢骚满腹的人"，而且由于沃尔特很少解雇这些初级员工，所以他们的怨恨就越积越深。即使在关键动画师之间也存在分歧和倾轧。西海岸的动画师对沃尔特从东部雇来的艺术家很反感，因为通常这些艺术家们的工资比他们的更高，尤其是西海岸的动画师觉得他们还必须训练这帮东海岸的家伙。而且，沃尔特经常自诩的奖金制度不仅造成了沃尔特和动画师之间的紧张关系，还造成了动画师之间的紧张关系。这些动画师觉得他们做的工作本质上是一样的，但自己的工资却更低，而有些人的工资却更高。沃尔特后来说："如果我给一个人发奖金，那么他们永远也弄不明白为什么其他人没有得到奖金，事实是他们的工作和绩效还没有达到可以获得奖金的水平，但他们永远无法理解这一点。"这个系统太复杂了，以至于没有人能完全理解它。

除了奖金，一些员工还对他们认为只给予其他员工的某些优惠待遇而恼火。为了帮助培养集体意识，沃尔特允许沃德·金博尔组建了一个爵士乐队——金博尔把这个乐队命名为"哈戈嘎叽嘀8"，但结果却适得其反。"工作时间里，他们练习的声音传遍了工作室的各个角落，并且他们发出的声音并不总是悦耳动听、让人感到愉快的。"一位动画师后来评论道，"那些对此不认可的人和心怀嫉妒的人为这样的事情而传播不满情绪。"其他人则指责新的工作室强调了阶级差异。例如，"屋顶阁楼俱乐部"会员资格仅限于每周挣200美元或更多的员工，从而将收入最高的员工与其他所有人隔离开来。"我想我们都不知道工会，"当时还只是中间帧动画师的肯·彼得森说，"但我们都觉得自己有点儿被忽视了。"

被忽视的感觉和满腔的怒气使得迪士尼工作室员工为即将开始的反抗做好了准备，只等时机成熟。多年来，作为在电影行业开展全面总动员的一部分，工会组织者一直试图让动画工作室和大型工作室的动画部门加入工会。在原来的埃沃克斯工作室，几位动画师在他们的一位同事死于突发心脏病之后决定加入工会，但工作室要求他们加班以阻止员工参加工会会员大会，导致这一努力也宣告失败。在弗莱舍兄弟解雇了15名加入工会抗议工作条件太差的员工后不久，纽约弗莱舍工作室的动画师们取得了更大的进展，他们于1937年5月举行了罢工。这场罢工持续了6个月——罢工工人和纠察队员举着标语，上面写着"我是大力水手工会成员"。大力水手是弗莱舍工作室最受欢迎的角色的名字——直到最终举行了选举，工会得到了合法身份。（马克斯·弗莱舍进行了反击，他将自己的工作室搬到了佛罗里达州，解散了工会。）接着，银幕卡通画家公会（Screen Cartoonists Guild）隶属的电影工作室工会联盟主席赫伯特·索雷尔（Herbert Sorrell）把目标对准了米高梅影业公司的卡通部门。但是，因为这个部门太小了，他知道米高梅影业公司不会为它冒罢工的风险，所以接下来他把目标对准了华纳兄弟影业公司，在该公司动画主管莱昂·施莱辛格（Leon Schlesinger）的领导下，这里的动画师的收入比米高梅的动画师低50%。施莱辛格一开始嘲笑索雷尔的威胁，坚持说他的动画师热爱他，只要他们需要钱，他随时会把钱借给他们。随后华纳兄弟影业公司的动画师发起了罢工。罢工期间，施莱辛格在他的门上贴了一个告示，说他在游艇上度假去了。没过多久，他就打电话给索雷尔做了一笔私下的交易，然后问索雷尔："现在，迪士尼工作室怎么样？"

这是萦绕在整个动画界的一个问题。事实上，在1937年弗莱舍工作室安顿下来之后，一位名叫戴夫·希尔伯曼（Dave Hilberman）的助理动画师告诉关键动画师阿特·巴比特，索雷尔麾下电影工作室工会联盟的竞争对手——国际戏剧舞台工作者联盟（IATSE）正在发起一场新的运动，旨在推动电影业成立工会，这显然包括迪士尼工作室。国际戏剧舞台工作者联盟的"头目"是两个臭名昭著的恶棍，乔治·布朗恩（George Browne）和威利·比奥夫（Willie Bioff）。他们与芝加哥的阿尔·卡彭（Al Capone）犯罪家族有关联。巴比特听了之后很害怕。就在同一天，他遇到了当时生产控制负责人比尔·加里蒂，当巴比特提到他的担忧时，加里蒂告诉他，国际戏剧舞台工作者联盟已经派了一个代表团来到了迪士尼工作室，如果巴比特不喜欢，他应该采取行动。巴比特与罗伊见了面，罗伊把他打发到律师冈瑟·莱辛那里去了。莱辛急于阻止国际戏剧舞台工作者联盟，所以建议巴比特成立莱辛所说的"某种组织，最好是社会组织"，并为之提供了帮助。1937年12月初，巴比特、40名员工和莱辛在赫伯里恩工作室的1号"禁闭室"即审片室里集合，成立了一个联合会，代表迪士尼工作室的员工协调处理与管理层的关系。1938年1月25日，该组织在好莱坞的美国退伍军人协会举行了一次全体会员大会，巴比特在会上当选为会长。该组织现在改名为卡通画家联合会，并向美国全国劳资关系委员会（NLRB）申请认证。1939年7月，美国全国劳资关系委员会向它颁发了认证许可。不过到这个时候，国际戏剧舞台工作者联盟已经被断然拒绝了，预先阻止了对工会产生任何兴趣。但是有了这个认证许可，联合会的领导们受到鼓舞，起草了一份合同要求清单。罗伊对此很吃惊，他说他"不需要任何工会"，也不会和他们谈判。最后，迪士尼工作室董事会决定解散卡通画家联合会，而不是与之进行斗争。这表明尽管工作室的员工们心怀不满，但沃尔特还是彻底赢得了他们的忠诚。

但是，1940年10月，在索雷尔与米高梅影业公司达成协议，双方休战之后，助理动画师戴夫·希尔伯曼决定代表索雷尔的银幕卡通画家公会开始组织迪士尼工作室的员工成立工会。当年正是他警告阿特·巴比特不要让国际戏剧舞台工作者联盟插手工作室事务。12月5日，银幕卡通画家公会通知迪士尼工作室，他们已经收集了迪士尼工

第八章 世界大战中的迪士尼

作室大部分员工的信息卡,并将要求获得认可。沃尔特简直被气得要发疯了。就在第二天早上,他把巴比特叫到他的办公室开会,给巴比特看了一封来自银幕卡通画家公会律师的信,信中宣布了他们的要求和主张。沃尔特命令巴比特重新召集卡通画家联合会,以便"我们能够阻止这件事"。但是巴比特拒绝了,他说在公司拒绝和他进行谈判之后,他已经被大家嘲笑得体无完肤了。沃尔特打断了他的话:"好吧,如果我不能忍受一点点嘲笑,我会在哪里呢?"沃尔特坚持说,他永远不会与工会进行谈判。"孩子们,你们知道我是什么样的人,"他告诉他们,"如果我不能按自己的方式随心所欲地行事……如果有人想让我做点儿什么,我就会反其道而行之,如果有必要,我会关闭这个工作室。"沃尔特的想法是与卡通画家联合会签署一项只雇用其会员的协议,逼走其他任何工会。第二天,迪士尼工作室通过各部门主管向员工发送了申请表。

反思工会纷争的大多数人都会把联合会计划归咎于迪士尼兄弟的法律顾问冈瑟·莱辛。当年,莱辛还是得克萨斯州埃尔帕索(El Paso)市的一名年轻律师,他卷入了一场为许多墨西哥革命分子辩护的纠葛中,在弗朗西斯科·马德罗(Francisco Madero)接管墨西哥政府的时候,他和马德罗一起骑马进入墨西哥城。在马德罗被暗杀后,莱辛继续担任绿林好汉式革命者潘乔·比利亚(Pancho Villa)的代理律师。莱辛称自己为理想主义者。然而,到20世纪30年代初他加入迪士尼工作室时,他的理想主义已经让位于野蛮好斗的保守主义。这让他遭到该工作室中大多数员工的排斥,包括那些与他政见相同的人。甚至罗伊也说,在《白雪公主》上映之后,每个人都开始称秃顶的莱辛为"迷糊鬼"。

不管莱辛造成了什么样的影响,迪士尼兄弟本身对工会从来都没有好感。尽管伊利亚斯·迪士尼自称是社会主义者,但他曾给孩子们

539

讲过一个故事，说他在建筑工地工作时遭到工会组织者的袭击。沃尔特当然不喜欢任何人试图威胁逼迫他，尤其是他自己的员工。但无论迪士尼兄弟感到怎样的对抗和敌意，莱辛都进一步加剧了这种对抗和敌意。早在1937年，迪士尼兄弟就让莱辛为巴比特成立卡通画家联合会一事提供咨询。"再也没有比这更不明智的选择了，"动画师沙莫斯·卡尔汉后来写道，"在有关工会主义的初步研讨会上，莱辛的做法太圆滑，太轻率，太傲慢。当某个员工冒冒失失地站起来问问题时，莱辛一边心不在焉地听着，一边向上翻着眼睛望着天空，那是一种古老的姿态，是对显而易见的愚蠢表现出的厌倦至极、忍无可忍的姿态。"在卡尔汉看来，莱辛只是激起了人们对他负责组织成立的公司工会的敌意。

在接下来的一个月里，巴比特叛变了，加入了希尔伯曼的行列，帮助组织动画师在银幕卡通画家公会的领导下开展活动。（据他所说，他之所以这么做，是因为迪士尼工作室里的一位上色工买不起午餐晕倒了，他受到了刺激。）在罗斯福酒店举行的一次组织大会上，索雷尔发表了一篇热情洋溢的演讲，承诺将要"打击迪士尼的要害，让他痛得连声尖叫"。与此同时，在沃尔特和莱辛的支持下，原来的卡通画家联合会于1941年1月28日在迪士尼工作室以北距离三个街区的亚伯拉罕·林肯学校举行了公开会议，讨论了一项计划。根据该计划，联合会将充当工人们的谈判代理人，由一位立场公正的主席和一个由劳资双方各两名代表组成的顾问委员会来解决纠纷。（没有具体说明主席将如何选出。）几天之后，银幕卡通画家公会指控该工作室赞助成立了一个公司雇主控制的御用工会。作为报复，沃尔特于2月6日发布公告，禁止迪士尼工作室的员工在工作时间或利用工作室的场地从事工会活动。

但是赫伯特·索雷尔不是一个容易被阻止的人。他相貌粗犷，身

第八章　世界大战中的迪士尼

材矮小，健壮结实，有着圆滚滚的斜肩膀，高高的前额，方方的下巴，异常扁平的鼻子。也许是他当职业拳击手时挨了太多的拳头，鼻子都被打平了。他已经44岁了，性格和他的外貌一样强硬扎人。索雷尔是一个四处游荡的酒鬼的儿子，12岁时，他就进入了奥克兰的一家污水管道工厂工作，在那里，他遭到了同事们的无情殴打，直到他用铁锹把其中一个人打晕，送进了医院。他后来卖过管道，当过铆工，在第一次世界大战期间应征入伍，战后回来又成为一名职业拳击手，然后搬到洛杉矶，在各个工作室里当画工。他说，他人生中最重要的时刻是，环球影业公司的一位主管问他是不是工会成员，他回答说，随即就被解雇了。他因此变得很激进。正是在1937年派拉蒙影业公司的一次罢工中，索雷尔组织了一股不可小觑的力量。他叫来了16名不愿意参加罢工的工人，即所谓的"工贼"，说工作室需要他们马上赶过来，并主动提出派车去接他们。"我们来了并抓住他们，"他后来不动声色地回忆道，"结果星期一就有了16条断了的右胳膊。"索雷尔组建了由10个电影工会组成的电影工作室工会联盟（CSU），并担任主席，由此成为好莱坞最具影响力的组织者之一——一个不可等闲视之的人物。现在，正如沃尔特后来所说的那样，索雷尔威胁说，如果迪士尼兄弟不认可银幕卡通画家公会，他将把迪士尼工作室变成一个"沙尘暴肆虐之地"。

　　两位传奇人物欲一决胜负，这让迪士尼工作室的气氛十分紧张。沃尔特知道，他必须抓住主动权，迅速采取行动。他故技重施，做了他在面临危机时一贯做的事情：他向他的员工们大声疾呼，激发他们传教士般的热情，唤起他们的信念，即他们不仅是为了挣工资而辛勤工作的产业工人，还从事着一项伟大的事业。沃尔特在迪士尼工作室剧院分两场向他的员工们发表讲话，第一场是在1941年2月10日下午5点，第二场是在第二天。讲话一开始，他首先宣布，有人建议他

541

好好阅读自己的演讲稿,并把它录下来,以免他说的话产生任何法律后果。接下来,他严肃地表示,迪士尼工作室现在陷入了一场金融危机。他承认,这场危机在一定程度上是他自己造成的。他只是太相信动画了,对动画太有信心了。"我对卡通媒体有一种顽固的、盲目的信心,"他告诉他们,"我决心向怀疑者表明,卡通应该拥有一个更好的地位;它不仅仅是一场节目中的缝隙'填充物';它不仅仅是一个新奇的事物;它可能是迄今为止所出现的最伟大的集幻想和娱乐于一身的媒体之一。"这种信念指引着他的生活,常常使他陷入贫困。但他坚持了下来,并且拒绝在其他工作室都在减薪的情况下减少员工的薪水,甚至还给他们发放奖金,这样他才能让员工队伍保持完整,让大家感觉满意。实际上,他自己什么也没拿,甚至在国外市场枯竭时,自愿将自己的薪水削减了75%。他说,现在有三种选择:大幅减薪、减产和裁员,或者把公司卖给只对利润感兴趣的人。他反对所有这些选择,相反,他更愿意通过较小幅度的减薪和预算削减来节省开支。他们会同意吗?

针对个人的不满,沃尔特否认迪士尼工作室存在阶级制度,他说,从事创意工作的员工比从事行政事务的员工有一定的优势,因为他们的贡献更大,但顶层阁楼俱乐部现在对所有人开放;那些抱怨有新警卫出现在公司停车场的人说这可能是为了阻止工会组织活动,沃尔特坚持说这是出于安保的需要;关于他正在培训工资要求更低的女孩们接手动画清理工作的传言,他说工作室需要灵活性,尤其是考虑到战争的可能性;对于那些说他现在很少露面、很难接触到以及他下放了太多权力的抱怨,他说,"民主是我的天性",但他开始意识到,"对整个组织来说,我与每个人都走得太近是非常危险和不公平的",因为这会以牺牲辛勤工作的人为代价来奖励那些"马屁精"。此外,他说他不希望工作室只是一个人的事,只靠一个人来运作。它必须比他存活得更长久，这样卡通才能存活下来。最后，他再次提到了迪士尼工作室的使命感："相信我说的话，如果我们明天离开这个行业，那么动画片的商业价值会降至很低的水平。"质量仍然是首要目标，最好的动画师仍然会得到最好的回报。"不要忘记这一点——这是宇宙的法则，强者生存，弱者必然灭亡，我才不管理想主义的计划是什么，没有什么能改变这一点。"这两次演讲都持续了将近3个小时，沃尔特在两次演讲中都没有一句话提到工会。

虽然沃尔特显然是想通过凝聚人心来缓和局势，但似乎强调了他的员工在他身上发现的错误，反而激化了局势。他的许多员工认为他的演讲是沃德·金博尔所说的"骗取同情的煽情故事"，并不相信他说的危机已经来临的言论。有员工说，沃尔特对待他们就像他是"仁慈亲切的、善解人意的父亲"，而他们则是"任性的儿子"，还说有些听众甚至对他发出嘘声。正如左翼杂志《民族报》（the Nation）后来所说："这次演讲为银幕卡通画家公会招募的成员比该公会通过一年的活动招募的还多。"

即使如此，沃尔特似乎也不在意，认为自己已经平息了员工的不满。就在演讲结束后的第二天，他与生产控制经理赫伯·兰姆会面，讨论如何控制开支。方法是分解迪士尼工作室每个部门的成本，并制定严格的预算控制，这样让每个人都能确切知道他必须达到哪些目标才能保持赢利。那些达到目标的人将获得奖金。沃尔特对兰姆说："当员工们看到这种经济节约活动会给他们带来加薪时，整个工厂都会受到影响并因此而发生改变，然后你就会看到一些变化出现。"而且，他建议在工作室的剧院前张挂一个巨大的标牌——由沃尔特个人支付所需费用——列出每个部门及其每天完成的工作量，即拍摄的影片长度，这样每个人就能知道哪个部门落后了。但是，就连沃尔特现在也意识到他正在走下坡路，失败不可避免。"我完全糊涂了，"他后来承认了自己的绝望，"我不知道自己身在何处。我有很多员工，有庞大的员工队伍。我讨厌解雇任何人。我试图坚持下去，不让他们离开。我试着想出不同的方法。战争离我们还有点儿距离，战火还没有蔓延到这里。但他们仍在不停地征兵。我的几个员工不得不离开，参军入伍。那是一段可怕的时期。"

当沃尔特竭力维护的乌托邦出现裂缝时，当员工们开始对此感到反感并反抗时，情况变得更加糟糕了。"我们对他很失望，"一位动画师说，"他承诺营造一个大而快乐的工作室，在那里每个人的需求都能得到照顾——这在现实中根本行不通。"就在他发表演讲几天后，共产主义性质报纸《工人日报》撰文称沃尔特"几乎是一个可悲的人物"，并表示他追求的劳动关系是一个美妙的童话，基础是沃尔特作为一个普通人的形象，但这个基础并不牢固，而且他的员工们饱受一种逼迫他们加速工作的制度的摧残和打压。一位工会领袖观察到，越来越多的年轻员工涌入迪士尼工作室，他们不像那些资深动画师，"他们眼中没有对沃尔特感恩戴德的目光……他们在大萧条时期四处游荡，他们具有某种社会意识"，而年长的动画师可能会说，"如果不是沃尔特，我就不会有今天的成就"。

现在，不满情绪开始沸腾。沃尔特发表演讲五天后，许多失望的员工怀着幻想破灭的心情聚集在银幕卡通画家公会在好莱坞酒店召开的会议上，卡通画家联合会的前主席阿特·巴比特通过大喇叭发表讲话，告诉他的同事，卡通画家联合会是一只没牙的老虎，没有任何权力和影响力。不久之后，巴比特接到的工作任务开始减少，当他向迪士尼工作室人事部门负责人哈尔·阿德奎斯特提出抗议时，他被告知这是他参与工会活动的结果。然而，3个星期之后，似乎对赢得这场战斗感到绝望的冈瑟·莱辛突然同意让银幕卡通画家公会对迪士尼工作室的员工工资表与工会的会员申请表进行交叉核对，以验证工会的

第八章　世界大战中的迪士尼

下列说法，即它代表了迪士尼工作室的大多数员工。然后，莱辛又一次突然出招，他明知全国劳资关系委员会在判断工会合法性时不能参与交叉检查，但他坚持要求由全国劳资关系委员会进行交叉检查，不能由银幕卡通画家公会来检查。4天后，卡通画家联合会在迪士尼工作室召开了一次会议，并宣布，前全国劳资关系委员会官员、该工作室聘请为其工会事务提供咨询顾问的律师安东尼·奥罗尔克（Anthony O'Rourke）已被任命为该工作室拟议成立的劳工委员会的"公正主席"。

沃尔特似乎认为，只要坚持自己的控制权，显示自己的权威，他就能浇灭工会活动的火焰。但是恰恰相反，他的这些举措事与愿违，一直都是在给工会活动添砖加瓦。3月22日，随着工会活动的日益加强，他宣布了一项新的紧缩计划，将周薪在50美元至100美元之间的员工的工资削减5%，周薪在100美元至200美元之间的员工的工资削减10%，周薪在200美元以上的员工的工资削减15%，并实行一周五天40小时工作制，从而减少加班时间。迪士尼工作室还取消了送达房间的餐饮服务，关闭了咖啡馆，只留中午时间开放一会儿。沃尔特的这种态度原本已经惹恼了员工们，让他们很难接受，现在他又以同样专横的态度宣布："现在让我们确信，我们可以再一次带着这样一种精神状态投入工作中去，以这种状态，我们确信你们完全有能力完成应该完成的工作量。"

当然，员工们并没有乖乖地按照沃尔特的指示去工作。但是，目前还不清楚他对工会斗争的胃口有多大，也不清楚他在多大程度上愿意让自己心爱的工作室分崩离析。4月中旬，他似乎准备做出让步并承认银幕卡通画家公会，但"公正主席"奥罗尔克写信给他，称他的这种姿态是"慕尼黑阴谋"，意指1938年英国与纳粹德国达成的旨在安抚后者的协议，称这相当于"最终与'苏联'结盟"，并宣布，如

545

果沃尔特执意这样做，他打算退出。无论如何，沃尔特很快就平息了这种谣言，并愉快地敦促他的员工忘记紧张关系，"拿出急需的产品，毕竟，这在现在或任何时候都是最重要的事情"。

与此同时，甚至就在全国劳资关系委员会就银幕卡通画家公会指控卡通画家联合会是"公司雇主控制的御用工会"举行听证会时，该联合会还在与迪士尼工作室就身份认可和签订一项新合同进行谈判，甚至还为选举新的管理人员举行了投票。5月初，全国劳资关系委员会做出了不利于卡通画家联合会的裁决——审查员表示，卡通画家联合会这个所谓的"工会"得以存在，必须"归咎于冈瑟·莱辛"——并下令将这个联合会解散。在这种情况下，迪士尼工作室和新聘请的劳工顾问沃尔特·斯普莱克斯（Walter Spreckels）一起，极不情愿地开始与银幕卡通画家公会进行谈判，银幕卡通画家公会要求立即得到承认。经过这么几个月的明争暗斗和讨价还价，沃尔特写信给埃莉诺·罗斯福——她就在同一个星期参观了迪士尼工作室并表达了对当地劳工状况的担忧——解释说他认为所有的冲突斗争只不过是一场司法纠纷。他对第一夫人说："在我们的发展过程中，我们从来没有遇到过哪怕一点点劳工方面的麻烦。"

但是，即使在所谓的"公司雇主控制的御用工会"即卡通画家联合会解散后，所谓的司法纠纷也不会结束。尽管迪士尼工作室签署了一项和解协议，同意不阻碍工会组织开展活动，但是沃尔特显然不愿放弃任何权力。他拒绝承认银幕卡通画家公会，坚持进行无记名投票，而不是交叉核对员工工资清单，来确定它是否代表迪士尼工作室的大多数员工。双方陷入了僵局。随着这个僵局的持续，卡通画家联合会在尼克伯克酒店举行了一次会议，宣布联合会按照命令要求正式解散。但是，就在那个周末，它又以一个新的名字重新出现，那就是美国银幕卡通画家协会，成员基本上与刚刚解散的卡通画家联合会相同，甚至连邮编地址也一模一样。与卡通画家联合会一样，它也希望得到认可。显然，即使在政府的命令下，莱辛也不会轻易妥协。

沃尔特同样不会。在这段时间里，他一直在反复思考如何应对这些挑战他权力的企图。就在全国劳资关系委员会作出裁决之后不久，他和"喜欢四处溜达的大牧场主"俱乐部的成员一起去参加一年一度的骑马旅行，但在出发前的一天早上，他在工作室走廊上遇到了阿特·巴比特，命令他停止组织工会活动。沃尔特咆哮道："我不管你整天把多少该死的时间和精力都花费在委员会上，不管你完成了多少工作，不管你完成的那叫什么工作，如果你不停止组织发动我的员工，我就把你从前门扔出去。"这是一个沃尔特非常乐意实施的威胁。

这是因为，沃尔特·迪士尼有多么讨厌工会，他也就有多么讨厌它的组织者：阿特·巴比特。1932年7月，巴比特来到迪士尼工作室工作，并稳步晋升，成为最优秀的动画师之一。除此之外，他还为《白雪公主》中的女巫、《幻想曲》中的蘑菇以及《小飞象》中的鹳鸟片段做过动画。但是几乎从一开始，他与沃尔特之间的关系就非常紧张——巴比特称之为"我们之间的像电流一样强烈的紧张情绪"。迪士尼工作室高管哈里·泰特尔（Harry Tytle）说，巴比特是"一个似乎总是按错沃尔特按钮的人"。巴比特喧嚣闹腾，不服管束，他也承认自己不够谨慎，喜欢冲动。他蔑视办公室政治，不愿玩弄这些伎俩。他还是一个臭名昭著的色鬼："我的态度是，只要是能动的东西，就和它发生关系。"当巴比特开始与扮演白雪公主的模特玛乔里·贝尔彻有染时，沃尔特尤其恼火。沃尔特正准备解雇他时，他决定娶玛乔里·贝尔彻。沃尔特只好作罢。

自然，当巴比特从卡通画家联合会中叛变投敌，不仅加入了银幕卡通画家公会并被选为其内部代表，并且还呼吁抵制迪士尼的电影，除非迪士尼工作室承认银幕卡通画家公会时,这种敌意和仇恨必定愈演愈烈。莱辛曾警告巴比特,如果他接受工会主席的职位——"我当初就是那样"——"会给自己招来一大堆的麻烦"。但巴比特似乎对这种威胁表示欢迎。"他是一名战士,"沃德·金博尔说,"他喜欢有一个事业。他是一个喜欢抛头露面的表演者。他喜欢登上舞台引人注目的感觉。"3月,沃尔特已经开始抱怨巴比特的作品,称它是"僵硬的、过时的东西",并告诉杰克森要给他施加压力,让他做得更好。"他是一个非常顽固的家伙,一个自以为是的小混混,"沃尔特说,"但我们必须让他摆脱老一套的东西,走上新的道路。"作为进一步的干扰,迪士尼工作室里的某个人,很可能是莱辛,向警察告发了巴比特,导致他被捕入狱,罪名据说是因为他拥有一件隐秘武器,告发时间就是他要卡通画家联合会在全国劳资关系委员会上作证的那天。"武器如此隐蔽,"巴比特在多年后谈到那件武器时说,"以至于直到今天他们还没有发现它。"但是巴比特受此刺激也开始退缩了。4月中旬,他打电话给沃尔特,要求给他的助手加薪,他的助手每周只挣18美元。沃尔特爆发了,破口大骂,告诉他"你他妈的管好自己的事",并叫他"布尔什维克"。巴比特继续在迪士尼工作室里从事工会选举活动,并把某一期的《综艺》杂志分发给大家阅读,因为这一期刊登了全国劳资关系委员会针对卡通画家联合会的相关决定的专题报道和相关故事。"正是巴比特,"莱辛在给沃尔特的信中写道,"是他把整个工作室搞得乌烟瘴气,一团糟。"

这时沃尔特的耐心已经到了极点,他实在忍无可忍了。5月20日,他显然是希望一劳永逸地平息混乱,他开始解雇动画师,一共解雇了20人,都是银幕卡通画家公会的成员。银幕卡通画家公会强烈抗议,声称这是一场"闪电战",然后给沃尔特发了电报,要求召开最高级会议讨论解雇员工的问题,否则就要进行罢工投票。沃尔特拒绝了这一要求。5月27日，沃尔特在迪士尼工作室的剧院里召开了另一场全体员工大会，他在会上宣读了一份简短声明，声称他不会同意任何迫使他的员工加入银幕卡通画家公会的和解方案，他只会与一个以无记名投票的方式选举并以多数票当选的工会进行谈判。银幕卡通画家公会则坚称，它收集的身份证明卡已经证明自己拥有了大多数员工的支持，认为没有必要进行投票，投票只是一种破坏工会的策略。沃尔特演讲结束后，仍在为沃尔特提供咨询服务的劳工律师安东尼·奥罗尔克给莱辛打了电话，告诉他，这份声明"大受欢迎，反响很好，效果很好"。他断言，银幕卡通画家公会已经遭到了强烈的反冲，他预测，五天之内，"罢工的脊梁将被折断"。银幕卡通画家公会做出了回应，同意延长36小时，让沃尔特解释突然解雇这些员工的原因，然后进行了罢工投票。

现在，沃尔特已经走得太远了，不能退却让步了。他只有驱逐叛徒才能恢复天堂。第二天下午，吃过午饭，巴比特正要离开食堂，迪士尼工作室的警卫队长抓住他的胳膊并递给他一封信，告诉他这个"坏消息"。这封信是莱辛写的。他在信中通知巴比特，他将因组织工会活动被解雇，必须立即离开工作室。巴比特问警卫队长是否可以把他的车开到动画大楼的入口处，这样他就可以装载他的东西。等他到了动画大楼的入口时，已经有一小群人在那里集合，帮他把东西搬上了车。一个小时后，当他们结束的时候，几百名员工聚集在一起，大喊着要在第二天早上的罢工警戒线上看到他。

2

5月28日，沃尔特·迪士尼的办公日记上第一个条目就是"今天——早上6点——罢工"，不过由于有36小时的延长期，罢工实际上是从接下来的一天开始的。那天早晨的气氛既有点儿欢乐又有点儿颓丧。索雷尔让纠察员把迪士尼工作室的大门挤得水泄不通，而大喇叭则连续不停地向开车进来的员工们播放着音乐和信息。沃德·金博尔有记日记的习惯，他在日记中写道："汽车停满了布埃纳维斯塔大街，满满当当。"这条大街就在迪士尼工作室的前面。他说："这些人把他们的个人观点强行灌输给那些持观望态度的人。"金博尔被这一切的规模和量级震撼。正如人们对动画师的期望那样，纠察队的标语色彩缤纷。一名身穿罩衫、头戴贝雷帽的罢工者坐在小山顶上，用画笔描绘了这一场景。其他人又唱又喊。当金博尔进入大门时，巴比特抓住他的领口，告诉他，银幕卡通画家公会已经把像金博尔这样的监制动画师置于它的管辖之下，如果他进入迪士尼工作室，那他就是公然违抗工会。

那天早晨，当沃尔特本人走进迪士尼工作室的大门时，他开着他的帕卡德轿车，慢慢地穿过密集的人群，亲切地向罢工者挥手致意。巴比特夺过站在罢工纠察线上支持罢工行动的演员约翰·加菲尔德（John Garfield）手中的扩音器，喊道："沃尔特·迪士尼，你应该为自己感到羞耻！"然后，正如巴比特所说，他转向人群并大声喊道："他来了，正是这个人，忽悠大家相信什么兄弟情谊，而他自己却并不相信！"当人群为此爆发欢呼时，沃尔特从车里冲了出来，想去追逐巴比特，直到被别人拦住。进了工作室的大门之后，沃尔特要乐观得多。金博尔正在女工自助餐厅吃午饭，看到沃尔特也在那里，满脸笑容。那天下午晚些时候，他把几位没有参加罢工的动画师和故事创作人叫到他的办公室。罢工者的照片已经被放大摆放在房间里了，当沃尔特经过这些照片的时候，他评论道，"该死，我还以为他们不会反对我，"或者"没有他们我们也能过得很好"。正如杰克·金尼所回忆的那样，"我们有一种不安的感觉，觉得他正在把自己对这些人的复杂感情储存在他那令人惊叹的超大记忆库里,以备将来报复"。正在这个时候,莱辛出现了,他说他认为罢工只会持续24小时。沃尔特拿出一瓶夏微牌的雪利酒来给大家敬酒。

究竟有多少人参加了罢工?具体的数字取决于是哪一方在进行统计。巴比特声称,在归银幕卡通画家公会管辖的500名员工中,有472人与工会签署了协议,其中410人参加了罢工。他的竞争对手,美国银幕卡通画家公会会长詹姆斯·博德罗(James Bodero)表示,有735名工人隶属于银幕卡通画家公会管辖,其中435人仍在工作。莱辛告诉《纽约时报》,只有293名员工参加了罢工。银幕卡通画家公会估计有700名员工参与罢工。他们中大多数人是低收入工人——中间帧动画师、助理动画师和上色工。顶级动画师中,只有两名监制动画师——巴比特和他的好朋友比尔·泰特拉——参与了这次罢工。其他人,据一位动画师说,是"在迪士尼灌输之下被迪士尼洗脑的……他们在那里长大"。沃尔特坚持认为这次骚乱不是他自己的错,他把罢工者称为"不满者"——"那些不满意的人,他们知道自己的日子不多了,他们以为可以通过罢工获得一切。"

在这次罢工开始后不久,一名前雇员给沃尔特写信,表示对他原来老板的同情。他在信中伤感地回忆起"过去的美好时光,我们有一个幸福的大家庭,大家挤在一栋小房子里……在那些日子里,公司里的每一个人都有'不为迪士尼而做就为迪士尼而死'的精神"。然后,他说,当公司发展壮大时,一种"为个人利益工作的感觉开始悄然袭来。目前的情况似乎是不可避免的"。成功必然摧毁友谊。但是,对于沃尔特来说,现在破碎的和平意味着破碎的梦想,他并不认为这是不可避免的。正如他分析的那样,他的乌托邦并没有被不可避免的社团主义力量掠夺和破坏,而是被一些顽固的空想家所操纵的几个坏家伙掠夺和破坏。他可能不像华纳兄弟影业公司的莱昂·施莱辛格那样自信地认为他的员工热爱他,但他确实相信,他们是在致力于创造更伟大更优秀的动画,是在献身于创造他已经建立的艺术社区。"这伤害了他,"沃德·金博尔谈到这次罢工时说,"因为他信任的人让他失望了。"沃尔特认为自己是仁慈的,他认为,他让几乎所有人都能领到工资,即使在大萧条时期也没有解雇任何一个人,在这种情况下,只是因为他要求进行无记名投票,愤怒的工人们就要求举行罢工,那么只能说明这些人都是忘恩负义的家伙。对他来说,这帮人为了一些鸡毛蒜皮的小事不满和抱怨而如此大动肝火是没有道理的。他认为,唯一合理的解释是,他们——希尔伯曼、索雷尔、巴比特和其他人——是共产主义者,或者是共产主义同情者。

这将永远是迪士尼版的罢工。在沃尔特后来所说的"共产主义者搬进来"之前,迪士尼工作室没有出现任何劳工问题。罗伊也同意这一说法。"在这件事上,钱从来都不是最根本的问题,"他说,"共产主义才是最根本的问题。"从这种观点看来,在政治上天真幼稚的沃尔特,无疑受到了冈瑟·莱辛的灌输和影响。但他也受到右翼政府机构的影响,这些机构在将劳工骚乱归咎于共产党方面有一定的政治考虑。沃尔特说,他向美国联邦调查局和调查共产主义的众议院非美活动调查委员会的代表展示了罢工者的照片,并被告知罢工者是职业煽动者。安东尼·奥罗尔克草拟了一封信,请沃尔特签名,邀请加利福尼亚州参议员杰克·滕尼(Jack Tenney)调查罢工领导人的隶属关系。滕尼曾担任加利福尼亚非美活动调查委员会的主席。美国联邦调查局掌握的赫伯特·索雷尔的档案上显示他是共产党的注册成员,尽管他声称自己不是。

在当时,把工会打上共产主义的标签,使他们失去合法性,这是一个典型的反劳工策略。尽管如此,沃尔特认为银幕卡通画家公会是受共产主义的诱导这个想法却毫无疑问是真实的,是发自内心的。这一想法可能并非完全错了。阿瑟·巴比特当然不是共产主义者，其他动画师也不是，但戴夫·希尔伯曼，这位一开始发动和组织工作室员工的助理动画师，承认自己是一名共产党员，甚至在年轻时还去过俄罗斯。除此之外，联邦调查局的一份报告声称，一个名为威廉·波莫伦斯（William Pomerance）的人是"电影产业领域里最重要的共产主义者之一"，并且宣称至少从1941年7月——罢工开始1个月后——开始，银幕卡通画家公会就遵循共产党的路线。波莫伦斯很快将成为银幕卡通画家公会的运营经理。报道援引一名比较了解劳工运动状况的内部消息人士的话，说迪士尼的罢工"最终"证明了银幕卡通画家公会是共产党控制的，并表示共产党"把好莱坞里面共产党机器的全部力量"都投入了这场争论。不管真假，这一切都为沃尔特提供了一个方便的借口，让他坚持反对银幕卡通画家公会。这也使他不必去处理迪士尼工作室里一直积攒起来的真正的不满情绪。

现在，尽管莱辛和沃尔特都很乐观，但劳资双方都横下心来，准备坚持打一场持久战。索雷尔在迪士尼工作室门口大街对面的桉树林中的一个小斜坡上设立了罢工总部，华纳兄弟影业公司的木匠们在那里搭起了一个带有野营炉具的厨房，由参加罢工的迪士尼自助餐厅工人操作，为罢工者们做饭。一名罢工者将缓慢爬上山坡的车队比作《愤怒的葡萄》中的一个场景"。这组成了一幅风景如画的场景，但这似乎是一场风景如画的罢工。纠察队举着各种牌子，上面写着各种各样标语。有的写着："米开朗琪罗、拉斐尔、提香、鲁本斯、达·芬奇和伦勃朗都属于公会！"有的写着："不要光讲俏皮话的鸭子（配有唐老鸭的照片），我们要公会！"有的写的是："白雪公主和700个小矮人。"还有的写的是："一个天才对抗1200只小白鼠。"另一个以匹诺曹为主角的牌子上写着："我不想当提线木偶。"还有一条配着米老鼠的标语写道："我们是人还是老鼠？"左翼报纸 *PM* 称这是"工人运动历史上最独特的纠察线"。一些电影明星走进了队伍，走上纠察线以示支持。莱昂·施莱辛格很早就让他的动画师们去担任纠察，去骚扰迪士尼。有一天，施莱辛格自己开车来到罢工队伍前，工会发言人借机在喇叭里大肆宣布："赫伯特·索雷尔正在和莱昂·施莱辛格会谈，莱昂已经和银幕卡通画家公会签署了一份非常好的协议。"

每天早晨开车穿过罢工的人群时，用巴比特的话来说，沃尔特似乎"非常地神气活现"。据奥利·约翰斯顿说，有一天，他甚至站在入口处附近，外套搭在胳膊上，帽子向后歪戴在头上，对着罢工者微笑，还说着俏皮话。但是，如果说罢工是以某种欢快的气氛开始的话，那么很快就会变得丑陋，出现暴力行为。因为劳资双方都意识到，尽管奥罗尔克做出了罢工很快就会结束的预测，但现在看来没有任何解决方案能在短时间内达成。罢工者会对进入大门的工人大喊大叫——"这是非常不光彩的事情，"迪克·休默回忆道，"就好像一个人酗酒之后的所作所为或类似这样的行为。"杰克·金尼回忆说，罢工者把非罢工者的汽车轮胎里的气放掉，或者在非罢工者开车进入停车场时用螺丝刀刮花他们的汽车。对立双方偶尔也会发生打架斗殴的事，金尼说有些人还开了枪。沃尔特要求伯班克警察局派遣50名警察维持秩序，但局长拒绝了。他说，如果没有工会合作，他不可能布置这么多的警力，因为他担心会发生冲突。没有办法，沃尔特雇用了50名洛杉矶的前警察，试图赶走纠察队员，直到伯班克的主管命令这些前警察进入迪士尼工作室的大门，只负责工作室里面的安全。6月初，在迪士尼工作室前面举行的一次群众集会和游行中，冈瑟·莱辛的大幅肖像被悬挂起来，而美国劳工联合会（AFL）则组成了一个"机动小分队"，专门在放映迪士尼电影的影院前进行警戒。

随着谈判断断续续地进行，工会加大了压力。美国劳工联合会把所有迪士尼电影和产品都列入了"不公平"名单，音响师拒绝越过纠察线。最糟糕的可能是特艺集团的实验室技术人员拒绝处理迪士尼的电影,直到迪士尼工作室认可银幕卡通画家公会。《为我奏乐》这部动画片本来是沃尔特为了展示迪士尼工作室和谐融洽的氛围而拍摄的,现在原定的试映不得不取消,因为代表记者的"美国报业公会"要求记者不要参加试映活动。而当沃尔特在6月底发行这部电影时,在洛杉矶的雷电华电影公司和潘特基斯剧院门口都出现了纠察线。而在纽约,一群同情银幕卡通画家公会的人在百老汇举行游行,游行队伍走到正在放映这部电影的皇宫剧院,并设立了另一条纠察线。

尽管如此,沃尔特仍然不妥协。他继续坚持,只有在银幕卡通画家公会是通过无记名投票选举产生的情况下,他才会承认它。银幕卡通画家公会再次拒绝了这一要求,这一次不仅仅因为大多数工人都在罢工——这是银幕卡通画家公会已经代表工人的初步证据——而且还因为没有一个公正的机构来组织选举和统计选票。因为很明显,如果让沃尔特来做的话,银幕卡通画家公会不信任他能够保证公平和公正。与此同时,在6月底的日常谈判中,沃尔特同意恢复5月份被解雇的工人的职位——除了阿特·巴比特——同时警告说,接下来还会有更多的裁员。这也被银幕卡通画家公会理事会一致否决。尽管谈判陷入了僵局,但是沃尔特仍然显得出奇地快乐,他在给一位记者的信中写道:"我们感觉非常像一对年轻夫妇有了他们的第一个孩子!"他还荒谬地告诉另一位记者,迪士尼工作室在罢工期间实际上提高了产出,因为它已经去除了那些"枯枝朽木""可疑之人"和"纯粹新手"。

沃尔特从来没有对最后能够找到一个解决工会问题的方法丧失信心。有一次,戴夫·汉德、本·沙普斯坦、威尔弗雷德·杰克逊和其他一些人——其中一个人后来说是在沃尔特知情的情况下——讨论彻底解散迪士尼工作室，重新组建另外一个由罗伊和沃尔特领导的但却没有任何工会组织参与其中的工作室。还有一次，比尔·泰特拉，虽然走出工作室参加了罢工，但在内心深处一直感觉自己应该效忠于沃尔特。他有一天碰巧在当地一家餐馆看到了沃尔特，就走到他跟前，说他认为整件事"愚蠢而且没有必要"。沃尔特眼前一亮，建议泰特拉回到办公室，在那里他们可能会想出一个解决方案，就像沃尔特解决电影制作过程中遇到的问题一样。泰特拉同意了，但他想先回家，洗个澡，换身衣服。可是当泰特拉回到家里时才发现，沃尔特已经给他的妻子打过电话，告诉她会面取消了。泰特拉相信一定是有人在此期间来找过沃尔特，想必是莱辛。

大约在同一时间，在工会拒绝了沃尔特的提议后，一个很可能是好莱坞最臭名昭著的人物出现了，来到了现场，他介入了罢工事件。这个人就是国际戏剧舞台工作者联盟的头领威利·比奥夫。他个子不高，长着一张圆滚滚的脸，肥厚的双下巴，身材矮胖，戴着一副六边形的钢圈眼镜，嘴里永远叼着一根香烟。两年前，巴比特非常害怕的那个人正是比奥夫，所以他与莱辛会面，讨论成立联合会的问题。从那时起，比奥夫就被指控犯有联邦敲诈勒索罪，但这似乎对他的权力没有什么影响。比奥夫的国际戏剧舞台工作者联盟是索雷尔领导的电影工作室工会联盟的竞争对手。是沃尔特主动联系比奥夫来帮助游说促成和解（比奥夫与各个工作室的关系都非常紧密，这是众所周知的），还是比奥夫自愿帮忙游说促使双方达成和解，以此来从背后捅索雷尔一刀，目前还不清楚。[1] 然而，这样的事情还是发生了，6月30日比奥夫与迪士尼工作室达成了一份快速协议，然后他的一名助手

---

1 沃尔特后来声称，当索雷尔要求比奥夫这个国际戏剧舞台工作者联盟的负责人号召全国各地只要有迪士尼的电影放映的地方放映师都要共同抵制迪士尼时，比奥夫才参与进来，因为他是这些放映师的代表。就在那时，比奥夫表示愿意为解决罢工问题提供帮助。

赶到位于日落和高地（Sunset and Highland）拐角处的工会大厅，接触了罢工领导人，要求在罗斯福酒店会面。所有的人都挤进一辆车，动身去参加秘密会议。他们在路上才意识到，他们不是被带往罗斯福酒店，而是被带往比奥夫在圣费尔南多谷的牧场。（希尔伯曼担心比奥夫会在自己隐秘的家里采取什么手段，所以要求司机停车，然后跳下车。）当其他人到达时，罗伊、莱辛、比尔·加里蒂和比奥夫正等着他们。比奥夫宣布，如果他们与国际戏剧舞台工作者联盟签署协议，第二天早上就可以回去工作了。巴比特说，他甚至得到了50美元的加薪，并且只要他愿意，随时都可以休假。

但是，就像沃尔特3月份的演讲一样，这次会议对解决罢工问题产生了完全相反的作用。罢工者对沃尔特让敲诈勒索犯比奥夫参与进来感到异常愤怒，并断然拒绝了这一提议。在此之后，迪士尼工作室宣布将中止与银幕卡通画家公会的所有谈判。"他是真心真意地试图解决这个问题。"沃尔特后来这样评价比奥夫。但是，当索雷尔断然拒绝了他之后，这一举动"向我证明，索雷尔还是像原来那样，是一个肮脏下流、鬼鬼祟祟、卑鄙狡猾的人"。沃尔特说。比奥夫调停惨败一个星期之后，联邦政府提出介入，劳工部调解服务处的官员斯坦利·怀特（Stanley White）飞往洛杉矶，与各方进行协商，看他能否从中调解促使双方达成协议。他建议由一个三人小组进行强制仲裁，在此期间罢工者重返工作岗位。银幕卡通画家公会在全体会议上一致接受了这个建议。然而，莱辛拒绝了这一提议。他表示，还有另外一个经过改革的公司工会——动画联谊会——确实代表了工人的利益。他还愤怒地表示，全国劳资关系委员会干涉了迪士尼工作室的内部事务，甚至联系了为其提供贷款的银行家，要求他们给迪士尼施压以达成和解，全国劳资关系委员会的行动理应受到国会的调查。

然而，7月23日，莱辛突然出乎意料地改变了主意，给调解服务处发了电报，接受了仲裁提议。但是，迪士尼兄弟显然并没有软化态度；他们仍然坚定不移地相信银幕卡通画家公会是接管迪士尼工作室的特洛伊木马。但是，现在他们面前出现了另一股需要认真应对的力量，一股比索雷尔更坚决的力量。正如索雷尔后来说的那样，联邦调解员斯坦利·怀特曾给他打过电话，希望打破当前这种僵局，并建议他们与美国银行联系。莱辛指责全国劳资关系委员会曾经做过这种勾当。索雷尔从住在奥克兰的时候就碰巧认识 A. P. 贾尼尼。他给贾尼尼打了电话，被介绍给了 A. P. 贾尼尼的兄弟贾尼尼医生。怀特随后设法与贾尼尼医生进行了会面。"索雷尔不会为任何他无法在仲裁中赢得的东西而罢工。"贾尼尼说，并暗示问题很快就会得到解决。当怀特问固执了好几个星期的迪士尼兄弟是否会同意时，贾尼尼回答说："我保证他会接受仲裁，否则他不会有任何工作室。"罢工者在仲裁开始时已经重返工作岗位，7月30日达成了初步解决方案。罢工结束了。

至少看起来是这样。双方已经同意提高工资——对于每周收入低于50美元的美术工作提高10%——为罢工者支付100小时的欠薪，恢复包括巴比特在内的被解雇工人的职位。当然，还要承认银幕卡通画家公会是迪士尼工作室大部分员工的谈判代理人。未来裁员将由一个联合委员会决定，并且需要经过这个委员会的同意，但巴比特被明确排除在被解雇人员之外。一些工人惊呆了。"同样的工作，我的周薪从32.50美元涨到了65美元，"摄影师鲍勃·布劳顿回忆道，"我的工资一夜之间翻了一番。"然而，沃尔特却并不高兴。专栏作家韦斯特布鲁克·佩格勒曾询问沃尔特对这一事件的看法，沃尔特在给他的信中写道，这次罢工是一场"大灾难"，摧毁了迪士尼工作室的精神。他没有提到美国银行，只是抱怨自己不得不接受和解，但坚称："我没有被打败……我只是被激怒了。"他的眼睛现在睁开了，目光瞄向了

"我们的政府现在发生了什么情况"。而且现在工人这么多，工作却这么少，他说，为了生存，他可能不得不暂时关闭工作室。

但是沃尔特不会在那里承受裁员的痛苦。相反，他离开了。

3

当大家都在绞尽脑汁想办法来解决和解方案中最棘手的问题——不可避免的裁员时，沃尔特却抽身事外前往南美了。他称这次旅行是"天赐良机"，尽管他承认，"我不太喜欢出去旅行，但它给了我一个机会，让我摆脱当前这个极其可怕的噩梦，给工厂带回一些额外的工作"。他说自己得了"幻灭沮丧症"——幻想破灭和沮丧气馁。迪士尼工作室现在迫切需要有电影拍，这样既能带来收入又能让员工有事可做。那年夏天突然出现的一个潜在电影项目来源于"泛美事务协调员办事处"，该办事处于1940年8月成立，旨在促进美国和拉丁美洲各国之间的关系。这个办事处是亿万富翁洛克菲勒家族石油财富继承人纳尔逊·洛克菲勒想出来的创意。洛克菲勒很久以来对南美洲一直很感兴趣，他通过各种途径参与南美洲事务，先是通过他的艺术收藏，然后通过对委内瑞拉标准石油公司下属子公司的投资，后来又在委内瑞拉总统埃莱亚萨尔·洛佩斯·康特雷拉斯（Eleazar Lòpez Contreras）的委托下，在委内瑞拉首都加拉加斯发起了一场酒店建设运动。在他频繁前往南美洲的旅行中，洛克菲勒对那里的贫困留下了深刻的印象，因此，在1940年春天，他设法向罗斯福总统递交了一份关于改善美洲各国之间关系的备忘录。因为这份备忘录，他被任命为这个新设立的政府机构的协调员。

洛克菲勒采取的促进南美洲和北美洲相互联系的方法之一就是加强文化交流。他派了许多知名人士和社会名流去南美洲开展文化交流,包括小道格拉斯·费尔班克斯、女演员多萝西·拉莫尔,甚至还有耶鲁合唱团。他还聘请了他的朋友、同为百万富翁的约翰·海·惠特尼(John Hay Whitney)担任办事处下面电影部门的负责人,负责为南美各国的影院提供电影,否则这些影院可能会放映轴心国的电影。约翰·海·惠特尼,大家都称呼他为乔克。不知怎么回事,可能是在沃尔特的过问下,冈瑟·莱辛被任命为惠特尼电影部门短片题材委员会的主席。1940年秋天,沃尔特与惠特尼会面,讨论为协调员办事处制作电影的可能性。次年5月,沃尔特在迪士尼工作室会见了惠特尼和他的助理弗朗西斯·奥尔斯托克(Frances Alstock)。6月,罗伊和莱辛与惠特尼会面,讨论制作几部南美主题电影的相关事宜,打算签署一项合同,合同金额为15万美元。"让我们尽快和乔克·惠特尼敲定协议吧,就是关于制作南美主题电影的事情。"罗伊当时在纽约,他在给沃尔特的信中写道,"他和我说话的样子表明,他们在焦急地等着我们给他们一些明确的计划。"

不到一个月,洛克菲勒和惠特尼就加大了赌注,提高了要求。他们邀请沃尔特去南美进行一次亲善之旅,他在那里显然很有名,也很受欢迎。现在还不清楚这次访问最初是否只是作为某种形式的大使代表团还是有别的使命在里面,但是,当沃尔特同意以后,它已经成为一个电影制作的冒险之旅。协调员办事处将为沃尔特和与他相伴的一群艺术家支付旅行的全部费用,并为沃尔特最终制作的电影支付费用。沃尔特称这是一次"'商务和娱乐'结合的旅行",尽管确实有一些工作内容,但他希望"偶尔有空的时候能好好休息一下"。当然,这些电影和其他收获都是额外的奖赏。沃尔特主要是想忘掉迪士尼工作室面临的一大堆烦心事。"我们不知道当我们回到那里时,是否会在那里找到工作!"他尖酸刻薄地开玩笑说。

8月11日,一行人(沃尔特、莉莲和包括诺曼·弗格森、比

第八章　世界大战中的迪士尼

尔·科特雷尔、泰德·西尔斯和韦伯·史密斯在内的 17 名同事）乘坐道格拉斯 DC-3 型飞机离开了洛杉矶，像玩跳房子游戏一样穿越美国各地，先在沃斯堡市和纳什维尔市稍作停留，接下来在杰克逊维尔市停留了一段时间，然后抵达迈阿密，在那里他们乘坐西科尔斯基公司生产的水上飞机穿越了加勒比海，到达了波多黎各的首府圣胡安市。第二天早上，他们乘坐波音公司的"平流层飞剪"（Strato Clipper）飞机前往巴西贝伦，这是亚马孙河口的一个偏远前哨站。"我们在巴西丛林的某个小地方着陆、加油，"科特雷尔回忆说，"成百上千的学生在那里等待着迎接沃尔特。他们知道沃尔特·迪士尼是谁。他们可能不知道自己国家的总统是谁，但他们都知道沃尔特·迪士尼。"他们又从贝伦飞往巴西的里约热内卢，在那里停留了 10 天。他们原本的想法是为迪士尼工作室打算制作的有关南美风俗和民间传说的电影了解熟悉当地的风土人情，以便在电影中营造适当的氛围。但是，他们真正的业务似乎是把沃尔特·迪士尼展示给崇拜他的粉丝和南美贵族，包括国家元首。就像弗兰克·托马斯说的："我们主要是在各地参加酒宴，被款待，在那里做任何工作都非常困难。"

从里约热内卢出发，这一行人又来到阿根廷首都布宜诺斯艾利斯。在那里他们住进了皇宫酒店，包下了酒店顶楼的一个大房间。接下来的一个月里，他们窝在这里开始策划电影。在这里，他们绘制故事板，为当地人提供电影创意，并聆听南美洲音乐以获得灵感。正如在里约热内卢那样，沃尔特受到了热情的款待——"舞会、宴会、酒会。"科特雷尔回忆说。（莉莲注意到，沃尔特在南美洲比在自己的国家更容易被认出来，也更容易受到骚扰。）但是，沃尔特更关心工作，而不是公众的称赞。他很有耐心，参观了动物园和牧场。但在这个月月底，他向他的员工宣布，他要去智利，因为他"厌倦了天天被打扮得像个高乔人，还得骑上一匹马"。

561

沃尔特坐着道格拉斯 DC-3 型飞机飞往智利首都圣地亚哥，走的是一条邮递航线。后来他在自己拍摄的一部南美动画短片中描绘过这条航线，动画片的内容是关于一架名叫佩德罗（Pedro）的小型邮政飞机的事。其余的人分成两队，一队前往阿根廷北部进行更多的研究，另一队前往玻利维亚的拉巴斯和的的喀喀湖地区。在智利待了一个星期后，沃尔特和他的同事们乘船北上，沿着海岸到秘鲁、厄瓜多尔和哥伦比亚进行了一次断断续续的散漫旅行。在那里他们找到了一艘汽艇，向上游航行 30 英里，进入了密林深处。工作人员占用了船的一部分来拍摄电影，沃尔特后来向一位朋友承认："当我们到达智利时，我已经筋疲力尽了，乘船回家是我唯一能休息的方式。"他们乘坐圣克拉拉号远洋班轮从哥伦比亚出发，经过巴拿马运河——当地的一个电影放映商请他们下了船，这样沃尔特就可以去参加《幻想曲》在巴拿马城的首映式——然后他们沿着东海岸继续航行前往纽约，在那里参加了《小飞象》的首映式，然后乘飞机返回洛杉矶。"我们总共离开了 12 周，"沃尔特给他的年迈的老师黛西·贝克的信中写道，"我们本可以待得更久一些，但我们想家了，想孩子们了……看到我们回家，她们当然很高兴很满足，这使我们非常高兴。"

有一件事他们在这次南美亲善之旅中没有讨论，那就是罢工。8月 12 日，沃尔特离开后的第二天，迫于美国银行的压力，迪士尼工作室向工会（银幕卡通画家公会）提交了裁员名单，银幕卡通画家公会反对说，裁员歧视罢工者。（名单上有 207 名公会会员和 49 名非公会会员。）双方都要求联邦调解员詹姆斯·F. 杜威（James F. Dewey）重新考虑此事，但杜威当时正在底特律住院。现在各种谣言和敌意在迪士尼工作室里满天飞，所以罗伊决定第二天飞往华盛顿，直接与调解服务负责人约翰·斯蒂尔曼博士（Dr. John Steelman）讨论此事。但在罗伊离开之前，他指示董事会在 8 月 18 日关闭整个工作室，一直

第八章 世界大战中的迪士尼

到杜威到达洛杉矶之前都不得开放——除了一个完成《小飞象》的摄制组的骨干成员和另一个制作《米老鼠》系列连环画的团队主要成员保持工作。结果,杜威要么是病得太严重,要么是太愤怒了,一直没有来。银幕卡通画家公会拒绝了劳工部调解服务处的要求,拒绝接受裁员,要求修改裁员名单。在接下来的两个星期内,迪士尼工作室仍然关闭。罗伊又两次前往华盛顿试图解决这个问题——据陪同他的戴夫·汉德说,他"恭恭敬敬,屈膝行礼,低声下气,卑谦无比"——9月10日,劳工部调解服务处最终发布了一项裁决,规定了每个部门的罢工者与非罢工者的比例,并下令裁撤人员也得遵循这一比例。

因此,9月16日,经过3个半月的努力,伯班克的迪士尼工作室终于恢复了生产。经过裁员,现在工资表上只有694名员工——员工数量从罢工开始时的近1200名大幅下降。尽管通过裁员削减了开支,罗伊和沃尔特还是觉得他们被劳工部调解服务处坑了一把,受到了不公平的对待。他们认为,劳工部调解服务处本来就是支持工会的。[1]在谈到他的两次短暂匆忙的华盛顿之行时,罗伊写道:"我们肯定正处在一个社会革命和变革的时期,我们如果想要继续经营我们的业务,就必须找出应对当前的社会问题和华盛顿政府态度的方法。"简而言之,正如莱辛之前所暗示的,美国政府现在和工会一样都是个大问题。

沃尔特在南美洲的时候,发生了另外一件事。自从弗洛拉·迪士尼去世后,用他女儿露丝的话说,伊利亚斯·迪士尼"彻底陷入了失

---

[1] 至于共产主义对工会的影响,罗伊对政府仓促制订的解决方案的看法可能没有错。多年以后,索雷尔夸口说,当罗伊在华盛顿为自己的案子辩护时,索雷尔联系了参议员谢里丹·唐尼(Sheridan Downey),后者给劳工部调解服务处打电话,告诉他们要更多地照顾工会的权利。然后唐尼带索雷尔去见参议员海勒姆·约翰逊(Hiram Johnson),后者也打电话到劳工部调解服务处提出了同样的要求。最后的和解协议包括索雷尔一直要求的补发增加工资和罢工工资。"直到今天,我还觉得他(索雷尔)只是在华盛顿有点儿'影响力'。"多年后沃尔特抱怨道。

563

魂落魄、伤心欲绝的状态而不能自拔"。尽管他的医生发现他的身体状况"对于一个像他这个年纪的人来说是相当不错的",但82岁高龄的伊利亚斯还是出现了记忆衰退和失忆情况,这是人们可以预料到的,有时他似乎认为他的妻子还活着。露丝认为他仍然受煤气中毒后遗症的困扰,有点儿神不守舍,心烦意乱。沃尔特每周日都会带着黛安娜和莎伦去托卢卡湖的那所房子看望他,在弗洛拉死后,伊利亚斯搬回到了那里。但是,伊利亚斯现在的状态,用沃尔特的话说,"真的是一个迷失的人"。沃尔特说,他一生中从来没有为其他任何人感到如此难过。那个曾经强硬专横地压迫他的儿子们、驱使沃尔特去寻找一个更好的想象中的世界的人,那个冷酷无情的人已经不复存在了。

9月6日,沃尔特还在南美洲,罗伊准备动身前往华盛顿讨论罢工问题解决方案。在他离开的前一天下午,也就是星期五,他接到了伊利亚斯·迪士尼的女管家阿尔玛·史密斯打来的一个紧急电话。伊利亚斯开始呕吐。罗伊在离开洛杉矶的那天下午,和他的父亲一起度过了起飞前的那个小时。他的父亲躺在床上,不时地呕吐,但罗伊在给沃尔特的信中写道:"在呕吐间隙,他非常理性,头脑很清楚,说自己感觉很好,只是腹部肿胀,肠子里有些不舒服。"他和罗伊谈论的主要是沃尔特的南美旅行。罗伊离开时,伊利亚斯向他"毫不经意地轻松道别"。当天晚上,伊利亚斯整夜都在睡觉,但第二天早上醒来时,他又开始呕吐,医生命令救护车把他送往好莱坞医院。星期一,他的情况变得更糟了。医生怀疑是肠梗阻,讨论是否要动手术。罗伯特叔叔去了医院,守在他的哥哥的床边,指责医生们动手术就是想赚钱,但罗伊从华盛顿打来电话,决定进行手术。伊利亚斯在手术台上躺了两个小时。他手术后恢复得很好,罗伊在那个星期五飞回家来看他。这个时候,他的肺里已经有咕噜咕噜的声音,表明他得了肺炎。第二天早上,也就是9月13日,当罗伊和哥哥雷赶到时,伊利亚斯的体温已经达到40摄氏度，医生宣布他的情况"毫无希望"。兄弟俩9点钟出去吃早饭，回来看到伊利亚斯正在休息，他们就回家去了。中午，他们接到了主治护士疯狂打来的一通电话，要求他们尽快赶到他们父亲的床边。当罗伊接埃德娜赶往医院时，他得知伊利亚斯的医生已经打来电话说：伊利亚斯·迪士尼去世了。

葬礼仪式在森林草坪公墓的石南花小教堂（Wee Kirk o' the Heather）举行，伊利亚斯被安葬在真理圣殿墓区的地穴里，就在他的妻子旁边。当罗伊第一次听说他父亲的病情时，他从华盛顿给沃尔特写了一封电报，但是决定不把电报发出去，因为他不想小题大做，认为没有必要惊动沃尔特。伊利亚斯去世后，沃尔特收到了一封电报，但他决定不回去参加葬礼——也许这是他对这个让自己饱受折磨的人的最后一次反抗。作为代替，参加南美亲善之行的其他人买了一个3.5英尺高的百合花十字架送给了小教堂。"我相信，当你回到家的时候，我们会把这件事情处理好，某种意义上把整件事都处理好，"罗伊在葬礼后给沃尔特的信中写道，"当你回家时，不要对你发现的任何东西感到惊讶。我们一直面临着一个极其困难的问题，我们已经尽了最大努力。"

沃尔特在10月中旬回到了迪士尼工作室，发现几乎所有的事情都发生了变化，尽管这一变化在很大程度上不是工作室的管理层和工会之间谈判的结果，而是工作室和主要资助者之间谈判的结果。现在罢工问题已经解决，美国银行提出了新的要求。罗伊曾写信给乔·罗森博格说，他预计《小飞象》的总票房将达到200万美元，《幻想曲》也将达到200万美元，即将发行的《小鹿斑比》将达到300万美元，这将使迪士尼工作室的债务减少到100万美元以下。但罗森博格并没有如释重负缓和下来。出于对沃尔特挥霍无度的担忧，他于10月9日命令罗伊和乔治·莫里斯前往美国银行旧金山总部，并向他们发出了最后通牒。该银行将允许迪士尼工作室申请350万美元的绝对贷款限额。作为这一上限的条件，他命令迪士尼工作室严格限定自己只制作电影短片。但允许工作室完成已经在制作中的动画长片——《小飞象》《小鹿斑比》和《柳林风声》——在这些长片发行并收回成本之前，不得启动任何其他动画长片制作计划。尽管罗伊抗议说，只专注于动画短片会让迪士尼工作室在人力资源损耗、库存枯竭和经常性支出等方面蒙受损失，更不用说如果他们决定重新制作动画长片，还要重新组织动员人力财物，那将会有很大的困难，但罗森博格无动于衷。罗伊最后只得沮丧地告诉罗森博格，为了削减成本，"整个组织现在都有了全新的精神状态和运营方法"，他会和沃尔特谈谈，让他接受这些改变，虽然他知道这会把沃尔特彻底摧毁。

但是，糟糕的事情还不止于此。美国银行非常担心罗伊无法说服沃尔特，以至于罗森博格坚持要成立一个"执行委员会"，其中包括一名银行代表。正如罗伊后来向沃尔特解释的那样，该委员会将"作为迪士尼工作室的管理机构，在工作室采取任何行动之前，讨论和商定所有一般性政策问题"。罗伊补充说，虽然美国银行对他们并不缺乏信心，但"他们确实对'你的热情和未来制作的可能计划'感到不安"——尽管正是这种热情建立并支撑了这家工作室。人事主管哈尔·阿德奎斯特和他手下的弗恩·考德威尔甚至起草了一份新的组织结构图。实际上，迪士尼工作室已不再是沃尔特·迪士尼一个人说了算的地盘了。他现在受到了商人们的控制。

在这种新的安排方案中，尤其令人难以接受的是暂停拍摄动画长片。动画长片已经成为迪士尼工作室的立身之本，成为它存在的理由。就在一年前，沃尔特还声称，他已经做好了必要的准备，计划让这家工作室在两年内发行多达九部动画长片。现在他不得不把所有的动画长片都搁在一边：动画长片版的《米老鼠》《爱丽丝梦游仙境》；

第八章　世界大战中的迪士尼

一部根据《雷默斯大叔》的故事改编的长篇电影；另外一部名为《女士》的电影长片，讲的是一只纯种狗和一只流浪狗之间的爱情故事；还有一部根据辛克莱·刘易斯（Sinclair Lewis）的小说《邦戈》改编的电影。他们继续缓慢推进《柳林风声》的拍摄和制作工作，这部影片之所以获准制作是因为它已经在制作过程当中了。不过在感恩节期间仔细考虑之后，沃尔特告诉罗伊，他将改拍《小飞侠彼得·潘》，因为他认为这两部影片的成本大致相同，而后者的票房会更有吸引力。最后，迪士尼工作室很快也停止了《柳林风声》的制作。

但是，美国银行对迪士尼的影响不仅体现在动画影片生产计划表上，它还要求采取措施进一步节省开支。结果除了食堂，迪士尼工作室所有的餐厅都被迫关门了，他们租来的美国国际商用机器公司（IBM）的机器也归还了，还安装了一个出勤记录钟——沃尔特在堪萨斯城时非常害怕的一种打卡计时钟。"就好像来到了另外一个世界一样！"戴夫·汉德后来写道，"我认为，（出勤记录钟的）那个决定结束了我与沃尔特的亲密关系。"因为沃尔特坚持让工作室制片主管、自己的得力助手汉德和其他员工一样都得打卡。与此同时，所有的奖金和奖励计划都停止了。甚至沃尔特喜爱的艺术培训课也被解散了。"我妻子过去常常指责我经营的是一家共产主义机构。"迪克·休默回忆沃尔特严肃冷漠地说，"好吧，现在一切都结束了。"

"根据我得到的所有报告以及我自己的观察，我觉得现在的迪士尼工作室的人员有了一种新的生活、理解和视角。"罗伊在那年10月给沃尔特的信中写道。他说："我真的认为，我们过去所有的困难，现在都将转化为很多的善意，我们现在有了良好的坚实基础，可以继续前进。"但这只是一厢情愿。除非认为迫不得已的勒紧裤腰带是一件幸事，其实什么好结果也没有出现。那年11月，迪士尼工作室又进行了一轮裁员，员工人数减少了一半以上。沃尔特充分利用了这一

567

点，后来声称，这一举动是必要的提纯，通过这一举措，他已经消除了工作室里的不好的成分。"有时候，你还真必须让自己振作起来，然后彻底爆发。"他带着无可奈何的口气说，"然后你还得再开始收拾残局，开始清查存货，你知道吗？"

但是，这是一种合理化的举措。在罢工结束后的精简裁员和相互指责之间，他失去了一些最好的动画师，包括比尔·泰特拉。他曾制作了《白雪公主》中的清洗片段的动画、《幻想曲》中《荒山之夜》片段中的魔鬼的动画以及《木偶奇遇记》中的残忍的木偶师傅斯特隆波利（Stromboli）的动画。"他超然物外，冷漠自闭；他只是一个人待着。"他曾经的助手鲍勃·卡尔森这样描述罢工后的泰特拉在迪士尼工作室的境遇。"他只是来上班，待在自己的办公室里，然后下班回家。"尽管他尽己所能地坚持了很长时间，最终因为感到参加罢工而受到沃尔特的歧视，选择去了东海岸的保罗·特里工作室。还有其他一些人也离开了，其中包括迪士尼工作室里一些最具创新精神的年轻动画师，比如沃尔特·凯利（Walt Kelly），他后来创作了广受欢迎的"弹跳负鼠"连载漫画，以及约翰·赫伯利，他凭借自己的能力成了一名备受尊敬的实验动画师。还有一些人，比如赫伯利，加入了前迪士尼动画师弗兰克·塔什林（Frank Tashlin）的银幕宝石工作室，用赫伯利的话说："我们做了很多疯狂的事情，与经典的迪士尼做法背道而驰。"

而且，沃尔特与仍然留在迪士尼工作室的那些员工的关系也受到了影响和损害。本来在罢工之前，沃尔特和员工的关系已经变得越来越疏远，罢工之后他变得粗鲁暴躁，疑心更重。"这深深地伤害了他，"乔·格兰特谈到罢工时说，"他觉得自己被出卖了，觉得从前支持他的人现在都离开了他。"哈姆·卢斯克认为，这"几乎让沃尔特心碎欲绝"，而且他的"态度与罢工前相比发生了根本性的变化"。他很痛苦,内心充满仇恨。他原本真诚地相信,他为员工创造了一个完美的世界,但他们却并不领情,更没有对他心怀感激。他甚至把矛头指向冈瑟·莱辛,沃尔特认为他在罢工中的表现辜负了自己对他的期望。莱辛虽然保住了他的职位和他的办公室,但是,据沃德·金博尔说,这"纯粹是出于同情"。金博尔说,他是一个"支离破碎的人"。

杰克·金尼说,迪士尼工作室,这个人人都曾纵情狂欢过的地方,现在变成了一个"非常冰冷没有一点儿人情味的地方",就像其他工作室一样。快乐的气氛消失了。虽然沃尔特过去一直在鼓舞激励大家前进,但他从来都不是一个热情洋溢的领导者,现在他更加淡漠了。他对于赞美别人总是很吝啬,有一次他告诉一名员工,"赞美只会让人产生一种小小的自信感,除此之外别无用处",并警告称,"它同样可能是一个危险因素"。当他真的赞美别人的时候,很少是当着被赞美的人的面直接说的。通常情况下,动画师会听到沃尔特向同事表扬了他。出于同样的原因,当听到别人对他自己的赞扬时,沃尔特也是一个逆向思维者。"我们总是说,如果你想报复某人——那就在沃尔特面前表扬他们,"沃德·金博尔说,"或者如果你想帮某人一个忙的话,那就在沃尔特面前贬低他们,他会为他们挺身而出。"

但是,迪士尼工作室在罢工之后出现的新氛围不仅因为沃尔特的粗鲁或乖张,还因为现在员工对沃尔特有一种恐惧感,这种恐惧感过去一直潜伏在故事研讨会期间出汗的手心和紧张的沉默中,是一种害怕引起他不快的恐惧感,但现在变成了害怕激起他愤怒的恐惧感,并且不再潜伏,而是直接表露出来。甚至连高中时就认识沃尔特的比安卡·玛乔里,在给沃尔特做介绍陈述之后也会呕吐。迪士尼工作室里的每一个人都被他的脚后跟踩在坚硬的灰色瓷砖地板上发出的快速而独特的咔嗒声,以及他走近一个房间时由于抽烟导致的不停的咳嗽声吓到。"别怕我,"沃尔特咆哮道,"我不希望看到你们那样跳到自己的座位上。"但他们却不由自主地感到害怕。"他有一种方式，用手指指着你的胸口，眼睛恶狠狠地瞪着你，非常吓人。"杰克·金尼这样写道，"他会用'你知道，你知道，你知道'来不时强调他自己的话，直到你不停地回答'是的，是的，是的'——不管你知不知道他在说什么。"

这种恐惧感如此强烈和深重，以至于任何被认为不受沃尔特欢迎的人都成了迪士尼工作室里其他所有人的弃儿。有一次，在故事情节串联图板研讨会期间，布局艺术家肯·安德森在用一个新的打火机点香烟时，无意中把沃尔特的胡子点着了。沃尔特从椅子上跳了起来，对安德森咆哮道："你到底想干什么，把我烧了？"说完就跑出了房间。安德森扔掉打火机，再也不抽烟了。与此同时，迪士尼工作室里没有人愿意再和他说话了。安德森承认他哭了，并认为他会被解雇。但是这一次沃尔特主动叫他，请他吃午饭，并向其他员工证明，安德森依然被他重视。这真是一个极其罕见的善举。

除了他激起的恐惧感，沃尔特现在还表现出了一种报复心理，有时甚至近乎残忍，这是自从他和明茨开始合作以来从未有过的——只有他最狂热的支持者才会把这种残忍当作推动进步的借口。他可能会对一个犯错的员工进行严厉的批评，让他在全体员工面前难堪。沃德·金博尔说："当你去参加一个会议的时候，你会尽量让自己隐形，因为你想避免这种在众目睽睽之下被呵责的情况。"有一次，沃尔特正要从故事板上撕下一幅素描时，创作这幅素描的画家明显地做了个鬼脸，结果沃尔特"仔仔细细地，专门故意地"——据弗兰克·托马斯和奥利·约翰斯顿所说——"把那幅素描和接下来的三幅素描从故事板上撕下来，甚至把图钉钉住它们的各个角的地方也撕得干干净净；然后他把撕下来的碎纸撒开，让它们无助地在地板上飘动"。还有一次，他播放了本·沙普斯坦当年制作的一些老动画片段，然后在工作

第八章　世界大战中的迪士尼

人员面前对它冷嘲热讽。"他对待每个人的态度和方式都一样，"金博尔说，"就是打击和贬低。"

但是，他把他最大的愤怒埋在心里，留给了那个他认为对毁掉他的天堂负有最大责任的人。9月17日，在罢工达成和解后，阿特·巴比特回到了迪士尼工作室。他惊喜地发现，像杰克·金尼和迪克·伦迪这样没有参加罢工的人似乎接受了他，并愿意再次与他共事。但是他也发现，他原来的办公室被分配给了一名没有参加罢工的人，而他的新办公室里没有配备电影控制器。他接到的任务是为罢工期间制作的令人无法接受的两个动画场景重新制作动画，一个是一部关于高飞的卡通片，另一个是一部关于唐老鸭的动画短片，要求他在11月1日前完成。他被要求做更多额外的工作，却没有得到任何回报。11月24日，他在自己的办公室里接到了一个跑腿男孩送来的通知，称他在最近的一次裁员中被解雇，裁员45分钟后生效。沃尔特不诚实地声称，巴比特不再是一个"先进的"动画师，而且自从《白雪公主》之后，他过于依赖转描机技术，以至于他的作品变得僵硬呆板。有一次，当被问及如果巴比特的作品质量真的如此低劣，为什么会给他这么高的报酬时，沃尔特说，这是因为需要"给他信心"。几个月后，当莱辛在辅导沃尔特准备出庭宣誓作证时，沃尔特只比以前稍微诚实了一点点。他没有把组织工会活动作为解雇巴比特的理由，而说巴比特是一个"很难一起共事的人"。

沃尔特可能认为他终于摆脱了自己的这个宿敌。那年1月，巴比特乘船前往南美洲，为一家阿根廷动画制作公司工作。4个月后他又回来了，那年夏天，他加入了华纳兄弟影业公司，与莱昂·施莱辛格一起工作，然后辞职，在11月应征入伍加入了海军陆战队。但在他这么做之前，巴比特已经向全国劳资关系委员会提出了一项不公平劳动行为申诉，指控迪士尼工作室解雇他。沃尔特一定知道迪士尼工作室几乎没有获胜的机会，尤其在几位著名的动画师证实巴比特是业内最优秀的动画师之一之后。当年11月，主审法官做出了不利于迪士尼工作室的裁决，宣布沃尔特陈述的解雇巴比特的理由是"虚假的，毫无根据的"，并命令沃尔特在他退伍后的40天内恢复他的工作和职务并补发工资。

但是，即使巴比特暂时离开了，罢工问题可能也已经解决了，迪士尼工作室还是一片混乱，暗流汹涌。原来的老朋友成了终生的敌人。"过去人们经常一边说着，'喂，你好吗？'一边拍拍你的背。"一位员工回忆起罢工前的日子说。罢工之后，大家说话的语气和举止都变了。在工会方面，一组银幕卡通画家公会成员5个人并排走在走廊上，不让任何没有参加罢工的人通过。另一方面，参加了罢工的动画师比尔·梅伦德斯（Bill Melendez）回忆说，非罢工者"从未原谅我们破坏了迪士尼工作室的精神"的行为。沙莫斯·卡尔汉认为，无论参加罢工的人还是没有参加的人，双方都有一种内疚感——没有罢工的人怀疑自己是否出于懦弱站在沃尔特一边，罢工的人疑惑他们是否应该像现在这样继续在迪士尼工作室赖着不走。最后，卡尔汉写道："那种集体创作让20世纪30年代所有优秀电影成为可能的团队精神已经彻底消亡了。"最后，沃尔特·迪士尼的完美天堂梦想破灭了。

4

一场战争已经结束了，但是另一场战争即将开始。在沃尔特出访南美洲的日子里，罢工期间留在迪士尼工作室的总监动画师们一直在努力完成《小飞象》。这样工作室就能有一些可能带来收入的作品。这部电影在10月份上映，并获得了超出预期的大量好评，尽管它的成本远低于前三部动画长片，而且动画也不如前几部动画长片那么有绘画感和现实感。《纽约时报》的博斯利·克劳瑟称这部电影是"沃尔特·迪士尼麾下那些创造奇迹的艺术家们用魔法画笔创作出来的最亲切、最可爱、最珍贵的卡通故事片！"。《新共和国周刊》的奥蒂斯·弗格森对小飞象无意间喝了一些酒产生了粉红大象的幻觉的一幕欣喜若狂。"我从来没有见过任何与它类似或相近的东西，你也没有，"弗格森写道，"因为根本没有这样的东西。"一些人认为这是对迪士尼在《幻想曲》之前那种朴实无华的动画形式的回归。一直批评迪士尼最近被"长篇大论的知识分子"兜售了一张"非常低劣的商品清单"的专栏作家威斯布鲁克·佩格勒说，在得知迪士尼又完成了"另一部伟大的作品，它成功地忽视了周围环境的邪恶，并让他的同胞们振作起来"之后，对此表示鼓掌和欢呼。乖谬的评论家亚历山大·伍尔科特承认，他对《白雪公主》《木偶奇遇记》和《幻想曲》不那么感兴趣，但在给沃尔特的信中称赞《小飞象》是"自第一个白人登上这个大陆以来，在七门艺术（Seven Arts）中取得的最高成就"，也是"一个神圣的事件，表明你的整个创作都向着这个方向前进"。沃尔特对此回答说："这只是我们在创作电影史诗的空隙完成的一些小玩意！"

  沃尔特这样说并不完全出于自谦。这部影片对他们来说真是一项微不足道的成绩，尽管它再次表现了迪士尼一贯的主题：拥抱成熟、承担责任、掌握自己的命运。即使冒着被驱逐出安全而令人满足的童年绿洲的风险，沃尔特也真的没有付出多少努力和心血。《时代》周刊组织人员写了一篇评论文章，把影片成功的主要功劳归于他的工作人员。沃尔特向这部电影的编剧迪克·休默和乔·格兰特抱怨说，这篇文章让他显得无关紧要。《时代》周刊原本计划在1941年12月8日以封面故事的形式刊登这篇文章，但却被另一个更有新闻价值的事件打乱了。《时代》周刊的一名编辑向沃尔特道歉，说他曾试图把这篇文章重新安排在圣诞节的封面上，但被合作编辑否决了，因为他们担心读者会认为该杂志在本应该考虑这个国家现在面临的问题的时候，却在不合时宜地"开玩笑"。

这个国家现在面临的问题——导致《小飞象》被迫从封面故事的位置上让出来的问题——是美国卷入了第二次世界大战。导火线是12月7日，日本轰炸了夏威夷珍珠港的美国海军基地，引发了第二次世界大战太平洋战争爆发。那是一个星期天，沃尔特从收音机里听到了袭击的消息，然后接到了迪士尼工作室经理的电话，说接到了警方的通知，有500名陆军士兵已经进入伯班克地区，在摄影棚里露宿。他们的任务是提供防空设施，保护附近为武装部队制造飞机的洛克希德工厂。很快，军用卡车开进了停车场，建筑物上都披上了迷彩伪装，停车场和储藏室被改造成了弹药库，建起了一个食堂和厨房。实际上，美国军队已经征用了迪士尼工作室。

袭击发生的当天，迪士尼工作室产品部门负责人凯·卡门正在华盛顿特区，为商业电影和工业电影寻找潜在客户，并向经纪公司了解迪士尼工作室为美国政府——沃尔特最近刚刚将这个政府定性为共产主义政府——制作电影的可能性。尽管卡门为珍珠港事件中的遇难者哀悼，并写信给沃尔特告诉他赢得战争的必要性，但他也看到了美国政府参与其中带来的新的商业可能性，并认为沃尔特与泛美事务协调员的关系，可以作为进入政府其他部门的敲门砖，这些部门现在需要用电影来开展培训和进行公关宣传。"你应该参与其中，沃尔特，"卡门在信中敦促他的老板访问华盛顿，"他们需要你，想要你来，我认为这次访问非常重要。"

事实上，尽管沃尔特一向鄙视任何与迪士尼工作室的根本目的——娱乐观众——相悖的事情，但是他早在罢工之前就开始积极寻求为政府工作，想以此来摆脱工作室面临的财务困境。1940年10月，他会见了一名军方的代表，讨论拍摄培训电影的问题。在接下来的一个月，他向国防委员会提供了援助。国防委员会是由美国电影制片人协会成立的，旨在携手合作为政府制作电影。那年3月，他任命故事创作人罗伯特·卡尔负责"沃尔特·迪士尼培训电影部门"，负责工业界和政府部门的订单。当月，卡尔给航空工业的教育主管们发了一份备忘录，表示迪士尼工作室愿意为他们提供帮助。备忘录中写道："只需要一名工程师或其他客户代表坐在迪士尼工作室的会议室的桌子旁，向一群训练有素的机械制图员和艺术家们讲述他的故事即可。"剩下的就交给迪士尼工作室好了。

沃尔特把事情做得四平八稳，滴水不漏。1941年4月3日，他在迪士尼工作室为政府官员和国防工业的代表——总共30人——举行了正式的午宴和会议。"我们拥有工厂、设备和人员，"他告诉他们，"我们愿意以任何方式尽我们所能提供帮助。"之后，他又写了一封信，说他这样做的动机"完全是为了在目前的紧急情况下尽我所能提供帮助"，而且他会不惜成本、不追求盈利地拍摄这些电影。他撒谎说，迪士尼工作室的组织方式是这样的，他可以在不妨碍制作自己的动画长片的情况下制作这些电影，没有提及动画长片的制作已经受到了经济的威胁。在等待回应的过程中，他聘请洛克希德公司的工程师乔治·帕彭（George Papen）帮助他制作了一部动画教学影片，片名直截了当，名为《完美铆接的四种方法》（*Four Methods of Flush Riveting*）。他向纪录片导演约翰·格里森（John Grierson）展示了自己的这部影片。格里森当时以加拿大电影专员的身份出席了会议。不久之后，沃尔特从格里森那里拿到了他的第一份合同，内容是关于反坦克步枪的教学影片《完美铆接原理》，以及四部宣传加拿大战争债券销售的短片。这部有关铆接的电影的预算在4000美元到5000美元之间，与该工作室为自己的短片支付的费用相差甚远，但其动画效果要求与该工作室制作的动画也相去甚远。沃尔特依赖从旧卡通片中回收的场景来制作这些电影，并使用更为有限的动画——也就是说，动画的动作比他的动画长片和短片要少很多。

1941年5月，随着罢工的悄然临近，他感到了一种获得政府工作的新的紧迫性，于是迪士尼工作室加大了工作力度，加快了工作步伐。沃尔特派培训部的弗恩·考德威尔带着这部名为《完美铆接原理》(*Flush Riveting*)的影片去华盛顿，让他把影片从一个政府办公室带到另一个政府办公室挨门挨户放映展示，包括乔治·马歇尔将军和陆军参谋长的办公室。沃尔特继续坚持说，迪士尼工作室只是在履行自己的爱国职责，但事实是，工作室需要这些合同，哪怕只是为了让动画师继续工作，并抵销日常开销。那年从夏天到秋天，沃尔特一直在利用这部加拿大人要求拍摄的《完美铆接原理》电影寻找商机。鲍勃·卡尔（Bob Carr）说，加拿大人称赞这部电影"不可思议！是我们见过的最好的电影！"11月份，沃尔特从南美回来后，与国防委员会的成员会面，并与农业部食品租借部门的一名广告人兼顾问亨利·塞尔（Henry Sell）讨论了制作宣传其租借计划的电影，以及可能为塞尔的几位商业客户制作其他宣传电影的事宜。沃尔特此前一直没有这样做，因为他认为这样做有失身份。

当珍珠港事件发生时，沃尔特·迪士尼已经深度参与政府工作之中了，而且接下来参与的程度会更加深入。就在日本偷袭珍珠港的第二天晚上，也就是12月8日，他接到了一个海军官员的电话，他们向迪士尼工作室提供了制作20部飞机和军舰识别方面的电影的合同，合同总金额为9万美元。在此之后不久，美国海军部航空局派了一名军官到伯班克监督该项目。[1]（动画师们给当时海军总部所在的动画大

---

[1] 根据迪士尼工作室的一位员工讲述的这个故事的版本，是海军军官强迫沃尔特接受最低预算，然后告诉他，为了证明这笔交易，他们的对话已经被录音。

第八章 世界大战中的迪士尼

楼绘上了翅膀。）与此同时，沃尔特已经完成并发送给格里森为推销购买加拿大战争债券而签订的电影合同，同时仍在与亨利·塞尔就制作《租借法案》相关影片讨价还价。

然而，就在12月初的同一周，沃尔特接到了财政部部长助理约翰·L.沙利文（John L. Sullivan）的电话，谈了一件对迪士尼工作室影响极其重大的事情，由此可以看出迪士尼工作室即将发生的巨大变化。甚至在珍珠港被袭击之前，财政部就一直在考虑制作可以鼓励美国人交税的电影，这在美国进入战争时期突然变得更加紧迫。根据副部长乔治·布芬顿（George Buffington）的建议，沙利文告诉财政部部长亨利·摩根索（Henry Morgenthau），"约翰·巴里摩尔不能做的，也许米老鼠可以"，并建议他们与沃尔特·迪士尼见面。沃尔特无意去华盛顿，因为马上黛安娜要过生日了，但财政部坚称，这个事情非常紧迫，力邀沃尔特去华盛顿一趟。所以沃尔特于12月12日乘坐飞机飞往华盛顿，会见了摩根索，晚上在沙利文家里共进了晚餐。在沙利文家，他们就着马丁尼酒，草拟出了一个方案，然后沃尔特打电话给黛安娜祝她生日快乐。就在第二天，他签署了一份协议，承诺以不超过4万美元的价格制作这部电影，这个价格比一般迪士尼短片的成本还低。

这部影片面临的主要问题不是预算，而是时间。预算虽然微薄，但并不是问题所在——沃尔特已经习惯了在必要的时候偷工减料。真正的问题是日程安排。财政部希望这部电影能在2月15日或之前上映，这意味着留给工作人员编写剧本、润色脚本、谱曲配乐和制作动画的时间只有1个月。这部影片的制片人本·沙普斯坦和人事部门的哈尔·阿德奎斯特告诉沃尔特，他们需要20个人来制作这部电影。现在这部电影的名字被定为《新精神》（the New Spirit）。考虑到截止日期，整部影片必须在一周内完成动画制作。迪士尼工作室从未面临时间如此紧张的局面，即使在制作《白雪公主》和《木偶奇遇记》的最后几天里，大家拼命一般地为首映赶时间，也从未有过这样的紧迫感。

更要命的是，这次不再是迪士尼工作室自己说了算。他们还必须征得摩根索的同意。在夜以继日不知疲倦地制作完成故事情节串联图板之后，在新年前夜还继续开会商讨这部影片的各种细节问题之后，沃尔特于1月4日与罗伊、故事创作人迪克·休默和乔·格兰特一起飞往华盛顿，让摩根索审核以获得他的批准。摩根索的秘书把会议推迟了一天，因为实在没有时间——他患有周期性偏头痛。最后，他穿着卧室拖鞋，带着他的大丹犬，轻轻地走出来迎接他们。摩根索的一名助手反对沃尔特使用唐老鸭的想法——沃尔特对此进行了机敏的反驳，称迪士尼工作室把唐老鸭送给财政部，就像米高梅公司送给他们克拉克·盖博一样——但是摩根索同意了，沃尔特一行赶回伯班克完成了这个项目。

"我们在工作场所睡觉，"沃尔特后来回忆说，"我们在里面放了床。我们就待在那里。我们一天工作18小时。"他们没有制作动画样片。相反，他们用最初的草图直接进入清洁、描线和上色环节。动画制作于1月20日完成并送到实验室进行后续加工处理；第二天紧急录制了一首主题曲；特艺集团在那个周末拿到了成片，并在三天后冲印了1份，在接下来的三天后又交付了250份。"这是有史以来最快的动画制作速度。"沃尔特在发给副部长布芬顿的电报中写道。

但是，这是付出了心理上的代价的。威尔弗雷德·杰克逊记得，当仍是完美主义者的沃尔特看到这部最终制作完成的电影成片时，他很不高兴，因为有些动画不够流畅，他坐在那里心神不宁地反复思考，不想在电影上签字放行。"最后，他转过身来说，'杰克，啊……'"杰克逊说，"他挠着头。'你知道……好吧，杰克……'他在

第八章 世界大战中的迪士尼

座位上动了动。他站起来，斩钉截铁地说：'好吧。'然后他走了出去。他有各种各样的想法，但他不能解决这部影片存在的一些问题。因为他没有时间。"沃尔特·迪士尼不得不做出让步，承认他的动画不是最好的。

但是，财政部没有这些顾虑。布芬顿和摩根索都对这部影片表示满意，正如乔治·莫里斯给罗伊发的电报所说："对其他电影的创意感到非常兴奋。"摩根索邀请沃尔特和莉莲参加2月2日在华盛顿举行的首映式和庆祝晚宴。事实证明，这部名为《新精神》的影片获得了巨大的成功。据估计，最终有超过3200万美国人在近1.2万家影院观看了这部电影。盖洛普（Gallup）的一项调查显示，其中37%的观众表示，这部电影影响了他们的纳税意愿，86%的人认为迪士尼应该为政府制作其他主题的电影短片。

尽管如此，这项民意调查中包含的一个令人不安的数字很快就会困扰沃尔特：只有46%的美国人认为政府应该为这部电影买单。首演后几天，众议院就财政部拨款问题进行了辩论，以259票赞成对112票反对，取消了财政部要求为《新精神》支付的8万美元拨款提案。（这个金额包括这部影片的冲印、发行和宣传的费用。）"他们雇他来拍了一部要花8万美元的动画电影来说服人们缴纳个人所得税，"来自纽约州的共和党众议院议员约翰·塔伯（John Taber）在众议院慷慨陈词，"我的上帝！当人们知道这8万美元原本应该用来购买一架轰炸机，但却要花在拍摄一部娱乐大众的电影上时，你能想到还有什么比这更让人讨厌缴纳个人所得税的吗？""如果是用于国防，数10亿美元都没有问题，"塔伯雄辩地说，"但给唐老鸭1美元也没有。"内布拉斯加众议员卡尔·柯蒂斯（Carl Curtis）对这项拨款提案发表意见称，这是"据我所知最无法容忍、最无耻下流的一个浪费金钱的行为"。其他反对罗斯福政府的共和党人把沃尔特和一个明显是笨蛋的人混为一谈——一个舞蹈演员，曾被任命为民防部长，但据共和党人说，他的主要资历显然是与埃莉诺·罗斯福的友谊。在参议院，尽管有几位参议员为迪士尼辩护，但《新精神》的成本支出并没有被恢复到拨款法案中。

具有讽刺意味的是，沃尔特在制作《新精神》上实际亏损的钱远远不止于此。他的损失包括：影片本身的制作成本，约为6000美元，还有由于这部政府要求制作的短片而被迫取消的商业短片订单，金额约为5万美元。出于他天真的商业意识，他还与财政部签署了一份极其不利的协议，称他将"自掏腰包"拍摄这部电影，成本最多不会超过4万美元，但他却没有意识到（正如罗伊后来责骂他的那样）这个金额还不包括"监制、灯光、供暖、税收、折旧以及其他许多类似的间接成本"，也没有意识到政府的总会计办公室（General Accounting Office）会严格要求他遵守合同条款。实际上，沃尔特从中吸取了两个可怕但宝贵的教训，这两个教训将主导他在整个战争期间的商业行为：第一，政府电影的运作，无论是时间进度表还是标准，都与商业电影不同；第二，迪士尼工作室现在是对政府负责，事实证明，政府这个工头比美国银行还要严厉。

如果说沃尔特从沉重的工作压力、批评指责、失望沮丧和财务崩溃中得到了什么解脱的话，那就是在《新精神》首映式之后，他和莉莲回到了洛杉矶。沃尔特从来不是一个喜欢怀乡恋旧的人。他更愿意把他一生中最糟糕的时刻进行戏剧化处理，而不是把人生最好的时刻润色一番。对于当年在堪萨斯城的成长经历，他一直珍惜而且难忘的，除了让他身心俱疲受尽折磨的送报线路，就是本顿学校了。这些年来，他一直与六年级的老师黛西·贝克保持着联系，他诚心诚意地给她写信，也与其他老师保持着联系。因此，当他在从华盛顿返回的途中被邀请回学校参加他捐赠的两幅壁画的安装庆典时，他接受

第八章 世界大战中的迪士尼

了——尽管他现在已经例行公事般拒绝了所有让他发言或接受表彰的邀请。他总是说他太忙了，太穷了，没办法去发表演讲。

返回本顿的一天之行是胜利的，也是成功的。800名学生、家长和老师举行集会欢迎他，并在"公共事业振兴署"管弦乐队的伴奏下，为他献上了小夜曲。他在集会上展示了《新精神》和另一部卡通影片，然后让克拉伦斯·纳什表演了唐老鸭。1917年，黛西·贝克说服沃尔特参加学校运动会的比赛，他参加了学校的70磅重量级的接力队，赢得了银杯。现在学校把这个银制纪念杯颁发给他。学校在距离他当年的"欢笑电影公司"原址不远的特罗斯特大街一家自助餐厅为他举行了欢迎午宴，在宴会上沃尔特向大家介绍了他在电影广告公司工作时的老板阿瑟·凡尔纳·科格，以及1923年为他返回加利福尼亚之行提供资金支持的那位女士，当时他为她家的孩子拍摄了婴儿电影。之后，他参观了伯特·哈德森的理发店，他的画就是在那里首次展出的。最后，他在当地的一个养老院里与黛西·贝克共进晚餐，结束了这次短暂的停留——和当天发生的其他事件一样，这表明了他是从哪里来的，以及从那以后他又走了有多远。

迪士尼工作室现在最需要的是工作任务。短期内，在沃尔特等待自己向政府提出的请求结出更多果实的同时，南美洲电影成了他的救生索。即使是在珍珠港遭受袭击的当天下午的晚些时候，也就是星期天，他还在工作室里讨论如何让这些卡通片生动活泼起来。他在接受《纽约客》采访时表示，他的目的并不是要重复自己那些令人印象更为深刻，但在经济上并不成功的动画长片犯的错误，他现在显然觉得自己在这些动画长片的细节上抠得太过了。"我要按照简单而不是艺术的原则来拍摄制作这些南美洲影片，"他说——这种方式与他通常的工作安排完全相反，"最好的方法就是即兴发挥。不要有任何剧本，只要大胆去做，没有人知道会发生什么，直到它发生为止。"

罗伊告诉他们的发行商雷电华电影公司，最初的计划是制作一系列以南美为主题的动画短片，总共12部，但是这些短片除在南美洲以外还会在全球市场上发行，"就像我们现在的影片一样具有广泛的吸引力"。雷电华电影公司并不相信。1月，制片人戴维·O.塞尔兹尼克也通过一个名为"美国电影协会"的组织与泛美事务协调员办事处取得了联系，他现在正在游说沃尔特和乔克·惠特尼把这些动画短片打包组合成动画长片。他认为这会让这些动画片的知名度和销量更高。沃尔特开始慢慢接受这个想法。他想把它当作一种拓展员工艺术视野和能力、完成他们制作《糊涂交响曲》系列动画片合同的一种方式。"如果这12部南美动画短片能够被打包组合，每一组包括四部短片，总共三组，并在今年发行的话，"他在给罗伊的信中写道，"我想我们可以扩大我们的'动画短片项目'，这样我们就有机会在其中加入一些《糊涂交响曲》的创意，这些创意目前正处于工厂不同的生产阶段。"然而，为了把这些迥然不同的短片都纳入到南美洲这一更宏大的标题之下，沃尔特不得不使用他在旅途中亲自拍摄的16毫米胶片，并向塞尔兹尼克道歉，因为"我糟糕的摄影技术和紧张的手"实在拍得不好。

现在，动画制作的任务像洪水一样泛滥而来。在去年12月的华盛顿之行中，沃尔特在乔克·惠特尼的授意和鼓励之下，想看看自己能否说服美国政府的官员，将所有的电影制作都集中到好莱坞，并且在迪士尼工作室设立一个特别部门专门负责这项工作。沃尔特在给凯·卡门的信中满怀希望地写道："也许上述进展将是我们面临的所有问题的答案。"但是结果并不尽如人意，官员们都小心翼翼地维护着自己的权力，不愿把任何权力交给中央机构，随着凯·卡门持续不停地甚至有点儿过于积极地向政府部门和国防承包商索要影片订单，迪士尼工作室发现自己陷入了政府活动的旋涡之中。在珍珠港事件发生后的几个星期内，为美国海军提供的关于军舰识别的影片就开始制作；美国农业部已签约委托拍摄一部电影，宣传《租借法案》项目；美国国防委员会委托制作一系列大型运动的宣传海报，这项运动旨在提醒美国人不要泄露敏感信息。为了加快这些影片的制作和生产，导演弗兰克·卡普拉被任命为陆军通信兵的少校，他会见了沃尔特，想说服他也加入通信兵。但是，沃尔特拒绝了，他说，如果卡普拉需要他，他只需向迪士尼工作室提出服务请求即可。卡普拉确实这样做了，沃尔特为卡普拉拍摄的《我们为什么要战斗》系列影片提供动画制作服务，这些影片解释了为什么美国要参战。在沃尔特艰难地应对这些委托和要求的同时，泛美事务协调员办事处正在敦促迪士尼工作室制作一系列新的关于卫生和农业的教育电影，以及另一个系列电影。这一系列电影的主题，正如惠特尼所说，"直接涉及轴心国对拉丁美洲自由的威胁"。除此之外，迪士尼工作室被来自空军和海军中队的徽章制作申请淹没，尽管没有报酬，但他们还是组建了一个5人小团队专门处理这一业务，尽力满足他们的要求。

　　但是工作室并没有就此止步。沃尔特曾亲自向海军电影项目负责人J.C.哈钦森（J. C. Hutchinson）上尉进行游说，最终敲定了一系列电影合同，内容涉及高空气象学、气象条件和状况、航空母舰着陆信号、航空母舰进场方式和条件、航空飞机编队方法、固定射击技术，最后还有一项叫作"海上航行规则"。与此同时，在美国银行和发行迪士尼股票的基德尔－皮博迪公司等合作伙伴要求业务多样化的压力下，沃尔特与飞机制造商柯蒂斯·怀特公司（Curtiss Wright）、洛克希德公司（Lockheed）、比奇公司（Beech）和艾龙卡公司（Aeronca）的高管们会面，讨论为他们制作培训影片的可能性。"在这个时候，没有什么比在这个工业领域起步更重要的了。"基德尔－皮博迪公司的弗雷迪·摩尔在给沃尔特的信中写道。他还含沙射影地威胁说："如果

583

你不走出去拓宽自己的领域，扩大自己的业务范围，你未来的前景就不会是我们所希望的那样乐观。"罗伊在与柯蒂斯·怀特公司的代表会面后兴奋地对沃尔特说："最棒的一点是，这些公司与政府不同，它们能够支付比成本更高的价格。实际上，迪士尼工作室终于可以赚取它迫切需要的利润了。"

当然，如果说这项工作最好的部分是潜在的利润，最糟糕的部分则是迪士尼工作室不再是迪士尼工作室。它现在是一个教育电影和工业电影制造厂，政府的一个分支机构。沃尔特和罗伊几乎每天往返于洛杉矶和华盛顿之间。尽管沃尔特清楚地认识到，迪士尼工作室想要生存下去，与政府做生意开展业务合作是势在必行的，但是他，这个只为了制作伟大电影而活着的人，内心还是感到沮丧。首先，他对政府那些官僚作风严重的官员们锱铢必较感到很无奈很沮丧。例如，海军否决了迪士尼工作室在合同中为其管理费用和利润附加一个固定比例的想法。相反，一位官员建议迪士尼工作室设定一个固定的价格。如果实际生产成本低于预算，海军将要求进行调整；如果成本超过预算，迪士尼工作室将不得不承担损失。其次，他还对一些小官僚审查故事板、发布警告信息和下达命令感到很无奈很沮丧，几个月前还是他拥有最终拍板权。当美国海军的 J. C. 哈钦森威胁沃尔特，说他要么立即迅速交付有关航空母舰进场方式和着陆条件的影片，要么忍受严厉的批评时，"指责的声音将会在迪士尼的大厅里都能听到"。沃尔特愤怒地回复说，他对这一威胁感到不满，这扰乱了他的工作。但是，事实上，他对此无能为力，因为他需要和这个部门保持良好的关系。"沃尔特或多或少失去了控制，"乔·格兰特回忆说，"因为我们工作室里有那么多军方要员，并且他们全都觉得自己是制片人。"

最后，他对自己现在被迫拍摄制作的电影种类和内容感到很无奈很沮丧。他对必须用最原始最简单最粗糙的动画制作在很大程度上严重缺乏想象力的训练影片和教育影片的想法感到愤怒，但他明白这样做在经济和爱国方面都是必要的。当财政部和泛美事务协调员办事处要求他制作公开的政治宣传影片时，他就不那么听话了。这些影片的目的是影响舆论，而不是教育。"沃尔特害怕在公众心目中被贴上宣传机器的标签，这将直接损害他作为一个充满想象力的、非政治性的艺术家的声誉，"信息协调员华莱士·杜尔（Wallace Deuel）在沃尔特3月访问财政部讨论另一套电影之前对财政部的一名官员说，"他对自己收到的几封有关《新精神》的辱骂性信件感到困扰，这些信件指控他与各种政治、种族和其他社会关系有染。"沃尔特显然回忆起早些时候到摩根索部长家中访问时，战争情报办公室（Office of War Information）主任洛厄尔·梅利特（Lowell Mellett）在晚餐时问他的一个问题："你不担心做这种事情会损害你的声誉吗？"

摩根索和乔克·惠特尼都在向他施压，要求他拍摄政治宣传电影，甚至提出他们可以提供联合融资来诱惑他。这些政治宣传电影是一系列影片，将直接攻击纳粹及其生活方式。那年2月，《读者文摘》发表了一篇名为《死亡教育》（*Education for Death*）的文章，描述并哀叹纳粹对儿童的灌输教育。接下来的一个月，在华盛顿之行结束后，沃尔特去了《读者文摘》的总部纽约州普莱森特维尔市，讨论该杂志可能赞助的一部电影系列片。《读者文摘》的编辑们很快就提出了拍一部基于《死亡教育》的电影。乔克·惠特尼和摩根索也参与了这个项目，不过在政府应该为这些影片提供赞助（在这种情况下，沃尔特觉得放映商会拒绝放映这些影片），还是《读者文摘》应该为它们提供赞助（在这种情况下，放映商更有可能放映这些影片，但泛美事务协调员办事处和财政部将失去对影片内容的控制）这个问题上，大家存在分歧。而且，《死亡教育》的版权已经卖给了派拉蒙影业公司，但惠特尼确信他能收回这些版权。

沃尔特·迪士尼无奈之下极不情愿地越过了政治宣传的界限。正如罗伊所说，在得到泛美事务协调员办事处"幕后"的资助后，迪士尼工作室在那年6月将《死亡教育》投入了制作流程。那年夏天晚些时候，在美国电影协会主席、制片人沃尔特尔·万格的推荐下，沃尔特开始准备根据一本名为《战争政治与情感》(War Politics and Emotion)的书，抽取其中部分内容，创作一部名为《理性与情感》(Reason and Emotion)的短篇动画，讲述战争政治与情感是如何在纳粹德国战胜理性的。再后来，他又制作了一部名为《唐纳德在纳粹》的短片，利用唐老鸭嘲笑德国元首阿道夫·希特勒。两部电影显然都是由《读者文摘》和泛美事务协调员办事处资助拍摄的。沃尔特委托迪士尼工作室的作曲家奥利·华莱士为后者写一首歌，华莱士说他在一个小时内就把这首歌赶了出来，在合唱中加入了对希特勒的"嘲笑"。斯派克·琼斯（Spike Jones）当时是约翰·斯科特·特罗特（John Scott Trotter）领导的管弦乐团的长号手，也是他自己的滑稽乐队"城市乡巴佬"的领队。当他选了《元首的面孔》这首以"嘲笑"结尾的歌曲作为新唱片的B面主打歌时，这首歌立即走红。这最终促使迪士尼工作室把电影的名字改成了这首歌的名字。琼斯的唱片卖出了150万张，并为战争提供了一首颂歌，就像用《谁害怕大坏狼》为大萧条提供了一首赞歌一样。在协调员又一次的催促下，沃尔特又准备了一部纳粹主题版的《小鸡总动员》，其中狐狸福克斯·洛克斯（Foxey Loxey）利用纳粹的战术进入了鸡笼。

但是，这些政治宣传攻势都是些小打小闹的东西，通过攻击纳粹主义和纳粹头子来支持大众的情绪。他们没有改变公众的意见，只是进一步加强了它。现在沃尔特有了更高的目标，如果他要做政治宣传，那么他想要领导一场"十字军东征"，而不是追随一场"十字军东征"。他想要帮助改变战争的进程，也许更重要的是，在动画长片

第八章　世界大战中的迪士尼

的拍摄制作暂停之后，他想要拍一部真正对他有意义的电影。《读者文摘》还在设法与迪士尼兄弟达成一项协议。与此同时，负责人摘录节选了一些材料，然后把一位名叫亚历山大·P.德·塞维尔斯基的人写的一本新书的排版毛样送给了沃尔特。塞维尔斯基曾经是一名俄罗斯空军指挥官少校，名字听起来就特别专横傲慢。第一次世界大战期间，他在一次飞机失事中失去了右腿，年仅22岁，但作为一名极其优秀的飞行员，他获得了重返岗位的特别许可，随后又击落了13架飞机，之后作为俄罗斯大使馆助理海军武官来到美国，并在俄国十月革命后成为一名美国空军的顾问。在成为美国公民后，他发明了第一台自动投弹瞄准器和第一台涡轮增压、空气制冷式战斗机发动机。

塞维尔斯基人如其名，专横傲慢的不仅是他的名字，他这个人亦如此。塞维尔斯基的父亲是一位歌剧院的歌唱家，是俄罗斯第一个拥有并经营自己私人飞机的人。塞维尔斯基这一年48岁，这位少校的外貌给人留下了深刻的印象，他有一对厚厚的眼皮，一双深陷的绿眼睛，一个鹰钩鼻，厚厚的嘴唇，一头浓密的略带灰色的黑发，从额头厚厚的V形发尖向后梳去。他在洛克菲勒中心的34层有一间办公室，里面摆放着许多纪念品，其中唯一的一张签名照片是美国空军力量的捍卫者比利·米切尔将军的照片。他还在中央公园拥有一座联排别墅，在长岛的北港拥有一座海滨别墅。塞维尔斯基非常自信，像他的朋友比利·米切尔一样，毫不犹豫地向军方发起挑战，这正是他现在所做的。他撰写了一本名为《空中制胜》的书。在这本书中他提出了这样一个论点："只有使用空中力量才能向敌人发动进攻，而只有进攻才能赢得战争。"从本质上讲，陆军步兵和海军战舰都无关紧要。他进一步提出，空中力量现在使"在没有长时间的入侵准备和寸土必争的征战的前提下，将一个敌国打得毫无还手之力"成为可能。而且，他坚持认为，实现这一目标的最佳方式是使用远程轰炸机，用重型有

587

效载荷攻击敌人的神经中枢，而不是用从航空母舰起飞的小型飞机。

这本书在1942年4月下旬出版，立即成了畅销书——它最终成为年度第五畅销书——但它也引发了大量的争议和反驳。《费城纪录报》认为，塞维尔斯基低估了胜利需要的各军种之间的合作。《华盛顿邮报》说，他把"所有其他武器都贬低到标枪和弩的类别"。《纽约每日新闻报》抱怨称，要到1945年，才有足够的远程轰炸机来实现塞维尔斯基的要求。《纽约时报》认为，如果塞维尔斯基能够保证两年后战区的位置，以及需要什么样的飞机，"陆军和海军当局收到此类信息将会很高兴"。

但是，尽管评论家们——以及大多数军方人士——都持怀疑态度，沃尔特·迪士尼却被这种观点迷住了。沃尔特总体上热爱科技，他特别热衷于飞机，相信飞机的力量。"你看，我当时只是觉得这个东西与我们所处的这个世纪比较匹配和吻合。"沃尔特后来在接受采访时说，"我只是觉得，嗯，天哪，如果他们要出去尝试使用战舰和所有其他东西，我不相信他们会成功。"当年5月，甚至在他还没有读这本书之前，沃尔特已经向塞维尔斯基发出了将它改编成电影的可能性的试探，不过他警告他的联系人"绝对要把我的名字从所有询问者当中剔除"。到当年7月，沃尔特已经完成了这笔交易。

沃尔特知道拍这部电影不会很容易。美国海军把它的大部分政府业务都交给了他，海军方面担心远程陆基轰炸机会消除对航空母舰的需求，所以坚决反对塞维尔斯基的理论，甚至在沃尔特频繁访问华盛顿期间召集他参加参谋内部会议，劝他不要拍这部电影。"沃尔特，塞维尔斯基的全部意义不在于有人就空中力量的价值与他争吵，"一名海军官员在给沃尔特的信中机智地写道，"而是他过于相信远程陆基轰炸机代表的空中力量运用，因为要实现他的想法，远程陆基轰炸机就必须携带远远超出其载荷的炸弹，远远超过其最大航程的距离。"

588

第八章　世界大战中的迪士尼

（后来，美国海军甚至更进一步向迪士尼工作室承诺，工作室将获得足够多的业务，没有余力再制作任何其他电影。）还有一些人，比如海军中校约翰·S.撒切尔（John S. Thatch），他是一名获得勋章的飞行员，曾担任固定枪炮射击和战斗机战术系列的技术顾问。他告诉沃尔特，塞维尔斯基的想法不切实际，飞机完成短程任务更可取；他甚至向塞维尔斯基发起进行一场空战的挑战——塞维尔斯基驾驶着他的大型远程轰炸机，他驾驶着他的战斗机。

但是，沃尔特不可能被轻易劝阻。他期待着一部用动画来展示远程轰炸机如何赢得战争的胜利影片，他对这一前景感到兴奋不已，他感到自己旧日的激情再次燃起。他开始忙碌起来，又找到了一种全身心投入的感觉。他发现了一件可以在整个夏天都让他忙碌不休的事情，一件重要的事情，而迪士尼工作室的其他成员则在制作常规的训练和教育影片。动画师马克·戴维斯表示，沃尔特"完全被说服了，完全献身于它了"。一旦他开始将想法付诸实施，沃尔特就吹嘘说，这个工作室"在某种程度上成了来访飞行员的圣地"，他们支持或同意塞维尔斯基的意见，并向沃尔特提供了最新的情报，所以沃尔特现在是一个小型行动的一部分。塞维尔斯基本人可能以傲慢、固执、脾气暴躁而闻名，但罗伊在那年7月见过他，对他印象深刻，称他"令人耳目一新、非常有意思"，而且——对罗伊来说重要的是——他并没有为了额外的钱去压榨迪士尼工作室。对塞维尔斯基和沃尔特来说，这件事情完全是出于爱国主义，都是为了推动一种赢得战争的新方法——塞维尔斯基认为这是赢得战争的唯一方法。

现在，迫于压力，沃尔特要尽快说服公众相信这个理论，以便他能有所作为，于是他又开始了另一项努力。（他也感受到了另一种压力：迪士尼工作室委托做的一项初步调查显示，公众对战争片开始感到厌倦了，因此，正如民意调查专家所说，《空中制胜》这部影片

589

越早上映越好"。）沃尔特于7月28日在迪士尼工作室第一次见到塞维尔斯基，当时他已经制作好了故事板，周围都是他的员工，包括戴夫·汉德、比尔·科特雷尔和佩尔斯·皮尔斯。就像和列奥波德·斯托科夫斯基在一起时一样，沃尔特毕恭毕敬，因为他意识到这部影片是塞维尔斯基的计划，而沃尔特实际上只是一个推动者。布局艺术家肯·安德森记得8月的一个周末，下着雨，他和同事赫伯·莱曼（Herb Ryman）实质上来说就像是被锁在工作室里，被迫拿出了一个最终的故事板。"如果是塞维尔斯基，他会进来并鼓励我们，"安德森说，"如果是沃尔特，他会用威胁的口吻对我们说，'你们这些家伙最好把工作做好，因为我可指望着你们呐'。"安德森认为他的意思是，这个国家指望着他们。

沃尔特又一次高度集中注意力了，这也许是《幻想曲》之后的第一次。在8月份和9月份，塞维尔斯基在迪士尼工作室和各种演讲活动之间来回穿梭，有时在不得不再次离开之前，他会抓紧时间利用仅有的几个小时来指导影片制作，而工作人员则如比赛一般忙着完成剧本和故事板。沃尔特一直在强调合理性和可信度。"我们必须做得足够扎实，做好宣传引导，让人们深信不疑——我们在这个问题上是对的，他们是和我们站在一起的。"他在一次故事研讨会上说，"如果我们做得太天马行空，异想天开，就会导致人们对整件事的信任度大打折扣。"事实上，更有可能坚持这部电影的娱乐价值而不是宣传价值的，恰恰是塞维尔斯基，而不是沃尔特。当沃尔特反对其中某一点时，塞维尔斯基厉声说道："如果要陷入今天的泥淖，我们还不如把整部电影都取消算了。"

他称这部电影是一部"杂种影片"，就像《为我奏乐》一样，因为它把塞维尔斯基讲课的现场场景和解释说明他观点的动画结合在了一起，就像在《为我奏乐》当中把罗伯特·本奇利和动画结合在一起

第八章　世界大战中的迪士尼

一样。而且，就像《为我奏乐》里的动画一样，动画本身制作得并不像动画长片里的情节那么精致。不过，沃尔特也看到了审美的可能性。因此，他热情洋溢地讲述了动画师是如何描绘未来的。"我们可以展示鱼雷攻击船只的画面，"他说，"我们可以展示塞维尔斯基预测的那种大型货运飞机和轰炸飞机。"他感觉特别兴奋的是，影片计划当中最后的镜头显示敌人是一只章鱼，而美国是一只鹰。"我们炸开了章鱼的心脏，当我们击中它的时候，我们生动地展示了这个大家伙，"他滔滔不绝地说，"我们击中了这个章鱼的要害，摧毁并破坏了它的供给系统，削弱了它的每根触角……在我们不断地打击这些触角的同时，我们仍在它的心脏地带施展着我们美国空军的力量。"在沃尔特看来，这不会是一个普通的宣传片，就像动画长片不会是普通的卡通片一样。这将是一个伟大的、惊天动地的宣传片。"基本的想法很宏大。"他在听说观众对这部影片的兴趣很高后在给佩尔斯·皮尔斯、戴夫·汉德以及这部电影的编剧R. C.谢里夫（R. C. Sherriff）的信中写道，"这是盖洛普有史以来第一次能够在它调查的任何一部影片上报道这一点。"沃尔特敦促他们尽量在12月之前赶出这部电影，以充分利用公众的期待心理。

1942年10月初，沃尔特开始拍摄塞维尔斯基的镜头。由于白天飞机在洛克希德工厂附近起降时发出的轰鸣声，拍摄工作不得不在晚上进行。考虑到日程安排，这一拍摄工作非常紧张和繁忙。"过去的10天里，我几乎没在办公室里待过，"沃尔特在月底给制片人沃尔特尔·万格的信中写道，"因为忙于拍摄德·塞维尔斯基在这部电影中的现场实景以及其他一些乱七八糟的事情，我在办公桌前连一分钟都没有待过。"他看上去很憔悴，也很疲惫，经常顾不上刮胡子，穿着的宽松的裤子和开领衬衫由于出汗浑身湿透。但是，尽管投入了全部身心和时间来监督《空中制胜》的拍摄和制作，沃尔特仍然对这部影片不完全满意。看着拍摄出来的样片，沃尔特抱怨说，塞维尔斯基一遍又一遍地重复着同样的说辞，他忽略了公众理解他的理论需要的信息。沃尔特还觉得，他们可能过于依赖他说的"视觉噱头"，并建议他们"把我们的思维从技巧和把戏转向勇气和胆量"。除此之外，沃尔特还担心时间不多了。他对两位到访的联美电影公司高管说："现在看来我们以前有一点儿过于乐观了。"因为美国人认为战争可能在一年后结束，而塞维尔斯基认为战争可能会再持续5年。由于雷电华电影公司拒绝发行这部影片，联美电影公司同意由他们来发行。

如果沃尔特觉得他通过《空中制胜》把国家从纳粹主义手中拯救了出来，那么他也在用他的其他电影帮助拯救南美洲。1942年整个春天一直到夏天，迪士尼工作室一直在制作动画短片套装，现在叫作《问候》（Saludos），灵感来自他们前一年的南美之旅。"我们最好现在就把它做好，否则就把它忘掉。"沃尔特那年5月看完一卷这部电影的样片后生气地说，尽管把它忘掉真的不是一个可选项。5月和6月的大部分时间他都在打磨这部电影，然后在7月把它交付，以便纳尔逊·洛克菲勒和罗斯福总统能够及时审核放映。"我们办公室的每个人都对《问候》表现出了极大的热情，他们都非常喜欢它。"现任协调员电影部门主管的弗兰·奥尔斯托克（Fran Alstock）在7月29日预演后给沃尔特的信中写道，"我们在昨天晚上向许多政府部门最重要的人士展示了它"，"而且它的成功远远超过了我们以前展示过的任何一部影片"。洛克菲勒本人在给沃尔特的信中写道，这部电影"远远超出了我们的最高期望"。而迪士尼工作室已经在考虑拍摄续集，续集将以其他南美洲国家为主角。

与此同时，当沃尔特试图把南美洲从纳粹手中拯救出来的时候，他也被赋予了要把这个大陆从疾病、污染和营养不良中拯救出来的责任。5月下旬，甚至在《问候》制作完成之前，他和他的七位艺术家

第八章　世界大战中的迪士尼

就已经前往华盛顿，与泛美事务协调员办事处一起讨论了一系列关于健康卫生和教育的电影——这些电影的片名都很乏味，包括《灾祸之翼》（关于蚊子）、《水：朋友还是敌人》（*Water: Friend or Enemy*）、《供应半个地球的神奇谷物》——以及四部政治宣传电影；他们还与副总统亨利·华莱士（Henry Wallace）见了面。沃尔特当然明白这些电影对南美洲和迪士尼工作室的重要性，但它们都是最基本的动画制作产品，只是用来让动画师有事可做，让工作室维持运转。实际上，迪士尼工作室曾经是为了拍电影而存在的，现在却为了能继续存在而拍电影。对沃尔特来说，他完全明白发生了什么，完全明白迪士尼工作室的处境，这让他很沮丧。

虽然《空中制胜》似乎满足了沃尔特对一个与他的雄心相称的重大项目的需要，但他也在为一部可能具有商业潜力的战争动画电影寻找可能性，因为他在制作自己的长篇娱乐影片方面受到了阻碍和限制。那年7月，当他从一位名叫罗尔德·达尔（Roald Dahl）的年轻皇家空军上尉那里收到一篇小说时，他觉得自己可能已经找到了那个理想的题材。达尔的小说是关于"小精灵"的，这是一种虚构的生物，它们因飞机出现的各种各样的小故障受到指责，这些小故障似乎困扰着飞行员。沃尔特显然很喜欢这个想法，尤其是在那年秋天，全国一度流行了一段时间的小精灵热，他说自己正在制作一部有关小精灵的电影，以此来阻止其他电影公司制作小精灵电影。沃尔特热切地委托达尔编写一个剧本，达尔在那年11月访问了迪士尼工作室。但这个项目似乎和小精灵们一样令人烦恼。甚至在签合同之前，罗伊就抱怨达尔没有给出一个合乎逻辑的理由或动机来解释这些小精灵的行为。佩尔斯·皮尔斯认为，唯一可行的方法是将真人实景和动画结合起来，但无论他们怎么努力，这些小精灵都是"非常非常麻烦和难处理的反派角色"，他们把飞机弄得一团糟，还威胁到了飞行员。沃德·金博尔说，其中一个问题是，似乎没有人知道小精灵应该长什么样子。

1943年4月，达尔返回迪士尼工作室来推动这部电影，而沃尔特则继续努力编制故事、构思情节、撰写脚本，但当他持续面对各种素材问题时，他的兴趣开始出现减退。一位艺术家陪同沃尔特参加了英国皇家空军飞行员的会议，讨论他们与"小精灵"的遭遇战，但飞行员们更喜欢讲故事，于是沃尔特沮丧地在午夜离开，宣布他不会继续拍这部电影了。1943年12月，沃尔特在给达尔的信中写道："毫无疑问，这些小精灵不会被拍成动画长片电影了，因为发行商觉得公众已经厌倦了这么多的战争片。"这时候距离他试图挖掘这个故事并把它拍成电影已经过去了一年半的时间了。他说，他曾试图让他的团队考虑将它制作成一部短片，但也没有取得什么成效。"如果我们以后能够找到一个适合拍摄的角度，我们会和你联系。"他再也没有和达尔联系过。

5

尽管迪士尼工作室几乎完全投入战争题材的制作当中了，但其中一部商业动画长片仍在缓慢地进入制作阶段，即现在看来感觉似乎很久以前的一个时代的遗留物：《小鹿斑比》。在整个罢工期间，在美国参战之后，有35到40名员工仍在辛勤工作，推动这部动画片的拍摄和制作。尽管美国银行又注入了15万美元，沃尔特还是不得不在这部影片上精打细算，节省开支。一些场景被剪掉了，另一些场景被修改成角色的剪影，这样他们就不需要完全动画化了，摄像机的动作也被简化了，最终的清理测试也没有了，画板被直接送到了上色部门，上色的精度也降低了。当沃尔特告诉弗兰克·托马斯，如果他们

第八章 世界大战中的迪士尼

不大幅削减成本，影片就无法面世的时候，托马斯开始流泪。沃尔特弯下腰对他说："弗兰克，我知道这会伤害你，但该死的，这是没办法的，我们必须这样做，情况就是这样。"另一位导演在沃尔特下令剪辑后哀叹，他们将失去一些东西，沃尔特说："你是在告诉我，你将失去什么。我在这里，坐在这里，失去了我的衬衫。你告诉我你将失去什么。"最后，沃尔特别无选择，只能大量削减场景，把电影的长度从8500英尺削减到6259英尺。"在制作《小鹿斑比》的最后几天里，没有太多令人兴奋的感觉，也没有通常那种完成一部影片后的激动心情，"弗兰克·托马斯和奥利·约翰斯顿后来承认，"但是最终它完成了。"

即使在大幅削减成本、压缩场景之后，《小鹿斑比》的成本仍超过了170万美元，要想实现收支平衡，它需要创造的票房必须达到250万美元，但早期迹象并不乐观。迪士尼工作室错过了原定于1941年12月的试映日期，因为沃尔特决定给其中一些歌曲加上歌词。1942年2月，当电影终于在波莫纳举行试映时，在小鹿斑比的母亲去世后，当小鹿斑比四处寻找呼喊妈妈时，现场一个少年大叫道："我在这里，斑比！"这一声喊叫破坏了电影营造的气氛和魅力。托马斯和约翰斯顿写道："大家在返回伯班克的路上比离开时更加安静。"这似乎是个预兆。电影的延期影响了宣传活动，沃尔特原本打算给这部电影配备上立体声音响系统，采取巡回演出的模式放映，但后来不得不放弃了这个计划。迪士尼工作室委托盖洛普进行的一项调查发现："现成的观众数量很少"，而"想看"这一指标的得分是该调查表列出的电影中最低的。受访者表示，他们"不喜欢特别长的卡通片"，他们认为这些卡通片"幼稚"，他们希望这是一部"丛林影片"。据盖洛普报告，唯一的希望是把这部电影打造成"明日经典"，并获得名人的评价和推荐。与此同时，罗伊在给沃尔特的信中写道：《小鹿斑比》

的交易进展缓慢。"部分原因是市场上充斥着大量电影，部分原因是迪士尼最近的电影令人失望，部分原因是迪士尼的发行商雷电华电影公司似乎对这些电影失去了信心。尽管如此，罗伊仍然相信这部电影会收回负片成本，甚至还可能赢利。

整个项目现在似乎笼罩在黑暗的阴云之中。那年5月，身体虚弱、性格忧郁、酗酒成性的作曲家弗兰克·丘吉尔用猎枪自杀，他曾为《白雪公主》和《小鹿斑比》配乐谱曲。由于他原本就情绪低落，多愁善感，沃尔特对他在《小鹿斑比》项目中的表现一直不满意，这无疑使他更加沮丧。（丘吉尔曾为"好莱坞音乐圈"写了一首很棒的曲子，沃尔特抱怨道，这首曲子很单调乏味，不能给电影带来所需的兴奋与刺激。）丘吉尔的最后一个要求是把他为《小鹿斑比》写的《爱是一首歌》献给他的妻子卡洛琳。从1930年6月到1934年1月，卡洛琳一直是沃尔特的私人秘书，后来她嫁给了丘吉尔。但是，就连这个小小的遗愿也被拒绝了，因为这首歌已经被发行商收入囊中。

1942年8月，当《小鹿斑比》最终上映时，评论家们对它的评价是可有可无，认为它几乎是一部马后炮式的电影，而事实也的确如此。沃尔特多年来为之奋斗的现实主义，给他带来如此多悲伤的现实主义，并没有被视为动画艺术的进步，而被视为一种衰落。"在追求完美的过程中，迪士尼先生已经处于一个极其危险的境地，即抛弃他的整个卡通幻想世界。"《纽约时报》评论道。这一评论后来成为对迪士尼越来越普遍的抱怨。评论家曼尼·法伯（Manny Farber）称《小鹿斑比》"完全令人不快"，他也同意《纽约时报》的评论，并且还认为，迪士尼试图"模仿虚构的有血有肉的电影当中的现实主义，表明他已经放弃了幻想，而幻想在很大程度上是迪士尼动画当中最吸引人的魔幻元素。米老鼠和唐老鸭生活在一个美丽的世外桃源，在那里他们在空中飞翔，在水下游泳，死一千次，然后又活过来，活着看到每部动画的结尾"。在《小鹿斑比》中，动物们的行为"就像好莱坞认为我们应该做的那样"，这使得这部电影"陈旧老套且平淡乏味"。简而言之，评论家们发现，沃尔特在试图完善和美化屏幕上的世界时，已经失去了早期动画粗犷不羁、颠覆性破坏性的能量，并放弃了最初制作动画的初衷——因为它们挑战了现实的法则——尽管这些评论家们似乎忽略了一点，沃尔特的动画现实主义和他更狂野、更"富有想象力"的动画一样，都是一种对控制权的行使，而控制就是目标。

《小鹿斑比》更大的问题可能是电影和观众之间的理念不和谐。一方面，虽然世界各地的公民都声称想要逃离严酷无情的战争，但他们似乎认为现在看动画片是幼稚可笑和不合时宜的，这显然是盖洛普调查中某些受访者对动画片反感的原因。在经济大萧条时期，动画片鼓舞了士气，为人们提供了消遣。当时，人们需要振奋精神，国家正处于压力胁迫之下，并试图进行反击，表现出一种无所畏惧勇往直前的精神状态，而动画片似乎与这种状态十分契合。而战争则提供了一种完全不同的并且困难得多的磨炼和考验——对这种磨炼和考验而言，动画片表现出来的轻松愉快的活力似乎不够。另一方面，在每个人都生活在严酷的现实和一本正经的严肃氛围之中的时候，《小鹿斑比》的真实性和严肃性似乎并不是观众渴望看到的那种品质。年幼的黛安娜向父亲抱怨小鹿斑比的母亲本不必死，当沃尔特回答说他只是在遵循书里设置的情节时，黛安娜抗议说他已经购买了版权，获得了改编的许可，而且无论如何他是沃尔特·迪士尼，他可以做任何他想做的事。但沃尔特并不想让剧情变得轻松。"生活是由光明和阴影组成的，"他后来说，"如果我们试图假装没有阴影，我们将是不诚实的、不真诚的、甜腻的。"然而，沃尔特·迪士尼在战时采取了这种立场，表明这位曾经拨动了整个世界心弦的动画大师，现在走调了。

由于评论界对《小鹿斑比》反应冷淡，这部电影唯一有效的宣传来自另一个阵营的攻击。《户外生活》的编辑雷蒙德·J.布朗（Raymond J. Brown）已经在试映的时候看过这部电影，他称赞这部影片是沃尔特"艺术上的胜利和做出的最大的成就"。但布朗也有一些吹毛求疵的意见。他认为，某些镜头可能会冒犯打猎爱好者和自然资源保护主义者，所以他建议沃尔特加一个开场白，说明这部电影只是一个幻想的故事，而不是对现实的描述。无论沃尔特是嗅到了以此作为一种有效宣传方式的商机，还是感觉自己真的被冒犯了，他当天的回应是，现在添加开场白已经太迟了，而且无论如何（这种说法显然是在装腔作势），他从未看出这部电影对猎人有负面影响："我所看到的只是一部会吸引所有人的娱乐电影。"

结果，布朗中了圈套，加大了批评力度，他写了一篇社论，谴责这部电影是"对美国打猎爱好者和环保主义者有史以来最恶劣的侮辱"。在《罗切斯特民主纪事报》的体育专栏作家霍华德·坎普（Howard Kemp）的要求下，沃尔特反驳说，如果他在电影的开头加上一段话，告诉观众们这部电影是虚构的，他们会认为他把他们当成了"白痴"，因为这部电影显而易见不是真实的。随后，他们两人的这一争论在全国各地的报纸上引发了一场激烈的辩论，主题是《小鹿斑比》是否不公平地玷污了猎人的名声。罗伊认为让沃尔特卷入这类争议是不明智的，但公关人员弗恩·考德威尔在给沃尔特的信中写道，这些攻击"正在取得成效"。考德威尔说："现在关键的问题是要保持这个话题的活跃度，同时不要让迪士尼处于一个难堪的位置。"他招募了记者鲍勃·康西丁（Bob Considine）、格兰特拉德·赖斯（Grantland Rice）和保罗·加里科（Paul Gallico）捍卫沃尔特，称他"受到了错误的指责，被诬陷为一个狂热分子……或者是一个精明的剥削者"。

然而，不管这部影片从公众那里获得了怎样的指责和冲击，都是短暂的。罗伊努力争取让《小鹿斑比》在纽约无线电城音乐厅的放映

第八章 世界大战中的迪士尼

日期勉强延长到第三个星期——当初《白雪公主》在这里连续放映了好几个星期,不过他向乔治·莫里斯承认:"我们音乐厅的朋友们似乎决定在两个星期结束后就把我们赶出去。"莫里斯估计,到这部影片放映档期结束时,迪士尼工作室已经损失了大约20万美元。尽管沃尔特急于看到利润,以便能将另一部动画长片投入制作,但对这一结果他似乎并不感到意外。"我们和小鹿斑比在一起待了5年之久,在这部影片上投入如此多的时间,导致我们失去了所有的洞察力和方向感,"他在给专栏作家吉米·斯塔尔(Jimmy Starr)的信中写道(斯塔尔曾称赞过这部电影),"但是你的电报和编辑评论燃起了我们的希望,我们实现了我们第一次决定拍摄这部影片时确定下来的目标。"然后他懊悔地补充道:"我们从这次经历中学到了一个经验,那就是我们再也不会在另一部影片上花那么多时间了。"

承认这一点是一个痛苦的过程。沃尔特·迪士尼活着就是为了把时间花在他的动画长片上,就是为了创造一个完全实现自我的世界。这个世界证明了他的力量,并为他提供了逃避现实的机会。但《小鹿斑比》提醒了他,自罢工和战争爆发以来,一切都发生了多么大的变化。战争强加给伯班克一种严肃的气氛。在罗伊的活动和敦促下,迪士尼工作室被列为战略性国防产业,现在每个员工都被采了指纹,并被授予了一个橙黄色的身份识别徽章。与此同时,尽管沃尔特亲自拜访了各级征兵委员会,坚称自己的动画作品对战争准备有着至关重要的辅助作用(在一个征兵委员会上,因为他们对迪士尼工作室作品的价值有所怀疑,沃尔特甚至掏出自己老旧的"海外战争退伍军人徽章",当作一个"爱国者广告牌"来进行展示),但包括伍利·雷瑟曼和弗兰克·托马斯在内的173名员工已经离开工作室,加入了武装部队——几乎占全部员工数量的28%。士兵们在这片土地上巡逻,保护着驻扎在那里的一个绝密投弹瞄准器。一名负责监管《海上航行规

599

则》(The Rules of the Nautical Road)影片制作的海军军官霸占了沃尔特办公室外的卧室,住在那里,还把他的衣服放在一个桶里洗。动画师们甚至从动画大楼的屋顶发射小火箭来观察爆炸的模式,以便更好地绘制它们。另外一项增加军事存在的事实是洛克希德公司租用了迪士尼工作室的一块空地。战时节约活动也提上了日程。员工们开始拼车上下班以节省汽油,沃尔特也是这样做的。随着迪士尼工作室逐步军事化,有些动画师开始反感,像动画师卡尔·巴克斯就选择离职,他后来成了唐老鸭漫画书背后的主要推手。"整个战争期间,你都会被封闭在那里,不得自由活动,"他说,"而我只是觉得我不想在此期间被一直锁在那个地方。"

更大的变化是哲学意义上的,沃尔特指派专门负责政府电影的卡尔·纳特(Carl Nater)称,这种变化体现在需要对员工的"心理状态"进行必要的重新编程。一贯强调质量的工作室不再重视质量,效率和经济成为最重要的考虑因素。早些时候,人事主管哈尔·阿德奎斯特曾在给沃尔特的信中写道:拍摄制作《新精神》的那种经济节约的模式——动画制作过程追求的是速度,不再进行认真细致的审核修改;展示给导演的是图纸,而不再进行预先测试;清理动画板的工人在样片提交给他们时直接进行润色——现在已成为标准的操作程序。"我们必须彻底抛弃试错法和反复修改重做的那一套模式,"阿德奎斯特建议沃尔特,"我们必须限制动画师只能进行一次测试。我们必须取消布局背景清理环节,所有动画都必须限制在一块赛璐珞板只能拍摄两次(即两次曝光)的范围内。从成本和速度的角度来看,复杂难弄的镜头、困难的场景结构和多平面拍摄规划都必须被淘汰。这种情况虽然难以让人接受,但却不可避免。"简而言之,曾经以优质动画而自豪的迪士尼工作室,现在将和其他动画工作室一样,为自己的权宜之计自豪。或者,正如罗伊自豪地告诉《财富》杂志的那样,"我真的

第八章　世界大战中的迪士尼

相信，沃尔特已经开始知道1美元是什么了"。

最有讽刺意味的是，对沃尔特·迪士尼来说，尽管由于战争他不得不粗制滥造，节约开支，但拯救他的却是战争。如果他一直依赖动画长片和短片，那么几乎可以肯定的是，迪士尼工作室将会破产，并被迫关闭。这并不是说沃尔特在政府项目上赚了很多钱。他向政府收取的平均价格为每英尺12美元，有时甚至低至4美元，而他的商业动画作品的成本约为每英尺65美元，有时高达250美元。（他本人的收入也没有那么高，因为他自愿把自己每周的收入从2000美元削减到了850美元。）尽管迪士尼兄弟在政府项目上增收了一般管理费，但是出于爱国主义，也出于天真的考虑，他们仍然只要求政府支付成本即可。这种做法激怒了乔·罗森博格。1942年1月的一次会议上，乔治·莫里斯和冈瑟·莱辛正在讨论美国银行的贷款问题，罗森博格愤怒地说，他"每天都在把贷款转给那些关心政府工作的人，而没有一个人关心承包商是否有合理的利润"。莫里斯反驳说，政府委托制作的电影为迪士尼工作室提供了一个"展示机会"。但罗森博格并不认可，他警告说，无论如何他都关心如何才能赢利，他会密切关注这些影片和迪士尼工作室的项目，并威胁冻结贷款。

除此之外，还有一个更具有讽刺意味的事。尽管作为商业电影制作人，沃尔特·迪士尼已经失败了，但到1942年底，他已经成为政府电影制作领域的领导者。"过去的一年不仅是最令人兴奋的年份之一，"他在圣诞节那段时间给叔叔罗伯特的信中写道，"也是我经历过的最累人的年份之一。自从去年1月我们为美国财政部拍摄制作关于个人所得税这一影片以来，我们就突然全力投入到了一项我从未想过会涉及的工作。"在全力投入下，仅当年就拍摄制作了近30万英尺的电影，远远高于战前迪士尼工作室的总拍摄制作量3万英尺，这进一步说明了为什么偷工减料和粗制滥造如此必要。迪士尼工作室现在超过 75% 的产品是为政府生产的。随着培训影片展示了电影在教育方面的巨大潜力，沃尔特也得到越来越多的赞誉，用《财富》杂志的话来说就是他被誉为"有史以来最伟大的老师之一"。尽管沃尔特为这一声誉做了一番粉饰，称这是一个"展示我们的媒体能做什么的伟大机会"，但这与他一直希望媒体去做的伟大事情相去甚远。"有时，我们似乎滑过了一个平行但略有变化的宇宙，"迪士尼工作室高管哈里·泰特尔说，"在那里，通常的规则被改变了，或者不再适用了。"泰特尔说得对。他们已经变了。

6

沃尔特很忙。1942 年 12 月，在莉莲和 12 名工作人员的陪同下，他组织了一次为期两周的墨西哥之旅，为拍摄制作《问候》的续集做准备和研究，直到年底才返回洛杉矶。新年伊始，他又踏上了新的旅程，这次去的是美国东海岸，参加了《问候》的首映式（当时已经改名为《致候吾友》），讨论了为泛美事务协调员办事处制作其他电影的事宜，还会见了哈佛大学人类学教授欧内斯特·A.胡滕（Earnest A. Hooten）。他写了一本关于纳粹种族理论的书，沃尔特打算把这本书改编拍摄成政治宣传电影，提供给泛美事务协调员办事处。《致候吾友》虽然只是一部汇编之作，即把动画短片与沃尔特在南美拍摄的自制电影合在一起改编而成，虽然它的预期效果是既要表达善意又要提供娱乐，但还是很接近商业动画长片了，就像迪士尼工作室在《小鹿斑比》完成后现在可能会制作的那种长片。这也是少数几个让人乐观的理由之一。评论家吉尔伯特·塞尔德斯长期以来一直是沃尔特的支持者和拥护者，他在那年 1 月看到了《致候吾友》这部影片，给沃尔特写信表达了自己对这部影片的看法。他写道："这部影片很成功，我希望它能获得应得的成功——并且摆脱所有你害怕的麻烦。"

《纽约时报》的博斯利·克劳瑟称赞这部电影记录了"有史以来从美国东西海岸派遣执行的最快乐的任务之一",并称其效果是"一种日益高涨的热情"。但他的观点属于少数派,这部影片并没有如塞尔德斯所愿。曾经吹毛求疵批评沃尔特在《幻想曲》中表现出的自命不凡和在《小鹿斑比》中表现出的令人压抑的现实主义的评论家,现在谴责他在这部影片中表现了一种牵强附会且装腔作势的快乐。詹姆斯·阿吉(James Agee)在《民族报》上撰文称,这部电影"让我感到沮丧"。他说:"自私自利、姗姗来迟的迎合令我尴尬,而迪士尼那闻名遐迩的可爱,无论多么丰富地反映了美国的幼稚主义,都令我难以忍受。"约翰·T. 麦克马纳斯(John T. McManus)在左翼报纸 PM 上发表评论对此表示同意,并承认自己"对一个自己心爱的东西的成长感到既骄傲又悲伤,情绪非常复杂,而我们都愚蠢地希望它能永远年轻"。换句话说,著名的迪士尼元素已经变得令人生厌。

但是,这部电影不是为影评人而制作的。而且,让沃尔特唯一感到安慰的是,他在泛美事务协调员办事处的赞助人非常喜欢这部电影。副总统告诉洛克菲勒:"这是在促进西半球各国团结方面取得的杰出成就。"更重要的是,南美洲人民也很喜欢它。一些影院为了能更频繁地放映《致候吾友》而解除了连续放映两部影片的禁令,据一种说法,至少有一名观众曾威胁说,如果放映员不再放映一次《致候吾友》,他会把影院拆除。玻利维亚大使馆的一名官员在给沃尔特的信中写道,迪士尼"自从《致候吾友》上映以来在南美洲深受喜爱",他的名字让大使馆的玻利维亚雇员"兴奋不已"。事实上,《致候吾友》唯一的问题是,有些国家没有在影片中出现。这些国家向泛美事务协调员办事处抱怨影片的这一疏忽。这促使办事处的一名代表私下透露了一份报告,称迪士尼正在制作一部续集,在续集中,这些国家将被展现出来，而他也确实在制作《致候吾友》的续集。

但是，《致候吾友》及其续集从未引起沃尔特多大的兴趣。拍摄这些影片本质上只是为了维持工作室的现金流。他更热衷于《空中制胜》，对它的兴趣要比《致候吾友》大得多。他于1943年年初重新开始筹备这部影片。沃尔特比以往任何时候都更加相信，陆军和海军的进攻不能赢得战争，而且无论如何，这个国家不能同时负担起装备齐全的陆军、海军和空军。而且他仍然相信，《空中制胜》不仅可以改变战争的进程，而且可以改变世界的进程。"这很重要，"他在那年2月告诉《纽约时报》，"人们需要了解这一情况。他们中的很多人仍然受传统思维方式的束缚，像这样的电影可以打破很多误解。"

这部影片的障碍在于娱乐价值。《空中制胜》并不是政府资助的一部影片。这部电影是由迪士尼工作室出资来拍摄制作的，所以它必须赢利。2月底，当连锁影院的高管斯皮罗斯·斯库拉斯（Spyros Skouras）看到迪士尼工作室完成并展示的电影胶片和故事板时，他强调说，这部电影必须具有娱乐性，而不是"科学展览"。沃尔特在《幻想曲》问世之前也一直强调娱乐价值，但这一次他对此并不坚定。这一次有比娱乐更有价值的东西。"难道你不认为，如果公众在看了这部影片后觉得他们从中学到了一些东西——他们的头脑更清楚了——这会很重要吗？"沃尔特反驳道。在斯库拉斯不断强调娱乐的同时，沃尔特坚持说，他拍这部电影不是因为它能提供逃避现实的东西，而是因为"我们对这件事太过笃信。我觉得这部影片传达的这一信息比我们在宣传影片里宣扬的很多东西都重要。我认为这条信息很可能会有一些真正的作用"。

沃尔特继续向前推进，顶住了海军不断的反对和威胁，并围绕着塞维尔斯基日益紧张的演讲日程展开工作。那年冬天，在重新考虑了这部电影之后，他决定放弃去年10月拍摄的塞维尔斯基的现场镜头，重写剧本，以缩减少校的谈话，简化并强化他的论点。1943年4月起，沃尔特聘请了刚拍摄完《地狱机械舞》的导演H. C. 波特（H. C. Potter）和刚凭借《碧血黄沙》获得奥斯卡奖的摄影师雷·雷纳汉（Ray Rennahan），以及塞维尔斯基，三个人聚在一起，整整两个月，共同拍摄新场景。波特的主要任务是"消除或润滑"塞维尔斯基浓重的俄罗斯口音，并确保少校在讲话时达到他的要求。当塞维尔斯基抱怨说，一边说话一边还要考虑他的要求，这样说话太难了时，波特提醒他，当塞维尔斯基在空中驾机飞行时，他必须同时做很多事情。他模仿塞维尔斯基的口音告诉他，要"洪（分）散注意力"。从那以后，不管什么时候，剧组只要一开始拍摄，大家就会喊出这样的口号："洪（分）散注意力"。

剧组以极快的速度推进工作——塞维尔斯基的镜头在6天内拍摄完成——沃尔特设法在5月底制作完成了这部电影，然后6月在迪士尼工作室为这位少校举办了一场庆祝派对，一方面庆祝电影成功上映，另一方面为他送别，祝他一路顺风。然而，在电影制作全部完工之前，宣传活动已经开始了。罗伊当年5月份已经到纽约四处推销这部影片，他高兴地给沃尔特写信说："我敢肯定，通过这部影片，我们将会在美国各地引起轩然大波！"佩尔斯·皮尔斯曾陪同塞维尔斯基前往东海岸地区，找人代写宣传影片的文章，到6月底，迪士尼工作室已经在纽约和华盛顿为社会各界的知名人士放映了这部影片，其中包括前广告高管阿尔伯特·拉斯克（Albert Lasker）。他非常迷恋这部电影及其提出的理论，所以他又为这部电影组织了一个独立的宣传活动。拉斯克和他的妻子玛丽称这部电影是"迄今为止向美国公众展示的最强大、最重要的文件"，并预测其影响将是"动态持续的"。

拉斯克是正确的。沃尔特早就想要改变世界，现在他终于得到了机会。甚至在1943年7月17日在纽约举行正式的首映式之前，沃尔特就已经因这部影片受到了许多私人的赞扬。报业巨头威廉·伦道夫·赫斯特在观看了电影试映后致电沃尔特，称这部电影是"真正伟大的作品""为社会做出了宝贵的贡献"。纳尔逊·洛克菲勒表示，这不仅是对战争事业的贡献，而且展示了电影的无限可能性。在由拉斯克和华盛顿社交女王埃尔莎·麦克斯韦尔（Elsa Maxwell）主持的一场特别盛大的试映活动中，观众在整个演出过程中多次自发鼓掌，并在影片结束之后长时间地持续鼓掌和喝彩。评论家们同样热情高涨，称它"振奋人心""令人兴奋""独具匠心"，而且如此简单直白，以至于"即使是一个11岁左右的孩子也不难理解它到底是怎么回事"。少数批评意见再次来自阿吉，他担心自己"在相当大的压力下被兜售了什么东西"，以及共产主义倾向的《工人日报》，它指出塞维尔斯基的理论是荒诞不经的，异想天开，并且阻碍了开辟旨在帮助美国的盟友苏联的第二战线。

但是，最重要的反应是来自军方的意见和态度，他们将不得不接受并执行塞维尔斯基的新想法。弗恩·考德威尔已经为海军放映过这部电影，而海军一直非常反对这个项目。他发电报告诉沃尔特："反响热烈。"（沃尔特在影片中煞费苦心地向海军保证，它的任务仍然是必不可少的。）与此同时，美国陆军航空兵司令、美国空中部队长期主要支持者之一的亨利·哈里·阿诺德（Henry Hap Arnold）观看了这部电影，但没有表达他的观点——在考德威尔看来，因为阿诺德和塞维尔斯基一样，正在游说组建一支独立的空军，阿诺德认为自己对这部电影的认可可能会被视为一种"泄密"。尽管如此，阿诺德的助手还是要求第二天将这部电影再为其他6名空军将领放映一次，据考德威尔说，这些将军们对这部电影拍手称赞，尽管他们并不看重塞维尔斯基这个人。罗伊和考德威尔和他们一起过了一个晚上，一直到凌晨3点。

第八章　世界大战中的迪士尼

据一些人说，那年夏天看这部电影的最重要的官员是三军统帅本人。很显然，阿尔伯特·拉斯克设法把这部电影的拷贝送给了英国首相温斯顿·丘吉尔，丘吉尔对他所看到的内容印象非常深刻，于是要求连夜把这部影片送到那年8月召开的魁北克会议上。当时，他正在魁北克与罗斯福会面，罗斯福不仅观看了这部电影，还要求把它放映给参谋长联席会议。"我确信，"塞维尔斯基在给埃尔莎·麦克斯韦尔的信中自豪地写道，"这极大地强化了那些主张在获得制空权之前不可能发动地面进攻行动的人的观点。"

沃尔特之所以要拍摄制作《空中制胜》这部影片，一方面是为了扩大影响力，另一方面是为了获得成就感。"不管它是否赚钱，"他在给电台评论员厄普顿·克莱斯（Upton Close）的信中写道，"只要它能帮助激发这个国家思考，让人们开始思考真正的空中力量的重要性，我就会很高兴。"这部电影究竟对政策产生了多大的影响是一个有争议的问题，因为美国政府在战争期间并没有真正实施远程轰炸战略，而且正如离开迪士尼工作室加入陆军航空兵部队的伍利·雷瑟曼所说："毫无疑问，我们将拥有空军部队。"尽管所有的官员都对这部电影大加赞扬，尽管它引发了诸多议论，但观众对这部电影并不买账。它的成本不到80万美元——其中只有5000美元支付给了塞维尔斯基。那年秋天，乔治·莫里斯向董事会报告说，这部电影可能会给迪士尼工作室造成40万至50万美元的损失。多年以后，在这部电影彻底结束播放之后，当沃尔特开始把它分解成小的片段用于其他用途时，它几乎还是不能够取得收支平衡——这是沃尔特·迪士尼一连串失败中的又一次失败。

现在，没有一部能让他感兴趣的电影，却有一个工作室需要他来维持和打理，所以他更像是一个推销员和亲善大使，而不是一个电影制作人。他需要为迪士尼工作室吸引政府的工作项目，因为他是美国最受欢迎的名人之一沃尔特·迪士尼。他的主要客户仍然是泛美事务协调员办事处，所以沃尔特在那年3月再次前往墨西哥，为《致候吾友》的续集录制音乐，为协调员计划于5月在迪士尼工作室主持召开的会议收集材料和进行准备。此次会议的目标是确定如何才能最大限度消除南美洲的文盲——该项目承诺仅第一年就给迪士尼工作室50万美元。与此同时，沃尔特派比尔·科特雷尔和杰克·卡廷（Jack Cutting）前往中美洲，并派另一个代表团前往古巴，为拍摄这些影片奠定基础；那年夏天晚些时候，他、"唐老鸭"克拉伦斯·纳什和迪士尼工作室公关主管乔·雷迪（Joe Reddy）飞往墨西哥城，一方面是为了筹备一部由协调员资助的20万美元的扫盲电影，另一方面是为了领取墨西哥政府颁发的一项奖励。10月，沃尔特和莉莲又再次与他在墨西哥的团队会合，开始了他们所谓的另一次"实地考察"。他们返程的时候受到了惊吓，因为他们的返程航班因飓风而停飞，这场飓风最终几乎将马萨特兰市夷为平地。

如果说沃尔特似乎是在墨西哥和洛杉矶之间穿梭往返，那么他同时也在洛杉矶和华盛顿之间穿梭往返，仍然在努力争取更多的政府业务，努力维持这家电影公司的偿债能力，尽管有那么一段时间，已经有大量的工作涌入，以至于罗伊和沃尔特不得不颁布一项规定，禁止执行任何未经他们其中一人亲自批准的合同。在某种程度上，这家工作室已经对政府的项目上瘾了，一方面因为它需要这些业务，另一方面也因为它别的什么都做不了，所以只好狼吞虎咽地吃下这些项目。事实上，迪士尼工作室已经远远地偏离了其最初的使命，以至于沃尔特甚至开始考虑另一个他长期以来一直被敦促考虑，也一直在考虑，但最终总是断然拒绝的想法：不是出于培训目的，而是为了公关宣传拍一些商业广告和工业电影。在1939年的纽约世界博览会上，迪士尼工作室为纳贝斯克公司的展馆制作了一部以米老鼠为主角的宣传短片，但是沃尔特当时婉拒了其他想要合作的公司。现在，他雇了一个名叫约翰·希恩（John Sheehan）的联络员，他的工作就是处理各种合作请求。希望与迪士尼接触并合作的公司包括西屋电气公司、凡士通轮胎公司、通用汽车公司和福特汽车公司、欧文斯玻璃公司、印第安纳州标准石油公司和国民乳制品公司。这些公司大都希望和沃尔特本人当面洽谈。沃尔特甚至达成了为可口可乐公司拍摄电影的协议，然后又争取为其竞争对手百事可乐公司拍摄了一系列电影。

罗伊在寻找一种简化流程的方法，以保护迪士尼工作室"在向大客户展示我们自己和我们的方案时不会犯愚蠢的错误"。他最终建议迪士尼工作室与广告公司——博达大桥广告公司合作。但是，沃尔特在商业广告中看不到任何剩余价值，而且在多年来大胆宣扬要创造伟大的作品之后，他对制作这些广告隐隐感到有一种羞耻感。所以，尽管他指示他的员工要继续寻找和争取这些业务，但他本人对于制作商业广告开始犹豫不决，摇摆不定。他告诉客户，他们可以找其他人以更低的成本来拍摄这种电影，或者他告诉他们，他可以想象自己有一天会为电视做商业广告，但不是现在；另一方面，他也认为拍摄商业广告可能让迪士尼工作室的员工有活儿干。无论如何，制作商业广告并不是他真的想做的，尽管迪士尼工作室为此进行了无数次的讨论，但实际上几乎没有签约制作此类影片，交付的更是少之又少。

尽管如此，在1943年，迪士尼工作室还是进一步滑向了战争的泥沼之中，变得更像是一家国防工厂，而不是电影制片厂。现在，94%的电影产品是提供给政府部门的，仅1943年6月，迪士尼工作室拍摄的电影就有2300英尺长，比1941年全年的产量少点。"如果每个美国人都能参观迪士尼工作室的话，"沃尔特尔·万格在9月份的《星期六文学评论》上热情洋溢地写道，"他就会对自己的国家产生一种新的钦佩之情。世界上没有什么能与它相提并论。在迪士尼工作室的屋檐下工作的专家、科学家和技术人员比宇宙中任何其他组织都要多。"尽管沃尔特很爱国，但阿瑟·凡尔纳·科格的妻子写信问他是否能为他在老堪萨斯城电影广告公司的老板找到一份工作时，沃尔特还是向她诉苦道："我们都必须适应战争时期的资本条件，等待世界再次回到正常状态的那一天。"在那之前，他不得不继续前进。

但是，在他等待的那一天到来之前，沃尔特心烦意乱，郁郁寡欢。奥利·约翰斯顿因胃溃疡被评为 4-F 级伤残，所以不用应召服兵役。他记得有几次在走廊里遇到沃尔特，他们会交谈，然后沃尔特会突然停下来，靠着墙，几分钟一句话也不说。"我不想走开，"约翰斯顿说，"因为我知道他想有人在那里。他很沮丧，因为没有什么事情是他真正能参与的。"尽管那些动画短片——《唐老鸭》《高飞狗》和《布鲁托》等——继续在迪士尼工作室里拍摄制作，以履行与雷电华电影公司的合同义务，但市场已经严重饱和，不过沃尔特对这些事情早就不在意了。《空中制胜》完成之后，他试图让罗伊对把《柳林风声》和米老鼠系列动画短片之一的《杰克与豆茎》合拍成一部电影产生兴趣，甚至想把《柳林风声》和《小精灵》合拍成一部电影，但罗伊的反应并没有鼓励到他。如果他们想要得到任何利润，那么一部影片的预算就不能超过 45 万美元——即使《小飞象》的成本也比这个数字高了 20 多万美元——沃尔特尽最大努力所能做到的，在削减又削减压缩再压缩之后，预算最少还得要 52.3 万美元。即便如此，罗伊说，单一主题的长篇电影仍然更有前景，尽管事实上迪士尼工作室目前根本无法制作这些电影。即使真的可以拍摄制作这些电影，行政事务办公室为新电影设定的最高预算也远远低于《白雪公主》《木偶奇遇记》或《幻想曲》。沃尔特唯一的选择是继续前往华盛顿，向那里的官员拍马屁，希望保持政府的项目和业务。

沃尔特没有可以躲风避雨的港湾。如果说迪士尼工作室原本的使

第八章 世界大战中的迪士尼

命在战争年代深受其害，沃尔特·迪士尼的家庭也一样受到了影响。甚至在战争对他提出如此沉重的要求之前，在他的心目中，莉莲和他的女儿们就一直排在迪士尼工作室之后。沃尔特试图安抚她们，弥补自己的缺失。莉莲经常陪他去东部出差，甚至去墨西哥。在战时这种特殊的情况下，他仍然尽自己的最大努力扮演一个尽心尽力的家长，在周末带女儿们去迪士尼工作室，在那里她们跟着他从一个房间走到另一个房间；或者去机场看飞机起飞和降落；或者去火车站，他会把耳朵贴在铁轨上，听火车的声音，就像他小时候在马塞琳时那样。他给她们买了一只小可卡犬，取名"太妃糖"。他承认，他和莉莲似乎比女儿们更喜欢这只狗。当他觉得自己很重要，有点儿妄自尊大的时候，他说，是自己的两个女儿，尤其是严肃的10岁的黛安娜，能给他一个"让我放下架子"的眼神。但是，尽管他真的对家庭非常投入，工作上的压力和从这种压力中解脱出来的需要，使得他现在很难像他希望的那样全身心地投入父亲这个角色中去。"上个星期天是我几个月来第一次没有听收音机，"1944年年初他在给迪姆斯·泰勒的信中写道，"为了换换口味，我带着我的大女儿去骑马了。后来，我又和两个女儿在院子里玩捉迷藏的游戏。"

现在，迪士尼一家最好的时光是在"糖碗"滑雪场或洛杉矶以东90英里的"箭头湖"度假村度假，或者在棕榈泉的"烟树"疗养度假村度假。甚至在二战前，沃尔特每年春天都会和家人在"烟树"疗养度假村待上几个星期，通常他每隔几天就往返于迪士尼工作室和度假村之间。在战争期间，他通常在那里与莉莲和自己的女儿们共度感恩节。莉莲说，他喜欢棕榈泉的"开放性"，但很明显，他欣赏的不仅仅是温泉的物理开放性、平坦宽阔的沙漠和远处的紫色山脉。毫无疑问，他欣赏的是这里没有迪士尼工作室里的那种让人感到窒息的感觉，也没有政府项目带来的那种让人感到无法逃避的工作压力。他欣

611

赏的是一种自由，使他不必去管那些他并不真正关心，但他自知要为之负责而不得不操心的无数个具体的细节。

到了1944年，工作量还没有减轻，但是沃尔特的责任感已经减轻了。他变得对很多事情都漫不经心，多年来一直是沃尔特主要的影片制作助手和伙伴的戴夫·汉德向他递交辞职书时，沃尔特并没有强烈要求汉德留下，而是冷静地打电话给罗伊，告诉他取消与汉德的合同——这一举动相当于承认恢复动画长片的制作并非迫在眉睫。沃尔特这一年大部分时间都在旅游，在洛杉矶和华盛顿之间来回穿梭，或者去纽约——他在当年5月末和莉莲在纽约旅行了一个月——然后8月份又开启了另一场长途旅行，这次他们原本计划去墨西哥、古巴、弗吉尼亚州的威廉斯堡，然后再去纽约，但是古巴之旅后来取消了。（这是沃尔特第一次来到威廉斯堡的殖民地风格娱乐中心，那里给他留下了极其深刻的印象。）除了维持迪士尼工作室的运营，沃尔特现在最主要的业务是拍摄制作《致候吾友》的续集。这部续集因剧中有三位卡通人物而命名为《三骑士》。这三位卡通人物分别是唐老鸭、一只名叫何塞·卡里奥卡（José Carioca）的鹦鹉和一只名叫潘奇托（Panchito）的持枪公鸡。早在3月，罗伊就向纳尔逊·洛克菲勒展示了他的故事板，并向他播放了录音，但迪士尼工作室错过了6月的最后期限。7月中旬，沃尔特给弗恩·考德威尔发了一封电报，说他无法给出这部电影完成的确切日期。延迟的大部分原因可以归结为迪士尼工作室尝试了一种新的技术，即将一个真人演员和一个动画角色在同一个画面中结合起来——就像沃尔特以前在爱丽丝喜剧电影中所做的那样，当然当时他用的方法远远没有现在的技术这么复杂。

这部电影直到当年11月才制作完成。尽管如此，当时沃尔特似乎对真人实景和动画结合的技术进步以及电影本身呈现出来的如同发疯似的现代主义活力感到满意，他向洛克菲勒发了一封电报，声称

"它的节奏就像一列特快列车那么快"。沃德·金博尔为这部电影的一首歌制作了动画。据他回忆，在这些动画场景中，唐老鸭在屏幕上疯狂地满屏奔跑，有时甚至跑出了画面的边缘。他后来称之为"我引以为豪的一点儿动画"。导演格里·格罗诺米（Gerry Geronomi）不同意这种做法。他甚至不想向沃尔特展示这一场景，据金博尔说，是因为唐老鸭会从画面的一边跑出去，然后又会从画面的顶部重新出现——这违反了迪士尼一贯的现实主义原则。[1] 金博尔告诉他"滚一边去，去死吧"，因为电影已经超过预定上映日期了，但沃尔特现在要求检查所有的镜头。正如金博尔所说，沃尔特看到了这一幕时，激动得"大喊大叫"，"他只是觉得这真是太棒了。他说，'天啊，我想要的就是这个'。"奥利·约翰斯顿和弗兰克·托马斯认为，这个场景，以及金博尔后来为短片《佩克斯·比尔》（Pecos Bill）制作的另一个动画，引发了"整个行业追逐荒谬不经的行为和脆弱的时机选择这一大波浪潮"，这意味着一直引领现实主义的迪士尼工作室，现在正在引领一场脱离现实主义的自反运动。

但是，并不是所有人都被这个新方向吸引。詹姆斯·阿吉在《三骑士》身上发现了一种"残忍的特质"，认为这种特质多年来一直在迪士尼电影中积聚力量，或许是沃尔特对自己遭受苦难的报复。芭芭拉·戴明（Barbara Deming）在《党派评论》上撰文也认为，迪士尼"制造了一些荒谬怪异的东西和骇人听闻的事情"，但她同时也认为，迪士尼这么做是对当前的时代进行一种很有说服力的评论。戴明认为，迪士尼的天赋是"能够全心全意地接受此时此刻的境况，并随机应变，即兴发挥，不管这一境况可能是什么"，这就是米老鼠能够表达出大萧条时期积极进取的激进反叛精神，以及《木偶奇遇记》能够

---

[1] 金博尔可能把这里的一些场景搞混了。虽然有几个唐老鸭疯狂奔跑的场景，但却是"阿拉库安鸟"从画面的一边消失，然后又出现在画面的另一边。

表达出即将到来的战争所要求的新的道德承诺的原因。在《三骑士》中，迪士尼把整部电影设置成一个充满幻想、千变万化的幻境：在这个幻境中，一种角色和形状不断地演变成其他的角色和形状；在这个幻境中，一个人追求的目标似乎只能通过消失而得到满足；在这个幻境中，角色和观众都失去了他们的方向，陷入了迷失状态。通过这些场景设定，沃尔特·迪士尼成功地找到了一个完美的隐喻，来描述一个在战争旋涡中旋转的世界。"没有什么是一成不变的。"戴明说。她总结道，《三骑士》里的唐老鸭"在这里的冒险经历、他的各种困惑和转变，都可以看作我们在屏幕上看到的大多数主要角色的象征"，而且大概也可以看作全体美国人的象征：迷失。

所有这些评论和反应都没有使这部电影的商业前景被看好，凯·卡门曾听到雷电华电影公司的一位代表抱怨说，这部电影很难卖出去，他将经历一个艰苦的时期。但是，事实证明，《三骑士》的混乱比《小鹿斑比》的温柔与庄严和《空中制胜》的容易引起争议的话题性更有吸引力。仅在 11 个星期内，它就累积了 90 万美元的票房收入，而《小鹿斑比》和《小飞象》则分别在 31 个星期和 48 个星期才获得了 90 万美元的票房收入。在南美洲，它非常受欢迎。墨西哥杂志《时代》(*Tiempo*) 称赞沃尔特是"电影界最伟大的创作者之一"，并称他为"世界各国人民带来了友谊和理解"。一家名为《夜晚》(*A Noite*) 的巴西报纸甚至更进一步称这是"迪士尼迄今为止创作的最好的作品"。

如果不从艺术角度来讲，而从财务角度来讲，那么今年将是一个好年头。凭借战争带来的庞大的影视产品需求和数量，英国扣押的 14.1 万美元资金的放行，以及迪士尼工作室 1941 年 4 月之后暂停为其所发行股票派息，该公司已设法将欠美国银行的债务降至略低于 100 万美元，并且拥有营运资本 300 万美元。现在，虽然迪士尼工作

第八章　世界大战中的迪士尼

室又开始赢利了，但美国银行还是警告沃尔特和罗伊说，股东们不太可能像以前那样有耐心了，并建议该公司将其优先股转换为公司债券和普通股，这将使迪士尼兄弟拥有更多的流动资金，并消除他们不得不为优先股股东保留的一个巨大的"偿债基金"。

这不仅仅是一个经济问题——这是一个控制问题。"我们是否想要对一家负债累累但却面临巨大机遇的公司保持100%的控制权和运营权，并寄希望于一笔意外之财，比如一部票房大卖的电影或电视剧，让我们继续前进？"罗伊问沃尔特，"或者我们是否应该以某种方式重建我们的整个股票结构，使其更安全、更可靠，我们拥有的权益更少——但是仍然保持控股权益——使之成为一家稳健、更安全、更有能力妥善应对未来的公司？"罗伊毫不怀疑自己的立场，他警告沃尔特，如果迪士尼家的任何一个人去世，他们无论如何都必须出售部分股票来支付遗产税。至于让员工持有股票，他引用卡尔·斯托林和厄布·埃沃克斯的例子，说明普通股东缺乏远见，无法理解他们实际得到的东西的价值。自从上次罢工结束之后，沃尔特可能已经放弃了将迪士尼工作室建设成为工人集体社区的宏伟设想——他抱怨说，当公司价值暴跌时，他的员工已经卖掉了他们的股票，因为他们"对我失去了信心"——他已经被迫屈服，把权力交给了美国银行设立的执行委员会，但他一直希望尽可能多地保留对迪士尼工作室的控制权；这是他反抗现实世界的堡垒的一部分。现在，随着工作室进入了走到哪儿算哪儿、漫无目的顺其自然的发展状态，他向罗伊做出了让步。他选择了稳定而不是权威，选择了金钱而不是风险。

然而，除了再融资募集资金，迪士尼工作室在那一年还获得了另一个收入来源，这让沃尔特想起了二战前的迪士尼工作室的所作所为。1942年年初，在一次从华盛顿返回洛杉矶的火车上，他遇到了环球影业公司的负责人内特·布卢姆伯格（Nate Blumberg）。布卢姆伯格告诉沃尔特，环球影业如何从自己的老电影库中挖掘出可以重新发行的电影，并建议迪士尼工作室也这么做。沃尔特曾敦促罗伊采取这种方式，要求他考虑在1943年圣诞节前重新发行《白雪公主》和其他一些可能的影片。罗伊最终同意了再次发行《白雪公主》，尽管迪士尼工作室没能赶上假日季，而是于1944年2月才做好上映准备。这么多年来，这是雷电华电影公司第一次对出售迪士尼电影的前景感到兴奋，即使这是一部老电影。弗恩·考德威尔在给沃尔特的信中写道，他们期待获得"异乎寻常的巨大票房收入"。事实上，它的成功对迪士尼工作室来说变得如此重要，以至于罗伊援引"去看看你的制作问题"，敦促沃尔特参加在辛辛那提举行的首映礼，当然，他本人也参加了。1944年4月初，当《白雪公主》在纽约上映时，沃尔特曾夸口说，到目前为止，《白雪公主》的所有回归档期的票房收入都与一部动画长片的平均票房收入持平，而且超过了迪士尼最近几部电影的票房收入。[1] 就连罗伊也对沃尔特得意扬扬地说："《白雪公主》看起来真的很火。"

与此同时，随着美国军队6月份在法国诺曼底海滩登陆——在盟军总部，他们把这一行动的代号命名为"米老鼠"——战争开始进入了艰苦而又漫长的相持阶段，直到最后结束。在此期间，沃尔特一直在为泛美事务协调员办事处监督制作各种培训影片和南美洲电影。1945年5月，第二次世界大战的欧洲阶段结束，4个月后，二战的日本阶段也结束了，迪士尼工作室歇业三天以示庆祝。令人惊讶的是，除了《空中制胜》，沃尔特·迪士尼对战争本身并没有表现出多大的兴趣，但他为美国的战争胜利做出了重大贡献。他做出的较小的贡献当中，包括提供了1200种军用徽章的设计方案，财政部认为他帮助

---

[1] 1944年10月，迪士尼工作室的行政事务办公室计算出《木偶奇遇记》《幻想曲》《为我奏乐》《小鹿斑比》和《空中制胜》总共造成了239.65万美元的亏损。

出售了价值5000多万美元的储蓄债券。而在他做出的较大的贡献当中，最主要的是制作政府委托的电影——据估计（由于记录不准确，所以数字也不准确），他在四年多一点儿的时间里为政府部门拍了150到300个小时的电影，现在这些电影制作项目终于告一段落了，而且沃尔特为终于不用再制作这些电影而欣喜若狂。"看在上帝的分儿上，马克，"他在战后不久对动画师马克·戴维斯说，"只要我活着，我就再也不想拍培训电影了！"

与培训影片同样重要的是，沃尔特为泛美事务协调员制作的影片可能创造了更大的影响，发挥了更大的作用。关于卫生健康和读写识字的电影对南美人民的生活产生了深远的影响。1945年年初，迪士尼工作室的外事部门负责人杰克·卡廷写信给沃尔特说，关于控制蚊子的影片《灾祸之翼》在古巴一个蚊虫传染疾病肆虐的小村庄"创造了比《乱世佳人》更大的轰动"。纳尔逊·洛克菲勒在第二次世界大战结束一年后给沃尔特写信说道，沃尔特的南美之行及其根据旅行情况所拍摄的电影是"促进美洲国家关系发展中最有效的工作"，他说，"它们比其他任何事情都更能拉近美洲人民之间的距离"。

现在，这项工作结束了。然后，沃尔特·迪士尼可以再次期待做他一直想做的事情：制作伟大的电影来娱乐观众，展示他自己创造生活的能力。至少，他认为自己可以这样做。

第九章
随波逐流

1

将近4年来，沃尔特·迪士尼一直在等待——等待着从接管迪士尼工作室的士兵和银行家手中夺回对制片公司的控制权；等待着把他喜爱的动画长片重新投入生产，这样他就能再次成为一名电影制作人；等待着恢复他的想象世界；等待着开辟新的道路。"我现在希望我们每年能拍摄制作两到三部动画长片，"那年12月，他在给妹妹露丝的信中写道，"我正在为未来近五年要拍摄的故事做准备。"他现在酝酿中的备选影片不仅有《柳林风声》，还有《爱丽丝梦游仙境》，除此之外还包括《小飞侠彼得·潘》、有关米老鼠的动画长片、根据霍雷肖·阿尔杰的小说改编的新的米老鼠系列短片、根据辛克莱·刘易斯的小说《邦戈》改编的电影、汉斯·克里斯蒂安·安徒生（Hans Christian Andersen）的个人传记电影（配上相应的动画片段，他与制片人塞缪尔·戈尔德温［Samuel Goldwyn］在战争期间一直在讨论双方联合制作这部影片的可能），还有根据安徒生的小说《皇帝与夜莺》改编的电影、一系列音乐动画短片、根据爱尔兰童话《小人国》改编

第九章　随波逐流

的电影、根据斯特林·诺斯（Sterling North）最畅销的儿童小说《杰里迈亚的午夜》(*Midnight and Jeremiah*)改编的电影、根据小说《堂吉诃德》改编的电影、美国民间英雄系列影片、他自1940年以来一直在准备的《雷穆斯大叔》的电影，以及战争之前在《白雪公主》的成功光环下他还获得的至少六个其他项目。与此同时，他告诉专栏作家海达·霍珀，计划增加动画短片的制作量，并凭借自己在战争时期积累的经验，进军教育电影和工业电影领域。他承认，这样做的目的只是要让他的员工保持积极活跃的状态。他甚至又一次开始调研开设一个迪士尼广播节目的可行性。

总体而言，战争促进了电影观众数量的增加，为电影产业带来了利润，虽然对沃尔特来说并非如此。尽管他相信一旦战争结束，电影产业将会遭受重创，他还是对再次制作真正的电影的前景充满了几乎是狂热的感情。[1] "我认为我们拥有一个伟大的未来，"他在给李·布莱尔的信中写道，"我们有一些非常了不起的计划，一些好的素材，现在正在制作过程当中，在我的脑海中将在明年推出……毫无疑问，当更好的动画片被制作出来的时候，你将会知道它们是在哪里制作的！"布莱尔在参军服役之前曾与他的妻子玛丽一起在迪士尼工作室工作。沃尔特对另一位记者说，他正在把他的设备"百分之百地投入增加我们的影片库存上，只有这样，我们才能让公司走上赢利的道路"，他补充说，"随着以前的利润滚滚而来，你就可以进行试验，做你想做的事情"。

虽然过去仅仅四年时间，但是在此之后，沃尔特仅仅继续做他在

---

[1] 在1946年创下纪录的一年后，政府对主要电影制片公司提起的反垄断诉讼的最终裁决将对电影行业造成沉重的打击。1946年达成的一项和解协议将导致影片放映与影片制作和发行的分离，并最终废除旧的工作室制度。虽然没有影院和发行部门的迪士尼工作室没有受到直接影响，但整个行业都受到了沉重的打击。

619

战前所做的那些事是远远不够的。即使只是为了证明他并不是过时的人，沃尔特也想要并且需要做一些充满新意的、与众不同的事情。在1944年年初的某个时候，他看到一本西班牙裔艺术家萨尔瓦多·达利（Salvador Dali）的超现实主义绘画书躺在动画师马克·戴维斯的书桌上，他问戴维斯自己能不能把它带回家看看。那年2月，沃尔特写信给达利，请他在自己的那本绘画书影印件上签名，并建议和他合作。这是一种不协调的结合——说话直截了当、做事脚踏实地的中西部人与性情古怪的达利的结合——沃尔特的刷子一样的胡子与达利稀薄的、涂油的、卷卷的胡子是这种不协调的视觉表现。但是，收到沃尔特的信件时达利恰好在南加利福尼亚，他充满热情地回应，称双方可能的合作将是"独一无二、从未见过的"。他们直到6月份才见面，当时达利参观了迪士尼工作室，并与沃尔特共进午餐。但是，直到战争结束后的1945年11月，他们才达成合作协议，但那时他们已经保持频繁的见面和通信了。达利说他正在创作一篇短篇小说的梗概，它是根据一首沃尔特已经为之配乐的墨西哥民歌《命运》改编的，讲的是命运如何塑造一对恋人的生活，并表达了"全新的、新鲜的形象化可能性"。"我们满怀希望地等待着我们的合作将产生一个新世界。"达利在那年12月给沃尔特的电报中写道。

沃尔特·迪士尼也是如此。大众对《小鹿斑比》的批评尤其伤人，沃尔特感觉受到了深深的伤害。尽管从一开始就把现实主义作为创造另一个世界的最佳方式来追寻，但他知道，即使能继续向现实主义迈进（实际上他不能），他现在也越来越被知识分子视为一个审美上的井底之蛙，而且已经失去了作为一名民间艺术家享有的声望。"我最痛恨的是那些试图让我循规蹈矩墨守成规的人，"他在与达利开始合作后对一名记者说，"我们必须不断创新。"他以《幻想曲》为例，说这是一部开创性的电影，虽然一开始上映时受到"严厉批评"，但观众数量仍在继续增长。而且，他说，从他被要求拍《三只小猪》的续集时起，他就一直在他的套叠式平顶帽里贴着一条标语："你不能以猪胜猪！"

从美学上讲，他把自己看作一个新的沃尔特·迪士尼——一个经过改造完善的沃尔特·迪士尼。正如评论家芭芭拉·戴明曾经说的那样，他总是能很好地适应公众情绪的变化，积极地调整自己，即使公众没有反应。他现在对简单地复制外部现实也不那么感兴趣了，而对探索内部的心理现实更感兴趣，就像达利和一些美国艺术家在战后进行的深刻真挚的自我反省时做的那样，他对在动画中融入更多的美学艺术和更少的商业设计元素更感兴趣。（至于他对美学艺术的兴趣，来源于1943年被任命为纽约现代艺术博物馆的受托人。）他不仅招募达利，试图通过给动画带来一种新的、更主观的感性来拓展动画的边界，而且还聘请了洛杉矶县立艺术博物馆的执行董事，在全国寻找可能也想与迪士尼工作室合作的优秀艺术家，而且他已经与画家托马斯·哈特·本顿（Thomas Hart Benton）就一个项目见过面，探讨双方合作的可能性。

那年冬天，达利入驻了迪士尼工作室，和沃尔特在1946年年初的几个月里花了很多时间在《命运》的创作上面。之后达利去了德尔蒙特，在那里他又与沃尔特的布局艺术家约翰·亨奇会面。迪士尼和达利的合作，就像迪士尼和斯托科夫斯基的合作一样，是一次愉快的合作。"我们见面的那天晚上，我几乎整晚都没有睡觉。"达利在一次会议后给沃尔特写信说道，他指的是各种创意和想法在他脑子里翻腾奔涌。而沃尔特则说，虽然动画创意和想法产生的过程通常都是缓慢而且艰难的，但现在它们似乎是从达利的头脑中倾泻而出——"事实上，它们蔓延到各个方向，诸如机器、家具、珠宝……甚至延伸为一种非凡的装置，用来指示一幅画何时完成。"达利和亨奇设计出了达利式的故事板。在这个故事板里，众神之王朱庇特（宙斯）幻化变成一个日晷，日晷又变成一只上面布满蚂蚁的手，蚂蚁又变成了自行车骑手，而女主人公刚出场的时候是一个铃铛的影子，然后变成了一个真实的女孩，然后变成了蒲公英，随风飘散。整个故事以一场棒球比赛变成了芭蕾舞结束。达利的妻子盖拉看过之后情不自禁地说："这将成为他艺术生涯中最辉煌最杰出的时刻之一。"但是，沃尔特建议达利不要急于求成，虽然就在几个月前，他还在不断地追求速度和经济效益。沃尔特说："我们不会让时间的压力阻止我们得到一些值得达利发挥才能的东西。"

这是战后几个月里沃尔特的典型的新发展方向和定位。现在军队已经离开了，阴霾似乎散去了，束缚也解除了，他想他可以消除战争所造成的一切不良影响。他可能会再次变得伟大。但是，这种方式也存在一些问题，并且很快就显现出来了。首先，罗伊不愿意让沃尔特去追求他的雄心壮志，实现他的宏伟计划。尽管迪士尼工作室由于战争已经采取了各种节约措施；尽管通过发行公司债券募集并注入了部分现金；尽管最大的外部股东，阿特拉斯公司（Atlas Corporation）的总裁兼实业家弗洛伊德·B. 奥德拉姆（Floyd B. Odlum）鼓励迪士尼工作室恢复动画长片的拍摄制作，但罗伊认为，由于政府的工作项目已经枯竭，迪士尼工作室现在并没有足够的资源回到原来的拍摄制作计划之中。罗伊之所以这样认为，并不是想对沃尔特行使权力，也不是想为沃尔特对他专横的态度报仇；他一向认为自己的角色应该是服从和助理。所以，他这样做是因为他觉得必须把沃尔特从过分行为中拯救出来。正如他后来解释的那样："战争结束以后，我们就像从冬眠中苏醒过来的熊。我们瘦骨嶙峋，憔悴不堪，枯瘦如柴，骨头上一点儿脂肪也没有。我记得1947年、1948年和1949年对我们来说是失去的岁月。"然而，沃尔特·迪士尼已经没有时间再浪费几年了。据他估

第九章 随波逐流

计,他已经失去了四年。

当然,尽管罗伊个性温和,为人热情,但他通常都扮演灾难预言者和纪律严明者的角色,对未来比较悲观,而且厉行各项规定——用一位动画师的话来说:"典型的、吝啬的、马基雅弗利式的商人。"他甚至会在沃尔特不在的时候偶尔拜访工作室的动画师们,敦促他们降低成本。而沃尔特一直抵制这些侵犯之举,每当罗伊侵犯动画制作创造性的一面时,他就毫不留情地命令罗伊回到他的办公室。但是这并不是他们之间常见的分歧之一。沃尔特称这一争论"相当刺耳",是"我最大的烦恼之一"。沃尔特后来总结道,罗伊很困惑,也很疲惫。除此之外,他还因阑尾炎而身体虚弱,感觉身体不舒服,于是住进了医院,切除了阑尾。他缺乏精力和专注力。沃尔特说:"启动项目开始工作似乎是件苦差事,看起来很难。"但他坚持对他的这位哥哥说,迪士尼工作室不能得过且过,随波逐流。"如果你这样做,"沃尔特喊道,"你就会倒退。我认为这只是一种缓慢的破产清算方式。"他要求他们采取一切可能的措施来做一些事,用他的话说,"采取一些行动"。

但是,罗伊的担心是合理的——他对自己的这个弟弟的担心亦如此。他之所以拒绝沃尔特的请求并强调财务责任,一个主要原因是不认同沃尔特的管理风格。这种风格反复无常,特立独行,铺张浪费,效率低得令人绝望,但沃尔特为自己辩解称,重要的是创造力,而不是效率。员工们总是抱怨沃尔特很少提供明确的指导方针,也没有真正的行政管理系统。动画师弗兰克·托马斯和奥利·约翰斯顿写道:"沃尔特采取的一种方法是,告诉一个人去做需要做的事情,做任何必要的事情来完成这项工作,而不告诉任何其他将参与这一项目的人。"这导致主管们"既要忙于解决新的、前所未闻的问题,又要高效地管理他们的部门,同时还得满足沃尔特的需求"。另一些人则表示,很难明白沃尔特说话的真实意图。用威尔弗雷德·杰克逊的话来说就是，哪些时候"只是随便说一说"，旨在测试某些想法，哪些时候"他刚才所说的就是他的真正意思"，人们不容易理解，尽管沃尔特希望人们能明白其中的区别，并付诸行动。一位高管表示，"他像一位船长，在没有预先通知自己手下那些能胜任岗位、身强力壮的水手的情况下，突然改变航向，然后在他们按照原计划执行时，把他们绑在桅杆上用鞭子抽打"。马克·戴维斯认为，无论沃尔特把迪士尼工作室说得多么像一个大家庭，他"都不喜欢人们走得太近"，他还不断地拆散动画师或编剧团队，尽管这样做会破坏工作的连续性。戴维斯推测，他的想法是，"如果两个人太喜欢对方，他们就会坐在那里无所事事，日益发胖"。迪克·休默指责沃尔特判断人的能力很糟糕——沃尔特本人也曾经对自己提出过这样的批评——他说，"他有一个习惯，就是随便找一个人，随心所欲地让他做一份工作，给他一个头衔，并期待他能够完成这份工作"，但这个人常常做不到。

但是，人们对沃尔特最大的抱怨是，他对公司组织很反感——既然迪士尼工作室已经发展壮大，组织纪律也必须强制执行，那么构建这种组织结构就是绝对必要的。不管他让他的下属设计了多少次组织结构图，不管他多少次试图下放权力——通常都是在他宣布"我们这里是杂乱无章没有组织的。我们不知道我们在做什么"之后——或者他一直缺席，让问题在默认情况下得到解决，然后在即将解决完问题时回来，否决其他人的决定；或者更有可能的是，事无巨细地管理每一个细节。据一位音效师所说，沃尔特精细到了这样一种程度，他甚至知道迪士尼工作室的全部设备库存，包括库存电灯泡的数量。正如迪士尼工作室高管哈里·泰特尔所说，"我所知道的沃尔特的制片人、编剧、导演和管理层对他最普遍的抱怨是，他不愿意授权，不愿意给他们开展创造性活动的权力"。用沃尔特自己的话来说，"一个工作室不能由一个委员会来管理。最后必须有人来进行拍板决策"。但是，

第九章　随波逐流

也有另外一个迹象反映了他对这个问题优柔寡断。他在写给一名员工的一封信当中，在描述了一套新的工作室程序后，写道："我相信，在这样一个组织里，集体决策而不是让一个人做所有的决策会有一种更大的安全感。"

如果说沃尔特有多么痛恨官僚主义和公司包厢，那么他就有多么相信它们会危及他的权力。尽管如此，1941年，罢工结束后，他允许迪士尼工作室聘请效率专家爱德华·德波尔（Edward DeBord）制订改造和重组计划。和所有其他计划一样，这个计划从来没有实施过。但是，随着日常运营管理费占工作室成本的比例从1942年的18%上升到1944年的30%，德波尔大概是在罗伊和银行家们的要求下，在战争即将结束的最后几个月又回到了迪士尼工作室，为迪士尼就如何控制成本和提高生产率提供建议。德波尔的大部分建议可以说都是关于提高效率的样板文件：确定工作室里每一英尺电影的实际成本，然后为动画短片和长片设定严格的预算，并坚决执行这一预算；为制作电影的实际支出低于预算的员工提供奖励奖金；精简人事部门，设置角色分派中心部门，协调任务和人才分配，防止出现停工现象。但是，有一项建议对沃尔特来说问题要大得多：德波尔建议任命一位总经理来协调迪士尼工作室的整体运营。

沃尔特同意了，尽管他很不情愿——除了执行他的命令，他从来不想让迪士尼工作室里的任何人做任何其他事。他知道迪士尼工作室对他的依赖有多大，也意识到，随着业务的复苏，他的负担将会增加。除此之外，他也意识到，在经历了战争期间令人麻木的例行公事状态之后，迪士尼工作室是多么迫切地需要一股新的能量。1945年的大部分时间，沃尔特和他的员工都在审查候选人，最后选定了一位年纪42岁、在达特茅斯受过教育的纽约广告主管，名叫杰克·里德（Jack Reeder）。里德是弗恩·考德威尔推荐来的。里德在那年8月以

625

公司历史上的首位副总裁兼总经理的身份加入了这家工作室，当时的年薪为3万美元。接下来的一个月，一位名叫弗雷德·莱希（Fred Leahy）的新制片人和制作经理紧随其后也加入了他的行列。莱希在派拉蒙影业公司工作了15年，后来升为制片控制经理，然后跳槽到了米高梅影业制片公司。

其他情况也发生了变化。那年12月，一向无视任何组织计划的沃尔特·迪士尼宣布了一项新的工作室组织计划，这么做的原因是他现在太忙了，不得不授权。从此以后，商业决策将由一个以里德为主席的管理委员会做出。在创意方面，哈里·泰特尔（负责动画短片制作）、沃尔特·帕非弗（负责管理制片服务和保障）、杰克·拉文（负责人力资源合同谈判）、查克·沃尔科特（担任音乐总监），他们全都向弗雷德·莱希汇报工作，莱希再向沃尔特本人汇报工作，从而形成了一个紧密的指挥链。与此同时，沃尔特表示，他将辞去他的名义职务，即沃尔特·迪士尼制片公司的总裁职务，转而担任董事会主席，而罗伊将担任总裁一职，里德将承担罗伊原来的职责。沃尔特甚至宣布，公司正在拟定一份新的组织结构图，以便在全公司分发。

这一宣布在接下来的18个月里在迪士尼工作室里引发了一场改革和重组热潮，沃尔特似乎已经将其合法化了，因为他相信迪士尼工作室又开始加速发展了。除了成立管理委员会和重新分配员工岗位，他还任命厄布·埃沃克斯担任一个名为"特殊流程和摄像机"的部门的主管，负责开发新的动画和视觉效果。后来，他创建了一个新的"动画委员会"，由沃尔特亲自挑选的顶尖动画师组成，负责就其他动画师的工作为沃尔特提供帮助和建议，并为接下来即将推出的动画设计策略。（当然，对于那些没有被选中的人来说，这个委员会变成了另一个怨恨之源，并且也是对整体士气的另一个打击。）它有9名成员：莱斯·克拉克、马克·戴维斯、奥利·约翰斯顿、米尔特·卡尔、沃德·金博尔、埃里克·拉尔森、约翰·朗斯贝里、伍利·雷瑟曼和弗兰克·托马斯,后面两位近期刚刚从部队退役返回迪士尼工作室。沃尔特曾开玩笑地称动画委员会的成员为他的"九位元老",这是模仿富兰克林·罗斯福总统提到最高法院的九位法官时的说法。这群人从那以后就被称为"迪士尼九大元老"。

但是,在建立了一个看似正式的组织结构之后,沃尔特显然对它持一种矛盾的态度。他不想放弃自己的特权。哈里·泰特尔声称,沃尔特和罗伊都没有为里德的任命做任何书面工作准备,即使他们的新总经理即将来迪士尼工作室报到。而且沃尔特最初也不打算发布一份备忘录来宣布莱希被录用,而是想等莱希来了,沃尔特和他讨论了他的职责之后再告诉其他人。甚至就在他讨论这些的时候,沃尔特还公开表示了自己的担心,即莱希在派拉蒙影业公司和米高梅影业制片公司任职期间,只是"另一个橡皮图章",制片人想要什么就签什么,满足了制片人的一切要求。而且他还开始怀疑,杰克·里德能否从广告公司的文化调整并适应电影制片厂截然不同的文化,尤其是迪士尼制片厂的文化。至于新的管理委员会,沃尔特从未参加过任何一次会议,他认为委员会的作用只是处理日常事务,而不是制定总的方针政策,大政方针是他和罗伊的职责。事实上,罗伊很快也不再参加此类会议了[1]。

即使在改革与重组计划下,一向错综复杂的沟通和指挥渠道也没有变得更为通畅。此前,沃尔特已经首先告诉高管哈里·泰特尔和哈尔·阿德奎斯特,聘用莱希并不会对他们产生任何影响;然后,管理链条又变成了他们要向莱希汇报管理事务,向沃尔特汇报所有创造性

---

[1] 尽管有罗伊的督促,沃尔特也很少参加董事会的会议。1946年1月,罗伊在给沃尔特的信中写道:"当你作为首席董事、中坚力量和生产主管没有出席会议,表现出了缺乏兴趣、冷漠、冷淡的迹象时,外部董事表示他们感到自己受到了不公正的对待。"

事务；随后，管理流程又变成了他们只需要向莱希一个人汇报所有事务即可。但是，就在里德和莱希试图行使他们的权力时，沃尔特和他的新管理团队之间的关系出现了紧张的迹象。当沃尔特要求一些中层管理人员列席有关工资的讨论会时，他们发生了争吵，因为沃尔特想要抵制限制工资的决定，或为加薪设定等待期；当委员会宣布由于自己太忙，无法讨论个人绩效加薪时，他们又发生了争吵。4月，在执行提高生产率的新举措时，该委员会试图制定相关的生产条款，他们再次发生争吵。沃尔特认为这是委员会在滥用权力而大发雷霆。他说负责生产的是他，不是任何其他人——尽管里德和莱希被雇来帮助监管生产——据一位当时在场的人说，他把这句话说了一遍又一遍，"不止一次，而是六七次"。他还坚称，尽管有董事会，但是他和罗伊在经营公司，如果不允许他控制生产，他就会辞职。"生命太短暂了。"他告诉他们。

但是，里德和莱希似乎仍然没有意识到这是沃尔特·迪士尼的工作室，而不是他们的。那年8月，里德为沃尔特准备了一份关于迪士尼工作室当前状况的报告。（在过去，沃尔特不需要这种报告；他早就知道一切情况了。）里德表示，现在迫切需要再次削减成本和提高生产率，并且面临着与银幕卡通画家公会的新一轮谈判，所以他建议开始新一轮的裁员，并提交了另一份重组计划，显然是应沃尔特的建议。根据这一新计划，莱希将被提升到里德的职位，并进入董事会。他们需要一个"由你和罗伊都完全信任的人担任最高行政职务"；这个被任命担任这一职务的人将负责迪士尼工作室的所有部门。"他必须在迪士尼工作室里的任何地方都受到欢迎，"里德写道，"不是作为一个前台接待人员、制片人员或销售人员，而是作为一个协调者，尽其所能让整个组织运转良好。"里德不需要明说也表明了他认为自己就是这个角色。现在只有一个问题。在沃尔特·迪士尼工作室，沃尔特·迪士尼才是负责协调所有部门，确保组织运作良好的那个人。这一直是他的主要责任。

沃尔特没有解雇他的这些新任经理，但他们很快就发现自己被架空了，就像工作室此前所有的经理都被架空了一样。他们无法确切地知道他们的权力从什么时候就没有了，而沃尔特的权力又从什么时候开始恢复了。泰特尔认为，沃尔特意识到他需要一个像里德这样的人来做后勤工作，而沃尔特做创造性的工作——用泰特尔的话说，是"一种机械式的，而不是精神方面的"——但"让别人发号施令几乎是不可能的，无论多么普通的小事"，这就是沃尔特不断削弱他们权力的原因。与此同时，随着新团队不断推广提高生产力的新措施，里德对下属们大吼大叫——甚至结束了在顶层阁楼俱乐部开展的友好的扑克游戏——改革与重组并没有像沃尔特所希望的那样，简化工作室的工作流程，给工作室带来活力，却进一步削弱了工作室的活力，降低了士气。正如一名员工所记得的那样，"新来的人被安排在沃尔特、罗伊和员工之间，随着春天和夏天逐渐过去，工作室的气氛变得更加沉闷，更加令人沮丧"。

如果说迪士尼工作室的气氛变得更加沉闷，那么沃尔特在战争结束时短暂高涨起来的昂扬情绪也被压抑了，因为他开始意识到，要让迪士尼工作室恢复往日的辉煌是多么困难。当工作室完成按照合同规定在未来两年内必须提供的动画短片之后，他准备再一次放弃那些本来就处于危险境地的短片，直到新的管理团队实施了严苛的效率提升措施，降低了动画短片的制作成本。但即便如此，沃尔特说工作室已经无法保持短片具备原有的质量，所以他对此失去了兴趣。(《命运》也在"伤亡"名单之列。) 迪士尼工作室制作的米老鼠卡通片更少了，在战争期间只拍摄了两部，现在米奇实际上已经被清理掉了，不存在了。而且沃尔特绝对讨厌那些《高飞狗》系列动画片，不断威胁要终

629

止制作它们，然后又不得不妥协，主要是为了给他的动画师提供工作任务——这是沃尔特在新的财务紧急情况下犹豫不决的又一个例子。唯一幸存下来的明星是说话急促、语无伦次、脾气暴躁的唐老鸭，但是就连他也需要重新焕发活力，所以给他搭配了两个新搭档来衬托他，即一对令人讨厌的花栗鼠——奇普（Chip）和戴尔（Dale），他们第一次出现是在1943年拍摄完成的一部《布鲁托》动画片当中。

然而，动画短片质量的下降仅仅是战后迪士尼工作室制作的动画片质量普遍下降的一个征兆。由于没有可以运用原有动画制作技术的电影长片，动画师的技能也已经开始衰退了。"人们逐渐忘记了事情是怎么做的。"弗兰克·托马斯和奥利·约翰斯顿后来写道。他们说，即使是沃尔特那些特别珍贵的、曾经具有创新性的设备，"也都生锈了，堆放在后面停车场上的露天片场。新来的员工中午在停车场上散步的时候，会好奇为什么有人把那样的垃圾放在附近"。最终，它被废弃了，取而代之的是更新的机器。

更糟糕的是，原来的老的动画师们也出现技能枯萎了。在1945年6月至1946年7月之间，其中53人出于各种原因离开了迪士尼工作室。正如一份备忘录所记载的那样，迪士尼工作室人才一直在流失："剔除边缘人才"，甚至"如果出于制作原因，需要做出这个决定的话，还要进一步提高员工的素质标准"。其中几名被淘汰者还曾是迪士尼工作室的明星。弗雷迪·摩尔的前助理弗兰克·托马斯说，弗雷迪·摩尔是动画师中的"肖邦"，他能把自己"纯粹的情感"倾注到画纸上，每个人都欣赏他颇具吸引力的绘画风格，这曾经是迪士尼风格的标准和典范。当他情绪稳定的时候，他会在自己的画板上兴致勃勃地一幅接一幅地创作绘画，边画边哼着小曲。但是托马斯也指出，摩尔受到了"迪士尼对他不满"和"精神上极度的痛苦"的折磨。沃德·金博尔说，有点儿男孩子气的摩尔在二战结束时只有34岁，但他觉得自己的明星形象正在走下坡路,所以他会无休止地抱怨迪士尼工作室待他不公,"给了他一笔糟糕的交易"。他总是喝得酩酊大醉,不断增长的不满情绪又导致他更久地狂饮,以至于他的助手金博尔经常不得不替他完成他的绘画。

如果摩尔认为自己正在失宠,那他的感觉没有错。沃尔特携手达利所追求的是一种全新的、更现代的极简抽象主义风格,似乎也更具有艺术美感。这种风格与摩尔的审美趣味相距甚远。沃尔特之所以积极鼓励手下动画师都朝这个方向努力,是为了跟上观众视觉品味的变化,并重新赢得评论家的青睐。像弗兰克·托马斯(当他于1946年4月1日从部队退役回来时,沃尔特亲自在迪士尼工作室的门口迎接他)和伍利·雷瑟曼(当雷瑟曼从部队退役回来后,在他回迪士尼工作室取自己的东西时,沃尔特把他逼到墙角好几个小时,反复劝说他继续回来工作,并最终说服了他)这样更年轻、受过更多专业学术培训的动画师,现在成了最受欢迎的人,因为他们能更灵活地使用铅笔,也更熟悉时事,掌握潮流,并与时俱进。在这种新的美学标准中,线条和技巧比情感更重要。在这种背景下,金博尔说,摩尔的作品开始显得"看起来很粗糙"。不管它拥有什么魅力或拥有多少魅力,它都缺乏微妙和精细之美——至少那些自称进步的动画师们似乎是这样认为的,他们与摩尔的"死亡"有着直接或间接的利害关系。摩尔和诺曼·弗格森(他在摩尔之前就已经是迪士尼工作室的明星了),埃里克·拉尔森回忆说,他们"没有跟上迪士尼工作室的发展步伐和前进方向"——拉尔森称这种情况"非常悲惨"。本·沙普斯坦也同意这种观点,他说他们"缺乏分析动画的能力,也缺乏掌握动画所需精细的技巧的能力"。沙普斯坦认为,摩尔和弗格森意识到自己落后了,这就是他们俩痛苦的原因。虽然沃尔特对他的工作越来越不满意,但弗格森还是坚持了下来。不过摩尔则没能坚持住,他天天沉迷在酒精之中无法自拔，不可救药，还是在1946年8月被解雇了。用沃尔特的话来说，他已经变成了朽木。

摩尔并不是唯一一个在战后迷失前行方向的人。沃尔特·迪士尼也是如此。那年春天，随着他的计划遭遇阻力，迪士尼工作室又面临另一场金融危机，用弗兰克·托马斯的话说，他变得"心理脆弱"。他开始失去自己的立足点和信心，随着罗伊迫使他大幅削减预算，甚至开始另一轮裁员，他终于有了一个可怕的、几乎是毁灭性的认识，这个认识似乎让他很恼火：即使他继续拍摄制作动画长片电影，也永远不会像战前他拍的那些电影那么好——永远不会有像战前那么精美的动画，永远不会像战前那样精心策划，永远不会像战前那样煞费苦心，永远不会像战前那样完全出于对"伟大作品"的近乎宗教般的追求来创作影片。迪士尼工作室现在根本没有财力、时间和人才来支撑这一模式。而且，或许最重要的是，它丧失了以前拥有的那种宗教般的使命感。那种狂热的宗教式信仰已经结束了。甚至有人怀疑，这种新的、精简的、不那么现实主义的美学，是否具有迪士尼工作室早期动画长片作品中那种浓郁的戏剧性的伟大之处。而且，如果电影再也没有办法像以前那么好，那么制作这些电影有什么意义呢——仅仅是为了保持迪士尼工作室的完整和运转？就像沃尔特在战争期间被迫做的那样？他明白，战前他是一个朴实无华的艺术家，战争期间他是一名推销员和亲善大使，战后他成了一名雇主式老板，这就是为什么他现在开始谈论出售迪士尼工作室或离开它。"我们已经吃完了鱼子酱，"他极其勉强地承认，"从现在开始只有土豆泥和肉汁了。"

这是一段极其暗淡无光的岁月。1946年可能是迪士尼工作室一连串不幸岁月中最不开心的一年，尤其是电影产业当年凭借着归来的军队和重新恢复的和平时期，正享受着有史以来最好的一年。"在那段令人发愁的日子里，沃尔特就像是一只熊，"动画师兼故事创作人

第九章　随波逐流

比尔·皮特后来写道，"他的情绪总是处于咆哮愤怒的状态，很难与人和气相处。"那段时间，他不是在愤怒咆哮，就是在唉声叹气——据一名员工称，那是一种"惊人的、给人留下深刻印象的"唉声叹气。他是如此不确定，以至于他越来越不敢相信自己的判断，而是更相信受众研究机构的判断。受众研究机构现在不仅对制作完成的电影或它们粗糙的动画样片进行观众调查——就像沃尔特在20世纪30年代中期自掏腰包来测试他自己的直觉判断时做的那样，而且还针对故事研讨会本身进行调查，所以导致一部电影在进入动画制作环节之前，它必须通过两个"关注群体"的评分——一个"关注群体"由从街上随意招募的人组成，另一个"关注群体"则由迪士尼工作室里创意人员组成。（沃尔特特别注意这一点，即从来不把他的影片向孩子们进行预演，因为他总是坚持自己的电影不是为孩子们制作的。）沃尔特几乎参加了所有这些故事研讨会议。这些会议大部分都是在他办公室楼下大厅的放映室里举行，有些电影还要接受多达20项的单项评估。沃尔特的品位曾经是迪士尼工作室里唯一重要的标准，但后来总是屈服于观众的要求，迎合观众的口味。事实上，就动画短片而言，他已经决定受众研究机构的调查结果将是决定影片质量的唯一评价因素。

他一边等着拍摄制作新动画长片的机会，希望能够推出一些新的长片，一边不得不再一次妥协。在战争期间，当沃尔特对再拍一部长篇电影感到绝望的时候，他开始策划一系列的音乐短片——主要是完成计划中的《幻想曲》续集的残余部分——他希望把这些短片打包组合成一个40分钟的短故事片，这样他的动画师们才能保持工作的连续性和动作的灵活性，他自己也才能参与到真正的动画制作中来。"我有一个强烈的信念，"沃尔特后来说，"我们需要改变我们的方向。卡通领域足够灵活。它迫使我要么做一个7分钟或8分钟长的卡通短

633

片，要么做一个70分钟到80分钟长的卡通长片。而且我有很多想法，我认为如果我能把它们放在这两个时长之间就会产生很好的效果。"但这只是沃尔特对自己的另一个合理化解释。事实是，这些短片根本没有利润，而且他也不能拍长片。他能做的最好的事就是把这些剩余的东西缝缝补补拼凑组合在一起，把这些短片扩充到长片的长度。现在一共有10个短片。这些片段包括：《蓝色河沼》（Blue Bayou），这是他从《幻想曲》中剪下来的为德彪西的《月光曲》重新制作的动画；《彼得与狼》，这是谢尔盖·普罗科菲耶夫多年前为迪士尼创作的乐曲；《大家一起来跳舞》（All the Cats Join In），由爵士乐单簧管演奏家本尼·古德曼（Benny Goodman）创作，沃尔特从1940年就开始筹备制作了；《凯西在击球》（Casey at the Bat），由喜剧演员杰里·科隆纳（Jerry Colonna）解说；以及《唱歌剧的鲸鱼》由歌剧明星尼尔森·艾迪配音。总成本设定在39.5万美元，这个费用标准几乎拿不出手。不过即便如此，一位高管还是写信给沃尔特说，他应该与创意团队会面，确定方向，"以便尽可能用经济节约的方式来完成整个打包组合计划"。

沃尔特并没有在这部影片的质量上自欺欺人。在佩尔斯·皮尔斯的建议下，这部原本命名为《摇摆街》的电影被改名为《为我谱上乐章》。这部电影里的角色要比迪士尼的典型人物程式化得多，马克·戴维斯觉得沃尔特"对这些角色不感兴趣"。除此之外，在早期的动画长片中，非常可爱但成本昂贵得让人望而却步的混搭方式带来的明暗对比的效果没有了；而那些让早期人物形象显得如此温暖可爱的圆润、柔软的触感画面也消失了。取而代之的是更锐利的线条和更明亮、更坚硬的表面。如果说沃尔特不喜欢这些新的打包组合的影片，那么动画师也不太喜欢它们。"我们在迪士尼工作室里对着这些影片嘻嘻哈哈，拿它们开玩笑，说它们是沃尔特的遗物！"本·沙普斯坦回忆道。批评家们也不宽容。就连《纽约时报》的博斯利·克劳瑟都感到失望，称这部电影带来的是"一种仓促草率、上下起伏的观影体验"，并指责迪士尼"将自己的艺术水准降低到了他自认为的大众观众品位较低的水平"，因为他在电影中使用的是装腔作势的低俗流行音乐，而不是像《幻想曲》中那样的经典片段。詹姆斯·阿吉现在已经不再是迪士尼的粉丝了，他在《民族报》杂志上撰文称，这部电影"俗不可耐"，而且还说这部电影让他"恶心"，不过可能它还没有达到让他恶心沃尔特的那种程度。

尽管如此，考虑到这部影片的成本，《为我谱上乐章》还是取得了相当不错的票房成绩，这刺激了迪士尼工作室制作更多的合辑影片。但是，沃尔特对组合新短片和重新包装旧短片突然爆发出来的这种热情，只不过是迪士尼工作室创意破产、无力创新的一个迹象。另一个"残余遗物"《米奇与魔豆》早在1946年早春时节《为我谱上乐章》发行时就已经投入制作之中了。它包含两个故事：一个是关于《邦戈》的，一只马戏团的熊发现自己回到了野外，在那里他不得不使用阴谋诡计，这个故事由小蟋蟀吉米尼讲述；另一个是《米奇与豌豆茎》，由腹语演员埃德加·卑尔根讲述，他是为数不多的与沃尔特保持交往的人之一。这两个故事在迪士尼工作室里流传了好几年了——《米奇与豌豆茎》至少从1940年就开始了，当时沃尔特徒劳地想让他的米老鼠复活，于是想方设法让他主演了一系列童话故事。当时比尔·科特雷尔和另一个名叫T.赫（但这个名字未必正确，实际上是桑顿·赫）的故事创作人把这个故事讲给了沃尔特，正如赫后来所说，沃尔特"突然大笑起来，泪流满面，泪如雨下"，还把其他人叫来听他们讲述这个故事。但当科特雷尔和赫问这个故事多快会投入制作时，沃尔特却说不会拍摄这个故事。尽管沃尔特很喜欢这个故事，但是他告诉他们，"你们谋杀了我的角色"，而且"毁掉了我多年来苦心经营和打造的卡通形象"。观众对米老鼠有一定的期待，但这并不是他们期望的。

无论如何，这部电影因为罢工和战争而暂时中止了。但是，即使在战争之前，迪士尼工作室也迫切甚至极度需要廉价而简单的素材——沃尔特希望短片摄制组按照拍摄制作短片的效率来完成制作这部电影——以至于他下了很大的决心克服了对米奇饰演杰克的疑虑。这不过是米奇在很大程度上不再是米奇的另一个例子——这么多年来米奇被剥夺了很多权利，被孤立隔绝在外，直到他从本质上真正成了另一个演员。米老鼠死亡的另一个证明是沃尔特本人。几乎从一开始，沃尔特就为米奇配音。他的声音一直就是米奇的声音，甚至在20世纪30年代早期做过喉咙手术和扁桃体切除手术之后仍然如此——这是他对自己创作的卡通形象充满热爱的标志。但是，在制作《米奇与豌豆茎》的过程中，一个叫吉米·麦克唐纳的音效师接到了一个来自沃尔特办公室的电话——他从1935年起就在迪士尼工作室工作。正如麦克唐纳所说，沃尔特说动画师们正在向他施压，要求他为米奇配音，但他实在没有时间。（麦克唐纳还怀疑沃尔特声音变得太嘶哑了，以至于用假声为米奇配音都不可能了。这可能是他连续不停地吸"骆驼"牌香烟并且不使用过滤嘴造成的。）他问麦克唐纳是否可以试一试。麦克唐纳是个体格健壮、五官粗犷的人，他的外形与米奇那尖锐的高音并不协调般配，但他还是录制了一段配音。沃尔特也录制了一段，并对两份配音进行了比较。沃尔特听了这两份配音，同意由麦克唐纳来为米奇配音。麦克唐纳后来回忆道："从那以后我们临时调换了过来，就用我的声音给米奇配音，就在拍摄《米奇与豌豆茎》的中途。"在接下来的38年里，将一直由麦克唐纳为米奇配音，但这种看似偶然的转变很能说明问题。这证明了沃尔特和米奇之间的隔阂越来越大，也许从整体上来说，他和动画之间的隔阂也越来越大。

第九章 随波逐流

沃尔特的艺术声誉在批评家和知识分子中长期以来一直在下滑，而随着这些电影的上映，他的声誉也下滑到了最低点。大多数人认为这些电影粗制滥造、粗俗不堪、过于商业化、毫无吸引力。（只有谢尔盖·艾森斯坦是个例外，他认为《为我谱上乐章》"绝对有独创性"，尤其被其中的"鲸鱼威利"部分深深打动，他将其与《大白鲸》和埃德加·爱伦·坡（Edgar Allan Poe）的《陷坑与钟摆》相提并论。）许多评论家认为，在《为我谱上乐章》和《米奇与魔豆》中，充斥着廉价的多愁善感和媚俗之情，就好像这些电影是由金钱委员会创作的一样，迪士尼早期动画长片中那种虽然偶尔有些过度渲染但却深沉动人的情感荡然无存。事实上，可以说这些影片就是由金钱委员会创作的。评论家理查德·施克尔认为，迪士尼在战后开始否认自己的艺术主张和艺术追求，并强调自己的普通人身份，正是从这个时候开始，知识分子才开始否定他。但是，事实上这个过程始于《幻想曲》上映之后，当时沃尔特的艺术抱负达到了最高峰。对于那些认为《幻想曲》暴露了沃尔特在文化方面感觉迟钝的人来说，合辑电影只是证实了他们的这一想法。"假设你去拜访一位朋友，"1946年6月，一位沃尔特的前左翼崇拜者在《戏剧艺术》上撰文写道，"你知道他有一颗温暖的心，对动物很好，他的幽默感很有感染力，他的专业技能无与伦比。但是，当你走进他的房子，你会沮丧地发现，他的墙壁上挂满了二流的艺术作品，而且他的家具摆放得极其随意，横七竖八，除了占满空间，几乎不考虑协调一致、和谐有序或其他任何问题。"这不会使你痛恨这个人，这位评论家继续说道，只会让你"遗憾地承认他的品位很糟糕"。沃尔特·迪士尼现在就是这样一个人。

2

沃尔特不再是动画之王了，只是一群觊觎王位者中的一个。20世纪30年代，知识分子和批评家们奉承吹捧他，把他奉为美国最伟大的艺术家之一，而现在，他们更喜欢他的竞争对手。与迪士尼工作室构成竞争关系的某工作室的一位动画师说，多年来，其他人都是"一群灰狗追逐一只机械兔子"。每个人都在模仿他。米老鼠孕育了许多其他老鼠、狗、猫、猪、青蛙，甚至还有一个叫博斯科（Bosko）的像米奇的黑人男孩——所有人都想要得到米奇的皇冠。《糊涂交响曲》系列动画片催生了华纳兄弟影业公司的《欢乐旋律选》系列动画片、哈曼—伊辛工作室的《快乐和谐》系列动画片、埃沃克斯的《经典彩色乐曲》（Comicolor Classics）、弗莱舍兄弟工作室的《彩色经典乐曲》（Color Classics），以及查尔斯·明茨的《色彩狂想曲》。甚至连《白雪公主》也催生了弗莱舍兄弟工作室的长篇动画《格列佛游记》和《虫先生进城记》，以及沃尔特·兰茨计划拍摄的《阿里巴巴》。《阿里巴巴》几乎刚一宣布制作计划就夭折了，因为环球影业公司根本没钱来拍这部影片。多年来，竞争对手一直在挖走迪士尼工作室的艺术家，就像范·伯伦制片公司挖走了伯特·吉列特，帕特·鲍尔斯挖走了厄布·埃沃克斯一样，他们希望掌握迪士尼的魔力，学会他的神奇之法。但是结果总是一样的。别人可能会模仿迪士尼，但却没有人能比得上他。正如保罗·特里承认的："迪士尼是这个行业的蒂凡尼（Tiffany），而我们都是伍尔沃斯（Woolworth）。"

迪士尼之所以如此成功，一个原因是钱。迪士尼每部短片投入的成本约为4万美元，而华纳兄弟影业公司、米高梅影业公司和派拉蒙影业公司的成本只有迪士尼的一半。另一个原因是，迪士尼最初垄断了特艺集团的三色彩色处理技术,这使得他的卡通看起来要比其他人的都好得多。但是,更为重要的一个原因是其他地方的人才和迪士尼工作室的人才之间存在巨大差距,以及其他地方和迪士尼工作室对动画的投入和奉献精神之间存在巨大差距。如果说对沃尔特·迪士尼而言,动画是一种神圣的职责,是重新构想现实世界的一种方式,对其他人来说,它只是一种产品。"制作卡通就像送牛奶一样,"保罗·特里手下的一位动画师这样描述特里看待动画的态度,"人们期待每天早上都能在门口看到牛奶瓶子。如果某一个早晨错过了,人们就会感到沮丧。但我保证我们不会错过一个早晨,没有人会不高兴。"同样,迪克·休默在谈到查尔斯·明茨时也表达了类似的观点。他说:"他根本不在乎。他对这些动画并不是真的很感兴趣。他只是一个推广人,他为它们提供资金。"一次,明茨召集手下员工,给他们看了一部弗莱舍兄弟工作室制作的卡通片,内容是关于两只陷入恋爱的天鹅,然后他命令自己的动画师制作一部与此类似的卡通片,角色数量不得超过两个。除了迪士尼工作室,其他所有的电影工作室的卡通制作都还处于随心所欲、粗制滥造的层次。环球影业公司的沃尔特·兰茨甚至没有一个故事创作部门,只有一个公告板,用于将故事创意贴在上面。事实上,唯一一家怀有与迪士尼相媲美的梦想的电影工作室——马克斯和戴夫·弗莱舍兄弟工作室——在尝试追求这一梦想的时候完全脱离了自己的能力范围,陷入了无可救药的境地。到了20世纪40年代初,弗莱舍兄弟工作室狼狈撤离,被迫搬到了佛罗里达州,并从派拉蒙影业公司那里借了大量资金来制作自己的动画长片,不得不将其业务出售给了派拉蒙影业公司。

虽然迪士尼工作室多年来一直保持着无可匹敌的卓越地位,但这场战争为它的竞争对手创造了机会,这不仅因为迪士尼自己的动画制作在政府订单的压力下停滞不前,还因为许多竞争对手的动画师——

其中一些是从迪士尼工作室跳槽出去的——感到越来越有勇气挑战和攻击迪士尼的风格了。就像导演弗兰克·塔什林，他在罢工前离开迪士尼，加盟银幕宝石工作室。情况就像他后来所说的那样，"我们向迪士尼的那帮家伙展示了，动画片不是非得看起来像儿童读物。"

在米高梅影业公司，短片部门的主管弗雷德·昆比——一个以穿着剪裁完美的双排扣西装、有印度婆罗门种姓口音和身上带着一丝滑石粉味道而闻名的男人——整天做的事就是：阅读好莱坞的商业报纸，在米高梅工作室的内部理发店刮胡子，吃午饭，回到办公室小睡一会儿，然后在3点开车回家——他的一位动画师称这一工作惯例"就像死亡和税收一样不可避免"。但是，就在昆比无所事事的时候，他的导演们充分利用他们获得的相对自由权，摆脱了各种束缚。其中两位导演，约瑟夫·巴贝拉和威廉·汉纳（William Hanna），合作创造了一对互相敌对的猫和老鼠的卡通形象，在1940年年初被命名为汤姆猫和杰瑞鼠。到第二次世界大战结束时，他们已经创造了一系列卡通片。这些卡通片的内容和风格在多愁善感的情绪和不断增加的暴力之间疯狂转换，这是迪士尼无法容忍的，因为他们害怕这样会冒犯他们的观众。（汉纳和巴贝拉从1943年到1946年连续四次获得奥斯卡最佳动画短片奖，取代了在20世纪30年代几乎垄断奥斯卡这一奖项的迪士尼工作室。）另一位导演特克斯·埃弗里（Tex Avery）曾在华纳兄弟影业公司工作多年，又在派拉蒙影业公司短暂任职，之后于1942年投奔米高梅影业公司。他专门制作自我指涉和参照型卡通片，带有一种笨拙滑稽的、无拘无束的奔放活力与能量，其中最著名的是1943年改编自《小红帽》的具有现代风格的影片，名为《热辣小红帽》，片中主角是一只性欲过剩的狼和诸如此类的角色，这种暗示远远超出了沃尔特·迪士尼的可容忍范围。

当米高梅影业公司对着迪士尼工作室发射出猛烈刺耳的连珠火

第九章 随波逐流

炮时，规模更大的竞争对手华纳兄弟影业公司则瞄准了迪士尼的死穴——审美趣味——大肆进攻，不仅在火力上超过了米高梅影业公司，而且在谋略上也超过了它。迪士尼工作室和华纳兄弟影业公司两者的动画部门有天壤之别。位于伯班克的迪士尼工作室是森林田园风格的，充满了原始清新的味道，而坐落在好莱坞日落大道的华纳兄弟影业公司位于一栋陈旧的建筑物里。这栋旧建筑被动画师们戏称为"白蚁露台"。据一位在里面工作的动画师说，工作室"看起来以及闻起来像奴隶船的货舱"。没有上过漆的松木地板被涂上了机油，这种油的气味附着在动画师身上经久不散；木板上布满了洞，这些洞是动画师为了看到下面的地板钻出来的。这些脆弱的墙壁是用合成板做成的，动画师们用拳头即可打穿，其中一个动画师曾经试着点燃它，看看它是否会燃烧。就连每周上门送支票的动画部门主管莱昂·施莱辛格也会说："皮尤，让我离开这里吧！这房子看起来就像个破烂厕所。"

华纳兄弟影业公司制作的动画也同样不受欢迎，没有任何吸引力，这与它的办公室很相称很般配。正如曾为迪士尼制作爱丽丝系列喜剧的弗里兹·弗雷朗格所说，"沃尔特花在故事板上的钱比我们花在电影上的钱还要多"。即使一部短片，沃尔特都会配备庞大的剧组人员，其中包括多达6个编剧和笑料作者，而在华纳兄弟影业公司，一部卡通片开始拍摄制作，剧组只有1个导演、1个编剧和1个负责背景布局的人。导演被分配给了4个动画师，每个动画师又被分配了1个助手。总共有4个小组。动画师们每周要制作25英尺到30英尺的动画，或者20秒的屏幕时间，这比迪士尼工作室的任务量要大得多，这可能进一步增加了原本已经很可笑的滑稽感。

两家电影工作室的负责人同样形成了一个鲜明的对比。施莱辛格个子矮小、身材圆滚滚的、总带着一副傲慢自大的神情。据一位动画师说,"他身上总是散发着'帕尔马紫罗兰'牌香水的味道",而且"穿得像个突然发财的杂耍演员"。尽管他试图保持自己的尊严,但说话时口齿不清,严重地影响了他的形象。但没想到的是,后来华纳兄弟影业公司创造的卡通角色达菲鸭(Daffy Duck)的声音却让他的声音永垂不朽。施莱辛格从来没有意识到这种相似度,在他看到《达菲鸭》系列动画短片的第一部时,他跳起来说:"我的老天爷哪,这声音真有趣!你们从哪儿弄来的?"如果说他的行为举止与沃尔特·迪士尼朴实无华的中西部风格截然相反,那么他对动画的态度也与之完全相反。弗兰克·塔什林是这么说的:"他用钱包来说话。"

尽管施莱辛格的眼睛牢牢盯着公司的底线,但华纳兄弟影业公司起初和其他电影公司一样,都是迪士尼的模仿者,而且都不成功。然后,1936年,特克斯·埃弗里加入了华纳兄弟影业公司的动画部门。埃弗里后来回忆说,施莱辛格告诉他,他手下有几个小伙子——"他们不是叛徒,只是和另外两个同事合不来"——他建议埃弗里和他们一起工作。在这些不合群的人当中,有两位年轻的动画师,名叫鲍勃·克兰皮特(Bob Clampett)和查克·琼斯。埃弗里与克兰皮特和琼斯的合作是动画历史上的一个标志性时刻。他们每天晚上都在一起工作,互相推动,远远超越了迪士尼可接受的动画的边界,超越了所谓的"可爱的东西",创造了一种宽松、狂妄、自作聪明的风格,打破了现实主义的平面限制,有意地挑战了迪士尼对生活的幻想。华纳兄弟影业公司出品的许多卡通片都以"兔八哥"(Looney Tunes)的红色字体作为标题,这个名字可以说是恰如其分,名如其片。

"华纳兄弟影业公司的动画师们没有任何宏伟的幻想,他们不会幻想自己正在做一些特别的事情。"其中一人后来说。在华纳兄弟影业公司,制作动画片完全是出于一种乐趣——员工们寻找乐趣,让自己开怀大笑。"我们一直在笑,每天要笑10、12、14个小时,"查

第九章　随波逐流

克·琼斯回忆说，"我们从来没有想到过华纳兄弟和沃尔特是在同一个行业。"在迪士尼工作室，甚至那里的动画师们还处于艺术上的青涩时代时，动画制作的每一步骤都是经过精心策划和反复设计的，为了追求完美，他们还会进行无休止的思考和研讨。而在华纳兄弟影业公司，琼斯说："导演、动画师和作家确实是组成了一个实验室，创造性不一致的实验室，预料之外的突变的实验室，令人高兴的世故的实验室——旨在发现未被发现的快乐的一种原始汤。"弗里兹·弗雷伦格回忆道："我们做我们自己的工作，而且似乎没有人说，'别这样做'或'别那样做'。"华纳兄弟影业公司的工作人员从来没有想过要拍一部像《白雪公主》那样的动画长片。琼斯想象，如果有人问施莱辛格对拍摄动画长片有什么野心时，他很可能会回答说："我不需要一部动画长片，就像我不需要两个屁眼一样。"

但是，从这种天真自然的朴实无华和混乱喧嚣中，诞生了一些奇妙的东西。华纳兄弟影业公司的艺术家们信奉的是与主流相反的观点和不把恭敬礼貌放在眼里的态度。由于他们既没有制作《白雪公主》的资源，也没有制作《白雪公主》的艺术天赋，所以他们就可以用鲍勃·克兰皮特的《黑炭公主和骑个小矮人》来恶搞它；由于他们既没有制作《幻想曲》的资源，也没有制作《幻想曲》的艺术天赋，他们就可以用克兰皮特的《俗气协奏曲》来打破它的自命不凡。影片中，一个名叫埃尔默·福德（Elmer Fudd）的秃头蠢蛋扮演了迪姆斯·泰勒的角色，而一只名叫巴哥（Bugs）的兔子蹦蹦跳跳，扮演的是一个芭蕾舞演员。与此同时，特克斯·埃弗里在《桃色的补鞋匠》（*The Peachy Cobbler*）中颠覆了迪士尼影片一贯的多愁善感，弗兰克·塔什林则用反映自身的动画短片抨击了迪士尼的现实主义，这些影片中角色不停地向观众讲话，并承认自己是在动画片中。这些动画片更聪明讨巧，节奏也更快，并且片中充斥着残酷、暴力和反社会的行为。

643

在这些动画片中，人物要么像富德（Fudd）一样愚笨至极，把高飞的健忘提升到另一个层次；要么像达菲鸭那样古怪得不可思议，超出想象——达菲鸭可以说是唐老鸭的狂躁版；要么像波奇猪（Porky Pig）那样百无一用到令人绝望的地步——他是在夸张地模仿平淡无奇的米老鼠；要么像兔八哥一样极其聪明却又居心叵测，带着他标志性的问题——"怎么了，医生？"兔八哥是由从迪士尼工作室跳槽过来的查尔斯·索尔森（Charles Thorson）根据《龟兔赛跑》中的兔子设计的，但兔八哥性格刻薄，思维敏捷，这是迪士尼动画角色中从来没有过的。[1] 虽然迪士尼的动画设计似乎是某种无形力量的产物，但毕竟还是以现实主义为基础的，但在华纳兄弟影业公司的动画中，导演们的感觉和判断是无处不在、显而易见的，他们操纵着情节和动作，插科打诨，随时插入一些笑料。实际上，这相当于是旧动画片中动画师的手的回归，只是现在观众看到的是动画师的思想在工作，沃尔特·迪士尼很久以前就把这种方式彻底抛弃了。

看着这些卡通片，欣赏其中人物的文字游戏和双关语、他们的俏皮话或舌头打结的角色、他们成年后对欲望的认可接受、他们偶尔的皮兰德娄式的扭曲拧巴、他们的讽刺挖苦、他们的邪恶的智慧、他们精神错乱般的疯狂，迪士尼的动画师对此是羡慕的，甚至有点儿嫉妒。谈到他们的竞争对手，杰克·金尼承认："我们很多人都希望自己能够拥有像他们那样的自由自在。"并称赞他们的"有趣的动画——无拘无束、新鲜有趣、不过度渲染，就像当年某个时候的迪士尼的动画片那样"。迪克·休默打趣道："这就像在欣赏那种你无法介绍给你

---

[1] 这是一个逐渐进化的过程。兔八哥于1940年开始出现在银幕上，起初是一个非常粗短矮胖、鲁莽疯狂的家伙，在屏幕上疯狂地玩耍嬉戏，后来逐渐发展演变成了一个更圆滑、更聪明的角色——或者，正如动画历史学家查尔斯·所罗门（Charles Solomon）所描述的那样，"兔八哥以类似于哈波·马克思的形象出现，然后又逐渐演变成类似于格劳乔·马克思（Groucho Marx）的形象"。

妈妈的女士。"迪士尼工作室的故事创作人利奥·索尔金说得更真切，他说他和同事米尔特·谢弗（Milt Schaffer）"嫉妒华纳兄弟影业公司在战前的漫画是多么有趣。我们认为，'所有这些有个性的东西都不会真的很有趣。它只是很可爱，人们会为此发出轻微的笑声，但华纳兄弟影业公司的动画却能让人哈哈大笑'"。在针对典型的艺术潮流进行的逆反尝试中，迪士尼确实尝试了在一些卡通作品中借鉴华纳兄弟的一些精神，比如在《致候吾友》和《三骑士》中，唐老鸭有时似乎是达菲鸭附体了。在这个过程中，迪士尼的这种做法确实推动了超现实主义动画事业的发展，但这也意味着它在试图解构迪士尼工作室花了十多年时间精心打造的东西，而且他们既没有技巧，也没有心思来做出完全彻底的改变。迪士尼的卡通片有很多优点。尽管有《致候吾友》和《三骑士》，但显然不受约束的狂欢能量不在其优点之列。

但是，现在大多数观众以及大多数评论家都欣赏和赞扬的恰恰是这种不受约束的奔放的能量，而不是控制——这种不受约束的奔放的能量与战争所释放的力量相呼应。这种力量，用历史学家大卫·M.肯尼迪（David M. Kennedy）的话来说，"动摇了美国人民，让他们变得更为自由散漫，变得更加积极向上"。正是这种不受约束的奔放的能量，让更为稳重沉着的迪士尼动画显得沉闷无趣和不合时宜。

3

沃尔特·迪士尼不再依赖动画了，因为他再也不能依赖它们了。他需要一些更便宜的东西，找一些新的东西来恢复工作室和他的自我意识以及自信。伍利·雷瑟曼说，卡通已经变成了"沃尔特的切肤之痛：人事问题、等待动画项目的到来、变化，以及所有这些事情。我不知道有什么动画长片能顺利通过"。雷瑟曼可能还补充说，沃尔特感到沮丧的真正原因是，动画片的制作成本太高了，已经无法按沃尔特·迪士尼当年那种模式来制作了。但是有一个办法可以绕过这些障碍，沃尔特在第二次世界大战爆发前很久，在第一次经济困难时期就已经考虑过了。他可以通过将动画与真人动作相结合来减少一部影片中所需制作的动画数量，这样制作起来成本更低，速度也更快。他曾经认为《爱丽丝梦游仙境》是尝试这种模式的最佳选择，爱丽丝由一个真实的女孩来扮演，而"仙境"则采取动画的方式展示——就像他在20世纪20年代制作的爱丽丝系列喜剧一样。但是，就在迪士尼工作室为《爱丽丝梦游仙境》的剧本绞尽脑汁时，沃尔特找到了一个新的选项：乔尔·钱德勒·哈里斯的《雷穆斯大叔》的故事。沃尔特会给故事本身赋予动画效果，但为了配合真实的动作，他会把故事安排成一个情节剧，讲述一个被欺凌、被忽视的白人男孩向睿智的雷穆斯大叔寻求慰藉的故事。因此，沃尔特实际上创造了两个截然不同的世界——一个真实的世界和一个幻想的世界。动画师马克·戴维斯说，这是为沃尔特·迪士尼设计的，"一种既能进行真人表演，又能拥有自己卡通形象的方式"。

　　至少从1939年开始，当沃尔特第一次开始与哈里斯家族协商购买《雷穆斯大叔》版权的时候，他就一直在考虑这些故事。在原著当中，这些故事是由"重建时代"一名老仆人用黑人方言讲述的，沃尔特计划把它拍摄成一部动画长片。到那年夏末，他已经安排了一个故事创作人，对那些有希望被选中改编的故事编写了梗概提要，并绘制出了四个故事板长度的故事情节草图。一年后的11月，在去纽约参加《幻想曲》首映式的途中，沃尔特在亚特兰大停留，拜访了哈里斯家，见了哈里斯一家人。正如他对《综艺》杂志所说，此举是"为了获得一种真实的感受，感受雷穆斯大叔生活的乡村，这样我们就能在对这些故事进行改编的时候尽可能地做到忠实于原著"。罗伊一直对

第九章 随波逐流

这个项目心存疑虑，怀疑它"在写作水平和自然素材上是否具有足够的分量"，能否承担得起超过 100 万美元的预算和超过 25 分钟的动画。甚至在战争结束之前，1944 年 6 月，沃尔特就聘请了一位出生在南方的作家道尔顿·雷蒙德（Dalton Reymond）来编写这部电影的剧本。那年夏天，他频繁地与雷蒙德、迪士尼工作室的工作人员以及导演金·维多尔（King Vidor）会面。当时，他正试图说服维多尔来拍摄这部影片中的真人实景部分。这可能是战争期间在拍摄完成《空中制胜》后沃尔特全身心投入其中的唯一一部影片。沃尔特请来帮助雷蒙德的作家莫里斯·拉普夫称沃尔特"贪得无厌"。"每次会议结束时，他都会说，'好吧，我想我们现在真的解决了这个问题'，"拉普夫回忆道，"可第二天早上他又会打电话给你说，'我又有了一个新主意'。而且他真的有了一个新想法。有时候这些想法很好，有时候又很糟糕，但你永远无法让他真正满意。"拉普夫不了解这一情况，但这才是沃尔特·迪士尼本来的样子。

那年夏天快要结束的时候，雷蒙德和拉普夫完成了剧本创作，迪士尼工作室对外宣布了这个项目。这时出现了一个问题：黑人社区的成员抗议说，《雷穆斯大叔》故事的任何电影版本都必然会以一种奴性卑屈和消极否定的方式来刻画美国黑人。某一团体称之为一种"充满恶意的恶毒把戏和骗人的恶作剧"。沃尔特·迪士尼不是种族主义者。无论在公开场合还是私下里，他从未对黑人发表过贬低的言论，也从未宣称过白人优越。然而，和他那一代的大多数美国白人一样，他对种族问题并不敏感。在一次故事研讨会上，他把《白雪公主》里的小矮人一个接一个地堆在一起称为"黑鬼堆"。在《南方之歌》的选角过程中，他特别提出自己发现了一个"漂亮的黑人小孩"。和大多数好莱坞制片人一样，他也有一些种族偏见，从动画短片《谁杀了知更鸟》中的黑鸟到《小飞象》里喜欢赶时髦的乌鸦都有这样的

647

痕迹：黑鸟拖腔拉调的说话方式和浓重的南方口音，以及受到惊吓时变得发白的脸；而乌鸦之所以同情小飞象（影片当中恰恰提供了这样的证据）因为它们自己明白被排斥被放逐的滋味。更为恶劣的是，在《幻想曲》中的《田园》这一片段中，沃尔特对这一想法充满了热情：一个小小的黑色的女半人马，带着一个西瓜，当帕伽索斯（Pegasus）追赶她时，女半人马会感到非常害怕。"她看见了他和耶稣！她拼命地跑，"沃尔特在一次故事研讨会上说，"观众看到这里会发出很多笑声，这肯定会提高整部影片的价值和质量。"

但是，如果说过去沃尔特对种族问题不敏感的话，他现在则很欣赏自己在拍摄《雷穆斯大叔》这部电影时小心翼翼地走过这个雷区。"黑人当前的处境是一个危险因素，"在剧本撰写过程中，迪士尼工作室的公关宣传人员弗恩·考德威尔在给制片人佩尔斯·皮尔斯的信中写道，"在仇恨黑人和热爱黑人的群体之间，许多时候会发生冲突。而影片中的内容很容易与黑人当前的处境发生冲突，这些冲突可能涉及方方面面，范围可大可小，既可能引发低俗可厌的场景，也可能引发争议的话题。"罗伊显然曾要求迪士尼的发行商雷电华电影公司就"黑人影片体验"进行调查，并表示，他预计至少会受到一个组织——黑人争取进步联盟（League for the Advancement of the negro）的干预；而且沃尔特曾指示他的一名公关人员与二十世纪福克斯电影公司的销售经理比尔·库珀（Bill Kupper）会面，听取他们在发行影片《暴风雨天气》（Stormy Weather）方面的经验。该片由黑人主演。库珀说：在南方，这部电影必须在两家影院分开放映，一家影院面向白人观众，一家影院面向黑人观众；电影公司受到白人和黑人的双重攻击，两边都不讨好；而且这部电影必须以这样一种方式制作——要设置成黑人的镜头可以被剪掉这种模式，否则南方地区的放映商就不会放映它们。

第九章 随波逐流

沃尔特聘请拉普夫与雷蒙德合作的原因之一，就是为了缓和他担心的雷蒙德的南方白人优越倾向。拉普夫属于少数民族，一个犹太人，一个直言不讳的左翼分子。而且拉普夫自己也担心这部电影将不可避免地成为《汤姆叔叔的小屋》。"这正是我想让你参与其中的原因，"沃尔特对他说，"因为我知道你认为我不应该拍这部电影。你反对汤姆叔叔主义，你是个激进分子。"拉普夫对雷蒙德的剧本做了一些小改动，省略了"黑人男孩"和"黑人女孩"这种说法，使得这些孩子从台词来看都是正常的普通孩子，并删去了男孩"像一条黑色的线一样奔跑"的台词，他还声称自己也做了一些更大的改动——让白人家庭陷入贫困，这样就可以清楚地看到，这部电影的背景时间是重建时期，雷穆斯大叔和其他黑人已经不再是奴隶了，他们不会在白人权力面前卑躬屈膝了。但是在最终版的影片中，白人都是衣冠楚楚，彬彬有礼，人们会情不自禁认为他们是南方的种植园主。

除了聘请激进的拉普夫，沃尔特还做了一些不同寻常的举动：他把剧本同时发给了迪士尼工作室内外的人，征求他们的意见。工作室内部的人包括冈瑟·莱辛，他在给沃尔特的信中写道，"我找不到任何需要批评或建议的地方"，还亲切地回忆起自己的黑人保姆。工作室外部的人包括制片人索尔·莱塞，制片人沃尔特尔·万格，迪士尼董事会成员、金融家乔纳森·贝尔·拉夫莱斯和国王影像辛迪加的负责人沃德·格林尼（Ward Greene）。最重要的是，他还征求了美国黑人的意见，其中包括女演员哈蒂·麦克丹尼尔（Hattie McDaniel）。麦克丹尼尔曾经因在《乱世佳人》中饰演的配角获得了奥斯卡奖。在出演该片后，麦克丹尼尔也对剧本大加赞赏。沃尔特甚至邀请了"美国全国有色人种促进会（NAACP）"的秘书沃尔特尔·怀特（Walter White），来迪士尼工作室和沃尔特一起修改剧本。但是怀特婉言谢绝了，他说美国全国有色人种促进会在西海岸没有代表，

649

而且他要到 11 月才能抽出时间来加利福尼亚，然后再去做一个战地记者。

与此同时，负责根据《美国电影制片人和发行商协会制片法典》审核与批准剧本的约瑟夫·布林（Joseph Breen）把《雷穆斯大叔》的剧本送给了一位出生在密西西比州的同事征求意见，而沃尔特·万格把它交给了霍华德大学（Howard University）著名黑人学者、哲学家阿兰·洛克（Alain Locke）博士，希望他直接写信告诉迪士尼自己的意见和评论。布林的同事建议做一些改变——去掉对黑人有冒犯意味的"黑鬼"这个词——除此之外他还警告说，黑人快乐歌唱的场景可能会引起当代黑人的反感。洛克博士在给沃尔特的信中写道，这部电影可能会在"改变公众对黑人的看法方面创造奇迹，取得惊人的效果"，但前提是他要避免那些对黑人陈词滥调式的刻板印象，并建议沃尔特咨询其他黑人代表。但是在给万格的信中，洛克博士透露，沃尔特在开始编写剧本之前没有与黑人领袖联系，这显示出一种"糟糕的判断力"。现在，他说，可能将会出现一场原本可以避免的争议。

这场争议逐渐发酵，愈演愈烈。一位记者在给布林的信中写道，黑人报刊媒体已经准备好要对这部电影发起攻击，这部电影可能会"给电影行业带来严重的麻烦"。沃尔特听了这种可能会带来麻烦的暗示之语后，又恢复了常态。联邦调查局的回应是，黑人报纸《洛杉矶哨兵报》（Los Angeles Sentinel）的戏剧版编辑利昂·哈特维克（Leon Hartwick）已经对《雷穆斯大叔》这部电影自行展开了私人调查，并了解到迪士尼工作室曾要求黑人演员克拉伦斯·缪斯（Clarence Muse）对这部计划中的影片发表专家意见。缪斯说，他告诉迪士尼工作室，里面的黑人角色还不够高贵，他说迪士尼驳回了这一反对意见。缪斯随后呼吁黑人报纸抗议这部电影。沃尔特只需要知道这些就足够了。

在沃尔特讲述的版本中，是缪斯先找到他，说他想扮演雷穆斯。沃尔特拒绝了。

具有讽刺意味的是，沃尔特早已经有了扮演雷穆斯的合适人选：运动员、歌手、演员和政治活动家保罗·罗伯逊（Paul Robeson），他的政治主张与缪斯的完全相反。早在1941年2月，沃尔特在乔治·格什温（George Gershwin）的《波吉与贝丝》中看到罗伯逊出现在舞台上之后，就与他取得了联系，而且罗伯逊也同意考虑审阅这个剧本的大纲，并提出建议或批评性意见。虽然这部电影在战争开始后暂停了，但是沃尔特仍然与罗伯逊保持着沟通和联系。当沃尔特不能出席罗伯逊的授奖招待会时，他专门写信表达了自己的歉意，并表示他多么期待与罗伯逊在《雷穆斯大叔》里开展合作。不知什么原因，可能是出于政治考虑，当沃尔特在1944年重新启动这部电影的制作计划时，罗伯逊已经不在他的考虑之列了。相反，他试镜了其他一些黑人演员——"几乎所有的有色人种演员"，他曾经说过——直到发现了40岁的詹姆斯·巴斯克特（James Baskett）。事实上巴斯克特是被偶然发现的，他曾在广播节目《阿莫斯和安迪》中出现过，但却没有一点儿电影方面的经验。

但是，事实是沃尔特本人也没有多少拍摄真人实景电影的经验——除了《爱丽丝》系列喜剧、《为我奏乐》，以及《空中制胜》中的塞维尔斯基的镜头场景。尽管斯托科夫斯基在《幻想曲》和塞维尔斯基在《空中制胜》中的场景都是在一号摄影棚拍摄的，但这个摄影棚并没有为拍摄真人实景做好准备，为此进行改装的成本估计不到20万美元，约为《小飞象》全部成本的三分之一。事实上，乔纳森·贝尔·拉夫莱斯对迪士尼工作室缺乏经验的担心不亚于对来自黑人社区的反对的担心；所以他建议他们找一家大电影制片厂合作。恰恰相反，沃尔特与塞缪尔·戈尔德温签订了合同。在已经夭折的"汉

651

斯·克里斯蒂安·安徒生"项目上,他与戈尔德温合作多年。而且,正如和好莱坞的任何制片人一样,他与戈尔德温一直保持着亲密的关系,当然沃尔特尔·万格很可能是个例外。除此之外,戈尔德温还把他的电影摄影师格雷格·托兰(Gregg Toland)借给了迪士尼工作室,托兰曾拍摄过奥森·威尔斯(Orson Welles)的传奇电影《公民凯恩》。戈尔德温的这些服务总成本将高达39万美元——高得有点儿不合理,但在目前情况下却是必不可少的。

这部电影于1944年12月在凤凰城开始拍摄,当时迪士尼工作室在那里为户外场景拍摄专门搭建了一个种植园和一片棉花田。沃尔特亲自前往凤凰城,现场监督他所谓的"具有独特神韵的镜头"的拍摄工作,错过了黛安娜的生日,而且差点儿就没赶上圣诞节回家团圆。他如此渴望在完成政府委托拍摄项目的同时制作一部真正的电影,以至于他在2月份回去了一趟,3月份又回去了一趟。即使是在进行实景拍摄,大部分的动画制作也不得不等一等。由于签订了战争项目合同,迪士尼工作室只能抽调出少数几个动画师来制作这部电影,而那些拍摄制作这部电影的人工作也进展得十分缓慢。威尔弗雷德·杰克逊和佩尔斯·皮尔斯联手担任这部影片的导演——杰克逊负责动画部分,皮尔斯负责真人演员部分——他们在真人实景拍摄中也采取了同样审慎缓慢的方式。沃尔特显然感觉很紧张,而且希望省钱,所以他对此并不高兴,责备杰克逊在这些场景上花费了太多时间。然而,尽管他们非常小心,但是在拍摄的最后一天,杰克逊发现,雷穆斯大叔演唱这部电影的主题歌《美丽的一天》(Zip-A-Dee-Doo-Dah)的场景没有被恰当地屏蔽。这种情况下,沃尔特不得不前来救场。杰克逊回忆说:"我们都坐在那里,围成一圈,手里的钱都快花光了,却没有人想出任何办法。"然后沃尔特建议他们先近距离拍摄巴斯克特,用硬纸板挡住灯光,只留下他的脑袋后面的一片蓝天,然后在他开始唱歌的时候把硬纸板从灯光上拿开，这样他就好像进入了一个明亮的新的动画世界。就像沃尔特为小鹿斑比在冰上构思的场景一样，这一场景也成了这部电影中最令人难忘的画面之一。

但是，当战争结束之后沃尔特回到这个项目上继续完成动画部分时，这一切似乎都发生在很久以前。1946年6月，这部现在被称为《南方之歌》（这引起了哈里斯家人的惊愕和恐慌，他们更倾向于使用《雷穆斯大叔》这个名字）的电影终于完成了——这是近四年来第一部非战争题材的迪士尼长片电影。沃尔特很高兴。虽然它只包含了不到半小时的动画，但这一限制反而使得动画制作和过去一样煞费苦心，一样辛苦不堪。马克·戴维斯说："几乎所有参与其中的动画师都会说，他们从来没有做过比这更有趣的事情。"部分原因是与他们一起工作的人拥有如此美妙的声音。他这样说很可能是含沙射影地批评战争是多么让人萎靡不振，提不起一点儿兴趣。米尔特·卡尔更进一步。他称之为"在某种程度上是动画的顶点与高潮"。他们并不是唯一认为这可能标志着迪士尼工作室回归正常状态的人。"今天早上我看了沃尔特·迪士尼的《南方之歌》，在我看来，这是沃尔特迄今为止搬上银幕的最令人愉快的作品，"雷电华电影公司的执行官内德·德皮内特在发给无线电城音乐厅经理格斯·艾塞尔（Gus Eyssell）的一封电报中满怀喜悦地说，"它具有像《白雪公主》那样广泛的观众吸引力。"虽然弗恩·考德威尔在给沃尔特的信中曾怀疑地写道，虽然这未必是德皮内特的真实感受，但至少是"他谈论这部影片的方式"。

沃尔特从其他方面也听到了同样热情的评论，但也听到了更加使人清醒的预测。美国受众研究机构已经作出判断，这部电影票房的"最高潜力"是240万美元——还不到迪士尼工作室此前预期的一半。迪士尼工作室的公关宣传员威廉·利维说，这个数字让他"感到惊讶和震惊",直到他意识到,迪士尼工作室一直在"感受交易的脉搏",而受众研究机构一直在"感受公众的脉搏"。利维在给罗伊的信中写道,现在,他们只能寄希望于观众的口碑来拯救这部电影。与此同时,沃尔特于11月6日离开工作室,前往亚特兰大的勒夫剧院参加这部电影的首映式。

尽管这部影片的财务前景比较黯淡,沃尔特·迪士尼还是希望凭借这部影片重获他在影评人心目中的艺术地位,但就连这个目标也没有实现。博斯利·克劳瑟在《纽约时报》上撰文抱怨道:"愈演愈烈,沃尔特·迪士尼手下的工匠们在他们的动画长片中加入了越来越多所谓的'真人实景'镜头,取代了过去那些异想天开、奇思妙想的动画场景,而且迪士尼电影的魅力恰恰随着这些'真人实景'场景所占比例的增大而相应减少。"影片当中真人与动画的比例为2∶1,他引用了这一数字,得出结论说,这"大致相当于它的平庸部分与魅力部分之比"。尽管如此,这部电影最终还是获得了330万美元的票房,超过了受众研究机构的估计,也超过了《为我谱上乐章》220万美元的总票房。

然而,对这部影片最严厉的批评不是来自美学相关人士,而是政治相关人士。这部电影的上映重新掀起了黑人社区中所有的抗议声浪,这些抗议声浪原本在这部电影本身进入休眠状态时已经处于休眠状态了。许多人对雷穆斯叔叔自己住在棚屋里却快乐地为一个富裕的白人家庭服务的想法感到厌恶。全国有色人种促进会的沃尔特尔·怀特抱怨说,这部电影延续了这样一种印象,即"田园牧歌般的主仆关系,而这是对事实的扭曲"。国会议员亚当·克莱顿·鲍威尔(Adam Clayton Powell)称这是"对少数族裔的侮辱"。美国全国黑人大会(National Negro Congress)戏剧分会在电影放映的纽约皇宫剧院周围设置了警戒线,并让抗议者举着写有"我们为山姆大叔而战,不是为汤姆叔叔而战"的标语。制片人兼专栏作家比利·罗斯（Billy Rose）指责沃尔特向公司利益屈服，并警告说："你已经不再是沃尔特·迪士尼了，而是变成了沃尔特·迪士尼公司的代言人。"而且他还补充说："你知道，伙计，你不只是另一个电影制片人。你是我们吹捧的对象。"甚至连这部电影的联合编剧之一莫里斯·拉普夫也表示，他同意抨击者的说法。但最尖刻最糟糕的批评，当然也是最能说明问题的批评，可能是犹太社会和慈善组织出版的《圣约之子会先驱报》（*B 'nai B 'rith Messenger*）上的一句话。它说《南方之歌》"与迪士尼为自己树立的极端反动分子的形象完全吻合"。

沃尔特喜欢这部电影，尤其喜欢詹姆斯·巴斯克特。他对妹妹露丝说："我相信他是这么多年来被发现的最佳男演员。"电影上映后很长一段时间，沃尔特还一直和巴斯克特保持着联系，甚至在纽约的时候沃尔特还为他买了一张歌手伯特·威廉姆斯（Bert Williams）的唱片，因为沃尔特知道巴斯克特是威廉姆斯的粉丝。除此之外，当巴斯克特健康状况不佳时，沃尔特发起了一场运动，寻求相关部门向他颁发奥斯卡荣誉奖，以表彰他的表演艺术。沃尔特说，他表演的时候"几乎没有任何指导"，完全自己设计了雷穆斯这个角色。由于沃尔特的努力，巴斯克特最终在1948年的奥斯卡颁奖典礼上获得了奥斯卡荣誉奖。获奖之后几个月他就去世了。在那之后，他的遗孀写信给沃尔特表示感谢，说沃尔特是一个"真正的朋友，而且确实是我们患难中的朋友"。

即使手握大获成功的《南方之歌》，沃尔特·迪士尼还是坐立不安、焦躁不定。"让我们做点儿事情吧，让我们行动起来吧，任何事情都行。"他说，他在这段时间曾经这样告诉罗伊。躁动不安是他先天具有的特质，这表现出他内心深处的恐惧，即如果他不前进，他就会后退。他早期的动画长片——从《白雪公主》到《小鹿斑比》——讲述的是长大成熟和承担责任；但是它们没有说明成熟之后发生了什么。战争期间，他经常不得不离开自己心爱的工作室，四处奔波行走，仅仅因为战争项目迫使他必须这样做。对于这样一个人来说，战后应该可以结束这种奔波状态了，毕竟所有的战争项目都已经结束了。但是，恰恰相反，战争结束后，他还是经常在路上奔波，不过现在是由被动改为主动了，仿佛为了燃烧他在电影上再也燃烧不掉的能量——前往他在沙漠中的"烟树"疗养度假村，或去"糖碗"滑雪场滑雪，或去德尔蒙特与达利斯协商事情。《南方之歌》完成后，他甚至到圣路易斯短暂地旅行了一次，沿途在堪萨斯城稍作停留，如梦似幻地驾车穿过他当年生活过的老社区，感叹它现在看起来多么荒废破败。而且，1946年11月，《南方之歌》在亚特兰大首映后，他飞往纽约，随后与莉莲、佩尔斯·皮尔斯、编剧约翰·塔克·巴特尔（John Tucker Battle）以及他们各自的妻子登上伊丽莎白女王号邮轮，前往英格兰和爱尔兰，为一部关于爱尔兰传说中看起来像小老头的矮妖精的电影搜集素材。他上一次访问欧洲还是1935年。

　　沃尔特焦躁不定，不过他也没有一个明确的目标。现在，他在十几个不同的方向打转，似乎没有一个方向能像原来的动画，甚至是《南方之歌》那样让他兴奋。12月17日，也就是黛安娜生日的前一天（他经常错过黛安娜的生日），他回到了洛杉矶，迎接新的一年。他的工作面铺得很大，要尽量兼顾。他一边忙着制作关于美国英雄的合辑电影，一边忙着制作一部名为《悠情伴我心》的真人实景与动画组合电影——一部根据华盛顿·欧文（Washington Irving）的小说《睡谷的传说》改编的动画电影，以及根据埃德加·爱·伦坡的小说改编的动画电影，这是英国演员詹姆斯·梅森（James Mason）向他推荐的。"当然，这对我们来说将是一个新的开始，而这也是公众永远不会预料到的。"沃尔特在给梅森的信中写道,显然他在寻找改变自己形象、重振迪士尼工作室的方法。他甚至考虑让阿尔弗雷德·希区柯克（Alfred Hitchcock）来担任导演。

然而,由于经济低迷这一状况仍未如他希望的那样得到缓解,而且仍然没有找到符合观众口味的动画片题材,沃尔特陷入了困境,情绪低落,心情沮丧——尽管他一直声称,他在逆境中表现得更好。"当头一棒一般沉重的打击和严重的挫折也许是生活能给予你的最美好的事情",但是多年来,他一直被接二连三地当头棒喝,而且现在这种打击一点儿也没有减轻。"当他战后回到动画领域时,"弗兰克·托马斯说,"沃尔特再也没有找回像过去那样的热情……再也回不到当初了,情况再也不像早期拍摄制作动画片时那样了,当时他对电影的每一帧都了如指掌。"除此之外,1946年的裁员和自然减员使得迪士尼工作室的员工数量大幅减少,尽管沃尔特向股东们承诺迪士尼工作室正在复苏并开始反弹,但到了1946年年末,如果不是雷电华电影公司向沃尔特提供了100万美元的紧急贷款,迪士尼工作室差一点儿就宣布破产了。1947年,当伍利·雷瑟曼回到伯班克时,他回忆道:"在工作室里,弥漫着一种浓厚的令人沮丧的失落感。"他看到沃尔特在顶层阁楼俱乐部吃饭,而沃尔特"似乎总是有一点儿忧心忡忡、闷闷不乐"。一位动画师记得,在一次故事研讨会上,沃尔特显然心不在焉,而且心烦意乱。一直在陈述这个故事的人对沃尔特缺乏兴趣的态度感到有点儿绝望。"沃尔特看着他说,'你没什么好担心的。需要担心的人是我。我才是那个不得不担心的人。该死的,我整晚都不能合眼,我得熬夜想怎么才能给你们找到事做'。"

沃尔特现在天天苦思冥想如何拯救工作室,总是忧心忡忡的。一天晚上下班后,沃尔特慢悠悠地走到位于动画大楼二楼的罗伊办公室。兄弟二人坐在那里,思考如何摆脱他们现在面临的困境,直到晚上大约8点钟才离开。"瞧，"罗伊打破沉默，生气地对他弟弟说，"这个地方把你逼疯了。那是一个我不会和你一起去的地方。"罗伊怒气冲冲地走了出去。那天晚上罗伊一夜无眠。他说沃尔特也一样一晚上都没睡着。第二天早上，罗伊坐在办公桌前，继续愁眉苦脸地想办法。这时，他听到走廊里传来了沃尔特的脚步声和干咳声。"他走了进来，满腹心事，一脑门子官司，"罗伊说，"他几乎说不出话来。"沃尔特说："一个家伙有时会变成这样一个毫无办法的大傻瓜，难道不令人惊讶吗？"

虽然沃尔特只有44岁，但除了精神上的紧张和压力，他的身体也不太舒服，这让他应付当前的困境更加力不从心。除了在法国的那段时间他的身体变得结实了，他的身体总是很虚弱，健康状况一直不太好。他打马球时的旧伤突然发作，让他遭受了很多痛苦折磨。为此，他每天在办公室里接受透热疗法治疗，后来病情更加严重了，到1947年年初不得不住院进行治疗。他的胆固醇指数接近250毫克，而180毫克才是正常水平；他的牙齿也时不时地疼痛发作，使他很烦恼；他的眼睛也不行了，很快就要戴老花镜了；而且他似乎无法摆脱感冒，可能是因为他一直在不停地抽烟。在迪士尼工作室的紧张压力下，在让人不得安宁的健康问题困扰之下，在工作与健康问题的双重夹击之下，美国最有名望的人之一——沃尔特给他当邮差的健壮的哥哥赫伯特写了一封信，信中谈到他是多么羡慕赫伯特的生活。关于他哥哥的新房车和它带来的自由，沃尔特写道："我愿意为了那种自由付出很多东西，哪怕是一星半点的自由。相信我，我是认真的。"

但是，困扰沃尔特·迪士尼的不只是企业陷入危机的感觉或人到中年体弱多病的问题。正如罢工使他变得强硬、冷酷无情甚至有点儿扭曲一样，他在战争期间经历了另一次与之类似的个人的转变，这一转变过程紧密伴随着他的祖国的转变过程。美国一开始参加第二次世界大战时已经很强大了，但是很天真。它从战争中崛起，成为世界上占统治地位的国家。正如杜鲁门总统在第二次世界大战对日作战胜利纪念日所发表的演讲所说，美国现在拥有了"人类有史以来最大的实力和最大的权力"。在接下来的两年内，美国将经历前所未有的繁荣和富足。1947年，它生产了世界上近一半的工业制造产品，这直接导致了失业率持续下降，工资持续上涨（在短短四年时间里上涨了45%），出生率飙升（比大萧条时期每年多出生近100万个婴儿）。在经过20年的孤立主义之后——这种孤立与沃尔特本人在迪士尼工作室里的孤立情况并无二致，这个国家也被迫承担了一种新的国际责任——出版人亨利·鲁斯在1941年《生活》杂志上发表的著名随笔《美国的世纪》（*the American Century*）中提到了这一点。在卢斯看来，美国必须改变自己的观念，因为它肩负着新的全球义务。

沃尔特·迪士尼，在世界上很多地方都是美国的代表和化身，作为美国最受欢迎的演艺人士之一参加了第二次世界大战。正如比利·罗斯所说，"我们吹捧那个人"，不仅仅因为他的电影作品质量，也因为他看似天真朴实的电影制作方式——沃尔特拥有的那种吸引人的美国原始主义风格。尽管迪士尼工作室现在存在各种问题，但沃尔特却在战后脱胎换骨，以另一种身份出现：一个企业公民，一个新的、威严壮观的、实力强大的美国的化身，帮助美国在全球传播其价值观，或者，正如历史学家杰克逊·利尔斯（Jackson Lears）后来所说，他是"国家和民族神话通过企业复兴的核心人物，重新定义了所谓的'美国生活方式'，即从模糊不清的平民主义变为同样模糊不清的自由企业概念"。

正如利尔斯指出的那样，我们很难确切地指出具体是什么促成了这种变化，但与这个国家一样，沃尔特·迪士尼现在似乎有点儿霸道，这也是他在知识分子和评论家中失宠的另一个原因。甚至他的员工们也看到了这一点。"如果房间里没有其他人，如果你和沃尔特一对一相处，"沃德·金博尔回忆说，"情况就很简单，气氛就会变得和谐融洽得多。他觉得没有必要展示自己的地位，你可以和他轻松地交谈……但当你走进一个挤满人的房间时，他就会是另一个人了。"在一间挤满了人的屋子里，他不再是一个负责逗人开心或让人哭泣的局外人。他承担了自己应有的责任，他把这种责任看得很重。战争和战争电影使他进入了权力集团内部。

沃尔特甚至连穿衣打扮都看起来不一样了。年轻时候的沃尔特·迪士尼穿着随意，色彩艳丽，样式夸张，脖子上常常围着一条围巾或手帕，而不是打着领带；身上穿着卫衣，而不是穿着西服套装或西服外套，经常戴着一顶松软邋遢的软呢帽。一位记者在1939年的一篇文章中描述了一件让沃尔特上瘾的提洛尔风格的夹克衫——面料是紫色的，里衬是红色缎子，扣子是半美元大小的银色纽扣。"这是一件一般男人驾驭不了的衣服，"记者说，"但他穿上显得很优雅，为它带来的感觉感到自豪。"另一名记者称沃尔特的衣服是"花衣套装"，并说他们一次偶然相遇时他穿着一双软便鞋。但是现在，虽然他仍然喜欢那些软塌塌的帽子——据莉莲说，他认为戴着这些帽子让他看起来很时髦，虽然他仍然经常穿运动服和针织衫，但他每年也会去布洛克百货公司两三次，试穿定做的西装，而且他定做的西装大都是纯蓝色或灰色的，剪裁保守，而不是样式夸张、宽松肥大。甚至他那曾经让他拥有放荡不羁的气质的蓬乱头发，现在也越来越平整顺滑，涂满了润发油，梳得一丝不乱。

沃尔特从一个不拘小节的演艺人员转变为一个小心谨慎的企业领袖，做决策依赖的是美国受众研究机构的调查报告，而不是自己的直觉。造成这一变化的原因之一是，他需要在不犯错的情况下拍摄电影。迪士尼工作室承担不起犯错误的风险了。另一个原因是沃尔特越来越保守，这本身既是迪士尼工作室陷入四面楚歌的困境带来的结果，同时也有其他一些原因，包括他承担的政府工作项目和他作为美国亲善大使的角色；甚至可能年龄对他也有影响，现在他已经40多岁了，不再是一个做事不计后果的鲁莽的年轻梦想家。沃尔特虽然从来没有想过要成为一个商人或工业巨头，但他似乎也意识到了这种变化，并勇敢地通过他和达利以及爱伦·坡的合作项目和更现代主义的动画风格与之抗争。但是，呆板无趣、缺乏灵感的动画、迪士尼工作室里萧条迟缓的氛围、在《南方之歌》种族问题上的反应迟钝，毫无疑问都在说明他是一个怎样的艺术家。现在这个艺术家不像沃尔特·迪士尼在拥有大型工作室之前那么灵巧生动，也不那么特立独行。现在恰恰是华纳兄弟影业公司扮演着沃尔特·迪士尼在早期米老鼠卡通中曾经扮演过的颠覆性角色。为了不冒犯观众，沃尔特的动画片现在似乎针对的是中间部分观众，不偏不倚，这使得他们不仅代表着一个不同以往的沃尔特·迪士尼，同时也代表着一个不同于以往的美国。正如艺术评论家罗伯特·休斯描述迪士尼的变化时所说的那样，"他把自己从一名卡通画家变成了商业化的大众文化领域的老派大师"。根据历史学家史蒂文·沃茨（Steven Watts）的说法，从文化的角度来看，这意味着迪士尼"对社会秩序的批判逐渐被一种强大的保护主义冲动取代"。

如果说沃尔特发生转变体现在他的保守主义和缺乏活力、冲击力的四平八稳、不急不慢的动画片中，那么这一变化在他的媒体形象中也有所体现。年轻时候的沃尔特·迪士尼被记者们津津乐道地吹捧成追求民主、不拘礼节、不装腔作势、谦逊内敛，甚至幼稚天真（尽管事实上他早已不再如此）的形象，但是这一形象现在已经被另一位几乎像华盛顿或林肯一样被雕刻在花岗岩上的沃尔特·迪士尼取代。沃尔特·迪士尼象征着战后美国的另一面，这一面与华纳兄弟影业公司所表现的美国形象截然不同——与其说勇敢大胆和自由解放，不如说成熟、体面、和蔼、可靠、自信、成功、负责任，还有一点点儿自满。他是一个没有什么恶习、没有什么激情、没有什么小瑕疵的人——美国中西部正人君子的标准形象和典型代表。实际上，就像米老鼠的成功让米奇从一个顽皮的小捣蛋鬼变成了对人无害的快乐的标志一样，他的变化也如出一辙，以至于到了20世纪40年代末，他已经把自己常穿的带有亮黄色纽扣的红色短裤换成了郊区居民常见的衬衫和休闲裤。沃尔特·迪士尼表面上的成功也让他从一个他曾经戏称为"粗枝大叶、喜怒无常的艺术家"变成了这个国家最受欢迎的商人。正如迪士尼工作室一位资深员工所说，"20世纪40年代末是沃尔特·迪士尼发现'沃尔特·迪士尼'的时候"。他曾经被他的工作室同化，现在他开始被自己的新形象同化。

在不得不屈服于这种变化之后，1947年6月，沃尔特踏上了前往加拿大安大略省戈德里奇（Goderich）的旅程，仿佛是去寻找自己内心深处的沃尔特·迪士尼，即原来的作为一个人的沃尔特·迪士尼。将近一个世纪前，他的祖父从爱尔兰远涉重洋来到这里，他的父亲出生在这里。沃尔特和伊利亚斯过去经常谈到要一起来这里展开一趟寻根之旅，但是沃尔特一直很忙，直到伊利亚斯去世后都没能实现这一愿望。现在，沃尔特和莉莲、莉莲的姐姐黑兹尔，还有黑兹尔的丈夫比尔·科特雷尔一起飞往纽约。在纽约，他们租了一辆车，不慌不忙地驱车穿过康涅狄格州、马萨诸塞州、佛蒙特州、新罕布什尔州和缅因州，然后穿过加拿大边境，接着穿过蒙特利尔、多伦多，最后到达戈德里奇。在与他父亲关系最近的堂弟彼得·康特隆的陪伴下，他们一起参观了位于霍姆斯维尔（Holmesville）市的家族墓地。迪士尼家族和沃尔特的祖母理查德森（Richardson）家族的人都安葬在那里。然后他们又开车前往戈德里奇附近的一个农场，那里还保留着他曾外祖父罗伯特·理查森（Robert Richardson）当年居住过的小木屋的废墟。他被告知，祖父和祖母就是在那个小屋里结的婚。（沃尔特急切地按着快门，拍了许多照片，后来才发现自己拍的不是祖父母真正居住的房子；莉莲不情愿地陪着他，她永远不会让他忘记自己的这个错误。）然后他开车去了迪士尼家族以前曾经住过的波特农场。他甚至参观了他的父亲当年上学的旧校舍。这是一次隆重庄严、怀旧思乡的朝圣之旅，沃尔特·迪士尼很少这样做。但他现在需要这一寻根之旅。因为他迷路了。

…………

动画不再吸引他的注意力，而组合混编电影也只是权宜之计，沃尔特一直在寻找可能引起他兴趣的东西，以激发工作室的活力和士气。战争期间，他对电影和电影胶片具有的教育潜力越来越感兴趣，充满了热情。1943年，他对全国广播听众表示："对我们来说，设想在世界上的每一个教室的课程中都使用我们自己的媒介，这既不是一种不切实际的幻想，也不是一种自以为是的狂想。"事实上，教育家们一直在为迪士尼叫好，早在1944年，《大不列颠百科全书》的出版人威廉·本顿（William Benton）就与沃尔特进行谈判，准备制作一系列教育电影——计划无论如何每年要制作6到12部。"你曾经遇到的也许是最糟糕的学生现在已经和教育联系在一起了！"沃尔特在给他年迈的老师黛西·贝克的一封信中开玩笑说。第二年春天，斯坦福大学校长唐纳德·B. 特里西德（Donald B. Tresidder）邀请沃尔特和莉莲到帕洛阿尔托的校园共度周末，讨论教育电影和模型。与此同时，沃尔特指派卡尔·纳特负责迪士尼工作室的教育电影部门。纳特曾参与战争片的制作。

但是，就像沃尔特在这段时间考虑的大多数项目一样，当他发现电影的质量会因为他希望得到的最低回报而受到严重影响时，他很快大失所望，幻想破灭了。因为，如果他制作了这些电影，他就会回到当年迪士尼工作室制作培训电影时的位置。也许，他反对此类影片的真正原因可能是心理上的，而不是经济上的。如果他真的去制作那些教育性电影，那就表明他无力回天——承认自己正在逐渐远离娱乐——他还没有准备好做出这样的让步。"他更愿意制作娱乐节目，"在迪士尼工作室工作的吉米·约翰逊（Jimmy Johnson）写道，"但如果教育工作者在他的电影中发现了一些教育价值，他也不会介意。"本·沙普斯坦说沃尔特在这一点上表现得很直率。"我们不能用这些事情让公众感到厌烦，"他回忆起沃尔特多次这样说，"我们不能无聊到让人厌烦。我们必须有娱乐性。"最终，纳特离开了迪士尼工作室去了学院进修，该部门也随之关闭了。

但是，沃尔特并没有完全放弃寻找一种既有娱乐性又有教育意义的方式来制作电影，尤其是如果他能以低廉的价格做到这一点的话。在战争期间，泛美事务协调员曾经建议他拍摄一部关于亚马孙河流域的纪录片，后来这部纪录片被命名为《亚马孙河的觉醒》（*The Amazon Awakens*）。与此同时，自然学家们向迪士尼工作室提出了大量合作拍摄自然纪录片的要求，其中一个显然是应沃尔特的要求，甚至还设计出了一套短片拍摄计划。罗伊立即予以否决，说这"肯定要花很长时间，拍很多电影"，但沃尔特并没有因此打消这个念头。从他生活在马塞琳农场的日子起，他就爱上了动物，被它们迷住了，他想其他人也会被它们迷住的。（一个访问迪士尼工作室的人记得沃尔特从树下轻轻捡起一只虫子说："这是上帝的造物，我们不要伤害它们。"）1944年晚些时候，尽管当时迪士尼工作室正忙于拍摄战争片，根本无暇他顾，但卡尔·纳特和沃尔特还是拜访了纽约动物学会的一名官员，按照纳特的描述，他们的计划是"最终拍摄关于鸟类生活、鱼类生活以及任何其他有真实故事可讲的生物的电影"。

第九章　随波逐流

沃尔特正在考虑拍摄这部系列片所需要的题材时，有一天，本·沙普斯坦在大厅里找到他，告诉他自己发现从战场回来的退伍军人们正开始前往阿拉斯加，因为美国政府在那里给他们特批了安家的宅基地，并暗示其中可能有一个可供拍摄成电影的故事。沃尔特叫他去调查追寻相关的题材。沙普斯坦的灵感来自斯坦福大学前校长戴维·斯塔尔·乔丹（David Starr Jordan）写的一本书，乔丹曾在俄罗斯和日本就一项关于猎杀海豹的条约进行谈判时为之提供过帮助（这本书是从海豹的角度讲述的）。沙普斯坦说，他联系了阿拉斯加的一对夫妻档摄影团队——阿尔弗雷德·米洛特和埃尔玛·米洛特。事实上，阿尔弗雷德·米洛特曾在1940年给沃尔特写过一封信，提供了一些阿拉斯加地区的动物照片。当时沃尔特正在为《小鹿斑比》做前期准备工作和试验性拍摄，所以他拒绝了阿尔弗雷德的请求。但是根据阿尔弗雷德所说，后来联系他拍摄阿拉斯加电影的是沃尔特，不是沙普斯坦——阿尔弗雷德记得沃尔特并没有提什么特别的要求，只是说："你知道的——采矿、捕鱼、筑路、阿拉斯加的开发。"

于是，米洛特夫妇开始拍摄了。他们连续拍了好几个月。用米洛特的话说，他们拍摄了"一切移动的东西"：人们砍伐木材，捕捉鲑鱼，修建铁路，攀登麦金利山，狩猎——拍了超过10万英尺的胶片。当时最初的想法是，这部电影将讲述一个关于美国最后一个真正边疆的故事，尽管这个想法还不成熟。不幸的是，这段视频正是沃尔特极力想要避免的：它很无聊。沃尔特在发给阿尔弗雷德·米洛特的电报中说："视频里有太多的矿山，太多的道路。需要更多的动物，更多的因纽特人。"米洛特拍电报回复道："海豹怎么样？"沃尔特同意这对夫妇去普里比洛夫群岛（Pribilof Islands），那里是成千上万只毛皮海豹的交配地。这对夫妇在那里待了一年——大部分时间都在黑暗中度过，因为在北极圈白天变短了——他们拍摄了年轻的单身雄性海豹和年老的雄性海豹之间的战斗、海豹之间的交配、小海豹的出生，以及海豹冬天迁徙到太平洋的场景。他们说，当他们把拍摄的录像交付给迪士尼工作室时，他们收到沃尔特发来的唯一信函，像沃尔特偶尔发出一封电报那样，写着一如既往的命令："拍摄更多的海豹。"

罗伊对自然纪录片的看法是对的。制作此类影片确实花了很长时间，拍了很多胶片。战争结束后不久，沃尔特和米洛特夫妇在迪士尼工作室里商量过下一步的计划。一年后，1946年12月，当沃尔特还在爱尔兰的时候，米洛特夫妇又去了一次迪士尼工作室，和沙普斯坦进行了会面。不过沙普斯坦说，直到几年后，随着这个项目陷入停滞状态，沃尔特才决定完全放弃影片中的因纽特人，专注于海豹。沃尔特声称自己并不在意这些删减会如何缩短影片长度。他告诉沙普斯坦："无论如何，只要有进展就行，继续进行下去。"1947年8月，沃尔特亲自去了一趟阿拉斯加。"亲眼看到了一些东西，对阿拉斯加有了一点儿了解，有助于他制作这部影片。"罗伊说。除此之外他也花了一些时间陪伴11岁的女儿莎伦，莎伦陪着他在这片土地上跑来跑去。又过了一年，米洛特拍摄的视频才被编辑成所谓的《海豹岛》这部电影。

经过了这么多年的反复折腾，这部电影终于拍摄制作完成了。但是，迪士尼的发行商雷电华电影公司对此却并不感兴趣。由于没有了因纽特人和阿拉斯加人在特批的宅基地建设家园的故事，这部电影现在只有28分钟长——对于一部中篇电影来说有点儿太短了，而对于一部短篇电影来说又有点儿太长了。雷电华电影公司找不到发行这样一部不伦不类的电影的办法。然后电影的主题也存疑。"他们都说：ّ谁想看海豹在光秃秃的岩石上玩儿过家家？'"罗伊从纽约推销这部影片回来后对沃尔特说。尽管这部电影制作成本很低——仅仅10万美元多一点儿——但沃尔特并不打算让它消失。就像他多年前处理

第九章　随波逐流

《骷髅之舞》时做的那样，当时他说服了一位放映商试映这部卡通片，现在他设法安排《海豹岛》这部电影在1948年12月的最后一周在帕萨迪纳市的皇冠剧院放映。观众被深深地迷住了。迪士尼的艺术家哈珀·戈夫（Harper Goff）参加了第一次放映，他说："这部电影让人大开眼界，观众彻底震撼了。"但是，沃尔特的兴趣不只是展示这部电影对观众的吸引力。通过在剧院放映《海豹岛》一个星期，沃尔特让这部影片获得了参评奥斯卡最佳纪录短片奖的资格。几个月后，该片获得了奥斯卡奖。现在它变得非常畅销。沙普斯坦在奥斯卡颁奖典礼后的第二天早上走进沃尔特的办公室，手里拿着他代表迪士尼工作室领取的奥斯卡金像奖。沃尔特命令他的秘书把它拿到罗伊的办公室："告诉他用它打雷电华电影公司那帮人的头。"

这是沃尔特说的他的《真实生活历险记》（*True-Life Adventures*）系列影片的第一部。这是一部自然纪录片，它把沃尔特的陈旧的叙事技巧运用到自然事件之中，并以自己的方式证明，它将像他的第一部有声动画或《白雪公主》一样具有革命性的意义。《海豹岛》不仅成为迪士尼纪录片的典范，也成为一般自然纪录片的典范：紧凑的情节，赋予人格化情感的动物，还有担任《海豹岛》的导演吉姆·阿尔加为影片配的音乐，这一音乐可以与迪士尼其他动画片中的音乐相媲美，让这部纪录片成为现实生活中的卡通。阿尔加说："无论在什么地方，当我们看到一种变化时，我们总是试图采取有节奏的自然动作，并以一种可以有音乐为之伴奏的方式对其进行编辑。"这种方式带来的效果是观众对他们能够让动物跟随音乐而表演大为赞叹。另一方面，这种设计虽然让观众们对此惊叹不已，但却引发了纯粹主义者的抱怨，他们抱怨迪士尼为了迎合他战后的媚俗风格而篡改自然——这种抱怨将会伴随他的余生。[1] 但是沃尔特至少这一次似乎是泰然自若的。他终于找到了一种把娱乐性和教育性结合起来的方法。他赢得了一场小战役，而这场战役后来变成了一场旷日持久的战争，并且他在这场战争中最终失败了。

4

沃尔特·迪士尼陷入了困境，四面楚歌，痛苦不堪，处境悲惨，他知道谁应该为自己工作室的运势衰落负责，他知道一些人正如他后来所说的那样，"希望把他逼上绝路，让这成为他的末日"。从阿拉斯加回来的两个月之后，他前往华盛顿，帮助政府打败这些人。敌对的力量不仅仅是动画制作上的经济节约，还有银行家们的财务约束、美学的改变和战后的新情绪，沃尔特无法像他在大萧条时期那样巧妙地利用这种情绪。

这对沃尔特来说是一项非同寻常的任务。尽管他们的父亲是一名激进主义者——伊利亚斯以及弗洛拉，都为社会党总统候选人投过支持票，包括一开始的尤金·V. 德布斯和后来的诺曼·托马斯——但是沃尔特和罗伊都对政治没有多少兴趣。政治是外部世界，远离沃尔特为保护自己建立的工作室这个世界。任何想要从迪士尼的卡通作品中寻找连续一贯的政治潜台词的人，都会对20世纪30年代早期粗鲁

---

[1] "迪士尼自然电影的基调几乎总是居高临下的，"理查德·施克尔后来用一种典型的批评口吻写道，"考虑到这些卑贱的动物缺乏像我们这样的成熟老练和专业知识，它们几乎总是召唤我们去看看它们做得有多么好。"更大的问题是捏造。"我想带它们（水獭幼崽）去黄石公园……离开它们常走的小路，"一位与迪士尼工作室合作拍摄电影的自然主义者写道，"让它们见见我们定期在湖边喂食吸引来的幼熊。然后观察并拍摄它们见面和玩耍的情景。这将是一个真正自然的喜剧场所。当然，这需要时间，但是当我们做到的时候却有足够的戏剧效果。这样的影片将是独一无二的，无法效仿的，将成为迪士尼永远的经典。"

无礼的"米老鼠"系列卡通片与《糊涂交响曲》系列卡通片之间的混乱变化感到困惑，比如《蚱蜢和蚂蚁》《龟兔赛跑》，以及宣扬勤奋努力、勤俭节约和遵守纪律等传统价值观的《城里老鼠和乡下老鼠》。这种混乱变化反映了迪士尼兄弟缺乏政治信念。1934年，作家厄普顿·辛克莱（Upton Sinclair）在加利福尼亚民主党州长初选中获胜，他的竞选纲领是承诺通过政府项目消除贫困，但后来在大选中被从好莱坞涌来的大量资金击败。罗伊当时斥责他的父母支持辛克莱，但他也承认："他提倡的许多东西是会以某种形式或其他形式出现的。然而，我不相信谁能在一夜之间颠覆社会，"他在信的结尾写道，"我能听到父亲说，'现在，既然孩子们加入了资产阶级和雇主阶级的行列，他们唱的调子就不一样了'。唉，当然，这是真的。"

沃尔特后来声称，他是通过另一条路走向他的政治保守主义的。他告诉莫里斯·拉普夫，当他还是堪萨斯城的一名男孩时，他遭到了一群爱尔兰孩子的袭击，这些孩子的父亲为民主党的政治机构工作。他们把滚烫的焦油涂在他的阴囊上，只因为伊利亚斯是一名社会主义者。拉普夫从来不相信这个故事，沃尔特的老恩人约翰·考尔斯博士是民主党机器上的一个重要齿轮，是民主党基层组织的一个重要人物。但是沃尔特坚持认为正是这一事件把他变成了一个"彻头彻尾的共和党人"。更有可能的是，沃尔特的政治倾向是他反抗伊利亚斯的结果。但是，真正的事实是，在他成年后的大部分时间里，沃尔特并没有真正成为一名保守派或共和党人，也没有做过其他任何有政治倾向的事情。相反，他的政治立场以混乱或中立为特征。1936年，他投票支持罗斯福，而罗伊则投票支持共和党人阿尔夫·兰德（Alf Landon）。尽管沃尔特说自己在1940年支持共和党总统候选人温德尔·威尔基（Wendell Willkie）——威尔基曾参观过迪士尼工作室，并与沃尔特讨论过教育问题——但他拒绝了威尔基竞选团队的签名支持请求。他写道:"在很久以前,我发现自己对政治这种游戏一无所知,从那时起,我宁愿对所有政治事件保持沉默,也不愿看到我的名字附在任何不是我自己的声明上。"至于他的保守主义,沃尔特告诉另一位记者:"我不赞成广告牌上的爱国主义,也不会去做此类的事情。"当时这位记者正在游说他制作一卷以国旗为主题并配有爱国音乐的宣传影片。"相信我,他对政治真的是漠不关心。"乔·格兰特说,他在战争期间多次陪同沃尔特前往华盛顿出差。

这一事件发生之后,迪士尼的批评者会说,沃尔特是德国总理阿道夫·希特勒和意大利独裁者贝尼托·墨索里尼的崇拜者。而且阿特·巴比特在多年以后声称,他确实在本德(Bund)举行的纳粹同情者大会上见过沃尔特和冈瑟·莱辛的身影,巴比特本人参加这个会议完全是出于好奇。这是极其不可能的,不仅仅因为沃尔特甚至没有足够的时间和家人在一起,更不用说参加政治会议了,而且因为他当时没有明确的政治倾向。其他人则因为沃尔特曾经邀请德国电影制作人莱尼·里芬施塔尔(Leni Riefenstahl)参观迪士尼工作室,觉得这是他怀有支持纳粹情绪的证据,因为里芬施塔尔曾执导过纳粹宣传电影。1938 年 12 月 8 日,里芬施塔尔确实应沃尔特的邀请到访了迪士尼工作室。这一邀请是通过杰伊·斯托维茨(Jay Stowitts)传达的,因为他既是沃尔特的熟人,也是里芬施塔尔的密友。斯托维茨,芭蕾舞蹈家,曾与安娜·帕夫洛娃一起跳芭蕾——安娜·帕夫洛娃是《风流牧羊女娱乐场》(*Folies Bergère*)的主演,同时他还是画家和演员。斯托维茨在给沃尔特的信中写道,里芬施塔尔悄悄地溜进了加利福尼亚,并要求与他见面,因为她认为他是"美国电影行业中最伟大的人物"。他们的这次会面正如里芬施塔尔后来描述的那样,她和沃尔特在迪士尼工作室里待了一整天(沃尔特的工作日记显示,两点钟在审片室召开《幻想曲》中的《月光曲》片段审查会议),随后,沃尔特表示有兴趣看她的电影《奥林匹亚》，于是她主动提出回去以后以邮寄的方式送一份这部影片的拷贝给他。"但是沃尔特，"她突然犹豫了一下说，"如果我看了你的电影，那么所有的好莱坞人第二天都会知道了。"因为他的放映员都是工会成员。他担心自己可能会因此遭到抵制。3个月后，里芬施塔尔写道，沃尔特拒绝对她的迪士尼工作室之行承担责任，声称他发出邀请时并不清楚地知道她是谁。

沃尔特当然知道里芬施塔尔是谁；在最初写给斯托维茨的信中，有人（大概是迪士尼工作室的公关宣传人员）附上了"好莱坞反纳粹联盟"在《综艺》杂志上刊登的一则广告，宣称里芬施塔尔现在来到了好莱坞，并呼吁电影行业抵制她。尽管如此，沃尔特在政治上有点儿天真幼稚，可能并不知道她这个人到底代表着什么，而且他当时肯定也不想卷入任何政治争议的旋涡。20世纪30年代中期，欧洲动荡不安，沃尔特曾明确告诉一位记者，美国应该"让他们自己打自己的战争"，这是他从上一次战争中"获得的教训"。战争一开始，甚至在1941年罢工之后，左翼团体就经常向他寻求资助和支持，求助内容涉及方方面面，沃尔特有时也会同意他们的请求，参加他们的活动。例如在苏联成立25周年之际，他发出了贺信："向英勇的苏联人民致以衷心的问候"；他作为贵宾，出席了被司法部长指定为颠覆分子的团体主办的"美洲之夜"活动；并与保罗·罗伯逊、兰斯顿·休斯（Langston Hughes）、厄尔·布劳德（Earl Browder）以及其他一些人一起在《工人日报》上签署了一份广告，"向阿特·杨（Art Young）致敬"。阿特·杨是一位左翼漫画家。（尽管沃尔特与联邦调查局有着长期的合作关系，帮助宣传联邦调查局，但他自己的文件记录中也提到了"美洲之夜"以及献给阿特·杨的颂词，这些都让人怀疑他的爱国之心。）然而，与此同时，由于受到罢工的震动，沃尔特称赞了《读者文摘》上刊登的马克斯·伊士曼（Max Eastman）的一篇反苏文章。沃尔特认为这篇文章将抵消电影《莫斯科使命》(Mission to Moscow)等亲苏好莱坞宣传活动带来的影响。他还与演员金格·罗杰斯(Ginger Rogers)、罗伯特·蒙哥马利(Robert Montgomery)和乔治·墨菲(George Murphy)等坚定的保守派人士一道,组成了一个好莱坞共和党委员会,以对抗思想更加自由的"美国进步公民党"。

然而,对好莱坞左翼人士最猛烈的攻击尚未到来。1943年10月初,在美国作家联盟的支持下,加利福尼亚大学洛杉矶分校主办了一次南美作家会议。沃尔特和西奥多·德莱塞(Theodore Dreiser)、托马斯·曼(Thomas Mann)都参加了开幕式。要么是在会议期间,要么是在会后不久,反动编剧詹姆斯·凯文·麦吉尼斯(James Kevin McGuinness)就与志趣相投的朋友们共进了晚餐。麦吉尼斯在20世纪30年代中期就曾经主导破坏"银幕作家同业公会"的活动。10月底或11月初的某个时候,三十名业内人士在好莱坞名人经常光顾的查森饭店会面,正式组建了调查小组。11月29日和12月9日,他们又在贝弗利·威尔希尔酒店(Beverly Wilshire Hotel)会面,拟订了组织计划。在12月份的会议上,沃尔特·迪士尼公司也被列入候选成员名单。

虽然沃尔特从来都不是一个积极参与此类组织和活动的人,但员工罢工之后,可能没费多大力气他就被说服参加了此类组织和活动。1月31日,他在从迪士尼工作室回家的路上拜访了另一位口碑甚差的反动编剧鲁伯特·休斯(Rupert Hughes),显然是为了讨论当前的政治形势。2月4日,他在休斯家里参加了一个晚宴,讨论计划成立这样一个组织,即在他的工作日记中被记录为"好莱坞亲美委员会"的组织,但实际上该组织被命名为"保护美国理想的电影联盟"——这个组织后来诞生于詹姆斯·麦吉尼斯举办的晚宴上。当天晚上晚些时候,在贝弗利·威尔希尔酒店举行的会议上,有大约200名电影界人士参加，导演山姆·伍德（Sam Wood）被选为新组织的主席，布景设计师塞德里克·吉本斯（Cedric Gibbons）、编剧兼导演诺曼·陶洛格（Norman Taurog）和迪士尼被选为副主席。

在接下来的一个月里，"保护美国理想的电影联盟"主动将战斗升级。它给北卡罗来纳州参议员罗伯特·雷诺兹（Robert Reynolds）写了一封信，指责电影行业里有政治立场不同的人，并以像沃尔特·迪士尼这样的人都感到有必要成立一个组织来对抗这种威胁作为证据。雷诺兹将这封信列入国会议事录之中——尽管"保护美国理想的电影联盟"的真正目的不是引起国会的注意，而是促使国会就此事进行调查。甚至有传言称，众议院议员兼非美活动调查委员会主席马丁·戴斯（Martin Dies）将退休，以便成为"保护美国理想的电影联盟"的负责人。在此之前，好莱坞的左派和右派之间一直存在着大量的内部纷争。但是随着写给雷诺兹的信，"保护美国理想的电影联盟"——和沃尔特·迪士尼——已经开始越界了。他们不仅仅是在攻击其他意识形态，他们还在攻击自己所属的行业。

好莱坞的左派，虽然过去经常从好莱坞募集资金并使用好莱坞的钱，却经常嘲笑挖苦好莱坞的电影行业，但具有讽刺意味的是，这一次他们却出乎意料地突然站到了守护电影行业的位置上。"美国银幕作家同业公会"5月2日在罗斯福酒店（Roosevelt Hotel）召开会议，38个工会在会上一致通过了一项决议，"重申对电影行业取得的成就的信心"，并承诺保护电影行业免受"不负责任和毫无根据的攻击"的伤害。（联邦调查局应"保护美国理想的电影联盟"的邀请，负责监控整个局势。联邦调查局声称"美国银幕作家同业公会"的这一运动是受共产主义者启发和操控的。）其他人则指责"保护美国理想的电影联盟"是法西斯主义的原型。"'保护美国理想的电影联盟'中更活跃的成员们的公开声明，全都是严格按照惯用的扣'赤色分子'帽

673

子进行政治攻击和政治迫害的路线行事,"银幕编剧兼戏剧作家埃尔默·赖斯(Elmer Rice)写道:"……人们不需要深入到表面之下就能轻易发现,该组织及其主导精神与孤立主义和反工会主义有着很深的联系,还带有强烈的反犹主义和种族歧视色彩——当然,后者是以隐隐约约不可明说的方式体现出来的。"与此同时,一名线人告诉联邦调查局,洛杉矶分部的执行秘书一直在讨论如何污名化"保护美国理想的电影联盟"的方法,但这位秘书却没有批评沃尔特·迪士尼,因为迪士尼此前为南美地区做了大量出色的工作,做出了重要的贡献。

万格和沃尔特就"保护美国理想的电影联盟"多次进行了直接坦率的讨论。万格曾给沃尔特看了一封措辞严厉的信,这封信是万格写给"保护美国理想的电影联盟"的一名官员的。在这封信中,他指责该组织吸引了"不负责任的人"加入,并允许他们为这个组织说话和辩护,还把电影行业的领导者描绘成"往好里说,无能;往坏里说,就是傻瓜"的形象,散布这些不合时宜的言论。现在万格很替沃尔特担心,担心他会在政治上滑向什么地方。沃尔特曾给他寄过一篇文章,是喜欢给人扣"赤色分子"的帽子进行政治迫害的专栏作家乔治·索科尔斯基(George Sokolsky)写的,内容是大肆抨击副总统亨利·华莱士。沃尔特曾经应邀参加过一场他组织的晚宴活动。沃尔特鼓励万格好好阅读一下这篇文章。万格充满遗憾地回复道:"从你将自己拍摄的电影主题转向索科尔斯基风格或范式开始,从你成为索科尔斯基主题的制片人的那一刻起,我担心你永远也不会再制作出像《白雪公主》《小飞象》《致候吾友》《小鹿斑比》或《木偶奇遇记》这样的影片了。这些影片充满了信仰、体面、理想和魅力。"而且他最后还说,"你最好照照镜子,别被那些善于蛊惑人心的乌合之众裹挟。"

但是，沃尔特还是被这些善于蛊惑人心的乌合之众裹挟了，他再也没有拍出一部类似《白雪公主》《木偶奇遇记》或《小鹿斑比》那样的影片了。尽管他宣称自己是无党派人士——"作为一名独立选民，我不效忠于任何一个政党。"他承认自己支持1944年共和党总统候选人，纽约州州长托马斯·杜威（Thomas Dewey）之前对全国广播听众说——他向共和党捐了大笔金钱，允许杜威在迪士尼工作室的场地上组织集会，在洛杉矶大体育馆为杜威发表演讲。而且，如果杜威获胜，他将被选为加利福尼亚州的选举人之一。但是，他的这些举动与其说是出于对杜威（他是一个相对温和的人）的热情支持，不如说是出于对罗斯福政府的反感。他在写给一位共和党筹款人的信中写道："对不起，我无法给予更多，只能捐款。"

然而，到了1947年，他能够给予更多的东西了，并且他也这样做了。"保护美国理想的电影联盟"在1944年向国会提交的邀请终于被接受了。1946年中期选举后，国会回到了共和党的控制之下，众议院非美活动调查委员会（HUAC）宣布将调查好莱坞，并于1947年9月向19名所谓的"不友好"证人（这种说法实际上是《好莱坞记者报》的用语）和26名"友好"证人发出传票。[1] 在这些"友好"证人当中，沃尔特·迪士尼是好莱坞最典型的美国面孔。沃尔特不是一个被动的接受者。如今，他与好莱坞右翼的专门给人扣"赤色分子"帽子进行政治迫害的那帮人——麦吉尼斯、休斯、伍德，以及诸如阿道夫·门吉欧（Adolphe Menjou）、沃德·邦德（Ward Bond）和罗伯特·泰勒等演员——建立了牢固的关系并坚定地站在同一个战壕里。在这一年里，他继续参加"保护美国理想的电影联盟"的会议，并与其他保守派人士，如乔治·墨菲，以及众议院非美活动调查委员会的

---

1 《好莱坞记者报》列出的那些被传唤者的名字与后来作证的人的名字不完全一致。最后有24名所谓的"友好"证人出庭作证。

工作人员见面。他甚至让冈瑟·莱辛向众议院非美活动调查委员会提交了他认为自己应该被问询的问题。然后，10月18日，在前往华盛顿参加听证会之前，他先赶到了纽约并作了短暂停留，参加了庆祝米老鼠诞辰20周年的晚宴。把庆祝活动和听证会一前一后放在一起，我们可以看出这是一个多么漫长的发展历程，转眼之间已经过去了20年。他从一个打破传统旧习的人变成了社会秩序的守护者。

1947年10月24日下午，沃尔特来到了国会山座无虚席、拥挤不堪的众议院议员团会议室。他身穿一套朴素的灰色法兰绒西装，但是系着一条鲜艳的领带。他平日里乱蓬蓬的头发涂满了发胶，服服帖帖地贴在头上，是听证会第二天出庭作证的第一个证人。（演员加里·库珀［Gary Cooper］和罗纳德·里根［Ronald Reagan］等人已经在第一天的听证会上出庭作证，当时会议室里几乎爆满。）在初步问询了沃尔特在电影行业的背景和他在战争期间制作的宣传影片之后，众议院非美活动调查委员会的联合律师H. A. 史密斯（H. A. Smith）提出了一个极其重大的问题：他的工作室里有法西斯主义者吗？"没有，"沃尔特用他那柔和、扁平、带鼻音的中西部口音说，"我觉得我工作室里的每个人都是百分之百的美国人。""但是过去在你的工作室里曾经有过吗？""是的，"沃尔特回答，接着讲述了工会主席赫伯特·索雷尔是如何用暴力把迪士尼工作室强行逼入罢工状态的。他说，尽管索雷尔自称代表他的员工，但实际上这些员工对索雷尔的工会是抗拒的。当沃尔特说他不会承认索雷尔的工会时，索雷尔冷笑着说那他将会"抹黑诽谤"沃尔特，并且索雷尔说到做到，后来确实故意攻击诽谤了沃尔特。沃尔特告诉委员会，他相信索雷尔是共产主义者。沃尔特不记得所有诽谤和抵制他的团体——"我清楚地记得有一个组织是'妇女选民联盟'"——但他确实提到了《人民世界》《工人日报》和PM杂志，他知道这三家出版方都对他进行了抨击。

第九章 随波逐流

沃尔特很好地扮演了他自己的角色——普通人中权利受到侵害的英雄、霍雷肖·阿尔杰笔下标准的实业家，被左翼理论家围攻的受害者——H. A. 史密斯称沃尔特的证词"和任何证人的证词一样有效"。不过有一个问题除外。在说明那些罢工后攻击他的组织时，沃尔特指控了无党派公民组织"妇女选民联盟"。该联盟对这一指控感到非常震惊，立即下令进行调查，以确定该组织加利福尼亚分会的任何成员是否参与了迪士尼工作室的劳资纠纷。"妇女选民联盟"的一名官员写信给沃尔特，询问涉案女性的姓名。沃尔特温和地向该联盟做出了回应，撤销了对该联盟的指控。他说，1941年，"几名（支持罢工的）妇女自称是'妇女选民联盟'的成员"，但他坚称自己并没有批评目前的联盟。与此同时，冈瑟·莱辛也在疯狂地进行私下调查，在他的档案中发现了四封信件，其中至少有一封是沃尔特已经看过的。这些信件来自支持罢工的好莱坞女性购物者联盟。

在出庭作证后不久，沃尔特被邀请参加美国退伍军人协会的一次集会，该协会的首领詹姆斯·F. 奥尼尔（James F. O'neil）也将出席。沃尔特请求不去参加，说他将去"烟树"疗养度假村疗养，这是一次他迫切需要的休息机会。但是他补充说，"我将毫不犹豫地加入您的团队，"并说，"我相信好莱坞的人无论是谁只要到时候在华盛顿都将很高兴参加这个集会。"11月份，多家电影公司的负责人在纽约的华尔道夫·阿斯托里亚酒店（Waldorf Astoria Hotel）会面，讨论建立自己的行业黑名单。沃尔特派他的纽约公关主管威廉·利维前去参会，利维代表迪士尼工作室批准了这一计划。"把我列入黑名单对他来说会很尴尬"，莫里斯·拉普夫说道，他指责罗伊和莱辛煽动了沃尔特的反共情绪。如果拉普夫当时还没有离开迪士尼工作室的话，"他原本不想炒我鱿鱼，但他仍然会炒了我"。拉普夫说。拉普夫的说法是正确的。沃尔特确实执行了这一黑名单，而且他也不是在不情愿的情况下这么做的。他是《警报》(Alert)最早一批的订阅人之一。他还经常与联邦调查局合作，甚至私下向联邦调查局提供潜在雇员的姓名以供其审查。

"他是不是一个反犹分子"这个问题将困扰他的余生，甚至在他去世几十年后还会困扰他的名声。就像种族问题一样，人们当然可以指出一些偶然的不敏感之处。1933年，《三只小猪》上映之后不久，美国犹太人大会主席，犹太学者拉比 J. X. 科恩（Rabbi J. X. Cohen）在给沃尔特的信中愤怒地写道，影片当中把狼描绘成犹太小贩的场景是如此"卑鄙邪恶、令人反感、没有必要，以至于构成对犹太人的直接侮辱"，尤其是考虑到当时德国发生的事情，他要求删除这一令人不快的场景。罗伊代表沃尔特回答说：他觉得这一幕既不卑鄙邪恶，也不令人反感；迪士尼工作室也有一些犹太朋友和商业伙伴，所以他不敢贬低他们；影片中的人物塑造与犹太喜剧演员在轻歌舞剧或银幕上的角色没有什么不同。（几年后，当《三只小猪》再次上映时，工作室已重新制作了这个场景的动画。）无论是因为对这一问题感觉迟钝和不灵敏，还是因为迪士尼工作室是当时好莱坞为数不多的非犹太人经营的公司之一，人们显然产生了一种看法，认为这家公司是反犹太人的。凯伊·卡门是迪士尼工作室的销售部门主管，他本人也是犹太人，他给罗伊寄了一张从一家希伯来报纸上剪下来的沃尔特和莉莲的照片，并附上一张纸条，上面写着："这证明我们没有偏见。"此举表明他似乎承认了这一点。

这些是如何转化为沃尔特和罗伊对犹太人的个人感情的，目前还很难确定。1933年，罗伊给一个代理商打电话，说他在和一个"小气的犹太佬"打交道。阿瑟·凡尔纳·科格的儿子说，他的父亲曾经告诉他，1928年，沃尔特与查尔斯·明茨进行了决定性的摊牌之后，从纽约回来时，说了几句抱怨犹太人的话。但是这很可能是科格对沃尔特言论的事后解读，而不是沃尔特自己的言论。事实上，沃尔特一生身边都少不了犹太人，几乎可以说是和犹太人生活在一起。在堪萨斯城的本顿学校有很多犹太人，在芝加哥的麦金利高中有更多的犹太人。尽管他确实发表了一些不太敏感的种族言论，偶尔还会说一些侮辱性的话，比如"黑人的声音"，或者把《木偶奇遇记》里的一个意大利乐队称为"一群吃大蒜的人"，但他在最重要的问题上还是很宽容的，特别是在他的私人生活当中——不是在公开场合或向公众展示的时候。他把黛安娜送到了一所天主教学校，并写信给他的妹妹露丝说，虽然有些人，大概是莉莲，对黛安娜改变信仰感到担心，但他对此有不同的想法。"我认为她足够聪明，知道自己想做什么，"他说，"我觉得，无论她的决定是什么，都是她的权利……我已经向她解释过天主教徒和我们一样，都是正常人，基本上没有什么区别。"他说，通过让她接触这些，他希望"在她的内心创造一种宽容的精神"。

对于迪士尼工作室是否具有同样的宽容精神存在一些争议，但在那里工作的犹太人中，很难找到一位认为沃尔特是反犹主义者的人。乔·格兰特曾是一名艺术家，是模特部门的负责人，也是负责《小飞象》故事脚本的编剧，他和迪克·休默一道，坚决宣称并反复强调沃尔特不是反犹分子。"迪士尼工作室里一些最有影响力的人物是犹太人。"格兰特回忆道，毫无疑问他指的是自己、制片经理哈里·泰特尔和凯伊·卡门。他曾经打趣说迪士尼纽约办事处的犹太人比《利未记》中的犹太人还多。莫里斯·拉普夫同意沃尔特不是一个反犹主义者，认为他只是一个"非常保守的人"。尽管如此，当泰特尔进入迪士尼工作室就职的时候——为了隐藏自己的种族，他已经把自己的名字的拼写方式从 Teitel 改为 Tytle，而 Teitel 则是 Teitelbaum（泰特尔鲍姆）的省略写法——他还是感觉自己有必要告诉沃尔特自己有一半犹太血统。结果沃尔特厉声说，如果他是纯犹太血统，他会更好。

除此之外，沃尔特还经常向犹太慈善机构捐款：纽约市的市立希伯来孤儿院、犹太学院、犹太老年之家都是他的捐赠对象，甚至在战后他还向美国自由巴勒斯坦联盟捐款。而且，恰恰就在沃尔特出现在众议院非美活动调查委员会之前，雷电华电影公司的内德·德皮内特还将一本朋友送过来的对开本图书推荐给沃尔特，他们想让沃尔特拍一部以犹太人为主题的电影，如果他们认为沃尔特是反犹主义者，这肯定是不可能的。十年之后，也就是 1955 年，他被"圣约之子会"的贝弗利山庄分会评为"年度人物"，正是这个组织在《南方之歌》出现争议期间给沃尔特贴上了"极端反动分子"的标签。他们给他的颁奖辞是这样写的："感谢你们体现了美国公民和族群之间相互理解的最佳原则，并将'圣约之子会、仁爱、兄弟之爱与和谐'的理想付诸行动，感谢你们为所有人带来了欢笑和幸福。"

那么，为什么沃尔特经常被称为反犹主义者呢？首先，这个说法受到了像阿特·巴比特和戴夫·希尔伯曼等对他心怀不满的员工的认同和推波助澜。希尔伯曼告诉一位迪士尼传记作家，一位名叫扎克·施瓦茨（Zack Schwartz）的动画师在出示工会卡后不久就被解雇了。"他不是一个麻烦制作者，他是一个优秀的艺术家，不会让任何人为难。他只是确实有'施瓦茨'这样一个姓和一个大鼻子。"（事实上，沃尔特很少亲自参与人员招聘或解雇，除非是涉及最高层的员工。）多年后，一位同样是犹太人的动画师兼导演戴维·斯威夫特（David Swift）告诉另一位传记作家，当他告诉沃尔特他要离开迪士尼工作室去哥伦比亚影业公司工作时，沃尔特把他叫到办公室，装出一副犹太人意第绪语口音，说："好吧，戴维，你去和那些犹太人一起工作吧。那里才是属于你的地方，属于那些犹太人。"战争结束后，斯威夫特回到迪士尼工作室工作，他说沃尔特仍然对他上次跳槽心怀不

第九章 随波逐流

满,告诉他:"你离开这里和那些犹太人在一起的时候,工作室没有受到任何影响和伤害。"沃尔特在罢工结束后不久发表这些言论当然有可能是出于对罢工的怨恨,但是即使是在这种情况下,这也不是他的典型性格。没有任何人曾经指责沃尔特有过反犹的诽谤言论或嘲笑辱骂奚落之语,尽管巴比特恨沃尔特。无论如何,作为一个受过侮辱的人,斯威夫特总是诚挚友善甚至热情洋溢地对待沃尔特,并说自己亏欠他。作为回报,当斯威夫特第二次离开迪士尼工作室时,沃尔特对他说:"无论何时,如果你想回来,工作室的大门永远向你敞开,窗户里始终有一根蜡烛为你点亮。"

沃尔特·迪士尼被视为反犹主义者,另一个原因可能是他生活在一个富有的、周围都是白人且保守的新教氛围中,这个环境带有一丝反犹主义色彩。沃尔特曾经向哈里·泰特尔暗示,沃尔特心爱的"烟树"疗养度假村是一个对入住人员有限制的社区,尽管他偶尔会邀请工作室的高管们到那里度周末——他在牧场区外建了一座招待客人的宾馆——但他温和地警告泰特尔不要接受这种邀请,因为他担心泰特尔到了那里会感到尴尬。乔茜·曼凯维奇(Josie Mankiewicz)是莎伦在学校的朋友,也是电影剧本作家赫尔曼·曼凯维奇(Herman Mankiewicz)的女儿,她接受了这一邀请,并讲述了她与迪士尼一家在"烟树"疗养度假村共进午餐时,一名男子走过来要求他们离开。她没有讲述沃尔特当时的反应。

还有一种说法认为反犹主义并非源自沃尔特本人,而是源自他最信任的员工之一本·沙普斯坦。这个经受了沃尔特那么多辱骂和虐待的人,他自己也在不断地辱骂和虐待其他人。一位名叫阿特·戴维斯的动画师在迪士尼工作室接受了面试,但没有被聘用。他说,尽管沙普斯坦这个名字可能会被误认为是犹太人,但他实际上是一个恶毒的反犹分子,他不会在明知对方是犹太人的情况下还雇用他,而且还会辱骂和诅咒那些已经被聘用的犹太人。这就是迪士尼工作室有着敌视犹太人的名声的原因。在这个版本的说法中，沃尔特的过错是与反犹主义有牵连和关联。

然而，最合理的解释是另一个由于牵连和关联引起的过错，只是这个过错的性质更严重：沃尔特加入了"保护美国理想的电影联盟"，并与其中专业的反动派和专门给人扣"赤色分子"帽子进行政治迫害的那帮人混在一起，所以也因其中一些成员的反犹主义而受到指责。尽管莫里·里斯金德（Morrie Ryskind）是"保护美国理想的电影联盟"中最保守、最健谈的成员之一，并且他就是一个犹太人，但无论在电影行业内部还是电影行业外部，人们普遍认为该组织或多或少地染上了反犹主义的毒，而里斯金德只是为之提供掩护的幌子。就连联邦调查局对此都很担心。一名联邦调查局特工在"保护美国理想的电影联盟"成立时提交报告说："反犹主义者完全有可能试图团结在'保护美国理想的电影联盟'周围，使该组织成为一个明确无误的反犹太组织。"另一篇报道援引编剧和电影脚本作家约翰·霍华德·劳森（John Howard Lawson）的话说，两位"保护美国理想的电影联盟"成员维克多·弗莱明（Victor Fleming）和金·维多尔都是"臭名昭著的反犹分子"。制片人戴维·塞尔兹尼克对"保护美国理想的电影联盟"的领导层也有同样的看法。1944年3月，在一次由"保护美国理想的电影联盟"组织召开的会议上，塞尔兹尼克在会议室外公开向"保护美国理想的电影联盟"主席萨姆·伍德进行了这一指控。伍德显然是想让他缓和情绪，于是邀请塞尔兹尼克到会议室里面去发泄自己的不满，但塞尔兹尼克不为所动，并没有平息自己的怒气，坚持称"保护美国理想的电影联盟"创始人詹姆斯·K.麦吉尼斯是"好莱坞最大的反犹分子"，并指控他在其担任主席的"湖边高尔夫俱乐部"（Lakeside Golf Club）窝藏了一个名为"百恨者"

（Hundred Haters）的秘密反犹组织。这些指控足够可信，以至于塞尔兹尼克的岳父、米高梅董事长路易斯·B.梅尔和华纳兄弟影业公司的制片主管杰克·华纳（Jack Warner）也开始担心该团体内的反犹太元素，尽管他们两人都属于政治上的极端保守主义。两人都属于政治派别中的极右翼。

沃尔特·迪士尼当然知道"保护美国理想的电影联盟"传说中的反犹主义，但他选择了对其视而不见。他为此所付出的代价是，他将被永远与反犹分子混为一谈。不管他自己是不是其中一员，他都心甘情愿甚至满腔热情地拥抱了他们，并把自己的命运与他们绑在一起。而且，由于他的这种做法，不管以后得到了什么奖项以及提供了多少慈善捐款，他永远也洗不掉自己身上的这一污点。

5

计划的项目太多，取得的进展太少，所以到了1947年底，迪士尼工作室又进行了一次改革和重组。本·沙普斯坦负责所有的动画长片制作工作，原来的人事部门主管哈尔·阿德奎斯特转而负责故事编制部。但是，这种调整真的就像在一艘正在下沉的大船上挪动甲板上的椅子。正如本·沙普斯坦后来解释的那样："我们知道这种安排不可能持续多长时间。我们每次都会安排某些人负责这项工作或那项工作，但每次他们在那个职位上待很长时间的可能性都很小。沃尔特很可能会突然就把他们的工作交给别人。"尽管如此，沙普斯坦说，沃尔特"仍然不停地抱怨，说我们没有管理计划，我们必须构建组织"。弗雷德·莱希名义上仍然是在沃尔特领导下的制片主管。当他建议迪士尼工作室把《幻想曲》编辑裁剪成几部短片时，他失去了大部分权力。杰克·里德名义上是整个工作室的运营负责人，他一直在认真行使指挥权和管理权。他这种大权独揽的风格与沃尔特发生了冲突，最终在1948年5月沃尔特把他赶出了迪士尼工作室。里德离开两个月之后，沃尔特恢复了在顶层阁楼俱乐部的打扑克牌活动，这是他对那些官僚作风浓厚的人们的最后一击。

  但是，即使在重新掌舵之后，沃尔特在很大程度上仍然处于一种无所事事、百无聊赖、兴味索然的状态。他最终完成了《柳林风声》和《伊卡伯德·克莱恩》（*Ichabod Crane*）的拍摄制作工作。由于这两部影片篇幅都不够长，内容也不够丰富，本身都不足以构成一部电影长片，所以他打算将这两部影片合并成一部发行。（沃尔特曾写信给一位建议将《柳林风声》拍摄成一部电影的粉丝，他说："我们从来没有觉得它特别适合拍成一部卡通片。"）当迪士尼工作室艰难地推进各个动画长片项目的拍摄制作工作时，沃尔特同时还在筹备一部以印第安纳州农村为背景的真人电影，讲述了一个小男孩收养了一只黑色羊羔的故事，以及筹备第二部《真实生活历险记》，这是一部关于海狸的动画片。然而，迪士尼工作室在1948年发行的最重要的一部影片是《旋律时光》，这部电影由7部短片合编而成，尽管它最初的目标是制作一部美国民间英雄事迹选集类的影片，但最后幸存下来的英雄只有"苹果籽约翰尼"（Johnny Appleseed）和佩柯斯·比尔（Pecos Bill）；影片的其他部分各不相同，互不相干，比如有一个部分是对乔伊斯·基尔默（Joyce Kilmer）的诗歌《树》的音乐诠释，有一个部分是名为《冬日回忆》的"柯里尔和艾夫斯"风格的动画。这部影片可以说是迪士尼工作室财务匮乏和想象力停滞的又一迹象。这部电影花费了惊人的200万美元，却只得到了130万美元的回报——罗伊将这一损失归因于影片中小儿麻痹症造成的恐慌，这种恐慌让孩子们不敢来电影院——这迫使他提醒沃尔特："这使得我们有必要采取所有能够发挥作用的经济节约措施。"随后，更多的裁员接踵而至。

第九章 随波逐流

由于迪士尼工作室处于亏损状态，现在沃尔特只有一线希望了，即制作另一部动画长片来赢回他的观众，让批评人士闭嘴，并把挣来的钱重新投入工作室的运营之中。但是，这希望之光极其微弱，极其渺茫，因为迪士尼工作室过分榨取动画师的劳动，现在付出了巨大的代价，它失去了原本可以让制作一部动画长片变得可行的主要资源之一。除此之外，这希望之光极其微弱和极其渺茫的另一个原因是沃尔特，他知道现在他已经没有过人的天赋和才华了，所以他不愿意再全身心投入地拍另一部电影长片了——不愿意让自己再有梦想。无论如何，罗伊坚持认为他们不应孤注一掷，把一切都押在一部动画长片上。当战争结束之后伍利·雷瑟曼回到工作室时，他说沃尔特"非常、非常地举棋不定，犹豫不决"。他的意思是他们在应该拍一部动画长片，还是干脆卖掉工作室这个问题上犹豫不决。当时，沃尔特正在考虑《灰姑娘》，他从1938年开始断断续续地构思和创作这部电影，显然是希望它能重现《白雪公主》当年的魔力；除此之外他还在看《爱丽丝梦游仙境》，为此他聘请了英国作家奥尔德斯·赫胥黎创作电影剧本，他还提到了女童星玛格丽特·奥布莱恩（Margaret O'Brien）的名字，不仅仅因为奥布莱恩可能会吸引观众，还因为她与米高梅影业公司签订了合同。她的参与可能会吸引米高梅影业公司发行这部电影，而不是让迪士尼兄弟大失所望、心灰意冷的雷电华电影公司来发行。

这个决定显然不是出于强烈的激情，而只是一个权宜之计。有一种说法是，沃尔特无法在这两个项目中做出选择，于是召集迪士尼工作室非动画部门的员工开会，给他们播放每部电影的配乐歌曲，给他们看故事板，然后让他们投票决定自己更喜欢哪部电影。他们选择了《灰姑娘》，不过《爱丽丝梦游仙境》也被保留了下来，这样两部电影的动画团队就能开展有效的竞争，看谁能率先完成。1946年春天，沃尔特从他的资深故事创作人和编剧泰德·西尔斯、霍默·布莱曼以及哈利·里夫斯那里得到了经过他们修改的《灰姑娘》剧本，他下令开始制作故事板，希望这部电影能在1949年年末上映。伍利·雷瑟曼看过《灰姑娘》的故事板后，直接去了沃尔特的办公室，告诉沃尔特自己有多喜欢这部电影，以及他认为这部电影有多大的潜力。多年以后，雷瑟曼说，沃尔特告诉他"我能来看他，他对此感到非常高兴"。就好像如果雷瑟曼没来看他他就不会继续拍摄制作这部动画长片了似的，这只是进一步凸显了曾经相信自己永远正确、无懈可击的沃尔特·迪士尼现在变得多么信心不足、没有把握。

经过这么长时间的折腾，现在迪士尼工作室总算又恢复了一些生机。本·沙普斯坦说："《灰姑娘》真的成功地把那种美好的感觉带了回来。"米尔特·卡尔表示，现在动画师们又开始做一些"重要的事情"，大家都有点儿欣喜若狂的感觉。但是很快人们就清楚地认识到了，《灰姑娘》并不是《白雪公主》，至少在制作方式上不是这样。对于一部旨在拯救这家电影公司的电影来说，它几乎没有得到迪士尼工作室早期动画长片享有的那种高度关注。沃尔特现在非常不愿意冒险（就像他在《白雪公主》《木偶奇遇记》《幻想曲》和《小鹿斑比》中冒的那种险），所以在1948年年初，他把整部电影都搬到了摄影棚进行真人实景拍摄，让演员们光动嘴不发声来讲述台词。这样做不是为了像迪士尼工作室过去那样，把拍摄的胶片提供给动画制作人员进行转描，根据弗兰克·托马斯回忆，这样做是为了"看看这些场景是否会奏效。会不会太长？还是太短？观众会对此感兴趣吗？"这些拍摄的视频随后被编辑，然后再以大型影印照片的形式被发送给动画师进行复制翻拍。托马斯说，问题在于，动画师不被允许想象任何真人实景拍摄所没有呈现的东西，因为这种实验结果可能需要反复修改，并需要额外的钱——这种方法有效地消灭了动画的特性，并证实了人们过去一直对沃尔特·迪士尼的批评意见,即过于依赖现实主义。动画师们甚至被要求从特定的导演视角出发——正面对正面——以避免困难的镜头和角度。托马斯说他感觉就像"自己的脚被钉在地板上了"。

此外,两部影片的动画风格是截然不同的。《灰姑娘》采用了一种全新的、更清晰、更扁平、更简约抽象的迪士尼模式。正如沃尔特向一位未来的艺术家承认的,这些画都"必须删繁就简,必须非常直接、简单、朴素"。正是这位艺术家向他推荐了一种华丽的画法。事实上,沃尔特下定决心让《灰姑娘》在视觉上与《白雪公主》拉开距离,于是请此前为他服务过的艺术家玛丽·布莱尔(Mary Blair)回来设计角色。布莱尔采取了一种精致柔和的、几乎像贺卡上的时尚风格来进行人物设计——本·沙普斯坦说,这种方式让动画师们大为反感,大家都极其不适应。整个场景也被重新构思和设置,以削减细节和对这些细节进行动画制作的成本。哈里·泰特尔建议,在舞厅跳舞的场景中,其他舞者融入灰姑娘和王子的脸,这样这些舞者就不需要进行动画制作了。他还进一步建议,灰姑娘乘坐的去舞会的马车似乎可以设置为飘浮在空中,这样动画师就可以避免绘制旋转的轮子和装饰马车的金银丝工艺品等饰物了。与此同时,只要动画师一制作完成某一场景,沃尔特就为受众研究机构的观众安排单独的场景放映,以了解观众的反应和效果。

11月,沙普斯坦告诉沃尔特,比尔·皮特正在制作《灰姑娘》当中"服装裁剪"这个片段,在这个片段当中,灰姑娘获得了她参加舞会的礼服;作曲家奥利·华莱士完成了歌曲《这就是爱》(*So This Is Love*)的录制工作;哈姆·卢斯克和威尔弗雷德·杰克逊继续拍摄真人实景的场景;作家温斯顿·希布勒和泰德·西尔斯完成了《灰姑娘》的剧本,现在开始创作《伊卡伯德·克莱恩》的故事。所有这些工作都没有什么不同寻常的。不同寻常的是，在迪士尼工作室正在推进近八年来第一部完整的动画长片的制作这一过程中——而且这是沃尔特一直渴望的一部长片，沙普斯坦必须告诉沃尔特这些具体的事情。这要是在过去，沃尔特早就知道这些具体的进展了。在过去，沃尔特会在现场监督每一个细节。但是从另一方面来说，在过去，这是很重要的环节。

现在，一切似乎都无关紧要了，因为沃尔特觉得现在自己在各个方面都已经无可救药地妥协了。和往常一样，当他有空的时候，他就去旅行——这次是去"烟树"疗养度假村、"箭头湖温泉度假村"、"阿里萨尔牧场"和亚利桑那州的"橡树溪旅馆"。1948年6月，在《旋律时光》发行后，他去夏威夷进行了为期3个星期的游船度假旅行。这是一个与他的家人共度时光、忘记迪士尼工作室的机会。他和莎伦的关系特别亲密，沃尔特的一位秘书曾说，莎伦"有点儿像一只小狗"，愿意和他一起去阿拉斯加野餐郊游旅行，或者乘夜班火车去旧金山，或者乘横贯大陆的火车去纽约，在那里，他们俩在引擎上坐了一段时间。他仍然每天开车送两个女孩去各自的学校，之后再前往工作室，他还是一个尽职尽责的家长，甚至斥责莎伦的校长给孩子们布置了太多的家庭作业，因为作业占用了孩子们的家庭时间。他也是一个充满爱并乐意给予支持的父亲，当黛安娜开始进入乔纳德艺术学院学习时，他常常鼓励她。（黛安娜回忆说："他会收集我所有的画，让我觉得自己很好很棒。"）他还出席观看莎伦在学校的戏剧表演，然后告诉她，她表现得有多好。黛安娜一度对音乐感兴趣，要求她父亲给她买歌剧季票。"他会跟我一起去观看每一场歌剧，"黛安娜说，"除非我能找到另外三个女孩一起去。然后他会开车送我们去神殿礼堂（Shrine Auditorium），演出结束后再开车回来接我们。"黛安娜承认她觉得他"讨厌"这些歌剧。但是他从来没有表示过一丝一毫的反对。

第九章 随波逐流

在餐桌上，他喜欢告诉家人他在做什么，而且他也总是问她们在做什么。"而且他会耐心地倾听我们说话。"黛安娜说。

沃尔特很少惩罚这两个女儿，也很少在她们面前表现出他的员工经常看到的那种生气和愤怒；虽然正如他和员工们在一起时那样，他和两个女儿在一起时，只要皱起眉头来管教她们就行了。莎伦说，他唯一一次打她的屁股是因为她在吃饭时说了不恰当的话，然后她被关到她的房间，向她的格蕾丝阿姨抱怨自己受到的这种惩罚。让他生气的是她的这种抱怨。黛安娜还记得有一次，在棕榈泉度假的大部分时间里，她都开着他的奥兹莫比尔牌敞篷车四处兜风，与二十世纪福克斯电影公司的制片总监达瑞尔·F.扎纳克的女儿们交往。扎纳克在附近有一栋房子。"你不停地到处跑来跑去，"黛安娜说，她父亲终于在家里抓住她时，对她大喊大叫，"你没有一点儿时间待在家里！如果你不在我的身边，我为什么还要在这里？"就像他曾经批评玛乔里·休厄尔一样，然后他转身离开去了工作室。几天后，黛安娜开着奥兹莫比尔牌敞篷车时发生了一次轻微的交通事故——小车祸。沃尔特径直开车到了事故现场，一句责备的话也没有说。"他就是那样，"黛安娜说，"他只有在感觉受到伤害的时候才会生气。"

莉莲可能对家里的女孩子们不够体贴，有时候考虑不周。她和沃尔特原本已经决定永远不让莎伦知道她是被收养的，但是当莎伦十几岁的时候，她在韦斯特莱克学校（Westlake School）的两个被收养的同学告诉她，她也是被收养的。当莎伦把这个消息告诉母亲并求证的时候，莉莲以一副实事求是的口吻毫不掩饰地说："是的，你是收养的。"一点儿也没有考虑如何减轻这一事实对孩子心灵的打击和震荡。黛安娜说："那时我的妈妈对很多事情的态度，也许有点儿不敏感或懵然无知，但她自己并没有意识到。"沃尔特就不一样了。大多数时候，他对他的女儿体贴入微，甚至温柔有加。当他带莎伦去阿拉斯加时,她称他为"耐心的化身",说他每天早上给她梳头发编辫子,洗她的衣服;乘飞机时,她因吃了太多好时牌巧克力棒而呕吐之后,他自己把飞机清理干净。当黛安娜第一次月经来潮,惊慌失措地跑向父母时,她说安慰她的是她的父亲,而不是她的母亲。

尽管沃尔特很珍爱他的女儿们,也很享受和她们在一起的时光,但当他不在迪士尼工作室的时候,他会油然而生一种孤独的感觉——一种专注于自己的事情与周围疏远隔离的感觉。由于没有什么事情可做,他一时冲动决定在自己的沃金路地产周边开辟一条小路。1947年夏天,他把大部分周末都花在了开发修建这条被家人戏称为"缅甸小路"(第二次世界大战期间通往东南亚的补给线)的道路上——他在烈日下赤膊劳动,他在自己的世界里独自挖掘、搬运、汗流浃背、大汗淋漓。只有莎伦陪伴着他,因为他付费给她让她给自己拿饮料。莉莲说,有一次在"烟树"疗养度假村,她看到他在阳台上表演一个他正在构思和创作的场景,他一边大笑,一边自言自语,他全神贯注地投入其中,旁若无人,一点儿也没有注意到其他人。他心爱的中国松狮犬去世了——"没有哪条狗能比得上那条狗。"他会这么说——但是他还是得到了一条新狗,一条棕色的标准贵宾犬,名叫"公爵夫人"(Duchess)。"公爵夫人"跟着他在房子里转悠,甚至周末陪他去工作室,如果有员工碰巧在那里加班,他们就会听到"公爵夫人"的爪子在瓷砖地板摩擦,发出的吧嗒、吧嗒、吧嗒的声音。作曲家保罗·史密斯(Paul Smith)说,"公爵夫人"只要一听到他在弹钢琴,就会快步穿过大厅来到他的房间。

现在,自己的女儿们都逐渐长大了,而在工作室里也没有了以前那种亲密无间协调配合的感觉。那么,如果说沃尔特与"公爵夫人"共同度过的夜晚和周末是他身陷孤独的一种体现的话,他与黑兹尔·乔治(Hazel George)在一起的时光也是如此,同样反映了他现在孤家寡人的状态。乔治是一个身材矮胖、粗壮结实、相貌平平、说话强硬、言辞犀利的年轻女子。她在亚利桑那州边境小镇比斯比长大，从小到大饱经风霜，经受过各种磨炼，不屈不挠地顽强成长。在那里她不知怎么成了少年法庭的病房监护工，接受培训成了一名精神病护士。一位法律顾问建议她去加利福尼亚碰碰运气，看看她是否能在那里，特别是迪士尼工作室，找到一份工作。罢工期间，她开始在迪士尼工作室担任公司护士。沃尔特的医生警告她："和他在一起你会很痛苦的。"

事实上，她并没有像医生说的那样。沃尔特需要一个女性知己，一个可以直接与之聊天说话的人，而黑兹尔·乔治恰好成了这样的一个人。每天，通常在下午5点钟以后，她会去他的办公室，或者他会去她的办公室。在那里，她给他采取透热疗法进行治疗，或者为他打马球时所受的旧伤进行推拿按摩，然后沃尔特会啜饮一杯苏格兰威士忌，暂时卸下一切负担，放松一下，在黑兹尔面前放松下来，把自己交给她任由她处置。他把这些在办公室共度的时光称为他们的"欢笑空间"，这是根据《南方之歌》中雷穆斯叔叔的小屋命名的——沃尔特曾用这个名字来形容沃尔特·帕非弗在堪萨斯城的家，他在那里享受了一段非常欢乐的时光。沃尔特和黑兹尔的这种关系没有任何一点儿性的色彩；事实上，黑兹尔与作曲家保罗·史密斯有暧昧关系。对沃尔特来说，两人之间纯粹是一种友谊和信任，即在她面前他不必成为沃尔特·迪士尼。随着时间的推移，人们会说黑兹尔知道沃尔特所有的秘密，她可能是迪士尼工作室里最安全最不需要担心下岗的员工。但是，沃尔特在黑兹尔那里找到的不仅仅是一种舒缓和安慰。他信任她，毫无疑问，因为他知道，在他担心别人只会说取悦他的话的时候，她是唯一一个在他面前直言不讳、诚实坦率、毫不畏惧的人。（当然，迪士尼工作室的员工们的自我保护意识正是因为沃尔特不喜欢被人反驳造成的。）他会给她看故事板，她会告诉他自己的判断和意见。她甚至声称《海豹岛》和《海狸谷》这两部电影的名字都是自己给取的。《海狸谷》为《真实生活历险记》系列影片其中之一。

黑兹尔·乔治可能比包括莉莲在内的任何人都更清楚更深入地了解沃尔特现在这种焦虑不安、漫无目标、没有真正的动画来吸引他全身心投入其中的状态。所以正是她建议他去芝加哥参加一个铁路博览会，尽管他几个星期前才从夏威夷回来。她说他仍然需要放松。沃尔特接受了这个建议，反复考虑是否邀请沃德·金博尔同去。因为金博尔本人也是一位铁路爱好者，平时看上去总是很放松，总是一副轻松愉快的样子，所以他给金博尔打了个电话，问他是否愿意陪他一起去。他们从帕萨迪纳市乘坐"超级酋长"（Super Chief）号火车。途中在某个地方，圣达菲铁路公司的总裁邀请沃尔特和金博尔坐进火车头里进入发动机舱，拉动控制汽笛开关的绳索，鸣响汽笛。金博尔说沃尔特拉的时间又长，用力又猛。当他们返回自己所在的车厢时，沃尔特"只是坐在那里，盯着头顶上方，笑了又笑，一直笑眯眯的"，金博尔回忆说，"我从来没有见过他这么高兴"。

他们一到博览会，沃尔特就受到了更多类似的礼遇。博览会是铁路爱好者为纪念美国铁路建设而举办的一个大型纪念庆典活动。芝加哥科学与工业博物馆的馆长勒诺克斯·罗尔（Lenox Lohr）担任博览会庆典活动的主持人。他让沃尔特和金博尔在后台观看了一场名为"车轮滚滚"的露天表演。这场表演在密歇根湖（Lake Michigan）边上一个450英尺长的平台上举行，台上嵌有历史悠久的机车轨道。沃尔特甚至被允许驾驶了几台旧发动机驱动的机车，并在节目中短暂亮相。"我们就像小孩子一样，开着'拉斐特''约翰牛'和'大拇指汤姆'等著名的机车。"金博尔回忆道。除了表演，博览会的重头戏还是展览，展出了一些重要的作品——一位观察者称之为"平地"：伊利诺伊州中央铁路公司建造的新奥尔良市法国街区的复制品；一个观光度假牧场；一个普通的国家公园，有一个间歇喷泉，每 15 分钟喷发一次，由几条西部铁路的运营公司赞助；还有一个由圣达菲铁路公司建设的印第安村庄。

沃尔特在博览会上享受了种种乐趣和消遣，就像去年夏天在戈德里奇的旅行一样，这是一次回到过去的旅行——一次重新发现自己、重新点燃激情的旅行。尽管如此，在旅途当中，沃尔特仍然很孤独，他会敲开金博尔所在铺位的门，邀请他进入自己的卧铺包厢，从玻璃瓶里倒两杯威士忌，然后开始交谈。"他脑子里想的都是他自己的过去，完全沉浸在自己的回忆当中了，"金博尔说，"他花了两个晚上的时间告诉我他从小时候起的全部经历，例如卖报纸之类的，所有的事情。"沃尔特一如既往地津津有味地讲述明茨的背信弃义和米老鼠的诞生——由于现在他陷入了种种困境之中，所以他的故事越来越有味道了，值得细细回味。"你看，我是对的，"他告诉金博尔，"你看，我报复了他们，他们输了，输得一无所有。"他们到了芝加哥之后，金博尔，一个音乐家，想去参观一些爵士俱乐部。沃尔特拒绝了。相反，有一天晚上，沃尔特哄骗金博尔和他一起乘坐高架火车，在火车上，他定定地望着窗外，描述着他年轻时在这座城市生活的情景。金博尔说，在一个偏僻、肮脏的车站，沃尔特和他下了车。沃尔特解释说，他 1918 年正是在这里换乘火车去邮局上班。"沃尔特正在重温他的青春岁月。"金博尔评价道。

但是，他对火车的迷恋不仅仅是为了重温他在马塞琳的青春时光，他许多回忆都与火车有关：当年，他那担任铁路工程师的叔叔迈克，提着一个糖果袋，走在通往迪士尼家农场的小路上；在堪萨斯城的夏天，沃尔特作为一个列车售货员在火车上卖糖和苏打水；他奔赴战场之前在芝加哥乘坐高架火车上下班。沃尔特认为乘坐火车是一种娱乐消遣活动,是一种从迪士尼工作室沉重的压力中摆脱的减压方式。莉莲曾经说过,第二次世界大战结束之后,沃尔特曾濒临另一次崩溃的边缘,就像1931年的那次一样。她说,这次是因为他工作太努力了。但是更合理的解释是,他对自己的工作感到沮丧,因为虽然他一直在努力,但却收效甚微,没有什么好的作品。"不管我周末有什么计划,"莉莲回忆说,"我们最后总是待在工作室里。他无法把工作从自己的脑海中清除,哪怕只是片刻。"沃尔特更坦率更直白地承认,他把火车称为"只是一种消遣,一种业余爱好,可以让我暂时忘记自己面临的问题"。

尽管沃尔特·迪士尼如此喜欢火车——他总是敦促莉莲把脚放在铁轨上,这样她就能感觉到火车的震动——而且尽管他极其需要通过消遣分散注意力,但火车现在对他来说显然已经不仅仅是一种业余爱好了。在现在这个比当年的黄金时代更不容易向他屈服的世界,在这个他更难获得理想的作品和成果的时代,火车正在变成动画的替代品,变成一种新的控制方式。金博尔说,早在1945年,他自己就已经种下了这个种子。当时,金博尔在圣盖伯瑞尔(San Gabriel)市占地两英亩的土地上,修建了一条与真实铁路一模一样的完整的铁路模型,包括900英尺长的窄轨铁道、一辆可以运行的火车头和一辆拖车客车。他把这条铁路命名为灰熊平原铁路(Grizzly Flats Railroad),因为他曾在塞拉一个废弃的伐木小镇上看到过这样一个标志。沃尔特参加了"蒸汽机车"聚会,扮演了火车司机的角色,驾驶着火车头缓缓驶出金博尔的发动机车库。他拉响了汽笛,摇了摇铃,高兴得咧嘴大笑。金博尔看得出来,他对权力和紧张刺激着了迷。有一次,沃尔特甚至把一个火车活塞带回家,在餐桌上自豪地展示它。

沃尔特显然是想与人们分享他对火车的热情,在1947年圣诞节,他给自己的侄外孙莱昂内尔（Lionel）一口气买了三套火车模型，然后决定给自己也买一套。他给自己找的理由是他的医生告诉他，他需要有一个业余爱好。"我给自己买了一份生日礼物兼圣诞礼物，"他在给妹妹露丝的信中写道——听起来几乎就像个孩子，"这是我一生一直都想要的东西———辆电动火车。作为一个女孩，你可能不知道我小时候有多想要一个，但是我现在终于有了一个，而且我玩得很开心。我把它放在办公室隔壁的一个房间里，这样我就可以在空闲时间玩它了。这是一列带有汽笛的货运火车，真正的烟雾从烟囱里冒出来，有开关、信号灯、车站以及其他一切设施。这种感觉真美妙！它真的很好！"沃尔特实际上是在轻描淡写地描述他在办公室的新火车布景，根本就没有写出它的豪华与奢侈。实际上，在迪士尼工作室车间机械师罗杰·布罗吉（Roger Broggie）的帮助下，他在办公室里精心布置了一番。据一名游客说，它大到足以占满一个可容纳两辆车的车库的一半，拥有两列火车，其中有隧道、微型城镇，以及用来升降桥梁的铅砝码。他喜欢玩它，但当它完成时，他问布罗吉："这是一辆电动火车。现在，如果要玩真的火车该怎么弄？"

事实上，当沃尔特看到金博尔的火车机车时，他已经看到了要玩真实的火车需要的东西了。金博尔邀请动画师奥利·约翰斯顿去沃尔特的办公室看一看沃尔特的电动火车，约翰斯顿告诉沃尔特他正在马德雷山脉山麓他住宅的院子里建造十二分之一比例的蒸汽机车。接下来，沃尔特开始参观圣塔莫尼卡的机械厂，约翰斯顿的铁路模型零部件就是在那里加工的。与此同时，金博尔把沃尔特介绍给另一位火车爱好者迪克·杰克逊（Dick Jackson）。杰克逊在退休前靠汽车配件发家，后来投身铁路仿真模型开发事业。沃尔特和莉莲以及莎伦一起到杰克逊位于贝弗利山庄的家中拜访，并试着开动了杰克逊的蒸汽机车。那年春天，沃尔特又遇到了另一个铁路迷，威廉·"凯西"·琼斯

（William " Casey " Jones），他在洛斯加托斯的家里也有一条仿真铁路模型，他也让沃尔特驾驶了自己的火车。"就我个人而言，我羡慕你有勇气做你想做的事情。"沃尔特在给琼斯的信中写道，显然是在思考自己面临的困境和窘况。

现在，沃尔特想要一辆他自己的火车——不是模型，而是一辆真正的火车，大到刚好能让他坐上去。他让理查德·琼斯（Richard Jones），迪士尼工作室机械车间的负责人，小心谨慎地询问那些可能愿意出售微型火车的人——小心谨慎是因为他显然不想让潜在的卖家知道是沃尔特·迪士尼想要购买。琼斯还在《铁路杂志》（*Railroad Magazine*）上刊登了一则广告，询问在哪里可以买到八轨或十六轨的新蒸汽铁轨。他还写信给其他火车爱好者，询问如何铺设一英里长的微型铁轨。那年夏天晚些时候，沃尔特和莎伦参加了在加利福尼亚洛米塔举行的小型发动机展览会。他回到迪士尼工作室之后，让迪克·琼斯（Dick Jones）和绘图员埃迪·萨金特（Eddie Sargeant）起草蓝图，然后开始制作"中太平洋铁路公司173号火车引擎"的1.5英寸大小的模型，他在此次旅行途中在金门国际博览会（Golden Gate International Exposition）看到了这个模型的原型。正如罗杰·布罗吉说的，沃尔特在从博览会回来后的第二天早上7点15分就出现在车间里，告诉布罗吉坐火车去上班。与此同时，沃尔特委托威廉·琼斯为他找一个"价格合理，可以用公道的价格买到"的全尺寸机车发动机。

但是，沃尔特的计划不仅仅是买一列火车，甚至不是在迪士尼工作室里按照他的要求为他制造一列火车。火车，就像动画一样，吸引他全身心地投入其中——是他对动画的逃避，正如动画原本是他为了逃避现实而找到的一个寄托。实际上，制作火车模型将成为他的工作。正因为如此，沃尔特打算和迪克·琼斯、埃迪·萨金特、罗杰·布罗吉一起自己制造火车。每天晚上，每次三四个小时，周末则投入更长的时间，他开始频繁前往位于迪士尼工作室入口附近的工作室机械车间，那里被称为火车货运车厢，布罗吉为他在那里搭建了一个工作台，教他如何使用珠宝商的车床、微型钻床和铣床。每逢周六，他都会穿着工作服去那里，常常有"公爵夫人"或莎伦陪同。莎伦会在他的办公室里玩耍，或者骑着她的自行车，或者开着她父亲的车，在他工作的时候慢慢地绕着停车场转。（沃尔特曾经在那里教她如何开车。）他常常是车间里唯一的一个人。制造火车成了他一个新的爱好。

而且，如果说他喜欢火车模型，那么他也同样喜欢制作火车模型这一不甚复杂、自由民主的过程——在这个过程中，他只是一个"新手机械师"，这是他的自称。他身上不需要背负什么期望，也没有人对他有什么要求。他告诉罗杰·布罗吉："你知道，到这里来，发现自己什么都不懂，这对我有好处。"这就像在迪士尼工作室的早期岁月，当时制作动画片仍然充满趣味。奥利·约翰斯顿还记得在他们自己的火车上和沃尔特肩并肩工作的情景，沃尔特说："嘿，我想我知道他们会把硬木放在哪里。"接下来他们就会去寻找一些零碎的木材。而且沃尔特很享受这种手艺人的感觉——终于又开始做富有成效的工作，并像他制作早期的动画长片那样力争做到完美无缺。的确，这种具体工作讲究细节，要求尽善尽美。那年秋天和冬天，无论到哪里，他都会带着他未完工的火车轮子。"如果他带着家人去棕榈泉，装满车轮的箱子也会被一起带过来，"黛安娜回忆说，"他坐在那里，在阳光下锉削火车零部件。"而且，坐在那儿锉削火车零部件的时候，沃尔特·迪士尼像多年前制作动画片一样心满意足。

1948年圣诞节前夕，距离沃尔特在他的办公室里安装电动火车一年之后，他完成了"中太平洋铁路公司173号火车引擎"仿真模型，在摄影棚里铺设了300英尺长的环形轨道，安装了能够发动的引擎，

697

进行了点火试验。他在新年前不久又安排了一次试运行。埃迪·萨金特坐在司机的位置上负责踩油门，结果转弯时由于拐得太快，沃尔特从火车上掉了下来，把引擎也拉得脱离了轨道，但他还是欣喜若狂。他拥有他自己的火车了。他又找回了合作的乐趣。他有一个可以寄托并挥霍自己感情的对象了。他很高兴能完全按照自己的意愿工作，并有机会行使自己失去的控制权。

但是，如果说沃尔特是欣喜若狂的，那么其他人就感到困惑不解。这段时间，《纽约时报》影评人博斯利·克劳瑟参观了迪士尼工作室，他被沃尔特表现出来的似乎对电影如此不感兴趣的状态震撼，他"完全，几乎是令人奇怪地，关心的是在工作室里建造一个微型铁路机车和一系列拖车。他对发明创新的所有热情，对创造幻想的所有热情，似乎都投入这个玩具中去了"。克劳瑟说，"我离开的时候感到很悲伤"。——之所以悲伤是因为沃尔特·迪士尼，这个帮助塑造了美国人想象力的人，现在大部分时间都在玩火车模型了。

6

沃尔特尽管一想到迪士尼工作室的事情就非常心烦意乱，也很想避开工作室的任务和要求，但这些事情仍然占用了他的一部分时间和精力。在他一心一意玩火车的时候，他的工作人员正在制作另一部真人实景融合动画的电影《悠情伴我心》。这部电影改编自斯特林·诺斯的畅销小说《杰里迈亚的午夜》，内容是关于一个小男孩和他心爱的小羊羔的。该片由鲍比·德里斯科尔（Bobby Driscoll）和卢安娜·帕腾（Luana Patten）主演，这两个孩子是沃尔特在他们出演《南方之歌》后就与之签约的。和大多数迪士尼的电影长片一样，这部电影制作了很长时间。1945年，沃尔特开始与编剧埃德温·贾斯特

第九章　随波逐流

斯·梅尔（Edwin Justus Mayer）会面，同年夏天，佩尔斯·皮尔斯去了电影的背景地印第安纳州，感受那里的特有氛围，就像沃尔特去亚特兰大为《南方之歌》汲取灵感一样。实际的拍摄工作开始于1946年春天的晚些时候，地点在加利福尼亚的圣华金山谷，工作室在这里重建了一个供拍摄用的印第安纳州的小镇。沃尔特一开始在片场待了很长一段时间，然后只在周末的时候过来，在周日的早餐时间向摄制人员提出建议，不过导演哈罗德·舒斯特（Harold Schuster）说沃尔特从未催促强迫过他。沃尔特在看过舒斯特拍摄的一部关于马的电影《我的朋友弗莉卡》之后，把他从二十世纪福克斯电影公司挖了过来。舒斯特说："他把缰绳坚定地放在我的手里。"

然而，在这部电影的后期制作过程中，沃尔特被迫将缰绳重新拿到自己手中。他对电影的呈现效果不是特别满意，而且决定至少要对一个场景全部进行重新拍摄制作。在讨论如何进行这些调整和改变的会议上，他让负责预算的比尔·安德森（Bill Anderson）退出，因为沃尔特不想被财务方面的考虑拖累。但是，即使在他重拍场景的时候，他还是感到气馁和灰心。尽管全神贯注于他的火车之上，但是在这部电影拍摄结束后，他还是花了一年的时间进行修改，并最终决定添加动画片段，就像他在《南方之歌》中做的那样。他为自己这样做提供的理由是，这是"一个小男孩在自己的想象世界里虚构的东西"。正如迪士尼工作室公关宣传人员卡德·沃克（Card Walker）所说："他知道自己有问题。"（为了逃避影片拍摄过程中的紧张气氛，他先去了夏威夷，然后又去了铁路博览会。）虽然影片仍在制作过程中，但是动画片段的增加还是促使《哈泼斯杂志》（Harper's magazine）上的"哈泼先生"半开玩笑半认真地表示："当然，打破保护活生生的、三维立体的人不受迪士尼先生的二维世界居民影响的屏障是没有什么好处的，因为这些人一直受到保护，远离平

699

庸和虚假的影响。"——这种保护一直以来都是争论的焦点。现在他们不再如此了。

但是，沃尔特·迪士尼自己需要保护的不仅仅是远离平庸。事实上，《悠情伴我心》其实是一部更温暖、更真诚的电影，而且在大多数影评人的评价中，这部电影比《南方之歌》还要好。对迪士尼来说，真正的问题在于这是一种让步，一种过度怀旧的做法，这种做法无疑受到了他对马塞琳的回忆的影响。在宣扬小镇生活和小镇价值观的过程中，他起码在表面上超越了诺曼·洛克威尔的领域，强化了自己战后的新形象，即不再是一位勇敢大胆的民间艺术家，而是一位保守的民间艺术家。《悠情伴我心》这部电影——甚至片名也很伤感——并不是一部差劲的电影。然而，从表面上看，这是一部肤浅庸俗、矫揉造作、过分煽情、缺乏想象力的影片——本质上不过是一张问候卡。尽管如此，沃尔特还是非常需要一部热门电影，所以在那年1月份，他花了三个星期的时间参加了这部电影在印第安纳州、俄亥俄州、肯塔基州和田纳西州的首映式——这是一个曾经抽不出时间来参加《小鹿斑比》在美国的首映式的人，时过境迁，令人感慨。

然而，在另一个方面，一个重要的方面，这部电影是一个开始，也是一个希望。沃尔特原本的设想是把它拍成一部全部是真人实景镜头的电影，这将成为他的第一部全真人实景作品，尽管最后的结果并非如此，但是在某种程度上这也带来一种满足感。几乎从他来到洛杉矶的那一刻起，拍摄真人实景电影就一直是他的抱负。拍摄真人实景比制作动画更容易，也更便宜，而且至少在沃尔特开始创作的时候，它比动画的地位和声誉要高得多，更受人尊敬。由于一开始无法进入真人实景电影领域，他只能退回到他能掌握的一件事上，那就是卡通电影，但他从来没有完全放弃这个梦想。在罢工临近的时候，沃尔特大概预料到会失去一些自己的动画师，所以他为一部名为《佛罗伦萨猎犬》的电影草拟了一份剧本,他把剧本发给了雷电华电影公司的制作主管乔治·谢弗,并告诉他:"这不是为了制作卡通真人混合版的电影,相反,它完全是为了拍摄真人实景电影而写的,使用了我们知道的狗能做的所有技巧,并把这些技巧贯穿于影片中所有喜剧悬念之中。"谢弗一直牢牢地记着他说的这些话。沃尔特认为这部电影的制作成本不超过40万美元,这比他在动画长片上的花费要少得多。

这部电影并没有拍成,这是又一个财务紧张需要紧缩开支的牺牲品。但是,随着《南方之歌》以及后续的《悠情伴我心》这两部半真人半动画的影片上映,沃尔特已经慢慢向真人实景电影靠拢,虽然这主要是出于经济考虑,但还是引起了动画师们的极度担心。"沃尔特一坐上摄像机吊车,"一位动画师打趣道,"我们就知道我们将会失去他。"他的意思是承认沃尔特对控制和技术都很热爱。本·沙普斯坦也承认,许多动画师都"非常不安",并询问沃尔特是否正在完全抛弃他们,完全放弃动画。当其中一个人,米尔特·卡尔去沃尔特的办公室抗议时,沃尔特说:"好吧,我告诉你,米尔特。为了给你们发工资,我不得不自己做妓女。情况就这么简单。"

但是情况并没有那么简单,因为沃尔特在决定拍摄真人实景电影时,还考虑了另外一个因素。战后,英国政府为了振兴本国的电影产业,对在英国上映的美国电影征收75%的进口税,并下令在英国影院上映的电影中,45%需在英国制作。(美国国务院已经同意在法国也提供类似的配额,将进口美国电影的数量限制在110部,由大型的电影制片公司提供,这实际上冻结了迪士尼工作室的生存空间,罗伊写信给美国国务卿乔治·马歇尔表示抗议。)对于一家一直严重依赖外国收入、饱受战时限制之苦的电影公司来说,这些都是可怕的打击。更糟糕的是,法国和英国政府都扣押了美国电影公司在自己国家的票房收入,坚持要他们把钱花在自己国家。对于迪士尼工作室来说，这一数字超过了100万美元。显然，沃尔特不可能在英国或法国建立动画工作室，但他有另一个选择，他可以在英国拍一部真人实景电影，并用被冻结的资金为电影融资。那么，实际上，当沃尔特·迪士尼最终转向真人实景电影时，原因正是英国政府强迫他这么做的。

沃尔特选择了罗伯特·路易斯·史蒂文森（Robert Louis Stevenson）的小说《金银岛》作为他在英国拍摄真人实景版电影长片的基本素材，当时《悠情伴我心》的制作工作慢慢接近尾声，他正慢慢放松下来。这部小说讲述的是一个小男孩加入了一群海盗的故事。沃尔特派佩尔斯·皮尔斯和弗雷德·莱希前往英国监督这部影片的拍摄制作，但是沃尔特仍然没有头绪，所以他决定带莉莲和两个女孩去欧洲度假，借口是他必须亲自监督这部电影的拍摄。（后来他坦白了。"我是在夏天拍的那部影片，"他在谈到自己的英国电影时说，"这给了我一个机会……逃离。"）很明显，摆脱了他曾经深爱的迪士尼工作室，让他松了一口气。迪士尼工作室的代表威廉·利维给罗伊写信说，沃尔特在那年6月来到这里时"精神饱满，充满信心，反复强调，如果运气好的话，这部电影应该能够以合理的预算制作完成并上映"。

这部电影的拍摄工作始于1949年7月4日，迪士尼工作室的英国代理人西里尔·詹姆斯（Cyril James）在给罗伊的信中写道："这一天，阳光灿烂得令人难以置信。"这种天气似乎预示着这部电影的拍摄是一个相对没有压力的过程。尽管沃尔特的职责是监管制作，但他只是偶尔去伦敦郊外的德纳姆工作室（Denham Studios）看看，导演拜伦·哈斯金（Byron Haskin）的经纪人在给迪士尼工作室人力资源协调员杰克·拉文（Jack Lavin）的信中写道，沃尔特"似乎对一切都很满意"。电影拍摄工作平静地进行着，沃尔特订购了许多食物，并要求送到伦敦的多尔切斯特酒店（2箱尊尼获加黑方威士忌，6罐培根熏肉，4罐咸牛肉马铃薯泥、午餐肉和法兰克福熏肠，6罐熟火腿，24罐他最喜欢的各种菜肴、辣椒和豆子），然后和家人一起四处旅游观光。当他们厌倦了伦敦后，他们花两天时间访问了爱尔兰，然后在法国待了3个星期，在那里沃尔特重新参观了他在红十字会服役时的遗址，然后又去了瑞士。

在欧洲逗留了总共5个星期后，沃尔特和他的家人离开欧洲返回美国。但是，一个半月后，他又回到了英国，这次没有带莉莲和两个女孩，因为电影制作已经进入了高潮阶段。这是沃尔特坐立不安的另一个迹象。现在，唯一悬而未决的问题是，英国政府是否会给这部电影的主演鲍比·德里斯科尔颁发工作许可证，因为英国法律禁止雇用年龄13岁以下的演员。得知这一消息后，弗雷德·莱希快要发疯了，他设法让英国教育局在电影拍摄期间同意对此事"睁一只眼闭一只眼"，而德里斯科尔则说他只是来英国访问。但是，由于天气导致延误，德里斯科尔被迫逗留更长的时间，超出了预期的时间，摄制组担心警察局可能会发出传票，所以德里斯科尔不得不在第一小组（主要负责人物拍摄）和第三小组（通常负责拍摄演员不是必须出现的场景）之间来回奔波，当第一小组布设场景的时候，他就去第三小组。通过这种方式，德里斯科尔的时间得到了最大化的利用，尽管这意味着他所有的场景都必须优先拍摄。最后，德里斯科尔的父母和迪士尼工作室都因违反工作许可法而被英国政府罚款，但这对于完成电影拍摄来说只是一个很小的代价。

这部影片预定在夏天上映，为了能够及时制作完成，现在大家都在争分夺秒地赶拍，像比赛一样赶进度。尽管沃尔特已经把大部分制作工作都留给了皮尔斯和莱希，但他却不同寻常地参与了这部影片的后期制作——至少与他对待最近几部电影的那种漫不经心的态度相比是这样。他要求皮尔斯和莱希采取航空邮寄的方式把需要剪辑的具体片段发给他。在1月初进行了一次试映后,他命令他们再压缩10到12分钟,并提供一曲更有力的音乐;他还建议他们接下来做好接受更详细具体的修改意见的准备。两天后,沃尔特命令剪辑师从英国飞往洛杉矶,显然是为了让他亲自监督剪辑工作。这部电影最终成为沃尔特·迪士尼的第一部全真人实景电影长片,在评论口碑和财务方面都取得了巨大的成功——这种现象在很长、很长一段时间里都是第一次。《金银岛》获得了400万美元的票房收入,迪士尼工作室得到的利润在220万美元至240万美元之间。展望未来,罗伊得意扬扬地说,如果"我们有一个似乎具有全球吸引力的主题——我们将用特艺集团的彩色技术把它拍成迪士尼的电影来出售",那么迪士尼工作室就可以安全地投入高达150万美元的负成本,同时仍然拥有"相当安全的投资边界"。这部影片带来的这种兴奋让迪士尼的粉丝们开始像动画师们一样担心迪士尼动画已经死了,但沃尔特在给其中一位担忧者小道格拉斯·费尔班克斯的信中写道:"我们不会放弃卡通领域——这次纯粹是一个出于经济考虑的举措——再次将英镑兑换成美元,使我们能够在美国制作更多的卡通。"这是一个奇怪的转折。沃尔特·迪士尼现在不得不靠制作真人实景电影来拯救他的动画电影了。

　　当他们紧锣密鼓地完成拍摄时,迪士尼兄弟又遭受了另外一个打击。尽管经历了这么多艰难困苦的逆境,经历了无数次财务状况方面的起起落落,但是他们始终都有一个可靠的基石:由凯伊·卡门领导的周边商品和附属商品部门。虽然沃尔特经常对他的工作室进行事无巨细的微观管理,但他从来不干涉卡门的工作,卡门也通过严格遵循类似沃尔特自己的简单政策来回报这份信任。"沃尔特·迪士尼这个名字的声誉和尊严必须得到维护,"他在给一名销售代表的信中写道,"迪士尼出品的声誉总是比我们能得到的任何版税都更为重要。"这项政策非常有效。1947年,卡门声称迪士尼品牌的商品年销售额大约为1亿美元，这些商品包括玩具、衣服、小雕像、零食，以及全系列的唐老鸭食品，包括带馅紫花豌豆、花生酱、番茄酱、辣椒酱、通心粉、蛋黄酱和鸡蛋面条。1948年，迪士尼兄弟与卡门再次续约7年，第500万只米老鼠手表售出，2000多种与迪士尼有关的产品正在生产过程中。这些销售带来了125万美元的利润，卡门家族与迪士尼家族按三七比例来分享这一利润，大部分利润都归迪士尼家族所有，而战前双方的利润分成是五五开，现在迪士尼家族享有的利润比例比战前更高。这还不包括罗伊本人在1948年年初与惠特曼出版公司协商签订的继续延长10年的图书和杂志使用许可协议，该协议同时还要求惠特曼出版公司为华纳兄弟106万美元的银行贷款提供担保。

  迪士尼兄弟不仅信任卡门，而且非常喜欢他，喜欢和他在一起，喜欢他的陪伴，而且很巧的是，沃尔特、罗伊和卡门恰好那年10月份同时都在欧洲——沃尔特监制影片《金银岛》，罗伊做生意开拓业务，卡门和他的妻子度假。在卡门一家离开欧洲返回美国的前一天晚上，他们在巴黎与沃尔特和罗伊共进了晚餐。沃尔特回忆说，他们所有人都"非常高兴"。那天早些时候，卡门写信给他在纽约的公司副总裁，对自己的假期生活赞不绝口，但也表达了对乘飞机返回的恐惧。第二天，1949年10月27日，法国航空公司的航班在亚述尔群岛上空坠毁，卡门一家遇难。

  就这样结束了双方长达17年的合作。这是沃尔特·迪士尼感觉最快乐，也是最平静、最没有争议和动荡的合作之一。在卡门去世的时候，迪士尼工作室的附属商品利润达到了"我们历史上的新高"。罗伊在给沃尔特的信中这样写道。迪士尼家族的人知道卡门是不可替代的，所以他们甚至没有试图找一个新的代理商。相反，他们决定自己运营管理附属商品销售部门，任命曾担任迪士尼工作室会计的O. B. 约翰斯顿（O. B. Johnston）担任该部门主管。（几个月前，迪士尼家族成立了自己的音乐作品出版部门，以保有迪士尼歌曲的版权，并获得其他具有迪士尼风格的歌曲的版权，比如热门单曲《骡子火车》[*Mule Train*]和《捕虾船》[*Shrimp Boats*]。）罗伊在9个月后承认，在从卡门的身后接管周边商品销售工作时，他们经历了"一些起起伏伏和上下波动"，但"我们现在终于完全控制了它并取得了进展"。然而，尽管这是迪士尼公司利润最高的部门之一，但它只是加剧了人们对沃尔特·迪士尼日益增长的错误印象，即他是一位企业巨头，而不是一位艺术家——他现在是在剥削，而不是在创造。

7

从迪士尼兄弟公司成立之初，这个工作室就是沃尔特·迪士尼的避难所和他真正的家。"不管你们说什么，他都会回到这个该死的工作室。"沃德·金博尔说，他指的是他们一起去芝加哥铁路博览会的火车之旅。"他无时无刻不想谈论这个工作室。这个工作室就是他。工作室就是他的性欲！工作室就是他的一切……高潮都在这里。"米尔特·卡尔告诉一位采访者："他真的住在这里，真的！天哪，他的家庭生活和他的工作室生活比起来简直是小巫见大巫，根本不值得一提。"（事实上，他办公室旁边的房间里有一张床和一间浴室，战争期间，一位海军军官曾在那里住过一段时间，沃尔特偶尔也会在那里过夜。）据他的秘书回忆说，他经常无视时间，晚上七八点钟了还在办公室，她会打电话给莉莲，告诉她沃尔特不回家吃晚饭了。

所以，如果说开始建造自己的火车，这一举动是沃尔特对现状不满的一个迹象，那么他正在考虑为他的家人建造一座新房子就是另一个迹象，他称之为"某种结婚周年纪念礼物——我们结婚25周年的纪念品"。从黛安娜出生前起，迪士尼一家就住在沃金路 4053 号山上的那栋房子里，从那里他们可以看到太平洋和洛杉矶。即使在那时候，尽管这里有五间卧室和五间浴室，有游泳池、儿童游戏室、羽毛球场、图书馆，图书馆里还有放映室，放映室里的木板可以滑动，露出投影仪，但对于沃尔特·迪士尼这样的电影高管来说，这栋房子的结构也不算太大太奢侈。新房子一方面是一个项目，可以吸引沃尔特的注意力，另一方面是一个可以取代工作室的避风港，就像火车取代了动画一样，还有一个作用是让沃尔特远离外部世界的攻击，回到家人身边。"总而言之，我认为这将是一个非常愉快的安排，"沃尔特给他的姑妈杰西·帕金斯（Jessie Perkins）的信中写道，"我期待着我能比过去有更多的时间待在家里。"

沃尔特想要修建新房子，其中一个主要的诱因是他的火车。在寻找新家地址的过程中，他实际上是在寻找一个地方，一个可以为完全占据他全部身心的铁路铺设铁轨的地方。黛安娜和莉莲在威尔夏大道（Wilshire Boulevard）外找到了一个地方，但是沃尔特否决了，因为那里没有地方放置火车。与此同时，莉莲给著名的房地产开发商哈罗德·詹斯（Harold Janss）打了电话，他建议在荷尔贝山（Holmby Hills）附近一处树木繁茂的面积 2.5 英亩土地上开发修建，这是洛杉矶西部一处富人区房地产开发项目，詹斯一家自 20 世纪 20 年代以来就一直拥有它。1948 年 5 月的一个星期天，沃尔特和莉莲开车去实地查看了这块地皮。根据莉莲的说法，"沃尔特只看了一眼就说：'就是这儿了！'他从这儿能看见那列火车"。据沃尔特所说，不像沃金路离伯班克很近，这个地方还有一个额外的优势，那就是离迪士尼工作室足够远，这样他就可以开车去那里，途中可以利用宝贵的时间进行冥想。

最后，他们在 6 月 4 日以 3.325 万美元的价格完成了交易，购买了这块土地。(沃尔特向美国银行申请了2.5万美元的建筑贷款,并将自己的收入登记为10.4万美元。)[1]这块地从一个陡坡上缓缓地倾斜而下,一直延伸到一条峡谷,新的房屋就是要建在这个陡坡上,而这条峡谷将房屋与道路分隔开来。沃尔特在洛斯费利兹(Los Feliz)的社区有点儿波希米亚的风格和味道。米高梅影业公司的董事长路易斯·B.梅耶尔的女婿、环球国际公司的高管之一威廉·戈茨(William Goetz)拥有毗邻的一处房产,这说明了新社区的独特性和私密性。这栋新房子本身是由一位颇受尊敬的俄罗斯出生的建筑师兼家具制造商詹姆斯·多莱纳(James Dolena)设计的,他有时被称为"为明星服务的建筑师"。新房子本身是一座面积5669平方英尺的分体式现代住宅,白色的外墙环抱展开形成了两翼。房子后面的草坪通向一个长44英尺、宽22英尺的游泳池。泳池后面是一座1500平方英尺的休养娱乐大楼,里面有一个放映室、一个酒吧、一个可停放四辆车的车库,还有沃尔特自己的那栋主要建筑——一座完全投入使用的冷饮配置及供应处。

当初,修建沃金路的房子时,迪士尼家的人正焦急地等待着莉莲后来流产的孩子出生,那所房子在两个月内就修建完工了。现在,位于卡罗伍德大道355号的新房子的修建速度要慢得多,不过沃尔特似乎想分散一下自己的注意力,对此没有那么不耐烦。他们花了1年多的时间才修建完成。而且,在1950年5月底全家搬过来后,沃尔特又花了6个月的时间铺设铁路轨道,建造了一个小的发动机室和工作间,这个工作间是根据影片《悠情伴我心》中的谷仓设计改造而来的。沃尔特声称,这个谷仓是根据他父亲在马塞琳的谷仓改造而来的。这使得卡罗伍德的房子又一次让人想起当年沃尔特最幸福的时

---

[1] 两年前,沃尔特在"烟树"疗养度假村买了一块地,打算在那里建造自己的农舍小别墅,而不是租一间。

光。迪士尼夫妇甚至像在马塞琳农场那样在这里种植了果树。

新房子虽然有 17 个房间，但很难称得上宏伟壮观，也并不富丽堂皇。（戴安娜回忆说，沃尔特一直都在把自己挣到的钱再投资到迪士尼工作室，所以他"赚到的钱没有那些（电影大亨们）赚的那么多"。）沃尔特说新房子的大小是根据他们家庭的需要设计规划的，同时也是为了简化和减少莉莲打理家务的工作量，实际情况的确是这样，但是还有另一个考虑因素，即这也是为了让沃尔特不仅能像他一直想做的那样从一般意义上的外部世界中抽身出来，退回到自己的世界里，而且还能体验他现在享受的那种被推迟了的童年时光。晚上，他常常在工作间里为他的铁路和火车做小家具，而他的狗"公爵夫人"则睡在毯子上。他时不时地从他塞满东西的口袋里掏出一些博洛尼亚大香肠和热狗，塞进"公爵夫人"的嘴里。他说，到午夜时分，它就会准时从毯子上下来，开始贴近他的身体，轻轻推他上床睡觉。"它会坐在那里看着我，直到我过来，"沃尔特回忆道，"在我过来之前，它不会离开我。"其他时候，他在自己的冷饮配置及供应室里当店长，里面配备有红色的皮质高脚酒吧凳和一个长长的吧台，吧台后面的架子上摆着一排排的玻璃杯。沃尔特开玩笑地抱怨说，他向整个社区供应圣代冰激凌，但他很喜欢扮演冷饮销售员的角色。沃德·金博尔说，他有各种各样的糖浆和配料，他会"为客人们准备大量这种黏糊糊的、滑腻腻的东西，还有冰激凌苏打水和你见过的最大的香蕉片"。

莎伦还记得他调制过各种不可思议的奇怪的混合物，包括有一次连他自己都承认喝不下去的香槟苏打水。但是，除了沉迷于童年的幻想，他设置冷饮配置及供应室还有另一个动机。他希望冻结时间。他承认，作为一个有两个十几岁女儿的父亲——冷饮机、游泳池和其他设施——是"防止她们离家上学的一种方式，这对我来说没什么问题"。这样一来，房子的宽大的两翼不仅受到了欢迎，也受到了珍视。

当然，对沃尔特来说，这所房子最吸引人的地方是铁路。他本来打算让火车绕着这所房子跑一圈——需要铺设大约半英里长的轨道——但莉莲抗议说，这个计划会毁掉她已经设计好的一个花园。于是沃尔特让迪士尼工作室的一位建筑主管设计了一条90英尺长的隧道从莉莲的花园下面穿过，以此作为妥协折中的措施。除此之外，这位主管还别出心裁，另外又设计了一个S形曲线，这会给火车司机带来一种特殊的刺激感。为了纪念这一妥协，沃尔特让冈瑟·莱辛起草了一份模拟合同，在合同中，莉莲授予"卡罗伍德太平洋铁路公司"在这块地产上的一项通行权。当一切都完工的时候，他终于有了自己的隧道，一座46英尺长的栈桥，以及2500英尺多一点儿的铁轨环绕着这片土地；他花了近1.7万美元，不包括从家庭账户转到铁路账户的1万美元的人工成本。"我们刚搬进这所新房子的半年时间里，在后院一直有推土机在施工，修建铺设铁路的斜坡，"莉莲告诉一位采访者，"推土机的租金很高。他们的噪声快把你逼疯了。"尽管如此，沃尔特还是不打算放弃他的铁路，不管莉莲如何抱怨。"他很有同情心，但也很顽固。"她说。

沃尔特喜欢扮演冷饮销售员的角色，也喜欢扮演工程师和火车司机。他会戴上一顶工程师的帽子，穿一件格子衬衫，跨坐在火车头发动机后面的拖挂车上，点火发动，开始行驶。为了向莉莲表示敬意，他把火车命名为"绝色美女莉莉号"（Lilly Belle）。到迪士尼家里拜访的客人总是会被邀请乘坐火车，并被任命为"卡罗伍德太平洋铁路公司"的"副总裁"，沃尔特会给他们发放车票。这些客人包括沃尔特尔·万格、随笔专栏作家海达·霍珀、腹语演员埃德加·卑尔根、歌手黛娜·肖尔（Dinah Shore）、演员迪克·鲍威尔（Dick Powell），甚至萨尔瓦多·达利。达利认为沃尔特的火车各个具体细节都如此完美，以至于他担心火车会发生类似真实火车相撞的事故，"或者甚至蓄意破坏……就像微型火车事故！"达利告诉沃尔特，"这种完美不属于模型！"但是这就是问题的关键。自从有了火车，沃尔特·迪士尼重新找回了完美。

当沃尔特全神贯注于他的火车和他的新房子时，他的动画师们——由格里·格罗诺米、威尔弗雷德·杰克逊和哈姆·卢斯克分别带领的三个制作团队——正在全速前进，抓紧完成《灰姑娘》的拍摄制作任务。沃尔特一如既往地监督着一切，他是最后拍板的人，但与《白雪公主》甚至《小飞象》相比，他对这部影片的参与要少得多，一些工作人员对此颇有微词。"沃尔特不是艺术家，"一名前雇员告诉记者，"他没有艺术家的本能或想象力。他鲜为人知的优点是他是一个伟大的生产者，他恰好认识到利用更好的技术生产比别人更好的产品的重要性。"另一名员工形容沃尔特现在的工作方式更像是"公事公办"，不那么容易激动，情绪外露，但也不那么令人兴奋，没有什么感染力和鼓动性。哈里·泰特尔发现他更加捉摸不定，变化莫测。沃尔特此前曾经命令泰特尔不要与作曲家奥利·华莱士续签合同，因为他想拒绝华莱士由于中间人的原因而提出的加薪要求。奥利·华莱士曾为《灰姑娘》写过部分乐谱。然后，几个月后，他问华莱士为什么离职了，为什么没有续约。

尽管沃尔特某种程度上脱离在外，不可捉摸，但是每个人都知道《灰姑娘》承载的使命的重要性，可以说是成败在此一举。这是迪士尼工作室自《小鹿斑比》之后的第一部真正的动画长片，沃尔特在制作初期就告诉他的员工们："孩子们，如果《灰姑娘》不能成功，我们就完了！"一旦已经投入生产的《爱丽丝梦游仙境》制作完成，他肯定没有足够的资源来开始另一部电影长片。当《灰姑娘》这部电影在1949年秋季末制作完成时，沃尔特像往常那样并没有完全陷入快乐的状态。"最终制作完成的影片并不完全是我们想要的那样。"他对一位杂志编辑说,"但是,今天,如果想要做所有你想做的事情,在成本、劳动力等方面存在着相当大的问题。"而且他还自豪地说:"我们现在正使我们的组织处于这样一种状态,我认为我们将推出一个真正的战后制作——《爱丽丝梦游仙境》——它现在已经启动,正在制作过程当中。它看起来非常好。"他对另一位采访者谈到《灰姑娘》时说:"那只是一部影片。"

事实上,尽管在动画制作中偷工减料走了捷径,工作人员可能也缺乏热情,但是大多数人还是认为,在经历了多年的失望之后,《灰姑娘》是沃尔特·迪士尼颇受欢迎的回归之作。威廉·利维现在是沃尔特在东部地区的新闻代表,他于那年11月在东部地区举办了为期四天的试映会。试映结束后,他报告说"所有人都慷慨地给予了大量的溢美之词",说很多人"对《灰姑娘》的评价甚至高于《白雪公主》"。很难说其中有多少是一厢情愿的想法,又有多少是迪士尼崇拜者希望看到他重获艺术地位和人气的绝望挣扎。但是,《灰姑娘》——拥有欢快的配乐和紧张的陪衬情节,即一只乐于助人的小老鼠受到一只名叫路西法(Lucifer)的邪恶的猫的威胁(沃尔特让沃德·金博尔以金博尔自己养的一只猫为模型创作路西法的形象)——是自《小鹿斑比》以来,迪士尼工作室制作的情节最完整、设计最具戏剧性、最引人注目的动画片,获得了自《小飞象》以来迪士尼动画收到的最佳反响。导演迈克尔·柯蒂斯(Michael Curtiz)在给沃尔特的私人信件中称赞这部电影是"你所有作品中的杰作"。制片人哈尔·沃利斯(Hal Wallis)宣称:"如果这还不是你最好的作品,那它已经非常接近你的巅峰之作了。"沃尔特尔·万格在给沃尔特的信中写道:"你仍然是我的电影《欢庆队伍》的头号制作人。"当《灰姑娘》在1950年2月公开上映时,大多数评论家同样热情洋溢,反响强烈。《灰姑娘》在评论界眼里绝对是一部成功之作,几乎无可挑剔,它很快就会成为迪士尼早期动画长片中公认的经典作品之一。

更重要的是,《灰姑娘》在财务上也取得了成功。在从纽约到伦敦的航班上,罗伊在给沃尔特的信中写道:"我感到比以往任何时候都更有信心,我们应该在美国和加拿大获得至少 500 万美元的票房。如果我们的票房达到 600 万美元,我也不会感到惊讶。我们现在谈论的是生意,它终究还是一笔生意。"归根结底,罗伊实际上低估了这部电影的回报率。迪士尼工作室在《灰姑娘》上的投入是 220 万美元。而它的总票房将达到 790 万美元。这还不包括这部电影在附属商品和音乐销售方面的收入,尤其是在其中的一首歌曲《哔卟哔嘀－啵卟哔嘀－啵》(*Bibbidi-Bobbidi-Boo*)成为热门歌曲并获得奥斯卡奖的提名之后。这部电影如果失败的话就会让迪士尼工作室陷入万劫不复的困境,但最终它却把迪士尼工作室从财务灾难和精神绝望中拯救了出来。

然而,沃尔特·迪士尼似乎并没有特别高兴和兴奋。他不只注意到了成绩,还看到了影片的问题、制作上的妥协和工作人员之间破碎的同志关系。甚至当他专注于他的火车和新房子时,他就开始寻找某个地方来找回他觉得被偷走的东西,并找到他希望能拯救自己的东西。他渴望为自己创造一个更好的堡垒,一个比曾经的动画世界更加完美的世界。

第十章
迪士尼乐园

1

迪士尼工作室一直都致力于控制，精心创造一个比工作室以外的世界更好的现实，还展示了一个人拥有这样做的能力。这就是沃尔特·迪士尼给美国提供的——不是像许多分析家猜测的那样他做的一切与逃离相关，而是与控制和随之而来的替代赋权相关。而且这似乎正是美国想从他那里得到的。尽管二战刚刚结束的战后时期是这个国家的胜利时期，但是人们的情绪很快从极度兴奋转为犹豫不定——历史学家威廉·洛伊希滕贝格（William Leuchtenberg）在他对那一时期的描述中将其形容为一场"麻烦的盛宴"。这场盛宴是美国史无前例的经济增长，主要的推动力量是持续增加的军费开支。在战争结束后的十年里，工资上涨，工作时间减少，房屋拥有率跃升，退伍军人有机会接受高等教育，总体消费飙升。所有这些都使得社会学家西摩·马丁·利普塞特（Seymour Martin Lipset）宣称："工业革命的根本问题已经得到解决。"

但是，尽管人们满怀希望，一种普遍的不安感却在全国弥漫开来。这在一定程度上是资本主义集团和共产主义集团之间冷战的结果，苏联于1949年8月引爆一颗原子弹后，冷战变得更加严峻。可以理解的是，美国人一方面感到来自外部苏联的威胁，一方面他们还感到来自内部的威胁，他们认为威胁来自一群共产主义者和共产主义同情者，他们已经混进了政府部门——参议员约瑟夫·麦卡锡将成为头条新闻中所谓的第五专栏作家。

尽管这听起来很可怕，但更重要的可能是在这段时期内，伴随着快速变化而来的那种错位紊乱感在全社会的弥漫。随着工资的上涨和消费的增长，美国正在经历种种前所未有的变化：郊区化；20世纪50年代初电视的出现带来的一场大众传播的革命；随着汽车增加而日益增强的物质流动性；国家高速公路建设计划和商业航空的繁荣；种种层出不穷的新技术；官僚化和科层化；甚至为了适应新的社会而发展出来的一种新的人格类型——社会学家大卫·理斯曼（David Riesman）后来将这种人格类型描述为"以他人为导向"型人格，或者说这种人格更多的是出于取悦他人的需要而不是自己内心需求的指引；以及威廉·怀特（William Whyte）后来所说的"组织人"，这种人既关心如何管理官僚机构，也关心如何获取技术技能。历史学家威廉·查夫（William Chafe）写道，所有这些现象——从麦卡锡主义到郊区化再到组织人——都与"存在主义者面临的进退两难的困境有关，即试图在人们无法控制的力量面前找到一种创造意义的方法"。

沃尔特·迪士尼和1952年当选总统的德怀特·戴威·艾森豪威尔将军一样，承诺夺回控制权。艾森豪威尔将军在和蔼可亲的外表下隐藏着钢铁般的意志。当美国正享受着战后爆棚的绝对自信时，评论家们却普遍对迪士尼的卡通不屑一顾，部分原因是这些电影制作水平低劣，甚至粗制滥造，而且其中的控制感似乎减弱了。但是一旦冷战开始，美国人似乎又需要安慰了，这也许可以解释为什么《灰姑娘》

这样一部老套过时且耳熟能详的迪士尼动画，一部关于控制的动画会受到欢迎。（沃尔特自己对核危机的评论是："如果人们更多地想到仙女，他们很快就会忘记原子弹。"）迪士尼，在大萧条时期是一剂强心针，如今却成了一块试金石，在这个被不祥之兆笼罩的时代为人们提供慰藉。

这就像经常发生的那种情况一样，对这个国家来说是正确的东西，对沃尔特·迪士尼个人来说也是正确的。如果说美国人在他的电影中找到了控制和安慰，那么他也在他的火车模型中找到了控制和安慰，这也是他追求这些东西的原因。但是，这并不是唯一的原因。这些火车也是沃尔特·迪士尼构思的一个更为宏大的计划的桥头堡。早在1947年，他就开始收集小型物品和微缩模型——家具、小雕像、马车、船只、农业机械，甚至是小酒瓶和板条箱。表面上看，这些都是火车陈列布置上的装饰品，也是他用来打发时间的另一种消遣，可以让他把注意力从迪士尼工作室中转移开。正如他在给妹妹的信中写的那样："问题太多，人都变得太忙乱了。"1949年，沃尔特在他的欧洲之行期间"扫荡"了出售缩微模型的店铺，去纽约乃至新英格兰参加了各种各样的搜罗缩微模型活动；他出席了各种缩微模型展览会；他请求朋友们为他寻找缩微模型；他通过商品目录、中西部报纸和业余爱好者杂志（他使用了迪士尼工作室一个秘书的名字，就像他曾经使用机械师迪克·琼斯的名字征求火车模型信息一样）征集微型模型。在他通过上述种种手段找各种缩微模型时，他突然想到了一个计划。他要用自己的双手创造一个完整的、美国世纪之交风格的微型村庄，有点儿像"小人国"那样的马塞琳，然后把它装在一个大的容器当中在全国各地展出。这种思路与沃尔特战后的新形象相符，他说这个项目将是传达传统价值观的一种方式，尽管其隐含的喻义再清楚不过了。对沃尔特来说，修建村庄缩微模型是另一种维护自己的控制权的方式，特别是在他似乎正在失去控制权的时候，他可以通过这种方式来维护自己的控制权。

为了实现这个计划，沃尔特逼着布局艺术家肯·安德森倾听自己的构思和想法，并提出把他列进个人支付工钱的人员名单之中。安德森要绘制一些美国经典场景的图画，然后沃尔特再用缩微模型还原这些场景，把它们变得栩栩如生。"你可以画一些像诺曼·洛克威尔那样的画，"安德森回忆沃尔特对他说，"然后我再来修建实物。"这项工作是秘密进行的，似乎并不是因为沃尔特害怕这个想法公之于众，而是因为他不想让这个项目被迪士尼工作室的集体精神状态感染和破坏。这个项目是他的——不是公司的。他把安德森安排在动画大楼三楼的一个房间里，只有他和安德森有钥匙。安德森在那里绘制图画。之后，他们两人会开展一些小型的探险活动，到洛杉矶市中心寻找材料。安德森说，有时候沃尔特会消失一两天，然后带着"整整一麻袋"各种各样的道具回来，用来搭建场景。沃尔特自己也向一个出售此类杂七杂八材料的供应商承认："我变得如此专注，对迪士尼工作室的各种忧虑和担心都消失了……至少会暂时消失一段时间。"的确，正如安德森解释的那样，沃尔特"在制作这些东西的过程中非常开心，以至于他完全忘记了还要给我付工资"。后来，当沃尔特突然想起来问安德森是否得到了报酬时，安德森说他没有，结果后来"我得到了一笔又一笔的报酬"。

随着时间的推移，安德森画了将近20幅美国典型场景的素描图——其中包括一个铁匠在看报纸、一位牧师站在布道坛上讲道、一群女人聚成一堆闲聊东家长西家短、一家杂货店、一位老奶奶坐在壁炉前的摇椅上。但是，沃尔特甚至在开始构建他的各种造型、画面和场景之前，就意识到了两件事。第一件事是，他不能完全靠自己一个人来编造各种场景，他需要更多的帮助。所以他聘请了一位名叫克里斯托多洛（Christodoro）的雕刻家来帮助制作这些人物，还聘请了一位名叫哈珀·戈夫的素描艺术家。戈夫是他在欧洲监制《金银岛》期间在伦敦一家火车模型店遇见的。第二件事是，场景不应该是静态的，它们必须动起来，这就需要招募更多的机械师。所以他聘请了罗杰·布罗吉和一位名叫瓦瑟尔·罗杰斯（Wathel Rogers）的动画师兼雕塑家。布罗吉此前曾帮助沃尔特制作过火车。

现在，沃尔特受他在欧洲发现并拆解研究过的发条玩具的启发，开始了一项实验。1951年2月，他聘请演员兼舞蹈家巴迪·埃布森（Buddy Ebsen）在一个格子前表演了一段短踢踏舞，沃尔特本人亲自执导，用35mm的胶片把表演过程拍摄下来，然后由布罗吉和罗杰斯进行分析，以确定他们如何用克里斯托多洛制作的机械人物来复制这些动作。布罗吉后来回忆说，他们一帧一帧地检查了拍摄的录像，却发现埃布森从未原封不动地重复过他的步伐。除此之外，就像很难用动画表现衣服的摆动一样，布罗吉和罗杰斯也无法让这个机械人的裤子像埃布森的裤子那样悬垂舞动起来。尽管如此，他们还是使用了和发条玩具一样的摄像头系统，让这个机械人跳起了舞。沃尔特随之进入了一个新的领域，进一步扩展了控制的隐喻。正如历史学家杰克逊·利尔斯对这种启程出发的观察，"（迪士尼）帝国的典型产品将不再是幻想，而是在模拟现实；不是卡通人物，而是'声音与动作同步的'机械动画人偶"。其中"机械动画人偶"是第一个实现声音与动作同步的机器人。沃尔特·迪士尼向创造和完善生活又前进了一步。

早在1月，甚至在埃布森实验之前，在给一个展示箱方面的专家的信中，沃尔特就已经写道："这些机械设备具有奇妙的装置和精巧的设计，但是要找到并解决其中的漏洞总是要花很多的时间，而且还必须在保证前一个步骤绝对正确的情况下，才能继续进行第二个步骤。"但是，尽管如此，他还是希望"明年圣诞节前能有一场相当精彩的展

第十章　迪士尼乐园

出"。当时，他让剧组人员制作了另一个生动的场面，即关于"理发店四重奏"的一个场景，而他本人则制作了老奶奶坐在摇椅里的场景。到当年3月份，当他要求短片制作总监哈里·泰特尔负责巡回展出的后勤工作时，他已经在这些微缩模型和火车上花费了近2.4万美元，要求自己在这些东西上投入的钱像投到动画上面的钱一样物有所值，创造价值。他不断地要求别人把制作完成的小模型拿过来供他审核，然后又因为制作工艺低劣或缺乏细节退回给他们。对于一个像他这样有地位的人，他对自己的手艺的价值也出奇地关心。他亲手设计和制作了一批大肚火炉的小模型，然后把它们寄给了纽约的一个微缩模型交易商，委托其进行销售。但是，当这个交易商只要价15美元的时候，他被激怒了，要求她"把它们再展出一段时间，看看你能从中获得什么"。当这个商人把价格提高到25美元并卖出一件时，沃尔特喜形于色，容光焕发："让我高兴的是你以25美元的价格卖掉了一个炉子！"

　　与此同时，沃尔特继续筹备和推进他的展览，现在被称为"迪士尼乐土"，他将之描述为一系列的"可视化自动点唱机，其唱片播放装置被一个舞台布景的微缩模型取代"。尽管沃尔特对于让孩子们到货运堆场来一直犹豫不决，而且别人总是对他强调说，这个展览是不可能赚钱的，但他还是考虑在百货公司或火车车厢里举办这一展览，学生们可以带着硬币来"玩"这些场景。最终，他决定在1952年11月在洛杉矶泛太平洋大礼堂举行的加利福尼亚生活节上揭开"金凯德奶奶"这一场景的面纱。陈列这一场景的玻璃橱窗大约有8英尺长，里面铺着小地毯，铺着厚木板，有一个石头壁炉，挂着花边窗帘，摆着碗碟，甚至还有一间带便盆的户外厕所。它的一大亮点是玻璃橱里播放着女演员比尤拉·邦蒂（Beulah Bondi）娓娓道来的旁白，她在《悠情伴我心》中饰演金凯德奶奶。专栏作家海达·霍珀曾参加过这

719

个节日展览活动并看到了沃尔特的展品,她对沃尔特的手工作品惊叹不已,问道:"你为什么要做这个东西?"沃尔特回答说,"我对天发誓真不知道,要是我知道我就不是人。"

但是,他其实很清楚自己为什么要做这个东西。除了控制带来的心理愉悦和自己动手制作带来的触感兴奋,除了在面临迪士尼工作室似乎摇摇欲坠的困境时这个东西能够给他带来全神贯注于一件事的那种感觉,他做这个东西还因为他心中怀有一个更宏大、更冒险、更大胆的计划——迪士尼乐土只是这个计划的一次试运行,而且在他对迪士尼工作室的其他部分已经失去了兴趣的情况下,只有这个计划似乎还能支撑着他继续前进。

现在我们已经不可能知道沃尔特·迪士尼产生这个想法的确切时间,但他已经下定决心建造一个主题游乐园。

鲁迪·伊辛是沃尔特在堪萨斯城时的一位老朋友,也是"欢笑电影公司"的员工之一。他还记得他和沃尔特有一次参观综合游乐园"电气公园"时的情景,以及在一次外出郊游途中,沃尔特对他说:"总有一天,我要建一个游乐园——而且要更干净!"他一直记着沃尔特对他讲这番话时的样子。黛安娜·迪士尼认为,沃尔特的这一念头发端于一个星期天的下午,当时沃尔特从宗教活动仪式上接走了两个女儿——他自己从来没有参加过此类宗教活动仪式——然后带她们去格里菲斯公园玩旋转木马,在那里他们会待上几个小时。"他在公园里看到其他人也有一家人出来玩的,"黛安娜回忆说,"然后他说,'父母没有什么事可做……必须有一个地方,让全家人都能玩得很开心'。"黛安娜认为沃尔特把那些下午以及后来他和莎伦在洛杉矶拉西埃内加(La Cienega)大道与比佛利(Beverly)大道交会处的一个小游乐园里度过的那些下午当作"某种研究项目"。罗伊认为一切都是从模型火车开始的。罗伊在接受采访时表示,自从沃尔特开始制造自

第十章 迪士尼乐园

己的火车头后,"他就一直想为公众制造一辆大型游乐火车",尽管目前还不清楚沃尔特制造模型火车是因为他心中已经有了主题游乐园的念头,还是因为他制造了模型火车而产生了建造主题游乐园的念头。威尔弗雷德·杰克逊说,沃尔特是在《白雪公主》首映式上首次提出建立主题游乐园的想法的,当时他在剧院外搭建了一座小矮人小屋作为展览。当他们经过这个小屋时,沃尔特告诉杰克逊,他想建一个适合儿童比例和大小的公园。本·沙普斯坦说,他第一次听说建公园是在1940年,当时他陪着沃尔特一起去纽约参加一个立体声音响系统的展示会,沃尔特和他讨论了自己的计划,打算在迪士尼工作室对面的一条狭长地带上布置一些展览物,这条狭长地带位于滨河大道和洛杉矶河之间——"只是想向希望参观迪士尼工作室的人展示一些东西。"沃尔特说。迪克·欧文(Dick Irvine)是该工作室的一名艺术总监,他记得沃尔特在战争期间来到办公室,描述了一个客人在迪士尼工作室里公开参观旅游的场景,欧文后来觉得正是这一场景扩展成了游乐园的构想。而约翰·亨奇则回忆起20世纪40年代沃尔特在停车场踱步,想象着把那里建设成一个游乐园的可行性。他是迪士尼工作室的一名动画师和布局师。

当沃尔特在商店里到处搜寻,仔细研究微型模型的商品目录时,当他在为自己的铁路铣磨零部件时,他也在认真地思考,甚至真心实意地和别人谈论安装一列成比例模型的客运列车,环绕在迪士尼工作室的周围,沿途布置他所说的村庄,以美化这条路线的风景。1948年春天,沃尔特曾向哈里·泰特尔提起在占地7英亩的河边车道上修建仿真火车线路的想法。1948年夏天,沃德·金博尔怀着激动的心情,滔滔不绝地向沃尔特讲述旧金山郊外一个游乐园里的铁路特许经营权,该公园通过运营该铁路游乐园项目上一年获得了5万美元的收益——"足以支付公园里所有其他特许经营项目的许可费用!"到了那年 8 月，沃尔特和金博尔动身前往芝加哥参加铁路博览会。当时，沃尔特正向他的同道，铁路发烧友威廉·琼斯施压，要求他为自己的"村庄"找一辆火车头作为镇村之宝，同时半带歉意地解释和介绍了他的项目规模："虽然我知道我心中的整个计划听起来相当详细具体，但是我仍然觉得它的成功完全取决于项目是否非常完整。"在从芝加哥返回的路上，沃尔特和金博尔专门绕路来到了亨利·福特建造的位于密歇根州的格林菲尔德村，并在那里停留了两天。这是沃尔特第二次造访那里。在返回芝加哥的时候，对于他的游乐园项目，沃尔特比之前更加受鼓舞，充满信心，雄心勃勃，准备大干一场。金博尔说沃尔特一路上都在滔滔不绝地谈论这些事情。

沃尔特能够在自己的脑海里把它形象化，一幕一幕，事无巨细，栩栩如生，就像他曾经在脑海里把动画影片形象化一样。他不仅能看到火车的运行路线，还能看到火车线路将要围绕运行的游乐园。到 8 月底，他已经向一位名叫迪克·凯尔西（Dick Kelsey）的产品设计师做了大量反复的解释和说明。他描述了一个"主体村庄"的构想，这个村庄有一个铁路火车站和一个村庄公共绿地——显然是在模仿当年的马塞琳。"它将成为人们坐下来休息的地方，小孩子们可以在这里玩耍，而妈妈们和奶奶们就可以在一边轻松地照看，"沃尔特写道，"我希望它制作精美入微，让人非常轻松愉快，流连忘返。"绿地周围将建造一个小镇，一端是火车站，另一端是市政厅，中间是警察局和消防局。"各种各样的小商店"将环绕在绿地周围，在那里销售迪士尼的商品。届时还会有 300 个座位的歌剧院和电影院。在游乐园的中央，他的设想是设置一个冰激凌热狗摊，但他也想设置一家餐馆。当然，还有其他部分和设施：一个老式农场，一个西部村庄，一个印第安人的院落（毫无疑问是受到铁路博览会上圣达菲院落的启发），以及一个有游乐设施的嘉年华区——"典型的中途游乐设施"，还有一辆四轮马车可以载着乘客穿过西部村庄和老式农场。他已经在制订计划打算建造一艘内河船,并且还派遣负责海外业务的杰克·卡廷去欧洲考察旋转木马。

然而,到那年10月份,这些计划都已经被暂时搁置了。"说实话,自从我回来后,我一直在忙于动画电影的制片事务。"从铁路博览会回来后,又在亚利桑那州待了两周,他在给圣达菲一位高管的信中写道,"我还没有来得及再好好考虑我的计划。"此前,他已经向这位高管热情十足地介绍过自己的计划。相反,由于既没有时间也没有资源来投入他的"村庄"建设之中,他启动了"迪士尼乐土"计划,很可能是因为这是一种既便宜又易于管理的方式,可以让他在监督电影制作的同时,亲身涉水,感受和体验一下游乐项目的实施过程,并测试一下范围更大的主题游乐公园的概念。对于一个总是缺乏耐心的人来说——在陈述演讲时总是不停地敲打手指,或者当下属没有立即领会他的意思时对他们厉声斥责,或者紧张地叼着烟猛吸——这也是一种保持前进的方式,而不是无所作为地等待。"我要去做点儿别的事情了,因为如果我再继续在这件事上纠缠,那就是在浪费我的时间。"他经常会告诉护士黑兹尔·乔治各种陷入僵局的项目。"而且他不会去试图解决暂时无法解决的问题,"乔治后来说,"而是选择先去做别的事情。所以他一直在行动。"

电影制作方面,现在使他分心的事情包括:尽快完成《悠情伴我心》;《柳林风声》和《睡谷的传说》被打包组合成了一部电影《伊老师与小蟾蜍历险记》;还有《灰姑娘》——所有这些都是在1949年1月到1950年2月近一年的时间里上映的。虽然这些电影中没有一部能吸引他的注意力,因为他正在专心致志地玩弄火车,思考着他的"村庄",但它们却一起侵入了他的生活。他还在争取《爱丽丝梦游仙境》,这是路易斯·卡罗尔(Lewis Carroll)撰写的一部小说,讲述的是一个女孩跟着一只兔子进了兔子洞，开始了一系列超现实主义的冒险。迪士尼工作室里没有任何一个项目持续这么长的时间——沃尔特在1933年与玛丽·皮克福德第一次讨论这个项目，1938年在《白雪公主》上映之后不久他就买下了路易斯·卡罗尔撰写、坦尼尔（Tenniel）绘制插图的这本书的改编版权——也没有任何一个项目如此棘手，难度如此之大。多年来，沃尔特为这部电影指派了多位作家编写剧本，其中包括小说家奥尔德斯·赫胥黎。据迪克·休默说，奥尔德斯·赫胥黎在故事研讨会上几乎每讲一句话都会遭到沃尔特的驳斥。"大约开了五次会以后，我们就再也没有见过他了。"休默在谈到赫胥黎1945年短暂的任期时说。赫胥黎不是唯一遇到困难的人。"这本书里没有故事。"鲍勃·卡尔（Bob Carr）说。他在《爱丽丝梦游仙境》项目实施的早期曾是迪士尼工作室故事部门的主管。除此之外，他还说："爱丽丝没有性格特色。她只是在一群荒唐可笑略带神经病的喜剧演员面前扮演一个无足轻重的配角。任何一个主角被置于这样一个根基不稳、不堪一击的境地，都太糟糕了。"沃尔特并不反对他们的这些论断。"你可以听到他在和动画师们一起工作的时候说，"黛安娜回忆说，"爱丽丝太冷了，你无法向她注入一点儿温情。"本·沙普斯坦说，动画师们对这部电影也不太感兴趣，尽管如此，这么多年来，却有那么多人——尤其是许多成熟、世故、有经验的人——敦促沃尔特拍摄《爱丽丝梦游仙境》，以至于沃尔特感觉自己确实有必要把它拍成电影，无论自己喜欢还是不喜欢。

沃尔特的矛盾心理显而易见。在他们步履蹒跚艰难地推进这个拍摄项目的同时，沃尔特一直在考虑是把它拍摄制作成全部都是动画的版本，还是做成真人实景和动画相结合的版本。他曾经宣布演员兼舞蹈家金格·罗杰斯（Ginger Rogers）将出演这部电影的主角；一年后，又宣布将由《南方之歌》的女主角罗安娜·帕腾来扮演爱丽丝；然后

第十章 迪士尼乐园

都没有了下文。他雇用了一位名叫巴纳德的教授为爱丽丝寻找合适的"声音",此举在英国引发了一场争论,争论的焦点是这个深受英国人喜爱的角色最后是否会听起来像美国人。随后,沃尔特签下一位10岁的英国女演员凯瑟琳·博蒙特(Kathryn Beaumont)来为这个角色配音。他甚至咨询了一位精神科医生,询问是否可以采用一种新的方法来处理这些材料,并指派故事创作人T. 赫(T. Hee)和比尔·科特雷尔再做一次努力和尝试,看看能不能有所突破,但他们也遇到了困难,没有取得什么突破。罗伊不喜欢这个题材,沃尔特承认,如果当时《小飞侠彼得·潘》已经准备好了,他就会把那部电影和它互换,但是当时《小飞侠彼得·潘》还没有制作完成。而且,迪士尼工作室已经在《爱丽丝梦游仙境》上面投入了太多,所以没有办法把它搁置起来。因此,在《灰姑娘》上映的这段时间里,尽管沃尔特曾对《爱丽丝梦游仙境》做出乐观的预测,但每个人都带着几分灾难的预感,缓慢而痛苦地在这个项目上坚持着、努力着。

最后,这些预感被证明是非常准确的。沃德·金博尔认为,各个片段的导演们在拍摄的时候已经开始互相竞争超越彼此,这对"最终作品产生了一种自我抵消的效果"。哈里·泰特尔的分析是,《爱丽丝梦游仙境》"情节太过雷同千篇一律了"。沃尔特一直觉得它缺乏一个核心,他后来表达的意思和沙普斯坦完全相同,只是又引申了一下。他说他"被困在制作《爱丽丝梦游仙境》的过程中,忽视并违背了自己原本更好的判断",并称之为"可怕的失望"。"把奇思妙想搬上银幕太难了。"他说。在另一位采访者面前,他承认:"我们对这部影片的素材一直找不到感觉,但是我们却强迫自己去把它们拍成动画片。"迪士尼工作室的员工纷纷跳槽到电视这一新兴媒体领域,工作人员数量因此进一步减少,这也是这部电影的动画制作受到影响的原因之一。除此之外,1951年7月,就在《爱丽丝梦游仙境》预定上映的5

天前，迪士尼工作室的一个竞争对手——一个制片人匆匆忙忙将这个故事的木偶版搬上了剧院。沃尔特申请了禁令，理由是这部木偶剧试图借助和利用他的新电影，但他的申请没能成功。就连沃尔特在电台上为《爱丽丝梦游仙境》做的一次宣传也变了味，因为在现场他的大脑突然短路，一片空白，不得不吞吞吐吐东拉西扯地勉强结束了这次采访。这部电影获得的评价是不温不火，不冷不热——"看这部影片感觉就像在啃爱丽丝吃的那些薄饼。"博斯利·克劳瑟在《纽约时报》上发表的评论中写道——在它的第一轮上映周期，只获得了 200 万美元的回报，而它的投资却达到了 300 万美元。

但是，沃尔特这一次又没有在伯班克承受这个令他失望的打击。《爱丽丝梦游仙境》上映的时候，他和莉莲以及两个女儿一起来到欧洲，监督第二部英国真人实景电影《罗宾汉和他的快乐伙伴们冒险记》。这部影片以雷电华电影公司和迪士尼工作室被扣留在英国的资金为支持。但是，这次旅行和当初监制《金银岛》一样，似乎更多是一个延长假期的借口，而不是一次真正的商务旅行。在离开之前，沃尔特已经在工作室试映过拍摄好的部分胶卷，考察了可能的演员和导演，并提出建议——他自己说"仅仅是建议"。与此同时，他把最后的决定权留给了制片人佩尔斯·皮尔斯。对于沃尔特承担的任务，皮尔斯把电影中的每一个镜头都以缩略草图的形式展示出来，就像迪士尼工作室当初制作动画片时做的那样，并把它们连同复印照片和最终的剧本一起寄给沃尔特，请他审核批准。沃尔特毫不犹豫地同意了，但也含蓄地威胁说，皮尔斯最好尽快完成这部电影。他写道："这不仅对迪士尼工作室很重要，对作为制片人的你也很重要。"与此同时，随着电影拍摄的进行，沃尔特、莉莲和两个女儿继续在欧洲漫游，参观了丹麦的蒂沃利公园（Tivoli Gardens），直到 8 月才回到工作室。

当沃尔特返回美国以后，他又全身心地投入到了迪士尼乐土和他的游乐园计划之中。莉莲回忆说，在家里，他会在开完火车"绝色美女莉莉号"之后走进来，然后滔滔不绝地向家里人讲述他的计划，听得人耳朵都有些麻木了。一开始他说计划把这个游乐园设置在迪士尼工作室对面的7英亩土地上，火车线路穿过那片土地，把工作室和附近的格里菲斯公园分开，但他的计划越来越宏大，直到黛安娜承认："他在家里谈论的这个话题内容变得如此广泛，范围又大又笼统，以至于我不再把它当回事了。"然而，沃尔特是非常严肃认真的。那年夏末或者是秋初，他让哈珀·戈夫绘制这一游乐园的平面规划图和示意图，现在计划在游乐园里设置一个小湖和一个小岛。他一有机会就谈论这个游乐园，就像他在20世纪30年代中期构思《白雪公主》时不停地谈论它一样。"每次你和沃尔特一起开会或做一些别的事情，"米尔特·卡尔说，"不知道怎么回事，最后总会出现游乐园这一话题。特别是如果你恰好在他的办公室里，里面放满了他所有与游乐园相关的图纸和素材，那更是谈论起来没完没了。"美国广播公司电视台的一位高管记得，甚至在去欧洲旅行之前，甚至在拿到戈夫的示意图之前，沃尔特就来过他的办公室，和他讨论可能的合作项目。但他说，沃尔特谈了半天说的都是游乐园这一个项目："沃尔特滔滔不绝地谈论着这个游乐园计划，用他的语言给我们做了精彩生动的描述，就像是画了一幅文字画。"这位高管带着"极大的热情"离开了，但他承认："我们的员工似乎不明白他在说什么。"

美国广播公司的高管们并不是唯一无法理解这一充满想象力的游乐园创新概念的人。莉莲说她害怕这个游乐园，害怕它太宏伟了，太炫耀了，太野心勃勃了。罗伊说，他一开始也不热心，不过还是极不情愿地为这个项目辩护，理由是这个游乐园可以用作电视演播室。这些都没有对沃尔特起到丝毫的劝阻作用，他比过去几年更精力充沛了。沃尔特要求他在堪萨斯城早期的赞助人和恩人J. V. 考尔斯医生的儿子、年轻的建筑师约翰·考尔斯（John Cowles），根据戈夫绘制的示意图，在此基础上进一步绘制建筑设计图。沃尔特把他安排在伯班克工作室里面的一间小屋里，让他专心致志地绘图。3月，沃尔特利用动画师唐·达格拉迪（Don DaGradi）的草图，向伯班克公园与娱乐委员会提交了一份演示文稿，宣布了他要建造一个能产生少量利润的游乐园的计划，而不是一个"全口径赚钱规模"的游乐园，尽管现在包括了运河船、宇宙飞船模型和潜艇之旅。他需要得到该委员会的批准。就在同一周，沃尔特让他的一个同事寻找一辆小马车和拉它的设得兰矮种马；他已经在工作室里配置了一个名叫欧文·波普（Owen Pope）的设得兰矮种马驯养师，负责搭建马厩和制造马车。波普和妻子多莉（Dolly）住在水塔下停车场的一辆拖车里。他说沃尔特每天都会来这里谈论自己的游乐园计划。

这个项目还没有命名——偶尔也被称为"米老鼠村庄"——但几个月前，沙普斯坦给沃尔特写了一份备忘录，把为雷电华电影公司销售团队制作的、预计将在非影院上映的16毫米的老《白雪公主》宣传片称为"迪士尼乐园之旅"。这个微型项目已经被命名为"迪士尼乐土"。"我不记得有哪个特定的场合，有人说过这里将被命名为迪士尼乐园。"比尔·科特雷尔说，"我记得沃尔特突然说了这个名字，听起来不错，就是这样。"从那时起，这个游乐园就被称为迪士尼乐园，这正是它的本来面目：一片沃尔特·迪士尼想象的土地，一片在他绝对权力下的土地。

但是，迪士尼工作室的业务一直在干扰沃尔特的计划，所以计划也一直停滞不前。尽管制片人佩尔斯·皮尔斯和编剧劳伦斯·爱德华·沃尔特金（Lawrence Edward Watkin）为下一部英国真人电影长片——即古装剧《宝剑与玫瑰》（The Sword and the Rose）做了大部分工作，就像前两部动画长片一样，沃尔特还是对剧本进行了审核，并

第十章 迪士尼乐园

在他的办公室里检查了故事情节，以确保动作场面不会走样。他觉得有必要再一次在欧洲度过这个夏天，表面上是为了监督这部电影的拍摄和制作。[1]但是，即使他本质上是在进行必要的放松，压力却又在持续增加。回到迪士尼工作室后不久，他给皮尔斯写信说，他"忙得像谚语说的'热铁皮屋顶上的十只猫'。"他当时正在帮助监制另一部在英国拍摄的电影《高地流氓罗布·罗伊》(*Rob Roy, the Highland Rogue*)，这部电影将在接下来的一年里投入制作。除此之外，他还开始筹备迪士尼工作室第一部在美国拍摄制作的真人实景电影——改编自儒勒·凡尔纳（Jules Verne）的小说《海底两万里》(*20000 Leagues Under the Sea*)。

而且，就在他策划这些电影的同时，就在他全神贯注于游乐园计划的同时，沃尔特还在努力完成动画片《小飞侠彼得·潘》。这部影片改编自詹姆斯·巴里爵士（Sir James Barrie）的小说，讲述一个永远不会长大的男孩，以及他与邪恶的胡克船长（Captain Hook）的遭遇。这部电影的制作时间几乎与《爱丽丝梦游仙境》一样长。沃尔特在《白雪公主》上映之后的疯狂收购潮中购买了这部小说的改编授权，并且早在1939年就完成了一个徕卡胶卷的拍摄量，到1943年时已经投入了20万美元来开发制作这部影片，而在《爱丽丝梦游仙境》上才花了1.5万美元。显然，他对这一题材有着浓厚的兴趣，一直坚持要赶在其他正在制作中的电影上映之前将其投入制作。（除了当时已经在拍摄制作过程中的《柳林风声》，这是美国银行在战争期间唯一允许拍摄制作的动画长片。）在这部影片的制作工作依照典型的

---

[1] 尽管沃尔特在这些电影的拍摄制作方面下放了很多权力，但他还是以极其严肃认真的态度来对待审核故事板的工作。当他注意到其中一个片段的拍摄没有完全按照之前的约定进行时，他问导演肯·安纳金为什么要这样做。安纳金回答说，他的预算超支了，想要节约。"我问过预算吗？"沃尔特问道，"我有没有让你剪？我们还是坚持我们之前审核通过的方案吧。"

迪士尼流程慢慢地推进时，沃尔特和参与了这部影片的舞台剧制作的女演员玛丽·马丁（Mary Martin）谈了为彼得配音的事（罗伊认为她的声音"太沉重、太成熟、太世故"），女演员让·阿瑟（Jean Arthur）也联系了沃尔特，要求沃尔特考虑一下由她来配音的可能性。沃尔特还和加里·格兰特（Cary Grant）谈过为胡克船长配音的事。（除此之外，沃尔特还跟格兰特谈起了和墨西哥影星凯丁弗莱斯［Cantinflas］一起主演真人实景版的《堂吉诃德》，其中凯丁弗莱斯饰演桑丘·潘沙。这是又一个最终被否决的项目。）

与几乎所有的动画长片一样，在为《小飞侠彼得·潘》做准备的过程中，迪士尼工作室遇到了一些困难。在战争结束后不久的某一时刻，沃尔特对这种拖延感到极其不耐烦，他命令导演杰克·金尼连续拍摄制作各个片段，而不是在发送到故事板之前完成整个剧本，这样一个场景就可以在上午的故事研讨会上得到批准，然后立即进入下一步开发流程。当金尼问沃尔特是否想看看他们现在进展到什么程度时，沃尔特坚持要他们继续做下去，直到故事板完成。金尼说，他花了6个月的时间，制作完成了39张故事板，每张故事板上有100张草图。在此之后，他给沃尔特作了两个半小时的陈述报告。他说完以后，沃尔特静静地坐着，敲着手指，然后宣布："你知道吗，我一直在想《灰姑娘》的事。"

甚至在《灰姑娘》已经制作完成并上映之后，《小飞侠彼得·潘》仍然还是极其缓慢地推进。和《灰姑娘》一样，沃尔特也在摄影棚里拍摄了真人实景版的《小飞侠彼得·潘》，由鲍比·德里斯科尔饰演彼得，汉斯·科里德（Hans Conried）饰演胡克船长。两人都将为各自饰演的角色配音。科里德说，在两年半的时间里，他断断续续地被叫到迪士尼工作室，每次都是工作几天或几个星期就结束了。但是，随着根据真人实景版来绘制动画这项工作的进行，沃尔特抱怨说，他认为动画师绘制的图片里德里斯科尔的痕迹太明显了。"有些彼得·潘的图片看起来太像德里斯科尔了,"沃尔特告诉米尔特·卡尔,"显得太男性化了,太老了,这里肯定有些地方不对劲,肯定有问题。""你想知道怎么回事吗?"卡尔说,"问题就是他们没有任何天赋和才华。"

卡尔说得对,伯班克的人才在持续减少,奉献精神在持续弱化。尽管如此,迪士尼工作室现在拥有的人才也在苦苦挣扎。故事创作人比尔·皮特认为这是工作室里人与人之间竞争太激烈的另一个例子。他说,只有当几个员工携手合作,聚在一起共同完成素材准备后,这部电影的拍摄制作工作才终于开始启动。尽管如此,他们还是不得不在没有沃尔特持续提供指导的情况下自己动手。在迪士尼工作室的黄金时代,沃尔特会把自己的愿望和理想强加给别人,并解决员工之间出现的争端。现在,沃尔特自己也没有把握、不敢拍板了。弗兰克·托马斯负责制作胡克船长的动画镜头,他说沃尔特无法决定胡克应该是一个稍微有点儿滑稽的花花公子,还是一个喜欢咆哮的恶棍,最后他把决定权留给了托马斯。当沃尔特看到托马斯制作的胡克船长的第一幕场景时,他对托马斯说:"我想你开始掌握这个人物了。"并建议他继续按这种思路制作后续场景,这意味着沃尔特几乎把所有的东西都留给了动画师来决定。这个曾经要亲自设计、修改、审核自己动画长片中每一帧画面的人,现在逐渐开始让电影制作工作有机地进行了。

最终,当1953年2月《小飞侠彼得·潘》上映时,沃尔特对这部电影的满意程度远远超过了当初对《爱丽丝梦游仙境》的满意程度,影评人和观众也是如此。备受好评的电视节目《城市名人》(*Toast of the Town*)对这部电影进行了表扬。这个节目是由专栏作家埃德·沙利文主持的,其中有一个特别的片段讲述了沃尔特的生活。《新闻周刊》则用封面文章的方式称赞了沃尔特的计划。博斯利·克劳瑟在《纽约时报》上发表文章称其"坦率而大胆地创造出了'迪士尼风格'"——这是自《灰姑娘》回归积极内涵以来的一个转变。"我可以说罗伊现在又会面带着他的'灰姑娘的微笑'了!"在收到各方的反馈和评论后,沃尔特对一位记者喜笑颜开地说。他对这一结果非常满意,于是在那年4月和莉莲一起参加了影片在伦敦的首映式,同年晚些时候(他假借监制在英国拍摄的真人实景电影《高地流氓罗布·罗伊》的名义,又一次在欧洲待了几乎一个夏天之后),他还参加了这部影片在墨西哥的首映式。

但是,即使《小飞侠彼得·潘》取得了成功,媒体也承认沃尔特·迪士尼最糟糕的日子似乎已经过去了,沃尔特仍在努力寻找在不提高成本的情况下改进动画的方法,他已经指派肯·彼得森就如何改进动画提出建议。考虑到迪士尼工作室长期存在的那些问题,彼得森的建议是可以预见的,也是大家都熟悉的:认真细致地编写剧本,只有在剧本彻底完成之后才能开始考虑后续措施,即更好地准备和整合人才,并指派动画师;但他同时也建议将故事偏向于"更广泛的卡通动作和卡通角色",这样才能让那些不太有才华的动画师更容易画出来,并从迪士尼工作室之外引进优秀的动画师——这是沃尔特这些年来一直竭力避免的事情,因为他一直相信迪士尼动画制作方法的优越性。彼得森还告诉沃尔特,尽管《灰姑娘》和《小飞侠彼得·潘》取得了成功,尽管人们渴望"以更低的成本拍出更好的电影",但还是有一种"失败主义或消极否定的观点,认为对此无能为力"。

2

但是,沃尔特·迪士尼,虽然多年来一直处于绝望之中,现在却不再是一个失败主义者,即使他的工作室是失败主义者的代表。他知

第十章 迪士尼乐园

道迪士尼工作室现在是积重难返。他知道，现在工作室的人才水平还没有达到鼎盛时期的水平，而且工作室努力奋斗、积极向上的精神一直没有从罢工中恢复过来，更不用说从战争的苦差事中恢复了。他知道，令人兴奋的团结合作的日子已经一去不复返了，而且就动画制作而言，它们永远不会再回来了。他知道这一点，他想念那些日子，非常想念，这可能是他现在到处旅行、四处漂泊的原因之一。尽管当时承受着巨大的压力，沃尔特还是很喜欢他和他的伙伴们制作第一部米老鼠卡通片的日子，也喜欢他们为《白雪公主》辛勤工作的日子，因为他们知道他们可能会创造历史。现在，游乐园项目最终让他重新找回了那种做具有划时代意义的事情的感觉。但是，让他重新充满活力的不只是这座公园本身，他还珍视设计规划这一公园的过程，希望能再次回到过去的日子，回到迪士尼工作室成为大制片厂、员工罢工和无情的财政紧张出现之前的日子，那时员工们都像兄弟手足一样亲密无间。沃尔特·迪士尼是一位乌托邦主义者，他花了一生的时间试图重新创造马塞琳那样的公共精神。他之所以想要建造这座游乐园，部分原因是他认为，通过对它的设计规划，他可以恢复和重建他已经失去的充满创造性的集体。

沃尔特知道，这在迪士尼工作室官僚主义严重的行政架构下是无法做到的。这个过程必须是全新的，与众不同的——最新的。罗伊一直在努力保护迪士尼工作室不受自己弟弟的伤害，同时也在保护他的弟弟不受迪士尼工作室的伤害，现在他给了沃尔特这个机会。早在1951年夏天，罗伊就试图获得已故的L. 弗兰克·鲍姆（L. Frank Baum）的《奥兹国》（the Oz）系列童话小说的电影改编权，但他发现鲍姆的继承人并不拥有这些权利。罗伊被吓坏了，他想到沃尔特·迪士尼必须为他的家庭保护他的权利，于是在那年9月，他向沃尔特建议，把沃尔特的名字卖给迪士尼工作室，条件是工作室以资本

733

收益的形式来支付这笔钱，这么做主要是出于避税的目的。他还建议沃尔特和迪士尼工作室签订一份为期10年的个人服务合同，因为他的上一份合同已于1947年到期，他们没有费心来延长合同或重新谈判新的合同。一些顾问告诉罗伊，财政部不会允许沃尔特把自己的名字卖给他实际上控制着的一家公司。罗伊则认为未必如此。他表示，他这样做也是为了公司利益最大化，因为公司使用沃尔特·迪士尼的名字"给我们带来了很多收入"，而且"我强烈地感到，公司应该毫无疑问地拥有这个名字，而不是像我们现在这样，在你的纵容下继续不明不白地使用"——此举表明他们承认沃尔特·迪士尼这个名字现在和这个人一样有重要的价值。然而，沃尔特需要的是一个独立于迪士尼工作室之外的实体，一个完全由沃尔特和他的家人拥有的实体，沃尔特将授予这个实体以他的名字命名的权利，迪士尼工作室可以与这个实体签订协议，这就既可以实现避税的目的，又可以赋予合同合法性的地位。

沃尔特花了一年多的时间，直到1952年12月才成立组建了以他名字的首字母组合命名的、后来被称为"WED企业"（WED Enterprises）的公司。然后，又花了3个月的时间，才让沃尔特·迪士尼制片公司的董事会同意购买沃尔特·迪士尼这一名字40年的特许使用权，并授予沃尔特·迪士尼一份个人服务合同——最终起草时是7年，而不是10年。反过来，WED公司每个星期可以获得3000美元的报酬，以及沃尔特·迪士尼制片公司通过在电影制片以外的任何产品上使用沃尔特的名字创造的收入的5%到10%。除此之外，沃尔特还被允许每年在迪士尼工作室赞助之外制作一部真人实景电影，如果他愿意为任何真人实景电影贡献部分预算，他就可以购买该电影相同比例的所有权，这一上限是25%。此外，沃尔特还获得了一项选择权，可以从公司为他投保的150万美元人寿保险中购买至多5万美元的份额，并在 10 年内每年获得 5 万美元的版税。这些条款都是对沃尔特有利的——如此有利以至于一个愤怒的股东在那年夏天对公司提起诉讼，沃尔特亲自出庭为自己辩护。

但是，如果说罗伊鼓励成立 WED 公司是为了保护沃尔特·迪士尼的利益，维护公司对他的名字和服务的所有权，那么沃尔特本人对他的新公司则有与之大相径庭的想法。WED 公司将是迪士尼乐园萌芽和成长的地方——一个私密的地方，表面上它是在迪士尼工作室里面，但实质上并不真正隶属于迪士尼工作室。他要么把它设置在停车场边缘的一个旧平房里，这个地方很合适，空间也足够了，是从赫伯里恩运过来的，要么也可以放在临时拖车里。（账户不一样。）然后他开始招募少量的工作人员来帮助他实施这个计划。在董事会和 WED 公司达成协议不到一周，沃尔特聘请莉莲的姐夫比尔·科特雷尔为新公司的首位员工，他既要参与新兴电视项目上的工作，也参与游乐园建设的工作。3 个星期后，艺术总监迪克·欧文也加入了新公司，欧文的助手、同样是艺术总监的马文·戴维斯（Marvin Davis）也随之加入了该公司。哈珀·戈夫也来了，他绘制了迪士尼乐园最初的草图。

沃尔特还在迪士尼工作室里四处寻找合适的候选人。曾与达利在《命运》中共事的布局艺术家约翰·亨奇记得，有一天沃尔特在他的办公桌前停下，对他说："我想让你加入迪士尼乐园的工作，你会喜欢它的。"亨奇说，他对沃尔特在说什么几乎一无所知，但不管怎样，他还是加入了新的团队。其他人最终也接踵而来：动画师、机械师、更多的布局艺术家。"当他真正开始做迪士尼乐园这个项目时，他从迪士尼工作室带了很多人来到 WED 公司，"比尔·科特雷尔回忆道，"迪士尼工作室里的业务进展正在放缓，他没有解雇他们，而是把他们放到了自己的个人工资单上，也就是 WED 公司的工资单上。"

但是，这些人都是电影人，他们知道如何制作动画和真人实景电影，却不知道如何建设游乐园。沃尔特有戈夫绘制的图纸，相当于动画长片的缩略草图，但他需要一个建筑师和工程师来实现它们。1952年4月，大概是WED公司成立的前一年，也是沃尔特向伯班克官员做陈述报告的几个星期之后，他邀请建筑师威廉·佩雷拉（William Pereira）和查尔斯·卢克曼（Charles Luckman）到迪士尼工作室来讨论游乐园的事项。后来佩雷拉向沃尔特承认，他被这个项目"深深地吸引住了"。在当地所有的建筑师中，沃尔特邀请佩雷拉参加这个会议并不奇怪。佩雷拉不仅是一位著名的洛杉矶建筑师——他还设计了泛太平洋大礼堂，沃尔特曾在这里展示过"奶奶的小屋"，以及比弗利山庄的罗宾森百货商场、太平洋水生公园的海洋公园、洛杉矶国际机场——他也是派拉蒙影业的艺术总监和制作设计师，后来与卢克曼（前利华兄弟公司总裁）合作，成立了他们自己的建筑和工程公司。简而言之，佩雷拉很有天赋。

1月，沃尔特·迪士尼制片公司同意向佩雷拉和卢克曼支付至多3000美元的资金，聘请他们帮助设计迪士尼乐园，在此之后他们将去找沃尔特申请给予进一步的授权。现在的计划仍然是在伯班克建造这个公园。春季，迪克·欧文被指派担任WED公司所在的平房里那群富有想象力的人与建筑公司之间的联络人，而马文·戴维斯则被指派去取戈夫的草图，并根据它们绘制出"主体村庄"的立面图。但是，当佩雷拉和卢克曼提交他们的游乐园设计方案时，沃尔特开始动摇怀疑了。有一种说法是，圣安妮塔赛马俱乐部（Santa Anita Turf Club）的主席——也是沃尔特的一个熟人——查尔斯·斯特劳布（Charles Straub）博士说服了他，即他不需要一家大的建筑公司。这个乐园本质上是一个娱乐项目，而不是设计项目，用一位艺术总监的话来说，建造这个乐园"很像为一部电影做布景"。沃尔特现在很享受WED公

第十章 迪士尼乐园

司程序自由、不拘礼节带来的兴奋感，这个时候他可能也不喜欢大公司拘于形式的风格。到了夏天，与佩雷拉和卢克曼的合作已经终止了。现在 WED 公司只能靠自己了。

现在他们动员起来了，自从白雪公主之后他们再也没有动员过。几乎从沃尔特第一次有了主题公园的想法那一刻起，他和他的伙伴们就开始在这个领域里寻找灵感。早在 1951 年 3 月，哈珀·戈夫就去欧洲拍摄公园的照片，到了秋天，甚至连罗伊都在调查购买欧洲的游乐设施。第二年 3 月，戈夫在狂欢节期间访问新奥尔良，然后前往亚特兰大，察看可供公园使用的各式火车。一年后，他又去了纽约博物馆、马萨诸塞州的老斯特布里奇村、旧伊利运河、密歇根州的格林菲尔德村、芝加哥的林肯博物馆、华盛顿的史密森尼学会、威廉斯堡殖民地时期古迹区、佛罗里达州的海洋公园、佐治亚州的塔卢拉瀑布铁路博物馆和圣路易斯的蒸汽船博物馆，进行了一次长期的实地考察。他还只是一个沃尔特组织的代表团的一员，这个代表团的任务是参观洛杉矶周围的公园，收集如何运营游乐园设施的信息。WED 公司的任务和活动如此之多，以至于在戈夫去各地进行现场考察的同时，他还在制作《跳舞的男人》的微缩模型，为计划中的公园组装一辆马车，并为《海底两万里》里面的潜艇绘制立面图。

沃尔特自己也忙得像在旋风中一样团团转。尽管他还得分心关注那些电影长片的制作工作，但他还是抽出时间亲自与一位微型马车专家进行谈判，讨论这个人是否有可能把自己的作品卖给迪士尼乐园，获得一个单独的微型马车展区；他正在咨询其他旅游景点的经营者（其中一位建议他收取高昂的游乐园门票和停车费，"以防止游民和不受欢迎的人进入"）；他还和迪克·欧文一起参观了其他娱乐场所，比如洛杉矶南部的诺特浆果农场游乐场（诺氏百乐坊乐园）。这些都不是随意进行的旅行。"我们会测量人行道的宽度、交通流量，并研究人们是如何移动的。"欧文回忆道,"即使在那个时候,沃尔特心里也一直想着怎样才能打动人。"

沃尔特又变得豁达起来,在从事了多年饱受限制的工作之后,他希望他的工作人员也能发挥他们的想象力,尽管有时候也会涉及迪士尼工作室的一些其他工作,但WED公司绝大多数时候都是在相对保密的情况下开展工作的。沃尔特说:"天啊!梦想的大门是敞开的。没有什么是一成不变的。""我们会把我们的想法写在方格纸上,"迪克·欧文回忆说,"他们对乐园的设计规划流程和动画长片的设计规划流程进行了比较,把它们放在一块木板上,下午他会过来,坐在那里查看这些想法并进行处理。"这些会议会持续4小时到6小时,甚至一整天。而且,虽然莉莲说,经过一天长时间的制订和讨论计划后,他每天回到家里都已经筋疲力尽了,但他在卡罗伍德还安置有一个画板,晚上可以在那里继续做迪士尼乐园的工作——"作为一种业余爱好。"他说。

像过去那样,当他不断地补充添加动画内容时,他从来都不会满意。"你制订的第一个方案,沃尔特会把它弄得支离破碎,面目全非。"马文·戴维斯说,"最终你会想出更好的办法。在他决定做某件事之前,他想看看你能想到的每一个主意。"戴维斯记得有一次,他画了一个景点的平面图,沃尔特晚上来了,就像他以前处理他的动画师的作品一样,把它带回家。第二天早上,当戴维斯来到他的办公桌前时,他发现了一张描图纸,沃尔特在上面重新画了整个景点。"喂,别胡闹了,按它应该有的样子画吧。"他命令戴维斯。

尽管有这么多的工作任务,需要持续工作这么长时间,沃尔特却比近年来以往任何时候更快乐。他经常去那栋WED公司所在的平房,就像他曾经经常去动画师的办公室一样——监督审查、集思广益、冥思苦想、激发热情、刺激鼓励。他陶醉在WED公司之中,就像他曾经陶醉在原先赫伯里恩的迪士尼工作室里一样。"该死,我喜欢这里。"他兴奋地对马克·戴维斯说——戴维斯即将从动画部门转到WED公司,"WED公司就像原来的赫伯里恩工作室一样,我们过去一直在那里创造新的东西。"他不仅重新找到了一个目标,而且正如他希望的那样,找到了他迫切需要的那个欢乐的小社区,类似于宗教般的那种狂热精神复兴了。"我想这就是为什么他一开始在WED公司里那么开心,"比尔·科特雷尔说,"因为他再次完全拥有了一个东西,即拥有了WED公司,就像他曾经完全拥有迪士尼工作室一样,当然这指的是它上市之前……我想沃尔特一定有这样一种感觉,当然我也有这种感觉,那就是在WED公司,你不再需要与任何大的部门进行协调和处理关系……重新回到那个小范围、小团体是很有趣的。"沃尔特称其为他的"沙箱"。

在过去的几个月里,随着WED公司的工作人员想象力的充分释放,这个项目经历了一个可以称为哲学转变的过程。从一开始,沃尔特就没想过把迪士尼乐园打造为一个传统的游乐园;他的整个想法就是要做出一些与众不同的东西、一些更好的东西。但是这个概念化的过程,在一定程度上受到相对较小的场地的限制,仍然是有点儿狭窄的——有点儿像以美国乡村为背景的,诺特浆果农场游乐场和一个有游乐设施的儿童乐园的结合体。但是,随着WED公司和沃尔特开始他们持续的探索之旅,不停地添加、补充、丰富、充实内容,迪士尼乐园已经发展成一个更不寻常、更宏伟壮观的地方——不仅仅是一个可以提供娱乐和消遣的乐园,而是一个可以提供统一体验的充满想象力的幻想世界。这是一片真正的乐土,而不仅仅是一个游乐园。至少规划者和沃尔特是这么想的。迪士尼乐园将是一个前无古人、没有先例的地方。

尽管说迪士尼乐园没有先例可供参考,在制订规划过程中,这个公园可以说还是吸收并借鉴了一系列的力量和影响，并最终从中受益匪浅。像蒂沃利（Tivoli）这样的伊甸园式欧洲花园；各种博览会和展览会，比如1933年的芝加哥进步世纪博览会，1939年的纽约世界博览会，甚至还有芝加哥铁路博览会，历史遗址和有悠久历史的娱乐场所，如诺特浆果农场游乐场、格林菲尔德村、威廉斯堡殖民地时期古迹区：所有这些地方沃尔特都已经参观过和游览过，但最重要的可能还是加利福尼亚建筑本身。正如埃德蒙·威尔逊（Edmund Wilson）曾经描述洛杉矶的华丽风格那样："你在这里看到的是一种混合之美，一座由新鲜脆爽的花生制成的北京宝塔，一座雪白的棉花糖冰屋，或者一种佛罗伦萨风格的粉红牛轧糖，内含丰富美味的坚果。"洛杉矶是一个充满奇思妙想的、兼收并蓄的、建筑风格任性不羁的城市，原因是它受到了好莱坞的影响，好莱坞也是一个奇思妙想的、兼收并蓄的、任性不羁的地方，并且还受到了一种普遍的、包容各种可能性的感觉的影响。整个洛杉矶采用电影布景，或者如20世纪20年代的一位评论员所说，是"堪萨斯的好莱坞之子"和"中西部人"的天堂，这句话几乎完美地描述了这座城市与沃尔特·迪士尼之间的关系。他的迪士尼乐园在很多方面都是洛杉矶建筑的典范，是好莱坞的典范。在谈到迪士尼乐园时，他甚至会用描述电影的方式来描述它的布局："这是第一幕场景，这是第二幕场景，这是第三幕场景。"

沃尔特·迪士尼不仅借用了电影的专业术语来描述他的游乐园，而且还借用了电影的内容来构建自己的游乐园。好莱坞——主要是由东欧犹太人后裔创造的，他们通过创造一个想象中的更美好的世界来抹去自己的过去——是对现实世界的美化和理想化。迪士尼乐园也是如此。它的创造者是一个曾经受过伤害的人，他通过设计一个更美好的想象中的世界，抹去了他过去看到的、经历过的黑暗篇章，尽管这个世界显然被好莱坞的形象涂上了一层明亮的色彩。好莱坞的力量来源之一，就是它创造了一些典型的原始模型。人们常说，这些原始模型成功地探索了荣格心理分析学派所谓的集体意识的海洋深处。迪士尼乐园，本质上是一个巨大的电影布景，将部署相同的典型原始模型，并将探索相同深度的集体意识之海。正如一位迪士尼历史学家所言："人们可以从迪士尼乐园以及后来的沃尔特迪士尼世界的每一个特色入手，用我们几乎所有人都有的一些本能或情感反应来解释它的吸引力。"

在迪士尼乐园，沃尔特想象了一个西部小镇。这个西部是大众电影里的西部世界，甚至，根据建筑历史学家卡拉尔·安·马林（Karal Ann Marling）的说法，沃尔特指示哈珀·戈夫模仿其为最近的电影《野姑娘杰恩》设计的一个展览场来设计这个西部小镇。他想象着一场丛林骑马巡游，这将以最近的另一部电影《非洲女王号》为原型，戈夫很喜欢这部电影。他想象的城堡是每个人想象中的柏拉图式城堡。他想象着一条美国小镇主街，街道上分布着古色古香的商店、四轮马车、火车站、消防局、警察局、市政厅和城市广场。这是一条非常典型的世纪之交的美国大街，甚至连沃尔特的宣传材料中都这样吹嘘："我们想让每个人都觉得这是美国小镇的主街，而且感觉自己实际上就生活在这个时期。"

沃尔特一方面充分利用这些典型的美国形象，另一方面也利用了他自己创造的典型形象，这些典型形象已经嵌入了美国人的集体意识之中。一位游客在《纽约时报》上撰文写道："我们进入迪士尼乐园的感觉是我们之前好像来过这个地方，因为我们回到了一个由我们的共同经历融合创造的美国。"这种源自过去的集体经验包括《白雪公主》《灰姑娘》《三只小猪》《小飞侠彼得·潘》、老鼠米奇和米妮。这证明了沃尔特·迪士尼对塑造美国人的想象力发挥了多么大的作用。为了确保去迪士尼乐园的游客绝对处于他们的想象范围内，沃尔特设计了一条高高的路堤，或称堤岸，环绕着迪士尼游乐园，遮挡住周围的环境，就像他在迪士尼工作室和卡罗伍德建造的护堤那样，当时修建护堤是为了避免邻居们被他的火车打扰。正如沃尔特在他的工作室里一直想做的那样，护堤确实把外部世界隔绝在外。"当你进入迪士尼乐园，"宣传手册上写道，"你会发现自己置身于昨天、明天和幻想的乐土上。迪士尼乐园里没有一点儿现在的东西，今天在这片土地上无影无踪。"

迪士尼乐园的设计初衷是与外部世界隔绝，同时它也想要提供一种特殊的心理体验，这种体验通常在其他游乐园或狂欢节上是找不到的，更不用说在现实生活中了。事实上，大多数游乐园就像20世纪40年代末的华纳兄弟影业公司的卡通片——吵闹喧嚣、混乱不堪、空洞浮夸、颠覆性十足。置身其中会让人觉得社会规则在这里不再适用，人变得完全彻底地自由。沃尔特·迪士尼，一个提供安慰的供应商，想让他的游乐园提供恰恰相反的东西——不是自由而是控制和秩序。它的设计师之一约翰·亨奇说，迪士尼乐园的绘制方法和当年米老鼠的绘制方法一样，都是用圆圈和环形来画的，效果也一样。一切都是和谐的、柔和的、没有威胁的，这使得迪士尼乐园成为马林说的"给人安慰的建筑"最深刻的表达之一，在这里人们可以非常明显地感受到"一种一切事物都管理得井井有条的秩序感"。当批评人士后来吹毛求疵，指责迪士尼乐园太过宁静、太过干净、太过受控、太过完美时，他们是对的。这就是所谓的"完美的悲剧"——在追求完美的过程中，沃尔特似乎驱逐了一切人类和真实的东西。然而，完美是迪士尼乐园存在的全部基础，也是其吸引力的基础。它是清教徒梦想的"山巅之城"的现代变体。这是实现愿望的完美行为。

因此，就其本身而言，迪士尼乐园当然是它的创造者的反映，同时也体现了沃尔特那种过于自信的实现自己愿望的意识。但是，另一

第十章　迪士尼乐园

方面，它也反映了他更为私人更为隐秘的一面。迪士尼游乐园在入口处的美国小镇主街上，设置了一条供人步行的人行道，这条路通向街尾的睡美人城堡（沃尔特借用了一个古老的狂欢节术语，称之为"香肠"，因为它大概会像香肠引诱狗一样吸引着游客前往那里），然后是从城堡辐射而出的各种乐园（幻想世界、探险世界、边疆世界和明日世界）。通过这种设置和配备，沃尔特·迪士尼重新创造了自己的人生旅程：正如 WED 公司的资深员工马蒂·斯克拉（Marty Sklar）描述的那样，这是"沃尔特·迪士尼人生的路线图"。一个人进入公园的大门，首先进入的就是沃尔特童年时代生活过的马塞琳式的主街。（在迪士尼乐园的"故事研讨会"上，他会一小时一小时地连篇累牍地回忆马塞琳的故事。）走到美国小镇主街的尽头，你会有各种各样的选择——幻想、探险、边疆和未来——因此，穿过这个游乐园的旅行就成了一个有关可能性的隐喻。就像年少时候的沃尔特一样，来到城堡的游客们似乎带着孩子们那种无所不能的感觉，站在通往梦想的门口。"这种象征主义，"理查德·施克尔写道，"几乎是太完美了——这些陌生人在被允许参观他在魔法王国的其他领域的奇妙幻想和神奇想象之前，被迫要重温一次迪士尼的成长经历。"

和往常一样，令人不可思议的是，沃尔特·迪士尼的个人经历与美国的国家经历在很大程度上融合在了一起。在早期的规划阶段，沃尔特曾把这个游乐园描述为讲述美国传统和文化遗产的一个课堂，就像迪士尼乐土的初衷一样，他希望游客能够欣赏美国的那些基本价值观，而他在战后恰恰成了这些价值观的代表，这些价值观在冷战开始后变得尤为突出。"整个游乐园背后都有一个美国主题。"他告诉专栏作家海达·霍珀，这意味着迪士尼乐园不仅要重现沃尔特·迪士尼的那些充满可能性的时刻，而且要重现美国的那些时刻，那个时候的美国和沃尔特一样，既天真无邪又雄心勃勃。

一些人认为，在这个焦虑不安的时代，这种对过去时代的怀念，是另一种形式的安慰，也是迪士尼乐园吸引力的另一个来源。"因此，迪士尼乐园触及了现代人渴望穿越回到早期思想和心理状态的两个源头：个人的童年（美国小镇主街、基于儿童文学经典作品的幻想世界，以及公园各主题活动的游乐玩耍定位），"一位分析人士写道——他指的是迪士尼乐园及其"续集"沃尔特·迪士尼世界，"以及这个国家的童年时期（20世纪初期的背景设定，穿越回溯到边疆开拓时期和殖民地时期）。"另一位分析人士观察到，迪士尼乐园的游客"发现自己完全沉浸在一种幻想之中，几乎完美地表达了他们最深的信奉和信念"——这些信奉和信念，就像生活中的许多其他事情一样，现在已经被沃尔特·迪士尼理想化了。因此，最后，迪士尼乐园不仅仅是一个游乐公园，甚至不仅仅是一种体验。它也是一个价值资源库。

现在，它已经变得很大了。在WED公司成立的前一年，在沃尔特开始启动他的全面规划之前，也就是在他向伯班克的市政官员做陈述报告的两个月后，他向雷电华电影公司的一位官员透露，他已经在"思索考虑购买一块土地的可行性——最多不超过200英亩——不是说我们会在这个项目中使用这么多的土地，而是它会让我们控制周围的区域，我们觉得这一点很重要"。等到WED公司开始投入运营时，伯班克市政部门开始犹豫了，担心这个游乐园会影响当地社区的平静。"伯班克市不想在伯班克有一个儿童乐园。"曾与该市谈判过的约翰·考尔斯回忆说。与此同时，沃尔特在圣费尔南多谷的查特斯沃斯地区发现了一个警察进行手枪射击训练的打靶场。他还考察了不少地方，如：洛杉矶南部的帕洛斯·弗德斯地区；占地440英亩的德斯坎索花园平地（沃尔特的结论是"它所在的地区不对"）；在卡拉巴萨斯，罗伊买的一块40英亩的地皮；还有塞普尔韦达。他派迪克·欧文和WED公司的另一名员工纳特·维恩考夫（Nat Winecoff）沿着圣安娜高速公路考察，调查沿途可能的选址地点。

沃尔特现在想要一个更大的地方来建乐园，但这个决定太复杂、太困难，风险太大，无法让沃尔特领导的那群快乐的业余爱好者来制定这种决策。那年夏天，查尔斯·卢克曼在一次聚会上向沃尔特介绍了斯坦福研究院的哈里森·"巴斯"·普莱斯（Harrison "Buzz" Price）。普莱斯曾为卢克曼在夏威夷的一个体育场项目做过调查工作。卢克曼建议沃尔特聘请普莱斯来负责迪士尼乐园的考察选址工作。1953年7月，沃尔特和普莱斯见了面。沃尔特解释说，他已经构思好了沿着美国小镇主街的入口，以及从这里辐射出来的四块主题土地，大约需要100英亩，但他不知道这个游乐园应该建在哪里。普莱斯同意让他的工作室来调查分析潜在可选的区域。他们很快就缩小了这些区域的范围，从10个（北至查特斯沃斯、南到塔斯廷、东到波莫纳、西到大海为界的一大片土地）缩减到了4个。这是维恩考夫和欧文曾经调查过的圣安娜高速公路走廊沿线的4个区域。那年8月底，普莱斯向沃尔特提交了他的报告。他的结论是，洛杉矶正变得越来越分散化，人口增长最快的地区可能是洛杉矶以南的奥兰治县，那里的人口从1940年到1950年增长了65.4%，在1950年到1953年的3年间又增长了30.4%。除此之外，奥兰治县的降雨量最少，湿度最低，极端温度天气也最少（考虑到该地区经常出现的极端气温），而且最好的一点是，它所在的地理位置交通便利。在排除了奥兰治县里面及其周边的40多处可行的地点之后（原因是存在引人注目的极不雅观的油井以及需要为墨西哥侨民提供劳工营居住的房屋等），斯坦福研究院选定了阿纳海姆市一处160英亩的土地，这片土地被称为"球路分区"。这里基本上是一片巨大的橘树林，共有4000棵橘子树，位于该地区最大的巴伦西亚柑橘产区。除了它的位置，它的优势是只有17个业主，其中大多数人想把这片土地变成一个住宅开发项目，只有15户人家分散居住在这块土地上；这块土地的价格相对便宜——每英亩4800美元，除了一块已租给一家拖车工厂的地皮。在迪士尼工作室同意购买这家拖车工厂的地产后，他们以每英亩6200美元的价格成交。沃尔特是在伦敦皮卡迪利广场散步时从一位合伙人那里得知这一收购消息的，不过，这笔交易要到下一年5月才会公开宣布。

现在，沃尔特·迪士尼所需要的只剩下建造他的这一游乐园的钱了。

3

沃尔特承认，在他规划设计迪士尼乐园期间，他并没有特别注意如何为它融资的问题。佩雷拉、卢克曼和斯坦福研究院的前期工作已经得到了沃尔特·迪士尼制片公司的授权和资助。但是，即使在规划工作加速实施之前，沃尔特早已不得不动用自己的资金了。他拿自己的人寿保险作抵押借钱——"我妻子一直在抱怨，说如果我出了什么事，最后发现我已经把她所有的钱都花光了。"他半开玩笑地对记者说——为了覆盖新房子的成本，他又从银行借了5万美元，他称这是"我个人借款能力的极限"。他在"烟树"疗养度假村刚盖了一栋房子（他对姑妈滔滔不绝地说，这是"我们第一次有一个远离城镇的地方，而且我们都因为拥有它而得到了极大的乐趣"），现在不得不卖掉它。他说得出口的理由是他太忙了，无法抽身去那里居住，但实际的理由是他需要钱。他甚至哄骗黑兹尔·乔治进行投资，她还成立了一个由迪士尼工作室员工组成的迪士尼乐园支持者俱乐部。

沃尔特声称罗伊不那么听话、顺从、配合了，尽管这种说法可能更多的是一个喜欢把自己描绘成不得不与传统观念作斗争的人的自吹自擂。每当向他哥哥提起这个话题时，沃尔特说："他总是突然忙着

第十章 迪士尼乐园

处理一些账务问题,所以我的意思是我不敢提起它。但是我一直在努力推进,而且是用自己的钱来积极推动这个项目。"罗伊告诉一位记者:"他不知道钱从哪里来,但我没有问;这是他的孩子,他可以得到它。"然后,罗伊说,他接到一个银行家的电话,说沃尔特来找他,是想向他借一笔建造游乐园的贷款。"我们仔细研究了这些规划和设计,"银行家告诉罗伊说,"你知道,罗伊,建造那个游乐园是个好主意!"罗伊说:"我差点儿从椅子上摔下来。"沃尔特从银行拿到了种子基金,罗伊对他的计划有了更多的好感。

罗伊虽然犹豫了,却并不像他或沃尔特后来描述的那样缺乏同情心,也不像当年沃尔特想要拍摄制作《白雪公主》时那样。事实上,早在1952年3月,罗伊就写信给沃尔特,说他一直在"深思熟虑"关于"主题游乐园的事情",并建议沃尔特通过第三方向沃尔特·迪士尼制片公司提出这个想法,这样沃尔特就不会被指控利用该公司来达到他的个人目的。"我对这个事情还没有思考清楚,"罗伊承认,"但是我确实认为这个想法应该被考虑,并研究其优点——整个想法有很大实现的可能性。"也正是在这个时候,罗伊第一次要求沃尔特考虑修改他与迪士尼工作室的私人关系——这个修改将会促进WED公司的诞生。"那样的话,"他最后说,"这个主题公司就能帮你厘清所有的事情和问题。"这也正是后来发生的情况。尽管沃尔特很大程度上是自掏腰包为游乐园的规划提供资金,并希望从迪士尼工作室获得额外的资金,但是他已经有了另外一个筹资计划:电视。电视可以救他。

沃尔特·迪士尼至少从20世纪30年代中期就对电视着迷了,当时他去了新泽西州的卡姆登,观看了美国无线电公司的负责人戴维·萨尔诺夫对这种新媒体的演示。当他决定终止与联美电影公司的发行协议,转而与雷电华电影公司签约时,症结之一就是电视转播权。沃尔特要求迪士尼工作室保留这些影片的电视转播权。这么多年

747

来，他对电视将来会大发展的预感似乎越来越强烈，他对电视的兴趣也只增不减。战争结束后不久，迪士尼工作室向联邦通信委员会申请设立电视台的执照，并宣布计划在当前的停车场空地上建立一个电视广播中心。不过，罗伊决定撤销这一申请，因为他担心费用太高，并且他认为在等待能更好地展示该工作室动画效果的彩色电视节目出现期间，迪士尼工作室会得到更好的服务。但是，沃尔特对电视的兴趣从未动摇。1947年，罗伊为所有主管级别的人员订购了10英寸的电视机。第二年，沃尔特在纽约待了一个星期，唯一的目的就是"日日夜夜"地看电视，以便熟悉这种媒介。黑兹尔·乔治说，当沃尔特回到迪士尼工作室时，他已经对电视产生了炽热似火的热切感觉。"电视是未来的趋势。"他对她说，并驳斥了所有视其为威胁的电影巨头的说法。

在沃尔特看来，电视并不是电影的敌人——在这方面，他的这一观点在电影界的高管中基本上是独一无二的。他认为电视是电影的盟友。他在接受《纽约时报》采访时表示，电视可能会扼杀二流影片的生存空间，但他相信这将有助于为电影做广告，他打算"充分利用电视的潜力，创造一批新的电影观众，并刺激即将上映的影片获得最丰厚的票房收入"。罗伊对电视的热情与他相比也丝毫不差。他认为，电视为回收旧电影和制作由企业赞助商赞助的新电影提供了可能，这是一种为整个制片厂的运营提供财力支持的方式。"除非你真的对娱乐产品感觉不好，否则我们就不会有把娱乐产品投入运营的压力，"他在给沃尔特的信中写道，"这将使我们在娱乐领域有更好的击球率，更安全——同时也更安心。赞助电影将改变我们的业务模式，使之几乎成为一项具有无限可能性的新业务，而不再是在严格意义上的戏剧领域中永远面临着令人捏一把汗的前景。"

沃尔特迫不及待地要迈出这一步。早在1950年3月，他就向罗

第十章 迪士尼乐园

伊建议，迪士尼工作室应该用迪士尼的旧短片制作自己的电视节目。罗伊同意了，称这是一个"伟大的配方"，并告诉沃尔特选择一名员工和起草一份预算。但是这个想法最后失败了，毫无疑问是其他项目占用了沃尔特的时间导致它成了一个牺牲品。但是那年夏天，罗伊、沃尔特还与可口可乐公司讨论，由该公司赞助一个小时的圣诞节特别电视节目，该电视节目以沃尔特为主角，介绍并播放几部动画片以及即将上映的《爱丽丝梦游仙境》中的一个场景。罗伊相信这不仅会给电影一个"绝佳的送别"，而且会让他们"发现很多我们现在不知道的关于电视的事情"。这个为美国全国广播公司（NBC）制作的节目将耗资约10万美元，所有费用都将由可口可乐公司支付。但是，罗伊建议说："你想想看，他们为了这个节目投给我们的每1美元……给他们一个极具轰动性的节目，它将成为整个行业的话题，甚至比这更广泛，成为整个娱乐界的话题。"罗伊的这种说法听起来很像沃尔特。而不管最后这是不是业界的热门话题，沃尔特本人表现得很好。杰克·古尔德（Jack Gould）在《纽约时报》上发表评论道："沃尔特·迪士尼可以在他喜欢的任何时候接管电视。"他称赞该节目是"本年度最吸引人、最有魅力的节目之一"。但是这个特别节目的真正意义是证明了沃尔特关于电视对电影产业具有重大价值的论点是正确的。盖洛普的一项民意调查显示，这个节目让人们对《爱丽丝梦游仙境》有了新的认识，促使沃尔特开始谈论"为了促销"而使用电视。

然而，沃尔特想要的是一个常规的系列节目，能给迪士尼工作室带来常规的收入来源。在该特别节目播出几个月后，他在办公室里召集了一群人，讨论制作一个半小时的节目。尽管沃尔特马上开始跑题，东拉西扯地说制作一个每周一次的节目都很困难，不知道谁能执行这一任务，但他还是要求员工在年底前提出三个电视节目创意。罗伊也冲在电视领域的前沿，积极开展相关的工作。5月，他会见了美国音乐公司（MCA）的负责人朱尔斯·斯坦（Jules Stein）。美国音乐公司是美国最强大的人才经纪公司，多年来，甚至在电视还没有成为热门话题之前，斯坦就一直在联系迪士尼兄弟，试图说服他们，由他代表他们在媒体中开展业务，并主动为迪士尼的一部电视剧寻找赞助商。罗伊发现斯坦"口齿伶俐，油嘴滑舌，说起事情来信口开河"——沃尔特称他为"章鱼"，因为他似乎把触角伸向了所有领域——他说，每次和斯坦交谈时，都有一种害怕落入他的陷阱被他抓住的感觉，这是模仿帕特·鲍尔斯的一种说法。但罗伊还是愿意和他合作，因为他担心如果迪士尼工作室不迅速采取行动，其他电影公司就会介入。他唯一的条件是协议的期限要短。

但即使有了美国音乐公司，事实证明电视节目也不是那么容易做的。那年夏天，他与福特汽车公司和克莱斯勒汽车公司商谈制作一部可能被当作系列剧用于电视播放的电影，也与美国广播公司商谈播出这部电视剧，但都以失败而告终。直到1952年秋天，罗伊才放弃制作每周播出一次时长一个小时的节目的计划，虽然当时随着原定时间的临近，他发现自己的手头既没有现成的节目，也没有很快找到一个制作这种节目的可能性。与利华兄弟公司的谈判因迪士尼兄弟想一下签三年的合同而搁置，罗伊现在建议用15分钟的电视节目来宣传即将上映的电影。他在给当时身在欧洲的沃尔特的信中写道，另一个好处是，一场节目，任何一场节目，"都将对我们计划中的娱乐公司的财务和企业项目的建设起到极大的帮助作用，因为它会吸引第三方参与进来，并进行投资"。简而言之，电视节目可能会吸引人们对迪士尼乐园的兴趣。

不管罗伊当时是否知道，而且他很可能知道，沃尔特已经把这当成了将来要实施的计划。尽管他很欣赏电视作为电影长片的宣传工具所能发挥的作用，也很欣赏电视能给迪士尼工作室带来的收入，这样工作室就不会经常陷入财务困境,但是,沃尔特相信——沃尔特希望——作为对沃尔特·迪士尼电视节目的回报,他可以诱使一个电视公司或一家企业赞助商投资迪士尼乐园;这就是他让罗伊坚持签订三年合同的原因。实际上,他是在试图卖掉他的老电影和他声誉的价值来为他的迪士尼乐园计划融资。

在罗伊和美国音乐公司、美国广播公司以及各种企业赞助商谈判的时候,沃尔特也没有闲着。通过 WED 公司,他买下了一本名为《佐罗的印记》(the Mark of Zorro)的畅销书的电视版权。这本畅销书为好几个版本的电影奠定了基础,其中一部由泰隆·鲍尔(Tyrone Power)主演,饰演的是一位在墨西哥统治下的加利福尼亚贵族,戴着黑色面具,化身为挥舞着利剑的佐罗,是穷人和受压迫者的捍卫者。沃尔特的想法是在墨西哥拍摄这部连续剧。1953 年年初,他指派比尔·科特雷尔担任制片人,聘请了一位名叫诺曼·福斯特(Norman Foster)的资深电影人担任编剧和导演,并指定迪克·欧文负责设计布景。沃尔特将佐罗系列节目描述为"我自己的私人事业,而不是迪士尼工作室的一部分"——这是他与迪士尼工作室正在生产的劣质产品保持距离的进一步尝试。现在沃尔特走近了广播电视网。他去了国家广播公司、哥伦比亚广播公司和美国广播公司。(或许正是在这次沟通过程中,他对迪士尼乐园表现出了极大的热情。)上述三家公司都要求沃尔特拍摄试播节目或片段样片。沃尔特感到惊讶、困惑和生气、愤怒。"那么,我为什么要用我从事电影行业这么多年的经验来制作一部电视样片呢?"科特雷尔说他问道。科特雷尔认为沃尔特是如此沮丧,他放弃了这个想法,决定把所有的努力都投入迪士尼乐园的设计之上。

但是,不管他对这些广播电视网的专横和霸道有多么不满,沃尔特·迪士尼知道他需要电视,需要电视为迪士尼乐园提供资金。整个

1953年，随着拥有电视机的美国家庭比例达到三分之二，罗伊继续与广告公司和各种企业赞助商就拍摄电视剧进行洽谈，甚至还与通用食品公司进行严肃的谈判，不过他告诉沃尔特，暂时不要提迪士尼乐园的融资问题。罗伊说，这可能是一个讨价还价的筹码；他会在电视预算中让步一些，以换取赞助商在主题公园占有一席之地。在有第三方参与的情况下，无论是通过购买主题公园的信用债券，还是通过购买普通股，罗伊认为自己或许能够吸引到他所说的其他友好的利益相关方参与进来，比如出版迪士尼图书和漫画的西部印刷公司。

与此同时，随着迪士尼乐园的建设计划继续推进，随着迪士尼工作室买下了那块地皮，随着不顾一切拼命冲刺的情绪开始蔓延，罗伊于9月底赶赴纽约，再次与美国广播公司讨论拍摄电视剧的可能性，同时也不可避免地与他们讨论广播电视网投资迪士尼乐园的想法。当比尔·科特雷尔向他发送了一份关于四个电视节目备选方案的大纲时，他已经动身去了纽约。显然，尽管经过了几个月的深思熟虑，构思的方案还是如此仓促，以至于计划中的主要节目——一小时的系列片——被模模糊糊地描述为融合了迪士尼电影的素材、迪士尼新电影的宣传以及迪士尼乐园正在进行的进展报告。除此之外，科特雷尔还建议：制作一个每周播放5天、每次15分钟的节目《米老鼠俱乐部》，从迪士尼乐园进行现场直播；制作一个每周播放一次，每次半小时的真人秀节目，素材取自迪士尼工作室的自然镜头；以及制作30分钟的《明日世界》系列节目，将真人实景和动画结合起来，描绘人类的过去和未来。

令人惊讶的是，尽管沃尔特在迪士尼乐园上花了那么多时间，投入了那么多感情，但他并没有把更多的心思放在如何向美国广播公司介绍迪士尼乐园上，而是把更多的精力放在了电视节目上。这证明了他在迪士尼乐园方面的工作是多么自然松散和随意自发。问题是罗伊

第十章 迪士尼乐园

需要有一些东西给美国广播公司的高管们看，一些比哈珀·戈夫的老旧草图更新鲜的东西，一些比马文·戴维斯的立体图更形象化的视觉展示。经过一个月又一个月的头脑风暴，直到9月份，沃尔特才在他的办公室里与沃尔特·迪士尼制片公司的管理团队召开会议，最终向他们描述了这个乐园的建设规划，并讨论了为潜在投资者制作宣传小册子的问题。"沃尔特对他的建议非常'热情'，"哈里·泰特尔回忆道，"他让我们所有人都了解了迪士尼乐园的巨大规模。"——之前只有在WED公司那小平房里工作的员工才知道这个规模。

随着罗伊要去纽约的时间日益迫近，不能再浪费时间了，一天也不能耽误了。赫伯·莱曼是一名艺术总监，20世纪40年代曾在迪士尼工作室的故事创作部门工作，后来去了二十世纪福克斯电影公司。9月23日上午，恰好是一个周六，他正在家里画画时，接到了一位老同事迪克·欧文的电话。欧文告诉他，他和沃尔特现在正在迪士尼工作室，沃尔特想和他谈一谈。正如莱曼后来讲述的那样，沃尔特接过电话问他到迪士尼工作室需要多长时间。莱曼说，如果他像现在这样衣冠不整地过来，只要15分钟；如果他穿好衣服，需要半个小时。沃尔特叫他按现在的模样过来，并说将在迪士尼工作室的门口迎接他。

莱曼到达后，沃尔特陪伴他来到WED公司的小平房里——现在叫作佐罗楼——这位艺术家想知道这么匆忙把他叫来是为了什么事。"嗯，我要建一个游乐园。"沃尔特解释说，并说罗伊将在星期一做一个演示，向投资者展示这个游乐园未来的样子。莱曼说他自己也很好奇，想看看这展示图。"现在由你来绘制这幅展示图。"沃尔特说。莱曼立即表示反对。他担心这么短的时间做这个会使自己难堪。"沃尔特来回踱着步，"莱曼回忆道，"走到一个角落里，背对着我然后转过头来，语气温柔地说：'如果我待在这里陪着你，你愿意做吗？'"莱曼不明白这对他有什么必要的帮助，但是沃尔特非常悲伤——"像个小男孩"，他在一次采访中说。"眼里含着泪水。"他在另一次采访中说——莱曼不得不勉强同意了。莱曼吃着金枪鱼三明治和奶昔，在沃尔特的指导下，周六和周日一直连续工作，一直没有睡觉，据一个人说，他一共工作了42个小时。沃尔特一边为他提供详细的描述，一边一根接一根地抽烟。最后莱曼绘制完成了迪士尼乐园的高空透视图，正好赶得上由戴维斯和欧文对其进行手工上色，并采用航空邮寄的方式寄给当时已经人在纽约的罗伊。

当美国广播公司董事长伦纳德·戈登森（Leonard Goldenson）回忆起随后的讨论时，他的想法是用公司投资获得的迪士尼乐园的股份换一部一小时的电视剧，并让罗伊在美国广播公司的董事会上发表讲话，介绍相关情况。如果事实真是这样的话，那他就言之过早了。结果，董事会因担心美国广播公司无法为投资迪士尼乐园获得融资而拒绝了他的这一提议。但是，戈登森知道他需要迪士尼兄弟，正如迪士尼兄弟需要他一样。美国广播公司是最新的一家电视广播公司，也是最弱的一家。它只有14个附属公司，而全国广播公司有63个，哥伦比亚广播公司有30个，它的广告费收入占比大大低于竞争对手。联合派拉蒙剧院公司是在美国政府针对大型电影制片公司的反垄断行动中被从派拉蒙分离出来后成立的独立实体。该公司在当年早些时候收购了美国广播公司，并向该公司注入了3000万美元。为了赶上竞争对手，美国广播公司希望用这笔钱与电影制片厂建立关系，而不是从事耗时费力更多的开发自己节目的工作。从哲学上说，观众想要的是一种熟悉感。美国广播公司特别重视电视剧，尤其是那些可能吸引越来越多的特定年龄段的观众——美国广播公司一位高管称之为"年轻家庭"——的电视剧。戈登森认为，沃尔特·迪士尼公司对这些家庭有巨大的吸引力，是美国广播公司的最佳搭档，双方如果能够合作的

第十章　迪士尼乐园

话那将是完美组合。

美国广播公司董事会一直犹豫不决，如果沃尔特·迪士尼还希望像他计划的那样在 1955 年开放迪士尼乐园的话，那么留给他的时间已经不多了。他不仅需要一笔交易，而且需要尽快达成。全国广播公司已经通过了这项提议，直到 1954 年 2 月，当与美国广播公司的谈判陷入停滞时，沃尔特和罗伊已经计划与哥伦比亚广播公司首席执行官威廉·S. 佩利（William S. Paley）会面。但佩利拒绝了他们的会面要求，他说，这是"由于我们正在进行的一些至关重要的谈判面临的压力很大"。显然是感觉受到了侮辱，迪士尼兄弟从此再也没有约他会面。与此同时，与迪士尼一样，美国广播公司的戈登森也不顾一切地想要与迪士尼合作结盟，尤其是在他接触的其他电影公司都不愿涉足电视业的情况下。为了保持沟通渠道畅通，美国广播公司的高管们继续就各种节目与迪士尼公司的代表会面。"他们看到迪士尼和美国广播公司之间有着巨大的合作前景。"纳特·温考夫和迪克·欧文在纽约与戈登森、美国广播公司总裁罗伯特·金特纳（Robert Kintner）和节目制作负责人罗伯特·韦特曼（Robert Weitman）进行了会谈，会谈结束后他们在给沃尔特的信中写道："伦纳德·戈登森是最坚决要求与我们合作的人，现在我们可向你传达明确的信息，即他们最有兴趣，想要达成协议。"戈登森建议他们与美国广播公司西海岸的代表保持密切联系。

戈登森不仅传递且表达了他对双方合作的兴趣，他非常渴望在新的秋季电视季来临之前完成一笔交易，正如后来他告诉记者的那样，他派了两名高管前往得克萨斯州，与一名叫卡尔·霍布利兹勒（Karl Hoblitzelle）的人会面。霍布利兹勒拥有几条剧院线路。在收购美国广播公司之前，戈登森曾在联合派拉蒙剧院公司与他共过事。戈登森知道霍布利兹勒已经挖到了石油并进入了银行业，现在戈登森问他是否可以给美国广播公司一笔贷款来支持迪士尼，戈登森说，他无法从纽约的银行得到这笔钱，因为纽约的银行对这个游乐园项目心存疑虑。霍布利兹勒同意承付500万美元，经过罗伊和金特纳几天的激烈谈判，这笔交易于1954年4月2日达成，并得到了双方董事会的批准。美国广播公司将拥有它的迪士尼电视节目，沃尔特·迪士尼则会得到建设迪士尼乐园所必需的钱。或者，就像沃尔特后来开玩笑说的那样："美国广播公司非常需要这些电视节目，所以他们买下了游乐园。"

这个游乐园造价可不便宜。那年早些时候，沃尔特曾要求斯坦福研究院估算其成本。他们给出的数字是525万美元——其中75万美元[1]用于购买房地产——加上已经用于规划设计的15万美元——其中大部分来自沃尔特本人。斯坦福研究院建议，该公司可以通过向游乐园内的经销商发放长期租约来支付部分成本，这样一来，迪士尼工作室既可以收取预付款，也可以根据租约申请抵押借款。斯坦福研究院还建议出售证券。剩下的大部分由从事电视行业的美国广播公司负责。

这笔交易很复杂。美国广播公司同意签订一份为期三年的合同。合同规定，每年由沃尔特·迪士尼制片公司为其提供26个时长一小时的电视节目，美国广播公司为其支付相关费用，价格是第一年每集5万美元，第二年每集6万美元，第三年每集7万美元。如果重复播放的话，第一年每集2.5万美元，第二年每集3万美元，第三年每集3.5万美元。美国广播公司支付的这些钱，其中15%的资金将从沃尔特·迪士尼制片公司转移到新成立的实体公司——迪士尼乐园股份有限公司，作为拍摄场地使用费，后者将用这笔钱偿还抵押债券。但据迪士尼估计，每个电视节目的制作成本约为6.5万美元，因此美国

---

1 这个金额最后实际上是87.9万美元。

第十章 迪士尼乐园

广播公司与迪士尼达成协议的真正原因是该公司对迪士尼乐园的投资。美国广播公司曾承诺购买200万美元的10年期债券，将为高达450万美元的贷款提供担保，霍布利兹勒对该一揽子计划做出了关键贡献，并将50万美元直接投入迪士尼乐园项目——作为回报，他获得迪士尼乐园股份有限公司34.48%的股权，与沃尔特·迪士尼制片公司的股份相同。并非偶然的是，这笔投资使迪士尼工作室得以将其在美国银行的信贷额度提高至800万美元。正如罗伊希望的那样，与美国广播公司的交易还促使另一家"友好的利益相关方"——威斯康星州的西部印刷与平版印刷公司——购买了50万美元的10年期债券，并以西部印刷公司拥有的迪士尼工作室的特许权使用费为担保，从当地一家银行获得了一笔50万美元的贷款，以换取迪士尼乐园13.8%的股份。（不幸的是，西部印刷与平版印刷公司的负责人，沃尔特的长期盟友之一，E. H. 沃尔德威茨［E. H. Waldewitz］在迪士尼乐园开放前突然去世。沃尔德威茨的一位同事形容他是"一个声音尖细的胖乎乎的小个子男人"。）沃尔特将保留剩下的16.55%的股份，作为他对迪士尼乐园建设所做出贡献的补偿。

随着资金筹措到位，迪士尼工作室于5月1日发表了一份公开声明：沃尔特·迪士尼将建造一座游乐园。

这笔交易意义重大，其产生的影响和波及面远远超出了美国广播公司和迪士尼的范畴。迪士尼工作室同意为美国广播公司提供一个电视节目，此举打破了其电影同行的统一阵营。令美国广播公司大为吃惊的是，这些电影同行一直坚决反对电视节目。虽然哥伦比亚影业公司和共和影业公司制作过一些电视节目，但他们都是通过子公司来制作的，目的是保持电影和电视之间的清晰界限。迪士尼直接让他的电影制片公司为电视服务，没有任何遮遮掩掩，不带任何花招，这让《纽约时报》大为感慨，称其为"一家领先的制片公司向家庭娱乐领域迈出的第一步"。《时代》周刊预测:"如果最后它成功了,很可能会促进在主要的制片公司和电视台之间建立更多这样的合作关系。"《时代》周刊总结道:"最终的结果确实会改变娱乐业的面貌。"这正是将要发生的事情。

1954年4月2日,美国广播公司和沃尔特·迪士尼制片公司在一份联合新闻稿中宣布了他们的合作协议。他们承诺,迪士尼将为该广播电视公司提供"一个全新的电视节目制作理念",将"在一系列基于综艺、冒险、浪漫和喜剧的节目中,融合真人实景和卡通技术"。至少,这是新闻稿声明的意图。问题是,在科特雷尔就可能的电视节目形式发表备忘录6个月后,沃尔特·迪士尼还没有对这些电视节目进行构思,要知道他现在可是签了3年的电视节目制作合同。当双方的谈判在3月升温时,沃尔特召集了迪士尼工作室的14名员工,和罗伊一起讨论了一种电视节目形式。沃尔特知道这个项目必须是协同融合的,必须同时宣传迪士尼电影和迪士尼乐园。他建议他们设立4个制作小组——迪士尼乐园的每一块"土地"对应一个制作小组。他直言不讳地说:"这个项目的主要目的是促销。"一个关于《真实生活历险记》拍摄过程的节目将宣传该系列最新的关于非洲和探险世界的真实历险生活,而另一个关于美国民间英雄的节目将宣传迪士尼乐园的边疆世界。而且他对于这些电视节目与迪士尼乐园的赞助商加强合作、互相促进的主意感到兴奋。与此同时,沃尔特告诉他的员工,他不想在质量上有任何保留或受限制。他们不应该重复利用如此多的迪士尼卡通和电影,以至于观众"认为这个电视节目是一堆迪士尼老素材的堆砌和拼凑"。这些节目必须与迪士尼的品牌相匹配,他说:"我们真诚地想看看,我们能推出多少令我们感到自豪、对迪士尼有益的(节目)。我们不想作弊,也不想自欺欺人。"他还劝告他们"要建立一种模式,看看我们能做些什么,能取得什么效果"。结果却发现他

第十章 迪士尼乐园

们还没有完全设计出一种模式。

3天后，当沃尔特与美国广播公司总裁罗伯特·金特纳和美国广播公司其他高管会面，描述他心目中的电视节目时，他显然是在信口开河，想到哪儿说到哪儿。"迪士尼乐园实际上是迪士尼乐园电视节目表演的一种形式。"沃尔特说——毫无疑问他根据的还是比尔·科特雷尔绘制的旧草图，"它从我们在电视屏幕上呈现的东西中涌现出来，变成了一个真实存在的地方。公众将会在电视上看到它，并真正感觉到他们是其中的一部分。"但是，除了迪士尼乐园本身，他并没有确切地说公众将会看到什么。他甚至不能对合同中预计的26场电视节目的制作和内容作出承诺。"我们必须先组织起来。"他对金特纳说。

这是一个低调保守的说法。这个名为《迪士尼乐园》的电视节目计划于10月首次亮相，以便给沃尔特一个完整的季节，让他在开园前为乐园做宣传。工作人员开始争分夺秒、东拼西凑地制作这一节目。虽然沃尔特名义上参与了各项创意的构想与设计，但他的主要角色是扮演"沃尔特·迪士尼"，并与潜在赞助商会面，说服他们在节目上做广告。这一业务的真正领导者是制片经理比尔·安德森和比尔·沃尔什（Bill Walsh）。沃尔什曾是一名新闻经纪人，现任迪士尼工作室的编剧兼制片人。在可口可乐特别节目开始前不久，沃尔特碰巧在大厅里遇见了沃尔什，并对他说："你——你来担任电视制片人。"沃尔什抗议说，他对电视一无所知。沃尔特厉声问道："谁又知道呢？"1954年4月，沃尔什和安德森一起赶往美国广播公司做陈述报告，编排了一个节目，基本上就是汇集了老卡通片和真人实景电影片段、迪士尼乐园建设的纪录片片段、迪士尼最新制作的作品的幕后故事，以及为电视台制作的卡通片和真人实景电影。金特纳说他自己"很高兴"，尽管这可能只是表达对沃尔特·迪士尼的一种信任，而不是其真实的态度。

1954年10月27日，电视节目《迪士尼乐园》首次公演。这一电视节目虽然偷工减料，制作粗糙，但却获得了几乎一致的好评。一方面是由于当时电视上播放的节目普遍质量低劣，难以入目；另一方面是因为"沃尔特·迪士尼"这个名字的残余影响力所发挥的作用。第一个节目相当于一种采样器。在节目当中，首先，沃尔特描述了他建设迪士尼乐园的梦想，然后进入了未来节目的预演，接着是展示《南方之歌》《疯狂的飞机》《孤独的幽灵》和《魔法师的学徒》中的"搞笑的部分"片段汇编。因此，沃尔特所做的正是他曾警告过别人的——简单地回收利用旧素材。

虽然这个节目听起来像是一个延长版的商业广告，看起来像是随意拼凑起来的，但这似乎无关紧要。金特纳和节目赞助商之一、美国汽车公司的总裁乔治·罗姆尼（George Romney）以及罗姆尼的一群朋友在纽约办公室里观看了这个节目。节目刚刚结束，金特纳就接到了一位广告主管的电话，声称要成为第一候补赞助商，随时候补加入赞助行列。评论家和广告商一样反应迅速。第二天，杰克·古尔德在《纽约时报》上撰文写道："如果当晚的承诺在未来几周内得以实现，那么电视行业的其他公司可能会决定在周三晚上7:30到8:30之间暂停运营。"《综艺》杂志宣称，沃尔特·迪士尼"将在本季的电视节目中占据主导地位"，并预测他将"毫无疑问地推动美国广播公司多年来首次进入各种各样的电视服务排名和收视率的前十名"。

事实证明，《综艺》杂志是正确的。在这一季的播出过程中，《迪士尼乐园》在其播放时段始终吸引了超过50%的观众，而且观众人数还在不断增长，收视率不断攀升，直到它的重播次数超过了除露西尔·鲍尔的情景喜剧《我爱露西》之外的所有电视节目。（在《迪士尼乐园》之前，美国广播公司没有一个节目进入前25名。）除了其中一个节目,其他节目重播时的收视率都高于最初播出时。就广播电视公司而言,《迪士尼乐园》给了美国广播公司一个新兴公司所没有的身份。同时,令人惊讶的是,它创造的广告收益几乎占据了该广播电视公司广告总收入的一半。到4月份,虽然只播出了20个节目,《新闻周刊》已经把它称为"美国的一个习俗"——"第一个始终如一、成功地针对整个家庭的大预算电视节目"。这是至关重要的。沃尔特·迪士尼不仅征服了电视,就像他当年征服了银幕一样;而且他还被认为是利用电视这一新媒体把美国团结起来的功臣。他是这个国家伟大的叔叔,就像一些人称呼他的那样——"沃尔特叔叔"。

沃尔特现在正在有意识地塑造自己的这种形象。尽管他总是声称害怕在屏幕上表演,毫无疑问这是一种发自内心的真诚的表述,但美国广播公司希望他在节目中担任主持人,显然是为了给他们的节目提供一个身份证明。那年5月,沃尔特勉强同意每年出现在不超过三个节目和商业广告中,但前提是要经过他的"合理审核与批准"。在两个星期后的一次会议上,在他拍完第一部介绍性电视节目后——他将在一个镶有木板的自己办公室的实物模型中介绍该节目——他作出了让步,同意让自己更多地出现在电视节目之中。沃尔特对自己的表演极为谦虚,常常使劲自嘲。他说,他不认为自己适合当演员,因为他的声音很糟糕,带着"浓重的鼻音",他担心自己"参与了太多"而变得"不知所措,步履维艰",指的就是这个电视节目。另一方面,他说,他总是做他自己,这"将是一个宣传和推销的噱头",他意识到,不管他喜欢与否,在他和制作人员建立起其他个性形象之前,为了让电视节目起步运转,他的参与可能都是必要的。"只有成为一名主持人,才能让这件事继续进行下去,"他告诉他的员工,"我们一直在推销这个名字和它的个性。"

沃尔特当时可能真的就像他后来说的那样:"吓得要死"。他可能经常把剧本弄得一团糟，断章取义，支支吾吾，忘词漏词，用词含混，或者彻底忘掉，需要反复拍摄，但尽管他提出了种种反对意见，他似乎还是很喜欢有机会塑造一个电视人物角色。他身高 5 英尺 10 英寸，体重近 190 磅，现在身体比以往任何时候都更结实，更加有血有肉。52 岁时，他终于不再是年轻时那种尖嘴猴腮的干瘦脸型，在形体上成长为媒体笔下所描述的战后企业家形象。当他的作品传达出一种安慰时，他这个人的外形也表达了同样的意味。他沉着冷静、谦虚有礼、为人低调、衣着简朴、好奇心重、求知欲强、魅力十足，当然，还有慈祥和蔼——每个星期都堪称是客厅里的完美客人。

随着《迪士尼乐园》这个电视节目的流行，沃尔特现在不仅是迪士尼工作室的一种标志，他自己也成了其中的明星之一，就像米老鼠和唐老鸭一样，甚至有一位私人公关人员专门为他做宣传——宣传推广沃尔特·迪士尼。在他因为《白雪公主》而首次登上《时代》周刊杂志封面 17 年后，他再次登上了该杂志的封面。该杂志传达了迪士尼作为本土文化巨头的新形象——一个"真正的人工打造的美国原创人物，浑身上下都带有非常醒目的社会标志"——并声称"迪士尼主义已经席卷了全世界"。沃德·金博尔记得，1948 年他和沃尔特去格林菲尔德村的时候，没有人认识他，直到有消息传开说迪士尼来到了这里，大家才知道他来了。引起轰动的一直是"沃尔特·迪士尼"这个名字，而不是沃尔特·迪士尼的面孔。但是现在电视改变了这一切——金博尔觉得这是一种"对他生活的改变"。《迪士尼乐园》播出之后，沃尔特·迪士尼可能是世界上最广为人知的电影制作人，金博尔认为沃尔特必须符合自己的公众形象，这使他成为真正代表美国人健康和体面的化身。他不像战后那几年，仅仅被这个角色包围限制；他觉得自己必须把它内在化，活在其中，成为自己形象的囚徒，就像曾经是迪士尼工作室的囚徒一样。他对一名员工说："我抽烟、喝酒，

762

我做了很多不好的事情，但我不想让这些丑陋的部分成为那种形象的一部分。"黛安娜·迪士尼也同意他已经作出改变了。"你可以看到他从电视的诞生到迪士尼乐园开放期间是如何一步步成长并成熟起来的，"她说，"电视并没有改变他的人格，但是我确实认为它让他的人格变得更加优雅。"

金博尔回忆道，即使是在卡罗伍德家中的社交聚会上，沃尔特也会戴着草帽，穿着一条崭新的有着大翻边裤脚的蓝色牛仔裤，穿一件旧的格子花纹伐木工人衬衫（黛安娜否认他仅为了宣传才穿这套衣服），他会找借口到自己的店里去工作，偶尔出来和众人混在一起——正如金博尔所说的那样："让人们知道他是个普通人。"而且，金博尔说，尽管沃尔特可能"扮演了一个在公众面前感到尴尬的羞涩腼腆的行业大亨，但他始终清楚自己在做什么"。对他的批评者来说，这种两面性证明了他们的判断是正确的，即迪士尼背叛了他早期对文化的颠覆。社会历史学家杰克逊·利尔斯将他视为"美国文化史上一种极其普遍的现象的最明目张胆的例子：创新者以传统主义者的形象出现，民间生活的死敌宣称自己是其主要的捍卫者，资本家打扮成平民主义者"。"归根结底，沃尔特·迪士尼最伟大的作品是沃尔特·迪士尼，"评论家理查德·席克尔写道，"回顾过去，我们有可能发现，这正是他40多年来一直在做的事情。"尽管如此，席克尔观察到，他的崇拜者似乎都没有注意到，他们"爱的对象与其说是一个人，不如说是一个由巨大机器创造的幻觉"——就像迪士尼动画和迪士尼主题公园一样。

但是，《迪士尼乐园》这个节目大受欢迎的真正证明，既不是沃尔特·迪士尼这个人的知名度，也不是它的收视率、广告商，更不是它似乎产生的代际融合关系，真正的证明是大卫·克罗克特（Davy Crockett）。从20世纪40年代中期开始，沃尔特就有了制作一部关于大卫·克罗克特的动画片的想法，并且一直在思考如何制作这部影片，这可能是他计划未来制作的"美国英雄系列"汇编的一部分。克罗克特是田纳西州的一位参与对印第安人战争的战士和居住在边疆地区的拓荒者，后来在得克萨斯州保卫阿拉莫之战时战死。沃尔特甚至还聘请了现实主义画家托马斯·哈特·本顿参与影片制作，尽管本顿最终婉言拒绝，但他在给沃尔特的信中写道："沃尔特·迪士尼的东西对我买票观看付出的钱来说已经足够好了，因为没有很多该死的画家参与其中"，而且他这个人，也就是本顿，"已经太'固化'了，只会坚持自己的绘画风格，不太适应环境，无法随着环境的变化而做出调整和改变"。当《迪士尼乐园》还在构思计划阶段的时候，沃尔特就敦促负责"边疆世界"板块的工作人员创作一些关于美国英雄的故事。《迪士尼乐园》的制片人比尔·沃尔什还记得这件事，在时间紧迫、会议即将召开的情况下，工作人员决定随便选出一位英雄，并创作与他相关的故事。"我们选出来的第一个英雄人物，"他说，"真是太巧了，正是大卫·克罗克特。"沃尔特对此很怀疑——沃尔什说，他担心"里面有太多好斗的喜欢打打杀杀的印第安人"——但是该小组用故事板详细描述了一段很长的改编故事，沃尔特虽然有点儿勉强，但最后还是同意了。当导演诺曼·福斯特详细讲述了克罗克特的冒险经历时，沃尔特问道："是的，但他是做什么的？"沃尔什称这是沃尔特的"惯用伎俩"，"他从来不会让你坐下来却不倒一点儿松节油在你的屁股上。"

如果说迪士尼工作室首先选择了克罗克特完全是出于运气的话，那么选择谁来扮演克罗克特则更加意外。沃尔特原本已经看了恐怖电影《他们！》，想看看电影中的主演明星詹姆斯·阿尼斯（James Arness）是否适合出演克罗克特，但片中另一位演员费斯·帕克（Fess Parker）给他留下了深刻的印象。这位身材修长、又高又瘦、说话带着一股拉长调子慢吞吞的劲儿的演员后来参加了沃尔特的试镜，并用自己的吉他漫不经心地弹奏了一首歌，最后赢得了这个角色。帕克从得克萨斯大学毕业后，给了自己36个月的时间去当演员谋生。截止日期恰好是他开始拍摄《克罗克特》的那个月。

而且，还有更多的巧合、碰运气的事情。当比尔·沃尔什从电视节目拍摄地田纳西州回来的时候——沃尔特实际上在9月和莉莲一起参观了拍摄地点——对所拍内容进行了剪辑，他发现他们没有按照原计划拍摄足够的镜头以制作三个完整的60分钟节目。沃尔特建议沃尔什考虑在每一集的开头把故事板本身当作一种内容介绍，用来填满时间，但当沃尔特看这些图画时，他觉得它们看起来很枯燥无趣，于是他提出了另一个建议：找首歌来给他们伴奏。沃尔什请来了迪士尼工作室的作曲家乔治·布伦斯（George Bruns）和编剧汤姆·布莱克本（Tom Blackburn），他们很快就为这个节目的开头写了一首民谣。

后来发生了一件当时无人能解释清楚原因的事情：《大卫·克罗克特》一夜之间在全国引起了轰动。1954年12月5日，这部故事片在《迪士尼乐园》节目中首次亮相，短短几个星期之内,《大卫·罗克特的民谣》(the Ballad of Davy Crockett) 就像《谁还害怕大坏狼》和《元首的面孔》在当年他们那个时代横空出世席卷全国一样，成为美国流行文化中一个根深蒂固的存在。这首歌的第一句歌词是"诞生在田纳西州的山顶上，那是自由国度里最绿的州"。（事实上，比尔·沃尔什将该剧的成功归功于这首歌。）孩子们不仅哼唱这首歌，而且还买这首歌的唱片——在头6个月里就买了创纪录的700万张——他们还买了克罗克特的T恤、克罗克特的玩具步枪、克罗克特的刀、克罗克特的书、克罗克特的夹克、克罗克特的扎染印花大手帕，以及其他几十件克罗克特的行头。这是一种疯狂的购买行为，这种抢购热潮只有20世纪30年代米老鼠商品的消费热潮能与之相匹敌。最重要的是，克罗克特式浣熊皮帽子售出了1000万顶，成为这个国家许多男孩和女孩制服中必不可少的一部分。与此同时,在《大卫·克罗克特》的推动下,《迪士尼乐园》的观众数量远远超过了曾经创纪录的4000万——占全国总人口的四分之一。迪士尼工作室里没有人预料到观众会有这样的反应;在该节目的第一集播出时,诺曼·福斯特已经拍摄了第三集,但克罗克特去世了,因此没有办法接着拍摄续集。"美国广播公司简直不敢相信。帕克简直不敢相信。沃尔特和我也都不敢相信。"比尔·沃尔什回忆道。沃尔特把《克罗克特》做成了像《米老鼠》《三只小猪》和《白雪公主》一样的现象级节目。这个国家变得对克罗克特如此疯狂和着迷,甚至在政治圈子里,这位历史上的拓荒者和边疆居民现在也成了争论的话题。争论的焦点是,他是像《国家评论》的编辑威廉·巴克利(William Buckley)宣称的那样,是保守派价值观的化身,还是像《哈泼斯杂志》的编辑约翰·费舍尔(John Fisher)宣称的那样,是个酗酒成性、撒谎成性的流氓无赖。

那年春天,帕克去了一趟华盛顿,会见了众议院议长萨姆·雷伯恩(Sam Rayburn)、参议员埃斯特斯·基福弗尔(Estes Kefauver)和林登·约翰逊(Lyndon Johnson),然后在一次午宴上,他发现自己被索要签名的人团团围住。宾客们被帕克迷住了,没有理睬那些演讲者。6月,他以个人身份访问了西南地区和东南地区,在机场迎接他的人群达到了前所未有的1.8万至2万人。"无论他走到哪里,都会引起巨大的反响。"宣传总监卡德·沃克在给沃尔特的信中写道。"这是非常情绪化的反应,"帕克后来说,"我不是在跟你开玩笑。有人把孩子交给我。我还给婴儿照片签名。观众的情绪非常热烈。"帕克六个月前还默默无闻,鲜为人知,现在他被这种狂热吓到了。"没有哪个年轻人有我这么好的运气!"他在给沃尔特的信中满怀感激地写道。甚至他的财运更好。因为根据合同约定,帕克可以获得所有克罗克特的商品、克罗克特的出版物和克罗克特的唱片10%的版税。尽管如此,在巡回演出结束一年后,沃尔特还是被迫与帕克重新谈判并签订了为期七年的私人服务合同。正如比尔·安德森在给沃尔特的信中谈到他们的这位新星时写的那样,帕克"或早或晚,要么积极调整适应变化,要么给我们带来麻烦"。

在试图分析《大卫·克罗克特》为何突然抓住了全国观众的想象力时,人们肯定可以指出电视广播节目的物理覆盖广度和叙事力度,以及它们较高的质量。它们远远优于当时绝大多数的电视节目,也更接近于电影的质量。(人们可以称之为第一部电视迷你连续剧。)这个节目当时指向的主要受众是儿童,他们从来没有在电视上看到过如此宏大的场面。事实上,这三集电视剧的成本接近75万美元,尽管米高梅公司从西北航道公司借了一些印第安人的老胶片,沃尔特却毫不吝惜,没有严格控制成本支出。[1] 9月,沃尔特去了拍摄现场,当时福斯特正考虑因为拍摄进度落后被解雇的话要做哪些准备,沃尔特找到他,告诉他重新拍摄一个场景,即克罗克特和一只熊摔跤的场景。沃尔特说,重拍是因为他能看到熊戏服上的拉链。

即使是以一种意外的方式,沃尔特·迪士尼显然确实触动了美国人的民族神经。他重新掀起了人们对一个直言不讳、无所畏惧、理想主义、富有同情心的英雄的渴望与呼唤。当时,美国人正在重拾他们认为有别于其全球对手苏联的价值观,他们相信虽然克罗克特在阿拉莫之战中牺牲了,但这些价值观会展示出相比于共产主义的优越性。《时代》周刊杂志称其为"大卫的时代",将克罗克特视为国家信心日益增强的表现,并吹嘘道:"美国人民从未享受过如此繁荣昌

---

[1] 这部电视剧的制作成本如此之高,以至于得克萨斯州的一位名叫鲍勃·奥唐纳(Bob O'Donnell)的放映商建议沃尔特把这三集电视剧剪辑汇编成一部电影故事片,在剧场和影院放映,沃尔特也这么做了。这部电影获得了250万美元的票房。

盛的时代。养家糊口的人从来没有带回家这么多的钱……自从对日战争胜利纪念日之后紧接着疯狂庆祝的、乱象横生的一个星期以来，还没有人对和平——这次是保持着小心谨慎的态度——抱有如此多的期望。"一位《时代》周刊杂志的记者，在思考克罗克特如此大受欢迎对美国人意味着什么时认为："大卫·克罗克特是一个能用自己的智慧和双手解决任何问题的人的缩影。"费斯·帕克本人认为，这可能涉及所谓的"英雄饥渴"的问题，至少一位分析人士指出，在参议员约瑟夫·麦卡锡最近的扣"赤色分子"帽子进行政治迫害的事件给国家造成巨大的创伤之后，这种现象可能更多地与自我怀疑有关，而不是与自信有关，而克罗克特则是减轻痛苦的缓和剂。无论克罗克特象征着乐观主义，还是试图恢复乐观主义，沃尔特都像战争结束以来那样，参与了一场全国性的心理和情绪矫正恢复，而这个国家做出了积极回应，大概是因为它喜欢沃尔特为它树立的形象。正如历史学家史蒂文·瓦茨所言："当美国面临来自外部的巨大挑战时，沃尔特·迪士尼凭借其对文化压力点的本能感受，半有意识半无意识地塑造了一个完美理想的、给人安慰的美国方式的代表。"

沃尔特·迪士尼在他的电视节目《迪士尼乐园》中宣传的并不全是对过去的矫正恢复改造，他还提供了像《明日世界》这样有吸引力的节目。在准备《迪士尼乐园》这个节目的过程中，他指示沃德·金博尔为《明日世界》剧集系列寻找主题，金博尔恰好在《科里尔杂志》上看到了一个关于太空探索的三部曲，由三位最重要的太空专家韦纳·冯·布劳恩（Wernher Von Braun）、维利·莱伊（Willy Ley）和海因茨·哈勃（Heinz Haber）撰写。沃尔特在一个晚上读了这些系列文章，第二天就满怀热情地来到迪士尼工作室。他让金博尔把冯·布劳恩、莱伊和哈勃请到迪士尼工作室准备录制节目。结果又拍摄了一部三集的迷你电视连续剧，第一集是一部动画形式的纪录片，名为

第十章　迪士尼乐园

《人类在太空》（*Man in Space*），于 1955 年 3 月 9 日首次播映。在苏联发射人造卫星"斯普特尼克"号（Sputnik）、国际太空竞赛升温的两年多前，《人类在太空》在为太空探索赢得一大批支持者方面做出了巨大的贡献，艾森豪威尔总统下令将其展示给他的火箭专家。1955 年底，沃尔特与核科学家格伦·西伯格（Glenn Seaborg）、爱德华·特勒（Edward Teller）和欧内斯特·劳伦斯（Ernest Lawrence）就一个名为《我们的朋友原子》的原子能电视节目进行了座谈。该节目将在获得公众对该技术研究的支持方面产生与《人类在太空》同样的效果。因此，过去一直是美国价值观的主要传播者之一的沃尔特·迪士尼，现在也成为未来美国科学的主要普及者和啦啦队长之一。

不管迪士尼是否如瓦茨相信的那样，真正塑造了美国的理想——毫无疑问，他为之做出了贡献——在 20 世纪 50 年代人们都可以意味深长地谈论"沃尔特·迪士尼的美国"。在战后的十年里，正如新的沃尔特那样，美国在借鉴民主传统的基础上，逐步发展演变，拥有了质朴、谦逊、天真和坚定的品格，而这正是克罗克特代表的品质。然而，除此之外，美国也具有前瞻性，表现出对科学和技术近乎孩童般的信心，而正是这些东西似乎威胁到了那些古老的民主传统。一方面，它投射出一种古雅奇特的、用白色尖桩篱笆围起来的怀旧之情，就像沃尔特在《悠情伴我心》中赞美和致敬的那种思乡之情；另一方面，它又投射出一种他在《人类在太空》中表达的未来主义愿景。就像沃尔特自己的形象一样，"沃尔特·迪士尼的美国"是一种精美诱人的蜜饯糖果和审美特质——均匀平滑地融合了好莱坞、布斯·塔金顿（Booth Tarkington）、霍雷肖·阿尔杰、诺曼·洛克威尔、托马斯·爱迪生和巴克·罗杰斯——但正如沃尔特开始内化他的形象一样，美国在 20 世纪 50 年代也开始内化它的形象。正如《时代》周刊杂志夸夸其谈地提出的看法那样，"沃尔特·迪士尼的美国"是一种给人安慰的

769

艺术手法，被视为一种真实的现实——相当于精神上的迪士尼乐园。这副面貌，或者说这张保护壳，正是这个国家假装要向自己和世界展示的。

《迪士尼乐园》的成功有很多标志，包括沃尔特的明星地位，《大卫·克罗克特》的超级流行，公众对太空探索的兴趣，以及美国本身的理想化，但有一件事该节目没有做到，即为迪士尼工作室带来利润。当一切都尘埃落定后，包括重播在内，迪士尼工作室的每个电视节目从美国广播公司赚到了7.3万美元。但是，这些节目的预算——从1.45万美元的《爱丽丝梦游仙境》的节目到将近每集30万美元的《大卫·克罗克特》电视连续剧以及《人类在太空》的第一集——平均下来要10万美元多一点儿，正如他在当年拍摄那些动画长片时做的那样，沃尔特把挣来的每一分钱都投入到了电视节目的拍摄制作中，还额外又多投入了一些，不过他也为几家赞助商制作了商业广告，并与几家公司签订了合同，让他们为一些节目提供赞助，这些节目本质上是为这些公司的业务和产品提供长达一小时的宣传。（比如波特兰水泥协会就给了迪士尼工作室20万美元，让他们制作一部名为《美国魔法高速公路》[*Magic Highway U.S.A.*] 的电影。）然而，他的目标从来就不是赢利。他的目标是为了宣传迪士尼乐园和宣传新动画长片，这使得《迪士尼乐园》本身成了一个商业广告。

随着罗伊在第一个节目播出前做出决定，这种协同作用变得更加重要。多年来，罗伊一直对雷电华电影公司的发行情况不满意，尽管他在1943年与雷电华电影公司续签了合同，但就在接下来的第二年，他对雷电华电影公司马马虎虎的宣传感到不满，建议迪士尼工作室聘请一家广告公司来宣传自己的电影。即使签了合同，雷电华电影公司最初也拒绝发行《海豹岛》和《两个传奇人物》，《两个传奇人物》后来被重新命名为《伊老师与小蟾蜍历险记》。"总的来说，他们都是好

第十章 迪士尼乐园

人，"罗伊在1948年9月给沃尔特的信中写道，"他们都试图在表面上进行合作，但在内心深处你能感觉到那种阻力，有时它会突然爆发成一种公开的决裂。"罗伊认为，雷电华电影公司没有得到迪士尼工作室应该为其制作的一半影片，是因为他觉得，现在主要的大型电影制片公司正在串谋，试图联合保护他们的放映利益，而政府已经命令他们剥离这些利益。为了加速这一剥离进程，罗伊加入了其他独立制片人的行列，对大型电影制片公司提起了诉讼，但他对诉讼结果并不乐观。"有时候我会变得很沮丧，"罗伊写道，"考虑到这一切，我有一种感觉，继续走这条高成本、高质量的电影之路只会走向破产。"他认为，唯一的解决办法是让最优秀的独立派人士联合起来成立一个自己的影片发行组织。

两年后，罗伊没有按照自己的想法去做，而是再次与雷电华电影公司签约，发行《灰姑娘》和《爱丽丝梦游仙境》；并继续委托雷电华电影公司二次发行迪士尼工作室的老旧电影，工作室收取30%的费用，以及发行《真实生活历险记》系列影片，不过雷电华电影公司对此类影片仍然不那么热心。但雷电华电影公司很快陷入混乱。1948年，古怪反常的亿万富翁、实业家霍华德·休斯（Howard Hughes）收购了雷电华电影公司，抽走了该公司的资源，然后在四年后将其重新投放市场，但那是在他提出将该公司出售给沃尔特之后。"他们负债累累，"当时的迪士尼宣传总监卡德·沃克回忆说，"除此之外，他还提出为他们提供1000万美元的信贷。但是沃尔特说，'我为什么要想这个问题？这里有我自己的小玩意儿。我不需要另一个工作室'。"（具有讽刺意味的是，沃尔特说，早在1948年，为了挫败休斯，他就已经被要求接管这家工作室。）休斯把他的工作室卖给了一个财团。

迪士尼兄弟几乎立刻与雷电华电影公司的买家发生了纠纷。雷电华电影公司不愿发行这些动画短片，声称这对他们来说不再有利

771

可图。接下来的几个月之内，沃尔特和罗伊与美国音乐公司的朱尔斯·斯坦就另一项与雷电华电影公司分离的方案进行了商谈。他们此前一直在讨论合作电视项目。沃尔特在与斯坦会晤后向罗伊解释说，斯坦希望公司进行"彻底的清算和重组……这样我们就可以为自己争取到一定数量的现金，同时仍然保留对公司的控制权"。然而，"至关重要的部分"是，迪士尼兄弟与一家大型电影制作公司达成了一项发行协议。根据协议，这家大型电影制作公司将为迪士尼的电影制作出资，以获得一定比例的利润。这点沃尔特也同意斯坦的说法。"我觉得我们必须照顾好自己，"他在给罗伊的信中写道，"一份新的发行协议势在必行。"即使是害怕斯坦的罗伊，似乎也对这个想法产生了兴趣。他进行了详细的解释和说明，他们可以先把迪士尼工作室的土地和建筑注入一个单独的公司，然后再把这个公司卖给新的发行商来筹集资金，然后再把它们租回来。

这个计划从来没有实现，罗伊选择暂时与雷电华电影公司一起克服困难渡过难关。他告诉沃尔特，尽管雷电华电影公司有问题，但迪士尼工作室"对他们来说如此重要，你可以说，在销售我们的产品时我们得到了额外的重视"。（罗伊可能也重新考虑过把自己置于斯坦或其他工作室的摆布之下的危险。）但随着迪士尼工作室首部在美国拍摄的真人实景电影长片，预算很高的《海底两万里》定于1954年12月上映，以及另一部动画长片《小姐与流浪汉》定于1955年6月上映，沃尔特和罗伊都不想让公司的命运落在日见动荡的雷电华电影公司手中。1954年9月，罗伊宣布迪士尼工作室将结束与雷电华电影公司长达18年的合作关系，并通过布埃纳·维斯塔公司的分支机构来自己发行电影。布埃纳·维斯塔公司是迪士尼工作室为《真实生活历险记》系列中的一部《沙漠奇观》的拍摄和制作成立的，当时雷电华电影公司表示不愿意发行这部电影。（该公司是以迪士尼工作室所在的街道命名的。）罗伊一举扭转局势，沃尔特称其为"我哥哥罗伊的项目，我希望他能按计划完成"。现在，迪士尼工作室有史以来第一次控制了自己旗下每一部电影的制作、宣传和发行。

然而，这种协同效应偶尔也会出错。12月，也就是《大卫·克罗克特》首播的前一周，《迪士尼乐园》推出了一部时长1小时的纪录片——《海底行动》（*Operation Undersea*）。该片讲述了影片《海底两万里》的拍摄和制作过程，目的是配合这部电影在本月的首映。（在该纪录片获得艾美奖"最佳单独节目"后，沃尔特向编辑承认："它是为电视拍摄的，但作为《海底两万里》的预告片却也做得很棒。"）随后的一个节目也是在宣传迪士尼的电影，其中有一段视频显示，电影明星柯克·道格拉斯（Kirk Douglas）和他的家人在沃尔特家里做客时，乘坐了沃尔特的火车。道格拉斯对此表示反对，说他并没有同意公开这段录像。在这部电影被重播后，他非常愤怒，以侵犯隐私为由起诉了迪士尼工作室，要求赔偿41.5万美元。沃尔特搪塞回避，声称道格拉斯是自愿来到自己家的这所房子的，并口头上得到了他的许可。直到1959年道格拉斯最终放弃诉讼，此案才得以解决。"这让我有点儿难过——竟然发生这种事情，"他在给沃尔特的信中写道，"——因为我对我们在一起的时光只有愉快的回忆。"

在美国广播公司的伦纳德·戈登森看来，《迪士尼乐园》是该广播电视网络公司的转折点，正是通过这个节目，它才最终能够与全国广播公司和哥伦比亚广播公司展开竞争。正如《纽约时报》在美国广播公司与迪士尼兄弟签约时预言的那样，它也改变了好莱坞与电视之间的关系。就在接下来的那一年，即1955年，华纳兄弟影业公司和米高梅影业公司与美国广播公司签约，二十世纪福克斯电影公司与哥伦比亚广播公司签约。正如华纳兄弟影业公司的一名高管证实的那样："我不确定这项动议是从哪里开始的，但由于迪士尼先生推出了一部名为《海底两万里》的电影故事片，并取得了成功，我个人觉得，他在电视上宣传电影的能力很有价值，于是开始思考，我们为什么不能也这么做。"

美国广播公司对该节目的结果感觉欣喜若狂，特别满意，所以12月份罗伯特·金特纳给沃尔特写了一封信，打算行使这家广播电视公司的优先选择权，建议沃尔特考虑科特雷尔的另一个想法——《米老鼠俱乐部》，并建议他们下个月会面，敲定每周5天、每天1小时的电视节目合约。就像制作《迪士尼乐园》时那样，沃尔特将被赋予"绝对的创意控制权"。而且，金特纳狂妄地说："我相信这部儿童连续剧有潜力：有可能成为白天收视率最高的剧集；有可能对儿童产生传播史上最大的影响；有可能创造这样一种产品，即他们不仅会得到家长、家长教师协会等方面的热情支持，还会为日间电视节目制作带来一个新的维度。"

尽管这个提议很诱人，但是迪士尼工作室每周制作1个小时的节目已经够困难的了。除了《迪士尼乐园》，再另外制作5个小时的电视节目是一项令人难以置信的极其艰巨的任务。有一种说法是，罗伊对此显然很担心，他没有理会金特纳的恳求，直到沃尔特走进会议室，问金特纳，他是否真的认为迪士尼工作室能做到这一点。当金特纳表示对沃尔特很有信心时，沃尔特对罗伊的抗议置之不理。当然，沃尔特不是那个必须亲自做这项工作的人。哈尔·阿德奎斯特、比尔·沃尔什和佩尔斯·皮尔斯实际上是负责构思和制作这些节目的人，而沃尔特则只负责审核批准和发表修改意见。事实上，到1955年2月，阿德奎斯特和沃尔什已经为前100集节目准备了初步大纲，沃尔特只需要审核一下即可。

《米老鼠俱乐部》的构思和设想是由循环出现的片段组成——儿童新闻短片、才艺表演、关于"哈迪男孩"、"斯宾和马蒂"的连续剧，以及迪士尼图书馆的每日卡通片——但真正的创新是演员阵容。金特纳想要一个固定的主持人，就像沃尔特在《迪士尼乐园》里所做的那样。很有可能是沃尔什或者阿德奎斯特决定雇用一群年轻的表演者，不过沃尔特警告沃尔什，不要选择"那些头发紧密卷曲过于世故的演员"。他更喜欢"看起来玩得很开心的孩子"，即使他们没有专业技能，剧组可以教他们学习唱歌和跳舞。沃尔特建议沃尔什到学校操场去招募，在课间观察孩子们，看看哪一个引起他的注意。当沃尔什说这个孩子可能没有任何天赋时，沃尔特反驳说，沃尔什发现自己正在看的那个孩子可能具有"明星气质"。《米老鼠俱乐部》里将有天赋的孩子们称为'老鼠剑客'，"在那年 4 月，沃尔特在给阿德奎斯特的便笺中写道，"而成年人将被称为'老输剑客'。"

担任各种庆典活动主持人的"音乐老鼠剑客"是一位身材瘦削、满脸孩子气、满头沙色头发的作曲家，名叫吉米·多德（Jimmie Dodd）。沃尔什选中了他，但他知道沃尔特有多霸道专横，喜欢自己说了算，于是对多德说："我们必须让沃尔特发现你。"于是，他邀请多德参加沃尔特会出席的一个故事研讨会，并让他表演一首自己为《迪士尼乐园》的一个片段写的歌。"嘿，吉米才是应该上《米老鼠俱乐部》的人！"沃尔特告诉沃尔什。多德最后还创作了这个电视节目的主题曲《米老鼠进行曲》。这首歌曲最朗朗上口的一句歌词是"米老鼠"这个名字的英文全拼朗读："M-I-C-K-E-Y——为什么？因为我们喜欢你——M-O-U-S-E。"担任"老输剑客"的成年主持人，多德的搭档，是罗伊·威廉姆斯，一个笨重的、像熊一样的大个子男人——"胖胖的，样子很滑稽，"沃尔特这样描述他——在沃尔特选中他来参加和主持这个电视节目之前，他在迪士尼工作室里当了很长时间的笑料作家。正是威廉姆斯，回忆起了一部老旧的米老鼠卡通中的一个场景，在这个场景中，米奇把他的头盖骨罩在米妮头上、耳朵上和几乎所有的东西上面，就好像那是一顶帽子。他据此想到设计一个黑色的老鼠耳朵帽，这个节目中所有的表演者都会戴上这种帽子。

虽然沃尔特亲自签下了每个演员，虽然他审核批准了节目的各个片段和部分，并经常去拍摄现场查看指导，但《米老鼠俱乐部》只是一个名义上由沃尔特·迪士尼制作的节目。主要原因是沃尔特有太多的事情要去做，对他来说有太多其他的优先事项。所以，这部电视剧基本上是临时匆忙拼凑而成的。"我们会在早上讨论一下想法，"沃尔什回忆说，"当天词曲作者会写出歌曲，我们会在当天下午拍摄。这可能是电视领域中最快的绘画和拍摄过程了。"这种仓促创作手法并没有逃过人们的火眼金睛，许多人都注意到了这一点。杰克·古尔德在《纽约时报》上撰文声称，这部连续剧在1955年10月的首播是"灾难性的"，他发现"老鼠剑客"的这种全体演员都参加演出的特别节目"仅仅是装可爱，虚伪得令人恼火，做作得让人作呕，完全没有一点儿大名鼎鼎的迪士尼动画的影子，更没有迪士尼动画的味道和感觉"。他认为整台节目"极度令人沮丧和极其令人失望"。

古尔德可能是对的,《米老鼠俱乐部》是一部造价低廉、矫揉造作、忸怩作态、故意讨人喜欢的连续剧，其水准远远低于迪士尼的人力和才华应该达到的水平，但是它显然不是一个面向评论家的节目。131名儿童在《米老鼠俱乐部》首演前三天在迪士尼工作室预先观看了这部剧；131名观众全都表示喜欢这个节目，并表示希望每天都能看到。事实证明这是一种准确的预测。在第一季中，每天有1000多万儿童观看该节目，数量超过成人观众的一半。多德创作的主题曲立即成了经典，几十年后仍在传唱，在该节目首次亮相的头三个月里就售出了200万顶鼠耳帽。其中一个"老鼠剑客"，一头黑发的安妮特·富尼塞洛（Annette Funicello），成了全国青春期前少年儿童疯狂追捧的偶像和万人迷。1955年2月多德访问纽约时，哥伦比亚广播公司总裁威廉·S.佩利（William S. Paley）的妻子、社会名流、时尚界元老贝比·佩利（Babe Paley）问她的孩子们能不能见见他。后来多德告诉沃尔特，孩子们知道节目中所有的歌曲，《米老鼠俱乐部》是"贝比·佩利唯一让她的孩子看的电视节目"。

沃尔特可能觉得这很令人满意，但这并不一定会转化为利润，就像《迪士尼乐园》当年大受欢迎却没有给迪士尼工作室创造多少利润一样。就像《迪士尼乐园》一样，无论制作的时候多么经济节约，无论重复播放的次数有多少，迪士尼工作室最终在该电视节目上的花费都超过了它从美国广播公司获得的收入——第一季大约300万美元——罗伊把这归因于他自己对日间电视市场的无知。然而，就像《迪士尼乐园》一样，《米老鼠俱乐部》的目标既不是达到优质水准，也不是赢利，甚至不是大受欢迎。《米老鼠俱乐部》是对迪士尼乐园的另一项补贴，不仅仅因为沃尔特亲自下达了"极其严肃和直接的命令"，用该节目新闻纪录片编辑的话来说，他要求该节目每周至少播放一个关于迪士尼乐园的故事，而且因为美国广播公司为了获得该节目，已经同意向迪士尼乐园建设项目提供240万美元的额外资金。沃尔特·迪士尼关心的正是这个游乐园，这个游乐园才是他现在的梦想。电视节目只是达到这个目的的一种手段。

4

在沃尔特参与制作《迪士尼乐园》电视节目的所有时间里，在他谈判、准备和审核批准的所有时间里，他一直在想着这个游乐园。每个人都知道，他只是三心二意地、蜻蜓点水般参与其他项目，即使迪士尼工作室现在面临各种压力已经不堪重负了。"大量的工作任务像潮水一样涌来，冲击着迪士尼工作室。"在《迪士尼乐园》开拍的时候,制片人温斯顿·希布勒(Winston Hibler)这样说道,"我们增加了更多的作家和编剧,进一步扩充了员工队伍。我们用我们新招的新手摄影师来开始和启动我们的制片项目。我们必须让自己处于高速运转状态,从一种每年可能只需要制作三、四或五部电影长片的状态迅速转换到每年可能需要制作 26 集电视节目的状态。"但是面对如此繁重的任务,沃尔特几乎没有参与多少,很难说他也是其中的一员。"那些日子里,他与这些影片和电视剧没有任何接触。"沃德·金博尔在谈到《人类在太空》的制作过程缺乏沃尔特的参与时说。他只是参加了试映,观影过程中从头到尾一直笑个不停,然后发问:"你们这些家伙到底是怎么想出这些东西来的?"当时正在为一部电影长片制作动画的米尔特·卡尔也有同样的体验和经历。他说沃尔特会参加故事研讨会,但是不像以前那么频繁了。"现在与过去的不同之处在于,"卡尔相信,"在周末和晚上,待在厕所之类的地方,他脑子里不会去想我们正在制作的影片。他想的是迪士尼乐园。"

沃尔特总是想着迪士尼乐园。1953 年 9 月,一确认阿纳海姆地产的交易已经达成,他就马上要求马文·戴维斯为这个比原计划大得多的游乐园拟订新的规划和设计。而戴维斯以近乎疯狂的热情投入工作,每隔两到三天就提交一份新的规划。在接下来的一年,随着各项具体规划事项的逐步明确和实施,一位到访 WED 公司的游客描述说,他涉水"穿越到一个充满梦幻色彩的迷人的微型世界——以边疆为主题的过去的世界,以火箭和太空为主题的未来的世界,童话故事人物和迪士尼动画人物从此幸福地生活在一起的从未有过的梦幻世界。墙上挂满了地图,桌子上摆满了轮廓模型和比例图,工作室、商店和走廊的地板上堆满了齐膝深的老式机车模型、明轮船模型、狂野西部展览场模型、睡美人城堡模型,以及闪闪发光的喷气推进的登月飞船模型,这个模型看上去就很有能力登上月球。这就是'迪士尼乐园'混乱的准备期"。

沃尔特仍然在持续收集更多的想法、更多的数据、更多的建议。1954年6月，在与美国广播公司签署合同后，他派出由比尔·科特雷尔率领的四人调研考察队，到全国各地的游乐园、博物馆，甚至游戏厅和奇趣射击场进行信息收集。他还派了另一名代表前往位于纽约州拉伊市（Rye）的游乐场公园，只是为了统计入园游客的数量。他还聘请了两名长期经营游乐园的顾问，分别是在旧金山经营悬崖之屋（Cliff House）的乔治·惠特尼（George Whitney）和在辛辛那提经营科尼岛公园的艾德·肖特（Ed Schott）。"当我们规划设计迪士尼乐园的时候，每个和我们交谈过的游乐园经营者都说它肯定会失败，"约翰·亨奇回忆说，"而沃尔特结束这些会面走出来时，会比他们乐观的时候更乐观。"

沃尔特热爱现在的这种战斗状态，因为他又有了奋斗的目标；热爱他必须跨越的障碍和克服的困难；热爱他必须再次证明自己是正确的这个想法。他谈到了自己曾经在制作动画长片时也面临着同样的状况，必须进行同样的战斗。除了聘请的私人顾问，他不希望员工中有任何有游乐园方面经验的人，他告诉他们，迪士尼乐园不会只是一个游乐园，因为他希望年轻人愿意学习和犯错误。他聘请了一个名叫C. V. 伍德的俄克拉何马州人担任该项目的总负责人。伍德年仅33岁，身材高大魁梧。在战争期间，伍德曾是一名极其优秀的军乐队指挥，并且曾经在一家飞机公司担任工业工程总监，后来成为斯坦福研究院经济研究部洛杉矶分部的经理。该分部曾为迪士尼乐园项目做过可行性研究。一个了解伍德的熟人说，伍德很有魅力，和蔼可亲，淳朴热情，言谈举止有一种乡下人的朴实的态度，还有一股浓重的西南部口音，并且慢条斯理——"这是人们所能期待和发现的最吸引人、最讨人喜欢的个性"——在斯坦福研究院时，他表现十分出色，充分利用自己的这种魅力，哄骗"球路分区"那些坚持不愿离开的人把他们的土地卖给了迪士尼乐园。沃尔特也被他迷住了。巴斯·普莱斯回忆说："沃尔特对他的反应，就像农夫对那个油嘴滑舌的城里滑头鬼的反应一样。"伍德接受了沃尔特的邀请之后，又聘请了一位名叫乔·福勒（Joe Fowler）的退役海军上将担任顾问。福勒曾是旧金山海军造船厂的负责人。但是，后来用他的话说就是沃尔特"设计诱骗"了这位海军上将，让他担任迪士尼乐园的建筑监理。负责建筑工程的大大小小的管理者们在工地上的两座旧农舍里安顿下来，就像在赫伯里恩的老旧的作家公寓里一样，工作人员霸占了厨房、餐厅，甚至壁橱。沃尔特的办公室在卧室里。整个区只有一间浴室。

他们在1954年7月12日破土动工，这意味着他们必须在一年内完工，才能满足沃尔特自己设定的最后期限。每个人都得争分夺秒地赶进度。一名建筑工程师被雇来协助设计建筑物，并与WED公司员工协调。他不得不提前设计施工，甚至在总体建筑细部详图绘制完成之前就被迫设置地基和框架结构图，这导致了一系列的问题，尤其是在"小镇主街"上。除此之外，还有其他诸多问题。阿纳海姆的土壤属于沙质土壤，含沙量如此之高，渗透性如此之强，以至于"美国的河流"里面的水不断地渗入地下，所以必须用卡车把黏土运至施工现场。各工会组织对这一工程项目愤愤不平。为项目供应沥青的奥兰治县工厂发生罢工，不得不从圣地亚哥运来沥青。水管工罢工限制了可以在游乐园正式开放前安装完成的喷泉的数量，导致喷泉安装计划没有完全实施。一群心怀不满的机械师"忘记"带工具，而另一群工人剪断了分散布置在"蟾蜍先生之旅"上的电线，因为他们对如此紧迫的工程进度和猛烈的催促感到异常愤怒。有一次，一个工会的油漆工用沙土喷刷迪士尼乐园里的小凯西（Casey Jr.）号火车头，并对其重新进行喷漆描绘，只因为原来的喷漆是由敌对工会的成员在迪士尼工作室里完成的。甚至连大自然也开始捣乱：当年春天的气候是这个县20年来最潮湿的。

沃尔特·迪士尼像过去一样，头戴草帽，身穿花哨的运动衫，拖着沉重的脚步在工地上走来走去，把工人们指挥得团团转，时而催促他们快一点儿，时而告诉他们要慢一点儿，希望确保这些工程和建筑符合他的梦想。"他走遍了迪士尼乐园的每一寸土地，"沃德·金博尔说，"他告诉他们把栅栏往左移一点点，因为船转弯时栅栏挡住了人们的视线，会导致人们看不见船。我有时会和他一起在现场，他会说，'湖太小了。也许我们应该把它扩大一些。我们来看看能不能把这列火车残骸再向前移动50英尺'。他想到了一切，事无巨细，都在他的考虑范围之内。"摩根·"比尔"·埃文斯（Morgan "Bill" Evans）的兄弟当初曾为沃尔特在卡罗伍德的新房子做过景观设计和美化，现在又受雇为迪士尼乐园做景观设计和美化。埃文斯回忆说："沃尔特的做法是：他只下命令说，'我需要丛林'，或者'我需要空中摩天轮这里有一点儿阿尔卑斯山的味道'。他不知道哪些树会有这种效果，但他知道自己想要什么。"他想要完美。他希望这个游乐园建设完成后的效果与他在脑海中所想象的那个游乐园完全匹配。埃文斯还记得一个星期六的早晨，沃尔特抱怨说，一棵巴西胡椒树被种得离"探险世界"入口的人行道太近了。埃文斯不得不把重达6吨的树根球整理打包，然后把这棵树搬到合适的位置。

由于逐渐对迪士尼工作室心存畏惧和忧虑，沃尔特现在特别珍惜迪士尼乐园以及在那里度过的时光；他甚至会坐在餐饮帐篷里和工人们一起吃热狗。尽管如此，他还是对施工速度感到不耐烦，担心客人们可能看不到钱和精力都花到哪里去了。他希望这些支出和投入能够明显地体现出来，但是这么多钱被投资在基础设施上，让他感到极其困扰和烦恼。迪士尼乐园开园前几个月，他对哈珀·戈夫抱怨道："你

781

知道的,我已经花了总预算的50%,但到现在仍然没有一个能让人觉得特别棒的成果。"戈夫记得沃尔特说这话的时候真的是在哭。还有一次,他和乔·福勒、迪克·欧文一起观看为美国小镇主街火车站修建的地基进行水泥浇筑。看完,他对此十分恼火,怒气冲冲地说:"等到乔把我们所有的钱都埋到地下的时候,我们也就什么都没有了,我们拿什么来展览?"当福勒下令为将来会在"美国的河流"来回穿梭往来的"马克·吐温的内河游船"挖一个干船坞时,他也发出了类似的抱怨。他称之为"乔的沟渠"。

但是,建筑施工还只是一个方面。当沃尔特事无巨细地操心着建筑施工事宜的时候,牧马人欧文·波普正在从全国各地为"边疆世界"收集牲畜。(他和妻子多莉会在迪士尼乐园开放前三天搬到那里住;沃尔特让他们选择自己的房子和一块10英亩的土地来饲养这些动物——当时大约有200头各种动物。)当波普两口子忙着收集他们即将展览的那些动物时,WED公司的工作人员正在为公园制造游乐设施。沃尔特曾亲自拜访过帕洛·阿尔托(Palo Alto)以南的箭头开发公司,该公司生产游乐园的游乐设施所用的机械装置,还将为迪士尼乐园的"白雪公主历险记""蟾蜍先生的狂野之旅"和"亚瑟王旋转木马"等设施提供机械装置,所有这些设施都将由WED公司的工程师在音响舞台进行美化装饰。当工作人员在装饰游乐设施时,沃尔特的游乐园顾问乔治·惠特尼正在参观各地的公园和工厂,从多伦多买了一个旋转木马,从科尼岛的一个旋转木马设施那里买了几匹马,大型游戏机"音乐机器",以及"黑暗游乐设施"的测试轨道(即像"白雪公主"和"蟾蜍先生"那样的游乐设施,可以让乘客在黑暗的环境中穿行)。与此同时,纳特·维恩科夫正在为"明日世界"的"驰车天地"高速公路游乐区签订从德国购买微型汽车的合同。当乔治·惠特尼和纳特·维恩科夫四处寻找采购游乐设施的时候,沃尔特

第十章 迪士尼乐园

给凯西·琼斯施加压力,要他给他弄一辆火车头,结果没能成功,所以他又向沃德·金博尔施压,要求他把火车头租给迪士尼乐园。"他会不分昼夜地给我打电话。"金博尔说。他提出,在周一迪士尼乐园闭园的时候,金博尔可以随心所欲地使用这辆火车。金博尔拒绝了这个要求,于是沃尔特只好自己制作了一些火车,买了火车头。

在他们风尘仆仆、疲于奔命、紧张忙碌地完成所有这些工作的时候,沃尔特和罗伊还在从事一项更重要的任务:设法获得更多的资金。甚至在敲定与美国广播公司的交易之前,兄弟俩就已经在向大公司的高管们示好,取悦他们,陪伴他们参观迪士尼工作室,为迪士尼乐园做宣传介绍,争取让这些公司租下特许经营权或为具体的景点提供财力支持;美国机械铸造公司、可口可乐公司、百事可乐公司、福特汽车公司、古德里奇轮胎公司和凯洛格谷物公司都在争取名单之中。与沃尔特对迪士尼乐园吹毛求疵的描述相反,几乎所有人对这一项目都欢呼雀跃。杜邦化学公司的一位官员告诉沃尔特,"他不愿意成为一个不推荐任何人来迪士尼乐园的人"。维恩科夫和欧文参观了通用电气位于克利夫兰的总部,发现他们对参与迪士尼乐园项目"热情高涨"。就连他们在美国银行的长期联络人,通常沉默寡言、保守冷淡的乔·罗森博格,也在向潜在的承租人介绍推荐这个项目,为他们争取更多的合作机会。加利福尼亚标准石油公司的一位副总裁告诉沃尔特,他"这辈子从未见过如此美妙的想象和如此完整详尽的计划"。罗森博格说,他们"肯定想参与其中",副总裁甚至请求他为他们游说迪士尼一家,撮合他们之间的合作。[1]

---

[1] 想要进入迪士尼乐园的申请者中有一位叫雷·克罗克的快餐特许经营者。"我最近接手了麦当劳快餐店系统的全国特许经营权,"克罗克在给沃尔特的信中写道,"我想问一下,在你们的迪士尼乐园开发项目中是否有麦当劳参与的机会。"沃尔特推托说自己不管这些事,把他甩给了 C.V. 伍德。迪士尼乐园里不会有麦当劳快餐店。

这些目标客户中的许多人最后都被迪士尼描绘的愿景吸引，心甘情愿地签署协议：沃尔特一共获得了230万美元的租赁款项。其中包括：从圣达菲铁路公司获得了5万美元，赞助铁路景点；从美国汽车公司获得了4.5万美元，赞助一个名叫环幕电影的360度电影院景点；从里奇菲尔德石油公司获得4.5万美元，赞助"驰车天地"景点；从斯威夫特肉类加工厂获得4.5万美元，赞助美国小镇主街上的"红色马车旅馆"；还有4.3万美元，用来建设一个杂货店的景点。然而，迪士尼乐园的预计成本仍在呈螺旋状不断攀升，从与美国广播公司签约时的525万美元，增加到开园时的近1700万美元。沃尔特和罗伊精心算计，准备了一个缓冲垫。除了其他不可预见的临时费用支出，他们还购买了附近11.5英亩的土地，价值23万美元，必要时可以出售。但是，尽管有电视节目制作合同、贷款和租赁协议，尽管有缓冲垫，他们仍然担心可能没有多少钱可用，就像似乎没有多少时间一样。

这一次沃尔特不想走捷径，不想妥协。当一名员工建议他在一个名为"童话世界"的景点使用切割玻璃而不是彩色玻璃时，沃尔特表示反对。"看，让迪士尼乐园独一无二的是细节，"他坚持说，"如果我们失去了细节，我们就失去了一切。"但是随着开业时间的临近，资金越来越少，时间越来越紧迫，就像当年《白雪公主》里的王子因为沃尔特没有资金和时间纠正错误而闪着微光一样，他也被迫在迪士尼乐园项目上做出了让步。他曾希望"幻想世界"能像古斯塔夫·腾格伦的水彩画。但是，紧张的财务状况要求这些游乐设施必须安置在装饰着中世纪三角旗的预制工业棚式建筑里。"运河船只的世界"原本的设计方案是船只漂流经过微型地标，后来被重新构思为穿越童话故事场景中的"童话世界"，但是由于沃尔特负担不起修建设置这些景点的费用，最后的方案只好是船只漂过了灌木丛。比尔·埃文斯在为迪士尼乐园作的景观美化设计中主要使用了当地的树木，这些树木因

第十章　迪士尼乐园

高速公路建设而被连根拔起然后移植过来了，但是即便如此，沃尔特也没有足够的钱来完成这项工作。他指示埃文斯在杂草上摆上拉丁文的名签，就好像它们是植物标本一样。埃文斯说："在临近开放的时候，我们进行了大量灌溉，好让杂草在贫瘠的地方生长，尤其长在环绕游乐园四周的高大的荒土坡上。"这只是另一个错觉。最后一个错觉是游乐园雇用的工作人员。沃尔特不想让他们破坏他的幻想，所以他创立了所谓"迪士尼大学"来培训他们。为了与"这不是一个公园，而是一组布景"这个主题保持一致，培训项目负责人范·阿斯代尔·弗朗斯（Van Arsdale France）对记者说："我们招聘人员不是简简单单地为了充数而招聘，而是就像我们为角色选角一样，尤其是舞台上的角色——售票员、游乐设施操作员和导游。"迪士尼的培训手册上说："除非你准备好为大家提供一场令人愉快的、能给人带来幸福快乐的表演，否则你就不能登台。"沃尔特要求迪士尼乐园里的工作人员要既快乐又得体，所以尽管迪士尼工作室里的着装一直很随意，沃尔特本人显然也留着胡子，但迪士尼乐园的员工必须遵守严格的着装规定，以及禁止留胡子的要求。其中一名员工是"探险世界"和"边疆世界"的第一任经理，他觉得沃尔特并不特别喜欢他，因为他太胖了。"沃尔特不喜欢胖子。"那人说。

除此之外，还有一个问题是沃尔特是否喜欢让少数族裔在迪士尼乐园里工作。迪士尼工作室从来没有公然歧视过少数族裔。有一些亚洲人，比如黄齐耀和鲍勃·库瓦哈拉（Bob Kuwahara）就在迪士尼工作室担任重要的职务，但是非裔美国人担任较高职务的很少，几乎没有——上一次参与罢工的那些人说这是因为沃尔特对黑人一直反感。这可能只是这些罢工者对沃尔特反感的另一个例子，沃尔特从未表现出任何种族歧视的迹象。但是他，或者公司里的某些人可能会觉得，非裔美国职员会破坏迪士尼乐园的幻想感。早在1963年，民权组织

"种族平等大会"就在与迪士尼乐园的官员讨论雇用黑人的问题,结果被告知,迪士尼乐园的董事会只会考虑他们的要求,不一定会根据他们的要求采取相应的行动。

沃尔特确实很讨厌肮脏和混乱。创建迪士尼乐园的动力之一是沃尔特在周日和女孩们去游乐园游玩时非常讨厌脏东西。迪士尼乐园将出奇地干净——以至于清洁不仅会成为这个游乐园的标志,而且会成为一个流传很广的笑话。"据计算,一个被丢弃的烟蒂在被快速清除之前,躺在地上的时间不超过25秒。"一名记者后来在谈到著名的迪士尼乐园环卫人员时写道。另一个人把迪士尼乐园称为"上了蜡的科尼岛","闪闪发光,洁净无比。这里不仅没有丢弃的爆米花盒和烟盒,而且人行道上没有一点点灰尘,没有褪色的油漆或未经打磨的五金器具。在这里,人们会因为丢了一个烟蒂而感到内疚,当看到一个街道清洁工动作优雅地把烟蒂立刻收进一个时髦的小簸筐里,人们才会松一口气。这个街道清洁工一副少年打扮,穿着某一时期特有的清洁工服装"。在开园一周后的一次参观中,一位记者预测,这个游乐园不会永远保持干净。对此,沃尔特反驳道,它将会永远保持干净,因为"人们将会因为把任何东西扔到地上而感到尴尬"。毕竟这里是乌托邦。

随着1955年7月17日开园日期的临近,全国人民的期望也越来越高。9个月以来,沃尔特一直在他的电视节目中宣传这座公园,而美国广播公司则拿出了价值4万美元的整页报纸广告,大肆宣传这场90分钟的现场直播,该电视联播网为此组织了号称史上最密集的电视设备和人员——在迪士尼乐园周围一共部署了29台摄像机。美国广播公司直播这场盛典活动的节目广告早在3月份就已经全部预售完毕,而且自从5月22日以来,转播剧组人员每周日都在排练。据迪士尼工作室报道,人们对迪士尼乐园的兴趣如此之大,以至于在4月份的一个周末,工作人员统计从周六中午到周日晚上这段时间,一共有9500人在这里驻足问询,尽管没有迹象表明这里是迪士尼乐园。

如果说这个国家在期待,那么沃尔特·迪士尼也在期待。尽管迪士尼乐园有各种不尽如人意之处,但他似乎恢复了青春活力,几乎有点儿兴奋过度。他是第一个体验这些景点和游乐设施的人——"他就像一个小孩子,"马文·戴维斯回忆说,"他从游乐设施下来的时候会咯咯地笑,或者如果他不太喜欢,他会皱起眉头,然后说,'修好这个东西,咱们应该着手干了!咱应该抓紧时间了!'"10岁的哈里森·艾伦肖(Harrison Ellenshaw)的父亲彼得是迪士尼工作室的一名美术师。哈里森记得有一个星期六,他去参观了这个地方,当时他的父亲正在画迪士尼乐园的地图。当沃尔特走近他的时候,这个男孩正在看工人们为铁路铺设铁轨。沃尔特发现铁轨附近的一节火车车厢上有一块木板,于是主动提出让他试着体验一下。哈里森跳上木板,沃尔特开始推着这块板滑动起来。然后,当它达到了一定的速度时,沃尔特自己也跳了上去。"他表现得就像个孩子,"多年后哈里森·艾伦肖说——与戴维斯的话如出一辙,"像一个10岁的孩子一样!"事实上,沃尔特的这种像普通游客一样体验迪士尼乐园的能力有助于增强这些游乐设施和景点的吸引力。他把自己完全置于一般游客的位置,并且具有孩子般的放纵和狂热。所以,一位熟人称迪士尼乐园是"世界上最大的男孩拥有的世界上最大的玩具"。

即使开园日期逐渐逼近,即使他感到明显地兴奋,沃尔特仍然在仔细地检查,仍然在反复地修改和持续地优化策划。一位助理景观设计师记得,在落成典礼前的5天,曾看到他在"美国小镇主街"上走来走去,仔细观察房屋的外立面。"他会停下来,面对一座建筑,看着它,后退一步,他的头会跟随视线摆动,"那人说,"他会在他的小翻盖记事本上做一些笔记,然后抬头看别的东西,再做一些笔记,向下看人行道的底部,检查所有的东西,最后看一眼,再继续看下一个建筑。"作为最后的测试,沃尔特邀请了迪士尼工作室顶层阁楼俱乐部成员的家人来试玩。"我们搭了个帐篷,吃了烧烤,喝了三桶啤酒,然后沃尔特开着火车跑来跑去,"沃尔特·帕非弗回忆道,"每个人都在挥手,'马克·吐温'会走到每个人的身边,和大家一起唱歌——这真是美好的一天。"

沃尔特显然想延长他感受到的快乐。迪士尼乐园的开放时间安排在他和莉莲结婚30周年纪念日的4天后,所以沃尔特决定在7月13日晚上举办一个派对,不仅是为了庆祝他的结婚纪念日,也是为了向朋友和名人炫耀他的游乐园。(他邀请了从夏洛特姨妈和乔·罗森博格到斯潘塞·特雷西、加里·格兰特、加里·库珀和路易斯·B.梅尔的所有人。)他兴高采烈地等在门口迎接他们。然后,当他们大多数人因交通堵塞耽搁迟到时,他站在那里紧张地抽烟,嘴里嘟嘟囔囔发着牢骚。毫无疑问,这反映了他在过去几个月的施工过程中是多么紧张,而现在他又感到多么放松和宽慰。特别是派对即将在金色马蹄铁酒店结束的时候,他酒喝得多了一点,假想从包厢里向舞台上开枪。黛安娜不得不开车送他回家,在路上这段时间里,沃尔特"嘟嘟"地吹着一张卷起来的迪士尼乐园地图,好像它是一个小号;然后他唱了一首歌,拿着地图睡着了。

各类庆祝活动接二连三,持续了很长时间。第二天晚上沃尔特在好莱坞露天剧场受到了款待。费斯·帕克和巴迪·埃布森曾在电视剧中饰演克罗克特的密友,他们从肯塔基州的拍摄地飞过来,当时他们正在拍摄一部关于大卫·克罗克特前传的电视剧;斯特林·霍洛韦(Sterling Holloway)曾为许多迪士尼角色配音,为《彼得与狼》配过解说词,还曾经为这部电影的角色配过音;克利夫·爱德华兹曾为小蟋蟀吉米尼配过音,演唱了《木偶奇遇记》中的歌;制片人温斯顿·海伯乐讲述了两个《真实生活历险记》中的冒险故事;迪士尼动画片中的人物和角色共同表演了一场芭蕾。最后，加利福尼亚州州长古德温·奈特（Goodwin Knight）宣布沃尔特为该州荣誉州长，并送给他一顶浸银的浣熊皮帽子。据《洛杉矶时报》报道，当沃尔特被介绍出场时，"掌声如飓风般在草木葱茏的露天剧场中升起，直逼天空，敲打着星星"。孩子们吹着口哨。第二天晚上，也就是开幕前两天，庆祝活动又进行了一次。

即使有3000名工人砍伐了两万英尺的木材，浇筑了3823立方米的混凝土，铺设了100万平方英尺的沥青，沃尔特仍然没有能够在迪士尼乐园开园前全部完工。在开园的前一天晚上，他突然想到要把《海底两万里》里面那只巨大的橡皮乌贼拿过来，在迪士尼乐园里展出。问题是，自从拍摄开始进行以来，乌贼的乳胶皮肤已经变质恶化，所以必须修复并重新喷漆。设计"迪士尼乐土缩微模型"的肯·安德森和另外两名工作人员被分配完成这项任务，但随后沃尔特出现了。"沃尔特戴上面具，"安德森回忆道，"帮我们用荧光颜料喷涂（用于展览的）屏幕。"这个区域是封闭的，安德森说，涂料"在空气中到处弥漫，遮盖了我们的面具"。这一工作花了整整一夜才完成——迪士尼乐园开园前的一整夜，沃尔特和他们一起熬夜工作。然而，尽管要应对所有这些让人手忙脚乱的活动——沃尔特那天还得去机场迎接前来参加捐赠仪式的承租人——他却一直出奇地平静。"除了沃尔特，几乎所有人都很担心，"宾客关系总监杰克·塞耶斯（Jack Sayers）说，"他似乎喜欢这种刺激。"这是因为沃尔特·迪士尼知道他又进入了如鱼得水的状态。而且他知道原来的自己回来了[1]。

---

[1] 骄傲自负、叼着烟斗、勤奋工作的编剧兼制片人佩尔斯·皮尔斯突发心脏病去世，这是这一期间唯一让沃尔特心情暗淡、情绪低落的事情。从《白雪公主》到在英国拍摄真人实景电影，再到《米老鼠俱乐部》，他一直陪伴着沃尔特。他去世的时候，正在欧洲拍摄《米老鼠俱乐部》的片段。沃尔特给他的遗孀发了封电报，说："虽然这些年我和佩尔斯之间有些小小的分歧，但我真的爱他，尊敬他。"

迪士尼乐园开园那天阳光灿烂，天气炎热，现场情况与其说是像节日一样喜气洋洋，不如说是令人焦躁不安、混乱不堪。伍德印制了1.5万张请柬，这是迪士尼乐园估计的最大载客量，但他很快发现有人伪造了门票。有一个人甚至把梯子靠在栅栏上，让人们翻进去，每人收费5美元。工作人员试图通过打开大门然后每隔20分钟关闭大门来控制人流量，即便如此，人群的压力还是淹没了所有的设施。培训工作人员的范·阿尔斯代尔·弗朗斯认为，有2.8万人奋力进入迪士尼乐园。随着人群的涌入，乐园出现了各种各样的问题。当电视开始现场直播的时候，游客像潮水一般开始涌向"美国小镇主街"，女人们的高跟鞋陷在了又热又软的沥青里。许多客人抱怨没有饮水机，供水设施严重不足。其他人则对这一现象感到相当困惑，即"明日世界"的人行步道突然在一片泥土地上终止，实际情况是沃尔特既没有资金也没有时间来完成这个区域的工程建设。就连不停地从一个地方跑到另一个地方去指挥监督演出的沃尔特也发现自己被一个保安拦住了，因为保安接到指示，不许任何人通过。"要么你让我过去，"沃尔特咆哮道，"要么我就直接打你的脸，把你打倒，从你身上跨过去。"

据估计有7000万美国人观看了这场电视现场直播节目，约占美国总人口的一半。这场转播同样状况百出。它的特色是，三位主持人在迪士尼乐园里像跳房子一样跑来跑去——一个主持人是电视明星阿特·林克莱特（Art Linkletter），他是沃尔特的朋友，在沃尔特反复思考迪士尼乐园项目的时候，他和沃尔特一起参观了蒂沃利花园（Tivoli Gardens）；另外两位主持人是演员罗纳德·里根和罗伯特·卡明斯（Robert Cummings）——不停地穿梭于他们之间。但是，电视转播过程中出现了线索错乱、信号交叉、意外和技术故障频繁出现的状况。还有一种说法是，甚至在电视节目转播之前，导演就已经疲惫不堪，精神崩溃了，最后不得不在当地一家医院遥控指挥。沃尔特当然意识到了这种混乱局面。他告诉侄女的丈夫格伦·普德牧师说:"事情进展得不太顺利。"他请格伦·普德在迪士尼乐园开园时来现场做祈祷。然而,尽管出现了这么多出乎意料的状况,但在整个过程中,沃尔特始终保持着惊人的从容不迫和沉着冷静。他身穿深色西装,打着浅色丝质领带,声音沙哑,头发染成灰色,大声朗读着宣称迪士尼乐园为"你的乐园"的牌匾:"在这里,年龄唤起了对过去的回忆。在这里,年轻人可以尽情享受未来的挑战和希望。"在其他地方,他会称之为"地球上最幸福的地方"。

对迪士尼乐园的创造者来说,这是肯定的。黛安娜那天看着父亲说:"我从来没有见过比他更幸福的人。""老鼠剑客"莎伦·贝尔德(Sharon Baird)说,当时她正和沃尔特一起在美国小镇主街消防站楼上他的公寓里观看庆祝活动。当她抬头看他的时候,发现他的双手在背后紧紧地绞在一起,他咧着嘴笑着,"眼泪顺着脸颊流了下来"。但是,他从来都不是一个沉溺于自己的骄傲或满足于自己的荣誉的人。在这一天即将结束的时候——尽管有无数的意外和失误,但这是沃尔特·迪士尼一生中最长的,也可能是最好的一天——他和林克莱特在自己公寓的露台上一起吃了晚饭,并观看了迪士尼乐园上空的烟花表演。林克莱特注意到沃尔特在节目直播期间不停地做笔记。即使在一片乌烟瘴气闹哄哄的混乱中,他仍然坚持关注着微小的细节。他数着发射出来的烟花数量,以确认他订购的烟花是否被全部燃放。

尽管也有一些批评性意见——"沃尔特的梦想是一场噩梦",一位记者评价迪士尼乐园的开幕式时说,"我30年记者生涯中无法找到类似这样的惨败"——但这些都是少数人的观点。从更普遍的范围来说,游客们明白,这不仅仅是另一个游乐园的开业,而是文化领域的一个标志性事件,一个门槛的跨越。卡明斯在电视直播中说:"我想,有一天,这里的每一个人都会像参加埃菲尔铁塔落成典礼的人们一样，为能参加开幕式而感到自豪。"大多数人似乎都意识到迪士尼乐园是沃尔特动画的一个延伸，不可思议的幻想和天马行空的想象现在终于变成了现实，或者用麦考尔的话说："沃尔特·迪士尼的卡通世界实现了具体化和有形化，而且比真正的生命更阔大，是真实世界的两倍。"另一些人则认为，这是沃尔特·迪士尼心中的美国的一种具体真实的表现，已经渗入了美国人的心灵。"迪士尼先生将昨天最令人愉快的事情与明天的幻想和梦想巧妙地结合起来。"《纽约时报》在社论中温和地评论道。不管它是什么——童年时代的回归，华丽宏伟的意志表达，还是对美国的美化演绎——它立刻在美国的国家和民族想象力中占据了一席之地。

这种影响力如此不可抗拒，如此令人信服，以至于迪士尼乐园一开放，无论它的观察者还是它的创造者都觉得有必要分析这种体验，而且只要这个乐园存在，这种需要就会一直持续下去。几乎从沃尔特·迪士尼第一次想到迪士尼乐园的那一刻起，他就用电影术语来形容迪士尼乐园——"它的本质是一个漂亮可爱的电影布景。"沃尔特告诉他的员工。随着建设计划的进行，本·沙普斯坦说，沃尔特曾多次解释说："迪士尼乐园的成功主要是建立在电影背景布设和特效技术的基础之上的。"为了达到电影化的效果，他调整了迪士尼乐园的比例。人们常说沃尔特按照真实事物的八分之五的比例建造了整个迪士尼乐园。事实上，里面铁路的规模是八分之五，这使得沃尔特能够使用窄轨铁路和翻新的窄轨火车。"美国小镇主街"则是投影缩减技术的巧妙应用的产物。各种商店的第一层的缩减比例是十分之九，第二层是十分之八，第三层是十分之七。至于迪士尼乐园的其他部分，沃尔特在给一位老熟人的信中写道："物体的大小比例取决于它们是什么以及在哪里"——他称之为"选择既实用又好看的大小和比例"。他说："马克·吐温号游船"是按四分之三的比例建造的。

第十章　迪士尼乐园

　　这么做的原因，沃尔特非常肯定地说是出于心理因素的考虑——毫无疑问，这是他从缩微模型"迪士尼乐土"中学到的一个经验。首先，一方面，他觉得，尺寸的改变"让街道变成了一个玩具"，并提供了玩具具有的那种给人带来的下意识的乐趣。另一方面，它强调了怀旧的感觉，因为它把过去和梦幻与小而古雅精巧联系在一起。"人们喜欢认为他们的世界比爸爸的世界更成熟。"他说。最后，他认为，这个尺寸比例使得迪士尼乐园更有吸引力，也更有亲和力——一座人类的纪念碑。肯·安德森记得沃尔特曾经说过："你知道，过去的暴君建造了一些巨大的建筑——以向世人展示看看我有多强大，多么有权力。他们凌驾于人民之上只是为了给人民留下深刻印象。"在迪士尼乐园，人们会觉得自己比其他建筑高出很多，人凌驾于建筑之上。

　　迪士尼乐园创造的更复杂精致的效果是重现了看电影的感觉。一位分析人士将该乐园比作迪士尼动画，每个主要景点都扮演着与电影中"关键帧"相同的角色——传达动作的极端化效果。这种效果让想象和体验更加难以磨灭。参与设计迪士尼乐园的约翰·亨奇声称，沃尔特设计了一种"当从迪士尼乐园的一个区域到另一个区域时，真人实景交叉融解淡入淡出的效果"，他指的是一种电影技术，一个场景逐渐消失，而下一个场景逐渐出现。亨奇会坚持在每个"新世界"的门槛处改变人行道的质地，因为他说："你可以通过脚底来感知并获得环境发生变化的信息。"但这也保持了体验的流动性和有机性——不仅仅是一系列不连贯的游乐设施和体验，而是一个从此处到彼处的完整的感官流动。

　　这些 WED 公司的工作人员后来被戏称为"幻想工程师"，这是对他们在迪士尼乐园设计过程中所做出的努力的赞赏。他们承认，在设计这个乐园的过程中，在考虑各种游乐设施的时候，工程技术和想象力的结合受到了电影的启发，沃尔特曾教导他们在考虑这些游乐设施时要把它们当作电影体验来考虑。一个人会在物理上亲身经过各种"场景",就像一个人在看电影的时候一样。事实上,在规划设计阶段,沃尔特一边检查各个景点的故事板,一边将客人的反应表演出来,就像他总是把动画片中的场景表演出来一样。实际上,迪士尼乐园的设计初衷不仅是提供一些典型的舞台场景和静态画面,而且是为了讲述一个或一系列的故事。在这些故事中,游客参与进来并扮演主角:白雪公主、蟾蜍先生、彼得·潘或爱丽丝。一位分析人士认为,这些故事都有一个压倒一切的主题,一个迪士尼反复强调的主题:"正义战胜邪恶,通过运气、勇气和聪明的结合,一个弱小的家伙最终总能战胜伪装成无数种形象的像他或她那样的大坏蛋,所有这些都象征着权力及其滥用。"潜意识里,迪士尼乐园赋予了游客权力和力量。

因为迪士尼乐园已经被想象成一套或一组场景,它也必然要处理乐园外的现实世界和乐园内的幻想世界之间的交接转换——从一个场景转移到另一个场景,用一个场景取代另一个场景。沃尔特一直想把他的客人送到一个单独的完全隔绝的地方。有一次,他斥责了一位宣传人员,因为他把自己的车停在了"马克·吐温号游船"上的游客能看到的地方,而1860年的乘客无法想象1955年的汽车。"我想让他们觉得自己在另一个世界里。"他会对自己的"幻想工程师"们说——就像他当年对自己的动画作品说的那样。大家一致认为他基本上成功了。一位参观迪士尼乐园的记者称它"与其说是一个游乐园,不如说是一种精神状态,这才是真正意义上的精神状态"。当记者们试图确定迪士尼乐园的吸引力时,这种观点就变成了一种普遍的观点。更具体地说,因为它似乎与日常生活截然不同,一些人会认为,在这里,人们与其说是在放纵自我,不如说是在被改造。评论家格雷尔·马库斯(Greil Marcus)写道:"迪士尼乐园里的某些东西,即使不是迪士尼主义本身,也不一定是最好的或最坏的,但往往最能激发人的本性——它把人的本性剥得赤裸裸的，只会让人胡言乱语，或者引发诅咒和辱骂。"约翰·亨奇认为沃尔特的意图是治疗性的。"当沃尔特建造迪士尼乐园时，他努力让人们对自己感觉更好，"亨奇说，"我想他已经发现了人们在寻找什么——活着的感觉和对生活的热爱。"这给公园带来了一种近乎宗教的光环。

亨奇认为，游客们感觉如此之好，是因为沃尔特·迪士尼煞费苦心地把他的公园构思得井然有序、协调和谐。迪士尼乐园没有模棱两可，没有矛盾，也没有不和谐。迪士尼乐园的布局、客人被巧妙地引导到目的地的方式、干净的环境、人们排队等候景点的效率、天气，甚至乐园里面的声音——所有这些都给人一种绝对幸福的感觉。出版商沃尔特·安能伯格（Walter Annenberg）在参观完迪士尼乐园后表示，"如果我被迫必须用单一的描述性词汇来描写迪士尼乐园，我会说它是有益身心健康的"。

有益身心健康当然是其中的一部分，迪士尼乐园似乎传达了完美的一部分，以及它提供的与世隔绝的快乐的一部分。但是，归根结底，迪士尼乐园最大的吸引力可能不是它的完美本身，而是它的建筑物。就像在迪士尼动画中，承担责任这一主题与创作的行为紧密结合。无论迪士尼乐园做了什么，它不仅给游客带来了他们在游乐设施中扮演的角色的替代性刺激，也给了他们一种胜利感。这赋予了创造这一切的沃尔特·迪士尼替代性力量。沃尔特·迪士尼生活中的一切都指向这个乐园。《纽约客》的一位撰稿人说，他所有的努力都在迪士尼乐园达到了高潮，"在这里，在这部大师最精心制作的动画作品中，他的现场公众被融入了动画镜头之中，发挥了经济和审美的双重作用"。在迪士尼乐园，游客们是整体快乐氛围的一部分，他们陶醉于自己的掌控之中，因为一切都执行得很好，它让人感到舒适和安心，或许最重要的是，人们知道有人真的可以做到这一点，让人感到很有力量。最后，并不是对奇迹的控制让迪士尼乐园对游客来说如此势不可当；就像沃尔特·迪士尼职业生涯中的许多其他事情一样，这是一个关于控制的奇迹。

5

沃尔特·迪士尼一生曾经历过许多次的失望，但他对自己的迪士尼乐园并不失望。当他的一部动画电影长片完成时，无论它离他的期望有多远，他都已经无能为力了，这就是为什么他能够在他的项目完成时就完全脱离出来。"你总是那么专注于下一件事，专注于即将到来的事情，以至于当我完成一部电影时，我忘记了那该死的东西。"他曾经说。迪士尼乐园则是不同的。这个乐园是有机的，是发展的，是持续的。如果达不到要求，他可以继续对它进行各种改变、扩建。他喜欢说这件事永远不会完成。

沃尔特不想脱离迪士尼乐园——迪士尼乐园现在是他的生命。"他知道迪士尼乐园里的一切。"迪克·欧文说——就像有人曾经评论沃尔特对迪士尼工作室的了解一样。他知道每根管道在哪里。他知道每座建筑物的高度。莉莲说他知道迪士尼乐园里每颗钉子的位置。在迪士尼乐园堪称灾难性的开园日之后，在随之而来的热得要命的热浪中，他几乎把所有的时间都花在了这个乐园里。"解决一些小问题。"他对一名记者说。但即使问题解决了，他也无法脱身，直到12月底，他仍然把大部分时间花在迪士尼乐园里，尤其是周末。"你知道，乔，"他对乔·福勒说，"我到这儿来是为了从迪士尼工作室单调乏味的影片制作事务中解脱出来，得到真正的休息。这里才是我真正的乐趣所在。这里才是我放松休闲的地方。"

沃尔特虽然有一辆电动推车，但他通常会步行在迪士尼乐园里闲逛，迈着他那长长的、轻快的农家男孩特有的步伐，经常被认出他的游客们团团围住，要求他签名。(后来，他制定了一项政策，要求他们预先向迪士尼工作室发送请求，否则因为这些人的打断和阻拦，他几乎无法穿过迪士尼乐园。)他常常采取突袭的方式，突然来到某一游乐设施处。一位"丛林游船"驾驶员回忆说，有时候，他只是站在码头上观看。有时他会自己或和其他乘客一起跳上一条船。当乘船行程从7分钟缩短到4分钟时，他向"探险世界"的经理迪克·努尼斯（Dick Nunis）抱怨道："如果行程本来是7分钟，而你缩短了3分钟，这就像去看电影，却漏掉了一些重要的片段。"当他不检查监督的时候，他就像一个带着巨大玩具的孩子一样享受着迪士尼乐园。"新奇士柑橘屋"（Sunkist Citrus House）的一名员工记得，他曾在星期天早上来过这里，把橙子塞进榨汁机里。有时，他会在晚上突然出现在迪士尼乐园里，甚至是在凌晨4点钟出现。"他实际上就住在那里。"莉莲后来说，就像他曾经住在迪士尼工作室里一样。就像他在伯班克的办公室旁边有自己的宿舍一样，他在迪士尼乐园的消防站上方有一套公寓。这套公寓用红色天鹅绒、饰带和织锦装饰，看起来像一座19世纪晚期的住宅。一位员工说，她偶尔会看到他站在公寓的窗前，就像他在开业那天那样，为自己的成就而感动到哭泣。

虽然电视转播网、自己的员工和兄弟甚至妻子都对迪士尼乐园怀有种种疑虑和不解，但事实终于证明沃尔特是正确的。尽管在开幕日当天，由于准备不足导致一场惨不忍睹的大混乱，但迪士尼乐园立刻取得了胜利。在开业的第一周，它就吸引了16.1657万名游客，到当月月底，它每天吸引超过2万名游客——在运营四周后，总共吸引了50多万名游客。据估计，到当年8月，南加利福尼亚近一半的人参观了迪士尼乐园，到9月底，迪士尼乐园迎来了第100万名游客。运营第一年，它就吸引了360万游客。到第二年年底，它又迎来400多万名游客,比去年同期增长13%,仅开业两周年纪念日那天就有2.5万人涌入。在开业不到两年半的时间里,它将迎来第1000万名游客,届时它的旅游吸引力将超过科罗拉多大峡谷、黄石公园和约塞米蒂国家公园。

自《白雪公主》之后,沃尔特·迪士尼制片公司的作品在近17年来第一次大红大紫。每位成年游客只需支付1美元购买门票,每个孩子支付50美分即可游园。此外,他们还需要为各个景点支付10到25美分不等的费用,如果他们要去游玩这些景点的话。在可停放1.2万辆汽车的停车场停车要另外花25美分。那年10月,由于一些客人反对1美元门票,而且像"丛林巡航之旅"和"马克·吐温号游船"这样的大型景点吸引的游客与其规模不成比例,所以宣传人员艾德·埃廷格(Ed Ettinger)建议,在继续销售门票的同时,再推出一本包含八张景点门票的小册子——按不同的景点分为A、B和C三种,从最不复杂的到最复杂的景点——成人套票2.5美元,儿童套票1.5美元。最初的计划是在限定的时间内提供这些小册子,但事实证明,这套制度非常有效,非常受欢迎,以至于它们成了公园的主要产品。1956年增加了D票,1959年增加了最受欢迎的E票。E票很快成为俚语,用来描述特别令人兴奋的经历。

随着数百万美元的资金涌入迪士尼乐园——1955年迪士尼公司总收入为2450万美元,而前一年只有1100万美元——沃尔特又开始集思广益,想各种招数。为了在圣诞节期间吸引顾客——因为他担心节日期间参观人数会减少——他创建了一个"米老鼠俱乐部马戏团",马戏团从11月底开始在迪士尼乐园演出,一直持续到新年。他在给一位朋友的信中写道,拥有一家马戏团是他毕生的梦想,但当观看马戏表演的人数令人失望时,他得出了结论,即迪士尼乐园的游客不想把宝贵的时间花在看两个小时的马戏团表演上,最后这一尝试性举措

第十章　迪士尼乐园

损失了 12.5 万美元。甚至在马戏团完全结束在迪士尼乐园的演出之前，沃尔特就得出了另一个结论——在迪士尼乐园里马戏表演的独特性还不够。

迪士尼乐园需要规划宏大的旅游景点，激动人心令人兴奋的旅游景点，其他任何地方都找不到的旅游景点。开业仅几个月后，他就会见了一家瑞士公司的代表，准备安装一条造价 20 万美元的缆车，也就是沃尔特所说的"阿尔卑斯空中通道"。这条通道将横贯整个迪士尼乐园。与此同时，他正在与孟山都化学公司的高管们接触，讨论为缺乏资金的"明日世界"建造一座塑料的"明日之屋"。（孟山都化学公司已经让麻省理工学院的工程师设计了这所房子，该公司正在寻找安放这所房子的场地。）"我们完全可以像建造迪士尼乐园一样，用电视直播的方式来展示你们的'明日之屋'的建造过程。"沃尔特在给孟山都化学公司的信中写道。他解释了他们可能如何记录这所房子在迪士尼乐园里面建造的各个阶段。到来年 1 月，孟山都公司和迪士尼公司已经达成了这笔交易。与此同时，沃尔特已经委托比尔·科特雷尔对迪士尼乐园进行全面的重新评估——科特雷尔将在那个秋天再次造访欧洲，以获得灵感——5 月，沃尔特宣布了一项耗资 710 万美元的扩建计划，包括完成"汤姆·索亚岛"和"童话世界"、"阿尔卑斯空中通道"、一架阿斯特罗（Astro）喷气式飞机飞行之旅、一辆彩虹洞穴越矿飞车（这个旅游设施与《真实生活历险记》系列中的《沙漠奇观》有密切关联），以及一个印第安村庄——所有这些之所以都成为可能，沃尔特告诉《洛杉矶时报》，是因为事实证明，迪士尼乐园非常成功，以至于银行以 3.75% 的利率贷款给它，比他们愿意为电影制作支付的利率要低得多。尽管如此，即使是沃尔特·迪士尼的权力也不是无边无际，也是有所限制的。他让乔·福勒去看看能否为美国小镇主街提供积雪，并使"美国的河流"结冰。福勒礼貌地告诉他这

799

是不可能做到的。

现在，既然迪士尼乐园已经大获成功了，那就得来一次大清算了。在迪士尼乐园建设阶段，沃尔特不得不进行授权，把权力主要下放给了C. V.伍德。伍德是一个风度翩翩的俄克拉何马州年轻人，沃尔特让他负责后勤，而沃尔特自己则凌驾于大多数实际问题之上。迪士尼乐园一开业，伍德就领导着一个三人运营委员会，有效地管理着乐园。但是，就像当初在迪士尼工作室里对待约翰·里德以及弗雷德·莱希时那样，沃尔特刚把权力下放给了别人，就对那些被他授予权力的人产生了怨恨。沃尔特需要控制，尤其是他担心伍德已经开始培养一批忠于他而不是沃尔特的骨干员工。到了1月，伍德被解雇了，沃尔特宣布，他将亲自担任总经理一职，直接与一个新的五人委员会合作。这个委员会理论上是权力至上的"迪士尼乐园管理和运营委员会"，委员由担任迪士尼首席执行官的沃尔特任命，实际上，沃尔特自己取代了伍德。下个月，"迪士尼乐园政策和规划委员会"召开会议，决定迪士尼乐园的发展理念和日程安排——比如是否应该在淡季关闭，还是应该每周只开放六天——现在的掌门人是谁，这个问题变得毫无悬念。沃尔特·迪士尼，迪士尼乐园的精神领袖，已经临时接管全部权力。[1]

虽然沃尔特被迪士尼乐园深深地迷住了，但他仍然对不得不在一家电影公司里扮演公司总裁感到不满。这家电影公司越来越多地在制作他并不特别在意的电影。随着他在迪士尼乐园承担的控制权越来越

---

[1] 这并不是沃尔特和C. V.伍德之间的最后一次对抗。离开迪士尼乐园后不久，伍德开始引诱迪士尼乐园的员工离开，在科罗拉多州的戈尔登（Golden）建立一个名为"魔幻之山"（Magic Mountain）的新游乐园项目。当这一计划没能实现时，自称"迪士尼乐园的设计师兼建造者"的伍德在另一家游乐园重新露面，担任高级管理人员。这家游乐园位于纽约，名为"自由乐园"（Freedomland）。沃尔特对他的自以为是和狂妄自大感到愤怒，决定起诉他。

第十章 迪士尼乐园

多,他在沃尔特·迪士尼制片公司里放弃的控制权也越来越多。"我觉得我在里面参与太多不太好。"沃尔特告诉一位采访者,为自己经常缺席迪士尼工作室的事务而辩解。他回忆起1931年精神崩溃前他用来形容自己的话:"我一直是个苛刻的上司……我只是有时候感觉自己像一只脏鞋跟一样不停地敲打,敲打,敲打。"他承认,他现在本质上是一个战略家,是首要选择,也是最后的防线,而不是一个亲力亲为的制片人——我们可以讨论一些事情,然后我们达成一些共识,然后他们就离开了——工作室的工作人员比以往任何时候都更加有自主权。现在,委员会在每月一次的"剧情简介"会议上审议可能的银幕素材,沃尔特从未参加过这个会议。最后,他委托比尔·安德森负责监督影片制作。安德森曾经是迪士尼工作室的制作经理,然后又担任迪士尼工作室负责运营的副总裁。

从技术上讲,安德森只是在沃尔特不在的时候才获得权力,但沃尔特现在通常都不在。他要么在迪士尼乐园里,要么在国外,要么就与世隔绝般躲在他的办公室里。正如制作《真实生活历险记》的本·沙普斯坦对这个新过程描述的那样,"当沃尔特说,'我要离开很长一段时间',比如六个星期,而且他说,'你知道,我们积累了很多关于鸟的素材,你知道,那些东西,这些东西',他说,'顺便说一句,我需要你……把它们按一定的顺序整理出来,集中火力把它们弄好'。他这样说的时候,都是真心真意的话"。这是一种责任——在此之前都是沃尔特自己来承担这些责任——但沙普斯坦觉得这也是一种威胁:"我想看到这些东西在我回来的时候或其他时候投入使用。"这是整个迪士尼工作室现在面临的难题。现在沃尔特被层层行政管理人员隔离,他不想被打扰,但他还希望事情能完全按照他的意愿来发展。

如果说有什么不同的话,那就是随着沃尔特被迪士尼乐园分散了注意力,而且经常缺席迪士尼工作室的活动,工作室里的紧张气氛自

801

10多年前罢工之前起就一直在稳步上升，现在更严重。工作人员都生活在恐惧之中——完全是极度的恐惧。电影导演哈德·弗莱舍（Hard Fleischer）是沃尔特的老对手马克斯·弗莱舍（Max Fleischer）的儿子，他来到迪士尼工作室制作《海底两万里》，对自己的发现感到惊讶："人们在这个地方普遍感到紧张和不安，这是因为频繁的大规模解雇似乎是反复发生、不停出现的一种现象。"他后来写道。弗莱舍说，在沃尔特证实之前，他对这一理论不予理会也丝毫不相信。但后来信了，他说："'你知道，'他对我说，'每隔一段时间，我就炒掉所有人，几周后再把他们招回来。这样他们就不会太自满。这让他们保持警觉。'"另一名员工说，沃尔特的员工用"农民对国王通常表现出的完全尊重"向他打招呼，并表示，"即使他说2加2等于22，他们也会热烈同意"。一位年轻的作家正在考虑拍摄一部有关贝多芬的电视传记专题片，她注意到工作人员非常谨慎，生怕他们做出的决定会让沃尔特感到不快，尽管他们中的一些人已经在这家工作室工作了几十年。"事实上，恐惧似乎是他们的正常状态——我很快就会知道，这是有道理的。"她写道，"他们目睹了其他与沃尔特意见相左的人被立即解雇。他们喜欢自己的工作；他们重视自己的事业；他们知道最好不要得罪他们这位专横的老板。"自1929年以来，本·沙普斯坦就一直在这家工作室工作，经常扮演沃尔特的替罪羊代他受过。他患上了一种神经疾病，需要经常离开工作室。"这种情况现在似乎发生得更频繁了，持续的时间也更长了。"他在给沃尔特的信中写道。

一位同事形容沃尔特是"丝绸枕头里的钢弹簧"，但这些弹簧一直在往外钻。现在他常常表现得又冷酷又凶狠。"所有像枯木一样无用的人都将被清除。"他在迪士尼乐园扩建时再次当选为董事会主席后在给冈瑟·莱辛的信中写道。他视线所及之处都是像枯木一样无用的人。在《米老鼠俱乐部》第一季的拍摄中途，他命令比尔·安德森解雇其中的一名员工后——"我知道他还在我们的工资名单上，但我不知道为什么"——沃尔特补充道："除此之外，还要检查一下'老鼠剑客小组'中所有被延期解聘的人。我相信，除了9名'老鼠剑客'，再加上吉米·多德和罗伊·威廉姆斯，我们应该从零开始……让我们彻底检查一下'老鼠剑客'的设置和构成，确保我们没有搭载不需要的人。"这是迪士尼在这些工作人员几乎使出吃奶的力气匆匆忙忙将该节目制作完成并播出之后做出的决定。同样，A. G. 基纳（A. G. Keener）也被解雇了，他在这家工作室当了15年的工薪出纳员，并收到了一封更适合短期员工的证明信："由于全球市场状况，我们的组织被迫大幅裁员。根据这一裁减计划，基纳先生的部门已纳入总会计部门。"诺曼·弗格森曾是首席动画师，但他被解雇了，因为他已经变成了"枯木"。弗雷迪·摩尔被复职了，然后又被解雇了——仍然是一个像枯木一样无用的人。（不久之后，他死于一场车祸，沃尔特没有参加他的葬礼。）弗雷德·莱希最终被解雇了（沃尔特坚称他已经辞职），哈尔·阿德奎斯特在迪士尼工作室里做了20年最吃力不讨好的工作，也决定离开。当阿德奎斯特不久之后谄媚地请求沃尔特让自己回来时——"我对安排给自己的工作并不十分挑剔"——沃尔特拒绝了。杰克·金尼从1931年开始就在迪士尼工作室工作，先做动画师，后来担任《木偶奇遇记》和《小飞象》中的片段导演，然后又担任大多数《高飞》系列卡通片的导演。他后来也被解雇了，离开了迪士尼工作室。另一位迪士尼工作室的前速写美术师的妻子送给沃尔特一尊银质圣母像，希望他能买下它，为自己丈夫的白内障手术提供资金，拯救这位美术师仅有的一只好眼睛，恢复他的视力。沃尔特出价100美元买下它。他在给她的信中写道："从市场经济的角度来看，我认为我们没有理由再抬高价格。"

这个曾经十分追求合作精神的人，现在已经不允许迪士尼工作室里有任何不同意见了。当那位年轻的为贝多芬电影编写剧本的作家提出一种不同于沃尔特的方法时,他给了她一个冷冰冰的眼神,然后用拳头猛击桌子,把书和文件扔到了地板上。"在不祥的寂静中,迪士尼的脸变得僵硬,"她后来写道,"他冷冷地说,会议结束了。"甚至迪士尼工作室的老员工故事创作人比尔·皮特也感到了来自沃尔特的打击——不是因为皮特和沃尔特步调不一致,沃德·金博尔认为,而是因为他和沃尔特的步调太接近了。据金博尔说,皮特做了一个陈述演示,然后沃尔特会"挑出一些小细节"。于是皮特更换了素材进行了修改,两个星期后,沃尔特走进皮特的办公室说:"我认为不应该是这样的。"然后"一字不差地逐字逐句地描述出比尔最初的构思"。但是,金博尔说:"不成文的法律是,你不能把这一点告诉沃尔特……这就像把头伸进老虎嘴里一样。这种情况一直在发生。"皮特自己说,他早就被警告过,"一旦你进了沃尔特的狗窝,你可能永远也出不去了"。当皮特拒绝重拍《睡美人》中的一个片段时,他发现沃尔特把他下放去拍摄制作彼得·潘的花生酱商业广告了。

沃尔特现在在迪士尼工作室里会更频繁地发脾气,一点儿小事都会让他大发雷霆。据导演理查德·弗莱舍说,当哈珀·戈夫在《海底两万里》中忘记为海豹制作奖牌时,沃尔特"对他破口大骂,骂得他体无完肤,狗血喷头"。戈夫"像一只被烫着的猫"一样飞快跑走,赶紧去弥补这个错误。在同一部电影中,沃尔特指派亚光艺术家彼得·艾伦肖(Peter Ellenshaw)与一位资深特效师合作。艾伦肖要求重新分配工作,沃尔特坚持要他留下。当艾伦肖表示抗议时,沃尔特咆哮道:"我在说话。你闭嘴。"正如艾伦肖所说:"他把我生生砍倒,好像手里拿着一把镰刀。"沃尔特在当地吃晚饭时斥责了另一位长期雇员格里·格罗诺米之后,哈里·泰特尔在从欧洲发给妻子的信中写道:"你必须保持谦逊的态度,不要和他争辩。"而且沃尔特还是和往常一样，反复无常，极其善变。制片人比尔·沃尔什说："当你突然意识到自己是在和野蛮的匈奴王阿提拉说话时，这个和蔼可亲的老大叔却拍了拍你的头，他想让你开心，想让你吃顿温暖可口的午餐。"

沃尔特出现这样的行为有多方面的原因：可能是一直在酝酿、即将爆发的对罢工进行报复的欲望；或者是迪士尼工作室无法再制作可以让他引以为傲的电影而感受到的沮丧；再或者是在迪士尼乐园显然吸引了他的全部注意力的情况下还不得不处理迪士尼工作室的乱七八糟事务而产生的敌意。比尔·科特雷尔认为，在对迪士尼乐园最初的激情冷却之后，沃尔特对迪士尼乐园的建设有了更深的责任感。"随着时间的推移，沃尔特变得越来越严肃，"科特雷尔说，接着他又补充说，"我认为沃尔特没有得到他应该得到的那么多乐趣。"动画师埃里克·拉尔森也注意到了这一点。沃尔特一直讨厌考虑金钱问题，现在也开始谈论金钱，并为之担忧："因为他们从外部引进了一些人，这让他认识到金钱的价值。"但无论怎么样，对迪士尼工作室里的人来说，沃尔特·迪士尼这个长期以来遥不可及、令人恐惧的人，已经变得更加遥不可及，更加令人恐惧。

6

沃尔特的形象是一个"可爱的天才"，专栏作家卢埃拉·帕森斯这样称呼他。他给人的印象是，尽管随着公司的发展，他必然会变得更加企业化，但他并没有变得更加"好莱坞"。用帕森斯的话来说，他和莉莲是"我们镇上婚姻真正幸福的两个人"。莉莲自己似乎也赞同这种观点。在她生命即将结束的时候，她告诉一位采访者，她不会拿"我们在一起的美好生活"的一分钟来进行交换，她说她"崇拜他"。然而，事实上，他们的婚姻存在紧张状况——严重的紧张状况、持久的紧张状况。尽管莉莲很喜欢做沃尔特·迪士尼太太，也愿意服从自己的丈夫——当有人要她签名时，她会在沃尔特写得龙飞凤舞的"迪士尼"里的字母"y"上面签上自己的名字——尽管她知道她必须和迷恋他的公众分享他，但她也不是特别乐意这样做。有一次，在加拿大卡尔加里的牛仔竞技表演活动中，沃尔特被邀请为特别嘉宾出席活动，莉莲不得不坐在木桶上等了两个小时。罗伊说："她过去常常因为被一个人留在家里而感到愤怒。"并援引她的话说，沃尔特"对公众和媒体的考虑和照顾比对她的考虑和照顾要多"。甚至黛安娜也承认，她的母亲对沃尔特"占有欲很强"，"嫉妒其他喜欢他的人"，而莉莲自己则对公众冷漠疏远、傲慢矜持。

她没有和他一样的满腔热情和孩子般的感情流露——没有和他分享他的动画、他的缩微模型、他的火车甚至迪士尼乐园。沃德·金博尔声称在迪士尼乐园的开幕式上看到了莉莲——实际上她并没有出席——并问她对此有何看法。"好吧，这让沃尔特不跟别的女人鬼混。"她直截了当地对他说——尽管沃尔特从来没有和别的女人鬼混过，甚至似乎没有注意到她们。（他的中年危机是他的模型火车。）还有一次，在7月4日的一次迪士尼公司野餐会上，把养山羊作为业余爱好的艺术家T.赫（T. Hee）送给沃尔特和他的女儿们一只戴着红丝带和铃铛的小羊羔作为宠物。沃尔特把小羊羔装进车里准备离开，但莉莲坚持山羊不能和他们一起走。双方各执己见反复拉锯，沃尔特说这是一份礼物，然后开车离开了，黛安娜说，但莉莲流出了"愤怒的眼泪"，所以沃尔特到了家里后让她们下车进房间，开车掉头离开，车上还带着那只小羊羔，在迪士尼工作室里过了一夜。"这种情况几乎导致迪士尼夫妇离婚。"沃尔特在给赫的信中写道。

对莉莲来说，沃尔特反复无常，任性随意。她对一位采访者说，嫁给他就像"依附在他们经常谈论的所谓的飞碟上"，她从来不知道

第十章 迪士尼乐园

"沃尔特的想象力什么时候会飞到遥远的蓝色天空，什么事情都可能突然发生"。她说，这令人兴奋，但她更关注的是不确定性，而不是兴奋。"我一直都很担心。我从来没有感到过安全，"她告诉另一位采访者，"但是，这种情况已经超出了我的能力范围，我无法对之采取任何措施和行动，我无能为力。我只是想，'就是这样。他会去做的，也只能这样了'。"（有一次一位动画师对沃尔特说，他的妻子说他们需要更多的钱，于是要求加薪。沃尔特对他说："你听你老婆的，是吗？如果当初我也听我老婆的话，我真不敢告诉你现在我会是什么样。"）尽管如此，莉莲从来都不是那种逆来顺受地接受沃尔特的决定或毫不怀疑地认可他的地位的人，但她也承认，沃尔特总是告诉人们"他有多怕老婆"。"天哪，妈妈和他吵架了！"黛安娜回忆道，"一般是良性的健康的吵架。我们家从来没有什么秘密。如果有什么让人不舒服的感觉，那就是爆发。"而爆发的那位通常都是莉莲。

她对他不以为意，不感兴趣。谈到自己在杂志上的负面形象时，沃尔特对海达·霍珀说，莉莲不在乎记者怎么说他。"事实上，她通常同意任何写这种东西的人说的话，"他继续说，"我让记者无法靠近她，远离她。因为她会告诉他们真相。"当哈里·泰特尔的妻子向莉莲提到沃尔特是个天才时，她忍不住问道："但是你想嫁给一个天才吗？""她当时有点儿大大咧咧，没有注意，也没有多想，纯粹是自然流露，"黛安娜说，"她移到自己的生活圈子里，在美容院预约保养、减肥锻炼、预约裁缝定制衣服、偶尔疯狂购物……总是不得不重新装饰某个房间的角落。这就是她的生活。"沃尔特叫她"说一不二的女王"。

沃尔特为她感到骄傲，为她的穿着打扮感到骄傲，为她在几乎没有人帮助的情况下处理家务的方式感到骄傲，他们只有一个厨师。当女儿们还小的时候，莉莲的姐姐格蕾丝·帕皮诺和他们住在一起，当

807

沃尔特和莉莲有事缠身或这对夫妇外出旅行时替他们照顾两个女儿。但是黛安娜还是认为家里有一些闯入者干扰了他们的生活，首先是莉莲的姐姐黑兹尔和黑兹尔的女儿玛乔里，然后是格蕾丝，这都加剧了迪士尼家庭关系的紧张。从根本上来说，他对莉莲的感情就像对他的女儿们一样深厚，不管她是否有意引起他的注意。"他总是搂着她。"黛安娜说。她认为他们是"浪漫的"。他还试图安抚她，哪怕只是为了维持家庭内部的和平。他专门去学了伦巴舞或曼波舞的课，这样当他们参加活动时，他就可以和她一起跳舞。动画师弗兰克·托马斯记得曾看到他在上课的时候专注地在一棵棕榈树后面练习舞步。尽管他抱怨莉莲花钱大手大脚——他很少抱怨迪士尼工作室或迪士尼乐园的支出与花费——他还是纵容了她，尽管没有表现得特别体贴入微。有一年，莉莲说，他递给她一本毛皮大衣的商品目录，说："这是送给你的圣诞礼物。"同样，当莉莲想要一台收音机时，沃尔特让人把一大台收音机送到了办公室。有一年，他送给她一根石化的木头作为礼物——虽然这根木头很快就被搬到了迪士尼乐园。还有一年，为了庆祝他们的结婚纪念日，他送给她一条项链，上面挂着他赢得的所有奥斯卡金像奖的微型复制品——这不是对这段婚姻的致敬，而是对沃尔特的致敬。

最后，原本打算让他和家人更亲近的新房子没有达到预期的效果，这是因为在最初的几年里，随着迪士尼乐园的建设，他待在卡罗伍德这个家的时间并没有比当初待在沃金道那个家的时间多出来多少。据他的秘书说，他通常会在早上到达迪士尼工作室，然后马上去一个动画室开会，或者在他的办公室与工作人员开会。如果在迪士尼工作室里闲逛，或者去看 WED 公司的情况，他通常要到中午才会回到办公室。他会看邮件，喝一杯 V-8 蔬菜鸡尾酒，或者在办公室或者在食品杂货店吃一顿简单的午餐——"他有一个理论，"他的秘书

第十章　迪士尼乐园

说,"吃得太多会让人思维混乱"——然后在下午参加更多的会议,直到5点下班。然后,他会回电话并签署信件,当然,他还会与护士黑兹尔·乔治会面作为一天的结束,请她为他做透热治疗,进行身心放松,喝点儿他喜欢的饮料——一杯加了水的苏格兰威士忌。然后他会回家吃晚饭。

但是即使在家里,他通常要么起草迪士尼乐园的计划,要么在工作间里悠闲地忙活,要么玩他的火车——至少直到迪士尼乐园开放后,他才把自己心爱的卡罗伍德铁路公司作了退休处理。火车在一次运行中脱轨了,折断了汽笛,冒出一股水汽。一位好奇的年轻乘客跳下车去看,结果被轻微烫伤了。还有一种说法是,沃尔特乘这列火车去了迪士尼工作室的机械车间,把它放在了"幻想工程师"之一鲍勃·古尔(Bob Gurr)的绘图桌下,偶尔会去看看。"他总是用一种特殊的方式触摸它,"古尔说,"确保它完好无损。"莎伦有另一个版本,她说,尽管事故发生后,他停止了运行这列火车,但他把它放在家里,在一个周日下午,他决定自己用工作仓里的遥控器来运行这列火车。但是正如在《魔法师的学徒》里的一个场景,正如莎伦描述的那样,火车"全速冲向车库的一侧。爸爸拍了很多照片,把它永远地藏在迪士尼乐园的一个小房间里。他不再玩玩具火车了"。沃尔特自己讲述的版本则完全不同。他说,他已经厌倦了看到其他人都在火车上玩得很开心,而"我自己却累坏了,整天都在烧煤"。

无论如何,即使没有迪士尼乐园的介入,"公爵夫人"去世后,他也不太愿意花时间在车间里为他的火车制造各种零部件了。"公爵夫人"得了胆结石,兽医没有给它动手术,而是想让它安乐死。沃尔特拒绝了这一提议,坚持要和它待在一起陪着它。"我觉得既然养了它,就得对它负责。"他说。实际上,它似乎正在慢慢康复,一次正在兽医办公室洗澡时,它突然死亡。沃尔特怀疑是莉莲撤销了他的命

809

令,并让兽医对"公爵夫人"实施了安乐死。也许没有什么比这更能说明沃尔特和莉莲夫妻关系的本质了。"他很愤怒",并要求进行尸检,黛安娜回忆说,"这是他唯一能相信她没有在他背后做任何事情的方法"。甚至在"公爵夫人"去世后,他还把它的毯子原封不动地放在他的工作车间里。

如果这所房子没有像他希望的那样,为他提供一个远离迪士尼工作室、让他与家人更亲近的地方,那么它也没有像他希望的那样让自己的两个女儿更多地待在家里。1951年秋天,一直是好学生的黛安娜进入了位于洛杉矶中心的南加利福尼亚大学,在那里上学她可以在周末回家。沃尔特欢迎她时不时地回来,尽管他继续抱怨说她"总是忙个不停","这些天我很少见到她"。他注意到,她多年来就读于私立女子学校,但自从她上了大学,情况发生了变化。他在给杰西姑妈的信中写道:在此之前,只有女孩和更多女孩在一起,她的外表似乎不太重要,她对此似乎不太注意。但是现在有了男孩在身边,情况就完全不同了。

黛安娜爱上了南加利福尼亚大学橄榄球队的罗恩·米勒(Ron Miller),一个高大、结实、英俊的球员,不过是她的父亲建议她嫁给他的,因为米勒即将参军,沃尔特担心黛安娜可能会在米勒不在的时候嫁给"错误先生"。(沃尔特邀请哥哥赫伯特参加黛安娜的婚礼,称米勒是"一个很棒的男孩——一个我们都喜欢的6英尺高的大个子运动员"。)他们于1954年5月9日在常春藤覆盖的万圣公会教堂举行了婚礼,这座教堂位于加利福尼亚的蒙特西托,洛杉矶海岸沿线的顶端,他们的结婚仪式被称为"橄榄球"仪式。主持婚礼的牧师曾是一名足球运动员和教练,五层的蛋糕上没有新郎和新娘的雕像,却有两名橄榄球运动员——一男一女。

他们在组建家庭方面几乎没有浪费一点儿时间。黛安娜于12月

第十章 迪士尼乐园

10日，也就是婚礼后七个月零一天生下了克里斯托弗·迪士尼·米勒（Christopher Disney Miller）。除了对这个名字略有不满，沃尔特对孩子的到来欣喜若狂。"黛安娜想到了一个完全出乎我们意料的名字，"他在给一名助手的信中写道——显然有点儿受伤的感觉，"她似乎下定决心不让她的儿子贴上我的名字。她对其中的'伊利亚斯'部分特别反感。"事实上，黛安娜本想给孩子取名沃尔特，但后来觉得他是个"新人"，需要一个新名字。她后来说她后悔了。尽管如此，沃尔特还是像当年疼爱女儿一样疼爱这个外孙。他现在介绍黛安娜为"我外孙的监护人"。

当罗恩在加利福尼亚州北部的奥德堡履行他的军事义务时，黛安娜已经有了第二个孩子——乔安娜（Joanna）。乔安娜出生于1956年4月，沃尔特正在圣费尔南多谷的恩西诺为他们建造一所房子，这是他在拒绝了罗恩和黛安娜的所有选择后亲自设计的。由于房子还在建造过程中，米勒一家搬到了卡罗伍德，与沃尔特和莉莲住在了一起。沃尔特承认，虽然"有时会有点儿忙乱，但外公外婆和小克里斯托弗和乔安娜在一起过着他们人生中最美好的时光。乔安娜和以前一样可爱，有一点儿小精灵小仙女的气息，克里斯托弗也和以前一样棒"。事实上，莉莲一向不怎么喜欢社交活动，现在由于她的生活完全被孙辈们占据了，她的社交范围受到了进一步的限制。沃尔特在给一家慈善机构的负责人的信中写道："自从我们家有了新外孙女后，这些天不管想带她去哪儿，我磨破了嘴皮都没能说服她一起去。"这家慈善机构当时正在举办一场活动，想邀请迪士尼一家参加。

虽然沃尔特与别人共同签署了为米勒家新房子申请抵押贷款的担保书，但他为这个年轻的家庭想到了另一种资金来源。多年来，许多作家和出版商一直恳求他合作写一本传记。沃尔特一直不同意，说他还处在全盛时期，因此任何传记都是不完整的。即使他勉强同意在

《星期六晚邮报》上发表系列文章,他也坦率地表示,他的传记只会是对《爱丽丝梦游仙境》的宣传。他告诉作者,他认识到"在根据生活故事写这样一个故事或系列故事时,经常需要对实际事件和经历进行改变和调整,并将它们戏剧化和小说化"——含蓄地承认了自己多年来一直在修饰美化自己的形象。

计划中的那些系列文章从未通过审核并刊发,但在迪士尼乐园电视节目播出后不久,另一位作家保罗·霍利斯特(Paul Hollister)找到了沃尔特。霍利斯特之前曾为《大西洋月刊》写过一篇关于迪士尼的文章,并受该杂志委托计划为沃尔特写一部传记,之后以书的形式出版。在《大西洋月刊》的引导下,霍利斯特认为这本书是经过了沃尔特授权的。他完成了这本书,却发现沃尔特并没有对它进行授权,更糟糕的是,沃尔特已经把手稿交给了罗伊审核批准,罗伊强烈建议沃尔特不要让这本书出版,因为它的风格"令人讨厌",而且事实也不准确。当有人给他一笔小钱让他放弃出版这本书时,霍利斯特很生气,他指责沃尔特让"老线人罗伊"安排人收买他,因为罗伊和沃尔特知道霍利斯特需要钱。最后这个系列文章和这本书都没有出版。

但现在沃尔特决定,如果允许某人利用他的故事,那应该是他的女儿们。1956年年初,《星期六晚邮报》再次就传记系列采访沃尔特,沃尔特反驳说,黛安娜至少是名义上的作家。"孩子们,我没办法直接拿钱给你们,"他对女儿们说——显然指的是税收问题,"这是一种方式!"黛安娜作为她父亲故事的作者只是一个幻想,她顶多促成了这次谈话。真正的作者是一位名叫皮特·马丁的资深记者。那年夏天,他在卡罗伍德对沃尔特进行了长达13个多小时的广泛采访,还采访了迪士尼工作室里的同事。该系列文章在那年秋天出现在杂志上,黛安娜从《星期六晚邮报》那里获得了7.5万美元——尚不清楚她是否与莎伦分享了这笔收入——还从亨利·霍尔特那里得到了1.1

万美元，霍尔特已经与迪士尼签订了出版《沃尔特·迪士尼的故事》一书的合同。（马丁也获得了霍尔特支付的部分钱和部分外国连载版权。）沃尔特如此渴望看到自己的女儿们从中受益，他甚至提出重新安排他的时间表，这样他就可以到东部地区宣传这一系列文章。[1]

对莎伦来说，生活更加艰难，沃尔特把她归为自己家庭中的美人，而黛安娜则被称为家庭的智囊。正如黛安娜的父亲写给妹妹露丝的信中所说，黛安娜"在课堂上顺风顺水，学习上毫不费力"，而莎伦从来都不是一个好学生。沃尔特自己也承认，"上学对她来说一直很艰难"，而且"她宁愿骑马也不愿学习"。她比黛安娜害羞得多。沃尔特对一位教育工作者说，"她的性格似乎隐藏在忧虑和胆怯的帷幕之下"，直到他为她找到了一个特别的项目，使她"泰然自若，对自己充满信心"。从洛杉矶韦斯特伍德区韦斯特莱克女子学校毕业后，她进入了亚利桑那大学——沃尔特亲自送她去的学校——尽管他告诉他的妹妹，她"喜欢"那里，但她只坚持了一年半就退学了。回到洛杉矶后，她在南加利福尼亚大学上了一个学期的夜校，后来也退学了。"我真的不喜欢它。"多年后她说。

她似乎喜欢做模特。她不穿鞋只穿袜子身高大约有 5 英尺 8.5 英寸高，而她的姐姐黛安娜穿上高跟鞋大约有 5 英尺 4.5 英寸高。她非常苗条，非常迷人，有着一头略带红色的浅棕色头发和一双蓝色的眼睛。沃尔特甚至让她出演了他的一部电影，一部名为《自由战士约翰尼·特里梅》的独立战争题材电影，看她是否喜欢演戏，但他在给露丝的信中写道："在这一阶段之后，她明白了模特仍然是她的

---

1 除此之外，沃尔特这时也在思考他的动画遗产。至少从 1953 年起，他就一直在为一本关于动画艺术的书征集作家，结果因为不信任他们拒绝了所有的候选人。这个项目被搁置了好几年，直到沃尔特最终选定了一位名叫鲍勃·托马斯（Bob Thomas）的美联社记者。沃尔特建议托马斯与杰克逊和迪克·休默合作，"因为我正在与他们合作其他项目，所以我也可以近距离参与这个项目"。这本书最终出版了。

初恋和最爱，而且会坚持下去。"在两年的时间里，她四处漂泊，在迪士尼工作室里做着各种各样的零工，从秘书到帮助莉莲的侄女菲利斯（Phyllis）。菲利斯和她的丈夫、广受好评的好莱坞魅力摄影师乔治·赫雷尔（George Hurrell）一起在这里拍电视广告。在这一时期的大部分时间里，她都在和堪萨斯城出生的室内设计师罗伯特·布朗（Robert Brown）约会。布朗曾在佩雷拉-卢克曼公司（Pereira-Luckman）工作，佩雷拉和卢克曼两人的合作关系结束后，他又在查尔斯·卢克曼联合公司工作。1959年3月，莎伦把他介绍给她的父亲，当时沃尔特正在医院接受肾结石的治疗。两个月后，也就是5月10日，这对情侣在太平洋帕利塞德斯第一长老会教堂举行了一个小型婚礼。（由于安排得太匆忙，罗伊已经另有安排不能参加。）虽然沃尔特真心喜欢布朗，但他似乎因为"失去"自己的女儿感到心理受到了巨大的创伤。在结婚仪式上，黛安娜说，他"像生病发烧了一样地颤抖"，当莎伦和她的新婚丈夫在招待会上跳舞时，沃尔特打断了他，大声对他的新女婿说："这还不是你跳舞的时候。要知道，你要和她共度余生。"莎伦承认她的父亲"有点儿生气"。

现在这所大房子里只有沃尔特和莉莲两个人了，回到了当年二人世界的状态。现在，除了迪士尼夫妇，房子里只有他们的厨师和管家西尔玛·霍华德（Thelma Howard）了。和莉莲一样，西尔玛也出生在爱达荷州的一个大家庭里，但她的家庭一直被悲剧困扰。西尔玛的母亲在西尔玛6岁的时候死于分娩，她的一个妹妹在8岁的时候去世了，当时她和西尔玛正在烧木头的炉子上做饭，女孩的衣服着火了。18岁时，西尔玛动身去了洛杉矶。1951年，38岁的她来到迪士尼工作，那时她已经饱受生活的打磨和锻炼了。她身材瘦小，但精力充沛，有一头浓密的短发，一张粗犷的脸。她喜欢抽烟，就像沃尔特一样，还喜欢玩金拉米纸牌游戏。沃尔特在她的身上找到了他在黑兹尔·乔治身上找到的那种接地气的、打破传统的精神,他喜欢和她在一起——毫无疑问,部分原因是,相比之下,莉莲常常显得那么敏感和脆弱。他可以和西尔玛开玩笑,取笑她,批评她的厨艺,告诉她应该去当地的一家酒吧——比夫的酒吧,看看他们是如何准备食物的。她现在完全是迪士尼大家庭的一员。

至于莉莲,她知道沃尔特心目中的优先项。"如果在他的工作室和他的妻子之间有一次摊牌决战,我祈祷上帝保佑我!"她半开玩笑地对记者说。她是对的,但是至少她知道她唯一的竞争对手是迪士尼工作室或迪士尼乐园。沃尔特在大多数女性面前都很不自信,除了描线与上色部门。除此之外,迪士尼工作室里几乎没有女性。[1] 他的一些同事认为沃尔特并不特别喜欢女性。"他不信任女人和猫,"沃德·金博尔说,"他笔下的反派几乎都是女人或猫。"马克·戴维斯也认为沃尔特"对女性有很大的怀疑",他最喜欢拍摄男性电影,比如《海底两万里》和《火车大劫案》(*The Great Locomotive Chase*)。但黑兹尔·乔治却持相反的观点,她说沃尔特"和女人在一起比和男人在一起更自在",她觉得沃尔特"和女人有认同感和同志情谊",尽管不同之处在于,他和坚强、严肃的女人在一起很舒服,比如乔治本人和西尔玛,和其他人在一起很害羞。

无论沃尔特对女人的看法如何,从来没有人指责他不忠,或者对

---

[1] 用沃尔特的话说,《小鹿斑比》剧组里的雷塔·斯科特(Retta Scott)成了"第一位女动画师",但不会有更多了。1946 年,在接受美联社的一次采访中,沃尔特将女性动画师的缺乏归因于女性并不特别擅长漫画创作,她们缺乏幽默感,对此沃尔特受到了很多批评。当《托皮卡州期刊》(*Topeka State Journal*)的首席编辑乔·李(Joe Lee)为沃尔特辩护时,沃尔特在给他的信中写道:"我想我应该告诉你的第一件事是,我又在里面睡觉了",然后他承认,"我想,没有哪个傻瓜比这样一个人更傻了,他滔滔不绝地讲述自己对女性的看法和态度,他们喜欢把这种看法和态度解释为对她们有害,那我必须恳求无罪申诉或者精神不健全"。不过,他毫不后悔地总结道:"如果你认为她们有真正的幽默感,我倒希望有一天晚上你能陪在我身边,跟我解释你是怎么玩扑克玩到凌晨两点钟的。"

异性表现出极大的兴趣。当他沉浸在动画片中时，他告诉沃德·金博尔："我爱米老鼠胜过我认识的任何女人。"现在沃尔特对他的迪士尼乐园很着迷，肯·安德森回忆起在迪士尼乐园开园前一周，他和沃尔特在迪士尼乐园的种植园餐厅共进了一顿鸡肉晚餐。沃尔特意识到，许多长期远离家人在工地上工作的人都在享受安德森所说的"夜晚的狂野时光"。沃尔特还是不相信这一事实。"'你知道，肯，我不能理解它。其中一些人……'他甚至看着我，说，'……好像他们的专业就是找女人。'他说，'孩子，我就是不明白，就好像女人是他们的爱好一样。你知道的，这是我的爱好。'"他双臂环抱着整个迪士尼乐园。

随着迪士尼乐园的开张，沃尔特对他的工作室越来越失望，越来越不抱幻想。他和莉莲也过上了千篇一律的生活，每天按部就班过日子。每天下班回家时，他的秘书都会打电话通知西尔玛和莉莲，这样等他到家时晚饭就做好了。（莉莲从来没有做过饭，如果西尔玛有事不在，她和沃尔特就会去塔姆奥山特餐厅或布朗德比饭店吃晚餐。）当回到家的时候，他和莉莲通常会在晚餐前一起喝杯鸡尾酒，有时会坐在电视机前边吃边看电视。当女儿们还在家里的时候，他通常只看新闻。她们离开后，他变得不那么有鉴别力了，欣赏品位直线下降。"他什么都看，"莉莲回忆道，"我们看的节目很糟糕，我会说，'你想让我换台吗？''不，不，我只是想研究一下。'他会说。我就会很生气，走上楼去，让他继续看。他对电影也是如此。我会说，'那部电影的评价很差'。'我不在乎，'他会说，'我只想看看导演是怎么做的。'"当涉及他自己的节目时，他特别全神贯注，并且要求莉莲也全神贯注。"每次我吃一口东西的时候，"她回忆道，"他都会看着我说，'你没在看'。"他还在家里安装了一个宽屏电影放映机来观看电影，但他不再把迪士尼工作室的电影带回家，因为他告诉秘书莉莲和西尔玛笑得不够大声。

816

由于迪士尼一家很少社交，而且沃尔特也不再像以前那样需要在晚上急匆匆地赶回迪士尼工作室，他们的夜生活通常很早就结束了。沃尔特9点钟或10点钟就上床睡觉了。但就像他白天神经紧张地哼着小调一样，他在床上也常常睡卧不安，尤其是当他做一个项目的时候。莉莲说，有时候他会半夜起来，站在梳妆台前自言自语，或者写生画素描，或者读剧本，因为他以前打马球时受了伤，导致他坐着不弯腰会很不舒服。鉴于莉莲的急躁脾气，他仍然经常被迫离家出走，或自己主动离家出走，住到迪士尼工作室或他在迪士尼乐园里的公寓。有时候是因为工作的问题。一名员工记得有一天晚上在迪士尼工作室见到了沃尔特，沃尔特说，因为莉莲"总是缠着他不放"，而他在第二天早上开会之前，还有一份剧本要看。有时是因为莉莲发脾气把他打发走的。甚至在迪士尼乐园开业之前，他就因为确信自己不会获奖而劝莉莲不要和他一起参加1954年的奥斯卡颁奖典礼，结果他得到了4座小金人，这让莉莲很生气。颁奖典礼结束后，他决定在迪士尼工作室里过夜。还有一次，当沃尔特重新雇用她的侄女菲利斯·赫雷尔时，莉莲勃然大怒，尽管事实上，莉莲的姐姐黑兹尔认为他已经给了轻浮的菲利斯太多的机会。沃尔特在迪士尼工作室住了三晚，其间没有给莉莲打电话。

大部分时候他们都在旅行。沃尔特称这些行程为"旅行"，而不是"假期"——当沃尔特回来后，米尔特·卡尔曾问他是否有一个愉快的假期，沃尔特厉声说："该死的，我一直在工作。"但是，尽管他经常去电影拍摄地点，参观那些可能给迪士尼乐园带来灵感的地方，他的旅行并不是真正的商务旅行。它们一如既往主要是一种沃尔特暂时逃离和摆脱迪士尼工作室的方式。莉莲和沃尔特经常旅行，他们参加在全国各地举行的首映式，他们去了度假胜地，他们乘坐加勒比游轮远航；有一次，他们开车沿着东海岸来回行驶，再次造访威廉斯堡,与各种政府官员和协会组织会面,在纽约市立博物馆参观立体模型,并向剑桥麻省理工学院的一位教授请教。沃尔特甚至在1956年夏天回到马塞琳,参加以他的名字命名的公园落成典礼,并重温了他和罗伊童年时经常逗留的地方。

根据原来的老借口,沃尔特必须在欧洲监督影片的拍摄和制作。他和莉莲现在也每年去一次欧洲,在那里待上几个星期,有时甚至几个月。对于他要开展的所有工作,他都有自己的计划和日程表。他和莉莲经常自己开着车去——在他和莉莲的几次欧洲之旅中,巨蟒电线电缆公司的总裁威廉·斯帕拉克林(William Sprackling)以及他的妻子(他们成了这对夫妇最亲密的朋友,并将他们的凯迪拉克汽车运到了国外)都陪伴着他们——两人都试图避开聚光灯以及公众的注视。"我根本不想要任何公众的关注。"沃尔特在给一位同事的信中写道。他解释说,他甚至开始以琼斯的名字旅行。"我只想做我自己,做我喜欢做的事情,看我喜欢看的东西。"

1957年他们的欧洲之行结束后,沃尔特写信给露丝说:"我们非常高兴能回家。"他们在英国、法国、德国、意大利和西班牙的穷乡僻壤和偏远地区旅游时,看到了"一些美妙的地方",但是沃尔特对他的西班牙之行却特别谨慎,这一行程不会被公开,因为他出生在那里的谣言由来已久,但却没有任何事实根据。但是"莉莲离开外孙子、外孙女这么久,几乎要发疯了,"他说,"我想我也得承认自己想家了,想他们了。"在他们离开的那段时间里,沃尔特在棕榈泉的"烟树"疗养度假村又建了一座房子,用来取代他为迪士尼乐园筹集资金卖掉的那座房子。当他和莉莲不在国内或国外旅行时,他们会躲到这个沙漠地区里。沃尔特在给一位朋友的信中写道,在那里,"除了休息和放松,什么都不做,这是一条不可侵犯的规则"。有人可能会问,除了不得不成为沃尔特·迪士尼的压力,他还需要放松些什么?

7

动画，迪士尼帝国建立的基础，现在更多的是出于传统和习惯，而不是为了利润而勉强维持着——沃尔特早在1953年就承认了这一点，当时他告诉比尔·安德森，虽然他不想把时间花在动画上，但它"必须继续进行下去"。由于电影观众的数量在20世纪50年代急剧减少，纷纷转向电视，影院要么关门大吉，要么选择两部故事片连播，这么多年来一直命悬一线的短片最终还是彻底衰落了。为了让这些短片保持赢利，电影公司大幅削减了预算，但也只是勉强做到了不亏本。沃德·金博尔说，迪士尼工作室越来越把动画短片当作为了不让员工空闲而安排的不必要的工作——是"为了让动画制作部门和故事创作部门在两部动画长片空隙之间维持运转"的工具；如果沃尔特的新动画长片遇到了问题，你可以随时找部短片来打发时间。到了1957年，动画短片小组已经被一个接一个地撤销了，当故事创作部门的员工纠缠着沃尔特，要他让他们试一试真人实景的电影时（这种类型的影片占用了迪士尼工作室越来越多的资源），沃尔特一点儿也不同情他们，说他负担不起训练他们的费用，如果他们想创作真人实景版的影片，他们可以到另一个工作室里做。

沃尔特也不太支持拍摄制作动画长片了。有一天，他和威尔弗雷德·杰克逊一起看《白雪公主》的片段，为电视节目寻找可摘录的片段，他说"似乎不可能拍摄制作出比《白雪公主》更好的动画长片了"，而且他似乎也不想努力或尝试一下。所有的动画师都知道他的热情已经从动画转向了主题乐园。弗兰克·托马斯说："你不得不要求甚至请求沃尔特参加《小姐与流浪汉》的会议。"这与当初沃尔特"在各个办公室里到处检查，看看人们完成了什么，检查有了什么成

819

果"时候的情形真是天壤之别。那时正如托马斯分析的那样,"我认为他真的把自己的时间花在了他想做的动画上"。现在,当有人问他的意见时,他会走进动画师的房间,看着他的作品,温和地说:"你没有任何问题。"托马斯认为这句话的意思是,沃尔特让员工们依靠自己,"就像熊妈妈把孩子们推到树上一样",其他人却认为这是沃尔特缺乏兴趣的表现,而且可能这种看法更为准确。他曾经有过疯狂的时候,虽然当时已经有十多部影片在制作了,却仍然为下一步要做什么而疯狂;而现在却恰恰相反,他手中的影片制作项目太少了,以至于动画师不得不督促他尽快把动画片投入生产。

具有讽刺意味的是,由于沃尔特对动画失去了兴趣,而且由于迪士尼乐园项目和电视节目《米老鼠俱乐部》,迪士尼工作室实际上制作了比过去几年更多的动画,但这些动画都是被简化了的,更容易绘制,因此成本更低。事实上,截至1956年,迪士尼工作室里的动画质量——当初每个动画师都曾试图效仿和模仿的标杆——已经严重恶化,水准大幅下降,以至于哈里·泰特尔建议沃尔特把动画制作任务"外包"给工作室外部的动画师,这样做"不仅可以大大降低成本",而且能够"得到质量更好的动画"。这种说法,甚至在几年前,还会被视为异端邪说。沃尔特可能一直心不在焉,但他并没有忽视这些缺点。他知道现在迪士尼工作室制作的很多东西都是垃圾。他现在愿意接受这些垃圾的主要原因是心思都在迪士尼乐园,就像他后来告诉黑兹尔·乔治的那样,"见鬼去吧,管他呢。这将有助于建造迪士尼乐园,孩子"。

迪士尼工作室并不是唯一一家动画产业面临衰落的电影制片公司。迪士尼工作室激发并制作的那种动画在任何地方都面临着危险——成本高昂、训练有素的动画师越来越少,以及来自电视的竞争越来越激烈——在电视节目上,动画必须更加原始,以满足紧迫的截止日期和预算。1955年,保罗·特里把他的工作室卖给了哥伦比亚广播公司,然后退休了。米高梅影业公司在1957年关闭了动画部门,据当时与威廉·汉纳一起运营该部门的约瑟夫·巴贝拉说,米高梅影业公司发现,重新发行旧的动画可以赚到新制作动画收入的90%。就连华纳兄弟影业公司也在1953年暂时关闭了动画部门,因为它的库存中有太多的动画。当它重新开设动画部门时,也未恢复到像20世纪40年代那样充满活力和才华的水平。

除了经济因素,沃尔特·迪士尼开创的、其他人跟随模仿的那种角色个性鲜明浓郁的动画还面临着另一个威胁:一种新的动画美学。罢工前,在迪士尼工作室工作的动画师约翰·赫伯利还记得建筑师弗兰克·劳埃德·赖特在参观伯班克时带来的一部俄罗斯卡通片。"它非常现代,"赫伯利说,"背景很平,人物非常程式化,还有现代音乐。"当赫伯利和其他志同道合的动画师在罢工后离开迪士尼工作室,分散到各个不同的公司时,现代主义美学仍然与他们在一起——一种刚刚萌芽的值得注意的发展趋势。赫伯利后来去了银幕宝石工作室,他承认这是一场革命,针对的是"迪士尼极有特色的圆形和不透明的动画形式"。

但是,直到战争爆发,政治和美学革命者才找到了推进他们事业的工具。这正如迪士尼曾经非常讨厌的人戴夫·希尔伯曼所说的那样。他和另一位名叫扎克·施瓦茨的前迪士尼动画师,以及另一位名叫史蒂芬·博萨斯托(Stephen Bosustow)的动画师组成了一个非正式的合作伙伴组织——工业电影和海报服务公司,为工业界和政府制作卡通和海报。最终,他们获得了一份由美国汽车工人联合会赞助的电影的合同,该电影旨在宣传1944年富兰克林·罗斯福的连任。到了战争结束的时候——在银幕卡通画家公会的商业经理比尔·波莫伦斯(Bill Pomerance)的鼓励下,在一些前迪士尼罢工者的支持下(这些罢工者已经在其他公司掌握了一定的权力,可以指导他们的工作并为他们介绍业务),还有由工会赞助的电影的基础上——这家电影公司更名为联合电影公司,后来又更名为美国联合电影制片公司——开始吸引其他心怀不满的前迪士尼动画师加入其中。

这只是一家小店铺式的公司,它之所以能度过早期艰苦岁月生存下来,只是因为它的员工愿意放弃他们的薪水。但是,尽管它贫瘠困苦,没有多少资源,它也被注入和灌输了一个愿景,这个愿景就像当年注入旧迪士尼工作室的愿景一样强大,一样有力。据动画历史学家迈克尔·巴瑞尔说,正是扎克·施瓦茨发现了"我们的摄像机在使用方式上更接近于一台印刷机,而不是一台电影摄影机"。施瓦茨的意思是,动画不应该是电影的辅助,就像在迪士尼工作室那样,也不应该是连环漫画的辅助,而应该是设计的辅助;动画不应该是流行文化的产物,而应该是高雅艺术的产物。(当然,迪士尼得到过同样的启示,但赚钱的必要性让他没有在这个方面做太多事情,除了他与达利夭折的合作意向。)正如希尔伯曼对美国联合电影制片公司的演变解释的那样,"很简单,你的设计师接受过艺术培训,他们开始全力以赴,尽情享受。知道毕加索是谁的人,也能认出房间对面挂着的马蒂斯的作品。当时他们在迪士尼工作室、华纳兄弟影业公司却只能做一些很老土很幼稚的东西。现在他们都准备好了。美国联合电影制片公司是第一个由设计人员运营的工作室,我们面向的是成人观众,我们和我们的同龄人交流"。"我们采用的方法是一种美术画家式的方法,或者说是艺术家式的方法,"另一位去了美国联合电影制片公司的迪士尼前动画师朱尔斯·恩格尔说,"(这种方法)使得一个人意识到平坦的表面,并且知道这到底是怎么回事。"

无论在政治上还是在美学上,美国联合电影制片公司的动画师们都是迪士尼的敌人,他们有意识地放弃了迪士尼动画的所有特征和

第十章　迪士尼乐园

印记：现实主义、思想深度、重力感和次生效应、多愁善感和情感影响，甚至放弃了迪士尼采用的典型特色动物。"他们认为他们（迪士尼卡通）已经死了，"动画师比尔·梅伦德斯在谈到美国联合电影制片公司的优越感和成熟感时说，"我们对迪士尼工作室的动画评价很低。"他们也鄙视华纳兄弟影业公司的动画，将其贬低为低俗的闹剧，用华纳兄弟影业公司的一位前编剧的话来说，就是"华纳兄弟式的幽默"。这位编剧现在为美国联合电影制片公司工作。说到技术，美国联合电影制片公司的动画师们更感兴趣的是图形，是图形如何在平坦的表面上幻化演变，而不是角色的运动或个性的发展。他们的启示来自包豪斯、克利、康定斯基、杜菲和莱格。说到主题，他们是一位动画评论家说的"扭曲的鬼脸——自嘲本身"的大师；他们的灵感来自《纽约客》的漫画和其他他们认为成熟、低调的幽默。

尽管出于对迪士尼工作室的敌意——阿特·巴比特也已经开始为美国联合电影制片公司工作——而且尽管美国联合电影制片公司有艺术上的自觉意识，但它在很大程度上也是自身极其紧张的财务状况的产物。"最大的变化是，"约翰·赫伯利的妻子费思·赫伯利（Faith Hubley）——她自己也是一名动画师，在谈到美国联合电影制片公司和迪士尼工作室的区别时说，"我们想出了如何在非常狭小的空间里制作电影的方法。这种方法就是这么简单——个人电影——需要6个人。"美国联合电影制片公司的动画比迪士尼动画的动作更少，细节更少，更不精致。"我有点儿懒惰和邋遢，"费思·赫伯利补充道，"我喜欢自由流动的线条和纹理……那是我们的贡献……将动画从自身解放出来，使用水彩颜料和彩色粉笔。"权宜之计成了时尚风格。结果诞生了一系列广受欢迎的卡通，主角是一个名叫"马古先生"（Mr. Magoo）的近视老人，后来又有了一个重大的突破——《砰砰杰瑞德》横空出世。这是一部根据西奥多·盖泽尔（Theodore Geisel）的留声机唱片改编而成的动画片。盖泽尔在行业内大名鼎鼎，名头是苏斯博士（Dr. Seuss）。影片讲述的是一个不会说话，只会发出各种音效的小男孩杰瑞德的故事，他因发声问题饱受折磨，直到一家无线电台的经理把他解救出来，这位无线电台的经理可以让杰瑞德的才能得以发挥。《时代》周刊杂志预言杰瑞德会的"砰砰之声""可能会像米老鼠第一次探出头来一样响亮和轰动"。

《砰砰杰瑞德》确实成了一个里程碑。它不仅赢得了1950年奥斯卡最佳动画短片奖——这是迪士尼在20世纪30年代经常获得的奖项，还吸引了评论界曾专门给迪士尼动画的那种像赞美上帝一样的欢呼和称赞。随着《砰砰杰瑞德》和马古先生的出现，现实主义正式过时了，极简主义开始流行了。美国联合电影制片公司卡通片的主要态度也是如此。1953年，一位评论家发表文章将迪士尼的《小飞侠彼得·潘》和美国联合电影制片公司的马古先生进行了比较，指出"一种新的宗教狂热正在形成，一个新词也许已经被制造出来了——马古主义，用来形容仁慈的近视"。他的结论是，米老鼠和唐老鸭之所以不再受欢迎，是因为它们是20世纪30年代的产物，当时观众喜欢它们代表的无政府主义，而马古先生则是在战后流行起来的，当时人们明白了不负责任可能导致的可怕后果。"马古先生对我们来说代表了这样一种人：在这个看似疯狂错乱的世界里，他是一个负责任的、严肃认真的人。"这位评论家说道，"他是20世纪50年代即所谓的焦虑时代的产物；他的情况反映了我们的情况。"当然，美国联合电影制片公司获得评论界的好评还有一个更简单的解释：它的动画似乎比迪士尼的更成熟、更高雅。

虽然自从20世纪30年代末和40年代初以来，沃尔特自己的动画风格一直在改变——而且一直在向小型化发展——但是他不喜欢美国联合电影制片公司。他告诉皮特·马丁："世界上没有足够的钱让我回到过去，尝试像他们现在这样来制作卡通片。"但是尽管对这些制作方式表示了不屑和鄙视，他还是努力尝试了一下。"我们推出了很多产品，但所有这些产品的成本都被压缩得很低，"沃德·金博尔回忆说，"他意识到我们必须走捷径，他没有期待这些影片具有像他在动画长片上那样完美的动画质量。"金博尔被委派拍一部描述乐器历史的动画短片，题目是《嘟嘟、嘘嘘、砰砰和咚咚》。他趁沃尔特在欧洲旅行的时候开始进行动画制作，决定采用更现代的风格。"每个人都说你这种做法永远无法通过沃尔特的审批——你们这些家伙疯了……直线，诸如此类的东西，闻所未闻的东西——喝醉酒的背景和用胶水把东西粘起来的方式——你不可能侥幸成功的。"金博尔说。他的同事觉得金博尔在模仿美国联合电影制片公司，说他背叛了迪士尼工作室。金博尔承认，他之所以变得如此大胆，只是因为沃尔特现在不在，但是当沃尔特回来时，他看了之后说喜欢这部电影。最后，这部短片获得了奥斯卡奖。不过，尽管金博尔声称他设计了一种与美国联合电影制片公司截然不同的新视觉方法，但他显然一直受到了美国联合电影制片公司的影响，在它的阴影下工作。《时代》周刊杂志报道说："《嘟嘟、嘘嘘、砰砰和咚咚》在风格上完全抄袭了博萨斯托（美国联合电影制片公司）的卡通片。"但是又赞同地补充道："《嘟嘟、嘘嘘、砰砰和咚咚》把迪士尼从托儿所带到了知识分子的鸡尾酒会上，实现了一个大的飞跃。"

然而，知识分子的鸡尾酒会并不是沃尔特·迪士尼得心应手非常擅长的领域，他也不是不战而败直接认输投降的。在美国联合电影制片公司制作《马古先生》系列动画片的时候，迪士尼工作室将《小姐与流浪汉》的故事搬上了银幕，投入了制作生产。影片讲述的是一只衰老疲惫的母狗发现自己与杂种狗在一起的故事。这个项目从1937年就开始筹备了，当时沃尔特从他的朋友沃德·格林尼手中买下了这个故事的改编权。格林尼是国王影像辛迪加的负责人，负责发行沃尔特的连环画。这部影片的剧本经历了一系列的调整和修改：乔·格兰特和迪克·休默补充了两只精于算计的暹罗猫，泰德·西尔斯补充了一个野狗收容所，格林尼自己显然也补充了一段罗曼史——尽管格兰特和休默反对让这两只狗坠入爱河的设置，认为这"令人反感""完全违背自然规律"。（沃尔特在剧本中去掉了"杂种狗"这种称谓，改为了"流浪汉"。）和当时的其他一切事情一样，这部电影也成了战争的牺牲品——沃尔特向格林尼吐露心声说："我应该把我的努力限定在更有附加值的事情上。"——但是到了1952年，罗伊开始鼓励沃尔特把它重新投入制作，而不是再拍一部选集汇编式电影，前提是他们要把成本控制在每英尺不超过动画短片价格的两倍以内，并在规模较小的影院进行首轮上映，在那里可以连续播放数周。这部电影错过了原定的上映日期，部分原因是它采用了一种名为"星涅马斯科普宽银幕技术"的方式来进行动画制作，这比标准格式的动画花费了更多的时间，导致背景成本增加了一倍。动画师们不得不每周工作六天，而这部电影的预算也上升到了将近300万美元。但当这部电影上映时，它成了迪士尼的又一部成功之作，也是对美国联合电影制片公司风格的暂时抵制和临时打击。

除了"星涅马斯科普宽银幕技术"造成的困难，《小姐与流浪汉》延期上映还有另一个原因。沃尔特决定让负责这部影片的动画师暂时放下这部电影，因为他觉得他们过于关注细节，而忽视了角色。他把这些动画师重新分配给《睡美人》，让他们工作了六个月，然后又把他们重新派遣回了《小姐与流浪汉》团队。他说，通过这种调配，在那里，他们"以新的热情处理这个项目，并像风一样迅速完成"。即便如此，《小姐与流浪汉》尽管孕育了很长时间，尽管最后的反响很好，但本质上它更像是一份为了不让员工空闲而安排的不必要的工作。而《睡美人》则是另外一回事。沃尔特曾打算把它拍成一部有代表性的巨作——"迄今为止我们最雄心勃勃的卡通长片。"沃尔特在给作家多迪·史密斯（Dodie Smith）的信中这样写道。他刚刚购买了这位作家的小说《101条斑点狗》的版权，准备把它改编成一部动画片。《睡美人》将是最后一场盛大的狂欢，旨在决定性地展示迪士尼风格的优越性，而且通过这种做法，它也可能对美国联合电影制片公司代表的一切构成重大的冲击。

正如沃尔特所说，针对这部电影，他只给动画师们下达了一条指导意见："让他们（角色）尽可能真实，接近有血有肉。"为了实现这一目标，他说，迪士尼工作室"在使用真人模特的时候比以往任何时候都更加小心谨慎"。然而，沃尔特似乎对大肆吹嘘的迪士尼现实主义不太感兴趣，就此而言，他似乎对大肆吹嘘的迪士尼故事理念也不太感兴趣。虽然他把这个项目委托给了威尔弗雷德·杰克逊负责，虽然在沃尔特声称自己不满意他们的第一次尝试后，杰克逊和经验丰富的编剧泰德·西尔斯重写了整个剧本，但沃尔特更关注的还是电影的视觉设计，而不是故事本身。1951年，他聘请画家埃温德·厄尔（Eyvind Earle）担任背景艺术家（他为《小飞侠彼得·潘》设计了100幅背景画），厄尔给沃尔特留下了深刻的印象，于是沃尔特请他为《睡美人》提供鼓舞人心、激发灵感的艺术。

素描艺术家万斯·格里（Vance Gerry）说："当我第一次看到他的素材资料时，我几乎晕了过去。"厄尔把自己的房间，从地板到天花板，每面墙都挂满了细节画。他的这些画深受丢勒、凡·艾克（Van Eyck）和布鲁盖尔（Brueghel）等人的影响，但却比他们多了一种现代主义的扭曲感和螺旋感，而且与典型的迪士尼作品相比，这些图像更加抽象，不那么真实，也不那么立体。布局艺术家和动画师们对厄尔的作品既印象深刻又感到沮丧——作品的质量给他们留下了深刻的印象；沮丧的是，他们不得不以这样一种风格来创作。而这种风格在他们当中的许多人看来，对于一个童话故事来说，太冷清，太单调，太现代主义了。"我必须和自己斗争，才能让自己画出那样的效果。"肯·安德森说。但是沃尔特异常坚持，不肯退让。他宣称，在过去，他委托创作的鼓舞人心给人启迪的艺术作品最后总是被动画师们搞得同质化和雷同化。这一次，他想把厄尔独特的视觉效果搬上银幕。他告诉埃里克·拉尔森，这部电影将是"一幅令人感动的插画，动画的登峰造极之作"。他补充说，他不在乎这需要花多长时间。拉尔森带领的小组将是第一个投入这部电影的拍摄和制作的团队。

这部电影花了很长时间——从连续稳定、从不间断的工作角度来说，比自《白雪公主》以来的任何一部迪士尼动画用的时间都要长。它开始于1951年，于1953年进行了修订，并最终在1955年年初准备好了让沃尔特审核的"总体故事板讨论会"材料。米尔特·卡尔将这种延误归咎于沃尔特。"他一直不组织召开故事研讨会，"卡尔说，"他不推动这个该死的工作持续进展下去。"卡尔最终推测，沃尔特什么都在乎，什么都操心，但最不在乎和关注的就是这部电影。与此同时，这部电影的上映日期从1955年圣诞节推迟到1957年圣诞节，又推迟到1958年圣诞节。除了沃尔特的注意力不集中，还有一个问题是他再也没有足够的员工来制作这种动画了，尤其是在电视节目占用了3个动画小组的情况下。即使在将15名助理动画师提拔为动画师之后，迪士尼工作室还是不得不自20世纪30年代以来首次引进一批实习生。另一个问题是，严格按照厄尔的绘画风格，导致动画制作流程变得极其缓慢且繁重费力——如此之慢，以至于清洁人员的工作速度只有处理《小姐与流浪汉》时的一半。到了1957年1月，经过5年多的艰苦工作，终于完成了2500英尺的动画，还有3775英尺的动画需要完成。

第十章 迪士尼乐园

这项工作是在沃尔特专注于迪士尼乐园时进行的,当他最终把注意力转向《睡美人》时,他对拍摄进展和成果并不满意。哈里·泰特尔说,这部电影的预算已经飙升到了这样一个程度,即沃尔特开始质疑迪士尼工作室是否有能力再拍更多的动画长片。一位动画师回忆说,为了降低成本,他们制定了配额制度。"你必须每天制作完成8个女孩,或者每天制作完成32只中等大小的鸟,或者每天制作完成22只松鼠,"他说,"我们就是这样渡过难关的。"但是沃尔特对制作这部伟大的动画作品的兴趣已经开始减退了。1957年8月,在观看了完整的影片试映后,泰特尔注意到沃尔特与过去相比有了"显而易见的、异常明显的区别"。泰特尔说:"他似乎累了,脑子里有这么多事需要操心,他没有像几年前那样提出各种修改意见,当年他会在那里待上好几天,仔细梳理整部影片的各个细节。"他的评论是笼统的泛泛之谈,而不是具体的有针对性的意见。迪克·休默也认为,沃尔特似乎无法参与到这部电影中来,他指责动画师过于注重视觉效果,损害了自己的传统兴趣所在——故事本身,显然没有意识到这是他给他们的强制性命令。比尔·皮特把他比作"指挥20场环形马戏表演的领班":"来参加我们的故事研讨会的沃尔特就像是一头熊,他通常会带着满脸怒容皱着眉头而来,咆哮着离开。"

对于动画师来说,他们为这部影片付出了努力和辛劳,他们的工作态度就像他们对待所有伟大的动画作品那样虔诚。一位动画师说,他们在画睡美人奥罗拉(Aurora)时非常谨慎,以至于工作人员每天只清理一幅画,也就是说每月只清理一秒钟的屏幕时间。"他们测量了线的宽度、密度和线切割锥度,"他说,"因为我们以为我们是在做基督教赞美诗(主祷文),要确保万无一失,不能有一丝一毫的差错。"弗兰克·托马斯工作非常努力,在如此大的压力下,他的脸上长了一个红疙瘩,他不得不每周去看医生,进行治疗。监制威尔弗雷

829

德·杰克逊在制作过程中突发心脏病。接替他的是埃里克·拉尔森。拉尔森称这项任务是让他一世英名毁于一旦的"败笔"。拉尔森最终被格里·格罗诺米取代。

但是，经过这么多年的开发，付出这么多的努力，做出这么多的创新，投入这么高的成本（大约600万美元，轻而易举地使它成为当时最昂贵的动画长片），在它身上抱有这么多的希望，还有这么多对它会成功的预测（"票房会很好。"一位受访者在观看了影片粗剪版的试映后欢呼道），《睡美人》最终在1959年1月底上映，无论在美学上还是在经济上都是一个失败。厄尔的设计在视觉上令人惊叹，但谨慎的动画师们是对的：它缺乏温暖和魅力。还有故事情节方面的问题。沙普斯坦认为问题在于电影过于集中在三个教唆睡美人的仙女身上。他说："这导致这部影片单调乏味。"迪克·休默表示，问题在于沃尔特没有亲自参与，但沃尔特已经不再参与最近的大部分影片制作了，而且结果证明这些影片的效果都比较好。事实上，真正的问题可能是这部电影被它自己的雄心壮志压垮了——沃尔特强加给它的雄心壮志。沃尔特似乎知道这一点。在电影试映快要结束时，他冲出放映室，在动画大楼的台阶上走近米尔特·卡尔和马克·戴维斯，斥责他们说："动画效果这么沉重，画面这么糟糕。"最终，迪士尼的发行部门布埃纳·维斯塔公司在那一年亏损了90万美元，主要原因就是这部电影。

到这个时候，迪士尼工作室在动画审美意义上主要的竞争对手和克星，美国联合电影制片公司——《睡美人》的目标之一——已经开始土崩瓦解。1953年，美国联合电影制片公司与哥伦比亚影业公司的合同到期，美国联合电影制片公司续签了合同，但发行方坚持只制作《马古先生》系列卡通片。与此同时，该公司还受到了工会的骚扰，因为，美国联合电影制片公司动画师比尔·梅伦德斯觉得，沃尔特曾与国际戏剧舞台工作者联盟谈判过一份合同，然后迫使他们与他的竞争对手签订了合同。最终，博萨斯托选择出售该公司，美国联合电影制片公司幸存了下来，但只是作为它自己的一个外壳——不再是现代主义动画的先锋了。

然而，即使是在美国联合电影制片公司即将退出历史舞台的时候，它对动画带来的影响也将是深远的——以它自己的方式，就像迪士尼曾经对动画产生的影响一样深远。它率先推出的费用低廉、程式化的动画很快成了行业标准，尤其是在电视成为卡通的主要市场之后。动画师现在都开始偷工减料"欺骗"观众。他们用更少的图画在屏幕上停留更长的时间，他们节省了细节和动作，他们经常用声音来暗示一个动作，而实际上并没有显示出来。（一位制片人有句名言：如果他的门底下放不下那堆画，那说明场面就太长了。）约瑟夫·巴贝拉与威廉·汉纳一起离开了米高梅影业公司，成立了自己的工作室，专门从事电视动画制作。他把这种"有限的"动画称为自己的"秘密武器"。迪士尼工作室曾经为之努力奋斗的所有挤压和拉伸效果、维度感、质量感、重力感和微妙感基本上全都消失了，沃尔特曾经拥有的在银幕上创造一个新世界的梦想也随之消失，消失得干干净净，更不用说创造一种新的艺术了。这些梦想被转移到了迪士尼乐园。迪士尼乐园现在成了避难所。迪士尼乐园是希望所在。

第十一章
朝着乌托邦的蹒跚跋涉

1

现在，经过这么多年的艰苦奋斗、怀疑犹豫、心神不定和苦恼烦忧，沃尔特·迪士尼赢得了胜利。迪士尼股票的收益一直在增长，从 1952 财年迪士尼乐园开业之前的年收入 770 万美元每股收益 35 美分，到 5 年后年收入 3500 万美元每股收益 2.44 美元，这一增长很大程度上要归功于迪士尼乐园的成功。一位投资顾问在 1958 年报告称："过去 5 至 7 年，迪士尼的销售和净利润呈现出的增长趋势没有几家公司能与之相媲美。"《华尔街日报》在当年的一篇头版文章中对迪士尼的新成功大加赞赏。这篇文章这样评论道，迪士尼采取的模式是"尽可能地从'三只小猪'和'米老鼠'这样的资产中榨取每一分可能的利润——首先通过多样化经营，开展各种各样的业务，然后将它们巧妙融合在一起，让各个业务互相支持互相促进。"这篇文章援引罗伊·迪士尼的话说："我们不会在不考虑其他产品线能否赢利的情况下，在单独一条产品线上做任何事情"，"我们的产品实际上是永恒的"。

第十一章 朝着乌托邦的蹒跚跋涉

当时，迪士尼公司在实现业务多元化的过程中，将电影收入占总收入的比例降至38%，电视收入占28%，迪士尼乐园收入占21%，商品专利版税收入占13%。1960年，罗伊建议将沃尔特·迪士尼制片公司和迪士尼乐园合并，这样他们就可以用一家公司的利润抵消另一家公司的任何潜在损失。他还要求沃尔特·迪士尼制片公司与最近一直在向其借款的保诚公司一起修改他们之间的协议，将沃尔特·迪士尼制片公司因建造迪士尼乐园而欠美国广播公司的550万美元纳入其中，将他们欠保诚公司的总债务提高到2050万美元——对于一个曾经为了拍摄影片《白雪公主》而低三下四到处搜寻想借贷几万美元的工作室来说，对于一个从战争期间直到迪士尼乐园开业那一天长期面临财务困窘而遭受经济上掣肘的工作室来说，这真是天翻地覆的变化。在这一年里，迪士尼工作室营业收入达到了7000万美元，净利润450万美元，还清了美国银行的贷款。这使沃尔特对专栏作家阿特·布赫瓦尔德（Art Buchwald）开玩笑说："这是有史以来第一次银行欠我的钱。"

与此同时，1957年年初，迪士尼工作室与美国广播公司续签了协议，以416万美元的价格继续制作《迪士尼乐园》系列电视节目，协议期限为两年，以320万美元的价格继续制作《米老鼠俱乐部》系列电视节目，协议期限为一年，但是节目时间被缩短到半个小时。除此之外，经过长时间的拉锯式谈判，沃尔特终于说服美国广播公司同意资助制作并播放《佐罗》系列电视节目，这是他在迪士尼乐园开业很久之前就已经为WED公司购买的版权。沃尔特似乎对这最后一个项目特别兴奋，很可能是因为他亲自发起了这个项目。他向一位潜在的赞助商吹嘘说，迪士尼工作室正在制作"在电视电影制作史上无与伦比无可匹敌"的布景设置，而且这个节目将具有"不同于其他已经播出的节目的质量、风格和特色"。当词曲创作兄弟罗伯特·舍曼

833

（Robert Sherman）和理查德·舍曼（Richard Sherman）被要求创作该节目的主题歌曲时（最终是由诺曼·福斯特和乔治·布伦斯真正完成了主题歌曲的创作），他们被"沃尔特讨论这个故事时全神贯注、细致入微的专注力和全身心的投入与奉献"打动。他们说，他让人觉得"这是他整个职业生涯中最重要的项目"。在约翰·亨奇提出佐罗的标志性动作应是用剑画一个 Z 之后，沃尔特带着一把码尺，从一个办公室走到另一个办公室，向员工们发起决斗挑战。比尔·沃尔什说，他听到沃尔特拿着他的码尺在大厅里走来走去，用码尺在空中画了个 Z，然后大笑起来。

与此同时，他仍然对迪士尼乐园热情不减，一想起它就兴奋不已，并决心进一步扩建和完善它。他对一位采访者说，迪士尼乐园"永远不会完工"，它"将是一个活生生的东西，需要持续的改变"。他对另一个人说，迪士尼乐园是"我的孩子"，并说，"我愿意为它卖身"。他还告诉另一位记者，"筹备、规划和开发它"给了他"无尽的快乐"。他把设计迪士尼乐园改进方案的任务交给了 WED 公司，他自己也一直在欧洲到处寻找新的游乐项目和创意。1958 年年末，他决定增加一个 150 英尺高的马特洪峰大雪橇滑乘项目，设计思路源自他最近的一部动画长片——《绝岭骄阳》；增加一个乘坐潜水艇旅行项目，灵感来自影片《海底两万里》，给人一种潜入海底的幻觉；还要增加一条环绕整个迪士尼乐园的单轨铁路。迪士尼乐园的广告经理杰克·林德奎斯特（Jack Lindquist）记得罗伊曾告诉员工，他们刚刚"走出困境"，要实现进一步扩张，还得再等上两三年。然后罗伊离开美国前往欧洲。"他离开两天后，"正如林德奎斯特讲述的那样，"沃尔特召集 WED 公司的人员，向他们宣布说，'我们要建造马特洪峰大雪山、单轨铁路和潜艇'。"当其中一名员工说罗伊已经命令他们停止这些项目计划时，沃尔特回答说："好吧，我们还是要建造它们。罗伊

第十一章 朝着乌托邦的蹒跚跋涉

回来后会想办法付钱的。"（这三个旅游景点耗资550万美元，于1959年6月开放，另有90分钟的电视展示节目，其中的亮点是副总统理查德·尼克松出镜带来的精彩表演。）另外一次，马克·戴维斯向包括沃尔特在内的一个工作室团队展示了一项名为"大自然的仙境"的新视听电子景点的计划。戴维斯一开始就说，实施这个项目有两种方式——一种是便宜的，另一种是昂贵的。"结果沃尔特从座位上站起来，绕到房间前面我在的位置，"戴维斯回忆道，"把手放在我肩上，说，'马克，你和我都不要操心任何东西是便宜的还是昂贵的。我们只操心它好不好'。"

沃尔特有很多宏大的想法。除了"小镇主街"，他还构思了另一条街道——"自由大街"，以及另一个城市广场——"爱迪生广场"，它将以19世纪美国风格和样式的建筑为特色，陈列并展示有关科学和技术进步的展览品。沃尔特希望，这个项目得到美国领先的科技公司和大公司，尤其是地位最显赫的通用电气公司的赞助。在广场上，沃尔特还设想了一个"总统大厅"，里面将放置关于美国总统的电子动画机器人。除此之外，他还想到了新奥尔良的一个街区，那里有一座著名的景点"幽灵鬼屋"，于是他派赫伯·莱曼和约翰·亨奇到那里去拍照，后来这些照片成了迪士尼乐园里相应景点的模型。1961年夏天，他把穿着戏服的角色引入迪士尼乐园，作为该乐园里面的一个固定节目。第二年年初，他宣布斥资700万美元扩建乐园，将增加8个新的景点，并改善和扩大现有的景点。新的建设计划使迪士尼乐园的累计投资达到4400万美元。这笔钱还不包括沃尔特秘密购买该乐园周边额外地皮的计划，他计划在这些地皮上修建酒店和汽车旅馆、保龄球馆、露营地和游泳池。

就像在过去的项目中那样，沃尔特一如既往地把迪士尼乐园的管理权下放给了下属，而自己仍然担任首席战略官的角色。每当他发现有人权力过大挑战自己的权威时，他就像往常一样不断地调整下属的工作岗位。迪士尼乐园的新闻发言人告诉《纽约客》的一名记者，虽然高管们来来去去如走马灯一样交替更换，但沃尔特显然在掌控一切。"你永远不知道什么时候就会遇见沃尔特，他穿着一件旧运动衫，在迪士尼乐园里转悠，检查他之前报告的一个坏掉的灯泡是否已经被换掉了，"这位发言人说，"或者他会为正在运行的游乐设施计时，或者抱怨'今天游乐设施不运行'这一标识写得毫无艺术感，或者计划下一步拆除什么，换上什么。"虽然沃尔特的确任命了运营委员会负责迪士尼乐园的日常运营，也任命了管理委员会负责制定政策和设定长期目标，而且他自己也在该委员会中担任要职，但这位发言人强调说："你必须明白的首要的事就是，这个地方是沃尔特说了算。"

当沃尔特安装了马特洪峰大雪山和雪橇、单轨火车和潜艇海底之行游乐项目后，迪士尼乐园每年吸引的游客数量超过了500万，被认为是外国政要访问美国时的重要目的地之一。印度总理贾瓦哈拉尔·尼赫鲁告诉洛杉矶市市长塞缪尔·约蒂（Samuel Yorty），他访问该地区的主要原因是想看看迪士尼乐园，尼赫鲁的女儿说："迪士尼乐园是我们这次美国之行最为期待的活动之一。"尼赫鲁在那里待了三个小时。美国国务卿约翰·福斯特·杜勒斯（John Foster Dulles）在访问印度尼西亚后转达印度尼西亚总统苏加诺对沃尔特的感谢时写道："我听说，在印度尼西亚有两位杰出的美国人享有盛名，他们的名字被亲切地称为'艾克'和'沃尔特'。"即使在他的公共关系官员在迪士尼乐园的种植园餐厅用餐时因心脏病突发昏倒去世后，一位非洲总统仍然继续他的游览和访问。

沃尔特是王者，如果说他不再是动画界的王者，那么他就是美国流行文化的王者。随着迪士尼乐园的成功和他在电视节目中的知名度提高，沃尔特·迪士尼的个人地位比以往任何时候都要高——和这个

第十一章　朝着乌托邦的蹒跚跋涉

国家的任何人相比都毫不逊色。"美国银幕制片人工会"一致同意授予他刘易斯里程碑奖，以表彰他"对美国电影做出的历史性贡献"。1960年，美国奥林匹克委员会任命沃尔特为加利福尼亚州斯阔谷举行的1960年冬季奥运会的"盛典委员会"主席，他负责策划和监督火炬接力、开幕式和闭幕式等活动，以及奖牌颁发仪式。艾森豪威尔总统任命他为总统教育委员会成员，该委员会负责召开一个关于高中以上教育的会议。不过，沃尔特后来递交了辞呈，称自己不合格，因为他从未完成高中一年级以上的学业。艾森豪威尔的继任者约翰·F.肯尼迪总统任命沃尔特为艾森豪威尔担任主席并领导下的一个由九名成员组成的执行委员会成员，领导"人民与人民"项目，该项目旨在促进国家间的文化、科学和体育沟通交流。宾夕法尼亚州图利敦地区的学生投票决定以他的名字命名他们的学校，马塞琳也以他的名字命名了当地的新小学。（他在马塞琳时就读的老帕克学校，把他上小学时用过的课桌放在走廊的一个玻璃柜里，课桌上刻着他的名字的首字母。）沃尔特出席了两场落成典礼。另外还有17所大学向他提供荣誉学位，但沃尔特拒绝了除洛杉矶加利福尼亚大学外的所有大学。现代艺术博物馆与他联系，询问举办一场名为"沃尔特·迪士尼的作品"的展览会的可能性。女演员莉莲·吉什和多萝西·吉什（Dorothy Gish）访问奥斯陆，为沃尔特获得诺贝尔和平奖做宣传和助选。他的生活变得如有神助，连大自然似乎也偏袒他：1961年11月，大火呼啸着穿过贝尔艾尔和布伦特伍德地区，威胁着他在卡罗伍德的房子，紧急时刻火焰突然停止，并转向别处。

尽管沃尔特现在地位显赫，身份尊贵——尽管他在迪士尼工作室里似乎有像肯·安德森所说的"磁场"环绕——但大多数局外人仍然觉得他其貌不扬，不讨人喜欢。伊迪丝·埃夫隆（Edith Efron）在《电视指南》（*TV Guide*）上的报道称，他很害羞。她写道："他的眼睛呆滞无神，看起来心事重重，他貌似和蔼可亲，但却显得机械死板，而且极其笨拙。"她接着写道："他讲话的时候语无伦次，东拉西扯，口齿不清，慢吞吞地说个不停，带有中西部人特有的腔调，就像在一家乡村杂货店里一样。他的衬衫领口开着，领带歪着。人们几乎担心会看到他肩上的肩带和头发上的干草。"另一位记者在他的谈话中发现了一种"神秘怪异的特质"，认为他"笑的时机不对劲"。

当然，沃尔特这种普通人的形象很大程度上是他有意为之的结果。沃尔特精心树立了这种形象，即使他早已成长蜕变、不再是那样的人，即使他已经成为美国一个尽人皆知的名人，即使他已经成为美国的象征——虽然在战后时期，他在美国的形象更像一个皇帝，而不是叔叔。但是，在经历了这么多年站在聚光灯下处于公众注意中心的生活后，在经历了从迪士尼乐园和WED公司积累了巨量的财富后，从性情和气质角度来说，令人惊讶的是他仍然是一个真正意义上的平民百姓。据他自己承认，除了剧本，他很少阅读别的东西。他的幽默感虽然从不色情，却常常流于低俗，他笑起来时带着深沉的喉音，喜欢哈哈大笑。虽然他现在经常穿保守的西装，但他通常更喜欢系一条印有"烟树"标志的西部范儿的方巾，而不打领带，除非出席的场合需要打领带。而且，当他不在公众视线内时，他喜欢穿宽松的运动衫，不是灰色就是蓝色，或者华达呢夹克衫。除了从年轻时一直戴着的一枚德莫莱修道会戒指和他在爱尔兰得到的一枚双手捧着一颗心的克拉达戒指，他从未戴过其他珠宝首饰。他一直戴着一块14克拉的汉密尔顿牌金表，戴了20多年，直到莉莲给他买了一块劳力士手表。他为数不多的奢侈消费之一是他晚年买的一辆二手SL级奔驰230汽车。同一个理发师给他理发将近25年了，而且，他宁愿自己开车，没有固定的司机。他在饮食上仍然偏好肉和土豆、辣椒和木薯淀粉。他仍然语无伦次，演讲时还夹杂着口语白话——事情"有效得见鬼"

或者"可爱得要死"。而当他生气的时候，用当时的一名员工的话说，他会"破口大骂，脏话连篇，能把酒醉的海盗鹦鹉骂得哑口无言！"

许多见过他的人似乎都觉察到他缺乏足够的专注，这一点从他的眼睛里就能看出来。正如一位记者描述的那样，年轻时候的沃尔特·迪士尼有一双"像火一样炽热的黑眼睛"——而另一位记者则描写道，"棕色的眼睛颜色如此之深，看起来像黑色的"。甚至罗伊也说过沃尔特的眼睛会紧紧地盯着他的听众，不愿轻易离开。不过，为"睡美人"配音的玛丽·科斯塔（Mary Costa）说，年纪大了的沃尔特·迪士尼，其眼睛与其说是黑色的，有锐利的眼神，不如说是"明亮的"，就好像插上插座通上电一样。女演员朱莉·安德鲁斯（Julie Andrews）说，"他的眼睛里有一种令人愉快的喜悦和欢乐"，这是一个心满意足的男人的标志。然而，尽管沃尔特·迪士尼似乎终于对自己很满意，也很自在，但他内心却充满了郁积已久的负面情绪。一位到访记者注意到沃尔特"似乎受到了某个隐秘的恶魔的鞭打责骂"。他从来没有完全相信自己的成功或获得心神的安宁。他说："当事情进展不顺的时候，我的表现会比一帆风顺的时候更好。"这突显了一个具有讽刺意味的事实，即这个一生致力于追求完美的人，却从未感到过完全彻底的快乐。沃尔特·迪士尼总是需要行动，甚至摩擦。"我需要每时每刻手中都有个项目和工作，"他对奥利·约翰斯顿说，"要有事可做。"否则，他就没有地方发泄他的紧张情绪了。

随着新十年的到来，在众多项目当中，他把注意力集中到电视上。甚至在沃尔特与美国广播公司重新签约之前，该广播电视公司就一直在抱怨制作《米老鼠俱乐部》节目的成本太高，正如美国广播公司总裁罗伯特·金特纳所说，"只有数量有限的赞助商会赞助一个所谓的'儿童'节目，而且他们也只有数量有限的预算"。与此同时，沃尔特对美国广播公司用于宣传《佐罗》的预算如此稀少微薄感

839

到愤怒，对美国广播公司不断向他施加压力，要求他制作西部片感到愤怒。显然，美国广播公司认为西部片会赢利。沃尔特最后勉强同意——他制作了《得克萨斯的约翰·斯劳特》（Texas John Slaughter）和《埃尔菲戈·巴克的九条命》（The Nine Lives of Elfego Baca）两部电视节目——但他对此非常不高兴，对这些电视节目基本上不再关心了。宣传总监卡德·沃克不得不恳求沃尔特允许"占用他一个小时左右的时间"，讨论电视节目《迪士尼乐园》的新日程安排，现在这个节目已经更名为《沃尔特·迪士尼出品》。

1959年年初，当美国广播公司与迪士尼就续签合同进行谈判时，双方本已十分紧张的关系彻底爆发了。罗伊提议就《沃尔特·迪士尼出品》《米老鼠俱乐部》和《佐罗》三档电视节目签订一份为期三年的新合同。当美国广播公司拒绝了这一提议后，罗伊又提出了一项短期提议，将该公司已经失去兴趣的《米老鼠俱乐部》排除在外，或者取而代之的是一项长期协议，允许迪士尼向其他电视网出售任何美国广播公司没有行使其优先选择权的节目。最后一项条款尤为重要，因为美国广播公司断定，尽管《佐罗》的收视率很高，但赢利能力不足，而且无论如何，它都能独立制作这类节目。尽管如此，美国广播公司还是拒绝了这些提议。他们的态度促使罗伊写信给沃尔特说："我认为他们这群家伙太糟糕太差劲了。"

但是，罗伊并没有停留在口头的谩骂和诅咒上，他也在尝试实施边缘政策。就在他飞往纽约与美国广播公司董事长伦纳德·戈登森会面时，他建议沃尔特对该公司提起反垄断诉讼，要求对美国广播公司发布一项"宣告性禁令"。通过这项禁令，阻止其执行合同，并促使他们允许迪士尼与其他电视网进行谈判。"从所有的常识和商业推理来看，"罗伊在会议即将开始时给沃尔特的信中写道，"我不相信他们会让这件事闹上法庭……他们有太多的事宁愿保持沉默，也不愿在法庭上说出来。"

除了电视连续剧,沃尔特和罗伊还有一个考虑,一个比电视节目更重要的考虑:迪士尼乐园。美国广播公司最初在迪士尼乐园投资了50万美元。罗伊想利用在电视合同上的分歧买断美国广播公司持有的股份。他在给戈登森的信中写道:"在我们看来,你似乎不像过去那样渴望与迪士尼保持长期合作关系。"或者,就像沃尔特后来在迪士尼乐园成立10周年时所说的那样:"我哥哥想:'如果我们现在不把它们买断,我们以后会付出更大的代价。'"罗伊提起诉讼后,这场纠纷持续了近一年。随着事态的发展,他承认自己不知道美国广播公司的股份现在值多少钱,还说他凭空猜测出了一个数字,大约750万美元。1960年6月,就在交易完成前一个小时,他紧张地最后一次打电话给沃尔特,征求他的意见,想放弃交易,但沃尔特表示反对。"做你认为必要的事。"他说。因此,沃尔特·迪士尼制片公司用从保诚公司获得的一笔贷款买下了美国广播公司拥有的迪士尼乐园的股份。在协议中,罗伊放弃了诉讼,美国广播公司解除了与迪尼斯的合同,迪士尼兄弟承诺4个月内不再寻求另一家电视台。作为附带损害,《佐罗》和《米老鼠俱乐部》都被取消播放。

但是,甚至在四个月的冻结期结束之前,迪士尼制片公司就已经在为《沃尔特·迪士尼出品》寻找新东家与可能的合作对象进行谈判了。罗伯特·金特纳已经离开美国广播公司,成了国家广播公司的总裁。沃尔特当初第一份电视协议就是与罗伯特·金特纳签订的。早在8月,卡德·沃克就在纽约与金特纳和国家广播公司的母公司——美国无线电公司——的董事长罗伯特·萨尔诺夫(Robert Sarnoff)会面,商讨电视节目迁移事宜。尽管国家广播公司表示,它需要评估与迪士尼长期合作的可能性,但该公司承诺,不会让讨论像6年前沃尔特与他们接触时那样"飘忽不定"。沃尔特当时正在伦敦,他告诉沃克

"搞定这笔交易",并且强调这对他有多重要。"如果能成交的话,"他说,"我愿意在梅西百货的橱窗里表演倒立。"

对于沃尔特和国家广播公司双方来说,这种紧迫感不仅仅来自播出一部新电视剧的需要。双方合作所涉及的利害关系也很大。美国无线电公司现在正在生产彩色电视机,公司正在寻找旗舰性电视节目,以推广这项尚处于起步阶段的技术,这就是国家广播公司要对拟议中的合作关系进行如此长时间审议的原因。沃尔特·迪士尼色彩斑斓的动画似乎是一个完美的载体。就迪士尼兄弟而言,沃尔特一直想制作彩色电视节目,他是拍摄彩色电影的先驱。于是,双方达成协议几乎是水到渠成不可避免的。就在那年10月,他们达成了一项协议:以每年500万美元的价格,每年制作25期电视节目《沃尔特·迪士尼出品》,合同为期三年。《沃尔特·迪士尼出品》后来被重新命名为《沃尔特·迪士尼多彩的神奇世界》。《综艺》杂志称该协议是"视频编年史上近期最重要、影响最深远的协议"。

沃尔特很兴奋。在美国广播公司,他促成了电影行业和电视行业之间的停战。在国家广播公司,他将领导电视从黑白向彩色转变这一进程。从创造性的角度来说,在美国广播公司,他被迫拍自己不喜欢的西部片,而在国家广播公司,电视节目全权委托给他来制作,他拥有绝对的自主权和自由度。"我当初本来不应该听他们的,"他告诉一位记者他向美国广播公司屈服的事,"我现在再也不用听别人指手画脚了。对于在我的节目中播出什么内容我绝对是个独裁者。"沃尔特的一位朋友在他与国家广播公司签约后表示:"我从未见过一个人会在一夜之间发生如此天翻地覆的变化。那时,他几乎像在梦中一样自动地准备着国家广播公司的电视节目,他往日的热情全都回来了……一个又一个新主意从他脑海里冒出来。他一遍又一遍地说:'天哪!彩色电视,而且没有西部片。我想做什么就做什么。听到了吗?我想做什么就做什么。'"

《沃尔特·迪士尼多彩的神奇世界》在周日晚上首映后,《纽约先驱论坛报》在 1961 年 9 月 24 日评论说:"牛顿·米诺(Newton Minow)可以放心了。"这里指的是美国联邦通信委员会主席,他最近把电视称为"巨大无边的荒地"。"在这里,发生了一个奇妙的变化,一些来自好莱坞的东西,促进了整个家庭的启蒙和彻底的享受。"大多数影评人都同意这一观点,只有少数持反对意见的人吹毛求疵地说,沃尔特推出彩色电视的力度有点儿大了,有点儿激进了。但是,当然,这才是重点。在首映式后不久,卡德·沃克——现在是迪士尼工作室的广告主管,写信告诉沃尔特彩色电视机的销量正在飙升——比去年 9 月增加了 105%。国家广播公司再高兴不过了。那年 11 月,沃克和电视机销售主管唐恩·塔特姆(Donn Tatum)在纽约见到金特纳时,他们报告说:"整个氛围令人愉快,大家都心情很好,气氛很热烈。"金特纳想讨论拍摄制作其他电视剧。不到一个月,国家广播公司就把《沃尔特·迪士尼多彩的神奇世界》又续订了两年。

2

沃尔特又一次发生了改变,就像变了一个人。尽管他努力把自己塑造成一个平凡的人——尽管他在很多方面确实很平凡,尤其是在品位和举止上——但他对自己是谁以及自己能完成什么事有了更广泛更开阔的认识。随着迪士尼乐园的成功,他不仅把自己看作一个演艺人员,甚至不仅是一个游乐园经营者,而是一个有远见的策划者,他可以把自己的意志强加到环境上,就像他把自己的意志强加在屏幕上一样。迪士尼乐园只是他觉得他可以在全国各地做的事情的一个模型。1960 年年末,他访问了马塞琳,出席沃尔特·迪士尼学校落成典礼。

不到一个月后，他会见了当地一位名叫拉什·约翰逊（Rush Johnson）的企业家，探讨如何把他童年时家里的田产改造成一个模范农场。当约翰逊问他们如何来吸引游客时，沃尔特说："拉什，你知道，当我在周日晚上介绍《沃尔特·迪士尼多彩的神奇世界》的时候，我会坐在桌子上，然后说，'顺便说一句，伙计们，你们度假的时候，去我的家乡看看吧'。到时候你要拿这些该死的人怎么办？"他还想买下在堪萨斯州埃利斯的迪士尼家族原来的农场，但罗伊不让。

一位广告主管提议在大型购物区附近建立连锁性的迪士尼儿童看护中心。沃尔特对此很感兴趣，但罗伊和卡德·沃克再一次劝阻了他。他提的另一个建议是在全国范围内建立连锁性的迪士尼儿童乐园，沃尔特·迪士尼制片公司确实收购了箭牌开发公司三分之一的股权，该公司为迪士尼乐园制造了许多游乐设施，但迪士尼儿童乐园的想法也夭折了。WED公司甚至聘请了一位开发顾问，他正在调查将迪士尼乐园的一列火车迁往加利福尼亚州纽波特比奇市，并在迪士尼乐园附近的阿纳海姆建造一个会展中心等计划的可行性。早在1958年，沃尔特甚至把"烟树"疗养度假村作为一个潜在的开发场地，想用于建造一个新的高尔夫球场、保龄球馆、餐厅，甚至鸡尾酒餐厅，所有这些都围绕着一个广场，广场上都是旅游商店，所有这些都将由"烟树"疗养度假村在沃尔特的个人监督下提供资金。他还考虑在那里建一家汽车旅馆和一座可容纳1200辆汽车的活动房屋"牧场"。但是经过多年的犹豫——棕榈泉市议会先是拒绝了这个计划，然后又改变了主意——但沃尔特已经失去了兴趣。

虽然沃尔特对开发"烟树"地区失去了兴趣，但对在迪士尼的赞助下建造某种保龄球综合娱乐中心的热情并没有消失。他投资了位于丹佛市郊区的一个体育中心，其中不仅有80条保龄球道，还有一个游泳池和餐厅——这是一种新型迪士尼特许经营模式的典范。然而，

第十一章 朝着乌托邦的蹒跚跋涉

这个项目又一次拖延了下来，到 1960 年 9 月"名人保龄球馆"开业时，沃尔特已经从董事会辞职。沃尔特·迪士尼制片公司填补了这一空缺，在一年内购买了 27.7 万美元的股票权益，并发放了 65 万美元的贷款，以控制该中心。沃尔特和莉莲参加了该中心成立两周年的纪念活动，公司在资金耗尽的情况下仍保持运营。罗伊后来承认整个计划考虑欠周全。"我们在那里浪费了 100 万美元，建造了一个豪华餐厅和一个游泳池，"他告诉一位采访者，"我们有 80 条球道，是全国最大的保龄球场之一……但谁会想穿着湿泳衣打保龄球呢？什么样的保龄球手才会穿去豪华餐厅必备的那种衣服呢？"

但是，尽管"名人保龄球馆"已经奄奄一息苟延残喘，沃尔特还是没有失去他纪念碑主义者的冲动。受参加冬奥会经历的启发，他邀请为迪士尼乐园选址的哈里森·普莱斯，调查研究建立一个面向家庭的滑雪旅馆兼娱乐设施的可能性。普莱斯发现，南加利福尼亚州每一百个人中就有一个滑雪爱好者。他后来表示："数据表明，在积极活跃、热爱运动、流动性很强的南加利福尼亚州市场，人们对于良好的滑雪场地和配套设施的需求极其迫切。"普莱斯调查了在伊尼欧国家森林公园里面的猛犸象山地区，这个地区位于加利福尼亚州毕晓普西北约 40 英里处。他和迪士尼乐园的高管米奇·克拉克（Mickey Clark）断定："政府对任何有助于美化公园、为公众提供额外娱乐设施的开发项目都持积极态度。"沃尔特委派克拉克负责对这一项目的前景进行分析。但普莱斯认为，他在红杉国家森林公园里面、猛犸象山以南的矿产大王（Mineral King）地区找到了一个更好的地方，于是他和沃尔特立即开始向州议员施压，要求他们修建一条通往该地区的公路。尽管该项目通过了政府机构的层层审批程序，但沃尔特还是打算在科罗拉多州阿斯彭市外买下 2200 英亩土地，但由于卖方提高了要价，这笔交易突然告吹。

在许多开发商的眼中，包括在他自己的眼中，沃尔特·迪士尼已经变成了一种不可思议的力量，该公司做过几十次业务开拓和项目开发，并接到了几十次其他人类似的请求——购买一个地区，然后进行修建和改造，像把阿纳海姆的橘子林变成迪士尼乐园那样。朱尔斯·斯坦建议沃尔特买下埃利斯岛。埃利斯岛是移民进入美国的门户。"这个主意太让我兴奋了，沃尔特，我就是睡不着。"斯坦在给沃尔特的信中写道。加利福尼亚州蒙特利市的一位开发商问沃尔特是否会考虑建造一个带有游乐园的度假村，主题是"旧日加利福尼亚"。（沃尔特在一个周末真的去了那个地方。）贺曼贺卡公司的负责人、"人民与人民"委员会的成员乔伊斯·霍尔（Joyce Hall）邀请沃尔特参与堪萨斯城的一个开发项目。该项目占地 110 英亩，包括一个动物园、一个鸟类饲养场、一个蝴蝶花园和国际村。沃尔特在决定拒绝参与之前，与霍尔和堪萨斯城市规划师詹姆斯·劳斯见了面。另一个小组，包括西格拉姆酒业公司，正在讨论沃尔特参与尼亚加拉瀑布开发事项的可能性。

但是，沃尔特现在已经很少考虑开发游乐园之类的项目了，而在考虑一些更有野心的东西，一些更符合他身份的东西，一些值得他花费时间和精力的东西，一些更宏大壮观的东西，以至于看起来几乎有些匪夷所思：他想设计一个完整的城市。早在 1958 年，他就和他的 WED 公司的员工讨论他所谓的"艺术之城"或"七大艺术之城"。正如沃尔特设想的那样，这座城市将成为一个以艺术为中心的购物和餐饮区。它将包括各种各样的艺术主题商店——音乐、书籍、玻璃器皿、陶器、摄影——以及一个剧院、一个电视广播中心、一个以最新概念为设计特色的大厅、一片示范住宅区和一条国际大街，中间是一个大型购物中心和喷泉。但是，把它从一个商业项目转变为城市规划项目的原因是，沃尔特还试图吸引乔纳德艺术学院——他的工作室在

第十一章　朝着乌托邦的蹒跚跋涉

20世纪20年代曾经与之合作——从洛杉矶市中心搬到他规划的城市，以及帕萨迪纳剧院、洛杉矶音乐学院和巴克利学校也一并搬来。他甚至参观了当时正在纽约兴建的林肯中心艺术综合体，调查那里的表演大厅与茱莉亚音乐学院之间的关系。把这个城市规划项目变成一个真正的城市的原因是——正如他当年曾经想象的那样，在迪士尼工作室的空地上为他的员工建造住房——沃尔特打算在近郊地区建造"公寓、宿舍、复式公寓和单元住宅"，以容纳学生、教职员工和学校的工作人员，并安排人绘制了草图。当他听说曾在迪士尼乐园短暂工作过的建筑师威廉·佩雷拉计划开发芒廷帕克地区时，他已经开始在洛杉矶地区寻找潜在的地点。沃尔特建议他们合并计划，提出"找到一个完整的村庄或山谷地区，对其进行从头到尾的开发"，并补充说，他希望"使这座城市成为国际知名、具有较强吸引力的旅游、娱乐和教育中心，这个项目必须保证是成功的。"这个时候，他正在招揽投资者，并向基金会募集资金，希望最终建立一个不是像迪士尼乐园那样虚假的乌托邦，而是一个真正的乌托邦。

在那个时候，有一个人有着和沃尔特·迪士尼一样的梦想和自我价值感，这个人叫罗伯特·摩西（Robert Moses）。摩西毕业于耶鲁大学和牛津大学，自20世纪20年代以来，他一直是纽约超一流的政府官员，当时这位年轻人得到了州长阿尔弗雷德·E. 史密斯（Alfred E. Smith）的青睐。摩西在州和地方两级担任了一系列的政治职务，他身材高大，意志坚定，主要负责纽约市及其郊区在汽车时代的规划工作。他在长岛修建了琼斯海滩和其他公园设施，修建了穿过社区的高速公路，架设了桥梁并挖掘了隧道，建起了公共住房性质的高楼大厦，甚至为曼哈顿中部的林肯中心清理了建设用地。现在，摩西被任命为1964年纽约世界博览会的负责人，1960年年初，他寻求沃尔特·迪士尼的帮助。摩西在博览会场地上划出8英亩土地，用于建设他所谓的"儿童村"——或者,用《综艺》杂志的说法,这是一个永久性的东部地区的迪士尼乐园。还有谁比沃尔特更适合设计这个游乐园呢?

这已经不是世界性的博览会或盛大活动第一次召唤沃尔特了。1939年,他为旧金山和纽约世界博览会的纳贝斯科展馆制作了一个4分钟长的米老鼠卡通片,1958年在布鲁塞尔举行的世界博览会上,美国展馆的协调员要求沃尔特设计一个景点——"一种既能打动欧洲人,给他们留下深刻印象,又不会冒犯他们,还不会让我们显得'胸大无脑'、像暴发户一样的东西。"协调员说道。沃尔特最终贡献了一部19分钟、360度的环幕电影,就像他在迪士尼乐园放映的那部一样,名为《美丽的亚美利加》(America the Beautiful)。据一位官员说,它很快成为"不仅是美国馆,而且是整个世博会的重头戏",轰动了整个博览会。它太受欢迎了,尽管没有张贴任何标志,游客们还是发现了它。第二年,沃尔特把这一展览项目转移到莫斯科博览会的尼龙网格穹顶上,它再次成为最受欢迎的景点之一。排队等着看它的人如此之多,队伍通常都会绕着展览场地排出100码[1]开外。

沃尔特拒绝了为1964年纽约世界博览会设计"儿童村"的邀请,因为他认为纽约州不会把这笔资金用于使这个游乐园永久化,否则就没有办法赢利。1960年8月3日,沃尔特在琼斯海滩与摩西共进晚餐时向他解释了这个问题,摩西明白了,并立即提出了另一个建议:沃尔特为将在博览会上展出的公司设计展馆。不管摩西知不知道,WED公司已经和许多公司联系并接触过,讨论让迪士尼策划他们的展览的可能性;在沃尔特会见摩西的旅途中,他还会见了美国无线电公司、美国机械与铸造公司、美国国际商用机器公司(IBM)、美国电话电报

---

[1] 1码≈0.92米。——编者注

第十一章　朝着乌托邦的蹒跚跋涉

公司（AT&T）、美国天然气协会、通用动力公司和通用电气公司的高管。与此同时，曾负责迪士尼租赁项目的杰克·塞耶斯正在东部地区进行巡回游说，敦促各大公司的高管们与迪士尼签约。到12月，他已与福特汽车公司和美国国际商用机器公司达成了协议，并收到欧文斯-康宁（Owens-Corning）玻璃纤维公司的请求，要为它们研究策划一个展览。与此同时，福特的管理人员参观了迪士尼乐园，参观了沃尔特为"自由大街"设计的计划，并讨论了它作为世界博览会景点的可行性。通用电气的高管们在迪士尼工作室花了一周的时间讨论了一项协议。

显然，沃尔特认为，为大型企业提供展览服务对WED公司来说可能是有利可图的。单是通用电气公司的研究和开发协议就需要5万美元，这个数字还不包括实际设计和制造相关景点的任何成本。但是，没有人认为沃尔特的动机主要是钱。迪士尼乐园高管唐恩·塔特姆参与了世博会的策划，说沃尔特召集了WED公司的工作人员，告诉他们有关世博会的事情，并让他们负责设计景点，沃尔特说，这么做的原因是"这对我们有帮助。我们将学到很多，这将给我们一个机会来发展我们正在研究的技术"。同样参与博览会的比尔·科特雷尔认为，沃尔特把博览会看作展示WED公司作为一家工程公司可承揽业务的舞台，同时也把它看作给迪士尼乐园做的一个广告，尤其沃尔特希望在博览会结束后，在企业的赞助下把一些景点搬到迪士尼乐园。WED公司的另一位员工马蒂·斯克拉认为，沃尔特是在充分利用博览会这个机会，将之作为测试未来计划的"试探性气球"。"他想，"斯克拉说，"看看他的这种娱乐方式是否会吸引更成熟老练的东部地区的观众——所谓的'成熟老练'指的是，那里是国家领导人和决策者的大本营。"或许还有另外一个因素，那就是一种心理上的考虑：与之前的迪士尼乐园一样，博览会让沃尔特得以和他的"幻想工

849

程师们"待在另一个小型创意企业里,在那里,他可以享受他们之间的友谊和同志之情,并真切地看到自己的想象力不打折扣全部实施的结果,因为现在连迪士尼乐园都已经超越了它的初心和起源。

至少这是沃尔特原本期望的。实际上,这个规划设计项目将花费数年时间,人们神经会绷紧,争吵也会出现,也会变得烦躁。沃尔特自己的愿景也会受到企业的干预和困扰。第一个做出此类委托的是福特汽车公司。沃尔特试图让该公司赞助他的"总统大厅",但福特汽车公司拒绝了这个想法。相反,沃尔特和"幻想工程师们"设计了一个12分钟的旅程,穿越人类的发明史,具体操作是用160辆福特敞篷车行驶通过由"发声机械动画人偶"组成的舞台画面和场景。(福特曾建议这些汽车由司机来驾驶,沃尔特意识到这种系统是不可能实现的,于是建议汽车实现自动化驾驶。据首席工程师罗杰·布罗吉说,在密歇根州迪尔伯恩的福特工厂里,他看到一个滚轮系统输送一颗热钢锭后,就有了这个想法,即用一系列地下车轮来拉动和牵引汽车。)然而,这一切并不完全是在和平的状态下进行的。经过将近一年的规划和设计,沃尔特和一个来自WED公司的小型代表团,带着一个项目景点模型,参观了福特汽车位于迪尔伯恩的总部,并向亨利·福特二世展示了这一模型。福特站了起来,表达了他的谢意,说他会通知沃尔特最后的结果。沃尔特本以为这次会面只是走过场,没想到却被福特的这番言辞吓了一跳。直到福特汽车负责公共关系的副总裁追上福特,然后回来告诉沃尔特,这个项目确实很有前景时,紧张气氛才烟消云散。

通用电气的情况更加令人伤脑筋。多年来,沃尔特一直在争取该公司赞助迪士尼乐园里的"爱迪生广场"。结果,他得到的答复是在博览会上设置一个"爱迪生广场"。沃尔特决定设置一个由6部分组成的"发声机械动画人偶"表演秀,大体上是受桑顿·怀尔德的《我们的小镇》的启发，讲的是电气方面的进步，主角是通用电气公司的家用电器——他称之为"文明演进之旋转木马"，因为整个展厅确实会像旋转木马一样从一个场景旋转到另一个场景。除此之外，沃尔特还同意在展馆中展出几件作品：一条由镜子组成的走廊"镜廊"、一个壮观的穹顶幻灯表演、一个受控核裂变的过程演示，以及一座未来"勋章之城"（Medallion City）的模型。所有这一切的预算都不到1000万美元，其中包括作为预付金支付给WED公司的85万美元。沃尔特建议通用电气公司也为使用他的名字支付一些费用，因此负责谈判的比尔·科特雷尔要求为使用"沃尔特·迪士尼"的名字支付100万美元。当通用电气公司勉强同意后，沃尔特（开玩笑也好，不开玩笑也罢）对科特雷尔说："你不觉得你应该多要一点儿吗？"

    双方最初的协议于1961年9月签署，通用电气公司的高管们在次年5月批准了沃尔特的历史性做法和项目。但等到7月下旬，当这些高管们来到迪士尼工作室查看计划大纲时，他们已经改变了主意，有了新的想法。现在，该公司决定，它不想展示电气发展的历史了，而要提供自己的故事情节。有人说沃尔特当时暴跳如雷。"我这辈子都在讲怀旧故事，"据说他曾斥责通用电气公司的管理人员，"这就是你们与人沟通的方式！"沃尔特甚至问法律部门他是否可以解除合同。不到一个月，通用电气公司的另一位副总裁平息了这一风波，该公司同意支持沃尔特的设想，但沃尔特并没有完全平静下来。通用电气公司的高管们偶尔会参观迪士尼工作室，看看展示馆的建设进展。据该活动编剧之一杰克·斯派尔斯（Jack Spiers）说，在其中一次会议上，沃尔特站在桌子的最前面宣布："好了，先生们，我现在想让你们做的是去珊瑚房好好吃顿午餐。然后我想要你们返回伯班克机场，坐上你们的格鲁曼湾流飞机，飞回你们来的东部地区，待在那里，直到我有什么东西想让你们看。然后，我会打电话给你们。谢谢，先生们。"然后他转身离开了房间。

艺术总监迪克·欧文对这个"文明演进之旋转木马"不屑一顾，后来把它称为"冰箱展"，因为它本质上是在兜售通用电气公司的产品。但是，沃尔特非常认真地对待这件事，部分原因是，这个展览项目讲述了一个家庭享受着从世纪之交至20世纪60年代的电力发展带来的种种成果，这给了他一个机会，让他能够以前所未有的规模来试验"发声机械动画人偶"技术，还有部分原因是，这是一场规模庞大且独一无二的娱乐活动。沃尔特下令在格兰岱尔市（WED公司现在已经搬迁到这个地方）建造一个全尺寸的旋转木马模型，雕塑家布莱恩·吉布森（Blaine Gibson）帮助制作了这些模型，他说沃尔特会爬上舞台，像他曾经表演动画中的场景那样表演各种活动。在其中一个场景中，一位来访的表兄弟正在洗澡，他在风扇前放了一个冰块，结果发明了空调。沃尔特跳进浴缸，揣摩洗澡者会做什么，然后开始扭动脚趾，自言自语，即兴对话。"沃尔特什么事情都要插手，"布莱恩·吉布森回忆说，"我会在工作室工作到深夜，为筹备博览会做一些事情，然后在凌晨两点左右离开。他也会在那里，穿着睡衣和浴袍——他在那里回顾我们的工作，并亲自动手做一些事情。"正如乔·福勒所言，"在我们所做的一切工作中，沃尔特的影子和痕迹在'文明演进之旋转木马'中体现的最多。"

但随着博览会的日益临近，沃尔特并不满足于仅仅和福特汽车公司和通用电气公司合作。1962年到1963年，他一直在与一些公司接洽，希望他们赞助一部环幕电影，但没有成功。他和查尔斯·卢克曼在华盛顿与美国商务部的代表会面，试探他们是否愿意在美国馆内设置"总统大厅"。商务部拒绝了。他请求可口可乐公司赞助迪士尼乐园里面的一个以鸟类为主题的"发声机械动画人偶"展示项目，并

第十一章 朝着乌托邦的蹒跚跋涉

委托巴斯·普莱斯就为博览会修建一条单轨铁路进行可行性研究，他希望这条铁路日后能成为纽约交通系统的永久组成部分，但摩西对他提出的报价犹豫不决。（幻想工程师鲍勃·古尔怀疑沃尔特也受到了标准制造商的伤害，这些制造商"总是把我们说成'只供游乐园使用'"。这只会激怒沃尔特，因为沃尔特自己的视野已经扩展到了工程领域。）

即使遭到了无数次的拒绝，沃尔特也没有绝望，他仍然希望能够说服一些企业赞助他心爱的"总统大厅"，并给他另一个机会去追求"发声机械动画人偶"技术。自20世纪50年代末以来，他就一直在尝试和探索这个想法，指派吉姆·阿尔加查阅研读有关美国历任总统的材料，并为一场历史性的展示会撰写剧本。阿尔加此前曾多次为《真实生活历险记》系列影片编写剧本。沃尔特依据阿尔加的剧本制作了一个32分钟的展示节目，迪士尼工作室的艺术家山姆·麦克金（Sam McKim）受命制作了成比例的模型和画作。他邀请潜在的企业投资者到迪士尼工作室参观这个项目，但这个项目耗资巨大，以失败告终。1961年6月，随着世界博览会的临近，沃尔特把这个展示项目再次搬上了舞台，重新命名为"上帝庇佑的国度"，并把它带到纽约，在第49号大街的美国无线电公司旗下维克多剧院（Victor Theater），向包括摩西和来自可口可乐公司、高露洁公司、联合碳化物公司和贺曼公司等众多企业高管在内的领导展示。摩西对此印象深刻，但他现在觉得这个节目不应该由企业来赞助，他认为这应该是美国馆的一个重要装置。为了让他们改变最初的拒绝态度，摩西游说商务部副部长小富兰克林·罗斯福说服美国馆的副馆长和馆长助理参观迪士尼工作室，亲自观看"总统大厅"现场展示；当他被告知这个项目的成本太高时，他绕过罗斯福，自己向副馆长施压，让他去迪士尼工作室看看。副馆长最终还是去了，但又一次得出同样的结论，这个项目对政

853

府部门来说成本太高了。摩西和他的副手马丁·斯通（Martin Stone）仍然没有死心，他们鼓励迪士尼在 WED 公司自己的资金支持下建造这个大厅。斯通说："这个项目对博览会和沃尔特·迪士尼来说太重要了，不能在不使尽最后一点儿力气争取一切可能的情况下放弃这个计划。"

对沃尔特来说，"总统大厅"的吸引力一直不是历史的吸引力，而是创造生活的吸引力。"我不想把它们和真人区分开来。"他对山姆·麦克金谈起他的总统机器人时曾这样说。自从在 20 世纪 50 年代早期做"跳舞的男人"实验以来，他一直在寻找制造仿真机器人的方法。尽管他被迪士尼乐园分散了注意力，但在 50 年代末，他要求 WED 公司重新调查研究。沃尔特决定在迪士尼乐园建造一座唐人街，两栋两层楼高的建筑横跨一条小巷，顶层由一座人行天桥相连。其中一栋楼里将会有一家中餐馆，沃尔特预见如果用一个机器人孔子来回答散布在餐厅各处的扩音器里的问题，就会让声音听起来好像是用餐者在问问题。（显然，正是在这个时候，比尔·科特雷尔创造了"机械动画人偶"[Animatronics] 这个词，迪克·欧文又添加了"声音"（Audio）这个词。）实际上是厄布·埃沃克斯立起了"孔子"的头像，并让它说话，但据说橡皮做的皮肤破了，无论如何，唐人街的想法流产了。

然而，模拟人类的"发声机械动画人偶"的想法幸存了下来。原因是，沃尔特说，"你不能让人类三班倒或四班倒地工作；我们付不起他们的工资，或者他们会犯错误，或者有人会不来。我们得想办法搞一些自动化的节目"。他让自己的一些"幻想工程师"为迪士尼乐园设计了一场机械鸟的展览，他把这个展览称为"魔幻啼奇鸟窝"。（他试图通过这个展览引起可口可乐公司的兴趣。）另一组人继续筹备"总统大厅"的事项，研究沃尔特针对这个景点提出的一个特别的

第十一章 朝着乌托邦的蹒跚跋涉

想法，这个想法似乎和他建造一座完整的城市这样的想法一样不切实际，近乎荒唐：沃尔特决定创造一个真人大小的亚伯拉罕·林肯机器人。

沃尔特一直很欣赏林肯，尽管除了报纸和剧本，他几乎没有读过什么书，但是他收集这位美国第十六任总统的信息几乎可以用如饥似渴来形容——一个美国代表性的名人把自己的感情倾注在另一个美国代表性的名人身上。他当然意识到了试图让林肯复活是狂妄自大的。当他向一位牧师展示"发声机械动画人偶"的原型时，牧师对他说："你可以把童话故事赋予生命，也可以创造一只像人一样的老鼠，但要创造一个人——这是在篡夺上帝的权力。"就连沃尔特自己的一些"幻想工程师"也对尝试制造人类机器人感到惴惴不安。布莱恩·吉布森说："我们似乎进入了一个与表演竞争的领域，这些事情现场表演可以做得更好。"沃尔特反驳说，只有机器人林肯才能和林肯长得一模一样。（实际上，他让吉布森用林肯的石膏脸模塑像来塑造机器人林肯的脸。）然而，他在说"我们正在使皮格马利翁的传说成为现实"的时候，可能更为诚实。

这个项目有多少是关于亚伯拉罕·林肯的，又有多少是关于沃尔特·迪士尼的，这很难说清楚。帮助制造这台机器人的哈丽特·伯恩斯（Harriet Burns）说，沃尔特来到了 WED 公司，"翘起眉毛，咬紧牙关，紧绷着嘴"。他指着自己的脸颊说："我们必须这样做——有血有肉。我们没有理由不能这么做。"在机器人的机械结构方面，沃尔特已经让 WED 公司采用了美国海军"北极星"号核潜艇上使用的一种磁带系统，为此他支付了 1.7 万美元的专利费用。每条磁带有 14 条轨道，每条轨道能够传送 16 个电磁脉冲信号。"我们要做的就是设定好时间，我们甚至不需要休息时间就可以进行演出。"沃尔特向《纽约时报》的一名记者这样描述即将面世的"魔幻啼奇鸟窝"，这本身就

855

是机器人林肯的一次试运行。机器人的动作提前设定好程序，通过将其中一名"幻想工程师"的背带传输到磁带上，机械装置放在机器人内部。不过，当"林肯"在测试中开始漏油时，沃尔特命令鲍勃·古尔用较轻的材料制作零部件。用古尔的话来说就是，这个机器人"重量是原来的一半，动作是原来的两倍"。

时间已经到了1961年夏天，"幻想工程师"们已经做出了"林肯"的形体，可以自己从椅子上站起来。第二年早些时候，为了平息机械师（负责制造机械部件）和音响工程师（制造电气和控制元件）之间的争执，沃尔特把他的"林肯"搬到了动画大楼的一个秘密小房间里，由WED公司的工作人员继续制作。"沃尔特总是不停地把人请到这里，迎来送往，总有人进进出出（房间）。"机械师尼尔·加拉格尔（Neil Gallagher）回忆道，"我们一直不断地为不同的人做演示。有时我们甚至不用运行它，他就会滔滔不绝地向他们做一个极其详细的介绍。"沃尔特请到这里的人当中有罗伯特·摩西。1964年4月，摩西来到迪士尼工作室参观福特汽车公司和通用电气公司的展览设计图纸，考察WED公司参与其他设计项目的可能性，并鼓励沃尔特继续参加博览会筹备事务。沃尔特问摩西是否愿意见见"亚伯拉罕·林肯"，并把他带到那个房间里，在那里他向摩西作了介绍。"林肯"伸出手，摩西立刻被迷住了。他坚持要把"林肯"带到博览会上去。当沃尔特抗议说，这个项目还有5年才能完成时，摩西与他挥手告别。他下定决心要拥有他的"林肯"。

现在这个项目面临的最大障碍，就像"总统大厅"面临的障碍一样，是找到一个机构来为这个极其昂贵的尝试提供赞助。但是摩西并没有被吓退，他还不想放弃。他四处寻找，找了好几个月，终于找到了希望。林肯的家乡伊利诺伊州议会为参加世界博览会设立了一个委员会，委员会确定他们参加展览的主题将是"林肯的故乡"。摩

第十一章 朝着乌托邦的蹒跚跋涉

西立即让博览会执行副总裁乔·波特（Joe Potter）和工业部门负责人马丁·斯通联系该委员会的临时主席、广告业高管费尔法克斯·科恩（Fairfax Cone），敦促他去看看迪士尼制作的"林肯"。科恩于当年 4 月份访问了迪士尼工作室，并表示自己"被彻底征服"。两个星期后，科恩打电话给杰克·塞耶斯，确认了他对这个项目的兴趣，并表示他和伊利诺伊州的主要领导人"非常看好'林肯'作为他们在世界博览会的'展示'重点和亮点的可能性"。该委员会在 5 月召开了会议，讨论了"林肯"的项目和相关事项，沃尔特初步同意由他们第一年拨款 40 万美元，第二年拨款 20 万美元的方案。但是，当伊利诺伊州议会为该州参加世界博览会的整个展馆一共只拨款 100 万美元时，委员会的新任常任主席、研究林肯的学者拉尔夫·纽曼（Ralph Newman）要求沃尔特重新考虑费用问题。就连摩西也给沃尔特发了电报，敦促他降低要求。沃尔特不愿让步，称他的报价是"我们能想到的最好的商业提议"，并声称"我们现在不必继续研究'林肯'的事情了"——这似乎让他松了一口气。不过，他私下承认，一旦这个项目获得了认可，他愿意妥协，接受博览会第一年支付 25 万美元、第二年再支付 35 万美元的方案。

沃尔特不仅对伊利诺伊委员会采取了强硬态度，而且对摩西也采取了强硬手段。沃尔特知道，摩西不愿意失去他那个价值几十万美元的"林肯"。那年夏天，谈判陷入了僵局，摩西在安保、租金和水电费方面向伊利诺伊州做出了让步，最后向该州提供了一笔 25 万美元的秘密补贴，用于支付迪士尼的费用。[1] 有了这些条件，伊利诺伊这才同意举办展览。11 月 19 日，林肯葛底斯堡演说一百周年纪念日，沃

---

[1] 当世界博览会接近尾声时，这笔补贴被披露出来，立刻引发了争议。没有其他州从博览会得到类似的贷款或补助。尽管这笔钱应该通过特许收入来偿还，但特许经营权获得者后来承认："博览会不可能收回这么多钱。"实际上，是摩西把钱分配错了。

尔特、摩西和拉尔夫·纽曼飞往伊利诺伊首府斯普林菲尔德，与州长奥托·科纳（Otto Kerner）会面，并宣布了这项计划。但是，并不是伊利诺伊州的每个人对此都很满意。一家报纸反对说，林肯机器人是"廉价的狂欢节把戏，会贬低人们对亚伯拉罕·林肯的记忆，贬低伊利诺伊州的展览"。而另一家报纸则称它"令人毛骨悚然"。但那天在斯普林菲尔德埃尔克斯俱乐部的午宴前，沃尔特向大家保证，他自己的声誉也搭在这个项目上了，这次展览绝不是恶作剧。"想象一下站在那个伟大的人面前是什么感觉。"他建议道，然后承诺"林肯"肯定会看起来像真的活人一样——"也许比我还更像活人。"批评平息下去了。皮格马利翁把他们都迷住了。

正当沃尔特与伊利诺伊州谈判时，WED公司接到了百事可乐公司的一个紧急电话。距离博览会开幕只有一年多一点儿的时间，百事可乐公司与联合国儿童基金会（UNICEF）合作，一直对自己参与博览会的方案犹豫不决，设计方案一次又一次地失败，情急之下，最终决定与迪士尼公司联系，询问是否能帮他们策划一下展览方案。这个要求令人望而生畏。百事可乐公司在展会上的展馆占地面积约为9.4万平方英尺，而预算仅为65万美元。考虑到日程安排和时间紧张程度，更加令人望而生畏。迪士尼乐园的前任主管乔·福勒曾是迪士尼公司和百事可乐公司之间的联络人，他告诉百事可乐公司，现在根本没有足够的时间来做这些事情了。迪克·欧文后来回忆说，这激怒了沃尔特。"这些决定应该由我来做。"他坚持说，然后指示他的员工告诉百事可乐公司，他愿意接受这个任务。

根据任何理性的评估，福勒都是对的：确实没有足够的时间。沃尔特直到1963年3月才与百事可乐公司副总裁唐·肯德尔（Don Kendall）会面。据WED公司雕刻家罗利·克伦普（Rolly Crump）回忆说，有一天，沃尔特把WED公司的工作人员召集起来，宣布"他

第十一章　朝着乌托邦的蹒跚跋涉

们又给了我们一块地"。沃尔特说他已经有了一个想法。他向他们描述了一个设计方案,"也许我们可以做一个乘小船旅行的设计方案"。克伦普说,设计师们对此都感觉很震惊——"我们还要设计一个乘小船旅行的展览项目吗?我的意思是,上帝,我们现在手头已经有了'林肯'机器人项目、'文明演进之旋转木马'项目,两者都利用了最先进的技术和电子动画人物。而且我们还得完成福特汽车公司的展览设计工作。已经有这么多工作了,沃尔特还想要一个乘小船旅行项目!"

沃尔特真正想要的似乎是迎接挑战、兴奋刺激、争分夺秒,再次证明他能在最困难的情况下取得成功——证明他不会失败。为了与联合国儿童基金会的身份相吻合,这个景点的基本设计思路是一艘大船漂浮在运河上,穿过一个由代表世界所有国家的小型动画玩偶组成的宇宙,展示全人类根本性的团结一致——这是迪士尼设计此类景点模型的一贯做法和常用套路。起初,沃尔特想让这些玩偶"唱"他们各自国家的国歌,但结果发出的却是嘈杂刺耳、很不协调的噪声。于是,他让谢尔曼兄弟(Sherman brothers)创作一首所有的孩子都能唱的歌曲。谢尔曼兄弟曾为迪士尼工作室拍摄的多部电影写过配乐和主题歌。参与此次博览会筹备工作的哈丽特·伯恩斯记得,沃尔特当时对谢尔曼兄弟不假思索地脱口而出:"它毕竟是个小小的世界。"《小小世界》就此诞生了,成了这首歌曲的名字以及这个景点的名字。

由于时间如此短暂,沃尔特动员一切能动员的力量,就像他当年拍摄《白雪公主》、战争训练电影和筹备迪士尼乐园时做的那样。他让克劳德·科茨(Claude Coats)设计穿越大陆的路线;他让动画师马克·戴维斯为他设计了一些小的喜剧花絮,并让戴维斯的妻子爱丽丝为玩偶设计服装;他让罗利·克伦普绘制了一个120英尺高的彩色移动雕塑,竖立在展馆外面;当他觉得这些玩偶娃娃的图画缺乏某种魅

859

力时，他让玛丽·布莱尔重新进行了设计。布莱尔曾于20世纪40年代在迪士尼工作室担任素描艺术家，后来她搬到东海岸地区，绘制贺卡和儿童书籍插图。最后，他在WED公司制作了一个该景点的全比例的完整实体模型，就像他在设计"文明演进之旋转木马"时做的那样。根据克伦普的说法，"我们把沃尔特放在一艘船上，这艘船装配有轮子，可以移动，然后把它提升到合适的视线范围，然后推动船，让他体验整个旅程"，这样他就能准确感受到游客将来会感受到的体验，我们就可以对他觉得需要改进的地方进行调整完善。最后，正如他个人全身心投入去做的每一件事一样，他决心不仅要赶在最后期限之前完成这个项目，而且要创造引人注目、让人惊叹的效果，因为正如他现在所想的那样，只有完美才是最适合沃尔特·迪士尼的。

3

沃尔特快要60岁了，头发和胡子开始花白，他又在思考他的遗产——他离开后迪士尼工作室会发生什么事情，出现什么情况，会怎么样。故事创作人兼素描艺术家比尔·皮特记得，当时他坐在沃尔特办公室的咖啡桌旁，和沃尔特讨论一个项目。沃尔特突然沉浸在莫名的悲伤之中，站起身来，走到窗前，静静地凝视着窗外。"你知道吗，比尔，"他最后说，"我想让迪士尼的事业在我离开后继续下去。我指望像你这样的人把它继续下去。"有时他会说，他把更多的责任委派给了下属，并不断地对他们进行调整和重组，目的就是确保迪士尼公司能够在他离开之后生存下去，然后他又会很快地补充说，他的身体状况很好，预计会比他们都活得更长久。有时，他似乎对自己离开后公司能否继续存在感到绝望。"无论如何，他们都将无法处理这些事，"在谈到他手下的高管们时，他曾对导演肯·安纳金说，"所以就让它慢慢地烟消云散吧。"

现在的迪士尼工作室，无论如何，与他当年创建的那个已经有了天壤之别，甚至与他在伯班克建造的那个大不相同。外观上出现了巨大的变化。沃尔特花了 25 万美元增建了第三个摄影棚，为《海底两万里》安装了一个 90×165 英尺的水箱。1958 年，他又为电视节目制作和拍摄电影《梦游小人国》(Darby O'Gill and the Little People)建造了第四个摄影棚，这只是迪士尼工作室耗资 160 万美元的扩建计划的一部分。1959 年年初，迪士尼工作室买下了 315 英亩的金橡树牧场（Golden Oak Ranch），将其用作电视节目和电影制作的外景场地，并作为工作室养牲畜的牧场。这个地方位于加利福尼亚州纽荷尔（Newhall）附近，距离伯班克约 25 英里。纽荷尔是加利福尼亚州公开报道的首个金矿开采地点。沃尔特一直在购买邻近的地皮，到了 1964 年年初，迪士尼工作室拥有的土地总共达到了 726.5 英亩。

迪士尼工作室不仅仅在外形上有了很大的变化和不同，而且现在在这里工作的人与以往也不同了。威尔弗雷德·杰克逊和本·沙普斯坦都退休了，或者更确切地说，他们都被迫退休了——这是最后两位曾参与《米老鼠》和《白雪公主》制作工作的"元老派"高管。但是从另一方面来说，对沃尔特而言，年龄或者说在迪士尼工作室的任职时间从来就不那么重要，重要的是有用。正如马克·戴维斯所说，沃尔特甚至解雇了沃德·金博尔，因为他给了金博尔一个机会来执导《玩具国历险记》，然后又和金博尔就他的导演方式方法发生了争吵。金博尔"跪在地上"向沃尔特请求恢复原职。最后他虽然恢复了工作，但沃尔特却把他进行了贬职处理，让他降级为《沃尔特·迪士尼多彩的神奇世界》中的一个新角色——路德维格·冯·德雷克（Ludwig Von Drake）——制作动画，这显然是一种赤裸裸的羞辱。

随着元老派的谢幕离去，新的势力和人员进来了，以制片主任比尔·安德森和卡德·沃克为领导。卡德·沃克是一名老员工,在迪士尼工作室从最基层干起,一级一级逐步升职,从一名运送杂物的交通员到一名摄像师,再到故事创作部门的一名成员,再到宣传主管,再到负责广告和销售业务的副总裁,但是他的职权范围似乎并不限于此,而包含了更多的内容。在这种业务模式下,沃尔特1963年辞去了所有的官方头衔,然后称自己为迪士尼工作室的"执行制片人"。"我是这里生产制作的所有东西的负责人,"他对一名记者解释他的职务时说,"我要主导并参与故事构思和笑料创作,每一个剧本,每一个对白,每一个场景,都是我的工作成果。故事设定好后,我把它交给孩子们,由他们来拍摄和制作影片。"

当然,当沃尔特全身心投入迪士尼乐园的工作中时,这种描述并不完全正确。那时他很少参与影片的拍摄和制作,他通常只是审阅一下剧本,批准演员的选定,然后在深蓝色的小矩形纸上写下备忘录,或者用醒目的红色铅笔写下指示,通常写着"不"或"好"。"我不再是完美主义者了。"他对记者说——但这种说法并不完全准确,"追求完美的现在是我的员工。他们总是坚持把事情做得越来越好,精益求精。我是那个想赶在他们把工作搞砸之前催促他们尽快完成的人。"但是,当迪士尼乐园逐渐进入常态化运营后,沃尔特显然又感到无聊了,他就像当年逐渐离开迪士尼工作室一样,慢慢地从迪士尼乐园中解脱出来,辞去了他在那里的所有头衔,并重新夺回了对伯班克的控制权。

沃尔特又一次成了家长:不仅要审读剧本,还要煞费苦心地对其进行润色修改;不仅要审批演员选定方案,还要确保演员在迪士尼工作室里感觉舒适;不仅要发送备忘录,还要参加没完没了的制作会议,以确保影片在拍摄前一切就绪,做好全部准备。"它是自上而下运行的,但是却没有中间人,"当时的一名员工写道,"在最高层,只

第十一章 朝着乌托邦的蹒跚跋涉

有一个人,像拿破仑(有时也像匈奴王阿提拉)一样,只有我们的领袖和队长、首脑、头号人物、老大、老板——简而言之,就是沃尔特·伊利亚斯·迪士尼。一切工作都是从沃尔特开始的。沃尔特有最后的拍板决定权——永远!""沃尔特永远不会让任何人有机会觊觎自己的权力,他开始建立一个庞大的团队,一个帝国,"导演罗伯特·史蒂文森在呼应此前对沃尔特的批评时说,"这里的传统是,如果有人变得如此重要,以至于快要达到与沃尔特相同的地位和权威时,他们几个星期之后就不会再来这里了。"尽管史蒂文森善意地认为,这与沃尔特的自负(每个人都承认他的自尊心很强)关系不大,而是因为他害怕迪士尼工作室里会形成政治派系。沃尔特也曾经授权并任命委员会来做那些曾经由他亲力亲为的工作,但是他保留了最终的裁决权以及作为唯一权威的权力。

如果说迪士尼工作室及其工作人员与沃尔特在迪士尼乐园项目实施之前负责管理的那些完全不同的话,那么他们现在制作的电影也是如此。首先,动画片实际上已经消失了;在《睡美人》之后的五年里,迪士尼工作室只制作了两部动画长片——《101条斑点狗》和《石中剑》。至于米老鼠,自从 1953 年以来,他就再也没有在动画短片中出现过。迪士尼工作室的重点已转向真人实景电影。其中一些是像他们在英国拍摄的那类以家庭为主题的历史古装剧,还有儿童冒险类,甚至还有像《波莉安娜》那样偶尔催人泪下的作品。波莉安娜改编自埃莉诺·H.波特(Eleanor H. Porter)的小说,讲的是一个父母双亡成为孤儿的女孩来到她的姨妈家和姨妈一起生活,通过她的善良改变了人们的生活的故事。但是,迪士尼工作室也开始专注于一种新的类型:家庭喜剧,比如《飞天老爷车》,讲述的是一个发明家发现了一种物质,能让东西飞起来,以及《奇犬良缘》,讲述的是一个男孩变成一只牧羊犬的故事。

随着电视的发展,电影观众人数不断减少,其他电影公司纷纷撤换明星,紧缩开支。而沃尔特却招募人员组建了一家迪士尼保留剧目轮演剧团——其中包括:前"老鼠剑客"安妮特·富尼塞洛,她现在是一个十几岁的青少年了;一个名叫凯文·科科伦(Kevin Corcoran)的大牙缝小男孩,他曾经出演过《米老鼠俱乐部》系列电视节目,后来又出演了像《老黄狗》这样的剧情片("我认为他是我们一个幸运的发现,"沃尔特在给比尔·安德森的信中写道,"我们最好给他一些优先考虑和照顾。");蒂姆·康西丁(Tim Considine),是《米老鼠俱乐部》系列节目的另一位资深的年轻演员;另一位是《米老鼠俱乐部》系列节目的演员汤米·柯克;还有好莱坞影坛"常青树"一般的明星弗雷德·麦克莫瑞(Fred MacMurray),已经转行到电视行业了;也许最重要的是,一位名叫海莉·米尔斯(Hayley Mills)的年轻金发英国女演员,演员约翰·米尔斯(John Mills)的女儿。当沃尔特寻找适合饰演波莉安娜的女演员但没有结果,因此准备暂停这部影片的拍摄时,海莉·米尔斯引起了迪士尼工作室的注意。比尔·安德森和他的妻子当时在英国,安德森夫人在海莉的处女作《猛虎湾情杀案》中看到了她。在妻子的建议下,比尔·安德森匆忙冲出去赶到电影院看了这部电影。他很喜欢这部电影,然后让人把一份冲印版寄给了在加利福尼亚的沃尔特。《波莉安娜》的导演戴维·斯威夫特对此并不以为意,但沃尔特的态度压倒了他。作为一个纯朴自然的还没有受到任何影响的女演员,米尔斯成了迪士尼工作室最大牌的明星之一,不仅成了《天生一对》和《爱琴海历险记》等热门影片的头号明星,后来还成了迪士尼唱片公司的一名录音艺术家。

从米老鼠的时代起,"迪士尼"这个名字就一直是一个品牌了:它是大规模生产的民间艺术中最好的一个品牌,吸引了从老于世故的成熟人士到天真无邪的青少年的所有人,虽然这看起来有点儿自相矛盾，但事实确实如此。其实沃尔特一直坚称，他的电影主要不是为了少年儿童制作的，甚至也不是为了赢利制作的，不过很少有评论家这样评论它们，直到进入战后这段时期，迪士尼工作室出品的电影基本上没有了艺术性，除了赢利似乎没有其他动机了。从《灰姑娘》开始，沃尔特在20世纪50年代的大部分时间里都获得了评论界一个无形的新的通行证，但到了50年代末，真人实景电影——内容广泛、简单直接、明显以儿童为目标观众——改变了这个品牌，并取消了通行证。现在，"沃尔特·迪士尼"这个名字已经成为健康家庭娱乐的代名词，没有人会把它误认为是艺术、民俗或其他东西。正如加利福尼亚州公共教育主管马克斯·拉弗蒂（Max Rafferty）博士在赞扬迪士尼时说的那样："他的真人实景电影已经成为好莱坞色情电影制片人创造的充斥着色情和虐待狂的丛林中唯一正派和健康的庇护所。"

沃尔特觉察到这种变化并为之辩护，毫无疑问，部分原因是事实证明他的电影利润丰厚。《飞天老爷车》这部影片在美国国内的票房收入为890万美元，而预算只有区区100万美元；《奇犬良缘》的票房收入达到了960万美元；而《天生一对》的票房收入也高达930万美元。当然《101条斑点狗》的票房仅为620万美元。相比之下，当时好莱坞当红影星，神气活现、自信活泼的多丽丝·戴（Doris Day）最受欢迎的两部电影《枕边细语》和《娇凤痴鸾》的票房分别为740万美元和770万美元。（沃尔特曾要求迪士尼工作室与之进行比较。）沃尔特自己也很快乐地保持着单纯天真的一面，所以他由衷地欣赏着自己工作室拍摄的一些真人实景电影。他在写给无线电城音乐厅经理的信中说，他真切地感觉到《飞天老爷车》是"这个城市有史以来最有趣的喜剧之一"。导演戴维·斯威夫特说，沃尔特坐在审片室里看《波莉安娜》时泪如雨下。制作这部电影的斯威夫特说，他个人"讨厌这部电影"，但当他告诉沃尔特，因为电影太长了，他们不得不剪掉20分钟的画面时,沃尔特抗议道:"不,不,不,不要动它!"

另一方面,关于迪士尼工作室新品牌的意义,沃尔特并没有故意欺骗自己。他在接受《新闻周刊》采访时表示:"我们做的一切都是为了延续我们一贯的风格,即以快乐的家庭故事和喜剧为主线。"这与迪士尼长期以来的立场自相矛盾。"我从未想过这是一种艺术。这是娱乐业的一部分。"在对一名员工讲这个问题的时候,他说得更为坦诚和直白。"我们是在做玉米,彼得,"他告诉亚光艺术家彼得·艾伦肖,"我知道这不是你喜欢的玉米,但必须是好玉米。让我们尽可能做到最好。我们在努力取悦观众。"至于好莱坞日益成熟的竞争对手们正在涉及的严肃的问题,沃尔特则变得庸俗不堪,表现出一种不懂艺术的态度。"这些前卫艺术家都是青少年,"他对记者抱怨道,"只有微不足道的一点点像噪声一样的人在朝那个方向努力,这些人创造了这种病态的艺术。我不认为整个世界都疯了!"提及近期一部有关酗酒的电影《相见时难别亦难》时,他说:"我不想看那种东西。如果我想看的话,我宁愿去县里的疯人院,或者别的什么地方。"

正如理查德·斯克尔见到的那样,沃尔特·迪士尼的真人实景电影通过"利用伪造旧日生活的仿制品,将人类的生活简化为喜剧式的陈词滥调",否定了人类的"无限可能性"。"因此,"斯克尔总结道,"他最终超越了——或者没有达到——评论家的要求。"与此同时,他也为抵制或反驳那些批评电影产业过度色情和暴力的人提供了一个方便的屏障。但是,不只影评人认为沃尔特·迪士尼的电影现在没有多少艺术成分或缺乏艺术性,最开始为《飞天老爷车》编写剧本的比尔·罗伯茨在阅读了经过比尔·沃尔什修改的剧本后,要求将他的名字从演职人员名单中删除。"我觉得机智已经被可爱取代,"罗伯茨在给沃尔特的信中愤怒地写道,"几乎每个角色说话的方式都一样,这让人想起20年前的喜剧,索然无味,稚气十足。"海莉·米尔斯的父母对她收到的那种矫揉造作的剧本感到恼火，决定不再与迪士尼工作室续约，直到比尔·安德森向沃尔特转达了他们的担忧："他们确实有机会阅读相关材料，了解要扮演的角色。"沃尔特反过来觉得米尔斯夫妇不知道什么样的影片适合他们的女儿，他生气地对安德森说："我还不希望我的名字与玛丽（米尔斯）非常希望海莉拍摄的那类影片扯到一起。"然而，即使是沃尔特，尽管他对好莱坞的这种新的坦率直接的批评充满了敌意，但似乎也对拍摄这种幼稚天真的电影心存疑虑。在家里看完电影《杀死一只知更鸟》后，他哀叹道："这是我希望自己能拍的那种电影。"但他不能。他是沃尔特·迪士尼，沃尔特·迪士尼现在致力于制作纯真无害、无伤大雅的电影，让全家人都能欣赏的电影。

当沃尔特思考自己帝国的未来时，他也想到了自己家庭的安全。在英国时，他看到了一篇关于一家公司在其所有者去世后倒闭的文章，他在给罗伊的信中写道："这让我开始思考我们自己现在的处境——把所有鸡蛋放在了一个篮子里。"他的意思是指他们把自己的财产都与迪士尼股票紧密捆绑在一起。沃尔特担心，如果他的家人被迫出售股票来缴纳遗产税，将会发生什么。"当我在天堂弹奏竖琴的时候，如果我知道自己把这里弄得一团糟的话，我真的无法全身心地投入其中！"然而，罗伊还有另一个令人忧虑的财务问题。早在1953年，他不顾三名最终辞职的董事的反对，也不顾对公司提起诉讼的持不同意见的股东的反对，成功地促成了董事会通过WED公司和沃尔特·迪士尼制片公司之间的协议，以及沃尔特和沃尔特·迪士尼制片公司之间的个人服务合同。现在，罗伊担心WED公司与迪士尼乐园和世界博览会这么多年来的合作，以及WED公司和沃尔特从沃尔特·迪士尼制片公司获得的大笔资金，可能招致美国证券交易委员会新一轮的、让人讨厌的审查，甚至可能招致股东对与沃尔特签订的私下达成的合同的反感和厌恶。

问题是如何向他弟弟提出这个问题。正如罗伊的传记作者鲍勃·托马斯所说，罗伊决定与沃尔特面对面谈论这个事情——计划在"烟树"疗养度假村用一个漫长的周末来讨论这个问题。当时与戴安娜在一起的罗恩·米勒（Ron Miller）告诉托马斯，结果引发了兄弟俩一场为期一天的争吵比赛——"传出很多争吵和大喊大叫声，还发生了其他诸如此类的事情。"那天结束之后罗伊和埃德娜迅速回到了洛杉矶。沃尔特不明白为什么会有人反对他的合同。"有一次，我试图向沃尔特解释，尽管一切都是合理正当的、光明正大的，"迪士尼工作室的律师尼尔·麦克卢尔（Neil McClure）告诉托马斯，"但他必须像凯撒的妻子那样——无可怀疑。但沃尔特几乎要气炸了。'你这话是什么意思？我从来没有做错什么见鬼的事情。'"

沃尔特和WED公司的关系是一个敏感的问题。沃尔特真心热爱WED公司，并想办法保护它不受沃尔特·迪士尼制片公司和罗伊的影响。1961年，在筹备福特汽车公司的展览项目时，沃尔特把它搬到了格兰岱尔工业园区的一栋租来的建筑里。"幻想工程师们"把这栋建筑叫作"煎饼屋"，因为它有高高的尖顶屋顶，漆成了橘色和蓝色，就像国际煎饼之屋一样。随着迪士尼乐园的扩建和世界博览会合同的签订，WED的员工也增加到了300人，这就需要明确组织结构图和建设计划；但沃尔特仍然把它当作自己躲避迪士尼工作室及其官僚作风的避难所。"在这个公司里，没有人需要向别的任何人申请许可，"比尔·科特雷尔说，"如果你想开始开发一种像'发声机械动画人偶'这样的东西，只要你有钱，你就可以去做。到现在这个时候，沃尔特已经不缺钱了。"

沃尔特之所以能拿到这一大笔钱，是因为WED公司和他自己与沃尔特·迪士尼制片公司的合同。沃尔特获得了因使用他的名字而产生的版税，以及他在电影方面的个人投资所带来的分红；WED 公司还从沃尔特·迪士尼制片公司获得了工程和设计费，以及迪士尼乐园的火车和单轨列车的总收入，这两项收入都归 WED 公司所有，大概是因为这些景点是由沃尔特个人开发的。在 1960 财政年度，这些收入当中总计有 15.6 万美元支付给沃尔特本人，18.8835 万美元支付给 WED 公司。（此时他已经把自己拥有的迪士尼乐园的权益卖给了沃尔特·迪士尼制片公司）。到了 1960 年底，随着他与迪士尼公司为期 7 年的个人服务合同即将到期——该合同此前被延长了 1 年——沃尔特的律师、洛杉矶最杰出的律师之一洛伊德·怀特（loyd Wright）向罗伊提出，要求沃尔特获得其监制的所有电影总票房的 5%，其个人制作的所有电影总票房的 10%。罗伊一直处于一种立场不稳的境地，不得不在弟弟和公司之间左右摇摆，来回奔波。他坚决反对怀特提出的要求。他认为任何人，包括沃尔特在内，都无权分享公司的总收入或毛利，只能分享一部分纯利润。

这么多年来，迪士尼兄弟俩在资金、控制权和公司发展方向上一直存在分歧。"你能听到他们一直在大喊大叫，大吵大闹，即使关着门也能听到。"沃尔特的长期秘书德洛丽丝·沃特后来说，"他们说的话都很难听很刺耳。"罗伊的儿子罗伊·E. 迪士尼说，他总是知道什么时候父亲和沃尔特发生了争执，因为如果发生了争吵他总能听到父亲回家时车门砰的一声关上的声音。沃尔特常常瞧不起罗伊，认为他是一个对艺术没有多少感觉的商人。有一次，沃尔特为罗伊放映了一部电影，之后罗伊问沃尔特这部电影的放映时间有多长。沃尔特厉声说道："这么多年来，我们一直在不停地创作拍摄影片，而你只会说，'影片能放映多长时间？'"在经历了这么多厄运的冲击和悲观的预言之后，他还认为罗伊胆小怯懦。正如约翰·亨奇解释的那样，这种持续不断的紧张情绪丝毫没有减弱："我想，罗伊在生活中最大的抱负就是不欠债。而沃尔特在生活中最主要的方式方法就是不断地让罗伊负债。"

这些纷争是好莱坞的典型现象，是电影行业创意部门和财务部门之间根本冲突的产物。在伯班克，这种情况可能偶尔会加剧，因为与其他工作室不同的是，迪士尼工作室的创意部门和金融部门不仅在同一海岸，而且在同一栋建筑里，而其他工作室的情况是，电影制作人在西海岸地区，业务人员在东海岸地区。许多人认为，这种紧张也是迪士尼公司实力的一个来源——沃尔特的冒险主义与罗伊的实用主义相平衡。同样，如果说罗伊平衡了沃尔特的鲁莽轻率，沃尔特则平衡了他的麻木迟钝。哈里·泰特尔从家庭动力学的角度评价他们各自的贡献：沃尔特是"努力奋斗的父亲，领导着这个家庭"，罗伊是"更放松的祖父"，为家庭提供适当的智慧；沃尔特是一个粗暴无礼的人，他无情地驱使着每个人，而罗伊是一个冷静而又和蔼可亲的人，他弥补了他的弟弟的严厉无情。

但是现在，当他们为沃尔特的新合同争吵不休时，酝酿已久的敌意似乎浮出了水面。罗伊显然对沃尔特专横的态度和他从公司——他们共同建立的公司——那里榨取尽可能多的钱的意愿感到不满，就好像这只是又一个可以被无所顾忌地抢劫掠夺的公司。沃尔特显然对罗伊试图把他束缚在公司之中的做法感到不满，就好像他只是公司的另一名员工，而不是迪士尼公司名称上有代表性的人物，以及对公司成功做出首要贡献的创造性人物。自从罗伊接手迪士尼工作室的财务大权以来，兄弟俩就再也没有特别亲密过。20世纪30年代，当时他们两家人每周日都会聚集在沃尔特的家里，有时偶尔还一起度假，但自那以后，他们就很少往来了，甚至在食堂两人都不共用一张午餐桌。但是，随着1961年谈判的继续，兄弟俩完全停止了交谈，卡德·沃克成了中间人。"沃尔特会告诉他，'你去找罗伊，把我说的话告诉

第十一章 朝着乌托邦的蹒跚跋涉

他',"沃尔特·帕非弗回忆说,"然后罗伊会把他说的话告诉卡德,让他回去告诉沃尔特。我不知道这持续了多久。"

事实上,这种状况持续了好几个月——好几个月二人都在沉默、愤怒和相互指责。在此过程中,沃尔特感觉自己受到了伤害,而罗伊则抗议说,他只是想保护沃尔特和公司不受心怀不满的股东的伤害。一些人认为,在迪士尼工作室里从事创意工作的罗伊·E. 迪士尼和罗恩·米勒之间的竞争加剧了这种紧张局势。罗恩·米勒在代表洛杉矶公羊队的短暂的职业美式足球生涯中受伤,退役之后沃尔特把他带到了迪士尼工作室。

不管这是不是真的,在谈判过程中,洛伊德·怀特威胁要为沃尔特雇用一名经纪人,他可能会把沃尔特卖给另一家电影公司,罗伊认为这是一种背信弃义的不诚实行为。"那是我第一次看到罗伊勃然大怒。"比尔·科特雷尔说。这也是这场战斗中的最后一次攻势。当科特雷尔把怀特的警告报告给沃尔特时,沃尔特显然已经厌倦了这场纷争以及由此产生的敌意,建议科特雷尔想办法把事情解决掉,处理好。

罗伊显然也有同样的和解想法。就像科特雷尔后来告诉托马斯的那样,罗伊走进他的办公室旁边的会议室,和他的谈判代表们进行了一次特别激烈的交谈。他说:"如果没有沃尔特,我们谁也不会在这些办公室里。你们所有的工作、所有的福利,都来自沃尔特和他的贡献。"双方的谈判于那年 4 月结束,迪士尼工作室不情愿地同意了沃尔特一份为期 7 年的个人服务合同。根据合同,迪士尼工作室每周支付沃尔特 3500 美元的工资,比之前的合同高出 500 美元,延期支付每周 1666 美元——还有他个人投资的电影的利润分成,但不是按总票房分成的模式,而是纯利润分成的模式。沃尔特得到了他想要的大部分东西。与此同时,沃尔特·迪士尼制片公司还同意与 WED 公司签订一份新的设计服务合同，每周 1500 美元，并同意支付 WED 公司在迪士尼乐园所有员工工资的 20%，迪士尼乐园现在由沃尔特·迪士尼制片公司全权所有。这两份合同都要经过股东的批准才能生效。

这一年 6 月，罗伊的生日那一天，横亘在双方之间的坚冰终于开始融化了。沃尔特送给了罗伊一支印第安人的和平烟斗和一张贺卡。"好极了，"贺卡上写道，"又能和你一起用和平烟斗抽烟了——从这种烟斗里升腾起来的烟雾非常美丽。"

"我想，这么多年来，我们两人已经携手做了一些事情，取得了一些成绩——有一段时间，我们甚至借不到 1000 美元。现在，我知道我们已经欠了 2400 万美元。"沃尔特说。

罗伊把这个烟斗放在他办公室里挂着的一幅沃尔特的大画像上。"我们已经讲和了。"他对一位客人解释说。

沃尔特·迪士尼在思考自己在迪士尼工作室留下的遗产，以及他留给家人的财务遗产时，同时也在思考一个更宏大更严肃的问题：他留给世界的遗产。随着自我意识的日益膨胀，他知道娱乐是远远不够的，即使是迪士尼乐园也不能成为持久的贡献。沃尔特·迪士尼需要做些事情来进一步改善社会，而不仅仅是分散社会的注意力。从 20 世纪 30 年代初起，沃尔特就对乔纳德艺术学院产生了兴趣。他永远也不会忘记，当年自己付不起那里的学费时，乔纳德夫人慷慨地让他的动画师免费在那里学习和培训。20 世纪 50 年代初，乔纳德夫人身患中风，健康状况使她无法管理这所学院，沃尔特不仅在经济上支持它——捐赠了数万美元——还指派迪士尼乐园的米奇·克拉克审计学院的账目，并进行系统的调查。克拉克发现学院有 1.2 万美元的资金被挪用，多年的应收账款也没有收回。最终，在乔纳德夫人的同意下，沃尔特调派了 WED 公司的高管来管理这所学校，并成立了一个规划委员会，专门负责回答"从零开始的话我们想要做什么？"这一问题以及做其他相关的事情。

沃尔特决定,要做的其中之一的事情就是寻找一个新的校址。早在 1957 年,他就要求哈里森·普莱斯为这所学院找一个合适的地方。当普莱斯还在四处搜索的时候,沃尔特的想法就开始扩展,从为乔纳德艺术学院寻找一个新的地点发展到他更宏伟也更有抱负的"艺术之城",乔纳德艺术学院现在只是其中的一个元素。很长一段时间以来,沃尔特一直在考虑由迪士尼工作室资助一所艺术学院,目的是为他的艺术家们提供尽可能广泛的创造性教育。"我们可以从全国各地找到最好的老师,"他在 1939 年给一位教育工作者的信中写道,"这将是一所供研究生工作的学校。"沃尔特从未对自己缺乏正规教育表示过任何遗憾;事实上,当一个新来的秘书完全按照他口述的内容一字不差地抄录一封信时,沃尔特意识到自己的不足,他对另一个秘书说:"你必须教教这个女孩,指点她一下。她太死搬教条了!"但是正如罗伊后来所说,"沃尔特痴迷于这样一个想法:在生活中,你也只是在不断地学习。你永远不会达到完美的高度"。

在"艺术之城",沃尔特希望把教育和他的另一个爱好结合起来:集体精神。他把这座城市设想成美国版的德国包豪斯建筑风格,学生们可以在这里找到自己艺术作品的实际应用和体现,他还让 WED 公司把它规划成这样一个地方,在这里,学生们不仅可以相互交流,还可以与公众交流,以便学生向其出售艺术作品。在 20 世纪 60 年代早期,由于成本过于昂贵、设想有点儿不切实际,他极不情愿地放弃了他的"艺术之城"的想法。但是,如果说在此之后他有什么不同的话,那就是他更加坚定了建设他的艺术学校的想法。1962 年,当乔纳德艺术学院与洛杉矶音乐学院合并时,他将自己设想中的学校命名为加利福尼亚艺术学院。"他真的想建那所学校!"哈里森·普莱斯回忆道,"他是我遇到过的对自己头脑中的目标最执着最孜孜不倦的一个人,这个目标是我见过的最深思熟虑的目标。他离加利福尼亚艺术学院成立这个目标越来越近了,他从始至终一直充满激情。他说,'这就是我将被长久铭记的事情'。"

沃尔特又开始迸发出炽热如火的激情,全身心地投入学院的筹划建设中去了。就像他曾经把员工逼入绝境,让他们思考和探讨《白雪公主》的拍摄制作和迪士尼乐园的设计方案一样,现在他又把他们逼入绝境,让他们思考和探讨加利福尼亚艺术学院的创建。"我希望真正有能力做事情的人来这里。"他在深夜给动画师 T. 赫(T. Hee)打了一个很长的电话,"我不想要太多的理论家。我想要一所学校,培养出通晓电影制作各个方面的人。我希望他们能够完成拍电影所需要做的任何事情——摄影、导演、设计、动画、录音。"他对另一位同事说,加利福尼亚艺术学院将是一个"综合性的学院,我们会设音乐学院、戏剧学院、摄影学院、舞蹈学院、绘画学院和应用艺术学院。所有这些学院都在同一个屋檐下,学生们从一个班级走到另一个班级,会经过艺术展览的场所,或遇到其他学生,他们会听到音乐,所有和他们一起住在宿舍里的同学都是从事艺术的人。"他告诉马克·戴维斯的妻子爱丽丝·戴维斯,加利福尼亚艺术学院将有一个闭路电视系统,"这样,学习美术或插画的学生就可以一边观看舞蹈学生的表演,一边绘出相应的图画"。他还告诉马克·戴维斯,他将邀请毕加索和达利来校任教,为大家上课。他甚至建议他自己也来教一门课。"我不是说教画画,看在上帝的分儿上!"他对戴维斯谦虚地说,"但我是一个很棒的故事创作人!我可以教大家编制故事,构思情节!"

当沃尔特觉得有什么东西已经发挥出了它的潜力,再也无法改进时,他总是按照立即放弃的原则行事。他当初倾注在迪士尼乐园方面的精力现在正转移到加利福尼亚艺术学院。"他对以前做过的很多事情都失去了兴趣,"马克·戴维斯说,"因为他看到了未来的新世界。"

而且，沃尔特在提供愿景的同时，还是一个强有力的实践者和实干家，他在地面上搭建了一个拖车，上面有一个加利福尼亚艺术学院的模型，他向潜在投资者展示这个模型。"如果你认为设立约瑟夫·P.肯尼迪奖学金合适的话，"沃尔特在给时任总统约翰·肯尼迪的父亲的一封典型的恳求信中写道，"我可以向你保证，你的孙辈们将收到沃尔特·迪士尼未来所有动画长片的原件和原稿。"最后，约瑟夫·肯尼迪向加利福尼亚艺术学院进行了捐赠。

4

纽约隐约可见，博览会日益临近。已经到了 1964 年了，WED 公司的"幻想工程师"们还在为即将于当年 4 月开幕的世博会做最后的准备。一旦沃尔特克服了亨利·福特造成的问题，福特汽车公司的展览项目就变得出奇地容易。在博览会开幕前不久，他曾试着体验了一下这个景点，并宣称自己对结果很满意。通用电气公司的"文明演进之旋转木马"是一个难度更大的项目，尤其因为除了这个重点展示项目，通用电气的展馆里面还有很多其他元素。当"幻想工程师"们最终完成这个项目后，沃尔特邀请通用电气公司的高管到迪士尼工作室看一看。他们对展示的结果很满意，但是沃尔特，经过这么长时间的反复折腾，还是有一点儿担心和犹豫。"它没有香肠！"他告诉他们，"几个星期后再来，我会展示给你们看。"正如通用电气公司一位官员后来所说，他不知道沃尔特的意思。但是不到一个星期，他们就接到了一个电话，要求他们再次去迪士尼工作室看看。这次的表演和第一次几乎一样——除了沃尔特在每个场景中都加入了一只滑稽的"发声机械动画狗"。现在进入了世界博览会筹备的冲刺时刻，属于画龙点睛的最后一笔。"小小世界"这一项目面临的主要问题在于时间。沃尔特直到9月份才看到会唱歌的孩子们的模型样本。"我们每天早上喝黑咖啡，午餐喝马提尼酒。"罗利·克伦普回忆说。当它终于开放时，展出地点实际上是在一个金属棚屋里，因为没有提供更多的预算，罗伊一开始对这笔费用还颇有怨言。但实际展出之后，他在给沃尔特的信中写道："看到这个景点受到如此热烈的欢迎，我感到非常欣慰。"他预测："在这个项目上我们很有可能实现收支平衡。"

最头痛的是发声机械动画人偶"亚伯拉罕·林肯"项目。仅设计"林肯"的脑袋就花了一年的时间，而为这个机器人编写程序则花了更长的时间，但是"林肯"的声音这个问题则更为困难。一些研究林肯的学者推荐雷蒙德·梅西（Raymond Massey），他曾在约翰·克伦威尔（John Cromwell）1940年的电影《伊利诺伊州的亚伯拉罕·林肯》中饰演林肯，但沃尔特担心梅西的声音可能听起来会过于戏剧化，不够朴实亲切。于是，他邀请罗亚尔·达诺（Royal Dano）到迪士尼工作室来，借口说请他帮忙拍摄一下动作，以帮助程序员设计"林肯"的身体动作。罗亚尔·达诺曾在一个综合性的电视节目中扮演林肯。"幻想工程师"鲍勃·古尔记得，沃尔特让达诺模仿林肯演讲。当他结束演讲时，"沃尔特跳起来说：'不！不！不！你没明白。再来一次'"。当达诺第二次演讲结束的时候，沃尔特又跳了起来，再次告诉达诺他的表演完全错了。第三次尝试之后，沃尔特·迪士尼带领全体剧组成员开始演唱《共和国战歌》。古尔说，当时他对这些事情毫无感觉，一点儿也没有意识到沃尔特为什么要这样做。直到后来，他才知道沃尔特是在寻找一个疲惫不堪、饱受折磨、极度痛苦的林肯，他终于通过激怒达诺，从达诺那里得到了他想要的东西。

但是，即使在"林肯"被送到世界博览会上准备展示而且公众预演日期即将临近时，它的问题也没有全部得到解决。"幻想工程师"无论如何无法让这个机器人正常工作。"哦，是的，（沃尔特）很烦

第十一章　朝着乌托邦的蹒跚跋涉

恼，"马克·戴维斯回忆说，"但是我必须说，我认为他非常同情我们。他必须了解这些人的情况以及他们在做什么。他会问一些问题，然后说：'好吧，伙计们，我明天早上再来找你们。'"在专门向罗伯特·摩西和纽约市一些自治区的区长们展示的特别预演会上，这个机器人表现得很好——"虽然不像我们想要的那么完美，但它起码正常运转了。"戴维斯说。但很快它又出故障了，沃尔特甚至把厄布·埃沃克斯叫到纽约，看他是否能修好它。"你从来没有见过这么多电子设备，一大堆。"迪士尼工作室一名负责给埃沃克斯托运行李的员工说。

沃尔特很紧张，很焦虑。4月20日，他们计划在包括伊利诺伊州州长奥托·科纳、联合国大使阿德莱·史蒂文森（Adlai Stevenson）（伊利诺伊州前州长）和记者团在内的观众面前让"林肯"亮相预演。他在通用电气公司的展馆外磨磨蹭蹭地给大家签名，然后告诉设计师查克·迈尔（Chuck Myall）："嗯，我想我们已经尽可能地延长了这段时间。"然而，当他到达伊利诺伊州展馆时，要么是帮助设计"林肯"脑袋的杰克·格拉迪斯（Jack Gladish），要么是迪士尼乐园的高管迪克·努尼斯向沃尔特报告了一个惊人的信息：这个机器人不够可靠，无法展示。沃尔特极不情愿地把这个消息告诉了观众。"女士们，先生们，"他说，"演艺界有句老话。如果你还没有做好准备，就不要拉开幕布。"当他宣布这一消息时，舞台下的"幻想工程师"们都在哭泣。

后来，沃尔特将这些问题归咎于展馆电力设施布设安装的延误，以及纽约的交通延误导致零部件无法交付。他警告说："这不是玩具。"其他的说法则将这些困难归因于灰尘、变压器故障、电流波动，甚至连接器故障导致线路连接失败。拉尔夫·纽曼认为，沃尔特实际上想推迟这个展示项目的开放时间，这样他就不必与其他景点进行竞争了。"林肯"直到4月30日才开始对公众展示，也就是上次流产的预

877

演结束10天之后，他只完成了7次完美无瑕的表演，之后再次出现故障，这促使马克·戴维斯提出了另一种解释："沃尔特按照自己的想象创造了人，你认为上帝不会生气吗？"最终，"幻想工程师"们设法解决了问题，修好了这个机器人。"林肯"开始定期表演，完全消除了之前的尴尬。莎伦后来回忆道："每次爸爸耐着性子看完它的表演时都会失声痛哭。"

然而，尽管"林肯"有这么多问题——沃尔特在博览会上度过了痛苦的两个星期，回到加利福尼亚后，立即住进了医院进行体检和休息——迪士尼还是取得了胜利。在世界博览会第一季结束时（展览暂时中断六个月后将迎来第二季），通用电气公司的"文明演进之旋转木马"成为第三大最受欢迎的景点，仅次于通用汽车公司和梵蒂冈的展览项目。通用汽车公司的展馆面积是通用电气公司的2.5倍，梵蒂冈展馆最重要的展览品是米开朗琪罗的雕塑《圣母怜子像》。福特汽车公司的展览排名第四。"林肯"没有获得参展资格，因为展馆的面积太小了，但是现在这个机器人的运转状况已经足够可靠，不过让拉尔夫·纽曼大为吃惊的是，沃尔特正在为迪士尼乐园制作另一个同样的机器人。沃尔特对纽曼说，迪士尼乐园"一直是它的最终目的地"。

在博览会第一季结束后的间歇期，当沃尔特沉浸在赞誉之中时，发生了另外一件事：他享受着自《白雪公主》以来在电影领域最伟大的胜利。沃尔特告诉谢尔曼兄弟，多年前，很可能是1943年，他看到黛安娜和莎伦在读一本书："她们咯咯地笑着，看起来是真的很喜欢。"几天后的晚上，他看着莉莲读着同一本书，也笑得乐不可支。她向沃尔特推荐了这本书。这本书是P. L. 特拉弗斯（P. L. Travers）所著的小说《欢乐满人间》（*Mary Poppins*），讲述了一个名为玛丽·波平斯（Mary Poppins）的拥有魔法能力的保姆的冒险故事。（乔·格兰特有一个不同的版本：沃尔特第一次听说这本书是在格兰特的妻子把

第十一章 朝着乌托邦的蹒跚跋涉

它读给孩子们听后，格兰特向他提起的。）不久之后，沃尔特要求罗伊直接联系特拉弗斯，而不是通过经纪人联系，看看这本书的改编版权是否还在，如果在的话，向她提出把这本书拍成电影的可能性。特拉弗斯虽然出生在澳大利亚，是一名英国移民，但在战争期间，她成了一位单身母亲，和自己收养的小儿子一起生活，住在纽约一栋五层楼高的没有电梯的大楼里。她似乎在想方设法往西走，告诉罗伊她正在考虑搬到圣达菲或图森。罗伊很谨慎——他不打算在战火纷飞的年代中轻易做出什么承诺——但他确实告诉特拉弗斯，沃尔特对《欢乐满人间》很感兴趣，并建议她考虑与迪士尼工作室合作改编这本书，将其拍成一部电影。

事实上，迪士尼工作室对《欢乐满人间》的兴趣远超其表面流露出来的态度。罗伊在给特拉弗斯的信中表现得很随意，但后来他在纽约遇到了她。而且，沃尔特给她写了一封信，说如果她愿意去亚利桑那州，他就会飞到亚利桑那州去看她。除此之外，沃尔特还补充说："这些故事是把有血有肉的人物与卡通角色结合起来的理想素材。"3月，罗伊又给她打了一次电话，小心翼翼地不让自己显得过于急切，只是想让她知道迪士尼工作室仍在考虑与她合作。直到1946年，战争结束之后，迪士尼工作室和特拉弗斯才就1万美元的改编权达成协议——或者说至少罗伊认为他们已经达成了协议。当特拉弗斯坚持要自己检查审核批准改编的剧本时，这笔交易泡汤了，因为沃尔特·迪士尼是不会准许任何人来审核自己的剧本的。

然而，这只是一个接下来将要发生的事情的预兆。13年过去了，迪士尼乐园都从无到有开门营业了，直到这个时候迪士尼工作室才再次与现年60岁的特拉弗斯联系，商讨购买改编版权的事宜。这次她的经纪人要价是75万美元。两个月后，在伦敦与沃尔特的一次会面中，特拉弗斯本人提高了要价。她现在要求的是影片利润的5%，这

879

将大大超过75万美元,而且还要求10万美元的保证金,另外还有1000英镑的剧本修改费。当年,在20世纪40年代与特拉弗斯会面时,罗伊曾把特拉弗斯描述为"阿米莉娅·埃尔哈特(Amelia Earhardt)式的人"。特拉弗斯是一个面容姣美、下巴秀美、眉毛纤细、眼睛又大又圆的女人。罗伊的意思大概是说,尽管外表如此柔弱,她却像已故的飞行员埃尔哈特一样,意志坚强,不会被轻易吓倒或欺骗。他对她的评价很准确。她不喜欢沃尔特·迪士尼的作品,也不想让他胁迫恐吓她的阴谋得逞。

但是,特拉弗斯不仅意志坚强,固执己见,而且还有点儿疯疯癫癫,精神无常。在贬低迪士尼电影的同时,她还与一位合作伙伴自行编写了《欢乐满人间》剧本,并把它提交给了沃尔特。尽管她拒绝与迪士尼工作室签订合同,但一直在修改这个剧本。沃尔特试图安抚她,邀请她参观迪士尼工作室,他说,这样她就能认识他的工作人员,让他们"从你对我们演示的反应中受益"。特拉弗斯读完迪士尼改编的剧本后抗议说,玛丽不应该违背父母的权威,让他们和她一起爬上栏杆,也不应该鼓励小男孩在妈妈告诉他不要跳进水坑后还跳进水坑里,沃尔特非常乐意听取和采纳她的意见,给她发电报说:"《欢乐满人间》这个项目在整个(计划)中是如此重要。如果你在信中提出的两点能让你高兴,我将乐意采纳你的建议。"尽管沃尔特对她如此纵容和溺爱,特拉弗斯还是让迪士尼工作室一直悬在半空,让双方之间的合作一直悬而不决;有一次,她同意了一份合同,合同要求授予她无条件审批剧本的权力,沃尔特也同意了这个合同,因为他完全清楚自己不会遵守这个合同。结果一年过后,她说她仍然"想再考虑一下"。在特拉弗斯最终签了合同之前,沃尔特已经为这部电影筹备了近两年的时间。

即使那样,她也并不十分快乐。"当我们和特拉弗斯太太坐下来

第十一章 朝着乌托邦的蹒跚跋涉

介绍我们的改编方案时，"谢尔曼兄弟回忆道——他们当时正在为这部电影谱写配乐和歌曲，并且粗略地勾画出了整个故事，"她讨厌我们做的一切。非常非常讨厌！针对我们写的每一章，她都有一种明确的感觉，我们选了最糟的改编方式。她开始为她自己认为我们应该改编的那些章节命名——而这些章节我们认为是绝对没什么用的。"经过整整一年的延迟，即使已经到了影片即将开始拍摄制作的前夕，特拉弗斯仍在对剧本提出广泛的批评意见，沃尔特写信向她表示感谢，并向她保证："我们会尽可能地利用好你提出的批评意见。"

当涉及为这部电影的演员选角时，她也没有变得更宽容。1961年3月，就在特拉弗斯到达加利福尼亚之前，沃尔特和莉莲在纽约看到了舞台音乐剧《音乐之声》中的演员玛丽·马丁，沃尔特发电报给她，请她考虑出演《欢乐满人间》中的波平斯一角。除此之外，沃尔特还建议特拉弗斯在去迪士尼工作室的路上去看一下这部戏，她也真的去了，甚至要求与这位女演员见面。然而，特拉弗斯决定由朱莉·哈里斯（Julie Harris）来出演这个角色，尽管这部电影是一部音乐剧，而哈里斯在这方面没有表现出任何天赋。哈里斯，毫无疑问是在特拉弗斯的怂恿下，写信给沃尔特，表达了她对于出演这部电影的兴趣，逼得沃尔特不得不婉言谢绝了她的请求。

同年8月，沃尔特在纽约看了音乐剧《卡梅洛特》，27岁的英国女演员朱莉·安德鲁斯（Julie Andrews）给他留下了深刻的印象，她在剧中饰演格尼薇儿王后（Queen Guinevere），于是他当场断定，应该由她而不是玛丽·马丁扮演波平斯。尽管安德鲁斯在当时还不太为人所知，没有什么名气——她曾在百老汇音乐剧《窈窕淑女》的第一部中担任主角——但沃尔特在一年内向她发出持续不断且殷勤的邀请，邀请她飞到迪士尼工作室参观。沃尔特在给她的信中写道："我们可以播放一下这部影片的主题歌曲，介绍一下故事情节，我相信

881

在看过这种演示之后，你就能做出决定了。"1962年6月，已经怀有身孕的安德鲁斯和她的丈夫、服装和布景设计师托尼·沃尔顿（Tony Walton）接受了沃尔特的邀请，与沃尔特共度了一个周末，即使这样，沃尔特还是采取了一些其他措施确保这个事情万无一失。他为沃尔顿提供了一份为这部电影的设计提供咨询的工作，后来他安排沃尔顿的父亲——一位医生——的一位身体残疾的病人来美国做一次特殊的手术。和特拉弗斯一样，安德鲁斯也不太愿意把自己的第一部电影献给迪士尼的银幕，因为迪士尼这个名字现在已经成了迪士尼电影的代名词。不过，华纳兄弟影业公司的总裁杰克·华纳最近绕开了她，让奥黛丽·赫本（Audrey Hepburn）出演她梦寐以求的角色——《窈窕淑女》银幕版中的伊莉莎·杜利特尔（Eeliza Doolittle）——这给了沃尔特很大的帮助，因为华纳对安德鲁斯说，没人听说过她。波平斯是一个安慰奖。（特拉弗斯对好莱坞的运作方式有些麻木和迟钝，她建议把奥黛丽·赫本作为波平斯这个角色的备选演员。）安德鲁斯出演这部影片的谈判从那年10月开始。

至于玛丽·波平斯的同伙，扫烟囱的伯特（Bert）这个角色，沃尔特最开始考虑的是由加里·格兰特来出演，所以他决定把这个角色充实扩大到和玛丽·波平斯一样，以吸引格兰特。格兰特告诉沃尔特，他愿意接受这个角色。特拉弗斯对此很不高兴。她认为，虽然格兰特作为玛丽所服务的家庭的父亲是可以接受的，但对他来说，塑造伯特的角色会"破坏故事的完整性"，使故事失去平衡。格兰特无论如何都不同意更换角色，沃尔特试探了劳伦斯·哈维（Laurence Harvey）和安东尼·纽雷（Anthony Newley），最后选定了四肢柔软灵活的电视情景喜剧明星迪克·范·戴克（Dick Van Dyke）。"沃尔特给我看了好几个屋子的故事板，"范·戴克后来回忆说，"当他说话的时候，他对这部电影的热情越来越高。他就像个孩子，对这件事非常兴奋，以至于当我离开他的时候，我也很兴奋。他让我心悦诚服地接受了他的想法。我非常想成为这部电影的一部分。"

正如范·戴克观察到的，沃尔特充满了热情和活力。尽管《欢乐满人间》的剧本是由比尔·沃尔什和唐·达格拉迪（Don DaGradi）这两位迪士尼工作室的老编剧共同创作的（比尔·沃尔什是《飞天老爷车》和《飞天老爷车续集》的编剧，唐·达格拉迪曾与人合作编写了《小姐与流浪汉》的剧本，并与沃尔什合作创作了《飞天老爷车续集》的剧本），并由迪士尼工作室的另一位老导演罗伯特·史蒂文森（刚刚执导完《飞天老爷车续集》）执导的，但这部电影还是有一种特殊的氛围和光环。即使只是因为它已经筹备了这么长时间，即使只是因为它是自《海底两万里》以来，迪士尼工作室制作的最精致、最昂贵的真人电影，这部电影也会自带光环。"整个工作室里没有一张悲伤的脸。"沃尔特说。他承认，当影片的预算膨胀时，甚至连罗伊都没有试图干涉电影制作，也没有要求他把供导演审查的样片拿给银行家看，他对此感到担忧。沃尔特多年来从未如此投入一部电影中。现在对于几乎每一部电影，他的态度都是：不管他在剧本或选角上花了多少工夫，他都只进行修改、审核认可，然后消失。而对于《欢乐满人间》这部完全在伯班克摄影棚拍摄的电影——用在《欢乐满人间》中扮演受波平斯威胁控制的小女孩的凯伦·多特莱斯（Karen Dotrice）的话说——他几乎每天都带着"确保每个人都快乐的目标来到片场。这就是关键所在——他希望每个人都能享受这种经历"。后来，多特莱斯附和范·戴克的说法，说他"像个大孩子"。

尽管他没有——也不可能，因为他当时还承担着许多其他的职责——逐字逐句地写剧本，但他显然与这部电影有着某种千丝万缕的联系，而他与这家电影公司最近拍摄的大多数影片都没有这种联系。尽管迪士尼最优秀的电影一直强调的都是儿童时期的释放解脱，但他们只是把解放放在第二的位置，他最关心的始终是成熟和随之而来的力量。就连匹诺曹从木偶变成男孩，小飞象从被欺负的小象变成马戏团明星，这些转变过程都是通过下列这些环节和历程而最终实现的：接受责任、表现出同情心、考验勇气和胆量，以及最后的表达爱意——成年期的特征和标志。《欢乐满人间》是一种对需要承担责任之前的童年的回归，或者更确切地说，是对责任的一种反映。在一个鼓励他们压抑自己稀奇古怪的情绪，表现得像成年人的家庭氛围里，波平斯教孩子们寻找快乐——如何与官僚主义、传统习俗和自满自足做斗争，这些都是成年生活的弊端。他早期的电影讲述了年轻的沃尔特·迪士尼对赋权和权力的需要，而《欢乐满人间》则讲述了年长的沃尔特·迪士尼作为一个身负重担、肩负各种责任的企业老板面临的困境，他当然可以与班克斯先生——一个在他内心潜伏着孩子的古板银行家，以及玛丽·波平斯——一个设法解放了那个孩子的魔法保姆——产生共鸣。这部电影体现了他幻想的两个新的替代性梦想：一个是逃避责任，他知道自己在现实情况中真的不能逃避这些责任；另一个是成为记者们常说的那个孩子，但他不可能真的成为那个孩子。

《欢乐满人间》带着迪士尼工作室多年来从未有过的喜悦和放纵，在1963年夏末波澜不惊地结束了大部分拍摄工作。沃尔特在给他妹妹露丝的信中写道："我认为这将是我们最好的作品之一。"但是，即使大部分拍摄工作已经完成，这部电影的制作工作远没有结束。这部电影花了很长时间来准备——从书中选择场景，编写对话，谱曲配乐，寻找演员阵容，躲避特拉弗斯的干预。这将需要整整一年的时间才能最终制作完成。问题是，沃尔特一直希望这部电影是真人实景和动画的结合，并授权厄布·埃沃克斯花25万美元购买了一种特殊的"活动马斯克摄影技术"的版权，他称这笔钱为"微不足道的

第十一章 朝着乌托邦的蹒跚跋涉

一点儿小钱"——这种技术可以更好地把真人演员和卡通形象结合起来，但真人镜头并不总是计划用来与动画混合的。[1] 其中一个原因是沃尔特经常会给员工带来新的想法。谢尔曼兄弟决定在《欢乐假日》（*Jolly Holiday*）这首歌中加入一段合唱，由侍者以理发店四重奏的形式合唱。沃尔特若有所思地说，服务员总是让他想起企鹅，并建议服务员应该是动画企鹅，这就需要进行大规模的修改。正如弗兰克·托马斯和奥利·约翰斯顿写的那样："负责的动画师会大发牢骚、抱怨反对，指名道姓地说某些人的坏话，但与一切对他来说都很容易就完成的情况相比，最终他会变得更有创造力，也更有趣。没有一个动画师会在这样的挑战面前退缩。"而且，他们还说，"沃尔特也知道这一点"。

而且，似乎每个人都知道这部电影很特别。甚至在配乐或动画加入之前，沃尔特还在迪士尼工作室为销售人员做了一个粗略的试映，他向比尔·安德森报告说，反响"非常好"。但是，沃尔特仍然很担心自己可能在自欺欺人，所以他请了一位忠实的资深放映商来看这部影片。放映商证实了沃尔特的热情。1964年8月，在格劳曼中国剧院举行的首映式上（这是给加利福尼亚州艺术学院的福利），观众全部起立欢呼。"你拍了很多电影，沃尔特，打动了全世界的心，"制片人萨姆·戈尔德温在看完这部电影后写道，"但你从来没有拍出过一部像《欢乐满人间》那样伟大的电影，一部如此精彩、如此神奇、如此欢乐、如此圆满的电影。" 20 世纪 50 年代初，戈尔德温曾与沃尔特讨论过在《欢乐满人间》上进行合作。戈尔德温的观点是普遍的：《欢乐满人间》可以说是沃尔特·迪士尼优秀的电影之一。甚至给沃尔特带来

---

[1] 一些报道称，沃尔特邀请工作人员观看了《南方之歌》的试映，之后他突然决定《欢乐满人间》可以使用动画，这让剧组人员陷入了恐慌。但是也有备忘录显示，早在 20 世纪 40 年代，沃尔特就考虑把《欢乐满人间》做成真人实景与动画相结合的影片。

无数苦恼烦忧的 P. L. 特拉弗斯也来到洛杉矶看了这部电影，并表示自己很开心。"整部电影都是精彩的场面，是一场辉煌的表演，"她在给沃尔特的信中写道，"我很佩服你能慧眼发现朱莉·安德鲁斯这个女演员，能够演好这个角色。"她对安德鲁斯"朴素低调"的表演大加赞赏。最后，她说："你忠实的朋友，附送一束花。"（不过，多年来，特拉弗斯一直对这部电影表示失望，显然是向那些不喜欢沃尔特·迪士尼的人说的。）

公众也同样为之深深着迷。尽管这部电影耗资 520 万美元，超过了迪士尼在任何一部真人实景电影上的投入，但它在全球获得了近 5000 万美元的票房收入，仅在美国的收入就达到 3000 万美元。这使得迪士尼公司当年的总收入超过了 1 亿美元，而 10 年前，该公司的总收入从未超过 1000 万美元。当这部影片在莫斯科上映时，政府不得不把"体育宫"改造成一个剧院，每天放映两场，每场都吸引了 8000 名观众。这部电影获得了包括最佳影片在内的 13 项奥斯卡提名，并获得了最佳视觉效果、最佳配乐、最佳歌曲（*Chim Chim Cheree*）、最佳剪辑和最佳女主角等 5 项大奖。这是对朱莉·安德鲁斯作为一名演员的实力证明，因为奥黛丽·赫本凭借《窈窕淑女》甚至没能获得提名。"如果没有你的帮助，那座可爱的雕像——我将很难相信我已经真的拥有了它——根本不会在那里。"安德鲁斯在颁奖仪式结束后写道，"我真心希望我们也能获得奥斯卡最佳影片奖！这完全是实至名归，理所当然的。"然而，沃尔特似乎已经接受了这样一个事实：由于他不是好莱坞权势集团的一员，所以不能赢得那个奖。（《窈窕淑女》赢得了那个奖。）"我了解好莱坞，从来没有希望这部影片能获得那个奖。"他略带自怜地回答安德鲁斯，"事实上，你知道，迪士尼从来就不是好莱坞的一部分。我想他们提到我们时还会说我们是在伯班克的那片玉米地里。"

第十一章　朝着乌托邦的蹒跚跋涉

这是非常好的一年，沃尔特不得不否认他可能最终会把迪士尼工作室和主题公园卖给哥伦比亚广播公司然后退休的传言，他告诉专栏作家海达·霍珀："随着《欢乐满人间》的持续火爆，迪士尼可能会出价收购哥伦比亚广播公司。"不过，沃尔特向另一位记者承认，《欢乐满人间》的成功非但没有减轻他的压力，反而增加了他背负的压力。"我是负责人，"他说——听起来很像他在《白雪公主》上映之后的语气，"我必须一直努力保持在同样的水平。而且要做到这一点，方法是不要担心，不要紧张，不要想着'我要超越《欢乐满人间》，我要超越《欢乐满人间》'……方法就是走出去，对一些小事情产生兴趣，一些让我感兴趣的小想法，一些看起来很有趣的小想法"——这正是他所做的。

《欢乐满人间》上映后，在第二年4月，世界博览会的第二季开始了。沃尔特现在轻松多了，他把员工从加利福尼亚送到博览会参观，作为一种对他们的奖励。当他和马克·戴维斯在博览会接近尾声时来到这里，想看看自己设计的那些景点如何经受住考验维持下来时，他自己也变成了一个有吸引力的人物或景点。无论走到哪里，他都被祝福者包围着——"他碰我了！"一位女士尖叫着——除了在福特汽车展馆他决定和其他游客一起排队等候，所有人都尊重他的隐私，没有一个人走近他。但是，戴维斯说："当我们坐上那辆载着客人参观展览的摆渡车时，全场鼓掌欢呼。整个参观期间他们都没有打扰他，让他独自活动。这是一次奇妙的经历。他非常感动。"

到1965年10月世界博览会结束时，经过两季的展期，共有5100万名游客前来参观，其中有近4700万人（或者说占到了91%）观看了迪士尼设计的四场展览之一，这使得沃尔特·迪士尼显然成为其中最成功的人之一。但是，并不是所有人都喜欢和迷恋沃尔特的贡献。世界博览会开幕后不久，建筑师兼建筑教育家文森特·斯库利开始与美国国际商用机器公司、约翰逊蜡制品公司（Johnson's Wax）、赫兹公司（Hertz）、伊卡罗尔公司（Clairol）和福美家公司（House of Formica）接触会面，评估他们的兴趣。

沃尔特从世界博览会上拿走的不仅仅是展品。博览会第一季结束时，他邀请博览会执行副总裁威廉·E."乔"·波特少将（William E."Joe" Potter）来到迪士尼工作室，讨论他以一种特殊且高度保密的身份加入该公司的可能性，而波特也同意了这个提议。波特的角色是领导一个新的项目——迪士尼兄弟最初给它起的名字是"未来项目"——当时的博览会就是卡德·沃克所说的这个项目的"试验场"。现在，随着波特的加入，这个项目试验结束了，进入了下一个阶段。让他不再为如何超越《欢乐满人间》而烦恼的"小事"就要开始了——只不过它不小，它很大——大得令人难以置信。

5

几乎在迪士尼乐园刚一开业的时候，沃尔特就被人不停地问是否还要再建一个主题公园。事实上，虽然沃尔特一直否认计划建造一座新的游乐园，声称迪士尼乐园是独一无二的，而且他无法想象建设一个离他不够近的类似公园以至于他无法现场监督会是什么情况，但是到了1958年，他和美国全国广播公司显然意识到他们错过了迪士尼乐园，于是联合委托斯坦福研究院在斯考克斯市（Secaucus）附近的沼泽地区就建造一座公园进行可行性研究，这个沼泽地区紧挨着新泽西州收费高速公路。斯坦福研究院提交的报告的结论是，这将需要7.6万小时的载客量，而当时迪士尼乐园的载客量为4.6万小时；考虑到当地的天气状况，它每年只能运行120天；它的建设成本将耗资4640万美元；而且，它的投资回报率将会比较

（Vincent Scully）在《生活》杂志上发表文章，满怀悲痛地写道："如果这就是建筑，愿上帝保佑我们吧。"斯库利坚持认为，迪士尼现在正在创造的体验的复制品，与真实的东西相比黯然失色，但却取代了真实的东西。斯库利指责他"把他接触到的一切都庸俗化了，以至于事实失去了所有的力量，生物失去了它们的地位，'世界历史'失去了它的意义。迪士尼迎合的是一种虚假的现实——最可怕的例子是在博览会上某个地方的林肯的感人和健谈的形象——我们都太容易接受仿品。我担心，恐怕迪士尼先生对我们的弱点了如指掌，看得一清二楚"。这一指控将越来越多地指向沃尔特·迪士尼：他不仅从自己的艺术中消除了锋芒和危险；他已经找到了一种方法，把它们从日常生活中抹去。

但是，沃尔特似乎没有受到这些批评的影响。世界博览会不是为了取悦知识分子，它是一次彩排。"文明演进之旋转木马"被运回了迪士尼乐园，并在那里重新进行了安装。新的"文明演进之旋转木马"没有壮观的穹顶，也没有核裂变演示，但却多了一座未来城市的立体模型。"小小世界"也被运回了加利福尼亚州，并在美国银行的赞助下在迪士尼乐园开始展出。甚至在世界博览会结束之前，全新改版的"亚伯拉罕·林肯"就在迪士尼乐园首次亮相，作为该乐园十周年庆典的一部分。尽管有沃尔特的怂恿和诱惑，福特汽车公司还是决定不把它的展览项目转移到迪士尼乐园。但是沃尔特确实带走了其中的恐龙，后来把它们沿着圣达菲铁路和迪士尼铁路安置在迪士尼乐园里，作为迪士尼乐园里的"原始世界"的一部分。与此同时，沃尔特被来自世界各地的像潮水一样涌来的类似项目邀请淹没。杜莎夫人蜡像馆甚至邀请他制作"发声机械动画人偶"版本的温斯顿·丘吉尔。尽管沃尔特拒绝了这些邀请，但他一直打算利用这些展览来吸引其他公司赞助迪士尼乐园的景点。随着世界博览会的结束，杰克·塞耶斯低,"不指向一个有利可图的风险和投资"。沃尔特自己对此也有一定的怀疑。他对哈里森·普莱斯说,他觉得纽约地区不会支持修建主题公园,因为"观众的反应并不积极"。其他邀请来自巴西新首都巴西利亚——"沃尔特很感兴趣,如果整个事情看起来很有希望,他可能会亲自去巴西一趟。"一位迪士尼高管告诉巴西的相关官员,以及尼亚加拉大瀑布管理方、加利福尼亚州蒙特利市、堪萨斯城的相关官员。

最有希望、可能性最大的项目是圣路易斯市中心的一个计划,沃尔特显然推动和鼓励了这个计划。当时,圣路易斯市计划举办庆祝该市成立200周年的纪念庆典活动,并成立了专门的委员会来负责规划和设计庆典活动。该委员会询问迪士尼工作室是否可以为这一纪念活动制作一部电影,沃尔特则向他们提出了另一个建议,一个开发迪士尼乐园的建议。圣路易斯市的官员们对这个建议饶有兴趣,立即抓住机会围绕这个设想开展下一步的工作。1963年3月,圣路易斯的一个代表团,包括该市市长在内,在迪士尼工作室会见了沃尔特。会面结束之后沃尔特请哈里森·普莱斯进行另一项可行性研究。两个月后,沃尔特和莉莲、莎伦以及莎伦的丈夫罗伯特·布朗一起去了圣路易斯,对这个被称为"滨河区"(Riverfront Zone)的再开发区域进行了考察和评估。11月,他又去了一次,当时他提出了自己的条件:当地的市政中心再开发公司要提供一栋大楼来容纳相关景点,迪士尼将自己负责提供这些景点,这些景点的权益由迪士尼公司拥有并控制。这个月的月底,他与几位WED公司的"幻想工程师"会面,讨论可能的展览项目:一部关于圣路易斯的环幕电影、一个"发声机械动画人偶"展览、一个新奥尔良市法国人区的缩微模型、一座鬼屋、一座奥杜邦鸟屋、一个大卫·克罗克特洞穴和一艘海盗船模拟展示项目。

第十一章 朝着乌托邦的蹒跚跋涉

整个春天，沃尔特都在与圣路易斯市的政府官员和他的"幻想工程师"们协商。这年7月，《纽约时报》报道称，迪士尼终于决定在圣路易斯市中心的一座五层楼的建筑里建造第二个迪士尼乐园——这个是室内的。但是，沃尔特还没有做出任何承诺。尽管媒体上出现了类似的新闻报道，但沃尔特在给一位记者的信中写道："圣路易斯市的计划还只在讨论阶段。"到了这一年的年底，他已经对这个项目失去了兴趣。有些人错误地声称，位于圣路易斯市的安海斯-布希啤酒厂（Anheuser-Busch brewery）厂长小奥古斯特·布希（August Busch, Jr.）曾斥责沃尔特，称他"疯了"，因为沃尔特宣称不会在迪士尼乐园里出售酒水；另一些人则表示，沃尔特和当地官员无法就财务问题达成一致，迪士尼预计的财务规模为4000万美元。

但是，真正的原因可能是沃尔特当时已经找到了另一个更好的地方。从一开始，当他第一次考虑建造另一个主题公园时，最合乎逻辑的地点之一是佛罗里达，主要是因为当地的天气比较适宜。早在1959年，沃尔特就坦率地告诉《迈阿密先驱报》的记者，他曾经开车经过那里，并得出结论："佛罗里达州在很多方面都比加利福尼亚州更好。"这不仅仅是随口说说。当时，沃尔特已经在与美国无线电公司和银行家人寿保险公司负责人、千万富翁约翰·D.麦克阿瑟（John D. MacArthur）讨论开发一家名为"明日之城"的"娱乐企业"，该企业计划设于麦克阿瑟拥有的棕榈滩（Palm Beach）以北占地5000至6000英亩的土地上。这个计划是把一个新的主题公园放在一个精心规划的社区里，就像沃尔特希望把他的学校放在一个"艺术之城"里一样。沃尔特一如既往地委托哈里森·普莱斯进行可行性研究。普莱斯确定："该地区拥有与南加利福尼亚州迪士尼乐园相当的主题公园入园率潜力，甚至会超过南加利福尼亚州"。甚至连罗伊也乘坐麦克阿瑟的高级豪华轿车勘察了这一地区。这辆车配备了一个专门的液压系统，可以把车升到棕榈树的上方。然后他去了纽约，游说美国无线电公司。他说，他希望WED公司设计的世博会展览项目能够"影响美国无线电的计划"。

结果，随着事情的发展，这个计划出现了变数，一波三折，最终被放弃了。比尔·科特雷尔是这么说的："它就是不管用。"但是，在佛罗里达建造新主题公园的热情仍然高涨。普莱斯在他的研究中发现了一个不争的事实："位于阿纳海姆的迪士尼乐园——尽管它在现有的南加利福尼亚旅游市场中的渗透率很高——每年在东部地区人口中的渗透率都很低。"按照他的计算，按照目前的游客入园率，要用一百年的时间才能使密西西比河以东的人口被全部覆盖。当时，密西西比河以东的人口占美国全国人口的三分之二。普莱斯认为，要想让迪士尼乐园尽快覆盖到这些人，唯一的办法就是在东部建一个类似的主题公园，而修建主题公园的最佳地点是佛罗里达州。早在1961年春天，普赖斯就已经为沃尔特提供了可能的备选场地，而现在担任迪士尼工作室行政副总裁的唐恩·塔特姆则前往佛罗里达州中部地带，调查那里的可用房地产。"对于这个潜在的项目，我们的热情比以往任何时候都高，等待并盼望你的指导，推动这个项目进一步发展。"塔特姆考察回来后在给沃尔特的报告中写道。

这一指导并没有立即随之而来，很可能是因为沃尔特当时正忙于策划世界博览会的展览，并再次夺回迪士尼工作室的掌舵大权。但在1963年年初的某个时候，他召集了一小群经过精心挑选、谨慎小心的高管——其中包括塔特姆、卡德·沃克和迪士尼乐园的副总裁乔·福勒——要求他们负责在佛罗里达州为一座新主题公园寻找5000至10000英亩的土地。（这样的规模是必要的，因为沃尔特一直后悔没有在迪士尼乐园周围收购更多的房产，以免让周围环境显得艳丽俗气，破坏迪士尼乐园的整体效果。）他给这个最新的规划起了个代号，叫

第十一章　朝着乌托邦的蹒跚跋涉

"未来项目"或"X项目",以保持其机密性。当沃尔特向莉莲透露他的计划时,她后来承认她当时大吃一惊,非常震惊。"你为什么要那么做?"她问道。沃尔特当时正全身心地投入世界博览会和加利福尼亚州艺术学院的筹备工作以及迪士尼工作室的制片工作之中,他对莉莲的问题的答复是:"如果不尝试新鲜事物,我就会变成一潭死水停滞不前。"

从一开始,这就是一次高度保密的行动。没人知道沃尔特·迪士尼正试图购买房产,否则当地的房价会飙升。9月,卡德·沃克向沃尔特阐述了他们制订的方案:"我们会谨慎地选择一个第三方(比如州长阿内尔)作为我们的掩护。实际上由他来为另一家精心挑选的公司或个人寻找并收购土地。然后,这个第三方将选择一个房地产专家或房地产知识渊博的律师,根据预先确定的计划,将之前收购的土地集合起来。房地产商永远不会知道我们牵涉其中。我们将有一个'团队'来跟踪和监控每一环节和步骤的进展。例如,这块土地可能是老年人的'退休村',因为它与我们的项目类似。"

与此同时,与圣路易斯市正在进行的谈判,以及与西格拉姆就开发尼亚加拉大瀑布进行的协商探讨,已成了借口和托词。11月,沃尔特、莎伦、鲍勃·布朗和几位高管飞往圣路易斯市,然后又飞往尼亚加拉瀑布和华盛顿特区,在绕道前往佛罗里达之前,沃尔特从坦帕市开车到奥卡拉,察看了整片土地。在返回加利福尼亚的途中,他们在佛罗里达海岸上空低空飞行,对它进行了调查。据某种说法称,当他们向西航行时,沃尔特最终决定将主题公园建在佛罗里达州中部的奥兰多附近,这样它就不必与海洋或海湾竞争游客了。就在同一天,11月22日,飞机在新奥尔良临时降落补充燃料时,沃尔特得知肯尼迪总统被暗杀的消息。

在接下来的6个月里,沃尔特会多次造访佛罗里达州,不过迪士尼乐园负责法律事务的副总裁罗伯特·普赖斯·福斯特（Robert Price Foster）认为，沃尔特这么频繁地飞行，似乎并不是因为对未来的迪士尼乐园有多么大的兴趣，而是对乘坐湾流新型喷气式飞机更感兴趣。迪士尼公司在3月份买下了这架飞机。沃尔特委托福斯特执行卡德·沃克购买土地的计划。4月份，沃尔特·迪士尼出席世界博览会开幕式时，福斯特前往迈阿密，会见了佛罗里达州的律师保罗·L. E. 赫利韦尔（Paul L. E. Helliwell），他是迪士尼公司在纽约的法律顾问推荐过来的。福斯特如此谨慎，以至于他等了好几个小时才告诉赫利韦尔，沃尔特·迪士尼才是他真正的客户。赫利韦尔本人在二战时期是一位战略情报局的官员。当赫利韦尔推荐一位名叫罗伊·霍金斯（Roy Hawkins）的房地产经纪人来鉴定房产时，福斯特也没有立即向他吐露自己的秘密。事实上，福斯特开始使用鲍勃·普莱斯这个名字，以免有人把他追溯到迪士尼家。

那年春天和夏天连续两个季度，福斯特一个接一个地寻找目标物业，并开始通过一系列的幌子公司购买它们，总共使用了9家幌子公司。不过，当罗伊决定亲自前往杰克逊维尔，就购买一处特别大、特别重要的地块进行谈判时，他还是冒着被曝光的风险。不过，该公司仍在秘密运营。福斯特说，直到1965年6月，沃尔特才在他的办公室召集了一个小组开会，参会者不仅包括"X项目"委员会，还包括董事会，宣布将建设一个新主题公园，并描述了它的大致轮廓——福斯特称之为"我们自己的制宪会议"。

当然，所有这些都被限定在迪士尼公司内部。甚至关于这个主题公园的内部备忘录也被编号，以便后续追溯；在一次佛罗里达之旅中，一位女服务员认出了他，沃尔特先是否认自己是沃尔特·迪士尼，然后要求她保证不告诉任何人他是谁。在公开场合，沃尔特继续否认对佛罗里达主题公园有任何兴趣。"我们在迪士尼乐园还有很多事情没有做。"4月,他对《代托纳新闻杂志》(*Daytona News-Journal*)的一名记者说,"现在,我们准备在未来5年内投入5000万美元来改造我们的'明日世界'。"但截至那个时候,迪士尼已经以略高于500万美元的价格购买了27400英亩土地——平均每英亩的价格大约是他12年前在迪士尼乐园花费的十分之一——所有的钱都来自迪士尼工作室。

甚至佛罗里达州的官员也被蒙在鼓里。1965年8月下旬,罗伊接到了保诚集团的一位老联系人打来的电话——这位老联系人已经退休并成了佛罗里达发展委员会的主席——询问他和佛罗里达州州长在对香港进行贸易访问的返程途中,是否可以在迪士尼工作室与沃尔特和罗伊会面:"向你们推销在佛罗里达建立一家娱乐工厂的想法。"罗伊小心翼翼地回答说,他和沃尔特到时候都不在。"我撒了个小谎说我们到时都不在,"他在给沃尔特的信中写道,"因为我认为现在让我们摊牌还为时过早。"赫利威尔和霍金斯两人最终都被告知了这个秘密,他们建议罗伊和沃尔特只能在奥兰多县官员和公民代表在场的情况下与州长会面,这样州长就不能违背他可能做出的任何承诺。

但迪士尼公司的这一秘密计划只能隐瞒这么长时间了。1965年秋天的早些时候,《奥兰多哨兵之星报》(*Orlando Sentinel-Star*)的一名记者带着一个记者代表团到迪士尼工作室参观。参观期间她问沃尔特为什么一直在奥兰多地区旅行。显然,沃尔特对这个问题很惊讶,他的回答有些语无伦次。"他看起来就像我把一桶水泼到他的脸上一样。"她说。几个星期后,沃尔特的秘书警告他,记者艾米丽·巴瓦尔(Emily Bavar)已经有所怀疑了。事实上,就在那年10月,鲍勃·福斯特和WED公司负责公关事务的副总裁鲍勃·杰克逊(Bob Jackson)正在佛罗里达物色地点,准备召开一个新闻发布会,在会上宣布他们建设一个主题公园的计划。这个时候,他们在樱桃广场酒店的大厅里看到了《奥兰多哨兵之星报》的头版头条文章，标题是："我们说：'神秘'产业就是迪士尼乐园。"巴瓦尔的报道解释说，赫利威尔和霍金斯一直在为一个新的迪士尼主题乐园购买土地，甚至还援引奥兰多地产周边一家当地杂货店的老板的话，称来自加利福尼亚州的陌生人不断来他这里买汽水。"我唯一能告诉你的是，它又大又肥。"赫利威尔高深莫测地评论道。

当天，佛罗里达州州长海登·伯恩斯（Haydon Burns）证实了这一消息。1965年11月15日，沃尔特在奥兰多的樱桃广场举行了一场新闻发布会——实际上是两场新闻发布会，共有将近500名记者出席——正式宣布了这一消息。"在我们开始考虑破土动工之前，我们还有很多的工作要做。"他告诉他们。他说："你不可能随随便便走出去，建设一个全新的娱乐世界，在此之前，我们需要进行大量的研究，我们的员工要解决大量的问题。"他预计，这个项目将需要18个月的时间来规划设计，然后还需要花18个月的时间来具体实施，目标是在1969年年初开业。他说，他将投资1亿美元，仅仅是为了"让这个项目开始启动"。然后他展示了一个幻灯片，展示迪士尼乐园对南加利福尼亚州的影响——将近10亿美元的收入。州长伯恩斯称11月15日是"佛罗里达州历史上最重要的一天"，他预测旅游业收入和税收将增加50%。但沃尔特说，虽然他们希望能够赚钱，但"在这个新企业中，赚钱是我们想得最少的事情，它在我们的目标排行榜上排在最后。这是我真实的想法，我诚心诚意这样想。我们希望这是一种心甘情愿的付出，是爱的义务。"

沃尔特还从哲学的角度阐述一番。他说："我们想要一些有教育意义的东西，一些能让家庭团结在一起的东西——这将是对社区及对整个国家都增光添彩的东西。"但他对具体细节含糊其词。事后他告诉一名同事，他在介绍和陈述中表现得很"糟糕"。事实上，他本来也不需要说得特别详细具体，因为除了会有两个"城市"——"昨天的城市"和"明天的城市"——的概念，也没有其他任何细节值得一提。事实上，据罗伯特·福斯特说，沃尔特直到公告发布的那天早上，他乘坐自己的"湾流"飞机飞过时才真正看到了这块地，直到公告发布后的第二天早上才踏上这块地，当时他和罗伊、唐恩·塔特姆、波特将军以及当地的一名政客一起驾着摩托艇横渡了这块土地上的一个湖，福斯特称此举是一种"罕见的认可表达"。

真相是，沃尔特对于建造所谓的"迪士尼乐园"这样另一个游乐园并不特别感兴趣——这个新的综合游乐设施将被命名为"迪士尼世界"。当罗伊组建一个委员会来制定这个游乐园的总体建设战略时，沃尔特甚至不是这个委员会的成员。沃尔特已经建了一个游乐园，正如罗伊告诉一位记者的那样，"沃尔特本能地拒绝重复做同样的事情。他喜欢尝试新鲜的东西"。他从来没有做过的——至少从艺术之城开始，他就一直希望和梦想去做的——是从零开始创造一个完整的城市环境：一个完美的城市。沃尔特并不特别喜欢城市——1948年参观完芝加哥铁路博览会之后乘坐火车回家时，他对沃德·金博尔说，他不能理解为什么人们明明可以住在开放的空间里，却偏偏要住在城市里——他尤其讨厌洛杉矶的城市扩张运动。"幻想工程师"们说，当他们在制订"明日世界"的规划的时候，沃尔特会随身携带有关城市规划的书籍，还会喃喃谈论交通、噪声和霓虹灯。他的办公室里有三卷书，他经常翻阅和参考：埃比尼泽·霍华德爵士（Ebenezer Howard）的《明日的田园城市》（最初出版于1902年，1965年再版），这套书宣扬一种更加田园牧歌式的城市生活的愿景；以及《我们城市的中心》（*The Heart of Our Cities*）和《走出集市，进入城市》（*Out of a Fair, a City*），这两本书都是由既是建筑师又是购物中心设计师的维克托·格伦（Victor Gruen）撰写的，他呼吁重构城市概念，重建新型城市，这些新型城市应该更有序、更合理、更人性化。沃尔特对城市规划的兴趣如此浓厚，以至于科幻小说作家雷·布拉德伯里（Ray Bradbury）曾就竞选洛杉矶市市长的事找过他。"既然我已经是国王了，为什么还要竞选市长呢？"沃尔特告诉他。布拉德伯里当初在圣诞购物狂欢期间在一家百货公司遇见了沃尔特，两人成了朋友。

"迪士尼世界"对沃尔特的吸引力——它对他唯一真正的吸引力——是他终于有机会在主题公园附近建造一座乌托邦式的城市，作为主题公园员工居住的地方。对于那些认为迪士尼无意解决当代问题，而只是有意忽视这些问题的人来说，这也是他对社会弊病，尤其是城市动荡不安的回应。"沃尔特对解决中心商业区和住宅区如何共存的问题以及使整个建筑为人员流动和进出交通服务的问题很感兴趣。"WED公司的"幻想工程师"马文·戴维斯说。沃尔特知道，不管他的计划有多周密，他都不能光靠自己来解决所有的问题；他也知道，不能一下子解决所有的问题。他预想的是一个实验性社区，戴维斯说："住在那里的人可以不断地测试各种材料、想法和哲学。"他称它为"未来社区的实验原型"，正如马文·戴维斯所说，它是"迪士尼世界"的"真正的香肠"。

尽管如此，如果说这是一个实验，那么它也将成为一个真正的社区——用沃尔特的话说，一个"有生命的、有呼吸的社区"——到1980年将有2万居民，在某些场合和时刻，沃尔特也曾经估计人口将达到6万甚至10万。"这将涉及学前教育，"他说，"家庭环境和就业。"它将有一个青少年中心，以防止青少年犯罪，并在附近设置供老年人使用的设施。它将有娱乐区和宗教场所。至于政府，虽然沃尔特永远不会放弃他的最终权力，但他考虑设计一个分为两部分的分岔系统。在这个系统中，迪士尼公司控制所有的规划和建设，而其他问题则通过民主程序决定。有一次，他建议居民在"休假日"进行轮换，这样就没有人有永久投票权。[1] 的确，他的想象力和视野是如此广阔和充满未来主义色彩，在某种程度上，这不仅要归功于他的主题公园，也要归功于他的动画。"沃尔特设想着人们在未来 25 年和 30 年所期待的事情。"乔·福勒说，"他希望房子能完全自给自足，有自己的发电厂，自己的电力，没有垃圾或废物收集，所有这些都用属于这个地方的管道自动处理……他期待着所有现代形式的交通，而不是街道上的汽车。他希望教育设施能超前 20 年。"罗伯特·摩西是另一位纪念碑主义者，他赞赏沃尔特如此宏大的雄心壮志，称"未来社区的实验原型""势不可当"，并预测它将成为"美国第一个没有事故、没有噪声、没有污染的城市中心"。

当然，WED 公司本身并不具备提供这项技术的能力和条件。沃尔特需要合作伙伴，就像他在建设迪士尼乐园时需要他们一样，但他不像在建设迪士尼乐园那样，只是寻找愿意为"未来社区的实验原型"提供融资的企业承租人，他想要的是智力资本。（这无疑是他如此热衷于为世博会打造企业联盟的原因之一。）在宣布这一消息后的几个月里，他和他的员工再次拜访了不同的公司——通用电气公司、西屋电气公司、美国无线电公司——询问他们现在正在开发什么技术，以及他们是否有兴趣将"未来社区的实验原型"作为自己的实验室来测试新技术，以便让"未来社区的实验原型"成为展示美国技术

---

[1] 这个问题将被事实证明是棘手的。沃尔特不希望受制于选民或地方官员的一时冲动和随性而为，他的律师建议他让佛罗里达州立法机关批准奥兰多地区的两个自治市建立分区制，分享税收收入，采用建筑法规，控制酒类消费，并监管执照。律师理查德·莫罗（Richard Morrow）直言不讳地写道："组建我们自己的市政机构的主要好处是控制权。"沃尔特并没有马上对这个想法产生好感，显然是因为环球影城的负责人朱尔斯·斯坦曾经警告过他自己在加利福尼亚州环球影城遇到的问题。但是沃尔特最终还是同意了——佛罗里达州立法机构也最终批准了——为这个主题公园设立一个单独的区域，这实际上使这个主题公园脱离了奥兰多选民和官员的控制。但是，当"未来社区的实验原型"真的有人居住时会发生什么，这个问题还没有解决。

知识的窗口，同时也是展示沃尔特·迪士尼想象力的窗口。

现在有了"未来社区的实验原型"，他又回到了WED公司，就像他在迪士尼乐园和世博会之前的筹备规划阶段一样。他请他的朋友和邻居，杰出的建筑师威尔顿·贝克特（Welton Becket）为"未来社区的实验原型"设计方案，当时他正在洛杉矶设计"世纪城市综合体"。据马文·戴维斯说，沃尔特对贝克特提交的方案感到失望；戴维斯怀疑沃尔特觉得这些建筑对他不友好，所以这就是为什么——就像他在迪士尼乐园做的那样——沃尔特把这个任务交给了他的"幻想工程师"们。戴维斯说，沃尔特最初的计划是在一张餐巾纸的背面草草写下的，每当沃尔特有了新的想法，他就会给戴维斯另一张餐巾纸，上面有一幅画。有时候，"幻想工程师"们试图揣测沃尔特的意图，就会从沃尔特扔的垃圾里把餐巾纸扒拉出来。

随着各项计划逐渐成形，沃尔特每周会去办公室三到四次，通常是重新安排整体布局上的模型。当"未来社区的实验原型"的业务从WED公司的狭小拥挤的办公室搬到一个更大、天花板更高的房间，也就是被称为"佛罗里达房间"的时候，沃尔特会坐在工作桌旁，就像一位"幻想工程师"记得的那样："当我们其余人都围坐在他周围的时候，他用一支大铅笔速写素描，各种想法在我们之间来来回回碰撞，左来右去相互激发。"当完工时，他们设计了一个占地5000英亩的城市，它被安置在一个直径3英里的巨型圆圈里，（就像米老鼠的身体一样，圆圈是让人舒适的形状。）在这个城市的中心是占地50英亩的市区商业中心。在另外一些计划中，它是一个完全封闭的空调综合体，有30层楼高的酒店、商店、市场和剧院，被设置在国际区域。从中心向外呈同心圆辐射状的是绿地公园、高密度公寓和低密度住宅区。垃圾收集将在地下高速公路上进行，而公共交通，即单轨交通，将从外围圆环运行到内部圆环，居民将在那里搭乘"人员搬运车"或小型电动火车。一个工业园区将坐落在附近，由单轨铁路连接，整个城市将由一个喷气式飞机机场提供服务。在这一切的中心，正如沃尔特所想象的，将是沃尔特·迪士尼本人。"我清楚地记得在飞机上，坐在沃尔特旁边，他指着'未来社区的实验原型'的中心，一个椭圆形的区域，""幻想工程师"鲍勃·古尔后来说，"沃尔特说：'当未来社区的实验原型建设完成并开始运行的时候，我们所有的参与者都在那里，这个放有一张小板凳的地方就是莉莲和我坐在那里观看现场情况的地方。'"但是，我们将不得不继续等待那个平静安宁的时刻。

6

如果说好莱坞利用沃尔特·迪士尼为自己辩护，以抵御对其腐败堕落的指控，那么美国文化的保护者们则利用他来为这个国家辩护，以抵御对其物质主义、帝国主义、种族主义和伪善虚伪的指控，因为随着民权抗议活动升级，美国在东南亚的军事介入加剧，美国社会结构的裂痕不断扩大，这些公开指控和谴责的声浪越来越高。沃尔特·迪士尼是所有这些动荡和混乱的活生生的解毒剂，是这个国家所有仍然正确的事情的啦啦队长的化身。他是霍雷肖·阿尔杰笔下的英雄，他的一生展现了美国社会的流动性。他是一个天真的艺术家，他的作品表现了詹姆斯式的质朴和普通常识的情理。他是一个有远见卓识的梦想家，他的计划显示了美国想象力的广度和美国意志的力量。无论他在自己的工作室里私下表现得如何，他在公众面前都是一个谦虚、和蔼、正派的人，他的形象展现了美国自身的正派体面和慷慨精神。

尽管沃尔特自己在公共场合几乎不承认这个国家存在的各种问题（除了不时对好莱坞的道德沦丧抱怨几句），尽管他早已放弃了对政治的绝大部分兴趣，甚至在"保护美国理想的电影联盟"没有征询成员意见的情况下，就抨击"美国银幕作家同业公会"拒绝接受一项禁止未签署效忠誓词的编剧入会的决议时，他就辞去了该联盟的成员身份，但政治人士仍然寻求他的支持。偶尔，他也会为政治人士提供一些支持，比如积极为1956年的艾森豪威尔竞选活动募捐，还会把1960年共和党总统和副总统候选人理查德·尼克松和亨利·卡伯特·洛奇的保险杠贴纸贴在自己乘坐的在迪士尼工作室周围活动的小型机动车上。(据沃德·金博尔说，沃尔特曾试图强迫员工为尼克松的竞选出力，直到热情高涨的共和党人米尔特·卡尔表示反对才不得不罢休。) 1964年，他参与了巴里·戈德沃尔特 (Barry Goldwater) 的总统竞选活动，在旧金山的共和党大会上与戈德沃尔特会面，向他捐赠了1.6万多美元，并让他使用迪士尼公司的飞机。在感谢黛安娜同样支持戈德沃尔特时，沃尔特将其比作"拿起枪对抗敌人"。

尽管沃尔特满腔热情地支持自称保守派、反对社会保障保险的戈德沃尔特，但他对乔治·墨菲 (George Murphy) 的竞选状态甚至更感兴趣，也更为热情。墨菲曾是舞蹈演员和音乐电影明星，沃尔特与他相识多年。1964年，墨菲第一次考虑竞选美国参议员时，他说他咨询了沃尔特的意见，后者自信地预测："和足够多的人交谈，你就会赢。"在墨菲宣布参选后，沃尔特不仅慷慨捐赠，还把家具设施借给墨菲竞选总部使用，为他主持了一场筹款晚宴，在竞选活动的最后一周在报纸上刊登了整版广告，还允许他们在群发邮件中使用他的名字。甚至连登记在册的民主党人莉莲也加入了一个名为"乔治·墨菲的民主党人"的组织。不过，墨菲获胜后，沃尔特并没有变得特别政治化。"去年我在政治上有过一些小小的尝试，"1965年年末，他对一名记者说，"那真的不是很有趣。"

实际上，尽管沃尔特·迪士尼信奉共和主义，但他属于所有人。

第十一章　朝着乌托邦的蹒跚跋涉

1966年1月1日,"玫瑰花车大游行"通过"电星1号"卫星首次向海外转播游行实况,当时他们正在为游行寻找一位适合当大礼官的人选。他们找到了沃尔特,想邀请他担任这一角色,如游行活动的组织者告诉迪士尼工作室的高管们所说,他们觉得他是"一个在任何一个国家都无可挑剔、近乎完美的人"。当时的《纽约时报》报道称:"他受到了近乎荒谬的尊敬和推崇",尽管他获得的荣誉中,没有一项能超过"总统自由勋章",这是美国能授予平民的最高荣誉。1964年总统竞选期间,沃尔特在白宫获得了林登·约翰逊总统颁发的"总统自由勋章"——他穿了一套正式的服装,翻领下系着一颗金色的水珠纽扣——这是对他的身份和地位的一种彰显,当时和他一同获奖的人还包括诗人T. S.艾略特和卡尔·桑德伯格(Carl Sandburg)、小说家约翰·斯坦贝克(John Steinbeck)、城市历史学家刘易斯·芒福德(Lewis Mumford)、海军历史学家塞缪尔·艾略特·莫里森(Samuel Eliot Morison)、艺术家威廉·德·库宁(Willem de Kooning)、作曲家亚伦·科普兰(Aaron Copland)、专栏作家沃尔特·李普曼(Walter Lippmann)、记者爱德华·R.默罗(Edward R. Murrow)以及海伦·凯勒(Helen Keller)。沃尔特·迪士尼终于跻身万神殿诸神的行列,成为许多杰出名流中的一员。

但是,随着对沃尔特的这种吹捧和崇拜的狂热化,社会上也产生了强烈的不满。战前,包括德怀特·麦克唐纳(Dwight Macdonald)、C.赖特·米尔斯(C. Wright Mills)和威廉·怀特在内的许多观察家警告说,沃尔特·迪士尼是大众文化的例外的快乐,它正在威胁着国家的文化健康。自二战以来,一些知识分子开始觉得,就像文森特·斯库利一样,沃尔特自己也成了一个暴发户一样粗俗的企业家,通过商业化和简单化,使文化变得粗糙不堪。一位儿童文学权威人士说,她发现他演绎童话故事时"几乎所有的东西都令人反感"。"他拿起一部

903

伟大的杰作，对之进行精简压缩，"她说，"没有留给孩子任何想象的空间。"然而，在迪士尼乐园成功之后，一种更为深刻的批评出现了，其中迪士尼乐园本身就是主要被抨击的目标。这些批评者认为，沃尔特·迪士尼不仅没有美化现实，反而掩盖了现实；他创造的、消除了危险的综合世界，是一种回避这个国家目前所面临的所有问题并掩盖其矛盾的手段。迪士尼乐园不仅提供了一个对抗现实的堡垒——当然，这正是沃尔特的意图——它还提供了一种模式，甚至是一种转变现实的情感能力，这种情感能力正变得无所不包，这意味着迪士尼已经把自己植入了美国人的意识之中。正如法国哲学家让·鲍德里亚（Jean Baudrillard）所言，"迪士尼乐园是虚构的，为的是让我们相信其余的都是真实的，而实际上，这导致围绕着它的整个洛杉矶和美国都不再是真实的，而超真实的秩序和模拟反而成了真实的"。迪士尼乐园已经成了美国的一个隐喻——一个越来越多地选择幻想的美国。而且，批评家们认为，这样做是要付出代价的。这个美国甚至超越了他在20世纪50年代创造的想象力之国的原型，这是沃尔特·迪士尼的美国。

如果说迪士尼乐园是一个隐喻，那么沃尔特·迪士尼本人也是一个隐喻，他的形象和他的主题公园一样都是人为合成的。正如战后的沃尔特·迪士尼已经成为美国企业权力的化身一样，所有的敦厚友善、所有的陈词滥调、所有反智主义的表白和道德主义的暗示，所有关于个人奋斗、坚持不懈和凯旋的戏剧性描述，都把沃尔特·迪士尼变成了坚定的美国价值观的化身，同时也把他变成了另一种事物的化身：一种既不能容忍批评，也不能容忍变革的文化和政治保守主义的化身。自20世纪50年代以来，美国就出现了记者戈弗雷·霍奇森（Godfrey Hodgson）所说的"期望的失望"。霍奇森写道，美国人享受着战后经济繁荣带来的工资增加和生活水平的提高，但这些增长"似乎被一种失落感和威胁感从情感上抵消了"，尤其是在白人中产阶级中——沃尔特·迪士尼的群众基础和依托力量——"在过去 100 年里，随着几乎每一次社会变化和发展，其相对优越的地位都在不断受到侵蚀：外来移民、城市化、新教的衰落、通货膨胀、经济萧条，以及战争时期的繁荣和战争给其他群体带来的高工资，这些都是造成这一现象的原因。"换句话说，19 世纪的美国理想正在迅速衰落。

沃尔特·迪士尼，作为那个古老的美国一切美好和体面的代表，长期以来一直是抵御失落感和威胁的堡垒。但是在 20 世纪 60 年代动荡不安的美国——政治方面被暗杀、城市骚乱、抗议游行和战争所动摇，美学方面被甲壳虫乐队、图像暴力和日益直白的性行为所动摇——这个国家最受欢迎的叔叔变成了一个不合潮流的过时人物：一个异见纷争时代的随波逐流、委屈从众的象征。他自己也知道这一点。有时他甚至对这事流露出不满。据一位摄影师说，有一次他在迪士尼乐园的公寓里拍摄照片时，沃尔特突然瘫坐在椅子上，举起一个杜松子酒瓶，拉开裤子拉链，拉出衬衫下摆，说："我这副样子上八卦杂志的封面怎么样？"但是摄影师拒绝拍摄这样一张照片，拒绝妥协或破坏他的公众形象。沃尔特·迪士尼的形象是神圣不可侵犯的。

然而，沃尔特这一冷漠刻板的、循规蹈矩的墨守成规者的形象与他拍摄的电影的内容——真正的内容——是不一致的。尽管他们在美学上毫无疑问是保守的——甚至像评论家声称的那样是幼稚的——但是当人们耐着性子仔细审视它们时，而且不仅仅因为它们是沃尔特·迪士尼叔叔的产品就预先认定它们必然是过时的和空洞的话，他们会发现，这些电影在外观上呈现出一种令人吃惊的现代特色，甚至不像沃尔特宣称的那样无伤大雅，温暖无害。这位骨子里坚如磐石的共和党人，实际上创造了 19 世纪美国的大众愿景。毕竟，他也怀疑并经常质疑权威，憎恨金钱又获得金钱，对物质主义持谨慎态度，厌恶矫揉造作，并开始狂热地相信国际主义；所有这些价值观都融入了他的电影中，很可能也融入了从小就熟悉并依赖这些价值观的那一代人的思维模式之中。此外，作为一个依靠自己奋斗的、以自己经历为原型来创作的剧作家，沃尔特总是与被社会抛弃的人、被边缘化的人紧密地联系在一起，而不是与权势人物联系在一起。这种倾向也在他的电影中得到了体现——丑小鸭、公牛费迪南德、侏儒麋鹿莫里斯、羞怯的狮子兰伯特。

四十年后，一位学者对迪士尼的电影进行了重新评估，发现迪士尼的电影实际上常常与20世纪五六十年代的保守价值观背道而驰。它们宣扬的观点是：生活可能是艰苦的和不快乐的，但无论如何，一个人必须坚持下去（就像在《悠情伴我心》和《老黄狗》中那样）；一个人必须经常痛苦地调和自己的理想与现实之间的矛盾，即使是沃尔特自己也不得不这样做；在一个日益物欲横流的世界，天真总是处于危险之中（就像《小飞侠彼得·潘》和《欢乐满人间》中那样）；虽然秩序是可取的，但权威往往令人窒息，有时不得不奋起反抗（正如《自由战士约翰尼·特里梅》中那样）；这种叛逆是一种完全可以接受的抗议形式（就像《罗宾汉》《高地流氓罗布·罗伊》和《大卫·克罗克特》的故事中，主人公明确违抗现有的秩序）；阶级差异不是社会达尔文主义的自然产物，不同的阶级需要找到共同点（如《灰姑娘》《小姐与流浪汉》《斯宾和马蒂》系列电影那样）；接纳他人是一种积极的美德（正如大卫·克罗克特信奉的要理解印第安人的信条）；公众的认可不如个人的满足感和成就感重要；最后，尽管个人主义很重要，但当它为社区服务时，它才是最好的。即使是迪士尼电影中最让人动容，似乎也是最平庸陈腐的《波莉安娜》，也没有赞美小镇的美德，而是揭露小镇的虚伪，抨击传统和财富的力量，并呼吁组成进步联盟来促进宽容；在一部不太出名的电影《猛虎大逃亡》中，门肯式（Menckenian）的冲动是如此强烈，以至于普通美国人被描绘成一群贪婪和自私的家伙。简而言之，虽然沃尔特·迪士尼被塑造成一种似乎很保守的形象——而且他自己看上去似乎也很保守，因为这符合当时的文化思潮——但至少，在他的电影中，他可能并没有那么保守，也没有像人们常说的那样，成为新美国的障碍。

虽然沃尔特一直在宣扬社区精神，促进社区发展，但他很可能既是美国最有名的人，也是美国最孤独的人之一。就像他年轻时被牢牢地拴在迪士尼工作室里一样，年龄增长并没有使他变得更善于交际。迪士尼工作室收到的晚宴邀请几乎总是被沃尔特那个斩钉截铁、着重强调的"不！"所拒绝，他用红色铅笔在上面画线，有时还会画两次线。他不再接受出席公共活动的邀请，总是以他人允许自己不参加为借口。即使女儿们都走了，他和莉莲也很少在家里招待客人，而当年的老朋友们，如20世纪50年代和他们一起旅行的斯普拉克林一家，也渐渐从他们的生活中消失了。他一直从自己养的宠物身上寻找安慰，"公爵夫人"去世后，他又养了一只贵宾犬，名叫"妇人"，但"妇人"后来也去世了。在迪士尼工作室里，尽管有那么多活动，他有时还是显得很失落。比尔·皮特回忆说，沃尔特"悲伤地叹了口气"，瘫倒在椅子上宣布："这里太寂寞了。我就想找个人说说话。"然后开始讲述他的童年的痛苦经历和他的父亲的残忍冷酷。但是当皮特开始谈论他童年的痛苦时，沃尔特却"跳起来说，'我得走了'！"马克·戴维斯记得有一天晚上，他看到沃尔特一个人坐在汤姆·奥桑特（Tam O'shanter）餐厅里。戴维斯邀请他和他的妻子一起去看电影。"他做了一个就像拉上窗帘那样的动作，说：'不，我要待在工作室里。'"戴维斯说，"他对其他人总是有所保留。"

在一天即将结束的时候，他会喝一点儿酒。他的两名秘书之一汤米·威尔克（Tommie Wilck）会给他端上一杯加了水的苏格兰威士忌——她说里面主要是水，"他可能喝了很多液体，但我不认为他真的喝了很多酒"。尽管如此，迪士尼工作室的老员工还是很清楚，应该把和他的会面安排在上午或下午早些时候。"每天从下午5点开始，很多人会说：'我必须在沃尔特打开瓶塞之前找到他，因为（之后）你真的无法得到你想要的结果。'"沃德·金博尔在接受采访时说。杰克·金尼说，当他在迪士尼工作室工作到很晚的时候，他有时在回家的路上会看到沃尔特的车突然驶出停车场。"距离他家有相当长的一段路要走，"金尼后来写道，"但他总是这样做。他一定安排了人监视他自己。"当然，当他回到家后，他和莉莲做的第一件事就是喝一杯鸡尾酒，有一次，医生建议沃尔特在棕榈泉过周末时通过喝酒但不吃饭来减肥，他开始大量饮酒。

一方面他没有很多朋友，另一方面他也没有很多娱乐活动。他喜欢看棒球比赛，多年来，他一直购买美国职业棒球次级联盟好莱坞明星队的整赛季全套包厢年票，并最终购买了该俱乐部的股份。当一群当地知名人士组织起来，试图把一支美国联盟球队带到洛杉矶时，沃尔特加入了顾问委员会，甚至在洛杉矶获得了洛杉矶天使队的特许经营权后参加了春季训练比赛。但是，他一方面确实是一个棒球迷，另一方面似乎还有一个不可告人的动机：他想在迪士尼乐园附近的奥兰治县建立棒球队，大概是为了帮助他的迪士尼乐园。

沃尔特现在不再玩火车了，他主要的消遣就是打草地保龄球。他加入了比弗利山庄草地保龄球俱乐部，同时也是"烟树"疗养度假村的一个小型保龄球俱乐部的成员。他打得并不是特别好——沃尔特从来就不擅长运动——当一个80岁的草地保龄球手打败他时，沃尔特建议他不要让胜利"冲昏了头脑"，因为"每个人都能打败我！"尽管如此，沃尔特对待这项运动的态度非常认真。他有一个手工制作的保龄球包，他想方设法从比弗利山庄俱乐部找了30名保龄球手到"烟树"疗养度假村参加比赛，还和一群朋友飞往宾夕法尼亚州巴克希尔瀑布度假村参加美国草地保龄球双打锦标赛。据黛安娜说，他和莉莲觉得保龄球比赛的想法很"愚蠢"，甚至还和两个同样热衷这项运动的人以及他们的妻子讨论了去澳大利亚度假的事，以便参观那里举行的澳大利亚草地保龄球锦标赛。这些草地保龄球手成了沃尔特·迪士尼最亲密的朋友。

为了把没有被迪士尼工作室耗尽的精力消耗殆尽，沃尔特仍然坚持旅行，几乎总是在莉莲的陪伴下，总是订双人房——每年夏天去欧洲旅行；参加博拉博拉岛的游轮之旅；7月4日在太阳谷度过；周末在巴哈钓马林鱼；在墨西哥城参加为"人民与人民"举办的野餐郊游；带着黛安娜和外孙、外孙女去班夫旅行。1963年1月，迪士尼工作室购买了一架比奇飞机公司的"空中皇后"号飞机，1964年3月购买了湾流飞机公司的"湾流"号飞机。有了这两架飞机之后，沃尔特开始像周游欧洲一样周游全国。作为一个习惯脱离现实的人，他喜欢身在空中的感觉，甚至也不把火车当作连接各个地方的一种方式，而把它当作自己与世隔绝的一种方式。他一直想学驾驶飞机（莎伦说，"非常非常想"），但罗伊打消了他的这个念头，显然担心会发生什么悲剧。因此，他在飞机上度过了许多时间——仅在1965年8月至1966年8月期间，他的飞行时间就达到了150小时。

沃尔特的很多时间都花在从伯班克到"烟树"疗养度假村的路上，在那里他翻修了自己的小别墅，还修建了一个游泳池，主要是为了招待外孙、外孙女，他对他们倾注了大量的时间和精力，就像他曾经对女儿们倾注了大量的时间和精力一样。1961年11月，黛安娜生下了第二个儿子，并以父亲的名字给他取名为：沃尔特·伊利亚斯·迪士尼·米勒（Walter Elias Disney Miller）。对此他特别高兴，欣喜若狂。"我很高兴有一个以我名字命名的男性继承人。"他在给导演罗伯特·史蒂文森的信中写道，称之为"重大消息"，并且仍然在抱

909

怨黛安娜没有把她的第一个孩子以他的名字来取名。沃尔特喜欢和孩子们在一起。他会把孩子们接出来，让他们到外面，去"烟树"疗养度假村，或者他开车送他们上学，然后把他们接回来，带他们到迪士尼工作室，孩子们在他的办公室里玩，或者他开车送他们去迪士尼乐园，把他们安顿在他位于消防站的公寓里，让他们在公园为所欲为地随心玩耍。通常他们每个月都会在卡罗伍德的家里过一个周末。"我们会在草坪上和大泳池周围玩耍，"乔安娜·米勒（Joanna Miller）回忆说，"我们会把院子里的家具堆起来，做成喷气式飞机和火箭。姥爷经常坐在草坪上，读着剧本，享受着周围小孩子玩各种游戏这种轻松快乐的氛围。"

7

沃尔特仿佛有一种不祥的预感。这不仅仅是关于继任的问题，也不仅仅是对他离开后迪士尼公司将会发生什么的惆怅遐想。一种忧郁的感觉似乎笼罩着他。他陷入了沉思和忧虑，越来越忧郁和悲哀。每逢周五工作日结束时，他会邀请谢尔曼兄弟到他的办公室谈谈未来。然后，他总会踱到窗前，像他经常做的那样，凝视着空洞的空气，让他们"播放那首歌！"——这句话对谢尔曼兄弟来说太熟悉了，他们知道他说的是《喂鸟》这首歌，出自《欢乐满人间》，讲述的是圣保罗大教堂外的一个老妇人，专门卖面包屑给路人喂鸟。沃尔特之所以喜欢听这首歌是因为他想到了这个女人的孤独，或者他在一个姿态宏大的生活中欣赏她的渺小，或者他在她的身上看到自己必然死亡的命运，或者这个女人只是让他想起了他的母亲，到底是什么他从来没有说过，也没有人知道。但每次听到这首歌，他都会哭。

不过，他现在这种状态与其说是悲伤，不如说是忙碌，这似乎是一种不断开展活动的需要。他又回到了喧哗骚动之中，并为此感到高兴。当理查德·斯克尔提议写一本传记时——"这个家伙只是真诚地希望写一本关于沃尔特对教育、娱乐和世界幸福所做贡献的有史以来最好的书。"一位迪士尼工作室新闻代表在斯克尔参观了迪士尼工作室后对新闻负责人乔·雷迪说——迪士尼工作室和沃尔特都同意了，但是沃尔特突然改变了主意，决定搁置这个项目。"就我而言，我正处于职业生涯的中期，"他在写给推荐斯克尔的编辑的信中说道，"在我的人生故事被写下来之前，我还有几年的时间和几个项目要做。我不希望别人只通过看我现在完成了什么来评判我，因为我明天有很多计划，而且我对那些未来的项目太投入了，没有时间去重新审视过去。"（斯克尔没有像他承诺的那样写一本吹捧性的传记，而是写了一本批判性的《迪士尼传》，对迪士尼进行了严厉的抨击。）他对自己侄女的丈夫说，他甚至不能离开迪士尼工作室去东部领奖，他承认，"我不知道我还有多少时间，"他说，"我需要留在这里，尽我所能让这个企业在竞争中领先 25 年。"

他处于一种仓促忙乱的状态，而且他有很多事情要做。迪士尼工作室每年制作五部电影——沃尔特至少会随意地监制其中几部，还会稍微认真地监制一些。实际上，他已经勾勒出了其中一部影片的大纲和梗概，即《现代鲁宾孙》（*Lt. Robin Crusoe, U. S.N*）。这部喜剧改编自丹尼尔·笛福（Daniel Defoe）的小说，相当于小说故事的现代版，讲述的是一个男人被困在一个小岛上的故事。这个大纲和梗概写在一个信封或飞机上配发的呕吐袋的背面，然后沃尔特把它们交给比尔·沃尔什和唐·达格拉迪，让他们改编成剧本。沃尔什问沃尔特是否想要让自己的名字出现在演职人员名单之中，沃尔特坚持说他想要。原来的故事被认为是由"特尔沃·尼士迪"——即"沃尔特·迪士尼"倒过来——这个人写的。他继续主持电视节目，偶尔会去外地收集素材，就像他为了制作另一个太空旅行节目专门去了一趟位于亚拉巴马州亨茨维尔的"美国太空与火箭中心"那样。他努力推动"马塞琳项目"，尽管罗伊认为那里没有保留足够多的原始的迪士尼家的老房子，小镇应该建立一个非营利机构，沃尔特·迪士尼制片公司将考虑授权其使用沃尔特这个名字，并为其提供该公司掌握的专业技术和知识。除此之外，他还有矿产大王滑雪场项目。1965年8月，沃尔特与巴斯·普莱斯、卡德·沃克和唐恩·塔特姆一起考察了这个地方。同年11月，他和一个代表团飞往华盛顿，与农业部官员交谈了两个半小时，试图说服他们为"红杉国家公园"的一个3500万美元开发项目颁发许可证。同年12月，美国林务局授予了他许可证，允许该公司在三年内将其计划提交审查委员会批准。

尽管沃尔特早已放弃了对迪士尼乐园的任何监管和控制，但他仍然每月去一次，通常是在迪士尼乐园关闭或非常拥挤的时候，他可以独自行走或在人群中穿梭，以避开索要签名的人。他还批准了孟山都公司为"明日世界"赞助举办的一场新展览，批准了一项名为"加勒比海盗"的"发声机械动画人偶"新景点，还见证了1966年7月开放的新奥尔良广场的竣工。广场开放庆典上，新奥尔良市市长说："这里看起来就像家一样。"沃尔特反驳道："嗯，我得说它比家干净多了。"

至于加利福尼亚州艺术学院，沃尔特会在工作日结束时，用文字的形式告诉他的秘书他接下来打算做什么。就像沃尔特·迪士尼生活中的几乎所有事情一样，说出的话会转变为行动。1965年9月，在沃尔特的要求下，沃尔特·迪士尼制片公司把位于金橡树的38英亩外景场地捐赠给了这所学校作为新校区，罗伊建议迪士尼工作室额外捐款，用于对新校区建设项目进行详细的研究和评估，而沃尔特成立的慈善组织"迪士尼基金会"将再捐款100万美元。"有了这样的一个开始，我们应该能够给很多有实力的人留下深刻的印象，并且不费多大力气就可以再获得 500 万或 750 万美元的捐赠。"罗伊在给沃尔特的信中写道。他们确实做到了。次年 4 月，联邦政府贷给该学院 400 万美元。与此同时，沃尔特从私人捐助者那里筹集了 200 万美元。沃尔特这样一个坐下来几乎不可能不左扭右晃、轻敲轻拍、做鬼脸和抽烟的人，花了两个小时的时间，安静地坐着听一位主要捐献者的朋友的歌剧，这表明他对加利福尼亚州艺术学院是多么地投入，多么地富有献身精神。

　　沃尔特虽然沉浸在这些项目中，但动画仍然是一个令人烦恼的问题。他虽然仍觉得动画消耗了原本可以投入其他更好的事情上的资源，但他也觉得有义务制作这些东西，因为它们与迪士尼工作室的联系如此紧密。很久以前，他就已经改进并简化了动画制作系统，任命了一名监督导演（伍利·雷瑟曼）、一名艺术导演（肯·安德森）、四名动画大师（弗兰克·托马斯、奥利·约翰斯顿、米尔特·卡尔和约翰·朗斯贝里）和一名故事创作人（比尔·皮特）——也就是说，一个人既要负责编写剧本，还要负责制作故事板，并且还得负责录音，正如皮特抱怨的那样，这些工作当初是要分配给四十多人去做的，现在却只有一个人了。沃尔特还试图简化物理过程，把动画师的图纸直接放在赛璐珞板上，不需要专门负责清理的男工人或负责描线上色的女孩子了。至少从《幻想曲》开始，埃沃克斯就断断续续地在研究一个新的概念。这个概念实质上是把铅笔绘制的线条用静电复印的方式印在赛璐珞板上。20 世纪 50 年代末，他参观了施乐公司的工厂，学会了一种方法，回来后他把这些线条复制到感光铝板上，再从铝板上复制到赛璐珞板上。

　　动画师们对这一技术革新都欣喜若狂。多年来，他们不得不眼睁睁地看着自己绘制的线条被负责描线和上色的工人画得越来越粗，越来越平滑，因为他们要摹写这些线条。现在，这些图画出现在屏幕上的与在动画板上的一模一样，分毫不差。"这是我们第一次在屏幕上看到自己的作品，"马克·戴维斯说，"以前，它们总是会被冲淡。"像《101条斑点狗》这样的电影不可能用其他任何方式制作；负责描线和上色的人员必须把每只狗的每一个斑点都画在它所出现的赛璐珞板上。但是，在消除中间环节、提高速度和即时性的过程中，也失去了一些东西。埃里克·拉尔森认为静电复印术"破坏了人物设计的美感"，因为线条的一致性和弯曲性消失了。人们得到了更清晰、更粗糙、更有棱角的线条，就像那些线条是用铅笔而不是用画笔画出来的，动画师的手法也有了更逼真更生动的感觉，这让动画回到了沃尔特·迪士尼许多年前创造的那种不那么真实的自反性状态之中。这样做的效果是让动画师们身负重任；并将他们的愿景，而不是沃尔特的愿景，展现在屏幕上。

虽然这种视觉风格没有给沃尔特留下多少深刻的印象，但他对此并不太在乎。正如马克·戴维斯所说，在《101条斑点狗》之后，迪士尼工作室的商业部门非常坚决地反对再拍一部动画长片，以至于沃尔特再次准备让步，彻底放弃动画。"然后他又想了一下，"戴维斯说，"他觉得这些人知道如何拍这些电影，他有责任让他们继续拍下去。"不过，在《睡美人》票房惨败之后，迪士尼工作室削减了制作动画片的预算，而在《101条斑点狗》之后，它又一次削减了动画预算；《石中剑》(*The Sword in the Stone*)的预算比《101条斑点狗》少40%。针对这一情况，肯·彼得森在给沃尔特的信中写道，这"需要在我们的生产制作流程方面采取大刀阔斧的精简措施和步骤，才能让它成为可能"。与此同时，沃尔特的进一步退出，导致动画师们互相争吵和内斗，他们原来的协调配合精神几乎完全消失了。只有当动画师向他提出请求，以解决一些棘手的问题时，他才会介入。正如米尔特·卡尔所说，"他一开始对一部电影很感兴趣，但到所有的问题都解决了以后，他也就失去了兴趣"。

1966年春天，工作人员开始筹备拍摄制作根据拉迪亚德·吉卜林（Rudyard Kipling）的小说改编的影片《奇幻森林》。这部影片讲述的是一个男孩在野生动物群中长大的故事。雷瑟曼苦苦哀求沃尔特参加一下会议——"大约需要半小时。"他在给沃尔特的备忘录中哀怨地写道——沃尔特答应了，但对他看到的并不满意。这些故事情节是片段式的，而不是累积性的；他们缺乏一个连在一起的脊梁骨。他认为观众不会认同那个叫毛克利（Mowgli）的男孩，而且电影的基调过于严肃。他担心这个反派角色——一只名叫希瑞坎（Shere Khan）的老虎——会落入陈词滥调的俗套之中。然而，尽管他专注于其他项目，对这部电影也不感兴趣，但他很快就挽救了这部电影，就像他过去多次做的那样。他建议歌手菲尔·哈里斯（Phil Harris）为一只名叫巴洛（Baloo）的熊配音，这只熊是毛克利的朋友。哈里斯以散漫放荡、醉意朦胧、漫不经心的风格著称。"当沃尔特听到菲尔的试录音时，他非常喜欢，"弗兰克·托马斯和奥利·约翰斯顿后来写道，"他甚至开始表演熊是如何第一次一边跳舞一边进入毛克利的场景之中的。"这只熊原本只是个小角色，后来却成了这部电影的联合主演，把一系列互不相关的冒险故事变成了一个男孩和他的享乐主义导师的故事——一个丛林版本的哈尔（Hal）和福斯塔夫（Falstaff）的故事。

最后，沃尔特一方面投入动画制作、电视节目拍摄、矿产大王滑雪场项目筹备和加利福尼亚州艺术学院的工作，另一方面他还继续开展"未来社区的实验原型"项目。所有其他项目都围绕着"未来社区的实验原型"这个中心项目开展，现在这个项目是他生命中压倒一切的激情所在。1966年春天的大部分时间里，他都在为他的未来之城开展考察和勘测活动。他先拜访了圣路易斯的孟山都公司，讨论该公司对未来社区的实验原型可以提供什么贡献，然后登上"湾流"号飞机进行了一次长途旅行。他先后去多个地方考察：纽约罗彻斯特市一个由格林设计的六英亩大的购物中心，那里有三层地下停车场；费城的另一家购物中心；达拉斯新建的尼曼-马库斯百货商场；西屋电气公司在坦帕市新建的专门回收各种垃圾的垃圾处理项目；以及弗吉尼亚州莱斯顿市的模范城市，一个规划完善的社区。他还绕道去了迪士尼世界的所在地。他在给一位朋友的信中写道："我和我的一些工作人员完成这次旅行，主要是为了了解全国各地住房和购物中心的最新发展情况。"他说："我们需要知道一些所谓的现代概念有什么好，有什么不好，这样我们就可以在佛罗里达的项目中利用这些概念。"他对哈里森·普莱斯说，凭借着矿产大王滑雪场项目和迪士尼世界项目，"现在有足够的工作让我的公司忙上40年！"这似乎就是让迪士尼公司继续前进的关键所在。

虽然激增的工作量显然给他带来了快乐，但沃尔特感觉不舒服。多年来，他一直患有各种各样的疾病，这些疾病令他不得安宁、难以摆脱，折磨着他的身心，侵蚀着他的健康。他患有肾结石。他的牙齿疼得厉害，一阵阵疼痛的感觉涌上了他的脸，以至于他的整个脑袋都在抽搐打战，疼痛不已，他不得不在晚上用热敷来减轻疼痛。他肘部疼痛，为此他接受了注射和X光治疗。他患有慢性鼻窦炎，需要每周去看一次医生。他似乎总是在与感冒作斗争，至少两次被诊断出患有轻度肺炎。他与体重增加作了一场失败的斗争，所以当他60多岁的时候，他曾经瘦削苗条的身体和又瘦又尖的脸，变得肉嘟嘟的，整个人大腹便便，肥胖笨重。在开始节食时，他在给海莉·米尔斯的信中写道："我的大肚腩正在慢慢消失。"

最重要的是，沃尔特还在遭受20世纪30年代打马球受的旧伤的折磨，当时他从马背上摔了下来。多年来，他脖子上断裂的脊椎骨已经钙化，挤压着他的神经，给他带来了极其剧烈的疼痛。彼得·艾伦肖曾经有一次在旅途中和他一起过夜,他回忆说,沃尔特整晚都无法入睡,疼痛难忍,不停地起身去脸盆那里,给脖子上敷毛巾。1966年年初,钙化进一步恶化,沃尔特开始拖着右腿走路,走路时偶尔会跌倒。就连他的秘书也承认:"情况变得非常糟糕,有时候你会真的认为他一直在喝酒,喝多了才会出现这种状况,但他白天从不喝酒。"这里秘书指的是工作日白天。"他经常抱怨自己的臀部不舒服,"马克·戴维斯说,他自称"瘸子",还说自己感觉很累,"精疲力竭"。现在,他会驾着高尔夫球车在迪士尼工作室里转悠,一天下来,他会回到黑兹尔·乔治的办公室,一边用吸管啜着苏格兰威士忌,一边接受牵引和红外线照射治疗。乔治担心他喝了不少酒,告诉他再这样喝下去有变成"酒鬼"的危险,并问莉莲对他回家时满嘴酒气有什么看法。沃尔特告诉她,他尽量远离莉莲,与她保持一定的距离,但他为自己辩护:"我的神经疼得都快要爆炸了,快要见鬼了,"他对乔治说,"现在这里疼得我快要发疯了!"当乔治问他治疗是否无效时,沃尔特承认他是来喝酒的。

　　沃德·金博尔认为,经过多年来持续不断的压力和持续不断的工作的冲击和折磨,沃尔特的身体最终还是垮了。"这个人就是那个刚刚建好迪士尼乐园,然后确保各项工作都进入正轨的人;就是那个坐在自己的办公室里,审阅和修改剧本直到深夜的人;就是那个走进人们的房间,检查他们的故事情节的人;就是那个为电影做决定、为公司做决定的人;就是那个规划新的佛罗里达综合游乐设施,还为布埃纳·维斯塔湖明日之城'未来社区的实验原型'项目做决定的人;就是那个亲自露面迎接游客,去片场做选择的人。"金博尔在接受采访时说,"他不愿承认,无论在身体上还是精神上,他都已经无法承受这么多工作和活动了……他的身体就这样崩溃了。"一天深夜,另一位同事在迪士尼工作室里看着他,观察到沃尔特在与衰老和虚弱作斗争的过程中，是多么不情愿地被迫屈服于衰老和虚弱。"他骄傲的头垂在胸前，"这名男子写道，"他通常挺直的肩膀垂了下来，直到变成圆形。他以为周围没有别人，便卸下了一切青春的伪装。就在我眼前，他似乎一下子苍老了 20 岁。"《沃尔特·迪士尼多彩的神奇世界》的摄影师们开始使用扩散滤镜来隐藏沃尔特的皱纹，不过沃尔特反对说，这些滤镜让他看起来模糊不清，没有对焦。

沃尔特一直害怕死亡，害怕人必然会死这个念头。黛安娜在为他写的传记中说："每当父亲感到沮丧时，他就会谈论他即将来临的死亡。"黛安娜断言，"只要情况允许，他从不参加任何人的葬礼"——他甚至没有出席他的哥哥赫伯特的葬礼——有时候迫不得已去了葬礼的话，"他会在回家后陷入数小时的遐想之中"。当他参加迪士尼工作室前艺术家查理·菲利皮（Charlie Philipi）的葬礼时，赫伯·莱曼回忆说，沃尔特在葬礼上不停地敲打手指，紧张地搓着双手，当他回到迪士尼工作室时，他很烦躁，冲马克·戴维斯和米尔特·卡尔大喊，让他们"滚回去工作"。他甚至讨厌提到死亡。当哈里森·普莱斯拿死亡数据开玩笑时，沃尔特"狠狠地骂了他一顿，骂得他真是狗血喷头"。"死亡不是一个可以接受的话题。"赫伯·莱曼警告普莱斯。然而，就像他对待现实中大多数情况一样，沃尔特用愿望满足来拒绝死亡。他曾向他的杰西姑妈吹嘘说："我想说，迪士尼家族的人似乎都很长寿——父母双方都有长寿基因。"他的父亲活到 80 多岁，1953 年去世的叔叔罗伯特一直活到 90 多岁，他的母亲的姐妹们也活得很长，这似乎安慰了他。

冬天，随着死亡必然来临这个念头越来越频繁地在脑海中盘旋，当在加利福尼亚州大学洛杉矶分校接受体检时，沃尔特似乎获得了喘息的机会，并在写给海莉·米尔斯的信中说，体检结果显示他的身体状况"相对他的年龄来说是正常的"。"然而，几个星期前我的年度体检结束后,我决定今晚离开这里,去沙漠里多待一段时间,在那里我将放松下来,阅读那一大堆我几个月前就应该读的剧本,最终我将有机会赶上进度。"他的心情开朗起来,似乎不仅松了一口气,而且又恢复了活力。到春天的时候,他已经在为筹备"未来社区的实验原型"到东海岸地区进行短期快速的出差之行了。6月,他实地检查了矿产大王滑雪场项目的进展情况,并参加了在停靠于圣迭戈港口附近的美国小鹰号航空母舰上举行的《现代鲁宾孙》的首映式。他被允许坐在驾驶舱里,随着一架飞机起飞然后降落在甲板上。"这大概是我一生中最有趣、最激动人心的两天。"他在给主管舰长的信中写道。7月,他、莉莲、黛安娜、莎伦和他们的家人——六个月前莎伦生了一个女儿——一起飞往温哥华,计划乘一艘140英尺长的游艇,进行为期两周的海上巡游,游艇上有两艘16英尺的渔船和8名船员。此行表面上是为了庆祝沃尔特和莉莲41周年结婚纪念日,但主要是为了让家人团聚。"这是我一直想做的事情,"沃尔特在给一位与迪士尼工作室有业务往来的银行家的信中写道,"这是第一次一切都这么顺利,我们全家人都能去。"他在另一封给前秘书的信中解释说:"我们只是要在水湾里进进出出来回巡游,然后抛锚,去探险和钓鱼。"黛安娜承认,一家人"有时会吵得不可开交",她和母亲也有过争吵,但她的父亲是"和平缔造者"。"他变得平静和蔼多了。"她回忆道。他常常一个人静静地坐在顶层甲板上,带着他的剧本或一本关于城市规划的书,戴着一顶船长帽,系着一条领巾式领带,风在他周围呼啸而过。

这种祥和平静的日子没有持续多久。从温哥华回来几个星期后,沃尔特和莉莲因私事飞往雷诺市,过了几周又飞往丹佛市。当年9月,回到迪士尼工作室后,他突然开始向员工施压,要求他们准备一部能够解释"未来社区的实验原型"项目并吸引企业合作伙伴的电影。他看了一下《奇幻森林》的"样片",愤怒地和米尔特·卡尔争论老虎是否能爬树，然后离开了会议室。据某种说法，他一边往外走一边悲伤又遗憾地说："我不知道，伙计们，我想我太老了，不适合做动画了。"尽管如此，他还是委托哈里·泰特尔牵头负责研究迪士尼工作室如何进一步降低动画制作成本。就在同一个月，他与加利福尼亚州州长埃德蒙·布朗（Edmund Brown）举行了一场新闻发布会，宣布了"矿产大王"滑雪场项目计划。

　　然而，就在沃尔特积极地为迪士尼公司的发展而安排和设定自己的行程的同时，他也在考虑一些新的东西，一些似乎掩盖了他外表的自信、突显出他有多么疲惫的东西。1966年10月3日，以出席一个由放映商团体组织的颁奖典礼活动并上台领奖为幌子，他、罗伊和唐恩·塔特姆飞往纽约，与通用电气公司高管开了一天的会议，讨论这两家公司之间被模糊地称为"关系"的问题，但是他们的真正想法似乎是合并。"通用电气公司和沃尔特·迪士尼制片公司的关系将如何运作？"迪士尼工作室的一份内部白皮书提出了这个问题。"在组织结构方面如果不是子公司，还有别的什么方式？是什么？权力结构。通用电气公司将如何发挥沃尔特·迪士尼制片公司的作用——继续从事娱乐业务吗？为沃尔特·迪士尼制片公司的未来项目提供融资。"白皮书还分析了合并可能会对"未来社区的实验原型"项目产生怎样的影响。不过，沃尔特最初接触通用电气公司的原因，可能是为了保护"未来社区的实验原型"项目不受自己工作室业务方面的影响，因为迪士尼工作室对这个项目不像沃尔特那样充满热情。"所有讨论内容都要保密，这是至关重要的一点"。这句话被列为会议最重要的议题。

　　这次讨论似乎并没有减少沃尔特对他钟爱的项目的热情。他回到工作室，就"未来社区的实验原型"项目进行了更多的咨询，并拍摄了"未来社区的实验原型"项目的宣传电影，在演员沃尔特·皮金（Walter Pidgeon）、阿特·林克莱特和建筑师威尔顿·贝克特面前练习他将要进行的展示和陈述。但如果他一直希望通过继续推进这个项目来抵御病痛的折磨，那么他失败了。虽然他的头发通过染发显然已经变黑了，但他看起来又苍老又疲倦，在拍摄过程中他太累了，疲惫不堪，不得不接受输氧。"你可以看到他垂头丧气、老态龙钟、萎靡不振的样子。"一名剧组成员说。尽管如此，在电影拍摄结束后的10月底，他又一次飞回东海岸地区，与莉莲、莎伦和莎伦的丈夫一起访问查尔斯顿、纽波特纽斯和威廉斯堡，为"迪士尼世界"收集资料和素材。

尽管沃尔特极力想否认，但他显然是生病了。在东部之行之前，他的脖子和腿方面的病痛一直困扰着他，在医生的建议下，他终于勉强同意去看一位专家，而这位专家反过来又建议做一次手术，以减轻对神经的压力。手术定于11月11日在加利福尼亚州大学洛杉矶分校医学中心进行，被认为是一个例行手术。罗伊动身去度假了，他把回来的时间安排在沃尔特进行手术的那一天之前，他把那一天称为"作战行动开始日"，并在给沃尔特的信中写道："我会一直想，并祈祷你能从这次行动中得到你希望的一切。"迪士尼工作室提前近两个星期准备了一份新闻稿，因为他们确信他将在10到14天内出院。

沃尔特虽然没有抑郁症，但他不信任医生，而且忧心忡忡，担心自己的身体。他呼吸短促，身体超重，但现在他多年来一直与之斗争的体重突然开始减轻，现在他看上去憔悴消瘦，一副病态。他一定知道他的员工在评论他的外表——评论他是否病得很重。作家兼编剧杰克·斯派尔斯在沃尔特住院的前一周，极不自在地和沃尔特一起站在电梯里，他们的目光交织在一起。沃尔特穿着一件亮黄色的开襟羊毛衫，让人想起了过去服装部的衣橱。斯派尔斯开玩笑说，他想和沃尔特争夺那件毛衣，两人在离开前闲聊了一会儿。然后，正当斯派尔斯走进他的办公室时，他听到沃尔特的声音从大厅那头传来，正在呼唤他。"等我出了医院,"当斯派尔斯重新回到走廊时,沃尔特说,"我会和你争抢那件毛衣。"几乎在同一时间,彼得·艾伦肖也看到了沃尔特对即将到来的手术表示了担心和警惕。"我不会死在那里,"沃尔特平静地告诉他,"不会有问题。"

但是却出现了问题,沃尔特在此之前肯定已经察觉到了。在手术前做诊断检查时,医生们在沃尔特的左肺上发现了斑点,立即命令他去圣约瑟夫医院接受手术治疗。圣约瑟夫医院就在迪士尼工作室对面。莉莲几乎每天都给黛安娜打电话,得知沃尔特病情的第二天早上她就在厨房门口给女儿打电话。"他们给你父亲的肺拍了 X 光片,"她告诉女儿,"他们发现了一个核桃大小的肿块。"官方发布的新闻稿说,沃尔特在医院接受检查,正在治疗当年打马球时受的旧伤。事实是沃尔特得了肺癌。

自当年在法国红十字会工作以来,沃尔特已经吸烟很多年了。他常常连续不停地抽烟,紧张不安的时候也抽烟,他的手指被尼古丁熏脏了,他的声音又粗又哑,几乎每次谈话都被他清嗓子的声音打断。"我就是想象不出他不抽烟的样子。"黛安娜后来回忆道。他的干咳不仅令他的员工害怕,而且也让他的家人害怕。长期以来,员工们一直认为这是沃尔特即将到来的先兆。莎伦曾经要求他不要参加她在学校演出的话剧,因为她说如果她听到他的咳嗽声,她就会忘记台词。莉莲说,沃尔特"用他的香烟烧掉的家具、地毯和其他东西比我认识的任何人烧掉的都多"。黛安娜还说,人们总是能认出沃尔特烟灰缸里的烟头,因为他会把烟头一直抽到最后四分之一英寸,直到他几乎拿不住烟头为止。"他会忘记把它们熄灭。"她说,"他会点燃它们,然后一心想着自己的事,陷在自己的思绪里,拿着烟走,只是拿着,忘了吸。有时他会把它们放在嘴里或手里,然后让上面生成两英寸长的烟灰。"

经常有人劝沃尔特戒烟。有一次，他换了一根烟斗，那是他年轻时用过的。然后，当烟斗把他的口袋烧了一个洞时，他立刻断定，正如乔·格兰特所记得的那样，抽烟斗的人"太迟钝""太懒散"，于是他放弃了烟斗。1957年年初，冈瑟·莱辛庆祝他戒烟一周年时，特意告诉了沃尔特，但沃尔特对这些不感兴趣。当医生们到迪士尼工作室来给工作人员讲授吸烟的危害时，沃尔特没有参加。有一年圣诞节，黛安娜给他买了两盒过滤嘴香烟，她认为这至少比他抽的那些没有过滤嘴的香烟要好，沃尔特答应她他会用的。一转身他就把过滤器拆了。"我没有告诉她我将如何用它们。"他对一个同伙开玩笑说。在与沃尔特最后几次见面的时候，沃德·金博尔想起有一次沃尔特突然长时间地咳嗽。"当我胆怯地问他为什么不戒烟时，"金博尔说，"沃尔特抬头看着我，他的脸仍然因为咳嗽而发红，他粗声粗气地说，'好吧，我就想有一些恶习，不行吗？'"到这个时候，沃尔特吸的烟是从法国进口的吉塔尼斯烟。

现在，在吸烟近半个世纪后，他接受了手术，而就在几天前，还被认为是一个相对常规的手术。虽然沃尔特通常外在表现得很自信，有时甚至热情洋溢，但他知道自己的病情很严重。手术前一天，是一个星期天，他开车从黛安娜最近腾出来的在恩西诺的房子——他和莉莲住在那里，卡罗伍德的房子正在翻新——到黛安娜在恩西诺的新房子去看一下，这两所房子之间的距离很短。他钻进车里，沿着私人车道开到一个土丘的下面，停了下来。他独自一人在车里坐了一会儿，看着外孙子克里斯托弗和罗恩玩球，最后开车走了。他知道自己的病情。第二天，医生从手术室出来，告诉聚集在那里的沃尔特的家人，情况正如他怀疑和担心的那样：沃尔特得了恶性肿瘤，并且已经转移。医生预计他还有6个月到2年的生命。黛安娜说，莉莲拒绝接受这一现实。罗伊也惊呆了，当他说沃尔特得了恶性肿瘤而他的儿媳

923

"纠正"他说沃尔特得的是"癌症"时，他勃然大怒，彻底爆发。

沃尔特仍在医院接受放射性治疗，并试图开展业务。他请一位名叫斯派克·麦克卢尔（Spec McClure）的作家对迪士尼工作室的故事选择流程做一个全面的梳理和评估，然后报告"一部成功的迪士尼电影可能必备的要素是什么"，就好像如果沃尔特不在那里了，工作人员或许能够按照规格制作一部迪士尼电影一样。马蒂·斯卡拉和马克·戴维斯为"未来社区的实验原型"项目完成了一个"初步的总体平面图"。比尔·安德森请他为即将上映的真人实景电影《开心家族》（The Happiest Millionaire）的剪辑提供建议，这部电影时长近3个小时。而卡德·沃克正在准备制定明年的影片上映时间表。哈里·泰特尔说，他去医院找沃尔特讨论几个项目，这时医生出现了，并通知沃尔特，他们认为已经切除了他的肺部的所有癌变病灶，只要稍微休息一下，他就会"焕然一新"。但是，泰特尔很快就明白了，这是一个防止沃尔特情绪低落的策略和谎言。

沃尔特从未提起过癌症，尽管他随身携带着演员约翰·韦恩（John Wayne）发给他的电报。韦恩也是一名肺癌患者，电报中说，"欢迎加入肺癌俱乐部"。迪士尼工作室里没有人知道他得了癌症。"有几份报纸刊登了沃尔特打马球时从马上摔下来的事情，他住在医院里，颈部受伤。"一名焦虑的员工在给另一名员工的信中写道，"如能证实情况并不严重，我们将不胜感激。"甚至并不是沃尔特自己的每一个家庭成员都知道发生了什么事。露丝和雷都是从报纸上得知这个手术的，不过罗伊的一个秘书向他们保证："他会没事的。"官方新闻稿称，他的左肺发现了一处病变，导致了脓肿，部分肺被切除。它没有提到恶性肿瘤。

到了这个时候，沃尔特已经虚弱不堪、焦躁不安。他要求每天给他送信的汤米·威尔克带他离开医院，送他回迪士尼工作室。11月

21日,也就是他出院的那一天,他来到了迪士尼工作室,所有员工似乎都意识到,这可能是他的告别仪式,尽管沃尔特一点儿也没有这个意思。当他遇到的每个人都面带夸张的、做作的笑容迎接他时,他怒不可遏地说:"你们都以为我要死了还是怎么的。"那天,本·沙普斯坦碰巧去了迪士尼工作室,他在沃尔特的办公室里见到了他,被他憔悴枯瘦、面色苍白的样子惊呆了。但是,当他们后来在珊瑚屋里共进午餐时,沃尔特详细阐述了他的计划,沙普斯坦注意到:"他正在恢复体力,感觉又回到了从前的他一样。"

"幻想工程师"约翰·亨奇也同样注意到了变化。午饭后,沃尔特邀请他去位于格兰岱尔市的WED公司参观并讨论公司的未来。"他的声音越来越热情,却也越来越低沉。"亨奇回忆道。沃尔特在马克·戴维斯的办公室里看了20分钟戴维斯为"矿产大王"滑雪场项目设计的熊乐队的草图,戴维斯说,他"笑得要命"。之后,戴维斯给他看了一个月球之旅的模型,然后沃尔特转向迪克·欧文,要求把他送回迪士尼工作室。当他走在走廊上时,他转向戴维斯说:"再见,马克。"这句话给了戴维斯沉重的一击。他从未说过再见。总是说"待会儿见"。

在伯班克,沃尔特偶遇了制片人温斯顿·希布勒。和其他人一样,希布勒也被沃尔特看起来如此苍白和虚弱震惊了,但他在沃尔特讲述自己的计划时,也看到了沃尔特的活力。"我吓了一跳,希布勒,"他说,"我还好,但是我可能得坐下来休息一会儿。现在,我要克服这个毛病,我想去佛罗里达。你们得多扛一点儿这边的事情,多承担一些责任了。但如果你们遇到真正的问题,你们被困住了,被难住了,不要怕,还有我呢。"下午剩下的时间里,他大部分时间都在看《开心家族》的粗剪版,从头到尾哭个不停。然后,他没有回自己的办公室,而是要求开车回家。他向大家保证,他会回来的,他还有很多事情要做，但是那种阴郁无望的感觉却是不可避免、无法逃避的。沃尔特那天在《黑胡鬼》片场见过比尔·沃尔什，他知道沃尔特不会回来了。沃尔什说："我们认为他这一次真的是命中注定在劫难逃了。"沃尔特肯定也知道这一点。在去看望黑兹尔·乔治时，他口齿不清、结结巴巴地说："我有件事想告诉你。"但他找不到合适的词，他们最终紧紧地拥抱在一起。那天，沃德·金博尔远远地看见沃尔特，说道："他第一次显得像败军之将那样沮丧。"

即便如此，身体恢复的假象仍在继续。沃尔特出院时，罗伊和埃德娜在英国，他们给他和莉莲写了一张活泼爽朗的明信片："听说沃尔特好些了，还在迪士尼工作室吃午饭。祝贺。真是愉快的一天。这是我们喜欢听到的消息。"迪士尼工作室之行的两天后，沃尔特给一位前秘书写了封信："就我的问题而言，一切都结束了，都得到了妥善处理。我已经出院了，正在康复的路上。"他补充说："我的健康状况良好，我甚至只在办公室里待了几个小时，就是为了确保我的女儿们不会和我变得生疏。"接下来的三天，他都待在黛安娜的家里，因为他自己的房子还在装修，全家人都在那里庆祝感恩节，观看罗恩在温哥华旅行时拍的录像。第二天，11月25日，星期五，他和莉莲乘坐"湾流"号飞机飞往棕榈泉，计划读剧本，然后到"烟树"疗养度假村疗养一段时间。周三，他痛苦不堪，不得不紧急飞回伯班克。他被直接从机场送到了圣约瑟夫医院。

莉莲仍然抱着沃尔特会康复的希望。她相信沃尔特也是这样想的，不过他这种表现到底是想让她振作起来，还是想让他自己振作起来，现在已经无法确定了。他们甚至计划在他恢复体力后再进行一次旅行。"我不认为他接受了这种现实，"沃德·金博尔说，"我了解沃尔特，不到他最后一次闭上眼睛，他不会相信或接受这一命运的安排。"躺在医院里的时候，他告诉罗恩·米勒，他觉得米勒和现在的高管将

第十一章　朝着乌托邦的蹒跚跋涉

来可以管理这家工作室。沃尔特本人仍然会阅读剧本，并作为最终的权威，但是他计划当自己康复后，将把大部分时间奉献给迪士尼世界，尤其是"未来社区的实验原型"项目。而且，他对米勒说，如果他能再活15年，他将超越现在他所做的一切，毫无疑问他还在念念不忘"未来社区的实验原型"项目。

但是，就在他满怀信心地谈论他康复出院后打算做的事情时，他也在妥当地安排自己的身后事。随着建设迪士尼世界这一项目的宣布，沃尔特已经把他的WED公司卖给了沃尔特·迪士尼制片公司，并成立了一个新的公司——特尔沃（Retlaw）公司——来处理他的个人事务——主要是他的姓名权和迪士尼乐园火车游乐项目上的收益。上一年特尔沃公司从沃尔特·迪士尼制片公司获得了375万美元，这是对这些资产价值的一个衡量。沃尔特自己还持有沃尔特·迪士尼制片公司将近2.6万股股票，与莉莲共同持有25万股，加上莉莲持有的2.8万股股票，占公司总股份的14%，价值略低于2000万美元。（沃尔特·迪士尼制片公司当年的财政年度创造的利润为1200万美元。）1966年3月，沃尔特起草了一份遗嘱，把45%的遗产以家庭信托的形式留给了莉莲和她的女儿们，并把另外45%以慈善信托基金的方式留给了迪士尼基金会，其中95%捐给了加利福尼亚州艺术学院，剩下的10%留给了一个信托基金，由沃尔特的妹妹和侄子侄女们共同分享。但他担心自己女儿们挥霍无度，在住院期间，他卖掉了一万股股票来偿还她们的债务。"他最后对我说的一句话是，'哇，我很高兴这笔交易达成了'。"罗伊在接受采访时说，"这种情况让他很担心：孩子们不停地出生，房子越来越大，开销越来越大。所以黛安娜总是在负债。他在死之前把她从债务之中解救了出来。"

12月5日，他在医院庆祝了自己的65岁生日。罗伊从纽约给他发来电报，告诉他影片《欢声满乐园》（*Follow Me, Boys*）在纽约无线电城音乐厅的票房收入情况，他最后说："希望这封信能让你感觉好点儿。这是属于你的日子，埃德娜和我不仅今天爱你，而且永远爱你。"但是他并没有感觉好一点儿——他萎靡不振，更加衰弱。按照他的指示，除了自己的家人，任何人都不准去看他。他的家人现在租了紧挨着他的病房的一间屋子。当彼得·艾伦肖要求见沃尔特却被拒绝时，他给沃尔特画了一幅沙漠场景画，画中有一棵油烟树（黄栌树），沃尔特把这幅画挂在病房里，对护士们说："看到了吗？我的一个男孩子给我画的。"即使他的病情继续恶化，他的家人也不会接受他会死这一现实。12月14日，黛安娜去购物，给他买羊毛拖鞋，因为他抱怨说他的脚在医院里总是很冷。她后来说："这样他就不会死。"那天晚上，莉莲打电话给她，说沃尔特那天似乎好多了。当他拥抱她吻别时，她说，她能感觉到他的力量。"我知道他会好起来的。"她告诉黛安娜。那天晚上，罗伊来了，两兄弟聊了好几个小时，沃尔特用手指勾画着他的"未来社区的实验原型"项目计划，用天花板上的瓷砖做网格。莎伦的丈夫鲍勃·布朗也来看望过沃尔特，并告诉莉莲，沃尔特看上去确实像是要康复了。

第二天早上，莉莲和黛安娜接到汤米·威尔克的电话，说沃尔特的病情恶化了。黛安娜开车去恩西诺的老房子接她妈妈，但莉莲还在慢腾腾地穿衣服，小心翼翼地戴上耳环，拖延着去医院的时间。黛安娜回忆说，妈妈当时一切行为都很慢，仿佛她可以拖延时间，推迟不可避免的事情的发生。当他们到达医院并出了电梯时，黛安娜看到她的丈夫走进了她父亲的病房，然后突然退了出来，好像有人推了他一下似的。事实上，看到岳父毫无生气的尸体，他吓得直往后缩。病房里面，沃尔特的双手交叉放在胸前。"罗伊伯伯站在床边，摩挲着爸爸的一只脚，"黛安娜后来回忆说，"这只是一种爱抚。他在和他说话。听起来像是在说，'好吧，孩子，我想这就是结局了'。"莎伦和鲍勃·布朗随后不久就到了，布朗问黛安娜是否愿意陪莎伦进房间。黛安娜拉着莎伦的手放在沃尔特的手上。"好了，爸爸，现在你不会再疼了。"莎伦小声说。沃尔特于1966年12月15日上午9点35分死于支气管肺癌引起的心搏骤停。"在沃尔特生命的最后几天，我一直在照顾他，"一位护士在给沃尔特家人的信中写道，"我只是想让你们知道，这个可怜的人心中充满恐惧，显得非常害怕。"

在通过公共广播系统向各个部门宣布这一消息之前，消息就已经传到街对面的迪士尼工作室了。迪士尼工作室即将关闭，所有人都将被送回家，大多数人都惊呆了，无法离开，宁愿留下来聊一聊以互相安慰。许多人说不出话来，许多人哭了。许多人完全不相信这一消息，去找黑兹尔·乔治证实，或者更希望寻求驳斥。"我知道他病得很重，"他的秘书之一露西尔·马丁（Lucille Martin）说，"但我坚信他们会找到一个超级医生来救他。"

"沃尔特·迪士尼之死是全世界人民的损失。"罗伊在迪士尼工作室发表的一份声明中说，"没有谁能取代沃尔特·迪士尼的位置。他是一个非凡的人。也许再也不会有像他这样的人了。"但是，罗伊承诺："我们将继续以沃尔特建立和领导的方式来经营他的公司。沃尔特生前启动的所有未来计划都将继续推进。"但这并不完全是真的。就在沃尔特进入医院动手术之前，他显然感到时间紧迫，曾斥责波特将军和马文·戴维斯没有加快"未来社区的实验原型"项目的进程。"你们为什么磨磨蹭蹭缩手缩脚的？"他问他们，"是因为钱吗？你们和罗伊谈过了吗？罗伊认为'未来社区的实验原型'项目是个失败的计划，但你们别理他。'迪士尼世界'将为我们运营这个项目创造所需要的所有利润。"他开始担心，如果自己出了什么事，"未来社区的实验原型"项目就建不起来了。他曾向黑兹尔·乔治哭喊，如果身体不出什么事，他会留下什么样的遗产。"想想看，米老鼠的诞生让全世界都记住了它！"他哀叹道。沃尔特去世几个月后，马文·戴维斯向罗伊提交了"幻想工程师"拟订的"未来社区的实验原型"项目计划。"马文，沃尔特已经死了。"罗伊说。[1]"未来社区的实验原型"项目同样如此。

美国举国哀悼沃尔特。"所有这一切，沃尔特·迪士尼亲手做的每一件事，都会让人产生一种天真无邪的感觉，充满了蹦蹦跳跳的欢乐和孩童般的好奇心；他的成就集中体现了所谓的'善良、干净、美国乐趣'，既不沉闷乏味也不单调无趣味。"《纽约时报》发表社论这样评价他的一生，"这就是沃尔特·迪士尼给我们和世界创造的财富，这一切都可以用一只叫米奇的友好迷人的老鼠来概括。这不是一笔微小的遗产。"《洛杉矶时报》称赞他是"拿着神奇画笔的伊索，拿着彩色相机的汉斯·克里斯蒂安·安徒生、巴里、卡罗尔、格雷厄姆、普罗科菲耶夫、哈里斯——他以天才的笔触使他们创造的东西都变得栩栩如生"。它在结尾处写道："人们想知道以后一个人如何才能积累比这更伟大的遗产。"《时代》周刊杂志说现在还有很多人在迪士尼乐园外面排队等着进去游玩，还有很多人在纽约无线电城音乐厅外排队等着看电影《欢声满乐园》，它在一篇整版的讣告中写道："迪士尼已经死了，但他对纯真的憧憬和他所做的梦却没有消失。"洛杉矶郡的政府官员下令降半旗志哀。

沃尔特改变了世界。他创新了电影的艺术形式，然后拍摄制作了几部电影史上无可争议的经典之作，尽管其中有一些在第一次发行时没有得到观众的认可，或者没有赢利，但正如沃尔特所预测的那样，再次发行时就赢利了。他为人们提供了暂时逃避经济大萧条的庇

---

[1] 当"未来社区的实验原型"项目最终在沃尔特·迪士尼世界度假村落成时，它成了一个永久性的国际博览会，而不是沃尔特想象中的明日之城。"矿产大王"滑雪场项目也将夭折，部分原因是环保主义者的反对，但主要是因为没有沃尔特在那里进行指导。

第十一章 朝着乌托邦的蹒跚跋涉

护所、战争期间勇敢坚持的力量以及战争结束之后的心理安慰；他让一代又一代的孩子们学会如何承担责任，也让他们间接地发泄对即将进入的成人世界的敌意；他提炼了传统价值观，强化了美国神话和原型，尽管正如他的批评者所说，他可能也摧毁了它们。从另一个有利的角度，他加强了美国的破坏偶像主义、社群主义和宽容精神，并帮助塑造了反主流文化的一代。他推动了彩色电影和彩色电视的诞生和发展。他重塑了游乐园的形象，通过这样做，他改变了美国人的意识，无论是好是坏，这样他的同胞们就会更喜欢愿望被满足而不是现实，更喜欢虚假的东西而不是真实的东西。他鼓励和普及了环境保护、太空探索、原子能使用、城市规划和更深层次的历史意识。他建立了娱乐界最强大的帝国之一——尽管他心存恐惧和担心，但这个帝国将在他去世之后长存。而且由于他的电影在海外非常受欢迎，他帮助建立了美国流行文化作为世界主流文化的地位。他建立了一所艺术学校，在他去世将近40年后，他的名字将出现在洛杉矶市中心的一个音乐厅里，这个音乐厅主要由迪士尼家族出资。然而，即使所有这些贡献累积起来，都会在一个更大的贡献面前黯然失色：他展示了一个人如何能够在一切似乎都变得无法控制和无法理解的时候，向世界表达自己的意愿。总而言之，沃尔特·迪士尼并不是一个充满趣味、缺乏敬畏、天真无邪甚至有益身心健康的大师。他是一位秩序大师。

这位秩序大师对死亡是如此恐惧，以至于他没有给他的葬礼留下任何指示。他只告诉莉莲他想被火化，他想要的是小型的私密的葬礼仪式，因为他非常想避免在其他名人葬礼上看到的不庄重不体面的公开展示。他的女婿选择了格兰岱尔市森林草坪公墓里的石南花小教堂来为其举行葬礼，葬礼在他死后的第二天5点钟举行。只有他的家人参加，即使在那时露丝也没有出现，因为她担心在从波特兰到加利福尼亚的路上会被媒体追逐。应莉莲的请求，位于恩西诺的戴安教堂的圣公会牧师主持了葬礼仪式。鲍勃·布朗建议在葬礼结束时播放沃尔特喜爱的《共和国战歌》。当这首歌结束时，莉莲慢慢走到停着棺椁的教堂前，把手放在棺椁上，痛哭哀号，呜咽着说道："我太爱你了。我太爱你了。"在此之后再也没有人公开谈论这一葬礼。

在遗体火化后的近一年时间里，沃尔特·迪士尼的骨灰一直留在森林草坪公墓里没有下葬，这家人拒绝就沃尔特最后的安息地做出决定。直到沃尔特去世近一年后，莎伦的丈夫鲍勃·布朗突然患癌症去世，莎伦决定把她的父亲和她的丈夫葬在一起，才采取行动埋葬她父亲的骨灰。她和黛安娜在森林草坪公墓的自由陵墓外面选择了一个不显眼的地方，作为"对我们祖先的勇气、智慧和信仰遗留给我们的自由的神圣纪念"。它位于这个占地300英亩的墓地的一个偏远角落，在那里，她们的父亲和鲍勃·布朗一起安息，死后他再也不会像生前那样常常面临孤独了。

沃尔特的陵墓周围环绕着一个小花园，以纪念他的骨灰埋葬之地。陵墓的白色砖墙上装饰着一块普通的长方形青铜牌匾，上面只有一个名字"沃尔特·伊利亚斯·迪士尼"。正是在这里，在周围一圈橙红色的橄榄树和红色的杜鹃花组成的篱笆守卫下，在一棵冬青树的掩映下，在一尊白色的汉斯·克里斯蒂安·安徒生笔下的小美人鱼若有所思地凝视着看不见的水的雕像后面，沃尔特·迪士尼似乎已经完成了他家庭的天命。他解脱了。而且正是在这里，他也完成了自己的天命，这也是他一生中竭尽全力、孜孜以求的目标。他已经超越了这个世界的所有苦难。沃尔特·迪士尼终于达到了完美境界。

图书在版编目（CIP）数据

迪士尼传：想象力创造奇迹 /（美）尼尔·加布勒著；成铨译 . —成都：天地出版社，2024.2
ISBN 978-7-5455-6757-1

Ⅰ.①迪⋯ Ⅱ.①尼⋯ ②成⋯ Ⅲ.①迪斯尼 (Disney, Walt 1901-1966)—传记 Ⅳ.①K837.125.78

中国国家版本馆CIP数据核字（2023）第096372号

Walt Disney: The Triumph of the American Imagination
Copyright © 2006 by Neal Gabler
Simplified Chinese edition copyright © 2024 by JIC Bookstore Investment Co., Ltd.
This translation published by arrangement with Alfred A. Knopf, an imprint of The Knopf Doubleday Group, a division of Penguin Random House, LLC.
All rights reserved.

著作权登记号　图字：21-23-198

DISHINI ZHUAN：XIANGXIANGLI CHUANGZAO QIJI

迪士尼传：想象力创造奇迹

出 品 人	杨　政
作　　者	[美]尼尔·加布勒
译　　者	成　铨
责任编辑	王　絮　高　晶　杨永龙
责任校对	杨金原
封面图片	视觉中国
封面设计	今亮后声·王秋萍
内文排版	中文天地
责任印制	王学锋

出版发行	天地出版社
	（成都市锦江区三色路238号 邮政编码：610023）
	（北京市方庄芳群园3区3号 邮政编码：100078）
网　　址	http://www.tiandiph.com
电子邮箱	tianditg@163.com
经　　销	新华文轩出版传媒股份有限公司

印　　刷	河北鹏润印刷有限公司
版　　次	2024年2月第1版
印　　次	2024年2月第1次印刷
开　　本	710mm×1000mm　1/16
印　　张	59.5
字　　数	798千字
定　　价	168.00元
书　　号	ISBN 978-7-5455-6757-1

版权所有◆违者必究

咨询电话：（028）86361282（总编室）
购书热线：（010）67693207（营销中心）

如有印装错误，请与本社联系调换。